新疆维吾尔自治区农业科学院图书馆
馆藏图书资料目录

（第一册）

◎ 岳丕昌　主编

中国农业科学技术出版社

图书在版编目（CIP）数据

新疆维吾尔自治区农业科学院图书馆馆藏图书资料目录／岳丕昌主编．—北京：中国农业科学技术出版社，2019.2
ISBN 978-7-5116-4067-3

Ⅰ.①新…　Ⅱ.①岳…　Ⅲ.①科研图书馆-图书馆目录-新疆　Ⅳ.①Z822.5

中国版本图书馆 CIP 数据核字（2019）第 037741 号

责任编辑　李　雪　徐定娜
责任校对　李向荣

出 版 者　中国农业科学技术出版社
北京市中关村南大街 12 号　邮编：100081
电　　话　(010)82109707(编辑室)
(010)82109702(发行部)
(010)82109709(读者服务部)
传　　真　(010)82109707
网　　址　http://www.castp.cn
经 销 者　各地新华书店
印 刷 者　北京建宏印刷有限公司
开　　本　787mm×1 092mm　1/16
印　　张　50.5
字　　数　1 400 千字
版　　次　2019 年 2 月第 1 版　2019 年 2 月第 1 次印刷
定　　价　128.00 元(全两册)

《新疆维吾尔自治区农业科学院图书馆馆藏图书资料目录》（第一册）

编写人员

主　编： 岳丕昌

副主编： 赵瑞雪* 寇远涛*

参　编： 刘平芳　李琼诗　赵　斌　鲜国建*　郭　军
蒋国伟　许士东　刘亚楚　王　雷

核　校： 院金谒

（*：作者单位为中国农业科学院农业信息研究所；其他作者单位均为新疆维吾尔自治区农业科学院）

前　言

新疆维吾尔自治区农业科学院（以下简称“新疆农业科学院”，全书同）图书馆始建于1979年。建馆以来，依托馆藏图书文献资料，开展信息、咨询服务，为全院科研、推广、成果转化等工作提供了有力的信息支撑。

为了使我院馆藏图书资料的利用更加方便快捷，促进图书等信息资源共享，在国家科技图书文献中心（NSTL）的大力支持下，在中国农业科学院农业信息研究所的指导和帮助下，我们研究开发了新疆农业科学院馆藏图书资料目录信息管理系统，构建了新疆农业科学院馆藏图书资料目录数据库。为便于广大读者了解我院馆藏图书资料情况，并借助馆藏图书目录数据库更好地利用馆藏图书资料，我们组织编写了《新疆维吾尔自治区农业科学院图书馆馆藏图书资料目录》。

馆藏图书资料目录分三册，第一册和第二册为此次公开出版的图书。其中，第一册共收编（A）马克思主义、列宁主义、毛泽东思想、邓小平理论；（B）哲学、宗教；（C）社会科学总论；（D）政治、法律；（E）军事；（F）经济；（G）文化、科学、教育、体育；（H）语言、文字；（I）文学；（J）艺术；（K）历史、地理；（N）自然科学总论等十二大类图书书目12 312条。第二册共收编（O）数理科学和化学；（P）天文学、地球科学；（Q）生物科学；（R）医药、卫生；（S）农业科学等五大类图书书目13 336条。

馆藏图书资料目录中，一级标题按照中国图书分类法，依次为A、B、C……Z，二级标题按照图书资料出版年代，依次为1949年以前、1950—1959年、1960—1969年……1990—1999年，二级标题下的书目按照汉语拼音字母顺序由前到后依次排序。

衷心希望我们的工作能为广大读者全面了解和利用新疆农科院图书馆馆藏图书资料提供帮助。

由于我们的水平有限，不足之处在所难免，敬请批评指正。

新疆农业科学院图书馆馆藏图书资料目录数据库研建课题组

2018年10月28日

目　录

第一册

第二册

新疆维吾尔自治区农业科学院图书馆馆藏图书资料目录（第一册）说明

第一册共收编图书书目12 312条。其中，收编（A）马克思主义、列宁主义、毛泽东思想和邓小平理论类图书书目528条；（B）哲学和宗教类555条；（C）社会科学总论类132条；（D）政治和法律类984条；（E）军事类69条；（F）经济类1 400条；（G）文化、科学、教育和体育类1 186条；（H）语言和文字类952条；（I）文学类4 098条；（J）艺术类300条；（K）历史和地理类1 637条；（N）自然科学总论类471条。按出版年代统计，收编1949年以前的图书书目66条，1950—1959年3 169条，1960—1969年1 941条，1970—1979年2 777条，1980—1989年3 996条，1990—1999年363条。收编的各个年代各类图书书目数量详见下表。

各年代各类图书书目收录数量统计表

项　目	A	B	C	D	E	F	G	H	I	J	K	N
1949年前	9	5		7		13	7	6	5	1	11	2
1950—1959年	149	185	30	411	20	361	195	137	1 270	110	268	33
1960—1969年	150	89	7	247	6	154	165	134	649	64	239	37
1970—1979年	121	168	9	319	20	135	122	107	933	78	657	108
1980—1989年	98	102	63		22	621	688	481	1 207	44	429	241
1990—1999年	1	6	23		1	116	9	87	34	3	33	50

收录的各类图书书目具体如下。

A 马克思主义、列宁主义、毛泽东思想、邓小平理论

本部分共收编马克思主义、列宁主义、毛泽东思想和邓小平理论类图书书目 528 条。其中，收编 1949 年以前出版的该类图书书目 9 条，1950—1959 年 149 条，1960—1969 年 150 条，1970—1979 年 121 条，1980—1989 年 98 条，1990—1999 年 1 条。具体目录如下。

（1）1949 年以前

序 号	题 名	责任者	出版年
1	共产主义运动中的“左派”幼稚病	（苏）列宁	1949. 12
2	列宁斯大林论社会主义经济建设（上册）	（苏）列宁，斯大林著	1949. 9
3	论持久战	毛泽东著	1947. 6
4	论人民民主专政	毛泽东著	1949. 7
5	马恩列斯思想方法论	解放社编辑	1949. 9
6	剩余价值学说史（第一卷）	（德）马克思著；考茨基编；郭大力译	1949. 6
7	剩余价值学说史（第二卷）	（德）马克思著；考茨基编；郭大力译	1949. 6
8	剩余价值学说史（第三卷）	（德）马克思著；考茨基编；郭大力译	1949. 6
9	斯大林论苏联宪法草案的报告（苏联宪法）	（苏）斯大林著	1949

（2）1950—1959 年

序 号	题 名	责任者	出版年
1	辩证唯物主义与历史唯物主义	（苏）斯大林著；唯真译	1953
2	布尔什维克报刊文集	（俄）列宁等撰；俞炯康等译	1955
3	帝国主义和一切反动派都是纸老虎	人民出版社编辑部	1958
4	帝国主义是资本主义的最高阶段	（俄）列宁著；中共中央马恩列斯著作编译局译	1959. 9
5	第三国际及其在历史上的地位	（俄）列宁著；中共中央马恩列斯著作编译局译	1954. 3
6	恩格斯“自然辩证法”一书介绍	（苏）C. C. 基谢辽夫著；中国共产党中央高级党校哲学教研室译	1958. 1
7	英国工人阶级状况	（德）恩格斯著；中共中央马恩列斯著作编译局译	1956. 5
8	恩格斯传	（苏）E. A. 斯捷潘诺娃著；中共中央马恩列斯著作编译局译	1955. 11

（续表）

序　号	题　名	责任者	出版年
9	法德农民问题	（德）恩格斯著；曹葆华，毛岸英译	1956. 11
10	反杜林论	（德）恩格斯著；吴黎平译	1956. 6
11	反对党八股	毛泽东著	1953. 3
12	费尔巴哈与德国古典哲学的终结	（德）恩格斯撰；张仲实译	1954
13	改造我们的学习	毛泽东著	1953. 3
14	哥达纲领批判	（德）马克思著；何思敬译	1957. 5
15	共产党宣言（注音本）	（德）马克思，恩格斯著	1953. 11
16	关于列宁的哲学笔记	（苏）谢·斯·吉谢辽夫著	1957. 9
17	关于农业合作化问题	毛泽东著	1956. 9
18	关于正确处理人民内部矛盾问题	毛泽东著	1957. 1
19	国民经济学批判大纲	（德）恩格斯著；何思敬等译	1951. 3
20	和列宁相处的日子	（俄）高尔基著；成时译	1953. 11
21	回忆列宁	（德）蔡特金（C. Zetkin）著；马清槐译	1957. 3
22	回忆列宁	（苏）斯大林，高尔基等著；曹葆华，王易今等译	1957. 9
23	回忆列宁	（苏）斯大林，高尔基等著；曹葆华，王易今等译	1958. 9
24	回忆马克思、恩格斯	（法）保尔·拉法格（Paul Lafargue），（德）威廉·李卜克内西（Wilhelm Liebknecht）著	1954
25	回忆马克思、恩格斯	胡尧之等译	1957. 12
26	1844 年经济学哲学手稿	（德）马克思著；何思敬译	1956. 9
27	“劳工旗帜”论文集	（德）恩格斯著；刘潇然译	1958. 9
28	列宁传略	苏共中央马恩列斯研究院编；中共中央马恩列斯著作编译局译	1958. 7
29	列宁的青年时代	（苏）伊万斯基著；孙广英译	1959. 1
30	列宁关于过渡时期工农联盟的学说	高放	1955
31	列宁论各族人民的友谊	马邱世金著；雪汀译	1956. 6
32	列宁论工会	（俄）列宁	1959
33	列宁论工业化	（俄）列宁	1955
34	列宁论国民教育（论文和讲演）	（俄）列宁	1958
35	列宁论和平与战争	（俄）列宁	1959
36	列宁论马克思恩格斯及马克思主义	（俄）列宁著；唯真译	1956
37	列宁论青年	（俄）列宁	1957. 5
38	列宁论青年团的任务	（俄）列宁	1954
39	列宁论苏维埃建设（下册）	（苏）列宁著；中共中央马恩列斯著作编译局	1958
40	列宁论真理的具体性	（苏）H. 克里斯朵斯杜良著；袁久德译	1955
41	列宁全集（1）	（俄）列宁著；中共中央马恩列斯著作编译局	1955
42	列宁全集（10）	（俄）列宁著；中共中央马恩列斯著作编译局	1958. 12

（续表）

序　号	题　名	责任者	出版年
43	列宁全集（11）	（俄）列宁著；中共中央马恩列斯著作编译局	1959.7
44	列宁全集（12）	（俄）列宁著；中共中央马恩列斯著作编译局	1959.7
45	列宁全集（13）	（俄）列宁著；中共中央马恩列斯著作编译局	1959.7
46	列宁全集（14）	（俄）列宁著；中共中央马恩列斯著作编译局	1957.1
47	列宁全集（15）	（俄）列宁著；中共中央马恩列斯著作编译局	1959.9
48	列宁全集（16）	（俄）列宁著；中共中央马恩列斯著作编译局	1959
49	列宁全集（17）	（俄）列宁著；中共中央马恩列斯著作编译局	1959
50	列宁全集（18）	（俄）列宁著；中共中央马恩列斯著作编译局	1959.6
51	列宁全集（19）	（俄）列宁著；中共中央马恩列斯著作编译局	1959.2
52	列宁全集（2）	（俄）列宁著；中共中央马恩列斯著作编译局	1959.5
53	列宁全集（20）	（俄）列宁著；中共中央马恩列斯著作编译局	1958.1
54	列宁全集（21）	（俄）列宁著；中共中央马恩列斯著作编译局	1959.7
55	列宁全集（22）	（俄）列宁著；中共中央马恩列斯著作编译局	1958.6
56	列宁全集（23）	（俄）列宁著；中共中央马恩列斯著作编译局	1958.12
57	列宁全集（24）	（俄）列宁著；中共中央马恩列斯著作编译局	1957
58	列宁全集（25）	（俄）列宁著；中共中央马恩列斯著作编译局	1958
59	列宁全集（26）	（俄）列宁著；中共中央马恩列斯著作编译局	1959.3
60	列宁全集（27）	（俄）列宁著；中共中央马恩列斯著作编译局	1958.1
61	列宁全集（28）	（俄）列宁著；中共中央马恩列斯著作编译局	1956
62	列宁全集（29）	（俄）列宁著；中共中央马恩列斯著作编译局	1956
63	列宁全集（3）	（苏）列宁著；中共中央马恩列斯著作编译局	1959.9
64	列宁全集（30）	（俄）列宁著；中共中央马恩列斯著作编译局	1957

（续表）

序　号	题　名	责任者	出版年
65	列宁全集（31）	（俄）列宁著；中共中央马恩列斯著作编译局	1958.8
66	列宁全集（32）	（俄）列宁著；中共中央马恩列斯著作编译局	1958.9
67	列宁全集（33）	（俄）列宁著；中共中央马恩列斯著作编译局	1958.9
68	列宁全集（36）	（俄）列宁著；中共中央马恩列斯著作编译局	1959.9
69	列宁全集（37）	（俄）列宁著；中共中央马恩列斯著作编译局	1959.9
70	列宁全集（38）	（俄）列宁著；中共中央马恩列斯著作编译局	1959.9
71	列宁全集（4）	（俄）列宁著；中共中央马恩列斯著作编译局	1958
72	列宁全集（5）	（俄）列宁著；中共中央马恩列斯著作编译局	1959.1
73	列宁全集（6）	（俄）列宁著；中共中央马恩列斯著作编译局	1959
74	列宁全集（7）	（俄）列宁著；中共中央马恩列斯著作编译局	1959.5
75	列宁全集（8）	（俄）列宁著；中共中央马恩列斯著作编译局	1959.7
76	列宁全集（9）	（俄）列宁著；中共中央马恩列斯著作编译局	1959.7
77	列宁全集索引	中国人民大学图书馆	1956.6
78	列宁斯大林关于从资本主义到社会主义的过渡时期的理论	（苏）马卡洛娃讲演集；沈志远等译	1953.12
79	列宁斯大林论科学技术工作	（苏）列宁，斯大林著；龚育之译	1954.6
80	列宁为马克思主义政党的组织原则而斗争	（苏）车尔尼雅夫斯基著；白也译	1958
81	列宁文集（1）	（俄）列宁著	1953.12
82	列宁文集（2）	（俄）列宁著	1954.2
83	列宁文集（3）	（俄）列宁著	1954
84	列宁文集（4）	（俄）列宁著	1954
85	列宁文集（5）	（俄）列宁著	1954
86	列宁文集（6）	（俄）列宁著	1954
87	列宁文集（7）	（俄）列宁著	1954
88	列宁文选（第一卷）	（俄）列宁著	1953
89	列宁文选（第二卷）	（俄）列宁著	1953
90	列宁有关政治经济学论文十三篇	（俄）列宁	1955
91	列宁在国际舞台上反对机会主义的斗争	（苏）H. 克鲁吉柯娃著；陆人译	1957
92	列宁主义思想的伟大力量	（苏）尤金等著；岳渔译	1953.2
93	列宁主义问题	（苏）斯大林著；唯莫译	1955.8

（续表）

序号	题名	责任者	出版年
94	论恩格斯的著作《自然辩证法》	（苏）勃·凯德洛夫著；舒裕宁译	1956.11
95	论工农联盟	（俄）列宁著	1956
96	论国际政治与国际法	（俄）列宁著	1959.9
97	论经济工作人员的任务	（苏）斯大林撰；唯真译	1950.1
98	论列宁	（苏）斯大林著	1953.4
99	论列宁的“哲学笔记”	（苏）P.И. 格奥尔吉也夫著；王先容，乐峰译	1957
100	论列宁的合作社计划及其在苏联的实现	（苏）M.A. 伊林撰；志刚等译	1954.3
101	论列宁的著作《唯物主义与经验批判主义》	（苏）X.T. 阿尔希普采夫著；郭力军译	1956
102	论马克思的著作《哥达纲领批判》	（苏）M. 舍斯塔科夫著；亚沙，李亚卿译	1955
103	论学习马克思列宁主义	中国人民大学马克思列宁主义教研室编	1956
104	马克思《资本论》中的辩证法问题	（苏）M. 罗森塔尔著；冯维静译	1957
105	马克思传	（德）弗兰茨·梅林著；罗稽南译	1956.5
106	马克思的青年时代	（苏）伽·谢列布里雅柯娃著；刘辽逸等译	1959.1
107	马克思恩格斯给美国人的信	马克思恩格斯著；翼如译	1958.6
108	马克思恩格斯关于历史唯物主义的信	（德）马克思等著	1951.7
109	马克思恩格斯列宁斯大林论共产主义社会	（德）马克思等著；人民出版社编辑	1958
110	马克思恩格斯列宁斯大林论共产主义社会名词解释	天津师范大学政治教育系编	1959.3
111	马克思恩格斯列宁斯大林论交通运输	韩托夫编著	1959.5
112	马克思恩格斯列宁斯大林著作中译文简目	“学习”杂志编辑部编	1957
113	马克思恩格斯论马尔萨斯	（英）罗纳德·米克著；梁继宗译	1957.11
114	马克思恩格斯论中国	（德）马克思，恩格斯著	1957.4
115	马克思恩格斯全集（第七卷）	（德）马克思，恩格斯著；中共中央马恩列斯著作编译局译	1959.4
116	马克思恩格斯通信集（第一卷）	（德）马克思，恩格斯著；李季译	1957
117	马克思恩格斯文选	（德）马克思，恩格斯著	1958.1
118	马克思列宁主义的认识论	（苏）安·瓦·沃斯特里科夫著；千山译	1956
119	马克思列宁主义理论的几个问题	匡亚明著	1958.1
120	马克思论印度	季羡林等译	1953.5
121	马克思主义辩证方法	（苏）M.M. 罗逊塔尔著；晦闻，仲公译	1955.2
122	马克思主义的三个来源和三个组成部分	（俄）列宁著	1959.9
123	马克思主义的哲学唯物主义	（苏）沃斯特里科夫著；陈立敬等译	1957.1
124	马克思主义经典作家论不断革命	中国人民大学马列主义教研室编	1958.7
125	马克思主义经典作家论语言	北京外国语学院俄语系语言学教研组编	1959
126	马克思主义哲学原理	苏联科学院哲学研究所编	1959.11
127	毛泽东论财政	中国科学院经济研究所财政贸易组编	1953.3
128	毛泽东同志的初期革命活动	李锐著	1957.7

（续表）

序　号	题　名	责任者	出版年
129	毛泽东同志对马克思列宁主义唯物论的贡献	张如心著	1954. 5
130	毛泽东同志论教育工作	人民教育出版社	1959. 5
131	毛泽东选集（第二卷）	毛泽东著	1952. 3
132	毛泽东选集（第三卷）	毛泽东著	1953. 2
133	毛泽东选集（第一卷）	毛泽东著	1951. 1
134	毛泽东选集名词解释	中共福建省委党校图书资料室编	1959. 9
135	毛泽东主席在农业合作化问题上对于马克思列宁主义政治经济学的创造性贡献	关梦觉著	1956. 9
136	毛主席在苏联的言论	毛泽东著	1957. 12
137	矛盾论	毛泽东撰	1952
138	《矛盾论》解说	李达著	1953. 7
139	民族问题与列宁主义	（苏）斯大林著；曹葆华，毛岸青译	1953. 1
140	评经济浪漫主义	（俄）列宁著；中共中央马恩列斯著作编译局译	1957. 2
141	青年团的任务	（俄）列宁著	1950
142	社会主义从空想到科学的发展	（德）恩格斯著；吴黎平译	1957
143	“实践论”解说	李达著	1952
144	斯大林论辩证法问题	（苏）列昂诺夫撰；草婴译	1950
145	斯大林发展了科学的共产主义理论	（苏）尤金著；曹葆华，毛岸青译	1951. 4
146	斯大林关于民族殖民地问题理论	李琪	1954. 3
147	斯大林论农村中的工作	（苏）斯大林著；唯真译	1953. 3
148	马克思“资本论”第一卷提纲	（德）恩格斯著；章汉夫等译	1957. 5
149	“资本论”结构	（苏）维·阿·然明，诺沃萧洛夫报告；杨慧廉等译	1959. 9

（3）1960—1969 年

序　号	题　名	责任者	出版年
1	1848 年至 1850 年的法西斯阶级斗争	（德）马克思著；中共中央马恩列斯著作编译局译	1965. 3
2	把学习毛泽东思想的浪潮推向前进	吉林人民出版社编	1964. 5
3	把学习毛主席著作放在一切工作的首位——中国人民解放军东海舰队某部 301 船学习毛主席著作的经验	上海人民出版社编	1965. 12
4	被敌人反对是好事而不是坏事	毛泽东著	1964. 6
5	德意志意识形态	（德）马克思，恩格斯著；中共中央马恩列斯著作编译局译	1961. 2
6	俄国资本主义的发展	（俄）列宁	1960. 3
7	工资、价格和利润	（德）马克思著	1964. 4

（续表）

序 号	题 名	责任者	出版年
8	共产党宣言	（德）马克思，恩格斯著；中共中央马恩列斯著作编译局译	1964.9
9	共产主义原理	（德）恩格斯著；中共中央马恩列斯著作编译局译	1962.6
10	关于帝国主义的笔记	（俄）列宁著；中共中央马恩列斯著作编译局译	1963.4
11	国家与革命（第二分册）	（俄）列宁著	1964.5
12	国家与革命（第一分册）	（俄）列宁著	1964.5
13	会见列宁	（苏）斯·恩·扎尔郝依编；陆文珊等译	1960.4
14	活学活用毛泽东思想（第二辑）	《东北地区工农群众学习毛泽东主席著作经验选编》编辑小组编	1965.4
15	活学活用毛泽东思想（第四辑）	《东北地区工农群众学习毛泽东主席著作经验选编》编辑小组编	1965.6
16	活学活用毛泽东思想（第五辑）	《东北地区工农群众学习毛泽东主席著作经验选编》编辑小组编	1965.6
17	进一步，退两步：我们党内的危机	（俄）列宁撰；中共中央马克思恩格斯列宁斯大林著作编译局译	1960.3
18	列宁反对修正主义机会主义的斗争	郑言实编	1963.6
19	列宁家书集（1893—1922 年）	（俄）列宁著	1960.1
20	列宁伦苏维埃国家对外政策	苏共中央马克思列宁主义研究院	1960.7
21	列宁论帝国主义是无产阶级社会主义革命的前夜	（俄）列宁著；人民出版社编辑部编	1960.4
22	列宁论反对修正主义	（俄）列宁著；人民出版社编辑部编	1960.4
23	列宁论国际工人运动和共产主义运动	（俄）列宁	1960.4
24	列宁论国家和法（1）	（俄）列宁著；（苏）尼柯尔斯卡娅编	1960.4
25	列宁论国家和法（3）	（俄）列宁著；（苏）尼柯尔斯卡娅编	1960.6
26	列宁论科学的物质概念	（苏）费·季·阿尔希普采夫著；庞龙译	1960.3
27	列宁论民族解放运动	（俄）列宁著；人民出版社编辑部编	1960.4
28	列宁论社会主义所有制	苏联国家政治书籍出版局编	1960.3
29	列宁论无产阶级革命和无产阶级专政	（俄）列宁著；人民出版社编辑部	1960.4
30	列宁论新型的革命的无产阶级政党	（俄）列宁著；人民出版社编辑部编	1960.4
31	列宁论战争与和平	（俄）列宁著；人民出版社编辑部编	1960.4
32	列宁全集（第二卷 名词解释）	中国人民大学马克思主义政治学系	1960.4
33	列宁全集（第一卷 名词解释）	中国人民大学马克思主义政治学系	1960.4
34	列宁全集目录（第 1—39 卷）	人民出版社编辑	1965.2
35	列宁全集：第 39 卷 关于帝国主义的笔记	（俄）列宁著；中共中央马恩列斯著作编译局译	1963.2
36	列宁全集索引（第 1—35 卷）	中共中央马恩列斯著作编译局	1963.12
37	列宁生活片段	（苏）莉·亚·福齐耶娃著；佟术译	1960.3
38	列宁选集	（俄）列宁著；中共中央马恩列斯著作编译局译	1960.4

（续表）

序号	题名	责任者	出版年
39	列宁哲学笔记	中共中央马恩列斯著作编译局译	1960. 1
40	列宁主义万岁	北京人民出版社编辑	1960. 4
41	列宁著作中的成语典故	潘裕明	1962. 8
42	论反对派（1921—1927 年）	（苏）斯大林著；中共中央马恩列斯著作编译局译	1963. 4
43	论列宁	（苏）H. K. 克鲁普斯卡娅著；中共中央马恩列斯著作编译局译	1963. 4
44	论马克思恩格斯及马克思主义	（俄）列宁著；中共中央马恩列斯著作编译局译	1963. 3
45	论马克思主义	（印度尼西亚）迪·努·艾地著	1962. 12
46	论民族问题和民族殖民地问题	（俄）列宁著；中共中央马恩列斯著作编译局译	1960. 4
47	论原始基督教史	（德）恩格斯著；何封等译	1961. 5
48	论左派幼稚性和小资产阶级性	（俄）列宁著；中共中央马恩列斯著作编译局译	1963. 4
49	马克思传	（德）弗兰茨·梅林著；樊集译	1965. 7
50	马克思恩格斯列宁斯大林论“共产党宣言”	中国人民大学函授学院马克思列宁主义基础教研组编	1960. 1
51	马克思恩格斯列宁斯大林论巴黎公社（上）	中共中央马恩列斯著作编译局译	1961. 5
52	马克思恩格斯列宁斯大林论巴黎公社（下）	中共中央马恩列斯著作编译局译	1961. 5
53	马克思恩格斯列宁斯大林论德国古典哲学	北京大学哲学系外国哲学史教研室编	1962. 11
54	马克思恩格斯列宁斯大林论货币信用与银行	湖北省财政金融干部学校编	1960. 1
55	马克思恩格斯列宁斯大林论劳动	劳动部劳动经济科学研究所编	1960
56	马克思恩格斯列宁斯大林论提高劳动生产率	徐鹄志编	1962. 11
57	马克思恩格斯列宁斯大林政治经济学文选（上册）	王惠德主编	1962. 8
58	马克思恩格斯列宁斯大林政治经济学文选（下册）	王惠德主编	1962. 8
59	马克思恩格斯论教育	人民教育出版社	1960. 1
60	马克思恩格斯论艺术（二）	（德）马克思，恩格斯著；（苏）米·里夫希茨编；曹葆华译	1963. 1
61	马克思恩格斯论艺术（三）	（德）马克思，恩格斯著	1963. 8
62	马克思恩格斯论艺术（一）	（德）马克思，恩格斯著；（苏）米·里夫希茨编；曹葆华译	1960. 6
63	马克思恩格斯论殖民主义	（德）马克思，恩格斯著；易廷镇等译校	1962. 7
64	马克思恩格斯全集（第八卷）	（德）马克思，恩格斯著；中共中央马恩列斯著作编译局译	1961. 1
65	马克思恩格斯全集（第二十二卷）	（德）马克思，恩格斯著；中共中央马恩列斯著作编译局译	1965. 5

（续表）

序　号	题　名	责任者	出版年
66	马克思恩格斯全集（第二十一卷）	（德）马克思，恩格斯著；中共中央马恩列斯著作编译局译	1965.9
67	马克思恩格斯全集（第九卷）	（德）马克思，恩格斯著；中共中央马恩列斯著作编译局译	1961.12
68	马克思恩格斯全集（第六卷）	（德）马克思，恩格斯著；中共中央马恩列斯著作编译局译	1961.8
69	马克思恩格斯全集（第三卷）	（德）马克思，恩格斯著；中共中央马恩列斯著作编译局译	1960.12
70	马克思恩格斯全集（第十八卷）	（德）马克思，恩格斯著；中共中央马恩列斯著作编译局译	1964.1
71	马克思恩格斯全集（第十二卷）	（德）马克思，恩格斯著；中共中央马恩列斯著作编译局译	1962.8
72	马克思恩格斯全集（第十九卷）	（德）马克思，恩格斯著；中共中央马恩列斯著作编译局译	1963.12
73	马克思恩格斯全集（第十卷）	（德）马克思，恩格斯著；中共中央马恩列斯著作编译局译	1964.4
74	马克思恩格斯全集（第十六卷）	（德）马克思，恩格斯著；中共中央马恩列斯著作编译局译	1964.2
75	马克思恩格斯全集（第十七卷）	（德）马克思，恩格斯著；中共中央马恩列斯著作编译局译	1962.4
76	马克思恩格斯全集（第十三卷）	（德）马克思，恩格斯著；中共中央马恩列斯著作编译局译	1962.11
77	马克思恩格斯全集（第十四卷）	（德）马克思，恩格斯著；中共中央马恩列斯著作编译局译	1964.8
78	马克思恩格斯全集（第十五卷）	（德）马克思，恩格斯著；中共中央马恩列斯著作编译局译	1963.12
79	马克思恩格斯全集（第十一卷）	（德）马克思，恩格斯著；中共中央马恩列斯著作编译局译	1962.5
80	马克思恩格斯书信选集	（德）马克思，恩格斯著；苏共中央马克思列宁主义研究院编；刘潇然等译	1962.1
81	马克思和恩格斯是科学共产主义的创始人	（德）梅林著；何青新译	1962.6
82	“马克思主义和修正主义”简释（初稿）	中国人民大学马列主义基础系编	1962.1
83	马克思主义和语言学问题	（苏）斯大林著；李立三等译；中共中央马克思恩格斯列宁斯大林著作编译局校	1964.9
84	马克思主义论国家	（俄）列宁著；宋书声，籍维立译	1964.1
85	马克思资本论第一卷提纲	恩格斯著	1964.2
86	毛泽东经济思想（上）	新疆财经学院编	1960
87	毛泽东经济思想（下）	新疆财经学院编	1960
88	毛泽东经济思想学习资料（初稿）	中国科学院江苏分院经济研究所编	1960.2
89	毛泽东论调查研究	中国人民大学计划统计资料室编	1960.6
90	毛泽东论文艺	毛泽东著	1966
91	毛泽东思想是中国人民大革命胜利的旗帜	林彪著	1960.1

（续表）

序　号	题　名	责任者	出版年
92	毛泽东同志论青年和青年工作	《中国青年》编辑部编	1960. 4
93	毛泽东同志论无产阶级专政和肃反工作	群众出版社编	1960. 1
94	毛泽东同志论战争与和平	新疆人民出版社编辑	1964
95	毛泽东同志论政策	新疆人民出版社编辑	1961. 3
96	毛泽东选集（第四卷）	毛泽东著	1960. 9
97	毛泽东选集（一卷本）	毛泽东著	1964
98	毛泽东选集介绍	人民出版社编辑	1963. 6
99	毛泽东著作介绍	中国青年出版社编辑	1962. 2
100	毛泽东著作目录（国内出版外文）	新华书店外文版发行所编	1966. 9
101	毛泽东著作使我们心明眼亮（几个先进生产者的学习体会）	上海人民出版社编辑	1960. 3
102	毛泽东著作选读（甲种本）	毛泽东著；《毛泽东著作选读》编辑委员会编	1964. 6
103	毛泽东著作选读（乙种本）	毛泽东著；《毛泽东著作选读》编辑委员会编	1964. 6
104	毛泽东著作主题索引（关于马克思列宁主义的世界观和方法论部分）	中国人民大学图书馆编	1960. 6
105	毛主席的四篇哲学论文	毛泽东著	1964. 11
106	毛主席关于文学艺术的五个文件	毛泽东著	1967
107	毛主席论教育革命	毛泽东著	1967
108	毛主席诗词	毛泽东著	1963. 12
109	毛主席诗词·七绝	毛泽东著	1965. 11
110	毛主席诗词三十七首	毛泽东著	1963. 12
111	毛主席语录	中国人民解放军总政治部编	1967. 5
112	毛主席著作目录索引	中共新疆维吾尔自治区委员会党校	1960. 2
113	“矛盾论”名词解释	贵阳医学院马列主义教研室编	1960. 5
114	让毛泽东思想在我们头脑里扎根	辽宁人民出版社编	1965. 8
115	人的正确思想是从哪里来的？	毛泽东著	1964. 6
116	社会民主党在民主革命中的两种策略	（俄）В. И. 列宁著；中共中央马恩列斯著作编译局译	1960. 3
117	神圣家族，或对批判的批判所做的批判	（德）马克思，恩格斯著；中共中央马恩列斯著作编译局译	1962. 7
118	苏联部长会议主席同美国总统和英国首相通信集（第一册 斯大林同丘吉尔和艾德礼的通信）	苏联外交部编；潘益柯译	1961. 12
119	唯物主义与经验批判主义	（俄）列宁著	1960. 4
120	我们是怎样坚持活学活用毛主席著作的	上海人民出版社	1966. 2
121	我们是怎样学习毛主席著作的（第四辑）	辽宁人民出版社	1964. 9
122	无产阶级革命和叛徒考茨基	（俄）列宁著；中共中央马恩列斯著作编译局译	1960. 3
123	无产阶级革命和叛徒考茨基（第二分册）	（俄）列宁著	1964. 6

（续表）

序号	题名	责任者	出版年
124	无产阶级革命和叛徒考茨基（第一分册）	（俄）列宁著	1964.6
125	新民主主义论：在延安文艺座谈会上的讲话　关于正确处理人民内部矛盾的问题　在中国共产党全国宣传工做会议上的讲话	毛泽东著	1966.9
126	学习《毛泽东选集》第四卷	中国青年出版社编辑	1961.3
127	学习《纪念白求恩》	上海人民出版社编	1965.4
128	学习《矛盾论》	上海人民出版社编	1965.6
129	学习《实践论》	上海人民出版社编	1965.5
130	学习《实践论》《矛盾论》《关于正确处理人民内部矛盾的问题》等主席著作参考资料索引（一）	中国科学院新疆分院图书馆编	1964.12
131	学习《为人民服务》	上海人民出版社编	1965.3
132	学习毛主席著作的伟大意义	新疆自治区图书馆训练班编	1960
133	学习毛主席著作资料索引	陕西省图书馆编	1965.7
134	一定要把毛泽东思想学到手	陈辑编著	1964.5
135	忆马克思恩格斯	（法）保尔·拉法格，（德）威廉·李卜克内西著；杨启潾等译	1963.4
136	在毛泽东思想哺育下成长——李素文学毛主席著作经验	“大公报”编辑部编辑	1966.6
137	在中国共产党全国宣传工作会议上的讲话	毛泽东著	1964.6
138	怎么办？	（俄）列宁著；中共中央马恩列斯著作编译局译	1960.3
139	战斗的道路，胜利的道路（介绍毛泽东选集第四卷）	宋力著	1960.1
140	哲学的贫困——答蒲鲁东先生的“贫困的哲学”	（德）马克思（K. Marx）著；何思敬译	1961.11
141	中国农村的社会主义高潮“序言和按语选”	毛泽东著	1960.2
142	资本论（第二卷）	（德）马克思著；郭大力等译	1963.12
143	资本论（第三卷）	（德）马克思著；郭大力等译	1963.12
144	资本论（第一卷）	（德）马克思著；郭大力等译	1963.12
145	《资本论》讲座（第一册）	王亚南，袁镇岳著；厦门大学经济研究所编	1963.12
146	《资本论》注释（第二卷）	（苏）Д. И. 卢森贝著；赵木斋，翟松年译	1963.3
147	《资本论》注释（第三卷）	（苏）Д. И. 卢森贝著；李延栋译	1963.3
148	《资本论》注释（第一卷）	（苏）Д. И. 卢森贝著；赵木斋，朱培兴译	1963.2
149	资本论典故注释	中国人民大学经济学说史教研室编	1962.12
150	资本论——政治经济学批判（第二卷）	（德）马克思著；王亚南，郭大力译	1964.11

（4）1970—1979 年

序　号	题　名	责任者	出版年
1	德国农民战争	（德）恩格斯著	1976. 1
2	恩格斯传	（俄）海因里希·格姆科夫等著	1978. 1
3	共产党宣言提要和注释	中共党校编写小组	1972. 5
4	关于马克思的《资本论》	郭大力著	1978. 12
5	回忆毛主席	人民文学出版社	1977. 9
6	经验主义还是马克思列宁主义	人民出版社编	1971. 6
7	举世悼念毛泽东主席	新华通讯社编译	1978. 2
8	列宁	人民文学出版社	1977. 11
9	列宁传	（苏）普拉东·米哈伊洛维奇·凯尔任采夫著	1975. 1
10	列宁的故事	松群编著	1978. 4
11	列宁关于星期六义务劳动	（俄）列宁著；人民出版社编	1975. 3
12	列宁论帝国主义	（俄）列宁著；人民出版社编辑	1974. 1
13	列宁论国家	（俄）列宁著	1973. 9
14	列宁论战斗唯物主义的意义	（俄）列宁著；人民出版社编	1974. 12
15	列宁全俄苏维埃第七次代表大会	列宁著；人民出版社	1975. 4
16	列宁是怎样写作学习的	（苏）娜·康克鲁斯卡娅	1973. 4
17	列宁在全俄工会第二次代表大会上的报告	（俄）列宁著；人民出版社编	1975. 3
18	列宁怎样学习外国语	（苏）娜·克里普斯卡娅著	1975. 1
19	论十大关系	毛泽东著	1978. 3
20	马克思恩格斯《资本论》书信集	中共中央马恩列斯著作编译局译	1976. 8
21	马克思恩格斯创建政治经济学年表（上册）	李善明，周成启编	1979. 8
22	马克思恩格斯共产党宣言	（德）马克思，恩格斯著；中共中央马恩列斯著作编译局译	1978. 11
23	马克思恩格斯和白拉克通信集（1869—1880 年）	（德）马克思，恩格斯著；中共中央马恩列斯著作编译局译	1978. 12
24	《马克思恩格斯列宁论无产阶级专政》二十一篇经典著作篇名介绍	广西壮族自治区第一图书馆编	1975. 7
25	《马克思恩格斯列宁论无产阶级专政》浅说和注释	新疆大学革委会宣传处编	1975. 3
26	马克思恩格斯列宁斯大林反潮流的光辉事例	北师大历史系世界组编	1975. 4
27	马克思恩格斯列宁斯大林论反对机会主义、修正主义	人民出版社编	1974. 11
28	马克思恩格斯列宁斯大林论教育	北京师范大学教育系等编	1977. 7
29	马克思恩格斯列宁斯大林论经济危机（部分论述）	人民出版社编	1974. 12
30	马克思恩格斯列宁斯大林论评价历史人物	人民出版社编	1975. 12
31	马克思恩格斯列宁斯大林论沙皇俄国	人民出版社编	1977. 7

（续表）

序　号	题　名	责任者	出版年
32	马克思恩格斯列宁斯大林论沙皇俄国的侵略和扩张	（德）马克思等著	1974. 12
33	马克思恩格斯列宁斯大林论研究历史	人民出版社编	1974. 9
34	马克思恩格斯列宁斯大林毛泽东关于认识和实践的关系的论述	国务院研究室哲学组编	1978. 12
35	马克思恩格斯列宁斯大林毛泽东论正确对待马克思主义	中共中央马恩列斯著作编译局编	1979. 2
36	马克思恩格斯全集（第二十九卷）	（德）马克思，恩格斯著；中共中央马恩列斯著作编译局译	1972. 6
37	马克思恩格斯全集（第二十卷）	（德）马克思，恩格斯著；中共中央马恩列斯著作编译局译	1971. 3
38	马克思恩格斯全集（第二十六卷第 1 册）	（德）马克思，恩格斯著；中共中央马恩列斯著作编译局译	1972. 6
39	马克思恩格斯全集（第二十六卷第 2 册）	（德）马克思，恩格斯著；中共中央马恩列斯著作编译局译	1973. 7
40	马克思恩格斯全集（第二十六卷第 3 册）	（德）马克思，恩格斯著；中共中央马恩列斯著作编译局译	1974. 12
41	马克思恩格斯全集（第二十三卷）	（德）马克思，恩格斯著；中共中央马恩列斯著作编译局译	1972. 9
42	马克思恩格斯全集（第二十四卷）	（德）马克思，恩格斯著；中共中央马恩列斯著作编译局译	1972. 12
43	马克思恩格斯全集（第三十八卷）	（德）马克思，恩格斯著；中共中央马恩列斯著作编译局译	1972. 8
44	马克思恩格斯全集（第三十九卷）	（德）马克思，恩格斯著；中共中央马恩列斯著作编译局译	1974. 11
45	马克思恩格斯全集（第三十卷）	（德）马克思，恩格斯著；中共中央马恩列斯著作编译局译	1974. 9
46	马克思恩格斯全集（第三十七卷）	（德）马克思，恩格斯著；中共中央马恩列斯著作编译局译	1971. 6
47	马克思恩格斯全集（第三十三卷）	（德）马克思，恩格斯著；中共中央马恩列斯著作编译局译	1973. 12
48	马克思恩格斯全集（第三十四卷）	（德）马克思，恩格斯著；中共中央马恩列斯著作编译局译	1972. 6
49	马克思恩格斯全集（第三十五卷）	（德）马克思，恩格斯著；中共中央马恩列斯著作编译局译	1971. 6
50	马克思恩格斯全集（第四十六卷 上册）	（德）马克思，恩格斯著；中共中央马恩列斯著作编译局译	1979. 7
51	“马克思恩格斯全集”篇名索引	上海科技图书馆编	1975. 1
52	马克思恩格斯全集说明汇编	中共中央马恩列斯著作编译局译	1977. 6
53	马克思恩格斯生平事业年表	中共中央马恩列斯著作编译局译	1976. 8
54	马克思恩格斯书简	（德）马克思，恩格斯著；中共中央马恩列斯著作编译局译	1973. 9
55	马克思恩格斯选集（第二卷）	中共中央马恩列斯著作编译局译	1972. 5

（续表）

序　号	题　名	责任者	出版年
56	马克思恩格斯选集（第三卷）	中共中央马恩列斯著作编译局译	1972. 5
57	马克思恩格斯选集（第四卷）	中共中央马恩列斯著作编译局译	1972. 5
58	马克思恩格斯选集（第一卷）	中共中央马恩列斯著作编译局译	1972. 5
59	马克思恩格斯选集中的希腊罗马神话典故	戈宝权编	1978. 4
60	马克思恩格斯哲学思想简介	《马克思恩格斯哲学思想简介》编译组	1976. 7
61	马克思生平事业年表（1818—1883 年）	（苏）弗·阿多拉茨基主编；三联出版社编译	1977. 5
62	马克思主义的三个来源	中国人民解放军 51116 部队理论组编	1978. 1
63	马克思主义国家学说讲话（哲学社会科学基础读物）	北京大学哲学系 72 级工农兵学员编	1975. 1
64	马克思主义经典著作解放后出版情况简介	中央民族学院历史系世界史教研组编	1975. 9
65	马列著作、毛泽东著作选读（政治经济学部分）	中共中央党校编	1978. 7
66	马列著作选读——辩证唯物主义和历史唯物主义	人民出版社编	1978. 2
67	马列著作选读——科学社会主义	人民出版社编	1977. 1
68	马列著作选读——政治经济学	人民出版社编	1977. 1
69	毛泽东选集（第五卷）	毛泽东著	1977. 4
70	毛泽东选集——词语简释	《毛泽东选集》词语简释编写组	1977. 11
71	毛泽东选集——民族问题成语典故简释	中央民族学院语文系汉语教研组编	1978. 2
72	毛泽东选集篇名索引	陕西省图书馆编	1975. 7
73	毛泽东主席论妇女	中华人民共和国全国妇女联合会编	1978. 8
74	毛主席的五篇哲学著作学习参考材料（上）	北京大学哲学系编	1974. 4
75	毛主席的五篇哲学著作学习参考材料（下）	北京针织总厂编写组等编	1975. 1
76	毛主席的五篇哲学著作中的历史事件和人物简介	人民出版社编	1972. 1
77	毛主席关怀青年一代	中国青年出版社编	1977. 5
78	毛主席关于三个世界划分的理论是对马克思列宁主义的重大贡献	人民日报编辑部编	1977. 11
79	毛主席青少年时期锻炼身体的故事	周世钊著	1978. 12
80	毛主席诗词	人民文学出版社编	1976. 1
81	毛主席诗词墨迹	毛泽东书	1977. 9
82	毛主席语录（选自《毛泽东选集》第五卷）	中共平顶山市委宣传部	1977. 1
83	毛主席在井冈山的故事	中共江西省宁冈县委宣传部编	1978. 4
84	毛主席著作介绍（第一集）	甘肃人民出版社编	1978. 2
85	摩尔根《古代社会》一书摘要	（德）马克思著；中国科学院历史研究所译	1978. 7
86	农民运动的伟大纲领——学习《湖南农民运动考察报告》	《湖南农民运动考察报告》编写组	1978. 4

（续表）

序 号	题 名	责任者	出版年
87	全俄中央执行委员会、莫斯科工农和红军代表、苏维埃、工会联席会议	（俄）列宁著	1975. 3
88	认真学习“马克思恩格斯列宁论无产阶级专政”	人民出版社编	1975. 3
89	剩余价值理论（《资本论》第四卷第二册）	（德）马克思著；中共中央马恩列斯著作编译局译	1975. 11
90	剩余价值理论（《资本论》第四卷第三册）	（德）马克思著；中共中央马恩列斯著作编译局译	1975. 11
91	剩余价值理论（《资本论》第四卷第一册）	（德）马克思著；中共中央马恩列斯著作编译局译	1975. 11
92	剩余价值学说史（第三卷）	（德）马克思著；郭大力译	1975. 1
93	剩余价值学说史（第一卷）	（德）马克思著；郭大力译	1975. 12
94	斯大林文选（1934—1952 年）	中共中央马恩列斯著作编译局编译	1977. 9
95	谈谈辩证法问题	（俄）列宁著	1973. 9
96	伟大的创举	（俄）列宁著	1975. 2
97	伟大的历程——回忆战争年代的毛主席	人民出版社编辑	1977. 8
98	伟大的无产阶级革命导师马克思和恩格斯	乌兰汗编文；高莽绘	1978. 11
99	我们的纲领	（俄）列宁	1976. 3
100	无产阶级领袖的伟大历史作用	北京师范学院政教系理论组编	1977. 5
101	无产阶级专政学说发展概述（1844—1924 年）	北京部队炮兵某部理论组，南开大学历史系七四届工农兵学员编	1975. 1
102	掀起学习毛主席著作的新高潮（热烈欢呼《毛泽东选集》第五卷出版）	人民出版社编	1977. 4
103	学习《毛泽东选集》第五卷	《学习（毛泽东选集）第五卷》编写组编	1977. 11
104	学习《马克思恩格斯列宁论无产阶级专政》问答	广西壮族自治区第一图书馆编	1975. 7
105	学习《毛泽东选集》第五卷参考资料（一）	四川省图书馆编	1977. 6
106	学习《毛泽东选集》第五卷的体会	农村版图书编选小组选编	1978. 3
107	学习《毛泽东选集》第五卷——坚持无产阶级专政下的继续革命	中国人民解放军军政大学理论组编	1977. 1
108	学习参考资料——伟大导师论“无产阶级专政”语录解释	新疆维吾尔自治区图书馆编	1975. 3
109	学习毛主席的社会主义建设理论	向群编著	1977. 11
110	学习毛主席的十大军事原则	中国人民解放军军事科学院学习组编	1977. 12
111	学习毛主席关于农业合作化问题的论述	北京师范大学政治经济学系政治经济学教研室编	1977. 12
112	学习毛主席著作报刊资料索引（1972 年 1 月—1975 年 12 月）	广西壮族自治区第一图书馆编	1976. 3
113	研究《哥达纲领批判》参考史料	中共中央马恩列斯著作编译局资料室编	1979. 2
114	再论工会：目前局势及托洛茨基和布哈林的错误	（俄）列宁著；民族语文翻译出版局译	1976. 2
115	政治经济学批判大纲（第三分册）	（德）马克思著	1975. 2
116	政治经济学批判大纲（第五分册）	（德）马克思著	1978. 6

（续表）

序　号	题　名	责任者	出版年
117	致约·魏德迈	（德）马克思著	1975. 3
118	“资本论”研究	王亚南著	1973. 3
119	《资本论》难句试解（第一册）	张薰华著	1977. 4
120	《资本论》提要（第二卷）	张薰华，洪远朋编	1978. 1
121	《资本论》提要（第一卷）	张薰华，洪远朋编	1977. 6

（5）1980—1989 年

序　号	题　名	责任者	出版年
1	邓小平文选（1975—1982 年）	邓小平著	1983. 7
2	恩格斯的晚年（1883—1895 年）	王兴斌，栾扶桂编	1985. 7
3	恩格斯和马克思主义	《恩格斯和马克思主义》编写组编	1985. 6
4	恩格斯青年时代	（保）斯捷法·普罗杰夫著；宋洪训译	1984. 12
5	回忆列宁（第二卷）	上海外国语学院列宁著作翻译研究室译	1982. 8
6	回忆列宁（第三卷）	上海外国语学院列宁著作翻译研究室译	1982. 8
7	回忆列宁（第四卷）	上海外国语学院列宁著作翻译研究室译	1982. 8
8	回忆列宁（第五卷）	侯焕闳译	1982. 8
9	回忆列宁（第一卷）	上海外国语学院列宁著作翻译研究室译	1982. 8
10	列宁年谱（第一卷）	苏共中央马列主义研究院编；江苏师范学院外语系俄语教研室译	1984. 3
11	列宁年谱（第二卷）	苏共中央马列主义研究院编；江苏师范学院外语系俄语教研室译	1984. 3
12	列宁年谱（第三卷）	苏共中央马列主义研究院编；江苏师范学院外语系俄语教研室译	1984. 3
13	列宁年谱（第四卷）	苏共中央马列主义研究院编；江苏师范学院外语系俄语教研室译	1984. 3
14	列宁全集（第八卷）	中共中央马恩列斯著作编译局	1986. 1
15	列宁全集（第九卷）	中共中央马恩列斯著作编译局	1987. 1
16	列宁全集（第六卷）	中共中央马恩列斯著作编译局	1986. 1
17	列宁全集（第七卷）	中共中央马恩列斯著作编译局	1986. 1
18	列宁全集（第三十八卷）	中共中央马恩列斯著作编译局	1986. 1
19	列宁全集（第三十二卷）	中共中央马恩列斯著作编译局	1985. 1
20	列宁全集（第三十九卷）	中共中央马恩列斯著作编译局	1986. 1
21	列宁全集（第三十六卷）	中共中央马恩列斯著作编译局	1985. 1
22	列宁全集（第三十七卷）	中共中央马恩列斯著作编译局	1986. 1
23	列宁全集（第三十三卷）	中共中央马恩列斯著作编译局	1985. 1
24	列宁全集（第三十四卷）	中共中央马恩列斯著作编译局	1985. 1
25	列宁全集（第三十五卷）	中共中央马恩列斯著作编译局	1985. 1
26	列宁全集（第三十一卷）	中共中央马恩列斯著作编译局	1985. 1
27	列宁全集（第十二卷）	中共中央马恩列斯著作编译局	1987. 1

（续表）

序　号	题　名	责任者	出版年
28	列宁全集（第十七卷）	中共中央马恩列斯著作编译局	1988. 1
29	列宁全集（第十三卷）	中共中央马恩列斯著作编译局	1987. 1
30	列宁全集（第十一卷）	中共中央马恩列斯著作编译局	1987. 1
31	列宁全集（第四十八卷）	中共中央马恩列斯著作编译局	1987. 1
32	列宁全集（第四十二卷）	中共中央马恩列斯著作编译局	1987. 1
33	列宁全集（第四十卷）	中共中央马恩列斯著作编译局	1986. 1
34	列宁全集（第四十三卷）	中共中央马恩列斯著作编译局	1987. 1
35	列宁全集（第四十一卷）	中共中央马恩列斯著作编译局	1986. 1
36	列宁全集（第五卷）	（俄）列宁著；中共中央马恩列斯著作编译局	1986. 1
37	列宁文稿（12）	（俄）列宁	1985. 12
38	马克思恩格斯和哈尼通信集（1846—1895年）	中共中央马恩列斯著作编译局译	1984. 3
39	马克思恩格斯列宁农业经济著作讲解	中国人民大学农业经济系经典著作选读教学组编	1982. 8
40	马克思恩格斯列宁斯大林关于政治经济学社会主义部分若干问题的部分论述	中共中央党校政治经济学教研室编	1980. 3
41	马克思恩格斯列宁斯大林论法	全国人大常委会办公厅研究室，中国社会科学院法学研究所编译	1986. 5
42	马克思恩格斯列宁斯大林论工人阶级	林涧青主编	1986. 5
43	马克思恩格斯列宁斯大林论历史人物评价问题	黎澍著	1981. 5
44	马克思恩格斯列宁斯大林论人性异化、人道主义	中国社会科学院哲学所历史唯物主义研究室，中国历史唯物主义研究会编	1983. 8
45	马克思恩格斯列宁斯大林论思想方法和工作方法	温济泽主编	1984. 11
46	马克思恩格斯列宁斯大林毛泽东关于农业若干问题的部分论述	中国农村发展研究中心，中国农科院农业经济研究所选编组编	1983. 4
47	马克思恩格斯列宁斯大林毛泽东论历史唯物主义（上）	中国历史唯物主义研究会，中国社会科学院哲学所历史唯物主义研究室编	1983. 5
48	马克思恩格斯列宁斯大林毛泽东论历史唯物主义（下）	中国历史唯物主义研究会，中国社会科学院哲学所历史唯物主义研究室编	1983. 5
49	马克思恩格斯列宁斯大林毛泽东论历史唯物主义（中）	中国历史唯物主义研究会，中国社会科学院哲学所历史唯物主义研究室编	1983. 5
50	马克思恩格斯列宁斯大林著作中文版书目、版本简介（1950—1983年）	人民出版社马列著作编辑室编	1985. 11
51	马克思恩格斯列宁与百科全书	（苏）А. И. 德罗宾斯基著；常政译	1986. 6
52	马克思恩格斯论历史科学	黎澍，将大椿主编	1988. 1
53	马克思恩格斯论人性、人道主义和异化	中国人民大学编	1984. 1
54	马克思恩格斯全集（第四十九卷）	（德）马克思，恩格斯著；中共中央马恩列斯著作编译局译	1982. 12
55	马克思恩格斯全集（第四十三卷）	（德）马克思，恩格斯著；中共中央马恩列斯著作编译局译	1982. 12

（续表）

序　号	题　名	责任者	出版年
56	马克思恩格斯全集（第四十一卷）	（德）马克思，恩格斯著；中共中央马恩列斯著作编译局译	1982.2
57	马克思家书集	马克思著；马列著作编辑部编	1985.1
58	马克思列宁主义哲学原理（教科书）	（苏）费·瓦·康斯坦丁诺夫主编	1985.7
59	马克思主义的新发展（纪念马克思逝世一百周年论文集）	新疆维吾尔自治区纪念马克思逝世一百周年学术报告会筹备组编	1983.9
60	马克思主义经典著作选读	中共中央党校编	1981.1
61	马克思主义来源研究论丛（第六辑）	高崧著；商务印书馆	1984.11
62	马克思主义来源研究论丛（第七辑）	商务印书馆编	1986.3
63	马克思主义来源研究论丛（第五辑）	高崧著；商务印书馆	1984.6
64	马克思主义人物辞典	何承艰等主编	1989.2
65	马克思主义认识论导论	（苏）П.В.科普宁著；马迅章云译	1982.1
66	马克思主义研究丛刊（1984年第2期）	《马克思主义研究》丛刊编辑部编辑	1984.12
67	马克思主义研究丛刊（1985年第1期）	《马克思主义研究》丛刊编辑部编辑	1984.12
68	马克思主义原理辞典	刘炳瑛主编	1988.12
69	马克思主义哲学纲要	陈晏清编；中央广播电视大学	1983.2
70	马克思主义哲学基本原理	上海市高校《马克思主义哲学基本原理》编写组编	1984.5
71	马克思主义哲学基础（上册）	高清海主编	1985.1
72	马克思主义哲学名著学习提要	朱传棨等编著	1985.6
73	马克思主义哲学原理（干部教材）	中共北京市委党校哲学教研究编	1983.8
74	马克思主义哲学自修教程	李淮春主编	1986.8
75	马列文论研究（第七集）	全国马列文艺论著研究会编	1985.1
76	马列文论研究（第五集）	全国马列文艺论著研究会编	1984.5
77	马列主义研究资料（1983年第1辑）	中共中央马恩列斯著作编译局《马列主义研究资料》编辑部编	1983.2
78	马列主义研究资料（1983年第2辑）	中共中央马恩列斯著作编译局《马列主义研究资料》编辑部编	1983.5
79	毛泽东	（美）斯图尔特·施拉姆著；中共中央文献研究室《国外研究毛泽东思想资料选辑》编辑组编译	1987.12
80	毛泽东的读书生活	龚育之等编	1986.9
81	毛泽东论调查研究	中国统计学会马克思主义统计理论研究组编	1986.8
82	毛泽东农村调查文集	人民出版社编	1982.12
83	毛泽东手书古诗词选	中央档案馆编	1984.7
84	毛泽东书信选集	人民出版社编	1983.12
85	毛泽东思想辞典	中国毛泽东思想理论与实践研究会理事会编	1989.1
86	毛泽东哲学思想概论	杨瑞森等编著	1985.6
87	斯大林文集（1934—1952年）	中共中央马恩列斯著作编译局编译	1985.12

（续表）

序 号	题 名	责任者	出版年
88	外国共产党纪念马克思逝世一百周年文集	严理	1985. 2
89	无畏的探索者——青年时代的恩格斯	王兴斌编著	1981. 1
90	学习毛泽东哲学思想（纪念毛泽东同志诞辰十周年专辑）	中共中央党校出版社编	1983. 12
91	学习毛泽东哲学思想——介绍毛泽东同志的八篇著作	韩树英，万井容，高光，杨春贵等著	1982. 5
92	智慧的明灯	中共中央马恩列斯著作编译局编译	1983. 2
93	《资本论》大纲（第一卷）	漆琪生著	1985. 6
94	《资本论》的理解与启示（第三册）	魏埙主编；夏长森等编	1984. 1
95	《资本论》讲解	厦门大学经济系《资本论》讲解编写组编	1980. 8
96	《资本论》提要（第三卷）	张薰华，洪远朋编	1982. 3
97	资本论辞典	（日）久留间鲛造等著；薛敬孝等译	1989. 12
98	自然辩证法	（德）恩格斯著；于光远等译编	1984. 1

（6）1990—1999 年

序 号	题 名	责任者	出版年
1	马克思主义基本理论 200 题	刘德庚主编	1991. 6

B 哲学、宗教

本部分共收编哲学和宗教类图书书目555条。其中，收编1946年以前出版的该类图书书目5条，1950—1959年185条，1960—1969年89条，1970—1979年168条，1980—1989年102条，1990—1999年6条。具体目录如下。

（1）1949年以前

序　号	题　名	责任者	出版年
1	法相辞典	朱芾煌编	1939. 5
2	进化福音	汤姆逊著；伍况甫译；王云五主编	1926
3	生命论	（日）永井潜著；胡步蟾译	1928
4	哲学	（苏）米丁撰；张仲宝译	1949. 1
5	自希腊人到达尔文	奥兹本著；江振声译	1933. 4

（2）1950—1959年

序　号	题　名	责任者	出版年
1	巴夫洛夫及其学派	王光煦译	1951. 6
2	巴甫洛夫的学说思想	陈书编著	1958. 5
3	辩证法的逻辑	（德）J. 狄芝根著；柯柏年译	1954
4	辩证逻辑参考资料（1）	且大有编	1959. 1
5	辩证逻辑参考资料（2）	且大有编	1959
6	辩证唯物论是米丘林学说底哲学基础	（苏）鲁巴雪夫斯基；李芜等译	1953
7	辩证唯物主义讲稿（第二讲）	中共江西省委讲师团教研室编	1956
8	辩证唯物主义讲稿（第一讲）	中共江西省委讲师团教研室编	1956
9	辩证唯物主义讲课提纲	艾思奇	1957. 3
10	辩证唯物主义讲授提纲	中共新疆维吾尔自治区委员会宣传部	1956. 11
11	辩证唯物主义教学提纲	中共中央第五中级党校哲学教研室编	1956
12	辩证唯物主义论认识过程	（苏）安德列耶夫著；俊庄译	1956
13	辩证唯物主义论文集	学习译丛编辑部编译	1955. 8
14	辩证唯物主义与历史唯物主义教学大纲	C. T. 卡尔塔赫主编；中国人民大学等译	1956. 4
15	辩证唯物主义自学提纲	陈仲平著	1956
16	别林斯基的历史观点	（苏）B. E. 依列里兹基著；谭善余，丁文安译	1956. 8

（续表）

序　号	题　名	责任者	出版年
17	不可知主义批判	全增嘏编	1956.9
18	车尔尼雪夫斯基选集（下卷）	（苏）Н.Г. 车尔尼舍夫斯基著；季谦等译	1959
19	从碰钉子说起——主观与客观的关系	金英著	1956.5
20	达尔文学说与哲学	舒炜光著	1959.12
21	大同书	康有为著	1956.1
22	大众哲学	艾思奇	1950.1
23	党的言论的力量	（苏）弗科尔金娜等著；陈大维等译	1957
24	党性和世界观	王执生著	1959.12
25	道德形上学探本	（德）康德著；唐钺译	1957.1
26	德国古典哲学是马克思主义的理论来源之一	（苏）奥依节尔曼著；马兵译	1956
27	读诸子札记	陶鸿庆著	1959.1
28	费尔巴哈的唯物主义	（苏）С.Ш. 加巴拉耶夫著；涂纪亮，余传金译	1959.1
29	费尔巴哈哲学著作选集（上）	（德）路德维奇·费尔巴哈著	1959.5
30	革命干部的革命精神	中国青年报社论委员会编	1958.4
31	革命者个人生活与政治的关系	李钟英著	1956.9
32	个人主义有没有积极作用	中国青年出版社编	1958.6
33	个性积极性问题	（苏）Н.Х. 多柏雷宁等著；孙经灏等译	1958
34	龚自珍全集（上册）	（清）龚自珍著；王佩诤校	1959.12
35	共产党员要正确对待私生活	孙维本著	1957.9
36	共产主义人生观	共青团华东工作委员会宣传部著	1951.11
37	共产主义人生观	丁大年著	1953.5
38	共产主义人生观	冯安著	1956
39	共产主义世界观的初步认识	晓文著	1957.5
40	古希腊罗马哲学	北京大学哲学系外国哲学史教研室编译	1957.7
41	关于辩证唯物主义的一些基本知识	上海人民出版社编	1956.7
42	关于青年品质修养的几个问题（续编）	（苏）波略雅科夫等著；乃禾译	1955
43	“关于正确处理人民内部矛盾的问题”发表一周年纪念论文目录	北京图书馆编	1959.9
44	黑格尔哲学中的活东西和死东西	（意）克罗齐著；王衍孔译	1959.8
45	机关青年应怎样对待工作和学习	中国新民主主义青年团贵州省委员会宣传部辑	1953
46	基础和上层建筑问题论文集	上海人民出版社编辑	1958.9
47	简明哲学辞典	（苏）М. 罗森塔尔，П. 尤金编；中共中央马恩列斯著作编译局译	1955.7
48	简明哲学辞典（译名汇编）	中共中央马恩列斯著作编译局编译	1956.5
49	介绍恩格斯著“费尔巴哈与德国古典哲学的终结”	张江明著	1959.12
50	局部和全局	李钟英著	1959.5

（续表）

序　号	题　名	责任者	出版年
51	康德的哲学	（苏）B. X. 阿斯穆斯著	1959.1
52	科学与近代世界	（英）怀特海著；何钦译	1959
53	科学与唯心主义的对立	M. C. 康福斯著；陈修齐等译	1954.7
54	克服官僚主义改进工作作风	李朴著	1959.8
55	老子正诂	高亨著	1959.9
56	历史唯物主义	（苏）X. B. 康士坦丁诺夫主编；刘磊等译	1957.2
57	历史唯物主义纲要	孙叔平著	1958.9
58	历史唯物主义论地理环境在社会发展中的作用	（苏）伊凡诺夫·欧姆斯基著；冯维静译	1954.9
59	历史唯物主义与革命人生观（上）	河南大学预科委员会编	1952.3
60	历史唯物主义与革命人生观（下）	河南大学预科委员会编	1952.3
61	列宁主义与俄国唯物哲学	（苏）M. T. 岳夫邱克著；彭菊仁义	1954.11
62	论黑格尔的哲学	张世英著	1956.4
63	论黑格尔哲学	T. И. 奥依则尔曼等著；哲学研究编辑部编	1959.7
64	论衡集解	刘盼遂著	1959.9
65	论基础和上层建筑	张镛著	1959.9
66	论老子	车载著	1959.6
67	论逻辑学与唯物辩证法——关于逻辑学四个基本问题的研究	刘丹岩著	1957
68	论民主、自由与平等	左其煌，孙晓泉等著	1959.9
69	论群众路线	中华全国总工会干部学校马克思，列宁主义教研室编	1957.4
70	论身体好、学习好、工作好	中国青年出版社编辑	1954.4
71	论新爱国主义	（苏）Н. П. 伐西利耶夫，Ф. Д. 赫路斯托夫主编；祝百英等译	1951.9
72	逻辑	（苏）Д. П. 高尔斯基，П. В. 塔瓦涅茨主编；宋文坚译	1957.1
73	逻辑教学大纲	（苏）B. T. 马卡洛夫主编；李志才译	1956
74	逻辑学	温公颂著	1959.7
75	逻辑学基础知识	一兵编著	1958
76	逻辑学讲话	一兵编著	1955.8
77	逻辑原理（上）	（英）F. H. 布拉德雷著；庆泽彭译	1959.11
78	马克思恩格斯列宁斯大林论哲学	中国科学院哲学研究所西方哲学史组编	1959.8
79	马克思列宁主义经典作家的工作方法	（德）格拉塞（M. Glasser）撰；高国淦译	1954
80	马克思列宁主义经典作家论逻辑	马特编	1958.9
81	美学书怀	吕荧著	1959.8
82	门得列也夫的世界观——纪念门得列夫逝世 50 周年	（苏）Г. 札罗茨基著；张光楠，徐贤珊译	1959
83	米丘林理论遗产的哲学意义	（苏）A. A. 鲁巴雪夫斯基著；毅敏译	1954
84	米丘林学说的哲学和自然科学前提	（苏）B. 杜布罗赫瓦洛夫著；罗见龙译	1957.2

（续表）

序　号	题　名	责任者	出版年
85	名理探	（葡）傅汎际译义；李之藻达辞	1959.9
86	墨子	任继愈编著	1959.8
87	培养青年共产主义的道德反对资产阶级思想的侵蚀	中国青年出版社编	1955.1
88	批判休谟和康德的不可知论	方书春编	1956.6
89	批判徐懋庸的反动哲学	关锋编	1959
90	批评与自我批评是苏维埃社会发展的动力	（苏）И. 沙里可夫著；俊庄译	1955
91	普列汉诺夫哲学著作选集（第一卷）	（苏）Г.В. 普列汉诺夫著；刘若水等译	1959.6
92	谦虚是工人阶级的高贵品德	吕品著	1956.8
93	前进的脚迹	韦君宜著	1955.1
94	青年修养的几个问题	潘文铮著	1956.6
95	青年修养十二讲	中国新民主主义青年团中央宣传部编著	1957
96	青年要树立崇高的生活目的在实际斗争中培养共产主义道德品质	李琦涛著	1955.9
97	青年应该怎样发展个性	王铁著	1959
98	热气集（思想杂论）	范康著	1959.8
99	社会存在与社会意识	郭力军编	1955
100	社会主义社会发展的动力	（苏）Х.В. 康士坦丁诺夫撰；崔平译	1952.8
101	社会主义制度下的非对抗性矛盾	（苏）В.П. 切尔特柯夫著；汝信，杨宇译	1959
102	十八世纪法国唯物主义者的无神论	（苏）蔡卞柯马·季著；郭力军译	1957
103	十九世纪俄国革命民主主义者的哲学和社会政治观点	苗力田著	1959.1
104	什么是共产主义道德	吴介民著	1955
105	什么是历史唯物主义	黎明著	1957
106	什么是历史唯物主义	（苏）伊·察美良著；张家拯译	1959.8
107	什么是马克思列宁主义哲学	（苏）莫·罗森塔尔等著；一枬，长之译	1954
108	什么是青年的幸福	中国青年出版社编辑	1955.8
109	什么是苏维埃爱国主义	（苏）马秋什金著；巽芳等译	1956.3
110	什么是唯物主义？	杨献珍编著	1955.9
111	什么是文明行为	（苏）л·道顿著；温金权译	1957.8
112	什么是我们的远大前途	艾思奇编著	1955.3
113	什么是幸福，怎样才能有幸福	新知识出版社编	1955.1
114	实践论	中共皖北区党委宣传部编	1951.7
115	实践在认识中的地位与作用	罗克汀著	1955.12
116	树立共产主义风格	中国青年出版编辑	1958.7
117	树立共产主义劳动态度	天津人民广播电台编	1955.5
118	说三国讲哲学	北大哲学系 1956 年级《说三国讲哲学》编写组编	1959.12
119	四存编	（清）颜元著	1957.5
120	四十年的回顾	冯友芝	1959.5

（续表）

序号	题名	责任者	出版年
121	苏联各民族的哲学与社会政治思想史纲（第1卷）	苏联科学院哲学研究所，莫斯科大学俄罗斯哲学史教研室主编；周邦立译	1959.11
122	苏联劳动者在社会主义生产中的创造主动性	（苏）Л.Н. 柯冈著；季谈译	1956.9
123	苏联青年的友谊和同志爱	（苏）A. 布拉京撰；凌芝译	1953
124	苏维埃国家机关工作的列宁原则	（苏）A.A. 阿斯凯罗夫著；梓江译	1955.8
125	苏维埃人对困难的克服与意志的培养	（苏）M. 玛斯林纳著；千山译	1955.7
126	谈批评的严肃性	关锋著	1956.4
127	谈青年的理想	天津市教育局	1958.7
128	谈谈革命的乐观主义精神	冯契著	1955.11
129	谈谈冷和热的关系问题	张学惠著	1959.9
130	谈谈矛盾问题	曾文经著	1958.11
131	谈谈青年的生活、工作和学习	中国青年出版社编	1953.6
132	谈忠诚老实	周原冰著	1956
133	团结进步的武器	苗青，力平著	1959.8
134	为人民服务是苏联作家的崇高使命	（苏）赫鲁晓夫著；潘安荣注释	1959.1
135	唯物辩证法的实质与核心	高清海等著	1959
136	唯物辩证论与米丘林生物学问题	（俄）V. 斯托列托夫等著；刘执之译	1950.4
137	唯物论与唯心论	梁寒冰著	1956.1
138	唯心主义的认识论根源和阶级根源	夏澍著	1956.1
139	伟大的共产主义风格（第二集）	人民出版社编辑	1959
140	文明论概略	（日）福泽谕吉著；北京编译社译	1959.4
141	无产阶级的国际主义与资产阶级的世界主义	（苏）契尔诺夫撰；张孟恢译	1954.5
142	物质第一性和意识第二性	（苏）彼·彼·切尔卡申著；舒炜光译	1955.8
143	西方心理学家文选	（美）朋曾闵·蓝德编；唐钺译	1959.5
144	先进思想在社会发展中的作用	（苏）Ф. 康士坦丁诺夫著；舒炜光译	1955.1
145	现代生物学中的哲学问题	（苏）И.И. 诺文斯基，Г.В. 普拉托诺夫编	1954
146	小逻辑	（德）黑格尔著；贺麟译	1954
147	谢琴诺夫	（苏）Ф.С. 科什托扬茨等著；张增慧等译	1955.5
148	心理科学的几个问题	赵璧如等译	1955.3
149	心理学报（1959年第4期）	中国心理学会，中国心理学报编辑委员会编辑	1959.9
150	心理学概论	（苏）阿尔捷莫夫著；赵璧为译	1957.11
151	新编哲学史（第二卷）	（苏）亚历山大洛夫撰；王子野译	1953
152	新道德和新青年	许诺著	1956
153	形而上学	（古希腊）亚里士多德著；吴寿彭译	1959.12
154	形式逻辑	中国人民大学哲学系逻辑教研组	1959.9
155	形式逻辑与辩证法	周谷城	1959.12

（续表）

序　号	题　名	责任者	出版年
156	性格心理学问题	（苏）尼·德·列维托夫著；佘增寿译	1959
157	学习毛泽东的思想方法和工作方法	张友渔著	1959.8
158	荀子（公元前三世纪中国唯物主义哲学家）	李德永著	1959
159	要有和困难作斗争的勇气（苏联共青团真理报“问题讨论”论文选集）	中国青年出版社编	1955.11
160	伊斯兰哲学史	（德）第·博尔（T. J. de Boer）著；马坚译	1958.4
161	以共产主义道德对待恋爱和家庭生活	陕西青年报，青年团陕西省委宣传部编	1957.4
162	应该怎样对待困难	中国青年杂志社编	1959.6
163	在实际工作中运用唯物辩证法	中国青年出版社编	1959.6
164	怎样学习马克思主义的哲学	杨献珍，李景林著	1957.1
165	增强共产主义道德修养，警惕资产阶级思想侵蚀	曲常川著	1957.2
166	哲学常识（初稿）	学习杂志社编	1957.2
167	哲学史（第一卷）	（苏）敦尼卡莱编；中共中央马恩列斯著作编译局译	1958.9
168	哲学原理	（法）笛卡尔（Descartes. R）著；关文运译	1958.9
169	知觉心理学研究	（苏）С. П. 鲁宾斯坦等著；王铎安译	1958.1
170	中国大同思想资料	中国科学院哲学研究所中国哲学史组编	1959.12
171	中国革命与婚姻家庭	马起著	1959
172	中国古代思想史	杨荣国编	1956.5
173	中国过渡时期资产阶级与工人阶级矛盾性质问题讨论专辑	哲学研究编辑部编	1956.12
174	中国近代思想家研究论文集	中国人民大学历史教研组编	1957
175	中国历代大同理想	侯外庐编	1959.4
176	中国唯物主义思想简史	张岱年著	1957
177	中国哲学史略	侯外庐编	1958.8
178	中国哲学史论文集	冯友兰编	1958.1
179	中国哲学史论文初集	《哲学研究》编辑部编	1959.9
180	周秦名家三子校诠	王启湘著	1957.5
181	自然辩证法	（德）恩格斯著；曹葆华等译	1955.2
182	自然辩证法导言	（德）恩格斯撰；曹葆华，于光远译	1950
183	自由之路	（英）伯特兰·罗素著；何新译	1959.12
184	做个有共产主义风格的新人	野平著	1959.6
185	做一个新时代的新青年	中国青年出版社编	1959.8

(3) 1960—1969年

序　号	题　名	责任者	出版年
1	爱尔维修（十八世纪法国杰出的唯物主义哲学家）	（苏）西林著；郭力军译	1960. 3
2	巴甫洛夫关于信号系统的唯物主义学说	（苏）E. B. 萧洛霍娃著；赵璧如译	1960
3	辩证法的观点和思想方法	（日）山崎谦著；王敦旭等译	1963. 3
4	辩证理性批判（第一分册）	（法）J. P. 萨特尔著；徐懋庸译	1963. 12
5	辩证唯物主义和历史唯物主义（试用本）	孙叔平等	1961. 9
6	辩证唯物主义历史唯物主义	艾思奇著	1961. 11
7	从毛主席著作中学逻辑	黄石村著	1962. 11
8	对立统一规律一百例	《哲学研究》编辑部编	1966. 4
9	俄国资本主义的发展介绍	汝仁	1964. 5
10	发扬谦虚谨慎的作风	吴介民	1963. 1
11	分析的时代——二十世纪的哲学家	（美）莫尔顿·怀特编著；杜任之等译	1964. 1
12	革命的坚定性——思想修养文选	中国青年出版社编	1960. 3
13	工农兵谈活学活用毛主席著作	工人日报编辑部	1966. 6
14	工农兵学哲学用哲学（1）	北京人民出版社编辑	1966. 3
15	公与私	龚同文著	1960
16	共产主义凯歌	新疆青年出版社编	1960. 3
17	古巴统一革命组织工作方法的某些问题（1962年3月26日电视讲话）	（古巴）卡斯特罗著	1962. 5
18	关于因果和机遇的自然哲学	（西德）玻恩著；侯德彭译	1964. 3
19	揭穿鬼神之谜	湖南科技协会编	1964
20	经验与自然	（美）杜威著；傅统先译	1960. 1
21	科学中华而不实的作风	（俄）赫尔岑著；李原译	1962. 11
22	苦干·巧干·实干	陈耀著	1960. 2
23	历史辩证法	吴江著	1964. 2
24	两把“尺子”两面“镜子”——孙乐义学习《为人民服务》、《纪念白求恩》的体会	中国青年出版社编	1965. 7
25	论革命青年的理想生活	新疆青年出版社编	1961. 1
26	论黑格尔的逻辑学	张世英著	1964. 7
27	论科学与艺术	（法）卢梭著；何兆武等译	1963. 9
28	论雷锋	中国青年出版社编	1963. 5
29	论主观能动性	韩佳辰著	1960. 9
30	论主观能动性和客观规律性	张江明著	1961. 12
31	逻辑问题讨论集	《哲学研究》编辑部编	1960
32	逻辑问题讨论续集	《哲学研究》编辑部编	1960. 2
33	逻辑学	（苏）Д. П. 高尔斯基著；马兵译	1960. 2
34	马克思主义经典作家论辩证唯物主义与历史唯物主义	中共新疆维吾尔自治区委员会党校哲学教研室，中共新疆维吾尔自治区委员会党校图书资料室编	1960

（续表）

序　号	题　名	责任者	出版年
35	马克思主义以前哲学发展的主要阶段	（苏）伊·奥则尔曼著；光军等译	1960
36	美学问题讨论集（第五集）	《新建设》编辑部编	1962. 2
37	内部矛盾和外部矛盾	洪松涛著	1962. 12
38	你能划清这些界限吗？（第二集）	天津人民出版社编	1965. 2
39	女人活着为什么	中国妇女杂志社编	1964. 6
40	批评和自我批评	叶齐学编	1961. 8
41	破除鬼神迷信杂谈	大珍等著	1962. 1
42	普列汉诺夫哲学著作选集（第二卷）	（苏）普列汉诺夫著；朱家兴等译	1961. 9
43	普列汉诺夫哲学著作选集（第三卷）	（苏）普列汉诺夫著；刘亦宇等译	1962. 7
44	浅谈“两点论”	天津人民出版社编	1963. 3
45	青年黑格尔	（匈）卢卡奇著；王玖兴译	1963. 12
46	人道主义，人性论研究资料（第一辑）	商务印书馆编	1963. 3
47	人的一生应当怎样度过（谈理想、志气和艰苦奋斗）	敢峰著	1961. 8
48	人类有前途吗	（英）伯特兰·罗素著；吴忆萱译	1964. 1
49	日本哲学史	朱谦之著	1964. 8
50	生活·斗争·修养（学习与修养）	敢峰著	1964. 3
51	圣经是怎样一部书	（苏）雅罗斯拉夫斯基著；谭善余译员	1962. 12
52	十月革命，爱国主义和国际主义（1962年11月12日）	（印尼）迪·努·艾地（D. N. Aidit）著	1963. 4
53	《实践论》讲解	黄蒲凌讲	1960. 9
54	《实践论》名词解释	贵阳医学院马列主义教研室编	1960. 5
55	思想小谈	工人出版社编	1961. 12
56	孙中山的哲学思想	王学华著	1960. 3
57	谈谈个别和一般的辩证关系	毅耘著	1960. 6
58	谈谈工作作风和工作方法	纯广等著	1964. 9
59	谈谈共产主义道德问题（与公社干部李洛贵同志的通信）	马凌云著	1960. 9
60	谈谈阶级立场和阶级观点	中国青年出版社编	1965. 4
61	谈谈有限和无限问题	（苏）C. T. 梅留兴著；张捷，吴伯泽译	1962. 11
62	为革命学习的人们	作家出版社编	1965. 5
63	为了幸福	天津市教育局编	1960
64	为最广大的人民群众服务——纪念“在延安文艺座谈会上的讲话发表20周年文集”	新疆人民出版社编辑	1962. 6
65	唯物论十年	（日）柳田谦十郎著；王敦旭等译	1962. 7
66	物理学与哲学	（英）秦斯著；吴大基译	1964. 1
67	西方现代资产阶级哲学论著选辑	洪谦主编	1964. 8
68	西欧中世纪哲学史纲	（苏）奥·符·特拉赫坦贝尔著；于汤山译	1960. 2
69	学哲学用哲学	中国青年出版社编辑	1960. 12

（续表）

序号	题名	责任者	出版年
70	学哲学用哲学	张学惠著	1960. 8
71	眼光向着实际——漫谈调查研究	燕凌编著	1964. 6
72	在工作和斗争中运用辩证法	力群著	1960
73	怎样避免犯错误	牛欣芳著	1960
74	哲学名词浅释（第一辑）	湖南市图书馆编	1960. 3
75	哲学社会科学工作者的战斗任务（1963年10月26日在中国科学院哲学社会科学部委员会第四次扩大会议上的讲话）	周扬著	1963. 12
76	哲学史讲演录（第三卷）	（德）黑格尔编	1960. 1
77	证明和反驳	且大有著	1962. 11
78	知性改进论	（荷）斯宾诺莎著；贺麟译	1960. 1
79	中国古代宗教与神话考	丁山著	1961. 2
80	中国近代改良主义思想	胡滨著	1964. 4
81	中国哲学史（第二册）	任继愈主编	1966. 2
82	中国哲学史（第三册）	任继愈主编	1966. 2
83	中国哲学史（第一册）	任继愈主编	1964. 9
84	中国哲学史资料简编（上）	北京大学哲学系中国哲学史教研室等编	1963. 4
85	中国哲学史资料简编（下）	北京大学哲学系中国哲学史教研室等编	1963. 4
86	中国哲学史资料选辑——两汉之部（上）	中国科学院哲学研究所中国哲学史组编	1960. 2
87	中国哲学史资料选辑——两汉之部（下）	中国科学院哲学研究所中国哲学史组编	1960. 2
88	中国哲学史资料选辑——清代之部	中国科学院哲学研究所中国哲学史组编	1962. 1
89	中国哲学史资料选辑——宋元明之部	中国科学院哲学研究所中国哲学史组编	1962. 3

（4）1970—1979 年

序号	题名	责任者	出版年
1	辩证唯物论讲话	天津市辩证唯物论讲话写作组	1975. 1
2	辩证唯物论历史唯物论（上册）	北京大学哲学系	1973. 1
3	辩证唯物论历史唯物论（下册）	北京大学哲学系	1974. 3
4	辩证唯物主义纲要	艾思奇	1978. 11
5	辩证唯物主义浅说	朱叙培编	1974. 1
6	打倒洋奴哲学	上海市出版革命组编	1970. 6
7	狄慈根哲学著作选集	（德）狄慈根著；杨东莼译	1978. 12
8	斗争中的哲学（工农学哲学用哲学文选）	河池地区革委会政工组宣传小组编	1973. 4
9	读四书大全说	（清）王夫之著	1975. 9
10	读通鉴论（上）	（清）王夫之著	1975. 7
11	读通鉴论（下）	（清）王夫之著	1975. 7
12	读通鉴论（中）	（清）王夫之著	1975. 7
13	法家的杰出代表——韩非	钟哲编	1974. 6
14	法家反孔批儒的斗争	冯元魁等编	1974. 9

（续表）

序号	题名	责任者	出版年
15	法家人物故事新编	农村读物出版社编	1974.12
16	法家人物简介	吉林大学《法家人物》编写组	1975.1
17	法家文选	南开大学法家著作译注组	1974.11
18	反动的哲学流派——马赫主义	陈元晖著	1972.4
19	反动阶级的圣人——孔子	杨荣国编	1973.12
20	“反杜林论”浅说（上册）	《反杜林论》编写组编	1975.5
21	“反杜林论”提要和注释	中央党校编写小组编	1974.8
22	“焚书坑儒”辨	新疆人民出版社编	1973.12
23	感觉的分析	（奥）马赫著；洪谦等译	1975.9
24	《哥达纲领批判》浅说	《哥达纲领批判》浅说编写组编	1974.6
25	工农兵学习和运用对立统一规律	人民出版社编	1975.3
26	工农兵学哲学文选	赵远寿等编	1971.1
27	工人哲学家约·狄慈根	《工人哲学家约·狄慈根》编写组编	1977.6
28	公孙龙子译注	庞朴译注	1974.7
29	“关于正确处理人民内部矛盾的问题”浅说	《关于正确处理人民内部矛盾的问题浅说》编写组	1974.11
30	管子选注	长春新华印刷厂等《管子》注释组编	1975.9
31	韩非寓言故事选	北京市第一皮鞋厂等选注	1975.1
32	韩非子集释（上）	上海人民出版社编；陈奇猷校注	1974.7
33	韩非子集释（下）	上海人民出版社编；陈奇猷校注	1974.7
34	韩非子选评	北京二七机车车辆工厂等注	1976.2
35	汉唐佛教思想论集	任继愈著	1973.4
36	胡适梁漱溟哲学思想批判	艾思奇著	1977.11
37	简明逻辑史	（德）亨利希·肖尔兹（Heinrich Scholz）著；张家龙译	1977.1
38	简明哲学辞典	（苏）M. 罗森塔尔，П. 尤金编；中共中央马恩列斯著作编译局译	1973.1
39	简明中国哲学史（修订版）	杨荣国主编	1973.7
40	经法	马王堆汉墓帛书整理小组	1976.5
41	“克己复礼”就是复辟	北京卫戍区某部六连批林批孔文章选编	1974.4
42	孔家店二老板——孟轲	卢湾区工人办《孟轲》编写组	1974.6
43	孔老二	卢湾区教师进修学院“孔老二”编写组	1974.3
44	孔老二的亡灵和新沙皇的迷梦	北京人民出版社	1974.4
45	孔门群丑	潘国基	1976.1
46	孔孟反动经济思想批注	北京市总工会工人理论骨干读书班	1975.8
47	孔孟之道就是复辟之道——财贸职工批林批孔文选	中国财政经济出版社	1974.11
48	孔孟之道名词解释	北京大学哲学系七二级工农兵学员	1974.7
49	孔丘经济思想批判	北京大学经济系大批判组	1974.8
50	孔子是反革命复辟的祖师爷	北京大学哲学系七〇级工农兵学员	1973.11
51	拉萨尔言论（供批判用）	《机会主义、修正主义资料选编》编译组	1976.6

（续表）

序 号	题 名	责任者	出版年
52	劳动人民反孔斗争史话	天津人民出版社编	1975. 3
53	劳动人民反孔史话	北京二七通信工厂工人理论小组等编	1974. 12
54	历代法家和进步思想家著作、传记及其研究资料目录（清及近代部分）	中央民族学院图书馆编	1975
55	历代法家和进步思想家著作、传记及其研究资料目录（唐、宋、元、明部分）	中央民族学院图书馆编	1975
56	历代法家和进步思想家著作、传记及其研究资料目录（西汉、三国部分）	中央民族学院图书馆编	1975
57	历代法家和进步思想家著作、传记及其研究资料目录（先秦部分）	中央民族学院图书馆编	1975
58	历代法家和进步思想家著作、传记及其研究资料目录（引用书目及勘误、补遗）	中央民族学院图书馆编	1976. 9
59	历代法家文选	北京图书馆编	1975. 4
60	历代法家著作选注（第一册）	上海市《历代法家著作》编辑组编	1975. 1
61	历代法家著作选注（第三册）	上海市读书编辑组编	1976. 9
62	历代法家著作译注（上）	《历代法家著作》编辑小组编	1974. 12
63	历代法家著作译注（中）	《历代法家著作》编辑组编	1975. 8
64	历史辩证法论集	吴江著	1978. 1
65	历史上法家和进步思想家批孔孟之道的言论摘录（上）	中央民族学院研究室资料组编	1974. 8
66	历史上法家和进步思想家批孔孟之道的言论摘录（下）	中央民族学院研究室资料组编	1974. 8
67	历史上劳动人民的反孔斗争	新疆人民出版社编辑	1974. 2
68	历史上劳动人民的反孔斗争	河南人民出版社编	1975. 1
69	历史上儒法斗争的概况	新疆图书馆编	1974. 8
70	列宁是怎样巩固无产阶级专政的	北京部队炮兵某部理论组	1976. 1
71	列宁为巩固无产阶级专政而斗争	大连红旗造船厂工人业余哲学社会科学研究	1975. 3
72	《路德维希·费尔巴哈和德国古典哲学的终结》提要和注释	中央党校编写小组编	1973. 2
73	《路德维希·费尔巴哈和德国古典哲学的终结》学习通信	《（路德维希·费尔巴哈和德国古典哲学的终结）学习通信》编写组编	1976. 7
74	略评朱熹	江西人民出版社编版	1974. 12
75	论法家	上海人民出版社编	1974. 7
76	论法家和儒法斗争	北京人民出版社编辑	1974. 1
77	论商鞅	人民出版社编	1974. 1
78	逻辑学（下卷）	（德）黑格尔著；杨一之译	1972. 12
79	马克思恩格斯列宁论无产阶级专政学习笔记	商务印书馆编	1975. 6
80	马克思列宁的革命学风	宋惠昌编著	1978. 9
81	马克思主义哲学不容篡改——批判林彪唯心主义形而上学世界观文集	北京大学哲学系70届工农兵学员编	1974. 9

（续表）

序　号	题　名	责任者	出版年
82	马克思主义者怎样看待物质利益	《人民日报》特约评论员	1978. 1
83	《矛盾论》解说	武汉大学哲学系，湖北省鄂城钢铁厂工人理论组编	1978. 7
84	美学（第一辑）	中国社会科学院哲学研究所美学研究室，上海文艺出版社文艺理论编辑室编	1979. 11
85	孟轲经济思想批判	北京市总工会工人理论骨干读书班等编著	1975. 11
86	“梦溪笔谈”选注	北京印刷厂一厂工人理论组编	1975. 12
87	穆拉维约夫——阿穆尔斯基伯爵	（俄）巴尔苏科夫编著；黑龙江大学外语系，黑龙江省哲学社会科学研究所译	1974. 4
88	牛顿自然哲学著作选	（美）H. S. 赛耶编	1974. 11
89	欧洲哲学史简编	汪子嵩著	1972. 5
90	欧洲哲学史上的先验论和人性论批判（论文集）	汝信等著	1974. 4
91	批判孔老二的反动音乐思想（论文集）	人民音乐出版社编	1975. 1
92	批判哲学的批判——康德述评	李泽厚编	1979. 3
93	普列汉诺夫哲学著作选集（第四卷）	（苏）普列汉诺夫著	1974. 1
94	人类知识原理	乔治·贝克莱著；关文运译者	1973. 6
95	人有人的用处——控制论和社会	（美）N. 维纳著；陈步译	1978. 6
96	任何一种能够作为科学出现的未来形而上学：导论	（德）康德著	1978. 8
97	日本哲学思想史	（日）永田广志著	1978. 6
98	儒法斗争史概况	北京大学《儒法斗争史》编写小组编	1975. 2
99	儒法斗争史话	开封师范大学《儒法斗争史话》编写组编	1975. 5
100	儒法斗争史通俗讲话（先秦部分）	北京铁路局工人理论组编	1974. 12
101	儒法斗争与我国古代科学技术的发展（第一辑）	科学出版社编	1974. 9
102	儒法斗争与我国古代科学技术的发展（第二辑）	科学出版社编	1976. 3
103	儒法对立的自然观	上钢五厂二车间铸钢工段理论组，复旦大学哲学系自然辩证法专业编	1976. 1
104	儒法军事路线斗争故事	中国人民解放军驻天津某部九连故事组	1974. 12
105	儒家和儒家思想批判	北京大学哲学系中国哲学史教研室编	1974. 9
106	商君书	（战国）商鞅等著	1974. 5
107	《商君书》《荀子》《韩非子》选注	北京大学中文系古典文献专业七二级工农兵学员选注	1975. 9
108	《商君书》经济论述选注	北京经济学院荆实著	1975. 7
109	商君书评注	北京电子管厂等《商君书》评注小组	1976. 5
110	商君书注释	高亨注释	1974. 11
111	商鞅、荀况、韩非论述选注	商鞅等论述浅注；孙维槐等选注	1974. 8
112	商鞅、荀况、韩非音乐论述评注	（战国）商鞅等著；中国人民解放军一五五三部队特务连理论组，中央五七艺术大学音乐学院理论组编	1975. 9

（续表）

序 号	题 名	责任者	出版年
113	商鞅的故事	谭一寰著	1974.9
114	十八世纪末——十九世纪初法国哲学	北京大学哲学系外国哲学史教研室编译	1975.6
115	十九世纪初的空想社会主义	蔡中兴编译	1976.3
116	十六—十八世纪西欧各国哲学	北京大学哲学系，外国哲学史教研室编译	1975.7
117	十批判书	郭沫若	1976.1
118	十七世纪俄中关系（第一卷）	苏联科学院远东研究所等编	1978
119	《实践论》浅说	上海市轻工局工人理论学习班等编	1976.4
120	实践是检验真理的唯一标准	人民出版社编	1978.7
121	实践是检验真理的唯一标准问题讨论集（第二集）	《哲学研究》编辑部编	1979.1
122	四书批注选	北京大学哲学系工农兵学员等编	1974.12
123	“谈谈辩证法问题”解说	《谈谈辩证法问题解说》编写组编	1975.1
124	外国哲学史研究集刊（第一辑）	中国社会科学院哲学研究所西方哲学史研究室	1978.12
125	万恶“圣人家”——孔府	官美蝶，葛懋春编	1974.9
126	王安石：中国十一世纪的改革家	邓广铭著	1975.7
127	王安石资料选编（上）	赣南师专中文科编	1975.5
128	唯物辩证法大纲	李达主编	1978.6
129	唯物辩证法在昔阳的胜利	中国社会科学院哲学研究所写作组	1978.3
130	《唯物主义与经验批判主义》提要和注释	《唯物主义与经验批判主义》提要和注释编写组	1978.1
131	唯心论的先验论资料选编	中央党校编写小组编	1973.8
132	我国历史上劳动人民的反孔斗争	南开大学哲学系七一届工农兵学员编	1974.9
133	我国农民反孔斗争史话	天津市宝坻县小靳庄大队讨论小组	1974.12
134	西方哲学史（上）	（美）梯利著；葛力译	1975.7
135	西方哲学史（下）	（美）罗素著	1976.7
136	形式逻辑简明读本	金岳霖	1978.2
137	学点逻辑	何名申编著	1978.3
138	学习“唯物主义和经验批判主义”，批判唯心主义	中共青海省委读书班编	1973.12
139	学习《路德维希·费尔巴哈和德国古典哲学的终结》	天津市第四棉纺织厂工人理论组编	1976.6
140	学习参考资料——法家的故事	北京人民印刷厂工人理论组编	1974.9
141	学习参考资料——孔丘和儒家的丑态（寓言、笑话）	北京图书馆编	1974.8
142	荀子简注	章诗同注	1974.7
143	伊斯兰教简史	（法）马塞（H. Masse）著	1978.3
144	宇宙之谜	（德）E. 赫克尔著；上海外国自然科学哲学著作编译组译	1974.3
145	元刊梦溪笔谈	（宋）沈括著	1975.12
146	原始宗教	朱天顺著	1978.11

（续表）

序　号	题　名	责任者	出版年
147	原子物理学和人类知识论文续编	（丹）N. 波尔著；郁韬译	1978. 1
148	张载集	（宋）张载著	1978. 8
149	张子正蒙注	（宋）张载著；（清）王夫之注，章锡琛校点	1975. 9
150	哲学斗争与阶级斗争	上海冶金工业局工人理论学习班编	1975. 5
151	哲学名词解释（上册）	《哲学名词解释》编写组编	1974. 6
152	哲学史（第五卷）	（苏）敦尼克编	1976. 4
153	哲学史（上册）	（苏）M. A. 敦尼克等主编；中共中央马恩列斯著作编译局译	1972. 4
154	哲学史（下册）	（苏）M. A. 敦尼克等主编；中共中央马恩列斯著作编译局译	1972. 4
155	哲学史讲演录（第四卷）	（德）黑格尔编	1978. 12
156	哲学通俗讲座	（苏）卡尔普申主编；上海人民出版社编辑室译	1976. 6
157	哲学小辞典（辩证唯物主义和历史唯物主义）	上海《哲学小辞典》编写组编	1975. 5
158	哲学小辞典（儒法斗争史部分）	上海《哲学小辞典》编写组编	1974. 11
159	中国共产党两条路线斗争史名词解释、哲学名词解释	广东师范学院马列主义教研室编	1973. 1
160	中国古代两种认识论的斗争	潘富恩等著	1973. 5
161	中国古代思想史	杨荣国著	1973. 7
162	中国近代哲学史	侯外庐编	1978. 2
163	中国哲学史（第四册）	任继愈主编	1979. 3
164	中国哲学史纲要	上海师范大学政治教育系中国哲学史组编著	1979. 1
165	中国哲学史简编	任继愈主编；《中国哲学史简编》编写组编著	1973. 1
166	中国哲学史讲话	尹明等编	1975. 1
167	中国哲学史略	张岂之编	1974. 6
168	中庸之道是反动阶级的哲学	上海人民出版社编辑	1974. 9

（5）1980—1989 年

序　号	题　名	责任者	出版年
1	爱情心理学	（奥）弗洛伊德著；林克明译	1986. 2
2	辩证唯物主义和历史唯物主义原理	李秀林主编	1984. 9
3	辩证唯物主义和历史唯物主义自学考试指南	冯子标主编	1985. 8
4	布哈里圣训实录精华——坎斯坦勒拉尼注释	（埃）穆斯塔发·本·穆罕默德艾玛热编；宝文安，买买提·赛来译	1981. 8
5	常用哲学名词词典	黄鸣主编	1985. 2

（续表）

序　号	题　名	责任者	出版年
6	创造有价值的人生	李世凯，康式昭著	1985.1
7	当代国外马克思列宁主义哲学（上）	（苏）A.Г.梅斯里夫钦科主编；中共中央编译局译	1986.1
8	当代国外马克思列宁主义哲学（下）	（苏）A.Г.梅斯里夫钦科主编；中共中央编译局译	1986.1
9	道德的理论和实践	傅季重等著	1987.5
10	《邓小平文选》中的哲学思想	中央人民广播电台理论部编	1984.8
11	邓小平哲学思想研究	李长福著	1989.8
12	电大哲学辅导	许瑞祥编	1985.9
13	夫妻生活论	（苏）扎采宾著；魏然，钟鲸译	1987.2
14	弗洛伊德论创造力与无意识（艺术、文学、恋爱、宗教）	（奥）弗洛伊德（Freud，S.）著；孙恺祥译	1987.2
15	古兰经	马坚译	1981.4
16	黑格尔通信百封	苗力田译编	1989
17	宏观世界、巨大世界和微观世界的空间和时间	（苏）莫斯杰巴宁柯著	1985.3
18	回忆苏格拉底	（古希腊）色诺分著；吴永泉译	1984.9
19	婚姻生活的艺术	赖德勒等著	1986.12
20	家庭	（美）古德著；魏章玲译	1986.1
21	家庭道德佳话	李松晨编	1983.9
22	简明心理学词典	杨清主编	1985.3
23	建设文明城市经验选编	中央“五讲四美三热爱”活动委员会办公室编	1984.11
24	科技道德	施福升，刁纯志主编	1988.6
25	科技人才修养	刁纯志主编	1988.5
26	科学·艺术·哲学断想	赵鑫珊著	1985.11
27	科学创造心理学	王极盛著	1986.11
28	科学的哲学反思	黄顺基，刘大椿著	1987.3
29	科学发现的逻辑	（英）波珀著；查汝强，邱仁宗译	1986.1
30	科学发现的逻辑	章士嵘编	1986.12
31	科学方法论基础	吴元樑著	1984.6
32	科学方法论研究	中国自然辩证法研究会筹委员主编	1983.9
33	科学工作者应如何组织自己的劳动	（苏）瓦尔沙夫斯基著；程德扬译	1980.6
34	科学技术之光——科技美学概论	张相轮，凌继尧编	1986.12
35	科学认识的方法论问题	（苏）什托夫著；柳延延等译；北京自然辩证法研究会编	1981.9
36	科研与道德	梁国钊编著	1986.1
37	伦理学大辞典	宋希仁等编	1989.2
38	论调查研究	洪彦林编	1984.8
39	逻辑入门	倪鼎夫等著	1984.2
40	逻辑推理集锦	倪正茂，郑伟宏著	1985.1

（续表）

序　号	题　名	责任者	出版年
41	马克思主义认识论研究与我国社会主义现代化建设	肖前主编	1986. 12
42	美学问题	（苏）叶果洛夫著；刘宁等译	1985. 8
43	美学知识丛书——美感	蔡仪主编	1984. 3
44	梦的解析——揭开人类心灵的奥秘	（奥地利）西格蒙德·弗洛伊德著；赖其万译	1986. 5
45	民族问题与宗教问题	牙含章编	1984. 11
46	民族主义	（印度）泰戈尔著；谭仁侠译	1986. 7
47	穆罕默德生平	（埃及）穆罕默德·候赛因·海卡尔著；王永芳，赵桂云译	1986. 3
48	穆斯林世界	新疆通讯社参考消息编辑部编	1984. 12
49	尼采的哲学	冯作民编译	1984. 7
50	批判存在主义对辩证法的理解	（苏）戈·雅·斯特烈尔措娃著；车铭洲译；王太庆校	1981. 8
51	钱谬	蔡涉著	1983. 5
52	青年与恋爱	四川人民出版社编	1980. 2
53	人的自恋与自大	谈大正著	1988. 3
54	人的自我调节	吴声功，许冠亭编著	1989. 7
55	人生关系纵横谈	刘革文，谢殿斌著	1983. 11
56	人生价值的要素	陈红春著	1988. 4
57	人性的弱点	（美）戴尔·卡耐基著	1987. 6
58	认识论译文集	徐小英，崔自铎选编	1986. 5
59	认识论引论	夏甄陶编	1986. 6
60	社会主义社会辩证法研究	全国社会主义社会辩证法问题学术讨论会论文集编选小组	1985. 3
61	神话辞典	（苏）M. H. 鲍特文尼特等编著；黄鸿森，温乃铮译	1985. 1
62	神奇的人性	（美）卡耐基著；宋德利译	1987. 9
63	生活情趣	郭博编译	1988. 2
64	生活中的心理学	李镜流，李树珍编	1983. 7
65	世界各民族历史上的宗教	（苏）谢·亚·托卡列夫著；魏庆征译	1985. 1
66	思辨哲学转探——关于黑格尔体系的研究	王树人著	1985. 1
67	思想录：论宗教和其他主题的思想	（法）帕斯卡尔（Blaise Pascal）著；何兆武译	1986. 8
68	苏联马克思列宁主义哲学史纲要（三十年代）	（苏）维·尼·科洛斯科夫著；徐小英，王淑秋译	1985. 11
69	唯物论的命运	杨献珍等译	1984. 11
70	唯物主义辩证法	（苏）苏沃洛夫著；毕丹等译	1985. 5
71	唯物主义的历史与理论	赵光武著	1984. 4

（续表）

序 号	题 名	责任者	出版年
72	伟大的探索者——爱因斯坦	朱亚宗著	1985. 11
73	我的哲学罪案	杨献珍	1981. 8
74	心理学 150 问	车文博主编	1987. 3
75	心理学大词典	朱智贤主编	1989. 1
76	心理学入门	徐雅贵编著	1983. 4
77	新工具	（英）培根著	1984. 1
78	形式逻辑研究	中国逻辑学会形式逻辑研究会	1984. 8
79	形式逻辑自学读本	李衍华	1985. 12
80	一场哲学论争：关于物质变精神、精神变物质问题讨论文集	《学术研究》编辑部	1982. 7
81	伊斯兰教在中国——西北五省区伊斯兰教学术讨论会论文选编	甘肃省民族研究所编	1982. 9
82	在马克思主义哲学原理教学中怎样批判现代资产阶级哲学和社会学	（苏）Г. К. 阿申，В. Н. 德明主编；刘盛际等译	1985. 12
83	怎样培养友谊之花	曹宪文著	1981. 6
84	战斗的伊斯兰	（英）詹森著	1983. 11
85	哲学简明词典	《哲学简明词典》编写组编	1985. 5
86	哲学原理自学读本	孟宪鹏编	1984. 5
87	真理过程论	陈中立著	1984. 9
88	中国大百科全书——宗教	中国大百科全书总编辑委员会《宗教》编委会，中国大百科全书出版社编辑部编	1988. 1
89	中国近代三百年学术史（上）	钱穆著	1986. 5
90	中国近代三百年学术史（下）	钱穆著	1986. 5
91	中国现代思想史资料简编（第五卷）	蔡尚思主编	1983. 5
92	中国哲学（第十三辑）	《中国哲学》编委会编	1985. 4
93	中国哲学发展史（秦汉）	任继愈主编	1985. 2
94	中国哲学范畴集	人民出版社编	1985. 8
95	中国哲学年鉴（1986 年）	中国社会科学院哲学研究所编	1986. 11
96	中国哲学年鉴（1988 年）	中国社会科学院哲学研究所编	1988. 9
97	中国哲学年鉴（1990 年）	中国社会科学院哲学研究所编	1990. 8
98	中国哲学史稿（上）	孙叔平著	1980. 3
99	中国哲学史论文索引（第一册）	方克立等编	1986. 4
100	中国哲学史新编（第四版）	冯友兰编	1986. 9
101	宗教词典	《宗教词典》编辑委员会编	1981. 12
102	走向科学的美学	（美）托马斯·门罗著；石天曙译	1985. 1

（6）1990—1999 年

序　号	题　名	责任者	出版年
1	稷下钩沉	张秉楠辑注	1991. 5
2	老夫老妻生活必读	严忠浩等编著	1991. 7
3	马克思主义哲学与当代现实	谢龙等著	1991
4	社会道德简明教程	张润身编	1990. 12
5	世界四大宗教三百题	范桥主编	1991. 8
6	中国哲学年鉴（1990 年）	中国社会科学院哲学研究所编	1990. 8

C 社会科学总论

本部分共收编社会科学类图书书目 132 条。其中，收编 1950—1959 年出版的该类图书书目 30 种，1960—1969 年 7 条，1970—1979 年 9 条，1980—1989 年 63 条，1990—1999 年 23 条。具体目录如下。

（1）1950—1959 年

序号	题名	责任者	出版年
1	产品目录	哈尔滨新生开关厂	1958
2	产品目录（第二册）	第一机械工业部	1959
3	产品目录（第四册）	第一机械工业部	1959
4	帝国主义（苏联大百科全书选译）	（苏）列昂节夫著；方琏译	1954. 6
5	动物园工作手册	谭邦杰著	1955. 12
6	俄中英统计名词汇编	王仲武	1957. 1
7	机关事务工作工具革新	中央机关事务所工作技术文化革命展览会办公室编	1959. 5
8	技术革命问题解答	上海人民出版社编辑	1958. 9
9	论共产主义社会物质技术基础的建立	（苏）M. 鲁宾斯坦撰；崔平译	1953. 6
10	论技术革命	中国青年出版社编辑	1958. 7
11	人口地理和城市地理	杨吾扬，汪安祥等译	1959. 11
12	社会物质技术基础（苏联大百科全书）	（苏）A. И. 诺特金著；赵木斋译	1955. 1
13	社会主义工业化与人民生活	李普编	1955. 4
14	苏联及东欧人民民主国家产品样本目录索引	上海图书馆编	1958. 1
15	统计分组法	（苏）C. M. 古列维奇著；张知几译	1958. 8
16	统计工作重要文件汇编	国家统计局编	1959. 11
17	统计理论基本问题	杨坚白编著	1956. 9
18	统计理论中的几个基本问题的研究	中国人民大学统计系编	1958
19	统计图的绘制与应用	张振欧编著	1958
20	统计图示法	丁陇编	1954. 12
21	统计学（上）	（苏）斯特鲁米林院士主编；集体翻译	1957. 9
22	统计学（下）	（苏）斯特鲁米林院士主编；集体翻译	1957. 12
23	统计学一般理论教程	（苏）T. И. 科兹洛夫等著；周逸江等译	1958. 2
24	统计学原理	上海社会科学院统计系编著	1959
25	统计学原理	中国人民大学统计学原理教研室编	1953. 8
26	统计学原理讲义	中国人民大学统计理论教研室编著	1957. 12
27	我国少数民族向社会主义飞跃	北京民族出版社编辑	1958

（续表）

序　号	题　名	责任者	出版年
28	一个技术学校校长的笔记	（苏）B. 拉基诺撰；吴峰译	1954. 3
29	英、法、美、德、日百年统计提要	世界经济资料编辑委员会编	1958
30	专利文献索引——辐射对有机体的影响	中国科学院科学技术情报研究所编	1959. 5

（2）1960—1969 年

序　号	题　名	责任者	出版年
1	统计学讲义（第二分册）	中国人民大学统计系编	1962. 8
2	统计学讲义（第六分册）	中国人民大学统计系编	1962. 8
3	统计学讲义（第三分册）	中国人民大学统计系编	1962. 8
4	统计学讲义（第四分册）	中国人民大学统计系编	1962. 8
5	统计学讲义（第五分册）	中国人民大学统计系编	1962. 8
6	统计学讲义（第一分册）	中国人民大学统计系编	1962. 8
7	统计学原理	厦门大学经济系统计教研室编	1963. 8

（3）1970—1979 年

序　号	题　名	责任者	出版年
1	标准化的目的与原理	中国科技情报研究所	1974. 1
2	国际标准化组织（ISO）	中国科技情报研究所编	1974. 5
3	国外标准资料概况（上册）	中国科学技术情报研究所编	1974. 8
4	计划生育统计	顾杏元等	1976. 6
5	漫谈调查研究	金哲，陈燮君著	1977. 11
6	南斯拉夫社会簿记局条例	莫启欧，胡宝昌译	1979. 7
7	社会发展史	上海师范大学政教系编写组	1974. 12
8	实践出科学	上海交通大学宣教组编	1975. 1
9	苏联标准化法规汇编	《国外标准化动态》编辑部	1979. 11

（4）1980—1989 年

序　号	题　名	责任者	出版年
1	标准化与四个现代化	李春田编	1980
2	春节生活娱乐大全	黑龙江科学技术出版社编	1982. 9
3	当代青年生活	闻生等编	1985. 11
4	工商行政管理辞典	李道南，杨克强主编	1988. 8
5	管理理论入门	周吉，陈文主编	1983. 3
6	管理世界（第一期）	《管理世界》编辑部编	1985. 5

（续表）

序号	题名	责任者	出版年
7	管理统计学	暴奉贤等编	1985.1
8	管理用预测方法	（美）S.C.惠尔莱特，S.马克利达基斯著；崔之庆等译	1986.1
9	管理哲学——系统学	上海交通大学编	1985.1
10	国际统计学概要——方法论及组织	（苏）T.B.里亚布什金，B.M.西姆切拉著；李钊等译	1985.7
11	国外产品样本情报工作浅说	贾书桂编	1985.1
12	技术大国的真面目（简明本）	日本广播协会（NHK）采写组采编；李坚，操鸣等译；西元简编	1985.4
13	技术开发与技术预测	上海交通大学出版社编	1985.5
14	技术引进指南	中国对外翻译出版公司	1980.7
15	技术转让	王锡文等译	1980.12
16	简明新技术革命知识词典	孙衔等编	1985.5
17	简明质量管理词典	岳鲁，袁关林主编	1987.8
18	近代技术革命	姜振寰著	1985.4
19	人口经济学	张纯元主编	1983.4
20	人口与发展	中国人民大学人口理论研究所编	1987.5
21	人力资源管理	雷江旺编著	1987.4
22	日本专业标准目录	中国科学技术情报研究所编版	1987.7
23	如何提高领导人的工作效率	（苏）苏共中央社会科学学院科教编写组编	1987.5
24	社会统计学	徐小禾编译	1987.9
25	社会选择与个人价值	（美）肯尼思·阿罗著；陈志武，崔之元译	1987
26	社会主义建设常识读本	徐元冬，江风主编	1983.6
27	生活中的好伙伴——新奇的食品和生活用品	陈伟新编	1985.7
28	生物统计	钟平安编著	1983.11
29	生物统计学	杜荣骞编	1985.1
30	生物统计学	王鉴明编著	1988.3
31	提高管理能力的100个诀窍	（日）中山谕著	1985.4
32	统计分析概论	李志伟编	1984.1
33	外国家庭与生活	辛仲慧编译	1981.12
34	西欧新技术革命	时事出版社编	1985.12
35	洗涤剂常识	董盛福编著	1982.2
36	现代化管理（上册）	李义全编著	1987.8
37	现代化管理（下册）	李义明，李义全编著	1987.8
38	新技术新产品荟萃——全国部分城市职工技术革新技术协作成果展览会展品简介	工人出版社编	1985.1
39	新疆统计年鉴（1989年）	新疆维吾尔自治区统计局编	1989.1
40	新疆统计志稿	新疆维吾尔自治区统计局统计志编辑室编	1989.8

（续表）

序　号	题　名	责任者	出版年
41	新疆维吾尔自治区第三次人口普查手工汇总资料汇集	新疆维吾尔自治区人口普查办公室编	1983. 3
42	新疆维吾尔自治区人口统计资料（1976—1984 年）	新疆维吾尔自治区统计局编	1984. 4
43	应用生物统计	杨纪珂等编著	1983. 1
44	英汉统计词汇	吴辉主编	1987. 2
45	怎么办——生活中的诀窍	《怎么办》编写组编	1987. 1
46	中国城市统计年鉴（1988 年）	国家统计局综合司编	1989
47	中国第三次人口普查资料分析	国务院人口普查办公室，国家统计局人口统计司编	1987
48	中国人口年鉴（1985 年）	中国社会科学院人口研究中心《中国人口年鉴》编辑部编	1986. 11
49	中国人口年鉴（1986 年）	中国社会科学院人口研究中心《中国人口年鉴》编辑部编	1987. 8
50	中国统计年鉴（1985 年）	国家统计局编	1985. 1
51	中国统计年鉴（1986 年）	国家统计局编	1985. 1
52	中国统计年鉴（1987 年）	国家统计局编	1987. 1
53	中国统计年鉴（1988 年）	国家统计局编	1988. 8
54	中国统计年鉴（1989 年）	国家统计局编	1989. 9
55	中国统计摘要（1984 年）	国家统计局编	1984. 7
56	中国统计摘要（1985 年）	国家统计局编	1985. 7
57	中国统计摘要（1987 年）	国家统计局编	1987
58	中国统计摘要（1989 年）	国家统计局编	1989. 5
59	中华人民共和国全国分县市人口统计资料（1986 年）	中华人民共和国公安部编	1987. 8
60	中华人民共和国统计法	法律出版社编	1984. 3
61	追求卓越的管理	（美）戴维·布雷德福，艾伦·科恩著；尉腾蛟译	1985. 8
62	资本主义国家的管理咨询机构	（苏）A. 鲁津，B. 奥齐拉著；钱辉育等译	1984. 11
63	组织与管理——系统方法与权变方法	（美）弗里蒙特 E. 卡斯特（F. E. Kast），詹姆斯 E. 罗森茨韦克（J. E. Rosenzweig）著；李柱流等译	1984. 4

（5）1990—1999 年

序　号	题　名	责任者	出版年
1	当代中国农村家庭——14 省（市）农村家庭协作调查资料汇编	中国农村家庭调查组编	1993. 5
2	管理信息系统导论	薛华成主编	1991. 4
3	国外职业岗位培训	王垂芳，熊东明编	1992. 12

（续表）

序 号	题 名	责任者	出版年
4	离婚并非悲剧——婚姻指南	廷君著	1991. 2
5	世界婚姻家庭史话	(美) 斯图尔特 A. 奎因，罗伯特 W. 哈本斯坦著；卢丹怀等译	1991. 1
6	世界主要国家和地区社会发展比较统计资料（1990 年）	国家统计局国际统计信息中心编	1991. 9
7	条码技术与标准化	熊晓寒主编	1992. 5
8	文献信息学引论	朱建亮	1992. 7
9	新疆统计年鉴（1990 年）	新疆维吾尔自治区统计局编	1990. 7
10	新疆统计年鉴（1991 年）	新疆维吾尔自治区统计局编	1991. 7
11	新疆统计年鉴（1992 年）	新疆维吾尔自治区统计局编	1992. 7
12	新疆统计年鉴（1993 年）	新疆维吾尔自治区统计局编	1993. 7
13	新疆统计年鉴（1994 年）	新疆维吾尔自治区统计局编	1994. 8
14	新疆统计年鉴（1996 年）	新疆维吾尔自治区统计局编	1996. 8
15	新疆统计年鉴（1997 年）	新疆维吾尔自治区统计局编	1997. 7
16	新疆在全国的地位（1991 年）	新疆维吾尔自治区统计局编	1992. 8
17	英汉社科大词典（An English—Chinese Dictionary of Social Sciences）	范广伟，王治河主编；于民雄等编	1998
18	中国农村统计年鉴（1994 年）	国家统计局农村社会经济调查总队编	1994. 11
19	中国人口统计年鉴（1991 年）	国家统计局人口统计司编	1992. 4
20	中国社会主义与统计数据	刘炳英，牛志礼主编	1991
21	中国统计年鉴（1996 年）	国家统计局编	1996. 9
22	中国乡镇企业年鉴（1990 年）	《中国乡镇企业年鉴》编辑委员会编	1991. 2
23	中国乡镇企业年鉴（1991 年）	《中国乡镇企业年鉴》编辑委员会编	1992. 4

D　政治、法律

本部分共收编政治和法律类图书书目 984 条。其中，收编 1949 年以前出版的该类图书书目 7 条，1950—1959 年 411 条，1960—1969 年 247 条，1970—1979 年 319 条。具体目录如下。

（1）1949 年以前

序　号	题　名	责任者	出版年
1	德国怎样被分裂	齐胡拉夫斯著；一帆译	1948
2	第一国际	（苏）尤米斯切克洛夫著	1947. 3
3	论共产党员的修养	刘少奇著	1949. 8
4	苏修尊儒反华言论摘录	北京师范大学外国问题研究所苏联哲学研究室编	1937. 12
5	战后的资本主义	陶大镛著	1949. 11
6	中国政治思想史（上）	吕振羽著	1949. 8
7	中国政治思想史（下）	吕振羽著	1949. 8

（2）1950—1959 年

序　号	题　名	责任者	出版年
1	1917—1920 年间美国争夺世界霸权计划的失败	（苏）库尼娜著；汪淑钧，夏书章译	1957. 2
2	澳大利亚共产党第十七次代表大会文件选辑	（澳大利亚）夏基等报告；梅山译	1956. 9
3	八届六中全会文件学习参考目录	辽宁省图书馆编	1959. 3
4	把青春献给集体福利事业	共青团北京市委青农部编	1959. 7
5	办人民公社参考资料汇编	新疆自治区党委农村工作部编	1958. 9
6	保加利亚共产党第七次代表大会文件	世界知识出版社	1959. 7
7	保卫民主和自由的斗争	世界知识出版社编	1959. 2
8	保卫青年权利、保卫和平	青年出版社编辑部	1952. 1
9	布尔什维主义（苏联大百科全书选译）	（苏）H. K. 伏米诺夫撰；陈书声译	1953. 2
10	朝鲜问题文件汇编	世界知识出版社编	1959
11	朝鲜问题文件汇编	人民出版社编	1954. 1
12	朝中越人民的永恒友谊（朝鲜民主主义人民共和国政府代表团在中国和越南作友好访问的文件汇编）	外国文出版社编辑	1959. 2

（续表）

序　号	题　名	责任者	出版年
13	从统计数字看苏联国民经济（1921—1937 年）	联共（布）党史简明教程第九章至第十二章学习参考资料，经济译丛编辑部译	1954. 8
14	从资本主义到共产主义的三个过渡问题	骆耕漠著	1959. 11
15	党的基层组织怎样发挥共产党员的积极性	章德编著	1959. 7
16	党的绝对领导是共青团的生命线	姚文远编	1959
17	党的民主集中制	余钟波编	1956. 8
18	党的团结是党的生命	关锋编著	1956. 3
19	党史学习参考资料（第三辑）	中共中央内蒙古分局宣传部编	1955. 2
20	党使我获得新的生命	北京出版社编	1959. 6
21	党员基础知识读本	江苏人民出版社	1955. 7
22	党在过渡时期的总路线	中共中央华东局宣传部学习室编	1954
23	德国青年近卫军——德国青年运动五十年	（德）李卜克内西著；何宁等译；高年生校	1959. 1
24	德意志民主共和国从资本主义到社会主义的过渡时期	（德）弗·厄斯纳著；张载杨等译	1957
25	德意志民主共和国政府关于武装西德政策对和平的威胁备忘录（1958 年 11 月 6 月）	世界知识出版社编编辑	1958. 12
26	帝国主义的三大矛盾	田遨著	1959
27	帝国主义的殖民制度（第 20 讲）	吴健著	1956. 8
28	帝国主义与中国政治	胡绳著	1955. 8
29	帝国主义争夺非洲的斗争与非洲人民的解放运动	（苏）И. M. 列明等著；史真，谢曜译	1956. 6
30	帝国主义争夺原料产地的斗争	（苏）A. A. 山大洛夫著；师宝瑺等译	1958. 3
31	第二次世界大战后的美国工会运动	（苏）B. 科罗里科夫，A. 米德维捷夫著；邸生等译	1957. 5
32	第二次世界大战后的英美矛盾	（苏）И. M. 列明编	1956. 8
33	俄共（布）第十次代表大会	中国人民大学马列主义教研室编	1954
34	俄共（布）第十二次代表大会	（苏）B. 加布尼亚著；徐坚译	1954
35	俄共（布）第十三次代表大会	（苏）柯罗果德斯基著；丁文安译	1954
36	俄共（布）第十一次代表大会	（苏）契霍米尔诺夫著；中国人大马列主义教研室译	1954
37	俄国共产党（布）第八次代表大会及其在进一步巩固工农联盟中的历史意义	（苏）伊格纳切夫著；乌蒙译	1955
38	俄国社会民主工党的形成	校纪英	1956
39	俄国社会民主工党第二次代表大会期间列宁为争取马克思主义政党革命纲领而作的斗争	（苏）特鲁奇科夫著；杨恩正译	1956
40	法国工人运动史（第一卷）	（法）勃吕阿，J. 著；孙源，孟鞠如译	1957
41	法国共产党第十四次代表大会文件选辑	世界知识出版社编辑	1956
42	反对官僚主义	李朴著	1956. 12

（续表）

序 号	题 名	责任者	出版年
43	反对现代改良主义和修正主义关于国家问题的理论	（苏）B. 齐希克瓦节，C. 吉夫斯著；吴大英等译	1959. 12
44	飞跃发展中的朝鲜社会主义建设（各国共产主义政党文丛）	世界知识出版社	1959. 9
45	非党积极分子是党组织的支柱	（苏）威·阿·贝格玛著；刘丕坤译	1953. 12
46	非洲内幕	（美）J. 根室著；伍成译	1957. 2
47	改进思想作风	吴介民编著	1957. 7
48	干部（苏联大百科全书选译）	（苏）П. И. 科捷尔尼克夫撰；奥丽译	1955. 1
49	干部的选择、配备和培养	（苏）И. 福明著；向群译	1955
50	高举人民公社的红旗前进	农业资料编辑委员会编	1958. 9
51	各国共产党和工人党对共产主义的解释	中共中央对外联络部编	1958. 1
52	各国共产党和工人党批判南共现代修正主义文选（第二辑）	世界知识出版社编辑	1958. 5
53	各国共产党和工人党批判南共现代修正主义文选（第六辑）	世界知识出版社编辑	1958. 7
54	各国共产党和工人党批判南共现代修正主义文选（第三辑）	世界知识出版社编辑	1958. 6
55	各国共产党和工人党批判南共现代修正主义文选（第十二辑）	世界知识出版社编辑	1959. 1
56	各国共产党和工人党批判南共现代修正主义文选（第四辑）	世界知识出版社编辑	1958. 7
57	各国共产党和工人党批判南共现代修正主义文选（第五辑）	世界知识出版社编辑	1958. 7
58	各国社会党重要文件汇编（1）	世界知识出版社编	1959. 1
59	给人民公社的几封信——解答有关人民公社的若干经济问题	山西日报编辑部编	1959. 7
60	更好地发挥知识分子在社会主义建设中的作用	新知识出版社编	1956. 5
61	共产党关于民族问题的理论和纲领	（苏）阿·米·拉尔科夫著；忻鼎明译	1956. 7
62	共产党和工人党（苏联大百科全书选译）	人民出版社	1956. 1
63	《共产党宣言》一百年	（苏）米丁等著；郭力军译	1954
64	共产党员必须关心群众的思想和生活	马宝琛著	1956. 8
65	共产党员必须密切联系群众	段飏著	1956
66	共产主义和共产党简明读本	江苏人民出版社编	1955
67	共青团初级政治学习小组辅助教材	苏联“青年近卫军”出版社著；刘金绪译	1955. 6
68	共青团的组织原则	林坚编	1959
69	工人运动与工会工作（苏联大百科全书选译）	工人出版社编辑	1955. 8
70	古巴人民的英勇斗争	世界知识出版社编	1959. 8
71	关于德意志联邦共和国政府侵略政策的白皮书	德意志民主共和国外交部编	1959. 6

（续表）

序 号	题 名	责任者	出版年
72	关于改造我国资产阶级分子的阶级本性问题	周元斌著	1956. 5
73	关于工人阶级的团结问题	傅容著	1956
74	关于共产主义与共产党	许邦仪著	1953
75	关于人民公社若干问题的决议宣传材料	中共新疆省委宣传部宣传处编	1959. 3
76	关于人民公社若干问题的决议学习问答	神建人民出版社编辑部编	1959. 4
77	关于十年内战	陈伯达著	1953. 3
78	关于斯大林著《论联共（布）党内的右倾》	（苏）阿·季莫费耶夫斯基著；周宏溟译	1955
79	关于我国人民公社的图书报刊资料索引(第一号)	中国科学院经济研究所资料史编	1958. 12
80	关于西藏问题（一九五九年三月—五月的文件资料）	人民出版社编	1959. 7
81	关于西藏问题资料索引	中国人民大学图书馆编	1959. 5
82	关于正确处理人民内部矛盾问题的学习文选（第二辑）	新疆维吾尔自治区党委宣传部编	1957. 6
83	关于正确处理人民内部矛盾问题的学习文选（第一辑）	新疆维吾尔自治区党委宣传部编	1957. 5
84	关于知识分子问题的报告（1956 年 1 月 14 日在中国共产党中央委员会召开的关于知识分子问题的会议上）	周恩来著	1956
85	国际公法论文集	国际关系学院国际法教研室编	1959
86	国际共产主义运动的新阶段	世界知识出版社编	1958. 3
87	国际共产主义运动的新阶段（第三辑）	世界知识出版社编	1959
88	国际关系与苏联对外政策	（苏）И. Х. 伊瓦辛，А. 杜宾斯基撰；苏苒等译	1956. 1
89	国际条约集（1945—1947 年）	世界知识出版社编	1959
90	国际条约集（1948—1949 年）	世界知识出版社编	1959
91	国际条约集（1950—1952 年）	世界知识出版社编	1959. 9
92	过渡时期总路线学习问题解答（续集）	华东人民出版社辑	1954
93	和平共处能实现吗	施旅	1956. 7
94	和青年朋友谈学习	彭庆旨，李学昆著	1959. 9
95	河南省新乡县七里营人民公社介绍	中共新乡地委办公室	1958. 9
96	荷兰共产党第十八次代表大会文件·奥地利共产党第十七次代表大会文件·比利时共产党第十二次代表大会文件	世界知识出版社编	1958. 3
97	辉煌的十年（上）	人民日报出版社编	1959. 12
98	辉煌的十年（下）	人民日报出版社编	1959. 12
99	基洛夫论青年	（苏）基洛夫著；正楷等译	1957. 11
100	集体领导	李晓明著	1956. 6
101	加拿大共产主义运动三十年(1922—1952 年)	（加拿大）蒂姆·布克著；何立译	1953. 11

（续表）

序　号	题　名	责任者	出版年
102	坚决彻底粉碎胡风反革命集团	人民出版社编	1955. 9
103	坚决、彻底、干净、全部地肃清一切反革命分子	青年团北京市委宣传团编	1955
104	江青同志讲话选编	人民出版社编	1968. 2
105	阶级·阶级斗争概论	邓初民	1950. 7
106	今日印度	杜生著；黄季才译	1954. 1
107	近代国家观念	（荷兰）克拉勃著；王检译	1957. 8
108	禁止原子武器及和平利用原子能问题文件选辑	世界知识出版社编	1955
109	警告和驳斥艾森豪威尔	上海人民出版社编	1958
110	卡拉卡尔帕克苏维埃社会主义自治共和国	（苏）查品科等著；陈有信译	1955. 4
111	劳动保护（重要决议、规程及标准汇编）	（苏）Г. 鲁卡契基，E. 柯特尔雅罗夫编；姜岷山等译	1959. 3
112	离婚案件的审判实践	（苏）M. T. 奥里多罗加著；赵涵舆译	1959. 7
113	联共（布）党史简明教程第九章至十二章名词解释	吴恩裕等编注	1953
114	联共（布）党史教导着什么？	（苏）涅兹纳诺夫等著；郭从周，沈桂高译	1956
115	联共（布）第十八次代表大会	（苏）Б. 葛伏里洛夫著；郭从周译	1954
116	联共（布）第十六次代表大会	（苏）A. 科斯金著；中国人民大学马列主义教研室译	1954
117	联共（布）第十四次代表大会	（苏）И. 契加廖夫撰；中国人民大学马列主义教研室译	1953
118	联共（布）第十五次代表大会	（苏）E. 萨尔达琴科著；中国人民大学马列主义教研室译	1954
119	联共党史学习提要	中共山西省委宣传部理论教育外编	1955
120	列宁共青团	（苏）麦西亚泽夫著；苏联莫斯科大学新闻系全体中国留学生译	1959. 1
121	论“出名”和荣誉问题	杨耳著	1957
122	论从社会主义逐步过渡到共产主义的途径	（苏）П. 亚历山德罗夫著；田怡译	1956. 9
123	论党的教育	《学习译丛》编辑部编译	1956
124	论空想社会主义者	（苏）沃尔金著；中国人民大学编译室译	1959. 1
125	论两个过渡	李光灿著	1959. 6
126	论人民公社	中国青年出版社编	1958. 1
127	论社会发展中旧质新质的转化	（苏）列姆著；于北苑等译	1959. 7
128	论苏维埃社会主义的发展	（苏）M. 罗森塔尔等著；联共（布）党中央直属社会科学研究所编；袁孟超译	1954. 12
129	论重农主义	宋承先编著	1957
130	论自由	李洪林著	1957
131	罗马尼亚在社会主义旗帜下走向新的胜利	世界知识出版社编	1959. 9
132	马克思恩格斯为无产阶级政党而斗争的历史	（苏）加尔金等编；张石柱等译	1957

（续表）

序　号	题　名	责任者	出版年
133	马克思和恩格斯对 1848 年革命经验的总结	（苏）特·伊·奥则尔曼著；汤侠声译	1957
134	马克思列宁主义关于民族殖民地问题的理论	（苏）查米扬著；吴玉，高文德译	1956.1
135	马克思列宁主义基础课程教学大纲	苏联高等教育部社会科学教学司编；中国人民大学马克思列宁主义教研室译	1956.4
136	马克思主义的人口理论与中国人口问题	王亚南编著	1956.12
137	麦田人民公社史	《麦田人民公社史》编写小组编	1959.9
138	漫谈理论如何联系实际	晓文著	1957.11
139	毛泽东论中国革命	陈伯达著	1953
140	美国帝国主义	（美）维克托·佩洛著；易争真，王落彦译	1955.6
141	美国共产党史	（美）威廉·福斯特著；梅豪士译	1957.11
142	美国国会	（苏）安·葛罗米柯著；荫之，光青译	1959
143	美国人民党运动	（美）安·罗彻斯特著；马清文译	1957
144	美洲政治史纲	（美）福斯特著；冯明方译	1959.9
145	民主与自由	中国青年出版社编	1957.1
146	民族工作适用法规手册	法律出版社编	1958
147	民族问题理论暨民族政策汇编	中共中央新疆分局宣传部编	1953
148	民族政策的伟大胜利	民族出版社	1956.7
149	民族政策文件汇编	人民出版社编	1958
150	莫斯科会议的宣言	人民日报出版社	1957.12
151	纳吉·伊姆雷及其同谋者的反革命阴谋	匈牙利人民共和国部长会议新闻局	1959.5
152	南斯拉夫共产主义者联盟纲领草案	世界知识出版社编	1958.4
153	农村中的群众政治工作	西蒙诺夫等著	1956.3
154	批判民族分离主义	梁明编	1958.7
155	批判右派分子庄良的文集	自治区团委编	1957.12
156	千锤百炼改造自己	安子文著	1958.9
157	青年们，在社会主义大竞赛中发挥英勇的突击作用	新疆青年出版社编辑	1956
158	青年团向团员要求些什么	苏联共青团中央著；吴锋译	1955.6
159	青年团政治学习小组	（苏）И. 斯米尔诺夫撰；林秀译	1953.11
160	全国劳动保护展览会冶金馆资料	全国劳动保护展览会冶金馆编	1959.12
161	全国青年工人代表会议主要文件	工人出版社编	1958
162	人民公社参考资料索引	云南省图书馆	1959.1
163	人民公社的强大生命力	人民日报出版社	1959.2
164	人民公社工作中的群众路线问题	连治洁著	1959.12
165	人民公社好（第二辑）	上海人民出版社编	1958.9
166	人民公社和共产主义	伍仁	1958.11
167	人民公社论文集	上海人民出版社编	1958.11

（续表）

序　号	题　名	责任者	出版年
168	人民公社万岁	农业出版社编	1959.12
169	人民公社问题讲话	党员之友社	1959.1
170	人民公社怎样管理农业机械	农业部农业机械局编	1959.1
171	人民民主国家选举法汇编	中央人民政府法制委员会编译室编译	1953.11
172	日本共产党第七次代表大会文件（1958年7—8月）	世界知识出版社编	1959
173	社会改良还是社会革命？	（德）罗莎·卢森堡（Rosa Luxemburg）著；徐坚译	1958.8
174	社会主义从空想到科学的发展名词解释	如潜编	1953.12
175	社会主义和共产主义	中国青年出版社编	1959.2
176	社会主义和共产主义讲话	共青团中央宣传部	1959.3
177	社会主义和共产主义若干问题讲话	湖北人民出版社编	1959.3
178	社会主义建设总路线讲话	中共新疆省委宣传部编	1958.8
179	社会主义思想简史	陶大镛编著	1956
180	沈阳十年	《沈阳十年》编写小组编	1959.11
181	胜利的越南	文锋著；范宏科，范宏贵译	1956.4
182	胜利十年（1959年9月29日在上海市庆祝中华人民共和国成立十周年大会上的讲话）	柯庆施讲	1959.1
183	十年来革命同反革命的斗争	北京群众出版社编	1959.12
184	十年民族工作成就（上）	民族出版社编	1959
185	十月革命对中国革命的影响	丁守和等	1957.1
186	什么是共产主义	张海编著	1953.12
187	什么是社会主义革命	王初编著	1957.8
188	什么是社会主义社会	中国共产党广州市委员会宣传部编	1954
189	什么是无产阶级专政	（苏）契廖姆内赫著；陈汉章译	1959.6
190	世界妇女大会文献	中华全国妇联编	1954
191	世界和平理事会柏林特别会议（1954年5月24—28日）	世界知识出版社编	1955.1
192	世界和平理事会布达佩斯会议（1953年6月15—20日）	世界知识出版社编	1954.8
193	世界和平理事会维也纳会议（1953年11月23—28日）	世界知识出版社编	1954.7
194	世界资本主义的末日	（美）福斯特著；邵新华译	1950.4
195	世界资本主义体系总危机及其在战后时期的尖锐化	（苏）科兹洛夫著；谢曜译	1953
196	思想体系	（苏）B. Ж. 凯列著；谢怀拭译	1954
197	思想一致的共产党人的战斗同盟	（苏）C. 季达联柯著；吴玉成译	1954.8
198	斯大林式的共产党员与非共产党员的联盟	（苏）伊·马孟托夫著；杨任之，张景明译	1953.11
199	苏共党史（第二章）	杨惠芳编	1956.3

（续表）

序　号	题　名	责任者	出版年
200	苏共党史（第六章）	杨峰编	1956. 7
201	苏共党史（第七章）	靳树鸿编	1956. 8
202	苏共党史（第三章）	姚锡华编	1956. 5
203	苏共党史（第五章）	江流编	1956. 6
204	苏联	（苏）米哈伊洛夫等著；中苏友好协会总宣传部译	1957
205	苏联代表在联合国发言选集（第六集）	世界知识出版社编辑	1957. 6
206	苏联代表在联合国发言选集（第三集）	世界知识出版社编辑	1956. 3
207	苏联的遗嘱继承	（苏）З. И. 莫兹茹希娜著；郑华译	1956. 7
208	苏联法律辞典（国家和法的理论部分）	（苏）库德利雅夫采夫主编	1957. 9
209	苏联法律辞典（国家与法权通史部分、苏联国家与法权历史部分、罗马法部分）	（苏）库德利雅夫采夫主编	1958. 5
210	苏联法律辞典（刑法部分）	（苏）库德利雅夫采夫主编；刑芳译	1957. 5
211	苏联工会群众文化工作教材	何帆等译	1955. 12
212	苏联共产党（布）历史简明教程	联共（布）中央特设委员会编	1955. 9
213	苏联共产党（布）历史简明教程第十二章学习问题解答	上海人民出版社编	1955. 3
214	苏联共产党（布）历史简明教程第十一章学习问题解答	上海人民出版社编	1955. 2
215	苏联共产党（布）历史简明教程第十章学习问题解答	上海人民出版社编	1954. 11
216	苏联共产党（布）历史简要读本	联共（布）中央特设委员会编	1950. 2
217	苏联共产党代表大会、代表会议和中央全会决议汇编	苏共中央马克思列宁主义研究院编辑；中共中央马恩列斯著作编译局译	1958. 3
218	苏联共产党的建设论文集（第二集）	《学习译丛》编辑部编译	1956
219	苏联共产党的思想基础	（苏）С. Г. 泽列诺夫著；石健译	1954
220	苏联共产党第二十一次代表大会主要文件	中共中央马克思恩格斯列宁斯大林著作编译局译	1959
221	苏联共产党第二十一次非常代表大会主要文件	苏联共产党第二十一次非常代表大会编	1959
222	苏联共产党对加强国家积极防御的关怀	（苏）З. 奥西波夫著；周宏溟译	1955
223	苏联国家经济建设中党的助手——共青团	（苏）A. E. 哈尔拉莫夫著；宗华译	1953. 12
224	苏联劳动法规诠释（上）	（苏）亚力山大洛夫，阿斯特拉汉等著；中华全国总工会编译处译	1956. 12
225	苏联劳动法规诠释（下）	（苏）亚力山大洛夫，阿斯特拉汉等著；中华全国总工会编译处译	1957. 3
226	苏联列宁共产主义青年团	（苏）H. П. 米哈依洛夫撰；王复加译	1953. 1
227	苏联列宁共产主义青年团的光辉道路	（苏）斯米尔诺夫等著；丹明译	1954
228	苏联列宁共产主义青年团团史	苏联列宁共产主义青年团中央委员会宣传鼓动部编；刘宾雁译	1952. 1
229	苏联外交政策（苏联大百科全书选译）	雉棐译	1955. 9

（续表）

序号	题名	责任者	出版年
230	苏联新农业税法	（苏）卡赞切夫编；李宏略译	1955. 8
231	苏维埃法律对个人利益的保护	（苏）B. И. 库良斯基著；益群译	1956
232	苏维埃宪法史（1917—1957年）	（苏）C. C. 斯图坚尼金主编；中国人民大学出版社编译室译	1958
233	苏伊士运河问题文件选辑	世界知识出版社编辑	1956
234	谈发扬民主	晓潮编	1957. 6
235	谈入党条件党员义务和权利	许邦仪著	1957. 3
236	谈谈工农生活差别	王茅著	1959. 4
237	谈谈苦干和巧干	蒙登进，牛欣芳著	1959. 7
238	谈谈中国共产党的纲领	今平，山宋著	1956
239	谈谈中国共产党的整风运动	赵汉编著	1957
240	谈宪法	李达著	1954. 6
241	谈战略上藐视困难，战术上重视困难	陈一著	1959. 7
242	提高党的工作水准	（苏）Г. 包尔科夫等撰；天铎译	1955. 2
243	提高共产主义觉悟，加强党性锻炼	山东人民出版社编	1959. 12
244	提高思想觉悟，加强党性锻炼（预备党员学习材料）	中共天津市委员会支部生活社编	1959. 8
245	条条道路通往共产主义	（苏）斯捷潘仰著；汤苇之译	1953. 1
246	铁托集团的现代修正主义面目	何畏著	1959. 9
247	团结全国青年在建设祖国的伟大行列中奋勇前进	中国青年出版社	1953. 9
248	外国代表团论苏联	清河译	1954. 12
249	外交学	哈罗德・尼科松著；眺伟译	1958. 4
250	为各民族人民的团结与发展而斗争	新疆人民出版社编辑室编	1951. 7
251	为人民除害	中国青年出版社辑；沈云瑞，刘稠绘图	1955. 1
252	为英国人民声辩	（英）弥尔顿著；何宁译	1958. 9
253	为知识而斗争的共产主义青年团学校组织	（苏）科尔玛科娃著；徐葵，康维译	1952. 8
254	维护国家统一和民族团结，为建设民主和社会主义的新西藏而奋斗（第1辑）	民族出版社编	1959
255	维护国家统一和民族团结，为建设民主和社会主义的新西藏而奋斗（第2辑）	民族出版社编	1959
256	维护国家统一和民族团结，为建设民主和社会主义的新西藏而奋斗（第3辑）	民族出版社编	1959
257	维护国家统一和民族团结，为建设民主和社会主义的新西藏而奋斗（第4辑）	民族出版社编	1959
258	维护国家统一和民族团结，为建设民主和社会主义的新西藏而奋斗（第5辑）	民族出版社编	1959
259	伟大的成就 灿烂的前景	陶鲁笳等著	1959. 12
260	伟大的革命宣言	中国青年出版社编	1958. 6
261	伟大的抗美援朝运动	中国人民抗美援朝总会宣传部编	1954

（续表）

序　号	题　名	责任者	出版年
262	伟大的十年	周恩来著	1959. 1
263	伟大的中国共产党	尤千山著	1957. 3
264	伟大光荣正确的共产党人	秦川著	1952. 6
265	我国革命的基本特点和创造精神	骆耕漠	1957. 4
266	我国肃反斗争的成就和今后的任务	罗瑞卿	1958. 1
267	伍修权在安理会控诉美国武装侵略台湾的发言	五十年代出版社	1951. 5
268	西藏问题学习参考材料	新疆人民出版社编辑	1959. 9
269	现代国际法上的基本原则和问题	法律出版社	1956
270	现代国际关系史（1917—1945 年）	（苏）Л. Н. 列・库达科夫著；国际关系学院编译室译	1958
271	现代国际关系史参考资料（1945—1949 年）	国际关系学院编	1959. 8
272	现代国际关系史参考资料——第二次世界大战后国际形势总论部分（1945—1958 年）	国际关系学院编	1958
273	宪法分解参考资料	中国政治法律学会编	1954. 7
274	宪法论——法律规则和国家问题（第一卷）	（法）莱翁・狄骥著；钱克新译	1959. 2
275	向“海鸥”学习	刘金编	1956. 8
276	向娜斯嘉学习	王若望编	1956. 2
277	向苏联列宁共产主义青年团学习	中国青年出版社编	1954. 1
278	向王崇伦学习	中国新民主主义青年团华东工作委员会宣传部	1954. 4
279	新伯恩斯坦主义批判	哲学研究编辑部	1958. 12
280	新疆十年来的伟大成就	新疆人民出版社编	1959. 9
281	新疆维吾尔自治区	赵寿祺，胡芸等著	1956. 7
282	新疆维吾尔自治区	王维屏等著	1959. 1
283	新民主主义论参考资料之一	北京师范大学教务处编	1950. 8
284	新西兰共产党一九六〇年代表大会文件选辑	梅山译	1956
285	匈牙利社会主义工人党全国代表会议文件	世界知识出版社编	1958. 6
286	徐水人民公社史（第一集）	徐水县写作运动委员会，徐水县文学艺术界联合会编	1959. 5
287	旭日东升	“热风”编辑部编	1959. 1
288	选举・选举制度	（苏）И. Д. 列文著；石健译	1953
289	学会正确处理人民内部矛盾	中国青年出版社编辑	1958. 7
290	学习党的八届六中全会文件参考资料目录	北京图书馆编	1959. 3
291	学习党章 遵守党章	上海人民出版社编	1956
292	学习联共（布）党史第九章至第十二章参考文件	人民日报图书资料组编	1954. 6
293	学习联共（布）党史简明教程第九至十二章提纲	学习杂志社编辑部	1955. 4

（续表）

序 号	题 名	责任者	出版年
294	学习联共（布）党史简明教程第九章参考资料	华东人民出版社编	1953.12
295	学习中共中央“关于人民公社若干问题的决议”文集	中国科学院经济研究所农经组编	1959
296	学习中国共产党章程问答	赵生晖，李毅冈编著	1956
297	学校青年团组织的工作经验	中国新民主主义青年团华东工作委员会学校工作部编	1954
298	亚非会议文件选辑	世界知识出版社编	1955.9
299	严格遵守党的集体领导原则	李成吾著	1956
300	要学习好必须善于独立工作	（苏）普希金，中国青年出版社著；倪克勤撰	1954.1
301	一堂意义极深刻的课（中国青年报社论选辑）	中国青年报社论委员会编	1957
302	伊拉克共和国是怎样诞生的	（苏）谢富尔·穆留科夫著；华东师范大学译	1959
303	意大利共产党第八次代表大会重要文件汇编	（意）意大利共产党第八次代表大会著	1957
304	意大利共产党第四次全国代表会议文件选辑	（意）意大利共产党第四次全国代表会议著；方山译	1956.5
305	印度共产党第四次代表大会文件选辑	世界知识出版社编	1957.1
306	印度共产党特别代表大会文件选辑	世界知识出版社编	1958.12
307	印度尼西亚共产党印度共产党和日本共产党的文件	世界知识出版社编	1957.7
308	印度支那问题文件汇编	世界知识出版社编	1959
309	英国工会运动史	（英）韦伯夫妇著；陈占建民译	1959
310	英国共产党第二十六次代表大会文件（1959年3月27日至30日）	世界知识出版社编	1959.9
311	英国右翼工党分子的思想和政策	（苏）德伏尔金原著；刘元慎，徐小英等译	1957.1
312	英国政府（中央政府之部）	（美）罗威尔著；秋水译	1959.8
313	英国政府——政党制度之部	（美）罗威尔著；秋水译	1959.11
314	永远做伟大祖国的忠实儿女	艾力·扎衣提等著	1955.12
315	原子能问题上的两条路线	周修睦编	1955.6
316	远东国际关系史（1840—1949年）	（苏）耶·马·茹科夫著	1959.9
317	再论无产阶级专政的历史经验	人民日报编辑部编著	1956.12
318	在北京第三届人民代表大会上的讲话	刘少奇讲	1951.12
319	在第十九次党代表大会上关于联共（布）中央工作的总结报告	（苏）Г.М. 马林科夫撰	1952
320	在工业生产高潮中党的宣传工作经验	中共辽宁省委宣传部	1956
321	在建设共产主义的道路上	（苏）С.Г. 斯特鲁米林著；中国科学院经济研究所学术秘书室翻译组译	1959.6

（续表）

序　号	题　名	责任者	出版年
322	在社会主义革命高潮中知识分子的使命	郭沫若著	1956
323	在思想斗争战线上	中国青年出版社编辑	1958. 2
324	在苏联共产党第二十次代表大会上的发言	（苏）E. A. 福尔采娃等著	1956
325	在中国人民政治协商会议第一届全国委员会第四次会议上的政治报告	周恩来著	1953
326	怎样避免在工作中犯错误	关锋著	1956
327	怎样发展新党员	辽宁人民出版社编	1955
328	怎样讲授“联共（布）党史简明教程”	（苏）白连金等著；秋江译	1953. 11
329	怎样学习苏共党史	傅清华撰	1955. 6
330	怎样增强党的团结	新农村杂志社编	1955. 11
331	怎样做一个共产党员	中国共产党中央宣传部编	1953. 1
332	怎样做一个共青团员	共青团山西省委宣传部编	1959. 12
333	怎样做一个共青团员	纯广编著	1959. 4
334	债权法分论（关于几种债的研究）	（苏）克·阿·格拉维，依·伯·诺维茨基主编；王明毅等译	1957. 11
335	战后日本政局的变化和目前形势的透视	庄涛著	1959. 6
336	战争或和平	杜勒斯著；北京编译社译	1959. 2
337	真正的民主在哪里	周方著	1958
338	正确对待入党问题	丁星著	1955
339	政府工作报告——在中华人民共和国第一届全国人民代表大会第一次会议上报告	周恩来著	1954. 9
340	政治答记	（苏）Я. 马莱克撰	1955. 1
341	政治学说史（上册）	苏联科学院法学研究所，国立莫斯科大学集体编著；冯憬远，李嘉恩等译	1959. 9
342	中东问题文件汇编（1945—1958 年）	国际关系研究所编	1959
343	中共八鱼乡支部工作介绍	靳瀚恢	1954. 5
344	中共河南许昌地委的宣传工作	人民出版社编辑部	1951. 6
345	中共河南许昌地委宣传工作的新发展	王天铎	1952. 5
346	中国的社会主义改造	廖盖隆编	1955. 6
347	中国妇女第三次代表大会重要文献	全国妇女联合会编	1957
348	中国革命读本（修订本）	王惠德等著	1951. 9
349	中国革命中的武装斗争	罗伽著	1954. 1
350	中国共产党党史学习参考材料（第二辑）	辽宁人民出版社编	1955. 1
351	中国共产党的群众路线	王金镖著	1956. 5
352	中国共产党第八次全国代表大会关于发展国民经济的第二个五年计划（1958 年到 1962 年）的建议	周恩来著	1956
353	中国共产党第八次全国代表大会开幕词	毛泽东著	1956. 9
354	中国共产党第八次全国代表大会文献	中共中央办公厅编	1958. 4
355	中国共产党第八届全国代表大会第二次会议关于在莫斯科举行的各国共产党和工人党代表会议的决议	人民出版社	1958. 5

（续表）

序　号	题　名	责任者	出版年
356	中国共产党第八届全国代表大会第二次会议关于中央委员会的工作报告的决议	刘少奇著	1958. 6
357	中国共产党第八届中央委员会第八次全体会议文件	人民出版社	1959
358	中国共产党第八届中央委员会第六次全体会议文件	党风德注	1958. 12
359	中国共产党基本知识问答	李文栋著	1956. 6
360	中国共产党简史	学习初级版资料室编	1951. 7
361	中国共产党简要历史	缪楚黄编著	1956. 9
362	中国共产党历史简编	王实，王翅，马奇兵，章凌著	1958. 9
363	中国共产党历史学习提要	陕西人民出版社编	1952. 1
364	中国共产党全国代表会议文件	人民出版社编	1955. 7
365	中国共产党三十五年简史	黄河著	1957. 11
366	中国共产党章程教材	中共天津市委宣传部编	1957. 3
367	中国共产党中央委员会向第八次全国代表大会的政治报告	刘少奇	1956. 1
368	中国青年为实现第一个五年计划而斗争的任务	胡耀邦著	1955. 1
369	中国人民大团结和世界人民大团结（庆祝中国人民共和国成立十周年，为苏联“真理报”作）	邓小平著	1959. 9
370	中国人民福利事业	内务部办公厅编	1959. 4
371	中国新民主主义青年团第二次全国代表大会文件汇编	西北军区政治部青年部编	1953
372	中国新民主主义青年团第三次全国代表大会文献	中国青年出版社编	1957. 11
373	中华人民共和国成立十周年纪念文集	人民出版社编	1959
374	中华人民共和国第二届全国人民代表大会第一次会议汇刊	人民出版社编	1959. 3
375	中华人民共和国第二届全国人民代表大会第一次会议文件	人民出版社编	1959. 7
376	中华人民共和国第一届全国人民代表大会第二次会议文件	人民出版社编	1959. 7
377	中华人民共和国第一届全国人民代表大会第三次会议文件	人民出版社编	1956. 9
378	中华人民共和国第一届全国人民代表大会第四次会议文件	人民出版社编	1957. 1
379	中华人民共和国对外关系文件集（第四集）	世界知识出版社编	1958. 7
380	中华人民共和国对外关系文件集（第五集）	世界知识出版社编	1958
381	中华人民共和国法规汇编（9）	国务院法制局，法规汇编撰委员会等编	1959. 3
382	中华人民共和国法规汇编（7）	国务院法制局，法规汇编撰委员会等编	1959. 3
383	中华人民共和国法规汇编（10）	国务院秘书厅，法规汇编撰委员会等编	1959. 3

（续表）

序　号	题　名	责任者	出版年
384	中华人民共和国法规汇编（11）	国务院法规汇编撰委员会等编	1959. 3
385	中华人民共和国法规汇编（3）	国务院法制局，法规汇编撰委员会等编	1959. 3
386	中华人民共和国法规汇编（5）	国务院法制局，法规汇编撰委员会等编	1959. 3
387	中华人民共和国法规选辑	中华人民共和国司法部，中华人民共和国法规选辑编辑委员会	1958. 5
388	中华人民共和国户口登记条例	群众出版社	1958. 3
389	中华人民共和国劳动保险条例	北京法律出版社编	1955. 7
390	中华人民共和国农业生产合作社法参考资料汇编（上）	北京政法学院民法教研室编	1957
391	中华人民共和国农业生产合作社法参考资料汇编（下）	北京政法学院民法教研室编	1957. 9
392	中华人民共和国农业税史稿	李成瑞	1959. 5
393	中华人民共和国农业税条例问答	国务院法制局财经组等编著	1958
394	中华人民共和国条约集（第六卷）	中华人民共和国外交部编	1958. 8
395	中华人民共和国条约集（第七卷）	中华人民共和国外交部编	1959. 4
396	中华人民共和国条约集（第三卷）	中华人民共和国外交部编	1958. 1
397	中华人民共和国条约集（第四卷）	中华人民共和国外交部编	1958. 4
398	中华人民共和国条约集（第五卷）	中华人民共和国外交部编	1958. 5
399	中华人民共和国条约集（第一卷）	中华人民共和国外交部编	1957. 8
400	中华人民共和国土地法参考资料汇编	北京政法学院民法教研室	1957. 8
401	中华人民共和国宪法	第一届全国人民代表大会第一次会议制定	1954
402	中华人民共和国宪法讲义	中央政法学校国家法教研室编	1958
403	中华人民共和国宪法学习参考资料	中央政法学校国家法教研室编	1957. 7
404	中苏人民友谊简史	彭明著	1955. 2
405	中央人民政府法令汇编（1952—1954 年）	中央人民政府法制委员会	1955
406	中印边界问题	世界知识出版社	1959. 9
407	周恩来政府工作报告	人民出版社	1959. 4
408	周恩来政治报告	人民出版社	1956. 2
409	资本主义文明的衰亡	（英）锡德尼·韦伯（Sidney Webb），贝特丽丝·韦伯（Beatrice Webb）著；秋水译	1958
410	自觉地改造思想	曾惇著	1958. 2
411	做一个工人阶级知识分子（第五集）	中国青年出版社编	1958. 5

（3）1960—1969 年

序　号	题　名	责任者	出版年
1	阿尔巴尼亚劳动党中央委员会向第四次代表大会的工作报告：（在阿尔巴尼亚劳动党第四次代表大会上的闭幕词）	（阿尔巴尼亚）霍查著	1962. 11

（续表）

序 号	题 名	责任者	出版年
2	澳大利亚马克思列宁主义者宣言	世界知识出版社	1964. 3
3	巴勒斯坦问题参考资料	国际关系研究所编	1966. 2
4	把反对赫鲁晓夫修正主义的斗争进行到底（纪念《关于国际共产主义运动总路线的建议》发表两周年）	人民日报编辑部，红旗杂志编辑部编	1965. 6
5	驳苏共新领导的所谓“联合行动”（1965年11月11日）	人民日报编辑部，红旗杂志编辑部著	1965. 11
6	不断革命论与不断革命发展阶段论	卞玉璞著	1962. 11
7	参加革命究竟为了什么——思想杂谈	天津人民出版社	1960
8	长风人民公社的成长	湖北省农业科学研究所著	1960. 2
9	朝鲜劳动党第四次代表大会文件（1961年9月11—18日）	世界知识出版社	1962. 3
10	朝鲜劳动党四届七中全会文件	北京人民出版社	1963. 12
11	朝鲜劳动党中央委员会向第四次代表大会的工作总结报告（1961年9月11日）	（朝）金日成著	1962. 12
12	朝鲜民主主义人民共和国政府的当前任务（在朝鲜民主主义人民共和国第三届最高人民会议第一次会议上的讲话）	（朝）金日成著	1962. 12
13	朝鲜民主主义人民共和国最高人民会议第二届第八会议文件集	外国文学出版社	1960. 12
14	朝鲜社会主义建设中的千里马作业班运动	张庭延等译	1962. 12
15	初升的太阳	河北人民出版社编辑	1960. 8
16	初升的太阳——北京市郊区九个人民公社调查报告	中共北京市委宣传部编	1960. 5
17	处在十字路口的澳大利亚社会主义运动	（奥）希尔	1964. 8
18	从社会主义到共产主义	（苏）Л. 列昂节夫著；陈汉章译	1960. 5
19	大搞群众运动实现食堂机械化	中共开渠赵各庄煤矿委员会编	1960. 4
20	大跃进中的职工家属	全国总工会女工工作委员会，全国妇联宣传部编	1960. 2
21	党的基本知识讲话	中共北京市委宣传部编	1961. 1
22	党的纪律和党员纪律性修养	侯永著	1960. 11
23	党的建设问题讲话（第二集）	中共北京市委前线编辑部编	1963. 3
24	党的建设问题讲话（第一集）	中共北京市委前线编辑部编	1962. 3
25	党的领导是共青团的生命线	姚文远编	1963
26	党的生活问题解答	中共辽宁省委组织部办公室编	1963. 6
27	德国社会民主党史（1）	（德）弗兰茨·梅林（Franz Mehring）著；青载繁译	1963. 9
28	帝国主义的“心理战”	（苏）布尼亚柯夫，科莫洛夫著；何宁译	1961. 11
29	帝国主义对非洲的瓜分	（苏）A. 3. 苏斯曼诺维奇著；文志玲译	1962. 5
30	第二次世界大战后的美国殖民政策	（苏）M. A. 格列切夫著；何清新译	1960. 5
31	第二次世界大战中的非洲——原料与人力资源	（苏）A. Ю. 亚·尤·施皮尔特著；何新译	1960. 4

（续表）

序　号	题　名	责任者	出版年
32	第三届全非人民大会文件汇编	世界知识出版社编辑	1962.6
33	东洋朴素主义的民族和文明主义的社会	（日）宫崎市定著；刘永新译	1962.8
34	对选民的讲话（1962年5月30日于地拉那歌舞剧院）	（阿尔巴）恩维尔·霍查著	1962.11
35	二十世纪的资本主义革命	（美）阿道夫·贝利著；钟远蕃译	1964.7
36	发明奖励条例技术改进奖励条例	北京科学普及出版社	1964.5
37	法国在西非的殖民政策（1880—1900年）	（苏）B.A.苏勃波丁著；方林等译	1960.7
38	反法西斯战争的历史经验（1965年5月9日）	人民日报编辑部著	1965.5
39	非洲原料资源（1913—1958年）	（苏）阿·尤·施皮尔特著；伍知友译	1964.6
40	高举创造性的马克思主义革命旗帜、引导我们的革命事业走向全胜！（1963年3月13日纪念马克思逝世八十周年的讲话）	（越）黎笋著	1963.4
41	高举民族解放的革命旗帜（1964年1月21日）	朝鲜《劳动新闻》编辑部著	1964.3
42	高举人民公社的红旗胜利前进（第二辑）	中国科学院法学研究所人民公社研究小组编	1960.6
43	高举人民公社的红旗胜利前进（第一辑）	中国科学院法学研究所人民公社研究小组编	1960.5
44	高举四面旗帜，为早日实现中间阶段目标而奋斗：日本共产党中央委员会政治局向全国积极分子会议所作的报告（1962年11月13日）	（日）宫本显治著	1963.5
45	各国共产党和工人党代表会议声明告世界人民书（1960年11月）	章光华注释	1961.12
46	各国共产党和社会主义国家政府会谈文件汇编（1956年11月—1957年10月）	世界知识出版社编	1960.2
47	各国社会党重要文件汇编（2）	世界知识出版社编	1963.8
48	公有法典	（法）德萨米著；冀甫译	1964.7
49	《共产党人》发刊词	近军东著	1960.9
50	《共产党宣言》是社会主义的里程碑	（英）拉斯基著；黄子祥译	1964.4
51	共产主义世界和我们的世界	（美）李普曼著；凌雨译	1960.2
52	共产主义者同盟史（1849—1852年）	（德）欧伯曼著；宋家修等译	1962.4
53	关于国际共产主义运动总路线的建议：中国共产党中央委员会对苏联共产党中央委员会一九六三年三月三十日来信的复信	人民出版社编	1963.6
54	关于国际共产主义运动总路线的建议和有关文件	人民出版社编	1963.8
55	关于国际共产主义运动总路线的论战	人民出版社编	1965.3
56	关于赫鲁晓夫的假共产主义及其在世界历史上的教训——九评苏共中央的公开信	人民日报编辑部，红旗杂志编辑部著	1964.7
57	关于进一步加强党对劳动人民进行共产主义教育的思想工作（阿尔巴尼亚劳动党中央全会文件）	人民出版社编	1964.9

（续表）

序 号	题 名	责任者	出版年
58	关于民主集中制的几个问题	刘东生著	1962. 9
59	关于民族资产阶级在民族解放运动中的作用	世界知识出版社编辑	1960
60	关于农村经济、社会和文化状况及其进一步提高的措施（在阿尔巴尼亚劳动党中央委员会全体会议上的报告）	（阿尔巴尼亚）霍查著	1964. 2
61	关于人民公社和农业生产的若干问题	刘俊秀著	1960. 4
62	关于斯大林问题——二评苏共中央的公开信	人民日报编辑部，红旗杂志编辑部著	1963. 9
63	关于我们党的国际任务的若干问题	（越南）黎笋著	1964
64	关于越南社会主义革命（第二卷）	（越南）黎笋著	1965. 6
65	关于越南社会主义革命（第一卷）	（越南）黎笋著	1965. 1
66	关于中印边境问题	人民出版社编	1962. 1
67	光辉的“五四”	徐特立等著	1960
68	国际科学技术会议和国际展览会日程表	中国国外科学技术文献编译委员会，中国科学技术情报研究所编	1965. 5
69	国际科学技术会议和国际展览会日程表（1964—1965 年 续编）	中国国外科学技术文献编译委员会，中国科学技术情报研究所编	1964. 4
70	国际科学技术会议和国际展览会日程表（1965—1966 年 初编）	中国科学技术情报研究所编	1964. 1
71	国际科学技术会议和国际展览会日程表（1966—1967 年 续编）	中国科学技术情报研究所编	1966. 3
72	国际联盟史（上）	（英）华尔脱斯著；汉敖，宁京译	1964. 2
73	国际联盟史（下）	（英）华尔脱斯著；封振声译	1964. 3
74	国际条约集（1956—1957 年）	世界知识出版社编	1962. 12
75	国家和共产主义	（苏）费·米·布尔拉茨基著；中国科学院法学研究所译	1964. 8
76	汉俄德英法西语对照国际会议术语汇编	（法）赫伯特，J. 主编；上海外国语学院英语系汉译	1962. 2
77	和平还是暴力	人民出版社	1964. 8
78	赫鲁晓夫修正主义者面临严重的困难、失败和矛盾	阿尔巴尼亚“人民之声报”编辑部文章编	1966. 4
79	回顾与展望——革命的社会主义政治反对工联主义与议会政治	（澳）爱·弗·希尔（E. F. Hill）著	1963. 12
80	活学活用毛泽东思想的胜利——中国乒乓球队在第二十八届世界乒乓锦标赛上	人民体育出版社编	1965. 5
81	活学活用毛泽东思想——天津市工农群众学习心得之一	中共天津市委宣传部	1964. 6
82	活学活用毛主席著作的尖兵——廖初江	解放军报社编	1964. 4
83	基层商业职工怎样活学活用毛主席著作	商业部编	1964. 8
84	激发雄牛精神！继续前进，决不后退！（在印度尼西亚共产党第七届二中全会上的政治报告）	（印尼）迪·努·艾地著	1964. 6

（续表）

序　号	题　名	责任者	出版年
85	集中一切力量促进祖国的统一独立和共和国北半部的社会主义建设——关于我国革命的性质和任务的纲要（1955 年 4 月）	（朝鲜）金日成著	1961. 8
86	纪念战胜德国法西斯，把反对美帝国主义的斗争进行到底	罗瑞卿著	1965. 5
87	坚持把毛泽东思想学习到手——天津市工农群众学习心得之二	天津市委宣传部编	1964. 6
88	焦裕禄怎样学习毛主席著作	人民出版社编	1966. 3
89	解决老挝问题的扩大的日内瓦会议文件汇编（1961 年 4 月至 1962 年 7 月）	世界知识出版社编辑	1962. 12
90	金日成在朝鲜人民的民族节日 8. 15 解放 15 周年庆祝大会上的报告	（朝）金日成著	1960. 8
91	金融法规汇编（1961 年）	中国人民银行总行编	1962. 11
92	金融法规汇编（1962 年）	中国人民银行总行编	1964. 1
93	金融法规汇编（1963 年）	中国人民银行总行编	1964. 1
94	喀拉拉邦——关于印度共产党执政情况的报道	（印）赫·德·马拉维亚著；北京编译社译	1960. 1
95	看，莱蒙湖这面镜子——解决老挝问题的扩大的日内瓦会议通讯集	世界知识出版社编	1963
96	看愚公怎样移山——沙石峪村党支部领导群众艰苦奋斗十年间	东生著	1963. 12
97	拉丁美洲和美国（1939—1959 年外交关系史纲）	（苏）C. A. 哥尼昂斯基著；何清新，叶林译	1964
98	劳动保护政策文件汇编	中华人民共和国劳动部劳动保护局编	1960. 4
99	老生常谈	李欣著	1964. 3
100	历史发展的伟大见证（天津市人民公社调查报告）	中共天津市委农村工作委员会公社处编	1960. 4
101	历史将宣判我无罪（菲德尔·卡斯特罗 1953 年 10 月 16 日在古巴圣地亚哥紧急法庭上的自我辩护词）	（古）菲德尔·卡斯特罗著	1962. 7
102	两种根本对立的和平共处政策——六评苏共中央的公开信	人民日报编辑部，红旗杂志编辑部著	1963. 12
103	刘少奇主席和胡志明主席联合声明	人民出版社	1963. 5
104	论共产党员的修养——1939 年 7 月 8 日在延安马列学院的演讲	刘少奇著	1962. 1
105	洛克菲勒兄弟基金会关于美国内外政策的三个报告	钟嘉儒译	1960. 4
106	马克思列宁主义的阶级和阶级斗争理论	程力群著	1960. 4
107	马克思列宁主义还是修正主义（比利时共产党第十三次代表大会到第十四次代表大会）	（比利时）格里巴著	1963. 11
108	马克思列宁主义者联合起来——比利时共产党布鲁塞尔地区委员会文件	（比利时）格里巴著	1964. 2
109	马克思主义还是伯恩施坦主义？	（保）第米特尔·布拉戈耶夫著；魏城，冯维静译	1964. 7

（续表）

序　号	题　名	责任者	出版年
110	马克思主义与中国革命	黎澍著	1963.6
111	毛主席接见五十万红卫兵和革命师生	人民出版社编	1966.9
112	美帝国主义对拉丁美洲的侵略	（古巴）希门尼斯著；梅登科译	1962.7
113	美国反民主立法简史	（苏）格罗马科夫著；郑德麟，苏苒译	1962.5
114	美国共产主义运动的头十年——一个参加者的报告	（美）詹姆斯·坎农著	1963.12
115	美国劳工实况（1945—1946年）	美国劳工研究协会编；陈原译	1961.6
116	莫斯科宣言，莫斯科声明	北京人民出版社编	1963.4
117	慕尼黑历史的新文件	苏联外交部，捷克斯洛伐克外交部编；蔡孑宇译	1962.6
118	南斯拉夫和新共产主义	（美）乔治·霍夫曼（George Hoffman），弗雷德·华纳·尼尔（Fred Warner Neal）著；裘辉等译	1963.12
119	南斯拉夫和新共产主义（下卷）	（美）乔治·霍夫曼（George Hoffman），弗雷德·华纳·尼尔（Fred Warner Neal）著；裘辉等译	1963.6
120	南斯拉夫是社会主义国家吗？——三评苏共中央的公开信	人民日报编辑部，红旗杂志编辑部著	1963.9
121	农村人民公社工分速算表	莫华斌编著	1961.6
122	努力做一个好的共产党员	郑经编	1963.3
123	培养革命接班人是党的一项战略任务	人民出版社编	1964.1
124	葡萄牙非洲殖民地的风暴	兵军等编译	1962.8
125	青年红旗手	共青团贵州省委宣传部编	1960.3
126	取得政权的道路	（德）卡尔·考茨基（K. Каутский）著；刘磊译	1961.4
127	全世界无产者联合起来反对我们的共同敌人	人民出版社编	1963.3
128	人道主义，人性论研究资料（第二辑）	商务印书馆编	1964.9
129	人民公社的“五好”党支部	中共新疆维吾尔自治区委员会组织部编	1960.7
130	人民公社的优越性	中国人民大学农业经济系人民公社经济问题研究小组编著	1960.2
131	人民公社的政治经济问题	中共贵州省委宣传部编	1960.2
132	人民公社的综合经济规划	北京师范大学地理系人民公社规划组编著	1960.2
133	人民公社光芒万丈	陈日辰编写	1960.4
134	人民公社好	中共甘肃省委人民公社调查组编	1960.1
135	人民公社好	北京出版社编辑	1960.2
136	人民公社好（新疆人民公社调查）	中共新疆维吾尔自治区委员会宣传部编	1960.2
137	人民公社讲话	宇光等著	1960.5
138	人民公社万寿无疆	农业出版社编	1960.5
139	人民公社万岁——贵州省人民公社调查	中共贵州省委员会办公厅编	1960.2
140	人民公社在安徽	安徽人民出版社编	1960.8
141	人民资本主义批判	（美）布迪希著；马清槐译	1960.3

（续表）

序　号	题　名	责任者	出版年
142	日本革命的展望	（日）宫本显治著	1964. 4
143	日本共产党的四十年	人民出版社	1962. 12
144	日本共产党第八次代表大会文件（1961年7月25—31日）	世界知识出版社编	1962. 6
145	上海郊区彭浦人民公社的孕育、诞生和成长	全国农业展览馆综合馆编	1960. 1
146	社会主义的前提和社会民主党的任务	（德）爱德华·伯恩斯坦（Eduard Bernstein）著；殷叙彝译	1965. 2
147	社会主义建设问题学习文件汇编	新疆人民出版社编辑	1961. 12
148	社会主义劳动青年同盟的任务（在朝鲜民主青年同盟第五次代表大会上的讲话）	（朝）金日成著	1964. 8
149	社会主义精髓	（日）幸德秋水著；马采译	1963. 11
150	社会主义新阿尔巴尼亚的二十年	人民出版社	1965. 12
151	社会主义与中间阶级	（英）格兰特（A. Grant）著；盛震溯译	1964. 8
152	审判纪实	安徽省高级人民法院编	1961. 11
153	十年民族工作成就（下）	民族出版社编	1960
154	试论人民公社	宋景先等编著	1960. 3
155	树立为人民服务的人生观（学习“为人民服务”“纪念白求恩”的体会）	中国青年出版编	1965. 9
156	谁都不能阻挡古巴人民前进	世界知识出版社编	1962. 11
157	苏共领导是当代最大的分裂主义者——七评苏共中央的公开信	人民日报编辑部，红旗杂志编辑部著	1964. 2
158	苏共领导同我们分歧的由来和发展——评苏共中央的公开信	人民日报编辑部，红旗杂志编辑部著	1963. 9
159	苏联共产党历史	（苏）鲍·尼·波诺马辽夫主编	1960
160	苏联和未来——对苏联共产党新纲领的分析	（英）伦纳德·夏皮罗（Leonard Schapiro）主编	1963. 12
161	苏联农业工会的群众文化工作	工人出版社编	1960
162	苏联是社会主义国家吗	（日）新谷明生等著；余以谦译	1969. 12
163	苏联手册	（苏）Г. Х. 萨赫纳札洛夫，М. А. 列别杰娃主编	1960. 2
164	苏联外交简史	（苏）И. Ф. 伊瓦辛著；国际问题译丛编辑部译	1960. 2
165	苏联伟大的七年	（苏）尤·莫拉列维奇著	1960. 3
166	苏联远东区	（苏）乌多文科著；马孟超译	1960. 2
167	苏维埃社会主义共和国联盟宪法——根本法	苏联宪法法律出版社编辑部译	1960. 8
168	他们是怎样把我们的加拿大出卖给美国的	（加拿大）拉摩里著；郭世祖译	1964. 11
169	谈入党条件、党员义务和权利	许邦仪著	1963. 7
170	谈谈革命论	远凤等著	1964. 7
171	铁托主义的实践	（美）尼尔著；高耘田译	1963. 7

（续表）

序　号	题　名	责任者	出版年
172	通向和平的艰苦道路——一种新的幸存战略	（美）埃齐奥尼（A. Etzioni）著；吴继淦等译	1964. 3
173	突出政治用毛泽东思想统帅一切	王任重编著	1966. 4
174	为人民立新功	江青著	1967. 5
175	为什么斗争和怎样斗争	（波兰）马赫列夫斯基，Ю. 著；吴克坚译	1963. 5
176	为我国青年革命化而斗争（1964 年 6 月 11 日在中国共产主义青年团第九次全国代表大会上的工作报告）	胡耀邦著	1964. 7
177	我们党的革命传统和目前的前进道路	（日）野坂参三，宫本显治	1964. 1
178	我们党斗争的道路	（日）宫本显治著	1963. 5
179	我们是这样做农村电影宣传工作的	张子诚	1965. 12
180	我们优秀的劳动者	越南外文出版社	1964. 1
181	我为什么在七十二岁的时候来中国	（美）斯特朗著	1964. 12
182	无产阶级革命和赫鲁晓夫修正主义——八评苏共中央的公开信	人民日报编辑部，红旗杂志编辑部著	1964. 4
183	现代资本主义	（英）约翰·斯特拉彻（John Strachey）著；姚曾廙等译	1960. 9
184	向全国人民报告美国雇佣军入侵事件和吉隆滩战果的电视演说（1961 年 4 月 23 日）	（古巴）卡斯特罗著	1962. 11
185	新殖民主义的辩护士——四评苏共中央的公开信	人民日报编辑部，红旗杂志编辑部	1963. 1
186	幸福的道路	中共吉林省办公厅	1960. 3
187	匈牙利社会主义工人党第七次代表大会文件（1959 年 11 月 30 日—12 月 5 日）	世界知识出版社编辑	1960. 4
188	学习建设人民公社的办社经验	河北人民出版社编	1960. 2
189	学习毛泽东同志关于社会主义革命的思想	廖盖隆著	1960. 3
190	亚非人民反帝大团结万岁（我国领导人访问亚非十三国图片集）	北京人民出版社编辑	1964. 7
191	“一分为二”和比学赶帮	河北人民出版社编	1965. 3
192	一九六二年十一月一日电视演说	（古巴）卡斯特罗著	1962. 11
193	伊拉克共产党文件、言论选集（1958 年 7 月—1960 年 3 月）	世界知识出版社编	1960. 12
194	印度的共产主义运动	（美）奥佛斯特里特著	1964. 1
195	印度尼西亚革命和印度尼西亚共产党的迫切任务	（印尼）艾地著	1964. 2
196	印度尼西亚共产党第六次全国代表大会文件	世界知识出版社编	1961. 3
197	印度尼西亚共产党历史的经验教训	（印尼）艾地著	1963. 2
198	印度尼西亚共产党四十年	印度尼西亚共产党历史研究所编著	1963. 2
199	印度支那问题文件汇编（第二集）	世界知识出版社编	1961. 2
200	印度支那问题文件汇编（第四集）	世界知识出版社编	1964. 3
201	英国工人运动史（1770—1920 年）	（英）莫尔顿，台德著；叶周等译	1962. 6

（续表）

序　号	题　名	责任者	出版年
202	英雄的古巴	路伟著	1961. 8
203	永远突出政治	人民出版社编	1966. 4
204	越南	吴关琦编	1965. 9
205	越南劳动党光辉的三十年	世界知识出版社编	1960. 4
206	越南民主共和国第三届国会第二次会议主要文件（1965 年 4 月）	人民出版社	1965. 5
207	越南民主共和国宪法	尔雅译校	1960. 5
208	越南南方民族解放阵线中央委员会声明（1965 年 3 月 22）	人民出版社	1965. 4
209	在澳大利亚马克思列宁主义者的历史性会议上的报告	（澳大利亚）E. F. 希尔著	1965. 1
210	在第十五届联合国大会上的演说	（古巴）菲德尔・卡斯特罗讲	1962. 11
211	在国际学生联合会执行委员会会议闭幕式上的讲话	（古巴）菲德尔・卡斯特罗著	1962. 11
212	在佩尔梅特庆祝第一次反法西斯民族解放代表大会二十周年招待会上的讲话（一九六四年五月二十四日）	（阿尔巴）恩维尔・霍查（Enver Hoxha）著	1964. 8
213	在印度尼西亚阿利亚哈姆社会科学院的讲话	彭真著	1965. 6
214	在印度尼西亚共产党第七次全国代表大会上的报告和讲话（1962 年 4 月 25 日—30 日）	（印尼）迪・奴・艾地著	1962. 12
215	在战争与和平问题上的两条路线——五评苏共中央的公开信	人民日报编辑部	1963. 11
216	在中国共产党广东省委党校的报告（汉英对照）	（新西兰）威尔科克斯著	1965. 1
217	怎样教育和提高预备党员	贾杰编	1960. 9
218	战争与和平问题	越南外文出版编	1964
219	正确的设计从哪里来——关于“用革命精神改进设计工作”的讨论	人民日报出版社编	1965. 7
220	政法研究资料选译	《政法研究》编委会编	1960. 4
221	政治学说史（中册）	苏联科学院法学研究所，国立莫斯科大学集体编著；巩安等译	1960. 9
222	支持朝鲜人民反美救国斗争	世界知识出版社编	1962. 11
223	支援新疆建设的十五面红旗	新疆青年出版社编	1960. 11
224	中共中央国务院、中央军委、中央文革关于按照系统实行革命大联合的通知	人民出版社编辑部	1967. 1
225	中共中央和苏共中央来往的七封信	人民出版社	1964. 5
226	中国工运史料（1）	中华全国总工会中国职工运动史研究室等编	1961
227	中国工运史料（1960 年第 1 期）	中华全国总工会中国职工运动史研究室等编	1960. 5

（续表）

序 号	题 名	责任者	出版年
228	中国工运史料（3）	中华全国总工会中国职工运动史研究室等编	1961
229	中国工运史料（4）	中华全国总工会中国职工运动史研究室等编	1961
230	中国共产党简要历史	缪楚黄编著	1962. 8
231	中国共产党历史讲话	徐元冬等集体编	1962. 7
232	中国共产党章程教材	中国西安市委宣传部编	1960. 1
233	中国共产党中央委员会对于苏联共产党中央委员会一九六四年六月十五日来信的复信	人民出版社	1964. 7
234	中华人民共和国第二届全国人民代表大会第二次会议文件	人民出版社编辑	1960. 5
235	中华人民共和国第三届全国人民代表大会第一次会议文件	人民出版社编辑	1965. 1
236	中华人民共和国对外关系文件集（第九集）	世界知识出版社编	1964. 7
237	中华人民共和国对外关系文件集（第七集）	世界知识出版社编	1962. 7
238	中华人民共和国法规汇编（1959 年 7 月—1959 年 12 月）	国务院法规编纂委员会编	1960. 4
239	中华人民共和国法规汇编（1960 年 1 月—1960 年 6 月）	国务院法规编纂委员会，国务院参事室编	1960. 9
240	中华人民共和国法规汇编（1960 年 7 月—1961 年 12 月）	国务院法规编纂委员会编	1962. 6
241	中华人民共和国和缅甸联邦边界条约文件	法律出版社编	1960. 1
242	中华人民共和国条约集（第八卷）	中华人民共和国外交部编	1960. 4
243	中华人民共和国条约集（第九卷）	中华人民共和国外交部编	1961. 6
244	中印边界问题（三）	世界知识出版社编	1962. 9
245	资产阶级人口论和人口政策的批判	（苏）Б. Я. 斯姆列维奇著；中国人民大学编译室译	1960. 5
246	走向警察国家（对澳大利亚镇压性法律的一些分析）	（澳）希尔著	1964. 1
247	走向社会主义的意志和道路	（英）艾德礼著；郑肃译	1961. 7

（4）1970—1979 年

序 号	题 名	责任者	出版年
1	阿连德和德布雷的谈话	（法）雷吉斯·德布雷（Regis Debray）著；复旦大学历史系拉丁美洲研究室译	1973. 11
2	巴勒斯坦、阿拉伯人和以色列	亨利·卡坦（Henry Cattan）著；西北大学伊斯兰教研究所译	1975. 2
3	把批林批孔的斗争进行到底	中共新疆维吾尔自治区委员会学习班编	1974. 2

（续表）

序号	题名	责任者	出版年
4	把批林批孔的斗争进行到底	农村读物出版社编	1974.2
5	霸权决定不了世界历史的命运	武群著	1976.4
6	北大西洋公约组织向何处去?	（西德）施泰因霍夫著	1977.6
7	波尔布特——在柬埔寨共产党正确领导下，柬埔寨革命的伟大胜利	（柬）波尔布特著	1978.2
8	勃列日涅夫言论（八）	上海人民出版社编	1975.3
9	勃列日涅夫言论（十）	上海人民出版社编	1976.3
10	勃列日涅夫言论（十一）	上海人民出版社编	1977.2
11	勃列日涅夫言论（二）	上海人民出版社编	1974.1
12	勃列日涅夫言论（三）	上海人民出版社编	1974.1
13	勃列日涅夫言论（四）	上海人民出版社编	1974.1
14	勃列日涅夫言论（一）	上海人民出版社编	1974.12
15	布尔什维主义还是社会民主主义	（奥）奥托·鲍威尔著	1978.5
16	布哈林言论	《机会主义，修正主义资料选编》编译组	1976.3
17	步调一致才能得胜利——学习三大纪律八项注意的体会	石燕著	1978.3
18	超级大国 美苏对比	（美）W.H.帕克（W.H.Parker）著；原文化部咸宁干校翻译组译	1975.1
19	朝气蓬勃的共产党员	甘肃人民出版社编	1972.1
20	朝气蓬勃的无产阶级先锋战士	上海人民出版社编辑	1975.6
21	朝鲜民主主义人民共和国社会主义宪法（在朝鲜民主主义人民共和国第五届最高人民会议第一次会议上通过）	人民出版社	1973
22	朝中友谊万古长青——华国锋主席访问朝鲜	朝鲜外国文出版社	1978
23	彻底批判“民富国强”的反动纲领	甘肃人民出版社编辑	1972.3
24	彻底批判“文艺黑线专政”论	新疆人民出版社编	1978.1
25	彻底批判孔孟之道	上海市出版革命组编	1970.7
26	春秋战国时期的儒法斗争	李锦全，黄佳耿编	1974.9
27	从《瑷珲条约》到《北京条约》	施达青著	1977.2
28	从考古资料中看商周奴隶社会的阶级压迫	顾维勤著	1975.12
29	从理论与实践的结合上学好弄通	新疆人民出版社编	1975.5
30	打着反复辟的旗号搞复辟：评“四人帮”对《论总纲》《汇报提纲》《二十条》的批判	向群等著	1977.7
31	大寨步步高	昔阳革委会等联合调查组	1973.1
32	大寨批林批孔走在前	中共山西省昔阳县委会编	1974.5
33	党的基础知识	《党的基础知识》编写组编	1974.1
34	党史资料丛刊（1979年第一辑）	上海人民出版社党史资料丛刊编辑部编	1979.11
35	党是领导一切的	人民出版社编	1974.7
36	德黑兰、雅尔塔、波茨坦会议文件集	（苏）萨纳柯耶夫，崔布列夫期基著；北京外国语学院俄文专业，德语专业1971届工农兵学员译	1978.3

（续表）

序　号	题　名	责任者	出版年
37	德意志联邦共和国政党	（法）乔治·埃斯蒂厄弗纳尔著	1976. 12
38	邓小平团长在联合国大会第六届特别会议上的发言	人民出版社编	1974. 4
39	帝国主义是资本主义的最高阶段解说	西安交通大学马列主义教研室编写组	1974. 1
40	帝国主义是资本主义的最高阶段提示和讲解	珍宝岛地区部队某部理论小组编	1975. 12
41	帝国主义是资本主义的最高阶段提示和注释	中央党校编写小组编	1974. 6
42	帝国主义是资本主义的最高阶段提示和注释	北京大学经济系编	1972. 12
43	帝国主义一定灭亡	南京大学马列主义教研室政治经济学组	1975. 8
44	帝国主义在欧州的争霸	中国人民解放军驻天津某部理论组编	1977. 4
45	第二国际	张友伦著	1972. 5
46	第三世界的兴起	北京市大兴县中朝友好人民公社国际问题理论组，北京大学历史系世界史专业七四届学员编	1977. 2
47	第一国际和巴黎公社文件资料	（苏）И. А. 巴赫主编；杭州大学外语系俄语翻译组译	1978. 3
48	董仲舒言论选批	景县董故庄大队贫下中农理论组编	1975. 3
49	读“封建论”	北京汽车制造厂工人理论组	1974. 7
50	读《盐铁论》	人民出版社编	1974. 1
51	读柳宗元“封建论”	沈阳第一机床厂九号车间理论学习小组	1974. 7
52	读一点法家著作（二）	北京大学哲学系工农兵学员编	1974. 11
53	读一点法家著作（三）	北京大学哲学系工农兵学员编	1974. 12
54	读一点法家著作（一）	北京大学哲学系工农兵学员编	1974. 7
55	独立共和党——瓦莱里·吉斯卡尔·德斯坦	（法）让·克洛德·科利亚尔	1976. 8
56	俄国人来了	（埃）伊卜拉欣·萨阿心	1977. 12
57	俄国向东方的扩张	（美）乔治·亚历山大·伦森	1978. 2
58	俄罗斯帝国主义——从伊凡大帝到革命前	（美）亨利·赫坦巴哈著	1978. 8
59	《法国对突尼斯保护权的起源》（1861—1881 年）	（法）让·加尼阿热（Jean Ganiage）著；上海人民出版社编译室法文组译	1975. 1
60	法国政府机构	《法国政府机构》编写组编	1978. 1
61	法家在历史上的进步作用	宁夏人民出版社编	1974. 9
62	反对王明投降主义路线的斗争	史锋编	1976. 4
63	反革命狂想曲的幻灭——“四人帮”利用电影反党的铁证	人民文学出版社编	1977. 12
64	访美观感	中国社会科学院访美代表团著	1979. 9
65	访南斯拉夫	人民出版社	1978. 12
66	非洲解放运动——当代反对白人少数统治的斗争	（美）理查德·吉布逊著；复旦大学国际政治系编译组译	1975. 8

（续表）

序 号	题 名	责任者	出版年
67	分析我国历史上的著名战例，批判林彪资产阶级军事路线	北京部队某部八连理论小组编	1975. 2
68	《哥达纲领批判》与无产阶级专政	中国人民解放军驻天津某部理论组编	1975. 6
69	各国概况（1979 年版本）	《各国概况》编辑组编	1979. 1
70	各国概况（上）	《各国概况》编辑组编	1972
71	各国概况（下）	《各国概况》编辑组编	1972
72	各国政府机构手册	辛济之编	1975. 1
73	工人阶级多数	（美）安德鲁 · 利维森	1976. 5
74	工业战线的鲜艳红旗	人民出版社编	1977. 5
75	共产党员模范事迹	人民出版社编	1973. 5
76	共产主义者同盟	（苏）米哈伊洛夫著；汤润千译	1976. 3
77	关于孔子的资料（供批判用）	南京大学图书馆编	1973. 12
78	关于秦始皇：《封建论》《秦始皇》《秦献记》《秦政记》译注	柳宗元，王夫之，章太炎著；天津市历史研究所编	1974. 2
79	关于实现妇女的革命化和工人阶级化	（朝）金日成著	1974
80	关于苏中边界问题	（苏）普罗霍罗夫著	1977. 12
81	关于越南问题的国际会议的主要文件	人民出版社编	1973. 3
82	关于在社会主义建设中掀起革命大高潮	（朝）金日成著	1974
83	国际法（上）	周鲠生著	1976. 5
84	国际法（下）	周鲠生著	1976. 5
85	国际共产主义运动简史（1848—1917 年）	上海师范大学政治教育系《国际共产主义运动简史》编写组编	1976. 4
86	国际共产主义运动史（从马克思主义诞生至十月社会主义革命胜利）	《国际共产主义运动史》编写组编	1977. 2
87	国际共产主义运动史（上册）	北京大学国际政治系编	1976. 5
88	国际共产主义运动中两条路线斗争简史	北京大学国际政治系编	1976. 7
89	国际时事文选（1972 年 10 月 1—31 日）	天津人民出版社编	1972. 11
90	国际时事文选（1972 年 12 月 1—31 日）	天津人民出版社编	1973. 2
91	国际时事文选（1972 年 9 月 1—30 日）	天津人民出版社编	1972. 1
92	国际条约集（1963—1965 年）	商务印书馆编	1976. 11
93	和平的反革命——苏联从社会主义变成国家资本主义和社会帝国主义（中册）	（瑞典）霍姆伯格著；钟典译	1976. 3
94	和少年朋友谈谈阶级和阶级斗争	陈冬宝编著	1976. 7
95	狠批“克己复礼”	北京人民印刷厂工人理论组编	1974. 5
96	华沙条约	罗宾 · 艾莉森 · 雷明顿著；上海师范大学历史系世界史翻译组译	1976. 9
97	黄华团长在联合国大会第三十二届会议全体会议上的发言	人民出版社	1977. 1
98	黄华团长在联合国大会第十届特别会议上的发言	人民出版社	1978. 7
99	继承鲁迅的反孔斗争传统	王尔龄著	1974. 7

（续表）

序 号	题 名	责任者	出版年
100	坚持党的基本路线在斗争中学大庆（全国工业学大庆会议发言汇编）	人民出版社	1977.6
101	坚持党的三项基本原则	南矢文编	1975.1
102	坚持马克思主义的科学态度	人民出版社	1978.1
103	坚持社会主义的民主原则	《人民日报》特约评论员	1978.1
104	坚持实事求是的革命作风	人民出版社	1978.1
105	坚持乡村：钟志民同志在前进	南京大学编	1975
106	艰苦奋斗，自力更生	中国人民解放军八四七零部队编	1978.4
107	柬埔寨人民的伟大胜利——热烈庆祝柬埔寨爱国军民解放金边	人民出版社	1975.5
108	江青是欺世盗名的政治扒手	人民出版社	1976.11
109	江青与吕后	青海人民出版社编	1977.4
110	解放军某部防化连批林批孔文选	人民出版社编	1974.3
111	今日的苏联是各族人民的监狱	大连海运局工人理论组	1978.1
112	金日成在访问南斯拉夫社会主义联邦共和国期间所作的讲话	（朝）金日成著	1976
113	金日成答外国记者问	朝鲜民主主义人民共和国印刷	1974
114	金日成新年贺词	（朝）金日成著	1972
115	进一步加强人民政权（金日成）	外国文出版社	1977
116	均势战略——德国的和平政策和超级大国	（德）赫尔穆特·施密特著；（英）爱德华·托马斯英译	1975.2
117	开发援助中的伙伴关系	（加）莱斯特 B. 皮尔逊（Lester B. Pearson）等著；厦门大学南洋研究所编译组译	1975.7
118	科学的预见，革命的真理	上海人民出版社编	1976.6
119	科学实验当尖兵	北京农业出版社编	1974.9
120	科研新花遍山村	人民教育出版社编辑组编	1973.8
121	理论动态（第八辑）	中共中央理论研究室主编	1979.3
122	理论动态（第九辑）	中共中央理论研究室主编	1979.3
123	理论动态（第十辑）	中共中央理论研究室主编	1979.3
124	理论动态（第四辑）	中共中央理论研究室主编	1979.3
125	历史革命不容倒转——曲阜贫下中农批林批孔纪要	曲阜师范学院中文系整理	1974.4
126	联合国手册（上）	联合国新闻处编；北大法律系编译组译	1972.8
127	联合国手册（下）	联合国新闻处编；北京大学法律系编译组译	1973.8
128	两面间谍——第二次世界大战中的两面间谍系统	（英）约翰·马斯特曼著；肖钟译	1979.12
129	论对资产阶级的全面专政	张春桥著	1975.4
130	论法的精神（上册）	（法）孟德斯鸠著	1978.3
131	论法的精神（下册）	（法）孟德斯鸠著；张雁深译	1978.3
132	论无产阶级领袖的伟大作用	中共湖南省委写作组编	1977.12

（续表）

序　号	题　名	责任者	出版年
133	论向社会主义过渡	（美）保罗·斯威齐著；尚政译	1975.12
134	毛主席词二首　世上无难事，只要肯登攀	新疆人民出版社编辑	1976.1
135	毛主席的干部政策必须认真落实	人民出版社编	1978.4
136	毛主席军事路线的伟大胜利——批判林彪在辽沈、平津两大战役中的资产阶级军事路线	詹时圃著	1975.1
137	美国霸权地位的垮台	南开大学政治经济系写作小组编	1972
138	美国共和党史	（美）小阿瑟·施莱辛格主编	1977.11
139	美国黑人在觉醒中	（美）罗伯特·艾伦著；上海市“五·七”干校六连翻译组译	1976.1
140	美国冷战时期的外交政策：从雅尔塔到越南	（美）戴维·霍罗威茨著；上海市“五·七”干校六连翻译组译	1974.1
141	美国能打赢下次战争吗？	（美）德鲁·米德尔顿著；辛参，桑政译	1976.4
142	美国社会主义史	（美）希尔奎特著；朱立人译	1974.3
143	美国新殖民主义（第二集）	越南外文出版社编	1973.5
144	美国新殖民主义（第四集）	越南外文出版社编	1975.1
145	美国新殖民主义（第五集）	越南外文出版社编	1976.1
146	美国新殖民主义（第一集）	越南外文出版社编	1972.1
147	美国政府机构	复旦大学资本主义国家经济研究所编	1972.11
148	美苏援助对比分析	（美）罗伯特·沃尔特斯著；陈源，范坝译	1974.11
149	秘鲁的民族主义和资本主义——兼对新帝国主义的研究	（秘鲁）阿·尼瓦尔·基哈诺著	1972.9
150	纳吉与匈牙利反革命叛乱	孟进编	1976.6
151	尼克松以后的美国	（美）罗伯特·希尔著	1977
152	扭转颓势	（美）约翰·肯尼迪著；沙地译	1976.3
153	欧洲共产主义与国家	（西班牙）圣地亚哥·卡里略著	1978.1
154	批“三字经”	北京大学编	1974.9
155	批孔学习资料（二）	新疆八一农学院政治处编	1973.12
156	批孔学习资料（一）	新疆八一农学院政治处编	1973.11
157	批林批孔参考资料	南京大学历史系资料室编	1974.2
158	批林批孔学习资料（三）	新疆八一农学院政治处编	1974.2
159	批林批孔杂文（二）	上海人民出版社编	1974.5
160	批林批孔资料选编（供内部学习资料）	新疆医学院图书馆汇编	1974.2
161	批判《三字经》参考资料	北京市仪表工业局理论小组编	1974.12
162	批判“四人帮”全面篡改马克思主义理论文集	人民出版社	1978.7
163	批判《女儿经》参考资料	全国妇联“五·七”干校大批判组编	1975.6
164	贫下中农批林批孔文章选编	农业出版社编	1974.4
165	贫下中农批判反动谚语五十例	农业出版社编	1975.6
166	七十年代的美国对外政策	（美）亨利·欧文主编；齐沛译	1975.1

（续表）

序 号	题 名	责任者	出版年
167	乔冠华团长在联合国大会第二十八届会议全体会议上的发言	人民出版社编	1973. 1
168	乔冠华团长在联合国大会第二十九届会议全体会议上的发言	人民出版社编	1974. 1
169	乔冠华团长在联合国大会第二十七届会议全体会议上的发言	人民出版社编	1972. 1
170	青年思想通讯	王文翔等著	1978. 4
171	权势转移：南部边缘地带的兴起及其对东部统治集团的挑战	（美）K. 塞尔著；河北大学外语系英语专业 73 级工农兵学员及部分教师等译	1976. 1
172	热情关怀下乡知识青年的成长　做好知识青年下乡上山工作经验	北京人民出版社编	1973. 8
173	人民的大救星——毛主席永远活在我们心中	上海人民出版社编	1978. 7
174	人民的好总理——周恩来同志永远活在我们心中	上海人民出版社编	1978. 2
175	人民的好总理——周恩来同志永远活在我们心中（续编三）	上海人民出版社	1979. 1
176	人民公社好	农业出版社编	1973. 12
177	人民是创造世界历史的动力	宁夏人民出版社编	1972. 12
178	“人民资本主义”批判	厦门大学经济系	1978. 3
179	认真落实党的干部政策	山西人民出版社编	1972. 8
180	认真落实党的知识分子政策	山西人民出版社编	1972. 8
181	认真学习“马克思恩格斯列宁论无产阶级专政”	人民出版社编	1975. 4
182	认真学习《中国共产党章程》	人民出版社编	1975. 7
183	认真学习和坚持党在社会主义历史阶段的基本路线	中共新疆维吾尔自治区委员会学习班资料室	1974. 2
184	认真做好政治思想工作	徐卫文编	1975. 1
185	日本在战后亚洲	（美）劳伦斯·奥尔森著；伍成山等译	1974. 6
186	日中友好运动史	日本中国友好协会（正统）中央本部编；吴晓新等译	1978. 7
187	三十年来阶级和阶级斗争论文选集	中国社会科学院哲学研究所图书室编	1979. 9
188	沙皇俄国的侵略扩张	甘肃省第一建筑工程局工人理论组编	1978. 4
189	社会主义的新西藏在前进（庆祝西藏自治区成立十周年）	人民出版社编	1975. 11
190	深切的怀念　巨大的鼓舞	中共湖南省第一师范学校委员会	1977. 1
191	生气勃勃地开展共青团工作	人民出版社编	1973. 7
192	十个“应该不应该”——论把“四人帮”颠倒的路线是非纠正过来	《解放军报》评论员	1977. 7
193	十三天——古巴导弹危机回忆录	（美）罗伯特·肯尼迪著	1977. 2
194	石油与安全——斯德哥尔摩国际和平研究所专题论文	（瑞典）博·黑恩贝克著；俞大畏等译	1976. 5

（续表）

序　号	题　名	责任者	出版年
195	实践是检验真理的唯一标准问题解答	王进编	1979. 3
196	斯大林反对托洛茨基主义和布哈林主义的斗争	郑言实编	1978. 8
197	苏共领导下的苏联文化革命	苏共中央马克思列宁主义研究院编；范益彬译	1973. 8
198	苏联霸权与欧洲（1945—1970 年）	（美）托马斯·沃尔夫著；冷向洋译；	1976. 1
199	苏联出现在拉丁美洲	（美）詹姆士·西伯奇著；辛华季译	1976. 7
200	苏联的海洋战略——苏联海上扩张的研究	（英）戴维·费尔霍尔（David Fairhall）著；龚念年译	1974. 5
201	苏联的知识分子	（澳）丘奇沃德（Churchward，L. G.）著；石宜译	1978. 2
202	苏联对拉丁美州的渗透	（美）利昂·古雷等著	1979. 3
203	苏联共产党第二十四次代表大会主要文件汇编	辛华编译	1976. 12
204	苏联共产党第二十五次代表大会主要文件汇编	辛华编译	1977. 5
205	苏联国内资本主义复辟记事（1953—1973 年）	柯雄编	1975. 12
206	苏联与拉丁美洲	（美）J. 格雷戈里·奥斯瓦德，（德）安东尼·J. 斯特罗维尔主编；复旦大学历史系拉丁美洲研究室译	1974. 11
207	苏联在加勒比海地区的海上力量	（美）詹姆斯·西伯奇（D. Theberge）编；复旦大学历史系拉丁美洲研究室译	1975. 8
208	苏美两霸的相互争夺	北京二七机车车辆厂工人理论组著	1975. 2
209	苏修关于“发达的社会主义”言论摘编	北京大学哲学系编译资料室编	1975. 6
210	苏修关于印度问题的言论（一）	北京大学苏联东欧研究所编译	1975. 7
211	苏修社会帝国主义的对外扩张	“苏修社会帝国主义的对外扩张”编写组编	1973. 1
212	苏修推行新殖民主义的工具“经互会”	王文修等编译	1978. 2
213	苏修尊孔反华言论续编	北京师范大学外国问题研究所苏联哲学研究室编	1974. 6
214	天山炮声隆——批林批孔诗歌选	新大中文系工农兵学员主编	1974. 11
215	挑战与应战 一个欧洲纲领	（德）弗郎茨·约瑟夫·施特劳斯（Franz Josef Strauss）著；上海《国际问题资料》编辑组译	1976. 7
216	为了祖国的自主的和平统一（金日成）	外国文出版社	1973
217	为莫桑比克而斗争	（莫桑比克）爱德华多·蒙德拉纳著；上海市“五七”干校六连翻译组译	1976. 6
218	伟大长城坚不可摧——揭发批判“四人帮”反党乱军的滔天罪行	人民出版社编	1976. 12
219	文艺革命学习资料（第一辑）	新疆文艺编辑部	1974. 4
220	我国代表团出席联合国有关会议文件集（1972 年）	人民出版社编	1973. 5

（续表）

序　号	题　名	责任者	出版年
221	我国代表团出席联合国有关会议文件集（1973年）	人民出版社编	1974.7
222	我国代表团出席联合国有关会议文件集（1974年7—12月）	人民出版社编	1975.11
223	我国代表团出席联合国有关会议文件集（1975年1—6月）	人民出版社编	1976.4
224	我国代表团出席联合国有关会议文件集（1975年7—12月）	人民出版社编	1976.1
225	我国代表团出席联合国有关会议文件集（1976年1—6月）	人民出版社出版	1976.1
226	我国代表团出席联合国有关会议文件集（1977年7—12月）	人民出版社出版	1978.9
227	我国代表团出席联合国有关会议文件集（1978年1—6月）	人民出版社出版	1978.9
228	我国社会主义革命和建设的伟大胜利	新疆人民出版社编	1974.11
229	我们党的主体思想和共和国政府对内外政策的若干问题	（朝）金日城	1972.1
230	我们的朋友遍天下——发展同各国人民的友谊通讯选	北京人民出版社	1972.9
231	我们的苏维埃乌克兰	（苏）Ю.谢列斯特著；原文化部咸宁干校翻译组	1974.11
232	无产阶级专政下的政治和经济	张闻天著	1979.9
233	西欧共产党	（英）尼尔·麦金尼斯著	1978.12
234	西线战争	复旦大学历史系世界史组等编	1977.12
235	向共产主义战士杜洪亮学习	新疆人民出版社编	1975.6
236	新加坡人民行动党	（新加坡）冯清莲著；苏宛蓉译	1975.6
237	新疆在反修防修斗争中前进——庆祝新疆维吾尔自治区成立二十周年文集	新疆人民出版社编	1975.12
238	新年献词	《人民日报》《红旗》杂志，《解放军报》	1975.2
239	新时期总任务讲座	新疆人民出版社编	1978.8
240	学好无产阶级专政的理论	新疆人民出版社编	1975.2
241	学习《哥达纲领批判》加强无产阶级专政	大寨大队贫下中农理论组编	1975.5
242	学习《哥达纲领批判》讲座	无锡压缩机厂等工人理论组编	1975.9
243	学习《国家与革命》（第五章）	海军无产阶段专政理论学习班，北京大学哲学系教育革命实践队同编著	1975.6
244	学习《论十大关系》的体会	中国人民解放军军政大学政治系理论组编	1977.4
245	学习参考资料（10）	新疆维吾尔自治区图书馆编	1975.3
246	学习参考资料（11）	新疆维吾尔自治区图书馆编	1973.9
247	学习参考资料（12）	新疆维吾尔自治区图书馆编	1973.9
248	学习参考资料（13）	新疆维吾尔自治区图书馆编	1973.11
249	学习参考资料（14）	新疆维吾尔自治区图书馆编	1974.2
250	学习参考资料（15）	新疆维吾尔自治区图书馆编	1974.2

（续表）

序号	题名	责任者	出版年
251	学习参考资料（1）	新疆维吾尔自治区图书馆编	1974.5
252	学习参考资料（1）	新疆维吾尔自治区图书馆编	1974.7
253	学习参考资料（18）	新疆维吾尔自治区图书馆编	1974.6
254	学习参考资料（19）	新疆维吾尔自治区图书馆编	1975.3
255	学习参考资料（20）	新疆维吾尔自治区图书馆编	1974.1
256	学习参考资料（21）	新疆维吾尔自治区图书馆编	1975.1
257	学习参考资料（22）	新疆维吾尔自治区图书馆编	1975.6
258	学习参考资料（9）	新疆维吾尔自治区图书馆编	1973
259	学习历史经验 深入批林批孔——湖南湘潭等县学习湖南农民运动考察报告的体会	人民出版社编	1974.7
260	学习马克思主义 批判修正主义	人民出版社编	1973.7
261	学习漫谈	巫继学等编	1978.1
262	学习毛主席关于批孔的论述	人民出版社编	1974.1
263	学习无产阶级专政理论的讲话	临汾市工农兵理论学习小组编	1975.6
264	学习宪法讲话	新疆人民出版社编	1978.5
265	学习新宪法讲话	中国社会科学院法学研究所宪法组编	1978.9
266	学习资料	上海科技图书馆编	1975.1
267	学习资料（10）	中央民族学院革命委员会编	1974.8
268	学习资料（11）	中央民族学院革命委员会编	1975.5
269	学习资料（8）	中央民族学院革命委员会编	1974.6
270	学习资料（9）	中央民族学院革命委员会编	1974.7
271	要光明正大，不要搞阴谋诡计	新疆人民出版社编	1972.4
272	一八七五年哥达合并代表大会史	（民主德国）埃里布·昆得尔著；北京外国语学院东欧语系译	1977.2
273	一个马克思主义者的成长	（德）卡尔·考茨基著；叶至译	1973.9
274	一切反动派都是尊孔派	吉林大学历史系编	1974.8
275	意大利选择欧洲	（美）罗伊·威利斯著；上海市“五·七”干校六连翻译组译	1976.2
276	印度特仑甘纳人民的斗争及其经验教训	（印）孙达拉雅著；厦门大学历史系翻译小组译	1977.9
277	印度洋在政治、经济、军事上的重要性	（美）A. J. 科特雷尔等编	1976.6
278	英国工党简史	（英）亨利·佩林著	1977.3
279	右倾机会主义和孔子思想	劲云戈等著	1974.1
280	越南民主共和国体制	越南外文出版社	1973.1
281	在庆祝中华人民共和国成立三十周年大会上的讲话	叶剑英	1979.9
282	在社会主义大道上前进（《人民日报》《红旗》杂志《解放军报》社论）	新疆人民出版社	1974.1
283	在中国共产党第十一次全国代表大会上的政治报告	华国锋	1977.8
284	怎样正确看待革命和生产	卫兴华著	1978.2

（续表）

序 号	题 名	责任者	出版年
285	争夺中东——1958—1968 年苏联和中东的关系	（美）拉克尔，沃尔特著	1972. 9
286	政府工作报告	周恩来著	1975. 1
287	政论注释	（汉）崔寔著；上海第八钢铁厂工人理论小组注	1976. 3
288	政治常识手册	南京师范学院政教系《政治常识手册》编写组编	1978. 1
289	政治学说史（上）	（苏）K. A. 莫基切夫主编；中国社会科学院法学研究所编译室译	1979. 4
290	政治学说史（下）	（苏）K. A. 莫基切夫主编；中国社会科学院法学研究所编译室译	1979. 5
291	致友人的二十封信	（苏）斯维特兰娜·阿利卢耶娃著；赵洵译	1979. 12
292	中俄尼布楚条约	史谛	1976. 5
293	中共党史参考资料（二）	中共中央党校党史教研会选编	1979. 1
294	中共党史参考资料（六）	中共中央党校党史教研会选编	1979. 11
295	中共党史参考资料（四）	中共中央党校党史教研会选编	1979. 11
296	中共党史参考资料（五）	中共中央党校党史教研会选编	1979. 11
297	中共党史参考资料（一）	中共中央党校党史教研会选编	1979. 1
298	中共党史教学参考资料（二）	中共中央党校党史教研室选编	1979. 1
299	中共党史教学参考资料（三）	中共中央党校党史教研室选编	1979. 1
300	中共党史教学参考资料（一）	中共中央党校党史教研室选编	1979. 1
301	中国共产党第十届中央委员会第三次全体会议公报	人民出版社编	1977. 7
302	中国共产党第十一次全国代表大会文件汇编	人民出版社编	1977. 8
303	《中国共产党章程》——在中国共产党第十一次全国代表大会上关于修改党的章程的报告	叶剑英	1977. 8
304	中国古代著名战役选注	张谦编	1975. 4
305	中国人民不可辱——批判安东尼奥尼反华影片“中国”文辑	人民出版社编	1974. 6
306	中国人民政治协商会议第五届全国委员会第二次会议文件	人民出版社编	1979. 7
307	中国人民政治协商会议第五届全国委员会第一次会议文件	人民出版社编	1978. 4
308	中国宪法史略	张晋藩等著	1979. 9
309	中华人民共和国第四届全国人民代表大会第一次会议文件	人民出版社编辑	1975. 1
310	中华人民共和国第五届全国人民代表大会第一次会议文件	人民出版社编	1978. 3
311	中华人民共和国条约集（16）	中华人民共和国外交部编	1976. 1
312	中华人民共和国条约集（19）	中华人民共和国外交部编	1977. 11

（续表）

序　号	题　名	责任者	出版年
313	中华人民共和国宪法	人民出版社	1975. 1
314	中日关系史的新篇章	人民出版社编辑	1972. 1
315	中央党史教学参考资料	新疆大学政教系中共党史研究室	1974
316	中越边界冲突的真相	人民出版社编	1979. 6
317	专利法丛书（第一辑）	中国科学技术情报研究所编辑	1979. 12
318	资本主义怎样在苏联复辟的	（美）革命联盟著；上海外语学院译	1975. 7
319	祖国的宝岛——台湾省	施棣中著	1973. 8

E 军 事

本部分共收编军事类图书书目69条。其中，收编1950—1959年出版的该类图书书目20条，1960—1969年6条，1970—1979年20条，1980—1989年22条，1990—1999年1条。具体目录如下。

(1) 1950—1959年

序号	题名	责任者	出版年
1	不断提高军事知识和政治知识	(苏) 纳保基赫著；六戈译	1956
2	高举党的总路线和毛泽东军事思想的红旗阔步前进	林彪著	1959.9
3	今译新编孙子兵法	郭化若著	1959
4	军事科学·军事艺术（苏联大百科全书选译）	(苏) 普霍夫斯基著；曹汀译	1954.5
5	军事秘密	(苏) 勒·赛依宁著	1956
6	论资产阶级军事科学	(苏) M.A. 米里施坦因，A.K. 斯洛博琴科著；万雨，禾金译	1959.12
7	日本的军国主义（第一册）	(日) 井上清著；姜晚成译	1959
8	苏联边防军人的故事	(苏) A. 阿夫吉延柯等著；刘磊，吉洪译	1955
9	武经总要前集（第2册）	(宋) 曾公亮编	1959.8
10	武经总要前集（第6册）	(宋) 曾公亮编	1959.8
11	武经总要前集（第7册）	(宋) 曾公亮编	1959.8
12	武经总要前集（第3册）	(宋) 曾公亮编	1959.8
13	武经总要前集（第4册）	(宋) 曾公亮编	1959.8
14	武经总要前集（第5册）	(宋) 曾公亮编	1959.8
15	武经总要前集（第1册）	(宋) 曾公亮编	1959.8
16	武装力量（苏联大百科全书选译）	(苏) H.B. 普霍夫斯基等著；东生译	1954
17	原子武器及其防御	(苏) И.A. 纳乌明柯著；东生译	1956.9
18	中国工农红军第一方面军长征记	人民出版社编	1958.2
19	中国人民解放军的三十年	黄涛著	1957.6
20	中华人民共和国兵役法（修正草案）	法律出版社编	1955

(2) 1960—1969年

序号	题名	责任者	出版年
1	俄汉兵工辞典	国防工业出版社编	1963.2
2	南斯拉夫的国防	商务印书馆编	1963.4
3	中共中央军委扩大会议关于加强军队政治思想工作的决议	中国人民解放军总政治部编	1964.2
4	中国人民解放军连队管理教育工作	中国人民解放军总政治部编	1964.2
5	中国人民解放军战时立功条例	中国人民解放军总政治部编	1964.2
6	中国人民解放军政治工作条例	中国人民解放军总政治部编	1964.2

(3) 1970—1979年

序号	题名	责任者	出版年
1	“法兰西内战”提要和注释	中央党校编写小组编	1972.6
2	华主席、叶副主席、邓副主席在全军政治工作会议上的讲话	人民出版社编	1978.6
3	进攻	(苏A.A.)西多连科著;中国人民解放军军事科学院译	1978.1
4	军事基本知识	《军事基本知识》编写组编	1974.9
5	抗击美国海空战争的人民战争	(越)武元甲著	1975
6	十万个为什么(17军事)	上海人民出版社编	1976.9
7	实塞·备战·抗击侵扰——读晁错的《言兵事疏》《募民实塞疏》	北京卫戍区某部六连理论小组	1975.5
8	苏维埃国家的武装力量	(苏)A.A.格列奇科著;厦门大学外文系俄语专业1972级工农兵学员译	1976.6
9	孙膑兵法	银雀山汉墓竹简整理小组编	1975.2
10	孙子兵法新注	北京大兴县红星人民公社理论小组等编	1975.1
11	孙子今译	(春秋)孙武撰;郭化若译	1978.5
12	武装革命群众建设人民军队	(越)武元甲著	1974.1
13	袭击珍珠港	(日)渊田美津雄著;许秋明译	1979.3
14	先秦法家军事著作选注	中国人民解放军驻浙某部防化连著	1975.7
15	学习《论持久战》	中国人民解放军军事科学院学习组编	1977.8
16	英汉军用车辆辞典	《英汉军用车辆辞典》编辑组编	1975.1
17	在新的历史条件下发扬政治工作优良传统提高我军战斗力	韦国清著	1978.6
18	怎样办好农村图书室	北京大学图书馆学系工农兵学员编;农村版图书编选小组选编	1975.5
19	怎样检索科技文献	林尧泽等编	1979.9
20	中国工农红军长征文物选辑	中国历史博物馆编	1977.7

(4) 1980—1989 年

序号	题名	责任者	出版年
1	1984 年世界军事大事纪要	军事科学院外国军事研究部编	1985. 4
2	19 颗星：对美国四位名将之研究	(美) 小埃德加·普里尔著；吴水生等译	1985. 12
3	当代的五场战争	庄汉隆编	1983. 9
4	邓宝珊将军	全国政协文史资料研究委员会等编	1985. 6
5	俄汉英汉苏军译名手册	彭理中编	1984. 1
6	发展战略论	秦麟征	1987. 3
7	华北治安战（上）	日本防卫厅战史室编	1982. 6
8	华北治安战（下）	日本防卫厅战史室编	1982. 9
9	军界谈不明飞行物	(法) 让·克洛德·布雷著；仓友衡，王正瞳，韩树站译	1982. 4
10	麦克阿瑟	(美) 小克莱·布莱尔著；翟志海等译	1983. 1
11	迷宫——揭开美国国家安全局的秘密	(美) 詹姆斯·班福德著；山鹰译	1984. 3
12	纳粹元帅沉浮记	(西德) O. E. 莫勒编	1984. 1
13	悄悄的自杀——美国对莫斯科的军事援助	(美) 安东尼·萨顿著；倪卫译	1980. 5
14	三十年战争终结	(越) 陈文茶著；严谊译	1984. 6
15	苏联核战争战略	(美) 小约瑟夫 D. 道格拉斯，阿莫雷塔 M. 霍伯著；张雪涛译	1980. 1
16	苏联闪击战	(英) P. H. 维戈尔著	1985. 1
17	外国对以色列侵略黎巴嫩战争的评论	军事科学院外军研究部编	1984. 9
18	英汉军事与技术辞典	汪康等编著	1985. 7
19	在徐帅指挥下	《在徐帅指挥下》编辑组编	1984. 7
20	战争狂人——东条英机	谢力夫著	1985. 8
21	中国古代将帅用兵故事	胡兴茂编	1984. 8
22	中国历代军事人物传（续集）	张文达编	1985. 6

(5) 1990—1999 年

序号	题名	责任者	出版年
1	铁血雄兵——人民解放军历史风云	刘志青著	1992. 12

F 经 济

本部分共收编经济类图书书目 1 400条。其中，收编 1949 年以前出版的该类图书书目 13 条，1950—1959 年 361 条，1960—1969 年 154 条，1970—1979 年 135 条，1980—1989 年 621 条，1990—1999 年 116 条。具体目录如下。

(1) 1949 年以前

序 号	题 名	责任者	出版年
1	农场管理	杨开道编	1947. 9
2	农场管理学	杨开道编	1934. 5
3	农业金融概论	牧野辉智著；王世颖译	1932. 9
4	农业研究统计法	(美) 洛夫著；沈骊英译	1937. 5
5	禽产推销学	黄中成编著	1930. 9
6	生意经	叶煜荣，李薇编	1931. 11
7	土地问题	(德) 考茨基著；岑纪译	1937. 6
8	政治经济学	(苏) Л. A. 列昂节夫著	1949. 7
9	中国农场管理学	(美) 卜凯等著；戈福鼎等译	1947. 4
10	中国农村社会经济学	乔启明著	1947. 5
11	中国农业改造问题丛著	唐启宇著	1928. 6
12	中国农业合作化之研究	彭莲棠著	1948. 3
13	中国土地制度	陈登元编	1932. 11

(2) 1950—1959 年

序 号	题 名	责任者	出版年
1	1950 年西北经济建设概况	西北财政经济委员会	1951. 9
2	1950 年中国经济论文选	《中国经济论文选》编辑委员会编	1951. 9
3	1955 年世界经济统计资料汇编	《世界经济统计资料》编委会	1957. 2
4	1956 年苏联国民经济统计年鉴	苏联部长会议中央统计局	1957
5	1956 年中央财政法规汇编	中华人民共和国财政部编	1957
6	1957 年世界主要国家统计资料简编	世界经济资料编辑委员会	1958
7	1958 年香港经济年鉴	香港大公报社编	1958. 2
8	1959 年香港经济年鉴	香港大公报社编	1959
9	按劳取酬的分配原则	新华书店编辑	1950. 6
10	澳大利亚	(苏) Г. И. 穆辛，М. П. 波乔姆金著；乐铸译	1959. 5

（续表）

序号	题名	责任者	出版年
11	北京瑞蚨祥（典型企业调查资料）	中国科学院经济研究所资本主义经济改造研究室，中央工商行政管理局资本主义经济改造研究室编著	1959
12	不断提高劳动生产率	李广编著	1959. 7
13	财富的分配	（美）克拉克著；陈福生等译	1959. 2
14	财务统计计划	中华人民共和国林业部教育司编	1958. 6
15	财政监察工作参考资料	中华人民共和国财政监察司编	1956. 4
16	朝鲜经济地理（上册）	（朝）金河明著；许维翰译	1959
17	单位预算机关的预算编制与执行	（苏）符・敏钦斯基著；张维昌，申宗良译	1957
18	地租（苏联大百科全书选译）	（苏）H. A. 库拉金著；陆宝槐译	1954. 5
19	地租资本主义制度下的土地关系	原有宗讲	1956. 6
20	帝国主义的经济特征	（苏）Л. A. 列昂节夫著；秋江译	1954. 2
21	帝国主义有哪些经济特征	孙执中著	1956
22	帝国主义与中国海关（第七篇）	中国近代经济史资料丛刊编辑委员会编	1958
23	帝国主义在旧中国的投资	吴承明	1955. 1
24	帝国主义——资本主义的最高阶段　垄断资本主义的基本经济规律	张鱼讲著	1956. 8
25	第二次世界大战期间的日本垄断资本	（苏）卢基扬诺娃著；林林译	1959. 11
26	第二个五年计划期间要做那些事情	余生编	1956. 1
27	第一个五年计划的几个重点建设工程	陕西人民出版社编辑	1956. 4
28	第一个五年计划对话	北京人民广播电台编辑部编	1955. 1
29	东北地区经济地理（辽、吉、黑）	孙敬之主编	1959. 12
30	短途运输群众运动资料汇编（第一辑）	交通部公路总局编	1959. 1
31	对现代反马克斯主义经济理论的批评	《经济译丛》编辑部编	1959
32	俄华金融小辞典	中国人民银行总行	1959. 3
33	俄华政治经济小辞典	《俄华辞典》编辑室	1955. 7
34	法国垄断资本在北非	（苏）P. M. 阿瓦科夫著；北京编译社译	1959. 12
35	非洲自然地理	卢村禾著	1959
36	封建生产方式的运动	（苏）M. H. 梅伊曼著；朱成贤宪译	1956
37	封建主义的生产方式（第4讲）	张鱼，洪经明著	1956. 2
38	高级农业生产合作社和经营管理的初步经验	人民出版社编	1956. 5
39	各国货币手册	中国人民银行总行货币研究所编	1959. 11
40	各人民民主国家经济的发展——蒙古人民共和国、朝鲜民主主义人民共和国越南民主共和国	苏联对外贸易部行情研究所编；陈兆兴等译	1957. 1
41	工业企业流动资金及其加速周转的途径	（苏）A. M. 毕尔曼著；苗为振译	1956
42	公社供给制食堂会计讲话	中国人民大学财政系四年级财务班	1959. 8
43	巩固国营谷物农场经济核算制的途径	（苏）И. E. 坎迪舍夫著；毛士田译	1956. 5
44	古巴、海地、多米尼加	余敬昭译	1959. 6

（续表）

序号	题名	责任者	出版年
45	关于1956年度国民经济计划执行结果的公报（中华人民共和国统计局）	统计出版社编	1957. 8
46	关于1959—1965年苏联发展国民经济的控制数字（俄汉对照）	（俄）尼·谢·赫鲁晓夫	1959
47	关于社会主义制度下商品生产和价值规律问题（1959年4月讨论会论文资料汇编）	中国科学院经济研究所编编	1959. 11
48	关于我国社会主义农业经济学研究对象的讨论	中国农业科学院农业经济研究所编	1959. 8
49	广义政治经济学（第一卷）	许涤新编著	1953. 11
50	贵州省开展土地规划工作的经验	贵州省农业厅	1958. 1
51	国防农场资料选编（第三辑）	华东行政委员会农林水利局编	1953. 6
52	国际垄断组织	郭忠言著	1959. 1
53	国家公债	（苏）K. H. 普洛特尼科夫撰；刘玉坤译	1954. 4
54	国家建设和人民生活	王茅著	1957. 9
55	国民经济恢复时期农业生产合作资料汇编（1949—1952年）	中国科学院经济研究所农业经济组编	1957
56	国民经济计划常识	李俞著	1956. 4
57	国民经济计划课程讲义——工业生产计划	中国人民大学编	1953. 7
58	国民经济计划课程讲义——农业生产计划	中国人民大学编	1955
59	国民经济实用辞典	苏渊雷等编	1953
60	国民经济学原理	（奥）门格尔，C. 著；刘洁敖译	1958. 11
61	国民经济有计划按比例发展规律	蒋学模著	1959. 1
62	国民收入 社会资本的再生产（中央人民广播电台广播稿）	周勤叔讲	1956. 6
63	国营农场财务组织问题	（苏）M. 聂斯米依等著；高明尉译	1955. 8
64	国营农场场长手册	（苏）A. E. 伊万诺夫编；机农丛书编译委员会译	1954. 8
65	国营农场的农业技术	国营友谊农场编译	1958. 7
66	国营农场工作手册（1）	新疆农林厅编	1952. 1
67	国营农场工作手册（2）	新疆农林厅编	1953. 11
68	国营农场工作手册（3）	新疆农林厅编	1954. 1
69	国营农场会计核算	（苏）И. 科兹列夫著；汤秀珍等译	1958. 6
70	国营农场及其拖拉机的工作经验	中华人民共和国农垦部编	1956. 12
71	国营农场计划财务工作经验	中华人民共和国农垦部编	1957. 1
72	国营农场农业生产技术经验	中华人民共和国农垦部编	1956. 11
73	国营农场生产组织	（苏）Т. Л. 巴秀克著；机农丛书编译委员会译	1953. 12
74	国营农场资料选编（第二辑）	华东农林部国营农场管理局编	1952. 12
75	国营农场资料选编（第一辑）	华东农林部国营农场管理局编	1952. 8
76	过渡时期的中国预算	葛致达编	1957. 6
77	合理解决人民公社劳动报酬的问题	常冼编著	1959. 8
78	湖南省经济地理	胡兆量著	1956. 12

（续表）

序　号	题　名	责任者	出版年
79	华东地区经济地理（上海、江苏、安徽、浙江）	孙敬之主编	1959
80	华南地区经济地理	孙敬之著	1959. 6
81	黄河中游西部地区经济地理	吴傅鈞等著	1956
82	货币、纸币（苏联大百科全书选译）	（苏）З. Я. 布列盖里等撰；郭从周译	1953. 12
83	基层农业统计工作经验汇报	中华人民共和国国家统计局农业统计司编	1956
84	急剧发展中的集体农庄	（苏）Н. Ф. 雷斯金著；刘文彬译	1956. 3
85	集体农庄产品成本问题讨论集（续编）	农业资料编辑委员会编	1958. 9
86	集体农庄的财务、核算及会计	（苏）Н. П. 雪捷尔金等著；高明尉译	1956. 2
87	集体农庄果树栽培组织	（苏）别洛霍诺夫，杜布罗夫著；柳子明，王器瑚译	1956. 3
88	集体农庄和国营农场饲料基地的改进	（苏）斯美罗夫著；郑绍国等译	1955. 1
89	集体农庄会计核算——集体农庄的复式记账制会计核算	（苏）И. И. 毕克等著；乔曾锐译	1956. 9
90	集体农庄生产各部门配合的经验	（苏）查里曼等著；李鹤亭等译	1956. 3
91	集体农庄田间生产队的核算	（苏）Г. Г. 瑞科夫著；乔曾锐译	1958. 7
92	集体农庄田间生产队的组织和劳动报酬	（苏）科布契阔娃编；罗士权译	1956. 3
93	集体农庄田间作业组织	（苏）柯列斯涅夫，马斯连尼科夫编著；叶可君等译	1956. 4
94	集体农庄主席手册（第二分册）	（苏）М. А. 阿布露西莫夫等编；机农丛书编译委员会译	1953. 12
95	集体农庄主席手册（第三分册）	（苏）М. А. 阿布露西莫夫等编；机农丛书编译委员会译	1953. 9
96	集体农庄主席手册（第一分册）	（苏）М. А. 阿布露西莫夫等编；机农丛书编译委员会译	1953. 11
97	计划经济参考资料	中央农业部农业计划司	1951. 3
98	计划经济基本知识讲话	李聿恒著	1955. 6
99	解放以来我国国民经济中几种主要比例关系的变化	杨坚白编	1957
100	近代日本经济简史（1867—1937 年）	（英）G. C. 艾伦著；蔡谦译	1959. 12
101	经济计算	（苏）П. П. 安德列也夫，Н. С. 别林基著；中华人民共和国商业部教育局译	1955. 8
102	经济建设常识读本	学习初级版编辑部编	1954
103	经济建设常识读本参考资料	学习初级版编辑部编	1954
104	经济建设常识读本名词解释	学习初级版编辑部编	1955
105	经济建设常识读本问题解答	学习初级版编辑部编	1955
106	经济统计学讲话	徐前等编写	1957
107	经济统计学教程	（苏）А. И. 彼得罗夫主编；潘寿贻等译	1957. 2
108	经济危机（第十八讲）	洪经明讲	1956. 6
109	《经济学说史》教学大纲（初稿）	经济学博士卡拉塔耶夫教授主编；苏联高等教育部社会科学教学司编；方钢译	1956. 6
110	经济学史讲义——马克思和恩格斯创立无产阶级政治经济学以前的时期（上册）	（苏）Н. 卡拉达也夫著；杨慧廉等译	1957

（续表）

序 号	题 名	责任者	出版年
111	旧中国工资问题简论	胡均编著	1959.12
112	劳动经济学	柯斯津著；中华全国总工会苏联工运研究所室译	1956.9
113	劳动生产率不断增长的经济规律	罗生智著	1957.3
114	利息理论	（美）菲歇尔著；陈彪如译	1959
115	利息与价格（关于调节货币价值问题的研究）	（瑞典）魏克赛尔著；蔡受百译	1959
116	联共（布）关于经济建设问题的决议	施滨，伊真译	1953.11
117	两类社会矛盾学说对政治经济学的重大贡献	上海人民出版社编	1958.11
118	流通费用的分析与计划	（苏）比洛夫著；周新平译	1956
119	垄断资本的北大西洋公约——国际资本在西德的错综关系	（德）鲍曼著；庞文炳，志涵译	1956.4
120	垄断资本主义———帝国主义演讲（手稿）	（苏）И.С. 左托夫著；吴振坤等译	1956
121	论财产	（英）威廉·葛德文（William Godwin）著；何清新译	1959.1
122	论工业利润的计划化	（苏）Е.Г. 里别尔曼撰；王福穰译	1954.2
123	论经济地理学的科学性质	孙敬之著	1959.6
124	论经济工作与政治工作的结合	上海人民出版社编	1956
125	论劳动生产率与平均工资的增长速度的比例关系	尹世杰著	1958.1
126	论社会主义社会生产配置规律	黎宝祥著	1959
127	论社会主义制度下价值规律的作用	姚耐等著	1959.9
128	论失业问题	（英）庇古著；何新译	1959.7
129	论苏联社会主义经济建设（高级组第二册）	人民出版社	1953.9
130	论苏联社会主义经济建设（高级组第四册）	人民出版社	1955.1
131	论苏联社会主义经济建设（高级组第一册）	人民出版社	1953.6
132	论苏联社会主义经济建设（中级组第二册）	人民出版社	1953.9
133	论我国过渡时期的经济基础与上层建筑	张如心著	1956.9
134	论我国过渡时期的生产力和生产关系	沈志远，周元斌著	1954.1
135	论资本主义基本经济规律及其在资本主义各个阶段中的具体形式	陈其人著	1957.3
136	罗马尼亚人民共和国经济沿着社会主义道路发展（1948—1957年）	罗马尼亚人民共和国科学院经济研究所	1959.8
137	马克思的经济学说	（德）K. 考茨基著；区维译	1958
138	马克思恩格斯列宁斯大林论经济危机	北京大学经济系，中国科学院经济研究所，国际关系研究所编	1959.1
139	马克思恩格斯列宁斯大林论商品生产和价值规律	中国科学院经济研究所编	1959.2

（续表）

序 号	题 名	责任者	出版年
140	马克思和恩格斯完成的政治经济学的革命	（苏）列·阿·列昂节夫著；赵木斋译	1956. 11
141	马克思主义的产生是政治经济学中伟大的革命	吴忠观编著	1956
142	马克思主义政治经济学的特点	王学文编著	1958. 2
143	美国金融帝国	（美）维克托·佩洛著；玖仁译	1958. 9
144	美国经济论文选（2）	世界知识出版社编	1959. 12
145	莫斯科近郊的战士集体农庄	（苏）斯·姆·斯科尔涅科夫著；安吉译	1956. 9
146	牧场管理	梁达新编撰	1956. 5
147	内蒙古自治区经济地理	中国科学院中华地理志编辑部编著	1956. 3
148	农村人民公社的财务管理和会计核算（初稿）	河南省财政厅，河南省农林厅编	1959. 1
149	农村人民公社小型工业会计核算讲义	河南省财政干部学校编	1959. 6
150	农村社会主义事业的新事情（第一集）	中共山西省委办公厅编	1956
151	农村社会主义事业的新事情（第二集）	中共山西省委办公厅编	1956. 6
152	农村私营商业社会主义改造的道路	中华全国供销合作总社干部教育局	1955
153	农业合作化第一年 25 个省（区、市）农业生产合作社典型调查	中共中央农村工作部办公室资料组编	1959. 5
154	农业机器拖拉机站与集体农庄的标准合同	（苏）苏联部长会议批准；刘文彬译	1954. 11
155	农业机械社有社营的经验	农业部农业机械局编	1958. 12
156	农业经济译丛（1）	经济资料编辑委员会编	1955
157	农业经济译丛（2）	经济资料编辑委员会编	1956. 11
158	农业经济资料手册	农业部计划局编	1959. 12
159	农业劳动生产率问题	沈阳农学院编译	1957
160	农业社会计难题 100 问	湖北襄阳农业合作干部学校编	1958. 9
161	农业生产规划	中国共产党湖北省委员会办公厅编	1956
162	农业生产合作社农作物生产成本的计算方法	农业资料编辑委员会	1958. 6
163	农业生产合作社土地规划概要	中华人民共和国农业部土地利用总局编	1956
164	农业生产合作社土地规划资料汇编	农业部土地利用局	1958. 7
165	农业生产合作社怎样制订工作定额和报酬标准（参考资料 第一辑）	中华人民共和国农业部农业宣传总局编	1956
166	农业生产计划（新疆省农业厅涂治厅长在计划人员学习会上的报告）	新疆省计划委员会	1955. 7
167	农业统计习题汇编	（苏）Ю. Э. 嘉贝著；曾定之等译	1957
168	农业统计资料手册	农业部计划局	1958. 8
169	欧洲人民民主各国的社会主义建设	（苏）В. П. 马克萨可夫斯基著；贡洗文译	1953. 12
170	欧洲人民民主国家社会主义建设	徐秉让著	1955
171	平均利润与生产价格（第 12 讲）	王珏编著	1956. 6
172	平均利润与生产价格（第九分册）	（苏）奥斯特罗维强诺夫著；何匡译	1953. 4
173	齐米良节夫集体农庄	（苏）叶梅里扬诺夫等著；孟涛，志伟译	1956
174	企业论	（美）凡勃伦著；蔡受百译	1959. 1

（续表）

序号	题名	责任者	出版年
175	区经济计划	（苏）П. И. 皮塔耶夫斯基著；东林等译	1957. 11
176	人民公社的经济核算问题	贵州省财政厅公社财务处编著	1959. 1
177	人民公社的生产管理和财务管理	潘志远编	1959. 2
178	人民公社经济规划问题	“地理学资料”编辑部编	1959. 7
179	人民公社经济规划与经济地理文集	中国科学院地理研究所编	1959
180	人民公社土地规划问题	何永棋	1959. 4
181	日本对华投资	（日）樋口弘著；北京编译社译	1959. 6
182	山区生产规划资料汇编（第1辑）	国务院山区生产规划办公室编	1957. 12
183	山区生产规划资料汇编（第2辑）	国务院山区生产规划办公室编	1958. 4
184	商品生产发展的最初阶段（商品生产理论概述）	（苏）科兹洛夫著；弃流译	1959. 11
185	商品生产和价值规律问题论文集	中国科学院武汉分院哲学科学研究所编	1959. 8
186	商业资本和商业利润、借贷资本和借贷利息、货币流通（中央人民广播电台广播稿）	王珏，洪经明讲	1956. 6
187	上海生产大跃进中的新创造（4）	上海人民出版社编	1958. 5
188	社会主义的按劳分配	张大简著	1956
189	社会主义分配制度的几个问题	伍学文编	1959. 3
190	社会主义国家在共产主义建设中的作用	（苏）Д. И. 切斯诺科夫著；陈汉章，红光译	1959. 12
191	社会主义积累及其源泉（在第一个和第二个五年计划时期）	（苏）H. 恩·里亚波夫著；清河译	1954
192	社会主义经济问题（论文集续编）	《学习译丛》编辑部编译	1955. 9
193	社会主义经济问题论文集	《学习译丛》编辑部编译	1955
194	社会主义经济制度的优越性	蒋学模编	1959. 1
195	社会主义经济中的节约制度	（苏）B. И. 别列斯列金著；张凡译	1955
196	社会主义农业企业经济	苏联共产党中央委员会高等党校苏维埃经济教研室著；中国人民大学编译室译	1958. 12
197	社会主义农业企业组织计划参考资料（第1辑）	中国人民大学出版社	1956. 1
198	社会主义企业计划管理问题	哈尔滨市中苏友好协会	1956. 5
199	社会主义制度下的劳动生产率问题	邓全编著	1957
200	社会主义制度下的商品生产和价值规律	（苏）M. X. 玛卡罗娃著；陆仁译	1959. 5
201	社会主义制度下的商品生产和价值规律	蒋学模编	1955. 9
202	社会主义制度下的商品生产和价值规律	朱剑农编	1959. 8
203	生产力和生产关系在社会主义社会中的辩证关系	（苏）薇·阿·弗明娜著；朱贞译	1955. 5
204	胜利十年（上海市经济和文化建设成就的统计资料）	上海市统计局编	1959. 12
205	十九世纪四十年代马克思、恩格斯经济学说发展概论	卢森贝	1958
206	十年来财政资料汇编（第一辑）	财政科学研究所	1959. 9

（续表）

序　号	题　名	责任者	出版年
207	十年来我国社会主义经济建设成就资料目录（第二分册 工业建设部分）	北京图书馆编	1959. 9
208	十年来我国社会主义经济建设成就资料目录（第二分册 农业部分）	北京图书馆编	1959. 12
209	十年来我国社会主义经济建设成就资料目录（第一分册 总论、财贸、交通运输）	北京图书馆编	1959. 12
210	什么是货币	寿进文编著	1956. 8
211	什么是政治经济学	（苏）Л. А. 列昂节夫著；柯力译	1957
212	什么是资本主义	（苏）列昂节夫著；瞿松年译	1956
213	世界各国农业生产及农产品贸易统计资料	农业部计划局编	1959. 4
214	世界经济危机（1848—1935 年）	苏联科学院世界经济与世界政治研究所编；戴有振等译	1958. 9
215	世界重要农产品国家的农业统计资料	世界经济统计资料编辑委员会	1958. 6
216	试制计划	（苏）Л. М. 苏斯金著；高应劭译	1957. 1
217	苏联的国营农场	中国农业技术考察团编	1958. 11
218	苏联的集体农庄	中国农民代表团编	1953. 11
219	苏联的经济区划和社会主义农业的配置问题	（苏）И. С. 库符什诺夫著；毛士田译	1957. 8
220	苏联的劳动纪律	（苏）А. Е. 巴舍尔斯尼克著；周港译	1956. 7
221	苏联的社会主义劳动	（苏）马尔库撰；允携译	1950. 1
222	苏联第三个五年计划	江沙著	1955. 4
223	苏联第四个五年计划	刘佩弦著	1954. 7
224	苏联第五个五年计划	高帆著	1955. 2
225	苏联发展国民经济的第二个五年计划完成的总结	苏联人民委员会国家计划委员会	1954. 3
226	苏联发展国民经济七年计划论文选	世界知识出版社编	1959
227	苏联共产党关于农业集体化政策的决议	人民出版社辑译	1955. 12
228	苏联共产主义建设问题——苏联科学院社会科学部科学会议的材料	（苏）康·奥斯特罗维季扬诺夫主编；中国科学院经济研究所学术秘书室翻译组组织翻译	1959. 12
229	苏联国民经济各部门财务（上册）	（苏）А. М. 毕尔曼著；中国人民大学编译室译	1956
230	苏联国民经济计划化	（苏）А. Д. 库尔斯基著；区维译	1956. 8
231	苏联国民经济建设计划文件汇编（第一个五年计划）	人民出版社编	1955
232	苏联国民经济建设图解	朱育莲编绘	1957. 2
233	苏联国民收入动态分析	董辅礽著	1959. 5
234	苏联国营农场提高劳动生产率的基本途径	（苏）И. А. 耶尔马科夫著；罗炽禄译	1959. 5
235	苏联过渡时期中的经济建设问题	学习杂志社	1955. 12
236	苏联集体农场法	（苏）С. Л. 弗克斯等撰；宗华译	1952
237	苏联集体农庄底建设问题	（苏）И. Д. 拉普吉夫等撰；君实译	1954. 4
238	苏联集体农庄和农村居民的贷款	（苏）С. С. 诺塞列夫等著；君实译	1954

（续表）

序　号	题　名	责任者	出版年
239	苏联集体农庄收入的分配	（苏）В. И. 加夫里洛夫撰；石础译	1954
240	苏联集体农庄制度的胜利	（苏）克 М. А. 拉耶夫著；王式斌等译	1956. 4
241	苏联计划经济论文集	《经济译丛》编辑部编	1956. 6
242	苏联经济地理（上）	（苏）Н. Н. 巴郎斯基著；贡洗文译	1953. 4
243	苏联经济地理（中）	（苏）Н. Н. 巴郎斯基著；贡洗文译	1954. 4
244	苏联经济核算问题论文集	乌家培等编译	1959. 11
245	苏联经济学家论共产主义建设问题	《经济译丛》编辑部编	1958. 12
246	苏联经济学界关于国民经济平衡表的理论与方法论问题论文选集	（苏）С. 斯特鲁米林等著；中国科学院经济研究国民经济综合平衡组编译	1959. 12
247	苏联经济学界关于社会主义制度下价格形成问题论文选集	中国科学院经济研究所政治经济学组编	1958
248	苏联经济学界关于社会主义制度下商品生产和价值规律问题论文选集	中国科学院经济研究所政治经济学组编	1958
249	苏联农业区划问题	（苏）П. А. 列东诺夫等著；邓静中，曾尊固等译	1958. 9
250	苏联农业统计学教程讲义（第五分册）	（苏）Д. С. 扎卡留金著；中国人民大学农业统计学教研室译	1956. 7
251	苏联如何编制区经济计划（行政区的地方经济和文化建设计划）	（苏）П. И. 彼达耶甫斯基撰；戴有振等译	1953
252	苏联社会主义农业（统计资料）	徐若曾译	1956. 6
253	苏联先进集体农庄的经验	（苏）普扎奇科夫等著；景祁译	1955. 2
254	苏维埃经济的发展	苏联科学院经济研究所编	1955
255	台湾土地利用	陈正祥著	1950
256	谈谈商品生产	高荣浦著	1959. 6
257	谈我们的国家预算	王文靖编	1953. 12
258	谈消减富农经济	何载著	1956. 6
259	土地规划概要	农业部土地利用局编	1956. 4
260	土地规划设计（下册）	（苏）乌达钦著；陈鸿根等译	1958. 12
261	土地规划与农业机械化	（美）奥利罗科夫著；东北农学院农经系译	1959. 9
262	土地利用规划典型经验	农业部土地利用局编	1958
263	外国经济史（封建主义时代）	（苏）波梁斯基；北京大学经济史经济学史教研室译	1958
264	为帝国主义反动派服务的英美资产阶级经济学者	（苏）М. Н. 林金娜著；王士章，孙世英译	1956. 2
265	为全部实现我国第一个五年计划而奋斗	经济资料编辑委员会辑	1955
266	为自己的劳动和为社会的劳动	千家驹著	1956. 3
267	渭南和朝邑两县农村金融工作经验汇编	中国人民银行陕西省分行编	1958. 2
268	文化用品商品学（文具）	上海文化用品采购供房站，黑龙江商学院编	1959. 11
269	我国第一个五年计划的基本任务	李聿恒著	1955
270	我国发展国民经济的第一个五年计划图解	辽宁人民出版社编	1955

（续表）

序号	题名	责任者	出版年
271	我国公社化后货币的作用	金融出版社编	1959. 8
272	我国过渡时期的商业	缪蔚君	1955. 1
273	我国过渡时期的生产资料所有制	朱剑农	1955
274	我国经济学界关于社会主义制度下商品价值和价格问题论文选集	中国科学院经济研究所资料室编	1958. 8
275	我国社会主义建设中的若干经济问题	中国青年出版社编	1958. 5
276	五年来的财政经济工作（在第一届全国人民代表大会第一次会议上代表们关于政府工作报告的发言选辑）	陈云等著	1955. 3
277	西方伟大空想社会主义者的经济观点	（苏）伏兹涅辛斯卡娅著；群集译	1959. 3
278	现代资本主义经济论丛	西南政法学院编著	1957
279	向共产主义迈进的苏联经济	（苏）Г. В. 贝洛夫著；夏常治译	1955. 8
280	小资产阶级·小资产阶级政治经济学	（苏）Д. А. 巴杜林斯基，Г. А. 科兹洛夫撰；苏联大百科全书选译	1955. 8
281	新疆阿尔泰地区和玛纳斯河流域经济地理调查报告	中国科学院综合考察委员会编	1958. 1
282	新民主主义经济概论	沈志远编	1950. 5
283	匈牙利发展国民经济三年计划（1958—1960年）	梅沙·龚鸥著；刘慧芬译	1959. 5
284	续中国经济史略	孔经纬著	1959. 9
285	学习苏联经济建设的理论	沙英撰	1954. 6
286	学习苏联社会主义经济问题参考资料（第三辑）	（苏）谢尔格叶娃等撰；张启荣等译	1953. 7
287	学习苏联社会主义经济问题参考资料（第四辑）	（苏）谢尔格叶娃等撰；张启荣等译	1953. 8
288	迅速把自治区建成祖国的工业基地和植棉基地	吴鑑群，宋明著	1958. 8
289	烟草制品商品学	（苏）Г. Л. 基戈尔著；	1958. 3
290	一九五二年中国经济论文选（下册）	中国经济论文选编委会	1954. 1
291	一九五三年中国经济论文选（上册）	中国经济论文选编委会	1955
292	一九五一年中国经济论文选（下册）	中国经济论文选编委会	1953. 12
293	银行·苏联国家银行（苏联大百科全书选译）	（苏）杜金斯基等著；李延栋译	1954. 7
294	银行至上	（德）格·鲍曼著；王志涵，罗万森译	1959. 1
295	印度和巴基斯坦经济区域	陈翰笙著	1959. 1
296	英国得自对外贸易的财富	（英）托马斯著；袁南宇译	1959. 1
297	英国古典资产阶级政治经济学	（苏）扎尔林著；季谦译	1959
298	英国经济地理	（苏）A. C. 道布罗夫著；王正宪译	1959. 5
299	越南民主共和国、朝鲜民主主义人民共和国、蒙古人民共和国土地改革	中国科学院编译出版委员会编	1959. 1
300	怎样学习“政治经济教科书”（下册）	学习杂志社	1957. 4
301	怎样学习经济建设常识读本	学习初级版编辑部编	1955. 2

（续表）

序号	题名	责任者	出版年
302	怎样学习政治经济学	陶大镛撰	1955.9
303	怎样正确认识商品的供不应求问题	曲辰著	1955.2
304	政治经济学（苏联大百科全书选译）	（苏）帕希科夫著；张奔流，翟松年译	1955.12
305	政治经济学讲话	蒋学模著	1955.5
306	政治经济学讲话	于光远，王惠德主编	1955.12
307	政治经济学教程绪论	王学文著	1950.6
308	政治经济学教导我们什么	（苏）K.B.奥斯特罗维季扬诺夫著；中苏友好协会总会编	1955.6
309	政治经济学教科书	王耐群著	1959.9
310	政治经济学教科书（上）	苏联科学院经济研究所编；中共中央马恩列斯著作编译局译	1956
311	政治经济学教科书（下）	苏联科学院经济研究所编；中共中央马恩列斯著作编译局译	1956
312	政治经济学教科书名词简释	计斋编	1956.3
313	政治经济学教科书名词简释（第二分册）	计斋编	1959.12
314	政治经济学教科书名词简释（第六分册）	计斋编	1957.5
315	政治经济学教科书名词简释（第四分册）	计斋编	1957.5
316	政治经济学教科书——名词解释（下册）	宁夏党委中级党校教研室编	1959.8
317	政治经济学教学大纲	（苏）苏联高等教育部社会科学教育司编；中国人民大学政治经济学教研室译	1956.4
318	政治经济学问题解答（二分册）	上海人民出版社编	1957.2
319	政治经济学问题解答（三分册）	上海人民出版社编	1957.11
320	政治经济学问题解答（一分册）	上海人民出版社编	1956.9
321	政治经济学学习问答（资本主义的生产方式部分）	朱朗玛等编著	1957.5
322	政治经济学研究提纲	（苏）科兹洛夫主编；曹葆华，施实译	1950
323	政治语法基础知识（资本主义部分）	上海人民出版社编	1959.9
324	支配和影响我国过渡时期个体经济的经济规律	蒋学瑛著	1955.1
325	中国国民经济的社会主义改造	薛暮桥等著	1959.9
326	中国过渡时期国民经济的分析	许涤新著	1959.9
327	中国近代经济思想与经济政策资料选辑（1840—1864年）	巫宝三等编	1959.11
328	中国经济日文资料参考书目	北京图书馆外文编目组编	1955.1
329	中国经济史考证（第一卷）	（日）加藤繁著；吴杰译	1959.9
330	中国经济史略（明清至抗战前）	孔经纬著	1958.7
331	中国经济史上的几个问题	孔经纬著	1956.5
332	中国农村经济历史资料选	中共中央办公厅编	1956
333	中国农业合作化运动史料（下册）	陈祖梨著	1958.2
334	中国社会经济制度	千家驹，冯和法著	1955.6
335	中国与世界主要国家农业生产统计资料汇编	史敬棠，张凛，周清和，毕中杰著	1959.5

（续表）

序　号	题　名	责任者	出版年
336	中国原始资本积累问题	傅筑夫，谷书堂著	1957.4
337	中华人民共和国的财政	东北人民大学研究部	1955
338	中华人民共和国发展国民经济的第一个五年计划（1953—1957年）	北京人民出版社编	1955
339	中华人民共和国发展国民经济的第一个五年计划的名词解释	国家计划委员会	1955.9
340	中华人民共和国十年财政的伟大成就	北京财政出版社编	1959
341	中央财政法规汇编（1957年7—12月）	财政部编	1958
342	中央财政法规汇编（1958年1—6月）	财政部编	1958
343	中央财政法规汇编（1959年1—6月）	中华人民共和国财政部编	1959.1
344	资本的循环和周转（第11讲）	王钰讲	1956.5
345	资本的原始积累	周有光著	1956.8
346	资本和劳动	（俄）H.Г.车尔尼雪夫斯基著；季谦译	1958.6
347	资本积累和无产阶级贫困化（第10讲）	张履冰讲	1956.8
348	资本与剩余价值	孙怀仁著	1956.6
349	资本和剩余价值	希林斯基著	1956
350	资本主义的经济危机	吴承禧著	1956.1
351	资本主义国家的黑色冶金（第一卷）	（苏）阿鲁久诺夫著；柯成等译	1959.12
352	资本主义国家经济情况（1957年）	（苏）卡彼林斯基等著；何清新译	1959.11
353	资本主义积累的一般法则	崔平译	1954.4
354	资本主义前的生产方式	伍丹戈著	1956
355	资本主义生产方式的两个核心问题	罗生智著	1957.6
356	资本主义生产是商品生产的最高形式	陈征讲	1957.6
357	资本主义再生产与经济危机	（苏）C.X.托克马拉耶夫撰；高铭，陆宝槐译	1954.6
358	资本主义制度下的国民收入、社会资本的再生产和经济危机	苏绍智著	1956.7
359	资本主义制度下的商品和货币	（苏）科兹洛夫著；陆宝槐译	1955
360	资本主义总危机（第22讲）	张鱼，吴健著	1956.1
361	资产阶级政治经济学	（苏）M.H.雷金娜等撰；李延栋等译	1955

（3）1960—1969年

序　号	题　名	责任者	出版年
1	1958—1959年世界经济统计资料汇编	中国科学院经济研究所世界经济研究室编	1961.11
2	1960年全国地理学术会议论文选集	中国地理学会，中国科学院地学部	1962.3
3	1961年中央财政法规汇编	财政部编	1962.6
4	1962年中央财政法规汇编	财政部编	1963.7
5	安顺专区二十个人民公社的计酬方法	陈应寰编	1960.4

（续表）

序 号	题 名	责任者	出版年
6	巴基斯坦的经济和政治	铎生著	1960
7	办好人民公社的福利事业	中共北京市委农村工作部办公室编	1960.1
8	当代资产阶级经济学说（第四册）	巫宝三等编	1964.8
9	当代资产阶级经济学说（第五册）	严仁赓等编著	1964.1
10	俄汉对照财政经济专业词汇汇编	区维编	1963.11
11	二十世纪六十年代的经济问题	（美）阿尔文·汉森著；张伯健译	1964.2
12	繁荣与萧条（对周期运动的理论分析）	（美）哈伯勒（Gottfried Haberler）著；朱应庚等译	1963.7
13	共产主义经济在变化中	密勒等著	1964.1
14	固定协作 定点供应（组织工业企业固定协作定点供应工作经验汇编）	国家经济委员会企业管理局编	1964.7
15	关于当前农村工作几个问题的讲话	贵州人民广播电台编辑部，贵州人民出版编辑部编	1960.6
16	关于河北省宁津县长官人民公社郑庄生产队因地种植轮作倒茬及土壤改良的经济效果的调查	中国农业科学院农业经济研究所	1960.2
17	关于计件工资问题（1959年4月讨论会论文资料汇编）	科学院上海经济研究所等编	1960.1
18	光明日报经济学专刊索引（1959年8月—1964年12月）	光明日报社编	1965.12
19	广东省农业技术经济手册	广东省农科院经济组编	1963.12
20	国际经济研究机构	中科院哲学社会科学部学术资料研究室编译	1964.1
21	国民经济中的运动化	（苏）E.Д.采里德巽等著；田在勤译	1960
22	国内商业经济	中国人民大学贸易经济教研室编	1960.2
23	国外标准化经济效果计算文献集	中国科学技术情报研究所编	1964.1
24	国外农业标准化文献集	中国科学技术情报研究所编	1964.1
25	国外农业统计参考资料（1964年）	丰农编	1964.9
26	国外农业统计资料（1962年）	丰农编	1962.9
27	国外农业统计资料（1963年）	丰农编	1964.2
28	国营林场经营管理经验汇编（第二辑）	林业部造林司国营林场管理处编	1960.3
29	国营牧场管理经验	贵州省农业厅畜牧兽医局编	1960.2
30	国营农场工作经验选编（第二辑）	农垦部办公厅编	1965.1
31	国营农场工作经验选编（第一辑）	农垦部办公厅编	1965.2
32	国营农场会计核算	江苏省农业会计学校编	1962.11
33	国营农场机务工作规章制度汇编	农垦部办公厅编	1964.11
34	国营农场土地综合规划设计	农垦部荒地勘测设计院编著	1963.5
35	和平与战争时期的经济问题	（英）罗宾斯著；汪友泉译	1962.9
36	荷塘——国营农场的一面红旗	尚尧编	1965.1
37	环绕欧洲共同市场的斗争	国际关系研究所编译室编译	1962.8
38	会计核算及资金平衡表分析	苏共中央高级党校苏联经济教研室编著	1960.3
39	会计学原理	厦门大学经济系财务会计教研组编著	1962.9

（续表）

序　号	题　名	责任者	出版年
40	货币是怎么回事	张锡山著	1964.6
41	价值的尺度及其对于1790年以后英国通货价值变动的应用	（英）马尔萨斯著；何宁译	1960.5
42	简明经济学辞典	（苏）科兹洛夫，彼尔乌森主编；何青译	1960.3
43	经济成长的阶段（非共产党宣言）	（美）罗斯托著；国际关系研究所编辑室译	1962.6
44	经济计算	安徽省宿县农业专科学校编	1961.7
45	旧中国的通货膨胀	杨培新编著	1963.4
46	凯恩斯学派经济学	（美）肯尼斯·栗原编；蔡受百译	1964.6
47	凯恩斯学说指南	（美）汉森著；徐宗士译	1963.1
48	论马克思主义经济学	（英）罗宾逊著；纪明等译	1962.9
49	论土地经济鉴定	全苏农业经济研究所著；中国农业科学院农业经济研究所译	1960.4
50	论我国社会主义生产关系	许涤新著	1963.12
51	论现代资产阶级政治经济学	（苏）И.Г布留明著；潘文院译	1960
52	罗马尼亚人民共和国国民经济的发展	（罗）胡迪拉著；惠赓译	1964.8
53	美国的经济	（美）汉森著；北京大学经济系译	1962.2
54	美国经济史（上）	（美）福克讷著；王锟译	1964.1
55	南斯拉夫报刊对苏联和东欧经济的评论	里·巴维尔斯基著	1965.4
56	南斯拉夫的经济改革	（美）查尔斯·麦克维克（Charles P. Mcvicker），费雷德·华纳·尼尔（Fred Warner Neal）著；何璧人译	1963.3
57	南斯拉夫的经济困难	（法）克洛德·西蒙（M. Claude simon）著	1963.6
58	南斯拉夫经济	（南）泽科维奇等著；张德修等译	1964.1
59	南斯拉夫战后经济发展中的投资南斯拉夫的报酬制度	（南斯拉夫）M. 兹皮拉克等著；张俊成译	1963.4
60	农场管理经济学（全册）	教育部世界名著译述委员会编；奥尔赫等著	1967.1
61	农村人民公社经营管理参考资料（第一辑）	新疆维吾尔自治区农业厅公社经营管理处编	1962.4
62	农村人民公社生产队会计业务	安徽农业厅计划财务处等编	1963.9
63	农村人民公社统计工作手册	国家统计局农业统计司编	1960.5
64	农家收支调查经验汇编（1954年）	中华人民共和国国家统计局，农业统计司编	1964.7
65	农业测量学	北京农业大学测量学教研组编	1965.9
66	农业会计核算	西北农学院主编	1961.1
67	农业机器经济鉴定	中国农业科学院农业经济研究所译	1960.3
68	农业生产经济学	沈宗瀚著	1963
69	农业是国民经济的基础	高衡著	1961.11
70	农业是国民经济的基础	孙德山著	1963.1
71	农业统计学	王广森主编	1964.7

（续表）

序　号	题　名	责任者	出版年
72	七年计划的故事	（苏）Ю. 莫拉列维奇著；上海市中苏友好协会资料室译	1960. 2
73	全国工业交通运输、基本建设、财贸方面社会主义建设先进集体和先进生产者代表大会文件	全国工业、交通运输、基本建设、财贸方面社会主义建设先进集体和先进生产者代表大会编	1960
74	群众核算	国务院财贸办公室财金组编	1960
75	人民公社财务会计	厦门大学经济系会计教研组编著	1960. 4
76	人民公社的“三包一奖”制	张厚涛编	1960. 9
77	人民公社的会计核算	贵州省财政厅公社财务处编著	1960
78	人民公社土地利用规划	农业部土壤肥料局编	1960. 2
79	人民公社土地整理简易测量法	陈由基编	1960. 4
80	人民公社怎样核算农产品成本	中国农业科学院陕西分院农业经济研究室编	1960. 5
81	商品生产和价值规律	季星如著	1962. 7
82	商品知识选编（第一辑）	大公报商品知识编辑组	1963. 5
83	上海经济史话（第二辑）	上海人民出版社编	1963. 9
84	上海经济史话（第一辑）	上海人民出版社编	1962. 1
85	社会主义的分配	蒋学模编	1962. 6
86	社会主义的国民收入和分配	张锡山著	1963. 8
87	社会主义的经济指标	李成瑞编	1962. 9
88	社会主义农业经济学（初稿）	（苏）П. Г. 杜宾诺夫著；方群，徐若曾译	1960. 3
89	社会主义生产关系	林原叔著	1962. 12
90	社会主义再生产	（苏）И. С. 戈鲁布尼奇著；梁文森译	1960. 1
91	社会主义制度下的财政和商业	湖北大学政治经济学教研室编	1960. 3
92	世界各国农业统计资料	农业部计划局编	1960. 3
93	世界经济资料简编	中国科学院经济研究所，世界经济研究室编	1961. 4
94	世界经济统计资料简编（1960 年）	中国科学院经济研究所，世界经济研究室编	1961. 6
95	世界社会主义经济体系	苏联科学院经济研究所编；叶林等译	1960. 2
96	世界资本主义各国经济地理统计手册（修订第四版）	（苏）沃耳夫，克鲁普特编；林青译	1964. 8
97	苏联国民经济史（第三卷）	（苏）П. И. 伊万诺维奇·梁士琴科著；中国人民大学编译室译	1960
98	苏联国民经济统计年鉴（1959 年）	苏联部长会议中央统计局编；梅国彦译	1962. 5
99	苏联集体农庄的经济核算和经济活动分析	中国科学院武汉哲学社会科学研究所农业经济组编译	1960. 2
100	苏联集体农庄经济若干问题：论集体农庄经济核算和劳动的货币报酬	（苏）C. A 伊格纳托夫著；中国农业科学院农业经济研究所译	1960. 5
101	苏联经济地理——俄罗斯苏维埃联邦社会主义共和国	（苏）Г. Н. 切尔丹采夫等编；杨显明等译	1962. 8

（续表）

序　号	题　名	责任者	出版年
102	苏联经济地理总论	（苏）Б. И. 安德烈耶夫等著；北京编译社译	1962. 3
103	苏联经济区划的理论和方法	杨郁华等译	1963. 5
104	苏联经济学界关于经济发展速度和比例问题论文选集	中国科学院经济研究所国民经济综合平衡组编	1961. 3
105	苏联经济学界论社会主义制度下的级差地租	刘宸等编译	1964. 1
106	苏联劳动者的物质刺激	（苏）X. C. 维谢尔科夫著；刘翰辰等译	1964. 11
107	苏联农业的社会化——集体农庄和国营农场的真相	（美）拉德钦斯基著；赵林叙译	1963. 4
108	苏联农业经济统计资料	苏联中央统计局编；中国农业科学院农业经济研究所译	1960. 5
109	《苏联社会主义经济问题》浅说和名词浅释	黎昌于编著	1962. 5
110	谈谈“三包一奖”	金志明编	1960. 2
111	谈谈价值规律	梁启昆著	1962. 11
112	唐山经济地理	魏心镇，朱云成编著	1960. 2
113	土地肥力经济原理	朱剑农著	1964. 1
114	土地规划理论问题	（苏）乌达钦著；许牧等译	1960
115	土地统计学	（苏）波契科夫主编；张平等译	1960. 5
116	外汇业务常用词汇（中俄英对照）	中国人民银行总行国外业务管理局编	1963. 7
117	文化用品商品学	上海文化用品采购供应站，黑龙江商学院编	1961. 3
118	我国农村集体经济的资金问题	杨培新著	1964. 1
119	西南地区经济地理（四川、贵州、云南）	孙敬之主编	1960. 2
120	现代资本主义和经济危机	（苏）瓦尔加著；叶中林译	1964. 12
121	现代资产阶级、修正主义经济理论批判	（苏）H. A. 查果洛夫主编；奔流等译	1964. 5
122	陷入资本主义泥坑中的南斯拉夫经济	世界知识出版社编	1962. 11
123	新疆维吾尔自治区经济地理	周立三等编	1963. 12
124	亚洲不发达独立国家的土地农民问题：印度、缅甸、印度尼西亚	苏联科学院世界经济和国际关系研究所编	1963. 12
125	越南经济（1945—1960 年）	（越）国家科学委员会经济研究院编	1967. 9
126	怎样管好流动资金	财政出版社编	1960. 1
127	怎样推行班组经济核算	河南省财政厅编	1960. 4
128	怎样制定工业流动资金定额	田椿生编	1963. 4
129	怎样做好生产队财务会计工作	竹德操等编著	1963. 2
130	政治经济学（资本主义部分，上）	于光远等主编	1961. 1
131	政治经济学（资本主义部分，下）	于光远，苏星主编	1961. 1
132	政治经济学及赋税原理	（英）大卫·李加图著；郭大力等译	1962. 9
133	政治经济学教科书（社会主义部分第二分册）	中共江西省委宣传部编	1960. 3

（续表）

序 号	题 名	责任者	出版年
134	政治经济学教科书（社会主义部分第一分册）	中共江西省委宣传部编	1960. 2
135	政治经济学社会主义部分的学习文件汇编	江苏人民出版社编	1960. 3
136	制度经济学（上册）	（美）康芒斯著；于树生译	1962. 8
137	制度经济学（下册）	（美）康芒斯著；于树生译	1962. 8
138	中国地理学会一九六二年经济地理学术讨论会论文摘要	中国地理学会经济地理委员会编	1963. 5
139	中国封建社会土地所有制形式问题讨论集	南开大学历史系中国古代史教研组编	1962. 1
140	中国近代外债史统计资料	徐义生编	1962. 1
141	中国经济思想史（上）	胡寄窗著	1962. 4
142	中国农业区划方法论研究	邓静中等著	1960. 1
143	中国资本主义工商业的社会主义改造	中央工商行政管理局资本主义经济改造研究室，中国科学院经济研究所资本主义经济改造研究室编	1962. 11
144	中央财政法规汇编（1959 年）	财政部编	1960
145	中央财政法规汇编（1960 年）	财政部编	1960. 1
146	主要资本主义国家经济统计集（1848—1960 年）	中国科学院经济研究所世界经济研究室编	1962. 9
147	专业会计核算（农村人民公社部分）	中国人民银行总行教材编审委员会选编	1964. 3
148	资本积累论	（英）罗宾逊著；于树生译	1963. 1
149	资本主义国家的国际结算方式	曾熙著	1963. 9
150	资本主义国家经济情况	（苏）马努基扬等著；国际关系研究所编译室译	1962. 6
151	资本主义国家经济情况	（苏）E. C. 舍尔什涅夫等著；何清新译	1962. 4
152	资本主义国家经济情况（1960 年）	（苏）卡彼林斯基等著；秦衡允译	1964. 6
153	资本主义经济“计划化”经济计量理论批判	（苏）C. M. 尼基金著；陈辅源译	1964. 8
154	资产阶级庸俗政治经济学选辑	季陶达主编	1963. 9

（4）1970—1979 年

序 号	题 名	责任者	出版年
1	1977 年关于按劳分配理论问题第三次讨论会发言提要	中国财政经济	1978. 4
2	按照经济规律办事，加速实现四个现代化	胡乔木著	1978. 1
3	不稳定的经济	（美）维克托．佩洛著	1975. 1
4	朝鲜经济地理	（苏）马尔蒂诺夫著；辽宁第一师范学院外语系译	1976. 1
5	大庆油田财务管理	《大庆油田财务管理》编写小组	1978. 9
6	帝国主义时代美国对外政策的经济学	（美）哈里・马格多夫著；伍仞译	1975. 8
7	第二次世界大战后美国国家垄断资本主义	（苏）谢・阿・达林著；本社翻译组译	1976. 2
8	东南亚五国经济概况	厦门大学南洋研究所编写组编	1976. 3

（续表）

序　号	题　名	责任者	出版年
9	二十年来的苏联经济	复旦大学政治经济学系苏联经济研究组编	1975. 4
10	发达的社会主义（社会经济动态）	（苏）伊格纳托夫斯基著	1976. 9
11	发展人民储蓄事业	中国人民银行工商信贷局	1978. 2
12	发展中国家的经济学	（英）H. 迈因特	1978. 7
13	非洲经济发展	（美）威廉·汉斯著；上海市“五·七”干校六连翻译组译	1974. 7
14	工人参加企业经济管理	北京绒毯厂工人经济管理组，北京经济学院财贸系财会教研室编	1977. 5
15	《工资、价格和利润》讲解	《〈工资、价格和利润〉讲解》编写组	1977. 11
16	关于财富的形成和分配的考察	（法）杜阁著	1978. 3
17	关于资本主义经济危机文选	中国财政经济出版社编	1975. 5
18	国际经济战线中的日本	（日）“东方经济学家”杂志社，复旦大学经济系世界经济教研组编	1974. 1
19	国外农牧业统计资料选编（1949—1977 年）	中国农业科学院科技情报研究室编	1979. 9
20	国外农业科研体制和组织管理	中国农业科学院科技情报研究所编	1979. 5
21	国营农场农业技术手册	农林部农垦局编	1975. 5
22	货币的故事	许仁心著	1977. 11
23	基辛格的总构想	（美）沃伦·纳特著；齐沛译	1976. 8
24	技术经济和管理现代化问题文集	生活·读书·新知三联书店	1978. 1
25	建国以来社会主义商品生产和价值规律论文选（上册）	张向敏等编	1979. 2
26	建国以来按劳动分配论文选（上册）	上海市劳动局办公室资料组编	1978. 11
27	建国以来按劳动分配论文选（下册）	上海市劳动局办公室资料组编	1978. 11
28	揭露资本主义剥削的秘密	北京人民印刷厂工人理论组编	1975. 4
29	经济思想流派	（英）埃德蒙·惠特克著	1974. 7
30	经济危机和周期的理论与历史（第三卷）	（苏）Л. А. 列·阿·门德尔逊著；本社翻译组译	1977. 9
31	经济危机和周期的理论与历史（第一卷）	（苏）Л. А. 门德尔逊著	1975. 1
32	经济危机问题讲话	南开大学政治经济系等编	1975. 3
33	经济危机知识	北京二七机车车辆厂工人理论组等编	1975. 8
34	经济学名词（修订本）	施建生主编	1977. 1
35	经济译丛（第六辑）	《经济译丛》编辑小组	1978. 1
36	经济译丛（第四辑）	《经济译丛》编辑小组	1976. 1
37	经济译丛（第一辑）	《经济译丛》编辑小组	1975. 9
38	旧中国的资本主义生产关系	《旧中国的资本主义生产关系》编写组编	1977. 3
39	就业利息和货币通论	（英）约翰·梅纳德·凯恩斯著	1977. 1
40	跨国公司剖析	南开大学经济研究所世界经济研究室编	1978. 5
41	两种社会 两种工资	上海人民出版社编辑	1973. 4
42	马克思恩格斯列宁斯大林有关社会主义制度下商品生产的部分论述	国务院财贸小组编	1978. 12

（续表）

序 号	题 名	责任者	出版年
43	贸易论	（英）托马斯·孟，尼古拉斯·巴尔本，达德利·诺思著；顾为群，桑伍译	1976.8
44	贸易年鉴（1978年第32期）	联合国粮食及农业组织	1978
45	贸易年鉴（1975年第29期）	联合国粮食及农业组织	1975
46	贸易年鉴（1977年第31期）	联合国粮食及农业组织	1978
47	美国军国主义与经济	（苏）R.A.法拉马江著	1977.1
48	美国农业经济概况	广东省哲学社会科学研究所《美国农业经济概况》编写组编著	1976.11
49	美国企业史	（美）本·巴鲁克·塞利格曼著	1975.6
50	农村人民公社生产队会计知识	中国人民银行农村金融局编	1977.11
51	农村社队会计辅导工作经验选编	财政部农村金融局编	1975.1
52	农业标准化译文集	中国科学技术情报研究所编	1975.12
53	农业机械化技术经济问题（第1辑）	中国农业经济学会农业机械经济研究会编	1979.8
54	农业经济核算手册	联合国粮食及农组织统计处等编	1974
55	农业经济译丛（1979年第2辑）	《农业经济译丛》编辑部	1979.11
56	农业生产项目分析的一般准则	联合国粮食及农业组织编	1971
57	农业组织处理剩余农产品的原则和成员国的磋商义务	联合国粮食及农业组织编	1972
58	企业鼓励基金（形成和使用问题）	（苏）阿·伊·索留科夫	1979.1
59	“穷棒子”精神放光芒——西铺大队的经济发展	《穷棒子精神放光芒》编写组	1975.11
60	全国财贸学大庆学大寨会议典型材料选编	中国财政经济出版社	1978.8
61	人民银行转账结算讲话	湖北省财政金融干部学校编	1978.1
62	日本财界集团及其人物	（日）木村武雄等著；复旦大学历史系日本史组译	1974.7
63	日本和美国——现代经济关系分析	（苏）A.M.沙尔科夫著；复旦大学资本主义国家经济研究所译	1974.3
64	日本经济统计简编	中国银行总管理处编	1976.2
65	三十年代资本主义世界经济危机	复旦大学政治经济学系编	1975.6
66	商品·货币·小生产	北京人民广播电台编辑部编	1975.6
67	商品的经历	蔡子文编	1977.11
68	商品自述	景池著	1975.9
69	商业经济知识	洪桥编著	1975.12
70	社队办企业（第二集）	农林部人民公社企业局编	1978.9
71	社会主义的生产、流通与分配：读《资本论》笔记	许涤新编	1979.5
72	社会主义经济的若干理论问题	孙治方	1979.5
73	社会主义条件下的商品制度	国明，高克编	1976.6
74	社会主义政治经济学	（苏）鲁米扬采夫等主编；复旦大学经济系等译；社会主义政治经济学编写小组编	1973.7
75	生产队的资金及其管理	郑大豪著	1979.4

（续表）

序　号	题　名	责任者	出版年
76	世界发展中的多国公司	联合国秘书处经济社会事务部编；南开大学经济研究所世界经济研究室译	1975. 6
77	世界经济的主要趋向（1976—1990 年）	（匈）姆．希毛伊教授领导的研究组编著	1978. 2
78	世界经济统计简编	生活，读书，新知三联书店编	1974. 5
79	苏联对外援助净成本	（美）詹姆斯·理查德·卡特著；陈铎译	1973. 6
80	苏联经济基本资料	中国银行总管理处编	1978. 4
81	苏联经济新剖视（下册）	美国国会联合经济委员会编	1978. 9
82	苏联劳动与工资	苏联部长会议国家劳动工资委员会编；洛东渠译	1977. 9
83	苏联社会帝国主义经济统计资料	人民出版社编	1977. 8
84	苏修“经济改革”文集	孙尚清，章良猷编	1975
85	苏修对外“援助”的实质	辽宁财经学院《苏修对外“援助”的实质》编写组编	1976. 9
86	谈谈增产节约	上海绒毯三厂工人学习政治经济学小组编	1974. 5
87	提高生产率	（美）唐纳德 C. 伯纳姆著；陈明锟译	1978. 9
88	通俗政治经济学	兰州石油化工机器厂工人理论组等编	1977. 12
89	统筹法在农业上的应用	甘肃师范大学数学系编	1976. 1
90	土地评价纲要	土地资源开发保护科编	1976
91	外国经济问题文献索引	中国科学院图书馆	1979
92	西欧共同市场	《西欧共同市场》编写组编	1973. 7
93	掀起商业学大庆、学大寨群众运动新高潮	商业部学大庆学大寨办公室编	1977. 7
94	现代化知识讲座（1）	中华人民共和国科学技术协会普及工作部，北京市科学技术协会普及工作部，科学普及出版社编辑部编	1979. 6
95	现代化知识讲座（2）	中华人民共和国科学技术协会普及工作部，北京市科学技术协会普及工作部，科学普及出版社编辑部编	1979. 6
96	现代化知识讲座（3）	中华人民共和国科学技术协会普及工作部，北京市科学技术协会普及工作部，科学普及出版社编辑部编	1979. 1
97	新西兰经济地理	季任钧编著	1978. 11
98	学习社会主义政治经济学	上海师范大学政教系等编	1976. 6
99	一九七七年在北京举行的三次按劳分配理论讨论会纪要汇编	中国财政经济出版社编	1978. 4
100	一九七四年财政金融规章制度选编	中华人民共和国财政部办公室	1976. 1
101	英美经济学家评凯恩斯主义	（英）琼·罗宾逊等著	1975. 7
102	战后帝国主义经济	《战后帝国主义经济》编写组	1972. 8
103	战后帝国主义经济几个问题	南开大学政治经济学系编	1975. 3
104	战后美国第六次经济危机	武汉大学经济系北美经济研究室	1978. 11
105	战后美国经济危机	武汉大学经济系北美经济研究室	1976. 3
106	战后日本第七次经济危机及其特点	河北大学日本问题研究室编	1976. 1
107	战后日本经济危机简史	沈阳电缆厂裸线车间工人理论小组等	1977. 4

（续表）

序　号	题　名	责任者	出版年
108	战后西德经济	复旦大学资本主义国家经济研究所《战后西德经济》编组	1975. 11
109	正确认识我国的商品制度	中国财政经济出版社	1975. 11
110	政治经济学（社会主义部分 上册）	（苏）A. M. 鲁缅采夫主编；北京经济学院经济研究所译	1977. 1
111	政治经济学（社会主义部分 下册）	（苏）A. M. 鲁缅采夫主编；北京经济学院经济研究所译	1978. 2
112	政治经济学（社会主义经济部分）	越南劳动党中央宣教委员会培训司编；何建章译	1974. 3
113	政治经济学（资本主义部分）	《政治经济学》编写组	1978. 2
114	政治经济学（资本主义部分 中册）	于光远等主编	1978. 5
115	政治经济学大纲	（英）西尼尔著；蔡受百译	1977. 12
116	政治经济学概论	徐禾等编	1973. 11
117	政治经济学基础知识（上）	《政治经济学基础知识》编写组编	1974. 1
118	政治经济学基础知识（下）	《政治经济学基础知识》编写组编	1974. 5
119	政治经济学名词解释	徐禾等编	1974. 1
120	政治经济学史（第二卷）	（苏）Д. И. 卢森贝著；李侠公译	1978. 9
121	政治经济学史（第三卷）	（苏）Д. И. 卢森贝著；李侠公译	1978. 9
122	政治经济学史（第一卷）	（苏）Д. И. 卢森贝著；李侠公译	1978. 9
123	政治经济学问题解答	北京第二毛纺厂工人理论组等编	1976. 6
124	政治经济学新原理	（瑞士）西斯蒙第著	1977. 9
125	政治算术	（英）威廉·配第著；陈冬野译	1978. 5
126	中国近代经济史（下册）	中国人民大学政治经济学系《中国近代经济史》编写组编	1978. 7
127	中国农业经济学会第一次学术讨论选辑	中国农业经济学会编	1979. 8
128	主要资本主义国家经济简史	樊亢等编著	1973. 12
129	准备乡村发展项目可行性研究报告的指导方针	联合国粮食及农业组织等编	1975. 3
130	资本主义剥削的秘密	北京人民印刷厂工人理论小组编	1976. 2
131	资本主义国家经济统计指标基本知识	北京经济学院人口研究室编	1977. 11
132	资本主义世界经济危机史话	南开大学历史系世界史专业七三届工农兵学员	1976. 1
133	资本主义制度下的商品和货币	南开大学马列主义教研室政治经济学组编	1976. 2
134	资产阶级古典政治经济学选辑	王亚南著	1979. 2
135	资产阶级政治经济学史	鲁友章等著	1975. 4

（5）1980—1989 年

序　号	题　名	责任者	出版年
1	1983 年农业经营管理经验选编	中国农村发展研究中心资料室编	1984. 9
2	A 战略——人与效益的关系	（美）弗雷德克·舒斯特著；厉无畏译	1989. 1

（续表）

序号	题名	责任者	出版年
3	爱德华·卡德尔论农业、农村与合作社	（南）爱德华·卡德尔著；中国社会科学院农业经济研究所	1987.4
4	按照市场需求调整农村产业结构	中华人民共和国农牧渔业部编	1985.8
5	保加利亚人民共和国农工综合体	（保）弗拉多夫著；马细谱等译	1980.12
6	编制农业投资项目	联合国粮食及农业组织编	1985
7	变革与飞跃——国营农场改革探索录	新疆生产建设兵团党委政策研究室	1989.11
8	财税会计辞典	山东省财政科学研究所主编	1982.1
9	成本管理大辞典	许毅等主编	1987.9
10	成功之路——美国最佳管理企业的经验	（美）托马斯·J. 彼得斯，小罗伯特·H. 沃特曼著；余凯成等译	1985.3
11	城市经济词典	崔新恒主编	1986.1
12	城市经济改革一百例	国家经济体制委员会《城市经济改革一百例》编辑组编	1984.11
13	创造新技术的经济效益问题	（苏）Б.Д. 莫托雷金，П.А. 谢德洛夫著；张铭琦，洪清和译	1987.5
14	大经济大科学	上海交通大学编	1985.9
15	大众经济学	邓加荣主编	1986.5
16	德国农业经营学说发展史纲	（联邦德国）埃米尔·韦尔曼著；刘潇然译	1985.9
17	第三世界国家的经济调整（论文集）	现代国际关系研究所编	1987.1
18	电子计算机与企业管理	余新昌，王勇领著	1984.8
19	东欧国家经济改革简介	林水源等编	1983.11
20	短缺与对策——中国粮食问题研究	郭书田主编	1988.12
21	多元统计分析方法	唐守正编著	1986.1
22	多种经营技术问答	岳兴录编	1987.3
23	多种经营一百例	江苏省射阳县科学技术委员会，江苏省科学技术情报研究所编	1982.4
24	恩格斯经济思想研究	商德文等编	1985.11
25	发展经济学——理论、政策、实践	万晓光	1987.5
26	发展农村商品经济	农牧渔业部政策研究室	1984
27	发展中世界的销售学	帕多莱基著；李淼译	1984.12
28	非洲农业投入物供应和奖励政策：粮农组织非洲研究报告	联合国粮食及农业组织编；中国农业科学院科技文献信息中心译	1989.7
29	风险分析与决策	郭仲伟编著	1987.7
30	改革：我们面临的挑战与选择	中国经济体制改革研究所综合调查组编	1986.4
31	干旱地区土地利用问题译丛（1）	中国科学院自然资源综合考察委员会情报室编	1980.8
32	干旱地区土地利用问题译丛（2）	中国科学院自然资源综合考察委员会情报室编	1981.3
33	港澳经济与农产品市场	广东省农村发展研究中心，广东省社会经济发展研究中心编	1985.8
34	高产出管理	（美）安德鲁·格罗弗著；刘向上译	1985.3

（续表）

序　号	题　名	责任者	出版年
35	工资改革漫谈	《社会科学研究》编辑部	1985.4
36	工资改革与结构工资制	北京市经委劳动工资处等	1985.7
37	孤立国同农业和国民经济的关系	（德）约翰·冯·杜能著；吴衡康译	1986.6
38	关于经济体制改革的几个问题（1980年12月）	马洪著	1980.12
39	关于林业经济政策若干问题	林燕石编	1982.3
40	广东省经济特区条例及其有关规定	法律出版社编	1986.11
41	国际经济和社会统计资料（1950—1982年）	《国际经济和社会统计资料》编辑组编	1985.3
42	国际经济贸易统计手册	国际贸易研究所图书资料室编	1987.4
43	国民经济计划概论	汪廷忠等编	1984.5
44	国民收入统计资料汇编（1949—1985年）	国家统计局国民经济平衡统计司编	1987.8
45	国情参考资料	新疆财政学院图书馆编	1982.6
46	国外经济文献索引（1980年1—6月）	世界经济与政治研究所世界经济资料中心编	1981.7
47	国外经济文献索引（1980年7—12月）	世界经济与政治研究所世界经济资料中心编	1981
48	国外经济文献索引（1981年1—6月）	世界经济与政治研究所世界经济资料中心编	1983.3
49	国外经济文献索引（1981年7—12月）	世界经济与政治研究所世界经济资料中心编	1982
50	国外林业统计资料（1949—1976年）	中国林业科学研究院科技情报研究所编译	1981.3
51	国外农村经济法规选编（民主德国和捷克斯洛伐克）	李仁峰等编	1985.4
52	国外农牧业统计资料选编	农业部计划局编	1981.4
53	国外农牧业统计资料选编（1980—1986年）	农业部计划局编	1989.8
54	国务院关于进一步推动横向经济联合若干问题的规定	法律出版社编	1986.5
55	国营农场财务检查	张万双编	1984.11
56	国营农场产品管理	金敬恩编	1982.11
57	国营农场的改革	中华人民共和国农牧渔业部编	1985.1
58	国营农场计划管理	彭诗瑜编	1985.5
59	国营农场劳动管理	《国营农场劳动管理》编写组编	1987.7
60	国营农场农业技术手册	农垦部生产局编	1982.1
61	国营农场农业生产组织与管理	张万双著	1983.1
62	国营农场全面成本管理与核算	张万双著	1986.9
63	国营农场统计	钟永豪编	1984.2
64	国营农场怎样提高经济效果	丁履枢编	1982.2
65	国营农业三场会计	中华人民共和国农业部计划局编	1981.3
66	国营农业事业单位财务管理	权光男著	1987.1
67	国营企业管理厂长国家统考文件、复习大纲汇编	经济管理干部国家考试指导委员会办公室编	1984.9

（续表）

序　号	题　名	责任者	出版年
68	过渡时期经济学（第一部分）	（苏）尼古拉·布哈林著；余大章，郑异凡译	1983. 3
69	海南岛热带农业自然资源与区划论文集	广州地理研究所编	1985. 8
70	海外市场的开拓和销售	李永平编	1986. 1
71	汉字 dBASEⅢ在经济管理中的应用	周启海等著	1988. 5
72	合理利用土地	冯宝林编著	1980. 1
73	河北省农业气候及其区划	河北省农业区划办公室河北省气象局编	1988. 5
74	横向经济联合之路——企业经济技术协作基本方法	刘吉丰，宋进攻编	1987. 8
75	宏观经济学与微观经济学的应用	（美）杰菲编著	1985. 9
76	湖南省畜牧经济综论	龚迪华等编著	1989. 8
77	会计学基础	赵玉珉，黄代民编著	1982. 7
78	计划经济学	李震中主编	1985
79	计划评价中的效益与费用分析	（美）马克·汤普森著	1985. 9
80	计量经济学——理论、方法和模型	唐国兴编著	1988. 11
81	计算机在企业管理中的应用	杨世胜编著	1985. 8
82	技术经济手册（农业卷）	中国技术经济研究会编	1986. 2
83	技术经济效益分析方法	赵英才，孙裕君编著	1985. 8
84	技术经济学	李石林编	1987. 8
85	技术贸易案例	中国专利局干部培训中心译	1984. 12
86	加速科技进步的经济问题	（苏）塔克西尔等著；韩建忠译	1986. 2
87	家庭副业指导	《家庭副业指导》编写组编	1982
88	价格政策（包括 1979/1980 年价格调节制度）	（匈）奇科什·纳吉著；李淑华等译	1983. 7
89	简明管理经济学	吴德庆，徐祖兴编	1986. 9
90	简明经济数学辞典	（苏）Л. И. 洛帕特尼科夫著；陈锡康等译	1985. 9
91	简明经济统计辞典	佟哲晖主编	1983. 7
92	简明政治经济学辞典	许涤新主编	1983. 3
93	简明政治经济学小词典	刘诗白主编	1986. 4
94	今日世界经济组织、发展与活动	（美）克莱尔·威尔科克斯著	1985. 4
95	进出口商品检验法规与实践	涂阳纯，胡瑞孚编著	1989. 7
96	晋县实行经济合同制的经验	申建国编著	1983. 2
97	经济、科技、社会协调发展战略	何桂林主编	1988. 12
98	经济、社会发展战略	于光远	1984. 7
99	经济·社会·科技——1984 年世界形势评述	（美）莱斯特 R. 布朗（Lester R. Brown）等著	1984. 12
100	经济·社会·科技——1985 年世界形势评述	（美）莱斯特 R. 布朗（Lester R. Brown）等著；程玉琴，尚忆初等译	1986. 6
101	经济·社会·科技——1986 年世界形势评述	（美）莱斯特 R. 布朗（Lester R. Brown）等著；贡光宇等译	1987. 4

（续表）

序号	题名	责任者	出版年
102	经济大词典（金融卷）	刘鸿儒主编	1987.5
103	经济大辞典（世界经济卷）	褚葆一编	1985.6
104	经济发展与经济改革	《人民日报》理论部编	1987.6
105	经济法	关怀编著	1986.6
106	经济法辞典	《经济法辞典》编辑委员编辑	1987.2
107	经济法概论	刘隆亨著	1987.5
108	经济法理论学术论文集	中国社会科学院法学研究所经济研究室编	1985.5
109	经济法学辞典	李放等编	1986.1
110	经济法知识三百问	李勇极，丁耀堂编	1986.4
111	经济分析的数学方法	（苏）鲍亚尔斯基主编；陈祖明译	1988.1
112	经济改革与历史唯物主义体系	王忆会著	1987.1
113	经济干部法律手册	《法学》编辑部编	1985.6
114	经济管理简明辞典	山西财经学院辞典编写组编	1984.4
115	经济管理综论	樊民，陶德清主编	1985.8
116	经济合同法概论	皮纯协，石子渊编著	1987.11
117	经济合同手册	王河编著	1985.2
118	经济和统计名词词典	林茂美等译	1982.5
119	经济计量学——理论与方法	吴可杰主编；秦宛顺，赵德滋编著	1986.2
120	经济计量学入门	（美）亨利·瑟耳（Henri Theil）著；马宾译	1986.7
121	经济技术协作新发展	乌家培，许昌中主编	1986.12
122	经济决策与效益分析	张学中编	1986.3
123	经济理论动态（1982年）	《经济理论动态》编辑部编	1984.4
124	经济理论和经济改革疑难问题新解	李德隆等编著	1987.6
125	经济模型在国民经济管理中的作用（中澳双边学术讨论会论文集）	乌家培，张守一主编	1987.8
126	经济师手册	肖灼基等编	1984.8
127	经济数量分析概论	乌家培著	1983.1
128	经济数学（上）	郭立焕主编	1984.3
129	经济数学（下）	郭立焕主编	1984.3
130	经济数学模型技术	王寅初，于清文编著	1987.4
131	经济体制改革100题	解放军报社理论处编	1985.2
132	经济体制改革报告	中国经济体制改革研究会编	1985.8
133	经济体制改革的探索	厉以宁编	1987.1
134	经济体制改革文件汇编（1978—1983年）	国家经济体制改革委员会办公室编	1984.12
135	经济统计方法与预测（附实用计算机程序）	罗积玉编	1987.8
136	经济信息与管理	黄学忠编	1985.5
137	经济学说史（上册）	（苏）卡拉达也夫雷金娜等著；翟松年等译	1983.8
138	经济学说史（下册）	（苏）卡拉达也夫雷金娜等著；翟松年等译	1983.8

（续表）

序　号	题　名	责任者	出版年
139	经济学新词典	高叔康编著	1984. 1
140	经济学著作要目（1949—1983年）	中国社会科学院经济研究所图书馆编	1987. 2
141	经济与管理大辞典	马洪，孙尚清编	1985. 8
142	经济预测和统计方法	华伯泉编著	1988. 2
143	经营权	刘凯湘编著	1987. 3
144	竞争中的合作	陈汉文编著	1987. 7
145	决策的科学与艺术	（苏）O. И. 拉里切夫著；刁戌生等译	1988. 5
146	决策分析	陈珽编著	1987. 9
147	决策分析的目标规划	（美）S. M. 李（Sang M. Lee）著；宣家骥，芦开译	1986. 12
148	决策技术	黄孟藩，李永春编著	1987. 7
149	决策学基础（上）	姜圣阶等著	1986. 3
150	决策学基础（下）	姜圣阶等著	1986. 3
151	决策学引论	姜圣阶等著	1987. 1
152	决策与经济计划最优化	李卓立编著	1982. 12
153	决策与咨询	上海交通大学编	1985. 5
154	凯恩斯理论与中国经济	林一知著	1987. 6
155	科学机构经济学	（苏）盖．阿．拉赫金著；马文奇，顾镜清译	1982. 8
156	科学技术革命和社会主义生产社会化	（苏）伊林（保）波波夫主编；陈光莉译	1988. 2
157	科学技术进步经济学	（苏）列·索·布利亚赫曼著；童宪刚等译；顾镜清校	1983. 5
158	科学技术与经济发展——几国的历史与比较研究	（美）小威廉·贝拉尼克，古斯塔夫·尼拉斯编；卢鹤文等译	1988. 3
159	科学经济学——对科学活动的评价与刺激	（苏）谢尔仁斯基等著；程一敬译	1987. 7
160	科学研究的经济问题	胡乐真著	1985. 5
161	科研会计核算与管理	煤炭科学院《科研会计核算与管理》编	1987. 4
162	科研机构经济学	（苏）拉赫金著	1984. 6
163	跨单位的、农工的企业和联合公司的生产组织	（苏）T. E. 马洛费耶夫主编；王德根，盛杰译	1982. 1
164	劳动问题研究资料	国家劳动总局政策研究室资料组编	1981. 11
165	历史的雄辩——中国经济1949—1988年素描	曾强主编	1989. 4
166	立法在发展中国家土地利用规划中的作用	格雷戈里，威尔金森著	1988
167	利改税简论	金仁雄，袁振宇著	1983. 1
168	联合改组与专业化协作经验选编	中国经济体制改革研究会编	1984. 1
169	世界粮食和农业情报及早期预报系统——粮食展望	联合国粮食及农业组织编	1982
170	世界粮食和农业情报及早期预报系统——粮食展望	联合国粮食及农业组织编	1983. 1
171	粮农组织对直到1990年的农产品预测	联合国粮食及农业组织编	1986
172	粮食经济活动分析	《粮食经济活动分析》编写组编	1987. 7

（续表）

序　号	题　名	责任者	出版年
173	粮食巨人——一件比石油更强大的武器：国际粮食贸易	（美）丹·摩根著；张存节译	1983. 9
174	粮食生产经济	戴谟安编著	1982. 9
175	粮食援助工作——粮食援助促进发展的二十年（1963—1983 年）	联合国粮食及农业组织编	1983
176	粮食展望（1980 年第 3 期）	联合国粮食及农业组织编	1980. 3
177	粮食展望（1980 年第 5 期）	联合国粮食及农业组织编	1980. 5
178	粮食展望（1981 年第 1 期）	联合国粮食及农业组织编	1981
179	粮食展望（1981 年第 2 期）	联合国粮食及农业组织编	1981. 8
180	粮食展望（1981 年第 3 期）	联合国粮食及农业组织编	1981. 3
181	粮食展望（1981 年统计数字补编）	联合国粮食及农业组织编	1982. 1
182	粮食展望（1982 年第 10 期）	联合国粮食及农业组织编	1982
183	粮食展望（1982 年第 11—12 期合订本）	联合国粮食及农业组织编	1982
184	粮食展望（1982 年第 1 期）	联合国粮食及农业组织编	1982. 1
185	粮食展望（1982 年第 2 期）	联合国粮食及农业组织编	1984. 3
186	粮食展望（1982 年第 2 期）	联合国粮食及农业组织编	1982. 2
187	粮食展望（1982 年第 3 期）	联合国粮食及农业组织编	1982. 3
188	粮食展望（1982 年第 4 期）	联合国粮食及农业组织编	1982. 4
189	粮食展望（1982 年第 5 期）	联合国粮食及农业组织编	1982. 5
190	粮食展望（1982 年第 6 期）	联合国粮食及农业组织编	1982
191	粮食展望（1982 年第 7 期）	联合国粮食及农业组织编	1982. 7
192	粮食展望（1982 年第 8 期）	联合国粮食及农业组织编	1982
193	粮食展望（1982 年第 9 期）	联合国粮食及农业组织编	1982
194	粮食展望（1982 年统计数字补编）	联合国粮食及农业组织编	1983. 3
195	粮食展望（1983 年第 10 期）	联合国粮食及农业组织编	1983. 8
196	粮食展望（1983 年第 11—12 期合订本）	联合国粮食及农业组织编	1983. 11
197	粮食展望（1983 年第 1 期）	联合国粮食及农业组织编	1983. 8
198	粮食展望（1983 年第 2 期）	联合国粮食及农业组织编	1983. 8
199	粮食展望（1983 年第 2 期）	联合国粮食及农业组织编	1983. 8
200	粮食展望（1983 年第 3 期）	联合国粮食及农业组织编	1983. 3
201	粮食展望（1983 年第 3 期）	联合国粮食及农业组织编	1983. 8
202	粮食展望（1983 年第 4 期）	联合国粮食及农业组织编	1983. 4
203	粮食展望（1983 年第 5 期）	联合国粮食及农业组织编	1983. 8
204	粮食展望（1983 年第 5 期）	联合国粮食及农业组织编	1983. 8
205	粮食展望（1983 年第 6 期）	联合国粮食及农业组织编	1983. 8
206	粮食展望（1983 年第 7 期）	联合国粮食及农业组织编	1983. 8
207	粮食展望（1983 年第 8 期）	联合国粮食及农业组织编	1983. 8
208	粮食展望（1983 年第 9 期）	联合国粮食及农业组织编	1983. 8
209	粮食展望（1984 年第 1 期）	联合国粮食及农业组织编	1983. 8
210	粮食展望（1991 年第 10 期）	联合国粮食及农业组织编	1983. 8

（续表）

序 号	题 名	责任者	出版年
211	粮食展望（1991 年第 11 期）	联合国粮食及农业组织编	1983. 8
212	粮食展望（1992 年第 1—2 期合订本）	联合国粮食及农业组织编	1983. 8
213	粮食自给能力的技术展望	（日）近藤康男主编；肖鸿麟等译	1983. 11
214	粮油商品知识	福建省建阳地区粮油学校主编	1984. 8
215	林业项目经济分析读物	联合国粮食及农业组织编	1980
216	论经济改革与经济调查——对一些理论和实际问题的探讨	刘国光著	1983. 12
217	论经济改革中的法律问题	张志业著	1985. 7
218	论我国宏观经济调节手段的运用与完善	肖捷著	1987. 7
219	论中国的粮食问题	吴祯著	1983. 11
220	论中国宏观经济管理	桂世镛主编	1987. 9
221	马克思政治经济学方法论史	刘永佶编	1987. 2
222	马克思主义地租理论概要	朱剑农著	1984. 12
223	贸易年鉴（第 34 期）	联合国粮食及农业组织编	1980
224	贸易年鉴（第 35 期）	联合国粮食及农业组织编	1982
225	贸易年鉴（第 36 期）	联合国粮食及农业组织编	1983
226	贸易年鉴（第 37 期）	联合国粮食及农业组织编	1984
227	贸易年鉴（第 38 期）	联合国粮食及农业组织编	1985
228	贸易年鉴（第 39 期）	联合国粮食及农业组织编	1988. 7
229	贸易年鉴（第 41 期）	联合国粮食及农业组织编	1989. 1
230	美国大公司概况	现代国际关系研究所北美研究室，北京国际信托投资公司编	1985. 1
231	美国的农业与农村	（美）罗得菲尔德等编；安子平，陈淑华等译	1983. 9
232	美国农业经济学	（美）哈尔克劳著；周诚等译	1987. 3
233	美国农业经济学	（美）沃尔特 · 威尔科克斯等著；刘汉才译	1987. 1
234	美国农业生产效率	徐绪堃等译	1981. 3
235	美国政府对经济的干预和调节	薛伯英主编	1986. 6
236	密特朗政府的经济政策	徐达深主编	1984. 8
237	目标规划与决策管理	陈景艳编著	1987. 2
238	南疆农村社会	《中国少数民族社会历史调查资料丛刊》新疆维吾尔自治区编辑组编	1980. 1
239	南疆农业开发与生产布局	《南疆农业开发与生产布局》课题组著	1989. 12
240	南南合作勃兴（北京南南会议发展战略、谈判及合作讨论会文集）	宦乡主编	1984
241	南斯拉夫农业经济学教程	（南）彼得 · 马科维奇（Petar Markovic）主编；巢蓉芬等译	1984. 12
242	南斯拉夫自治经济制度的产生与发展	（南）米洛万 · 巴甫洛维奇（Milovan Pav-lovic）著；张德修译	1985. 3
243	农产品工业的项目分析	（世界银行）J. E. 奥斯丁（Austin，J.E.）著；黎修厚译	1985. 7

（续表）

序 号	题 名	责任者	出版年
244	农产品价格政策问题和建议	联合国粮食及农业组织编	1988. 11
245	农产品贸易的新保护主义和争取放宽限制的努力	联合国粮食及农业组织编	1983
246	农场经营原理	（意）乔治·阿玛德依著	1984. 7
247	农村、经济、社会（第三卷）	中国农村发展问题研究组编	1985. 8
248	农村、经济、社会（第一卷）	中国农村发展问题研究组编	1985. 6
249	农村多种经营文集	中国科学技术情报研究所重庆分所编	1985. 8
250	农村发展经济学	李卫武等编	1989. 5
251	农村工作学习文选（三）	中共中央宣传部宣传局	1985. 6
252	农村家庭工业的兴起	中华人民共和国农牧渔业部	1985. 7
253	农村经济变革的系统考察	中国农村发展问题研究组编	1984. 12
254	农村经济调查	籍希晋著	1989. 11
255	农村经济发展的新阶段——学习中共中央、国务院关于进一步活跃农村经济的十项政策	中共四川省委农村政策研究室，四川学习杂志社编	1985. 3
256	农村经济概论	《农村经济概论》编写组	1989. 7
257	农村经济概论参考资料	《农村经济概论参考资料》编写组	1989. 9
258	农村经济合同	程深等编著	1985. 1
259	农村经济若干理论问题	潘乃樾编著	1985. 5
260	农村经济政策汇编（1978—1981 年上册）	农村读物出版社编	1982
261	农村经济政策汇编（1978—1981 年下册）	农村读物出版社编	1982
262	农村经济政策汇编（1981—1983 年上册）	中共中央书记处农村政策研究室资料室编	1984. 7
263	农村经济政策汇编（1981—1983 年下册）	中共中央书记处农村政策研究室资料室编	1984. 7
264	农村科学致富经——湖北省专业户三十三例	湖北省农学会，湖北科技报社编	1985. 8
265	农村在变革中前进——来自基层的调查报告	中共中央书记处农村政策研究室，国务院农村发展研究中心农村调查领导小组办公室	1987. 5
266	农村专业户列传（3）	农业出版社编	1986. 2
267	农村资金的聚集和使用	中华人民共和国农牧渔业部	1985. 8
268	农工商联合经营之研究	王凤林编著	1982. 12
269	农工一体化条件下经济规律的作用	（苏）叶·巴·古宾著；大连外国语学院国际问题研究所苏联研究室译	1985. 5
270	农机站经营管理	张学勉编	1980. 6
271	农民的经营技巧	人民日报经济部编	1986. 12
272	农业标准化	赵卫东，王占弟主编	1988. 11
273	农业布局与农业区划（中国地理学会1978 年经济地理专业学术会议文集）	中国地理学会经济地理专业委员会著	1982. 3

（续表）

序　号	题　名	责任者	出版年
274	农业管理系统工程基础	关立人等编	1986. 11
275	农业会计	蒋振声编著	1981. 5
276	农业机械化技术经济问题（二）	中国农业经济学会农业机械化经济研究会编	1980. 5
277	农业计划	张仲威等编著	1982. 12
278	农业技术经济基础	万泽璋等编著	1985. 1
279	农业技术经济手册	《农业技术经济手册》编委会编	1983. 5
280	农业技术经济手册	牛若峰，刘天福编	1984. 12
281	农业技术经济学	欧阳辉编著	1989. 8
282	农业技术经济学	展广传主编	1986. 6
283	农业技术经济学概论	马鸿运编著	1988. 2
284	农业经济	北京农业大学农业经济系编	1986. 3
285	农业经济管理	杨晓峰等编	1988. 9
286	农业经济管理	但夕凡，杨淑贤编著	1988. 6
287	农业经济论丛（2）	农业出版社编	1982. 6
288	农业经济论丛（6）	农业出版社编	1985. 1
289	农业经济论丛（7）	农业出版社编	1987. 9
290	农业经济论丛（3）	农业出版社编	1982. 12
291	农业经济论丛（4）	农业出版社编	1982. 11
292	农业经济论丛（5）	农业出版社编	1984. 2
293	农业经济论丛（1）	农业出版社编	1980. 11
294	农业经济问题调查与分析	农业出版社编	1982. 1
295	农业经济学	（日）土屋圭造著；万宝瑞译	1982. 2
296	农业经济译丛（1979 年第 3 辑）	《农业经济译丛》编辑部	1980. 3
297	农业经济译丛（1980 年第 3 辑）	《农业经济译丛》编辑部	1980. 1
298	农业经济译丛（1980 年第 1 辑）	《农业经济译丛》编辑部	1980. 6
299	农业经济译丛（1981 年第 1 辑）	《农业经济译丛》编辑部	1982. 1
300	农业经济译丛（1982 年第 2 辑）	《农业经济译丛》编辑部	1983. 6
301	农业经济译丛（1982 年第 3 辑）	《农业经济译丛》编辑部	1982. 11
302	农业经济译丛（1982 年第 4 辑）	《农业经济译丛》编辑部	1983. 7
303	农业经济译丛（1982 年第 1 辑）	《农业经济译丛》编辑部	1982. 11
304	农业经济译丛（1983 年第 2 辑）	《农业经济译丛》编辑部	1984. 3
305	农业经济译丛（1983 年第 3 辑）	《农业经济译丛》编辑部	1984. 12
306	农业经济译丛（1983 年第 4 辑）	《农业经济译丛》编辑部	1984. 12
307	农业经济译丛（1983 年第 1 辑）	《农业经济译丛》编辑部	1983. 12
308	农业经济译丛（1984 年第 2 辑）	《农业经济译丛》编辑部	1985. 3
309	农业经济译丛（1984 年第 1 辑）	《农业经济译丛》编辑部	1985. 3
310	农业经济译丛（1985 年第 2 辑）	《农业经济译丛》编辑部	1986. 2
311	农业经济译丛（1985 年第 3 辑）	《农业经济译丛》编辑部	1986. 11
312	农业经济译丛（1985 年第 4 辑）	《农业经济译丛》编辑部	1987. 5

（续表）

序　号	题　名	责任者	出版年
313	农业经济译丛（1985 年第 1 辑）	《农业经济译丛》编辑部	1985. 1
314	农业经济译丛（1986 年第 2 辑）	《农业经济译丛》编辑部	1988. 5
315	农业经济译丛（1987 年第 2 辑）	《农业经济译丛》编辑部	1989. 1
316	农业经济译丛（1987 年第 1 辑）	《农业经济译丛》编辑部	1988. 7
317	农业经济译丛（1988 年第 1 辑）	《农业经济译丛》编辑部	1989. 1
318	农业经营学	（日）天间征著；路虹等译	1986. 2
319	农业经营原理	（日）安增壮一著；司有仑译	1985. 3
320	农业靠科学——各种形式的农业技术联产责任制	科学普及出版社总编室主编	1982. 8
321	农业科学技术研究和利用的经济评价	牛若峰等编著	1985. 3
322	农业企业的科学管理	（罗）约·玛丽娅娜（Ionita Mariana）等著；刘开铭，郑坚译	1984. 5
323	农业企业化经营管理概论	邓泽辉，蔡源元编著	1984. 12
324	农业企业经营管理与决策学	严瑞珍，张象枢主编	1987. 4
325	农业企业经营计量方法	潘乃樾编著	1984. 5
326	农业气候区划及其方法	丘宝剑，卢其尧编著	1987. 11
327	农业气象中的统计方法	杨永岐编	1983. 5
328	农业区划	曹和光，栾炳焕编	1983. 1
329	农业区划的理论和方法	刘书楷编	1984. 12
330	农业生产经济学与资源利用	（英）M. 厄普顿著；姚君泽等译	1987. 3
331	农业适度规模经营问题	中国农业科学院编	1989. 1
332	农业统计	晏森编著	1982. 12
333	农业投资经济效果研究	刘天福等编	1982. 2
334	农业土地经济论	朱金仓等著	1989. 9
335	农业推广工作管理	郭开源编	1987. 5
336	农业现代化参考资料选编（农业技术经济专辑）	中国科学院石家庄农业现代化研究所编	1981. 12
337	农业项目评估	舒子唐，程国安编	1987. 11
338	农业项目评估与分析	《农业项目评估与分析》编写组编	1989. 8
339	农业信贷	联合国粮食及农业组织编	1983
340	农业研究与生产率	（美）R. E. 依凡逊，Y. 基斯列夫著；何桂庭等译	1983. 5
341	农业与经济发展	（印）苏布拉塔·加塔克，肯·英格森特著；吴伟东等译	1987. 6
342	农业中土地资源和水资源利用的经济问题	（苏）乌克兰科学院经济研究所著；牛若峰译	1980. 12
343	农业资源调查和农业区划资料汇编	福建省农业区划办公室编	1982. 1
344	企业家手册（上）	《企业家手册》编写组编	1986. 7
345	企业家手册（下）	《企业家手册》编写组编	1986. 7
346	企业家手册（中）	《企业家手册》编写组编	1986. 7
347	企业家与企业计划管理	李惠斌等编	1986. 1

（续表）

序　号	题　名	责任者	出版年
348	企业情报知识问答	周思敬等编著	1988. 5
349	青海土地资源及其利用	向理平主编；青海土地科学考察队编	1989. 11
350	日本经济飞跃的秘诀	（美）马文·吉·沃尔夫著；胡振平等译	1985. 7
351	日本农业经济论	萧鸿麟著	1982. 12
352	日本土地利用分类的程序和方法	日本农林省农林水产技术会议事务局编；山西省农业科学院农业情报研究室译	1985. 1
353	日英汉经济辞典	刘正运等编著	1987. 8
354	获诺贝尔奖经济学家	世界经济编辑部	1985. 6
355	若干国家农产品购销制度与价格政策	吴大炘等著	1985. 8
356	三北防护林地区自然资源与综合农业区划	朱俊凤主编	1985. 12
357	三中全会以来我国社会主义经济建设的基本方针政策	吴振坤，臧志风编	1984. 6
358	森林资源经济学	（美）鲁滨逊·格雷戈里著；许伍权等译	1985. 1
359	山西经济	《山西经济》编委会	1985. 4
360	商标法 50 讲	（日）纹谷畅男编；魏启学译	1987. 4
361	上海经济（1949—1982 年）	上海社会科学院《上海经济》编辑部编	1984. 6
362	上海经济年鉴（1987 年）	上海社会科学院《上海经济年鉴》编辑部编	1987. 11
363	上海经济区的建立与发展	世界经济导报上海经济区研究会编	1984. 11
364	商品回顾和展望（1980—1981 年）	联合国粮食及农业组织编	1981
365	商品回顾和展望（1981—1982 年）	联合国粮食及农业组织编	1982
366	社队工业企业劳动管理	谢基煌等编	1983. 2
367	社队企业会计工作手册	于玉林编	1984. 11
368	社队企业计划管理	李明珠编	1983. 12
369	社队企业销售管理	杨美熥编	1984. 7
370	社会经济统计词典	熊大凤，颜曰初主编	1985. 3
371	社会经济统计学原理讲义	杨曾武等编	1984. 5
372	社会经济统计原理简明读本	纪曾爔，赵家祥编著	1984. 5
373	社会主义经济概论	闻潜著编	1985. 4
374	社会主义经济论（第二卷）	林子力编	1986. 6
375	社会主义经济论稿	孙治方编	1985. 1
376	社会主义农业经济管理问题	中国人民大学农业经济系编	1985. 9
377	社会主义农业经济学	沈阳农学院编	1985
378	《社会主义农业经济学》参考资料选编	中国人民大学农业经济系农业经济与管理教研室编	1983. 2
379	社会主义农业劳动经济与管理问题概论	周诚等编	1985. 12
380	社会主义现代化建设和共产主义	张朝尊编	1984. 6
381	社会主义在当代世界（上）	苏绍智编	1985. 6
382	社会主义政治经济学	（南斯拉夫）B. 乔西奇主编；汪丽敏译	1985. 4
383	深圳经济特区发展成功之路	深圳市科学技术协会，科学普及出版社广州分社编	1984. 12

（续表）

序号	题名	责任者	出版年
384	审计手册	陈荣法主编	1986. 3
385	审计知识讲座	《财务与会计》编辑部编	1985. 11
386	生产队的资金及其管理	郑大豪著	1982. 5
387	生产队会计报表的编制与分析	朱海芳编著	1982. 11
388	生产经济学——理论与应用	（美）道尔·奥拉泽姆著；吴敬业等译	1984. 12
389	生存与发展	中科院国情分析研究小组编	1989. 1
390	生态经济问题研究	中国社会科学院经济研究所《生态经济问题研究》编辑组编	1985. 2
391	施工企业管理基本知识	中国人民大学工业经济系基本建设经济教研室编	1984. 9
392	十一届三中全会以来经济政策文献选编	中国社会科学院工业经济研究所编	1986. 2
393	实用经济计量学	李卓立著	1987. 1
394	实用水利经济学	吴恒安主编	1988. 2
395	实用统计知识手册（农村版）	周明禄编著	1985. 3
396	食糖——八十年代的主要贸易及其稳定问题	联合国粮食及农业组织商品及贸易司编	1988
397	世界的大趋势：《大趋势》简述	张宗厚编	1985. 9
398	世界工商企业名录（日本分册）	许邦主编	1985. 9
399	世界宏观经济管理（论文集）	现代国际关系研究所编	1987. 4
400	世界经济百科全书	《世界经济百科全书》编辑委员会编	1987. 6
401	世界经济概论	王章耀等编	1986. 12
402	世界经济概论（下册）	钱俊瑞主编	1985. 2
403	世界经济统计概论	戴世光主编	1987. 4
404	世界经济统计简编（1982 年）	生活·读书·新知三联书店编	1983. 3
405	世界经济统计手册	中国社会科学院世界经济研究所编	1981. 12
406	世界经济统计手册（1979—1982 年）	中国社会科学院世界经济与政治研究所综合统计研究室编	1985. 2
407	世界经济统计摘要	范慕韩编	1985. 2
408	世界经济研究（第 2 辑）	《台港及海外中文报刊资料专辑》编辑委员会编	1986. 1
409	世界经济研究（第 3 辑）	《台港及海外中文报刊资料专辑》编辑委员会编	1986. 1
410	世界经济研究（第 1 辑）	《台港及海外中文报刊资料专辑》编辑委员会编	1986. 1
411	世界经济与政治概论	王怀宁主编	1989. 8
412	世界粮食报告（1983 年）	联合国粮食及农业组织	1983
413	世界粮食报告（1985 年）	联合国粮食及农业组织	1984
414	世界粮食报告（1986 年）	联合国粮食及农业组织	1986
415	世界粮食报告（1987 年）	联合国粮食及农业组织	1987
416	世界林业经济地理	胡谷岳编著	1982. 5
417	市场预测方法一百种	何国栋编著	1987. 4

（续表）

序　号	题　名	责任者	出版年
418	适合于小农发展的农场管理研究	（澳）约翰 I. 狄龙，J. 布赖恩·哈达克著	1988. 11
419	苏联财政与信用	（苏）德罗博济纳主编；财政金融教研室译	1986. 6
420	苏联关于制定国家的经济和社会发展计划的方法规定	苏联国家计委批准；孙云鹏等译	1987. 9
421	苏联和东欧国家农业经济体制的改革	丁泽霁等编	1982. 1
422	苏联农业的经济、组织和计划	（苏）Л. К. 瓦伊托夫，А. Ф. 格里申著；李仁峰译	1980. 1
423	苏联农业工业化问题	（苏）М. Л. 捷连季耶夫等著；陈义初，乔木森译	1980. 8
424	苏联农业经济学	（苏）И. В. 波波维奇主编；边绎世译	1981. 12
425	苏联农业企业生产组织学	（苏）М. И. 西纽科夫主编；周太忠，王德根译	1985. 5
426	苏联农业生产经济效果分析方法	牛若峰编译	1983. 5
427	苏联农业生产组织结构的改组	周新成，王德根编著	1981. 3
428	苏联农业统计资料汇编	李仁峰主编	1981. 5
429	苏联社会经济发展统计资料手册（1917—1977 年）	（苏）约夫菲，兹洛马诺夫编著；文郁译	1984. 9
430	苏联外贸概述	朱冰编	1984. 11
431	苏联现阶段的农业经济学	（苏）鲍尔金等著	1985. 5
432	挑战与机会	葛虹编	1985. 4
433	庭院经营技术	中科院石家庄农业现代化研究所	1989. 5
434	统计基础知识与农业统计	牡丹江农业学校主编	1980. 1
435	土地管理	陆红生，韩桐魁编著	1983. 7
436	土地管理原理与方法	林增杰，严星编著	1986. 6
437	土地经济学	周诚主编	1989. 12
438	土地利用	辛德惠编著	1985. 11
439	土地利用工程	许燮谟，陈章琛主编	1987. 2
440	土地利用现状调查技术规程	全国农业局区划委员会编	1984. 12
441	土地利用现状调查手册	国家计划委员会农业局区划局，农牧渔业部土地管理局编	1985. 3
442	土地面积测算法	刘广余，徐传国编	1985. 8
443	土壤经济原理	朱剑农著	1981. 1
444	外国经济管理知识简介	钱家骏，刘玮	1985. 1
445	外国经济体制概论	何大隆编译	1985. 6
446	外国经济学词典条目选译	王成稼	1983. 12
447	外国农业金融	《外国农业金融》编写组	1988. 9
448	外贸知识手册	《外贸知识手册》编写组	1980. 11
449	外文原版图书联合目录	辽宁地区中心图书馆委员会	1980. 9
450	微型计算机在企业管理中的应用	魏福源等编著	1985. 8
451	未来的经济	（美）保尔·霍肯著；方韧译	1985. 9

（续表）

序 号	题 名	责任者	出版年
452	我国的农业生产结构	严瑞珍等编著	1986. 2
453	我国的畜牧业经济	林祥金编著	1982. 8
454	我国国情与经济社会发展战略	刘洪，魏礼群著	1982. 1
455	我国国营农场建设的若干问题	刘培植著	1981. 1
456	我国货币政策	杨培新著	1987. 6
457	我国经济法理论资料类编	中国社会科学院法学研究所民法经济法研究室编	1984. 8
458	我国经济改革的哲学探讨	胡平著	1985. 7
459	我国农业技术经济学的产生和应用	樊永康主编	1989. 11
460	物资工作手册	王守安编	1985. 2
461	西北地区农村经济发展战略研究	孙德山，雷锡禄编	1989. 1
462	西部民族地区经济开发探索	中共民族学院少数民族经济研究所编	1986. 1
463	西文工业技术图书联合目录	北京图书馆《文献》丛刊编辑部编	1982. 3
464	现代国外经济学论文选（第八辑）	外国经济学说研究会编	1984. 7
465	现代国外经济学论文选（第十辑）	外国经济学说研究会编	1986. 6
466	现代化知识讲座（8）	中华人民共和国科学技术协会普及工作部，北京市科学技术协会普及工作部，科学普及出版社编辑部编	1981. 3
467	现代农村问题纵横谈	鲁力著	1989. 8
468	现代农业企业管理	（美）D. D. 奥斯伯（D. D. Osburn），K. C. 施尼柏格（K. C. Schneeberger）著；叶谦吉译	1983. 12
469	现代中国经济事典	马洪主编	1982. 8
470	乡镇企业管理简明辞典	《乡镇企业管理简明辞典》编写组	1987. 1
471	乡镇企业技术进步指南	张毅等编著	1989. 12
472	乡镇企业经济	田永库编著	1986. 4
473	乡镇企业经营管理	国家科委科技干部局等编	1987. 8
474	乡镇企业在阔步前进	中华人民共和国农牧渔业部编	1985. 7
475	香港起飞的奥秘	黄标熊，梁秩森编著	1987. 1
476	向陈云同志学习做经济工作	邓力群编	1981. 3
477	向四个现代化前进的中国（第一卷）	美国国会联合经济委员会编著；郭忠言等译	1985. 3
478	消费经济学	厉以宁著	1984. 12
479	小康之路——专业户、重点户、新联合体介绍	周平，吕桂英编著	1983. 6
480	新编涉外经济法资料选	浙江图书馆，杭州市对外经济贸易局编	1984. 6
481	新编政治经济学概论	《新编政治经济学概论》编写组编	1989. 6
482	新疆财政年鉴（1986 年）	龚金牛主编	1989. 7
483	新疆工商企业名录	新疆工商名录编辑部编	1985. 12
484	新疆经济概述	陈华主编	1985. 8
485	新疆农村经济研究论文集	新疆农村抽样调查处，新疆社会科学院经济研究所编	1986. 11

（续表）

序号	题名	责任者	出版年
486	新疆生产建设兵团农工商企业名录（中国工商企业名录新疆生产建设兵团分册）	新疆生产建设兵团农工商企业名录编辑部编	1989. 1
487	新疆主要农牧产品成本和收益资料汇编（1987 年）	新疆维吾尔自治区物价局编	1988. 11
488	新疆综合自然区划概要	中国科学院新疆地理研究所编著	1987. 3
489	行政事业单位会计	王仲文，华青编	1981. 6
490	畜牧业经济研究	中国社会科学院农业经济研究所	1983. 3
491	亚洲四小龙	李相文等著	1988. 7
492	英汉国际经济词典	朱一桂编	1984. 6
493	英汉汉英会计名词汇译	娄尔行，约翰 B. 法雷尔主编	1985. 8
494	英汉经济管理词汇	李文柱编译	1986. 7
495	英汉经济学词典	（美） D. W. 莫法特编著；王连生等译	1989. 12
496	英汉经济与管理大词典	郑州航空工业管理学院编	1989. 1
497	英汉经济综合词典	薛立亚等编	1986. 1
498	英汉农业经济词典	叶谦吉编	1987. 6
499	英汉企业管理词典	陈今森编	1986. 7
500	英汉商品贸易词汇	联合国粮食及农业组织编	1980
501	英汉银行业务词典	（英） 佩里 F. E 编著；陈忠谦译	1987. 8
502	迎接新的技术革命——新技术革命知识讲座（上册）	中共中央组织部，劳动人事部等主编	1984. 7
503	预测工作手册	（苏） 别斯图热夫 · 拉达主编；顾镜清译	1988. 1
504	再论经济结构的改革	薛暮桥著	1980. 12
505	再谈中国现代化的整体论——谈谈工业现代化和生产力经济学有关问题	薛葆鼎著	1981. 1
506	责任制与体制改革资料汇编	马志鑫编	1983. 5
507	怎样解决经济合同纠纷	王存学等编著	1988. 1
508	怎样开展县级农业区划	肖俊城著	1980. 6
509	怎样评价农业技术经济效果	郑大豪著	1982. 6
510	展望 90 年代——西方企业和社会新动向	（美） 奈斯比特，阿布尔丹著；方宝定等译	1987. 11
511	政治经济学	山东省高等学校政治经济学教材编写组	1983. 6
512	政治经济学（上卷 第一分册）	宋涛主编	1983. 7
513	政治经济学（上卷 卷二分册）	宋涛主编	1983. 7
514	政治经济学（社会主义部分）	南方十六所大学《政治经济学教材》编写组	1980. 12
515	政治经济学（社会主义部分 下册）	王积舒等编	1985. 7
516	政治经济学（社会主义部分补充教材）	江苏省政治经济学教学研究会编	1985. 3
517	政治经济学（资本主义部分）	张纯元等主编	1985. 8
518	政治经济学 100 题	吴振坤，谭华辙编	1986. 1
519	政治经济学 150 题解答	姜明阁编；	1984. 1
520	政治经济学词典	（苏） M. И. 沃尔科夫主编；陶小兵译	1984. 1

（续表）

序 号	题 名	责任者	出版年
521	政治经济学辞典（中册）	许涤主编	1980. 12
522	政治经济学读本（社会主义部分）	王珏主编	1986. 7
523	政治经济学二十题	蒋学模，蒋维新编	1983. 4
524	政治经济学教材	蒋学模主编	1986. 1
525	政治经济学教学参考资料选编（社会主义部分）	北京师范大学政治经济学系政治经济学（社会主义）教研室编	1985. 11
526	政治经济学绪论	王学文著	1986. 12
527	政治经济学自学考试答疑	祝文新等编	1984. 9
528	政治经济学自学指导（资本主义部分）	曹若闲编	1983. 12
529	中国：长期发展的问题和方案	世界经济考察团编	1985. 1
530	中国蚕业区划	全国蚕业区划研究协作组编著	1988. 3
531	中国城市经济社会年鉴（1988 年）	中国城市经济社会年鉴理事会编	1988. 12
532	中国大百科全书——经济学（Ⅰ）	中国大百科全书总编辑委员会《经济学》编委会，中国大百科全书出版社编辑部编	1988. 9
533	中国当代经济	李松林编	1986. 4
534	中国的大趋势——温元凯谈改革	上海人民出版社编	1984. 8
535	中国对外经济贸易年鉴	经济委员会编	1984. 12
536	中国发展与改革	中国经济体制改革研究所编；高尚全主编	1987. 2
537	中国分县农村经济统计概要（1980—1987 年）	国家统计局农村社会经济调查总队编	1989. 4
538	中国工业经济统计年鉴（1989 年）	国家统计局工业交通统计司编	1989. 12
539	中国工业经济统计资料（1949—1984 年）	国家统计局工业交通统计司编	1985. 11
540	中国工业经济统计资料（1986 年）	国务院全国工业普查领导小组办公室，国家统计局工业交通物资统计司编	1987. 4
541	中国古代经济思想名著选	赵靖主编	1985. 6
542	中国华北平原农业项目	华北平原农业项目办公室编	1982. 5
543	中国计划体制改革探讨	谷书堂主编	1987. 11
544	中国近代经济史	于素云编著	1983. 6
545	中国近代经济思想史稿（第三册）	侯厚吉，吴其敬主编	1984. 1
546	中国近代农业经济史	桑润生编著	1986. 8
547	中国近代农业科技史	郭文韬，曹隆恭主编	1989. 9
548	中国经济地理基础知识 300 条	驰捷编	1985. 7
549	中国经济概况	《中国经济概况》编写组编	1983. 6
550	中国经济管理法规文件汇编	中国社会科学院法学研究所编	1987. 6
551	中国经济管理政策法令选编（1983 年 7 月—1984 年 6 月）	国家经济委员会经济体制改革局编	1985. 9
552	中国经济技术协作手册（第 1 卷）	刘国尧，林宗棠主编	1987. 8
553	中国经济技术协作手册（第 2 卷）	刘国尧，林宗棠主编	1987. 8
554	中国经济技术协作手册（第 3 卷）	刘国尧，林宗棠主编	1987. 8
555	中国经济技术协作手册（第 4 卷）	刘国尧，林宗棠主编	1987. 8
556	中国经济科学年鉴（1984 年）	《中国经济科学年鉴》编委会编	1986. 3

（续表）

序　号	题　名	责任者	出版年
557	中国经济科学年鉴（1985 年）	晓亮主编	1985. 12
558	中国经济年鉴（1981 年）	《中国经济年鉴》编辑委员会编	1981
559	中国经济年鉴（1982 年）	《中国经济年鉴》编辑委员会编	1982. 1
560	中国经济年鉴（1983 年）	《中国经济年鉴》编辑委员会编	1983. 8
561	中国经济年鉴（1985 年）	《中国经济年鉴》编辑委员会编	1985. 9
562	中国经济年鉴（1987 年）	国务院经济技术社会发展研究中心主办，中国经济年鉴编辑委员会编	1987. 9
563	中国经济史研究	（日）西嶋定生著；冯佐哲等译	1984. 9
564	中国经济史资料——秦汉三国	傅筑夫，王毓瑚编	1982. 6
565	中国经济思想史论	中国社会科学院经济研究所中国经济思想史组编	1985. 12
566	中国经济体制的新模式——学习《中共中央关于经济体制改革的决定》	中国经济体制改革研究会编	1984. 12
567	中国经济体制改革年鉴（1989 年）	国家经济体制改革委员会编	1989. 12
568	中国经济之最	迟亦枫，刘京建编著	1987. 7
569	中国农村发展战略问题	国务院农村发展研究中心，中国农业科学院农业经济研究所编	1985. 6
570	中国农村改革的道路——总体述评与区域实证	杨勋，刘家瑞著	1987. 8
571	中国农村工业——结构、发展与改革	林青松，威廉伯德主编	1989. 12
572	中国农村合作经济几个问题	王景垣编著	1986. 5
573	中国农村经济学	王贵宸等编	1988. 1
574	中国农村统计年鉴（1986 年）	国家统计局农村社会经济统计司编	1987. 2
575	中国农村统计年鉴（1988 年）	国家统计局农村社会经济统计司编	1988. 9
576	中国农村统计年鉴（1989 年）	国家统计局农村社会经济统计司编	1989. 11
577	中国农工商企业产品名录（一）	农业出版社编	1986. 5
578	中国农业经济地理	艾力农主编	1988. 12
579	中国农业经济地图集	唐志发主编	1983
580	中国农业经济概要（1983 年）	《中国农业年鉴》编辑部编	1985. 4
581	中国农业经济论文选（1981 年）	《中国农业年鉴》编辑部编	1983. 5
582	中国农业经济史	岳琛主编	1989. 11
583	中国农业经济史	曹贯一著	1989. 3
584	中国农业经济文献目录（1900—1981 年）	国务院农村发展研究中心发展研究所编	1988. 3
585	中国农业经济学（修订本）	全国十二所综合性大学《中国农业经济学》编写组编	1984. 9
586	中国农业生产布局	中国科学院地理研究所经济地理研究室编著	1983. 3
587	中国农业统计资料（1988 年）	中华人民共和国农业部编	1989. 12
588	中国农业自然条件和农业自然资源	中国科学院地理研究所编	1983. 2
589	中国企事业名录大全（第三卷）	廖季立等主编	1986. 6
590	中国企事业名录大全（第四卷）	廖季立等主编	1986. 6

（续表）

序 号	题 名	责任者	出版年
591	中国企事业名录大全（第一卷）	廖季立等主编	1986. 6
592	中国企业登记年鉴（1984 年 特辑）	中华人民共和国国家工商管理局主编	1984. 6
593	中国社会科学院经济研究所集刊（第七集）	中国社会科学院出版社编	1984. 2
594	中国社会主义经济发展中的问题	许涤新编	1982. 6
595	中国社会主义经济建设问题（报告选辑）	中共中央党校编辑	1980. 12
596	《中国社会主义经济问题》百题解答	江西财经学院《中国社会主义经济问题（百题解答）》编	1981. 1
597	中国社会主义现代化建设（1981—1985 年）	于光远主编	1987. 6
598	中国社会主义现代化建设问题	吴振坤，王树云编	1984. 8
599	中国涉外经济法规汇编（上）	人民出版社编辑	1986. 1
600	中国涉外经济法规汇编（下）	人民出版社编辑	1986. 1
601	中国生产力的合理布局	田方，林发堂编	1986. 6
602	中国西部地区开发指南（综合本）	于光远主编	1988. 9
603	中国畜牧业综合区划	《中国畜牧业综合区划》研究组编	1984. 12
604	中国种植业区划	中国农业科学院《中国种植业区划》编写组编	1984. 8
605	中国资本主义发展史（第一卷）	许涤新，吴承明主编	1985. 9
606	中国自然生态区划与大农业发展战略	侯学煜编	1988. 11
607	中华人民共和国对外经济法规汇编	中华人民共和国对外经济贸易部条法局编	1985. 7
608	中华人民共和国国民经济和社会发展计划大事辑要（1949—1985 年）	《当代中国的计划工作》办公室编	1987. 12
609	中华人民共和国国民经济和社会发展第六个五年计划（1981—1985 年）	人民出版社编辑	1983. 2
610	中华人民共和国经济大事记	房维中主编	1984. 1
611	中华人民共和国涉外经济法介绍	孙延祜主编	1986. 9
612	中华人民共和国涉外经济合同法	法律出版社编	1985. 8
613	种植业管理经济学	（新西兰）艾伦 N. 雷著；陈蛰蛰译	1983. 5
614	重农学派的经济理论	张人价著	1983. 3
615	重要经济法规资料选编	国家计划委员会条法办公室编	1987. 7
616	主要资本主义国家的农业现代化	刘振邦等编著	1980. 8
617	专业户经营门路	中国广播电视出版社	1985. 7
618	最新经济法规（第二辑）	国务院经济法规研究中心办公室，中国经济法研究会秘书处编	1985. 2
619	最新经济法规（第三辑）	国务院经济法规研究中心办公室，中国经济法研究会秘书处编	1986. 6
620	最新经济法规（第一辑）	国务院经济法规研究中心办公室，中国经济法研究会秘书处编	1985. 2
621	最新农业致富手册	徐瑞芝等编	1989. 9

(6) 1990—1999 年

序 号	题 名	责任者	出版年
1	部分亚洲国家对大米和其他粮食需求的展望	联合国粮食及农业组织编	1992. 8
2	创汇农业产品论	陈家勤著	1991. 11
3	从贫苦农民到现代化农民——一套革命的农村发展战略及以色列的乡村综合发展	(以色列) 拉南·魏茨著; 杨林军, 何大明等译	1990. 1
4	当代世界经济实用大全	中国社科院经济与政治研究所《世界经济》编辑部编	1990. 3
5	当代中国经济问题探索	宋养琰著	1991. 12
6	当代中国住宅经济	刘岐著	1992. 9
7	地区综合发展规划方法及应用	李永富等编	1992. 4
8	读三国——谈经营企业腾飞秘诀	李文华编著	1991. 1
9	股票知识百谈	辽宁省经济研究中心编	1992. 8
10	国家科技计划运作与管理——农业科研推广立题及申报指南	洪绂曾主编	1995. 6
11	汉英经济词典	王国梁主编	1990. 3
12	旱地农业土地评价指南	联合国粮食及农业组织编	1990
13	会计辞典	龚清浩等主编	1991. 4
14	技术经济手册(林业卷)	王幼臣, 任恒祯主编	1992. 1
15	揭开人的心底之谜——需要论与企业经营	杨怡然著	1991. 11
16	近代山西农业经济	徐松荣主编; 山西省农业区划委员会编	1990. 5
17	经纪人实务指南	陈彪如主编	1993. 8
18	经济社会管理知识全书	马洪等	1990. 1
19	经济学辞典	赵玉林, 王化中主编	1990. 8
20	经济预测技术	李一智主编	1991. 7
21	经济专业知识与实务考试指导(工业、商业、金融)	《全国经济专业技术资格考试指导用书》编审组编	1996. 5
22	九十年代改革开放与经济发展	中央组织部等联合举办	1993. 1
23	就业·增长·现代化——中国劳动力转移的历史与未来研究	何道峰等著	1992. 12
24	科技兴贸战略构思	上海国际经贸研究所编	1993. 2
25	跨出国门的中国乡镇企业(浙江卷)	孙尚清主编	1993. 4
26	论农业和乡镇企业的稳定协调发展	中国计划学会编	1991
27	南昌市劳动、工资、社会保险三项制度改革研究	张年胜主编	1991. 8
28	能源经济学	吴德春著	1991. 11
29	农村规划与发展导论	(以) 沙米尔·波奥雷斯著; 全国农业区规划委员会办公室区域规划处译	1992. 7
30	农村科学技术管理手册	王东来主编	1990. 9
31	农村实用计量手册	李春阳等编	1992. 1
32	农业管理工作指南	陈耀邦主编	1990. 12
33	农业技术经济理论与实践	许树恩等编	1991. 8

（续表）

序号	题名	责任者	出版年
34	农业经济管理	青柏林主编	1991.8
35	农业经济学	刘嘉谷主编	1994.8
36	农业经济译丛（1988年第2辑）	《农业经济译丛》编辑部	1990.3
37	农业经济译丛（1989—1990年）	《农业经济译丛》编辑部	1991.12
38	农业经济与管理（农学、园林、畜牧等专业用）	徐立幼主编	1998.9
39	农业科研单位经济管理研究	陈万金著	1994.9
40	农业区域开发项目管理	朱希刚主编	1992.2
41	企业兵法八十一	王建新等著	1991.1
42	企业改革回顾与展望	上海科技报社编	1990.12
43	企业科技管理	潘庭荣编著	1991.1
44	企业全面成本管理	李天民等著	1994.3
45	清代西北民族贸易史	林永匡，王熹编著	1991.8
46	区域经济与政策分析	金锋等编	1992.3
47	社会主义商品经济计划论	刘志彪著	1992.6
48	世纪末的挑战：中国20世纪90年代面临的就业问题与对策	中国劳动学会编	1992.3
49	世界经济文化年鉴（1995—1996年）	《世界经济文化年鉴》编辑委员会编	1996.8
50	土地规模经营论	国务院农村发展研究中心联络室，农业部农业机械化管理司编	1990.2
51	土地科学与区域开发	过宝兴主编	1992.2
52	西部地区资源开发与发展战略研究	中国自然资源研究会编	1992.7
53	西藏自治区土地利用	西藏自治区土地管理局	1992.6
54	现代化农业的模式选择	孟繁琪等著	1991.12
55	现代农业科学研究管理	陈坚等编著	1992.2
56	新疆城镇发展与布局研究	新疆国土整治农业区规划局编	1993.3
57	新疆维吾尔自治区国民经济平衡统计资料（1950—1989年）	新疆维吾尔自治区统计局编	1990.7
58	新疆维吾尔自治区经济地理	谢香芳等主编	1991.8
59	新中国农产品价格四十年	韩志荣等编著	1992.11
60	畜牧业生产结构与发展前景	畜牧业生产机构与发展前景研究组	1991.6
61	引进技术的诀窍	钟玉昆编著	1992.8
62	应用经济学	（英）艾伦·格里菲思等（Alan Griffiths，Stuart Wall）著；邬性宏等译；	1992.6
63	英汉汉英投资经济词典	王福穰主编	1994.12
64	植物保护经济学	陈杰林著	1991.8
65	制定农业和农村投资项目的培训指南（二）	联合国粮食及农业组织编；于凤辉译	1992.1
66	制定农业和农村投资项目的培训指南（三）	联合国粮食及农业组织编；王相柱，刘立敏译	1992.12
67	制定农业和农村投资项目的培训指南（四）	联合国粮食及农业组织编；周清澈译	1992.1

（续表）

序　号	题　名	责任者	出版年
68	制定农业和农村投资项目的培训指南（五）	联合国粮食及农业组织编；钱法根译	1992. 1
69	制定农业和农村投资项目的培训指南（绪论）	联合国粮食及农业组织编；于凤辉译	1992. 1
70	制定农业和农村投资项目的培训指南（一）	联合国粮食及农业组织编；于凤辉译	1992. 1
71	中国：经济改革和宏观经济管理	（美）马里奥·布莱杰等著	1991. 1
72	中国“下海潮”——当代生意人实录	大清著	1993. 4
73	中国第二职业问题	劳动部政策法规司编	1991. 6
74	中国对外经济统计年鉴（1994 年）	国家统计局贸易外经统计司编	1995. 6
75	中国分县农村经济统计概要（1988 年）	国家统计局农村社会经济调查总队编	1990. 1
76	中国分县农村经济统计概要（1991 年）	国家统计局农村社会经济调查总队编	1993. 1
77	中国高新技术产业开发区要览	李绪鄂主编	1992
78	中国工业经济统计年鉴（1990 年）	国家统计局工业交通统计司编	1990. 12
79	中国经济百科全书（上册）	陈岱孙主编	1991. 12
80	中国经济发展四十年	谢明干，罗元明主编	1990. 3
81	中国经济年鉴（1994 年）	《中国经济年鉴》编委会编	1994. 12
82	中国经济体制改革年鉴（1991 年）	国家经济体制改革委员会编	1991. 12
83	中国经济统计实用大全	陈东等主编	1990. 2
84	中国经济形势与展望（1990—1991 年）	马洪主编	1991. 6
85	中国科学院黄淮海平原综合治理研究——黑龙港地区综合治理与农业资源开发利用（1986—1990 年）	田济马等主编	1993. 2
86	中国立体农业模式	卢良恕主编	1993. 1
87	中国林业经济地理	翟中齐等编著	1993. 3
88	中国农村经济变革	张春富等编	1991. 1
89	中国农村经济的未来格局	张留征等著	1992. 7
90	中国农业百科全书（农业经济卷）	蔡子伟著	1991. 1
91	中国农业统计资料（1992 年）	中国农业部编	1993. 11
92	中国农业巨变与战略抉择	张象枢等主编	1993. 8
93	中国农业统计资料（1990 年）	中华人民共和国农业部编	1991. 1
94	中国农业统计资料（1991 年）	中华人民共和国农业部编	1992. 11
95	中国农业统计资料（1993 年）	中华人民共和国农业部编	1994. 1
96	中国农业问题研究（第二集）	农业部农业政策研究会编	1992. 9
97	中国农业资金问题研究	赖瑞华主编	1991. 7
98	中国农业自然资源与区域发展	孙颔等主编	1994. 1
99	中国企业文化——现在与未来	张德著	1991. 1
100	中国商业大辞典	许彩国主编	1991. 12
101	中国社会主义土地经济问题	张朝尊主编	1991. 1
102	中国审计年鉴（1983—1988 年）	《中国审计年鉴》编辑委员会编	1990. 1
103	中国水产业生产结构和发展前景	水产生产结构和发展前景研究组编	1991. 6

（续表）

序 号	题 名	责任者	出版年
104	中国统计年鉴（1990年）	国家统计局编	1990.8
105	中国土地使用制度改革——理论与实践	王先进主编	1991.3
106	中国土地资源的人口承载能力研究	石玉林主编	1992.9
107	中国土地资源生产能力及人口承载量研究（概要）	《中国土地资源生产能力及人口承载量研究》课题组	1992.2
108	中国乡镇企业年鉴（1989年）	《中国乡镇企业年鉴》编委会编	1990.7
109	中国乡镇之星	中央广播电台，中国国际广播电台驻各地记者撰稿	1992
110	中国新疆与哈萨克斯坦经济互补性与竞争性研究	新疆国土局编	1995.7
111	中国政府会务百科全书（第三卷）	王嵩山等编著	1994.8
112	中华人民共和国银行管理暂行条例	法律出版社编	1996.8
113	中苏贸易指南（新疆专册）	《中苏贸易指南》编辑部	1991.5
114	猪肉、蔬菜市场改革研究	俞家宝，柯炳生主编	1992.2
115	资本主义国家农业经济概况	刘运梓著	1991.9
116	走向市场经济的中国农业与农业科技	马焕功，林启瑞编	1994.4

G 文化、科学、教育、体育

本部分共收编文化、科学、教育和体育类图书书目 1 186条。其中，收编 1949 年以前出版的该类图书书目 7 条，1950—1959 年 195 条，1960—1969 年 165 条，1970—1979 年 122 条，1980—1989 年 688 条，1990—1999 年 9 条。具体目录如下。

（1）1949 年以前

序 号	题 名	责任者	出版年
1	简单的科学	（英）赫胥黎，安特莱德著	1940. 3
2	简单的科学（续编）	（英）赫胥黎，安特莱德著	1942. 5
3	科技情报工作的组织与管理	赵克信，杨全圻编	1900
4	科学典范	（英）卡尔·皮尔逊（Karl Pearson）著；陈韬译	1941
5	人是教育的对象	（苏）К. Д. 乌申斯基著；李子卓译	1939. 11
6	文化批判（第四号）	丁悊	1928. 2
7	文化批判（第一号）	丁悊	1928. 4

（2）1950—1959 年

序 号	题 名	责任者	出版年
1	100 公尺跑技术讨论文集	（苏）Г. 科罗布科夫等著；阎三义等译	1959
2	鞍马练习法	（苏）伊方托布洛著；柏芝蔚译	1957. 3
3	班主任	（苏）恩·伊·包德列夫编；李子卓等译	1959
4	版本通义	钱基博著	1957. 1
5	报头题眉选辑	荣和著	1958. 11
6	北京市高等学校、中等技术学校勤俭办学跃进展览会图书馆展览厅座谈会资料汇编	图书馆展览会资料组编	1958. 1
7	北京图书馆	李希泌，王树伟著	1957. 12
8	北京图书馆地图分类表（初稿）	北京图书馆地图组编	1959. 9
9	北京图书馆中文图书卡片目录检字表	北京图书馆中文编目组编	1959. 9
10	不断跃进争上游——谈谈新中国的田径运动	郁正汶，王元敬编著	1959. 7
11	常用计算工具用法浅说	张大克编	1959
12	出版物的分组管理——使用规则	（苏）高尔巴切夫斯卡娅编；李哲民译	1959. 12

（续表）

序　号	题　名	责任者	出版年
13	出版物著录统一条例	（苏）B. A. 华西里夫斯卡娅著；刘国钧译	1959. 12
14	出版物著录与字顺目录	（苏）A. M. 节娃金娜著；王宝贵等译	1959. 5
15	从胜利走向胜利——谈谈新中国的乒乓运动	梁焯辉，袁卓编著	1959. 8
16	从实际出发开展政治理论学习	中共沈阳市委宣传部理论教育处，中共沈阳第三机床厂委员会宣传部编	1959. 1
17	大学德语课本（第二册）	谭玛丽等编	1958. 8
18	大学德语课本（第三册）	张威廉编	1958. 9
19	大学俄文教本（第一册）	北京大学俄罗斯语言文学系俄文教研室编	1956. 12
20	大学二年级英语课本（上）	北京大学编	1959
21	大学二年级英语课本（下）	北京大学编	1959
22	大学法语课本	郭麟阁著	1959. 5
23	大学生的独立工作	（苏）高尔采夫斯基等著	1959. 6
24	大学一年级日语课本	北京大学编	1959
25	大学一年级英语课本（下册）	北京外国语学院大一英语课本编撰小组编	1957. 2
26	大学一年级英语课本（上册）	北京外国语学院大一英语课本编撰小组编	1959. 3
27	大学英语课本（第二册）	北京外国语学院	1958. 8
28	大跃进中北京地区的图书馆	北京大学图书馆学系 56，57 级编	1959. 3
29	大众图书馆的年度工作报告	弗鲁明著；何政按译；王贵介校	1956
30	东北区建立宣传网的经验	富振声撰	1951. 4
31	读书与思考	湖北人民出版社编	1959. 8
32	俄汉新辞典（上）	王子云，刘泽荣等编	1958. 12
33	俄汉新辞典（下）	王子云，刘泽荣等编	1958. 12
34	俄文图书编目图列	（苏）季霍米罗娃著；李申译	1955. 3
35	俄文图书著录法	中国科学院图书馆研究辅导组	1959. 1
36	俄语（第二册）	北京师范大学俄语系	1959. 5
37	俄语（第三册）	北京师范大学俄语系	1959. 6
38	俄语（下册）	（苏）捷姆斯基著；郝建恒译	1959. 9
39	俄语教学法	（俄）波兹尼亚科夫	1957. 5
40	俄语课本（第二册 上）	北京外语学院等编	1958. 11
41	俄语课本	冶金工业部工业教育司编	1959. 11
42	俄语课本（第一册 上）	北京外语学院等编	1958. 11
43	俄语课本（供二年级用）	北京外国语学院俄语系编	1959. 8
44	高等学校讲课方法问题	（苏）H. A. 康斯坦丁诺夫主编；吴培德等译	1955. 9
45	高低杠	温小铁，杨绍虞著	1959
46	高举教育与生产劳动相结合的红旗前进	中国青年出版社编	1959. 1
47	高速度建设社会主义	上海人民出版社编	1958. 12
48	高中化学复习资料	中国化学会上海分会等编	1959
49	各项运动比赛表格（修订本）	人民体育出版社编辑	1959. 5

（续表）

序 号	题 名	责任者	出版年
50	工业和农业同时并举	上海人民出版社编辑	1958. 12
51	共产主义教育参考资料索引	湖南省中山图书馆编	1959. 1
52	古籍版本浅说	陈国庆编著	1957. 8
53	古今伪书考补证	黄云眉著	1959. 11
54	关于加强学校与生活的联系和进一步发展苏联国民教育制度的法律	华东师范大学研究部翻译室编译	1959
55	馆藏解放军文教书目	北京图书馆	1959. 9
56	贯彻党的八届六中全会的决议	北京出版社编	1959. 2
57	广播俄语课本（上）	刘光杰等著	1956
58	广播俄语课本（上册）	北京市中苏友好协会，北京人民广播电台广播俄语讲座教研组编	1958. 8
59	广播俄语课本（下）	刘光杰等著	1958
60	国际十进分类法	第一机械工业部技术情报研究所编	1959. 1
61	和青年朋友谈谈学习中的几个问题	如潜著	1953. 7
62	和青年谈读书	曹方著	1957
63	和青年谈锻炼身体	施中著	1956. 9
64	化学（第二册）	东北人民政府教育部编	1952
65	化学专业大学俄语教本（上）	北京大学俄语系大学俄语教研室著	1959. 9
66	机关图书馆工作	程长源编	1959. 9
67	基础俄语读本（第一册）	北京业余俄语专科学校编	1959. 11
68	基础英语教科书（第三册）	中国人民大学外国语教研室编	1959. 8
69	集中编目与简化编目	北京图书馆编	1958. 8
70	技术档案的整理与保管	中国人民大学历史档案系编	1959. 6
71	加强对青少年的共产主义教育	中国新民主主义青年团重庆市委员会宣传部编	1955. 7
72	加强社会主义建设的协作	上海人民出版社编	1959. 3
73	加强在职干部政治理论学习	车文仪著	1955. 3
74	简易运动规则七种	中央人民政府人民革命军事委员会总政治文化部编	1952. 1
75	科学技术德语课本	（德）赵林克悌，邱崇仁编	1958. 11
76	科学技术图书馆如何工作	北京图书馆编	1959
77	克鲁普斯卡雅教育文选（上）	卫嘉译	1959. 7
78	克鲁普斯卡雅教育文选（下）	卫嘉译	1959. 7
79	跨栏	徐宝臣编著	1959. 7
80	拉丁语教科书	（苏）B. M. 鲍格列波夫著；王耀庭等翻译	1958. 6
81	篮球规则	中华人民共和国体育运动委员会定	1954. 5
82	篮球几项技术研究	黄柏龄，张锡山等著	1959. 4
83	劳卫制锻炼的标准和方法	吉林省体育运动员委员会群众体育科著	1959. 8
84	劳卫制锻炼手册（男子一级用）	人民体育出版社编	1956. 9
85	劳卫制锻炼手册（女子一级用）	人民体育出版社编	1956. 5

（续表）

序 号	题 名	责任者	出版年
86	理论工作中的两条道路和两种方法	中共山东省委第一初级党校	1958.11
87	马卡连柯全集（第四卷）	（苏）马卡连柯著；《马卡连柯全集》编辑委员会编；耿济安等译	1957
88	马克思列宁的学习方法	李致运编著	1957
89	马克思主义经典作家论教育	人民教育出版社编	1959
90	马克思主义经典作家论教育方针	中国人民大学马克思主义基础系编	1958.1
91	马克思主义经典作家论教育与生产相结合	中国人民大学马列主义教研室编	1958
92	毛泽东同志主办农民运动讲习所旧址纪念馆	毛泽东同志主办农民运动讲习所旧址纪念馆编	1959
93	美、英、法、西德、日本五国专利分类表	中国科学院图书馆编	1959.8
94	摩托车驾驶	中华人民共和国运动委员会陆上运动司编	1959.7
95	墨子城守各篇简注	岑仲勉撰	1959.9
96	农业战线上的伟大胜利（第二辑）	上海人民出版社编	1959.1
97	农业战线上的伟大胜利（第一辑）	上海人民出版社编	1958.1
98	女子体操初级教练员教材（短期体育干部训练）	中华人民共和国体育运动委员会体育学校司编著	1957
99	女子竞技体操等级运动员规定动作图解	中华人民共和国体委会制定	1959.12
100	青春和力量的旋律	李世铭等编著	1959.9
101	青年人要永远当促进派	宋希著	1959.6
102	球类比赛年鉴（1958 年）	北京出版社编辑	1958.4
103	球类运动译文选集（二）	人民教育出版社编	1958.9
104	人民日报社论选辑（1958 年第六辑）	人民日报出版社编	1959.4
105	人民日报社论选辑（1958 年第五辑）	人民日报出版社编	1959.4
106	人民日报社论选辑（第一辑）	人民日报出版社编	1959.1
107	人民日报社论选辑（1959 年第二辑）	人民日报出版社编	1959.6
108	人民日报思想评论集（第二集）	人民日报出版社编	1959.9
109	人民日报思想评论集（第三集）	人民日报出版社编	1959.11
110	社会主义和共产主义教育运动学习文件	上海人民出版社编辑	1958
111	社会主义教育课程的阅读文件汇编（第二编上）	学习杂志社辑	1958
112	社会主义教育课程的阅读文件汇编（第二编下）	学习杂志社辑	1958
113	社会主义教育课程的阅读文件汇编（第三编）	学习杂志社辑	1958.3
114	社会主义教育课程的阅读文件汇编（第一编上）	学习杂志社辑	1957
115	社会主义教育课程的阅读文件汇编（第一编下）	学习杂志社辑	1957
116	生产劳动和教学改革	河南省长葛第三初级中学编	1959
117	什么是对劳动人民的共产主义教育	（苏）C. 柯瓦廖夫著；汝寿译	1955
118	实用俄华辞典	闻逸凯，江云笙等著	1954.1
119	使用国际十进分类法的参考资料	第一机械工业部技术情报所	1959.1

（续表）

序 号	题 名	责任者	出版年
120	书籍出版事业的组织和经营	（苏）B. A. 马尔库斯著；张造勋等译	1957. 1
121	书目参考工作文献目录	中国科学院图书馆编	1959. 1
122	书目资料的利用与宣传	北京图书馆编	1958. 1
123	树立为人民服务的崇高思想	马凌云	1959. 8
124	数学专业大学俄语教本（第一册）	北京大学俄语系大学俄语教研室编	1959
125	苏联档案工作的理论与实践	（苏）Г. А. 别洛夫等编；中国人民大学编译室译	1959. 12
126	苏联篮球概述	（苏）柯尔巴科夫著；朋非译	1956
127	苏联图书馆事业四十年	北京图书馆主编	1959
128	苏联图书贸易的组织与技术	（苏）卡鲁林等著；张生林等译	1955. 4
129	苏联文献公布学	（苏）M. C. 谢列兹聂夫著；韩玉梅等译	1955. 4
130	苏联足球训练法	（苏）C. 沙维撰；仇标译	1952. 11
131	苏维埃学校中的共产主义教育	（苏）格鲁斯捷夫，彼特洛夫等著；《苏维埃教育学》编辑部编；王易今等译	1953. 9
132	踏破冰山万年雪（谈谈新中国的登山运动）	胡琳著	1959. 8
133	图书分类表	（苏）З. Н. 安巴祖勉著；文敏等译	1958. 1
134	图书分类法	张照主编	1957. 7
135	图书分类目录编制法	（苏）З. Н. 安巴祖勉著；刘国钧译	1957. 9
136	图书馆·苏联国立列宁图书馆·苏联科学院图书馆	（苏）B. E. 华西里青科等著；苏大悔译	1955. 2
137	图书馆藏书的补充	北京图书馆	1958. 8
138	图书馆技术	（苏）A. B. 克连诺夫著；苏大悔译	1958. 2
139	图书馆如何为科学研究服务（下）	北京图书馆	1957. 5
140	图书馆学辞典	卢震京编	1958. 9
141	图书馆学论文索引（第二辑）	南京图书馆编	1959
142	图书馆学论文索引（第一辑）	李钟履编	1959
143	图书馆业务参考资料	南京大学图书馆编	1959. 6
144	图书怎样分类	刘国钧	1953. 11
145	为党的解决民族问题的马克思列宁主义路线而斗争	王恩茂	1957. 12
146	文件材料保管技术学	（苏）П. Я. 米津，Н. А. 采列维吉诺夫著；孙敏译	1957
147	我的长寿之道	吴铁秋	1957. 11
148	武汉大学图书分类法	武汉大学图书馆学系编	1959. 6
149	武术规则	中华人民共和国体育运动委员会审定	1959. 7
150	心理学	（苏）富尔顿纳多夫，彼得罗夫斯基著；朱智贤等译	1957. 1
151	幸福生活的开拓者	生产战线报编辑部	1956
152	学会想问题，学会做工作	中国青年出版社编	1959. 8
153	学习赛尔丁，赶过赛尔丁	新疆青年出版社编	1959. 5
154	学习省报跃进经验	中国人民大学新闻系 1959 年毕业班集体	1959. 9

（续表）

序号	题名	责任者	出版年
155	学习苏联人民建设祖国的艰苦奋斗的精神	中苏友好协会总会宣传部编	1955.6
156	学习苏联先进科学	中国科学院秘书处	1954.7
157	学校中进行农业参观的经验	（苏）Н. П. 特鲁宾等撰；朱彦頫译	1954
158	延安革命博物馆	延安革命博物馆	1959.9
159	以钢为纲	上海人民出版社编	1958.11
160	英语（第二册）	范瑛主编	1958
161	英语（第三册 上）	夏祖奎等编	1959.6
162	英语（第一册）	应曼著编	1959.6
163	英语（第一册）	周谟智编	1959.6
164	英语教科书	（苏）普尔维尔著	1959.12
165	羽毛球裁判法	王景佑等著	1959.5
166	越缦堂读书记（上）	李慈铭著	1959
167	越缦堂读书记（下）	李慈铭著	1959
168	运动员等级标准	人民体育出版社编	1958.7
169	在前进的道路上谈谈新中国的排球运动	王祖洪等	1959.8
170	在银光闪烁的道路上	王冠英，刘敏庆著	1959.8
171	怎样办好业余农业技术学校	中国新民主主义青年团中央青农部编	1956.4
172	怎样办校报	中国人民大学新闻系校报研究组	1958
173	怎样打乒乓球	姜永宁著	1956.1
174	怎样打羽毛球	王文教著	1959.9
175	怎样阅读	周振甫著	1954.5
176	怎样阅读古典文学作品	余冠英，冯雪峰编	1957.3
177	怎样总结工作——学习“实践论”体会	关锋著	1955
178	怎样做读书笔记	（苏）柯维聂夫著；离子译	1955.6
179	怎样做球类运动的裁判员	胡昌荣	1959.5
180	展览艺术设计	吴劳著	1958
181	知识青年应该怎样对待思想改造	林尧，王晓云等著	1959.7
182	中国报刊评论文选（抗日战争时期、解放战争时期）	复旦大学新闻学系编	1959.12
183	中国科学院图书馆图书分类法	中国科学院图书馆编	1958.11
184	中国科学院图书馆图书分类法索引	中国科学院图书馆编	1959.1
185	中文图书提要卡片著录条例	北京图书馆，中国人民大学图书馆图书提要卡片联合编辑组编	1959.5
186	中国现代出版史料（上卷）	张静庐辑注	1959.11
187	中国现代出版史料（下卷）	张静庐辑注	1959.11
188	中国语文（试用本）	河南省农林厅教材委员会编	1958.8
189	中华人民共和国体育运动文件汇编（第一辑）	人民体育出版社编辑	1959
190	中间立场为什么是虚伪的反动的	北京出版社编辑	1958
191	中小型图书馆图书分类表草案	中小型图书馆图书分类表编辑小组	1957.9
192	中学化学计算题选解	福建教育学院化学教研组编	1959

（续表）

序　号	题　名	责任者	出版年
193	中学器械体操教学法	伍人编	1959
194	中央工业和地方工业并举，大型企业和中小型企业并举	上海人民出版社编	1958. 1
195	做好经济保卫工作	公安部宣传组编	1955. 1

（3）1960—1969 年

序　号	题　名	责任者	出版年
1	1960 年高等学校招生专业介绍	教育部编订	1960. 2
2	1961 年国际编目原则会议论文选译	全国第一中心图书馆委员会西文卡片联合编辑组编译	1962. 12
3	八一农学院群英大会纪念册	新疆八一农学院编	1960. 2
4	把青春献给光荣的农业战线	新疆青年出版社编	1960. 11
5	把思想工作做到学习中去（中学思想教育工作经验介绍）	上海教育出版社编辑	1961. 11
6	白布局（第一卷）	吴清源著；吴清仪译	1965. 8
7	半工半读育新人——江西共产主义劳动大学办学经验集	江西共产主义劳动大学总校编	1965. 1
8	必须做个彻底的革命派	山西人民出版社编辑	1960. 2
9	乒乓球	陆汉俊编著	1963. 3
10	不断革命论和革命发展阶段论	李光灿著	1964. 5
11	初级法语口语教材	（苏）柯托姆金娜编；陆钦颐注释	1960
12	初中化学问题解答	石家庄师范学院化学系编	1960. 1
13	大兴调查研究之风	北京出版社编	1961. 7
14	大学法语课本	何如编	1960. 6
15	大学生一年级日语课本	北京大学东方语言系日语教研室编	1962. 9
16	到江河湖海去游泳	人民体育出版社编	1965. 4
17	地理工作者理论学习文件汇编	商务印书馆编	1960. 7
18	俄语（初级班用 下册）	沈阳农学院	1963. 1
19	俄语（大学俄语专业二年制用，第一册）	上海外国语学院	1960. 11
20	俄语读本	东北工学院外国语研究室	1960. 2
21	俄语教学大纲	俄语教学大纲编订小组	1960. 6
22	俄语教学法	北京师范大学及东北师范大学俄语系编	1960. 4
23	俄语课本（第二册 下）	北京外国语学院俄语系编	1960. 3
24	俄语课本（供三年级用）	北京外国语学院俄语系编	1960. 11
25	发扬艰苦奋斗的革命精神	苏蔚	1964. 1
26	法语（第二册）	北京外国语学院法语系教材组编	1963. 2
27	法语（第四册）	北京外国语学院法语系教材组编	1963. 2
28	干部学习参考文件	新疆人民出版社编	1962. 1
29	干部学习文件汇编（第二集）	新疆人民出版社编	1960. 5

（续表）

序　号	题　名	责任者	出版年
30	干部学习文件汇编（第四集）	新疆人民出版社编	1960. 12
31	干部学习文件汇编（第一集）	新疆人民出版社编	1960. 5
32	甘肃省图书馆工作手册（三）	甘肃省图书馆编	1964. 1
33	高举毛泽东思想红旗朝着革命化、劳动化的方向奋勇前进	中华全国学生联合汇编	1965
34	高举毛泽东思想伟大红旗乘胜前进	人民体育出版社编	1965. 11
35	高举毛泽东思想伟大红旗奋勇前进	机械工业杂志编辑部编	1965. 11
36	高中俄语基本训练练习册	胡叔炜等编	1962. 4
37	高中物理（上册）	杭州铁路局编	1960. 3
38	高中物理学问题和习题	辛培之，李景春编著	1960. 12
39	高中英语基本训练练习册	朱启新，徐洵编	1962. 4
40	高中中国现代史教学参考书（下册）	上海教育出版社编	1960. 4
41	关于日本科学技术情报工作的介绍和分析以及若干理论问题的探讨	杨沛霆著	1962. 6
42	广播俄语课本（第二册）	北京外国语学院俄语系广播俄语教研组	1963. 11
43	郭兴福教学方法	解放军报社编	1964. 4
44	国际科学技术会议和国际展览会日程表(1964—1965 年)	中国科学技术情报研究所编	1963. 1
45	汉译俄教材（上）	北京俄语学院翻译教研组编	1960. 5
46	汉译俄教材（下）	北京俄语学院翻译教研组编	1960. 5
47	和团支部书记谈谈工作方法	邢崇智等著	1965. 6
48	化学	第二军医大学化学教研室编	1960. 4
49	化学习题解答	第二军医大学化学教研室编	1960. 4
50	活页文选目录	新疆人民出版社编辑	1961. 2
51	基础俄语读本（第二册）	北京业余俄语专科学校编	1960. 4
52	基础俄语读本（第一册）	北京业余俄语专科学校编	1960
53	基础英语教材（第二册）	外交学院英语教研室等编	1964. 2
54	技巧运动竞赛规则（1964—1965 年）	中国人民共和国体育运动委员会审定	1964. 8
55	技术档案的管理	（苏）库津著；苏秀云等译	1962. 1
56	技术档案管理学	中国人民大学历史档案系技术档案管理学教研室编	1962. 4
57	建国以来文艺作品专题卡片著者书名索引	图书提要卡片联合编辑组编	1961
58	教育十年	人民教育出版社编	1960. 4
59	开展学习毛泽东著作的运动	中国青年出版社编	1960. 4
60	科学机构和科学干部资料汇编	中国科学院哲学社会科学部学术资料研究室编	1963. 4
61	科学技术情报工作讲义（下）	中国科技情报研究所编	1963. 1
62	科学研究的艺术	（英）彼维雷奇原著；金汝煌摘译	1962. 9
63	篮球规则（1962—1964 年）	中华人民共和国体育运动委员会审定	1962. 4
64	篮球竞赛规则（1965—1968 年）	中华人民共和国体育运动委员会审定	1965. 7
65	雷锋是怎样形成共产主义世界观的	关锋著	1964. 4

（续表）

序号	题名	责任者	出版年
66	李素文学习毛主席著作展览介绍	展览办公室编	1966
67	略论政策	张鲁编著	1962.2
68	论调查研究	洪彦林著	1964.5
69	论知识分子活学活用毛主席著作	北京人民出版社编辑	1966.4
70	毛泽东时代的青年学生	共青团中共学校工作部编	1960.2
71	毛泽东思想是金钥匙	董仁亲等著	1960.3
72	美国和法国的印刷出版业	莫特列夫，鲍萨尔特著；中国科学技术情报研究所编辑	1963.12
73	明清笔记谈丛	谢国祯编著	1960.7
74	目录学发微	余嘉锡著	1963.3
75	南斯拉夫的文化和教育	商务印书馆编	1963.4
76	努力学好毛泽东思想	北京人民日报出版社	1964.7
77	乒乓球竞赛规则（1964—1965年）	中华人民共和国体育运动委员会审定	1964.2
78	庆祝印度尼西亚“人民日报”创刊十二周年文集	人民出版社编版	1963.4
79	全国教育和文化卫生、体育、新闻方面社会主义建设先进单位和先进工作者代表大会文件	全国教育和文化，卫生，体育，新闻方面社会主义建设先进单位和先进工作者代表大会办公室编	1960
80	人民日报社论选辑（1959年第五辑）	人民日报出版社编	1960.1
81	人民日报社论选辑（1960年第二辑）	人民日报出版社编	1960.7
82	人民日报社论选辑（1960年第六辑）	人民日报出版社编	1961.3
83	人民日报社论选辑（1960年第三辑）	人民日报出版社编	1960.8
84	人民日报社论选辑（1960年第四辑）	人民日报出版社编	1960.1
85	人民日报社论选辑（1960年第五辑）	人民日报出版社编	1961.1
86	人民日报社论选辑（1960年第一辑）	人民日报出版社编	1960.5
87	人民日报社论选辑（1961年第二辑）	人民日报出版社编	1961.7
88	人民日报社论选辑（1961年第三辑）	人民日报出版社编	1961.12
89	人民日报社论选辑（1961年第四辑）	人民日报出版社编	1962.2
90	人民日报社论选辑（1961年第一辑）	人民日报出版社编	1961.3
91	人民日报社论选辑（1962年第三辑）	人民日报出版社编	1962.8
92	人民日报社论选辑（1962年第四辑）	人民日报出版社编	1963.1
93	人民日报社论选辑（1962年第五辑）	人民日报出版社编	1963.4
94	人民日报社论选辑（1962年第一辑）	人民日报出版社编	1962.4
95	人民日报社论选辑（1963年第二辑）	人民日报出版社编	1963.8
96	人民日报社论选辑（1963年第六辑）	人民日报出版社编	1964.4
97	人民日报社论选辑（1963年第三辑）	人民日报出版社编	1963.8
98	人民日报社论选辑（1963年第四辑）	人民日报出版社编	1963.12
99	人民日报社论选辑（1963年第五辑）	人民日报出版社编	1964.1
100	人民日报社论选辑（1963年第一辑）	人民日报出版社编	1963.6
101	人民日报社论选辑（1964年第二辑）	人民日报出版社编	1964.8

（续表）

序　号	题　名	责任者	出版年
102	人民日报社论选辑（1964年第六辑）	人民日报出版社编	1965.4
103	人民日报社论选辑（1964年第三辑）	人民日报出版社编	1964.9
104	人民日报社论选辑（1964年第四辑）	人民日报出版社编	1964.12
105	人民日报社论选辑（1964年第五辑）	人民日报出版社编	1965.2
106	人民日报社论选辑（1964年第一辑）	人民日报出版社编	1964.6
107	人民日报社论选辑（1965年第二辑）	人民日报出版社编	1965.6
108	人民日报社论选辑（1965年第三辑）	人民日报出版社编	1965.9
109	人民日报社论选辑（1965年第四辑）	人民日报出版社编	1965.1
110	人民日报社论选辑（1965年第一辑）	人民日报出版社编	1965.4
111	人民日报社论选辑（1966年第一辑）	人民日报出版社编	1966.4
112	人民日报思想评论集（1959年第四集）	人民日报出版社编	1960.5
113	认识与真理	张恩慈著	1964.1
114	认真学习毛泽东著作	群力编	1960.5
115	生物教学与生产劳动相结合	人民教育出版社编	1960.5
116	生物专业大学俄语教本	复旦大学外文系俄语教研组编	1960.1
117	省县报纸跃进经验调查	中国人民大学新闻系编	1961.3
118	书话	晦庵著	1962.6
119	数学	苏宁等	1963.9
120	苏联出版物的计划化问题	（苏）布兹良柯夫著；邹信然译	1961.1
121	索引工作基础	丁珂著	1963.8
122	谈谈我国古代学者的学习精神和学习方法	吴天石，马莹伯著	1962.3
123	同书异名通检	杜信孚编	1962.12
124	图书馆工作经验汇编	北京图书馆科学方法研究部编	1960.3
125	图书馆基本设备图册	中科院设计技术科研所图书馆编	1960
126	图书馆学中文书籍内容主题索引	李钟履编	1961
127	为革命而学（廖初江同志学习毛主席著作的经验）	中国青年出版社	1964.6
128	文教战线红旗飘	全国文教先进单位和先进工作者经验和事迹选办公室编	1960.1
129	文教战线红旗飘——全国文教先进单位和先进工作者经验和事迹选编（文化方面）	全国文教先进单位和先进工作者经验和事迹选办公室编	1960.1
130	文教战线红旗飘——全国文教先进单位和先进工作者经验和事迹选编（业余教育方面）	全国文教先进单位和先进工作者经验和事迹选办公室编	1960.1
131	我们是怎样学习毛主席著作的（第二辑）	辽宁人民出版社	1964.6
132	西文普通图书著录条例	全国第一中心图书馆委员会西文图书卡片联合编辑组编	1961.1
133	新疆的文教事业	《新疆的文教事业》编写组编	1965.1
134	新疆和祖国的历史关系	吕振林主编	1962.6
135	学习和发扬伟大的共产主义精神	人民卫生出版社编	1960.2

（续表）

序　号	题　名	责任者	出版年
136	学习毛泽东思想深入贯彻总路线	福建人民出版社编	1960. 2
137	学习毛泽东著作的体会	山西人民出版社	1960. 5
138	学习毛主席著作，逐步改造世界观（1960年8月14日在中共中央统战部为六个民主党派所举行的报告会上的讲话）	李维汉著	1964. 5
139	学习中国共产党的三大作风	黄韦著	1963. 6
140	亚非新闻工作者会议文件集	北京世界知识出版社编	1964. 9
141	研究管理汇编	中国科学技术情报研究所编	1963. 1
142	一不怕苦二不怕死——学习王杰同志一心为革命的崇高精神	中国青年出版社编	1965. 11
143	英语（第二册）	陈式瑜主编	1965. 8
144	英语（第三册）	凌渭民主编	1963. 12
145	英语（第一册）	陈式瑜主编	1965. 8
146	英语课本（下册）	南京大学外文系三年级英语教材编委会编	1960
147	英语课外活动参考材料（第二辑）	韦光华，韦威华编	1965. 3
148	用毛泽东思想武装我们的头脑	共青团新疆维吾尔族自治区委员会宣传部编	1960. 2
149	羽毛球竞赛规则（1964 年）	中华人民共和国体育运动运动委员会审定	1964. 3
150	越缦堂读书记	（清）李慈铭撰	1963. 3
151	在革命化的道路（上）	中国青年出版社编	1965. 4
152	怎样开展图书馆工作	天津市人民图书馆集体编	1960. 6
153	怎样学习毛主席著作	解放军报社编	1964. 7
154	怎样学习书本知识	奚椿年著	1962. 1
155	怎样组织学习毛泽东著作	贵州人民出版社编	1960. 4
156	怎样做笔记和记录	沈蘅仲编著	1960. 2
157	正确执行党的政策	徐言著	1964. 6
158	中国农业科学院图书馆读者手册（草案）	中国农业科学院图书馆编	1966. 1
159	中国青年报、中国青年社论选辑（一）	中国青年出版社编	1964. 9
160	中国体育年鉴（1949—1962 年）	《中国体育年鉴》编辑委员会编	1964. 4
161	中国图书馆图书分类法草案（下）	中国图书馆图书分类法编委会编	1964. 7
162	中国象棋竞赛规则	中华人民共和国体育运动委员会审查	1965
163	中学化学教学经验汇编	安徽省教育厅编审室编	1960. 11
164	罪恶的地主庄园——四川省大邑县《地主庄园陈列馆》介绍	四川省文化局美术工作室，四川人民出版社编	1963. 11
165	罪恶的旧社会——旧中国的经济杂谈（一）	张传洪等编著	1964. 8

（4）1970—1979 年

序　号	题　名	责任者	出版年
1	北京图书馆中文图书卡片目录检字表	中国科学院图书馆	1978. 1
2	编辑工作手册	湖北人民出版社编	1979. 3
3	大学基础英语（第二册）	北京大学西语系英语教研室编	1974. 12
4	大学基础英语（第三册）	北京大学西语系英语教研室编	1978. 3
5	大学基础英语（第一册）	北京大学西语系英语教研室编	1973. 9
6	当代英语课程	赖恬昌，朱志泰编译	1979
7	德语（第 2 册）	北京外国语学院德语专业编	1979. 7
8	德语（第 3 册）	北京外国语学院德语专业编	1979. 7
9	德语（第 4 册）	北京外国语学院德语专业编	1979. 7
10	德语（第 1 册）	北京外国语学院德语专业编	1979. 7
11	第七届亚洲运动会资料	人民体育出版社编	1975. 12
12	俄汉体育词汇	北京体育学院编	1973. 8
13	非书资料管理（第三版）	方同生著	1973. 11
14	给青年同志的信	陕西人民出版社编	1974. 1
15	根	张国佩编	1979. 5
16	古书版本常谈	毛春翔著	1977. 11
17	国际标准书目著录—ISBD（M）	国际图书馆协会联合编目委员会编；毛卓明译	1974
18	国际象棋初步	许宏顺编著	1979. 3
19	国际知识（第二辑）	北京人民出版社编	1971. 9
20	国际知识（第三辑）	北京人民出版社编	1972. 2
21	国际知识（第四辑）	北京人民出版社编	1972. 8
22	国际知识（第一辑）	北京人民出版社编	1971. 8
23	国家体育锻炼标准手册	《国家体育锻炼标准手册》编写组编	1975. 11
24	国外科技情报工作（1）	中国科学技术情报研究所编	1978. 9
25	国外科技情报工作文摘（1966—1976 年）	中国科学技术情报研究所编	1978. 8
26	国外科技文献资料的检索	中国科学技术情报研究所编	1977. 5
27	汉英俄对照中国图书馆图书分类法简表	《中国法》编辑组编	1978. 12
28	汉语主题词表（第二卷第二分册）	中国科学技术情报研究所，北京图书馆编	1979. 1
29	汉语主题词表（第二卷第七分册）	中国科学技术情报研究所，北京图书馆编	1979. 1
30	汉语主题词表（第一卷第二分册）	中国科学技术情报研究所，北京图书馆编	1979. 1
31	华国锋同志是毛主席革命路线的卓越继承者	人民出版社编	1977. 7
32	积极开展群众性体育活动	人民体育出版社编	1976. 3
33	坚持乡村的伟大胜利	中共河南省许昌地委等编	1976. 1
34	建立国家科技情报机构体系的趋势	刘东升著	1979. 1
35	教育革命的方向不容篡改	新疆人民出版社编	1976. 1
36	教育过程	（美）杰罗姆 S. 布鲁纳著；上海师范大学外国教育研究室译	1973. 5

（续表）

序　号	题　名	责任者	出版年
37	节日、纪念日	上海教育出版社编	1978. 6
38	科技情报工作人员的培养问题（述译）	（苏）吉里亚列夫斯基著；王熹，陈仲实译	1978. 12
39	科技情报工作现代化	练亚纯编	1979. 9
40	科技情报文献工作常识	沈家模，许培基编著	1979. 9
41	科技资料处理引介	（台湾）行政院国家科学委员会科学技术资料中心编	1974
42	科学管理	丁振编	1979. 11
43	科学管理（试刊）	《科学管理》编辑组编	1979. 2
44	科学技术资料处理	（台湾）行政院国家科学委员会科学技术资料中心编	1973. 1
45	篮球	吉林省体委会少年儿童业余训练“篮球”参考书编写小组	1975. 9
46	美国科学政策评述（上卷）	中国科学院计划局编	1979. 11
47	美国图书馆与资料中心名录	沈曾圩著	1973. 1
48	美国友好人士斯诺访华文章	（美）斯诺著	1971. 7
49	农林战线教育经验选编（一）	北京农业出版社编	1973. 3
50	排球竞赛规则（1974—1976 年）	中华人民共和国体委会审定	1972. 8
51	乒乓球	浙江省体育运动委员会少年儿童业余训练“乒乓球”参考书编写小组编	1974. 12
52	乒乓球	赣南师专体育系编	1977. 3
53	乒乓球竞赛规则（1972 年）	中华人民共和国体育运动委员会审定	1972
54	情报学浅说	（美）J. 贝克著；刘昭东译	1979. 6
55	全省文物、博物馆、图书馆工作座谈会材料汇编	广东省文化局编	1978. 1
56	认真看书学习（1）	农业出版社编	1973. 6
57	认真看书学习（2）	农业出版社编	1973. 6
58	日本军国主义复活的铁证	上海人民出版社编辑出版	1971. 3
59	日语（第一册）	湖南大学外语教研室日语组编	1978. 3
60	上山下乡知识青年思想漫谈	农业出版社编	1974. 3
61	是非爱憎要分明——和青年同志谈阶级分析	周羽平著	1976. 3
62	数学复习资料（上海市中学课本）	上海市中小学教材编写组	1977. 12
63	苏联教育法令汇编	北京师范大学外国问题研究所外国教育研究室编译	1978. 3
64	太极拳法常识	周稔丰编著	1978. 6
65	太极拳法运动	体育运动委员会运动司编	1976. 4
66	谈谈国外科技组织管理	丁元煦著	1979. 1
67	体育译文	人民体育出版社编	1979. 5
68	体育与健康——运动生理卫生常识	《体育与健康》编写组编	1976. 8

（续表）

序　号	题　名	责任者	出版年
69	统一的现代数学（第二册第一分册）	美国中学数学课程改革研究组编；王申怀译	1979. 2
70	统一的现代数学（第四册第二分册）	美国中学数学课程改革研究组编	1978. 12
71	图书馆学概论（初校）	北京大学图书馆学系《图书馆学》教学小组编	1978. 2
72	图书馆学译丛	（日）长泽雅男著；抚顺市图书馆学会编译组译	1976. 6
73	图书专业基本科目——名词解释	李红有，孟昭晋编	1976. 4
74	未来预测学译文集	中国社会科学院情报研究所编译	1979. 12
75	物理复习资料（上海市中学课本）	上海市中小学教材编写组	1977. 12
76	无产阶级教育革命万岁	上海师范大学教育系编	1976. 3
77	西文图书编目法手册	四川省中心图书馆委员会编	1975
78	县（市）图书馆工作	甘肃省图书馆编	1977. 4
79	现代化的教学手段	《外国教育丛书》编辑组编	1979. 1
80	现代科技情报工作及其服务形式	王熹编著	1979. 1
81	小型计算机和目录情报检索	M. 海曼，E. 瓦尔利斯著；黄益券译	1979. 7
82	校对手册	北京科学出版社编	1979. 6
83	新广播体操手册	人民体育出版社编	1972. 4
84	新疆维吾尔自治区科技情报实用手册	新疆维吾尔自治区科委科技情报处，科技情报学会编	1978. 7
85	信息、新型技术与知识产权	郑成思著	1986. 4
86	学习《实践论》例选	上海师范大学中学教学研究组编	1973. 6
87	英国的科学组织概况	（英）哈维编；德年，范毅译	1979. 8
88	英国科学组织形式的演变	中国科学院计划局	1978. 1
89	英汉体育常用词汇	人民体育出版社编	1975. 4
90	英语（1）	西安外国语学院业余英语广播教学组编	1973. 1
91	英语（1）	北京市业余外语广播教材编写组	1973. 5
92	英语（1）	北京外国语学院英语系编	1978. 2
93	英语（2）	北京外国语学院英语系编	1978. 7
94	英语（2）	西安外国语学院业余英语广播教学组编	1974. 1
95	英语（3）	北京外国语学院英语系编	1979. 3
96	英语（4）	北京外国语学院英语系编	1979. 3
97	英语	北京市业余外语广播教材编写组	1973. 5
98	英语（初级班 第三册）	北京外国语学院英语系业余英语广播讲座教材编写组编	1979. 2
99	英语（第二册 上）	上海市大学英语教材编写组	1974. 6
100	英语（第二册 下）	上海市大学英语教材编写组	1974. 9
101	英语（第三册）	杜秉正主编	1979. 6
102	英语（电专业 上册）	西安交通大学外语教研室	1979. 2
103	英语（二）	北大西语系公共英语教研室编	1975. 9
104	英语（第四册）	谢大任主编	1978. 12

（续表）

序 号	题 名	责任者	出版年
105	英语（第一册）	谢大任主编	1978.2
106	英语（上册）	北京业余外语广播教材编写组编	1974.1
107	英语（下册 文科分册）	上海市公共英语教材编写组	1974.8
108	英语（下册）	北京业余外语广播教材编写组编	1974.9
109	英语（下册 理工科分册）	上海市公共英语教材编写组编	1974.9
110	英语（英语专业用 第二册）	上海市大学英语教材编写组编	1974.9
111	英语（中册）	北京业余外语广播教材编写组编	1974.4
112	英语（中级班 第一册）	北京外国语学院英语系业余英语广播讲座教材编写组编	1978.9
113	阅读和欣赏（古典文学部分）	中央人民广播电台文艺部北京出版社编	1979.1
114	怎样练习太极拳	顾留馨编著	1974.11
115	怎样学习田径技术	山东师范学院	1977.4
116	中国科学院图书馆图书分类法（上册）	中国科学院图书馆编	1979.11
117	中国科学院图书馆图书分类法（下册）	中国科学院图书馆编	1974.2
118	中国人学外语	余士雄编	1979.7
119	中国图书资料分类法	《中国图书资料分类法》编辑组编	1975.6
120	中文普通图书统一著录条例（试用本）	北京图书馆编	1979.6
121	中学历史复习题纲	甘肃省中小学教材编写组	1979.3
122	种子	童一中编著	1978.8

（5）1980—1989 年

序 号	题 名	责任者	出版年
1	《汉语拼音书名字顺目录导片》检字表	图书馆服务社编	1983.11
2	《世界专利索引》查阅法	彭海卿编	1986.11
3	《苏联及国外发明》文摘杂志	上海科学技术情报研究所编	1981.4
4	《图书分类目录导片》汉英对照类名简目	书目文献出版编	1982.6
5	《中国图书馆图书分类法》期刊分类表	中国图书馆图书分类法编委会编	1982.2
6	《中国图书馆图书分类法》使用参考手册	广西图书馆学会，广西图书馆协会编委会编	1981.9
7	CAB 文摘磁带计算机检索：用户须知	中国农科院科技情报所编	1982.11
8	奥林匹克运动会成绩（夏季 1—22 届、冬季 1—13 届）	刘修武编译	1984.1
9	八十年代的术语情报学	国际术语情报中心编；周智佑等译	1986.2
10	百科自学大全（哲学、社会科学）	河北人民出版社编	1987.7
11	报刊与报刊工作	张怀涛等编	1989.9
12	报刊资料基础知识问答	卢子博，倪波主编	1986.1
13	北京图书馆参考工作（资料汇编第二辑）	北京图书馆参考研究部编	1984.3
14	北京图书馆参考工作（资料汇编第六辑）	北京图书馆参考研究部编	1983.3
15	北京图书馆参考工作（资料汇编第四辑）	北京图书馆参考研究部编	1984.9

（续表）

序　号	题　名	责任者	出版年
16	北京图书馆参考工作（资料汇编第一辑）	北京图书馆参考研究部编	1983. 6
17	背叛真理的人们——科学殿堂中的弄虚作假	（美）威廉·布罗德，尼古拉斯·韦德著；朱进宁，方玉珍译	1988. 1
18	编辑出版印刷手册	唐兴汉	1987. 8
19	编辑的修养	王大学	1985. 1
20	编辑记者一百人	学林出版社编	1985. 3
21	博览群书（1986 年 1—6 合订本）	光明日报社《博览群书》编辑部	1986. 7
22	博览群书（1986 年 7—12 合订本）	光明日报社《博览群书》编辑部	1986. 7
23	彩色复制原理	赵仁蓉译	1983. 9
24	蔡元培传	周天度著	1984. 9
25	蔡元培全集（第二卷）	高平叔编	1984. 9
26	蔡元培全集（第三卷）	高平叔编	1984. 9
27	蔡元培全集（第四卷）	高平叔编	1984. 9
28	蔡元培全集（第一卷）	高平叔编	1984. 9
29	参考咨询基础知识问答	卢子博，倪波	1986. 7
30	参考咨询与文献检索	彭桂源等	1982. 3
31	藏书建设基础知识问答	卢子博，倪波主编	1981. 8
32	查类手册	《查类手册》编辑组编	1989. 6
33	查阅流程图	中国农业科学院原子能利用研究所情报研究室编	1984. 7
34	闯与创	庄则栋，钮琛著	1985. 7
35	成人高考教育自学考试辅导大全	《成人高考教育自学考试辅导大全》编写组编	1986. 1
36	成人高考语文篇目讲解	刘正基等编	1985. 2
37	成人教育手册	关世雄，张念宏主编	1986. 12
38	出版物资源共享国内学术讨论会论文集	北京图书馆业务处	1988. 3
39	出版业务知识	赵晓恩著	1984. 11
40	出版印刷业名录	北京印刷工业出版社编	1984. 5
41	出版制图	习力，蔡永霞，吕品编	1987
42	初中化学	陈嘉慧，顾炎烽编	1983. 11
43	初中数学课外习题集（一年级用）	余元庆等著	1981. 11
44	初中物理	姚钟琪等著	1983. 11
45	代数	杨三阳，邵玉珍	1982. 9
46	当代国际科技合作	彭斐斐等编著	1988. 9
47	当代新学科手册	上海人民出版社编	1985. 1
48	当代新学科手册（续编）	上海人民出版社编	1986. 5
49	党课教材（试用本）	中共湖北省组织部编	1986. 12
50	档案工作文件汇集（第一集）	国家档案局办公室编	1986. 12
51	档案管理技术实用手册	（阿根廷）路易斯·费·比阿萨利著；何嘉荪，曹家驹译	1987. 1
52	档案管理学	濮德祥编著	1987. 7

（续表）

序 号	题 名	责任者	出版年
53	德意志联邦共和国的科学研究	（德）马特赫费尔，豪恩席尔德著；杨大伟，许以叔译	1980.1
54	地理	人民教育出版社地理室编	1984.9
55	地理	雍万里主编	1986.6
56	第47届国际图书馆协会联合会大会论文译文文集	中国科学院图书馆	1982.1
57	电视大学职工大学入学考试数学综合练习	翟连林编	1984.3
58	电子计算机在情报工作中的应用	曾民族，高崇谦编译	1980.5
59	电子计算机在图书情报工作中的应用	沈迪飞，余光镇编	1982.3
60	电子时代的图书馆和图书馆员	（美）兰开斯特（F. W. Lancaster）著；郑登理，陈珍成译校	1985.11
61	读者服务工作	万良春，许儒敬，虞志芳等编	1982.3
62	读者服务工作	中科院图书馆编	1980.3
63	读者工作概说	四川省图书馆学会主编	1983.2
64	杜定友图书馆学论文选集	钱亚新，白国应编	1988.1
65	短新闻辑览	新华社新闻研究所编	1985.9
66	对建筑工程师谈技术情报	孙光成等译	1985.6
67	俄汉图书馆学情报学词汇	刘葆光	1987
68	俄汉新闻词语汇编	贾靖宏等编	1983.4
69	俄文图书编目	刘葆光	1982.3
70	俄文图书著录条例（试用本）	中国科学院图书馆外文编目组	1983.4
71	俄语	人民教育出版社外语室俄语组编	1984.9
72	俄语教学词典（A—O）	四川外语学院俄语教学词典编写组	1982.8
73	发达国家教育改革的动向和趋势（美苏日法英1981—1986年间教育改革文件和报告选编）	教育发展与政策研究中心	1986.4
74	发展中的中国图书馆事业（1985年全国图书馆工作会议交流材料选编）	文化部图书馆事业管理局	1988.5
75	发展中国家适用技术情报文摘	中国科学技术情报文献编	1983.2
76	法国科学组织形式的演变	中国科学院计划局编	1980.2
77	分类目录主题索引编制法	肖自力等编译	1980.9
78	复印、缩微机械产品样本	国家机械工业委员会编	1987.12
79	复印员读本	邸林编	1988.7
80	复制技术：复制和翻印文献的方法和设备	（苏）P. H. 伊瓦诺夫著；刘少华等译	1985.3
81	高等教育自学考试试题及参考答案汇编（八）	北京市高等教育自学考试委员会办公室编	1986.7
82	高等教育自学考试试题及参考答案汇编（六）	北京市高等教育自学考试委员会办公室编	1986.7
83	高等教育自学考试试题及参考答案汇编（七）	北京市高等教育自学考试委员会办公室编	1986.7
84	高等教育自学考试试题及参考答案汇编（三）	北京市高等教育自学考试委员会办公室编	1986.7

（续表）

序　号	题　名	责任者	出版年
85	高等教育自学考试试题及参考答案汇编（四）	北京市高等教育自学考试委员会办公室编	1986. 7
86	高等教育自学考试试题及参考答案汇编（五）	北京市高等教育自学考试委员会办公室编	1986. 7
87	高中地理辅导与练习	北京市海淀区教师进修学校主编	1983. 12
88	高中生物学总复习	《高中生物学总复习》编写小组	1981. 2
89	高中世界历史辅导与练习	北京市海淀区教师进修学校主编	1983
90	高中文科复习资料（语文、政治部分）	华东师范大学，华东师大二附中《高中文科复习资料》编写组编	1982. 1
91	工会图书馆概况	中华全国总工会宣教部编	1988. 8
92	工会图书馆基础知识	上海市工人文化宫编	1984. 12
93	公共图书馆系统及其服务	（美）坎贝尔著；黄健元译	1986. 5
94	攻关者的赞歌	红旗杂志社科教文编辑室	1983. 1
95	共产主义教育概论	（苏）托先科编；李元立，关怀译	1986. 5
96	共产主义教育讲话	国防科工委政治部研究室编	1984. 9
97	古籍版本鉴定丛谈	魏隐儒编著	1984. 4
98	古籍基础知识问答	倪波，程德章执笔	1984. 12
99	古籍索引概论	潘树广编著	1984. 6
100	管理决策论	胡传机，刘洪编著	1987. 7
101	国际标准书目著录（连续出版物 ISBD）	国际图书馆学会，学会联合会·国际连续出版物标准书目著录联合工作组编；夏文正译	1983. 4
102	国际连续出版物数据系统（ISDS）手册	姜树森等译	1988. 5
103	国际联机情报检索	华东工学院情报研究室编	1985. 6
104	国际书刊交换工作座谈会文集	中国科学院图书馆编	1980. 1
105	国际重要图书馆的历史和现况	黄端仪译著	1982. 7
106	国际专利分类表（C 部 化学、冶金）	中国专利局文献服务中心编译	1983. 9
107	国际专利分类表（F 部 机械工程）	中国专利局文献服务中心编译	1984. 7
108	国际专利分类表（G 部 物理）	中国专利局文献服务中心编译	1983. 12
109	国际专利分类表（H 部 电学）	中国专利局文献服务中心编译	1985. 3
110	国际专利分类表使用指南	中国专利局文献服务中心编译	1984. 11
111	国际专利分类法（A 部 农、轻、医）	中国科学技术情报研究所编译	1980. 3
112	国际专利分类法（A 部 人类生活必需）	中国专利局文献服务中心编译	1983. 12
113	国际专利分类法（B 作业运输）	专利文献出版社编	1984. 8
114	国际专利分类法（B 部 作业运输）	中国专利局文献服务中心编译	1984. 4
115	国际专利分类法（C 部 化学、冶金）	中国专利局文献服务中心编译	1983. 9
116	国际专利分类法（C 部 物理）	中国专利局文献服务中心编译	1983. 12
117	国际专利分类法（D 部 纺织、造纸）	中国专利局文献服务中心编译	1983. 9
118	国际专利分类法（E 部 固定建筑物）	中国专利局文献服务中心编译	1983. 9
119	国际专利分类法（H 部 电学）	中国专利局文献服务中心编译	1983. 12
120	国际专利分类法介绍	王凤琴编译	1983. 7

（续表）

序　号	题　名	责任者	出版年
121	国际专利分类简表（中英文对照）	中国专利局文献服务中心编译	1987. 6
122	国内科技情报资料管理与交流	关家麟编	1980. 12
123	国内流行复印机电路图集与维修	《国内流行复印机电路图集与维修》编写组编	1989. 7
124	国外大学图书馆概述	朱祖培等编	1987. 4
125	国外机械文献查找法	邵本逑编	1988. 2
126	国外科技奖励制度	刘泽芬著	1989. 3
127	国外科技情报工作（2）	中国科学技术情报研究所编	1981. 1
128	国外科技情报工作文摘（1977—1982 年）	周智佑等译	1985. 1
129	国外科技文献单卷检索工具书简介（三）	中国科学技术情报研究所编	1982. 5
130	国外科技文献检索讲座（政府出版物的检索）	孙琦编	1982. 8
131	国外科技文献检索讲座（美国政府科技报告的检索）	林光泽编	1986. 12
132	国外科学技术书籍封面设计选	上海科学技术出版社装帧设计组编	1984. 8
133	国外图书馆设计资料集	张国良，毕波编	1988. 7
134	汉语主题词表标引手册	钱起霖主编	1985. 2
135	汉字排检法	四川省图书馆学会编	1983. 1
136	汉字拼音著者号码表	上海社会科学院图书馆编	1986. 6
137	黑龙江图书馆（增刊）	《黑龙江图书馆》编辑部编	1983. 1
138	化学	栾秀珠等编	1982. 12
139	化学	人民教育出版社化学室编	1984. 9
140	化学	李道楷主编	1986. 6
141	化学	北京市东城区西城区崇文区宣武区教育局教研室等编	1982. 1
142	化学	钟桦等编	1982. 3
143	化学化工国外专利文献检索方法	陈淑珍编著	1987. 5
144	化学化工文献国际联机检索技术	周泰应著	1987. 11
145	化学基本原理	张学铭，袭大彭编	1981. 4
146	化学计算速解法	赵正奇编	1984. 1
147	会议和会议资料的检索	林尧泽，孙琦编	1985. 4
148	基层图书馆工作方法	丁宏宣，葛家瑾编著	1980. 3
149	几何	杨三阳，邵玉珍编	1982. 1
150	计算机化图书馆系统引论	特德（L. A. Tedd）著；史鉴等译	1981. 12
151	计算机科技英语主题词表	中国科学院计算机技术研究所第十九研究室编	1988. 4
152	计算机情报检索	江向东，李秋山编	1987. 12
153	计算机情报检索	袁鹤龄编著	1987. 4
154	计算机情报检索导论	（加）希普斯著	1984. 5
155	计算机在图书馆中的应用基础（上）	兰州大学图书馆编	1987
156	计算机在图书馆中的应用基础（下）	兰州大学图书馆编	1987

（续表）

序号	题名	责任者	出版年
157	记者生活散记	徐熊著	1985.5
158	技术大盗	（英）琳达·梅尔文（Linda Melvern）等著；董建东，田晓冬译	1986.1
159	家庭文化生活知识	《家庭文化生活知识》编写组编	1983.8
160	简明中学政治辞典	宋文明等编	1984.12
161	江西省图书馆学会论文汇编（1980—1983年）	江西省图书馆学会编版	1984.9
162	教育辞典	杭州大学教育系编	1987.2
163	教育改革重要文献选编	人民教育出版社编	1986.1
164	进口书刊使用效益选编（第三辑）	中国图书进出口公司编	1984
165	科海泛舟——漫谈德、识、才、学与人才培养	王梓坤著	1985.1
166	科技编辑工作概论	罗见龙，王耀先编	1984.7
167	科技编辑学概论	王耀先主编	1989.1
168	科技成果管理	中科院计划局成果处编	1987.12
169	科技成果管理手册	王建勋，丁向阳编著	1986.12
170	科技工作的情报保证	（苏）Г.И. 哥德加美著；刘达等译	1981.1
171	科技工作书使用法	彭桂源等编	1982.3
172	科技工作者人际关系指南	（美）辛德曼著；陈连增等译	1988.7
173	科技管理	上海交通大学编	1985.1
174	科技管理知识（第二册）	科学普及出版社编	1984.5
175	科技管理知识（第一册）	科学普及出版社编	1984.1
176	科技检索期刊使用指南	北京图书馆科技文献检索室编著	1989.3
177	科技开发中的情报保障	（苏）兹维任斯基著；靖继鹏，迟忍译	1987.1
178	科技情报调查研究工作	唱傃编	1980.1
179	科技情报调研论文集（1980年情报调研学术讨论会）	科学技术文献出版社编	1982.2
180	科技情报分析研究	刘全根编	1983.5
181	科技情报概论	四川省图书馆学会主编	1983.7
182	科技情报工作的发展趋势	唱傃编	1980.1
183	科技情报工作概论	张景河编	1980.1
184	科技情报工作概论	高崇谦编	1980.2
185	科技情报工作概论（试用本）	《科技情报工作概论》编写组编	1984.12
186	科技情报工作手册	李魁彩编	1985.1
187	科技情报工作文集	中国科学技术情报研究所重庆分所编	1982.5
188	科技情报工作中的现代化技术	潘华山编	1980.1
189	科技情报的机械化和自动化	日本科学技术厅编；高崇谦译	1986.3
190	科技情报基础	（苏）A.A. 科柳科娃，B.Г. 捷拉著；王孟官等译	1988.1
191	科技情报基础知识问答	卢子博，周治华执笔	1984.5
192	科技情报检索	罗美侬主编	1987.12

（续表）

序　号	题　名	责任者	出版年
193	科技情报检索手册	上海科学技术情报研究所编	1986. 1
194	科技情报检索与服务	四川省图书馆学会主编	1983. 6
195	科技情报实用手册	周智佑，情报科学杂志社编	1982. 12
196	科技情报文献的编制、检索和服务	王志宏等编著	1980. 1
197	科技情报效果 400 例	中国科技情报学会科技情报效果编辑组编	1984. 7
198	科技情报研究	藕民伟等编	1980. 5
199	科技情报研究论文摘要（第一集）	梁景海编	1989. 5
200	科技情报源	（美）沙布拉曼亚姆 K. 著；王季敏译	1988. 12
201	科技人才的培养与管理	邸鸿勋等编著	1984. 12
202	科技人才修养（十二讲）	姚炎祥等编	1984. 3
203	科技人员必读	武汉钢铁公司经济研究所编	1988. 2
204	科技人员品德修养	李登柱著	1986. 3
205	科技书目、索引、文摘编制法之七	赵继生，中国科学院图书馆编	1980. 3
206	科技图书著译编辑者手册	中国计量出版社总编室编	1989. 1
207	科技文献编目	徐海初编著	1988. 1
208	科技文献代码手册	白光武等编	1986. 1
209	科技文献分类工作手册	吴家麟等编	1983. 9
210	科技文献概论	南泉著	1980. 4
211	科技文献管理	王海滨，杨文侠著	1980. 5
212	科技文献检索	张和芬编	1985
213	科技文献检索	赖茂生，徐克敏等编	1985. 3
214	科技文献检索	葛玉龙，何大镛主编	1987
215	科技文献检索	冯子良等编	1988. 8
216	科技文献检索	倪波，董俊贵主编	1989. 7
217	科技文献检索（上）	董若璟，杨大启编著	1986. 1
218	科技文献检索概论	南泉著	1980. 4
219	科技文献检索与利用	龚忠武编	1986. 6
220	科技文献检索与利用	胡安朋编著	1989. 5
221	科技文献收集	史鉴，中国科学院图书馆等编	1980. 3
222	科技文献手工检索实用手册	何绍华编	1987. 12
223	科技文献资料的检索与查阅方法	郭成勋编著	1989. 3
224	科技战略·科技管理	全国第三次科学与科技政策讨论会议论文集编辑组编	1983
225	科技战略导论	陈益升等编著	1986. 4
226	科技咨询服务人名录	光明日报出版社编	1987
227	科普编辑概论	章道义等主编	1987. 12
228	科协工作入门	薛来武著	1987. 8
229	科学的读书——记忆·思维	中央民族学院编	1986. 5
230	科学的科学——技术时代的社会	（英）戈德史密斯主编；赵红州译	1985. 6
231	科学的社会功能	（英）贝尔纳 J. D. 著；陈体芳译	1986. 6

（续表）

序　号	题　名	责任者	出版年
232	科学的未知世界	（英）罗纳德·邓肯，米兰达·威斯登·司密斯编；黄绍元等译	1985. 3
233	科学技术档案工作规章制度选编	国家档案局三处编	1984. 3
234	科学技术档案管理基本知识	沈永年等编著	1985. 1
235	科学技术工作者光荣的历史使命	人民出版社编辑	1983. 3
236	科学技术情报手册（修订版）	日本科学技术情报中心编	1988. 2
237	科学技术数据统计手册	日本科学技术厅计划局编；王彬方译	1987. 1
238	科学技术统计	中科院科技统计专题组编著	1988. 1
239	科学技术预测	（苏）马克西缅科 В. И. 著；王路光译	1986. 3
240	科学技术预测及其情报保证	（苏）赫罗姆琴科，洛尔季克扬著；任德英等译	1985. 12
241	科学交流与情报学	（苏）米哈依洛夫等著；徐新民等译	1980. 5
242	科学教育与科技进步	张碧晖编	1987. 1
243	科学决策概论	李万田等著	1988. 12
244	科学能力学引论	赵红州著	1984. 12
245	科学前沿中的疑难与展望	洪定国主编	1988. 4
246	科学情报工作概论	高崇谦编译；曾民族审校	1980. 2
247	科学学（问题·结构·基本原理）	（苏）拉奇科夫著；韩秉成等译	1984. 7
248	科学学辞典	刘茂才，张伟民编	1985. 6
249	科学学纲要——理论科学学基础	关西普等著	1981. 12
250	科学学教程	田夫，王兴成主编	1983. 5
251	科学学——文摘·索引（1981 年第 1 期）	中国科学院图书馆编	1981. 8
252	科学学——文摘·索引（1981 年第 2 期）	中国科学院图书馆编	1981. 1
253	科学学——文摘·索引（1981 年第 3 期）	中国科学院图书馆编	1981. 1
254	科学学——文摘·索引（1982 年第 1 期）	中国科学院图书馆书目组编	1980. 4
255	科学学——文摘·索引（1982 年第 2 期）	中国科学院图书馆编	1982. 7
256	科学学——文摘·索引（1982 年第 3 期）	中国科学院图书馆编	1982
257	科学学译文集	中国社会科学院情报研究所编译	1980. 3
258	科学学与科技管理文献资料索引	梁宝林编	1986. 8
259	科学学与系统科学	王兴成著	1987. 4
260	科学研究与管理	赵文彦等编著	1986. 6
261	科学与独创	（日）加藤与五郎著；何天贵译	1981. 9
262	科学质量	（美）乔可斯基编；胡泳絮等译	1987. 8
263	科研管理工作手册	吴明瑜著	1986
264	科研管理与组织——理论实践	苏联科学院社会学研究所编著；周邦新等译	1984. 5
265	科研合同制	北京科学研究会编	1984. 6
266	快速阅读法	（苏）奥·库兹涅佐夫著；杨春华译	1985. 5
267	劳动制度改革学术讨论会论文选集	劳动人事部劳动科学研究所编	1985. 7
268	理科综合辅导与训练	北京师范大学等编	1985. 7

（续表）

序　号	题　名	责任者	出版年
269	理论图书馆学教程	南开大学图书馆学系等编	1981.8
270	历史	张显传等编	1984.9
271	历史	孟广恒主编	1986.6
272	联邦德国科技学会简介	曾光华等编译	1986.6
273	联合国情报系统指南（第一卷 情报系统和数据库）	情报系统组织间委员会编；刘昭东等译	1981.4
274	联机检索入门	国际联机检索部译	1986.8
275	辽宁省图书馆学会论文选辑（1979—1982年）	辽宁省图书馆学会编	1983.6
276	列宁论图书馆事业	图书馆事业管理局编	1984.12
277	灵通情报检索——最优化检索决策手册	蒋炜著	1989.8
278	领导与科学	杨沛霆等著	1985.6
279	领导与战略	夏禹龙等著	1985.6
280	领导战略论	王安平，郭晓华著	1987.7
281	刘国钧图书馆学论文选集	刘国钧著	1983.6
282	论知识结构	王通讯著	1986.5
283	马克斯·普朗克学会的管理活动	中国科学院图书情报室供稿；中国科学院计划局编	1981
284	茅以升文集——教育解放科学工作群众化	茅以升编	1984.2
285	冒号分类法解说及类表	宋克强，许培基译著	1986.3
286	美国高中生物概要	（美）福瑞德著；张述祖等译	1984.11
287	美国国家科学基金会概况	地震学联合科学基金会考察组编	1986.8
288	美国及世界其他地区图书馆事业	华东师范大学图书馆学系编译	1983.8
289	美国科学政策评述（下卷）	中国科学院计划局编	1980.2
290	美国科学研究的地理学	（苏）波洛维茨卡娅著；中国科学院图书馆情报部译	1983.2
291	美国研究与发展的管理	（美）沃特等著；骆茹敏等译	1982.6
292	美国政府科技报告的检索工具（四大类）	上海科学技术情报研究所编译	1986.12
293	美国主要大学及研究生院介绍	樊武航等编译	1986.7
294	美日科学政策透析	（美）杰斯顿弗尔德著；王恩光等译	1986.4
295	秘书学与秘书工作	王千弓等著	1984.1
296	民族体育集锦	《民族体育集锦》编写组编	1985.2
297	名人治学的故事	葛能全编著	1984.1
298	目录学	北京大学，武汉大学图书馆《目录学》编写组编	1981.1
299	目录学概论	武汉大学，北京大学《目录学概论》编写组编	1982.3
300	目录学与工具书	蒋礼鸿主编	1985.1
301	目录组织规划（图书部分）	北京图书馆编目组编	1984.5
302	目录组织规则（图书部分）	北京图书馆编目组编	1980.3

（续表）

序　号	题　名	责任者	出版年
303	你知道文献技术吗？	（法）雅克·肖米埃著；李大年，周树森译	1982.6
304	普通科学学导论	（苏）多勃罗夫著；王兴成等译	1984.1
305	普通图书著录规则（图例手册）	朱育培，马书慧编	1986.3
306	期刊工作	方珍编	1982.3
307	期刊工作浅说	赵燕群编著	1980.8
308	期刊管理及利用	戴国瑜主编	1988.3
309	期刊管理文摘（1979—1988年）	黄亚民主编	1989.5
310	企业情报系统的组织	中国科学技术情报研究所编	1980.4
311	潜科学导论	解恩泽主编	1987.11
312	潜科学学	解恩泽，赵树智主编	1987.8
313	青年文科知识问答——历史篇、地理篇（下册）	北京市西城区教育教学研究中心主编	1985.12
314	青年文科知识问答——语言篇、政治篇（上册）	北京市西城区教育教学研究中心主编	1985.1
315	情报·预测·决策	傅予行主编	1985.12
316	情报编译报导与实践	于华编	1980.1
317	情报处理标准资料指南	（匈）埃里克·瓦吉达主编；姜树森等译	1983.11
318	情报存贮技术	曹剑奇，孙志坚编著	1988.12
319	情报调研与决策	韩东才编著	1988.8
320	情报分析研究	景吉光等编	1980.3
321	情报工作和情报科学发展战略——2000年的中国研究	中国科学技术情报学会编	1988.3
322	情报管理	（日）中嶋正夫，和田弘名著；张庚西，高泊苍校	1984.5
323	情报慧眼	（日）渡部昇一等著；王崇，王勇翻译	1983.5
324	情报技术现状及其应用	中国科学技术情报研究所编	1980.6
325	情报检索	王和珍编著	1987.12
326	情报检索词汇规范化	（美）F.W.兰开斯特著；杨劲夫等译	1982.12
327	情报检索语言	张琪玉编著	1983.6
328	情报科学与情报实践——国外科技情报新动向（1）	郑登理等著	1986.5
329	情报科学与情报实践——国外科技情报新动向（2）	曾光华，张占国等译	1988.3
330	情报系统管理	严怡民编著	1988.4
331	情报系统和服务机构手册	（美）艾瑟顿编；刘昭东译	1982.7
332	情报心理学概论	沈家模著	1989.1
333	情报学概论	严怡民主编	1983.7
334	情报学概要（初稿）	兰州大学图书馆编	1988.1
335	情报研究	李又华等编	1982.3

（续表）

序　号	题　名	责任者	出版年
336	情报与文献科学技术概论	（法）C. 甘沙，米歇尔·梅努著；焦俊武等译	1987. 11
337	趣味情报学	谭实译，醒尘校	1987. 11
338	全国高等院校介绍（理工院校）	《全国高等院校介绍》编辑小组	1983. 4
339	全国高等院校介绍（农林院校）	《全国高等院校介绍》编辑小组	1983. 3
340	全国高等院校介绍（医药院校）	《全国高等院校介绍》编辑小组	1983. 3
341	全国高等院校介绍（语文、财经、政法、体育、艺术院校）	《全国高等院校介绍》编辑小组	1983. 3
342	全国高等院校介绍（综合院校）	《全国高等院校介绍》编辑小组	1983. 3
343	全国普通高等学校成人高等学校中等专业学校名录	国家教育委员会计划财务司编	1986. 7
344	全国普通高等学校专业设置及毕业生使用方向介绍	国家教育委员会学生管理司，计划财务司编	1986. 1
345	全国授予博士和硕士学位的高等学校及科研机构名册	国务院学位委员会办公室编	1987. 6
346	全国主要科研单位（自然科学）通讯录	湖北省暨武汉市计算机学会信息服务部编	1985. 6
347	全日制十年制学校高中生物教案集锦	北京教育学院东城分院主编	1981. 8
348	人类知识新水平（科教文组织报告集）	中国对外翻译出版公司编	1985. 5
349	日文图书目录汉字检字表	北京图书馆东方语文编目组编	1982. 12
350	日语	人民教育出版社外语室日语组编	1984. 9
351	软科学新论	冯之浚等编	1987. 8
352	三十国档案工作概况	陈兆族主编；韩玉梅等撰	1985. 1
353	三位老记者延安通讯选	海稜著	1985. 6
354	上海科技信息指南	《上海科技》编辑部编辑	1985. 11
355	神奇速读记忆法	（日）加古德次著；王彦良，陈俊杰编译	1989. 9
356	青少年科技活动全书生物分册	中国科协青少年工作部，团中央宣传部主编	1985. 9
357	生物复习总表	唐文钧等编	1985. 7
358	十年磨一剑	上海物理学会普及工作委员会编	1984. 3
359	时事评论选	谢文清著	1984. 7
360	实用情报文献工作基础（上）	（西德）克劳斯·赖齐本等著；丰新枚等译	1983. 1
361	实用情报文献工作基础（下）	（西德）克劳斯·赖齐本等著；韩文等译	1986. 9
362	实用速读法	（日）芦田献之著；吴树文译	1988. 12
363	史籍举要	柴德赓著	1982. 9
364	世界新科学总览	金哲等主编	1987. 1
365	世界专利索引——WP1	英国德温特公司编；上海科学技术情报研究所译	1989. 8
366	数学	许新学，沈玉展，任珍编	1982. 3
367	数学（第二分册 理工农医类通用）	孙成基主编	1986. 4
368	数学（第一分册 理工农医类与文史类通用）	孙成基主编	1986. 4

（续表）

序　号	题　名	责任者	出版年
369	数学（上）	人民教育出版社数学室编	1984. 12
370	数学（下）	人民教育出版社数学室编	1984. 12
371	数学复习与题解（上）	北京市海淀区教师进修学校主编	1981. 12
372	数学复习与题解（下）	北京市海淀区教师进修学校主编	1981. 12
373	思考·计算·决策（决策与自动化）	（苏）德鲁齐，康托罗夫著；秋同校一译校	1983. 8
374	思考的钥匙——大学生活中的 120 个怎么办？	李炳武等编	1985. 6
375	思想政策工作一百例	《工人日报》编辑编	1985. 6
376	思想政治工作词典	原武汉军区政治部编写组编	1985. 8
377	苏联《文献杂志》	上海科学技术情报研究所编	1981. 4
378	苏联的科学政策	（法）扎列斯基（E. Zaleski）等著；王恩光等译	1981. 1
379	苏联科学活动的效率	（苏）A. И. 谢尔巴科夫著；郑天林译	1987. 1
380	苏联科研与开发的人力资源	（美）L. E. 瑙尔汀（Louvan E. Nolting），（美）M. 费什巴赫（Murray Feshbach）编著；王恩光，曹珏译	1985
381	苏联研究与发展的管理	（苏）特拉佩兹尼柯夫主编；骆茹敏译	1986. 2
382	缩微复制	W. 萨法迪著；吴则田译；石渤校	1982. 9
383	缩微摄影复制技术	刘凤志	1985. 1
384	缩微胶片技术	格伦厄姆，门泽尔，杰弗雷著；吴则田译	1982. 5
385	索引的概念与方法	（美）哈罗德·博科等著；王知津译	1984. 12
386	他们的心灵在闪光——介绍讲图书馆职业道德的人们	安徽省图书馆学会，安徽省中心图书馆委员会编	1982. 7
387	谈谈科技干部的业务考核	黄林根等编	1983. 7
388	韬奋与出版	钱小柏，雷群明编	1983. 6
389	特殊二次资料的使用方法	中国科学技术情报研究所编	1981. 11
390	提高你的知名度——如何利用宣传媒介	（美）威廉·帕克豪斯特等著	1988. 12
391	图书、期刊版权保护法规选编	新疆人民出版社总编室编	1989. 12
392	图书编目基础知识问答	卢子博，倪波编著	1983. 5
393	图书分类	白国应等编	1980. 3
394	图书分类	白国应，吴声亮，宣耐珊编	1982. 3
395	图书分类	北京大学图书馆学系《图书分类》编写组编	1983. 9
396	图书分类的理论与实践	四川省图书馆学会主编	1983. 1
397	图书分类基础知识问答	卢子博，倪波主编	1982. 3
398	图书分类学	白国应编著	1983. 3
399	图书分类学文集	白国应编著	1985. 9
400	图书馆	黎肇汉等译	1982
401	图书馆参考工作	四川省图书馆学会编	1983. 8

（续表）

序 号	题 名	责任者	出版年
402	图书馆藏书	（苏）斯多利亚洛夫，阿列菲也娃著；赵世良译	1983. 7
403	图书馆藏书建设	四川省图书馆学会编	1983. 12
404	图书馆的组织管理	（印度）贾格迪斯·萨兰·沙尔玛著；黎肇汉译校	1984. 5
405	图书馆的组织与管理	福鲁明著；赵连生等译	1985. 9
406	图书馆定量管理（上）	陈和平著	1985. 1
407	图书馆定量管理（下）	陈和平著	1986. 1
408	图书馆工作概要	周文骏著	1980. 7
409	图书馆工作基础知识	程长源著	1983. 7
410	图书馆古籍编目	北京大学图书馆学系，武汉大学图书馆学系编	1986. 3
411	图书馆管理	（美）斯图亚特（Stueart，R. D.）图伊斯特利克（Eastlick，J. T.）著；石渤译	1984. 8
412	图书馆规章制度便览（第五辑）	倪波等编著	1982. 12
413	图书馆和情报源利用指南	（美）琼·基·盖茨著；邵萍等译	1986. 11
414	图书馆建筑	鲍家声主编	1986. 9
415	图书馆建筑设计	（日）近畿工高建筑联盟编；苏贵安译	1982. 12
416	图书馆目录	李纪有等编著	1982. 12
417	图书馆目录（教学参考材料）	辽宁大学函授图书馆学专业编	1981. 2
418	图书馆目录（教学参考资料）	李纪有，宋继忠编	1986. 6
419	图书馆目录学习指导书	李纪有编	1986. 5
420	图书馆情报学概论	（日）津田良成编；楚日辉译	1986. 3
421	图书馆手册（上）	日本图书馆协会编；沈阳药学院图书馆《图书馆手册》翻译组译	1984. 8
422	图书馆手册（下）	日本图书馆协会编	1985. 3
423	图书馆通论	（日）石塚正成著；抚顺市图书馆学会编译组译	1984. 3
424	图书馆统计学的理论与实践	丁道谦著	1981
425	图书馆学、情报学译文集（1981 年）	中国科学院图书馆研究辅导部编	1981. 11
426	图书馆学辞典	吴雪珍主编	1989. 12
427	图书馆学概论	四川省图书馆学会编	1983. 8
428	图书馆学概论	桑健编著	1985. 6
429	图书馆学基础	北京大学图书馆学系，武汉大学图书馆学系编	1981. 4
430	图书馆学情报学（第 1 辑）	书目文献出版社编	1981. 12
431	图书馆学情报学（第 2 辑）	书目文献出版社编	1982. 8
432	图书馆学情报学（第 6 辑）	书目文献出版社编	1988. 4
433	图书馆学情报学（研究生、本科函授职称试卷汇解）	安徽省文化厅图书馆处编	1985. 6
434	图书馆学情报学——档案学（1981—1985 年）	董秀芬主编	1989. 12

（续表）

序 号	题 名	责任者	出版年
435	图书馆学情报学研究（第 1 辑　台湾及海外中文报刊资料专辑）	李啸风主编	1986. 1
436	图书馆学五定律	（印）阮冈纳赞著；夏云等译	1988. 11
437	图书馆学研究的科学基础	（英）克列伊坚科著；何士彬译	1986. 9
438	图书馆学研究论丛（第一辑）	北京师范大学图书馆编	1985. 5
439	图书馆学与情报科学词典（英汉汉英对照）	李蘅编著	1984. 1
440	图书馆业务辅导工作	四川省图书馆学会主编	1983. 12
441	图书馆业务知识	涪陵地区图书馆《图书馆业务知识》编写组编	1981. 8
442	图书馆业务自学大全（13. 图书馆现代化简介与展望）	张琪玉，刘彭，宋桂文编著	1981. 7
443	图书馆业务自学大全（2. 我国图书馆事业建设）	杜克，吴慰慈，赵厚源编著	1981. 1
444	图书馆业务自学大全（3. 图书馆工作管理科学化概论）	辛希孟，江乃武编著	1981. 11
445	图书馆业务自学大全（5. 图书分类学）	史永元，曹殿举，李怀智等编著	1981. 12
446	图书馆业务自学大全（6. 科技文献检索知识）	赵世良编著	1980. 6
447	图书馆业务自学大全（7. 文史工具书概说）	符孝佐编著	1980. 8
448	图书馆业务自学大全（8. 图书馆目录）	赫彦生，黄万新，孙闺凡编著	1980. 12
449	图书馆业务自学大全（9. 图书馆读者工作）	张树华，张嘉澍编著	1981. 3
450	图书馆与情报科学纵横谈	戈松雪编译	1987
451	图书馆员手册	（英）彻格温著；邓荣先译	1982. 7
452	图书馆助理员手册（英汉对照）	弗·约翰·彻格温著；《图书馆助理员手册》翻译组译	1982
453	图书馆专业复习提纲（试行稿）	广西壮族自治区文化局，人事局编	1981. 11
454	图书馆专业基本科目名词简释	李红有等编	1984. 7
455	图书馆专业职务（职称）考试复习资料	安徽省文化厅图书馆处编	1985. 6
456	图书流通基础知识问答	卢子博，倪波编著	1981. 8
457	图书情报工作概论	辛希孟，孟广均编著	1982. 3
458	图书情报工作学习和参考资料选辑	《图书情报工作》编辑部	1981. 12
459	图书情报计算机应用技术	顾耀芳编	1989. 5
460	图书情报学方法论	王崇德编著	1988
461	图书情报学文献检索	柯平等编著	1988. 12
462	图书使用指南	马学宽，李风竹编译	1986. 12
463	图书资料的分类	（日）宫坂逸郎，石山洋等编著；宋益民译	1982. 5
464	托儿所保教人员教材	北京市卫生局妇幼处编	1984. 3
465	托儿所营养员炊事员教材	天津市儿童保健所编	1984. 3

（续表）

序号	题名	责任者	出版年
466	外国报刊出版机构名录	中国图书进出口公司	1982
467	外国新闻界概况	外国新闻界概况编辑组	1982.7
468	外国学生申请美国大学奖学金指南	藤怀德译	1989.11
469	外文期刊工作	吴龙涛，叶奋生编	1983.9
470	微电脑在图书情报工作中应用	梁素珍编著	1988.1
471	为领导服务的情报系统	（苏）O. A. 库兹涅佐夫等著；陈光莉，羽舟译	1988.3
472	未来的冲击	（美）阿尔温·托夫勒著；孟广均等译	1985.6
473	未来的探测——未来两百年世界的展望	赫曼·康恩著；蔡伸章译	1984.2
474	未来学入门	（英）E. 柯尼施著；孟广均，黄明鲁译	1983.7
475	文化和价值	（英）维特根斯坦著；黄正东，唐少杰译	1987.6
476	文化小百科	何聿光	1987.4
477	文化知识小宝库	吉林人民广播电台文部编	1983.1
478	文史工具书手册	朱天俊，陈宏天	1982.9
479	文书工作基本知识	松世勋，薛美珍编	1986.7
480	文书学及实用公文	张清明	1983.7
481	文书学入门	郑崇田	1981.6
482	文书专业基础读本	中华职业教育社主编	1985.11
483	文献标引手册及实例	谭重安等编译	1981.12
484	文献标准著录与目录组织——新编图书馆目录	黄俊贵等	1984
485	文献复制	何绍熹等编	1982.2
486	文献计量学	邱均平	1988.12
487	文献检索基础	高崇谦，朱孟杰	1983.12
488	文献交流引论	周文骏	1986.7
489	文献收集	史鉴，王昭瑁，陈光楹，桂治馨	1982.3
490	文献与情报工作辞典	周智佑	1982.4
491	文献与情报工作国际标准汇编	国际标准化组织（ISO）著；中国科学技术情报研究所全国文献工作标准化技术委员会译	1980.9
492	文献与情报工作国际标准汇编（续）	国际标准化组织（ISO）著；中国科学技术情报研究所全国文献工作标准化技术委员会译	1983.12
493	文献与文献收集	四川省图书馆学会编	1983
494	文献著录标准化学习参考资料汇编	中国图书馆学会秘书处编	1984.8
495	文献著录标准化学习参考资料汇编（二）	著录规则专辑/全国文献标准化技术委员会	1986.3
496	文献著录总则概说	黄俊贵	1984.12
497	文言文助读（高中语文）	张荣安	1984.11
498	我国图书馆事业的发展及与国外的差距	中国图书馆学会编	1984.9
499	物理	人民教育出版社物理室编	1984.12

（续表）

序　号	题　名	责任者	出版年
500	物理	屠庆铭主编	1986. 4
501	物理	祝德海，李国岚，封承显编	1982. 4
502	物理（上册）	陈培林等编著	1982. 9
503	物理（下册）	（苏）Ю. Г. 帕夫连科著；蒋光宇译	1982. 2
504	物理（下册）	陈培林等编著	1982. 1
505	物理 700 题解（上册）	（日）吉本市编；王乃彬，王贵瑾译	1981. 3
506	物理 700 题解（下册）	（日）吉本市编；王乃彬，王贵瑾译	1981. 3
507	物理复习与题解	北京市海淀区教师进修学校主编	1981. 11
508	物理习题指导（全日制十年制学校高中部分）	北京教育学院东城分院物理研究组主编	1982. 4
509	西德的情报文献工作：西德联邦政府促进情报和文献工作发展计划（1974—1977 年）	刘昭东，倪桂馨译	1980. 11
510	西德联邦教育和科学部资助金的使用及校验和审核原则	中国科学院图书馆情报室供稿	1981. 12
511	西德联邦政府研究与发展活动的协调手册	中国科学院图书情报室供稿；中国科学院计划局编	1981. 12
512	西德联邦政府研究与发展项目的分类系统——西德联邦研究与技术部	中国科学院图书情报室供稿；中国科学院计划局编	1981. 12
513	西德一些研究机构的章程和条例	中国科学院计划局编	1980. 1
514	西方新闻界的竞争	（美）约翰·霍恩伯格著；周力非等译	1985. 3
515	西欧图书情报事业	郑挺编译	1981. 11
516	西文编目入门	（英）E. J. 亨特，K. G. B. 贝克韦尔著；张蕴珊	1989. 7
517	西文图书编目	北京大学图书馆学系《西文图书编目》教学小组编	1980
518	西文图书编目	阎立中等编；中国科学院图书馆编	1980. 3
519	西文图书编目	阎立中，韩坤范，刁维汉编	1982. 3
520	西文图书编目法	四川省中心图书馆委员会编	1983. 4
521	西文图书著录条例	中国科学院图书馆外文编目组编	1983. 4
522	西文文献著录条例	《西文文著录条例》编辑组编	1985. 8
523	现代科技知识讲座	民盟中央科技委员会编	1984. 9
524	献给关怀我国体育事业的老一辈无产阶级革命家	人民体育出版编	1986. 6
525	校对工作	沈浚成，刘复芸编著	1986. 12
526	校对手册	沈浚成编	1985. 1
527	新编图书馆目录	黄俊贵，罗建雄主编	1986. 8
528	新的技术革命与图书情报工作	白国应等编	1985. 8
529	新华社好稿选	新华社新闻研究所编	1984. 11
530	新科学观	沈铭贤著	1988. 8
531	新闻工作散论	穆青著	1983. 3
532	新闻工作手册	《新闻工作手册》编辑委员会编	1985. 2

（续表）

序号	题名	责任者	出版年
533	新闻界人物（3）	《新闻界人物》编辑委员会编	1985.2
534	新闻通讯与报刊言论的写作——一个编辑的手记	刘文韶著	1982.1
535	新闻学简明词典	余家宏等编	1984.3
536	新闻研究资料丛刊（总第十二辑）	中国社会科学院新闻研究所《新闻研究资料》编辑室编	1982.6
537	新闻研究资料丛刊（总第十六辑）	中国社会科学院新闻研究所《新闻研究资料》编辑室编	1982.9
538	新闻研究资料丛刊（总第十三辑）	中国社会科学院新闻研究所《新闻研究资料》编辑室编	1982.6
539	新闻研究资料丛刊（总第十四辑）	中国社会科学院新闻研究所《新闻研究资料》编辑室编	1982.8
540	新闻研究资料丛刊（总第十五辑）	中国社会科学院新闻研究所《新闻研究资料》编辑室编	1982.8
541	新闻研究资料丛刊（总第十一辑）	中国社会科学院新闻研究所《新闻研究资料》编辑室编	1982.5
542	信息社会的秘密	付骊元编	1985.9
543	叙词表的编制和使用简明教程	（美）F. W. 兰开斯特著；赵阳陵译	1989.8
544	学点目录学	徐召勋著	1983.5
545	研究工作入门	（苏）П. Т. 普里霍杰科著；潘正中等译	1981.6
546	研究和开发	（日）只野文哉，岛史朗著；于秀琴，周有才译	1985.3
547	研究生入学考试选编（1981—1987年）	北京市高等学校招生办公室编选	1987.7
548	研究所图书情报工作规章制度试编（初稿）	中国科学院图书馆研究辅导部编	1983.5
549	研究项目与研究机构机读著录参考手册	哈·迪力克斯，阿·霍普金松著；邱晓威，姜树森译	1985.12
550	一九五五年授衔的元帅大将上将	王晓钟编	1984.9
551	应用情报统计引论	霍叔牛等编	1988.1
552	英俄日汉教育词典	苏渭主编	1988.12
553	英汉对照奥林匹克体育项目词汇手册	项为公，吴瑞英编著	1985.9
554	英汉教育词汇	中央教育科学研究所《英汉教育词汇》编辑组编	1982.7
555	英汉教育技术词典	陈士源等主编	1985.5
556	英汉情报图书工作词汇	中国科学技术情报研究所重庆分所编	1982.5
557	英汉图书馆学词典	张蕴珊，许邦兴，王恩光编	1982.2
558	英汉图书情报缩略语词典	田苍林等编	1988.11
559	英汉图书情报学词汇	姜继编	1980
560	英汉新闻、广播、电视常用词汇	林珊等编	1985.9
561	英美编目条例第二版简介	（英）E. J. 亨特著；孔宪铠，万培悌译	1982.5
562	英文打字练习	周裕龙编	1981
563	英语	人民教育出版社外语室英语组编	1984.9

（续表）

序　号	题　名	责任者	出版年
564	英语单词速记法（初中部分）	王同亿编著	1985. 1
565	英语基础知识复习与练习	北京市西城区教育教学研究中心编	1982. 1
566	英语句子结构和动词用法详解	丁往道著	1982. 9
567	婴幼儿智力教育	李丽惠编	1983. 5
568	迎接交叉科学的时代	中国科学技术培训中心编	1986. 6
569	优化与决策	赵纯钧	1988. 8
570	有关科技干部工作几个问题的看法和设想	黄葳编著	1980. 7
571	有关学会协会出版物展览目录	中国图书馆学会，北京图书馆编	1980. 3
572	语文	北京市东城区教育局教研室编	1982. 1
573	语文（上）	人民教育出版社中学语文室编	1984. 9
574	语文（上册）	李如鸾等编著	1982. 9
575	语文（上册）	张盛如主编	1986. 3
576	语文（下）	人民教育出版社中学语文室编	1984. 9
577	语文（下册）	李如鸾等编著	1982. 11
578	语文（下册）	张盛如主编	1986. 1
579	语文复习与题解	北京市海淀区教师进修学校主编	1980. 1
580	语文游艺会	培英，青阳编	1984. 9
581	预测与规划——科技发展规划前期工作	姜进树等编	1989. 6
582	园丁颂——教育战线先进事迹	中国教育报社编	1986. 4
583	在三好的道路上	共青团中央学校部编	1984. 11
584	藏书建设论文集	全国高校图书馆工作委员会编	1985. 8
585	怎样编写科技文摘	王熹编著	1985. 6
586	怎样搞科技情报调研	傅秉一编	1986. 12
587	怎样绘制园林图	檀馨编著	1984. 11
588	怎样利用图书馆	刘久昌，宁国誉著	1982. 2
589	怎样提高记忆力	（日）高木重朗著；史继晟译	1985. 5
590	政治	人民教育出版社编辑	1984. 1
591	政治常识实用手册	利兴民，邓钦荣主编	1985. 5
592	知人与决策	游伯龙，黄书德著	1987. 7
593	知识的力量——科学的社会范畴	（英）约翰·齐曼著	1985. 11
594	智力开发	上海交通大学出版社编	1985. 5
595	中国出版发行机构和报刊名录（1985 年）	高国金主编	1985. 11
596	中国出版机构指南	马立水编	1983. 6
597	中国出版年鉴（1980 年）	中国出版工作者协会编	1980. 12
598	中国出版年鉴（1985 年）	中国出版工作者协会编	1985. 12
599	中国出版年鉴（1986 年）	中国出版工作者协会编	1986. 12
600	中国大百科全书：教育	《中国大百科全书》编辑部编	1985. 3
601	中国的双星	（美）埃文斯·福代斯·卡尔孙著；祁国明译	1987. 9

（续表）

序 号	题 名	责任者	出版年
602	中国公共图书馆概况	鲍振西等主编	1989. 6
603	中国共产党新闻工作文件汇编（上）	中国社会科学院新闻研究所编	1980. 12
604	中国共产党新闻工作文件汇编（下）	中国社会科学院新闻研究所编	1980. 12
605	中国共产党新闻工作文件汇编（中）	中国社会科学院新闻研究所编	1980. 12
606	中国广播电视年鉴（1989 年）	《中国广播电视年鉴》编辑委员会编	1989. 12
607	中国教育年鉴（1949—1981 年）	《中国教育年鉴》编辑部编	1984. 9
608	中国教育统计年鉴（1987 年）	中华人民共和国国家教育委员会计划财务局编	1988. 8
609	中国科学研究、开发、咨询服务单位名录（1）	光明日报出版社编	1987. 1
610	中国科学技术情报学会学术会议论文选（1983—1984 年）	中国科学技术情报学会编	1986. 1
611	中国科学技术情报学会学术会议论文选（1985 年）	中国科学技术情报学会编	1987. 2
612	中国科学技术情报学会学术会议论文选（1986 年）	中国科学技术情报学会编	1986. 1
613	中国科学技术情报学会学术会议论文选（1987 年）	中国科学技术情报学会编	1988
614	中国科学技术情报学会学术会议论文选（1988 年）	中国科学技术情报学会编	1989. 12
615	中国科学研究与技术开发机构要览（第 1. 2 卷）	《中国科学研究与技术开发机构》要览	1987. 6
616	中国科学研究与技术开发机构要览（第四卷）	《中国科学研究与技术开发机构》要览	1987. 6
617	中国科学院第二次图书馆学情报学科学讨论会文集（1980 年）	中国科学院图书馆编	1981. 3
618	中国科学院第三次图书馆学情报学科学讨论会文集（1982 年　下册）	中国科学院图书馆研究辅导部编	1984
619	中国科学院第三次图书馆学情报学科学讨论会文集（1982 年　上册）	中国科学院图书馆研究辅导部编	1983. 11
620	中国科学院第五次图书馆学情报写科学讨论会文集（1986 年）	中国科学院文献情报中心研究发展部编	1986. 7
621	中国科学院第一次图书馆学情报学科学讨论会文集（上）	中国科学院图书馆编	1980. 3
622	中国科学院第一次图书馆学情报学科学讨论会文集（下）	中国科学院图书馆编	1980. 3
623	中国科学院介绍	中国科学院办公厅编	1986. 3
624	中国科学院图书馆图书分类法索引	中国科学院图书馆编	1982. 12
625	中国历代百家论后勤（上卷）	王雅轩主编	1986. 2
626	中国历史书籍目录学	陈秉才，王锦贵著	1984. 5
627	中国农业科学院图书馆规章制度和工作细则（草案）	中国农业科学院图书馆编	1980. 8
628	中国省市图书馆概况（1919—1949 年）	杨宝华，韩德昌编	1985. 1

（续表）

序　号	题　名	责任者	出版年
629	中国书史简编	刘国钧著	1982. 1
630	中国书史简说	四川省图书馆学会主编	1983. 1
631	中国体育年鉴（1965 年）	中国体育年鉴编辑委员会编	1982. 1
632	中国体育年鉴（1966—1972 年）	中国体育年鉴编辑委员会编	1983. 6
633	中国体育年鉴（1973—1974 年）	中国体育年鉴编辑委员会编	1982. 5
634	中国体育年鉴（1980 年）	中国体育年鉴编辑委员会编	1983. 3
635	中国图书发行网点博览	巩德仁等编	1987. 12
636	中国图书馆名录	吴仁勇编	1982. 6
637	中国图书馆图书分类法	《中国图书馆图书分类法》编辑委员会编	1980. 6
638	中国图书馆图书分类法（简本）	《中国图书馆图书分类法》编辑委员会编	1980. 5
639	中国图书馆图书分类法（实用修改手册）	《中国图书馆图书分类法》编辑委员会编	1981. 9
640	中国图书馆图书分类法使用说明书	《中国图书馆图书分类法》编辑委员会编	1983. 11
641	中国图书馆图书分类法索引	《中国图书馆图书分类法》编辑委员会编	1984. 12
642	中国图书馆学会第一、二次科学讨论会论文摘要	中国图书馆学会论文摘要编辑组编	1982. 1
643	中国图书评论（第二辑）	《中国图书评论》编辑组编	1986. 8
644	中国图书评论（第一辑）	《中国图书评论》编辑组编	1986. 4
645	中国图书资料分类法	《中国图书馆图书分类法》编辑委员会编	1982. 12
646	中国图书资料分类法	《中国图书馆图书分类法》编辑委员会编	1989. 11
647	中国图书资料分类法（第三版）	《中国图书馆图书分类法》编辑委员会编	1989. 11
648	中国文化辞典	施宣圆等主编	1987. 11
649	中国文物之最	邹建华主编	1987. 7
650	中国新闻年鉴（1982 年）	中国社会科学院新闻研究所编	1982
651	中国新闻年鉴（1984 年）	中国社会科学院新闻研究所编	1984. 1
652	中国新闻年鉴（1985 年）	中国社会科学院新闻研究所编	1985. 11
653	中国著名藏书家传略	郑伟章，李万健著	1986. 9
654	中华人民共和国第五届运动会第五届冬季运动会资料	人民体育出版社编	1985. 5
655	中华人民共和国教育大事记（1949—1982 年）	中央教育科学研究所编	1984. 1
656	中华人民共和国外语教育文件选编（1950—1982 年）	四川外语学院外语教学研究室编	1983. 12
657	中华图书协会汇报总索引（1925—1937 年）	四川省中心图书馆委员会编	1981
658	中日文图书编目	张玉麟，张昆远，夏勇编	1982. 3
659	中日文图书编目与目录组织之四	张玉麟等编	1980. 3
660	中外工具书使用指南	林申清编著	1988. 8
661	中外禁书	蔡国良编著	1988. 3
662	中外名将录（下）	郑励新等编	1986. 7
663	中文工具书介绍与利用	张永华编著	1988. 8
664	中文期刊管理知识	四川省图书馆学会主编	1983. 3

（续表）

序　号	题　名	责任者	出版年
665	中文图书编目法	四川省图书馆学会主编	1983
666	中文信息的计算机处理	张寿萱等著	1984. 1
667	中西文化异同论	郁龙余	1989. 4
668	中小型科技图书馆工作	刘延章	1983. 8
669	中小型图书馆（室）技术	何名编著	1980. 2
670	中学科技百科词典	吴浩然	1985. 12
671	中学生物教学参考	河南省遗传学汇编	1981. 4
672	中学物理概念的分析与运用	任守乐	1985. 1
673	中学语文教学法	武汉师院等十二院校中文系编	1981. 3
674	中学政治自学读本	刘佳复	1984. 7
675	中央电视台知识竞赛选萃	彰钧，员馨编	1989. 7
676	中央广播电视大学历届统一考试试题及答案汇编（文科汉语、新闻、图书馆、档案类，1979—1987 年）	中央广播电视大学杂志编辑部	1989. 7
677	主题法的理论与标引	刘湘生编著	1985. 11
678	著译者小手册	四川科技出版社一编室编	1989. 1
679	著者号码表 笔画字顺	王凤翥编著	1981. 5
680	专利分类对照简表（国际专利分类与苏联、英国、联邦德国、美国、日本和德温特核实专利分类）	铁道部科学技术情报研究所铁路专利咨询服务中心编	1985. 6
681	专业技术职务评聘问题解答（上）	曹玉琴，刘兴然主编	1988. 12
682	咨询理论和实践	（日）竹本直一著；王超平等译	1985. 8
683	自然科学书目学	（苏）M. П. 加斯特费尔等编著；焦玉英，李保安译	1989. 12
684	自修大学（月刊）	姚锡华主编	1983. 1
685	自修大学——文史哲经专业（1984 年 1—6 期）	光明日报社编	1985. 2
686	自修大学——文史哲经专业（1984 年 7—12 期）	光明日报社编	1985. 2
687	自学方法与技能	余成编	1985. 5
688	最近之五十年：申报馆五十周年纪念（1872—1922 年）	上海书店编	1987. 3

（6）1990—1999 年

序　号	题　名	责任者	出版年
1	标准资料收集指南	蒋和德主编；罗开智，郑邦荣副主编	1992. 5
2	创造技法实用手册	（日）高桥诚著；田云，邵永华译	1992. 5
3	当代分类法主题法索引法研究	侯汉清编著	1993. 1
4	俄英汉档案学词典	黄坤坊编	1991. 1
5	简明出版百科词典	（日）布川角左衙门主编	1990. 4

（续表）

序　号	题　名	责任者	出版年
6	情报计量学引论	（比）L. 埃格希 R. 鲁索著；田苍林，葛赵青译	1992. 9
7	情报技术	石履超等编著	1993. 2
8	情报学研究导论	严怡民编著	1992. 11
9	乡镇企业与情报	邓伯铣编著	1992. 11

H 语言、文字

本部分共收编语言和文字类图书书目 952 条。其中，收编 1949 年以前出版的该类图书书目 6 条，1950—1959 年 137 条，1960—1969 年 134 条，1970—1979 年 107 条，1980—1989 年 481 条，1990—1999 年 87 条。具体目录如下。

（1）1949 年以前

序　号	题　名	责任者	出版年
1	德华大辞典（精装）	卫德明主编	1945. 5
2	王云五小字典	王云五著	1935. 8
3	英汉双解韦氏大学字典	韦白斯特著；郭秉文等主译	1923. 5
4	英文五百难点详解	史亦山编	1946. 11
5	综合英汉大辞典（合订本）	黄土复	1948. 4
6	中华大字典	徐元浩	1936. 2

（2）1950—1959 年

序　号	题　名	责任者	出版年
1	部首详解	黄琦编著	1957. 12
2	常用汉字拼音表	文字改革出版社编	1957. 11
3	词诠	杨树达著	1957. 7
4	代词	林祥楣著	1958. 7
5	德华标准大字典	黄伯樵主编	1958. 2
6	德语动词	（苏）夏宁娜编；北京大学西语系德语专业 54 班译	1959. 2
7	德语会话手册	（德）阿·阿·盖尔特编；南京大学外文系德语教研组译	1959. 11
8	德语简明语法	（苏）克·毕冈诺维奇，阿·蒙尼歌底著；刘德中译	1959
9	第一批异体字整理表	人民教育出版社编	1956. 2
10	定语和状语	朱德熙著	1958. 1
11	读音特殊的英语单词汇集	倪瑞蒸编	1959. 3
12	俄汉成语辞典	王子云，黄长霈，尤宗尧编	1958. 9
13	俄汉新辞典（合订本）	刘泽荣主编	1959. 11
14	俄华辞典	陈昌浩等	1955. 5
15	俄华辞典	陈昌浩，А. Б. 科托夫等编	1957. 3

（续表）

序　号	题　名	责任者	出版年
16	俄华简明辞典	（苏）Я. Б. 巴连依编	1957. 5
17	俄华两用字典	凌渭民编	1955. 4
18	俄罗斯语文（第三辑）	《俄罗斯语文》编辑部编	1959. 11
19	俄文文法（词法）	刘泽荣	1953. 1
20	俄文语根速成识字读本	赵卓	1956. 2
21	俄语（高等农林学校教学参考书）	秦光宇，贾斯干，周黎扬等著	1958. 7
22	俄语表情朗读	（苏）E. E. 鲁德涅娃著；哈尔滨外国语学院编译室	1957. 3
23	俄语词条辨义	北京俄语学院教研组	1959. 3
24	俄语故事选（俄汉对照）	毕家禄	1959. 1
25	俄语课本（第二册）	中苏友好协会总会俄语教材组	1957
26	俄语历史语法	（苏）П. Я. 车尔内赫著；宋玉升，佐左译	1959. 12
27	俄语难题解答	（苏）B. A. 多布洛梅斯洛夫，罗森塔尔著；吴喜森译	1958. 8
28	俄语拼写法和标点符号规则	苏联科学院审定；柿人译	1958. 4
29	俄语拼写法基础	（苏）A. H. 格沃兹杰夫著；吴绍本译	1955. 11
30	俄语书写规则	（苏）A. Б. 沙比罗著；高静译	1958. 1
31	俄语缩写词词典	（苏）安德烈耶夫等	1958. 7
32	俄语修辞学概论	（苏）A. H. 格沃兹杰夫著；向明译	1959. 8
33	俄语语法（第二册）	哈尔滨外国语学院编	1955. 11
34	俄语语法（第三册）	哈尔滨外国语专科学校编	1955
35	俄语语法（第一册）	哈尔滨外国语专科学校编	1955
36	俄语语法（第二卷 结构学）	苏联科学院语言研究所编；黑龙江大学编译室译	1958. 11
37	俄语语法（第一卷 语音学、形态学）	苏联科学院语言研究所编；哈尔滨外国语学院译	1957. 6
38	俄语语法表解——词法	韦光华	1959. 1
39	俄语语法课本句法	北京外国语学院俄语系语法教研组	1959. 3
40	俄语语法手册（下）	清华大学俄文教研组	1958. 11
41	俄语语法研究	俄文教学编辑部编	1956. 6
42	俄语语法疑难问题解答	钟鸣岳，苏阳	1958. 4
43	迩言等五种	（清）钱大昭著	1959. 9
44	方言、方言集（苏联大百科全书选译）	（苏）阿瓦涅梭夫著；高名凯等译	1954
45	方言与普通话集刊（北方方言与普通话第六本）	文字改革出版社编	1959. 1
46	汉德词典	北京外国语学院德语系编	1959. 1
47	汉俄对照翻译手册	南京大学外国语言文学系俄罗斯语文专业1959的毕业班编	1959
48	汉俄对照阅读材料	北京外国语学院俄语系翻译教研组编	1959. 1
49	汉法辞典	北京大学西语系法语教研室编	1959. 1
50	汉法分类词汇汇编	北京大学西语系法语教研室编	1958. 9

（续表）

序　号	题　名	责任者	出版年
51	汉译俄技巧漫谈	徐振新编著	1956. 9
52	汉语词典	中国大辞典编纂处编	1957. 3
53	汉语拼音方案	中国文字改革委员会	1958. 3
54	汉语拼音方案在科技方面的利用	刘泽光著	1959
55	汉语拼音简化字和异体字检字表	青海人民出版社	1959. 8
56	汉字简化及异体字检字表（四角号码）	段超，程德谟编	1958. 9
57	汉字拼音检字	新知识出版社	1958
58	汉字形体学	蒋善国编	1959. 9
59	华俄辞典	鄂山荫著	1952
60	简化汉字问题	中国语文杂志社	1956. 3
61	教师进修汉语拼音广播讲义	徐世荣编	1959. 7
62	捷汉辞典	北京外国语学院波捷罗语系编	1959. 12
63	捷克语语法	庄继禹编	1957
64	井上袖珍日华大辞典	（日）井上翠著	1955
65	康熙字典（辰巳午集）	成都古籍书店	1958. 1
66	康熙字典（未申酉集）	成都古籍书店	1958. 1
67	康熙字典（戌亥集附录）	成都古籍书店	1958. 1
68	康熙字典（总目子丑寅卯集）	成都古籍书店	1958. 1
69	科学名词和文字改革	刘泽先著	1958. 8
70	拉丁语语法	谢大任编著	1959. 1
71	拉丁字母绘写手册	佐藤敬之辅著	1959. 1
72	罗汉小词典	北京外国语学院罗马尼亚语专业	1959. 1
73	马氏文通校注	马建忠	1954. 1
74	毛泽东同志论帝国主义和一切反动派都是纸老虎（汉俄对照）	毛泽东著；韦光华注释	1959
75	蒙古语比较语法	（苏）Г. Д. 桑席叶夫著；陈伟等译	1959
76	纳氏英文 文法详解（第一册）	上海合家书店编	1958
77	培养俄语熟练技巧的经验	北京俄语学院俄文教学编辑室编	1957. 12
78	拼音文字研究参考资料集刊	杜松寿编译	1959. 12
79	拼音字母课本（修订版）	林成著	1956
80	普通话浅说	仓凯纳等著	1956. 6
81	普通话三千常用词表（初稿）	中国文字改革委员会研究推广处编	1959
82	普通话异读词审音表（本国地名审音表）	普通话审音委员会编	1958. 12
83	普通话语音讲话	徐世荣编	1959. 2
84	日汉辞典	陈涛主编	1959
85	生产劳动课俄语会话集	西安外国语学院编	1959. 6
86	诗词曲语辞汇释	张相著	1959
87	实用英语语法（上册）	张道真编著	1959. 8
88	世界语新词典	中华全国世界语协会编	1959
89	数词和量词（汉语知识讲话）	胡附著	1957. 7

（续表）

序　号	题　名	责任者	出版年
90	四角号码新词典	商务印书馆编	1958. 9
91	通俗编（附直语补证）	（清）翟灏撰	1959. 3
92	同音字典	中国大辞典编纂处编	1957. 3
93	土耳其语语法	（苏）埃・捷尼舍夫著	1959. 9
94	维汉俄辞典	鲍尔汉编	1953
95	文艺翻译问题	（苏）П. 托贝尔等著；李石民等译	1959. 8
96	文字改革和汉字简化是怎么回事？	中国文字改革委员会	1956
97	五四以来汉语书面语言的变迁和发展	北京师范学院中文系汉语教研组编著	1959
98	五体清文鉴（上）	民族出版社	1957. 9
99	五体清文鉴（下）	民族出版社	1957. 11
100	五体清文鉴（中）	民族出版社	1957. 1
101	现代俄罗斯标准语言中的重音	（苏）Р. И. 阿瓦涅索夫著；常伯淳译	1956. 4
102	现代俄语词汇学	（苏）Е. М. 加尔金纳・费多鲁克著；王荣宅等译	1958. 1
103	现代俄语否定语气词 Не 和 НИ 研究	申克辛，（苏）Р. 克利斯科编	1957
104	现代俄语形态学	苏联国立莫斯科大学编；黑龙江大学编译组译	1959. 11
105	现代俄语中的直接引语和间接引语	（苏）В. И. 卡都霍夫著；李辛译	1959. 7
106	现代日本语实用语法（上册）	陈信德著	1958. 9
107	现代日本语实用语法（下册）	陈信德著	1958. 9
108	新华字典	新华辞书社编	1958. 8
109	修辞学发凡	陈望道编	1959. 3
110	袖珍英汉辞典	郑易里等编	1959. 12
111	学生俄汉小辞典	沈风威著	1958. 12
112	学文化词典	中华书局辞海编辑站编	1958
113	药用拉丁语	熊秉辰主编	1958. 9
114	英汉翻译理论与技巧（下册）	陆殿扬著	1959. 4
115	英汉模范词典	张世鎏等编	1955. 7
116	英汉求解、文法、释义作文四用辞典	葛传椝等编	1959. 7
117	英华大辞典	郑易里等编	1958. 6
118	英语词汇学	伏尔诺等著；彭京译	1959. 3
119	英语动词（英语自学丛书）	中山大学外语系英语专业编著	1959. 12
120	英语发音及读音规则	（苏）勒・塔得著；师冠林译	1958. 4
121	英语构词法	唐逸编著	1959. 12
122	英语会话手册	北京外国语学院英语系编著	1959. 11
123	英语讲义	哈尔滨工业大学编	1958
124	英语虚拟语气	姚善友著	1959. 9
125	英语语法	（苏）甘希娜・瓦西列夫斯卡娅著；朱基俊译	1956. 7
126	英语自学文选（科技）	中山大学外语系英语专业编	1959. 12

（续表）

序　号	题　名	责任者	出版年
127	英语自学文选（英语自学丛书）	中山大学外语系英语专业编	1959. 12
128	英语最低限度词汇	柯尔道尔夫等著；朱寄尧译	1959. 1
129	语法、语言的语法构造（苏联大百科全书选译）	库兹涅错夫编著；高名凯，彭楚南译	1954. 4
130	语法论集（第三集）	中国语文杂志社编	1959. 12
131	语言学基础	北京大学中文语言文字系语言学教研室编	1959. 11
132	语音学概论	岑麒祥编著	1959. 9
133	怎样写论说文	张福深编	1957
134	怎样学习汉语拼音方案	文字改革出版社编	1959. 2
135	中俄会话读本	（苏）C. B. 聂维罗夫著；张文唤译	1955
136	中国少数民族语言简志（苗瑶语族部分）	中国科学院少数民族语言研究所编	1959. 9
137	自学辅导“俄语教科书”	（苏）波布科娃，节姆斯卡雅著；陆钦颐，翟耀珍编	1959. 6

（3）1960—1969 年

序　号	题　名	责任者	出版年
1	《东方红》朗诵词（英汉对照）	上海教育出版社编辑	1965. 6
2	阿拉伯语汉语词典	北京大学东方语言系阿拉伯语教研室编	1966. 3
3	北京话语汇	金受申编	1964. 9
4	常用字典词典和检字法	隋树森著	1964. 11
5	常用字书十讲	刘叶秋著	1964. 3
6	词的语法学说导论	（苏）维诺格拉多夫著；黑龙江大学编译室译	1960
7	词义辨析（第三辑）	人民教育出版社编	1962. 1
8	辞源（第一册）	商务印书馆编辑部编	1964. 7
9	德语常用词汇	南京大学外语系德语教研室编	1965. 2
10	德语课本（化、医等专业用）	（德）纳尔逊·路易斯托，保罗·库尔茨编；朱民光译	1960
11	对现代俄语中某些现象的历史解释	火燊编	1960. 2
12	俄汉、汉俄对照语言学名词	中科院语言研究所，北大中文系语言学教研室	1961. 1
13	俄汉成语小辞典	王子云等编	1962. 7
14	俄汉大辞典	刘泽荣主编	1960. 8
15	俄汉对照东方红朗诵词	上海教育出版社编	1965. 6
16	俄汉两用字典（基本俄语与工程术语）	凌渭民编	1960. 1
17	俄汉综合科技词汇	（苏）叶普秀科夫著；中国科学院编译	1960. 2
18	俄语	北京农业大学外语教研组	1961. 9
19	俄语（第五册）	上海外国语学院	1960. 9
20	俄语（第一册）	北京外国语学院俄语系	1964. 6

（续表）

序 号	题 名	责任者	出版年
21	俄语（第一册）	北京外国语学院俄语系	1960. 11
22	俄语常用词例解	北京外国语学院俄语系	1960. 6
23	俄语常用同义动词辨析	华英	1964. 11
24	俄语词汇辨异（第二辑）	黑龙江大学编译室	1960. 1
25	俄语词汇辨异（第一辑）	黑龙江大学编译室	1960. 4
26	俄语动词命令式	程雨民	1960. 5
27	俄语同义词反义词及同音异议词研究	（苏）克留耶娃	1960. 3
28	俄语语法	应云天	1964. 1
29	俄语语法（第二卷 结构学下册）	苏联科学院语言研究所编；黑龙江大学编译室译	1962. 2
30	俄语语法表解（下册）	韦光华	1963. 12
31	俄语语法练习集编（词法上册）	北京俄语学院语法教研组编	1960. 5
32	俄语语法手册（上册）	清华大学俄文教研组	1962. 11
33	俄语语法详解（第 1 册）	高乃贤	1960
34	俄语语法详解（第 2 册）	高乃贤	1960
35	俄语语法详解（第 3 册）	高乃贤	1960
36	俄语语法详解（第 4 册）	高乃贤	1960
37	俄语语法详解（第四册）	高乃贤	1960. 4
38	俄语语法详解（第一卷 词法部分）	高乃贤	1964. 5
39	俄语原因前置词研究	姚景虞，李前波	1960. 4
40	法语成语小词典	北京大学西语系法语专业编	1960
41	法语语法简明手册	（苏）A. A. 赛雷希科娃著；陆泰利译	1960
42	古代汉语（第一分册）	王力主编	1962. 9
43	古文选读	中国青年出版社编	1964. 11
44	汉俄分类词汇手册	北京外国语学院俄语系编	1960
45	汉译俄技巧漫谈（新编本）	徐振新编	1966. 1
46	汉英分类词汇手册	北京外国语学校英语系编	1960
47	汉英时事用语词汇	新华通讯社外文干部学校编	1964. 2
48	汉语初稿（中册）	华中师范学院中国语言文学系汉语教研组编	1960
49	汉语的修饰成分	李子云编著	1963. 1
50	汉语拼音词汇	中国文字改革委员会词汇小组编	1963. 12
51	汉语拼音词汇定型化研究材料	张照主编	1963. 3
52	汉字误读辩证举例	陈玄编	1961. 1
53	汉字正字小字汇	文字改革出版社编	1966. 5
54	简化字总表	中国文字改革委员会编	1964. 5
55	简化字总表检字	文字改革出版社编	1964. 11
56	简明德汉词典	中山大学外语系德语专业编	1964. 1
57	简明俄汉词典	沈凤威等编	1965. 9
58	简明法汉词典	徐仲年等编	1963. 12
59	简明英汉成语词典	南京大学外文系英语教研室编	1965. 4

（续表）

序 号	题 名	责任者	出版年
60	简明英汉词典	张其春等编	1963.12
61	简明英语语法	北京航空学院外语教研室编	1961.1
62	简易速记/快速索引	陈越著	1964.2
63	句型学习	李俊峰编著	1960.2
64	句子的分析与辨认	黄伯荣著	1963.1
65	科技英语最低限度词汇	（苏）米海耶娃等编；任德编译	1960.6
66	拉丁文	陶尧遵编著	1965.1
67	拉丁字母科学符号读法问题讨论集	文字改革出版社编	1962.4
68	难字表（初稿）	文字改革出版社编	1962.7
69	难字表（修订稿）	文字改革出版社编	1964.2
70	普通话轻声词汇编	中国文字改革委员会普通话读音研究组编	1963.8
71	普通话异读词三次审音总表初稿	普通话审音委员会编	1963.1
72	普通话异读词审音检字（四角号码排列）	程养之编	1965.1
73	普通话注音朗读文选（9 古代英雄）	陕西省教育厅编	1960.7
74	日本的汉字改革和文字机械化	郭沫若著	1964.8
75	日汉辞典（汉字索引）	陈涛主编；王景仁，孔兴凤等编	1963
76	日语	北京大学东语系日语教研室编	1964.8
77	日语汉字词辨异手册	汪大捷，孙丹成编	1965.6
78	日语会话	周浩为编	1963.9
79	日语外来语辞典	汤森霖编	1960
80	日语学习文选（第二集）	汪大捷等编	1965.9
81	日语学习文选（第一集）	尚永清等编	1961.8
82	容易写错的字	徐仲华著	1964.3
83	实用英语语法（修订本）	张道真编	1963.7
84	实用英语语法——练习与答案（修订本）	张道真编	1963.2
85	四角号码新词典（附音序检字表、笔画部分索引）	商务印书馆编	1962.5
86	速记教材	北京速记学校编著	1963.1
87	同义词分析（第三辑）	南开大学中文系语言学教研组编	1962.4
88	维吾尔新文字方案——哈萨克新文字方案	新疆维吾尔自治区文字改革委员会编	1965.1
89	维吾尔新文字方案——哈萨克新文字方案及有关文件	新疆人民出版社编	1965.1
90	文言文法	杨伯峻	1963.7
91	文字	梁东汉	1960.4
92	西汉辞典	北京外语学院西班牙语系编	1962
93	现代俄语平行同义结构辨异（第二集）	许崇信著	1964.11
94	现代俄语平行同义结构辨异（第三集）	许崇信著	1964.11
95	现代俄语通论（上册）	王超尘等编	1963.9
96	现代俄语通论（下册）	王超尘等编	1964.2
97	现代俄语语法——词法（上册）	黑龙江省俄语研究所，黑龙江大学外语系编	1963.3

（续表）

序　号	题　名	责任者	出版年
98	现代日本语实用语法	陈信德著	1964. 1
99	新编初级俄语语法	韦光华，韦威华编	1964. 1
100	新编科技日语自修读本	陈信德编著	1964. 4
101	新词语	文字改革出版社编	1962. 11
102	学习英语单词的基本知识	高名凯，刘正埮编著	1964. 12
103	印度尼西亚语汉语辞典	陈枫等编	1963. 6
104	英译汉——英汉翻译概论	孙述宇，金圣华等编	1965
105	英语补充读物	南京大学外文系英文专业一年级英语教学小组编	1960. 1
106	英语常用词汇	高名凯，刘正埮编	1960. 8
107	英语词汇学引论	（苏）拉耶芙斯卡娅著；天津师范大学外语系英语教研室译	1960. 6
108	英语读音规则与拼法	（德）弗黎特立希原著；缪廷辅译述	1960. 5
109	英语分解式词汇表（话的记忆法）	张伯棣等编	1960. 4
110	英语惯用法词典	葛传槼编著	1960. 4
111	英语国家姓名译名手册	辛华编	1965. 5
112	英语会话手册	谢德贞编	1964. 7
113	英语结构	（美）弗里斯著；何乐士等编译	1964. 1
114	英语精读课本	北京外国语学院英语系三年级教学小组编	1964. 4
115	英语句法图解	中山大学外语系英语专业编著	1962. 3
116	英语句型交替	姚善友著	1963. 8
117	英语口语日常用句	（英）H. E. 帕麦尔等著；葆青编译	1963. 2
118	英语口语语法	（英）帕麦尔，布兰德弗著；葛德纯等译	1964. 8
119	英语声色词语翻译	张培基著	1964. 9
120	英语习字帖	胡叔炜著	1963. 9
121	英语语法	孟思训编	1964. 4
122	英语语法入门（英语自学丛书）	中山大学外语系英语专业编著	1960. 3
123	英语语法手册	薄冰等编	1964. 2
124	英语最常用词手册	王庚尧等编译	1965. 7
125	语言学名词解释	北大语言学教研室编	1960. 1
126	越汉辞典	何成等编	1960. 8
127	怎样防止和纠正错别字	周大滢著	1964. 5
128	怎样纠正病句	杨岱励著	1964. 5
129	怎样写说明文	张传宗编	1964. 4
130	中国人学英语	吕叔湘著	1962. 3
131	中国学生俄语典型错误分析	石中宝，唐松波编	1962. 7
132	中学俄语语音教学参考资料	“俄文教学”编辑部编	1960. 5
133	中学用俄语最低量词汇	上海外语院俄语系编	1961. 12
134	助词和叹词	孙德宣著	1960

（4）1970—1979 年

序号	题名	责任者	出版年
1	八用中文成语辞典	丰瑞编著	1978. 8
2	初级科学英语选读	高耕田著	1978. 1
3	辞源（第一册，修订本）	广东、广西、湖南、河南辞源修订组，商务印书馆编辑部等编	1979. 7
4	德语语法	廖馥君编	1979. 5
5	多义词、同义词、反义词	北京师范大学中文系编写组	1972. 3
6	俄汉词典	辽宁省中小学教材编写组	1974. 7
7	俄语（第二册第一分册）	上海俄语基础教程组	1974. 6
8	法汉词典	《法汉词典》编写组	1979. 1
9	法语（第一册）	北京外国语学院法语系教材组编	1979. 5
10	法语基础语法	吴绪主编	1979. 4
11	翻译的技巧	钱歌川编著	1972
12	高级英语综合练习	黄宏煦等编	1979. 7
13	工农兵是文字改革的主力军	北京文字改革出版社编	1975. 5
14	工农兵字典	上海新闻出版系统“五·七”干校《工农兵字典》编写组编	1973. 7
15	古代汉语	张世禄著	1978. 12
16	古汉语常用字字典	《古汉语常用字字典》编写组编	1979. 9
17	古汉语语法常识	钱大群等编	1979. 6
18	汉俄词典	上海外国语学院《汉俄词典》编写组编	1977. 8
19	汉俄分类词汇手册	南京大学外文系编	1979. 11
20	汉俄译例汇编——政治、新闻语汇	《汉俄译例汇编》编辑组编	1976. 7
21	汉法综合辞典	利氏学社著	1976
22	汉维成语词典	新疆维吾尔自治区文字改革委员会编	1979. 9
23	汉维词典	新疆人民出版社	1974. 12
24	汉英成语和常用语	李学禧编	1979. 5
25	汉英词典	北京外国语学院英语系《汉英词典》编写组编	1978. 1
26	汉语常用字典	《汉语常用字典》编写组编	1973. 4
27	汉语成语词典	西北师范大学（前甘肃师范大学）中文系《汉语成语词典》编写组编	1978. 6
28	汉语成语小词典（第三次修订本）	《汉语成语小词典》修订小组编	1972. 7
29	汉语语法分析问题	吕叔湘著	1979. 6
30	汉语知识	人民教育出版社编	1979. 7
31	汉字的整理和简化	文字改革出版社编	1974. 1
32	基础日语（下）	湖南大学外语教研室日语组编	1974. 12
33	基础英语（第一册）	辽宁省工科院校《基础英语》编写组编	1979. 2
34	基础英语（工科）	辽宁省工科院校《基础英语》编写组编	1977. 9
35	几组常用词的分别	郭德润著	1973. 1

（续表）

序号	题名	责任者	出版年
36	简明科技英语语法	黄甲年编	1979. 8
37	简明日汉科技词典	《简明日汉科技词典》编写小组编	1975. 4
38	简明英语语法	北京航空学院外语教研室编	1973. 1
39	简明英语语法	北京师范大学外语系《简明英语语法》编写组编	1978. 8
40	科技日语	北京对外贸易学院日语教研室编	1977. 9
41	科技日语	汪大捷编著	1979. 1
42	科技日语速成阅读法	张竞干编	1978
43	科技日语自修文选（译注）	陈信德编	1978. 1
44	科技英语常用词组	清华大学外教研组编	1973. 3
45	科技英语常用词组	同济大学外语教研组编	1978. 1
46	科技英语翻译初步	西北工业大学外语教研室编	1979. 7
47	科技英语基础词汇	商英编	1972. 3
48	科技英语缩略语词典	西北工业大学外语教研室编	1979. 7
49	科技英语问题解答	《科技英语问题解答》编写组编	1978. 1
50	科技英语语法	西北工业大学外语教研室编	1978. 6
51	科技英语阅读手册	天津大学化工精仪系外语教研组编	1975. 1
52	科技法语选读	陈振尧，向奎观编	1979. 9
53	口译技巧	（法）塞莱丝科维奇著；孙慧双译	1979. 4
54	美语英语对照手册	斯旺编著	1976
55	日本当用汉字表	郑保山编	1974. 9
56	日语（第二册）	北京第二外语学院日语广播讲座组编	1979. 3
57	日语（二）	复旦大学日语教研组编	1973. 6
58	日语（三）	复旦大学日语教研组编	1973. 12
59	日语（四）	复旦大学日语教研组编	1974. 12
60	日语——北京市外语广播讲座	北京第二外国语学院日语广播讲座编	1978. 12
61	日语汉字读音手册	《日语汉字读音手册》编辑小组编	1973. 12
62	日语外来语新词典	《日语外来语新词典》编辑组编	1973. 1
63	日语注释文选（第一辑）	李孙华等注释	1979. 4
64	时事英语辞典	広永周三郎编著	1979
65	实用科技英语语法	浙江大学外语教研室编	1979. 5
66	实用英汉成语手册	晓林编著	1978. 12
67	实用中文成语、英文成语、英文同义词辞典	韦少成编	1978
68	四角号码新词典	商务印书馆编	1978. 2
69	文言语法常识	北京师范大学中文系《文言语法常识》编写组	1973. 5
70	文字改革文集	吴玉章	1978. 12
71	文字源流浅说	康殷	1979. 11
72	现代俄语语法新编（上册）	黑龙江大学外语系编；张会森主编	1979. 3

（续表）

序 号	题 名	责任者	出版年
73	现代俄语语法新编（下册）	黑龙江大学外语系编；华劭主编	1979. 3
74	现代日语基础语法	北京外语学校日语教研组编	1973. 8
75	现代日语语法手册	《现代日语语法手册》编写组编	1979. 7
76	新华字典	新华辞书社编	1971. 6
77	新英汉词典	《英汉新词典》编写组编	1975. 3
78	修辞	《修辞》编写组	1978. 11
79	袖珍日汉辞典	陈达夫等编	1973. 12
80	英汉辞典	辽宁省中小学教材编写组编	1975. 6
81	英汉翻译概论	孙述宇，金圣华著；中文大学校外进修部编	1979. 1
82	英汉缩略语词典	蒋锡淮等编	1979. 11
83	英汉小词典	商群编；北京师范大学外语系教师，工农兵学院审定	1977. 2
84	英汉语言学词汇	刘涌泉，赵世开编	1979
85	英文同义字用法	赵士任编著	1977. 4
86	英文一日一题	钱歌川编著	1975. 12
87	英语常用成语手册	燕永楠编	1973. 9
88	英语常用词汇	同济大学外语教研室编	1975. 8
89	英语常用词语辨析	王才仁编著	1979. 11
90	英语成语词典（试用本）	厦门大学外文系编译	1972. 1
91	英语格言菁华	连畔编译	1978. 9
92	大卫·科波菲尔（英语简易读物）	（英）狄更斯·C（Charles dickens）原著；北京外国语学院英语系课外阅读教材小组选注	1978. 7
93	英语科普文选（第一集）	（英）G. C. 索恩利编著；京广英译	1979. 12
94	英语科普小品	北京工业学院外语组编	1978. 8
95	英语姓名译名手册（修订本）	辛华编	1973. 7
96	英语语法用语浅释	晓林编著	1979. 4
97	英语语音简明教程	葆青编著	1973. 6
98	语法、修辞、逻辑（第一分册）	上海师范大学中文系《语法修辞逻辑》编写组编	1974. 6
99	语法逻辑修辞	北京大学中文系编	1973. 3
100	语法修辞	北京大学中文系汉语教研室编	1973. 8
101	语文基础知识	湖北中小学教学教研室编	1973. 3
102	语文修辞讲话	吕叔湘，朱德熙著	1979. 1
103	远东英汉大辞典	梁实秋主编；董昭辉等编	1977. 1
104	韵辙常识	鲁允中著	1978. 2
105	中国人名地名拼写规范化问题	文字改革出版社编	1976. 4
106	中华大字典	北京中华书局	1978. 1
107	最新汉英分类词典	香港青年出版社编	1979. 9

(5) 1980—1989 年

序号	题名	责任者	出版年
1	1986 年高考作文评析	王有声，刘世栋编著	1986. 9
2	百家姓解释（修订本）	华云，纪林编	1980. 9
3	波斯语汉语词典	北京大学东方语言文学系波斯语教研究室编	1981. 9
4	猜谜	陈达夫选编；袁韶莹等注释	1980. 8
5	灿烂的明星刘易斯传	（美）约翰·德瓦尼著；张丹婕译	1985. 5
6	常用成语 1300 条	周明编	1981. 1
7	常用词用法例释	王国璋，安汝磐等编	1980. 2
8	常用词用法例释（第二集）	王国璋等编	1985. 1
9	常用词语三用词典	曹剑尘，丁慰堂编著	1981. 11
10	常用典故词典	于石等编	1985. 9
11	常用古文字字典	王延林编著	1987. 4
12	常用同音异义词	朱盛科编	1980. 11
13	常用同音字典	浙江省教育厅编	1983. 12
14	常用文体写作手册	贾振华等编	1987. 1
15	常用文言实词讲解	颜亨福编	1982. 11
16	常用英语比喻集	（英）A. 约翰逊著；崔彤兰，赵永一译	1987. 3
17	成语	马国凡著	1983. 6
18	成语	刘洁修著	1985. 6
19	成语典故	袁林，沈同衡编	1983. 6
20	成语例示	倪宝元编	1984. 1
21	词的释义	符淮青著	1986. 7
22	词汇语法修辞	林裕文著	1985. 3
23	词林（正逆序词汇集）	张聿忠主编	1986. 7
24	词义辨析（汉维对照）	新疆大学预科部编	1982. 2
25	词语翻译丛谈	陈忠诚著	1983. 12
26	辞格	林文金著	1985. 8
27	辞源（第二册）	广东、广西、湖南、河南辞源修订组，商务印书馆编辑部等编	1980. 8
28	辞源（第三册）	广东、广西、湖南、河南辞源修订组，商务印书馆编辑部等编	1982. 1
29	辞源（第四册）	广东、广西、湖南、河南辞源修订组，商务印书馆编辑部等编	1983. 12
30	辞源（二）	商务印书馆编审委员会	1983
31	辞源（三）	商务印书馆编审委员会	1983
32	辞源（一）	商务印书馆编审委员会	1983
33	大辞典	《大辞典》编撰委员会编	1985. 8
34	大俄汉词典	黑龙江大学俄语系词典编辑室编	1985. 8
35	大学科技写作	司有和主编	1987. 12

（续表）

序　号	题　名	责任者	出版年
36	大学生毕业论文选评（1981—1982 年语言文学专辑）	张舜徽主编	1984. 9
37	大学生英语手册	陈章国，谢振元编	1985. 12
38	大学英语辅导手册（上）	沈阳师范学院外语系资料室编	1984. 6
39	大学英语双解词典	重庆大学外语《大学英语双解词典》编写组编	1987. 5
40	当代英汉分类详解词典	胡作群主编	1987. 11
41	德汉词典	王昭仁等编	1985. 6
42	德汉缩写词典	吕文超等编	1981. 4
43	德语——300 小时	殷桐生，叶本度编	1982. 1
44	德语常用词组手册	刘华秋编	1988. 2
45	动词用法词典	孟琮等编	1987. 6
46	俄汉翻译教程（上）	郑泽生，耿龙明等编	1984. 4
47	俄汉科技翻译	应云天	1986. 3
48	俄汉科技翻译教程	董宗杰	1985. 6
49	俄汉科技缩略语词典	漆振侠，邓明非编译	1985. 8
50	俄汉科技缩略语词典	胡瑢	1989. 1
51	俄汉双解小词典	李德发等编	1985. 12
52	俄汉缩略语词典	中国人民解放军某部编	1983. 5
53	俄汉外贸外事会话	对外经济贸易大学俄语教研室	1985. 3
54	俄汉新词新义	张宝梁	1982. 8
55	俄译汉教程（上册）	蔡毅	1983. 1
56	俄译汉教程（下册）	蔡毅	1983. 2
57	俄英汉基础词典	王麦林等编	1989. 9
58	俄语（第 2 册）	北京外国语学院俄语系	1981. 7
59	俄语（第 3 册）	北京外国语学院俄语系	1981. 7
60	俄语（第二册）	黑龙江大学俄语系编	1983. 6
61	俄语（第三册）	黑龙江大学俄语系编	1981. 7
62	俄语（第四册）	黑龙江大学俄语系编	1981. 12
63	俄语（第一册）	黑龙江大学俄语系编	1981. 6
64	俄语常用词词典	金钊	1983. 1
65	俄语常用词组词典	（苏）罗戈日尼科娃编；肖雨潞译	1984. 7
66	俄语词法和拼写法难题解答	中国人民大学俄语教研室编译	1989. 11
67	俄语动词	高乃贤，徐振新	1984. 6
68	俄语功能修辞学	（苏）科仁娜著；白春仁译	1982. 12
69	俄语惯用语词典	龚人放，白振海等编	1983. 9
70	俄语话语结构分析	王福祥	1981. 8
71	俄语基础语法——兼顾大学、中专理工科人员用	钟国华	1986. 1
72	俄语教科书	中国人民大学俄语教研室	1980. 12
73	俄语教科书（第二册）	中国人民大学俄语教研室	1983. 3

（续表）

序号	题名	责任者	出版年
74	俄语科技文选（1册）	郑锦堂	1985.4
75	俄语科技文选（2册）	郑锦堂	1985.5
76	俄语科技文选（3册）	郑锦堂	1986.4
77	俄语同义词词典	北京第二外国语学院俄语同义词词典编写组	1986.8
78	俄语新词新义词典	何兆源	1987.11
79	俄语语法结构（附练习及答案）	维什尼亚科娃编；文玉译	1986.9
80	俄语语法——句法	刘晓波	1982.7
81	俄语支配词典	刘同英，董政民编译	1987.12
82	俄语自学课本（第一册）	北京外国语学院俄语系	1983.2
83	翻译研究论文集（1894—1948年）	中国翻译工作者协会《翻译通讯》编辑部编	1984.2
84	翻译研究论文集（1949—1983年）	中国翻译工作者协会《翻译通讯》编辑部编	1984.11
85	方音辨正	张为纲著	1985.9
86	分类成语词典	王理嘉，侯学超编著	1985.12
87	复杂谓语	吕冀平著	1985.5
88	干部应用文写作知识	天津市写作学会编	1984.4
89	高等教育自学考试汉语言文学专业考试计划	全国高等教育自学考试指导委员会编	1984.1
90	高级俄语	北京外国语学院俄语系编	1982.4
91	高级口译手册	（瑞）琼·赫伯特著；张晨君编译	1982.2
92	工科日语自修读本	徐之梦编	1983.1
93	古代汉语	上海教育学院编	1980.7
94	古代汉语	王力主编	1982.1
95	古代汉语（第二册）	王力主编	1983.1
96	古代汉语（第四册）	王力主编	1983.1
97	古代汉语（第一册）	王力主编	1983.1
98	古代汉语（上册）	朱星主编	1980.1
99	古代汉语讲授纲要（上）	郭锡良等编	1983.3
100	古代汉语讲授纲要（下）	郭锡良等编	1983.5
101	古代趣文百则	夏威淳编	1981.11
102	古汉语入门	刘禾著	1984.4
103	古汉语修辞简论	赵克勤编	1983.3
104	古汉语虚词	杨伯峻著	1981.2
105	古汉语虚词手册	韩峥嵘编	1984.3
106	古今词语新编	裴球璇，阳海清编	1987.6
107	古今对联集锦	李国桢编	1982.1
108	古今汉语成语词典	《古今汉语成语词典》编写组编	1985.1
109	古今歇后语拾遗兼注	成扶平，成善卿著	1984.12
110	古今字小字典	张振宇著	1988.8

（续表）

序 号	题 名	责任者	出版年
111	古文观止（言文对照）	吴楚才著；宋晶如译注	1981. 6
112	古文名段今译（上册）	黎明等选译	1981. 12
113	广播电视英语讲座——辅导材料（第二册）	中央广播电视大学英语组编；陈琳审订	1981. 5
114	广播电视英语讲座——辅导材料（第二册）	中央广播电视大学英语组编	1981. 5
115	广播电视英语讲座——辅导材料（第四册）	中央广播电视大学英语组编；陈琳审订	1982. 7
116	国外翻译界	（美）斯蒂芬·康格拉特·巴特勒编；赵辛而，李森编译	1986. 6
117	汉俄成语小词典	北京外国语学院俄语系蔡毅等编	1980. 5.
118	汉俄词典	（苏）Б. Г. 牧德落夫主编	1980
119	汉俄科技翻译指南	董宗杰编著	1988. 3
120	汉俄英情报学词典	（苏）Г. С. 日丹诺娃等编著；王熹等翻译	1982. 7
121	汉日对译技巧	（日）今富正已著；宁德辉译	1981. 2
122	汉世词典	王迪生，高振全编	1986. 3
123	汉世小词典	北京市世界语协会《汉世小词典》编写组编	1983. 1
124	汉维词典	彭宗禄等主编	1989. 3
125	汉文文言修辞学	杨树达编著	1980. 9
126	汉锡简明对照词典	《汉锡简明对照词典》编译组编	1989. 3
127	汉译俄教程	周允，王承时编	1982
128	汉英、英汉翻译初探	肖君石著	1982. 5
129	汉英对照类名简目	书目文献出版社编	1982. 6
130	汉英翻译 500 例	庄绎传著	1980. 5
131	汉英科技翻译技巧	邹人杰编著	1988. 1
132	汉英语法手册	吴洁敏编著	1982. 7
133	汉英成语、谚语常用词语汇编	陈欣望编	1984. 12
134	汉语成语词典	李一华，吕德中编	1985. 9
135	汉语成语词典	西北师范大学（前甘肃师范大学）中文系《汉语成语词典》编写组编	1983. 1
136	汉语大词典	罗竹风主编；汉语大词典编辑委员会，汉语大词典编纂处编纂	1989. 11
137	汉语大词典（第二卷）	《汉语大词典》编辑委员会，汉语大词典编纂处编纂	1988. 3
138	汉语大词典（第三卷）	《汉语大词典》编辑委员会，汉语大词典编纂处编纂	1989. 3
139	汉语大词典（第一卷）	《汉语大词典》编辑委员会，汉语大词典编纂处编纂	1986. 11
140	汉语大字典	《汉语大字典》编辑委员会编	1986. 1
141	汉语反义词词典	张庆云编著	1986. 6

（续表）

序　号	题　名	责任者	出版年
142	《汉语拼音方案》的制订和应用	文字改革出版社编	1983. 2
143	汉语拼音正词法论文选	《汉语拼音正词法论文选》编辑组编	1985. 1
144	汉语速记词典	施宝富编著	1989. 3
145	汉语外来词词典	刘正埮等编	1984. 12
146	汉语小词典	《汉语小词典》编写组编	1980. 2
147	汉语新词词典	闵家骥等编	1987. 12
148	汉语音韵学	王力著	1982. 6
149	汉语语法修辞词典	张涤华等主编	1988. 6
150	汉字检字表	上海图书馆编	1982. 8
151	汉字例话	左民安著	1984. 1
152	核心英语（上）	（英）奥尼尔著；依顿等译注	1984. 12
153	基础汉语 25 课	华北师范大学对外汉语教研室编	1983. 5
154	基础科技英语教程	林永福，郝品珠译注	1982. 11
155	基础拉丁语	朱奇武编著	1984. 8
156	基础维语（上）	新疆大学中文系维语专业编	1980. 7
157	基础维语（下）	新疆大学中文系维语专业编	1980. 7
158	检索工具书使用法	辽宁省图书馆	1980. 4
159	简明德汉科技词典	岳涛，刘华秋等编	1985. 1
160	简明俄汉双解词典	陈秋生主编	1985. 8
161	简明俄语构词词典	四川师范学院外语系俄语教研室编	1987. 7
162	简明俄语语法手册	吴振武等编	1984
163	简明反义词词典	王安节等编	1986. 2
164	简明古汉语类词词典	薛儒章主编	1989. 1
165	简明古汉语字典	张永言等编	1986. 8
166	简明汉日词典	《简明汉日词典》编写组编	1985. 7
167	简明类语词典	王安节等编	1984. 5
168	简明日汉词典	刘文祥等编	1984. 1
169	简明同义反义词典	林玉山编著	1986. 12
170	简明文化知识辞典	刘福光，马凤藻等编	1987. 12
171	简明文言字典	《简明文言字典》编辑组编	1986. 8
172	简明西汉词典	《简明西汉词典》组编	1981. 7
173	简明英汉俚语和口语词典	（英）B. A. 菲西安编著；胡木疑，安丰金译	1985. 11
174	简明语文知识辞典	王凤主编	1983. 6
175	交际英语语法	（英）杰弗里·利奇，（英）简·斯瓦特威克著；张婉琼，葛安燕译	1987. 11
176	精选常用日语 7000 词	刘震宁，刘剑编	1985. 12
177	精选俄汉汉俄词典	竺一鸣，吴克礼等编	1986. 8
178	句子和句子分析	张撝之著	1985. 8

（续表）

序　号	题　名	责任者	出版年
179	凯氏现代英汉同义词近义词辞典	林德金主编	1989. 11
180	柯尔克孜语简志	胡振华	1986. 4
181	科技德语常用词汇	韩忠诰编	1982. 9
182	科技德语的阅读与翻译	胡国理编	1987. 7
183	科技德语实用语法	韩忠诰编	1982. 3
184	科技俄语	陈茵梅，王维钰编著	1989. 5
185	科技俄语常用词汇	鞠广茂编	1981. 1
186	科技俄语常用短语例解	邱启凡编	1985. 8
187	科技俄语常用结构	张秉衡，倪宏勉，李建伟编	1981
188	科技俄语翻译概要	李志乔编	1988. 5
189	科技俄语翻译技巧与练习	徐长瑞编著	1989. 1
190	科技俄语语法	应云天等编	1981. 3
191	科技俄语语法新编	王瑛主编	1989. 1
192	科技俄语阅读手册	王瑛主编	1989. 12
193	科技俄语阅读手册	孙德本等编著	1989. 12
194	科技翻译工作手册	李维颐等编	1986. 7
195	科技汉语修辞	李裕德著	1988. 3
196	科技论文写作须知	周启源著	1983. 2
197	科技启蒙（德汉对照）	约翰·佩顿著；朱甫晓译注	1985. 1
198	科技人员俄语复习指导	余养才编著	1985. 1
199	科技人员英语口语教材	（美）扬（Young，S. B.），陈培东（Chen PeiDong）编	1985. 11
200	科技日语常用词汇	大连工学院词典编辑组编	1982. 9
201	科技日语惯用句型	石明德编著	1980. 6
202	科技日语汉译技巧	杨鸿石编著	1986. 2
203	科技日语入门	张文凯等编译	1985. 11
204	科技日语速成读本	刘永明编著	1982. 9
205	科技日语自修读本	吕桂林编	1983
206	科技史话（德汉对照）	金洪良译注	1983. 8
207	科技文献汉译英概论（修订本）	王耀庭编著	1988. 9
208	科技文章写作	李玉兴，高起元等编著	1987. 2
209	科技写作	北京市高等教育学会大学语文教学研究会编	1985. 3
210	科技写作（第一集）	《科技写作》编委会编	1985. 11
211	科技写作十六讲	中国科普创作研究所编	1988. 5
212	科技写作实用手册	北京市高等教育学会大学语文教学研究会编	1988. 2
213	科技写作要领	（美）哈迪·胡佛著；柏兰译	1988. 5
214	科技写作指南	（美）蒂契著；李考才，耿柏华编译	1984. 11
215	科技英文文摘写作	李开洋编著	1989. 11
216	科技英语常用词及词组用法手册	唐寰溶等主编	1989. 1

（续表）

序号	题名	责任者	出版年
217	科技英语常用词组	聂继武等著	1983. 9
218	科技英语的结构	（英）赫伯特（Herbert，A. J.）著；洋柯译注	1980. 3
219	科技英语读本（第二册）	谭丁，方苇编	1980. 1
220	科技英语读本（第一册）	谭丁，方苇编	1980. 1
221	科技英语读本（上）	潘能等编；王珍珠审校	1981. 6
222	科技英语读本（下）	潘能等编；王珍珠审校	1981. 6
223	科技英语读译指南	邢修祥编著	1985. 8
224	科技英语翻译技巧	谢国章编著	1987. 3
225	科技英语翻译教程	凌渭民编著	1982. 1
226	科技英语翻译理论与技巧	保清，苻之编著	1983. 6
227	科技英语翻译浅说	黄荣恩编著	1981. 12
228	科技英语翻译手册	阎庆甲编著	1986. 7
229	科技英语汉译技巧	夏培厚编著	1988. 9
230	科技英语汉译叙要	张志鸿编著	1987. 7
231	科技英语基础教程（上）	王维镛主编	1983. 2
232	科技英语基础语法	北京工业学院外语教研室编	1981. 2
233	科技英语结构分析与翻译	季健编著	1983. 9
234	科技英语句型及翻译处理	王运等编译	1985. 12
235	科技英语句子结构	戴浩中主编	1983. 6
236	科技英语理解与翻译（对照与注释）	林相周，周国珍编	1982. 6
237	科技英语速成读本（上册）	吴朔平编著	1982. 9
238	科技英语速成读本——课文例句及练习题译文	赵自立等译	1984. 9
239	科技英语写作入门	郭坤编	1984. 9
240	科技英语要点与训练	王益民编著	1985. 1
241	科技英语阅读手册	天津大学化工精仪系外语教研室编	1981. 11
242	科技英语阅读手册（修订第二版）	叶永昌主编	1981. 11
243	科技英语阅读语法	郭坤编	1981. 9
244	科技语文	林立，尹世超编著	1986. 2
245	科普创作概论	章道义等主编	1983. 9
246	科普写作入门	叶永列著	1987. 2
247	科学工作者用英文书信选	（日）逢坂昭，阪口玄二著	1987. 9
248	科学技术书的序言选集	侯永桐，徐明选注	1988. 7
249	科学英语基础教程（中）	桂济世等编	1984. 2
250	科学者のための英文手纸文例集	（日）逢坂昭，阪口玄二著	1981
251	李氏中文字典	李卓敏编	1980
252	例谈标点符号的用法	雷文治著	1980. 5
253	炼句	倪宝元著	1985. 6
254	论翻译	尤金著	1984. 8
255	论英汉翻译技巧	中国译协《中国翻译》编辑部选编	1986. 9

（续表）

序 号	题 名	责任者	出版年
256	难字小字典	周行健编	1985. 1
257	牛津—杜登英汉图解词典	（西）杜登，英国牛津大学出版社字典编辑组编	1984. 1
258	农科拉丁文	李鲸石编著	1984. 8
259	农业科技实用英语语法	杨颖，张心毅编	1985. 7
260	农业英语文选	（英）伯科夫选注；李鲸石等译	1982. 7
261	农业英语自修读本（续编）	杨永华主编	1983. 8
262	普通话词义	何霭人著	1985. 6
263	七国语言分类词典（华英、华日、华西、华德、华法、华俄）	左秀露主编	1983. 11
264	千字文写作	闵贵云等编著	1986. 7
265	全国中学生优秀作文选刊（第一辑）	袁金麟编	1985. 6
266	日本语会话课程（1）	东京大学编	1981
267	日本语会话课程（2）	东京大学编	1981
268	日本语会话课程（3）	东京大学编	1981
269	日本语会话课程（4）	东京大学编	1981
270	日本语会话课程（5）	东京大学编	1981
271	日汉英园艺词汇	日本园艺学会编；曲泽洲译	1983. 2
272	日用英语与科技英语	胡衡，胡永久，林金辉等编译	1982. 5
273	日语	朱晖主编	1986. 8
274	日语（第六册）	北京第二外国语学院日语广播讲座组编	1984. 6
275	日语初级教程	上海交通大学科技外语系日德语教研室编译	1981. 1
276	日语读音指南	常瀛生著	1984. 1
277	日语惯用词组辞典	周炎辉主编	1989. 1
278	日语惯用型	周炎辉编	1980. 8
279	日语三十小时	（日）清冈英一原著	1981. 5
280	日语语法	王日和编	1981. 2
281	日语语法难点指南	（日）寺村秀夫等编著；陶振孝译	1989. 4
282	日语注释文选（第五辑）	叶幼华等注释	1981. 6
283	日语自学文选	邱鸿康编	1983. 9
284	日中科技会话（旅日篇）	肇永和主编；哈尔滨科学技术大学日语教研室编	1986. 7
285	如何撰写和发表科学论文	（美）罗伯特 A. 载著；毛裕芳，周灵芝译	1986. 3
286	如何准备托福考试	汤一雯等编	1982. 8
287	上古汉语通假字字典	许伟建著	1989. 1
288	上海科技翻译（第八辑）	《上海科技翻译》编辑部编	1987. 7
289	上海科技翻译（第六辑）	《上海科技翻译》编辑部编	1986
290	上海科技翻译（第七辑）	《上海科技翻译》编辑部编	1987. 5
291	上海科技翻译（第十辑）	《上海科技翻译》编辑部编	1987. 11

（续表）

序　号	题　名	责任者	出版年
292	上海科技翻译（第五辑）	《上海科技翻译》编辑部编	1987. 1
293	实用汉字字典	上海辞书出版社编	1985. 8
294	实用科技法语语法	黄龙编	1980. 2
295	实用现代汉语语法	刘用华等著	1983. 4
296	实用英文信函常用句型	庄义逊编著	1982. 5
297	实用英语惯用法	（英）P. S. 特列基戈著；高鹏遥；罗振涛译	1983. 8
298	实用英语句型 500 例——语法、惯用法	马秉义，张鸿鸣编	1987. 4
299	实用英语正误手册	（英）R. D. 特雷西编著；周少明，王卿译	1987. 12
300	世界语汉语词典	《世界语汉语词典》编译组编	1987. 3
301	世界语原文小词典	卡贝（Kabe）著	1985
302	视听英语（1）	中国高校外语电教协会编	1982. 4
303	视听英语（2）	中国高校外语电教协会编	1982
304	视听英语（3）	中国高校外语电教协会编	1982. 9
305	视听英语（4）	中国高校外语电教协会编	1985. 6
306	视听英语（7）	中国高校外语电教协会编	1983. 6
307	视听英语（8）	中国高校外语电教协会编	1983. 8
308	说文解字注	（汉）许慎编	1983. 2
309	硕士学位研究生入学英语试题汇编（1980—1986 年）	上海市高校招生办公室编	1985. 5
310	硕士学位研究生入学英语试题汇编（1987—1988 年）	上海市高校招生办公室编	1988. 1
311	硕士研究生英语考试辅导	马秉义编	1986. 8
312	四角号码新词典	商务印书馆编	1982. 12
313	四体大字典（第二册）	陈和祥主编	1980. 5
314	四体大字典（第三册）	陈和祥主编	1980. 5
315	四体大字典（第四册）	陈和祥主编	1980. 5
316	四体大字典（第一册）	陈和祥主编	1980. 5
317	俗语典	胡朴安等编	1983. 8
318	速成科技日语阅读手册	孙国钦编著	1981. 9
319	速记法自学指南	李远才，刘儒编著	1986. 1
320	速记基础知识	唐亚伟主编	1986. 3
321	谈谈现代英语新变化	吴传瑞著	1982. 9
322	谈谈写作英语科技论文——常见病句和句型（续）	孙娴柔编著	1984. 7
323	通俗科技英语文选	南京大学外语系公共英语教研室编	1982. 9
324	通俗科技英语文选（第十三集）	南京大学外语系公共英语教研室编	1982. 1
325	通俗科技英语文选（第十四集）	南京大学外语系公共英语教研室编	1982. 9
326	同义词和反义词	高庆赐著	1985. 6
327	图书馆专业英语选读（英汉对照）	《图书馆专业英语选读》注译小组编	1981. 2

（续表）

序 号	题 名	责任者	出版年
328	托福听力测验	钟嘉华编	1980
329	外国文学作品选——古代部分（第一卷）	周煦良	1983. 2
330	外国文学作品选——近代部分（第三卷）	周煦良	1983. 5
331	俄语导论课	北京外国语学院俄语系	1981. 8
332	维汉词典	新疆大学中语系编；《维汉词典》审定组审定	1982. 8
333	维语构词法	赵世杰编著	1983. 4
334	文科英语选读（下）	汪淑钧，郑昌珏	1985. 2
335	文言复式虚词	楚永安	1986. 5
336	文言文基础知识问答	陈蒲清	1984. 5
337	五码查字法简明字典	罗先安编	1984. 6
338	现代俄语的变化和发展	张会森编著	1984. 9
339	现代俄语复合句	周春详编	1981. 5
340	现代科技俄语翻译技术	董金道著	1989
341	现代农业英语文选	李秀云主编	1988. 9
342	现代日汉大词典	宋文军主编	1987. 9
343	现代日本语实用语法（上册）	陈信德著	1980. 9
344	现代日语	（日）吉田弥寿夫主编；上海外语电化教学馆译	1980. 1
345	现代日语句型——按句尾表达意图划分的句型	孙凡，孙群编	1981. 6
346	详解日汉辞典	北京外国语学校编	1983. 4
347	小小汉英词典	严英编	1982. 9
348	歇后语选	吴光文等著	1986. 3
349	写作概论	王凯符，孙移山编	1986. 3
350	写作论谭	刘锡庆等编	1983. 2
351	写作趣谈	李敬尧编	1984. 5
352	写作趣闻录	白润生编	1983. 9
353	新编汉英分类词汇手册	北京外国语学院英语系《新编汉英分类词汇手册》编写组编	1983. 6
354	新编留美托福签证考试资料	钟嘉天编著	1984
355	新编日语外来语词典	史群编	1984. 3
356	新编实用修辞	李裕德编	1985. 9
357	新编英文姓名译名字典	福林图书公司编	1989
358	新部首大字典	王竹溪编纂	1988. 1
359	新俄汉词典	辽宁大学外语系编	1984. 6
360	新法编排汉语词典	万启智编	1985. 7
361	新概念英语	浙江大学语言系《NCE Ⅲ 教学参考书》编写组编	1986. 6
362	新概念英语	（英）亚历山大著；黄次栋等译	1982. 4
363	《新概念英语》自我测试	吴新华编	1989. 9
364	新概念英语单词速记法——兼作英汉双解词典	王同亿编	1986. 12

（续表）

序号	题名	责任者	出版年
365	新概念英语汉译注释	（英）亚历山大编；何立人译注	1985. 8
366	新概念英语——实践与提高	江于翔编著	1983. 8
367	新汉德词典	北京外国语学院德语系《新汉德词典》编写组编	1985. 8
368	新日汉辞典	大连外国语学院《新日汉辞典》编写组编	1982. 5
369	新日语	（日）吉田弥寿夫编；张生林译	1982. 2
370	新闻英语阅读课程	吴国燹著	1987. 2
371	新英汉词典	《新英汉词典》编写组编	1985. 6
372	星期日广播英语选编（一）	中央人民广播电台英语教学组编	1984. 7
373	修辞与逻辑（语文知识电视讲座）	吴家珍等编	1982. 11
374	袖珍英语习语词典	卢永建主编	1985. 1
375	选词	李嘉耀著	1985. 8
376	岩波日中辞典	仑石武四郎，折敷濑著	1986. 6
377	研究生英语考试指导与练习	陈开山，贾淑琴编	1984. 12
378	应试托福同义词词典	郑太平编著	1989. 4
379	应用写作基础	张文田，邓乃刚编	1986. 3
380	应用写作资料汇编	李景隆，孟繁华编	1983. 5
381	英法商业书信指南	章鸿业编	1984. 8
382	英汉大学词典	王同亿主编	1986. 11
383	英汉翻译手册	钟述礼著	1980. 3
384	英汉汉英新编翻译手册	罗斯编	1981. 4
385	英汉双解常用英语同义词手册	杭宝桐，朱钟毅编著	1984. 8
386	英汉双解牛津初级英语学习词典	英文本 Shirley Burridge 编；双解本刘世沐，郑荣成审定	1986. 11
387	英汉图文对照词典	《英汉图文对照词典》翻译组编	1984. 9
388	英汉新难词词典	王同亿主编	1985. 12
389	英华大词典	郑易里等编	1987. 1
390	英文模范作文 120 篇（英汉对照）	文辉编著	1980. 3
391	英文新字字典	罗斯主编	1981. 2
392	英语	温才鉴主编	1986. 8
393	英语（第 2 册）	陈林主编	1982. 5
394	英语（第 3 册）	陈林主编	1980. 11
395	英语（第 4 册）	陈林主编	1981. 3
396	英语（第 1 册）	陈林主编	1981. 5
397	英语（第三册）	许国嶂主编	1987
398	英语（第四册）	许国嶂主编	1987
399	英语（第一册）	许国嶂主编	1987
400	英语（三）	杜秉正，沈一鸣编	1982. 1
401	英语（下册，分析化学专业用）	张勖超，邱启凡编	1985. 6
402	英语常用动词用法词典	张道真编著	1981. 9

（续表）

序　号	题　名	责任者	出版年
403	英语常用短语词典	南京大学外文系英语教研室编	1982. 1
404	英语成对词	汪榕培，顾雅云编著	1988. 9
405	英语动词时态用法新释	（英）米林顿·沃德 J. 著；魏焕华译	1987. 6
406	英语国家概况	陈景民，朱小棣选注	1985. 2
407	英语介词习语词典	（英）弗富德里克·托·伍德著	1983. 4
408	英语考试复习指导（供报考硕士学位研究生和出国生使用）	汪礼瑞等主编	1985. 7
409	英语科普文选（第三集）	（英）G. C. 索恩利编著；京广英译	1981. 5
410	英语科普文选（第五集）	（英）G. C. 索恩利编著；京广英译	1984. 4
411	英语科普知识 909 问答	田静先，许勤秋编	1986. 6
412	英语口语自我训练手册	谭云杰编著	1989. 12
413	英语快速阅读教学手册	《快速阅读教学手册》编译组，（英）爱德华·弗赖博士著	1984. 2
414	英语世界（1982 年第 1 期）	《英语世界》编辑部编	1985. 11
415	英语世界（1982 年第 2 期）	《英语世界》编辑部编	1982. 5
416	英语世界（1982 年第 3 期）	《英语世界》编辑部编	1982. 6
417	英语水平考试指南	朱月珍编	1983. 1
418	英语四千单词百日通	蓝之中，王耀庭编著	1982. 8
419	英语速记教程	李会平编	1986. 12
420	英语新习语汇编	冯翠华编；吴长镛译	1982. 5
421	英语姓名译名手册	辛华编	1981. 11
422	英语谚语概说	曾自立著	1983. 12
423	英语用中学	吴道存编著	1986. 11
424	英语语法和用法参考手册	波特，裴林著；刘正琰译	1989. 12
425	英语语法实例词典	（德）A. 伦哈迪（Arnold Leonhardi）著	1986. 8
426	英语语法手册（修订第三册）	薄冰，赵德鑫等编	1982. 6
427	英语语法学	姚善友著	1983. 2
428	英语转换修辞句法	庞人骐编著	1985. 11
429	英语自学手册（第 1 册）	石孝殊主编	1983. 6
430	英语自学手册（第 2 册）	石孝殊主编	1983. 6
431	英语自学手册（第 3 册）	石孝殊主编	1985. 11
432	英语自学手册（第 4 册）	石孝殊主编	1987. 5
433	幽默 100 则	李威伦著	1983. 4
434	语法答问	朱德熙编	1985. 7
435	语法研究和探索（二）	中国语文杂志社编	1984. 4
436	语文现代化（1980 年第四辑）	高等院校文字改革学会筹备组编	1980. 12
437	语言学概论	高名凯，石安石编	1983. 1
438	语言与语言学词典	（英）哈特曼，斯托克著；黄长著等译	1981. 1
439	语音文字规范化手册	上海师范大学教务处编	1986. 12
440	远东英英、英汉双解成语大辞典	梁实秋主编	1981. 1
441	怎样标点古书	管敏义著	1985. 11

（续表）

序　号	题　名	责任者	出版年
442	怎样写学术论文	王力，朱光潜等编	1981.5
443	怎样写作科学论文	（英）M. 奥康纳，F. P. 伍德福德著；来凤琪译	1983.11
444	中国成语大辞典	上海辞书出版社编	1987.8
445	中国大百科全书：语言文字	中国大百科全书总编辑委员会《语言文字》编委会，中国大百科全书出版社编辑部编	1988.2
446	中国翻译简史——“五四”以前部分	马祖毅著	1984.7
447	中国古代字典辞典概论	钱剑夫著	1986.1
448	中国人用理科日语	（日）东京外国语大学附属日本语学院编；张生林等编译	1986.9
449	中国实用文体大全	刊授大学编著	1984.1
450	中国字典史略	刘叶秋著	1983.6
451	中国组织机构英译名手册	新华社对外新闻编辑部编	1986.12
452	中华成语大辞典	向光忠等主编	1986.12
453	中级俄语（上册）	北京外国语学院俄语系编	1982.6
454	中级科技英语文选	冯其成，路文君编	1988.7
455	中外比喻词典	薛梦得编纂	1986.1
456	中文大辞典（第10册）	《中文大辞典》编纂委员会编纂	1982
457	中文大辞典（第11册）	《中文大辞典》编纂委员会编纂	1982
458	中文大辞典（第12册）	《中文大辞典》编纂委员会编纂	1982
459	中文大辞典（第15册）	《中文大辞典》编纂委员会编纂	1982
460	中文大辞典（第17册）	《中文大辞典》编纂委员会编纂	1982
461	中文大辞典（第18册）	《中文大辞典》编纂委员会编纂	1982
462	中文大辞典（第19册）	《中文大辞典》编纂委员会编纂	1982
463	中文大辞典（第1册）	《中文大辞典》编纂委员会编纂	1982
464	中文大辞典（第20册）	《中文大辞典》编纂委员会编纂	1982
465	中文大辞典（第24册）	《中文大辞典》编纂委员会编纂	1982
466	中文大辞典（第25册）	《中文大辞典》编纂委员会编纂	1982
467	中文大辞典（第26册）	《中文大辞典》编纂委员会编纂	1982
468	中文大辞典（第27册）	《中文大辞典》编纂委员会编纂	1982
469	中文大辞典（第34册）	《中文大辞典》编纂委员会编纂	1982
470	中文大辞典（第39册）	《中文大辞典》编纂委员会编纂	1982
471	中文大辞典（第5册）	《中文大辞典》编纂委员会编纂	1982
472	中文大辞典（第9册）	《中文大辞典》编纂委员会编纂	1982
473	中学俄语常用词例解及练习（第二册）	北京市海淀区教师进修学校编	1983.2
474	中学俄语常用词例解及练习（第一册）	北京市海淀区教师进修学校编	1981.11
475	中学古文实词例解	杨直培	1985.11
476	中学文言语法举要	朱声琦	1980.7
477	中学英语词汇大全	达尔编	1984.8
478	中英俄会话与词汇手册	赵兴仁，杨松林编著	1980.5

（续表）

序号	题名	责任者	出版年
479	综合英语成语词典	《综合英语成语词典》编写组	1985.9
480	最新日语（第一册）	日本国际学友会编；张生林，杨寿聃编译	1987.4
481	作文描写手册	刘大公等编	1985.9

（6）1990—1999年

序号	题名	责任者	出版年
1	出国知识大全	景亮著	1990.4
2	错别字手册	李利编著	1990.4
3	大学英语六级考试分类题解	张德中主编	1991.4
4	大学英语六级考试模拟试题集	罗兰主编	1991.1
5	大学英语四级考试最新模拟试题详解	王迈迈等编著	1991.3
6	大学英语听力理论与技巧	王连瀛编著	1992.8
7	杜登日汉图解辞典	蓝若冰译	1990.2
8	俄语疑难问题解答	黄健	1992.1
9	俄汉科技翻译技巧——翻译新探	阎德胜	1992.6
10	俄华农业会话	（苏）越·尼·布拉维约夫著；陈敏仁译	1959
11	俄英汉会话手册	刘京善译；杨志军校	1990.3
12	俄语常用词搭配词典	肖雨潞，吕国军编	1990.2
13	俄语常用固定组合词典	康兆安等	1990.2
14	俄语口语语法概论	徐翁宇	1990.2
15	高级英语阅读训练（大学英语四、六级应试）	李正中主编	1992.1
16	公务文书写作知识（修订本）	郑玉豪编著	1993.5
17	汉俄对等成语词典	谢载福等编	1990.7
18	汉俄实用词典	张后尘，李秀中主编	1991.12
19	汉英俄商贸旅游实用会话	杨绍林，何荣参，李培清编著	1993.12
20	汉英通用词典	柳闻主编	1990.5
21	汉英新词语汇编（A CHINESE—ENGLISH DICTIONARY OF NEOLOGISMS）	李振杰等编	1990.1
22	汉语常用字古今对比字典	刘庆俄，侯刚编	1992.3
23	汉语大词典（第十一卷）	罗竹风主编	1993.6
24	汉语多用词典	林杏光编著	1990.4
25	汉语量词俄汉详解	李德祥编著	1990.6
26	汉语修辞新篇章——从名家改笔中学习修辞	倪宝元著	1992.1
27	汉语字典——表形码编排	蒋文钦主编；吴蓉江副主编	1992.6
28	佳句秀语大辞典	文汇等编	1991.12
29	讲俄语	应云天等编	1990.6
30	今日苏联俄语会话（俄汉对照本）	林芳著译	1990

（续表）

序　号	题　名	责任者	出版年
31	九十年代托福听力应试指南	蔡江浓著	1991. 4
32	科技论文撰写及投稿指南	张平官等著	1993. 7
33	科技日语惯用型 1000 例	裴聿修编	1991. 7
34	科技英语 900 句	盛芝义等编	1992. 1
35	科技英语翻译方法	阎庆甲，阎文培编著	1992. 6
36	科技英语翻译技巧（Translation Techniques for Science English）	王泉水著	1991. 12
37	科技英语翻译中的陷阱、误区及其他	邵启祥著	1991. 9
38	科技英语构词法	林华清等编	1992. 3
39	科技英语写作	杨自辰编著	1991. 1
40	历代典故辞典	陆尊梧等编著	1990. 12
41	美国科技英语阅读（英汉对照本）	王蓝译，陈在权，韦振雄注	1991
42	美国之音科技新闻选——英语听力阅读材料	梁淑珍编	1991. 9
43	农业日语自修读本	金成一等	1990. 5
44	日文书信大全（日汉对照）	宁德辉等编译	1990. 2
45	上海科技翻译（第 25 期）	《上海科技翻译》编辑部编	1991. 2
46	上海科技翻译（第 27 期）	《上海科技翻译》编辑部编	1991. 8
47	上海科技翻译（第 28 期）	方梦之主编	1991. 11
48	身临其境——出国人员培训中级英语口语教材	向红笳编译	1992. 8
49	实用汉英分类词典	朱金华主编	1994. 2
50	实用汉语参考语法	李英哲等编著；熊文华译	1990
51	实用科技文体大全	李炳炎著	1991. 5
52	实用商业俄语	李维颐，王鹤乔编	1992. 12
53	俗语典故精选	仁赫主编	1991. 2
54	速成英文交际会话	林保罗编著	1990. 7
55	缩写词	联合国粮食及农业组织编	1983
56	托福词汇练习 300 题	王晓东编	1993. 4
57	托福等英语考试阅读部分——点式解题技巧	铁超，周滨编	1993. 6
58	托福快速听力法	王连瀛，邢纪静编	1992. 9
59	托福听力一千五百题	肖岱文编	1991. 5
60	新俄汉双解词典	潘强等译	1990. 12
61	新概念英语练习答案大全	褚一心等编著	1990. 1
62	新修订《标点符号用法》分析与练习	宋建民，张雪梅编著	1990. 6
63	新英汉词典	《新英汉词典》编写组编	1990. 4
64	新英语 900 句	韦振雄主编；周炳兰等译注	1991. 9
65	新英语教程（第二册）	《新英语教程》编写组编	1991. 7
66	新英语教程（第三册）	《新英语教程》编写组编	1992. 1

（续表）

序号	题名	责任者	出版年
67	应用文大全（英汉对照）	张立民等编	1994. 1
68	英汉分级词典	黎明生等编	1994. 5
69	英汉汉英词典	孙涛主编	1996. 1
70	英汉双解词典	《英汉双解词典》编写组编	1990. 7
71	英语动词用法和意义	（英）杰弗里·里奇著；赵建成译	1991. 5
72	英语科技论文写作概要	钱绍昌编著	1993. 1
73	英语科技情报文献阅读	尤毓国编著	1991. 1
74	英语强化训练、测试与分析系统	周禄元等编	1991. 11
75	英语听说（上）	张道真编	1991. 3
76	英语听说（下）	张道真编	1991. 4
77	英语同音异义词	张兰青编著	1993. 8
78	英语学习典型错误例析	余生泽等主编	1991. 1
79	英语语法详解（The Grammer Book an ESL/EFL Teacher's Gourse）	（美）M. 塞尔斯·默西尔，D. 拉森·弗里曼著；冯启忠，林裕音译	1991. 8
80	英语语法要诀与注释（英语语法速记法）	王爱本编著	1991. 5
81	增加英语词汇 101 法	郑国强编著	1991. 12
82	中国典故大辞典	成志伟，辛夷主编	1991. 9
83	中国熟语大典	申俊主编	1990. 6
84	中外名言大辞典	李振澜	1991. 2
85	中英日实用会话手册	狄小龙等编	1992. 1
86	最新日汉辞典	吴振坤主编	1992. 2
87	最新硕士研究生入学英语考试强化练习册	钱金泉等	1990. 12

I 文学

本部分共收编文学类图书书目 4 098条。其中，收编 1949 年以前出版的该类图书书目 5 条，1950—1959 年 1 270条，1960—1969 年 649 条，1970—1979 年 933 条，1980—1989 年 1 207条，1990—1999 年 34 条。具体目录如下。

(1) 1949 年以前

序号	题名	责任者	出版年
1	不屈的人们	(苏) 鲍·戈尔巴托夫著；水夫译	1945. 1
2	红莫尔顿	(丹) 马丁·安德孙·尼克索著；徐声越译	1939. 9
3	两汉文学史参考资料	北京大学中国文学史教研室选注	1939. 1
4	清平山堂话本	(明) 洪楩编	1929
5	十字街头（合订本）	上海文艺出版社	1932. 3

(2) 1950—1959 年

序号	题名	责任者	出版年
1	1958 短篇小说选	作家出版社编辑部选编	1959. 11
2	1958 江苏新民歌	江苏文艺出版社	1959. 7
3	1958 年曲艺选	曲艺月刊编辑部编选	1958
4	1959 年上海民歌选	中共上海市委宣传部编	1959. 9
5	阿尔巴尼亚诗选	(阿尔巴) 安东·萨科·恰佑比等著；戈宝权等译	1959. 11
6	阿凡提的故事	中国民间文艺研究会编	1959. 8
7	阿拉贡文艺论文选集	(法) 阿拉贡（L. Aragon）著；盛澄华等译	1958. 1
8	艾森豪威尔内幕故事	(美) 罗伯特·杜诺万（Robert J. Donovan）著；马立浩摘译	1959. 12
9	艾芜短篇小说集	艾芜著	1953. 11
10	爱憎交织图	王文兵，高焰著	1959
11	爱做报告的人	萌芽编辑部编	1957. 5
12	安东尼与克柳巴	(英) 莎士比亚著；曹未风译	1959. 12
13	安徽歌谣	中国民间艺术研究会，安徽省文化局编	1959
14	安娜·卡列尼娜（上）	(俄) 列夫·托尔斯泰著；周扬译	1956. 11
15	安娜·卡列尼娜（下）	(俄) 列夫·托尔斯泰著；周扬译	1956. 11
16	安徒生童话选	(丹麦) 安徒生著；叶君健译	1956. 1

（续表）

序　号	题　名	责任者	出版年
17	奥地利	杨重光著	1959.9
18	八十天环游地球	（法）儒勒·凡尔纳原著；沙地译	1958.2
19	八月的乡村	萧军	1955.4
20	巴甫里克·莫洛卓夫	（苏）施巴乔夫著；黎央译	1959.5
21	巴金文集（第八卷）	巴金著	1959.6
22	巴金文集（第二卷）	巴金著	1958.3
23	巴金文集（第九卷）	巴金著	1959.1
24	巴金文集（第七卷）	巴金著	1959.6
25	把一切献给党	吴运铎著	1959.4
26	白桦	（苏）布宾诺夫著；徐克刚译	1952.1
27	白金国的爱素丹	（苏）凯尔巴巴耶夫著；王民泉等译	1951.7
28	白兰花	乔林编著	1956.11
29	白蛇传	赵清阁著	1956
30	白石诗词集	（宋）姜夔编著；夏承焘校辑	1959
31	白氏讽谏	（唐）白居易等撰；中华书局上海编辑所编	1958
32	白兔记	（明）无名氏著	1959.12
33	白族民歌集	中国科学院文学研究所民间文学组编；杨亮才，陶阳整理	1959.4
34	百花齐放	郭沫若著	1959.4
35	百花齐放	郭沫若著	1959.8
36	百炼成钢	艾燕著	1958.5
37	百鸟衣	韦其麟著	1959
38	百万富翁总管（小说）	姚鼎生著	1952.1
39	百万雄师下江南	江苏人民出版社编	1959.8
40	拜达尔大门	（苏）盖拉西莫娃著；姚承业等译	1956.6
41	拜访集	（罗）卡拉迦列著；林新译	1956.5
42	包法利夫人	（法）居斯达夫·福楼拜著；李健吾译	1958.3
43	保卫鲁迅的战斗传统	陈鸣树著	1959.8
44	保卫延安	杜鹏程著	1954.6
45	暴风雨的年代	（英）乔治·哈迪著；齐仁等译	1958.1
46	悲惨世界（雨果选集二）	（法）维克多·雨果著；李丹等译	1959.6
47	悲惨世界（雨果选集一）	（法）维克多·雨果著；李丹等译	1958
48	悲壮的颂歌	（苏）尼·包戈廷	1959.9
49	“北方人”号远征记	（苏）鲍·雅格林克著；清河译	1956.4
50	北极蜜	（苏）普里西文著；陈良廷等译	1953.1
51	北极星	（法）戈勒特·维维埃著；傅辛译	1956.4
52	北间岛	（朝）韩明泉著；冰蔚译	1959.3
53	北京的传说	金受申编著	1959.9
54	北京的节日	韩忆萍编	1959.9

（续表）

序　号	题　名	责任者	出版年
55	北京短剧选	北京市文学艺术工作者联合会编	1959. 12
56	北京工人诗百首	北京出版社编	1959. 1
57	北京—莫斯科	朱子奇著	1956. 7
58	北京清河制呢厂五十年	清河制呢厂厂史编委会编著	1959. 1
59	北京曲艺选	北京市文学艺术工作者联合会编	1959
60	北京在前进——特写选集（1949—1958 年）	北京出版社编	1959. 9
61	北望园的春天	骆宾基撰	1953. 6
62	北线凯歌	穆欣著	1956. 6
63	贝劳杨尼斯的故事	（希）阿·巴尔尼斯著；飞白译	1959. 4
64	贝希尔诗选	黄贤俊译	1959
65	被出卖了的春天	（英）杰克·林赛（Jack Lindsay）著；姜华译	1959. 5
66	被开垦的处女地	（苏）M. A. 萧洛霍夫撰；孟凡改编	1951. 2
67	被迫着陆	（苏）尼古拉·托曼著；邱佳木译	1956. 2
68	奔流集	桑嘉著	1959. 9
69	崩溃（左拉选集）	（法）左拉著；华素译	1959. 4
70	比尔·麦凯大哥	（美）菲力浦·鲍诺斯著；黄钟，尚振译	1955. 7
71	碧海丹心	梁信著	1959. 12
72	碧海红旗（短篇小说集）	李养正著	1955
73	碧海红心	解放军文艺出版社	1959. 1
74	碧绿的湖泊	尼尼著	1958
75	边疆海燕	沈凯著	1959
76	边疆潜伏哨	叶蔚林著	1959. 9
77	边界上	公浦，季康著	1957. 3
78	变天记	张雷	1959. 9
79	别林斯基选集（第一卷）	满涛译	1959
80	冰化雪消	李准著；郭振绘图	1956. 1
81	冰心小说散文选集	谢冰心著	1954. 9
82	兵歌选集	广州部队政治部宣传部编	1959. 4
83	并非虚构的故事	俞林等撰	1955. 1
84	波尼伍尔的心（第二部）	（苏）德姆·纳吉什庚著；林林译	1958. 7
85	波尼伍尔的心（第三部）	（苏）德姆·纳吉什庚著；林林译	1958. 7
86	波斯人信札	（法）孟德斯鸠（Montesquieu）著；罗大冈译	1959. 3
87	不倒的红旗	陈农菲著	1959. 12
88	不光荣的权力	（澳）弗兰克·哈代著；叶封，朱惠译	1959
89	不老松	张明，方徨著	1959
90	不死的王孝和	柯蓝，赵自著	1959. 12
91	不死鸟	朴世永等著	1959. 4
92	不夜的村庄	周正行执笔	1959. 1

（续表）

序　号	题　名	责任者	出版年
93	不走正路的人	杨波著	1955. 6
94	布哈拉	（苏）萨德里丁·艾尼著；千羽，卜洛译	1957
95	布莱希特选集	（德）布莱希特，B. 著；冯至等译	1959
96	采风小纪	肖甘牛著	1959
97	采蒲台	孙犁撰	1954
98	蔡文姬	郭沫若著	1959. 4
99	惨痛的事实	（苏）列夫·林柯夫著；江苏省中苏友好协会译	1956
100	曹操集	中华书局编	1959. 7
101	草木子	（明）叶子奇著	1959. 5
102	草原烽火	乌兰巴干著	1959. 1
103	草原上的城市	（苏）A. C. 绥拉菲莫维奇著；金人译	1959
104	草原之歌	任萍编剧；罗宗贤作曲	1959. 8
105	昌黎民歌选	河北昌黎县文联	1959. 9
106	长桥万里	中共丰台桥梁工厂委员会宣传部	1959. 9
107	长生殿	洪昇	1958. 5
108	长征 25000 里（中国的红星）	（美）斯诺著；赵一平等译	1950. 3
109	长征路上（叙事诗）	刘非等	1959. 7
110	车轮的辙印	李准著	1959. 9
111	车尔尼雪夫斯基论文学（上卷）	（苏）H. Γ. 车尔尼舍夫斯基著；辛末艾译	1956. 6
112	沉默的村庄（德汉对照）	（德）W. 布莱德尔著；张威廉译注	1959. 4
113	沉默的防御工事	（捷）杨·德尔达（Jan Drda）著；闵凡，劳荣译	1956. 6
114	城堡	（英）阿·约·克朗宁著；主万译	1959. 11
115	城与年	（苏）斐定著；曹靖华译	1958. 6
116	乘风破浪	草明著	1959. 9
117	吃黑面包的孩子	（法）比尔·卡玛拉著；严大椿等译	1958. 2
118	吃新集	胡学文著	1959
119	赤叶河	阮章竞编剧	1959. 11
120	冲击柏林：柏林会战参加者的回忆、信扎和日记	（苏）B. C. 维塞洛夫主编；付克，白佳等译	1954. 1
121	仇敌集（契诃夫小说选集二十四）	（俄）契诃夫著；汝龙译	1958. 3
122	仇恨	（罗）杜米特里乌著；马云译	1955
123	丑小鸭	（丹）安徒生著；赵海天译	1959. 5
124	出路	陈每著	1959. 7
125	初春时节	艾芜著	1958. 11
126	初鸣集	康濯著	1959
127	初升的太阳	江苏人民出版社编	1959. 6
128	初升的太阳	（苏）列夫·卡西里著；邹绛，刘丙吉译	1957. 8
129	春	李芾甘（巴金）	1955

（续表）

序　号	题　名	责任者	出版年
130	春到工地	王黎拓著	1958. 8
131	春风集	臧克家著	1959. 3
132	春光无限好	沙鸥著	1958. 11
133	春天的故事（短篇小说集）	征农著	1957
134	春天来到了鸭绿江（“潜力”第一部）	雷加著	1959. 12
135	春天漫笔	魏巍著	1959. 7
136	春莺颂	袁水拍著	1959. 9
137	词律	（清）万树辑	1958. 2
138	从寂寞中走出来——一个家庭的历史	（德）沃尔夫冈·约和著；董问樵译	1958. 5
139	从闽西到浙西	王直著	1959. 12
140	从市集上来	（俄）肖洛姆·阿莱赫姆著；陈珍广译	1959. 9
141	从小要爱护名誉	（苏）毕尔文采夫著；林秀译	1958. 1
142	徂徕山上红旗飘	中国人民解放军济南部队政治部宣传部编	1958. 8
143	崔曙海小说集（朝鲜）	李圭海著	1959. 6
144	存见古琴曲谱辑览	查阜西编	1958. 9
145	打赌集（契诃夫小说选集）	（俄）契诃夫撰；汝龙译	1957. 12
146	打铁的姑娘	应锡康等著	1959. 6
147	大别山上红旗飘	何耀榜讲；苏波记	1959
148	大地的海	端木蕻良（满族）著	1957
149	大房子	（阿尔及利亚）狄普著；郝运译	1959. 7
150	大家庭	（苏）纳赛特金著；李霖等译	1959. 8
151	大路	（苏）伊林柯夫著；党凤德译	1955. 1
152	大胖和小胖	余开选等著	1958. 12
153	大破连环阵（萌芽曲艺选）	萌芽编辑部	1959. 6
154	大青山地下	张少庭著	1958. 3
155	大铁箱	（苏）阿·沃依诺夫著；珞峰译	1955. 1
156	大同江	韩雪野著	1959. 4
157	大卫·科波菲尔	（英）狄更斯，董秋斯译	1958. 4
158	大学生	特里佛诺夫著	1952. 12
159	大跃进的标兵（先进青年作家选集）	中国青年出版社编	1959. 12
160	大战孟良崮	天津人民出版社编	1959
161	丹贝拉	（印尼）宋塔尼著；黄元焕译	1959. 4
162	当乌云密布的时候	萧玉著	1959. 9
163	当祖国号召的时候	（苏）乌·莫斯科夫斯基著；清河译	1954
164	党的儿子	中国作家协会山东分会编	1959. 12
165	党的儿子——基洛夫的故事	（苏）尤·李别进斯基，布洛克著；荣如德译	1959
166	党的委托	（苏）伊里亚·谢维尔采夫著；乌蒙译	1956. 3
167	党岭山上	吴先恩著	1959. 12
168	岛国的法利赛人	（英）纸翰·高尔斯华绥著；余牧，诸葛霖译	1959. 12

（续表）

序　号	题　名	责任者	出版年
169	到泉水去的道路	（日）广津和郎著；生生译	1959.6
170	得来不易的幸福	（苏）尤利·纳吉宾著；张草纫译	1959.7
171	德黑兰	（苏）谢温茨著；一之译	1959
172	德莱塞	（苏）阿尼西莫夫著；毕生译	1959.7
173	德永直选集（四）	（日）德永直著；刘仲平译	1959
174	登山	（苏）安娜·萨克赛著；徐声越，朱惠译	1955
175	底萨河畔	（苏）阿富捷因柯著；张达三译	1959
176	地道战	李克等著	1959.1
177	地下城末日记	（苏）卡里尼茨基著；田怡译	1957
178	地下的乡村	（捷）伊尔日·马烈克著；林齐译	1956.3
179	地心游记	（法）凡尔纳著；杨宪益等译	1959
180	第三代	祖巴文著；万方泰译	1956.7
181	第一个回合	（苏）沙罗夫著；黄孝楷译	1959.1
182	第一届全国曲艺汇演作品选集（上册）	上海文艺出版社	1959.8
183	第一届全国曲艺汇演作品选集（下册）	上海文艺出版社	1959.8
184	第一犁	李方立著	1958.8
185	电影《红霞》歌曲选集	石汉作词；张锐作曲	1959.6
186	东风歌	田间著	1959
187	东风化雨（第一部）	羽山，徐昌霖著	1959.8
188	东风万里	中国青年出版社编辑	1959
189	东南亚散记	周而复著	1956
190	冬战——莫斯科外围战	（德）贝希尔（Johannes R. Becher）著；金东译	1959.9
191	董存瑞的故事	丁洪等著	1955.6
192	读曲小记	赵景深著	1959.7
193	独幕剧选（1952—1958年）	春风文艺出版社编辑	1959.9
194	杜勃罗留波夫选集	辛未艾译	1959.12
195	杜尔太太的道德	（波兰）查波尔斯卡娅·加著；陈锌译	1959.6
196	杜甫研究	萧涤非著	1959.9
197	杜诗散释	傅庚生著	1959
198	短篇小说的丰收	作家出版社编辑	1959.5
199	短篇小说选（上海十年文学选集，1949—1958年）	上海十年文学选集编辑委员会编	1959.9
200	敦煌变文字义通释	蒋礼鸿著	1959
201	顿河故事	（苏）肖洛霍夫编；草婴译	1959
202	俄罗斯古典作家论（上）	（苏）季莫菲耶夫等	1958.9
203	俄罗斯苏维埃文学简史	（苏）季莫菲耶夫著；殷涵译	1959
204	儿童文学、儿童电影、儿童音乐	高拱宸译	1954.2
205	二十年目睹之怪现状	（清）吴趼人著	1956.9
206	法国文学简史	（苏）普什科夫编著；盛澄华，李宗杰译	1958.1
207	法郎士短篇小说集	法郎士著；赵少侯译	1956.7

（续表）

序 号	题 名	责任者	出版年
208	繁荣与饥饿的年代	（美）明顿，司徒尔待著；包玉珂译	1957.5
209	范成大诗选	周汝昌著	1959.4
210	贩卖黑奴（新惊险小说译丛）	（德）彼得·维普（Peter Wipp）著；廖尚果译	1957.7
211	方志敏战斗的一生	缪敏著	1958.5
212	访康藏高原	杨居人著	1955.8
213	访苏演出散记	陶雄著	1957.8
214	彷徨	鲁迅著	1956.9
215	放声歌唱	贺敬之著	1959
216	飞碟	（德）弗里德利希·沃尔夫著；董问樵译	1956
217	飞筐	林斤澜著	1959.12
218	飞鸟集	（印度）泰戈尔著；郑振铎等译	1956.7
219	飞行跃进的人们	刘大为著	1959
220	匪巢覆灭记	（苏）葛·布良采夫著；吴景平译	1959
221	沸腾的九十年代	（澳）卡·苏·普里查德（Katharine Susannah Prichard）著；贝金译	1959
222	丰收的故事（佐劳道特侠奇尼柯）	（苏）列鲍柯列奇著；姚艮译	1954.3
223	丰收集	中国作家协会长春分会编	1959.9
224	风驰电闪	邹荻帆著	1959.6
225	风向所趋	（墨）何塞·曼西西多尔著；袁湘生译	1956.4
226	风雪儿女	张忠运，马令勋著	1958.1
227	风雪之夜	王汶石著	1959.9
228	枫洛池	甘肃省戏曲剧院剧目组集体创作	1959
229	浮草日记	（日）八住利雄著；李正伦译	1959.5
230	浮沉	艾明之著	1957.11
231	福建歌谣（中国各地歌谣集）	“热风”编辑部编	1959.9
232	福建民歌	中共福建省委办公厅编	1958.5
233	福玛·高尔杰耶夫（高尔基选集）	（俄）高尔基著；绮雨译	1959.6
234	腐蚀	茅盾著	1958.9
235	妇女乐园	（法）左拉（Emile Zola）著；侍桁译	1959.9
236	复活	（俄）托尔斯泰著；汝龙译	1958
237	傅立叶选集（第二卷）	（法）傅立叶著；庞龙译	1959.9
238	傅立叶选集（第一卷）	（法）傅立叶著；汪耀三译	1959.9
239	腹地	（巴西）欧克里德斯·达·库尼亚	1959.1
240	盖尔达选集（第一卷）	（苏）盖尔达著；曹靖华等译	1959.9
241	赶车传（上卷）	田间著	1959.9
242	钢	（德）玛丽亚·兰格诺尔著；刘德中译	1956.1
243	钢花怒放诗万篇	新疆人民出版社编	1959.6
244	钢铁是怎样炼成的	（苏）尼·奥斯特洛夫斯基著；梅益译	1952.1
245	钢铁子弟兵（第2集）	通俗文艺出版社编辑部编辑	1958.1
246	钢铁子弟兵（第3集）	通俗文艺出版社编辑部编辑	1958.1

（续表）

序　号	题　名	责任者	出版年
247	高尔基剧作集（1）	（俄）高尔基著；林陵等译	1959
248	高尔基剧作集（2）	（俄）高尔基著；方信译	1959
249	高尔基剧作集（3）	（俄）高尔基著	1959.9
250	高尔基作品选	（俄）高尔基著；巴金译	1956.6
251	高尔基作品选读	（俄）高尔基著；韦光华选注	1959.8
252	高尔兹镇	（德国）史悌芬·海姆（Stefan Heym）著；高殿森译	1959.9
253	高山大峒	韩北屏著	1956.4
254	高士其科学小品甲集	高士其著	1958
255	戈壁旅伴	李季著	1959.9
256	戈雅	（德）里昂·孚希特万格（Lion Feuchtwanger）著；红光译	1959
257	革命的母亲	陈静波著	1959.8
258	革命风格比天高	肖英著	1959
259	革命歌曲选（二）	现代民间文学丛书译	1959.7
260	革命故乡的山歌	骆文等著	1959
261	革命烈士诗抄（第三编）	肖三编	1959.4
262	革命民歌集	肖三编	1959
263	给孩子们	张天翼著	1959.9
264	根本办法	上海文艺出版社编	1959.5
265	跟青年谈鲁迅	冯文炳编著	1956.7
266	跟随周副主席十一年	龙飞虎著	1959.9
267	更红集	马少波著	1959.5
268	公鸡的葬礼	（美）班·菲尔德著；王嘉龄译	1958.4
269	公民们	（波兰）布兰迪斯著；林齐译	1959.8
270	宫本百合子选集（第二卷）	（日）宫本百合子著；冯淑兰等译	1959.1
271	宫本百合子选集（第三卷）	（日）宫本百合子著；冯淑兰等译	1959.11
272	共产党人（1）	（法）阿拉贡著；金满城译	1956.7
273	共产党人（2）	（法）阿拉贡著；金满城译	1957.1
274	共产党人（3）	（法）阿拉贡著；金满城译	1957.1
275	共产党人（4）	（法）阿拉贡著；金满城译	1958.6
276	共产党人（6）	（法）阿拉贡著；冯俊岳译	1959.2
277	共产主义的进军（报告）	（苏）凯尔巴巴耶夫等撰；费学译	1953
278	古典小说论丛	刘叶秋著	1959
279	古今小说（上）	冯梦龙编	1958
280	古今小说（下）	冯梦龙编	1958
281	古丽雅的道路	（苏）叶列娜·伊林娜著；任溶溶译	1953.3
282	古文观止	（清）董素平著；宋晶如注译	1959.9
283	鼓吹集	茅盾著	1959.9
284	鼓曲研究	中国曲艺工作者协会编	1959.2
285	故事里面有哲学	程群编著	1958.8

（续表）

序 号	题 名	责任者	出版年
286	故乡和亲人	韦君宜等著	1959. 5
287	顾亭林诗文集	（清）顾炎武著	1959. 8
288	关汉卿戏剧故事集	（元）关汉卿著；焉邑改编	1959. 12
289	关于现实主义	何其芳著	1956. 8
290	管见集	李希凡著	1959. 9
291	光明普照大地	（苏）巴巴耶夫斯基著；赵隆勷译	1954
292	光荣的历程（一）	福建人民出版编	1959. 6
293	光荣的战斗	（英）阿尔德里奇著；刘志谟译	1959. 11
294	广岛姑娘	金羅曼著；王民泉译	1955
295	广东歌谣	广东歌谣编委员会编	1959. 12
296	贵妃醉酒——根据梅兰芳演出录音整理	中国戏曲研究院编	1957. 1
297	贵族之家	（俄）屠格涅夫著	1959
298	国防体育小故事（小说选译）	马恒编译	1959. 4
299	果戈理	（苏）斯捷潘诺夫著；臧之远，丁先译	1954
300	过渡	沙汀著	1959. 1
301	哈克贝利——费恩历险记	（美）马克·吐温著；张友松等译	1956. 6
302	哈克贝利——费恩历险记	（美）马克·吐温著；常健，张振先译	1959. 9
303	哈姆雷特	（英）莎士比亚著	1958
304	海底英雄	（苏）津盖尔著；田怡等译	1956
305	海淀集	何家槐著	1959. 6
306	海华沙之歌	（美）朗弗罗（Henry Wadsworth Longfellow）著；王科一译	1959. 6
307	海狼	（美）杰克·伦敦原著；姚海科改编	1954
308	海上巨龙	大连造船厂编委会编	1959. 9
309	海上侦察兵	郭静波等著	1956
310	海豚礁石	（苏）华吉姆·索布科著；竺光译	1959. 11
311	海峡旁的小屋	（苏）H. 什帕诺夫，A. 普切诺夫著；阮颂铭译	1959. 9
312	海燕	（罗）杜米特里乌著	1959. 11
313	海鹰（电影文学剧本）	陆柱国等著	1959. 5
314	海之歌	（苏）杜甫仁科著；郑雪来等译	1959. 12
315	好的印象	（苏）尼·托曼编；严继中译	1955. 11
316	好人好事（第二集）	中共北京市委宣传部	1959. 1
317	和鲁迅相处的日子	川岛著	1958. 7
318	和平的最强音	石方禹著	1956. 8
319	河北新民歌（第二集）	中共河北省委宣传部编	1959. 2
320	黑潮	（日）德富卢花著；金福译	1959
321	黑石坡煤窑演义	康濯著	1954. 4
322	黑夜与白昼（第一册）	（波）董博罗斯卡著；柯青译	1959. 7
323	狠透铁	柳青著	1957
324	红岸	严辰著	1959. 6

（续表）

序　号	题　名	责任者	出版年
325	红大院	老舍著	1959. 5
326	红姑娘	冯金堂著	1959. 11
327	红军万岁	成荫等编	1959. 8
328	红路	扎拉，戈胡著	1959. 11
329	红旗飘飘（第八集）	中国青年出版社编	1958. 7
330	红旗飘飘（第九集）	中国青年出版社编	1958. 9
331	红旗飘飘（第六集）	中国青年出版社编	1958. 2
332	红旗飘飘（第七集）	中国青年出版社编	1958. 4
333	红旗飘飘（第三集）	中国青年出版社编	1957. 8
334	红旗飘飘（第十二集）	中国青年出版社编	1959. 5
335	红旗飘飘（第十集）	中国青年出版社编	1959. 1
336	红旗飘飘（第十三集）	中国青年出版社编	1959
337	红旗飘飘（第十一集）	中国青年出版社编	1959. 3
338	红旗飘飘（第五集）	中国青年出版社编	1957. 12
339	红旗飘飘（第一集）	中国青年出版社编	1957. 5
340	红旗谱（上）	梁斌著	1959. 7
341	红旗谱（下）	梁斌著	1957. 11
342	红旗颂	蔡天心著	1959. 8
343	红日	吴强著	1957. 7
344	红色的风暴	魏巍，钱小惠著	1957. 3
345	红色的风暴（第一集）	江西人民出版社编	1958. 6
346	红色赣粤边	杨尚奎著	1959. 9
347	红霞	石汉作剧；张锐作曲	1959. 5
348	红与黑	（法）司汤达著；罗玉君译	1959. 9
349	洪波曲（抗日战争回忆录）	郭沫若著	1959. 4
350	洪深文集（第三集）	洪深著；中国戏剧家协会编	1959. 6
351	洪深文集（第四集）	洪深著；中国戏剧家协会编	1959. 6
352	虹光	陈登科编	1956. 4
353	后代	王愿坚著	1958. 11
354	呼兰河传	萧红编著	1954. 5
355	滹沱河畔的歌声	河北万家社会文艺剧作办公室	1959. 7
356	壶井荣小说集	（日）壶井荣著；舒畅，肖肖译	1959. 8
357	湖北地方戏曲丛刊（第九集）	湖北地方戏曲丛刊编辑委员会编	1959. 5
358	湖北地方戏曲丛刊（第十集）	湖北地方戏曲丛刊编辑委员会编	1959
359	华西里·焦尔金：战士的书	（苏）特瓦尔朵夫斯基著；（苏）维列依斯基绘图；梦海译	1959
360	话本选	吴晓铃等选注	1959. 1
361	话剧剧本选（1949—1959 年）	上海十年文学选集编辑部	1959. 9
362	桦树沟	李伯钊著	1958. 8
363	槐花岭（下 曲艺集）	吉林省群众艺术馆	1959. 8

（续表）

序 号	题 名	责任者	出版年
364	欢呼集	藏克家著	1959. 8
365	欢笑的金沙江（第一部 醒了的土地）	李乔著	1959. 12
366	还乡记	沙汀著	1953. 8
367	荒野里响起号角声	钟涛，林予等著	1959. 1
368	黄黎洲诗集	黄宗羲著	1959. 12
369	黄屯的夜晚	舒慧等编	1955. 1
370	回忆安德烈叶夫	（俄）高尔基著；汝龙译	1954. 2
371	回忆广州起义	朱道南著	1959. 9
372	回忆录选（高尔基选集）	（俄）高尔基著；巴金等译	1959. 5
373	会见高尔基	（苏）伊凡诺夫著；吴虞人译	1956. 4
374	火光（祖国三部曲之一）	（苏）安娜·阿列克桑洛芙娜·卡拉瓦叶娃著；顾用中译	1955. 6
375	火光在前	刘白羽著	1954. 1
376	火焰与花	（印）克·钱达著；冯金辛译	1953. 9
377	火中凤凰	洪洋著	1959. 8
378	货郎与小姐	中央实验歌剧院演出剧目选集	1959. 1
379	机器岛	（法）凡尔纳编	1958. 6
380	机智的故事	（苏）鲍·布里瓦洛夫著；雷天等译	1955. 9
381	基利贝也夫船长	（苏）彼·沙任著；邵洪译	1959. 12
382	基洛夫的少年时代	（苏）高露别娃撰；关予素译	1953. 1
383	吉姆爷	（英）约瑟·康拉德著	1958. 12
384	吉亚泰诗选	戈宝权译	1959. 11
385	疾风劲草	（美）玛撒·稻德著；夏照滨译	1959. 6
386	集体农庄主席	（苏）安农奇娜著；田农译	1955. 3
387	集外集拾遗	鲁迅著	1959. 11
388	纪廉诗选（拉丁美洲文学丛书）	（古巴）纪廉著；亦潜译	1959. 4
389	季米特洛夫选集	（保加利亚）季米特洛夫著；高宗禹等译	1953. 1
390	寄到汤姆斯河去的诗	袁鹰著	1959. 1
391	寄自海防前线的诗	李瑛著	1959. 8
392	冀中一日	《冀中一日》写作运动委员会	1959. 7
393	家庭的秘密（苏联小品文集）	（苏）瓦西里耶夫，高列洛夫著；刘光杰，陈幼群译	1956
394	假期回乡日记	王桂芹编	1958. 6
395	坚持到胜利	许邦编著	1956. 6
396	艰难的岁月	杨尚奎著	1959. 8
397	监狱里的斗争	茅理著	1958. 11
398	建国十年文学创作选（曲艺）	赵树理，陶钝主编	1959. 12
399	建国十年文学创作选（散文特写）	严文井编	1959. 12
400	建设的歌	作家出版社编辑部编	1956. 6
401	江岸站的战斗	李信著	1959. 5
402	江山万里	靳以著	1957. 1

（续表）

序　号	题　名	责任者	出版年
403	将军当兵	天津人民出版社编	1959. 5
404	将军的马	戈茅著	1956. 3
405	骄傲的称呼	（苏）莫·沃陀比扬诺夫著；赵杰译	1956. 12
406	焦急的心	（苏）米·兹拉托果洛夫著；北京市中苏友好协会编译科译	1954. 8
407	教育诗（第二部）	（苏）马卡连柯编；许磊然译	1957. 11
408	教育诗（第一部）	（苏）马卡连柯编；许磊然译	1957. 1
409	劫狱	萌芽编辑委员会	1958. 9
410	捷雅河畔	（苏）安·普里希文著；方予译	1959. 4
411	姐妹们	（苏）阿斯卡德·穆赫塔尔著；衷维昭译	1959. 3
412	解放集	萧涤非著	1959
413	解放了的土地	（波）弗·娄姆凯维奇著；冬青译	1953. 9
414	解放区出版文艺作品书目	北京图书馆编	1958. 1
415	介存斋论词杂著	（清）周济著	1959. 1
416	今年的太阳分外红	天津群众艺术馆编	1959. 3
417	金光灿烂	田涛著	1959. 7
418	金窖	（苏）涅姆卓夫著；沈小娴译	1983. 4
419	金陵春梦（第 2 集）	唐人著	1958. 9
420	金陵春梦（第 3 集）	唐人著	1958. 3
421	金陵春梦（第 1 集）	唐人著	1958. 8
422	金马车	（苏）列昂尼德·列昂诺夫著；丁宁，杨敏译	1959
423	金钱	（法）左拉著；金满城译	1958. 8
424	金蔷薇	（苏）康·巴乌斯托夫斯基著；李时译	1959. 1
425	金融家（欲望三部曲之一）	（美）西奥多·德莱塞著；裘柱常译	1959. 9
426	金色的西拉木伦河	照日格巴图著	1959. 7
427	金沙滩	张士杰记	1959. 7
428	金沙洲	于逢著	1959. 11
429	金星英雄	（苏）巴巴耶夫斯基撰；姚艮译	1953. 11
430	晋绥解放区民兵抗日斗争散记	穆欣著	1959. 1
431	京剧汇编（第二集）	北京市戏曲编导委员会	1957
432	京剧汇编（第六集）	北京市戏曲编导委员会	1957
433	京剧汇编（第四集）	北京市戏曲编导委员会	1957
434	京剧汇编（第五集）	北京市戏曲编导委员会	1957
435	经济建设通讯报告选	陆灏等著；人民文学出版社编辑部编	1954
436	荆钗记	（元）柯丹邱	1959. 6
437	警告岬	（俄）依·卢柯夫斯基著；俞殷莱等译	1954. 3
438	警世通言（上）	冯梦龙编	1956. 1
439	警世通言（下）	冯梦龙编	1956. 1
440	静静的顿河	（苏）肖洛霍夫著；金人译	1958. 4
441	镜花缘	李汝珍著	1955. 12

（续表）

序　号	题　名	责任者	出版年
442	九三年	（法）雨果著；郑永慧译	1957.5
443	俊友	（法）莫泊桑著；李青崖译	1957
444	卡玛	（苏）古里亚著；左海译	1954.4
445	卡斯特罗（阿尔维斯诗选）	（巴西）阿尔维斯著；亦潜译	1959.7
446	开花的国土（诗集）	梁上泉著；解放军文艺丛书编辑部编	1957
447	开花的荒野	（英）约翰·高尔斯华绥著；李葆真译	1959.8
448	开拓极地的人们	（苏）萧穆什金著；陈复庵，陈莺译	1956.5
449	凯歌声中话友谊	"中朝友谊"征文编辑部编	1958.1
450	康定藏族民间故事集	西南师范学院中文系康定采风队	1959.7
451	抗联女战士	辽宁人民出版社等联编	1959.8
452	抗日的烽火	廖容标，张藩等著	1958.1
453	考验	（德）威利·布莱德尔著；商章孙，商志馨译	1955.12
454	考验的时期	（苏）П. 尼林著；草婴译	1957.6
455	拷问	（法）亨利·阿莱格（Henri Alleg）著；蒋信译	1958.9
456	科学教育电影剧本选集	上海科学教育电影制片厂编	1956.9
457	科学普及电影剧本的结构	（苏）阿勒特舒列尔著；马生民译	1959.9
458	科学诗	高士其著	1959.9
459	可爱的中国	方志敏著	1952.8
460	克列钦斯基的婚事	（俄）A. B. 苏霍伏·柯贝林著；林耘译	1959.5
461	克鲁齐科夫斯基戏剧集	（波兰）克鲁齐科夫斯基著	1959.7
462	空山不见人	宛石，詠晨著	1959.5
463	孔雀东南飞	张恨水	1959.1
464	苦菜花	冯德英著	1959.8
465	苦力	（印）穆克·拉吉·安纳德（Mulk Raj Anand）著；施竹筠，严绍端译	1955
466	苦难的历程（第二部）	（苏）A. H. 托尔斯泰著	1957.1
467	苦难的历程（第三部）	（苏）A. H. 托尔斯泰著	1958.9
468	苦难的历程（第一部）	（苏）A. H. 托尔斯泰著	1957.1
469	苦社会	中华书局上海编辑所编	1959.8
470	库尔地之光	（苏）列别立赫特著；褚光明改编；郑怀之译	1954
471	快脚鹿	（苏）尼古拉·宋吉克著；沈序译	1959.6
472	矿灯（电影文学剧本）	林艺等著	1959.8
473	矿工	（南非）P. 阿伯拉罕著；复旦大学外文系英文组 1958 年毕业班译	1959.4
474	困难的形势	（匈）乌尔本·艾尔纳著；千易译	1958.4
475	来得容易去得快	（俄）A. H. 奥斯特罗夫斯基著；芳信译	1959.9
476	莱蒙特短篇小说集	（波）乌瓦迪斯瓦夫·莱蒙特著；金锡暇等译	1959.6

（续表）

序 号	题 名	责任者	出版年
477	蓝帕记	韩文洲著	1959. 9
478	蓝色的青枫林	雷加著	1958. 3
479	蓝色的野猪	（苏）伊·古罗著；明人，米萨译	1956. 1
480	蓝色的征途	丁芒著	1959
481	狼迹追踪	（苏）谢维尔金著；侯华甫译	1959
482	狼牙山上的烈火	保定地区人民出版社	1959. 9
483	朗贵罗诗选	杨德豫译	1959
484	浪花集	艾芜著	1959. 1
485	老板	（俄）高尔基著；楼适夷译	1959
486	老工人话当年（第一辑）	工人出版社编	1958. 6
487	老共青团员	常发著	1958. 6
488	老共青团员回忆录	中国青年出版社编	1958. 8
489	老虎新娘（民间故事）	锡光编	1958. 7
490	老舍剧作选	老舍著	1959. 9
491	老水牛爷爷	峻青著	1955. 9
492	乐观的悲剧	（苏）伏谢沃洛德·维塔列维奇·维希涅夫斯基著；孙维善译	1959. 7
493	雷雨	曹禺著	1957. 6
494	离奇的案情	陆自强	1956. 3
495	黎明前的战斗	辽宁人民出版社等编	1959. 8
496	黎明前夜	杨杰著	1959. 6
497	李大钊选集	人民出版社编辑	1959. 5
498	李贺诗集	（唐）李贺著；页葱奇编订	1959
499	理查三世	（英）莎士比亚，（William Shakespeare）著；方重译	1959. 9
500	理性的眼睛	（德）史蒂芬·海姆（Stefan Heym）著；周煦良，叶封译	1957. 6
501	历代妇女著作考	胡文楷著	1957. 11
502	炼	苏鹰著	1959. 12
503	梁山伯与祝英台	赵清阁撰	1955. 1
504	梁漱溟的四十年	李紫翔著	1956. 3
505	两次旅行中国	（苏）B. 史涅伊吉洛夫著；郁有铭，刘星译	1959. 8
506	两叶一芽	（印）穆尔克·拉吉·安纳德著；黄星圻等译	1955. 7
507	辽宁歌谣（中国各地歌谣集）	辽宁民间文艺研究会	1959. 11
508	聊斋志异中的疑难案件	福建司法厅编译	1956. 7
509	列车的摇篮	中共沈阳机车车辆工厂委员会宣传部	1959
510	列洛	（苏）契什维里著；叶冬心译	1957
511	列宁在十月与列宁在一九一八	卡普勒著；林陵，林淡秋译	1956. 5
512	列诺契卡	（苏）古里亚著；吴知译	1958

（续表）

序　号	题　名	责任者	出版年
513	烈火红心	刘川	1959. 1
514	烈火金钢	刘流	1958. 9
515	猎人的姑娘	白桦著	1955. 1
516	林海雪原	曲波著	1957. 9
517	林中居民的信札	（美）托马斯·潘恩著	1959. 6
518	临川先生文集（补遗一卷）	（宋）王安石撰；中华书局上海编辑所编	1959
519	鳞爪集	肖殷著	1959. 7
520	灵泉洞（上部）	赵树理著	1959
521	另一条路	（苏）埃马·格林著；肇堃译	1959. 1
522	流沙河之歌	康朗英著	1959. 11
523	流亡诗集	（伊拉克）白雅帖著；魏和詠译	1959. 9
524	柳亚子诗词选	柳亚子著	1959. 12
525	六十种曲（1）	（明）毛晋编	1958. 5
526	六十种曲（10）	（明）毛晋编	1958. 5
527	六十种曲（11）	（明）毛晋编	1958. 5
528	六十种曲（12）	（明）毛晋编	1958. 5
529	六十种曲（3）	（明）毛晋编	1958. 5
530	六十种曲（5）	（明）毛晋编	1958. 5
531	六十种曲（6）	（明）毛晋编	1958. 5
532	六十种曲（7）	（明）毛晋编	1958. 5
533	六十种曲（8）	（明）毛晋编	1958. 5
534	六十种曲（9）	（明）毛晋编	1958. 5
535	六月霜	（清）静观子著	1959. 8
536	卢贡家族的家运	（法）左拉，（中）林如稷著	1959. 5
537	鲁班纽克一家（第一卷）	（苏）波波夫金著；王子云译	1959. 6
538	鲁迅的故家	周遐寿著	1959. 8
539	鲁迅全集（第八卷）	鲁迅著；人民文学出版社编辑部编	1957. 12
540	鲁迅全集（第二卷）	鲁迅著；人民文学出版社编辑部编	1956. 1
541	鲁迅全集（第九卷）	鲁迅著；人民文学出版社编辑部编	1958. 1
542	鲁迅全集（第六卷）	鲁迅著；人民文学出版社编辑部编	1958. 4
543	鲁迅全集（第七卷）	鲁迅著；人民文学出版社编辑部编	1958. 9
544	鲁迅全集（第十卷）	鲁迅著；人民文学出版社编辑部编	1958. 1
545	鲁迅全集（第四卷）	鲁迅著；人民文学出版社编辑部编	1957. 1
546	鲁迅全集（第五卷）	鲁迅著；人民文学出版社编辑部编	1957. 11
547	鲁迅全集（第一卷）	鲁迅著；人民文学出版社编辑部编	1956. 1
548	鲁迅诗稿	上海鲁迅纪念馆编	1959. 1
549	鲁迅小说集	周树人撰	1952
550	鲁迅小说论集	李桑牧著	1956. 5
551	鲁迅选集（第二卷）	中国青年出版社编辑	1957. 7
552	鲁迅选集（第三卷）	中国青年出版社编辑	1958. 8

（续表）

序号	题名	责任者	出版年
553	鲁迅选集（第四卷）	中国青年出版社编辑	1959.8
554	鲁迅选集（第一卷）	中国青年出版社编辑	1956.9
555	鲁迅选集（下）	人民文学出版社	1959.1
556	鲁迅译文集（第八卷）	人民文学出版社	1958.1
557	鲁迅译文集（第二卷）	人民文学出版社	1958.12
558	鲁迅译文集（第九卷）	人民文学出版社	1959.1
559	鲁迅译文集（第六卷）	人民文学出版社	1959.1
560	鲁迅译文集（第七卷）	人民文学出版社	1958.12
561	鲁迅译文集（第三卷）	人民文学出版社	1959.1
562	鲁迅译文集（第十卷）	人民文学出版社	1959.1
563	鲁迅译文集（第四卷）	人民文学出版社	1958.12
564	鲁迅译文集（第五卷）	人民文学出版社	1958.1
565	鲁迅译文集（第一卷）	人民文学出版社	1959.1
566	鲁迅——中国文化革命的巨人	姚文元著	1959.9
567	鲁迅作品选	中国少年儿童出版社编选	1959.4
568	鲁彦散文集	鲁彦著；	1959.1
569	鲁彦选集	人民文学出版社编	1954.12
570	路温菲尔斯诗选	（美）W. 路温菲尔斯著；方应旸译	1959
571	旅长	（俄）Д. И. 冯维辛著；李时译	1959
572	旅苏会话	刘媛娜编	1955.5
573	绿地狱	（哥斯达黎加）法拉斯著；侯俊吉译	1958.8
574	绿光	（苏）列·索波列夫著；金隄译	1959.3
575	绿叶的秘密	（苏）B. 萨冯诺夫著；章克椮译	1956.9
576	绿叶子的秘密	陈琰著	1957.7
577	论巴若夫的传说	（苏）Л. 斯科林诺著；李俍民译	1954.2
578	论郭沫若的诗	楼栖著	1959.8
579	论鲁迅的创作	张泗洋等著	1956
580	论生活、艺术和真实	萧殷编	1954.3
581	论诗与民歌	安旗著	1959.8
582	论文学与艺术	（苏）日丹诺夫著	1959.6
583	罗马尼亚现代短篇小说选集（第二集）	（罗）贝纽克等著；金易等译	1959.9
584	罗亭	（苏）屠格涅夫著；陆蠡译	1959.1
585	骆驼集（十年来的诗歌选）	郭沫若著	1959.12
586	马凡陀的山歌	袁水拍	1958.7
587	马卡连柯全集（第二卷）	（苏）马卡连柯著；南致善等译	1958.4
588	马卡连柯全集（第七卷）	（苏）马卡连柯著；陈安杰等译	1959
589	马卡连柯全集（第三卷）	（苏）马卡连柯著；《马卡连柯全集》编辑委员会编；文颖等译	1957
590	马特维·克日米亚金的一生（高尔基选集）	（俄）高尔基著；耿济之译	1959.4
591	马蹄铁·尼古阿拉	（罗）萨多维亚努，M. 著；冯俊岳译	1959.11

（续表）

序　号	题　名	责任者	出版年
592	马天贵	黎静编著	1956.5
593	马雅可夫斯基选集（第三卷）	（苏）马雅可夫斯基著	1959
594	玛丽·白登——曼彻斯特的故事	（英）盖斯盖尔夫人（Gaskell）著；佘贵棠，荀枚译	1955
595	买牛记	康濯著	1958.9
596	麦子熟了的时候	董均伦著	1956
597	毛泽东论文艺	毛泽东著	1958.12
598	毛主席诗词讲解	臧克家讲解；周振甫注释	1958.1
599	毛主席在雩都	傅连璋著；安汝盘注	1959.5
600	茅盾文集（第八卷）	茅盾著	1959.6
601	茅盾文集（第二卷）	茅盾著	1958.3
602	茅盾文集（第六卷）	茅盾著	1958.5
603	茅盾文集（第七卷）	茅盾著	1958.9
604	茅盾文集（第三卷）	茅盾著	1958.5
605	茅盾文集（第四卷）	茅盾著	1958.5
606	茅盾文集（第五卷）	茅盾著	1958.3
607	茅盾选集（第一卷）	茅盾著	1959.6
608	没人主持的会（小说、故事）	赵克胜等著	1959.7
609	没用人的一生	（俄）高尔基著；夏衍译	1959
610	梅兰芳戏剧散论	中国戏剧出版社	1959.5
611	梅兰芳演出剧本选集	中国戏剧家协会编	1959
612	孟东野诗集	孟郊撰	1959.7
613	米特洛芬和陶尔米道尔斯基	（保）伊凡·伐佐夫著；伊信译	1956.2
614	秘密被拆穿以后	新文艺出版社编	1955.7
615	密色协惹——拉萨河谷藏族民歌集	李刚夫整理	1959.9
616	面包树	（越）阮公欢等著；马祖毅译	1959.4
617	民间故事选	青海人民出版社编	1959.9
618	民间故事选集（第一集）	保定地区人民出版社编	1959.6
619	民间文学集刊（第六集）	上海文艺出版社编	1959
620	民主德国作家短篇小说集	安娜·西格斯等著；严宝瑜等译	1959.9
621	明朗的天	曹禺编著	1959.9
622	明清平话小说选（第一集）	路工编著	1958
623	鸣凤记	（明）王世贞著；中山大学中文系五五年级明清传奇校勘小组整理	1950
624	摩诃婆罗多的故事	（印度）拉贾戈帕拉查理著；唐季雍译	1959.6
625	摩拉维亚国	（苏）特瓦尔朵夫斯基著；梦海译	1959.8
626	沫若文集（1）	郭沫若著	1957.3
627	沫若文集（10）	郭沫若著	1957.3
628	沫若文集（11）	郭沫若著	1957.3
629	沫若文集（12）	郭沫若著	1957.3

（续表）

序　号	题　名	责任者	出版年
630	沫若文集（2）	郭沫若著	1957.3
631	沫若文集（3）	郭沫若著	1957.3
632	沫若文集（4）	郭沫若著	1957.3
633	沫若文集（5）	郭沫若著	1957.3
634	沫若文集（6）	郭沫若著	1957.3
635	沫若文集（7）	郭沫若著	1957.3
636	沫若文集（8）	郭沫若著	1957.3
637	沫若选集（第二卷）	郭沫若著	1959.12
638	沫若选集（第四卷）	郭沫若著	1959.8
639	莫里哀喜剧选	（法）莫里哀著；仲恢等译	1959.9
640	莫罗米特一家	普利达著	1959.8
641	莫斯科七战士	（德）弗里德利希·沃尔夫著；韩世钟等译	1956.8
642	莫斯科通讯集	李何，独伊著	1953.1
643	母亲	（苏）戈洛夫科著；成时译	1957.6
644	母亲	（俄）高尔基著；夏衍译	1958
645	牧场风雪	乌兰巴干著	1958.11
646	牧马人之歌	东风文艺出版社编	1959.1
647	牧人的话	（苏）萨尔恰克·托卡著；陈克明译	1956.4
648	穆勒名学	（英）穆勒原著；严复译述	1959
649	纳西族的歌	刘超记录整理	1959.5
650	南方草木状（附图）	（晋）嵇含编撰	1955.11
651	南泥湾屯垦记	何维忠编著	1959.7
652	难忘的岁月	中国人民解放军三十年征文编辑委员会编	1959
653	妮索	（苏）П. 鲁克尼茨基著；林耳译	1957.9
654	你选择什么职业	（苏）E. 别尔米亚克著；裘辉等译	1955.6
655	年青人	（苏）别克，洛依柯著；邵洪译	1958.2
656	娘子军（电影文学剧本）	丛深编剧	1959.9
657	涅朵奇卡·涅茨瓦诺娃	（俄）Ф. M. 陀思妥耶夫斯基著；陈林，沈序译	1959.1
658	聂耳（电影文学剧本）	于伶等著	1959.9
659	孽海花	曾朴著	1955.6
660	宁死不屈	郭尔巴托夫著；陈昌浩译	1951
661	牛虻	（英）艾·丽·伏尼契著撰；李俍民译	1958
662	农民集（契柯夫小说选集十七）	（俄）安东·契柯夫著；汝龙译	1953.9
663	农庄的客人	李维西著	1959.12
664	依卡	（保）彼得罗夫著；袁湘生译	1959
665	怒吼	（英）亚拉罕姆斯著；王仲年译	1954.6
666	怒涛	骆基著	1958.1
667	女店员	老舍著	1959.6

（续表）

序　号	题　名	责任者	出版年
668	女共产党员	李伯钊著	1959.5
669	女将穆桂英	史果著	1959.6
670	女王的威士忌	（法）M. 摩诺撰；周仰煦译	1959
671	暖流	柯灵著	1959.6
672	诺索夫短篇小说集	（苏）H. 诺索夫著；屠明译	1953.11
673	欧文短篇小说选	（美）欧文著；万紫等译	1959.5
674	欧行记	艾芜著	1959.6
675	欧阳予倩选集	欧阳予倩著	1959.6
676	叛徒	（英）德里克·卡尔通著；尹林译	1954.11
677	裴欧沃夫	（英）大卫·乌莱特著；陈国桦译	1959.2
678	裴斯泰洛齐教育文选（第一卷 上册）	（瑞士）裴斯泰洛齐著；北京编译社译	1959
679	朋友——同志	（苏）Ю. 雷特海乌撰；方易东译	1953.12
680	彭斯诗选	（英）彭斯著；王佐良译	1959.5
681	鹏程万里	郭小川著	1959
682	皮克斯基尔事件：一个亲身的经历	（美）霍华德·法斯特（Howard Fast）著；黄星圻，郭开兰译	1956
683	皮子文薮	（唐）皮日休著；萧涤非，郑庆笃整理	1959.6
684	琵琶记	（元）高明著	1958.6
685	平原烈火	徐光耀编著	1951.5
686	平原枪声	李晓明，韩安庆著	1959.1
687	苹果要熟了	浩然著	1959.9
688	萍踪忆语	韬奋著	1956.8
689	破立集	安徽日报编	1959.8
690	铺草集	知侠著	1959.11
691	普列舍伦诗选	（南斯拉夫）普列舍伦著；张奇，水建馥译	1956.12
692	普通劳动者	王愿坚著	1959.11
693	普希金文集	（俄）普希金著；戈宝权译	1954.1
694	七修类稿（五十一卷 上）	（明）朗瑛著	1959.1
695	七月拒马河	王磊著	1957.6
696	奇怪的婚礼	何飞著	1959
697	崎岖的道路	（捷）克拉利著；金坚译	1956.8
698	旗手	（苏）冈察尔撰；袁水拍译	1959
699	旗帜在运动场上飘扬	（保）伯·维任诺夫著；杨骅译	1956
700	气壮山河	李天焕著	1959
701	憩园	巴金著	1955
702	恰巴耶夫——即夏伯阳	（苏）富尔曼诺夫著；葆煦译	1957.1
703	恰尔德——哈洛尔德游记	（英）拜伦著；杨熙龄译	1959
704	恰奇诗选	戈宝权等译	1959
705	前线的颂歌	菡子著	1959.9

（续表）

序 号	题 名	责任者	出版年
706	前线英雄儿女	《前线英雄儿女》编辑委员会编	1959. 3
707	浅野三郎	哈华著	1959. 4
708	桥	刘树德著	1959. 4
709	桥（电影文学剧本）	于敏著	1959. 6
710	巧大姐	张知行著	1959. 11
711	巧捉敌人	群众出版社编	1958. 12
712	且介亭杂文	鲁迅著	1951. 9
713	青春长在	（苏）利雅比金著；李元杰译	1954
714	青春的召唤	雷加著	1958
715	青春之歌	杨沫著	1958. 8
716	青海湖水闪银光（青海新民歌选）	青海湖文艺月刊社	1959. 3
717	青年安德列（斯维尔德洛夫青年时代的故事）	（苏）波波夫著；关应译	1959. 4
718	青年渠凯歌	新疆青年出版社编	1958. 11
719	青年诗选	广东人民出版社编辑	1959. 4
720	青浦田歌	中共青浦县委宣传部编	1959
721	青石崖（下）	杨书云著	1958. 3
722	清泓	余宏文著	1959
723	清忠谱	（清）李玉著	1959. 11
724	秋收起义在醴陵	中国人民解放军三十年征文编辑委员会编	1959
725	秋收之后	艾煊著	1955. 11
726	曲海总目提要（上）	人民文学出版社	1959. 5
727	曲海总目提要（下）	人民文学出版社	1959. 5
728	驱魔记（下）	（苏）Г. 阿达莫夫著；陈复庵，鲁林译	1956
729	瞿秋白文集（三）	瞿秋白著；瞿秋白文集编辑委员会编	1953. 1
730	瞿秋白文集（四）	瞿秋白著；瞿秋白文集编辑委员会编	1954. 2
731	瞿秋白文集（一）	瞿秋白著；瞿秋白文集编辑委员会编	1954. 1
732	屈原的故事	苏地编著	1956. 8
733	屈原九歌今译	（战国）屈原著；文怀沙注译	1957. 8
734	全汉三国晋南北朝诗	丁福保	1959. 5
735	群众文艺（第二辑）	天津群众艺术馆编	1956. 11
736	群众文艺（第十七辑）	天津人民出版社	1957. 9
737	群众演唱（第十七辑）	北京群众艺术馆编	1957. 9
738	燃烧的山谷	（美）波诺斯基著；顾化五等译	1956
739	人类看不见的的仇敌和朋友	（苏）B. B. 鲁开维契著，方垦译	1950
740	人民撒下了天罗地网	工人出版社编	1955
741	人望幸福树望春	李茂荣著	1959. 12
742	熔铁炉	（苏）李亚什柯著	1958. 7
743	茹尔宾一家人	（苏）B. 柯切托夫著；金人译	1959. 7
744	儒林外史	吴敬梓著	1955

（续表）

序号	题名	责任者	出版年
745	入党之夜	沈虎根著	1956.6
746	萨根的春天	（苏）乔奇·古拉亚著；成时译	1953.11
747	塞上民歌选	河北省张家口地委宣传部编	1959.7
748	三K党内幕	（美）斯蒂逊·肯尼迪著；周家骖，蓝彦哉译	1956.5
749	三个穿灰大衣的人	（苏）B. 多勃罗沃尔斯基撰；余振译	1953
750	三个朋友	（苏）A. C. 绥拉菲摩维奇著；裘因，邹用九译	1956.2
751	三国演义（下）	（明）罗贯中著	1958
752	三国志演义（上）	（明）罗贯中著	1957.12
753	三国志演义（下）	（明）罗贯中著	1957.12
754	三十一天	（苏）阿历克辛原著；徐芝延译	1951
755	三弦战士	戈壁舟著	1959.1
756	三姊妹——天方夜谭故事选	夏玉芬注释	1959
757	散文特写选	中国作家协会	1958.3
758	森林炊烟（散文特写选集）	北京出版社	1959
759	森林之歌	林予	1955.6
760	沙恭达罗	（印度）迦梨陀娑著；季羡林译	1959
761	沙汀短篇小说集	沙汀著	1954.2
762	傻瓜威尔逊	（美）马克·吐温著；常健译	1959
763	山大王	（法）阿普著；赵少候译	1956
764	山带阁注楚辞	（清）蒋骥著	1959.1
765	山歌传	戈壁舟著	1959.5
766	山谷风雨	王以平著	1959.1
767	山谷中	管桦著	1959.1
768	山河多娇（电影文学剧本）	王云等著	1959.6
769	山河集	中国作家协会长春分会	1959.11
770	山河志	张雷著	1959.7
771	山区里的女人	（捷）符·米纳奇著；北京电影学院译	1959.6
772	山山水水	周纲著	1959.9
773	山西民间歌谣选	山西民间文学研究会筹委员会编	1959.9
774	山乡巨变（上）	周立波著	1959.9
775	山野	艾芜著	1955.2
776	山楂树的歌声	刘绍棠著	1955
777	山寨夜话	谷斯范著	1959
778	赏花集	邱扬编著	1959.9
779	上甘岭	陆柱国著	1954.4
780	上海大学生诗选	上海文艺出版社编	1959.4
781	上海大跃进一日	上海大跃进一日编委会编	1959
782	上饶集中营	上海人民出版社编辑	1959.6
783	舍己为群的向秀丽	新疆青年出版社	1959.4

（续表）

序　号	题　名	责任者	出版年
784	社会主义现实主义论文集（第二集）	上海文艺出版社编	1959. 1
785	射击场的秘密	（苏）阿列夫耶夫著；巴拉晓夫绘图；高善毅译	1955. 1
786	神话与诗	闻一多著	1959. 9
787	生活的赞歌	闻捷著	1959. 9
788	生命的火花	王玉胡著	1956. 12
789	生命之歌	（苏）马久森娜著；付克译	1953. 11
790	生死斗争	（苏）华西列夫斯卡娅著；北京师范大学俄文系翻译组译	1959. 12
791	胜利属于阿尔及利亚	（阿尔及利亚）萨阿达拉著；杨有漪，陆孝修译	1959
792	圣拉萨的丁香	（法）卡玛拉著；赵少候译	1959. 12
793	失踪的官吏	（丹麦）歇尔菲克著；蒋荣伯译	1959
794	诗歌新韵	张允和编	1959
795	诗人玉屑	（宋）魏庆之编	1959. 8
796	诗薮	（明）胡应麟撰	1958. 6
797	诗选（1957 年）	作家出版社编	1958. 1
798	诗义会通	吴闿生著	1959. 6
799	诗与生活	徐迟著	1959. 11
800	十级浪（电影文学剧本）	中国人民解放军海军东海舰队 301. 314 舰创作组	1959. 7
801	十年诗抄	冯至	1959. 9
802	十七年沉冤大白记	潘培元	1959. 9
803	十月	（苏）A. 雅格武莱夫著；鲁迅译	1952. 6
804	十月	（苏）维什涅夫斯基原著	1959
805	十月革命颂	（苏）马雅可夫斯基著；范霞，戴聪译	1958. 11
806	十月颂歌	臧克家，郭沫若	1958
807	十字奖章与箭火（世界文学译丛）	（美）玛尔兹编；王科一译	1953. 12
808	石爱妮的命运	谷峪编著	1958. 11
809	石匠	师陀著	1959. 5
810	石灵选集	石灵编著	1958. 3
811	石头记鉴真	周祜昌，周汝昌著	1958. 5
812	时间呀，前进！	（苏）卡达耶夫著	1958. 11
813	食人者	（德）史蒂芬·海姆著；高年生等译	1959. 12
814	世外桃源	（俄）И. 屠格涅夫著；常健译	1959
815	市声	姬文著	1958. 3
816	侍卫官杂记（上）	宋乔著	1952. 9
817	侍卫官杂记（下）	宋乔著	1952. 9
818	试炼集	唐铁海著	1959. 1
819	收获	（苏）格·尼古拉耶娃著；王民泉译	1952. 4
820	书评选	中国人民大学新闻系出版班编	1959

（续表）

序号	题名	责任者	出版年
821	抒情诗的构思	沈仁康，黄佩玉著	1959
822	谁敢摘掉我的红星	“长春”文学月刊编辑部编	1959.6
823	谁光荣（独幕话剧、小型歌剧集）	王德英等著	1959.9
824	谁是奇迹的创造者	胡万春著	1959.3
825	水归大海	李满天著	1959.7
826	水浒	施耐庵	1958
827	水浒（一百二十回，下册）	（元）施耐庵著	1957.9
828	水浒后传	陈忱	1958
829	水浒戏曲集（第二集）	傅惜华，杜颖陶著	1958.3
830	水浒戏曲集（第一集）	傅惜华，杜颖陶著	1957.9
831	水上春秋	岳野	1959.9
832	水上巡逻	马青山	1959.6
833	水乡的春天	鲍雨，汪普庆	1956
834	说东道西集	马铁丁著	1958
835	斯巴达克斯	（意）乔万尼奥里著；李俍民译	1958.2
836	斯大林格勒特写集	（苏）科洛杰耶夫著；张稚微译	1956.12
837	斯大林时代的人	（苏）波列辅依著；金人等译	1953.11
838	斯多噶德莱塞选集（欲望三部曲之三）	余牧等译	1959.6
839	斯堪的纳维亚民间故事	（英）格文·琼斯编；梅绍武译	1959
840	斯堪的纳维亚作家短篇小说集	（丹）阿别尔，等著；田怡，郭恕可译	1959.11
841	死魂灵	（俄）果戈里著；鲁迅译	1958.5
842	死亡的灰尘	（苏）勒·彼特洛夫，阿·斯特鲁加茨基著；应天士译	1958.8
843	四十条纲要在农村（江苏民歌选）	文字改革出版社	1958.12
844	颂歌	贾芝等编	1959
845	苏东坡集	苏轼著	1958
846	苏联电影剧本选集	中国电影出版社编	1959.9
847	苏联民间文艺学四十年	（苏）B. K. 索柯洛娃等著；刘锡诚，马昌仪译	1959.5
848	苏轼词选	（宋）苏轼著；陈迩冬选注	1959.4
849	俗讲说话与白话小说	孙楷弟著	1956.6
850	碎裂集	（俄）高尔基撰；汝龙辑译	1953.1
851	孙中山选集（上）	孙中山著	1953
852	孙中山选集（下）	孙中山著	1953
853	孙子们（威利·布莱德尔选集）	（德）威利·布莱德尔著；张威廉译	1958.3
854	锁链上的孩子	（法）安德烈·乌姆塞尔著；默森译	1959.5
855	他是人吗	（格鲁吉亚）伊里亚·查夫查瓦则著；余桂林，姚宝汉译	1957.8
856	塔什干精神万岁——中国作家论亚非作家会议	世界文学社编	1959.9
857	踏进光明的世界	陈国柱讲；何琼崖写	1959.12

（续表）

序 号	题 名	责任者	出版年
858	踏着晨光前进的人们	刘白羽著	1959. 6
859	台湾来的渔船（短篇小说集）	杨旭等著	1951. 1
860	太平广记	（宋）李昉等编纂	1959. 7
861	太平天国歌谣和传说	袁飞等搜集整理	1959. 5
862	太行风云	刘江著	1959. 9
863	太阳初升的时候	康濯著	1959. 9
864	太阳从东方升起	曾秀仓著	1959. 12
865	太阳老爷	（海地）阿列克西斯著	1959. 9
866	太阳照东大兴安岭	（苏）巴列霍夫著；易定山译	1959. 2
867	太阳照在桑干河上	丁玲著	1953. 9
868	谈“青年近卫军”	巴人著	1959
869	谈红白	刘金编	1958. 1
870	谈红旗谱的故事与人物	王知尹编	1958. 1
871	谈赵树理的《三里湾》	王中青著	1959. 7
872	谭嗣同全集	三联书店编	1954. 3
873	汤姆·索耶历险记（英语简易读物）	（美）马克·吐温（Mark Twain）著；邢志远注释	1959. 6
874	唐代诗歌	王士菁著	1959. 4
875	唐璜（1788—1824 年）	（英）拜伦著；朱维基译	1956
876	唐人小说	汪辟疆校录	1955. 12
877	唐人选唐诗（十种）	中华书局上海编辑所	1958. 12
878	唐诗三百首	蘅塘退士编	1959. 9
879	唐宋诗词选	盛静霞选注	1959
880	唐宋诗举要（上册）	高步瀛选注	1959. 4
881	唐宋诗举要（下册）	高步瀛选注	1959
882	弢园文录外编	（清）王韬著	1959. 1
883	桃花扇	（清）孔尚任著；王季思等注	1959. 9
884	桃花扇（话剧）	欧阳予倩著	1957. 1
885	陶庐杂录	（清）法式善撰	1959. 12
886	陶威尔教授的头颅	（苏）别利亚耶夫著；李德容译	1959. 6
887	陶渊明集	王瑶编注	1956. 8
888	淘金记	沙汀著	1954. 12
889	特种性格的人们	（苏）科兹洛夫著；晓林译	1954
890	题材人物及其他	林默涵等著	1959. 9
891	天津之歌	劳荣著	1959. 11
892	天狼星行动计划	（苏）Л. 谢宁著；岩华，云珠译	1956. 12
893	天门取经记	韩文洲著	1959. 5
894	天山南北好地方	碧野编	1959. 9
895	天山战歌	新疆生产建设兵团政治部编	1959. 9
896	田汉选集	田汉著	1959. 11

（续表）

序　号	题　名	责任者	出版年
897	铁道游击队的小队员们	刘知侠著	1959. 1
898	铁伞记	田午著	1956. 1
899	铁蹄	（美）杰克·伦敦	1953. 12
900	听雨丛谈	（清）福格著	1959
901	同志们和你在一起	（苏）M. 普利列热耶娃撰；杨寿钧译	1952. 2
902	童年	（俄）高尔基著；刘辽逸译	1956
903	统治泉水的人	（海地）雅各·路曼著；孟安译	1959. 7
904	投枪集	吴含著	1959
905	突然的奇迹	徐锦珊著	1959. 3
906	屠格涅夫评传	（苏）普斯托沃依特著；韩凌译	1959
907	屠格涅夫中短篇小说选	（俄）屠格涅夫著；萧珊，巴金译	1959. 6
908	托尔斯泰评传	（苏）贝奇柯夫编；吴均燮译	1959. 4
909	托马诗选	（罗）托马编；邹荻帆译	1957
910	拖拉机站站长和总农艺师	（苏）迦林娜·尼古拉耶娃著；草婴译	1956
911	脱缰的马	穗青著	1955. 6
912	拓荒曲（诗集）	农垦出版社丛书编辑室编	1959. 11
913	瓦普察洛夫诗选	（保）瓦普察洛夫著；周煦良译	1959. 9
914	外国文学参考资料——古代至十八世纪部分	北京师范大学中文系外国文学教研组	1959
915	外甥女的亲事	王汝维	1958. 1
916	弯弯的河堤	韩映山等	1954. 4
917	玩火（三部曲之二）	（捷）普伊曼诺娃著；杨霞华译	1959
918	万里长江	长江流域规划办公室编	1959. 9
919	万炮震金门	刘白羽著	1959. 3
920	万水千山	陈其通著	1958. 9
921	万紫千红	苏鹰著	1959
922	王大成翻身记	于胜白著	1958. 8
923	王建诗集	（唐）王建	1959. 7
924	王荆公诗文沈氏注	（宋）王安石著；（清）沈钦韩注；中华书局上海编辑所编	1959
925	王老九诗选	延河文学月刊编辑部	1959. 8
926	往事的影子	（苏）乌比特著；种觉译	1959. 8
927	往事随笔	（俄）谢尔盖·尔沃维奇·托尔斯泰编著；吴钧燮译	1958. 8
928	魍魉世界（上）	张恨水著	1957. 8
929	魍魉世界（下）	张恨水著	1957. 8
930	望夫石	洪汛涛著	1959. 1
931	危险的航线	（苏）华·阿尔达马茨基著；船甲译	1956. 2
932	危险的旅途	（苏）瓦西里·阿尔达马茨基著；陈生译	1955. 12
933	微贱的人	王西彦著	1956. 9
934	为和平而斗争	（苏）潘非洛夫著；齐放译	1953. 1

（续表）

序　号	题　名	责任者	出版年
935	为了祖国和人类	王西彦著	1954
936	为人类的春天祝福	韩笑	1959.4
937	韦庄集	（唐）韦庄著；何迪琮校订	1958
938	维尔霍微纳我们亲爱的故乡	（苏）捷维列夫著；移模译	1957.7
939	维吾尔谚语三百句	金占详等译	1958
940	伟大的时刻	（德）贝特荪著；杨苡译	1957
941	伟大祖国的建设者	工人出版社编	1953.12
942	伪装的足迹	（苏）阿符琴柯著；宋兆霖译	1956
943	蔚蓝色的多瑙河上	（苏）Д. 谢尔盖维奇著；莹石，玉鸣译	1958.7
944	魏金枝短篇小说选集	人民文学出版社	1954.11
945	温故集	陈友琴著	1959.7
946	文论小集	刘泮溪	1959.1
947	文学分类的基本知识	吴调公	1959.4
948	文学论文集（第一集）	吉林大学中文系	1959.8
949	文学论文选（高尔基选集）	孟昌	1959.5
950	文学遗产	文学遗产编辑部	1956.8
951	文艺论集	蔡天心	1959.8
952	文艺问题短论集	李蕤	1956.6
953	文艺札记	袁水柏	1959..3
954	我爱边疆	巩惠民	1959.4
955	我的大学——高尔基选集	（俄）高尔基著；陆凡译	1958
956	我的第一个上级	马烽	1959.9
957	我的一家——书评资料索引	湖南省中山图书馆参考辅导部	1959.3
958	我们播种爱情	徐怀中	1959.12
959	我们的记者	冈察洛夫著	1955.12
960	我们的明天（工厂演唱材料）	上海工会联合会宣传部	1956.6
961	我们的台湾	师禹	1955.5
962	我们切身的事业	（苏）尼・伏尔科夫著；刘光杰译	1955.7
963	我们时代的人	（苏）塞迪克别科夫著；叶冬心译	1956.4
964	我们在地下作战（上）	周骥良	1959.9
965	我敲门	（英）旭奥・奥凯西著；锺松藩译	1958
966	我所认识的鲁迅	许寿裳	1952.6
967	我迎着阳光	戈壁舟	1959.11
968	卧龙湖	陈登科等著	1959.7
969	乌托邦	（英）托马斯・莫尔著；戴镏龄译	1956.8
970	无边的土地（世界文学译丛）	（巴西）亚马多著；吴劳译	1953.12
971	无名岛（电影文学剧本）	赵忠等编剧	1959.8
972	无形的战斗（小说集）	（苏）伊凡尼柯娃等著；中国青年出版社编辑	1955
973	五彩路	胡奇著	1959.8

（续表）

序　号	题　名	责任者	出版年
974	五凤山之歌	刘章等著	1959. 6
975	“五四”散文选讲	北京大学中文系 56 级四班编	1959. 4
976	“五四”小说选讲	北京大学中文系 56 级四班编	1959. 4
977	“五四”以来电影剧本选集（上）	中国电影工作者联谊会编	1959. 12
978	“五四”运动	沈起炜编著	1959. 12
979	五月的矿山	萧军著	1954
980	五月端阳	李季著	1959. 5
981	五月之夜	（俄）果戈里著；满涛译	1959. 4
982	武工组历险记	辛光等著	1959. 6
983	雾海孤帆	（苏）卡塔耶夫撰；朱明译	1956. 7
984	雾重庆	宋之的著	1957. 5
985	西藏歌瑶（中国各地歌谣集）	中共西藏工委宣传部编	1959. 9
986	西藏民间故事	王尧整理	1955. 11
987	西辽河传	杨大群著；路坦插图	1959. 7
988	西游记（上）	吴承恩著	1955. 2
989	西游记（下）	吴承恩著	1958
990	西游记（中）	吴承恩著	1955. 2
991	希腊的神话和传说	（德）斯威布（Gustay Schwab）著；楚图南译	1959. 6
992	希望的旗帜（亚美尼亚作家短篇小说选）	（苏）伊萨克扬等著；荣如德，竺一鸣译	1958. 1
993	浠河搏浪记	魏子良	1959. 6
994	席方平（聊斋故事）	晓平等改编	1956
995	喜鹊贼	（俄）A. И. 赫尔岑著；程雨民译	1959. 6
996	戏曲选（第二卷）	中国戏剧研究院编	1959. 5
997	霞外攟屑（上）	（清）平步青撰	1959. 6
998	霞外攟屑（下）	（清）平步青撰	1959. 6
999	霞外攟屑（中）	（清）平步青撰	1959. 6
1000	夏伯阳（电影剧本丛书）	（苏）瓦西里耶夫兄弟著；傅佩珩译	1955. 12
1001	夏目漱石选集（第一卷）	（日）夏目漱石著；胡雪，由其译	1958. 12
1002	夏衍选集	夏衍著	1959. 9
1003	县长拾粪	王根柱著	1959. 6
1004	乡村新话	葛文编著	1958. 9
1005	相声选（1956—1959 年）	王博贤等著	1957. 9
1006	向前看	（泰）西巫拉帕著；袁有礼译	1959. 6
1007	向苏联专家学习（第二集）	生活·读书·新知三联书店	1955. 1
1008	向新的高潮前进	戈阳著	1956
1009	向秀丽	李士非著	1959
1010	向中国致敬	（越南）素友等著；安志信等译	1959. 12
1011	小城格卢宾	（苏）莉·阿·奥布霍娃著；吉洪译	1959. 6
1012	小黑马的故事	袁静著	1958. 4

（续表）

序　号	题　名	责任者	出版年
1013	小家伙	（苏）李克斯坦诺夫著；吴墨兰译	1959
1014	小酒店	（法）左拉著；王了一译	1959
1015	小癞子——托美思河上的小拉撒路，他的身世和遭遇	（西）无名氏著；杨绛译	1956
1016	小林多喜二选集（第三卷）	（日）小林多喜二著；舒畅译	1959. 4
1017	小神风和小平安	贺宜著	1959. 6
1018	小说散文选（青海文艺创作丛书）	青海文学工作者协会	1959. 9
1019	小驼马	（俄）彼・叶尔肖夫著；任溶溶译	1959
1020	小溪流的歌	严文井著	1959. 9
1021	肖尔斯	（苏）A. 杜甫仁科著；桴鸣译	1959. 9
1022	肖斯塔科维奇	（苏）Л. 达尼列维奇著；毛宇宽译	1959
1023	谢・米哈尔科夫寓言诗	（苏）谢・米哈尔科夫著；任溶溶译	1959. 6
1024	心连着心的人们	杨润身著	1959. 1
1025	心灵的历程	李桑牧著	1959. 1
1026	欣慰的纪念	许广平著	1951. 7
1027	新传奇	江苏文艺出版社编	1950. 5
1028	新大西岛	（英）培根著；何新译	1959. 8
1029	新儿女英雄传	袁静等著	1956. 11
1030	新儿女英雄传（第三集）	北京市戏曲编导委员会	1959. 7
1031	新国风赞	田间著	1959. 11
1032	新疆内蒙青海散记	商务印书馆编	1959. 5
1033	新来的厂长	林蒙	1959. 6
1034	新民歌三百首	诗刊社编	1959. 6
1035	新诗歌的发展问题（第二集）	诗刊编辑部	1959. 9
1036	新校九卷本阳春白雪	（元）杨朝英选；隋树森校注	1957. 11
1037	新注唐诗三百首	上海文化出版社编；宋大可校注	1958. 3
1038	兴灭集	姚文元著	1959
1039	星火燎原（2）	“中国人民解放军三十年”征文编辑委员会编	1958. 9
1040	星火燎原（3）	“中国人民解放军三十年”征文编辑委员会编	1959. 12
1041	醒世恒言	冯梦龙编	1958
1042	幸福的日子	靳以著	1959. 9
1043	幸福生活的保卫者	姚长等著	1959. 9
1044	幸运的妻子（苏联小说文集）	（苏）阿・阿列克辛等作；竺光等译	1956. 7
1045	凶宅（古堡三部曲之二）	（苏）别里雅耶夫著；屠明译	1959
1046	许地山选集（上卷）	许地山著；人民文学出版社编	1959
1047	叙利亚和黎巴嫩纪游	言彪著	1957. 1
1048	学习鲁迅先生	许钦文著	1959
1049	雪地上的血迹	陈允豪著	1956. 5

（续表）

序 号	题 名	责任者	出版年
1050	雪地追踪	（苏）布良来夫著；苏铁马译	1955
1051	血与沙	（西）维森特·布拉斯科·伊巴涅斯（Vicente Blasco Ibanez）著；吕漠野译	1958.2
1052	咽喉地带	傅泽著	1958.4
1053	延安保卫战	天津人民出版社	1958
1054	延安短歌	刘御撰	1959
1055	延安集	丁玲撰	1954.3
1056	严酷的年代	（苏）格·霍洛波夫著；郑硕甫译	1957.12
1057	雁窝岛（小说、散文、特写集）	中国作家协会黑龙江分会编	1959.9
1058	燕宿崖	周而复著	1955.1
1059	阳光灿烂照天山	碧野著	1959.2
1060	阳光照耀着日古里	（苏）A. 梅得尼可夫著；黄长霈译	1957
1061	杨根思	望昊著	1958.12
1062	遥远的问候	碧野著	1959.8
1063	野草在歌唱	（英国）多丽丝·莱辛编著；王蕾译	1956.6
1064	野火春风斗古城	李英儒著	1959.9
1065	叶圣陶选集	叶圣陶著	1959.11
1066	夜读偶记	茅盾著	1958
1067	夜上海	于伶著	1959
1068	夜探敌岛	袁清岑著	1956
1069	夜走骆驼岭	李准著	1959.11
1070	一本打开的书（第二部）	（苏）温·卡维林著；成时译	1958.12
1071	一本打开的书（第一部）	（苏）温·卡维林著；成时译	1958.9
1072	一代新人	舒波著	1959.9
1073	一得余抄（1951—1959 年艺术论文选）	欧阳予倩著	1959
1074	一朵空花（苏联讽刺小品集第一辑）	（苏）斯·那林亚尼等作；王槐曼，刘光杰等译	1956
1075	一个阿根廷报贩	（阿根廷）拉乌利·劳拉著；费贤译	1959.2
1076	一个农艺师的杂记抄	（苏）加·特洛也波尔斯基著；禾金译	1954.11
1077	一个女教师的笔记	（苏）维格多洛娃著；徐克刚译	1956.6
1078	一个人的道路——纤维工厂回忆录	（波）聂维尔利著；傅伟译	1959.7
1079	一个人的名字——苏联作家短篇小说选	（苏）雷特赫乌等著	1958
1080	一个人和他的名字	（德）安娜·西格斯著；廖尚果译	1953.12
1081	一个作家的道路——绥拉菲摩维支的生平和创作	（苏）拉·黑格洛维奇著；孙广英译	1959.2
1082	一件杀人案	叶一峰著	1956
1083	一九二五年的风暴	中国作家协会天津编分会编	1959.9
1084	一千零一夜（二）	纳训译	1957.12
1085	一千零一夜（三）	纳训译	1957.12
1086	一升米	李尔重著	1959
1087	一束红玫瑰花	（苏）Л. 奥瓦洛夫著；苗青译	1959.9

（续表）

序　号	题　名	责任者	出版年
1088	一条红线	武汉部队政治宣传部	1959.6
1089	一网打尽	李月润著	1955.5
1090	一以当十	王朝闻著	1959.9
1091	一周间	（苏）尤·里别进思基著；戴望舒译	1958
1092	伊索（狐狸与葡萄）	（巴西）吉菲格莱德著；陈颙译	1959.8
1093	伊索寓言	汪兴平译注	1959
1094	伊则吉尔老婆子	（俄）高尔基著；巴金译	1959.4
1095	医生集（契柯夫小说选集二十六）	（俄）安东·契柯夫著；汝龙译	1958.3
1096	移山记	陈登科著	1958.6
1097	异母兄弟（五幕九场话剧）	（伊朗）哈·姆·比扎利，胡·扎姆什吉著；沈立中译	1959.7
1098	易卜生戏剧集（四）	（挪）易卜生著；潘家洵译	1959
1099	阴暗的河流	（阿根廷）阿尔弗雷陀·伐莱拉著；柯青译	1959.6
1100	音乐家	（俄）舍甫琴科著；项星耀译	1959
1101	殷夫选集	殷夫著	1958.12
1102	尹集人民公社史	山东大学中文系一九五七级《尹集人民公社史》编写小组编著	1959.12
1103	饮冰室诗话	梁启超著；舒芜校点	1959.4
1104	印度巴基斯坦、缅甸和平战士诗选	（印）凯达尔纳特赫·阿格纳瓦里等著；上海外语学院四年级同学集体翻译	1959
1105	英国文学史纲	（苏）阿尼克斯特著；戴镏龄等译	1959
1106	英雄城——斯大林格勒青年团员的故事	（苏）柯罗杰耶夫，列甫金著；鲁林译	1953
1107	英雄的故事	（俄）高尔基著	1956
1108	英雄歌	田间著	1959
1109	英雄格斯尔可汗	琶杰说唱；其木德道尔吉整理；安柯钦夫翻译	1959.12
1110	英雄国	（芬）埃温德改编；胡文静译	1959.12
1111	英雄颂	解放军文艺丛书编辑部编	1959.4
1112	英雄战歌	田间著	1959.5
1113	鹰群	白桦著	1956.11
1114	迎春橘颂	阮章竞著	1959.9
1115	迎着朝霞（第一部）	（苏）瓦·柯热夫尼科夫著；佟轲译	1959.8
1116	荧光屏—3	（苏）符·乌斯宾斯基著	1958.6
1117	永不消失的电波（电影文学剧本）	杜印著	1959.7
1118	永恒的友谊（伏罗希洛夫主席访问中国文集）	人民出版社编	1957.1
1119	永远不会落的太阳（苏联短篇小说集）	马梅德罕里等著；杨苡译	1951.5
1120	勇敢（第二部）	（苏）凯特林斯卡娅著；关予素译	1954.11
1121	勇敢（第三部）	（苏）凯特林斯卡娅著；关予素译	1954.11
1122	勇敢者的道路	（苏）O. 柯里亚柯夫著；民文译	1956

（续表）

序　号	题　名	责任者	出版年
1123	尤尔柯·克鲁克	（苏）柯兹拉纽克著；陈复庵译	1959
1124	油船图阿普斯号	（苏）维·卡里宁，特·库兹涅佐夫著；史企曾译	1959
1125	友好的微笑	（苏）B. 波列伏依等著；尹夫，沈在惠译	1957
1126	友谊散记	马加，申蔚著	1956. 7
1127	友与敌	（苏）K. M. 西蒙诺夫著；林耘译	1955
1128	幼年少年青年	（俄）列夫·托尔斯泰著；高植译	1959. 6
1129	鱼水集	徐明著	1959. 5
1130	渔女	萌芽编辑部编	1858. 12
1131	雨	艾明之等著	1959
1132	玉门诗抄	李季著	1955
1133	玉簪记	（明）高濂原著	1959. 12
1134	狱中纪实	方志敏著	1958. 3
1135	狱中书信	（美）尤金·丹尼斯著；张百禄译	1959. 8
1136	狱中锁记及其他	王冶秋著	1958. 12
1137	元好问诗选	（元）元好问著；郝树侯选注	1959
1138	源泉	（苏）太茨著；维诺库洛夫绘图；路绍楹译	1954. 1
1139	远离莫斯科地方（第二部）	（苏）阿扎耶夫著；刘辽逸译	1953. 7
1140	远离莫斯科地方（第一部）	（苏）阿扎耶夫著；刘辽逸译	1953. 7
1141	远洋归家	秦牧	1956. 12
1142	约翰·克利斯朵夫（第 1 册）	（埃）罗曼罗兰著；傅雷译	1957. 1
1143	约翰·克利斯朵夫（第 2 册）	（埃）罗曼罗兰著；傅雷译	1957. 1
1144	约翰·克利斯朵夫（第 3 册）	（埃）罗曼罗兰著；傅雷译	1957. 1
1145	约翰·克利斯朵夫（第 4 册）	（埃）罗曼罗兰著；傅雷译	1957. 1
1146	约翰娜煤井	（波）古斯达夫·莫尔森尼克著；陈正心译	1956. 12
1147	“约克摩克”号	（波）塔道乌施·布列札著；李家善译	1959
1148	月光曲	田汉编著	1959. 4
1149	月下集	郭小川编著	1959. 8
1150	跃进山歌满洞庭（湖南新民歌选）	湖南新苗文学月刊社编	1959. 5
1151	跃进文学研究丛刊（第一辑）	中国作家协会上海分会文学研究室编	1959
1152	跃进与回忆（1）	河北省《跃进与回忆》写作运动委员会编	1959. 5
1153	越南女儿	（越）素友等著；李亚舒等译	1959. 1
1154	越扑越旺的烈火	杨明著	1958. 9
1155	云溪友议	（唐）范摅著	1959. 7
1156	蕴倩姆（话剧）	祖农·阿迪尔著；尤素夫·赫捷耶夫，海平译	1958. 5
1157	杂花集	臧克家	1958
1158	杂文杂诗集	马铁丁著	1956

（续表）

序 号	题 名	责任者	出版年
1159	在边防岗位（上）	马中海著	1958.12
1160	在大孤山上	朱赞平著	1955.11
1161	在红色队伍里成长	陈茂辉著；张友济整理	1959
1162	在激浪里	江苏文艺出版社编	1959.5
1163	在康布尔草原（上）	甘肃省话剧团集体创作；汪铖等执笔	1959.8
1164	在库良吉亚包围圈中	（苏）П. 阿夫托玛诺夫撰；吴景平，冯由礼译	1955.1
1165	在烈火中永生	罗广斌等著	1959.2
1166	在另一个世界	（苏）B. 比里·别洛采尔科夫斯基编；欧积斌等译	1953
1167	在宁静的小城里	（苏）赫·木古耶夫著；谢光宁译	1958.6
1168	在蒲雅诺夫卡	（苏）札雷金著；刘季星译	1959.7
1169	在前线附近的车站	（苏）尼古拉托曼著；船甲译	1955.9
1170	在人间（高尔基选集）	（俄）高尔基著；楼适夷译	1958
1171	在森林地带	（苏）李伏娃著；倪亮译	1956.6
1172	在十月的日子里	（苏）C. 瓦西里耶夫，H. 奥吞著；黎荔黛，伍菡卿等译	1959.7
1173	在苏维埃土地上	苏联莫斯科大学新闻系中国留学生著	1959.1
1174	在遥远的海岸上	（苏）伊·卡苏莫夫著；清河译	1956.8
1175	在祖国的土地上	黎汝清等著	1959.4
1176	咱庄的小医生	萌芽编辑部编	1959
1177	早晨的太阳	刘白羽著	1959.9
1178	怎样写	钱毅撰	1954
1179	怎样走上战斗道路的	（日）德永直著；储元熹，林玉波译	1959.4
1180	曾国藩未刊信稿	江世荣编注	1959
1181	扎列赤纳亚大街上的春天	（苏）米隆涅尔编；于思译	1959.9
1182	展翅高飞	雁翼著	1959.12
1183	战斗的历程	中国青年出版社编	1959
1184	战斗的一生（回忆应修人烈士）	曾岚著	1959.9
1185	战斗集	胡可著	1959.8
1186	战斗在冰天雪地里	新疆青年出版社编辑	1958
1187	战斗在上甘岭	中国人民解放军 0925 部政治部	1959.5
1188	战斗在潴泷河畔	王锡忠等著	1959.6
1189	战斗中的列宁格勒	（苏）维什涅夫斯基著；陈大维译	1959.5
1190	战斗着的中国	（苏）西蒙诺夫著；蒋元椿译	1950.1
1191	战上海（电影文学剧本）	群立编著	1959.2
1192	战士的友谊（小说集）	（苏）萧洛霍夫等著；蒋夏林译	1955
1193	战士们（第一卷）	（苏）米哈依尔·阿历克塞亦夫著；傅凯芹译	1959
1194	战士诗抄	中国人民解放军零九七九部队政治部编	1959
1195	战士诗歌万万千	上海警备区 0472 部队政治部	1959.7

（续表）

序　号	题　名	责任者	出版年
1196	战士与祖国	左可国著	1957
1197	战争与和平（第2卷）	（俄）列夫·托尔斯泰著；董秋斯译	1958.12
1198	战争与和平（第3卷）	（俄）列夫·托尔斯泰著；董秋斯译	1958.12
1199	战争与和平（第4卷）	（俄）列夫·托尔斯泰著；董秋斯译	1958.12
1200	战争与和平（第1卷）	（俄）列夫·托尔斯泰著；董秋斯译	1958.12
1201	站起来的人民	王林	1957.2
1202	站在我们一边的人	（德）爱德华·克劳迪乌基原著；黄贤俊译	1958.8
1203	站在最前列（“潜力”第二部）	雷加	1959.12
1204	章鱼	（美）弗兰克·诺里斯著；吴劳译	1957.9
1205	这两代人	夏晔著	1959.8
1206	这是发生在北京	柯岗著	1959.11
1207	侦察员	（苏）良布齐柯夫著；李佑华等译	1956.1
1208	珍妮姑娘	（美）西奥多·德莱塞（Theodore Dreiser）著；傅东华译	1959
1209	真空地带	（日）野间宏	1956.8
1210	真正的人	（苏）波烈伏依著；磊然译	1959.9
1211	镇海石	白刃著	1956.7
1212	征服者贝莱（第一卷）	（丹麦）马丁，安德逊·尼克索著；施蛰存译	1956.1
1213	郑堂读书记（附补逸）	（清）周中孚撰	1959.6
1214	只要心在跳动	（苏）任尼娅·鲁德涅娃著；席金友译	1959
1215	纸老虎现形记	陈白尘著	1959
1216	志愿军（在西班牙与法西斯作战的经历）	（美）纳尔逊（S. Nelson）著；海观译	1954
1217	志愿军诗一百首	郭沫若等编	1959.9
1218	志愿军一日（第二集）	《志愿军一日》编辑委会	1956.9
1219	志愿军一日（第三集）	《志愿军一日》编辑委会	1956.9
1220	志愿军一日（第一集）	《志愿军一日》编辑委会	1956.9
1221	志愿军一日（上）	《志愿军一日》编辑委会	1956.1
1222	志愿军一日（下）	《志愿军一日》编辑委会	1956.1
1223	志愿军英雄传（三）	《志愿军英雄传》编辑委会编	1959
1224	志愿军英雄传（一）	《志愿军英雄传》编辑委会编	1958.3
1225	志愿军——在西班牙与法西斯作战的亲身经历	（美）纳尔逊（S. Nelson）著；海观译	1954
1226	智擒惯匪	中国新民主主义青年团湖北省委员会宣传部	1955.1
1227	智取威虎山	曲波著	1958.9
1228	中国地方戏曲集成（河北省卷 上）	中国戏剧家协会主编，河北省文化局编	1959
1229	中国地方戏曲集成（河北省卷 下）	中国戏剧家协会主编，河北省文化局编	1959
1230	中国地方戏曲集成（江苏省卷 上）	中国戏剧家协会主编	1959
1231	中国地方戏曲集成（江苏省卷 下）	中国戏剧家协会主编	1959

（续表）

序　号	题　名	责任者	出版年
1232	中国地方戏曲集成（上海市卷）	中国戏剧家协会主编	1959.9
1233	中国电影剧本选集（二）	中国电影出版社编	1959.9
1234	中国电影剧本选集（三）	中国电影出版社编	1959.12
1235	中国歌谣资料（第二集 第1册）	北京大学中文系瞿秋白文学会编	1959.6
1236	中国歌谣资料（第二集 第2册）	北京大学中文系瞿秋白文学会编	1959.6
1237	中国歌谣资料（第一集）	北京大学中文系瞿秋白文学会编	1959.6
1238	中国古代歌谣散论	天鹰著	1959
1239	中国古典剧曲论著集成	中国剧曲研究院编	1959.1
1240	中国人民解放军战士诗选	解放军文艺丛书编辑部编	1955.1
1241	中国文学史（二）	北大中文系文学专门化1956级集体编	1959.9
1242	中国文学史（三）	北大中文系文学专门化1955级集体编	1958.9
1243	中国文学史（四）	北大中文系文学专门化1955级集体编	1958.9
1244	中国文学史（一）	北大中文系文学专门化1956级集体编	1959.9
1245	中国文学史（中册）	复旦大学中文系古典文学组学生集体编著	1959
1246	中国文学史稿（唐宋部分）	吉林大学中文系中国文字史教材编写小组编	1959.12
1247	中国文学史讨论集	中国作家协会上海分会文学研究室编	1959.1
1248	中国新诗选（1919—1949年）	臧克家著	1957.3
1249	中原突围	张耀奎等著	1959.12
1250	中州集（上）	（金）元好问编	1959.4
1251	中州集（下）	（金）元好问编	1959.4
1252	周立波选集	周立波著	1959.1
1253	朱拉	（苏）格·杜什亢著；一之译	1956
1254	珠江风暴	中国人民解放军三十年征文编辑委员会编	1959
1255	追查到底	王源著	1956
1256	追踪幽魂	（苏）托曼著；静原译	1956
1257	子夜	沈雁冰（原题茅盾）撰	1954
1258	姊妹情	谢璞著	1959
1259	棕榈	郁茹等	1959.4
1260	走集体化的道路	（苏）尼·伊利亚柯夫等著；朱嘉译	1956
1261	走向新岸	（苏）维里士·拉齐斯著	1954.12
1262	走向新岸（外国现代文学名著丛书 上）	（苏）拉齐斯著；孙广英等译	1959.12
1263	走向新岸（外国现代文学名著丛书 下）	（苏）拉齐斯著；孙广英等译	1959.12
1264	祖国的儿子黄继光	黎明著	1956.1
1265	祖国颂	诗刊社编	1959.1
1266	祖国在前进（第二集）	新华通讯社国内新闻编辑部编	1954.8
1267	最高的奖赏	（苏）沙甫钦告编剧；刘迟翻译；慕林改编	1956.4
1268	最后一个莫希干人	（美）菲尼摩尔·库柏（Fenimore Cooper）著；金福译	1959

（续表）

序 号	题 名	责任者	出版年
1269	最前沿的战士	张结等	1959. 12
1270	昨天（曲艺集）	赵忠等著	1959. 9

（3）1960—1969 年

序 号	题 名	责任者	出版年
1	1949—1959 年江苏短篇小说特写选	“江苏短篇小说特写选”编委员会	1962. 1
2	1960 年短篇小说欣赏	杜鹏程著；茅盾选讲	1961. 11
3	阿拉亚（一个埃塞俄比亚青年的故事）	（埃塞）盖尔马乔乌·杰克列·哈瓦利阿特著；江有梁译	1962. 1
4	阿一旦的故事	云南省丽江地委宣传部编	1960. 4
5	安子	（日）小林多喜二著；楼适夷译	1962. 4
6	八一风暴	刘云等原著	1960. 3
7	巴金文集（第十卷）	巴金著	1961. 1
8	巴金文集（第十一卷）	巴金著	1961. 1
9	巴山红霞	孙惠良等著	1963. 3
10	把列宁主义的大旗高高举起	音乐出版社编辑部编	1963. 4
11	白居易	陈友琴著	1961. 12
12	白毛女	延安鲁迅文艺学院集体创作	1960. 2
13	白奴	（美）希尔德烈斯著；李良民译	1963. 7
14	百期散文选	解放军文艺社编	1960. 4
15	百期诗歌选	解放军文艺社编	1960. 4
16	百期小说选	解放军文艺社编	1960. 4
17	板车之歌	（日）山代巴	1961. 9
18	半岛烈火	王亮著	1961. 8
19	包公故事集	群众出版社编	1962. 12
20	报春集	孔林著	1964. 5
21	报告文学（1）	李累，之光著	1963. 12
22	暴风骤雨（电影文学剧本）	周立波著；林兰改编	1963. 3
23	悲翡达夫人	（西）加尔多斯著；赵清慎译	1961. 12
24	悲壮的《红岩》	阎纲著	1963. 3
25	悲壮的历程	程世才著	1960. 1
26	北极星	吴伯萧著	1963. 4
27	北京街道的故事	梁思成等著	1960. 1
28	北京曲艺团曲艺选集	北京曲艺团编	1964. 5
29	北欧行诗话	陈大远著	1962. 1
30	比格夜话	甘肃民族出版社编	1963. 12
31	碧野春风	内蒙古人民出版社编	1963. 8
32	边防战歌	中国人民公安部队政治部文化部编	1965. 12

（续表）

序号	题名	责任者	出版年
33	边疆风貌	碧野著	1961. 7
34	边疆青年红旗手（第一集）	新疆青年出版社编	1960. 5
35	边疆晓歌	黄天明著	1965. 3
36	冰山上的来客	白辛著	1963. 3
37	播火记	梁斌编	1963. 12
38	不怕鬼的故事（译写本）	中国科学院文学研究所原编	1962. 12
39	不体面的美国人	（美）莱德勤，伯迪克著；黄邦杰等译	1960. 2
40	布登勃洛克一家（一个家庭的没落）	（德）曼著；傅维慈译	1962. 12
41	步步高昇	王世全等著	1960. 3
42	禾场上	周立波著	1960. 1
43	彩霞集	浩然著	1963. 12
44	灿烂的星辰	王亚平著	1960. 4
45	灿烂前程	任大星著	1960. 2
46	曹操论集	北京三联书店编	1960. 1
47	草原上的田庄	（苏）卡达耶夫著；方予译	1961. 8
48	草原似锦	张长弓著；许勇插图	1962. 7
49	草原新传奇	赵燕翼著	1964. 2
50	草原新史	乌兰巴干著	1961. 5
51	插翅难逃	广东省公安厅编	1963. 4
52	插曲	（南非）勃洛姆编；何青译	1962. 9
53	长征回忆——从中央苏区到陕北革命根据地	戴镜元	1960. 8
54	朝霞红似火	中国青年出版社编	1960. 3
55	朝鲜现代短篇小说集	（朝鲜）韩雪野等著	1960. 8
56	朝阳花	马忆湘著	1961. 11
57	潮汐和船	秦牧著	1964. 4
58	沉船礁	解放军文艺社编	1965. 2
59	晨光集	刘白羽著	1964. 6
60	成语历史故事	马华编	1961. 1
61	城市人民公社化旗帜	长安书店编辑部	1960
62	赤道雪	刘白羽著	1964. 4
63	冲绳岛	（日）霜多正次著；金福译	1963. 4
64	冲霄集	姚文元著	1960. 5
65	仇恨的火花	作家出版社编辑部编	1963. 12
66	出了苦海见青天	梁耀林著	1963. 12
67	初冬的一个夜晚	张相林等著	1963. 12
68	船夫曲	魏钢焰著	1963. 6
69	创业史（第一部）	柳青著	1960. 5
70	春	巴金著	1962. 8
71	春风	（苏）卡维·那治米著；维益，未嘉译	1960. 2

（续表）

序号	题名	责任者	出版年
72	春晖寸草	费枝著	1963.2
73	春满长江	齐克著	1962.11
74	春满青山	碧野著	1963.9
75	春满天涯	严辰著	1964.7
76	春桃	许地山著	1963.7
77	春天的燕子	（法）让·拉斐德（Jean Laffitte）著；朱角，郝运译	1962.4
78	春天集	吴晗著	1961.12
79	从地狱到人间	天津人民出版社编	1963.12
80	从地狱到人间（续集）	天津人民出版社编	1964.12
81	从黑夜到天明（忆苦思甜报告文学选）	辽宁日报编辑部编	1964.5
82	从万象到查尔平原	（越）光明著；周毅之译	1962.9
83	从中原到边疆	新疆生产建设兵团农四师政治部编	1962.4
84	大波（第四部）	李劼人著	1963.9
85	大地新游	冶秋著	1962.1
86	大风歌	邹荻帆著	1964.3
87	大寨高风	燕凌著	1964.6
88	丹凤朝阳	鄂华等著	1963.2
89	党的儿子穆汉祥	徐景贤著	1960.6
90	德永直选集（一）	（日）德永直著；李芒译	1960
91	敌人（三场戏）	（俄）高尔基著；林陵译	1960.3
92	笛子春秋	安徽人民出版社编	1964.8
93	底层	（俄）高尔基著；芳信译	1960.3
94	地下航线	卓青，何泽沛，王彭年著	1960.4
95	第一场风雪	逮斐著	1963.6
96	蒂萨河在燃烧	（匈）伊雷什·贝拉著；柯青译	1962.3
97	电影剧本选	上海十年文学选集编辑委员会编	1960.3
98	奠边府战役回忆录（第二集）	（越南）雄光等著；江望等译	1965.9
99	奠边府战役回忆录（第一集）	（越南）陈度等著；黄敏中等译	1965.4
100	调查研究的故事	新疆大学中文系“调查研究的故事”编译组编	1963.1
101	调查研究的故事	河北人民出版社选编	1962.12
102	东方红	康曜著	1963.12
103	东风化雨（第二部）	羽山，徐昌霖著	1962.12
104	东平湖的鸟声	雁翼著	1960.3
105	动脑筋俱乐部（第三辑）	史亮编著	1960.3
106	读随园诗话札记	郭沫若著	1962.9
107	杜甫	刘开扬著	1962.12
108	杜甫卷（唐宋之部第二册）	华文轩编	1964.8
109	杜甫卷（唐宋之部第三册）	华文轩编	1964.8

（续表）

序　号	题　名	责任者	出版年
110	杜甫卷（唐宋之部第一册）	华文轩编	1964. 8
111	短篇小说集	中国作家协会贵阳分会筹委会编	1960. 5
112	对菱花	关润霞整理；布赫，达木林编剧	1960
113	俄罗斯苏维埃作家短篇小说集（第一卷）	上海文艺出版社	1960. 2
114	鄂北纪事	李德复著	1963. 1
115	儿童文学选	冰心编	1963. 1
116	反美华工禁约文学集	阿英编	1960
117	飞越天险	陈戈著	1960. 3
118	非洲夜会	韩北屏著；陈新插图	1964. 5
119	沸腾的车间	（苏）波列伏依著；莫野，谢祖钧译	1961. 1
120	沸腾的群山（第一部）	李云德著	1965. 12
121	费曼短篇小说集	（东德）弗兰茨·费曼著；高年生译	1960. 3
122	丰产记	西戎著	1963. 11
123	风雪（第一部）	陈登科著	1964. 5
124	枫	和谷岩著	1964. 6
125	烽火春秋	烽火人民公社社史编写委员会编	1962. 12
126	夫妻之间	高长富编	1964. 8
127	福建民兵英雄谱	福建军区政治部编	1960. 4
128	福建民间故事（第一集）	福建人民出版社编	1960. 1
129	复仇的火焰（第二部）	闻捷著	1962. 11
130	千瓣莲花（傣戏）	刀保巨等编剧；思永林译；楠迪记录整理	1960. 6
131	甘肃短篇小说选	中国作家协会兰州分会编	1960. 3
132	赶车传（下卷）	田间著	1961. 6
133	钢铁的凯歌——石钢厂史	中共石景山钢铁公司委员会厂史编写室编	1961. 11
134	钢铁江山	傅仇著	1960. 3
135	高乾大	欧阳山著	1960. 4
136	高清连	杨麦著；吴风旗插图	1962. 1
137	戈壁水长流	中国作家协会新疆维吾尔自治区分会，新疆人民出版社编	1965. 9
138	歌手	公浦等著	1960. 3
139	歌颂列宁的戏剧三部曲（带枪的人、克里姆林宫的钟声、悲壮的颂歌）	（苏）尼．波金尔著；葛一虹等译	1960. 3
140	革命故事（第一集）	春风文艺出版社编	1964. 6
141	革命生涯	左齐著	1962. 8
142	格列佛游记	（英）斯威夫特著；张健译	1962. 2
143	格林兄弟和童话选集	（苏）莫斯卡林柯编；齐云山译	1960. 5
144	格斯尔传	桑杰扎布译	1960. 4
145	工人短篇小说	中华全国总工会宣传部编	1963. 12
146	攻打冬宫	（苏）彼·卡比察著；曹桢尧译	1960. 2

（续表）

序 号	题 名	责任者	出版年
147	古城春色	林晞著	1965. 9
148	古代散文选（上册）	人民教育出版社编	1962. 9
149	古代诗歌选（第一册）	王易鹏选注	1961. 1
150	古典诗歌选读（续编）	李玄深选注	1960
151	古典文艺理论译丛（第二册）	古典文艺理论译丛编辑委员会编	1961. 12
152	鼓吹（续集）	茅盾著	1962. 11
153	鼓山风雷	任文祥著	1962. 1
154	故事会（1）	上海文化出版社编	1963. 7
155	故事会（16）	上海文艺出版社编	1965. 6
156	故事会（17）	上海文艺出版社编	1965. 7
157	故事会（2）	上海文艺出版社编	1963. 12
158	故事会（4）	上海文艺出版社编	1964. 4
159	故事会（6）	上海文艺出版社编	1964. 6
160	故事会（8）	上海文艺出版社编	1964. 8
161	故乡	许钦文著	1963. 11
162	关于文学艺术问题的讲话	（苏）赫鲁晓夫	1960
163	郭亮的故事	赵清学著	1962. 6
164	国风今译	金启华著	1963. 2
165	过年	胡万春编；华三川插图	1962. 11
166	海瑞罢官（历史剧）	吴晗著	1961. 11
167	海上神鹰	孙穆著	1960. 8
168	海市	杨朔著	1960. 1
169	寒冬集	刘澍德著	1960. 4
170	寒夜火种	马加著	1963. 7
171	汉魏六朝赋选	瞿蜕园选注	1964. 7
172	豪夫童话集	（德）豪夫著；傅寰译	1963. 3
173	好不过毛泽东时代	习犁编	1966. 1
174	好儿女志在四方（第一辑）	上海教育出版社编	1964. 6
175	河北歌谣	河北省民间文学研究会编	1961. 6
176	河北歌谣（中国各地歌谣集）	河北省民间文学研究会编	1960. 1
177	河北青年短篇小说选	河北省文学艺术界联合会编	1963. 1
178	赫尔岑中短篇小说集	（俄）赫尔岑著；程雨民译	1962. 7
179	黑岗事件（长春铁路工人斗争故事）	长春铁路工人文化宫编	1960. 1
180	黑面包干（革命斗争回忆录）	（苏）德拉勃金娜著；叶冬心译	1960. 12
181	红光普照大地	胡万春著	1961. 11
182	红花朝阳（新疆各族先进人物通讯报告集）	新疆维吾尔自治区总工会等编	1965. 9
183	红雷凯歌——红雷青年小组活学活用毛主席著作的故事	上海文化出版社编	1966. 4

（续表）

序　号	题　名	责任者	出版年
184	红楼梦（二）	曹雪芹，高鹗等著	1964. 2
185	红楼梦（三）	曹雪芹，高鹗等著	1964. 2
186	红楼梦（四）	曹雪芹，高鹗等著	1964. 2
187	红楼梦（一）	曹雪芹，高鹗等著	1964. 2
188	红旗插上珠穆朗玛峰	郭超人著	1960. 12
189	红旗儿女——“山花”（1959 年散文特写选）	“山花”编辑部编	1960. 4
190	红旗歌谣	郭沫若，周扬著	1960. 6
191	红旗飘飘（第十六集）	中国青年出版社编	1961. 9
192	红旗飘飘（第十五集）	中国青年出版社编	1961. 3
193	红色的安源	中共萍乡煤矿委员会宣传部编	1960. 2
194	红色娘子军（电影文学剧本）	梁信著	1961. 6
195	红岩	罗广斌，杨益言著	1961. 12
196	侯宝林、郭启儒表演相声选	侯宝林，郭启儒演出本	1963. 9
197	葫芦信（傣族民间叙事诗）	云南省民族民间文学西双版纳调查队搜集整理	1960. 7
198	花	曹靖华著	1962. 8
199	花雨集	马少波著	1960. 4
200	欢乐的离别	万国儒著	1964. 6
201	挥手之间	方纪著	1963. 9
202	回民之母	陈静波著	1962. 2
203	回忆第三次国内革命战争时期上海的学生运动	胡恩泽编著	1960
204	回忆对比征文选	解放日报编辑部编	1963. 9
205	回忆刘志丹与谢子长	阎红彦等著	1961. 11
206	回忆契诃夫	人民文学出版社编	1962. 1
207	活愚公	傅泽著	1963. 1
208	火把节之夜	曾志明等著	1964. 5
209	火炬	周而复著	1961. 8
210	火种	艾明之著	1963. 1
211	激流飞渡	张漠青著	1964. 12
212	吉林动物故事	吉林省民间文艺研究会，吉林大学中文系编	1963. 6
213	吉林故事选	吉林省民间文学工作委员会等编	1960. 1
214	吉隆滩的人们	（古）拉·贡·卡斯柯洛（Raul Gonzalez de Cascorro）著；郑小榕等译	1963. 4
215	集古村恩仇记	陕西富平县城关公社集古村史编写组	1964. 4
216	继承人	（苏）阿列克塞耶夫著；万紫译	1960. 6
217	冀中一日（下）	《冀中一日》写作运动委员会	1963. 2
218	家	巴金著	1962. 1
219	家庭问题	胡万春编	1964. 12

（续表）

序 号	题 名	责任者	出版年
220	艰苦奋斗十六年（记新疆生产建设兵团）	新疆生产建设兵团政治部《艰苦奋斗十六年》编写小组编	1965.9
221	艰难时世	（英）狄更斯著；全增嘏，胡文淑译	1962.3
222	检察工作跃进之声	郁隈，魏陶等著	1960
223	建国以来文艺作品专题书目	图书提要卡片联合编辑组编	1961
224	剑岛行	赵鹜著	1963.12
225	江西妇女革命斗争故事	江西省妇女联合会编	1961.6
226	蒋家王朝的复灭	何克希等著	1961.4
227	焦裕禄	《焦裕禄》编写小组	1966.3
228	阶级斗争故事集	上海文化出版社编	1965.12
229	阶级兄弟心连心	河北人民出版社编	1964.6
230	节令风俗故事	中华书局编	1963.1
231	节振国（京剧）	线连合，唐山京剧团编剧	1960.4
232	捷克斯洛伐克通讯集	杨翊等著	1960.4
233	金凤	吉林大学中文系	1961.7
234	金光闪闪的共产主义火苗——技术革命中的故事	共青团上海市委宣传部编	1960
235	金铃传（电影文学剧本）	左邻著	1960.1
236	金色的盾牌	李月润等著	1962.12
237	金玉姬	王家乙，纪叶著	1961.5
238	金玉奴（京剧）	荀慧生改编	1960
239	进攻	（捷）瓦·雷扎奇（Vaclav Rezac）著；翁文达译	1961.5
240	惊涛骇浪中的子弟兵	河北人民出版社编	1964.6
241	静静的产院	茹志鹃著	1962.8
242	久尔济一家	（波）艾丽查·奥若什科娃著；余生译	1960.3
243	旧上海的故事	拾风等编著	1963.9
244	巨人	延河文学月刊编辑部编	1960.2
245	俱乐部（1）	中国青年出版社编	1964.2
246	俱乐部（2）	中国青年出版社编	1964.9
247	决堤	（越）阮庭诗著；岱学译	1965.8
248	军营晨曲	张勤著	1964.4
249	开顶风船的角色	解放军文艺社编	1965.2
250	开顶风船的角色讲读	袁玉伯著	1965.11
251	开垦者的命运	叶君健著	1964.2
252	开门红（独幕话剧）	何求著	1960.5
253	凯勒中篇小说集	（瑞）高特弗利特·凯勒 著；田德望译	1963.1
254	看雷锋学雷锋	中国电影出版社编	1965.6
255	抗日歌谣	上海文艺出版社编	1960.3
256	柯尔克孜谚语	胡振华等搜集翻译	1963.5
257	科学种田的年轻人	中国青年出版社编	1966.4

（续表）

序号	题名	责任者	出版年
258	克里姆·萨姆金的一生（第二部）	（俄）高尔基著；金人译	1963.5
259	克里姆·萨姆金的一生（第三部）	（俄）高尔基著；金人译	1964.1
260	空军英雄杜凤瑞	林毅等著	1960.6
261	跨上千里马的人民（中国新闻工作者代表团访问朝鲜通讯集）	胡季委等著	1960.6
262	宽边帽子	（苏）米哈尔科夫著	1960.5
263	旷野（上）	北京市文学艺术工作者联合会编	1961.12
264	傀儡（第二部）	（波）波列斯拉夫·普鲁斯著	1960.8
265	傀儡（第三部）	（波）波列斯拉夫·普鲁斯著	1960.8
266	傀儡（第一部）	（波）波列斯拉夫·普鲁斯著	1960.8
267	昆虫世界漫游记	（苏）拉丽著；黄幼雄译	1962.1
268	昆仑山下	杨友德著	1963.8
269	困兽记	沙汀著	1963.1
270	拉丁美洲通讯集（第二辑）	世界知识出版社编	1960.8
271	拉丁美洲通讯集（第一辑）	世界知识出版社编	1960.2
272	劳模嫁女	作家出版社编	1965.3
273	牢记血泪仇	蓝福田著	1964.1
274	“老定额”（短篇小说）	赵树理，王汶石等著	1960
275	老工人话当年（第二辑）	工人出版社编	1960.6
276	老麦梅尔到底胜利了	（苏）雷特海乌著；简小玄，定九译	1960.5
277	老人与海（英汉对照）	（美）厄纳斯特·海明威著；海观译	1960.1
278	雷锋的故事	陈广生等著	1963.4
279	雷锋日记（1959—1962年）	雷锋著	1963.4
280	黎巴嫩短篇小说集	（黎）阿敏·雷哈尼等著；李青等译	1960
281	黎明前的战斗	雷恒保等著；裘沙插图；	1961.12
282	黎明时刻——十年（第一部）	鲁荻著	1961.11
283	黎明之前	（越）阮功欢著	1960.4
284	李大钊	臧克家著	1960
285	李信子姑娘	黄钢著	1963.12
286	李有才板话	赵树理著	1962.8
287	李自成（第一卷）	姚雪垠著	1963.7
288	力原	李满天	1963.7
289	历代诗话（上）	（清）吴景旭著	1960.4
290	历代诗话（下）	（清）吴景旭著	1960.4
291	历代文选（上册）	冯其庸等选注	1962.9
292	历尽苦难见阳光	抚顺矿区工史编委会编	1964.8
293	历史的见证（第一集）	种禾等著	1964.4
294	两代人（四幕歌剧）	铁道部乌鲁木齐铁路局文工团集体创作；刘镇，任莫执笔；邵光琛，李中汉作曲	1961.12
295	两代人的脚迹——运动员、体育工作者话今昔	人民体育出版社编	1964.7

（续表）

序号	题名	责任者	出版年
296	两汉文学史参考资料（精装本）	北京大学中国文学史教研室选注	1960. 1
297	两晋演义 100 回	蔡东藩著	1963. 1
298	两京散记	叶君健著	1962. 1
299	猎人笔记	（俄）屠格涅夫著；丰子恺译	1962. 12
300	林成	胡南等著	1965. 1
301	临汾旅	《临汾旅》编写组编	1960. 12
302	蔺铁头红旗不倒（上部）	文秋，柯蓝著	1960. 1
303	刘三妹	依易天著	1960. 3
304	流浪儿（法汉对照）	（法）雨果著；陈宗宝译	1960. 1
305	柳州星火	梁山著	1961. 9
306	六十年来第一台	长辛店机车车辆工厂史编委会	1960
307	龙灯（复旦大学中文系 1955 级和 1956 级民间文学小组选辑）	赵景深主编	1960. 2
308	龙华集	张春桥著	1960. 4
309	露营	吴保山等著	1960
310	鲁迅回忆录	许广平著	1961. 5
311	陆游传	朱东润著	1960. 3
312	陆游选集	朱东润著	1962. 12
313	吕梁英雄传	马烽，西戎著	1963. 7
314	绿色的远方	胡奇著	1964. 5
315	绿洲凯歌（电影文学剧本）	王玉胡，范一平，凌颂纯等著	1960. 8
316	绿竹村风云（第一部）	王杏元著	1965. 8
317	罗马 11 时	（意）朱塞佩·德·桑蒂斯等著；蓝箭子译	1964. 4
318	罗摩衍那的故事	（印）玛朱姆达改编；冯金辛等译	1962. 8
319	马丁·伊登	（美）杰克·伦敦著；潘绍中注释	1964. 8
320	马口英雄谱	群众出版社编	1960
321	马雅可夫斯基选集（第五卷）	（苏）马雅可夫斯基著	1961. 12
322	毛主席的好战士——雷锋	陈广生著	1963. 4
323	毛主席的好战士——刘英俊	新疆八一农学院文办编	1966. 7
324	毛主席在重庆	吴玉章等著	1961. 4
325	茅屋	（西班牙）维生特·勃拉斯科·伊巴涅思著；庄重译	1962. 8
326	没有祖国的儿子	（澳）裘德·华登（Judah Watern）著；赵家璧译	1960. 3
327	湄潭光辉的十年	中共湄潭县委员会编	1960. 4
328	美丽的呼伦贝尔	卢盛法著	1960. 6
329	美丽的南方	陆地著	1960. 4
330	密士失必河上	（美）马克·吐温著；常健译	1960
331	苗岭集	蹇先艾著	1960. 4
332	民兵斗争故事	解放军文艺社选编	1960. 4

（续表）

序　号	题　名	责任者	出版年
333	民歌新唱（第二集）	北京市文学艺术工作者联合会编	1960
334	明净的水	李纳著	1963. 2
335	明清笔记故事选译	刘耀林选译	1962. 12
336	魔鬼集团	（德）黑达·琴纳著	1960. 4
337	纳斯尔丁阿凡提的故事	穆罕默德伊明等译	1963. 1
338	南彩风暴五十年	北京四史丛书编委会编	1964. 5
339	南方来信	作家出版社	1964. 5
340	南方来信（第二集）	作家出版社	1964. 7
341	南方来信的收件人	百花文艺出版社编辑部编	1965. 6
342	南山的灯	孙谦著	1964. 8
343	南行记续编	艾无著	1964. 9
344	难忘的秋天（电影文学剧本）	钟纪明，纪叶著	1960
345	年青的朋友	杜鹏程著	1962. 4
346	捻军歌谣	李东山等搜集	1960. 3
347	捻军歌谣	阜阳专区文学艺术工作作者联合会编	1961. 3
348	鸟儿栖息在柳树沟	（朝）李镇华著；洪浩译	1965. 8
349	农村纪事	吉学霈著	1961. 12
350	农村絮语	冉淮舟	1964. 7
351	奴隶的新生	中国青年出版社编辑	1964. 9
352	奴隶之歌	（捷）斯伐托普鲁克·捷赫（Svatopluk Cech）著；劳荣译	1960. 5
353	女车间主任	徐俊杰著	1960. 3
354	欧·亨利小说选（下册）	亨利著；王仲年等译	1961. 12
355	欧阳海	白岚等著	1965. 1
356	欧阳海之歌	金敬迈著	1965. 12
357	盘薖硕人增改定本西厢记	中华书局上海编辑所编	1963. 8
358	喷泉记	葛文著	1963. 12
359	朋友之间	张葆华著	1962. 11
360	劈开天山	中国人民解放军新疆生产建设兵团建工二师政治部编	1962. 7
361	匹克威克外传	（英）狄更斯著；蒋天佐译	1961. 11
362	平律战役回忆录	北京出版社编	1961. 3
363	鄱阳湖的风暴	罗宁著	1960. 1
364	破晓记	李晓明等著	1965. 7
365	葡萄园的故事	权宽浮著	1962. 7
366	普里瓦洛夫的百万家私	（俄）马明·西比利亚克著；左海译	1963. 6
367	七月的彩虹	胡正著	1960. 2
368	七月抒情诗	张天民著	1960
369	祁彪佳集	（明）祁彪佳著	1960. 2
370	契诃夫	曹靖华等译	1960

（续表）

序　号	题　名	责任者	出版年
371	千里跃进逐鹿中原（革命斗争回忆录）	唐平铸等著	1961. 4
372	前汉演义 100 回	蔡东藩著	1962. 12
373	前仆后继	曾克著	1963. 9
374	前驱	陈立德著	1964. 9
375	青翠的山谷	杨麦著	1960. 1
376	青海歌谣	中共青海省委民族民歌搜集整理办公室编	1960. 6
377	青年英雄的故事	中国青年出版社编辑	1964. 4
378	青年英雄的故事（续编）	中国青年出版社编辑	1965. 4
379	倾吐不尽的感情	巴金著	1963. 8
380	清诗译	（清）张应昌编	1960. 1
381	穷棒子社的故事——河北遵化建明公社纪事	《建明公社纪事》编写小组	1966. 2
382	秋瑾集	中华书局上海编辑所编	1960. 7
383	秋山红叶	张庆田著	1964. 8
384	曲艺论集	关德栋著	1960
385	屈原（话剧）	郭沫若著	1960
386	人民，历史的主宰	（希）安德烈·凯德罗斯著；沈祖诒译	1961. 11
387	人民的好儿女	张健虹等著	1963. 2
388	人民民主国家作家论	（苏）皮奥特罗夫斯卡雅等著；廷超等译	1960. 1
389	人民日报杂文选集（1959—1963 年）	人民日报出版社编	1964. 5
390	人造小太阳	（苏）Ю. 沙符朗诺娃，C. 沙符朗诺夫著；上海市中苏友好协会译	1960. 2
391	日本人民英雄气概	（日）中本高子等著；李芒等译	1965. 12
392	日出	曹禺著	1960
393	日出东方（人民公社通讯选）	新疆日报编辑部编	1963. 2
394	塞（上集）	新疆军区法治部文化部编	1962. 5
395	赛斐丁短篇小说集	（土）赛斐丁著；柳朝坚译	1960
396	三八红旗手	中国妇女杂志社	1960. 11
397	三代仇	安徽人民出版社编	1964. 8
398	三代人的脚印	中国青年出版社编	1963. 9
399	三家巷	欧阳山著	1960. 1
400	三千里江山	杨朔著	1960. 2
401	三人（高尔基选集）	（俄）高尔基著；伊信译	1960. 2
402	三条石	任朴著	1964. 1
403	三战三捷	解放军文艺出版社编	1964. 12
404	三姊妹	（俄）安·契诃夫著；曹靖华译	1960. 1
405	散文特写选	延河文学月刊编辑部编	1960
406	散文特写选（1959—1961 年）	周立波编选	1963. 1
407	杀狗记	（明）徐畛著	1960. 3
408	山村复仇记（上集）	刘玉峰著	1963. 11

（续表）

序　号	题　名	责任者	出版年
409	山村复仇记（下册）	刘玉峰著	1965.7
410	山村新人	胡天培著	1965.4
411	山谷红霞	林予著	1960.3
412	山里红	林斤澜著	1963.3
413	山区收购站	骆宾基著	1963.1
414	山西短篇小说选	中国作家协会山西分会筹委会编	1960.2
415	山西歌谣（中国各地歌谣集）	山西省民间文学研究会筹委会编	1960.4
416	山西革命斗争回忆录	山西省军区政治部编	1962.2
417	山西诗选（1949—1959年）	中国作家协会山西分会筹委会编	1960.4
418	山乡风云录	吴有恒著	1962.8
419	山鹰	刘大为著	1960
420	上海的早晨（第二部）	周而复著	1962.12
421	上海十年文学选集（曲艺选 1949—1959年）	上海十年文学选集编委会编	1960
422	上海屋檐下（三幕话剧）	夏衍著	1960
423	苕溪渔隐丛话	郭绍虞主编	1962.6
424	韶山风云	集思编著	1962.3
425	佘赛花	史果编著	1962.9
426	蛇岛的秘密	（锡兰）魏克拉马沁格著；冀等译	1963.5
427	社员俱乐部（1）	吉林人民出版社编	1964.5
428	深仇记	苗培时著	1964.4
429	神话故事新编	袁珂编著	1963.8
430	神曲（天堂篇）	（意）但丁著；朱维基译	1962.2
431	生产斗争和科学实验故事集	上海文化出版社编	1965.12
432	生与死的搏斗（三部曲之三）	（捷）普伊曼诺娃著；功良译	1962.12
433	胜利的战斗	中国人民解放军六九一九部队政治部编	1962.7
434	诗集	贵州大学中文系，贵州人民出版社编	1960.3
435	诗韵新编	中华书局编	1965.4
436	十年回顾	辽宁日报编辑部编	1960
437	十年凯歌	天津人民出版社编	1960.1
438	十七度线以南	（越）光利著；史集译	1960.3
439	十月的阳光	周洁夫著	1960.2
440	史密斯先生到华盛顿	（美）薛德尼·勃区曼著；陈国容译	1964.4
441	誓死保卫祖国	任宝贤改编	1965.5
442	守礼之民	（日）霜多正次著；迟叔昌译	1964.9
443	书林漫步	陈原著	1962.12
444	蜀道奇	郭沫若著	1963.11
445	曙光（第三部 在战斗中成长的祖国）	（蒙）仁亲著；陈乃雄等译	1962.8
446	水下阳光	王恺	1965.4
447	四川短篇小说选（1959—1962年）	中国作家协会四川分会编	1963.1

（续表）

序 号	题 名	责任者	出版年
448	四川散文特写选（1959—1962年）	沙里等著	1963.9
449	松毛岭下	钟廉芳，张春熙著	1960.7
450	苏拉巴蒂	（印尼）阿布都尔·慕依斯（Abdoel Moeis）著；倪志渔，朱秉义译	1962.3
451	速写三篇	张天翼著	1963.8
452	索福克勒斯悲剧二种	（希腊）索福克勒斯著；罗念生译	1961.11
453	太平天国歌谣传说集	中国科学院江苏分院研究所编	1960.1
454	太平天国故事歌谣选	广西壮族自治区民间文学研究会筹备委员会，广西师范学院中文系编	1961.12
455	探望	李冠军编	1963.6
456	唐诗一百首	中华书局上海编辑所编	1964.4
457	唐宋传奇选	张友鹤选注	1964.5
458	天高任鸟飞	中国人民解放军驻沈空军政治部编	1963.1
459	天津城上红旗飘（解放天津的战斗故事）	天津人民出版社编	1962.7
460	天亮之前	陈勇等著	1965.9
461	天平之甍	（日）井上靖著；楼适夷译	1963.4
462	天山路	中国作家协会新疆维吾尔自治区分会，新疆人民出版社编	1965.8
463	天山南北（通讯报告选）	新华通讯社新疆分社编	1961.9
464	铁流在西线	蒋牧良著	1964.4
465	樋口一叶选集	（日）樋口一叶著；萧萧译	1962.1
466	同伴	李逸民著	1963.3
467	铜墙铁壁	柳青著	1962.9
468	童年的故事	（苏）格拉特柯夫著；叶冬心译	1960.2
469	托马斯·闵采尔	（苏）A. 施捷克里著；叶中林译	1963.12
470	陀斯契加耶夫和别的人	（俄）高尔基著；芳信译	1960
471	晚清文学丛抄（上）	阿英编著	1960.5
472	晚清文学丛抄（小说戏曲研究卷）	阿英编著	1960.3
473	万尼亚舅舅	（俄）安东·巴甫洛维奇·契诃夫著；丽尼译	1960.1
474	王杰	农村读物出版社编	1966.1
475	王杰的故事	解放军文艺社编	1965.12
476	王若飞在狱中	杨植霖，乔明甫著	1961.3
477	往日血泪	青海人民出版社编	1965.11
478	维吾尔民间故事	新疆人民出版社编	1962.6
479	维吾尔文学作品目录（汉文部分第一册）	新疆维吾尔自治区图书馆编	1960.1
480	维吾尔谚语	刘鹗等译	1962.8
481	维吾尔寓言故事	麦合逊，警亚翻译整理	1963.4
482	文明地狱	石英编；张锡武插图	1965.6
483	文学赏鉴论丛	傅庚生	1963.8
484	文学十年	文艺报编辑部	1960.6

（续表）

序　号	题　名	责任者	出版年
485	文艺评论选集（第一辑）	人民日报出版社编	1962. 12
486	我的同时代人的故事（三卷）	（苏）柯罗连科著；丰子恺，丰一吟译	1964. 1
487	我的同时代人的故事（四卷）	（苏）柯罗连科著；丰子恺，丰一吟译	1964. 1
488	我国社会主义文学艺术的道路	周扬	1960. 11
489	我了解他	（苏）马克西著；高保元译	1961. 5
490	我们必胜——拉丁美洲诗集之三	（古巴）那波里著；王仲年译	1962. 11
491	我们并肩前进	崔雁葆	1960. 5
492	我们的青春	红耘	1965. 3
493	我们相爱在明天	（法）斯梯著；张倩婳译	1960. 3
494	我们这一群人	（英）赫勃脱·史密斯著；朱曼华译	1961. 9
495	我们追赶太阳	梁上泉等	1960. 3
496	我握着毛主席的手	人民文学出版社	1960. 3
497	乌鲁木齐史话	乌鲁木齐日报编	1960. 3
498	无产者《国际歌组曲》之一（电影文学剧本）	东生著	1964. 6
499	无形的长城	群众出版社	1963. 12
500	吴达内的故事	隋书金整理	1962. 12
501	“五四”以来电影剧本选（下）	上海十年文学选集编辑委员会编	1961. 7
502	“五四”以来电影剧本选集	中国电影工作者协会	1961. 7
503	五月花	光未然著	1960. 5
504	五月鹃	杜宣著	1964. 5
505	武陵山下（上）	张行著	1965. 1
506	武陵山下（下）	张行著	1965. 1
507	舞台生涯	（英）查利·卓别林著；田大畏译	1963. 4
508	西昌月	高缨著	1964. 9
509	喜剧六种	（法）莫里哀（Moliere）著；李健吾译	1963. 1
510	戏曲剧本选（1949—1959年）	上海十年文学选集编辑委员会编	1960
511	先进的非洲，友谊的海洋（周恩来总理访问非洲十国通讯集）	世界知识出版社编	1964. 3
512	贤良桥畔	巴金著	1964. 9
513	香飘四季	陈残云著	1963. 3
514	想起了国歌	姚文元著	1963. 7
515	向海洋	张道亚，程景山，唐健等著	1960. 4
516	向前看（第一部 童年）	（泰国）西武拉帕著；秦森杰等译	1965. 9
517	像他那样活着	（越）潘氏娟口述；陈庭云整理	1965
518	小吹鼓手	柯岚著	1960. 4
519	小橘灯	冰心著	1960. 4
520	小市民	（俄）高尔基著；林陵译	1960
521	小说戏剧选	（俄）果戈理著；满涛译	1963. 3
522	小舞台（第13期）	上海文化出版社编	1964. 8

（续表）

序　号	题　名	责任者	出版年
523	小舞台（第 14 期）	上海文化出版社编	1964. 8
524	小舞台（第 15 期）	上海文化出版社编	1964. 1
525	小舞台（第 16 期）	上海文化出版社编	1964. 12
526	小舞台（第 17 期）	上海文化出版社编	1965. 1
527	小舞台（第 1 期）	上海文艺出版社编	1963. 1
528	小舞台（第 2 期）	上海文艺出版社编	1963. 5
529	小舞台（第 3 期）	上海文艺出版社编	1963. 6
530	小舞台（第 4 期）	上海文艺出版社编	1963. 7
531	小舞台（第 5 期）	上海文艺出版社编	1963. 9
532	小舞台（第 6 期）	上海文艺出版社编	1963. 12
533	写戏常识	李宣山著	1960. 4
534	新春曲	浩然著	1960. 4
535	新道德新风尚	解放日报编辑部	1964. 7
536	新疆十年散文集（1949—1959 年）	中国作家协会新疆分所编	1960. 6
537	新疆兄弟民族小说选	“天山” 文学月刊编辑部编	1960. 2
538	新酿的奶酒	安谧著	1960
539	新人新事故事集	上海文化出版社编	1965. 12
540	新生活的光辉（兄弟民族作家短篇小说合集）	人民文学出版社编	1960. 4
541	新芽（短篇小说集）	解放军文艺社编辑	1960. 2
542	星火燎原（4）	“中国人民解放军三十年” 征文编辑委员会编	1961. 6
543	星火燎原（7）	“中国人民解放军三十年” 征文编辑委员会编	1962. 1
544	幸福的大道共产党开	汪玉良编	1966. 1
545	幸福的港湾	陆俊超著	1964. 3
546	幸福的回颜	天津人民出版社	1960. 2
547	徐光启集（全册）	（明）徐光启撰；王重民辑校	1963. 12
548	学习鲁迅和瞿秋白作品的札记	丁景唐著	1961. 9
549	学习王杰杂文选	上海人民出版社编	1965. 12
550	雪浪花（一九六一年散文选集）	北京出版社编	1962. 8
551	雪莲	谢树著	1963. 9
552	血海深仇	群众出版社编	1964. 4
553	血和泪的回忆	中国青年出版社编	1963
554	血泪恨	红色社员报编辑部编	1963. 11
555	血泪话当年——家史	东风文艺出版社编	1964. 8
556	亚瑟王之死（上册）	（英）托马斯·马罗礼著；黄素封译	1960. 4
557	亚瑟王之死（下册）	（英）托马斯·马罗礼著	1960. 4
558	眼睛的故事	张葆莘编著	1960. 3
559	艳阳天（第一卷）	浩然著	1964. 9

（续表）

序 号	题 名	责任者	出版年
560	艳阳天（第二卷）	浩然著	1966. 3
561	艳阳天（第三卷）	浩然著	1966. 5
562	雁窝岛	牡丹江农垦局 853 农场雁窝场史编辑室，牡丹江农垦局“北大荒文艺”编辑室编	1962. 3
563	燕山夜话（二集）	马南邨著	1962. 2
564	燕山夜话（四集）	马南邨著	1962. 8
565	燕山夜话（五集）	马南邨著	1962. 12
566	央金	刘克著	1962. 12
567	洋铁桶的故事	柯蓝著	1960. 1
568	遥远的戈壁	敖德斯尔著	1962. 4
569	夜闯珊瑚潭	李凤琪著；潘世勋插图	1962. 12
570	一百个放心（第三辑）	沈福庆等著	1964. 5
571	一代新风	上海人民出版社编	1964. 6
572	一个美国鬼子的死	（越南）文玉著	1963. 11
573	一生	（法）莫泊桑著；盛澄华译	1963. 1
574	一条红线	赵鹏飞等著	1960. 1
575	一位女教师的笔记	（朝）金寿福著	1963. 3
576	彝山春好	（彝族）苏晓星著	1960. 4
577	忆陈冬尧	潘世征著	1964. 1
578	忆旧恨	山今等著	1963. 1
579	银燕	王忠瑜著	1964. 8
580	英美文学欣赏（第一集）	周珏良编	1963. 11
581	英雄的古巴（通讯集）	世界知识出版社编辑	1962. 11
582	英雄的姐妹	徐云卿著	1960. 4
583	英雄列车	中央戏剧学院实验话剧院编	1961. 2
584	英雄诗篇	珠江电影制片厂集体创作	1961. 5
585	硬骨头六连之歌	洪赤编著	1964. 8
586	愚公移山及其他	白由经，绩枫林译注	1960. 3
587	雨过天青	尾山著	1960. 6
588	玉门儿女出征记	李季著	1960. 5
589	玉泉喷绿（上）	贺政民著	1963. 8
590	元宵夜曲	苗延秀著	1960. 3
591	源泉	丁秋生著	1964. 9
592	远征——圣保罗的秘密	（巴）阿丰索·斯密特著	1960. 4
593	月亮湖	碧野著	1964. 5
594	阅读和欣赏（第三集 外国文学部分）	沈宝基等著	1964. 4
595	跃马扬鞭	王有为，贺朗编著	1964. 3
596	越南，我们和你在一起（朗诵诗）	北京作家出版社编	1965. 4
597	越南青年英雄的故事	中国青年出版社编	1965. 7
598	越南现代短篇小说集	（越）阮庭诗等著；北京大学东方语言系南语专业译	1960. 8

（续表）

序 号	题 名	责任者	出版年
599	砸碎铁锁举红旗——劳动模范家谱	中国青年出版社编	1964. 9
600	在北京地下斗争的日子里	刘志著；谭霈生整理	1961. 12
601	在朝霞里	洪泽著	1960. 3
602	在船台上	赵自著	1964. 9
603	在大革命的洪流中	朱道南著	1961. 8
604	在大海那边	岑桑著	1962. 11
605	在反美斗争的最前线	作家出版社编	1965. 6
606	在广阔的天地里	何建平等著	1965. 8
607	在国境线上（阿尔巴尼亚短篇小说）	（阿尔巴尼亚）卡费泽齐等著；屠珍等译	1964. 9
608	在好人中间	（俄）弗兰科著；大海，达恺译	1960. 2
609	在烈火中	武珍雅等著	1965. 7
610	在明朗的阳光下	井岩盾著	1963. 9
611	早春	费永文著	1962. 1
612	早年的欢乐	（苏）费金著；左海译	1961. 9
613	造志气灯——蔡祖泉活学活用毛主席著作的故事	上海文化出版社编	1966. 4
614	泽玛姬	中央民族歌舞团创作研究室编	1963. 1
615	怎样写新闻稿和广播稿	汪韵元编	1963. 1
616	战斗的南越	素友等著；黎箭等译	1964. 7
617	战斗的越南南方青年	（越）忠坚等著；林茵译	1965. 2
618	战斗的越南南方青年（第二集）	（越）光峰等著；叶灵等译	1965. 5
619	战斗风云录	罗丹著	1963. 12
620	战斗在南泥湾	中国人民解放军新疆军区生产建设兵团政治部编	1961. 6
621	战斗在上甘岭	前中国人民志愿军某部政治部编	1962. 1
622	战鼓催春	萧玉著	1963. 6
623	战火纷飞	刘天野著	1965. 1
624	张绍桓包打西什库——义和团传说故事	张士杰搜集整理	1960. 4
625	镇宁新志	中共镇宁县委员会编	1960. 4
626	争取社会主义文学的更大繁荣	作家出版社编	1960. 12
627	郑振铎文集	郑振铎著	1963. 3
628	政治讽刺诗	袁水拍著	1964. 11
629	知识小品	北京出版社编	1962. 1
630	知识小品集	阳希贤等著	1962. 1
631	志愿军英雄颂	中国青年出版社编	1965. 1
632	中国报刊通讯报告选（上）	复旦大学新闻学系编	1960. 1
633	中国历代文选（下册）	郭绍虞编	1963. 2
634	中国现代文学作家作品评论资料索引	福建师范学院中文系中国现代文学教研组，福建师范学院中文系资料室编	1962. 3
635	中国谚语资料（上册）	兰州艺术学院文学系 55 级民间文学小组编	1961. 12

（续表）

序　号	题　名	责任者	出版年
636	中国谚语资料（下册）	兰州艺术学院文学系55级民间文学小组编	1961.12
637	中国战士同志	（苏）诺沃格鲁德斯基，杜纳耶夫斯基著；纪家俊等译	1961.9
638	钟离剑（评剧）	安西，高琛作剧	1962.4
639	周信芳演出剧本新论	中国戏剧家协会编	1960
640	朱德诗选集	朱德著	1963.9
641	珠江岸边	陈残云著	1962.4
642	转战千里	谢扶民著	1961.12
643	壮丽的诗篇	群众出版社编	1960.3
644	祖父的故事	沙汀著	1963.5
645	祖国的铜墙	（越）黄良瑜等著；岳胂等译	1965.6
646	祖国忠贞九儿女	中国青年出版社编	1965.6
647	最后的印象	（阿尔及利亚）哈达德著；世中译	1962.8
648	最后一代	（俄）高尔基著；陈水夷译	1960.3
649	左联时期无产阶级文学	南京大学中文系编	1960.3

（4）1970—1979年

序　号	题　名	责任者	出版年
1	阿Q正传	鲁迅著	1976.1
2	阿尔巴尼亚短篇小说集	人民文学出版社编辑部	1973.2
3	阿尔巴尼亚纪行	张继尧著	1974.11
4	阿凡提的故事	赵世杰等译	1978.12
5	阿力玛斯之歌	冯苓植著	1977.2
6	艾芜短篇小说集	艾芜著	1978.11
7	安徒生的故乡	陈大远编	1978.12
8	安徒生童话和故事选	叶君健译	1978.6
9	安徒生童话选	叶君健译	1978.8
10	暗哨	崔坪著	1979.7
11	巴尔扎克中短篇小说选	（法）巴尔扎克著；郑永慧译	1979.9
12	巴黎公社的故事	段万翰，陈必祥著	1977.1
13	巴马修道院	（法）司汤达著；郝运译	1979.7
14	白比姆黑耳朵	（苏）加夫里尔·尼古拉耶维奇·特罗耶波利斯基著	1979.9
15	白轮船（仿童话）	（苏）钦·艾特玛托夫著；雷延中译	1973.7
16	白奴	（美）希尔德烈斯著；李佷民译	1979.12
17	白求恩大夫	周而复著	1978.3
18	白求恩在中国	中国人民解放军白求恩国际和平医院编	1977.6
19	百草滩	李景棠著	1979.5

（续表）

序　号	题　名	责任者	出版年
20	班主任	刘心武著	1976. 6
21	堡垒	吴强著	1979. 11
22	鲍狄埃诗选	人民文学出版社	1973. 2
23	暴风骤雨	周立波著	1977. 8
24	北京来的孩子	卢庚奋等著	1975. 4
25	奔腾的东流河	陈大斌著	1975. 5
26	匕首和投枪	鲁迅著	1976. 8
27	毕业新歌（独幕话剧）	张世之等译	1975. 6
28	碧空万里（朝霞文艺丛刊）	上海人民出版社编	1974. 1
29	碧空雄鹰	齐勉著	1974. 12
30	碧绿的秧苗	凌霄著	1976. 2
31	壁垒森严	陈定兴著	1973. 12
32	边城风雪	张长弓，郑士谦著	1975. 6
33	边塞风啸	许特生著	1976. 1
34	表	（苏）班台莱耶夫著；汶译	1979. 8
35	丙辰清明见闻录	童怀周编	1979. 3
36	播火记（红旗谱第二部）	梁斌编	1979. 9
37	渤海怒涛	大连港务局《渤海怒涛》编	1973. 5
38	渤海渔歌	单学鹏著	1975. 5
39	不灭的篝火（朝霞丛刊）	上海人民出版社编	1975. 8
40	不灭的历史（丛书）	朝鲜作家同盟中央委员会“四·一五”文学创作团	1977
41	不屈的马路工	上海市城建局《不屈的马路工》编写组编	1972. 5
42	不息的浪潮	孙景瑞著	1976. 4
43	不许犯我	（菲）R. 黎萨尔著	1977. 1
44	布拉格之春——1968 年的捷克斯洛伐克纪实	（捷）Z. A. B. 泽曼（Z. A. B. Zeman）著；上海市“五·七”干校六连翻译组译	1973. 1
45	彩虹曲	山萌著	1975. 9
46	踩着面包走的女孩	（丹麦）安徒生著；叶君健等译	1978. 6
47	蔡特金文学评论集	付惟慈译	1978. 8
48	沧海横流	韶华	1979. 8
49	沧石路畔	张庆田著	1976. 2
50	曹氏父子和建安文学	李宝均著	1978. 1
51	曹雪芹轶著浅探	吴恩裕著	1979. 11
52	曹禺选集	人民文学出版社	1978. 4
53	草叶集选	（美）惠特曼（Walt Whitman）著；楚图南译	1978. 1
54	草原雏鹰	郭玉道，左可国	1974. 11
55	草原的早晨	扎拉嘎胡著	1977. 6
56	草原明珠	王栋著	1976. 2

（续表）

序　号	题　名	责任者	出版年
57	草原上的鹰	杨啸著	1973. 2
58	草原新传奇	赵燕翼著	1978. 1
59	草原新牧民	邢凤藻著	1973. 11
60	茶花女	（法）小仲马著；陈林，文光译	1979. 1
61	长白山下（短篇小说集）	通化地区革委会政治部宣传组，文教局编	1972. 11
62	长长的流水	刘真	1979. 1
63	长工怒火（家史）	延安地区革命委员会工人组	1973. 2
64	长河浪花集	秦牧	1978. 7
65	长虹（上部）	田东照	1976. 5
66	长虹（下部）	田东照	1976. 1
67	长夜惊雷	上海市轻工业局厂史编写组	1975. 4
68	长征	上海人民出版社	1977. 7
69	长征回忆录	成仿吾	1977. 1
70	长征路上花烂漫	解放军文艺社	1975. 11
71	朝晖	人民出版社编	1974. 4
72	朝霞（短篇小说集）	上海人民出版社编	1973. 5
73	朝鲜短篇小说集	人民文学出版社编	1975. 9
74	朝鲜诗集	崔荣化等著	1976. 5
75	潮满大江	徐刚著	1976. 6
76	臣仆	（德）亨利希·曼著；傅惟慈译	1979. 8
77	陈亮诗文选注	上海建工局工人理论组编	1977. 7
78	陈确集	（清）陈确撰	1979. 4
79	陈毅诗词选集	陈毅著	1977. 4
80	晨光曲	北京市通县三结合创作组	1976. 5
81	成语故事选	杨振中等编写	1978. 11
82	出类拔萃之辈	（美）戴维·哈尔伯斯坦著；齐沛合译	1973. 12
83	初潭集（上）	（明）李贽著	1974. 12
84	初潭集（下）	（明）李贽著	1974. 12
85	橱窗迎彩霞	曹建章	1978. 6
86	船台战歌	新港船厂工人写作组	1971. 8
87	创业	张天民	1977. 7
88	创业（电影剧本）	张天民执笔	1976. 1
89	创业史（第二部 上卷）	柳青著	1977. 6
90	创业史（第二部 下卷）	柳青著	1979. 6
91	春潮急（上）	克非著	1974. 4
92	春潮急（下）	克非著	1974. 9
93	春风杨柳	沙群著	1972. 6
94	春花朵朵	王宗仁等著	1976. 1
95	春雷	天津人民出版社	1975. 3
96	春满车间	人民文学出版社编辑	1975. 7

（续表）

序 号	题 名	责任者	出版年
97	春漫杏现	韩棣，钧铭著	1976. 9
98	寸草集	韩翰编著	1979. 1
99	大刀记	郭澄清著	1975. 7
100	大刀记（二）	郭澄清著	1975
101	大刀记（一）	郭澄清著	1975. 7
102	大地的翅膀	浩然著	1976. 5
103	大地飞彩虹——铁道兵诗选	铁道兵政治部编	1973. 6
104	大海的怒涛	《大海的怒涛》三结合创造组	1976. 1
105	大海铺路	上海市造船公司文艺创作组编	1975. 5
106	大梁	上海电机厂（大樑）创作组编	1974. 1
107	大门口的战斗	上海人民出版社	1976. 4
108	当代美国短篇小说集	上海译文出版社	1979. 4
109	当代英雄	（俄）莱蒙托夫著；翟松年译	1978. 6
110	德国一个冬天的童话	人民文学出版社	1978. 1
111	德里纳河上的桥	（南）安德里奇著；周文燕，李雄飞译	1979. 1
112	灯岛	张岐著	1975. 4
113	灯光明亮（故事会）	秦皇岛市文教局创作组编	1976. 3
114	第二次握手	张扬著	1979. 7
115	第二个春天（电影文学剧本）	刘川等执笔	1976. 6
116	第四次中东战争	（西）康策尔曼著；康幼南译	1975. 5
117	第五才子书施耐庵 水浒传（八）	（清）施耐庵著	1975. 12
118	第五才子书施耐庵 水浒传（二）	（清）施耐庵著	1975. 12
119	第五才子书施耐庵 水浒传（六）	（清）施耐庵著	1975. 12
120	第五才子书施耐庵 水浒传（七）	（清）施耐庵著	1975. 12
121	第五才子书施耐庵 水浒传（三）	（清）施耐庵著	1975. 12
122	第五才子书施耐庵 水浒传（四）	（清）施耐庵著	1975. 12
123	第五才子书施耐庵 水浒传（五）	（清）施耐庵著	1975. 12
124	第五才子书施耐庵 水浒传（一）	（清）施耐庵著	1975. 12
125	第一个回合	于敏著	1978. 2
126	点燃朝霞的人们	（玻利维亚）雷纳托·普拉达·奥鲁佩萨等著；苏龄译	1974. 11
127	点与线	（日）松本清张著	1979. 1
128	淀上飞兵	李永鸿编	1973. 5
129	顶梁柱——《红哨》文艺丛刊	新疆人民出版社编	1978. 4
130	东方（上）	魏巍著	1978. 9
131	东方（下）	魏巍著	1978. 9
132	东方（中）	魏巍著	1978. 9
133	东方快车谋杀案	（英）克里斯蒂著；陈尧光译	1979. 9
134	东方文学专集（一）	中国社会科学院外国文学研究所编	1979. 1
135	东风浩荡	刘彦林著	1973. 1

（续表）

序号	题名	责任者	出版年
136	东风劲吹春苗壮	中小学生文选	1976.6
137	东汉故事	林汉达编著	1979.9
138	东欧短篇小说集	人民文学出版社	1979.2
139	东周列国故事新编	林汉达编	1979.1
140	董必武诗选	董必武著	1977.1
141	都尔的本堂神甫——比哀兰德	（法）巴尔扎克（Honore de Balzac）著；傅雷译	1978.6
142	斗熊	尚弓著	1976.5
143	杜布罗夫斯基	（俄）普希金著	1979.1
144	杜甫诗选注	萧涤非选注	1979.6
145	镀金时代	（美）马克·吐温著；李宜燮，张秉礼译	1979.1
146	短篇小说选	建国三十周年辽宁文学创作选编委员会编	1979.8
147	短篇小说选（1949—1979年）	人民文学出版社编辑部编	1979.5
148	短篇小说选（上册）	严文井，崔坪主编	1979.7
149	短篇小说选（下册）	严文井，崔坪主编	1979.7
150	短篇小说选（1977—1978年）	人民文学出版社编辑部编	1978.12
151	短篇小说选（新疆三十年文学创作选）	中国作家协会新疆维吾尔自治区分会编	1979.6
152	多雪的冬天	（苏）伊凡·沙米亚金著；上海新闻出版系统“五·七”干校翻译组译	1972.12
153	夺刀	克扬著	1977.3
154	俄国人（下册）	（美）赫德里克·史密斯著；上海《国际问题资料》编辑组译	1978.1
155	俄洛天刚亮	杨友德	1979.2
156	二虎哥	宁夏人民出版社	1973.7
157	发光的时代（革命故事）	上海人民出版社	1974.5
158	伐木工人	屈兴岐	1976.1
159	法官和他的刽子手	（瑞士）杜仑马特著	1979.2
160	法国短篇小说选	赵少候编选	1978.11
161	法国文学史（上册）	柳鸣九著	1979.1
162	法家人物故事（1）	上海人民出版社编	1975.1
163	法家诗选	南开大学中文系“法家诗选”编	1975.7
164	樊川诗集注	（唐）杜牧著	1978.5
165	方志敏的故事	道熙等著	1979.1
166	彷徨	鲁迅著	1973.3
167	放歌长城岭	李学鳌著	1973.2
168	放声歌唱红太阳（殷光兰民歌选集）	安徽大学革命委员会编	1972.5
169	飞向人马座	郑文光编	1979.5
170	飞雪扬鞭	于洪奎等编	1971.11
171	沸腾的群山（第三部）	李云德著	1976.9
172	分界线	张抗抗著	1975.9

（续表）

序　号	题　名	责任者	出版年
173	分阴集	繁星	1979. 6
174	坟	鲁迅著	1973. 9
175	风雷（第一部 上）	陈登科著	1978. 11
176	风雷（第一部 下）	陈登科著	1978. 11
177	“风庆”颂	上海人民出版社编	1974. 11
178	风扫残云	丁令武著	1977. 5
179	风雪阿拉苍	朱光亚著	1978. 2
180	风雪边防线	新疆部队政治宣传部编	1975. 8
181	风雪之夜	王汶石著	1977. 11
182	风雨杏花村	牧夫著	1974. 1
183	封建社会的没落史——《红楼梦》	福建人民出版社编	1974. 9
184	封建社会的一面镜子——《红楼梦》	冯尔康著	1974. 1
185	烽火南天（广东民兵革命斗争故事集）	广东省军区政治部等编	1974. 7
186	烽火岁月	彭寿生，舒兴等	1976. 4
187	弗兰茨·冯·济金根（五幕历史悲剧）	（德）拉萨尔著；叶逢植译	1976. 1
188	福尔赛世家（第二部 骑虎）	（英）约翰·高尔斯华绥著	1978. 2
189	福尔赛世家（第一部 有产业的人）	（英）约翰·高尔斯华绥著	1978. 2
190	福乐智慧	尤素普·哈斯，哈吉普著；耿世民，魏萃等译	1979. 8
191	斧头	（罗）萨多维亚努著；朱惠译	1979. 12
192	父母必读	（苏）安·谢·马卡连柯著；耿济安译	1979. 5
193	复活	（俄）托尔斯泰著；汝龙译	1979. 3
194	赣南纪行	吴文虎等著	1976. 1
195	钢铁巨人	程树榛著	19755. 9
196	高尔基早期作品选	（俄）高尔基著；巴金译	1978. 11
197	高高的苗岭	叶辛	1977. 2
198	高老头	（法）巴尔扎克著	1978. 4
199	戈壁春风	刘学江著	1977. 4
200	哥拉·布勒尼翁	（法）罗曼·罗兰著；许渊冲译	1978. 1
201	哥萨克镇（第二部）	（苏）谢苗·巴巴耶夫斯基著；上海人民出版社编译室译	1978. 1
202	哥萨克镇（第一部）	（苏）谢苗·巴巴耶夫斯基著；上海人民出版社编译室译	1977. 11
203	歌飞大凉山	梁上泉著	1976. 5
204	革命传统故事选	《革命传统故事选》选编组编	1977. 1
205	革命春秋	郭沫若著	1979. 8
206	革命春秋	北京大学中文系，七〇级工农兵学员创作组编	1974. 12
207	革命故事会（1974 年第 2 期）	上海人民出版社编	1974. 7
208	革命故事会（1974 年第 3 期）	上海人民出版社编	1974. 9

（续表）

序　号	题　名	责任者	出版年
209	革命故事会（1974年第4期）	上海人民出版社编	1974. 11
210	革命故事会（1975年第6期）	上海人民出版社编	1975. 4
211	革命故事会（1975年第7期）	上海人民出版社编	1975. 5
212	革命故事会（1977年第4期）	上海人民出版社编	1977. 4
213	革命故事会（1977年第6期）	上海人民出版社编	1977. 6
214	革命故事会（1977年第7期）	上海人民出版社编	1977
215	革命故事会（1977年第9期）	上海人民出版社编	1977. 11
216	革命烈士诗抄	中国青年出版社编	1978. 1
217	革命诗抄	北京第二外国语学院汉语教研室编	1978. 1
218	革命样板戏评论集	上海人民出版社编	1976. 4
219	格林童话选	（德）格林（Grimm，J.），格林（Grimm，W.）著	1979. 3
220	给战斗者	田间著	1978. 9
221	根——一个美国家族的历史	（美）哈利著；陈尧光等译	1979. 7
222	篝火正旺	李占恒等编	1972. 12
223	姑苏春	树菜著	1978. 1
224	古巴革命战争回忆录	（古巴）格瓦拉（E. C. Guevara）著；复旦大学历史系拉丁美洲研究室译	1975. 1
225	古代白话短篇小说选	胡士莹选注	1979. 1
226	古神话选释	袁珂著	1979. 12
227	古诗文评注（上）	封俊楼等评注	1979. 1
228	古诗文评注（下）	封俊楼等评注	1979. 1
229	古峡迷雾（科学幻想小说）	童恩正著	1978. 11
230	鼓角相闻	钟虎，石冰著	1976. 5
231	故事新编	鲁迅著	1973. 5
232	故事员讲大寨	杨宗等编	1978. 7
233	故乡	（朝）李其永著	1978. 7
234	关汉卿	温凌著	1978. 11
235	官场现形记（下）	李宝嘉著	1978
236	光辉的历程	安徽人民出版社编	1979. 1
237	光明与黑暗	谌容著	1978. 7
238	广大的战线	《广大的战线》创作组集体创作；维恩，峻峰执笔	1977. 9
239	广东中短篇小说选（第一集）	中国作家协会广东分会编	1979. 6
240	广阔的路	人民文学出版社编	1974. 11
241	柜台风波	上海市第一百货商店创作组	1974. 9
242	郭小川诗选	人民文学出版社	1977. 12
243	哈克贝利·费恩历险记	（美）马克·吐温著；张万里译	1979. 2
244	海岛女民兵	黎汝清原著；吴岫光摘录	1972. 2
245	海的梦	巴金著	1979. 1

（续表）

序 号	题 名	责任者	出版年
246	海的女儿	（丹麦）安徒生著；叶君健等译	1978. 6
247	海底激流	上海石油化工总厂小说散文创作协会编	1976. 6
248	海港（革命现代京剧）	人民文学出版社编	1974. 9
249	海默中短篇小说集	中国青年出版社	1979. 8
250	海上尖刀（革命故事）	驻沪海军某部政治部编	1974. 1
251	海天银箭	张金栋著	1979. 9
252	海燕	马季等著	1974. 5
253	海洋探险	雷宗友编著；陆世斌插图	1979. 11
254	汉魏六朝诗选	余冠英选注	1978. 12
255	汉文学史纲要	鲁迅著	1973. 9
256	航门激浪	上海航道局工人创作组编著	1972. 8
257	好兵帅克	（捷克）雅克·哈谢克	1978. 7
258	浩浩长河	李少先著	1978. 1
259	何其芳诗稿（1952—1977 年）	上海文艺出版社	1979. 4
260	和青年同志谈谈《红楼梦》	李厚基著	1976. 1
261	核潜艇闻警出动	（苏）阿·约尔金等著；上海师大外语系俄语组等译	1975. 7
262	红光礁夜战	邬盛林著	1975. 3
263	红军不怕远征难	人民教育出版社编	1975. 12
264	红军路上	韶山，井冈山、遵义、延安等创作组编	1975. 12
265	红岭青松（短篇小说集）	中国人民解放军 6408 部队政治部编	1973. 3
266	红楼梦（2）	曹雪芹，高鹗著	1973
267	红楼梦（4）	曹雪芹，高鹗著	1973
268	《红楼梦》诗词评注	江西大学中文系《红楼梦》诗词评注组编	1974. 12
269	《红楼梦》评论集	上海人民出版社编	1975. 5
270	《红楼梦》人名索引	南京大学图书馆，南京大学中文系古典文学教研组编	1974. 7
271	《红楼梦》诗词译注	哈尔滨师范学院中文系编著	1979. 5
272	《红楼梦》与清代封建社会	施达青著	1976. 4
273	红楼梦辨	俞平伯著	1973. 8
274	红楼梦评论集	李希凡等著	1973. 12
275	红楼梦评论选	辽宁人民出版社编	1974. 3
276	红楼梦诗词译释	江西大学中文系编	1979. 12
277	红楼梦新证	周汝昌著	1976. 4
278	红楼梦研究	俞平伯著	1973. 8
279	红楼梦研究参考资料选辑（第二辑）	人民文学出版社编	1973. 11
280	红楼梦研究参考资料选辑（第三辑）	人民文学出版社编	1976. 6
281	红楼梦研究参考资料选辑（第一辑）	人民文学出版社编	1973. 1
282	红楼梦研究资料书目索引——评论附录之二	南京大学中文系古典文学教研组，图书馆编	1974. 1

（续表）

序　号	题　名	责任者	出版年
283	红旗飘飘（17 集）	中国青年出版社编	1979. 6
284	红旗飘飘（18 集）	中国青年出版社编	1979. 11
285	《红旗飘飘》（选编本第二集）	中国青年出版社编	1979. 8
286	《红旗飘飘》（选编本第一集）	中国青年出版社编	1979. 5
287	红旗渠	林风著	1975. 4
288	红旗渠	开封师范学院地理系《红旗渠》编写组编	1976. 2
289	红旗渠畔凯歌新	林风著	1976. 4
290	红石口	龚成著	1975. 1
291	红太阳颂	延安大学中文系编	1977. 8
292	红瓦	农村读物出版社编	1976. 1
293	红雨	杨啸著	1973. 5
294	宏图	聊城地区《宏图》三结合创作组	1976. 9
295	洪流滚滚	李明性著	1975. 11
296	虹南作战史	上海县“虹南作战史”写作组编	1972. 2
297	侯金镜文艺评论选集	侯金镜著	1979. 5
298	湖边小暗哨	崔坪著	1976. 1
299	虎子敲钟（儿童文学集）	甘肃人民出版社编	1972. 7
300	花边文学	鲁迅著	1973. 5
301	华盖集	鲁迅著	1973. 4
302	华国锋主席是全国人民衷心爱戴的英明领袖	广东省中山图书馆编	1977. 4
303	华主席视察泥城	黎明著	1978. 5
304	华主席在湖南	人民出版社编	1977. 5
305	华主席在战火纷飞的年代	陆岩，保国著	1978. 5
306	淮河新篇	《淮河新篇》编写组编	1975. 6
307	欢乐的海	浩然著	1974. 11
308	欢腾的洪流（说唱集）	农村版图书编选小组编	1977. 1
309	幻灭	（法）巴尔扎克著；傅雷译	1978. 3
310	换新天	河北人民出版社	1975. 7
311	黄海红哨	《黄海红哨》创作组集体创作；李伯屏执笔	1973. 12
312	恍惚的人	（日）有吉佐和子著；秀丰等译	1979. 6
313	回顾长征	刘伯承等著	1975. 11
314	回忆与思考（上）	（苏）朱可夫著；洪科译	1972. 9
315	毁灭	（苏）亚历山大·法捷耶夫著；鲁迅译	1974. 9
316	活着，可要记住（中篇小说）	（苏）拉斯普京著；李廉恕，任达萼译	1978. 12
317	火红的青春	赵骜著	1973. 5
318	火红的石榴村	许春耘著	1976. 8
319	火红的战旗——“硬骨头六连”英模标兵赞	忻才良等编	1978. 4

（续表）

序　号	题　名	责任者	出版年
320	火花	刘渊等著	1973. 11
321	火花（《土地》三部曲之一）	叶君健著	1979. 7
322	火通红的火	上海人民出版社编	1976. 6
323	火网	王世阁著	1976. 3
324	基督山伯爵	（法）大仲马著；蒋学模译	1978. 12
325	激流	刘怀章著	1975. 4
326	激战红云岭	中国人民解放军总字 359 部队政治部编	1974. 12
327	激战无名川	郑直著	1972. 5
328	吉尔·布拉斯	勒萨日著	1979. 9
329	吉田学校	（日）户川猪佐武著	1977. 11
330	疾风落叶	孙蕴英著	1977. 11
331	集外集	鲁迅著	1973. 1
332	集外集拾遗	鲁迅著	1973. 11
333	记贺龙	沙汀著	1978. 4
334	纪念鲁迅先生	李霁野著	1973. 7
335	纪念向警予同志英勇就义五十周年	人民出版社编	1978. 4
336	家	曹禺编剧	1979. 1
337	甲午战争的故事	吕登来编	1977. 9
338	稼轩长短句	（宋）辛稼轩著	1975. 1
339	稼轩词编年笺注	邓广铭注	1978. 4
340	坚持用阶级观点研究《红楼梦》	孙文光等著	1974. 8
341	坚持正确方面坚持斗争哲学	初澜	1974. 12
342	柬埔寨革命故事	人民文学出版社编	1978. 4
343	简明中国文学史（上册）	上海师范大学中文系《简明中国文学史》编写组编	1976. 7
344	建国以来短篇小说（上册）	上海文艺出版社编	1978. 5
345	剑	杨佩瑾著	1974. 8
346	剑河浪	汪雷著	1974. 9
347	江海女儿	陈惠彤著	1978. 6
348	江畔朝阳	郑加真著	1972. 5
349	江水滔滔	杭涛著	1974. 9
350	将军河（第一部）	管桦著	1977. 12
351	将军三部曲	郭小川编著	1978. 1
352	交城晨曦	中国人民解放军 52942 部队政治部集体采写，政文，晓董执笔	1978. 9
353	角福火山	（日）户川猪佐武著	1977. 1
354	绞刑架下的报告	（捷）伏契克著；蒋承俊译	1979. 9
355	较量	李良杰等著	1974. 6
356	教育诗（第三部）	（苏）马卡连柯编	1978. 11
357	阶级斗争的形象历史——评《红楼梦》	洪广思著	1974. 1

（续表）

序　号	题　名	责任者	出版年
358	解放区短篇小说选	人民文学编辑部编	1978. 9
359	今朝	天津人民出版社编	1975. 5
360	今古奇观（上册）	（明）抱瓮老人编辑；顾学颉校注	1979. 12
361	今古奇观（下册）	（明）抱瓮老人编辑；顾学颉校注	1979. 12
362	金光灿灿的路	1101 修建指挥部政治部编	1972. 5
363	金光大道	浩然著	1972. 5
364	金光大道（第二部）	浩然著	1974. 5
365	金太阳照亮了西双版纳	征鹏，方岚著	1978. 2
366	晋阳秋（新波田澜第一部）	慕湘著	1978. 1
367	京江怒涛	江苏人民出版社选编	1974. 2
368	惊雷（上册）	黑龙江省双城县革委会，中国人民解放军京字 801 部队联合创作；王忠瑜执笔	1975. 1
369	惊雷（下册）	黑龙江省双城县革委会，中国人民解放军京字 801 部队联合创作；王忠瑜执笔	1975. 3
370	井冈山革命根据地	《井冈山革命根据地》编写组编	1977. 11
371	竞选州长	（美）马克・吐温著	1979. 6
372	旧上海的故事	上海人民出版社编	1975. 7
373	巨蟒河	杨春田著	1976. 5
374	绝对辨音力	（苏）谢苗・拉什金著；上海外语学院译	1975. 5
375	卡彼拉的篝火	（南）科瓦切维奇著；包朝志，于龙生译	1979. 9
376	卡萨布兰卡	（美）艾布斯坦等著	1978. 11
377	看革命文物，学革命传统	中国共产党第一次全国代表大会会址纪念馆编	1976. 9
378	科学的春天	郭沫若，徐迟等编	1979. 8
379	科学神话	饶忠祥，林耀琛主编	1979
380	克拉玛依战歌（诗集）	新疆人民出版社编	1975. 8
381	克孜勒山下	柯尤幕・图尔迪著	1975. 9
382	孔雀高飞	高中午	1976. 9
383	矿工血泪仇	锡矿山矿务局《矿工血泪仇》编写组编	1977. 4
384	矿山风云	李学诗著	1972. 5
385	昆仑春色	青海省文化局编	1976. 6
386	拉辛与莎士比亚	（法）司达汤著	1979. 5
387	腊玛延那 玛哈帕腊达（即印度神话《罗摩纷那/摩柯婆罗多》）	人民文学出版社编	1978. 4
388	兰金回忆录	（美）卡尔・洛特・兰金著	1975. 5
389	兰木萨尔朵	曹杰著	1978. 12
390	澜沧江畔	李惠薪著	1976. 5
391	狼牙山五壮士	谬永忠等	1978. 1
392	浪里行	晓丘，东旋著	1978. 9
393	老挝短篇小说集	人民文学出版社编辑部编	1972. 9
394	老支书的传闻	浩然著	1973. 7

（续表）

序号	题名	责任者	出版年
395	乐观者的女儿	（美）龙多拉·韦尔蒂著；叶亮译	1974.11
396	雷锋	陈广生编	1977.5
397	雷锋的故事	陈广生，崔家骏著	1973.2
398	离骚今译	郭沫若译	1978.11
399	黎明的河边	峻青著	1979.1
400	礼节性的访问——苏修的五个话剧、电影剧本	齐戈译	1974.4
401	李白	王瑶著	1979.4
402	李白诗选	（唐）李白著；复旦大学中文系古典文学教研组选注	1977.11
403	李白诗选注	《李白诗选注》编选组	1979.3
404	李尔王	（英）莎士比亚（William Shakespear）著	1978.1
405	李贺诗歌集注	（唐）李贺著；（清）王琦等注	1978.4
406	李贺诗选注	苏州人民纺织厂，江苏师范学院《李贺诗选集》注释组选注	1976.7
407	李商隐诗选	李商隐著；安徽师范大学中文系古代汉语教研组选注	1978.8
408	李双双小传	李准著	1977.12
409	李太白全集	（唐）李白著；（清）王琦辑注	1977.9
410	历代农民起义传说故事选	董森编	1979.6
411	历代文选（上册）	中国人民大学语文系文学史教研室编；冯其庸等选注	1978.1
412	历史人物	郭沫若著	1979.9
413	连心锁	克扬等著	1972.6
414	两地书	鲁迅著	1973.9
415	聊斋故事（1）	（清）蒲松龄原著；许君远等选译	1979.9
416	聊斋志异（上册）	（清）蒲松龄著	1979.4
417	聊斋志异（下册）	（清）蒲松龄著	1979.4
418	寥寥集	沈叔羊编	1978.5
419	列车奔腾	上海铁路分局工人业余创作组	1974.11
420	列宁	（苏）马雅可夫斯基著	1977.6
421	列宁在十月-列宁在一九一八年（电影剧本）	（苏）卡普列尔著；纪周译	1978.4
422	林家铺子	茅盾著	1978.11
423	刘白羽散文选	刘白羽著；人民文学出版社编	1978.1
424	刘白羽小说选	刘白羽著；人民文学出版社编	1979.5
425	刘勰和文心雕龙	陆侃如著	1978.8
426	刘志丹	李建彤著	1979.1
427	柳河屯烽火	刘云鹏著	1976.6
428	柳宗元诗文选	北京内燃机总厂铸工车间等工人理论组编	1976.9
429	龙虎风云记	梁信编	1978.6

（续表）

序　号	题　名	责任者	出版年
430	龙山惊雷	平学庆著	1979. 3
431	龙滩春色（上）	马春著	1975. 2
432	龙滩春色（下）	马春著	1975. 9
433	龙腾虎跃	吉林省军区政治部宣传处	1974. 8
434	龙泽	王兰著	1975. 2
435	聋哑妹上学了（双人舞）	人民音乐出版社	1977. 8
436	卢布林的魔术师	（美）艾·巴·辛格著	1979. 1
437	鲁宾逊漂流记	（英）丹尼尔·笛福著	1978. 4
438	鲁迅	北京鲁迅博物馆编	1977. 3
439	鲁迅《野草》的注释	李何林注解	1975. 11
440	鲁迅传	王士箐著	1979. 2
441	鲁迅传（上）	石一歌著	1976. 6
442	鲁迅的故事	石一歌著	1973. 2
443	鲁迅的生平及杂文	李向林著	1973. 5
444	鲁迅回忆录（第二集）	巴金等著	1979. 6
445	鲁迅回忆录（第一集）	上海文艺出版社编	1978. 1
446	鲁迅论文学艺术	天津师院中文系写作教研室，天津汉沽一中语文教研组编	1974. 6
447	鲁迅论文学艺术遗产	天津师范学院中文系编	1974. 1
448	鲁迅论文字改革	鲁迅著	1974. 1
449	鲁迅批孔反儒文辑	人民文学出版社编	1974. 2
450	鲁迅批判孔孟之道手稿选编	文物出版社编	1975. 1
451	鲁迅全集	鲁迅先生纪念委员会编	1973. 12
452	鲁迅日记（上卷）	人民文学出版社	1976. 7
453	鲁迅日记（下卷）	人民文学出版社	1976. 7
454	鲁迅诗歌选注	江西大学图书馆编	1976. 8
455	鲁迅手稿全集——书信（第二册）	鲁迅手稿全集编辑委员会编	1979. 3
456	鲁迅手稿全集——书信（第一册）	鲁迅手稿全集编辑委员会编	1978. 1
457	鲁迅手稿选集三编	北京鲁迅博物馆编	1973. 6
458	鲁迅书简：致曹靖华	鲁迅著	1976. 7
459	鲁迅书信集（上卷）	人民文学出版社	1976. 8
460	鲁迅书信集（下卷）	人民文学出版社	1976. 8
461	鲁迅书信选	鲁迅著	1973. 9
462	鲁迅小说诗歌散文选	复旦大学中文系，上海师范大学中文系选编	1973. 4
463	鲁迅言论选辑（二）	鲁迅著；北京电子管厂等工人理论小组编	1976. 6
464	鲁迅言论选辑（三）	鲁迅著；北京电子管厂等工人理论小组编	1976. 11
465	鲁迅言论选辑（四）	鲁迅著；北京电子管厂等工人理论小组编	1977. 5
466	鲁迅研究资料	鲁迅研究室编著	1977. 11
467	鲁迅杂文书信选	陕西人民出版社翻印	1972. 3

（续表）

序 号	题 名	责任者	出版年
468	鲁迅杂文选（上）	复旦大学中文系，上海师范大学中文系选编	1973. 5
469	鲁迅杂文选（下）	复旦大学中文系，上海师范大学中文系选编	1973. 5
470	鲁迅在广州	中山大学中文系编	1976. 1
471	鲁迅致增田涉书信选	文物出版社编	1973. 2
472	鲁迅作品介绍	宁夏人民出版社编	1973. 5
473	陆军海战队	赛时礼著	1977. 2
474	陆游集（第五册）	中华书局出版社编	1976. 11
475	路	鲁之洛著	1975. 8
476	吕后篡权的故事	史达，励斯贻编	1977. 11
477	绿风	杨啸著	1977. 11
478	绿竹村风云（第一部）	王杏元著	1978. 9
479	论庚辰本——石头记	冯其庸著	1978. 4
480	论罗曼·罗兰	罗大冈著	1979. 2
481	论茅盾四十年的文学道路	叶子名著	1978. 1
482	论文学	（俄）高尔基著	1978. 2
483	罗密欧与朱丽叶	（英）莎士比亚（William Shakespeare）	1979. 1
484	骆驼祥子	老舍著	1978. 8
485	落角	（苏）弗·阿·柯切托夫著；上海人民出版社编译室译	1973. 9
486	玛丽·巴顿	（英）盖斯凯尔夫人（Elizabeth C. Gaskell）著	1978. 4
487	满山红——新波旧澜（第二部）	慕湘著	1978. 11
488	满师	沈虎根著	1978. 11
489	漫长的革命	（美）埃德加·斯诺（Edgar Snow）著；伍协力译	1975. 4
490	猫头鹰和蝙蝠的对话（科学童话）	朱志尧著	1973. 6
491	毛主席的红卫兵	清华大学附中等编著	1976. 7
492	毛主席永远和我们在一起	甘肃人民出版社编	1977. 12
493	茅盾评论文集（上）	人民文学出版社	1978. 11
494	茅盾评论文集（下）	人民文学出版社	1978. 11
495	煤城怒火	向春著	1975. 4
496	美国短篇小说集	人民出版社编	1978. 9
497	美国文学简史（上册）	董衡巽等编著	1978. 12
498	美利坚合众国演义（上）	倜西著	1977. 7
499	美利坚合众国演义（中）	倜西著	1979. 4
500	门外文谈	鲁迅著	1974. 5
501	密林虎踪	萧建亨著	1979. 2
502	民国通俗演义	蔡东藩等著	1973. 1
503	名利场	（英）萨克雷著；陈逵，王培德译	1978. 4

（续表）

序　号	题　名	责任者	出版年
504	明容与堂刻水浒传	（元）施耐庵，（明）罗贯中著	1975.4
505	明诗别裁集	（清）沈德潜等编	1979.9
506	魔鬼	（泰国）社尼·骚哇蓬著；陈健民，郭宜颖译	1979.9
507	沫若剧作选	郭沫若著	1978.4
508	沫若诗词选	郭沫若著	1977.9
509	目击者——哥穆尔卡译员的自述	（法）欧文·魏特著；郭力等译	1974.11
510	娜敏伊虹	张长弓著	1978.4
511	南海风雷	广东南军区政治部，南海军区政治部编	1974.9
512	南疆木棉红	广西文艺创作办公室编	1973.4
513	难忘的岁月	武元甲著	1975.8
514	呐喊	鲁迅著	1973.3
515	能改斋漫录	（宋）吴曾著	1979.11
516	尼罗河上的惨案	（英）克里斯蒂著；宫英梅译	1979.11
517	你到底要什么	（苏）弗·阿·柯切托夫著；上海新闻出版系统“五·七”干校翻译组译	1972.1
518	捻军起义的故事	安徽师范大学历史系《捻军起义的故事》编写组编	1977.11
519	“涅曼”案件	（苏）弗·鲍戈莫洛夫著；王燎译	1972.5
520	涅曼河畔	（波）艾丽查·奥若什科娃著；施友松译	1979.1
521	牛田洋	南哨著	1972.2
522	农场的春天	上海市国营农场三结合创作组	1974.7
523	农民	（法）巴尔扎克著；陈占元译	1979.11
524	农民起义（十六世纪历史小说）	（南斯拉夫）奥古斯特·谢诺阿著	1979.12
525	农奴戟	薛克杨著	1978.1
526	奴隶双手谱新曲	上海市工人代表大会宣传组选编	1973.4
527	怒涛	峻青著	1978.1
528	女英雄刘胡兰	山西刘胡兰写作组	1975.11
529	女游击队长	李英儒著	1979.3
530	欧也妮·葛朗台	（法）巴尔扎克著	1978.4
531	排球	张然编	1975.2
532	咆哮的石油河	贺宜编著	1978.5
533	咆哮的松花江（上册）	林予，谢树著	1975.11
534	咆哮的松花江（下册）	林予，谢树著	1976.3
535	霹雳	杨佩瑾著	1979.2
536	片石集	赵朴初著	1978.3
537	飘（上）	（美）玛格丽泰·密西尔著；傅东华译	1979
538	飘（下）	（美）玛格丽泰·密西尔著；傅东华译	1979
539	铺花的歧路	冯骥才著	1979.11
540	浦江哨兵（短篇小说集）	上海警备区政治部编	1973.2

（续表）

序号	题名	责任者	出版年
541	普希金童话诗	普希金著；梦海，冯春译	1979.8
542	戚蓼生序本石头记	曹雪芹著	1975
543	骑兵之歌	德斯尔，斯琴高娃著	1979.5
544	起义者	（法）儒勒·瓦莱斯著；郝运等译	1979.2
545	气球上的五星期——非洲游记	（法）儒勒·凡尔纳著；王汶译	1979.9
546	汽车城	（加）阿瑟·黑利（Arthur Hailey）著；朱雯，李金波译	1979.5
547	契诃夫小说选	（俄）契诃夫著；汝龙译	1978.4
548	千秋业（电影文学剧本专辑）	计红绪等著	1976.4
549	千重浪	毕方等著	1974.9
550	前车之鉴	（美）艾伦·德鲁里著	1977.12
551	前进吧，火红的拖拉机	矫健编	1976.3
552	前进中的罗马尼亚	人民出版社编辑	1975.7
553	前夕	胡尹强著	1976.1
554	前夜父与子	（俄）屠格涅夫；丽尼，巴金译	1979.9
555	乔厂长上任记	江苏人民出版社编	1979.1
556	桥隆飙	曲波著	1979.2
557	秦始皇的故事	王兵编	1976.1
558	擒龙图（上）	张峻著	1974.12
559	青春	张长弓著	1973.11
560	青春似火	甘肃人民出版社编	1974.11
561	青春颂	上海人民出版社编	1974.4
562	青年近卫军（第二部）	（苏）法捷耶夫著；水夫译	1975.1
563	青年近卫军（第一部）	（苏）法捷耶夫著；水夫译	1975.1
564	青山网（广西民兵革命斗争故事集）	广西军区政治编	1977.1
565	青石堡	朱剑著	1976.5
566	青石崖（短篇小说集）	铁道部第三铁路工程局第二工程处工人编创组编	1975.4
567	青竹吐翠	厦大中文系七二级工农兵学员编	1975.6
568	“穷棒子”之乡斗争史	北京师范学院中文系编	1975.12
569	秋色赋	峻青著	1978.4
570	求索——青少年时代的毛泽东	邵凡	1979.12
571	屈赋新编（上册）	谭介甫著	1978.3
572	屈赋新编（下册）	谭介甫著	1978.3
573	全家福	老舍	1979.4
574	权力的尽头	（美）H.R.霍尔德曼著；唐笙译	1979.7
575	群众演唱（一期）	青海省群众文化工作站	1977
576	热风	鲁迅著	1973.5
577	人间	（俄）高尔基著	1975.1
578	人生的开端——卡迪央王妃的秘密	（法）巴尔扎克著；梁均译	1979.9
579	人世间	（苏）谢苗·巴巴耶夫斯基著	1972.5

（续表）

序　号	题　名	责任者	出版年
580	日古利汽车厂的冤案	（苏）伊凡·帕德林著；陈启民译	1979.1
581	柔石选集	人民文学出版社	1978.9
582	儒林外史	吴敬梓著	1975
583	塞上诗笺	纪鹏著	1975.6
584	赛查·皮罗多盛衰记	（法）巴尔扎克著	1978.9
585	三个火枪手（上册）	（法）大仲马著；李青崖译	1978.8
586	三国志通俗演义	（明）罗贯中著	1975.7
587	三首革命歌曲的故事	陈文超编	1977.9
588	三探红鱼洞（下）	程建著	1975.5
589	三战陇海	柯岗著	1977.9
590	丧失了名誉的卡塔琳娜·勃罗姆	（西德）阿因里希·伯尔著	1977.6
591	沙汀短篇小说选	沙汀著	1978.11
592	莎士比亚全集（八）	人民文学出版社	1978.4
593	莎士比亚全集（二）	人民文学出版社	1978.4
594	莎士比亚全集（九）	人民文学出版社	1978.4
595	莎士比亚全集（六）	人民文学出版社	1978.4
596	莎士比亚全集（七）	人民文学出版社	1978.4
597	莎士比亚全集（三）	人民文学出版社	1978.4
598	莎士比亚全集（十）	人民文学出版社	1978.4
599	莎士比亚全集（十一）	人民文学出版社	1978.4
600	莎士比亚全集（四）	人民文学出版社	1978.4
601	莎士比亚全集（五）	人民文学出版社	1978.4
602	莎士比亚全集（一）	人民文学出版社	1978.4
603	莎士比亚戏剧故事集	（苏）查尔斯·兰姆·玛丽·兰姆改编	1978.1
604	山川呼啸	古华著	1976.5
605	山村枪声	木春著	1974.5
606	山丹花	北京人民出版社编	1975.8
607	山风	周嘉俊著	1975.6
608	山高路远（短篇小说集）	中国人民解放军工程兵政治部宣传部编	1972.4
609	山呼海啸（上）	曲波著	1978.8
610	山呼海啸（下）	曲波著	1978.8
611	山菊花	冯德英著	1979.2
612	山里红梅	江苏人民出版社编	1975.5
613	山林支队（上）	王树梁著	1977.7
614	山林支队（下）	王树梁著	1977.1
615	山乡巨变（下）	周立波著	1979.5
616	山燕	和大群著	1977.8
617	山雨欲来	艾煊著	1978.1
618	山寨号角	成都部队政治部文化部编	1976.6

（续表）

序 号	题 名	责任者	出版年
619	珊萃河边血泪仇	容县革命委员会《珊萃河边血泪仇》编写小组编	1973. 7
620	闪闪的红星	李心田著	1972. 5
621	陕西文学新作选	西北大学中文系写作教研室编	1975. 12
622	上海的故事（第 1 册）	上海人民出版社编	1979. 2
623	上海的早晨（第一部）	周而复著	1979. 6
624	上海革命古诗选（第一辑）	上海市革群文艺小组，文汇报选编	1972. 9
625	上海民歌选	上海人民出版社编	1973. 11
626	少数民族诗歌选	中央民族学院编	1975. 9
627	深山明珠	兰州部队政治部宣传部编	1975. 5
628	神火	胡奇著	1978. 7
629	生活的路	竹林编	1979. 8
630	胜利之歌	人民文学出版社	1977. 6
631	盛大的节日	《盛大的节日》三结合创作组编	1975. 5
632	诗词格律浅说	贺巍著	1978. 4
633	诗经选译	余冠英译	1978. 11
634	诗文声律论稿	启文著	1978. 3
635	诗韵新编	上海古籍出版社编	1978. 7
636	十老诗选	朱德等著	1979. 2
637	十月的胜利	新疆人民出版社编	1977. 1
638	十月战歌	红歌编选小组编	1977. 5
639	十字军骑士	（波）亨利克·显克微支著；陈冠商译	1978. 1
640	时刻想着工农兵	上海市青年宫政宣组业余图书评论组编	1975. 8
641	世界最高峰的奇迹	叶永烈著	1979. 4
642	世世代代怀念周总理（曲艺集）	人民文学出版社编	1977. 9
643	书记的斗笠（叙事诗集）	崔铭先等著	1972. 5
644	曙光初照	河北军区政治部编	1976. 1
645	双牵牛：河北遵化农业机械化故事集	河北遵化县文化馆编	1977. 11
646	谁之罪	（俄）赫尔岑著；楼适夷译	1979. 6
647	水浒（儿童版 上）	施耐庵，罗贯中	1976. 1
648	水浒（儿童版 下）	施耐庵，罗贯中	1976. 1
649	水浒评论集	上海人民出版社	1976. 4
650	水浒全传	施耐庵，罗贯中	1975. 9
651	水浒资料汇编	马蹄疾	1977. 6
652	说唐	陈汝衡修订	1978. 6
653	斯巴达克斯	（意）乔万尼奥里著；李俍民译	1977. 1
654	斯姆尔科夫斯基回忆录——苏联侵捷前后	（捷）约瑟夫·斯姆尔科夫斯基著；钟杰译	1975. 8
655	四部古典小说译论	人民文学出版社编	1973. 7
656	四川十人短篇小说选（1949 年 10 月—1966 年 5 月）	沙汀等著	1979. 6

（续表）

序　号	题　名	责任者	出版年
657	四五运动纪实	严家其等编	1979.3
658	松青旗江（短篇小说集）	山西人民出版社编	1974.1
659	宋词选	胡云翼选注	1978.3
660	宋代散文选注	王水照选注	1978.11
661	宋诗一百首	上海古籍出版社编	1978.5
662	苏修文艺批判集	苏州文艺批判社编	1975.6
663	随笔（第三集）	广东人民出版社编	1979.1
664	他们来自好八连	上海警备区政治部，上海人民出版社编	1973.4
665	他们特别能战斗	煤炭工业出版社编	1977.2
666	他们为祖国而战	（苏）米·肖洛霍夫著；史刃译	1973.7
667	塔上旗	（苏）Г.С. 马卡连柯著；文颖译	1979.2
668	踏遍青山	华东电管局革命故事创作学习班编	1976.1
669	踏上地球之巅	《踏上地球之巅》写作组集体创作	1977.2
670	太行志	崔复生	1977.11
671	太阳元素的发现	郭正谊编	1979.8
672	谈诗	郭小川著	1978.12
673	汤显祖集（戏曲集）	（明）汤显祖著	1973.7
674	汤显祖集（诗文集）	（明）汤显祖著	1973.7
675	唐代三大诗人诗选	邢文若等编释	1979.3
676	唐国史补因话录	（唐）李肇，赵璘撰	1979.1
677	唐人选唐诗（十种）	中华书局上海编辑所等编辑	1978.9
678	唐山来的报告	匡满等著	1977.2
679	唐诗	詹锳编著	1979.4
680	唐诗选	中国社会科学院文学研究所编	1978.4
681	唐宋传奇选	张友鹤选注	1979.3
682	唐宋词一百首——中国古典文学作品选读	胡云翼选注	1979.4
683	唐宗古文运动	钱冬父著	1979.1
684	韬奋文集（第三卷）	生活·读书·新知三联书店	1978.1
685	韬奋文集（第一卷）	生活·读书·新知三联书店	1978.1
686	特别分队	（苏）瓦吉姆·阿热夫尼柯夫著；上海师范大学外语系俄语组译	1974.7
687	特级英雄黄继光	司史武著	1977.6
688	体育战士寄衷情	上海教育出版社编	1977.12
689	天安门诗抄	童怀周编	1978.12
690	天地新春我们开	人民教育出版社编辑	1975.4
691	天国花园	（丹麦）安徒生著；叶君健等译	1978.6
692	天堑飞虹——南京长江大桥诗选	江苏人民出版社编	1972.7
693	天山进行曲	李幼容编	1975.7
694	天问天对注	复旦大学中文系古典文学教研组编	1973.11

（续表）

序　号	题　名	责任者	出版年
695	铁道线上	上海铁路局编	1975.11
696	铁道游击队	知侠著	1977.9
697	铁木儿和他的队伍	（苏）A. 盖达尔著	1978.1
698	铁骑	照日格巴图著	1974.1
699	铁水奔腾（报告文学集）	9424 工人写作班编	1971.6
700	通志堂集	（清）纳兰性德撰	1979.2
701	童心	秦培春	1979.4
702	偷渡的人	苏金星著	1979.8
703	图书评论集	新疆维吾尔自治区图书馆编	1973
704	屠场	（美）辛克莱著；肖乾等译	1979.1
705	驼铃千里	兰州部队政治部宣传部编	1975.5
706	外国短篇小说（上册）	上海文艺出版社	1979.5
707	外国短篇小说（下册）	上海文艺出版社	1978.1
708	外国名作家传（中册）	张英伦等主编	1979.1
709	外国文学研究	外国文学研究编辑委员会	1979.7
710	外国文学研究集刊（第一辑）	中国社会科学院外国文学研究所编	1979.9
711	外国文学作品选（近代部分）	周煦良	1979.11
712	外国文学作品选（现代部分）	周煦良	1979.1
713	万年青	湛容著	1975.9
714	万山红遍（上卷）	黎汝清著	1976.1
715	万山红遍（下卷）	黎汝清著	1977.9
716	万水千山（十幕话剧）	陈其通编	1976.7
717	万丈长缨（山东民兵革命斗争故事集）	山东省军区政治部编	1976.7
718	王贵与李香香	李季著	1977
719	往事与随想	（俄）赫尔岑著；巴金译	1979.1
720	威尼斯商人	（美）莎士比亚著	1976.4
721	巍巍的青峦山	林井然著	1977.1
722	为有牺牲多壮志——雨花台革命烈士故事	张重光，忻才良编	1977.9
723	围困（第四卷）	（苏）亚·恰科夫斯基著	1978.3
724	维尔特诗选	人民文学出版社编	1977.12
725	伪自由书	鲁迅著	1973.5
726	卫生宣传资料（4）	湖北省医学科学院，湖北省卫生防疫站编	1976.7
727	未完成的画	冯伊湄编	1978.11
728	魏晋南北朝小说	刘叶秋著	1978.12
729	魏源集（上）	中华书局编	1976.3
730	魏源集（下）	中华书局编	1976.3
731	文选（上）	（梁）萧统编；（唐）李善注	1977.11
732	文选（下）	（梁）萧统编；（唐）李善注	1977.11
733	文选（中）	（梁）萧统编；（唐）李善注	1977.11

（续表）

序号	题名	责任者	出版年
734	文学短论	孙犁	1978. 1
735	文学理论常用术语简释	陕西师大中文系文艺理论教研室编	1974. 5
736	文学论集（第二辑）	中国人民大学中国语言文学系《文学论集》编辑组	1979. 12
737	文艺创作参观学习资料（一）	《平顶山文艺》编辑部	1977. 1
738	文艺论丛（第六辑）	文艺论丛编辑部	1972. 5
739	闻捷诗选	闻捷作；	1979. 5
740	我的一家	陶承口述；何家栋，赵洁执笔	1978. 12
741	我们的朋友遍天下	北京人民体育出版社	1975. 7
742	我们是怎样读《红楼梦》的	武汉大学中文系七二级评《红》组	1976. 3
743	我们这一代	卢群	1976. 5
744	我热爱新北京	老舍	1979. 4
745	我是北大荒人	黑龙江省国营农务总局政治部	1977. 2
746	我在旧中国十三年	（美）斯诺著；夏翠薇译	1973. 3
747	无边的眷恋	谢璞著	1978. 1
748	无产者	于逢著	1978. 1
749	吾土吾民	（美）达德利·尼科尔斯著；袁俊译	1979. 3
750	“五七”干校散文集	上海人民出版社编	1974. 5
751	五十大关	林雨著	1978. 11
752	西柏坡的故事	石家庄地区文化局创作组编	1979. 2
753	西湖民间故事	杭州市文化局编	1978. 1
754	西沙儿女——奇志篇	浩然著	1974. 12
755	西沙儿女——正气篇	浩然著	1974. 6
756	西行漫记（原名：红星照耀中国）	（美）埃德加·斯诺著；董乐山译	1979. 12
757	西游记（上）	吴承恩著	1972
758	西游记（下）	吴承恩著	1972
759	西游记（中）	吴承恩著	1972
760	昔阳散记	莎荫等编	1976. 7
761	霞岛	周肖著	1974. 5
762	霞满龙湾	张建国著	1976. 11
763	夏洛的网	（美）怀特，狄扬同著；康馨译	1979. 8
764	鲜红的军旗（散文集）	甘肃人民出版社	1978. 6
765	闲止书堂集抄	（清）陈梦雷著	1979. 9
766	县委书记（第一部）	阎丰乐著	1976. 6
767	现代日本文学史	（日）吉田精一著；齐干译	1976. 1
768	献礼	克扬著	1979. 6
769	向阳院的故事	徐瑛著	1973. 5
770	小城春秋	高云览著	1979. 7
771	小鬼和太太	（丹麦）安徒生著；叶君健译	1978. 6

（续表）

序　号	题　名	责任者	出版年
772	小将	上海电机厂五一工大文科班，上海电机厂工人业余创作组编	1973. 4
773	小猎手	浩然著	1975. 6
774	小说三谈	阿英著	1979. 8
775	鞋匠的儿子	叶君健著	1978. 7
776	写电影剧本的问题	夏衍著	1978. 7
777	蟹工船	（日）小林多喜二著	1973. 1
778	心中的歌——周总理在人民心中永生	上海人民出版社编	1977. 11
779	新花似锦	江苏人民出版社编	1975. 4
780	新课堂	复旦大学中文系文学创作专业编	1974. 7
781	新来的县委书记	孙谦，马烽著	1979. 9
782	新绿集	上海人民出版社编	1976. 7
783	新苗	周竞著	1974. 4
784	新桥	丛敏著	1973. 3
785	新穗染	刘亚舟著	1974. 9
786	新文学论丛（1979 年第 1 期）	人民文学出版社《新文学论丛》编辑组	1979. 6
787	新文学论丛（1979 年第 2 期）	人民文学出版社《新文学论丛》编辑组	1979. 12
788	新文学史料（2）	人民文学出版社《新文学史料》丛刊编辑组编	1979. 2
789	新文学史料（3）	人民文学出版社《新文学史料》丛刊编辑组编	1979. 5
790	新文学史料（4）	人民文学出版社《新文学史料》丛刊编辑组编	1979. 8
791	新文学史料（5）	人民文学出版社《新文学史料》丛刊编辑组编	1979. 11
792	新鲜血液	罗石贤著	1972. 3
793	星火燎原选编之一	中国人民解放军战士出版社编	1977. 12
794	幸运的贝尔	（丹）H. C. 安徒生著；叶君健译	1978. 6
795	序曲《努力反映文化大革命的斗争生活》征文选	上海人民出版社	1975. 6
796	喧闹的森林	人民文学出版社编	1975. 5
797	学雷锋（演唱集）	上海人民出版社	1977. 7
798	学习鲁迅	宁夏人民出版社	1973. 4
799	学习鲁迅革命到底（续编）	钟彬等著	1973. 4
800	学习与创作——学习革命样板戏创作经验文集	甘肃人民出版编	1974. 6
801	雪球	（英）特德·奥尔布里	1978. 7
802	血染山川恨满林——林业工人家史集	吉林省林业局政工处编	1975. 7
803	血染战旗代代红——硬骨头六连的故事	陆岩石编	1977. 8
804	哑巴的酒店	（越）阮剑著	1970. 2
805	延安的种子	上海人民出版社编辑	1973. 1

（续表）

序 号	题 名	责任者	出版年
806	延河在召唤	延河在召唤编写组	1976. 5
807	岩鹰	叶辛，忻趵	1978. 3
808	盐民游击队	天津汉沽盐场文学创作组集体创作	1974. 8
809	雁翎队的故事（第一集）	保定地区革委会文化局创作组编	1974. 3
810	雁鸣湖畔	纪廷华著	1973. 12
811	雁塞游击队	马云鹏著	1977. 6
812	燕岭风云	单学鹏著	1977. 1
813	燕山群星	燕迅著	1975. 6
814	阳光洒满五七路	人民文学出版社编	1977. 6
815	杨朔散文选	杨朔著	1978. 1
816	遥远的金竹寨	陈见尧著	1978. 8
817	遥远的星星	越南外文出版社编	1973. 11
818	野妹子	任大星编著	1978. 1
819	叶君健选作	叶君健编著	1979
820	叶秋红（上卷）	黎汝清著	1979. 1
821	夜渡	中国人民解放军工程兵政治部宣传部编	1973. 6
822	夜宿土豆村	戴慕仁著	1971. 3
823	夜莺	(丹麦）安徒生著；叶君健译	1978. 6
824	一号坑道钟表匠	越南外文出版社编	1971. 11
825	一月九日	(俄）高尔基著；鲁迅序，曾清华译	1972. 12
826	伊克巴尔诗选	伊克巴尔作；王家瑛译	1977. 11
827	伊利亚特的故事	(古希腊）荷马著；（英）丘尔契（Alfred J. Church）改编；水建馥译	1979. 12
828	伊斯兰的起义	(英）雪莱（P. B. Shelley）著	1978. 5
829	沂蒙红缨	山东省军区政治部编	1977. 3
830	沂蒙赞	阎一强著	1973. 12
831	义和拳	冯骥才，李定兴著	1977. 12
832	艺概	(清）刘熙载撰	1978. 12
833	艺海拾贝	秦牧著	1979. 6
834	呓语	(罗）马林·普列达著；卢仁译	1979. 1
835	易卜生戏剧四种	潘家洵译	1978. 4
836	翼上	陈立德	1977. 4
837	英雄的画像	元辉	1978. 8
838	鹰	窦孝鹏著	1977. 5
839	迎春展翅	上海港工人业余写作组编	1972. 4
840	映山红	岚晨编著	1975. 7
841	永怀之什	赵朴初著	1977. 9
842	油浪滚滚	孙炜等著	1975. 12
843	油田红花——大庆缝补丁的故事	大庆油田供应指挥部宣传科编	1977. 5
844	游击健儿——江苏民兵革命斗争故事集	江苏省军区政治部编	1972. 5

（续表）

序号	题名	责任者	出版年
845	幼苗集	浩然著	1973.4
846	鱼水情谊新篇章	甘肃人民出版社	1972.3
847	渔岛怒潮	姜树茂著	1972.9
848	羽蛇	（墨西哥）洛佩斯·波蒂略（P. Y. Lopez-portillo）；宁希译	1978.9
849	雨后青山	广西壮族自治区百色地区三结合创作组集体创作	1976.1
850	雨夜红灯	农村版图书编选小组选编	1975.9
851	园丁	王道生编著	1979.3
852	园丁和主人	（丹麦）安徒生著；叶君健译	1978.6
853	远大前程	（英）狄更斯著；王科译	1979.1
854	越海侦察	张凤雏著	1978.11
855	云岭之战	张广平著	1977.6
856	云南各族颂歌一百首	云南人民出版社编	1972.5
857	云南小说选	中国作家协会昆明分会编	1979.1
858	云崖初暖	高缨著	1978.6
859	云燕	管建勋著	1976.1
860	在大革命的洪流中	朱道南口述；于炳坤整理	1977.11
861	在非洲密林中	张铁珊著	1979.4
862	在跟随朱德总司令的日子里	贾守仁著	1978.1
863	在决战的日子里	刘子威著	1978.5
864	在外地主	（日）小林多喜二著	1973.1
865	在温暖的阳光下	牧区业余创作组编	1975.2
866	臧克家诗选	臧克家作；人民文学出版社编	1978.11
867	曾祖父	（丹麦）安徒生著；叶君健译	1978.6
868	斋月战争	（埃及）海卡尔著；钟飞等译	1975.9
869	摘译——外国文艺（1974年第2期）	《摘译》编译组译	1974.2
870	摘译——外国文艺（1974年第3期）	《摘译》编译组译	1974.3
871	摘译——外国文艺（1974年第4期）	《摘译》编译组译	1974.4
872	摘译——外国文艺（1974年第5期）	《摘译》编译组译	1974.9
873	摘译——外国文艺（1974年第6期）	《摘译》编译组译	1974.11
874	摘译——外国文艺（1974年第7期）	《摘译》编译组译	1974.11
875	摘译——外国文艺（1975年第2期）	《摘译》编译组译	1975.5
876	寨上烽烟	林予著	1978.1
877	战长空（短篇小说集）	中国人民解放军七三三部队创作组	1973.4
878	战地春秋（朝霞文艺丛刊）	上海文艺出版社编	1975.3
879	战地红缨	石文驹著	1973.5
880	战斗的堡垒	农村图书选编小组编	1974.8
881	战斗在柬埔寨	中国新闻代表团访问柬埔寨通讯集	1975.7

（续表）

序 号	题 名	责任者	出版年
882	战海河	《战海河》编写组	1972. 5
883	战争风云（一）	（美）赫尔曼·沃克著	1979. 4
884	战争风云（二）	（美）赫尔曼·沃克著	1979. 4
885	战争风云（三）	（美）赫尔曼·沃克著	1979. 4
886	战争年代的朱德同志	人民出版社编	1977. 6
887	战争奇观	柳杞著	1978. 2
888	张诚日记	（法）张诚著；陈霞飞译	1973. 11
889	漳河春	王东满著	1976. 2
890	樟田河传	程贤章	1976. 6
891	沼尾村	（日）小林多喜二著；李德纯译	1973. 5
892	肇嘉浜的变迁	《肇嘉浜的变迁》编写组编	1976. 3
893	珍泉（电影话剧剧本专辑）	上海人民出版社编	1973. 12
894	珍珠赋（散文选）	人民文学出版社	1973. 5
895	真假皇帝	叶君健著	1979. 8
896	征途（上册）	郭先红著	1973. 6
897	征途（下册）	郭先红著	1973. 6
898	峥嵘岁月	中共南昌市委宣传部编	1978. 1
899	睁大你的眼睛	刘心武编著	1975. 12
900	政治历史小说《红楼梦》	北京大学中文系专业七二级学生编	1975. 5
901	志在边疆	山河农场知识青年编创组	1976. 11
902	中国农民革命故事——少年历史故事丛书	贺卓君著	1974. 9
903	中国文学发展史（第二册）	刘大杰著	1976. 8
904	中国文学发展史（第一册）	刘大杰著	1973. 2
905	中国现代短篇小说	上海文艺出版社编	1978. 1
906	中国现代文学史（二）	唐弢主编	1979
907	中国现代文学史（上册）	林志浩主编	1979. 9
908	中国现代文学研究丛刊（1）	王瑶主编	1979. 1
909	中国现代文学作品选读（上册）	《中国现代文学作品选读》选编组编	1978. 7
910	中国小说史	北京大学中文系编	1978. 11
911	中国小说史简编	南开大学中文系编	1979. 5
912	中国小说史略	鲁迅著	1973. 8
913	中篇小说集	农村版图书编选小组	1976. 1
914	中山狼的本性及其他	人民文学出版社编	1977. 7
915	中州风雷——河南民兵革命斗争故事集	河南省军区政治局	1977. 6
916	钟声	《钟声》创作组创作；俞天白，王锦园执笔	1976. 5
917	钟声	（朝）金永根著	1979. 7
918	钟声（短篇小说集）	山东省革委文化局创作组编	1975. 11
919	周恩来论文艺	人民文学出版社编	1979. 2
920	周恩来青年时代诗选	人民文学出版社	1978. 12

（续表）

序 号	题 名	责任者	出版年
921	周立波短篇小说集	周立波著	1979. 2
922	朱德诗选集	朱德著	1977. 9
923	朱蕾	奚青著	1978. 2
924	追穷寇	李晓明著	1973. 11
925	追踪记	（苏）沃斯托柯夫，施美列夫著；金今译	1979. 9
926	卓娅和舒拉的故事	（苏）柳·科斯莫杰米杨斯兴亚著	1979. 4
927	祖国漫行	甘肃人民出版社编	1972
928	钻塔上的青春	任彦芳著	1975. 6
929	钻天峰	桑植执笔	1975. 6
930	昨天的战争（第二部）	孟伟哉编	1979. 6
931	昨天的战争（第一部 上）	孟伟哉编	1976. 12
932	昨天的战争（第一部 下）	孟伟哉编	1976. 12
933	作家的创作个性和文学的发展	（苏）米·赫拉普钦科著；上海人民出版社编译室译	1977. 8

（5）1980—1989 年

序 号	题 名	责任者	出版年
1	50 万年的死角——“北京人”奇案追踪记	（日）伴野朗著	1984. 11
2	阿，姑娘们	晓剑著	1984. 9
3	阿尔斯兰之路	王铁著	1982. 7
4	阿马罗神父的罪恶	（葡）葡·埃萨·德·克罗兹（Eea de Queiroz）著；翟象俊，叶扬译	1984. 11
5	阿信	（日）桥田寿贺子著；兹心编译	1985. 2
6	哀军北渡	石言，吴克斌	1985. 9
7	埃涅阿斯纪	（古罗马）维吉尔著；杨周翰译	1984. 3
8	癌病房（第二部）	（苏）亚·索尔仁尼琴著；荣如德译	1980. 4
9	癌病房（第一部）	（苏）亚·索尔仁尼琴著；荣如德译	1980. 4
10	艾莉丝或真正的生活	（法）克莱尔·埃切勒利（Claire Etcherelli）著；沈志明等译	1980. 1
11	艾青谈诗	艾青著	1984. 1
12	爱的启蒙	（苏）彼切尔尼可娃著；寒薇等译	1983. 2
13	爱丁堡监狱	（英）司各特著；陈兆林译	1980. 1
14	爱情的最后一夜 战争的最初一夜	（罗）卡米尔·彼特雷斯库著；非琴，谢纪青译	1984. 11
15	爱情与陷阱（乱世风云三部曲）	文放著	1985. 1
16	爱娃与希特勒	（美）格伦·贝·因菲尔德著	1981. 9
17	暗沟（漓江译丛第 8 辑）	漓江出版社编	1985. 2
18	八卦拳王传奇	谢其规著	1987. 4

（续表）

序 号	题 名	责任者	出版年
19	八路军中的日本兵	（日）香川孝志，前田光著；蔡静译	1985. 5
20	八十一梦	张恨水	1980. 7
21	巴顿将军（上）	（美）拉迪斯拉斯·法拉戈著；张志明等译	1984. 4
22	巴顿将军（下）	（美）拉迪斯拉斯·法拉戈著；张志明等译	1984. 4
23	巴金选集（第九卷）	巴金著	1982. 1
24	巴黎的秘密（上册）	（法）欧仁·苏著；成钰亭等译	1981. 12
25	巴黎的秘密（下册）	（法）欧仁·苏著；成钰亭等译	1982. 11
26	巴黎圣母院	（法）维克多·雨果著	1980. 6
27	白宫秘闻	（美）比尔·加利口述；玛丽·爱伦·里斯整理；王彬，赵珍平译	1982. 8
28	白宫生涯——卡特夫人回忆录	（美）罗莎琳·卡特著；天津市政协编译委员会译	1987. 6
29	白宫血案	（美）玛格丽特·杜鲁门著；刘云译	1985. 8
30	白话聊斋（二）	李厚基主编	1981. 5
31	白楼锄奸	陈谷音等著	1984. 3
32	白日幽灵	吴泽蕴著	1988. 1
33	白屋诗选	吴芳吉著	1982. 1
34	白药传奇	王左生著	1983. 1
35	白夜	（俄）陀斯妥耶夫斯基等著；郭家申等译	1981. 3
36	白衣女侠	（黎巴嫩）陶菲格·尤素福·阿瓦德著；马瑞瑜译	1984. 11
37	白衣侠女	王占君著	1982. 9
38	白衣侦探	叶永烈著	1981. 5
39	百花洲	高阳著	1983. 9
40	百劫红颜（上）	（法）莎金妮·葛朋著；范德兴译	1987. 7
41	百劫红颜（下）	（法）莎金妮·葛朋著；范德兴译	1987. 7
42	百年英烈传（上）	方遒著	1981. 1
43	百年英烈传（下）	方遒著	1981. 1
44	板桥诗词頡英	陈书良注译	1984. 6
45	绑架	张西庆编	1985
46	包公案	宝文堂书店编	1985. 12
47	包公案（评书）	单田芳口述；方殿整理	1987. 1
48	宝石追踪案	（苏）尼．托曼著；刘克永译	1988. 5
49	保护网下	（联邦德国）海因里希·伯尔著；倪诚恩，赵登荣译	1987. 5
50	保卫列宁格勒	陈仲原编	1980. 4
51	报告文学的写作	洪威雷著	1984. 1
52	悲惨世界	（法）维克多·雨果著	1980. 12
53	北海道之旅	何为著	1985. 5

（续表）

序　号	题　名	责任者	出版年
54	北京来的检察官	苏德祯等著	1981. 1
55	北京历史故事	北京教育学院小学教研室编	1984. 12
56	北京名胜楹联	顾平旦等编著	1985. 9
57	北京文学短篇小说选（1982 年）	《北京文学》编辑组编	1983. 12
58	北京文艺年鉴	北京市社会科学研究所，北京市文艺年鉴编辑部编	1982. 2
59	北京优秀短篇小说选（1949—1984 年）	北京十月文艺出版社编	1984. 9
60	北史演义	（清）杜纲著	1989. 6
61	北洋军阀演义（第一卷）	唐人著	1985. 8
62	贝妲的婚姻（喜剧）	（英）托马斯·哈代著；于树生译	1981. 8
63	背后一枪	（苏）H. 列奥诺夫著；刘光准译	1981. 5
64	背影	三毛	1987. 1
65	被欺凌与被侮辱的人	（俄罗斯）陀思妥耶夫斯基著；冯南江译	1980. 9
66	被枪毙的内幕新闻	（美）阿诺·博什格拉夫（Arnaud de Borchgrave），（英）罗伯特·莫斯（Robert Moss）著；尤勰等译	1981. 9
67	被上帝遗弃的女儿	罗灏白著	1986. 7
68	被通缉的女人	（美）安·帕垂（Ann Petry）著；刘绪贻，刘末译	1984. 5
69	被侮辱与被损害的人	（俄）陀思妥耶夫斯基著；李霁野译	1984. 11
70	被遗忘的世界	（英）柯南道尔（A. Conan Doyle）著；裴家勤译	1981. 1
71	彼得大帝	（苏）阿·托尔斯泰著；朱雯译	1986. 1
72	碧波余生	（美）迈克尔·谢夫，戴维·斯佩克特著；李淼等译	1980. 7
73	碧血丹心于公傅	文公直著	1988. 1
74	碧血剑（上）	金庸著	1985. 2
75	碧血剑（下）	金庸著	1985. 2
76	边城女囚——抗日战争时期新疆迪化女牢中的斗争故事	谢良，李翔编著	1982. 3
77	编辑忆旧	赵家璧	1984. 8
78	便衣警察	海岩编	1985. 9
79	别人的凶器	（苏）卡申著；郭奇格等译	1985. 8
80	别墅阴云	（英）阿加沙·柯里斯蒂著；陈渊，支叔良译	1981. 11
81	滨海传	吴有恒编	1980. 1
82	冰心评传	范伯群等编	1983. 4
83	兵不厌诈（上）	（英）安东尼·布朗著；李潞等译	1982. 1
84	兵不厌诈（下）	（英）安东尼·布朗著；李潞等译	1982. 1
85	丙子“双十二”	杨闻宇，朱光亚著	1989. 8
86	病夫治国	皮埃尔·阿考斯著；何逸之译	1981. 7
87	波浪	（日）山本有三著	1985. 3

（续表）

序号	题名	责任者	出版年
88	波浪上的塔	（日）松本洁张著；赵德远译	1982.6
89	伯纳迪托船长——遗产继承人（三部曲第二部）	（苏）罗·什季利马尔克，瓦·瓦西列夫斯基著；潘安荣译	1984.4
90	勃列日涅夫的力量和弱点	（苏）阿·阿夫托尔哈诺夫著；杨春华等译	1985.5
91	不可抗拒的爱	（法）莫泊桑著；李仓人，林京译	1985.8
92	不速之客	（西班牙）伊巴涅斯著	1983.2
93	布拉热洛纳子爵（上）	（法）大仲马著；谭玉培译	1983.11
94	布拉热洛纳子爵（下）	（法）大仲马著；谭玉培译	1984.6
95	布拉热洛纳子爵（中）	（法）大仲马著；谭玉培译	1984.3
96	布兰雷小站	（苏）艾特玛托夫著；高山译	1986
97	彩虹（1979年苏联短篇小说集）	《世界文学》编辑部编	1981.9
98	残唐五代传（上）	罗贯中编辑	1986.7
99	残唐五代传（下）	罗贯中编辑	1986.7
100	苍氓（日本中短篇小说选）	《世界文学》编辑部编	1981.9
101	曹雪芹（上卷）	端木蕻良著	1980.1
102	曹雪芹（中卷）	端木蕻良，钟耀群著	1985.5
103	曹雪芹别传	高阳著	1985.3
104	曹雪芹丛考	吴恩裕著	1980.2
105	曹雪芹小传	周汝昌著	1980.4
106	草头屯恩仇	杨大群著	1984.1
107	长眠不醒	傅惟慈选编	1980.12
108	长夜	姚雪垠	1981.1
109	长征——前所未闻的故事	（美）哈里森·索尔兹伯里著；过加鼎等译	1986.5
110	厂长主席	中国电影出版社编	1983.1
111	沉船	（印度）泰戈尔著；黄雨石译	1981.1
112	沉重的黄沙	（苏）阿·雷巴科夫著	1980.7
113	陈尸所里的女尸	（美）乔纳森·拉蒂默著	1980.11
114	晨光短笛	人民日报文艺部编	1984.12
115	成语典故故事选（第三集）	刘元福编	1984.1
116	成语故事五百篇	周金桦编	1982.11
117	城堡	（奥地利）卡夫卡著；汤永宽译	1980.1
118	痴情女	刘伯生	1981.9
119	叱咤风云	王林著	1981.1
120	冲破牢笼	（苏）鲍·马·拉耶夫斯基著；江荣春，黄枚兰译	1981.6
121	冲破山河的迷雾（上）	董民，何九英著	1985.6
122	冲破山河的迷雾（下）	董民，何九英著	1985.6
123	冲天将军	郭元升著	1984.11
124	丑陋的日本人	（日）高桥敏著；熊达云等译	1987.12

（续表）

序　号	题　名	责任者	出版年
125	丑陋的中国人	柏杨著	1986.12
126	楚辞选译	陆侃如，龚克昌译	1985.9
127	川岛芳子其人	（日）棋本舍三著；丹东译	1984.4
128	船	琼瑶著	1985.11
129	船长与大尉（上）	（苏）卡维林著；于光译	1982.8
130	船长与大尉（下）	（苏）卡维林著；于光译	1982.8
131	垂亡	方知今著	1987.3
132	春潮	（俄）屠格涅夫著；苍松译	1980.12
133	春到人间	（芬兰）佩坎宁等著；施种等译	1980.3
134	春风沉醉的晚上——工业题材短篇小说选（1919—1949年）	工人出版社编	1984.12
135	春风化雨集（上）	《上访通讯》编辑室编	1981.8
136	春风化雨集（下）	《上访通讯》编辑室编	1981.8
137	春风化雨——周恩来领导文艺工作的实践	李树谦编著	1983.5
138	春柳莺	南北鶡冠史者	1983.9
139	春雪瓶	聂云岚著	1987.1
140	词学全书	（清）查培继编	1984.1
141	慈禧墓珍宝失窃案	苏金星著	1984.9
142	慈禧西行记	陈澄之著	1981.7
143	从V字底端向上的人	《剑与盾》丛书编辑组编	1987.6
144	从华北到西北——忆解放战争	郑维山著	1985.7
145	从死亡中归来——外国优秀科学幻想小说集	黑龙江科学技术出版社编	1980.8
146	从序战到决战	寒风著	1986.4
147	错失	金依著	1984.3
148	大班	詹姆士·克莱威尔著	1984.8
149	大盗“燕子”李三传奇	柳溪编	1984.8
150	大观园	顾平旦编	1981.1
151	大海——记朱德同志	刘白羽著	1985.7
152	大亨	沈寂编	1987.5
153	大亨黄金荣	赖云青，何玳丽编	1987.8
154	大将曹彬	高阳著	1985.2
155	大陆生活纪实	侯介夫编	1988.1
156	大漠之华	新疆维吾尔自治区妇女联合会编	1980.2
157	大人物盖茨比	（美）弗·司各脱·菲兹杰拉德著；范岳译	1983.4
158	大堂神父	（俄）列斯科夫著	1984.3
159	大屠杀	（美）杰拉德·格林著	1981.9
160	大兴安岭火灾纪实	邓澍著	1987.11
161	大侦探十二奇案——赫拉克里士的业绩	（英）阿加莎·克里斯蒂著；王占梅译	1981.7
162	代号R的密件	（美）华莱士著；风飞译	1982.12

（续表）

序　号	题　名	责任者	出版年
163	刀锋	（英）W. S. 毛姆（William Somerset Maugham）著；秭佩译	1982. 6
164	盗火（上卷）	（苏）伽·谢列布里雅柯娃著；青水译	1984. 3
165	盗火（下卷）	（苏）伽·谢列布里雅柯娃著；何宏江，黄有自译	1984. 3
166	狄公断狱大观（第二册）	（荷）罗伯特·梵·古利克著；陈来元，胡明译	1986
167	狄公断狱大观（第三册）	（荷）罗伯特·梵·古利克著；陈来元，胡明译	1986
168	狄公断狱大观（第一册）	（荷）罗伯特·梵·古利克著；陈来元，胡明译	1986
169	地中海海战——第二次世界大战中的意大利海军	（意）布拉加丁著；蔡鸿干译	1982. 5
170	第二代	（美）霍华德·法斯特著；彭嘉林译	1986
171	第二个母亲	来准方著	1980. 1
172	第七个秘密	（美）欧文·华莱士著；汪一帆译	1987. 4
173	第三代（下册）	萧军著	1983. 2
174	点燃朝霞的人	王东满著	1985. 4
175	电话行动	（美）伏尔特·韦杰著；郗嘉民译	1980. 3
176	谍海孤舟——法国情报部门一个负责人的自述	（法）菲利普·贝尔奈尔著；华汶译	1981. 1
177	谍海女杰	（美）拉里·柯林斯著；郑钧等译	1987
178	谍海求生记	（美）诺尔曼·加博著；张光远译	1982. 8
179	谍海少将	付获著	1986. 1
180	谍网鸳盟	（英）约瑟夫·霍思著；山人译	1986. 4
181	谍影憧憧	（美）戴维·马丁著；方叙译	1986. 5
182	丁玲	杨桂欣编	1985. 8
183	丁玲短篇小说选	丁玲著	1981. 1
184	东北王世家《关东演义》之二	杨大群	1984. 1
185	东藏魔影	王占君著	1983. 8
186	东方女性	肖凌燕编	1985. 1
187	东方文学专辑（二）	中国社会科学院外国文学研究所编	1981. 1
188	东方欲晓（第一部）	柏洓著	1980. 6
189	东陵盗	文通编	1985. 8
190	冬宫秘史	（苏）瓦连金·皮库里著；崔永昌等译	1987
191	冬天里的春天（上）	李国文著	1983. 5
192	冬天里的春天（下）	李国文著	1983. 5
193	董小宛传奇	张德义，刘培林著	1985. 4
194	毒日头	（美）杰克·伦敦著	1985. 2
195	獨室志 宣室志	（唐）李冗，张读撰	1983. 6
196	独身女人	亦舒等著	1986. 9

（续表）

序号	题名	责任者	出版年
197	赌徒——外国中篇小说丛刊（7）	张英伦主编	1984. 1
198	杜甫传	冯至著	1980. 3
199	短篇小说选	中国社会科学院文学研究所，当代文学研究室编	1982. 12
200	短篇小说选（1983 年）	人民文学出版社编辑部编	1984. 3
201	断线风筝	（印）古尔辛·南达著	1982. 3
202	断指记	（荷兰）罗伯特·梵·吉利克著；李德芳，胡明译	1982. 3
203	对联欣赏	张伯驹署	1982. 5
204	峨眉山奇遇	康云著	1984. 11
205	恶风	（苏）A. 阿达莫夫著；栗周熊译	1981. 1
206	儿子长大以后	祝兴义著	1983. 5
207	儿子和情人	（美）劳伦斯著；何焕群译	1986. 12
208	二刻拍案惊奇（上）	（明）凌濛初著	1981. 2
209	二刻拍案惊奇（下）	（明）凌濛初著	1981. 2
210	二十三个后妃	孟昕伯，刘沙编著	1986. 11
211	二叶亭四迷小说集	外国文学名著丛书编委会	1985
212	法国当代短篇小说选	金志平编选	1981. 11
213	法国中尉的女人	（英）约翰·福尔斯著；阿良等译	1985. 5
214	法网	李中杰编	1982. 7
215	法网难逃	中国人民公安大学出版社编	1985. 1
216	翻身——中国一个村庄的革命纪实	（美）韩丁著；韩倞等译	1980. 12
217	凡尔纳传	（英）彼德·科斯特洛著；徐中元等译	1982. 11
218	犯罪集团	（法）罗歇·博尼谢著；方裕贵译	1989. 1
219	方志敏文集	方志敏	1985. 1
220	飞狐外传	金庸著	1985. 2
221	飞向大国——日本的崛起	（日）上前淳一郎著；王大生，史京津译	1987. 1
222	飞针女侠传	苏继坡，张献章著	1987. 8
223	汾城轶闻—— 一个系统工程学的遭遇	柯云路著	1987. 5
224	风流者戒	（英）玛丽·米切尔著；海西，咏清译	1986. 11
225	风满潇湘（上）	柯蓝，文秋著	1982. 8
226	风也悄悄	严沁等著	1986. 9
227	风云人物采访记（续集）	（意）奥里亚娜·法拉奇著；阿珊译	1985. 8
228	封神演义（上）	许仲琳著	1980. 11
229	封神演义（下）	许仲琳著	1980. 11
230	疯狂的上海	胡月伟著	1986. 9
231	芙蓉镇	古华编	1981. 11
232	浮华世家（上）	（日）山崎丰子著	1981. 8
233	浮华世家（下）	（日）山崎丰子著	1983. 7
234	浮华世家（中）	（日）山崎丰子著	1983. 2

（续表）

序　号	题　名	责任者	出版年
235	浮生八记	唐人著	1987. 4
236	浮士德（第二部）	（德）歌德著；郭沫若译	1982. 4
237	浮士德（第一部）	（德）歌德著；铁春绮译	1982. 4
238	福尔摩斯探案集（二）	（英）阿瑟·柯南·道尔著	1981. 3
239	福尔摩斯探案集（四）	（英）阿瑟·柯南·道尔著	1981. 4
240	福尔摩斯探案集（五）	（英）阿瑟·柯南·道尔著	1981. 5
241	福尔摩斯探案集全集（上）	（英）阿瑟·柯南·道尔著	1981. 8
242	福尔摩斯探案集全集（下）	（英）阿瑟·柯南·道尔著	1981. 1
243	福尔摩斯探案集全集（中）	（英）阿瑟·柯南·道尔著	1981. 9
244	福克纳中短篇小说选	《世界文学》编辑部编	1985. 7
245	福乐智慧	玉素甫·哈斯·哈吉甫著；郝关中等译	1986. 1
246	复仇女	（日）松本清张著；吕立人译	1987
247	复活节岛的秘密——探险故事	（挪威）托尔·海尔达尔著；王荣兴等译	1983. 8
248	复始之旅	（美）斯诺著	1984. 8
249	傅家的儿女们	于梨华著	1986. 11
250	高等教育自学考试试题及答案（文科学）	《文学报》编辑部	1985. 3
251	高尔基短篇小说选	瞿秋白等编	1980. 4
252	高考优秀作文选（1982—1984 年）	天津百花文艺出版社编	1985. 5
253	哥略夫里奥夫家族	（俄）萨尔蒂科夫·谢德林著；黄裳译	1981. 9
254	革命回忆录（20）	人民出版社编	1986. 8
255	革命回忆录（9）	人民出版社编	1983. 4
256	革命回忆录（12）	人民出版社编	1984. 6
257	革命回忆录（19）	人民出版社编	1986. 2
258	革命回忆录（16）	人民出版社编	1985. 6
259	革命回忆录（13）	人民出版社编	1984. 9
260	革命回忆录（15）	人民出版社编	1985. 4
261	隔墙有眼	傅惟慈，高慧勤选编	1981. 4
262	宫闱惊变	吴因易编	1985. 1
263	共和国警长	陈桂棣编	1987. 1
264	勾心斗角	（美）莱斯利·沃勒著；张明，樊毅译	1983. 8
265	姑娘与海军上将	（苏）叶琳娜·沃隆佐娃著	1984. 6
266	孤城残夜	王汪	1982. 6
267	孤岛（丢失）	柯云路	1986. 8
268	孤岛奇案	（英）阿加莎·克里斯蒂著；葛德玮译	1980. 4
269	古城青史（上）	王厚选	1980. 1
270	古城青史（下）	王厚选	1980. 1
271	古代名医的传说（故事丛书）	吕洪年等编	1982. 9
272	古代散文鉴赏辞典	王彬主编	1987. 12
273	古代散文选注（上）	北京师范学院中文系古典文学教研室编	1981. 2

（续表）

序 号	题 名	责任者	出版年
274	古代散文选注（下）	北京师范学院中文系古典文学教研室编	1981. 2
275	古代小说鉴赏辞典	《古代小说鉴赏辞典》编辑委员会编	1989. 1
276	古典文学常识百题	林伟群等编	1984. 5
277	古典文学名篇赏析	华东师范大学中文系资料室编	1982. 7
278	古今笑	冯梦龙编	1985. 12
279	古兰经的故事	（叙利亚）穆罕默德·艾哈迈德·贾德·毛拉著；关偁等译	1983. 3
280	古玛河春晓	沈凯著	1984. 2
281	古诗一百首	郑万泽等编注	1984. 12
282	古星图之谜	程嘉梓著	1985. 5
283	鼓手的秘信号	（苏）阿列克辛等编；昌茂等译	1986. 5
284	故都侠女	檀林著	1985. 5
285	故宫轶事	《紫禁城》杂志社编	1984. 1
286	故土	苏叔阳著	1984. 9
287	故乡的新月	杨峰著	1989. 2
288	怪新娘	（美）欧尔·司丹莱·茄特纳著；秦瘦鸥，周大昌译	1981. 7
289	怪信、怪人、怪事	（英）柯南·道尔著；李家云，王殿凤译	1987. 2
290	关东城播火	杨大群著	1984. 1
291	关内辽东一局棋	陈少校著	1988. 4
292	光荣的抉择——原国民党军起义将领回忆录	蔡惠霖，孙维吼编	1986. 8
293	归莲梦	苏庵主编；马托校类	1984. 7
294	郭沫若全集（历史编第六卷）	郭沫若著；郭沫若著作编辑出版社委员会编	1984. 1
295	郭沫若全集（历史编第三卷）	郭沫若著；郭沫若著作编辑出版社委员会编	1984. 8
296	郭沫若全集（历史编第五卷）	郭沫若著；郭沫若著作编辑出版社委员会编	1984. 1
297	郭沫若全集（文学编第二辑）	郭沫若著作编辑出版社委员会编	1982. 1
298	郭沫若全集（文学编第三辑）	郭沫若著作编辑出版社委员会编	1983. 1
299	郭沫若全集（文学编第四辑）	郭沫若著作编辑出版社委员会编	1984. 8
300	郭沫若全集（文学编第五辑）	郭沫若著作编辑出版社委员会编	1984. 6
301	郭沫若少年诗稿	乐山市文管所编	1982. 9
302	国外归来（一）	世界知识出版社编	1985. 2
303	国外小品精选	杨奔编	1984. 1
304	国语故事选译	马达远选译	1985. 9
305	哈同外传	徐铸成著	1983. 4
306	海盗	胡正言著	1982. 5
307	海盗——航海的人们	（英）道格拉斯·博廷（Douglas Bottwg）著；卢龙译	1984. 3

（续表）

序　号	题　名	责任者	出版年
308	海底幽灵	（法）乔治·居斯塔夫·图杜兹著	1981.7
309	海杜克复仇记	（南斯拉夫）J. 维塞林诺维奇著；众成译	1984.6
310	海公大红袍全传	李春芳编	1984.8
311	海魂	（日）井上靖著；文洁若等译	1985.8
312	海上花列传	韩邦庆著	1982.2
313	海上劳工	（法）雨果著	1980.8
314	寒冷的早晨	（日本）石坂洋次郎等著	1985.1
315	豪情忆长征	中共新疆维吾尔自治区委员会组织部编	1980.3
316	何典	张南庄著	1981.2
317	河北武林故事	曹广志编	1985.8
318	贺子珍的路	王行娟著	1985.12
319	鹤唳	（苏）瓦西里·贝科夫著	1984.9
320	黑暗的心脏	（英）约瑟夫·康拉德著	1984.7
321	黑貂阳谋——美苏间谍战	（美）马丁·克鲁斯，史密斯著	1985.4
322	黑狐狸	（荷）罗伯特·梵·古利克著；陈来元，胡明译	1982.2
323	黑皮手稿	尾山著	1981.4
324	黑色的星期天	李辉英编	1984.1
325	黑色码头工人	（塞内加尔）桑贝内·乌斯曼著	1985.2
326	黑色协奏曲	（日）大谷羊太郎作；万强译	1985.5
327	黑桃皇后	张英伦等编著	1982.1
328	黑钻石（约卡伊·莫尔选集）	汤真译	1980.8
329	横戈马上	杨得志著	1984.12
330	红白黑	（法）司汤达著	1987.9
331	红巾魂	张永枚著	1984.12
332	红楼梦辞典	周汝昌主编	1987.12
333	红楼梦诗词解析	刘耕路编著	1986.4
334	红楼梦新补	张之著	1984.12
335	红楼梦研究小史稿	郭豫适编著	1980.1
336	红楼梦与金瓶梅	孙逊，陈诏著	1982.8
337	红旗飘飘（20集）	中国青年出版社编	1980.2
338	红旗飘飘（21集）	中国青年出版社编	1981.1
339	红旗飘飘（22集）	中国青年出版社编	1981.4
340	红旗飘飘（23集）	中国青年出版社编	1981.6
341	红旗飘飘（26集）	中国青年出版社编	1983.2
342	红旗飘飘（28集）	中国青年出版社编	1985.3
343	红屋骑士	（法）大仲马著；罗玉君译	1981.3
344	红玉：评书《聊斋志异》	中国曲艺出版社编	1983.12
345	洪流（中册）	（波兰）显克微支著	1983.3
346	洪武黄帝（第一部）	孝廉玉恒著	1988.4

（续表）

序 号	题 名	责任者	出版年
347	洪武剑侠图	刘浩鹏口述；尚羡智，李耀选记录整理	1987. 2
348	洪秀全演义	（法）黄小配著	1981. 8
349	虹	茅盾著	1981. 7
350	后方的前线	贺晋年等著	1986. 1
351	后红楼梦	（清）逍遥子撰；韩锡铎，卜维义校	1985. 1
352	后西游记	（明）无名氏著；徐元校实	1985
353	呼啸山庄	（英）勃朗特·艾米莉著；杨苡译	1980. 7
354	呼杨合兵	张贺芳，白树荣整理	1984. 6
355	狐狸计划	（美）玛丽·希·克拉克著；柳岸译	1986. 8
356	胡莉娅姨妈与作家	（秘鲁）马里奥·巴尔加斯·略萨著	1982. 5
357	胡雪岩（上）	（中国台湾）高阳著	1986. 9
358	胡雪岩（下）	（中国台湾）高阳著	1986. 9
359	胡雪岩（中）	（中国台湾）高阳著	1986. 9
360	湖畔盲女	（印度）吉尔幸·南达著；周志宽，王镛译	1983. 2
361	护国皇娘传	石印红，章程整理	1988. 3
362	花的尸骸	（日）森树诚一著；朱全和译	1981. 9
363	花树下的人	云菁编	1985. 1
364	花园街五号	李国文著	1984. 9
365	花月痕	魏子安著	1981. 1
366	华子良传奇	弓戈著	1985. 4
367	怀念集	王首道编	1983. 11
368	怀逝者	胡愈之编	1986. 5
369	荒漠古城之谜	杨正昌著	1982. 2
370	荒野的呼唤	杰克·伦敦著	1981. 5
371	皇家猎宫	（英）司各特著；高殿森译	1982. 1
372	黄巢	郭灿东著	1985. 3
373	黄狗	冯亦代编选	1981. 1
374	黄狗	（比利时）乔治·西姆农著；蔡鸿滨译	1980. 9
375	黄玉	（美）利昂·尤里斯著	1983. 1
376	回忆我的父亲张恨水	张明明著	1984. 11
377	回忆我的改造生活	李白英著	1984. 6
378	回忆与思考（上）	（苏）朱可夫著；中国人民解放军军事科学院外国军事研究部译	1984. 7
379	回忆与思考（下）	（苏）朱可夫著；中国人民解放军军事科学院外国军事研究部译	1984. 7
380	迴	严泌著	1987. 5
381	魂断武岭——蒋介石在大陆的最后日子	泰栋，罗岩编	1985. 5
382	魂断紫禁城	钟源，钟芳著	1986. 12
383	魂归江南	严慰冰著	1987. 5

（续表）

序号	题名	责任者	出版年
384	火狐	（英）托马斯著；郭彤译	1980.3
385	霍桑探案集（3）	程小青编	1986.5
386	霍元甲、陈真传	张深编	1984.7
387	击坠007	（日）柳田邦田著；林洁译	1987.4
388	基辛格在中东	（以）麦迪·戈兰著	1983.1
389	吉德里兄弟（上）	（罗）米哈伊尔·萨多维亚努著；冯志臣，李家渔译	1985.1
390	吉德里兄弟（下）	（罗）米哈伊尔·萨多维亚努著；冯志臣，李家渔译	1985.1
391	纪晓岚外传	杨涛著	1986.5
392	济公全传（上）	花城出版社编	1983.7
393	济公全传（下）	花城出版社编	1983.7
394	寂寞的爱	李永芹著	1987.2
395	家	（日）岛崎藤村著；枕流译	1981.8
396	家庭与世界	（印度）泰戈尔著	1987.7
397	家族复仇	（法）巴尔扎克著	1981.4
398	贾家楼	陈荫荣讲述；金受申整理	1981.4
399	假尼禄	（德）孚希特万格著；张荣昌译	1982.1
400	假如我是“黑人”	（美）约翰·格里芬著	1984.12
401	假眼睛	（美）欧尔·司丹莱·茄特纳著	1981.7
402	假总统的秘密	（英）特德·奥尔伯里著；叶贻译	1980.3
403	艰苦的历程（上册）	人民出版社编	1984.12
404	艰难的起飞	刘宾雁著	1982.8
405	简爱	（英）夏洛蒂·勃朗特（CharlotteBronte）原著	1980.7
406	简明文学词典	周红兴主编	1987.4
407	简·皮特曼小姐自传	（美）欧内斯特·盖恩斯著	1981.4
408	建造通天塔的人们	李尚志著	1985.6
409	江南	陈毅，松植著	1985.7
410	江南小语	（美）江南著	1985.11
411	江青日记外流记	谢峻峰编	1987.5
412	江左十年目睹记	龙公著	1984.4
413	将军卷进漩涡——“四人帮”上海余党覆灭记	陈识金著	1987.6
414	将军决战岂止在战场	黄济人著	1982.4
415	蒋后主密录（上）	唐人著	1983.5
416	蒋后主密录（下）	唐人著	1983.8
417	蒋介石黄金之谜	李乔编译	1987.5
418	蒋经国在莫斯科	彭哲愚，严农著	1986.11
419	蒋氏家族恩怨录	云铭著	1989.6
420	狡兔雄鹰	尾山著	1984.9

（续表）

序　号	题　名	责任者	出版年
421	教父	（美）马里奥·普佐著；钟光华译	1983.6
422	劫收日记	秦瘦鸥著	1983.11
423	杰克·伦敦短篇小说选	万紫，雨宁	1981.9
424	结晶	徐迟著	1984.7
425	捷尔任斯基	（苏）季斯柯夫著；牛劳译	1987.3
426	姐姐的爱情	路遥著	1985.11
427	解放（电影史诗）	（苏）尤利·帮达列夫等著；施达译	1980.3
428	借火柴	（芬）迈尤·拉西拉著；童新译	1984.8
429	金都风雨	（捷）弗朗杰歇克·库布卡著；徐哲译	1981.8
430	金粉世家（上）	张恨水著	1985.1
431	金粉之谜	（法）莫里斯·勒布朗著	1981.5
432	金陵残照记	陈少枝著	1988.4
433	金陵春梦（第4集）	唐人著	1980.3
434	金陵春梦（第5集）	唐人著	1980.4
435	金陵春梦（第6集）	唐人著	1981.4
436	金陵春梦（第7集）	唐人著	1982.3
437	金陵春梦（第8集）	唐人著	1983.4
438	金陵风云录	何琼崖，王万彬著	1987.4
439	金陵五记	黄裳编	1982.6
440	金銮梦	李惠文著	1980.5
441	金榆呼延赞	刘济祥，刘琳著	1987.2
442	金马奇案	薛理著	1984.9
443	金瓶梅词话注释（上）	魏子云注	1987.7
444	金瓶梅词话注释（下）	魏子云注	1987.7
445	金瓶梅考证	朱星著	1981.12
446	金瓶梅论集	徐朔方，刘辉编	1985.11
447	金瓶缺	徐兴业著	1981.2
448	金麒麟	巍琦著	1987.7
449	金人	北京人民文学出版社编	1981.12
450	金台集	蓝翎著	1984.5
451	金银岛	（英）罗·路·斯蒂文生（R. L. Stevenson）著；荣如德译	1980.3
452	金云翘传	青心才人编	1983.1
453	津门大侠霍元甲	冯育楠著	1984.9
454	锦香亭	（清）素庵主人著；丁令威校	1984.9
455	京城内外	邓友梅著	1985.1
456	京华夜谭一个潜入敌特机关的公产党员的故事	马识途著	1987.5
457	警察的故事	（法）罗歇·博尼谢著	1982.7
458	警士与美人鱼号	单学鹏编	1984.5

（续表）

序　号	题　名	责任者	出版年
459	境外八年——一个偷越国境者的自述	沉砂·韵凤著	1987. 7
460	九龙玉佩	陆相烈等编	1983. 11
461	九命奇冤	（清）吴趼人	1981. 7
462	久违了，莫斯科！	高莽著	1986. 2
463	酒鬼杨石匠的女儿	榴红著	1987. 3
464	酒畔谈兵录	陈少校著	1988. 4
465	旧小说	吴祺曾编	1985. 1
466	舅舅的梦	（俄）陀思妥耶夫斯基著	1982. 3
467	巨人	（美）德莱塞著；韦丛芜译	1982. 2
468	巨人传（上）	（法）弗朗索瓦·拉伯雷著；成钰亭译	1981. 6
469	巨人传（下）	（法）弗朗索瓦·拉伯雷著；成钰亭译	1981. 6
470	觉醒的警卫员	薛家柱，文新著	1983. 6
471	卡拉玛佐夫兄弟	（俄）陀思妥耶夫斯基著	1981. 8
472	开明书店二十周年纪念文集	叶圣陶编	1985. 6
473	开拓者之歌	秦钧编	1984. 12
474	凯蒂一个悉尼酒吧女郎	（澳）凯蒂著	1981. 7
475	凯恩号哗变	（美）赫尔曼·沃克著；万高潮译	1985. 2
476	看完烧毁	（苏）金罗曼著；宋楷译	1984. 8
477	康熙皇帝——宫廷除奸记	郭秋良	1985. 1
478	抗日战争中的八路军	李达编	1985. 8
479	渴（坦桑尼亚小说选）	（坦桑）穆·苏·穆罕默德（Mohamed S. Mohamed）著	1983. 7
480	克里姆林宫盗宝案	（苏）尤·克拉洛夫著；王丁巨译	1986. 1
481	克里姆林宫卫队长回忆录	（苏）帕·马利科夫著	1985. 4
482	肯尼迪案卷	（法）热拉尔·德·维里埃著；周炽湛，罗峰译	1982. 7
483	空降团的女翻译	彭瑞高，丘峰著	1985. 1
484	苦海	王伯阳著	1986. 1
485	苦难国（讽刺小说选）	（南）拉托叶·多玛诺维奇著；马华，马继英译	1987. 8
486	旷野	（中国台湾）柏杨编	1987. 4
487	昆虫考察记	徐明编	1989. 1
488	括苍山恩仇记（一）	吴越编	1983. 7
489	拉丁美洲民间故事	仇新年译	1984. 12
490	来自特区的报告	广东省文联编辑部编	1984. 11
491	蓝宝石花	王群生编	1982. 11
492	蓝锤	（美）罗斯·麦克唐纳著；汪一帆，陈迪译	1987. 5
493	蓝色列车上的谋杀案	（日）西村京太郎著；尤之译	1986. 12
494	“蓝色特快”上的秘密	（英）克里斯蒂著；于雷译	1980. 2
495	浪荡女人	（俄）米尔内著	1985. 9

（续表）

序 号	题 名	责任者	出版年
496	老古玩店（上册）	（英）查尔斯·狄更斯著；许君远译	1980.4
497	雷火	苏方学编	1984.1
498	黎明前的生死搏斗	（美）威廉·埃利斯著	1980.7
499	李白传	安旗编	1984.6
500	李满天短篇小说选	李满天著	1982.1
501	李自成（第三卷）	姚雪垠著	1981.6
502	历代词萃	张璋选编	1983.4
503	历代聪明人的故事	郑雁编	1982.12
504	历代花鸟诗	韩秀琪，刘艳丽编著	1987.7
505	历代名家写作经验介绍	许树棣著	1985.1
506	历代名篇选续（上）	上海古籍出版社编	1981.1
507	历代名人小简	吴增祺编	1984.7
508	历代诗词名句辞典	吕自扬编著	1986.12
509	历代四季风景诗三百首	历代四季风景诗选注组编	1983.3
510	历代西域诗集	吴蔼宸选编辑	1982.2
511	历史（上）	（意大利）艾尔莎·莫兰黛著；万子美等译	1980.1
512	历史（下）	（意大利）艾尔莎·莫兰黛著；万子美等译	1980.1
513	历史的回顾（上）	徐向前著	1984.7
514	历史的回声	李克异著	1981.2
515	历史在这里沉思（第三卷）	周明主编	1986.8
516	历史在这里沉思（第四卷）	周明主编	1989.4
517	联邦调查局破案秘闻	（美）安德鲁·塔利著；周学艺，宁静，张毓文译	1983.5
518	联邦情报局内幕	（德）海因茨·霍内，赫尔曼·措林著；齐人译	1987.5
519	两汉书故事选译	傅元恺选译	1985.9
520	两晋演义（上）	蔡东藩著	1981.12
521	两晋演义（下）	蔡东藩著	1981.12
522	两年，在国民党集中营	萨空了著	1985.12
523	两情长相忆	严沁著	1987.4
524	两种美国人	王莹编	1980.7
525	聊斋汉子	董均伦，江源编	1982.12
526	聊斋故事（3）	（清）蒲松龄原著；许君远等选译	1981.9
527	聊斋故事选译	于在春选译	1989.9
528	聊斋故事演义（续集）	（清）蒲松龄著；刘肇霖，澜波等改编	1985.12
529	聊斋新译（上）	（清）蒲松龄著；李世钧等编	1982.2
530	廖公在人间	中国新文社编	1984.6
531	列夫·托尔斯泰文集（第二卷）	（俄）列夫·托尔斯泰著	1986.1
532	列夫·托尔斯泰文集（第三卷）	（俄）列夫·托尔斯泰著	1986.1

(续表)

序　号	题　名	责任者	出版年
533	列夫·托尔斯泰中篇小说（上）	（俄）列夫·托尔斯泰著	1986.1
534	列夫·托尔斯泰中篇小说（下）	（俄）列夫·托尔斯泰著	1986.1
535	列宁的最后斗争	（法）莫希·莱文著；叶林译	1983.5
536	列宁闪光的青春	（苏）叶夫盖尼，留法诺夫著；何群智译	1982.2
537	列宁战斗的一生	郭瑞	1986.5
538	猎枪、斗牛	（日）井上靖著	1985.5
539	林巧稚	吴崇其，邓家荣编	1985.8
540	林巧稚传	马雨农，王武等著	1985.6
541	领袖·元帅·战友	薄一波著	1989.11
542	刘伯承军事生涯	杨国宇编	1982.7
543	刘伯承用兵录	杨国宇，陈斐琴编	1982.9
544	留下一片绿荫	乌鲁木齐部队政治部文化部编	1982.1
545	柳暗花明（《一代风流》第三卷）	欧阳山著	1982.1
546	柳叶青青	李沙铃著	1980.11
547	六人	（德）鲁多尔夫·洛克尔著；巴金译	1985.6
548	龙城飞将	王楠著	1984.8
549	龙感湖	严亚楚著	1982.1
550	龙门阵（第一辑）	《龙门阵》丛书编辑组	1980.11
551	龙云和蒋介石	王朝柱著	1986.12
552	卢卡奇将军	（苏）米·季霍米洛夫著；牛劳译	1984.3
553	庐山的传说	熊侣琴，肖士太编	1983.6
554	鲁迅传	林志浩著	1981.8
555	鹿鼎记	金庸著	1985.9
556	吕蓓卡	（英）达夫妮·杜穆里埃（Daphne du Maurier）著；林智玲，程德译	1980.3
557	吕四娘别传（上）	韩汝城编	1986.6
558	吕四娘别传（下）	韩汝城编	1986.6
559	绿房子	（秘鲁）巴尔加斯·略萨著；孙家孟译	1983.8
560	绿色的爱	张凤洪著	1986.11
561	绿色国王	（法）保尔一鲁．苏里策尔著；陆春译	1985.5
562	乱世狂女	黄河文艺出版社编	1986.11
563	乱世少年	萧育轩著	1983.6
564	伦敦谍影	（英）约翰·勒卡雷著	1981.7
565	轮椅总统——罗斯福	（苏）H.H.雅科夫列夫著；宋竹音等译	1987
566	罗宾汉	（英）H.吉尔伯特著；彭安娜译	1983
567	罗荣桓在东北解放战争中	杨国庆，白刃编	1986.5
568	裸脸	（美）谢尔登（Sheldon，S.）著；肖铮译	1985.12
569	落马湖王国的覆没	李龙云著	1986.1
570	马克思的女儿们——未发表的信札	（法）梅耶编；沈志明，蒋国萍译	1985.12
571	马立克狼	（德）乔治·哈尔班著；于雷译	1980.8

（续表）

序 号	题 名	责任者	出版年
572	玛丽娜一世	楚良著	1986. 2
573	麦格雷警长的圣诞节	傅惟慈选编	1981. 2
574	漫话三国	史之余著	1982. 1
575	梅里美小说选	郑永慧译	1980. 6
576	美国的悲剧（上）	（美）德莱塞著；许汝祉译	1986. 2
577	美国的悲剧（下）	（美）德莱塞著；许汝祉译	1986. 2
578	美国西部的故事	（美）路易斯・勒穆尔著；赵炜征，常晓洁译	1981. 9
579	美国最高法院内幕	（美）鲍勃・伍德沃德，斯科特・阿姆斯特朗著；熊必俊，虞孝淮，李士培等译	1982. 11
580	美利坚合众国演义（下）	倜西著	1986. 6
581	美神	莫应丰著	1984. 9
582	米开朗基罗	伊尔文・斯通著；孙法理译	1983. 8
583	秘密经费	（美）欧文・萧著；吴力励译	1987. 12
584	秘密警察头子的末日——加里保迪大街上的房子	（以）伊森・哈雷尔著；黎凡译	1982. 6
585	秘密列车（评书）	沈永年等编	1984. 5
586	秘密目标——暗杀美国总统	（美）海伦・麦克英尼斯著；许其鹏译	1987. 1
587	秘密与间谍——第二次世界大战的幕后的故事	（美）《读者文摘》社编；冯之丹译	1985. 7
588	秘密战五百年	（苏）E. 契尔尼亚克著；傅师译	1980. 12
589	秘密战争——一个代号叫勇士的人	（加）威廉・史蒂文森著	1981. 1
590	秘书日记——我所见到的季米特洛夫（上）	（保）内・甘乔夫斯基著	1984
591	民族英烈传	王志之著	1981. 1
592	名女人外传	捧书生著	1987. 1
593	名人小趣	章已选编	1984. 1
594	名言大观	薛进官等编	1983. 5
595	明代散文选注	刘世德选注	1981. 8
596	明清笔记故事选译	刘耀林选译	1985. 9
597	明清文言小说选	薛洪动等选注	1981. 6
598	明斯克号出击——第三次世界大战（日本续篇）	（日）久留岛龙夫著；齐协等译	1980. 3
599	命运交响曲——赵丹传	倪振良著	1986. 8
600	命运四重奏	韩志君著	1987. 8
601	命运之神	林正义著	1987. 9
602	摸不透的人	（土耳其）阿．涅辛等著；于宁等译	1982. 8
603	莫斯科的岁月（1956—1958 年）	（南）韦利科・米丘诺维奇著；达州译	1980. 9
604	莫苔丝・弥宁——《私人生活场景》之二	（法）巴尔扎克著；李清安，凯林译	1985. 11

（续表）

序　号	题　名	责任者	出版年
605	幕府将军	苟锡泉等译	1985. 8
606	男人的一半是女人	张贤亮著	1985. 12
607	南北史通俗演义	蔡东藩著	1981. 4
608	南方的风	朱崇山著	1984. 12
609	南京的陷落	周西复著	1987. 7
610	南唐演义	朱仲玉著	1985. 5
611	南岳趣闻	刘贵茂，刘祯祥，彭玉成编	1981. 9
612	闹花灯	陈荫荣等著	1981. 3
613	妮摩拉	（印度）普列姆昌德著；索纳译	1989. 6
614	尼·奥斯特洛夫斯基——妻子的回忆	（苏）拉·奥斯特洛夫斯卡娅著；姚宇珍译	1984. 5
615	尼罗河畔的悲剧	（埃及）纳吉布·迈哈富兹著	1984. 6
616	鲵鱼之乱	（捷）卡列尔·恰佩克（Karel Capek）著；贝京译	1981. 1
617	你的朝霞	（苏）奥列希·冈察尔著；佟轲等译	1985. 4
618	你往何处去？	（波）亨利克·显克微奇著；侍桁译	1980. 8
619	逆序现代汉语词典	江天等编	1986. 8
620	匿名信	陈典著	1985. 8
621	牛虻在流亡中	（英）艾·丽·伏尼契著；张礽荪，顾治洲译	1981. 2
622	浓雾中的火光	王火著	1983. 7
623	女活佛	秦文玉编	1985. 8
624	女杰秦良玉演义	文公直著	1985. 8
625	女聊斋志异	（清）古吴靓芬女史贾茗编	1985. 1
626	女人的魅力	（意）索菲娅·罗兰（Loren，S.）著；郭少波译	1987. 2
627	女摊贩和诗人	（苏）伊凡·沙米亚金著；应天士译	1984. 9
628	诺贝尔文学奖金获奖作家作品选（上）	信德，仲南编选	1981. 5
629	诺贝尔文学奖金获奖作家作品选（下）	信德，仲南编选	1981. 5
630	诺言	傅惟慈选编	1981. 2
631	哦，十五岁的哈丽黛哟	艾克拜尔·米吉提著	1984. 5
632	拍案惊奇（上）	凌濛初著	1982. 8
633	拍案惊奇（下）	凌濛初著	1982. 8
634	蟠龙领带	尹一之编	1986. 1
635	叛女	邢院生著	1982. 11
636	彭公案（上）	宝文堂书店	1986. 3
637	彭公案（下）	宝文堂书店	1986. 6
638	彭公案（中）	宝文堂书店	1986. 6
639	平家物语	周启明，申非译	1984. 6
640	萍踪侠影	梁羽生著	1981. 6
641	破壁记	陈登科，肖马编	1980. 5

（续表）

序　号	题　名	责任者	出版年
642	破晓的山野	李乔著	1982. 1
643	蒲柳人家	刘绍棠编	1985. 8
644	普里瓦洛夫的百万家私	（俄）马明·西比利亚克著；左海译	1980. 4
645	溥仪离开紫禁城以后——爱新觉罗家族成员的回忆	吕长赋等编	1985. 1
646	七个被绞死的人	（俄）列·安德烈耶夫著	1981. 11
647	七杰小五义（上）	单田芳口述；方殿整理	1987
648	七杰小五义（下）	单田芳口述；方殿整理	1987
649	七侠五义	石玉昆述；俞樾重编	1980. 12
650	奇异的旅程	周永年等著	1984. 4
651	歧路灯（上）	（清）李绿园著；栾星校注	1980. 12
652	歧路灯（下）	（清）李绿园著；栾星校注	1980. 12
653	歧路灯（中）	（清）李绿园著；栾星校注	1980. 12
654	起源（达尔文生平传记小说）	（美）欧文·斯通著；孙强，叶笃庄译	1985. 5
655	千江有水千江月	萧丽红著	1987. 2
656	千万里转战	粟裕著	1987. 7
657	前边已是公海	陆寿钧著；吕文执笔	1983. 2
658	钱商	（加拿大）阿瑟·黑利著；陆谷孙，张增健，翟象俊译	1981. 9
659	乾隆韵事	高阳编著	1985. 3
660	蔷薇花案件	肖士太等著	1985. 8
661	巧断疑案故事选	铁石编	1984. 1
662	巧破乾坤楼	袁阔成等编	1987. 3
663	亲爱的你别走	（英）丹妮斯·罗宾斯著；陈礼辉译	1981. 1
664	秦娥忆	杨书案编	1983. 11
665	秦似杂文集	秦似著	1981. 5
666	琴姑娘	张重天著	1984. 8
667	青春的证明	（日）森村庄诚一著；田力译	1985. 9
668	倾城	三毛著	1987. 1
669	清宫十三朝演义（上）	许啸天著	1985. 1
670	清宫十三朝演义（下）	许啸天著	1985. 1
671	清末四大奇案	周楞伽著	1985. 5
672	情报战	（日）实松让著；王云辅等译	1981. 1
673	情仇	陈立德著	1981. 3
674	情史类略	（明）冯梦龙撰	1984. 4
675	圈套	（法）安娜·玛里埃尔著；穆文译	1981. 3
676	圈套	（苏）A. 阿达莫夫著；黑龙江大学俄语系研究室译	1981. 1
677	圈套与花环	苏群著	1987. 6
678	全国优秀短篇小说评选获奖作品集（1980 年）	《人民文学》编辑部编	1981. 9

（续表）

序　号	题　名	责任者	出版年
679	全唐五代词	张璋，黄畬编	1986. 2
680	拳魂	肖才选编	1985. 4
681	燃烧的岛群（上）	山西人民出版社编	1985. 6
682	人啊，人!	戴厚英著	1981. 5
683	《人民文学》创刊35周年短篇小说选	《人民文学》杂志社编	1984. 6
684	人生	路遥著	1982. 11
685	人言可畏	（泰）察·高吉迪著；谦光译	1988. 1
686	日本当代小说选（上）	文洁若编选	1981. 7
687	日本当代小说选（下）	文洁若编选	1981. 7
688	日本短篇推理小说选	辽宁人民出版社编版	1981. 8
689	日本剑侠宫本武藏（第二册）	（日）小山胜清著；岱北译	1985. 1
690	日本剑侠宫本武藏（第三册）	（日）小山胜清著；岱北译	1985. 1
691	日本剑侠宫本武藏（第四册）	（日）小山胜清著；岱北译	1985. 1
692	日本剑侠宫本武藏（第一册）	（日）小山胜清著；岱北译	1985. 1
693	日本推理小说选	（日）松本清张，森村诚一等著；吴树文，文朴译	1981. 1
694	日程紧迫	刘心武编著	1985. 6
695	“日出”行动计划	（美）托马斯·怀斯曼著；沈红阳译	1981. 11
696	戎马生涯	（苏）格里亚兹诺夫著；朱方等译	1984. 11
697	如梦令	（台湾）萧飒著	1987. 4
698	撒克逊劫后英雄略	（英）司各德著；林纾，魏易译	1981. 11
699	三国演义纵横谈	丘振声著	1983. 1
700	三国志故事选译	孔镜清选译	1985. 9
701	三剑侠	单田芳著	1986. 12
702	三刻拍案惊奇	（明）梦觉道人，西湖浪子编；张荣起整理	1987. 4
703	三四郎	（日）夏目漱石著；吴树文译	1983. 1
704	三五九旅南下北返纪实	中国人民解放军乌鲁木齐部队政治部文化部编	1982. 1
705	三侠闹京都	李少霆等著	1985. 6
706	三侠五义	（清）石玉昆著	1980. 6
707	三姊妹	张皖著	1981. 9
708	散文名作欣赏	《散文》月刊编辑室编	1983. 4
709	杀夫	李昂著	1988. 3
710	杀人伞案件	湖北人民出版社编	1980. 7
711	沙堡	（英）艾里斯·默多克著；王家湘译	1985. 3
712	沙汀	张大明著	1984. 1
713	山魂（上卷）	朱春雨著	1984. 4
714	山魂（下卷）	朱春雨著	1984. 4
715	山月恨	王东满著	1984. 6
716	山中有一伙神秘的马帮	逆风，丁雨雨著	1987. 5

（续表）

序　号	题　名	责任者	出版年
717	伤残的树——我的父母和童年（韩素音自传）	董乐山译	1983. 5
718	伤假	（苏）维·康德拉季耶夫著；严永兴译	1984. 11
719	上诉理由	（苏）阿茹科夫等著；王士燮等译	1987. 7
720	蛇女恩仇录	江苏人民出版社编	1981. 1
721	涉过愤怒的河	（日）西村寿行著；杨哲山等译	1982. 2
722	伸向华府的魔爪	（美）阿诺·德博什格拉夫等著	1981. 7
723	深宫风流	（法）安德烈·卡斯特洛著；周锋刚，许文中译	1987. 6
724	深宫孽海	（英）维多利亚·荷特著；沈锦惠译	1983. 1
725	神秘的蜂鸟	（美）李恩·尤利斯著；潘锡绪等译	1981. 11
726	神秘的间谍战——一个间谍的叙述（第四次中东战争的情报斗争）	（埃及）马海尔·阿卜杜勒·哈米德著；张亮等编译	1985. 3
727	神枪镇恶魔（革命传说故事集）	桦木等编	1981. 6
728	神曲	（意）但丁著；王维克译	1980. 1
729	审判前的较量	万国儒等著	1981. 5
730	生活·创作·修养	丁玲著	1981. 1
731	胜利	（苏）亚·恰科夫斯基著；施达译	1982
732	省委第一书记	张俊彪编	1987. 8
733	圣经故事集	（波兰）科西多夫斯基著	1981. 12
734	“圣战者”的覆灭	鲁荻著	1985. 8
735	失去的世界	（英）A. 柯南道尔著	1980. 6
736	失去权利的将军	武剑青著	1982. 11
737	失踪——神秘的百慕大三角区	（美）查尔斯·伯里兹编	1982. 5
738	诗经	阎振益著	1983. 12
739	诗经索引	陈宏天，吕岚编	1984. 3
740	诗经选译	赵浩如选译	1985. 9
741	《诗品》今析	罗仲鼎编著	1983. 5
742	施公案（上）	宝文学书店编	1982. 2
743	施公案（下）	宝文学书店编	1982. 2
744	施公案（中）	宝文学书店编	1982. 2
745	施耐庵的传说	张袁祥，胡永霖整理	1984. 5
746	十里店——中国一个村庄的群众运动	（加）伊莎贝尔·柯鲁克，（英）大卫·柯鲁克著；安强，高建译；燕凌校	1982. 6
747	十年一觉香港梦	阮朗	1981. 8
748	十日谈（选本）	（意）卜伽丘著；方平译	1981. 7
749	十三女性	唐人著	1984. 8
750	十三人故事	（法）巴尔扎克著；袁树任译	1983. 12
751	石点头	（明）天然痴叟著	1985. 4
752	石评梅巽集	屈毓季编	1983. 9
753	时代的眼睛	金凤编著	1983. 8

（续表）

序　号	题　名	责任者	出版年
754	时代的足迹	纪希晨著	1985.3
755	蚀	茅盾著	1981.9
756	食人魔窟（第三部）	（日）森村诚一著	1985.5
757	世纪文学名著杂谈	茅盾	1980.8
758	世界末日之战	（秘鲁）马里奥·巴尔加斯·略萨著；赵德明等译	1983
759	世界小说100篇（西方高校文学系中短篇小说教材）	（美）詹姆斯.H.皮克林编；陈登颐译	1983.12
760	世界中篇名作选（第二集）	白夫编	1982.8
761	世界中篇名作选（第四集）	白夫编	1983.5
762	市长们	万寒著	1985.6
763	手拿蜥蜴的女囚	陈仰民主编	1987
764	守口如瓶的人——理查德·赫尔姆斯和美国情报局	（美）托马斯·鲍尔斯著；黄祖辏等译	1985.5
765	书念处女（拉美著名作家短篇小说集）	赵德明编	1983.11
766	抒情诗的艺术	吴欢章，孙光萱著	1981.5
767	水晶瓶塞	（法）莫里斯·勒布朗著	1981.1
768	水晶塞子	（法）莫里斯·勒布朗著；张直刚译	1987.1
769	说话演讲的艺术	（美）《读者文摘》编；裘果芬，范松鹤等译	1989.3
770	说唐三传	如莲居士编	1987.8
771	说岳通俗演义	钱彬等原著；陈杰改编	1981.7
772	丝绸之路漫记	成一，赵昌春，梁鸣达等	1981.11
773	丝绸之路漫记（甘肃分册）	田恒江，周德广著	1984.8
774	斯大林死之谜	（苏）阿·阿夫托尔哈诺夫著；寒薇译	1981.5
775	斯特朗在中国	李寿葆编	1985.2
776	死囚生还录	张凤雏，张重天著	1982.11
777	死亡陷阱	（苏）尼古拉·列昂诺夫等著；周建军，安克译	1986.1
778	死亡之岛	碧野著	1987.9
779	死屋手记	（俄）陀思妥耶夫斯基著；曾宪溥，王健夫译	1981.12
780	四漆屏	（荷兰）罗伯特·梵·古利克著；陈来元，胡明译	1982.1
781	四世同堂（第二部）	老舍著	1980.1
782	淞隐漫录	王韬著	1983.8
783	嵩山	张国臣等著	1983.4
784	宋宫十八朝演义（上）	李逸侯著	1981.8
785	宋宫十八朝演义（下）	李逸侯著	1981.8
786	宋美龄	陈启文著	1988.7
787	宋诗鉴赏辞典	上海辞书出版社编	1987.12

（续表）

序号	题名	责任者	出版年
788	宋史演义（上）	蔡东藩著	1981.12
789	宋史演义（下）	蔡东藩著	1981.12
790	送上我全部的爱——温莎公爵夫妇私人书简	（英）麦克·布洛克（Michael Bloch）编著；万嘉瑜，袁鹤年译	1988.1
791	苏德间谍战	（波）利奥波德·特雷伯著；远直译	1981.5
792	苏东坡词选	（北宋）苏轼著；于培杰，孙言诚注释	1984.12
793	苏联当代小说选	北京师范大学苏联文学研究所编选	1981.1
794	苏联第一个女大使柯伦泰	（苏）埃·明德林著；赫崇骥，胡汉英译	1984.1
795	隋唐演义（上）	（清）褚人获撰	1984.2
796	隋唐演义（下）	（清）褚人获撰	1984.2
797	他们都是父亲	（苏）佩钦金著	1980.12
798	他们来到巴格达	（英）阿加莎·克里斯蒂著；陆增亚，杜玉兰译	1981.8
799	他们为什么犯罪	北京市公安局调查组编	1981.3
800	台商香港蒙骗记	阮朗著	1981.1
801	台湾中青年作家小说集	中央人民广播电台对台湾广播部编	1981.9
802	太后与狗奴	穆书法	1983.7
803	太空镇上的谋杀案	（美）艾萨克·阿西莫夫著；晓岚译	1981.8
804	太平花	张恨水编著	1989.6
805	太阳黑点	（日）森村诚一著；刘伯青等译	1980.8
806	“泰坦尼克”号奇案——美国惊险科幻小说	（美）克莱夫·库斯勒著；伍江译	1981.4
807	探索集《随想录》（第二集）	巴金著	1981.7
808	探索楼兰之谜	屠国壁等著	1985.8
809	汤姆大伯的小屋	（美）斯陀夫人著；黄继忠译	1982.7
810	唐代传奇选译	施瑛选译	1985.9
811	唐诗故事（第二集）	栗斯编著	1981.8
812	唐诗鉴赏辞典	萧涤非著	1983.12
813	唐诗三百首全译	刘首顺著	1986.8
814	唐诗三百首详析	喻守真编著	1981.8
815	唐诗选析	张燕瑾编著	1981.2
816	唐诗选注（上）	中国社会科学院文学研究所古代文学室唐诗选注小组	1982.7
817	唐诗选注（下）	中国社会科学院文学研究所古代文学室唐诗选注小组	1982.7
818	唐宋词鉴赏辞典（南宋·辽金卷）	上海辞文出版社编	1988.8
819	唐宋词鉴赏辞典（唐·五代·北宋卷）	唐圭璋等编	1988.4
820	唐宋词选	中国社会科学院文学研究所编	1981.1
821	倘若能有明天	（美）西德尼·谢尔顿著；刘晓杰等译	1987.2
822	逃亡者	索英巴勒·朗纳冬格著	1984.7
823	陶铸生命的最后四十三天	徐子芳著	1981.5

（续表）

序　号	题　名	责任者	出版年
824	梼扤闲评	刘文忠校点	1983.9
825	淘金泪	（澳大利亚）戴维·马丁著；李志良译	1984.11
826	特别行动	徐本夫著	1982.8
827	特区的早晨	广东省文联图书编辑部编	1984.12
828	特殊身份的警官	姚自毫，毛一昌著	1981.1
829	啼笑因缘	张恨水著	1981.1
830	天才（上）	（美）德莱塞著；主万，西海译	1982.7
831	天才（下）	（美）德莱塞著；主万，西海译	1982.7
832	天方夜谭	纳川翻译选编	1980.9
833	天方夜谭（续篇）	丁岐江译	1982.2
834	天台山遇仙记——浙江山的传说故事	陈玮君编	1984.1
835	天涯沦落人	唐人著	1982.8
836	天雨花（上）	（清）陶贞怀著；赵景深主编；李平编校	1984.3
837	天雨花（下）	（清）陶贞怀著；赵景深主编；李平编校	1984.8
838	天雨花（中）	（清）陶贞怀著；赵景深主编；李平编校	1984.3
839	天作之合（毛姆短篇小说选）	毛姆著	1983.7
840	田汉——纪念田汉同志诞生八十五周年	中国人民政治协商会议全国委员会文史资料研究委员会编	1985.1
841	甜蜜的生活	（意大利）费利尼等著	1986.12
842	铁草	（美）威廉·肯尼迪著；郭建中，林珍珍译	1987.1
843	铁床	海波著	1985.6
844	铁马风尘	新疆建设兵团农六师政治部编	1983.4
845	铁面人疑案——欧洲历史之谜	（法）吉尔贝·吉尔米诺主编；怀宇译	1985.6
846	铁托自述	（南）佩·达姆扬诺维奇博士等编	1984.1
847	铁血精英	习达元，习达亨编	1987.4
848	通鑑故事选译	徐文选译	1985.9
849	同情的罪	（奥）褚威格著；沉樱译	1982.2
850	偷袭珍珠港前的三百六十五天	（日）实松让著；史人译	1980.1
851	屠格涅夫中短篇小说选	（俄）屠格涅夫著；萧珊，巴金译	1981.8
852	土壤	汪浙成编	1981.12
853	瓦鲁阿家族的玛格丽特	（法）亚历山大·大仲马著	1985.2
854	外国电影剧本丛刊特辑（1）	中国电影出版社	1980.5
855	外国电影剧本丛刊特辑（2）	中国电影出版社	1983.3
856	外国短篇侦探小说	傅惟慈，王嘉岭	1981.6
857	外国文学手册	外国文学手册编写组	1984.3
858	外国中篇小说选（上）	易漱泉	1982.1
859	外国中篇小说选（下）	易漱泉	1982.1
860	挽救	（苏）沙波什尼科娃著；乔立良等译	1987.6
861	晚饭花集	常规著	1985.3

（续表）

序号	题名	责任者	出版年
862	晚晴	于广思编著	1984. 5
863	万花楼杨包狄演义	（清）李雨堂编；古谷校	1986. 1
864	万年春（《一代风流》第五卷）	欧阳山著	1985. 9
865	万首唐人绝句（上）	（明）赵宧光，黄习远编；刘卓英校	1983. 5
866	万首唐人绝句（下）	（明）赵宧光，黄习远编；刘卓英校	1983. 5
867	王后的项链（上）	（法）大仲马著；王振孙，韩沪麟译	1983. 4
868	王后的项链（下）	（法）大仲马著；王振孙，韩沪麟译	1983. 4
869	王郎传奇（上）	云鹤涧客编	1985. 1
870	王子与阿丽黛	唐志凯著	1984. 7
871	往事珍闻录	丁洪章，张建平编著	1986. 9
872	望乡	郑宝娟著	1987. 6
873	危难之间	陈森编	1981. 6
874	危险的海洛因	（法）唐·巴斯梯埃著；沈豪译	1982. 1
875	危险的脑疝	宋家玲著	1985. 3
876	伟人·名士·丑类	胡思升著	1985. 12
877	伪君子及其崇拜者——摘自一个无名氏的回忆录	（俄）陀思妥耶夫斯基著；藏仲伦译	1982. 2
878	伪证	牟国璋著；	1981. 12
879	文心雕龙创作论	王元化编	1984. 2
880	文学辞典	孙家富，张广明著	1983. 4
881	文学的基本原理自学辅导	四川大学中文系“文学概论”课程小组	1984. 8
882	文学概论	易健，王先儒	1984. 2
883	文学概论四十讲	刘书成	1983. 8
884	文学理论	郑国铨	1981. 9
885	文学描写知识	朱世英	1984. 9
886	文学名著选讲	吴伯威	1984. 6
887	文艺创作和知识辞典	《文艺创作和知识辞典》	1987. 12
888	文艺小百科	吴立昌等编	1984. 1
889	我不要当总统——美国企业的改革家艾科卡成功之路	（美）李·艾科卡著；黄怀译	1987. 1
890	我的反间谍生涯	（荷）奥莱斯特·平托校著；姚越秀等译	1981. 11
891	我的故事	（英）格丽褒曼著；曹汤珍译	1983. 5
892	我的生活道路	（苏）捷维凯良著；苏万巨译	1981. 1
893	我们都是龙的传人——来自海峡彼岸的兄弟	中国新闻社	1984. 12
894	我们这一代年轻人	叶辛	1980. 8
895	我所认识的蒋介石	冯玉祥	1980. 1
896	我与李宗仁	李秀文口述；谭明整理	1986. 11
897	我与拿破仑	（德）安娜·沙林格	1983. 9
898	我与徐悲鸿——蒋碧微回忆录	蒋碧微	1986. 8
899	我在埃及的间谍活动	（以色列）沃尔夫冈·洛茨	1985. 1

（续表）

序号	题名	责任者	出版年
900	我在山东十六年	许世友	1981.7
901	沃尔特斯回忆录	（美）弗农·阿·沃尔斯特著；张毓文等译	1982.9
902	乌孜别克族民间故事	苏由译	1983.4
903	无名的裘德	（英）哈代著；张谷若译	1981.9
904	无人区——第一次世界大战的最后一年(1918年)	（美）约翰·托兰著；石益仁译	1984.8
905	无形魔掌	（英）威尔伯·史密斯著；谢显宁，王爱飞等译	1987.5
906	无忧公主	萧逸著	1987.2
907	五代史演义	蔡东藩著	1981.2
908	五凤朝阳刀（第二部）	家文等著	1988.1
909	五凤朝阳刀（新编历史评书）	家文等著	1987.1
910	“五虎”“二狼”就擒记	闻四家，张威著	1987.3
911	五卷书	季羡林译	1981.8
912	五颗红心	谢良著	1983.4
913	五四历史演义	蔷薇园主编	1980.8
914	五一风云——U-2事件内幕	（美）迈克尔·贝斯洛斯著；张玉河译	1986.12
915	武松演义（增订本）	刘操南等编著；	1981.4
916	西藏十年间	郭超人著	1985.3
917	西出阳关（散文集）	广西人民出版社编	1983.6
918	西湖佳话	（清）古吴墨浪子编；邵大成校注	1980.9
919	西江月	李黎著	1980.1
920	西姆农侦探小说选	乐喜智编	1985.3
921	西塞采风录	黄昌俊，周湘云著	1984.8
922	西厢记	杨振雄编	1983.8
923	西洋文学通论	茅盾著	1985.6
924	希腊大亨	（法）皮埃尔·雷伊著；海宁译	1984.12
925	希腊棺材之谜	（美）艾勒里·奎恩著；王敬之译	1980.6
926	希腊罗马神话与传说中的恋爱故事	郑振铎编著	1982.1
927	希腊神话和传说（上）	（德）斯威布著	1984.11
928	希腊神话和传说（下）	（德）斯威布著	1984.11
929	希特勒暗堡	（美）詹姆斯·P.奥唐奈（Jamos P. O'Donnell）著；秦梅等译	1983.1
930	希特勒最后十三天	（苏）麦尔扎诺夫著	1984.9
931	侠义风月传	（清）名教中人著	1980.12
932	先秦寓言选译	赵炜选译	1985.9
933	现身说法	（俄）列夫·托尔斯泰著；林纾，陈家麟译	1981.1
934	乡村	（俄）伊凡·阿列克谢耶维奇·蒲宁著；叶冬心译	1983.3

（续表）

序　号	题　名	责任者	出版年
935	乡土	刘绍堂编	1984. 9
936	香妃	于善浦，董乃强编	1985. 8
937	香港方物志	叶灵凤编著	1985. 12
938	香港女人	陈娟著	1986. 1
939	香港之滨	陈定兴著	1981. 1
940	响箭	蓝毓栋著	1984. 3
941	小城秘事	（法）马克斯·迦罗著；孟鞠如等译	1982. 11
942	小丑之见	（德）海因里希·伯尔著；高年生，张烈材译	1983. 3
943	小将呼延庆	郝艳芳述录；邱连升，宫钦科整理	1984. 8
944	小楼昨夜	钟海城著	1982. 5
945	小说《青春之歌》评析	王永生著	1980. 7
946	小说月报——俄国文学研究（第 12 卷）	茅盾主编	1981. 12
947	小学生古诗选读一百首	黎守廉，陈舟选注	1983. 4
948	斜雨	（苏）克鲁季林等著；石国雄，漓江出版社译	1984. 8
949	心	（日）夏目漱石著；周大勇译	1983. 11
950	心底的呼声——首都新闻单位来信选	夷明等主编；首都新闻学会群众来信学术研究小组编	1985. 4
951	心灵的召唤	（苏）塔马拉·瑟切娃著；李家云，王殿凤等译	1986. 2
952	心上的雪莲	李南山编	1981. 11
953	辛格短篇小说集	（美）辛格著；万紫等译	1980. 9
954	新编简明古典文学辞典	林瀛主编	1989. 6
955	新华春梦（下册）	杨尘因著	1985. 7
956	新疆民间文学（第六集）	新疆人民出版社编	1983. 12
957	新疆民间文学（第四集）	新疆人民出版社编	1982. 1
958	新疆民间文学（第五集）	新疆人民出版社编	1983. 1
959	新疆民间文学（第一集）	新疆人民出版社编	1981. 12
960	新笑话集锦	仇国良，陈淦生编	1985. 1
961	兴唐传（传统评书，二）	陈荫荣讲述；金受申，戴宏森整理	19848
962	兴唐传（传统评书，一）	陈荫荣讲述；金受申，戴宏森整理	1984. 8
963	星光点点——新疆革命斗争故事	谢刚编	1982. 6
964	星火燎原	星火燎原编辑部编	1987. 1
965	星星草（下卷）	凌力著	1980. 1
966	刑警队长	王亚平	1981. 1
967	醒风流	于文藻校	1981. 7
968	醒世恒言	冯梦龙编	1984. 1
969	醒世姻缘传（下）	西周生辑著	1980. 12
970	醒世姻缘传（中）	西周生辑著	1980. 12
971	幸运儿	刘亚舟编	1984. 5

（续表）

序　号	题　名	责任者	出版年
972	熊熊燃烧的岛	（苏）阿·卡赞米夫著；聂刚正译	1983.9
973	徐悲鸿一生	廖静文著	1982.8
974	许世友回忆录	解放军出版社编	1986.9
975	续孽海花	燕谷老人著	1982.1
976	续少西唐演义	黄佩珠，黄佩艳口述；李少岩，范继伟整理	1985.8
977	续侠隐记	（法）大仲马著	1982.9
978	续英烈传	空谷道人编	1986.9
979	喧哗与骚动	（美）威廉·福克纳著；李文俊等译	1984.1
980	悬崖	（美）本杰明·斯坦，赫伯特·斯坦著；林同端，章仁鉴译	1981.9
981	漩流——长江三部曲之一	鄢国培著	1982.6
982	薛刚反唐	刘仙林口述；崔祥等改编	1982.7
983	薛雷扫北	黄佩珠，白佩玉口述；马宝山整理	1986.12
984	薛仁贵征东（上）	刘林仙，黄国详著	1986.12
985	薛仁贵征东（下）	刘林仙，黄国详著	1986.12
986	雪地上的星星	张默云编	1987.3
987	雪落黄河静无声	从维熙著	1984.9
988	血谷（西亚北非短篇小说集）	《世界文学》编辑部编	1981.12
989	血溅津门	张孟良著	1981.6
990	血型AB与O	张石山，聂鑫森等编著	1986.1
991	寻	严泌著	1987.4
992	哑证（纪实中篇小说）	（苏）玛哈苏姆·纳赛布林著	1981.5
993	哑证人	（英）阿加莎·克里斯蒂著；李树宝等译	1981.5
994	亚玛街	（俄）亚·库普林著；蓝英年译	1986.6
995	胭脂井（第五卷 上册）	高阳著	1986.1
996	眼角眉梢都是恨——《爱情心理探索》之一	邹志安编著	1987.9
997	谚语	温端政编	1985.6
998	谚语手册	郑勋烈编	1985.5
999	燕妮·马克思	（苏）波·维诺格拉茨卡娅著；高宁哲，赵德成译	1981.5
1000	燕知草	俞平伯著	1984.4
10001	扬州会	陈荫荣讲述；戴宏森整理	1982.11
1002	杨度外传	田遨著	1984.8
1003	杨贵妃（上）	南宫傅著	1984.12
1004	杨贵妃（下）	南宫傅著	1984.12
1005	杨家将演义	（明）秦淮墨客校订；周华斌，陈宝富校注	1981.2
1006	杨沫小说选	高彬编	1982.11
1007	杨香武三盗九龙杯	郝赫编	1987.12

（续表）

序 号	题 名	责任者	出版年
1008	叶山嘉树（黑岛传治小说选）	（日）叶山嘉树，黑岛传治著	1986. 6
1009	叶挺将军	王春江编著	1985. 9
1010	夜的声	（日）松本清张等著；押川雄孝编；王再清等译	1981. 7
1011	夜深沉	张恨水著	1981. 9
1012	夜生	（日）井上靖著；文洁若译	1980. 1
1013	一代天骄——孙中山传纪（上）	李联海，马庆忠著	1986. 8
1014	一代天骄——孙中山传纪（下）	李联海，马庆忠著	1986. 8
1015	一封未写完的信	兰玉文著	1980. 1
1016	一个官员的堕落	（印尼）杜尔著；康昭译	1985. 7
1017	一个女囚的自述	檀林著	1980. 4
1018	一个女人的沉沦	（法）阿尔封斯·都德著；刘方译	1984. 9
1019	一个女人的遭遇	（印）米尔札·鲁斯瓦著；佘菲克译	1987. 4
1020	一个女人一生中的 24 小时	（奥）斯蒂芳·茨威格著	1981. 1
1021	一个日本人眼中的新旧中国——北京三十五年	（日）山本市朗著	1985. 5
1022	一个神秘世界的见闻	哲中著	1983. 7
1023	一个失踪的人	照日格巴图著	1984. 12
1024	一个香港姑娘在新疆的传奇	夏婕著	1987. 5
1025	一个幸运的姑娘	卢昆，梁骏主编	1985. 2
1026	一个匈牙利富豪	（匈）约卡伊·莫尔著；梅绍武译	1980. 2
1027	一江春水	（俄）И. С. 屠格涅夫	1981. 6
1028	一九八三年中篇小说选（第二辑）	北京人民文学出版社编辑部	1984. 7
1029	一千零一夜（五）	纳训译	1984. 11
1030	一千天——约翰·菲·肯尼迪在白宫	（美）小阿瑟 M. 施莱辛格著	1981. 8
1031	一支出卖的枪	傅惟慈，高慧勤选编	1981. 2
1032	移民	（美）霍华德·法斯特著；邝启漳，彭嘉林译	1981. 11
1033	颐和园长廊画故事集	辛文生编	1983. 12
1034	倚天屠龙记（上）	金庸编	1985. 8
1035	倚天屠龙记（下）	金庸编	1985. 8
1036	忆长征	杨成武著	1982. 5
1037	忆秋白	《忆秋白》编辑小组编	1981. 8
1038	异化问题（上）	陆梅林，程代熙编选	1986. 3
1039	异化问题（下）	陆梅林，程代熙编选	1986. 3
1040	异乡情怀	赵淑侠著	1984. 7
1041	易北河畔的密窟	（苏）亚历山大·纳西波夫著	1980. 4
1042	意大利电影剧本选	中国电影出版社	1980. 6
1043	阴谋在这里发生：一起政治罪行的剖析	（苏）尤里安·谢苗诺夫著；王钊贤等译	1987. 9
1044	隐秘的搏斗	（苏）弗拉基米罗夫，苏斯洛夫著；阎长安译	1986. 1

（续表）

序　号	题　名	责任者	出版年
1045	印典娜	（法）桑·乔治（Sand，G.）著；罗玉君译	1981.12
1046	英烈传	宝文堂书店编	1981.9
1047	英美作家辞典（第一卷）	董守信，王亦兵编著	1987.4
1048	鹰抓王（一）	郑证因著	1988.4
1049	瀛台泣血记	（清）德龄原著；秦瘦鸥译述	1980.1
1050	永别了，武器	（美）厄纳斯特·海明威著；林疑今译	1980.1
1051	永不凋谢的红花	解放军报社编辑出版编	1989.9
1052	永昌演义	李宝忠著	1984.5
1053	勇士	（巴基斯坦）雷伊斯·艾哈迈德·贾弗利著；袁维学译	1981.4
1054	忧愁夫人	（德）赫尔曼·苏德曼著；侯浚吉，侯少雄译	1983.1
1055	游击草	董鲁安编著	1983.3
1056	有朝一日	（美）谢尔登著；天健等译	1986.12
1057	有伤疤的人	（波）E·艾季格伊著	1982.12
1058	渔民宰相铃木善幸	（日）菊池久著；周斌译	1982.5
1059	榆氏一家	（日）北杜夫著	1985.3
1060	与莫斯科决裂	（苏）阿·舍甫琴柯著；王观声等译	1986.1
1061	与拿破仑齐名的女人	（美）海伦·克勒，海伦·伊·怀特著；李珏等译	1987.6
1062	雨果传	（苏）尼·穆拉维耶娃著；王绍明译	1985.3
1063	玉叶冠	高旅编	1984.3
1064	郁达夫文集	广州花城出版社	1982.7
1065	《郁离子》寓言故事选译	鲍延毅著	1983.8
1066	浴血天涯——革命回忆录	马白山著	1984.6
1067	预谋	尚铖著	1984.1
1068	御香缥缈录	（清）德龄原著	1981.2
1069	元明清短篇小说选	薛洪绩，李伟实著	1981.2
1070	元明清诗一百首	陈友琴选注	1982.11
1071	元散曲选注	王季思等编	1981.6
1072	元首的阴影	（墨西哥）马丁·路易斯·古斯曼著；赵德明等译	1984.11
1073	元帅外交家	何晓鲁著	1985.8
1074	原子弹间谍案	（英）哈福德·蒙哥马利·海得著；李家禄等译	1986.3
1075	远巢	赵光鸣著	1984.9
1076	月婵娟	（中国台湾）南宫搏著	1987.2
1077	月朦胧鸟朦胧	（中国台湾）琼瑶著	1985.1
1078	岳飞传（评书 上）	刘兰芳，王印权编	1981.9
1079	岳飞传（评书 下）	刘兰芳，王印权编	1981.9

（续表）

序　号	题　名	责任者	出版年
1080	岳飞传（通俗小说）	钱彩等著；杨世铎删节	1981.4
1081	《阅微草堂笔记》故事选	纪晓岚原著	1981.1
1082	越过海峡的传奇	姜玉玲著	1985.1
1083	云中奇案	（英）阿伽莎·克里斯蒂著	1981.9
1084	在大决战的日子里——毛泽东生活录实	阎长林著；文生整理	1986.1
1085	在华山险峰上	江林编	1984.11
1086	在华使命：一个军事顾问的笔记	（苏）瓦·伊·崔可夫著；万成才译	1980.9
1087	在绿色凉亭的阴影下	（苏）斯克列亚宾著；袁生译	1983.8
1088	在码头上	漓江出版社编	1983.4
1089	在彭总指挥下	陈海涵编	1984.5
1090	在日本十五年	刘德有著	1982.8
1091	在中国当护士的年月（1933—1939年）	（加拿大）琼·尤恩著	1984.6
1092	在中国的土地上：一个“日本八路”的自述	小林青著	1985.8
1093	在最后一节车厢里	（德）莱昂哈德·弗兰克等著；韩世钟等译	1982.9
1094	曾巩集	（宋）曾巩撰；陈杏珍，晁继周校	1984.11
1095	翟秋白选集	《翟秋白选集》编辑组编	1985.6
1096	詹达堡的囚徒	（英）安东尼·霍普著；主力译	1983.5
1097	战斗在大西北	罗元发编	1983.6
1098	战国策故事选译	刘耀林选译	1985.1
1099	战将陈庚	寒风著	1985.8
1100	战旗映天山	乌鲁木齐部队政治部宣传部	1981.3
1101	战争回忆录（第二卷 上）	（法）戴高乐著；北京编译社译	1981.12
1102	战争回忆录（第二卷 下）	（法）戴高乐著；北京编译社译	1981.12
1103	战争回忆录（第三卷 上）	（法）戴高乐著；北京编译社译	1981.1
1104	战争回忆录（第三卷 下）	（法）戴高乐著；北京编译社译	1981.1
1105	战争回忆录（第一卷 上）	（法）戴高乐著；北京编译社译	1981.1
1106	战争回忆录（第一卷 下）	（法）戴高乐著；北京编译社译	1981.1
1107	战争是这样开始的	（苏）巴格拉米杨著	1984.6
1108	战争与回忆（1）	（美）赫尔曼·沃克著	1981
1109	战争与回忆（2）	（美）赫尔曼·沃克著	1981
1110	战争与回忆（3）	（美）赫尔曼·沃克著	1981
1111	战争与回忆（4）	（美）赫尔曼·沃克著	1981
1112	战争中没有女性	（苏）斯阿列克茜叶维契著；吕宁思译	1985.9
1113	张盗	（匈）莫里兹·日格蒙德著	1981.9
1114	张茜	晓植	1987.9
1115	张笑天中篇小说选	张笑天	1984.8
1116	张学思将军	刘永路	1985.12
1117	张作霖演义	成玄著	1984.5

（续表）

序　号	题　名	责任者	出版年
1118	沼泽地上的小屋	（苏）雷斯，拉赫曼诺夫著；北京外国语学院俄语系课外读物组编	1981.2
1119	折光暗语——亚森·罗平的奇遇	（法）莫里斯·勒布朗编	1981.7
1120	这里不是处女地	杨廷玉主编	1987.4
1121	珍贵的纪念	萧三著	1983.3
1122	真假子爵（《遗产继承人》第一部）	（苏）罗 什季利马尔克，瓦 瓦西列夫斯基著；潘安荣译	1984.9
1123	真正的战争	（美）理查德·尼克松著；常铮译	1980.9
1124	枕头底下的眼镜蛇	（苏）罗曼·金著；吴德艺译	1986.1
1125	征服者罗比尔	（法）儒勒凡尔纳著；何友齐译	1985.9
1126	正午梦影	（苏）彼得·普罗库林著；毛树智译	1986
1127	致命的百合花	（意）本威努托·切利尼著；平野译	1986.3
1128	智囊	冯梦龙编	1986.11
1129	智取连环套	李少霆等编	1987.1
1130	中短篇小说选	聂姆编	1983.4
1131	中短篇小说选（一）	（美）斯坦培克著	1983.4
1132	中国当代文学作品选	方谦等选编	1983.6
1133	中国灯谜	杨晓歌编著	1983.11
1134	中国短篇小说选	姚尊中等编	1980.1
1135	中国工人运动的先驱（第三集）	工人出版社编	1984.12
1136	中国工人运动史话（第一集）	史兵编	1985.1
1137	中国古代短篇小说选	顾之京，佟德真编著	1982.7
1138	中国古代寓言故事	张昌编著	1984.1
1139	中国古代寓言选	陈蒲清等编；羊春秋审校	1981.8
1140	中国古典短篇小说	上海文艺出版社编	1980.5
1141	中国古典小说鉴赏辞典	关永礼等编	1989.8
1142	中国黑室——谍海奇遇	（美）亚德利著；郑钧，建东译	1985.5
1143	中国近代爱国者的故事	上海人民出版社编	1982.6
1144	中国历代对联故事选	李佐贤，靳道任选编	1985.12
1145	中国历代荐贤纳贤故事	王全，李楚江编著	1983.11
1146	中国历代奇案精选（上）	李如鸾等编著	1989.1
1147	中国历代奇案精选（下）	李如鸾等编著	1989.1
1148	中国历代作家小传（中册）	湖南师范学院中文系古代文学研究编	1981
1149	中国谜语大全	王仿编	1983.1
1150	中国名胜古迹对联选注	王存汶，王仁清编	1984.1
1151	中国名胜楹联大观	程裕祯，解波编	1987.3
1152	中国神话传说（上）	袁珂著	1984.9
1153	中国神话传说（下）	袁珂著	1984.9
1154	中国通俗小说书目	孙楷第编	1982.12
1155	中国文人传说故事	王一奇编	1985.12
1156	中国文学家大辞典	谭正璧编	1981.3

（续表）

序 号	题 名	责任者	出版年
1157	中国文学史（二）	中国文学院文学研究所，中国文学史编写组编	1983.6
1158	中国文学史（三）	中国文学院文学研究所，中国文学史编写组编	1983.6
1159	中国文学史（四）	中国文学院文学研究所，中国文学史编写组编	1983.6
1160	中国文学史（一）	中国文学院文学研究所，中国文学史编写组编	1982.4
1161	中国文学史名词解释	王成骥等编	1983.12
1162	中国文学之最	李启仁，厚春山编著	1987
1163	中国现代文学简明词典	山东教育出版社编	1984.4
1164	中国现代文学史（三）	唐弢，严家炎主编	1980
1165	中国现代文学史（一）	唐弢主编	1983.6
1166	中国现代文学研究丛刊（第二辑）	中国现代文学研究会，北京出版社编	1982.6
1167	中国现代文学作品选读（上册）	钱谷融主编	1985.1
1168	中国小说史料	孔另境编	1982.12
1169	中国新文艺大系（1976—1982 年短篇小说集 上卷）	唐达成主编	1986.5
1170	中华文史论丛（第三辑）	朱东润等主编	1984.9
1171	中华之光	何黄彪著	1989.1
1172	中洛辛郡的心脏	英瓦尔特·司格特（Walter Scott）章益译	1981.9
1173	中篇历史小说选	吴秀明选编	1983.3
1174	中篇小说选	云南人民出版社编	1980.1
1175	中外文学名著词典	陈安湖	1988.1
1176	中外文学名著简介	徐波，李慧文等编	1980.5
1177	中外谚语分类词典	徐汉华编著	1987.1
1178	中外著名中篇小说选（5）	阎纲等编选	1984.1
1179	忠王李秀成	庐山著	1985.1
1180	骤雨	司马中原著	1988.2
1181	州委书记（上）	（苏）柯切托夫著；孙广英等译	1982.9
1182	州委书记（下）	（苏）柯切托夫著；孙广英等译	1982.9
1183	朱德的故事	窦益山编	1985.8
1184	朱元璋演义（上册）	段少舫讲述；徐雯珍整理	1982.12
1185	朱自清古典文学论文集	朱自清著	1981.7
1186	竺可桢日记（第二册）	人民出版社编	1984.1
1187	逐鹿陕川康	陈少校著	1988.4
1188	抓间谍者	（英）彼得·赖特编；林祥铭译	1987.12

（续表）

序　号	题　名	责任者	出版年
1189	追求	肖容著	1983. 8
1190	追求	陶然著	1984. 9
1191	追求（第二辑）	《追求》编辑部编	1985. 6
1192	追踪“红十月”号潜艇	（美）汤姆·克兰西著；方宝定，张召忠译	1986. 5
1193	姿三四郎	（日）富田常雄著；尚侠，徐冰译	1985. 9
1194	子冈作品选	彭子冈著	1984. 4
1195	紫钗记	汤显祖著	1982
1196	自白——我的日记	杨沫著	1985. 4
1197	自然、生活、哲理——咏物哲理散文选	中国青年出版社编	1985. 2
1198	总统的最后时刻	（苏）亚·恰科夫斯基著；赵顺仁等译	1985. 9
1199	总统府内幕	华文出版社编	1988. 2
1200	总统先生	（危地马拉）阿斯图里亚斯著；黄志良，刘静言译	1980. 2
1201	纵横谈	人民日报文艺部编	1985. 1
1202	走向决定性的时刻	（英）阿加莎．克里斯蒂著；斯韧译，刘利圭校	1981. 6
1203	族长的没落	（哥伦比亚）加夫列尔·加西亚·马尔克斯著；尹信译	1985. 7
1204	最后的一百天	（美）约翰·北兰著	1984. 6
1205	罪与罚	（苏）陀思妥耶夫斯基著	1982. 1
1206	左传故事选译	施瑛选译	1985. 9
1207	左权将军传	张重天著	1986. 7

（6）1990—1999 年

序　号	题　名	责任者	出版年
1	1990 台湾“总统”选举内幕	岳生等著	1991. 5
2	阿拉伯 007——打入以色列二十年	（埃及）萨利赫·麦尔西著；丁寒译	1992. 1
3	白宫揭秘——总统发言人的回忆	（美）拉里·斯皮克斯，罗伯特·帕克著；施鲁佳，赵子健译	1991. 7
4	被绑架的导弹之父（上）	张西庆编	1991. 7
5	被绑架的导弹之父（下）	张西庆编	1991. 7
6	大漠深处——中国原子弹秘闻录	（美）刘易斯等著；王德禄等译	1990
7	大灾难	陈东耀劲编	1993. 7
8	奠边情仇	黄华著	1990. 2
9	彷徨	鲁迅著	1990. 12
10	感情离异——名人爱情的波折	祁英等编	1991. 2
11	古典文学鉴赏论	刘衍文著	1991. 8
12	国际诈骗犯在中国	柯兴编著	1991. 7

（续表）

序 号	题 名	责任者	出版年
13	欢乐磨坊的舞女	(比利时) G. 西默农著；何翠译	1991. 1
14	克里姆林宫的“红衣主教”	(美) 汤姆·克兰西 (Tom Clancy) 著；赵明杰，赵有民译	1990. 1
15	来自大洋彼岸的报告：一对学者在美国的见闻	查良镒，周重范著	1991. 5
16	梅格雷与疯子	(比利时) 乔治·西默农著	1997
17	女演员之死	(苏) 邦达列夫著；翁文达，张继馨译	1992. 4
18	骗局中的骗局	(比利时) G. 西默农著；晓渝译	1991. 1
19	侵华日俘大遣返	梅桑榆著	1991. 8
20	人世沉浮录（时永福纪实作品集）	沉思著	1991. 6
21	三人行——鲁迅与许广平、朱安	曾智中著	1990. 9
22	山帅	吴振录，邱恒聪著	1992. 6
23	十万个信不信	秦广彰，钟世臣编	1992. 7
24	书之恋	苏浙生著	1991. 3
25	斯大林的一家	(苏) 亚历山大·科列斯尼克著；乔汝琪译	1991. 12
26	唐山地震奇事录	王绍玉，马春勤编著	1991. 7
27	晚间新闻	(加拿大) 阿瑟·黑利著；琳琳等译	1990. 1
28	王朔谐趣小说选	王朔著	1990. 3
29	血缘	周鹤等编	1990. 12
30	杨家将演义	(明) 秦淮墨客校订；周华斌，陈宝富校注	1992. 6
31	野草	鲁迅著	1990. 12
32	在五角大楼关键的七年	(美) 卡斯珀·温伯格著；军事科学院外国军事研究部译	1991. 1
33	中国科学家之爱	张国坤编	1992. 7
34	中外演讲名篇赏析	刘德强主编	1990. 4

J 艺　术

本部分共收编艺术类图书书目300条。其中，收编1949年以前出版的该类图书书目1条，1950—1959年110条，1960—1969年64条，1970—1979年78条，1980—1989年44条，1990—1999年3条。具体目录如下。

（1）1949年以前

序　号	题　名	责任者	出版年
1	上海十年歌曲选	中国音乐家协会上海分会编	1949

（2）1950—1959年

序　号	题　名	责任者	出版年
1	1958年中国民歌运动	天鹰著	1959.11
2	1956年广播歌选选集	上海人民广播电台编	1957
3	暗室技术	达军著	1958.7
4	百花图谱	北京中国画院花鸟组编绘	1959.8
5	北京剪纸集	北京群众艺术馆编	1959.11
6	表演山东快书的经验	高元钧等著；中央群众艺术馆编	1959.7
7	大跃进的产儿——首都新建筑介绍	北京建筑工程出版社编	1959.1
8	得奖广播歌曲集（第二集）	中央人民广播电台音乐广播编辑部	1959.7
9	德意志歌曲集	廖乃雄编选译配	1959.1
10	电影放映机应用知识	胡祝海著	1956.2
11	电影新歌选	中国电影出版社编	1957.6
12	动物画参考	沈影泉，沈自强编绘	1957.7
13	二胡曲集（1）	音乐出版社编辑部编	1959.1
14	翻摄基本技术	石林著	1959.1
15	费晓楼传神佳品	黄涌泉，孙元超著	1959.9
16	丰富多彩的匈牙利邮票	奚丁乙编	1959.11
17	高速摄影学	（英）G. A. 琼斯著；盛尔镇译	1958.7
18	歌唱祖国（简谱版）	中国音乐家协会编	1959.1
19	古画品录——续画品录 标点注译	（南北朝）谢赫等撰；王伯敏标点注释	1959
20	关广志	关广志	1959.9
21	关于艺术的技巧	茅盾，老舍等著	1959.9
22	广东音乐曲集（第一集）	中国音乐家协会广州分会编	1959.5
23	汉俄对照苏联歌曲集	上海文艺出版社编	1958.7

（续表）

序　号	题　名	责任者	出版年
24	汉字快写法	黄若舟著	1959.8
25	和平鸽图案集	贺宗循编选	1959
26	红外线摄影	（苏）索洛维也夫著；李鹏，谷昌照译	1959.6
27	“火焰驹”选曲（秦腔）	峥嵘，生彦整理	1958.12
28	基本乐理	（苏）伊柳兴著；陈登颐译	1959.6
29	基础图案画法	李贤编著	1959.12
30	简笔画典	刘莲孙编绘	1959.3
31	简明摄影手册	（苏）B. 普斯科夫著；何泽人，麦振夏译	1958.1
32	简明摄影知识	陈勃等著	1959.1
33	江苏民间音乐选集	中国音乐家协会江苏分会筹委会编	1959.9
34	解放军战士画选	人民美术出版社编	1959.4
35	解放战争时期歌曲选集（第三集）	解放军歌曲编辑部编	1959.11
36	芥舟学画编	沈宗骞述；齐振林著；史怡公标点注译	1959.12
37	克拉甫钦珂木刻选	（苏）克拉甫钦珂	1959.1
38	拉斐尔（西洋画家丛书）	朱龙华著	1959.6
39	罗马尼亚歌曲集（1）	音乐出版社编辑部编	1959.8
40	马克思恩格斯论艺术与共产主义	（德）马克思，恩格斯著；曹葆华译	1959.4
41	毛主席诗词歌曲选	春风文艺出版社编	1959.9
42	梅兰芳舞台生活四十年（第一集）	梅兰芳编	1957.5
43	美术字	杨德康编	1959.3
44	民族乐器广播曲选（第三集）	中央人民广播电台民族管弦乐团编辑	1958.1
45	男声小合唱曲集（第一集）	音乐出版社编辑部编	1959.5
46	农业摄影	（苏）H. Г. 柯利著；吴颂廉，杨逖先译	1956.11
47	农业生产大跃进的领导方法	陕西人民出版社编	1958.5
48	齐白石画法与欣赏	胡佩衡等著	1959.7
49	齐白石研究	力群编	1959.4
50	全国青年美术工作者作品展览会选集	郁风等编	1957
51	群众美术作品选集（河北东鹿）	中央美术学院民族美术研究所编	1958.9
52	山水画技法研究	胡佩衡著	1959.12
53	山水诀 山水论	王维著	1959.12
54	闪光摄影和自制闪光器	夏元鼎著	1958.6
55	上海工人跃进摄影作品评选	上海人民美术出版社编辑	1959.5
56	摄影构图	（苏）德科编；罗幼伦译	1958
57	摄影洗印化学	赤心编	1959
58	摄影应用光学	张印泉编	1959
59	摄影造型基本原则	（民主德国）郡台尔·燕斯著；张琛译	1959
60	摄影照明技术	（英）霍华德·克利克斯著；王慧敏译	1958.11
61	实用彩色摄影	胡致仁主编	1959.4
62	世界歌曲（第三辑）	薛范编	1959.11
63	世界歌曲（第一辑）	薛范编	1959.5

（续表）

序　号	题　名	责任者	出版年
64	手风琴伴奏歌曲集	音乐出版社编辑部编	1959. 5
65	书法学习必读	邓散木著	1958. 11
66	抒情歌曲集	司马林洋编	1959
67	水彩画学习资料	李咏森	1959. 8
68	苏联电影史纲	苏联科学院艺术史研究所编；龚逸霄译	1959. 9
69	苏联歌曲汇编（第二集）	薛范著	1959. 6
70	苏联歌曲汇编（第一集）	薛范著	1959. 4
71	苏联歌曲集（六）	音乐出版社编辑	1959
72	苏联漫画展览会作品选集	人民美术出版社编	1959. 9
73	苏联舞蹈	齐国卿，冯和光著	1956. 4
74	苏联优秀歌曲选（第一集）	（苏）诺维科夫等编；薛范等译配	1959. 8
75	提香（西洋画家丛书）	朱龙华编著	1959. 6
76	图案画初步	陆星辰著	1958. 3
77	晚笑堂画传	（清）胡佩衡选订	1959. 11
78	文物精华（一）	文物精华编辑委员会	1959. 3
79	西北民歌选集	中国音乐家协会西安分会编著	1959. 3
80	相纸的类型与性能——实用摄影知识丛书	虞孝宽著	1959. 6
81	小提琴演奏法	王鹏编著	1955. 2
82	小提琴演奏法	（德）俾托维斯基著；张洪岛译	1959. 8
83	新疆创作歌曲集（第一集）	中国音乐家协会新疆维吾尔自治区分会编	1959. 9
84	新疆民间图案	甄玉祥，谭秉铎著	1959. 8
85	新疆速写	黄胄著	1959
86	新貌（国画新选之二）	亚明著	1959. 6
87	颐和园	北京市颐和园管理处编	1959. 9
88	艺术的理解	吕荧著	1958
89	艺用人体结构解剖	（美）佐治·伯里曼著；润棠译	1959. 12
90	音乐论文集（第一集）	音乐出版社编辑部编	1958
91	音乐生活（第五卷）	音乐生活月刊编委会编	1959. 1
92	云南兄弟民族戏剧概况	云南省文化局戏剧工作室	1959. 9
93	在户外摄影中的滤色镜的应用	（苏）B. B. 德莫霍夫斯基著；刘世一等译	1958. 8
94	怎样布置小暗房	杨子颐著	1959. 1
95	怎样画静物	吴作人编	1954. 4
96	怎样画菊花	北京中国画院花鸟组编绘	1959
97	怎样画马	北京中国画院花鸟组编绘	1959. 12
98	怎样画图案	中央工艺美术学院编	1959. 1
99	怎样画宣传画	夏洪著	1959. 6
100	怎样美化黑板报	心音著	1956. 2
101	怎样学习二胡	黎松泰编著；中国音乐家协会江苏分会筹委会编	1959. 12

（续表）

序　号	题　名	责任者	出版年
102	照相机的结构与性能	上海人民美术出版社编	1959
103	照相平版晒版术	盛毓贤编著	1958. 12
104	浙江省第一届美术展览会作品选集	浙江人民出版社编	1958. 12
105	中国民歌	中国音乐研究所编	1959. 1
106	中国民间音乐讲话	马可著	1959
107	中国音乐、舞蹈、戏曲人民辞典	曹惆生编	1959
108	中国杂技艺术	上海文艺出版社编	1959. 9
109	卓别林传	乔治·萨杜尔著；徐继曾，邵牧君译	1954
110	自我演戏以来（1907—1928 年）	欧阳予倩著	1959. 5

（3）1960—1969 年

序　号	题　名	责任者	出版年
1	1960 年全国职工文艺会演歌曲选（简谱本）	音乐出版社编辑部	1961. 1
2	啊！亲爱的伊犁河（简谱本）	田歌作曲；贾力夫作词	1963. 2
3	白毛女幻想序曲	瞿维曲	1966. 5
4	报头图案参考资料	人民美术出版社编辑室编	1965. 8
5	北京新民歌选	北京出版社编	1960. 2
6	表演唱歌曲集	音乐出版社编辑部编	1962. 11
7	彩色显影	（苏）B. C. 契利佐夫，C. A. 邦迦尔德著；陈兆初等译	1962. 7
8	草书写法	邓散木编	1963. 6
9	德国歌曲集（一）	（德）贝希尔著	1960. 3
10	电影放映机、影片、银幕和放映场所（上册）	王式孟编著	1961. 1
11	电影放映技术经验选编	中国电影发行放映公司编	1960. 4
12	电影歌曲选	中国电影出版社编	1964. 7
13	电影中的革命歌曲选辑	中国电影出版社编辑	1962. 9
14	独唱歌曲集	上海文化出版社编	1964. 5
15	独唱重唱歌曲	中国人民解放军总政治部文化部编	1964. 1
16	钢笔字的写法与练习	沈六峰编	1962. 4
17	歌唱发音不正确的原因及纠正方法	林俊卿著	1960. 1
18	歌曲（1963 年）	北京音乐出版社《歌曲》编辑部编	1963. 1
19	歌曲选（英汉对照）	福建师范学院外语系编	1963. 1
20	革命歌曲大家唱	音乐出版社编辑部编	1964. 4
21	革命歌曲集	中国音乐家协会天津分会编	1964. 2
22	革命歌曲选（第一辑）	中国音乐家协会江苏分会编	1963. 12
23	黑板报报头	上海人民美术出版社编辑	1965. 9
24	花卉画谱	周天民编绘	1963. 9

（续表）

序 号	题 名	责任者	出版年
25	化妆常识	常大年著	1960. 5
26	画蝶参考资料	陈郦编	1963. 7
27	绘画技法初步知识	陕西省群众艺术馆	1963. 8
28	劫夫歌曲选	李劫夫著	1964. 3
29	旅行小暗房设计集	上海人民美术出版社编选	1960. 7
30	毛主席诗词歌曲选集	山东省革命群众艺术馆选编	1967. 12
31	拼音字母美术字体的常识和范例	雷梦柳著	1963. 1
32	色彩学指南	（苏）Н. Г. 鲁金著；李婉贞译	1964. 5
33	摄影中的正确曝光	（美）莫尔根，李斯达著；王慧敏译	1961. 4
34	摄影化学	（苏）К. И. 马尔希列维奇等著；江清，金襄译	1960. 1
35	摄影化学基础	武汉测绘学院化学教研组编	1960
36	实用美术字	杨德康，蓝琛作	1961. 9
37	实用摄影技术讲座	（苏）В. 米古林撰；傅鹤鸣译	1960. 7
38	世界人民歌曲集（第三集）	音乐出版社编辑部编	1961. 12
39	手风琴伴奏歌曲集（3）	音乐出版社编辑部编	1965. 12
40	水彩画技法	李剑晨	1964. 4
41	我怎样画翎毛	张其翼	1963. 2
42	五彩路	陈澈改编	1961. 6
43	“五四”以来电影歌曲选集	中国电影出版社编	1960. 3
44	冼星海传	马可编	1960. 1
45	冼星海歌曲选集	音乐出版社编辑部编	1965. 1
46	冼星海选集	中国音乐家协会编选	1960. 3
47	戏曲切末与舞台装置	王遐举等编著	1960
48	显微照相实用手册	（苏）楚克尔曼著；席聚奎等译	1960. 3
49	新会县展览馆的美术设计	新会县博物馆编	1960
50	新疆创作歌曲集（第二集）	中国音乐家协会新疆维吾尔自治区分会编	1960. 5
51	新疆歌曲选	中国音乐家协会新疆维吾尔自治区分会编	1962. 8
52	新疆维吾尔自治区画集	新疆维吾尔自治区画集编委会编	1962. 3
53	徐兰沅操琴生活（第二集）	北京市戏曲编导委员会编；徐兰沅口述；唐吉记录整理	1960. 3
54	椰林怒火（四场歌舞）	音乐舞蹈史诗《东方红》导演团编	1965. 5
55	业余舞蹈基本训练	中国舞蹈工作者协会编	1961. 11
56	怎样画蔬果草虫	黄若舟编	1960. 3
57	怎样画水粉画	袁运甫编	1963. 7
58	怎样使用曝光表	刘杰东著	1964. 8
59	怎样写美术字	王凤仪编	1964. 7
60	照相机与摄影器材（3）	上海照相机厂编；上海科技编译馆译	1966. 3
61	中国革命歌曲选（上）	北京群众艺术馆编	1964. 3
62	中国民歌	中国音乐研究所编	1960. 3

（续表）

序　号	题　名	责任者	出版年
63	中国摄影艺术选集	中国摄影学会编	1961. 12
64	中华人民共和国成立十周年纪念画册（1949—1959 年）	《中华人民共和国成立十周年纪念画册》编辑委员会编	1960. 3

（4）1970—1979 年

序　号	题　名	责任者	出版年
1	16 毫米电影放映设备（下册）	中国电影公司编	1978. 6
2	报刊美术集	贵州人民出版社编辑	1973. 4
3	报头图案集	上海人民出版社编	1972. 9
4	报头图案美术字	人民美术出版社编	1974. 5
5	彩色摄影	张振亚编	1973. 12
6	彩色摄影配方集	中国图片社编辑	1977. 1
7	彩色照相加工配方集	（日）筐井明著	1974. 9
8	大庆红旗飘万代（歌曲选集）	北京人民音乐出版社编	1974. 2
9	大寨精神赞（组雕）	大寨精神赞（组雕）创作组作	1975. 8
10	动物画技法	（美）赫尔脱格仑编绘	1977. 1
11	动物画资料	刘继卣作	1977. 9
12	二部歌曲写作基础	杨鸿年编著	1977. 5
13	丰收秧歌（二胡曲）	陕西人民广播电台编	1975. 3
14	赋格曲	（美）詹姆斯·希格斯著；唐其竟译	1978. 4
15	歌词写作常识	李忠勇，何福琼著	1978. 2
16	革命歌曲（第一集）	人民音乐出版社编	1975. 4
17	革命歌曲选（汉英对照）	上海人民出版社编；尚怀晓等译配	1973. 12
18	革命歌曲选汇编（第二集）	人民文学出版社编	1973. 8
19	光电微光摄影技术	H. V. 索尔著；王顺德译	1976. 11
20	广东	《广东》画册编辑委员会编辑	1979. 9
21	和声写作基本知识	人民音乐出版社编	1978. 1
22	红军不怕远征难（长征组歌）	人民音乐出版社编	1975. 12
23	红旗颂（中华人民共和国第三届运动会团体操）	人民体育出版社编	1975. 12
24	红小兵歌曲（钢琴伴奏谱）	上海人民出版社编	1973. 9
25	花卉画谱	周天民编绘	1973. 4
26	黄宾虹画语录	王伯敏编	1978. 7
27	黄河大合唱	光未然词；冼星海曲	1975. 1
28	绘画透视知识	陆仰豪等编	1978. 3
29	基础图案技法	浙江美术学院图案教材编写组编	1977. 12
30	激光与全息照相	（美）W. E. 科克著；李崇桂等译	1975. 11
31	建军五十周年歌曲集（上集）	上海人民出版社编	1977. 9
32	井冈山	《井冈山》画册编辑组编	1977. 1

（续表）

序　号	题　名	责任者	出版年
33	毛主席的恩情唱不完（新疆革命歌曲选）	新疆人民出版社编辑	1973. 4
34	毛主席率领我们反潮流（钢琴曲）	田梅配曲	1975. 4
35	毛主席您是我们心中不落的红太阳（歌曲集）	人民音乐出版编辑	1977. 9
36	毛主席诗词（草书帖）	荣宝斋	1977. 11
37	美术资料	上海人民出版社编	1975. 7
38	美术作品介绍（第一辑）	人民美术出版社编辑	1975. 4
39	门采尔素描	（德）门采尔（Adolf Menzel）绘	1978. 5
40	年画选辑	上海人民出版社编	1974. 1
41	平顶山市业余美术书法摄影作品选	平顶山市革命委员会文化局选编	1973. 1
42	秦川新歌（板胡独奏曲）	陕西人民广播电台编	1975. 3
43	人体与绘画	（美）佐治·伯里曼著；润堂译	1974. 4
44	实用美术参考资料（一）新美术字	郭锡能等编	1972. 8
45	收租院	人民美术出版社编	1971. 1
46	书法	上海书画出版社编	1977. 6
47	书法论丛	沈尹默编	1978. 3
48	水中摄影学——理论与实践	（美）L. E. 默顿斯著；张闻迪等译	1979. 2
49	素描花卉	周天民绘	1978. 2
50	唐人摹兰亭序墨迹三种	上海书画出版社编	1973. 9
51	体育刊头集	人民体育出版社编辑	1976. 4
52	天津工农兵摄影作品选	天津人民美术出版社编	1973. 4
53	万里长江横渡	武汉市体育运动委员会《万里长江横渡》画册编辑组编	1977. 11
54	魏碑造字贴（一）	上海市画社编	1977. 4
55	我爱北京天安门	人民音乐出版社编	1975. 3
56	小提琴练习曲 75 首	（法）F. 马扎斯作	1977. 1
57	新疆	新疆画册编委会编	1975. 1
58	新疆革命歌曲选	新疆人民出版社编	1975. 1
59	新疆美术作品选	新疆人民出版社编	1973. 7
60	新疆民歌选	新疆人民出版社编	1973. 9
61	新疆维吾尔建筑装饰图案资料	滕绍文等编	1979. 1
62	新魏书字帖	陈钟咏编	1974. 11
63	艺用人体结构	（美）佐治·伯里曼著；润棠译	1973. 9
64	音乐基础知识	内蒙古师范学院艺术系编	1972. 5
65	印相与放大技术	唐光波等编著	1974. 3
66	枣园春色（笛子独奏曲）	陕西人民广播电台	1975. 3
67	怎样设计黑板报	关树勋编	1976. 3
68	怎样识简谱	纪延文编著	1972. 7
69	怎样识五线谱	刘景春编著	1974. 12
70	怎样写新魏书	《怎样写新魏书》编写组编	1972. 1

（续表）

序号	题名	责任者	出版年
71	怎样正确估计曝光	吴印咸著	1972. 12
72	战地新歌（续集）	国务院文化组革命歌曲征集小组编	1973. 5
73	战地新歌（第三辑）	国务院文化组文艺创作领导小组编	1974. 5
74	战地新歌（第四辑）	《战地新歌》编选小组编	1975. 5
75	战地新歌（第五辑）	《战地新歌》编选小组编	1976. 4
76	照片着色技术	吴壬磷著	1972. 12
77	制图字体	武汉测绘学院地图制图系编	1979. 9
78	自制照相机	海云编著	1974. 8

（5）1980—1989年

序号	题名	责任者	出版年
1	报纸题花汇编	钟知一著	1987. 3
2	碑别字新编	秦公辑著	1985. 7
3	穿着的艺术	国风，陈信义编	1988. 4
4	动物图集	马承祥编绘	1987. 5
5	俄国风景画家列维坦	（苏）C. 普列洛科娃著；孙越生译	1984. 7
6	钢笔书法五体字典	《钢笔书法五体字典》编写组编	1987. 8
7	古代书法家轶事百则	洪丕谟，沈培方著	1984. 2
8	国际流行交际舞	肖苏华编著	1985. 2
9	黑白摄影技术	中国人民大学新闻系编	1981. 1
10	花草图案集	董伯信著	1987. 4
11	简明美术辞典	薛峰，王学林编	1982. 8
12	科技报头图案	赵克绘	1985. 1
13	科技题花	邓禄鑫编	1986. 11
14	美术字集锦	李正元编绘	1983. 5
15	美术字写法	刘业宇编著	1982. 2
16	摄影构图一百例	吴印咸著	1983. 4
17	摄影技术基础	马运增，徐国兴著	1981. 9
18	摄影理论和实践	石少华编	1982. 7
19	摄影美的探索	葛新德著	1984. 7
20	摄影实践与处方	（美）约翰 S. 卡罗尔改编；胡宏伟，戴勇书译	1984. 6
21	摄影问答（2）	一夫编	1981. 5
22	时装编织艺术	张小平编	1987. 7
23	实用集邮辞典	北京市集邮协会编	1986. 6
24	书法论丛	沈尹默编	1984. 1
25	书法字典	王纲编	1982. 8
26	书法字典	上海书店出版社编	1985. 9

（续表）

序 号	题 名	责任者	出版年
27	书画书录解题	黄节署	1982. 11
28	西方裸体艺术鉴赏	左庄伟著	1988. 5
29	现代科技图案选	张博智，杨庆英编绘	1980. 3
30	新疆民间歌曲选（维吾尔族专辑）	新疆维吾尔自治区文化厅，中国音乐家协会新疆分会编	1983. 3
31	新疆民间歌曲选（哈萨克族专辑）	新疆维吾尔自治区文化厅，中国音乐家协会新疆分会编	1982. 8
32	新疆民间歌曲选（柯尔克孜族专辑）	新疆维吾尔自治区文化厅，中国音乐家协会新疆分会编	1982. 9
33	新疆民间歌曲选（蒙古、乌孜别克族专辑）	新疆维吾尔自治区文化厅，中国音乐家协会新疆分会编	1983. 2
34	行草大字典（上）	北京市中国书店	1981. 3
35	行草大字典（下）	北京市中国书店	1981. 3
36	艺术与科学——问题·悖论·探索	（苏）米·贝京著；任光宣译	1987. 6
37	英汉汉英工艺美术、造型艺术词汇	吴达志，张荣生编	1985. 8
38	优秀的农业科教电影创作经验谈	文化部电影局编	1986. 6
39	中国书法工具手册（上）	杨再春编著	1987
40	中国书法工具手册（下）	杨再春编著	1987
41	中国艺术家辞典（第五分册）	北京语言学院《中国艺术家辞典》编委会编	1985. 1
42	中国艺术之最	张国臣编著	1987. 9
43	中外家具图谱	辽宁人民出版社编	1980. 2
44	祖国在我心中	解放军画报社编	1986. 3

（6）1990—1999 年

序 号	题 名	责任者	出版年
1	国内外生活用色制作 300 例	陈美英等编著	1992. 11
2	世界百科标志符号图典	顾作华主编	1991. 12
3	外国美术字欣赏与设计	陈仪根编著	1990. 4

K 历史、地理

本部分共收编历史和地理类图书书目1 637条。其中，收编1949年以前出版的该类图书书目11条，1950—1959年268条，1960—1969年239条，1970—1979年657条，1980—1989年429条，1990—1999年33条。具体目录如下。

（1）1949年以前

序号	题名	责任者	出版年
1	柴达木盆地	宋家泰著	1944.6
2	哈密志	（清）钟方撰	1937
3	南极科学考察论文集（第二集）	国家南极考察委员会编	1894.9
4	青康藏新西人考察史略	徐尔灏著	1945.7
5	绥定县乡土志	（清）萧然奎纂修	1908
6	唯物史观中国史	费明君译	1949.11
7	新疆吐鲁番盆地	董永康著	1943
8	中国古今地名大辞典	臧励和等编	1933.5
9	中国人名大辞典	臧励和等编	1938.3
10	走向世界——近代中国知识分子考察西方的历史	钟叔河主编	1935.5
11	最新中外地名辞典	葛绥成主编	1948.7

（2）1950—1959年

序号	题名	责任者	出版年
1	1905—1907年革命的国际意义	（苏）И.克里沃古兹等著；孟长麟译	1954.7
2	1923年的德国	（苏）M.И.奥尔洛娃著；虎溪译	1959.5
3	阿尔泰边区（苏联大百科全书选译）	陈有信译	1955.5
4	敖德萨英雄城	（苏）鲍里索夫著；陸源译	1955.12
5	八十九种明代传记综合引得	引得编纂处校订	1959.6
6	巴布石金的回忆	（苏）伊凡·瓦西里维契·巴布石金著	1957.9
7	巴黎公社活动家传略	（苏）鲁利耶著；中共中央马恩列斯著作编译局译	1959.12
8	保加利亚人民在第二次世界大战期间争取自由和独立的斗争	（苏）波佐罗金著；张开译	1957
9	北大史学论丛	北京大学历史系编	1958.12
10	北京地方文献联合目录（初编）	北京图书馆，首都图书馆主编	1959
11	北京游览手册	北京出版社编	1959.6

（续表）

序　号	题　名	责任者	出版年
12	北美洲的自然地理	万方祥，彭庆祥编著	1959. 9
13	冰岛人民史话	（冰）埃·奥格尔逊著；何清新译	1959. 8
14	常用外国地名参考资料（汉、俄、英对照）	地图出版社编辑部编	1959. 5
15	朝鲜问题大事纪要（1945—1954 年）	北京世界知识编委会编	1954. 4
16	成吉思汗传	余元盦著	1955. 12
17	初期捻军史论丛	江地著	1959
18	春秋左氏传旧注疏证	（清）刘文淇著；中国科学院历史研究所资料室整理	1959. 5
19	从“巨野教案”到山东义和团	中国史学会济南分会主编；骆承烈编	1959. 1
20	从昆仑到喜马拉雅	白辛著	1959. 1
21	德意志民主共和国在重建中	（德）来比锡大学地理研究组编	1953
22	地理教学参考资料（1959 年 3 月第六辑）	上海教育出版社编辑	1959
23	地理教学丛刊（1959 年第 1 辑）	上海教育出版社编辑	1959. 9
24	地理区划问题研究	（苏）查莫利依编；巴山译	1959
25	地貌学原理（苏联高等学校教学用书）	（苏）邦达楚克著；北京地质学院编辑科译	1954. 1
26	地形学与地形学上的几个问题	（苏）И. С. 舒金等著；韩慕康等译	1957. 1
27	帝国主义的历史地位（第二十一讲）	张鱼著	1956. 9
28	第一次世界大战的起源	（美）悉·布·弗著；于照俭译	1959. 11
29	二十五史补编（一）	二十五史刊行委员会编	1955. 2
30	二十五史补编（二）	二十五史刊行委员会编	1955. 2
31	二十五史补编（三）	二十五史刊行委员会编	1955. 2
32	二十五史补编（四）	二十五史刊行委员会编	1955. 2
33	二十五史补编（五）	二十五史刊行委员会编	1955. 2
34	二十五史补编（六）	二十五史刊行委员会编	1955. 2
35	方志目录	四川省图书馆编	1956. 9
36	非洲列国志	世界知识出版社编辑	1957. 9
37	封建社会发展阶段问题译文集	《历史研究》编辑部编译	1959
38	福斯特自传	（美）威廉·福斯特著；丁明等译	1953. 1
39	甘地自传	（印）甘地著；吴耀宗，杜危译	1959. 1
40	刚果简况	世界知识出版社编辑	1959
41	革命老人徐特立	熊瑾玎著	1959. 11
42	庚子记事	中国科学院历史研究所第三所编	1959. 1
43	古巴	于厚华等著	1959. 7
44	古本竹书纪年辑校订补	范祥雍编	1956. 7
45	古代东方史	（苏）阿·尼·格拉德舍夫斯基著；吉林师范大学历史系翻译室译	1959. 6
46	古代罗马（苏联大百科全书选择）	生活·读书·新知三联书店	1959. 1
47	古代世界史	（苏）米舒林编著；王易今译	1959. 1
48	光辉的青年一代	共青团浙江省委办公室编	1959

（续表）

序　号	题　名	责任者	出版年
49	光辉的五四	中国青年出版社编	1959
50	广州出土汉代陶屋（附陶倉、陶井、陶灶）	广州市文物管理委员会编	1958
51	国内报刊有关地理资料索引（1954 年/1955 年）	中国科学院地理研究所编	1956. 12
52	国内报刊有关地理资料索引（1957 年）	中国科学院地理研究所编	1959
53	国寿录	（清）查继佐著	1959. 12
54	国语选	傅庚生选注	1959. 6
55	海岸地貌	（苏）В. П. 曾科维奇讲；中国科学院地理研究所地貌研究室纪录	1959. 9
56	海边青松	解放军报社编	1959. 8
57	河南地理	郑州师范学院地理系编	1959. 12
58	后汉书集解（二）	王先谦集解	1959. 5
59	后汉书集解（三）	王先谦集解	1959. 5
60	后汉书集解（四）	王先谦集解	1959. 5
61	后汉书集解（五）	王先谦集解	1959. 5
62	后汉书集解（一）	王先谦集解	1959. 5
63	湖南省方志目录	湖南省中山图书馆编	1959. 4
64	怀来新志	怀来新志编辑委员会编	1959. 6
65	患难余生记	邹恩润著	1958
66	黄爵滋奏疏、许乃济奏仪（合刊）	齐思和整理	1959. 11
67	饥饿地理	（巴西）卡斯特罗（J. de. Castro）著；黄秉镛译	1959. 1
68	简明世界近代史	沈鍊之编著	1957. 6
69	简明中国通史	吕振羽	1955. 6
70	近代史论丛	黎澍著	1956. 8
71	近代世界史（上）	（苏）А. В. 叶菲莫夫等著；陈山译	1959. 1
72	近代世界史（下）	（苏）В. М. 赫伏斯托夫等著；陈山译	1959. 1
73	居里夫人传	（法）艾芙·居里著；左明彻译	1957. 9
74	抗日战争时期的中国人民解放军	人民出版社编	1954. 1
75	控诉法西斯——季米特洛夫在莱比锡审讯中的两个发言	（保）Г. 季米特洛夫著；种冲校译	1958. 12
76	李时珍	中国历史小丛书编辑委员会编	1959. 9
77	历代各族传记汇编（第二编，下册）	中央名族学院研究部主编	1959. 2
78	历代人物年里碑传综表	姜亮夫纂定	1959
79	历史（希腊波斯战争史）	（古希腊）希罗多德著	1959
80	历史·史科学（苏联大百科全书选译）	（苏）Б. Д. 格列科夫，Л. В. 捷列普宁著；郭从周译	1955. 1
81	历史研究（上册）	（英）汤因比著；曹未风译	1959. 7
82	梁思永考古论文集	梁思永著；中国科学院考古研究所编	1959. 1
83	两汉与西域关系史	安作璋著	1959. 6

（续表）

序　号	题　名	责任者	出版年
84	论中国历史的几个问题	邓拓著	1959. 11
85	美国简明史	黄绍湘编著	1953. 11
86	美国侵略台湾史	卿汝楫著	1955
87	美国史纲（1492—1870年）	（苏）A. B. 叶菲莫夫著；苏更生译	1957. 11
88	美国史纲（1877—1918年）	（俄）祖波克著；苏更生译	1959. 1
89	美国史略（1877—1918年）	（俄）祖波克著；苏更生译	1959
90	蒙古人民共和国	单树模编著	1955
91	米丘林传	（苏）李森科，巴哈列夫著；周邦立译	1950. 8
92	米丘林传略	（苏）巴哈列夫著；赵毅译	1953. 3
93	明代倭寇考略	陈懋恒著	1957. 8
94	明清史	李洵编著	1956. 6
95	明通鉴（第二册）	（清）夏燮编著	1959. 2
96	明通鉴（第三册）	（清）夏燮编著	1959. 2
97	明通鉴（第四册）	（清）夏燮编著	1959. 2
98	明通鉴（第一册）	（清）夏燮编著	1959. 2
99	拿破仑传	（苏）叶·维·塔尔列著；任田升，陈国雄译	1959. 9
100	内蒙古自治区地理文献目录	赵松乔编著	1959. 7
101	南极洲、南极、南极区域	加雪林等编；王子云译	1955. 2
102	南疆逸史（上）	（清）温睿临著	1959. 11
103	南疆逸史（下）	（清）温睿临著	1959. 11
104	尼赫鲁自传	（印）尼赫鲁著；张宝芳译	1956. 9
105	普通地理学原理（上册）	（苏）卡列斯尼克著；康永銮等译	1956
106	秦会要订补	（清）孙楷编	1959. 6
107	秦末农民战争史略	刘开扬编	1959. 4
108	清代的外交机关	钱实甫编	1959. 7
109	清季英国侵略西藏史	余素著	1959. 8
110	清季重要职官年表	钱实甫编	1959. 12
111	秋瑾史迹	中华书局上海编辑所编	1958. 9
112	人民的英国史	（英）A. L. 莫尔顿著；谢琏造等译	1958. 8
113	人民群众是历史的创造者	舒湘著	1955
114	日本近代史	（日）井上清，铃木正四著；杨辉译，袁庆炎校	1959
115	日本近代史（上）	（日）井上清等著；杨辉译	1959. 12
116	日本近代史（下）	（日）井上清等著；杨辉译	1959. 12
117	日本现代史纲	苏联科学院东方研究所编；何清新译	1959. 1
118	日本资本主义发展史	野吕荣太郎著；吕明等译	1955. 1
119	撒哈拉以南的非洲	（苏）B. A. 马尔丁诺夫等著；方林，水茵译	1959
120	三十三种清代传记综合引得	引得编纂处校订	1959. 12

（续表）

序 号	题 名	责任者	出版年
121	三元里人民抗英斗争史料	广东省文史研究馆编	1959.12
122	山东近代史资料选集	中国史学会济南分会编辑委员会	1959.9
123	社会发展简史	解放社编	1950
124	社会发展简史	解放社编	1953
125	社会历史首先是生产者的历史	艾思奇著；国文学艺术界联合会编	1957
126	社会学说	（英）柯尔（George Douglas Howard Cole）著；李平沤译	1959.9
127	十八世纪末叶的法国资产阶级革命	（苏）曼佛列德著	1955.8
128	十九世纪美国侵华档案史料选辑	朱世嘉编	1956.6
129	十六世纪尼德兰资产阶级革命	（苏）阿．齐斯托兹沃诺夫著；刘立勋译	1959.9
130	十七、十八世纪的欧洲大陆诸国	黎国彬等选著	1958
131	十一至十三世纪蒙古史研究概况	（苏）A. Ю. 雅库博夫斯基著；魏英邦译，周为铮校	1959.7
132	什么是原始社会	徐仑编	1953
133	石匮书后集	（明）张岱著；中华书局上海编辑所编	1959.4
134	史记（第八册）	司马迁等著	1959.9
135	史记（第二册）	司马迁等著	1959.9
136	史记（第九册）	司马迁等著	1959.9
137	史记（第六册）	司马迁等著	1959.9
138	史记（第七册）	司马迁等著	1959.9
139	史记（第三册）	司马迁等著	1959.9
140	史记（第十册）	司马迁等著	1959.9
141	史记（第四册）	司马迁等著	1959.9
142	史记（第五册）	司马迁等著	1959.9
143	史记（第一册）	司马迁等著	1959.9
144	史记选	王伯祥选注	1957.4
145	世界地图集（甲种本）	地图出版社编	1958.11
146	世界分国地图	地图出版社	1953.5
147	世界通史（近代部分 上）	（苏）弗兰米夫主编；文运等译	1959.9
148	世界通史（近代部分 下）	（苏）弗兰米夫主编；文运等译	1959.9
149	世界通史（中古部分）	（苏）弗兰米夫主编；文运等译	1959.9
150	世界主要地图集比较研究资料汇编（第一辑）	中国科学院地理研究所	1959.12
151	斯维尔德洛夫传	（苏）克·集·斯维尔德洛娃著；周彤等译	1958
152	四十七种宋代传记综合引得	燕京大学引得编纂处编	1959.12
153	宋景诗档案史料	国家档案局明清档案馆编	1959.8
154	苏联大百科全书选译——北美独立战争美国内战	（苏）尼基佛罗夫，库兹明著；刘祚昌译	1954.6
155	苏联大百科全书选译——里海	（苏）什略明等著；梁元博，陆英译	1955.7
156	苏联大百科全书选译——伟大的十月社会主义革命	（苏）M. П. 基姆撰；党凤德译	1953.3

（续表）

序　号	题　名	责任者	出版年
157	苏联的历史科学与历史教学（吉谢列夫讲演集）	（苏）吉谢列夫撰；刘泽荣等译；中苏友好协会总会辑	1953. 1
158	苏联画家崔可夫印度写生记	（苏）Ш. 崔可夫著；寒之译	1959. 1
159	苏联近代史	（苏）潘克拉托娃等撰；苏联科学院历史研究所编	1953
160	苏联人民的伟大胜利	（苏）杰包林著；健庄译	1956
161	苏联社会主义民族的形成与发展	（苏）B. K 柯兹洛夫著；清河译	1955. 6
162	苏联史（第二卷第二分册）	（苏）M. B. 涅奇金娜编；关其侗等译	1959. 1
163	苏联史（第二卷第一分册）	（苏）M. B. 涅奇金娜编；刘祚昌等译	1957. 6
164	苏联通史 第一卷	（苏）安·米·潘克拉托娃主编；康·瓦·巴济列维奇等著	1955
165	苏联通史（第二卷）	（苏）安·米·潘克拉托娃主编；康·瓦·巴济列维奇等著	1955
166	苏联通史（第三卷）	（苏）潘克拉托娃主编；巴济列维支等著；张蓉初等译	1954. 9
167	苏联伟大卫国战争（1941—1945 年）	（苏）沃罗彪夫等著；秋江等译	1954. 5
168	隋末农民起义	漆侠著	1958. 8
169	隋书求是	岑仲勉著	1958
170	隋唐史	岑仲勉著	1957
171	台湾地理	吴壮达著	1959. 9
172	台湾自古就是中国的领土	上海人民出版社编	1958. 9
173	太平天国史稿（三十四卷）	罗尔纲编著	1957
174	太平天国文选	罗尔纲编著	1956. 1
175	太平天国资料	中国科学院历史研究所第三所编	1959
176	唐大诏令集	（宋）宋敏求编	1959. 4
177	陶里亚蒂传	（意）马契拉·费拉拉，毛里齐奥·费拉拉著；孙源，古野原译	1957
178	吐鲁番纪行——西北通讯选集（第一辑）	杨克现等著	1952. 12
179	王荆公年谱考略	（清）蔡上翔著	1959. 4
180	威廉·皮克传略	周纯译	1953. 7
181	维吾尔族史料简编（上）	冯家昇等著	1958
182	伟大十月社会主义革命及其国际意义	（苏）伊·伊·明茨著；千山译	1955
183	“五四”爱国运动资料	中国科学院历史研究所第三所近代史资料编辑组编	1959. 4
184	戊戌变法六十周年纪念论文集	中华书局编辑	1959. 4
185	西安名胜古迹介绍	陕西省博物馆编著	1955
186	西伯利亚（自然地理概述）	（苏）米哈伊洛夫著；周坚操译	1958. 12
187	西方名著提要（历史学部分）	（英）汉默顿著；何宁，赖元晋编译	1959. 12
188	西辽史	（苏）布莱资须纳德，E. 撰；梁国东译注	1957. 8
189	西周社会制度问题	岑仲勉著	1957. 1
190	西周与东周	李亚农编著	1956. 11

（续表）

序 号	题 名	责任者	出版年
191	锡良遗稿（第一册）	（清）锡良著；中国科学院历史研究所第三所主编	1959. 1
192	锡良遗稿（第二册）	（清）锡良著；中国科学院历史研究所第三所主编	1959. 1
193	新疆维吾尔自治区的自然条件：论文集	穆尔札也夫，周立三主编；中国科学院新疆综合考察队，苏联科学院地理研究所编	1959. 12
194	匈牙利十月事件中的反革命势力（2）	（匈牙利）匈牙利人民共和国部长会议新闻局编	1957. 1
195	匈牙利十月事件中的反革命势力（3）	（匈牙利）匈牙利人民共和国部长会议新闻局编	1958. 5
196	续资治通鉴（第二册）	（清）毕沅	1958. 3
197	续资治通鉴（第三册）	（清）毕沅	1958. 3
198	续资治通鉴（第四册）	（清）毕沅	1958. 3
199	续资治通鉴（第一册）	（清）毕沅	1958. 3
200	学习社会发展史问题解答（上册）	山东人民出版社编	1951
201	亚洲各国近代史参考地图	王春良编译	1959. 6
202	亚洲各国近代史讲义	王启民等编	1959. 3
203	一百多年来美国是怎样侵略中国的	上海人民出版社编	1958. 12
204	义和团运动	金家瑞	1957. 12
205	印度尼西亚史	（印尼）萨努西·巴尼著；吴世璜译	1959
206	印度支那问题大事纪要	《世界知识》出版社编辑	1954. 4
207	英国社会主义史（上卷）	（德）马克斯，比尔著；何新舜译	1959
208	英国社会主义史（下卷）	（德）马克斯，比尔著；何新舜译	1959
209	永宪录	（清）萧奭著；朱南铣点校	1959. 8
210	原始社会史	（苏）阿·尼·格拉德舍夫斯基著；东北师范大学历史系翻译室译	1959. 3
211	约瑟夫·魏德迈耶——美国社会主义的先驱	（德）卡尔·欧伯曼（Karl Obermann）著；益坚译	1959
212	岳飞抗金史略	何竹淇著	1959
213	云南杂志选辑	中国科学院文史研究室编	1958. 11
214	在劳动中写劳动人民的历史	北京大学历史系	1959. 7
215	赵匡胤传	张家驹著	1959. 11
216	浙江地方志考录	洪焕椿编著	1958. 8
217	中国城市地理资料选辑	开封师范学院地理系，中国科学院河南分院地理研究所资料室编	1959
218	中国的东北	（苏）Э. M. 莫柴也夫著；沈玉昌等译	1959. 7
219	中国的奴隶制与封建制分期问题论文选集	历史研究编辑部	1956. 6
220	中国地理学史	王庸著	1956. 11
221	中国地貌区划（初稿）	中国科学院地理研究所编	1959. 12
222	中国分省地图	地图出版社编	1959. 4
223	中国革命史讲义	中国人民大学，中共党史系中共党史教研室编	1959

（续表）

序　号	题　名	责任者	出版年
224	中国近代简史	彭明著	1951. 6
225	中国近代历史故事	上海人民出版社编	1959. 3
226	中国近代史（上册）	范文澜著	1955. 9
227	中国近代史讲话	汪伯岩编著	1959. 11
228	中国近代史事记	吉林师范大学中国近代史教研室编	1959
229	中国近代史资料选辑	荣孟源重编	1953. 2
230	中国书的故事	刘国钧著	1955. 6
231	中国农民起义论集	立新夏等著	1958. 7
232	中华人民共和国分省精图（普及本）	上海地图出版社编	1955. 5
233	中国人民解放军三十年史话	盛里予著	1959. 7
234	中国人民解放战争和新中国五年简史	廖盖隆编	1955. 9
235	中国上古史纲	王玉哲著	1959. 7
236	中国通与英国外交部	（英）N. A. 伯尔考维茨著；江载华，陈衍译	1959. 1
237	中国现代革命史教学参考提纲	梁寒冰著	1955. 1
238	中国新民主主义革命时期通史（第一卷）	李新等编	1959. 1
239	中国自然区划草案	中国地理杂志编辑部编	1956. 4
240	中国综合自然区划（初稿）	中国科学院自然区划工作委员会编	1959. 12
241	中华帝国对外关系史	（美）马士著；张汇文译	1957. 11
242	中华人民共和国大事记（第3册）	南开大学历史系编	1959. 12
243	中华人民共和国地图集	地图出版社编	1958. 1
244	中世纪史（第一卷）	（苏）科斯敏斯基·斯卡斯，朱庆永等译	1957. 2
245	中亚西亚——自然地理概要	（苏）穆尔札也夫著；郁浩译	1959. 4
246	忠王李秀成自传原稿笺证	罗尔纲著	1957. 11
247	资治通鉴（8）	（宋代）司马光	1957. 1
248	资治通鉴（2）	（宋代）司马光	1957. 1
249	资治通鉴（20）	（宋代）司马光	1957. 1
250	资治通鉴（9）	（宋代）司马光	1957. 1
251	资治通鉴（6）	（宋代）司马光	1957. 1
252	资治通鉴（7）	（宋代）司马光	1957. 1
253	资治通鉴（3）	（宋代）司马光	1957. 1
254	资治通鉴（4）	（宋代）司马光	1957. 1
255	资治通鉴（5）	（宋代）司马光	1957. 1
256	资治通鉴（1）	（宋代）司马光	1957. 1
257	资治通鉴（10）	（宋代）司马光	1957. 1
258	资治通鉴（11）	（宋代）司马光	1957. 1
259	资治通鉴（12）	（宋代）司马光	1957. 1
260	资治通鉴（13）	（宋代）司马光	1957. 1
261	资治通鉴（14）	（宋代）司马光	1957. 1
262	资治通鉴（15）	（宋代）司马光	1957. 1

（续表）

序 号	题 名	责任者	出版年
263	资治通鉴（16）	（宋代）司马光	1957.1
264	资治通鉴（17）	（宋代）司马光	1957.1
265	资治通鉴（18）	（宋代）司马光	1957.1
266	资治通鉴（19）	（宋代）司马光	1957.1
267	自然地理名词	中国科学院编译局编	1954.9
268	自然地理学理论基本问题	（苏）И.М.查别林著；陈传康译	1959

（3）1960—1969年

序 号	题 名	责任者	出版年
1	1905年的反美爱国运动	周明绮编	1962.5
2	1924—1929年的德国	（苏）M.И.奥尔洛娃著；虎溪译	1960.4
3	1941—1945年苏联伟大祖国战争期间苏联部长会议主席同美国总统和英国首相通信集（第二卷）	苏联外交部编；宗伊译	1963.5
4	1960年全国地理学术会议论文选集——自然地理	中国地理学会	1962.11
5	1960年全国地理学术会议论文选集——自然区划	中国地理学会，中国科学院地学部	1962.2
6	阿尔巴尼亚	翟世雄著	1962.11
7	阿尔巴尼亚史纲	（阿尔巴）克利斯托·弗拉舍里著；樊集译	1964.11
8	巴黎公社	刘宗绪编	1962.4
9	巴黎公社会议记录	（苏）热卢博夫斯卡娅编；何清新译	1963.1
10	巴黎公社史	（苏）凯尔任策夫著；中国人民大学编译室译	1961.3
11	巴黎公社史料辑要	（法）A.阿达莫夫编；黎星译	1962.12
12	巴黎和会和凡尔赛和约	杨穆编	1962.4
13	巴拿马运河	方生著	1964.1
14	巴西	丁西著	1960.11
15	波兰自然地理	（波）伦采维奇著；何清新译	1964.5
16	朝鲜壬辰卫国战争	李景温编	1962.12
17	朝鲜“三一”运动	王立达编	1962.4
18	陈洪绶年谱	黄涌泉编著	1960
19	大山郁夫传	（日）北泽新次郎等主编；肖勃译	1963.5
20	德国社会民主党史（4）	（德）弗兰茨·梅林（Franz Mehring）著；青载繁译	1963.9
21	地理集刊（第8号）	中国科学院地理研究所编	1964.12
22	地理集刊（第7号）	中国科学院地理研究所编	1964.8
23	地理集刊（第3号）	中国科学院地理研究所编	1963.9
24	地理集刊（第4号）	中国科学院地理研究所编	1963.7

（续表）

序　号	题　名	责任者	出版年
25	地理教学参考资料（第七辑）	上海教育出版社编辑	1960. 5
26	地理教学参考资料（第三辑）	上海教育出版社编辑	1960. 2
27	地理教学参考资料（第一辑）	上海教育出版社编辑	1960
28	地理学资料（第7期）	中国科学院地理研究所编	1960. 5
29	地球的面貌	张荦编著	1963. 7
30	地球上的居民	布鲁克著；金木译	1964. 8
31	帝国主义	（英）约·阿·霍布森著；纪明译	1960. 4
32	帝国主义侵华史（第一卷）	丁名楠等著	1961. 8
33	第二次世界大战	罗荣渠编	1962. 11
34	第三次国内革命战争	张骏英编著	1964. 6
35	第三次国内革命战争大事月表（1945年7月—1949年10月）	人民出版社	1961. 7
36	钓鱼城史实考察	西南师范学院历史系编	1962. 1
37	俄国农民战争译文集	历史研究编辑部	1960. 1
38	二十史朔闰表（附西历回历）	陈垣著	1962. 7
39	非洲	李汝桑等编著	1961. 9
40	非洲地理	（英）菲慈杰腊著；赵松乔等译	1963. 2
41	菲律宾地理	赵松乔等著	1964. 5
42	革命与反革命的决战（中国人民解放战争简史）	张骏英著	1961. 6
43	古巴	张景哲编	1962. 9
44	故宫史话	单士元编	1962. 7
45	广西历代郡县沿革简编（初稿）	广西僮族自治区农业厅等编	1963. 1
46	广西壮族自治区十万大山地区和西南部综合考察报告	中国科学院华南热带生物资源综合考察队编著	1963. 9
47	海丰农民运动	彭湃著	1960. 3
48	汉书（第八册）	（东汉）班固撰；（唐）颜师古注	1962. 6
49	汉书（第二册）	（东汉）班固撰；（唐）颜师古注	1962. 6
50	汉书（第九册）	（东汉）班固撰；（唐）颜师古注	1962. 6
51	汉书（第六册）	（东汉）班固撰；（唐）颜师古注	1962. 6
52	汉书（第七册）	（东汉）班固撰；（唐）颜师古注	1962. 6
53	汉书（第三册）	（东汉）班固撰；（唐）颜师古注	1962. 6
54	汉书（第十册）	（东汉）班固撰；（唐）颜师古注	1962. 6
55	汉书（第十二册）	（东汉）班固撰；（唐）颜师古注	1962. 6
56	汉书（第十一册）	（东汉）班固撰；（唐）颜师古注	1962. 6
57	汉书（第四册）	（东汉）班固撰；（唐）颜师古注	1962. 6
58	汉书（第五册）	（东汉）班固撰；（唐）颜师古注	1962. 6
59	汉书（第一册）	（东汉）班固撰；（唐）颜师古注	1962. 6
60	河上肇自传（上）	（日）河上肇著；储元熹译	1963. 7
61	河上肇自传（下）	（日）河上肇著；储元熹译	1963. 9

（续表）

序　号	题　名	责任者	出版年
62	黑非洲——西部和中部地理·文化·历史	（法）让·徐雷·卡纳尔（Jean Suref—Canale）著；何钦译	1960.1
63	黑龙江流域及其毗邻地区自然条件	中科院黑龙江流域综合考察队编著	1961.11
64	红军长征在贵州（史料）	遵义会议纪念馆编	1960.6
65	后汉书（第八册）	（宋）范晔撰；（唐）李贤等注	1965.5
66	后汉书（第二册）	（宋）范晔撰；（唐）李贤等注	1965.5
67	后汉书（第九册）	（宋）范晔撰；（唐）李贤等注	1965.5
68	后汉书（第六册）	（宋）范晔撰；（唐）李贤等注	1965.5
69	后汉书（第七册）	（宋）范晔撰；（唐）李贤等注	1965.5
70	后汉书（第三册）	（宋）范晔撰；（唐）李贤等注	1965.5
71	后汉书（第十册）	（宋）范晔撰；（唐）李贤等注	1965.5
72	后汉书（第十二册）	（宋）范晔撰；（唐）李贤等注	1965.5
73	后汉书（第十一册）	（宋）范晔撰；（唐）李贤等注	1965.5
74	后汉书（第四册）	（宋）范晔撰；（唐）李贤等注	1965.5
75	后汉书（第五册）	（宋）范晔撰；（唐）李贤等注	1965.5
76	后汉书（第一册）	（宋）范晔撰；（唐）李贤等注	1965.5
77	胡伯伯	越南外文出版社	1962.8
78	湖南省志（第二卷 地理志）	湖南省志编纂委员会编	1961.3
79	纪念“五四”运动四十周年论文集	上海哲学社会科学学会联合会编	1960.1
80	江山多娇（游记选集）	北京出版社编	1962.9
81	捷克斯洛伐克共和国	董成彬著	1960.4
82	近代东北人民革命运动史（旧民主主义革命时期）	中国科学院吉林省分院历史研究所，吉林师范大学历史系编著	1960.7
83	京师五城坊巷胡同集（京师坊巷志稿）	（明）张爵，（清）朱一新著	1962.3
84	景观概念和景观学的一般问题	（苏）Л.C.贝尔格等著；中山大学地质地理系编译	1964.1
85	拉丁美洲地图	地图出版社编制	1962.9
86	拉丁美洲旅行记	（智）何塞·万徒勒里著；吴名祺译	1960.7
87	老挝	徐成龙编	1962.11
88	李定国纪年	郭影秋编著	1960.5
89	历史故事（第三集）	中央人民广播电台文教科学编辑部编	1963.6
90	林肯传	（苏）彼得洛夫著；蔡丽珊译	1963.3
91	柳宗元	陶剑琴编	1960.3
92	龙岩人民革命斗争回忆录	邓子恢著	1961.9
93	马克思恩格斯和第一批无产阶级革命家	（苏）康捷尔编；杨静远等译	1963.7
94	马克思主义经典作家论历史科学	人民出版社编辑	1964
95	毛主席的好战士——解放军先进人物事迹选	中国青年出版社编	1964.5
96	美国对越南南方的干涉和侵略政策	越南民主共和国外交部编；庄慕求译	1963.9
97	美国人民史（第一卷 殖民地时期）	（美）赫伯特·阿普特克著；全地，淑嘉译	1962.11

（续表）

序　号	题　名	责任者	出版年
98	美国史纲（1477—1918 年）	（苏）阿·符·叶菲莫夫著；苏庚声译	1962. 4
99	美国史纲（1492—1870 年）	（苏）阿·符·叶菲莫夫著；苏庚声译	1962. 4
100	美国史纲（上）	（苏）列·伊·祖波克著；庚声译	1962. 3
101	美国史纲（下）	（苏）列·伊·祖波克著；庚声译	1962. 3
102	内蒙古历史概要	余元庵著	1960
103	南美洲	（苏）哥热夫著；北京师范大学地理系译	1960. 7
104	南美洲地理环境的结构	李春芬编著	1962. 12
105	南诏国内的部族组成和奴隶制度	马长寿著	1961. 7
106	欧洲自然地理	陕西师范大学地理系编著	1961. 11
107	普鲁塔克传记集选	吴于廑译	1962. 4
108	普通自然地理简明教程	（苏）C. B. 卡列斯尼克等著	1961. 7
109	秦汉农民战争史	漆侠等著	1962. 6
110	青藏自然地理资料（地文部分）	徐近之编著	1960. 2
111	全国喀斯特研究会议论文选集	中国科学院地学部主编	1962. 6
112	全国主要期刊有关地理资料索引（1959 年）	中国科学院地理研究所编	1961. 8
113	热水平衡及其在地理环境中的作用问题（第四辑）	中国科学院地理研究所编	1963. 4
114	热水平衡及其在地理环境中的作用问题（第一辑）	中国科学院地理研究所编	1960. 4
115	瑞典史（上）	（瑞典）安德生著；苏公隽译	1963. 1
116	瑞典史（下）	（瑞典）安德生著；苏公隽译	1963. 1
117	沙漠地貌的起源及其研究方法	（苏）Б. А. 费多罗维奇著；陈治平等译	1962. 1
118	陕西自然地理文献索引（1955—1962 年）	聂树人编	1964. 5
119	商周史料考证	丁山遗著	1960. 4
120	上海地方志物产资料汇辑	上海市文物保管委员会编	1961. 3
121	上海近百年革命史话	章回等编	1962. 1
122	少数民族语地名调查和翻译通则（草案）	中华人民共和国国家测绘总局，中国人民解放军总参谋部测绘局制订	1962. 11
123	十九世纪的德国与中国	施丢克尔著；乔松译	1963. 7
124	史前期中国社会研究：“中国原始社会史”补丁本	吕振羽著	1961. 12
125	世界地理（上册）	人民教育出版社编	1960. 8
126	世界地图	中国地图出版社编	1962
127	世界通史资料选辑（下册 近代部分）	蒋相泽主编	1964. 6
128	舒伦堡回忆录——纳粹德国的谍报工作	（德）华特·舒伦堡著	1961. 12
129	宋元方志传记索引	朱士嘉编	1963. 7
130	苏联地理学	（苏）И. П. 格拉西莫夫等著；杨郁华等译	1964. 8
131	苏联地理学会第三次代表大会论文选集	中国科学院地理研究所编	1961. 7
132	苏联自然地理	（苏）斯特罗耶夫著；张智仁译	1960. 5

（续表）

序号	题名	责任者	出版年
133	苏维埃俄国与资本主义世界（1917—1923年）	（苏）伊·伊·明茨主编；张光璐等译	1960.2
134	隋唐五代史纲	韩国磐著	1961.6
135	塔西陀《编年史》选	（意大利）塔西陀著；李雅书译	1964.1
136	台湾历史概述	刘大年等著	1962.12
137	太平洋战争史（第五卷）	日本历史学研究会编；金峰等译	1963.3
138	唐前画家人名辞典	朱铸禹编	1961.12
139	通鉴选	瞿悦园选注	1962.9
140	外国地名手册（补编）	北京地图出版社	1962.1
141	外国地名手册（汉英俄对照）	北京地图出版社	1960.6
142	为书籍的一生	（苏）绥青	1963.7
143	魏晋南北朝隋初唐史（上册）	王仲荦编著	1961.7
144	文史资料选辑（26）	中国人民政治协商会议全国委员会文史资料研究委员会	1962.6
145	文史资料选辑（27）	中国人民政治协商会议全国委员会文史资料研究委员会	1962.8
146	文史资料选辑（28）	中国人民政治协商会议全国委员会文史资料研究委员会	1962.6
147	文史资料选辑（29）	中国人民政治协商会议全国委员会文史资料研究委员会	1962.1
148	文史资料选辑（30）	中国人民政治协商会议全国委员会文史资料研究委员会	1962.9
149	文史资料选辑（31）	中国人民政治协商会议全国委员会文史资料研究委员会	1962.1
150	文史资料选辑（32）	中国人民政治协商会议全国委员会文史资料研究委员会	1962.12
151	文史资料选辑（33）	中国人民政治协商会议全国委员会文史资料研究委员会	1962.12
152	文史资料选辑（34）	中国人民政治协商会议全国委员会文史资料研究委员会	1963.3
153	文史资料选辑（35）	中国人民政治协商会议全国委员会文史资料研究委员会	1963.5
154	文史资料选辑（36）	中国人民政治协商会议全国委员会文史资料研究委员会	1963.6
155	文史资料选辑（37）	中国人民政治协商会议全国委员会文史资料研究委员会	1963.9
156	文史资料选辑（38）	中国人民政治协商会议全国委员会文史资料研究委员会	1963.9
157	文史资料选辑（39）	中国人民政治协商会议全国委员会文史资料研究委员会	1963.11
158	文史资料选辑（40）	中国人民政治协商会议全国委员会文史资料研究委员会	1963.12

（续表）

序　号	题　名	责任者	出版年
159	文史资料选辑（41）	中国人民政治协商会议全国委员会文史资料研究委员会	1963. 12
160	文史资料选辑（42）	中国人民政治协商会议全国委员会文史资料研究委员会	1963. 3
161	文史资料选辑（43）	中国人民政治协商会议全国委员会文史资料研究委员会	1963. 3
162	文史资料选辑（44）	中国人民政治协商会议全国委员会文史资料研究委员会	1963. 3
163	文史资料选辑（45）	中国人民政治协商会议全国委员会文史资料研究委员会	1964. 4
164	文史资料选辑（46）	中国人民政治协商会议全国委员会文史资料研究委员会	1964. 6
165	文史资料选辑（47）	中国人民政治协商会议全国委员会文史资料研究委员会	1964. 7
166	文史资料选辑（48）	中国人民政治协商会议全国委员会文史资料研究委员会	1964. 9
167	文史资料选辑（49）	中国人民政治协商会议全国委员会文史资料研究委员会	1964. 7
168	文史资料选辑（50）	中国人民政治协商会议全国委员会文史资料研究委员会	1964. 1
169	文史资料选辑（51）	中国人民政治协商会议全国委员会文史资料研究委员会	1964. 12
170	文史资料选辑（52）	中国人民政治协商会议全国委员会文史资料研究委员会	1964. 3
171	文史资料选辑（53）	中国人民政治协商会议全国委员会文史资料研究委员会	1964. 3
172	我国的南海诸岛	陈栋康编	1962. 8
173	乌鲁木齐游览手册	新疆人民出版社编	1965. 9
174	“五四”运动话天津	石英，范之麟编著	1961. 4
175	“五四”运动在上海史料选辑	中国科学院上海历史研究所编	1960. 6
176	戊戌变法	章回编	1961. 12
177	西方的没落——对世界历史的透视	（德）奥斯瓦尔德·斯宾格勒著；齐世荣等译	1963. 12
178	西非八国漫记	冯之丹著	1962. 12
179	西欧封建庄园	刘启戈编	1962. 7
180	锡兰简明史（上）	（锡兰）尼古拉斯，帕拉纳维达纳著；李荣熙译	1964. 11
181	锡兰简明史（下）	（锡兰）尼古拉斯，帕拉纳维达纳著；李荣熙译	1964. 11
182	项羽和刘邦	阎应清，王业猷编	1964. 5
183	辛亥革命	吴玉章	1961. 9
184	辛亥革命回忆录（2）	中国人民政治协商会议全国委员会文史资料研究委员会	1962. 6

（续表）

序　号	题　名	责任者	出版年
185	辛亥革命回忆录（3）	中国人民政治协商会议全国委员会文史资料研究委员会	1962. 9
186	辛亥革命回忆录（4）	中国人民政治协商会议全国委员会文史资料研究委员会	1962. 12
187	辛亥革命回忆录（5）	中国人民政治协商会议全国委员会文史资料研究委员会	1963. 2
188	辛亥革命回忆录（6）	中国人民政治协商会议全国委员会文史资料研究委员会	1963. 4
189	辛亥革命五十周年纪念论文集	湖北省哲学社会科学学会联合会	1962. 12
190	新疆兄弟民族习俗简志	刘锡淦编著	1963. 4
191	新中国的考古收获	中国科学院考古研究所编	1961. 12
192	匈牙利无产阶级革命的教训	（匈）库恩著；张光璐译	1962. 5
193	亚洲非洲拉丁美洲地理知识讲演参考资料	湖南省科学技术协会编	1962. 1
194	一八九八——一九一四年的欧洲国际关系	王铁崖，王绳祖选译	1963
195	一八七一年公社史	（法）利沙加勒著；柯新译	1962. 2
196	义和团运动史料丛编（第二辑）	北大历史系中国近现代史教研室编	1964. 5
197	义和团运动史料丛编（第一辑）	北大历史系中国近现代史教研室编	1964. 5
198	印度尼西亚	徐成龙编	1964. 4
199	英使访华录	（英）A. 安德逊著；费振东译	1963. 11
200	战斗的越南（第二集）	世界知识出版社编	1965. 8
201	郑成功收复台湾	张宗洽，方文图编	1962. 1
202	郑和航海图	向达整理	1961. 9
203	中法战争	牟安世著	1960. 4
204	中国档案史参考资料（半殖民地半封建社会时期）	中国人民大学编	1962. 5
205	中国档案史参考资料（奴隶社会和封建社会时期）	中国人民大学编	1962. 9
206	中国档案史参考资料（新民主主义革命和社会主义革命建设时期）	中国人民大学编	1962. 1
207	中国地理学会一九六三年年会论文选集（地貌学）	中国地理学会地貌专业委员会编	1965. 4
208	中国地理学会一九六二年自然区划讨论会论文集	中国地理学会自然地理专业委员会编	1964. 5
209	中国地理学会一九六三年年会论文选集（自然地理学）	中国地理学会自然地理专业委员会编	1965. 12
210	中国地理学会一九六五年地貌学术讨论会文集	中国地理学会地貌专业委员会编	1965. 12
211	中国古代地理学家及旅行家	翟忠义编著	1962. 7
212	中国古代社会研究	郭沫若著	1960. 2
213	中国古代史话（上）	徐兴业编	1964. 8
214	中国古方志考	张国淦编著	1962. 8
215	中国古史的传说时代（增订本）	徐旭生著	1960

（续表）

序　号	题　名	责任者	出版年
216	中国历代书画篆刻家字号索引	商承祚，黄华编	1960. 6
217	中国历史常识（第四册）	吴晗著	1963. 8
218	中国历史常识（第五册）	吴晗著	1963. 9
219	中国历史人物简论（续集）	史苏苑著	1963. 8
220	中国历史三字经	人民教育出版社编	1964. 12
221	中国思想通史（第一卷 下册）	候外庐主编	1960. 4
222	中国通史简编（修订本第二编）	范文澜著	1964. 8
223	中国通史简编（修订本第三编第二册）	范文澜著	1965. 11
224	中国通史简编（修订本第三编第一册）	范文澜著	1965. 11
225	中国通史简编（修订本第一编）	范文澜著	1964. 8
226	中国新民主主义革命时期通史（第二卷）	李新等主编	1962. 7
227	中国新民主主义革命时期通史（第三卷）	李新等主编	1961. 1
228	中国新民主主义革命时期通史（第四卷）	李新等主编	1962. 5
229	中国新民主主义革命时期通史（第一卷）	李新等主编	1962. 7
230	中华人民共和国大事记（第 4 册）	南开大学历史系编	1960. 9
231	中华人民共和国行政区划简册	中华人民共和国内务部编	1963. 5
232	中华人民共和国行政区划简册	中华人民共和国内务部编	1960. 3
233	中华人民共和国行政区划简册	中华人民共和国国务院秘书厅编	1961. 6
234	中华人民共和国行政区划简册	中华人民共和国内务部编	1962. 5
235	中华人民共和国行政区划简册	中华人民共和国内务部民政司编	1964. 4
236	中外历史年表（公元 1919—1957 年）	翦伯赞主编；齐思河等编	1963. 1
237	中外历史年表（公元前 4500—1918 年）	翦伯赞主编；齐思河等编	1962. 2
238	自然地理辞典（地理教学参考书）	（苏）巴尔科夫著；黄宪英等译	1962. 1
239	走向独立自由的非洲	山西日报资料组编	1961. 9

（4）1970—1979 年

序　号	题　名	责任者	出版年
1	1848 年德国革命	华中师范学院历史系编	1975. 5
2	1905 年俄国革命	华东师范学院历史系	1973. 7
3	阿登纳戴高乐论中苏问题	上海人民出版社编	1973. 7
4	阿登纳回忆录（二）	（德）康拉德·阿登纳著	1975. 11
5	阿登纳回忆录（三）	（德）康拉德·阿登纳著	1973. 8
6	阿登纳回忆录（四）	（德）康拉德·阿登纳著	1973. 6
7	阿登纳回忆录（一）	（德）康拉德·阿登纳著	1976. 2
8	阿尔巴尼亚地理	（阿尔巴）阿利·奥斯特雷尼（Ali Ostreni）著；北京外国语学院阿语工农兵学员、教员译	1976. 5

（续表）

序 号	题 名	责任者	出版年
9	阿尔及利亚地理（自然、人文、经济）	（阿尔及利亚）卡迪尔·阿里著；唐裕生等译	1978. 7
10	阿富汗史（第一卷 上册）	（英）珀西·塞克斯著；张家麟译	1972. 5
11	阿富汗史（第一卷 下册）	（英）珀西·塞克斯著；张家麟译	1972. 5
12	阿根廷史纲（上）	（苏）叶尔莫拉耶夫主编；北京编译社译	1972. 12
13	阿根廷史纲（下）	（苏）叶尔莫拉耶夫主编；北京编译社译	1972. 12
14	阿拉伯马格里布史（第一卷 上）	（埃及）萨阿德·扎格卢勒著；上海外国语学院《阿拉伯马格里布史》翻译组译	1975. 9
15	阿拉伯马格里布史（第一卷 下）	（埃及）萨阿德·扎格卢勒著；上海外国语学院《阿拉伯马格里布史》翻译组译	1975. 9
16	阿穆尔边区史	（俄）冈索维奇著；黑龙江省哲学社会科学研究所第三研究室译	1978. 1
17	艾奇逊回忆录	（美）迪安·艾奇逊（Dean Acheson）著；伍协力，上海《国际问题资料》编辑组译	1978. 4
18	爱因斯坦传	（东德）F. 赫尔内克著；杨大伟译	1979. 11
19	澳大利亚地理总论	（美）托马斯·麦克奈特（Thomas L. Mcknight）著；陕西师范大学《澳大利亚地理总论》翻译组译	1977. 8
20	八月革命史（1945 年）	越南外文出版社	1972. 4
21	巴基斯坦简史（第二卷）	（巴）卡比尔著；库雷希主编	1974. 9
22	巴基斯坦简史（第一卷）	（巴）A. H. 达尼著	1974. 8
23	巴枯宁	南开大学历史系编	1972. 9
24	巴黎公社	北京大学国际政治系编	1971. 9
25	巴黎公社公告集	罗新璋编译	1978. 3
26	巴拿马革命史	（苏）哥尼昂斯基著；天津大学外语教研室翻译组等译	1972. 1
27	巴拿马运河	王明中著	1975. 9
28	保加利亚简明地理	（保）迪内夫，米舍夫著；英谱等译	1977. 11
29	鲍尔斯回忆录——我任公职的年代（1941—1969 年）	（美）鲍尔斯（Bowles，C.）著；上海《国际问题资料》编辑组译	1974. 8
30	北非史（第一卷）	（法）夏尔·安德烈·朱利安著；上海新闻出版系统“五·七”干校翻译组译	1973. 3
31	北齐书	（唐）李百药撰	1972. 1
32	北史（第八册）	（唐）李延寿撰	1974. 1
33	北史（第二册）	（唐）李延寿撰	1974. 1
34	北史（第九册）	（唐）李延寿撰	1974. 1
35	北史（第六册）	（唐）李延寿撰	1974. 1
36	北史（第七册）	（唐）李延寿撰	1974. 1
37	北史（第三册）	（唐）李延寿撰	1974. 1
38	北史（第十册）	（唐）李延寿撰	1974. 1
39	北史（第四册）	（唐）李延寿撰	1974. 1

（续表）

序　号	题　名	责任者	出版年
40	北史（第五册）	（唐）李延寿撰	1974. 1
41	北史（第一册）	（唐）李延寿撰	1974. 1
42	北乌苏里边区现状概要及其它	（俄）伊凡·纳达罗夫著	1975. 7
43	北洋军阀统治时期史话（第8册）	陶菊隐著	1978. 5
44	北洋军阀统治时期史话（第2册）	陶菊隐著	1978. 3
45	北洋军阀统治时期史话（第6册）	陶菊隐著	1978. 5
46	北洋军阀统治时期史话（第7册）	陶菊隐著	1978. 5
47	北洋军阀统治时期史话（第3册）	陶菊隐著	1978. 3
48	北洋军阀统治时期史话（第4册）	陶菊隐著	1978. 4
49	北洋军阀统治时期史话（第5册）	陶菊隐著	1978. 4
50	北洋军阀统治时期史话（第1册）	陶菊隐著	1978. 3
51	伯罗奔尼撒战争史	（古希腊）修昔底德著	1978. 8
52	勃列日涅夫传	（西德）米夏埃尔·莫罗佐夫（Michael Morozow）著；张玉书等译	1975. 7
53	曹操小传	中共许昌地委宣传部该书编写组编	1976. 3
54	长征史话	李安葆编	1978. 3
55	赤帜高擎贯始终——忆朱德同志	人民出版社编辑	1979. 1
56	春秋列国形势图	中华地图学社编	1976. 11
57	春秋左传集解（二）	上海人民出版社编	1977. 8
58	春秋左传集解（三）	上海人民出版社编	1977. 8
59	春秋左传集解（四）	上海人民出版社编	1977. 8
60	春秋左传集解（五）	上海人民出版社编	1977. 8
61	春秋左传集解（一）	上海人民出版社编	1977. 8
62	从陈胜吴广到太平天国——中国农民战争史话	上海人民出版社编辑	1972. 12
63	从“五四”启蒙运动到马克思主义的传播	丁守和，殷叙彝著	1979. 4
64	大洋洲地区手册	（美）约翰·亨德森等编	1978. 1
65	大洋洲及太平洋岛屿	地图出版社供稿	1972. 2
66	戴高乐传	（美）布赖恩．克罗译 著	1978. 11
67	德国史（上）	（民主德国）维纳·洛赫著	1976. 9
68	德国史（下）	（民主德国）维纳·洛赫著	1976. 9
69	德国史（中）	（民主德国）维纳·洛赫著	1976. 9
70	地理名词解说	上海市卢湾区教师进修学院	1978. 9
71	地球的外貌	北京师范学院“地球的外貌”编写小组编	1973. 1
72	第二次世界大战后的利比里亚	（苏）瓦·瓦·叶戈罗夫著；上海新闻出版系统“五·七”干校翻译组译	1973. 6
73	第二次世界大战回忆录（第二卷 上）	（英）温斯顿·丘吉尔著；北京编译社译	1975. 8
74	第二次世界大战回忆录（第二卷 下）	（英）温斯顿·丘吉尔著；北京编译社译	1975. 8

（续表）

序 号	题 名	责任者	出版年
75	第二次世界大战回忆录（第六卷 上）	（英）温斯顿·丘吉尔著；福建师范大学外语系翻译组译	1975.7
76	第二次世界大战回忆录（第六卷 下）	（英）温斯顿·丘吉尔著；福建师范大学外语系翻译组译	1975.7
77	第二次世界大战回忆录（第三卷 上）	（英）温斯顿·丘吉尔著；韦凡译	1975.7
78	第二次世界大战回忆录（第三卷 下）	（英）温斯顿·丘吉尔著；韦凡译	1975.9
79	第二次世界大战回忆录（第四卷 上）	（英）温斯顿·丘吉尔著；北京编译社译	1975.1
80	第二次世界大战回忆录（第四卷 下）	（英）温斯顿·丘吉尔著；北京编译社译	1975.1
81	第二次世界大战回忆录（第五卷 上）	（英）温斯顿·丘吉尔著；北京编译社译	1975.7
82	第二次世界大战回忆录（第五卷 下）	（英）温斯顿·丘吉尔著；北京编译社译	1975.7
83	第二次世界大战回忆录（第一卷 上）	（英）温斯顿·丘吉尔著；吴万沈译	1974.12
84	第二次世界大战回忆录（第一卷 下）	（英）温斯顿·丘吉尔著；吴万沈译	1974.12
85	第二次世界大战中的德国海军战略——对四十个问题的答复	（德）卡尔·邓尼茨著	1976.1
86	第二次鸦片战争	中国近代史丛书编写组	1972.9
87	第三帝国的兴亡——纳粹德国史（上）	（美）威廉·夏伊勒著；董乐山等译	1979.8
88	第三帝国的兴亡——纳粹德国史（下）	（美）威廉·夏伊勒著；董乐山等译	1979.8
89	第三帝国的兴亡——纳粹德国史（中）	（美）威廉·夏伊勒著；董乐山等译	1979.8
90	第一国际	张友伦著	1971.12
91	缔造和平（艾森豪威尔回忆录：白宫岁月 下）	（美）德特 D. 艾森豪威尔著	1977.7
92	典型地貌样图选集	测绘科学研究所编	1975.7
93	东汉会要	（宋）徐天麟撰	1978.6
94	东南亚与日本	（日）九山静雄著；石宇译	1974.5
95	读一点世界史	史军编著	1974.1
96	独立的苏丹（上）	（苏丹）迈基·希贝卡著；上海新闻出版系统翻译组译	1973.1
97	独立的苏丹（下）	（苏丹）迈基·希贝卡著；上海新闻出版系统翻译组译	1973.1
98	杜洪亮	新疆非金属矿公司政治部	1978.6
99	杜鲁门回忆录（第二卷）	（美）杜鲁门著；李石译	1974.1
100	杜鲁门回忆录（第一卷）	（美）杜鲁门著；李石译	1974.9
101	多米尼加共和国史	（美）塞尔登·罗德曼著；南开大学《多米尼加共和国史》翻译小组译校	1972.12
102	儒法军事路线斗争史话	吉林大学历史系《史话》编写组	1976.1
103	俄国简史	北京齿轮厂俄国简史编写组	1977.1
104	俄国历史地图集	（英）马丁·吉尔伯特著；任京译	1974.11
105	俄国历史概要（上册）	（苏）波克罗夫斯基	1978.8
106	俄国历史概要（下册）	（苏）波克罗夫斯基	1978.8
107	法国革命史（1789—1814 年）	（法）米涅著；北京编译社译	1977.9
108	法国革命史（第二卷）	（法）马迪厄著；杨人楩译	1973.2

（续表）

序　号	题　名	责任者	出版年
109	法国革命史（第三卷）	（法）马迪厄著；杨人楩译	1973.2
110	法国革命史（上）	（法）马迪厄著；杨人楩译	1973.9
111	法国革命史（下）	（法）马迪厄著；杨人楩译	1973.9
112	法国史（上册）	（法）瑟诺博斯（Charles Seignobos）著；沈炼之译	1972
113	法国史（下册）	（法）瑟诺博斯（Charles Seignobos）著；沈炼之译	1972
114	非洲	地图出版社供稿	1972.2
115	非洲地理资料（第三期）	南京大学地理系非洲经济地理研究室编	1973.12
116	非洲地理资料（第四期）	南京大学地理系非洲经济地理研究室编	1974.8
117	非洲地理资料（第五期）	南京大学地理系非洲经济地理研究室编	1974.12
118	非律宾史稿	广东省第一汽车制配厂工人理论小组等编	1977.4
119	芬兰史（上）	（美）约翰·亨·伍里宁著；武汉大学《芬兰史》翻译组译	1973.9
120	芬兰史（下）	（美）约翰·亨·伍里宁著；武汉大学《芬兰史》翻译组译	1973.9
121	芬兰史（中）	（美）约翰·亨·伍里宁著；武汉大学《芬兰史》翻译组译	1973.9
122	福田纠夫其人	复旦大学历史系日本史组编译	1975.3
123	刚果（布）地理	（法）皮埃尔·韦内提埃著；中国科学院地理研究所法文翻译组译	1976.7
124	工农考古基础知识	吉林大学历史系考古专业河北省文物管理处编	1978.3
125	古代罗马的奴隶起义	易水编	1973.2
126	古代社会（第二册）	（美）路易斯·亨利·摩尔根著；杨东莼，马雍等译	1977.8
127	古代社会（第一册）	（美）路易斯·亨利·摩尔根著；杨东莼，马雍等译	1977.8
128	关岛全史（上）	（美）保罗·卡拉诺等著；广东师范学院《关岛全史》翻译组译	1976.12
129	关岛全史（下）	（美）保罗·卡拉诺等著；广东师范学院《关岛全史》翻译组译	1976.12
130	关岛全史（中）	（美）保罗·卡拉诺等著；广东师范学院《关岛全史》翻译组译	1976.12
131	广州起义	刘政编	1978.11
132	圭亚那地理	（圭亚那）卡明斯著；湖北建筑工业学院外语教研室《圭亚那地理》翻译组译	1977.9
133	郭嘉传注	上海人民出版社编	1975.5
134	哈里·杜鲁门	（美）玛格丽特·杜鲁门著；南京大学历史系近现代英美对外关系研究室译	1976.12
135	汉武帝	北京仪器厂工人理论组编	1976.3
136	汉语拼音《中华人民共和国地图》地名索引	地图出版社编	1974.12

（续表）

序 号	题 名	责任者	出版年
137	黑非洲史（上）	（匈）西克·安德烈（Sik Endre）著；上海新闻出版系统“五·七”干校翻译组译	1973.8
138	黑非洲史（下）	（匈）西克·安德烈（Sik Endre）著；上海新闻出版系统“五·七”干校翻译组译	1973.8
139	黑格尔小传	（苏）阿尔森·古留加（Arsen Gulyga）著；卞伊始，桑植译	1978.1
140	亨利·杰克逊 政治传记	（美）威廉·普罗克诺等著	1976.3
141	虎门抗英斗争	何伯孙	1975.1
142	黄巾起义	罗秉英编著	1974.2
143	回到非洲去（上）	（英）理查德·韦斯特（Richard West）著；上海新闻出版系统“五·七”干校翻译组译	1973.1
144	回到非洲去（下）	（英）理查德·韦斯特（Richard West）著；上海新闻出版系统“五·七”干校翻译组译	1973.1
145	回忆阿登纳	（西德）安纳丽丝·波萍迦（Anneliese Poppinga）著；上海外国语学院德法语系德语组译	1976.7
146	回忆贺龙	中国社科院现代革命史研究室编	1979.12
147	回忆孙中山和廖仲恺	何香凝著	1978.8
148	混乱时期的伊拉克（1930—1941 年）	（苏）米尔斯基著；北京师范大学《伊拉克》翻译小组译	1972.12
149	加纳史	（英）瓦德著；彭家礼译	1972.9
150	甲申三百年祭	郭沫若著	1972.2
151	柬埔寨	魏克明著	1972.9
152	简明地理词典（英华名词对照）	贺布公编	1979.12
153	简明世界史（古代部分）	北京大学历史系《简明世界史》编写组	1978.5
154	简明世界史（近代部分）	北京大学历史系《简明世界史》编写组	1974.1
155	简明世界史（现代部分）	北京大学历史系《简明世界史》编写组	1975.1
156	简明世界史地图（征求意见稿）	北京大学历史系《简明世界史》编写组	1975.12
157	简明中国地理	上海师范大学《简明中国地理》编写组编	1974.9
158	简明中国近代史	张玉春，马振文编	1976.4
159	捷克斯洛伐克地理	（捷）亚罗米尔·德麦克等著	1978.12
160	金史（第八册）	（元）脱脱等撰	1975.7
161	金史（第二册）	（元）脱脱等撰	1975.7
162	金史（第六册）	（元）脱脱等撰	1975.7
163	金史（第七册）	（元）脱脱等撰	1975.7
164	金史（第三册）	（元）脱脱等撰	1975.7
165	金史（第四册）	（元）脱脱等撰	1975.7
166	金史（第五册）	（元）脱脱等撰	1975.7

（续表）

序　号	题　名	责任者	出版年
167	金史（第一册）	（元）脱脱等撰	1975. 7
168	近代史研究（第一辑）	《近代史研究》编辑部编	1979. 1
169	近代史资料（总 36 号）	中国社会科学院近代史研究所近代史资料编辑组编	1978. 8
170	近代史资料（总 37 号）	中国社会科学院近代史研究所近代史资料编辑组编	1978. 8
171	近代史资料（总 39 号）	中国社会科学院近代史研究所近代史资料编辑组编	1979. 3
172	近代中国史稿	《近代中国史稿》编写组编	1976. 12
173	近代中国史话	湖南师范学院《近代中国史话》编写组编	1977. 12
174	晋书（第八册）	（唐）房玄龄等撰	1974. 11
175	晋书（第二册）	（唐）房玄龄等撰	1974. 11
176	晋书（第九册）	（唐）房玄龄等撰	1974. 11
177	晋书（第六册）	（唐）房玄龄等撰	1974. 11
178	晋书（第七册）	（唐）房玄龄等撰	1974. 11
179	晋书（第三册）	（唐）房玄龄等撰	1974. 11
180	晋书（第十册）	（唐）房玄龄等撰	1974. 11
181	晋书（第四册）	（唐）房玄龄等撰	1974. 11
182	晋书（第五册）	（唐）房玄龄等撰	1974. 11
183	晋书（第一册）	（唐）房玄龄等撰	1974. 11
184	晋书人名索引	张忱石编	1977. 12
185	旧唐书	（后晋）刘昫等撰	1975. 5
186	旧五代史（第二册）	（宋）薛居正等撰	1976. 5
187	旧五代史（第六册）	（宋）薛居正等撰	1976. 5
188	旧五代史（第三册）	（宋）薛居正等撰	1976. 5
189	旧五代史（第四册）	（宋）薛居正等撰	1976. 5
190	旧五代史（第五册）	（宋）薛居正等撰	1976. 5
191	旧五代史（第一册）	（宋）薛居正等撰	1976. 5
192	卡塔尔通史	（伊拉克）马・白・西奈著；北京第二外国语学院亚非语系阿拉伯语教研室译	1974. 12
193	卡翁达自传	（赞比亚）卡翁达著；伍群译	1976. 1
194	考古学和科技史（（考古学专刊）	夏鼐著	1979. 4
195	科威特简史	（黎巴嫩）盖德里・盖勒阿吉著；北京大学东语系阿拉伯语教研室译	1973. 7
196	拉丁美洲独立运动中的几个英雄人物	山东师范学院政史系编	1977. 1
197	拉丁美洲及北美洲	地图出版社供稿	1972. 2
198	拉丁美洲游击战运动	（英）理查德・戈特（Richard Gott）著；复旦大学历史系拉丁美洲研究室译	1975. 8
199	老沙皇是欧洲宪兵	北京部队炮兵某部六连理论组，南开大学历史系工农兵学员编	1975. 11
200	李大钊传	《李大钊传》编写组	1979. 4

（续表）

序　号	题　名	责任者	出版年
201	李亚农史论集（下）	上海人民出版社	1978. 11
202	李自成农民起义	智夫成著	1975. 9
203	利比里亚史纲	（苏）伊·阿·霍多什著	1972. 3
204	利比里亚图志	格尼林斯基主编；兰州大学地理系外国地理翻译组译	1975. 12
205	梁书（第二册）	（唐）姚思廉撰	1973. 5
206	梁书（第三册）	（唐）姚思廉撰	1973. 5
207	梁书（第一册）	（唐）姚思廉撰	1973. 5
208	辽史（第二册）	（元）脱脱等撰	1974. 1
209	辽史（第三册）	（元）脱脱等撰	1974. 1
210	辽史（第四册）	（元）脱脱等撰	1974. 1
211	辽史（第五册）	（元）脱脱等撰	1974. 1
212	辽史（第一册）	（元）脱脱等撰	1974. 1
213	柳宗元	山西大学历史系《柳宗元》编写组	1976. 8
214	柳宗元《非国语》评注	吉林师范大学历史系，长春市第一光学仪器厂工人理论组	1976. 7
215	卢森堡大公国史	（比利时）保罗·韦贝尔著	1973. 3
216	罗马尼亚地理	（罗）蒂贝里乌·莫拉里乌等著；延边大学外语教研组译	1975. 8
217	罗马尼亚通史简编（上册）	（罗）米隆·康斯坦丁内斯库等主编；陆象淦，王敏生译	1976. 1
218	罗马尼亚通史简编（下册）	（罗）米隆·康斯坦丁内斯库等主编；陆象淦，王敏生译	1976. 1
219	罗马尼亚通史简编（中册）	（罗）米隆·康斯坦丁内斯库等主编；陆象淦，王敏生译	1976. 1
220	罗马史（下卷）	（古罗马）阿庇安著；谢德风译	1976. 1
221	罗易回忆录（第二册）	（印度）M. N. 罗易著；山东师范学院外文系等译	1978. 2
222	罗易回忆录（第一册）	（印度）M. N. 罗易著；山东师范学院外文系等译	1978. 2
223	马拉维——地理研究	（英）派克，里明顿著；天津师范学院地理系教师译	1978. 1
224	马里	（联邦德国）博伊歇尔特著	1976. 6
225	马斯克林群岛史	（法）奥古斯特·图森著	1977. 3
226	毛里求斯简史	（毛里）厄斯诺·巴伯吉著；梁易译	1973. 1
227	毛泽东同志主办农民运动讲习所	广州农民运动讲习所纪念馆编	1978. 9
228	美国黑人解放运动简史	中国人民解放军五二九七七部队理论组编	1977. 11
229	美国简史	施展著	1972. 11
230	美国近代史纲	（苏）谢沃斯季扬诺夫等编	1977. 9
231	美国历史地理	（美）拉尔夫·亨·布朗著	1973. 11
232	美国内战史	刘祚昌著	1978. 9
233	美国史——从威尔逊到肯尼迪	（法）莫鲁瓦著	1977. 7

（续表）

序号	题名	责任者	出版年
234	美国现代地理	（英）罗伯特·埃斯塔尔著；北京师范大学地理系编	1976.12
235	美利坚共和国的成长（第一卷第二分册）	（美）莫里森等著；南开大学历史系美国史研究室译	1978.1
236	缅怀周总理对文物考古工作的亲切关怀	国家文物局理论组编	1977.8
237	民国人物传——中华民国史资料丛稿（第一卷）	李新等编	1978.8
238	明史（第八册）	（清）张廷玉等撰	1974.4
239	明史（第二册）	（清）张廷玉等撰	1974.4
240	明史（第二十八册）	（清）张廷玉等撰	1974.4
241	明史（第二十册）	（清）张廷玉等撰	1974.4
242	明史（第二十二册）	（清）张廷玉等撰	1974.4
243	明史（第二十六册）	（清）张廷玉等撰	1974.4
244	明史（第二十七册）	（清）张廷玉等撰	1974.4
245	明史（第二十三册）	（清）张廷玉等撰	1974.4
246	明史（第二十四册）	（清）张廷玉等撰	1974.4
247	明史（第二十五册）	（清）张廷玉等撰	1974.4
248	明史（第二十一册）	（清）张廷玉等撰	1974.4
249	明史（第九册）	（清）张廷玉等撰	1974.4
250	明史（第六册）	（清）张廷玉等撰	1974.4
251	明史（第七册）	（清）张廷玉等撰	1974.4
252	明史（第三册）	（清）张廷玉等撰	1974.4
253	明史（第十八册）	（清）张廷玉等撰	1974.4
254	明史（第十册）	（清）张廷玉等撰	1974.4
255	明史（第十二册）	（清）张廷玉等撰	1974.4
256	明史（第十九册）	（清）张廷玉等撰	1974.4
257	明史（第十六册）	（清）张廷玉等撰	1974.4
258	明史（第十七册）	（清）张廷玉等撰	1974.4
259	明史（第十三册）	（清）张廷玉等撰	1974.4
260	明史（第十四册）	（清）张廷玉等撰	1974.4
261	明史（第十五册）	（清）张廷玉等撰	1974.4
262	明史（第十一册）	（清）张廷玉等撰	1974.4
263	明史（第四册）	（清）张廷玉等撰	1974.4
264	明史（第五册）	（清）张廷玉等撰	1974.4
265	明史（第一册）	（清）张廷玉等撰	1974.4
266	明史纪事本末	（清）谷应泰撰	1977.2
267	摩洛哥史（上册）	（法）亨利·康崩著；上海外国语学院法语系翻译组译	1975.6
268	摩洛哥史（下册）	（法）亨利·康崩著；上海外国语学院法语系翻译组译	1975.6
269	莫桑比克	（苏）加·叶·加兰特著；南京大学地理系非洲地理组译	1978.1

（续表）

序　号	题　名	责任者	出版年
270	墨西哥简史	拉牧，华建著	1978.7
271	拿破仑一世传（上卷）	（英）霍兰·罗斯著；北京外国语学院英语系《拿破仑一世传》翻译小组译	1977.1
272	南北朝史话	程应镠编著	1979.1
273	南昌起义资料	中国社会科学院现代革命史研究室编	1979.7
274	南齐书（第二册）	（梁）肖子显撰	1972.1
275	南齐书（第三册）	（梁）肖子显撰	1972.1
276	南齐书（第一册）	（梁）肖子显撰	1972.1
277	南史（第二册）	（唐）李延寿撰	1975.6
278	南史（第六册）	（唐）李延寿撰	1975.6
279	南史（第三册）	（唐）李延寿撰	1975.6
280	南史（第四册）	（唐）李延寿撰	1975.6
281	南史（第五册）	（唐）李延寿撰	1975.6
282	南史（第一册）	（唐）李延寿撰	1975.6
283	尼加拉瓜史	南开大学历史系编译	1976.7
284	尼克松回忆录（上册）	（美）理查德·尼克松著	1978.12
285	尼克松回忆录（下册）	（美）理查德·尼克松著；马兖生等译	1979.3
286	尼日尔史	（尼日尔）埃德蒙·塞雷·德里维埃著；上海师范大学《尼日尔史》翻译组译	1977.6
287	挪威简史（上）	（英）托金·德里著	1973.4
288	挪威简史（下）	（英）托金·德里著	1973.4
289	欧洲	地图出版社供稿	1972.2
290	欧洲简史——拿破仑以后	（美）罗杰·劳伦斯·威廉斯著	1975.5
291	葡萄牙现代史概要	（苏）格·尼·科洛米耶茨著	1973.1
292	普尔热瓦尔斯基传	（俄）尼·弗·杜勃罗文著	1978.1
293	契丹史略	张正明著	1979.8
294	侵略与绥靖——第二次世界大战是怎样打起来的？	谷陵等编	1978.2
295	秦始皇	北京大学历史系中国史专业二七级工农兵学员编	1974.11
296	青年地图册	地图出版社编制	1978.5
297	青年运动回忆录（五四运动专集）	北京大学学运史编写小组编	1979.5
298	清代档案史料丛编（第二辑）	故宫博物院明清档案部编	1978.1
299	清代档案史料丛编（第一辑）	故宫博物院明清档案部编	1978.5
300	清代中叶的白莲教起义	夏家骏著	1974.7
301	清史稿（第八册）	赵尔巽等撰	1976.7
302	清史稿（第二册）	赵尔巽等撰	1976.7
303	清史稿（第二十八册）	赵尔巽等撰	1976.1
304	清史稿（第二十册）	赵尔巽等撰	1976.1
305	清史稿（第二十二册）	赵尔巽等撰	1976.1
306	清史稿（第二十九册）	赵尔巽等撰	1976.1

（续表）

序　号	题　名	责任者	出版年
307	清史稿（第二十六册）	赵尔巽等撰	1976. 1
308	清史稿（第二十七册）	赵尔巽等撰	1976. 1
309	清史稿（第二十三册）	赵尔巽等撰	1976. 1
310	清史稿（第二十四册）	赵尔巽等撰	1976. 1
311	清史稿（第二十五册）	赵尔巽等撰	1976. 1
312	清史稿（第二十一册）	赵尔巽等撰	1976. 1
313	清史稿（第九册）	赵尔巽等撰	1976. 7
314	清史稿（第六册）	赵尔巽等撰	1976. 7
315	清史稿（第七册）	赵尔巽等撰	1976. 7
316	清史稿（第三册）	赵尔巽等撰	1976. 7
317	清史稿（第三十八册）	赵尔巽等撰	1977. 7
318	清史稿（第三十册）	赵尔巽等撰	1976. 12
319	清史稿（第三十二册）	赵尔巽等撰	1977. 2
320	清史稿（第三十九册）	赵尔巽等撰	1977. 2
321	清史稿（第三十六册）	赵尔巽等撰	1977. 2
322	清史稿（第三十七册）	赵尔巽等撰	1977. 7
323	清史稿（第三十三册）	赵尔巽等撰	1977. 2
324	清史稿（第三十四册）	赵尔巽等撰	1977. 2
325	清史稿（第三十五册）	赵尔巽等撰	1977. 2
326	清史稿（第三十一册）	赵尔巽等撰	1977. 2
327	清史稿（第十八册）	赵尔巽等撰	1976. 1
328	清史稿（第十册）	赵尔巽等撰	1976. 7
329	清史稿（第十二册）	赵尔巽等撰	1976. 7
330	清史稿（第十九册）	赵尔巽等撰	1976. 1
331	清史稿（第十六册）	赵尔巽等撰	1976. 7
332	清史稿（第十七册）	赵尔巽等撰	1976. 7
333	清史稿（第十三册）	赵尔巽等撰	1976. 7
334	清史稿（第十四册）	赵尔巽等撰	1976. 7
335	清史稿（第十五册）	赵尔巽等撰	1976. 7
336	清史稿（第十一册）	赵尔巽等撰	1976. 7
337	清史稿（第四册）	赵尔巽等撰	1976. 7
338	清史稿（第四十八册）	赵尔巽等撰	1977. 8
339	清史稿（第四十册）	赵尔巽等撰	1977. 8
340	清史稿（第四十二册）	赵尔巽等撰	1977. 8
341	清史稿（第四十六册）	赵尔巽等撰	1977. 8
342	清史稿（第四十七册）	赵尔巽等撰	1977. 8
343	清史稿（第四十三册）	赵尔巽等撰	1977. 8
344	清史稿（第四十四册）	赵尔巽等撰	1977. 8
345	清史稿（第四十五册）	赵尔巽等撰	1977. 8
346	清史稿（第四十一册）	赵尔巽等撰	1977. 8

（续表）

序　号	题　名	责任者	出版年
347	清史稿（第五册）	赵尔巽等撰	1976.7
348	清史稿（第一册 目录）	赵尔巽等撰	1977.12
349	清史论丛（第一辑）	中国社会科学院历史研究所清史研究室编	1979.8
350	人心中的历史——当代西方历史理论述评	刘昶著	1978.4
351	日本帝国主义对外侵略史料选编（1931—1945年）	复旦大学历史系日本史组编译	1975.3
352	日本简史	辽宁大学哲学研究所编	1978.5
353	日本历史	（日）井上清著；天津市历史研究所译校	1974.1
354	日俄战争	苏俄国家中央档案馆编；吉林省哲学社会科学研究所翻译组译	1976.11
355	日俄战争简史	中国人民解放军37001部队，辽宁大学哲学研究所编	1976.6
356	日俄战争外交史纲（1895—1907年）	（苏）鲍·亚·罗曼诺夫著	1976.4
357	萨达特回忆录——莫斯科同开罗之间的坚冰正在消融	（埃及）萨达特著；辛华译	1978.2
358	萨摩亚史（上）	（日）岩佐嘉亲著；马采译	1974.4
359	三国志（二）	（晋）陈寿撰；裴松之注	1973.1
360	三国志（三）	（晋）陈寿撰；裴松之注	1973.1
361	三国志（四）	（晋）陈寿撰；裴松之注	1973.1
362	三国志（五）	（晋）陈寿撰；裴松之注	1973.1
363	三国志（一）	（晋）陈寿撰；裴松之注	1973.1
364	三木武夫及其政见	（日）芳贺绥等著；复旦大学历史系日本史组编译	1975.4
365	沙俄侵华简史	史达著	1975.5
366	沙俄侵华史	复旦大学历史系《沙俄侵华史》编写组编	1975.12
367	沙俄侵华史（第一卷）	中国科学院近代史研究所编	1976.1
368	沙皇俄国侵略扩张简史	北京大学历史系世界史专业工农兵学员，北京部队炮兵理论学习班编	1976.2
369	沙皇俄国是怎样侵略中国的	戌疆编	1976.1
370	陕西自然地理文献索引（1962—1978年）	聂树人编	1979
371	商鞅变法	杨亮著	1973.11
372	商鞅变法	施祖著	1974.7
373	社会发展简史	北京人民广播电台编辑部编	1977.5
374	社会发展史讲话	北京光学仪器厂等编	1975.12
375	社会发展史问答	上海师范大学中学教学研究组编	1975.2
376	诗经与周代社会研究	孙作云著	1979.12
377	史记人名索引	锺华著	1977.4
378	史记选	司马迁著；人民文学出版社编辑选编	1979.3
379	史林杂识	顾颉刚著	1977.11
380	世界地理（征求意见稿）	北京大学地质地理系《世界地理》编写组编	1977.3

（续表）

序　号	题　名	责任者	出版年
381	世界地名译名手册	辛华编	1976. 1
382	世界地图册	地图出版社编	1972. 2
383	世界地图集	地图出版社编	1972. 12
384	世界古代中世纪史	杭州大学历史系《世界古代中世纪史》编写组	1979. 2
385	世界近代简史（上册）	中国人民解放军五二九一部队等《世界近代简史》编	1976. 6
386	世界近代史（上册）	上海师范大学《世界近代史》编写组	1973. 6
387	世界近代史（下册）	上海师范大学《世界近代史》编写组	1974. 1
388	世界近代史讲话	北京大学历史系 70 级工农兵学员《世界近代史讲话》编写组	1974. 12
389	世界史（上）	（美）J. 海斯穆思等著；中央民族学院研究室译	1975. 1
390	世界史（下）	（美）J. 海斯穆思等著；中央民族学院研究室译	1975. 1
391	世界史（中）	（美）J. 海斯穆思等著；中央民族学院研究室译	1975. 1
392	世界史编年手册（现代部分）	（美）兰格主编；高望之等译	1978. 9
393	世界史话（近代部分）	上海师范大学历史系《世界史话》编写组编	1975. 11
394	世界通史（近代部分 上）	周一良等主编	1972. 7
395	世界通史（近代部分 下）	周一良等主编	1972. 1
396	世界通史（中古部分）	周一良等主编	1972. 11
397	斯威士兰史	（斯）J. S. M. 马特塞布拉著	1978. 8
398	宋史（第一册）	（元）脱脱等撰	1977. 11
399	宋史（第二册）	（元）脱脱等撰	1977. 11
400	宋史（第三册）	（元）脱脱等撰	1977. 11
401	宋史（第四册）	（元）脱脱等撰	1977. 11
402	宋史（第五册）	（元）脱脱等撰	1977. 11
403	宋史（第六册）	（元）脱脱等撰	1977. 11
404	宋史（第七册）	（元）脱脱等撰	1977. 11
405	宋史（第八册）	（元）脱脱等撰	1977. 11
406	宋史（第九册）	（元）脱脱等撰	1977. 11
407	宋史（第一 0 册）	（元）脱脱等撰	1977. 11
408	宋史（第一一册）	（元）脱脱等撰	1977. 11
409	宋史（第一二册）	（元）脱脱等撰	1977. 11
410	宋史（第一三册）	（元）脱脱等撰	1977. 11
411	宋史（第一四册）	（元）脱脱等撰	1977. 11
412	宋史（第一五册）	（元）脱脱等撰	1977. 11
413	宋史（第一六册）	（元）脱脱等撰	1977. 11
414	宋史（第一七册）	（元）脱脱等撰	1977. 11
415	宋史（第一八册）	（元）脱脱等撰	1977. 11

（续表）

序 号	题 名	责任者	出版年
416	宋史（第一九册）	（元）脱脱等撰	1977. 11
417	宋史（第二0册）	（元）脱脱等撰	1977. 11
418	宋史（第二一册）	（元）脱脱等撰	1977. 11
419	宋史（第二二册）	（元）脱脱等撰	1977. 11
420	宋史（第二三册）	（元）脱脱等撰	1977. 11
421	宋史（第二四册）	（元）脱脱等撰	1977. 11
422	宋史（第二五册）	（元）脱脱等撰	1977. 11
423	宋史（第二六册）	（元）脱脱等撰	1977. 11
424	宋史（第二七册）	（元）脱脱等撰	1977. 11
425	宋史（第二八册）	（元）脱脱等撰	1977. 11
426	宋史（第二九册）	（元）脱脱等撰	1977. 11
427	宋史（第三0册）	（元）脱脱等撰	1977. 11
428	宋史（第三一册）	（元）脱脱等撰	1977. 11
429	宋史（第三二册）	（元）脱脱等撰	1977. 11
430	宋史（第三三册）	（元）脱脱等撰	1977. 11
431	宋史（第三四册）	（元）脱脱等撰	1977. 11
432	宋史（第三五册）	（元）脱脱等撰	1977. 11
433	宋史（第三六册）	（元）脱脱等撰	1977. 11
434	宋史（第三七册）	（元）脱脱等撰	1977. 11
435	宋史（第三八册）	（元）脱脱等撰	1977. 11
436	宋史（第三九册）	（元）脱脱等撰	1977. 11
437	宋史（第四0册）	（元）脱脱等撰	1977. 11
438	宋史纪事本末（第二册）	（明）陈邦瞻撰	1977. 5
439	宋史纪事本末（第三册）	（明）陈邦瞻撰	1977. 5
440	宋史纪事本末（第一册）	（明）陈邦瞻撰	1977. 5
441	宋书（第八册）	（梁）沈约撰	1974. 1
442	宋书（第二册）	（梁）沈约撰	1974. 1
443	宋书（第六册）	（梁）沈约撰	1974. 1
444	宋书（第七册）	（梁）沈约撰	1974. 1
445	宋书（第三册）	（梁）沈约撰	1974. 1
446	宋书（第四册）	（梁）沈约撰	1974. 1
447	宋书（第五册）	（梁）沈约撰	1974. 1
448	宋书（第一册）	（梁）沈约撰	1974. 1
449	苏联简史（第二卷 上）	（苏）萨姆索诺夫主编；北京大学俄语系70、71级工农兵学员译	1976. 3
450	苏联简史（第二卷 下）	（苏）萨姆索诺夫主编；北京大学俄语系70、71级工农兵学员译	1976. 3
451	苏联简史（第一卷 上）	（苏）萨姆索诺索夫主编；武汉大学外文系译	1977. 5
452	苏联简史（第一卷 下）	（苏）萨姆索诺索夫主编；武汉大学外文系译	1977. 5

（续表）

序　号	题　名	责任者	出版年
453	苏联远东地区	（美）斯·柯尔比著；上海师范大学地理系译	1976.1
454	苏联自然地理	（苏）Ф.Н. 米尔科夫，Н.А. 格沃兹杰茨基著；秦士勉译	1971
455	隋书（第二册）	（唐）魏徵等撰	1973.8
456	隋书（第六册）	（唐）魏徵等撰	1973.8
457	隋书（第三册）	（唐）魏徵等撰	1973.8
458	隋书（第四册）	（唐）魏徵等撰	1973.8
459	隋书（第五册）	（唐）魏徵等撰	1973.8
460	隋书（第一册）	（唐）魏徵等撰	1973.8
461	隋唐制度渊源略论稿	陈寅恪著	1977.9
462	孙中山传	海法特著；王家鸿译	1978
463	孙中山传	尚明轩著	1979.3
464	索马里地理	（苏）谢尔盖耶娃著；南京大学地理系非洲地理组译	1977.9
465	索马里近代史	（英）刘易斯著；钟槐译	1973.11
466	台湾史话	王云生著	1978.12
467	太平军在河南	王天奖著	1974.9
468	太平天国的反孔斗争	关捷，孙克复编	1975.7
469	太平天国资料汇编（第二册 上）	太平天国历史博物馆编	1979.11
470	太平天国资料汇编（第二册 下）	太平天国历史博物馆编	1979.11
471	谭嗣同	《中国近代史丛书》编写组编	1975.11
472	唐末农民战争	胡如雷著	1979.8
473	唐摭言	（五代）王定保选	1978.5
474	特使——与邱吉尔、斯大林周旋记	（美）威廉·艾夫里尔·哈里曼，伊利·艾贝尔合著；南京大学历史系英美对外关系研究室译	1978.6
475	突尼斯人民民族解放斗争简史	（苏）维·卡·达什克维奇著；上海新闻出版系统“五·七”干校翻译组译	1972.7
476	土耳其地理	（英）杜德内著；北京大学地质地理系经济地理专业译	1975.8
477	外贝加尔边区纪行	（俄）瓦西里·帕尔申著；北京第二外语学院俄语译组	1976.6
478	外贝加尔的哥萨克（第三卷）	（俄）瓦西里耶夫著	1978.2
479	危地马拉历史概况	（美）艾米·伊·詹森（Amy Elizabeth Jensen）著；中国国际旅行社天津分社译	1973.7
480	维利·勃兰特 画像与自画像	（德）克·哈普雷希特编；复旦大学资本主义国家经济研究所译	1976.6
481	维特伯爵回忆录	（俄）谢尔盖·尤利耶维奇·维特著；（美）亚伯拉罕·亚尔	1976.1
482	文化大革命期间出土文物	人民出版社	1972.9

（续表）

序　号	题　名	责任者	出版年
483	文化大革命期间出土文物	文物出版社	1973. 4
484	文莱：历史、经济和现状	（苏）拉·维·叶法诺娃著；中山大学东南亚历史研究室译	1978. 6
485	文史（第六辑）	中华书局编辑部	1979. 6
486	文史资料选辑（1978 年第二辑）	政协上海市委文史资料工作委员会	1979. 2
487	文史资料选辑（1978 年第一辑）	中国人民政治协商会议全国委员会文史资料研究委员会	1978
488	文史资料选辑（56）	中国人民政治协商会议全国委员会文史资料研究委员会	1978. 8
489	文史资料选辑（57）	中国人民政治协商会议全国委员会文史资料研究委员会	1978. 11
490	文史资料选辑（58）	中国人民政治协商会议全国委员会文史资料研究委员会	1979. 1
491	文史资料选辑（59）	中国人民政治协商会议全国委员会文史资料研究委员会	1979. 3
492	文史资料选辑（60）	中国人民政治协商会议全国委员会文史资料研究委员会	1979. 4
493	文史资料选辑（61）	中国人民政治协商会议全国委员会文史资料研究委员会	1979. 4
494	文史资料选辑（62）	中国人民政治协商会议全国委员会文史资料研究委员会	1979. 3
495	文史资料选辑（63）	中国人民政治协商会议全国委员会文史资料研究委员会	1979. 6
496	文史资料选辑（64）	中国人民政治协商会议全国委员会文史资料研究委员会	1979. 7
497	文史资料选辑（65）	中国人民政治协商会议全国委员会文史资料研究委员会	1979. 9
498	文史资料选辑（66）	中国人民政治协商会议全国委员会文史资料研究委员会	1979. 1
499	文史资料选辑（上海解放 30 周年专辑）	中国人民政治协商会议全国委员会文史资料研究委员会	1979. 5
500	文史资料选辑（中）	政协上海市委文史资料工作委员会	1979. 5
501	“五四”爱国运动（上）	中国社会科学院近代史研究所近代史资料编辑组编	1979. 3
502	“五四”爱国运动（下）	中国社会科学院近代史研究所近代史资料编辑组编	1979. 3
503	“五四”时期的历史人物	胡华主编	1979. 11
504	“五四”时期湖南人民革命斗争史料选编	湖南省哲学社会科学研究所现代史研究室编	1979. 8
505	“五四”运动回忆录（上册）	中国社会科学院近代史研究所编	1979. 3
506	“五四”运动回忆录（下册）	中国社会科学院近代史研究所编	1979. 3
507	西班牙史纲（1908—1917 年）	（苏）伊·米·马依斯基主编；中山大学外语系翻译组译	1972. 11
508	西非简史	（英）J. D. 费奇著；于珺译	1977. 1

（续表）

序　号	题　名	责任者	出版年
509	西印度群岛简史	（英）J. H. 帕里，P. M. 舍洛克合著；天津市历史研究所翻译室译	1976. 12
510	希望回忆录（第二卷　努力）	（法）戴高乐著	1973. 6
511	希望回忆录（第一卷　复兴）	（法）戴高乐著	1973. 7
512	校刊史记集解索隐正义札记（二）	（清）张文虎	1977. 8
513	校刊史记集解索隐正义札记（一）	（清）张文虎	1977. 8
514	辛亥革命	中国近代史丛书编写组	1972. 9
515	辛亥革命后帝制复辟和反复辟斗争	刘望玲	1975. 1
516	辛亥革命前夜的一场大论战	章开沅	1975. 6
517	新编尼泊尔史	（尼泊尔）T. P. 顿格亚尔（T. P. Dhungyal）著；四川外语学院《新编尼泊尔史》翻译组译	1973. 6
518	新加坡简史	厦门大学南洋研究所编	1978. 5
519	新加坡史	（英）哈·弗·皮尔逊著“新加坡史”翻译小组译	1972. 11
520	新疆历史论文集	新疆人民出版社编	1978. 9
521	新疆历史文物	新疆维吾尔自治区博物馆编	1977. 11
522	新疆维吾尔自治区行政区划简册	自治区民政局编	1979
523	新疆文史资料选辑（第二辑）	中国人民政治协商会议新疆维吾尔自治区委员会文史资料研究委员会编	1979. 8
524	新疆文史资料选辑（第三辑）	中国人民政治协商会议新疆维吾尔自治区委员会文史资料研究委员会编	1979. 8
525	新疆文史资料选辑（第四辑）	中国人民政治协商会议新疆维吾尔自治区委员会文史资料研究委员会编	1979. 8
526	新疆文史资料选辑（第一辑）	中国人民政治协商会议新疆维吾尔自治区委员会文史资料研究委员会编	1979. 5
527	新唐书（八）	（宋）欧阳修，宋祁撰	1975. 2
528	新唐书（二）	（宋）欧阳修，宋祁撰	1975. 2
529	新唐书（二十）	（宋）欧阳修，宋祁撰	1975. 2
530	新唐书（九）	（宋）欧阳修，宋祁撰	1975. 2
531	新唐书（六）	（宋）欧阳修，宋祁撰	1975. 2
532	新唐书（七）	（宋）欧阳修，宋祁撰	1975. 2
533	新唐书（三）	（宋）欧阳修，宋祁撰	1975. 2
534	新唐书（十）	（宋）欧阳修，宋祁撰	1975. 2
535	新唐书（十八）	（宋）欧阳修，宋祁撰	1975. 2
536	新唐书（十二）	（宋）欧阳修，宋祁撰	1975. 2
537	新唐书（十九）	（宋）欧阳修，宋祁撰	1975. 2
538	新唐书（十六）	（宋）欧阳修，宋祁撰	1975. 2
539	新唐书（十七）	（宋）欧阳修，宋祁撰	1975. 2
540	新唐书（十三）	（宋）欧阳修，宋祁撰	1975. 2
541	新唐书（十四）	（宋）欧阳修，宋祁撰	1975. 2
542	新唐书（十五）	（宋）欧阳修，宋祁撰	1975. 2

（续表）

序　号	题　名	责任者	出版年
543	新唐书（十一）	（宋）欧阳修，宋祁撰	1975. 2
544	新唐书（四）	（宋）欧阳修，宋祁撰	1975. 2
545	新唐书（五）	（宋）欧阳修，宋祁撰	1975. 2
546	新唐书（一）	（宋）欧阳修，宋祁撰	1975. 2
547	匈牙利地理	（匈）马·佩奇等著	1975. 9
548	匈牙利现代史（1918—1962 年）	（苏）伊斯莱梁，涅仁斯基著；黑龙江大学俄语系翻译组译	1972. 8
549	严复传	王栻著	1976. 8
550	杨虎城传	米暂沉著	1979. 8
551	伊加利亚旅行记（第一卷）	（法）埃蒂耶纳·卡贝（E. Cabet）著；李雄飞译	1976. 7
552	伊朗	（英）费舍尔主编；北京大学地质地理系经济地理专业译	1977. 7
553	伊朗史纲	（苏）M. C. 伊凡诺夫著；李希泌等译	1973. 9
554	以色列的历史和概况（上）	（美）纳达夫·萨弗兰著；北京大学历史系翻译小组译	1973. 12
555	以色列的历史和概况（下）	（美）纳达夫·萨弗兰著；北京大学历史系翻译小组译	1973. 12
556	义和团运动	中国近代史丛书编写组	1972. 9
557	义和团在天津的反帝斗争	天津市历史研究所，天津史话编写组编	1973. 5
558	殷墟——奴隶社会的一个缩影	河南省安阳市文化局编	1976. 8
559	印度近代史	（苏）安东诺娃主编	1978. 8
560	印度尼西亚简史	厦门大学历史系《印度尼西亚简史》编写组	1978. 11
561	印度社会	（印）R. P. 萨拉夫著	1977. 12
562	印度现代史（上）	（苏）巴拉布舍维奇编；北京编译社译	1972. 11
563	印度现代史（下）	（苏）巴拉布舍维奇编；北京编译社译	1972. 11
564	印度支那转折的一年	越南外文出版社	1974
565	英法资产阶级革命时期的复辟和反复辟斗争	华中师范学院历史系编	1975. 12
566	英汉自然地理学词汇	中科院地理研究所编	1976. 1
567	元史（第八册）	（明）宋濂等撰	1976. 4
568	元史（第二册）	（明）宋濂等撰	1976. 4
569	元史（第九册）	（明）宋濂等撰	1976. 4
570	元史（第六册）	（明）宋濂等撰	1976. 4
571	元史（第七册）	（明）宋濂等撰	1976. 4
572	元史（第三册）	（明）宋濂等撰	1976. 4
573	元史（第十册）	（明）宋濂等撰	1976. 4
574	元史（第十二册）	（明）宋濂等撰	1976. 4
575	元史（第十三册）	（明）宋濂等撰	1976. 4
576	元史（第十四册）	（明）宋濂等撰	1976. 4
577	元史（第十五册）	（明）宋濂等撰	1976. 4

（续表）

序　号	题　名	责任者	出版年
578	元史（第十一册）	（明）宋濂等撰	1976.4
579	元史（第四册）	（明）宋濂等撰	1976.4
580	元史（第五册）	（明）宋濂等撰	1976.4
581	元史（第一册）	（明）宋濂等撰	1976.4
582	元史纪事本末	（明）陈邦瞻原编；（明）臧懋循补辑；（明）张溥论正	1979.4
583	原始社会	史星编	1972.11
584	约翰逊回忆录	（美）B. 约翰逊·林登著；复旦大学资本主义国家经济研究所编译	1973.4
585	越南古代史（上）	（越南）陶维英著；刘统文等译	1976.11
586	越南古代史（下）	（越南）陶维英著；刘统文等译	1976.11
587	越南历代疆域	（越）陶维英著；钟民岩译	1973.12
588	越南民族解放战争	武元甲著	1971.4
589	越南人民抗法八十年史（第二卷 上）	（越）陈辉燎著；北京大学东语系越南语专业译	1974.1
590	越南人民抗法八十年史（第二卷 下）	（越）陈辉燎著；北京大学东语系越南语专业译	1974.1
591	赞比亚图志	（英）D. 海韦尔·戴维斯主编；武汉大学外语系英语专业译	1976.2
592	战国诸侯称雄形势图	中华地图学社编	1976.11
593	战国纵横家书——马王堆汉墓帛书	马王堆汉墓帛书整理小组编	1976.12
594	战后日本史（上）	（日）井上清著；天津市历史研究所等译	1972.9
595	战后日本史（下）	（日）井上清著；天津市历史研究所等译	1972.9
596	战后日美关系	（日）吉泽清次郎著	1977.6
597	战后世界历史长编	《战后世界历史长编》编委会	1975.7
598	张献忠传注释	北京汽车制造厂工人理论组	1977.3
599	知识青年地图册	中国地图出版社编	1975.7
600	中东简史（上）	（美）乔治 E. 柯克著；武汉大学《中东简史》翻译组译	1975.1
601	中东简史（下）	（美）乔治 E. 柯克著；武汉大学《中东简史》翻译组译	1975.1
602	中非史	P. E. N. 廷德尔著	1976.3
603	中国地理知识	张子桢主编	1972.7
604	中国地理知识（第三辑）	商务印书馆	1975.5
605	中国地图册	中国地图出版社编	1973.5
606	中国封建社会史论	侯外庐编	1979.2
607	中国革命史讲义（上册）	胡华主编	1979.9
608	中国古代史常识	孟庆运编辑	1979.6
609	中国古代史常识（秦汉魏晋南北朝部分）	中国青年出版社编辑部	1979.9
610	中国古代史论文资料索引（上）	上海复旦大学历史系资料室等编	1975.12
611	中国古代史论文资料索引（下）	上海复旦大学历史系资料室等编	1975.12

（续表）

序号	题名	责任者	出版年
612	中国古代史论文资料索引（中）	上海复旦大学历史系资料室等编	1975. 12
613	中国古代史论文资料索引附册	上海复旦大学历史系资料室等编	1978. 5
614	中国交通图册	地图出版社编	1979. 12
615	中国近代对外关系史资料选辑（第一分册　上）	复旦大学历史系中国近代史教研组编	1977. 9
616	中国近代对外关系史资料选辑（第一分册　下）	复旦大学历史系中国近代史教研组编	1977. 9
617	中国近代简史	复旦大学历史系等编	1975. 12
618	中国近代史	《中国近代史》编写组编	1979. 5
619	中国近代史（上）	（苏）齐赫文斯基主编	1974. 9
620	中国近代史（下）	（苏）齐赫文斯基主编	1974. 9
621	中国近代史稿（第一册）	中国社会科学院近代史研究所编	1978. 9
622	中国近代史上的不平等条约	谷云编	1973. 11
623	中国近代史问题	刘大年著	1978. 5
624	中国历史地图集（第二册）	《中国历史地图集》编辑组编辑	1975
625	中国历史地图集（第一册）	《中国历史地图集》编辑组编辑	1975
626	中国历史纪年表	上海人民出版社	1976. 1
627	中国历史简介	孙守方，河北省军区理论组等编写	1976. 7
628	中国历史年代简表	文物出版社编	1973. 12
629	中国少数民族简况（征求意见稿）	中央民族学院研究室编	1974. 12
630	中国史稿（第一册）	郭沫若主编	1976. 7
631	中国通史（第二册）	范文澜著	1978. 6
632	中国通史（第六册）	蔡美彪等著	1979. 1
633	中国通史（第三册）	范文澜著	1978. 6
634	中国通史（第四册）	范文澜著	1978. 6
635	中国通史（第五册）	蔡美彪等著	1978. 4
636	中国通史（第一册）	范文澜著	1978. 6
637	中国通史参考资料（古代部分第八册）	翦伯赞主编	1979. 2
638	中国通史参考资料（古代部分第二册）	翦伯赞主编	1979. 2
639	中国通史参考资料（古代部分第三册）	翦伯赞主编	1979. 2
640	中国通史参考资料（古代部分第四册）	翦伯赞主编	1979. 2
641	中国通史参考资料（古代部分第一册）	翦伯赞主编	1979. 2
642	中国原始社会	陕西省西安半坡博物馆编	1977. 2
643	中国自然地理纲要	任美锷等编	1979. 7
644	中华人民共和国地图集	中国地图出版社编	1972. 1
645	中华人民共和国分省地图集	中国地图出版社编	1974. 1
646	中华人民共和国行政区划简册	中华人民共和国公安部编	1974. 3
647	忠诚的战士光辉的一生——回忆贺龙同志	人民出版社	1979. 1
648	周书（二）	（唐）令狐德棻等撰	1971. 11
649	周书（三）	（唐）令狐德棻等撰	1971. 11

（续表）

序　号	题　名	责任者	出版年
650	周书（一）	（唐）令狐德棻等撰	1971. 11
651	诸葛亮	吉林大学历史系《诸葛亮》编写组	1978. 1
652	诸葛亮小传	中共南阳市委宣传部读书编辑室	1976. 5
653	诸葛亮与武侯祠	《诸葛亮与武侯祠》编写组编	1977. 6
654	尊孔派和卖国贼——曾国藩、李鸿章、张之洞、袁世凯	王天奖，李国俊编写	1976. 1
655	左传记事本末（二）	（清）高士奇著	1979. 1
656	左传记事本末（三）	（清）高士奇著	1979. 1
657	左传记事本末（一）	（清）高士奇著	1979. 1

（5）1980—1989 年

序　号	题　名	责任者	出版年
1	安徽地方志考略	刘尚恒编著	1985. 3
2	巴枯宁传	（英）爱德华·哈利特·卡尔著；宋献春等译	1985. 6
3	巴里坤哈萨克自治县概况	《巴里坤哈萨克自治县概况》编写组编	1984. 8
4	白崇禧回忆录	苏志荣等编	1987. 5
5	白宫岁月——基辛格回忆录（第二册）	（美）亨利·基辛格著	1980. 9
6	白宫岁月——基辛格回忆录（第三册）	（美）亨利·基辛格著；杨静予等译	1980. 9
7	白宫岁月——基辛格回忆录（第四册）	（美）亨利·基辛格著；裘克安等译	1980. 9
8	白宫岁月——基辛格回忆录（第一册）	（美）亨利·基辛格著；陈瑶华等译	1980. 9
9	白话资治通鉴（第八册）	黄锦鋐主编	1984. 3
10	白话资治通鉴（第二册）	黄锦鋐主编	1984. 3
11	白话资治通鉴（第九册）	黄锦鋐主编	1984. 3
12	白话资治通鉴（第六册）	黄锦鋐主编	1984. 3
13	白话资治通鉴（第七册）	黄锦鋐主编	1984. 3
14	白话资治通鉴（第三册）	黄锦鋐主编	1984. 3
15	白话资治通鉴（第十册）	黄锦鋐主编	1984. 3
16	白话资治通鉴（第十二册）	黄锦鋐主编	1984. 3
17	白话资治通鉴（第十一册）	黄锦鋐主编	1984. 3
18	白话资治通鉴（第四册）	黄锦鋐主编	1984. 3
19	白话资治通鉴（第五册）	黄锦鋐主编	1984. 3
20	白话资治通鉴（第一册）	黄锦鋐主编	1984. 3
21	北京方志概述	冯秉文主编	1985. 1
22	北京名胜古迹图	芦盛美绘图	1985. 2
23	北京名园趣谈	陈文良等编	1983. 6
24	北京新名胜	李佐贤等编著	1986. 8
25	北平和平解放始末	何东，陈明显著	1985. 8

（续表）

序　号	题　名	责任者	出版年
26	北庭史地研究	孟凡人著	1985. 4
27	博尔塔拉蒙古自治州概况	《博尔塔拉蒙古自治州概况》编辑组	1985. 8
28	藏族史略	黄奋生编著	1985. 12
29	忏悔录（第二部）	（法）卢梭著；黎星译	1986. 8
30	忏悔录（第一部）	（法）卢梭著；黎星译	1986. 8
31	昌吉风貌	昌吉回族自治州党史地方志办公室编	1985. 12
32	昌吉回族自治州概况	《昌吉回族自治州概况》编写组编	1985. 9
33	池北偶谈（上）	（清）王士禛撰	1982. 1
34	池北偶谈（下）	（清）王士禛撰	1982. 1
35	从政史鉴	罗宏曾主编	1989. 9
36	达赖喇嘛传	牙含章编著	1984. 9
37	大唐西域记校注	（唐）玄奘辩机原著；季羡林等校	1985. 2
38	地理集刊（第16号）	中国科学院地理研究所编	1985. 7
39	地理集刊（第18号）	中国科学院地理研究所编	1987. 2
40	地理集刊（第19号）	中国科学院地理研究所编	1987. 2
41	地理集刊（第20号）	中国科学院地理研究所编	1987. 12
42	地理学词典	上海辞书出版社编	1983. 12
43	地理学词典	（英）穆尔著；刘伉等译	1980. 9
44	地理学名词（1988年）	《地理学名词》审定委员会编	1989
45	地理之谜	罗祖德等编	1988. 12
46	地貌野外手册	（英）加德纳，达科姆汉著；潘风英等译	1988. 4
47	第二次国共合作	童小鹏主编	1984. 1
48	第二次世界大战（1939—1945年）	黄玉章等著	1984. 6
49	第十六届国际历史科学大会（中国学者论文集）	中国史学会编	1985. 7
50	第一次国共合作时期的黄埔军校	中国人民政治协商会议全国委员会文史资料研究委员会编	1984. 5
51	东北大事记（上卷）	张鸿文，张本政编	1987. 4
52	东北大事记（下卷）	张鸿文，张本政编	1987. 4
53	东南纪事	中国历史研究社编	1982. 9
54	杜甫评传（上卷）	陈贻焮著	1982. 8
55	杜月笙正传	徐铸成著	1982. 6
56	敦煌吐鲁番文献研究论集（第二辑）	北京大学中国中古史研究中心编	1983. 12
57	俄中战争——义和团运动时期沙俄侵占中国东北的战争	（美）乔治·亚历山大·伦森著；陈芳芝译	1982. 1
58	戈尔巴乔夫传记	（美）托·巴特森著；王德树等译	1986. 4
59	古代天山历史地理学研究	（日）松田寿男著；陈俊谋译	1987. 4
60	故宫盗宝案真相	吴景洲编	1983. 3
61	光绪评传	孙孝恩著	1985. 6
62	广东方志考略	李默编著；吉林省地方志编纂委员会编	1988. 8
63	贵州地方志举要	张新民编	1988. 2

（续表）

序　号	题　名	责任者	出版年
64	贵州古代史	周春元，王燕玉，张祥光，胡克敏编	1982. 2
65	哈密县志	哈密市地方志编纂委员会编	1989. 12
66	哈萨克族简史	《哈萨克族简史》编写组编	1987. 2
67	汉书艺文志注释汇编	陈国庆编	1983. 6
68	汉武帝评传	罗义俊著	1988. 1
69	和布克赛尔蒙古自治县概况	《和布克赛尔蒙古自治县概况》编写组	1981. 1
70	河南地方志论丛	张万钧主编	1985. 6
71	黑龙江方志简述	李士良等编著	1985. 6
72	黑龙江历史大事记（1912—1932 年）	黑龙江省档案馆，哈尔滨师范大学历史系编	1984. 1
73	黑龙江省及其西部毗邻地区的自然地带与土地类型	赵松乔等著	1983. 7
74	胡耀邦传略	杨中美著	1989. 5
75	湖南方志论	朱建亮等编著	1986. 6
76	护国讨袁亲历记	中国人民政治协商会议全国委员会文史资料研究委员会等编	1985. 12
77	华盛顿传	（美）华盛顿·欧文著；张今等译	1984. 1
78	淮海战役亲历记	中国人民政协商会仪全国委员会文史资料研究委员会编	1983. 6
79	荒地考察文集（呼伦贝尔盟东南部甸子地专辑）	中国科学院地理研究所编	1982. 7
80	黄淮海平原区域治理技术体系研究	傅积平等编	1987. 2
81	黄淮海平原治理和开发——中国科学院“六五”黄淮海平原科技攻关文集（第一集）	左大康主编	1985. 11
82	黄土高原地区综合治理开发研究（宁甘青部分）	中科院黄土高原综合科学考察队编	1988
83	回忆少奇同志	中国青年出版社编	1980. 2
84	回忆王稼祥	《王稼祥选集》编辑组编	1985. 1
85	基辛格评传	陈有为著	1980. 8
86	激荡的百年史——我们的果断措施和奇迹般的转变	（日）吉田茂著	1980. 7
87	吉林省地方志考论、校释与汇辑	金恩晖，梁志忠著释	1981. 12
88	计量历史学	闻一等编译	1987. 7
89	简明地理词典	田松庆等主编	1984. 12
90	简明历史辞典	武汉大学历史系《简明历史词典》编写组	1983. 12
91	简明清史（第一册）	戴逸主编	1980. 6
92	简明中国近百年史	赵矢元，陈瑞云编著	1984. 3
93	简明中外历史辞典	武汉师范学院历史系《简明中外历史辞典》编写组编	1982. 8
94	江苏方志考	倪波编	1985. 2

（续表）

序　号	题　名	责任者	出版年
95	江西省地方志概述	漆身起主编	1985. 3
96	蒋百里传	陶菊隐著	1985. 2
97	蒋经国传	（美）江南著	1984. 11
98	“九·一八”到“七·七”	冯仲廉编著	1985. 9
99	喀喇汗王朝史稿	魏良弢	1986. 1
100	卡梅尔克族在俄国境内时期的历史概况	（苏）帕里莫夫著；许淑译	1986. 1
101	康熙大帝全传	孟昭信	1987. 4
102	抗美援朝纪实	柴成文，赵勇田著	1987. 2
103	柯尔克孜族简史	《柯尔克孜族简史》编写组	1986. 5
104	克孜勒苏柯尔克孜自治州概况	《克孜勒苏柯尔克孜自治州概况》编写组，《克孜勒苏柯尔克孜自治州概况》修订本编写组编	1985. 8
105	李立三传	唐纯良著	1984. 1
106	李普曼传	（美）罗纳德·斯蒂尔著；于滨等译	1982. 7
107	李宗仁回首话当年	王序平编	1981. 1
108	李宗仁回忆录	李宗仁口述；唐德刚撰	1986
109	李宗仁回忆录	李宗仁著；中国人民政治协商会议广西壮族自治区委员会文史资料研究委员会编	1980. 6
110	辽宁地方志考录	陈加等著	1982. 12
111	辽宁地方志论略	陈加，郭君等著	1986. 6
112	辽沈战役亲历记（原国民党将领的回忆）	中国人民政治协商会议全国委员会文史资料研究委员会《辽沈战役亲历记》编审组编	1985. 11
113	辽史人名索引	曾贻芬，崔文印著	1982
114	刘伯承回忆录	上海文艺出版社	1982. 2
115	刘师亮外传	钟茂煊著	1984. 8
116	流域地貌数学模型	承继成编著	1986. 1
117	卢沟桥事变前后	沈继英，柳成昌著	1986. 5
118	罗斯福正传	（美）内森·米勒著；祥里等译	1985
119	漫话奴隶社会	王树云等编	1983. 8
120	毛拉翟丁外传	海威尔·铁木尔著；张世荣译	1983. 1
121	美国地名译名手册	中国地名委员会编	1985. 8
122	美国建国史话	（美）卡罗尔·卡尔金斯主编	1984. 12
123	美国扩张与发展史话	（美）卡罗尔·卡尔金斯主编；王岱等译	1984. 1
124	美国历届总统小传	（美）弗雷德尔著；刘庆云，高学余译	1982. 6
125	美国总统里根夫人南希自传	刘甫恒译	1987
126	美国总统列传	（美）大卫 C. 惠特尼著；何东辉等译	1986. 1
127	蒙古族简史	《蒙古族简史》编写组编	1985. 11
128	民国人物传（第四卷）	严如平，朱信泉主编	1984. 3
129	民国人物传（第五卷）	严如平，宗志文主编	1986. 7

（续表）

序　号	题　名	责任者	出版年
130	民族古籍研究	贾春光等编	1987. 2
131	闽志谈概	郭天沅主编	1987. 1
132	明代科学家宋应星	潘吉星著	1981. 1
133	明代文献《高昌馆课》（拉丁文字母注释）	胡振华，黄润华编著	1981. 4
134	明清人物论集（上）	历史研究编辑部编	1983. 8
135	明清史讲义（上）	孟森著	1981. 3
136	《明实录》瓦剌资料摘编	《准噶尔史略》编写组编	1982. 6
137	摩尔根传	（美）伊恩·夏因，西尔维亚·罗贝尔著；庚镇城译	1986. 1
138	内蒙古方志概考	张守和主编；吉林省图书馆学会编	1985. 6
139	南朝五史人名索引（上）	张忱石编	1985. 11
140	南朝五史人名索引（下）	张忱石编	1985. 11
141	宁夏方志述略	高树榆等编著	1985. 3
142	努尔哈赤传	阎崇年著	1983. 6
143	女儿的怀念——回忆父亲刘少奇	刘爱琴著	1980. 7
144	清代七百名人传（上）	蔡冠洛编著	1984. 6
145	清代七百名人传（下）	蔡冠洛编著	1984. 6
146	清代七百名人传（中）	蔡冠洛编著	1984. 6
147	清代人物传稿（下编第一卷）	戴逸，林言椒编	1984. 9
148	清史论文索引	中国社会科学院历史研究所清史研究室，中国人民大学清史研究所编	1984. 6
149	日本地名手册	徐菊芳，俞凯容编	1983. 9
150	日本地名译名手册	陈维伦编译	1980. 4
151	日汉汉日世界地名译名手册	蔡文治，韩曼君编	1983. 7
152	日汉世界地名译名词典	李守贞，钱端义编	1984. 1
153	山东地方史志纵横谈	王桂云，鲁海编	1985. 3
154	山西地方志概述	刘纬毅，吉林省地方志编纂委员会	1988. 3
155	陕西方志考	高峰编著	1985. 3
156	上海地方志概述	王启宇等编著	1985. 3
157	上海烈士小传	上海市烈士陵园史料陈列室编	1983. 3
158	十八—十九世纪新疆社会史研究（上册）	（日）佐口透著；译凌颂純	1983. 11
159	十八—十九世纪新疆社会史研究（下册）	（日）佐口透著；译凌颂純	1983. 11
160	十国春秋（第二册）	（清）吴任臣撰；徐敏霞等校	1983. 12
161	十国春秋（第三册）	（清）吴任臣撰；徐敏霞等校	1983. 12
162	十国春秋（第四册）	（清）吴任臣撰；徐敏霞等校	1983. 12
163	十国春秋（第一册）	（清）吴任臣撰；徐敏霞等校	1983. 12
164	史林（第十六期）	《史林》编辑部编	1989
165	史学情报（1984 年第 2 期）	中国史学会《中国历史学年鉴》编辑部编	1984. 4

（续表）

序 号	题 名	责任者	出版年
166	史学情报（1984 年第 3 期）	中国史学会《中国历史学年鉴》编辑部编	1984. 7
167	史学情报（1984 年第 4 期）	中国史学会《中国历史学年鉴》编辑部编	1984. 1
168	史学情报（1984 年第 1 期）	中国史学会《中国历史学年鉴》编辑部编	1984. 1
169	史学情报（1985 年第 2 期）	中国史学会《中国历史学年鉴》编辑部编	1985. 4
170	史学情报（1985 年第 3 期）	中国史学会《中国历史学年鉴》编辑部编	1985. 7
171	史学情报（1985 年第 4 期）	中国史学会《中国历史学年鉴》编辑部编	1985. 1
172	史学情报（1985 年第 1 期）	中国史学会《中国历史学年鉴》编辑部编	1985. 1
173	史学情报（1986 年第 2 期）	中国史学会《中国历史学年鉴》编辑部编	1986. 4
174	史学情报（1986 年第 4 期）	中国史学会《中国历史学年鉴》编辑部编	1986. 1
175	史学情报（1986 年第 1 期）	中国史学会《中国历史学年鉴》编辑部编	1986. 1
176	史学情报（1987 年第 2 期）	中国史学会《中国历史学年鉴》编辑部编	1987. 4
177	史学情报（1987 年第 3 期）	中国史学会《中国历史学年鉴》编辑部编	1987. 7
178	史学情报（1987 年第 4 期）	中国史学会《中国历史学年鉴》编辑部编	1987. 1
179	史学情报（1987 年第 1 期）	中国史学会《中国历史学年鉴》编辑部编	1987. 1
180	世界城市知识大全	李厚主编	1985. 8
181	世界传记名著鉴赏辞典	宗河主编	1989. 12
182	世界地理集刊（第九集）	中国地理学会世界地理专业委员会编	1985. 1
183	世界地理之最词典	刘伉主编	1987. 5
184	世界地理知识（美洲和大洋洲部分）	中央人民广播电台国际部编	1983. 12
185	世界地名词典	上海辞书出版社编	1981. 1
186	世界地名翻译手册	知识出版社编	1988. 5
187	世界地名雅称选编	贾文毓编	1987. 6
188	世界近代史	陈崇武等编	1982. 1
189	世界历史词典	《世界历史词典》编委会编	1985. 12
190	世界历史简明问答	邱永生，吴建新编著	1985. 8
191	世界历史人物小传	丁建弘等主编	1982. 11
192	世界历史上的今天	新华社《参考消息》编辑部编译	1984. 1
193	世界名城（1）	李原编	1983. 4
194	世界名城（3）	李原编	1984. 4

（续表）

序　号	题　名	责任者	出版年
195	世界名夫人传	山东文艺出版社编	1987. 2
196	世界名胜词典	新华社国际资料编辑组编	1986. 4
197	世界奇异风俗大全	卢德平主编	1988. 12
198	世界人文地理手册	毛汉英，刘伉编	1984. 9
199	世界史便览（公元前 9000 年—公元 1975 年的世界）	《泰晤士世界历史地图集》中文版翻译组编译	1983. 9
200	世界文化之谜	庄钖昌等编	1988. 8
201	世界著名生物学家传记	（民主德国）普勒塞编；燕宏远译	1985. 4
202	市县地名实用手册	高永禄编著	1987. 12
203	室名别号索引	陈乃乾编，丁宁等补编	1982. 8
204	思考与回忆（第 1 卷）	（德）奥托·冯·俾斯麦（O. V. Bismarck）著；山西大学外语系《思考与回忆》翻译组译	1985. 12
205	思考与回忆（第 2 卷）	（德）奥托·冯·俾斯麦（O. V. Bismarck）著；山西大学外语系《思考与回忆》翻译组译	1985. 12
206	思考与回忆（第 3 卷）	（德）奥托·冯·俾斯麦（O. V. Bismarck）著；山西大学外语系《思考与回忆》翻译组译	1985. 12
207	四川方志考	何金文撰	1985. 6
208	孙中山传	尚明轩著	1981. 9
209	塔克拉玛干沙漠风沙地貌研究	朱震达等著	1981. 7
210	台湾省方志论	李秉千主编	1988. 3
211	台湾通史（上）	连横著	1983. 1
212	台湾通史（下）	连横著	1983. 1
213	探索地球的奥秘——中学生地学小论文选（三）	中国地质学会科普委员会编	1984. 6
214	唐太宗传	赵克尧，许道勋著	1984. 1
215	天山托木尔峰地区的自然地理	中国科学登山科学考察队主编	1985. 3
216	吐鲁番出土文书（第七册）	中国文物研究所，新疆维吾尔自治区博物馆，武汉大学历史系编	1986. 2
217	吐鲁番出土文书（第五册）	中国文物研究所，新疆维吾尔自治区博物馆，武汉大学历史系编	1983. 4
218	外国历史名人传（近代部分 上册）	朱庭光	1981. 1
219	外国历史名人传（现代部分 下册）	朱庭光主编	1984. 12
220	外国名城	陈协川，胡善美	1984. 4
221	外国名女百人传	中日新闻社编；张正立译	1988. 8
222	外国奇风异俗	世界知识出版社编	1983. 3
223	外国首都掠影（下册）	中央人民广播电台国际部编	1984. 1
224	外国著名生物学家传	赵功民	1987. 12
225	教训——王安博士自传	（美）王安，林登著；吴嘉水等译	1987. 5
226	为接朝霞顾夕阳——一个生理学科学家的回忆录	汤佩松著	1988. 9

（续表）

序　号	题　名	责任者	出版年
227	维吾尔语地名译音规则：CHIV-802-82	国家测绘局总参谋部测绘局制定	1986.2
228	维吾尔族古代文化和文献概论	耿世民著	1983.4
229	维吾尔族历史（上编）	刘志霄著	1985.8
230	伟大领袖真纳：一个民族的经历	（巴基斯坦）阿拉纳著	1983.6
231	“文化大革命”十年史（1966—1976年）	高皋，严家其著	1986.9
232	文史（第二十六辑）	中华书局编辑部	1986.5
233	文史（第二十三辑）	中华书局编辑部	1984.11
234	文史（第二十五辑）	中华书局编辑部	1985.1
235	文史集萃（第二辑）	中国人民政治协商会议全国委员会文史资料研究委员会	1983.12
236	文史集萃（第六辑）	中国人民政治协商会议全国委员会文史资料研究委员会	1985.3
237	文史集萃（第七辑）	中国人民政治协商会议全国委员会文史资料研究委员会	1986.1
238	文史集萃（第四辑）	中国人民政治协商会议全国委员会文史资料研究委员会	1984.1
239	文史资料选辑（1）	中国人民政治协商会议全国委员会文史资料研究委员会	1980.12
240	文史资料选辑（10）	中国人民政治协商会议全国委员会文史资料研究委员会	1981.1
241	文史资料选辑（100）	中国人民政治协商会议全国委员会文史资料研究委员会	1985.1
242	文史资料选辑（11）	中国人民政治协商会议全国委员会文史资料研究委员会	1981.2
243	文史资料选辑（14）	中国人民政治协商会议全国委员会文史资料研究委员会	1981.2
244	文史资料选辑（15）	中国人民政治协商会议全国委员会文史资料研究委员会	1981.3
245	文史资料选辑（16）	中国人民政治协商会议全国委员会文史资料研究委员会	1981.3
246	文史资料选辑（17）	中国人民政治协商会议全国委员会文史资料研究委员会	1981.3
247	文史资料选辑（18）	中国人民政治协商会议全国委员会文史资料研究委员会	1981.3
248	文史资料选辑（19）	中国人民政治协商会议全国委员会文史资料研究委员会	1981.3
249	文史资料选辑（20）	中国人民政治协商会议全国委员会文史资料研究委员会	1981.3
250	文史资料选辑（22）	中国人民政治协商会议全国委员会文史资料研究委员会	1981.3
251	文史资料选辑（23）	中国人民政治协商会议全国委员会文史资料研究委员会	1981.3

（续表）

序　号	题　名	责任者	出版年
252	文史资料选辑（25）	中国人民政治协商会议全国委员会文史资料研究委员会	1981. 3
253	文史资料选辑（3）	中国人民政治协商会议全国委员会文史资料研究委员会	1980. 12
254	文史资料选辑（4）	中国人民政治协商会议全国委员会文史资料研究委员会	1980. 12
255	文史资料选辑（67）	中国人民政治协商会议全国委员会文史资料研究委员会	1980. 1
256	文史资料选辑（68）	中国人民政治协商会议全国委员会文史资料研究委员会	1980. 3
257	文史资料选辑（69）	中国人民政治协商会议全国委员会文史资料研究委员会	1980. 5
258	文史资料选辑（7）	中国人民政治协商会议全国委员会文史资料研究委员会	1981. 1
259	文史资料选辑（70）	中国人民政治协商会议全国委员会文史资料研究委员会	1980. 7
260	文史资料选辑（71）	中国人民政治协商会议全国委员会文史资料研究委员会	1980. 1
261	文史资料选辑（72）	中国人民政治协商会议全国委员会文史资料研究委员会	1980. 12
262	文史资料选辑（73）	中国人民政治协商会议全国委员会文史资料研究委员会	1981. 8
263	文史资料选辑（74）	中国人民政治协商会议全国委员会文史资料研究委员会	1981. 8
264	文史资料选辑（75）	中国人民政治协商会议全国委员会文史资料研究委员会	1981. 8
265	文史资料选辑（76）	中国人民政治协商会议全国委员会文史资料研究委员会	1981. 8
266	文史资料选辑（77）	中国人民政治协商会议全国委员会文史资料研究委员会	1981. 8
267	文史资料选辑（8）	中国人民政治协商会议全国委员会文史资料研究委员会	1981. 1
268	文史资料选辑（80）	中国人民政治协商会议全国委员会文史资料研究委员会	1982. 2
269	文史资料选辑（81）	中国人民政治协商会议全国委员会文史资料研究委员会	1982. 7
270	文史资料选辑（82）	中国人民政治协商会议全国委员会文史资料研究委员会	1982. 9
271	文史资料选辑（84）	中国人民政治协商会议全国委员会文史资料研究委员会	1982. 12
272	文史资料选辑（86）	中国人民政治协商会议全国委员会文史资料研究委员会	1983. 4
273	文史资料选辑（87）	中国人民政治协商会议全国委员会文史资料研究委员会	1983. 4

（续表）

序 号	题 名	责任者	出版年
274	文史资料选辑（88）	中国人民政治协商会议全国委员会文史资料研究委员会	1983. 4
275	文史资料选辑（90）	中国人民政治协商会议全国委员会文史资料研究委员会	1983. 6
276	文史资料选辑（92）	中国人民政治协商会议全国委员会文史资料研究委员会	1985. 1
277	文物考古学文献目录	谢端琚，赵生琛，赵信编	1981. 9
278	吴晗传	苏双碧，王宏志编著	1984. 8
279	五代回鹘史料	（法）哈密顿著；耿昇译	1986. 6
280	五代史略	陶懋炳著	1985. 3
281	五岳史话（合订本）	北京中华书局编辑部	1982. 1
282	马仲英逃亡记——西北史地资料译丛	（瑞典）斯文·海定著；凌颂纯，王嘉琳译	1987. 2
283	西藏地貌	中国科学院青藏高原综合科学考察队编	1983. 1
284	西藏志书述略	何金文编著	1985. 3
285	西藏自然地理	中国科学院青藏高原综合科学考察队编	1982. 6
286	西藏自治区概况	《西藏自治区概况》编写组编	1984. 12
287	西域史地论文资料索引	刘戈，黄咸阳编	1988. 9
288	西域史话	刘维均编著	1982. 8
289	新疆地方志简介	纪大椿编	1985. 3
290	新疆地区与祖国内地	任一飞，安瓦尔主编	1980. 3
291	新疆古代民族文物	新疆维吾尔自治区社会科学院考古研究所编	1985. 1
292	新疆简史（二）	新疆社会科学院民族研究所编	1980. 8
293	新疆简史（三）	新疆社会科学院历史研究所编	1987. 12
294	新疆简史（一）	新疆社会科学院民族研究所编	1980. 8
295	新疆考古三十年	新疆社会科学院考古研究所编	1983. 6
296	新疆历史丛话	谷苞等著	1985. 3
297	新疆历史论文续集	新疆人民出版社编	1982. 6
298	新疆历史人物（第一集）	谷苞等编	1983. 1
299	新疆历史人物（第二集）	谷苞等著	1985. 7
300	新疆烈士传（第一辑）	新疆维吾尔自治区民政厅编	1983. 8
301	新疆丝路古迹	新疆维吾尔自治区建筑学会编	1985. 1
302	新疆维吾尔自治区昌吉回族自治州地名图志	昌吉回族自制州地名委员会编	1988
303	新疆维吾尔自治区概况	新疆维吾尔自治区概况编写组编	1985. 7
304	新疆维吾尔自治区行政区划简册	自治区民政厅编	1984
305	新疆文史资料选辑（第八辑）	中国人民政治协商会议新疆维吾尔自治区委员会文史资料研究委员会编	1981. 3
306	新疆文史资料选辑（第二十辑）	中国人民政治协商会议新疆维吾尔自治区委员会文史资料研究委员会编	1986. 1

（续表）

序号	题名	责任者	出版年
307	新疆文史资料选辑（第九辑）	中国人民政治协商会议新疆维吾尔自治区委员会文史资料研究委员会编	1981.9
308	新疆文史资料选辑（第六辑）	中国人民政治协商会议新疆维吾尔自治区委员会文史资料研究委员会编	1980.8
309	新疆文史资料选辑（第七辑）	中国人民政治协商会议新疆维吾尔自治区委员会文史资料研究委员会编	1981.1
310	新疆文史资料选辑（第十二辑）	中国人民政治协商会议新疆维吾尔自治区委员会文史资料研究委员会编	1983.9
311	新疆文史资料选辑（第十辑）	中国人民政治协商会议新疆维吾尔自治区委员会文史资料研究委员会编	1983.3
312	新疆文史资料选辑（第十六辑）	中国人民政治协商会议新疆维吾尔自治区委员会文史资料研究委员会编	1986.2
313	新疆文史资料选辑（第十三辑）	中国人民政治协商会议新疆维吾尔自治区委员会文史资料研究委员会编	1986.6
314	新疆文史资料选辑（第十四辑）	中国人民政治协商会议新疆维吾尔自治区委员会文史资料研究委员会编	1985.4
315	新疆文史资料选辑（第十五辑）	中国人民政治协商会议新疆维吾尔自治区委员会文史资料研究委员会编	1986.1
316	新疆文史资料选辑（第十一辑）	中国人民政治协商会议新疆维吾尔自治区委员会文史资料研究委员会编	1982.6
317	新疆文史资料选辑（第五辑）	中国人民政治协商会议新疆维吾尔自治区委员会文史资料研究委员会编	1980.4
318	新疆文史资料选辑——辛亥革命伊犁起义专辑	中国人民政治协商会议新疆维吾尔自治区委员会文史资料研究委员会编	1981
319	新中国的考古发现和研究	中国社会科学院考古研究所编	1984.5
320	匈奴通史	林榦著	1986.8
321	一个美国外交官使华记——1913—1919年美国驻华公使回忆录	（美）保罗 S. 芮恩施著；李抱宏，盛震溯，游燮庭校	1982.9
322	阴谋·暗杀·军刀——一个外交官的回忆	（日）森岛守人著；赵连泰译	1980.1
323	英国兰皮书有关辛亥革命资料选译（上）	胡滨译	1984.6
324	英国兰皮书有关辛亥革命资料选译（下）	胡滨译	1984.6
325	雍正传	冯尔康著	1985.9
326	元朝史话	黄时鉴编	1985.5
327	云南地方志考	李硕编著；吉林省地方志编纂委员会，吉林省图书馆学会	1988.2
328	张学良外记	王益知著	1989.2
329	浙江方志概论	金恩晖主编	1985.3
330	浙江方志考	洪焕椿编著	1984.6
331	中共党史人物别名录（字号、笔名、化名）	陈玉堂	1985.11
332	中共党史人物传（第二卷）	中共党史人物研究会编	1980.5
333	中共党史人物传（第六卷）	中共党史人物研究会编	1982.9

（续表）

序　号	题　名	责任者	出版年
334	中共党史人物传（第七卷）	中共党史人物研究会编	1983. 2
335	中共党史人物传（第三卷）	中共党史人物研究会编	1981. 6
336	中共党史人物传（第十八卷）	中共党史人物研究会编	1984. 11
337	中共党史人物传（第十四卷）	中共党史人物研究会编	1984. 7
338	中共党史人物传（第十五卷）	中共党史人物研究会编	1984. 7
339	中共党史人物传（第一卷）	中共党史人物研究会编	1981. 11
340	中国地方志分论	金恩晖主编	1981. 1
341	中国地方志联合目录	中国科学院北京天文台主编	1985. 1
342	中国地方志论集	地方史志研究组编	1985. 2
343	中国地方志总论	金恩晖主编	1981. 1
344	中国地理之最	李希圣编	1982. 5
345	中国地理知识	张子祯主编	1982. 5
346	中国地理知识手册	曹玉荣编	1988. 1
347	中国地名录——中华人民共和国地图集地名索引	国家测绘局测绘科学研究所地名研究室编	1983. 12
348	中国地名语源	王维屏著	1986. 3
349	中国地图史话	金应春，丘富科编	1984. 4
350	中国方志丛书目录	成文出版社有限公司编	1989. 9
351	中国方志学概要	刘光禄编著	1983. 6
352	中国分省概况手册	中国人民对外友好协会编	1984. 1
353	中国干旱地区自然地理	赵松乔主编	1985. 7
354	中国古代地理学史	中国科学院自然科学史研究所地学史组主编	1984. 6
355	中国后妃列传	童煦著	1984. 4
356	中国近代历史辞典（1840—1949年）	《中国近代历史辞典》编写组编	1986. 4
357	中国近代史词典	陈旭麓编	1982. 1
358	中国近代史纲（下）	吴雁南主编	1983. 5
359	中国近代史简明读本	中国青年出版社编	1984
360	中国近现代人名大辞典	李盛平编	1989. 4
361	中国考古学年鉴（1985年）	中国考古学会编	1985. 12
362	中国历代名人传	朱拙存编	1988. 2
363	中国历代名人小传	吕涛著	1984. 12
364	中国历史大辞典——史学史	《中国历史大辞典》史学史卷编纂委员会编	1983. 12
365	中国历史大辞典——宋史	《中国历史大辞典》宋史卷编纂委员会编	1984. 12
366	中国历史大事编年（第三卷）	刘占武等编	1987. 1
367	中国历史大事编年（第五卷）	田珏等编	1987
368	中国历史大事编年（第一卷）	朱学西等编著	1987. 3
369	中国历史大事年表	冯君实主编	1984. 12
370	中国历史大事年表（古代史卷）	沈起炜编著	1983. 12
371	中国历史地名小词典	王晓编	1986. 1

（续表）

序　号	题　名	责任者	出版年
372	中国历史名城	陈桥驿主编	1986. 8
373	中国历史年代简表	沈起炜编著	1982. 2
374	中国历史人物	辛安亭编	1983. 12
375	中国历史文化名城词典	上海辞书出版社编	1985. 12
376	中国历史学年鉴	林言椒编	1981. 9
377	中国历史学年鉴（1984 年）	北京人民出版社编	1984. 1
378	中国历史学年鉴（1985 年）	中国历史学会《中国历史学年鉴》编辑部编	1985. 12
379	中国历史研究资料丛书	中国历史研究社编	1982. 9
380	中国历史之最	梁宗强编著	1987. 8
381	中国六大古都	陈桥驿主编	1983. 4
382	中国民俗辞典	郑传寅，张健主编	1987. 2
383	中国名胜词典	文化部文物局主编	1981
384	中国名胜词典	国家文物事业管理局编	1982. 6
385	中国名胜索引	李文芳编著	1987. 2
386	中国少数民族	国家民委民族问题五种丛书编辑委员会《中国少数民族》编写组编	1981. 5
387	中国少数民族风情录	范玉梅等编著	1987. 8
388	中国少数民族风物传说选	刘万庆，吴雅芝编	1986. 7
389	中国少数民族历史人物志（第二辑）	谢启晃等编著	1985. 1
390	中国少数民族历史人物志（第一辑）	谢启晃等编著	1983. 7
391	中国社会主义时期史稿（第一卷）	王学启等编	1983. 6
392	中国史大事纪年	臧云浦著	1984. 1
393	中国史纲要（第二册）	翦伯赞主编	1982. 5
394	中国史纲要（第三册）	翦伯赞主编	1982. 5
395	中国史纲要（第四册）	翦伯赞主编	1982. 5
396	中国史纲要（第一册）	翦伯赞主编	1982. 5
397	中国史稿（第五册）	《中国史稿》编写组编	1983. 6
398	中国史学家评传（上册）	陈清泉等编	1985. 3
399	中国史学家评传（下册）	陈清泉等编	1985. 4
400	中国市县手册	王越主编	1987. 5
401	中国通史（第一卷 导论）	白寿彝主编	1989. 4
402	中国通史参考资料（古代部分 第六册）	翦伯赞，郑天挺主编	1983. 1
403	中国通史参考资料（古代部分 第五册）	邓广铭主编	1982. 2
404	中国通史参考资料（近代部分 上册）	翦伯赞，郑天挺主编	1983. 1
405	中国通史参考资料（近代部分 下册）	翦伯赞，郑天挺主编	1983. 1
406	中国现代史词典	王金吾，陈瑞云主编	1988. 7
407	中国现代史词典	李盛平主编	1987. 12
408	中国新民主主义革命大事记	周树声编	1982. 6
409	中国职工劳模列传	高明岐编著	1985. 2

（续表）

序　号	题　名	责任者	出版年
410	中国自然地理 历史自然地理	中国科学院《中国自然地理》编辑委员会编	1982. 1
411	中国自然地理地貌	中国科学院《中国自然地理》编辑委员会编	1980. 11
412	中国自然地理总论	中国科学院《中国自然地理总论》编辑委员会编	1985. 9
413	中华民族杰出人物传（第二集）	洪焕椿主编	1983. 2
414	中华民族杰出人物传（第四集）	孙达人主编	1985. 1
415	中华民族杰出人物传（第一集）	洪焕椿主编	1983. 3
416	中华人民共和国大事记（1949—1980 年）	新华通讯社国内资料组编	1982. 6
417	中华人民共和国地图集（缩印本）	中国地图出版社编制	1984. 1
418	中华人民共和国地图集（中英文对照）	中国地图出版社编制	1984
419	中华人民共和国老年人口地图集	卫生部老年医学研究所，卫生部北京医院编制	1986. 7
420	中华人民共和国人物辞典（1949—1989 年）	王万庄主编	1989. 9
421	中华人民共和国行政区划简册	中华人民共和国民政部编	1983. 3
422	中华人民共和国行政区划简册（截至一九八四年底的资料）	中华人民共和国民政部编	1985. 5
423	中华人民共和国行政区划手册	高岩主编	1986. 12
424	中外史地知识手册	郑云山等编	1984. 11
425	中亚简史	（俄）维·维·巴尔托里德等著；耿世民译	1980. 6
426	中亚蒙兀儿史——拉失得史	米尔扎·穆罕默德·海达尔著；新疆社科院民族研究所译	1983. 6
427	准噶尔史略	《准噶尔史略》编写组编	1985. 12
428	遵义文史资料（第一辑）	中国人民政治协商会议贵州省遵义会议文史资料研究委员会编	1983. 5
429	左宗棠评传	董蔡时著	1984. 8

（6）1990—1999 年

序　号	题　名	责任者	出版年
1	百科知识十万个为什么（地理）	褚庆林等编	1993. 9
2	陈独秀传	郑学稼著	1990. 5
3	地理集刊（第 21 号）	中国科学院地理研究所编辑	1990. 3
4	二十六史精粹今译	门岿主编	1991. 5
5	国民党高级将领传略	沉度，应列等编	1995. 2
6	马科斯传	（美）查理 C. 麦克杜格尔德著；何祚康等译	1990. 9
7	民国人物大辞典	徐友春主编	1991. 5
8	千奇百怪的美国习俗	（美）塔德·图尔雅著；严维明，徐琴译	1991. 9

（续表）

序　号	题　名	责任者	出版年
9	清代皇帝传略	左步青主编	1991.11
10	清代新疆稀见史料汇辑	中国社会科学院中国边疆史地研究中心主编	1990.1
11	十世班禅	《十世班禅》编委会编	1991.5
12	世界节日纪念日词典	唐进修，孟宪谟主编	1990.6
13	世界民俗风情你、我、他	姬鹏飞主编，张文俊编著	1991.1
14	世界著名科学家传记（数学家 Ⅵ）	吴文俊主编	1992.12
15	苏联共产党九十三年——1898—1991 年苏共历史大事实录	沈志华，于沛等著	1993.6
16	文史资料选辑（第四十三辑）	中国人民政治协商会议全国委员会文史资料研究委员会	1992.6
17	文史资料选辑（第二十三辑）	中国人民政治协商会议全国委员会文史资料研究委员会	1991.8
18	新疆概览	刘宇生等主编	1995.9
19	新疆历史词典	纪大椿主编	1993.12
20	新疆图志	（清）袁大化总裁；（清）王树枬，王学曾总纂	1992.1
21	新疆乡土志稿	中国社会科学院中国边疆史地研究中心编	1990.3
22	英国档案有关鸦片战争资料选译（上册）	胡滨译	1993.8
23	英国档案有关鸦片战争资料选译（下册）	胡滨译	1993.8
24	原苏联各共和国概况	公抒编著	1992.7
25	中国大百科全书：世界地理	中国大百科全书总编辑委员会《世界地理》编委会，中国大百科全书出版社编辑部编	1990.3
26	中国地方志民俗资料汇编（中南卷 上）	丁世良，赵放主编	1991.12
27	中国地方志民俗资料汇编（中南卷 下）	丁世良，赵放主编	1991.12
28	中国地理环境与自然资源	席守诚，曹光卓，李爽著	1992.9
29	中国历史未解之谜	丁凤麟主编	1991.11
30	中华当代文化名人大辞典	张品兴，殷登祥等主编	1992.1
31	中华民族杰出人物传（第九集）	孟庆远主编	1991.7
32	中华人民共和国简史	尹凤英主编	1991.8
33	中外 100 名人排行榜	（美）迈克尔 H. 哈特著；李明瑞译	1991

N　自然科学总论

本部分共收编自然科学类图书书目 471 条。其中，收编 1949 年以前出版的该类图书书目 2 条，1950—1959 年 33 条，1960—1969 年 37 条，1970—1979 年 108 条，1980—1989 年 241 条，1990—1999 年 50 条。具体目录如下。

（1）1949 年以前

序　号	题　名	责任者	出版年
1	汉译科学大纲（第二册）	（英）汤姆森编	1933. 1
2	汉译科学大纲（第四册）	（英）汤姆森编	1933. 1

（2）1950—1959 年

序　号	题　名	责任者	出版年
1	博物知识	彭庆昭编著	1952. 8
2	大胆的思想（青年科学丛书）	符・奥尔洛夫著；王汶译	1955. 1
3	黑龙江流域综合考察队自然条件组学术报告汇编（第二集）	中科院黑龙江流域综合考察队编	1959. 3
4	黑龙江流域综合考察队自然条件组学术报告汇编（第一集）	中科院黑龙江流域综合考察队编	1959. 2
5	科学技术参考书与提要	赵继生著	1958. 1
6	科学技术辞典	商务印书馆	1959
7	科学家为什么到南极去探险	（苏）谢尔巴科夫著；叶蒸译	1959. 8
8	科学论文选集（自然科学）	北京师范大学学报编委会编	1959. 1
9	科学普及资料汇编（庆祝罗马尼亚人民共和国成立十周年专辑）	中华科技普及协会编	1957
10	科学史集刊（2）	科学史集刊编委会编	1959. 6
11	科学研究机构的方向（英国国立物理研究所专题讨论报告）	李晓音译	1958. 4
12	科学与假设	（法）亨利・普恩加莱著；叶蕴理译	1957. 12
13	科学与社会	（英）柏纳尔 Bernal John Desmond 著；刘若水译	1956
14	科学与生产	（苏）A. H. 涅斯米扬诺夫等著	1959
15	苏联科学院	余元庵编译	1951. 6
16	《为什么》（第 2 辑）	科学画报编辑部编	1958. 1
17	《为什么》（第 3 辑）	科学画报编辑部编	1958. 1
18	《为什么》（第 4 辑）	科学画报编辑部编	1958. 1

（续表）

序号	题名	责任者	出版年
19	《为什么》（第5辑）	科学画报编辑部编	1958.1
20	我们祖先的创造发明	茅左本	1957.6
21	现代科学技术成就讲演集	中共中央宣传部办公室编	1956
22	现代科学技术新成就	钱学森等著	1959.8
23	野外调查手册（上卷第二分册）	（苏）C.B.奥勃鲁契夫主编	1959
24	野外调查手册（上卷第三分册）	（苏）C.B.奥勃鲁契夫主编；胡金麟等译	1958.11
25	野外调查手册（上卷第一分册）	（苏）C.B.奥勃鲁契夫主编，胡金麟等译	1959
26	中国古代科学家	中国科学院中国自然科学史研究所编	1959
27	中国科学技术发明和科学技术人物论集	李光璧，钱启晔编	1955.12
28	中国科学技术史文献目录	中国科学院图书馆	1959.1
29	中国科学院的研究单位论文、报告、专著目录总编	中国科学院办公厅资料室编	1958.7
30	中华人民共和国科学技术协会第一次全国代表大会集刊（1958年）	中国科协全代秘书处编	1958
31	自然发展史（自然科学基础丛书）	裴文中编著	1959.1
32	自然科学中的哲学问题	（苏）布季洛娃E.A.等著；齐云山等译	1957.2
33	自然之谜（苏联大众科学丛书）	（苏）B.梅省契夫著；何明译	1955.11

（3）1960—1969年

序号	题名	责任者	出版年
1	关于自然科学发展规律的几个问题	龚育之著	1961.12
2	科学广播（1）	中央人民广播电台文教科学编辑部，科学普及出版社编辑部编	1963.1
3	科学广播（2）	中央人民广播电台文教科学编辑部编	1963.2
4	科学广播（3）	中央人民广播电台文教科学编辑部，科学普及出版社编辑部编	1964.2
5	科学化学物理学天文学	（苏）J.布罗诺夫斯基等著	1966.4
6	科学技术译文通报——1956年度主题索引	中国科学技术情报研究所编	1966.4
7	科学实验设计一百例评注	杨纪珂编著	1965.8
8	科学史集刊（3）	科学史集刊编委会编辑	1960.3
9	科学史集刊（4）	科学史集刊编委会编辑	1962.8
10	科学史集刊（5）	科学史集刊编委会编辑	1963.4
11	科学史集刊（6）	科学史集刊编委会编辑	1963.1
12	科学史集刊（7）	科学史集刊编委会编辑	1964.7
13	科学史集刊（8）	科学史集刊编委会编辑	1965.9
14	美国科学研究机构	（苏）E.B.丘特克拉什维尔著	1963.8
15	美国政府科学研究机构	中国科技情报研究所编	1965.9

（续表）

序 号	题 名	责任者	出版年
16	全国西文新书联合通报（自然技术科学部分）	全国图书联合目录编辑组	1964. 1
17	人类改造自然：技术	（苏）J. 布罗诺夫斯基等主编；中国科学技术情报研究所译	1965. 1
18	日本科学研究机构	（苏）T. M. 涅玛利采娃著	1963. 8
19	日本十年后的工业技术	中国科学技术情报研究所编版	1963. 9
20	陕西省科学研究论文选集（1963 年第二集）	西北大学编	1963. 12
21	陕西省科学研究论文选集（1963 年第一集）	西北大学编	1963. 1
22	沈括	张家驹著	1962. 8
23	苏联科学家预测六十年代科学远景	（苏）A. 涅斯米扬诺夫等著；中国科学技术情报研究所编译	1960. 1
24	苏联科学院 1959 年年会	于振中等译	1960. 7
25	外文科技资料目录（俄文期刊）	黑龙江科技情报研究所	1962. 7
26	我们爱科学（第 10 期）	中国少年儿童出版社	1964. 7
27	西德科学研究机构	（苏）M. И 罗马金著	1963. 8
28	新疆综合考察的方法与经验	中国科学院新疆综合考察队主编	1964. 2
29	新系统学	赫胥黎编	1964. 11
30	学科学读本（上册）	科学技术出版社编	1960. 9
31	英国科学研究机构	（苏）Н. П. 耶里森柯著	1963. 8
32	中国古代科学发明故事	楼兰编	1962. 12
33	珠穆朗玛峰地区科学考察报告	中国珠穆朗玛峰登山队科学考察队著	1962. 1
34	自然常识问题解答（气象部分）	张汉章等编写	1962. 3
35	自然科学学科简介	中国科学院干部局编	1965. 7
36	自然四字经	人民教育出版社编辑	1963. 1
37	综合科技文摘	中国科技研究所	1962. 1

（4）1970—1979 年

序 号	题 名	责任者	出版年
1	2000 年的科学技术：现状和预测	顾镜清编	1978. 7
2	北京图书馆中文期刊目录——自然、技术科学部分	北京图书馆期刊组编	1976. 11
3	出国参观考察报告	中国科学技术情报研究所编辑	1974. 1
4	出国参观考察报告	中国科学技术情报研究所编辑	1974. 8
5	出国参观考察报告（1979 年国际情报技术展览会见闻）	中国科学技术情报研究所编辑	1979. 1
6	出国参观考察报告（奥地利、意大利生物与化学方面的一些情况）	中国科学技术情报研究所编辑	1976. 11
7	出国参观考察报告（澳大利亚生物固氮）	中国科学技术情报研究所编辑	1979. 4

（续表）

序　号	题　名	责任者	出版年
8	出国参观考察报告（澳大利亚植物病毒及有关研究概况）	中国科学技术情报研究所编辑	1979. 3
9	出国参观考察报告（朝鲜有机化学研究工作情况）	中国科学技术情报研究所编辑	1977. 6
10	出国参观考察报告（第四届国际植物组织与细胞培养学术会议及加拿大、法国有关研究情况）	中国科学技术情报研究所编辑	1979. 11
11	出国参观考察报告（法国、澳大利亚太阳能利用情况）	中国科学技术情报研究所编辑	1977. 2
12	出国参观考察报告（法国的红外技术）	中国科学技术情报研究所编辑	1979. 12
13	出国参观考察报告（芬兰、丹麦环境保护和生物科学一些情况）	中国科学技术情报研究所编辑	1975. 7
14	出国参观考察报告（国际断裂会议情况和访问加拿大纪要）	中国科学技术情报研究所编辑	1978. 8
15	出国参观考察报告（国外自动控制技术现状和发展方向）	中国科学技术情报研究所编辑	1976. 1
16	出国参观考察报告（美国、加拿大激光技术发展情况）	中国科学技术情报研究所编辑	1975. 6
17	出国参观考察报告（美国分子生物学研究概况）	中国科学技术情报研究所编辑	1976. 4
18	出国参观考察报告（墨西哥遥感技术）	中国科学技术情报研究所编辑	1977. 1
19	出国参观考察报告（墨西哥玉米、高粱的一些情况）	中国科学技术情报研究所编辑	1976. 8
20	出国参观考察报告（日本半导体器件技术概况）	中国科学技术情报研究所编辑	1974. 8
21	出国参观考察报告（日本地震工作概况）	中国科学技术情报研究所编辑	1976. 9
22	出国参观考察报告（日本高分子化学和高分子物理）	中国科学技术情报研究所编辑	1978. 6
23	出国参观考察报告（日本航测、制印遥感、测绘资料缩微技术）	中国科学技术情报研究所编辑	1979. 8
24	出国参观考察报告（日本环境保护情况）	中国科学技术情报研究所编辑	1976. 4
25	出国参观考察报告（日本微生物研究概况）	中国科学技术情报研究所编辑	1975. 9
26	出国参观考察报告（瑞典、加拿大害虫生物防治概况）	中国科学技术情报研究所编辑	1976. 4
27	出国参观考察报告（西德、瑞士、法国的物理科学和生物科学的一些情况）	中国科学技术情报研究所编辑	1975. 7
28	出国参观考察报告（西德杀虫剂和毒理学研究情况）	中国科学技术情报研究所编辑	1977. 3
29	出国参观考察报告（西德生物膜研究概况）	中国科学技术情报研究所编辑	1979. 4
30	出国参观考察报告（英国、瑞典遥感技术）	中国科学技术情报研究所编辑	1978. 9

（续表）

序 号	题 名	责任者	出版年
31	从一到无穷大——科学中的事实和臆测	(美) 盖莫夫 (George Gamow) 著；暴永宁译	1978. 11
32	从元素到基本粒子	(美) 阿西摩夫 (I. Asimov) 著；何笑松等译	1978. 12
33	当代科学技术发展的特点	中国科技情报所编	1979. 7
34	关于自然科学发展规律的几个问题	龚育之著	1978. 1
35	国外科技发展水平动态文献目录（1971—1979 年）	辽宁省图书馆编	1979. 12
36	国外科技文献检索工具书简介	中国科学技术情报研究所编	1978. 12
37	国外科学（第二集）	中国科学技术情报研究所编	1978. 5
38	国外科学（第一集）	中国科学技术情报研究所编	1977. 7
39	今后三十年内若干重要科学技术发明和革新的预测	丹尼斯·加柏著；范毅译	1974. 3
40	今天的科学	中国少年儿童出版社编	1978. 9
41	科技史文集（第二辑）	《建筑史专辑》编辑委员会编	1979. 1
42	科学并不神秘（围绕伽利略落体运动法则的对话）	(日) 板仓圣宣著；何益汉译	1978. 2
43	科学发现纵横谈——献给青年同志们	王梓坤编	1978. 5
44	科学技术革命的今天与明天	(苏) 斯·阿·海因曼著；王金存，王文修译	1979. 9
45	科学技术译文通报（1967—1972 年累积索引）	中国科技情报研究所编	1973. 12
46	科学年鉴（1973 年）	(美) 威廉 H. 诺尔特主编	1973. 12
47	科学年鉴（1974 年）	(美) 威廉 H. 诺尔特主编	1975. 9
48	科学年鉴（1975 年）	(美) 威廉 H. 诺尔特主编	1976. 12
49	科学年鉴（1979 年）	(美) 威廉 H. 诺尔特主编	1979. 5
50	科学史论文集	上海人民出版社编辑	1975. 9
51	科学研究的艺术	(英) W. I. B. 贝弗里奇著；陈捷译	1978. 2
52	鲁迅和自然科学	刘再复等著	1976. 1
53	偶然性和必然性——略论现代生物学的自然哲学	(法) 雅克·莫诺著；上海外国自然科学哲学著作编译组译	1977. 6
54	全国科学大会文件	人民出版社编	1978. 4
55	人类的继往开来	李炳文，胡波著	1976. 9
56	人类认识的自然界	(美) V. F. 韦斯科夫著；张志三等译	1975. 4
57	少年科技（1）	中国少年儿童出版社编辑	1977. 4
58	少年科技制作（1）	上海人民出版社编	1974. 1
59	少年科技制作（6）	上海教育出版社编	1978. 12
60	少年科学（第 5 期）	上海人民出版社编	1977. 4
61	十万个为什么（1）	上海人民出版社编	1972. 1
62	十万个为什么（10）	上海人民出版社编	1973. 3
63	十万个为什么（11）	上海人民出版社编	1973. 5
64	十万个为什么（12）	上海人民出版社编	1973. 7

（续表）

序　号	题　名	责任者	出版年
65	十万个为什么（13）	上海人民出版社编	1974. 7
66	十万个为什么（14）	上海人民出版社编	1975. 2
67	十万个为什么（15）	上海人民出版社编	1975. 5
68	十万个为什么（16）	上海人民出版社编	1976. 4
69	十万个为什么（19）	上海人民出版社编	1976. 5
70	十万个为什么（2）	上海人民出版社编	1970. 9
71	十万个为什么（20）	上海人民出版社编	1977. 6
72	十万个为什么（3）	上海人民出版社编	1970. 1
73	十万个为什么（4）	上海人民出版社编	1970. 11
74	十万个为什么（5）	上海人民出版社编	1972. 11
75	十万个为什么（6）	上海人民出版社编	1973. 3
76	十万个为什么（7）	上海人民出版社编	1973. 3
77	世界科学译丛（第二辑）	《世界科学》编译组译	1978. 6
78	苏联科学发展史料	中国科学院计划局，中国科学院图书馆编	1979. 3
79	苏联社会科学机构	中国科学院哲学社会科学部情报研究所编	1978. 8
80	摘译 外国自然科学哲学（1974 年第 1 期）	上海外国自然科学哲学著作编译组编	1974. 9
81	摘译 外国自然科学哲学（1974 年第 2 期）	上海外国自然科学哲学著作编译组编	1974. 12
82	摘译 外国自然科学哲学（1975 年第 1 期）	上海外国自然科学哲学著作编译组编	1975. 3
83	摘译 外国自然科学哲学（1975 年第 2 期）	上海外国自然科学哲学著作编译组编	1975. 6
84	摘译 外国自然科学哲学（1975 年第 3 期）	上海外国自然科学哲学著作编译组编	1975. 9
85	摘译 外国自然科学哲学（1975 年第 4 期）	上海外国自然科学哲学著作编译组编	1975. 12
86	摘译 外国自然科学哲学（1976 年第 1 期）	上海外国自然科学哲学著作编译组编	1976. 2
87	摘译 外国自然科学哲学（1976 年第 2 期）	上海外国自然科学哲学著作编译组编	1976. 4
88	摘译 外国自然科学哲学（遗传工程专辑）	上海外国自然科学哲学著作编译组编	1973. 12
89	中国古代科学技术大事记	北京大学物理系《中国古代科学技术大事记》编写小组编	1978. 2
90	中国科学技术史（第三卷）	（英）李约瑟（Joseph Needham）著；《中国科学技术史》翻译小组译	1978. 7
91	中国科学技术史（第五卷）	（英）李约瑟（Joseph Needham）著；《中国科学技术史》翻译小组译	1976. 1
92	中国科学技术史（第一卷）	（英）李约瑟（Joseph Needham）著；《中国科学技术史》翻译小组译	1975. 1
93	中山自然科学大辞典（第 10 册）	叶曙编	1973. 9
94	中山自然科学大辞典（第 1 册）	李熙谋编	1975. 5
95	中山自然科学大辞典（第 2 册）	邓静华编	1972. 8

（续表）

序　号	题　名	责任者	出版年
96	中山自然科学大辞典（第3册）	曹谟编	1975.3
97	中山自然科学大辞典（第4册）	林尔康编	1973.2
98	中山自然科学大辞典（第5册）	朱树恭编	1972.6
99	中山自然科学大辞典（第6册）	林朝棨编	1973.12
100	中山自然科学大辞典（第7册）	李亮恭编	1974.6
101	中山自然科学大辞典（第8册）	刘棠瑞编	1972.1
102	中山自然科学大辞典（第9册）	易希陶编	1974.11
103	自然辩证法问题学习札记	上海人民出版社编	1973.9
104	自然辩证法座谈会选辑	中华人民共和国科学技术协会理论组编	1977
105	自然的启事	王书荣编著	1974.6
106	自然界和社会中现象的普遍联系和相互制约	（苏）尼·弗·蒲霍夫斯基著；蔡华五译	1975.3
107	自然科学基础知识（第三分册）	（美）阿西摩夫著；周惠民等译	1977.12
108	自然科学史	（英）斯蒂芬·F. 柯森著	1977.6

（5）1980—1989年

序　号	题　名	责任者	出版年
1	21世纪的科学技术	（日）科学技术厅编	1983.3
2	八大科技领域巡礼（上册）	信讪诠等编著	1980.3
3	八大科技领域巡礼（下册）	陈浩元等编著	1980.4
4	百科知识十万个为什么（8）	郁贤皓等编	1989.9
5	奔向新世纪的科学技术	（日）尾崎正直著；王迁彬，王映红译	1983.7
6	本世纪二十项科学发现	时事出版社编	1986.6
7	出国参观考察报告（澳大利亚、新西兰太阳能利用研究与应用）	中国科学技术情报研究所编辑	1980.4
8	出国参观考察报告（澳大利亚污水灌溉与有关环境问题研究现状）	中国科学技术情报研究所编辑	1980.7
9	出国参观考察报告（保加利亚土壤普查及成果应用）	中国科学技术情报研究所编辑	1982.7
10	出国参观考察报告（从联合国新能源和可再生能源会议看太阳能技术的最新进展）	中国科学技术情报研究所编辑	1983.1
11	出国参观考察报告（罗马尼亚的农田水利建设和多瑙河罐区见闻）	中国科学技术情报研究所编辑	1980.4
12	出国参观考察报告（意大利的太阳能利用和研究情况）	中国科学技术情报研究所编辑	1982.6
13	大自然在呼救	朱钺，严珊琴编	1984.8
14	当代和未来之间的科学技术	（日）端山贡明编；许振凯译	1989.1
15	当代科学之门	《自然杂志》编辑部	1982.1
16	董纯才科普创作选集	董纯才	1980.3

（续表）

序　号	题　名	责任者	出版年
17	二十世纪科学技术的进展	华林，梅杨同编译	1981.1
18	二十世纪科学技术简史	中国科学院自然科学史研究所近代科学史研究室	1985.6
19	分支系统学译文集	周明镇等编译	1983.9
20	改变人类的尖端科技	（日）尾崎正直著；廖纯仪译	1985.2
21	各国科技要览	梁战平主编	1987.4
22	古今科技名人辞典	（美）阿西摩夫著	1988.5
23	国外科技参考工具书简介（2）	《国外科技参考工具书简介》编辑部编	1980.9
24	国外科技参考工具书简介（4）	中国科学技术情报研究所编	1983.9
25	国外科技参考工具书简介（5）	中国科学技术情报研究所编	1984.11
26	国外科技参考工具书简介（6）	中国科学技术情报研究所编	1986.6
27	国外科技参考工具书简介（7）	中国科学技术情报研究所编	1986.11
28	国外科技参考工具书简介（8）	中国科学技术情报研究所编	1987.12
29	国外科技参考工具书简介（9）	中国科学技术情报研究所编	1989.11
30	汉英科技大词典（上）	王学兴主编	1985.6
31	汉英科技大词典（下）	王学兴主编	1985.6
32	汉英综合科学技术词汇	周荣生等编订	1983.8
33	技术史丛谈	赵继柱等著	1987.1
34	技术史入门	（日）中山秀太郎著；姜振寰等译	1985.8
35	技术突破的冲击波	韩维屏，宫世雄译	1987.8
36	讲科学、破迷信	汇川，苏民等编著	1984.9
37	近代自然科学史概论（下册）	张瑞琨主编	1989.11
38	经互会成员国科学技术进步计划工作	（苏）Б.П.克拉斯诺格拉诺夫著；翁义等译	1987.11
39	经济合作与发展组织科学技术指标——研究与发展资源投入	国家科委综合局主编	1988.1
40	考察与研究	谈家桢主编	1984.12
41	科海浪花集——献给有志于科学的青年人	黄志询编著	1988.5
42	科技成果信息（1985年第10期）	上海交通大学包兆龙图书馆编	1985.11
43	科技成果信息（1985年第1期）	吴善勤主编	1985.4
44	科技成果信息（1985年第2期）	上海交通大学出版社编	1985.5
45	科技成果信息（1985年第3期）	上海交通大学出版社编	1985.6
46	科技成果信息（1985年第4期）	上海交通大学包兆龙图书馆编	1985
47	科技成果信息（1985年第5期）	上海交通大学包兆龙图书馆编	1985.11
48	科技成果信息（1985年第6期）	上海交通大学包兆龙图书馆编	1985
49	科技成果信息（1985年第7期）	上海交通大学包兆龙图书馆编	1985
50	科技成果信息（1985年第8期）	上海交通大学包兆龙图书馆编	1985
51	科技成果信息（1985年第9期）	上海交通大学包兆龙图书馆编	1985
52	科技成果信息集	上海交通大学出版社编	1987.3
53	科技发明成果信息（第二集）	全国发明者联谊会编	1988.8
54	科技发明成果信息（第一集）	全国发明者联谊会编	1987.5

（续表）

序 号	题 名	责任者	出版年
55	科技革命与社会主义文化	（苏）А. И. 阿诺尔多夫等编；张巨沛译	1987. 3
56	科技工具书附录、综录	中科院图书馆编	1983. 8
57	科技现代化	王绶琯主编	1988. 1
58	科技新花集锦	许广湘编	1988. 8
59	科技新书目索引（1982 年）	北京工业大学图书馆采编组编	1982
60	科技英语常用词汇（3000 词）	清华大学外语教研室编	1981. 3
61	科普文摘（第 1 期）	上海市科普创作协会，上海科学技术出版社编	1980. 6
62	科普文摘（第 10 期）	上海市科普创作协会，上海科学技术出版社编	1982. 1
63	科普文摘（第 11 期）	上海市科普创作协会，上海科学技术出版社编	1982. 3
64	科普文摘（第 12 期）	上海市科普创作协会，上海科学技术出版社编	1982. 5
65	科普文摘（第 14 期）	上海市科普创作协会，上海科学技术出版社编	1982. 9
66	科普文摘（第 15 期）	上海市科普创作协会编	1982. 11
67	科普文摘（第 17 期）	上海市科普创作协会，上海科学技术出版社编	1983. 3
68	科普文摘（第 19 期）	上海市科普创作协会，上海科学技术出版社编	1983. 7
69	科普文摘（第 23 期）	上海市科普创作协会，上海科学技术出版社编	1984. 4
70	科普文摘（第 24 期）	上海市科普创作协会，上海科学技术出版社编	1984. 6
71	科普文摘（第 25 期）	上海市科普创作协会，上海科学技术出版社编	1984. 8
72	科普文摘（第 26 期）	上海市科普创作协会，上海科学技术出版社编	1984. 1
73	科普文摘（第 27 期）	上海市科普创作协会，上海科学技术出版社编	1984. 12
74	科普文摘（第 28 期）	上海市科普创作协会，上海科学技术出版社编	1985. 1
75	科普文摘（第 29 期）	上海市科普创作协会，上海科学技术出版社编	1985. 3
76	科普文摘（第 30 期）	上海市科普创作协会，上海科学技术出版社编	1985. 5
77	科普文摘（第 31 期）	上海市科普创作协会，上海科学技术出版社编	1985. 8
78	科普文摘（第 20 期）	上海市科普创作协会，上海科学技术出版社编	1983. 9
79	科普文摘（第 21 期）	上海市科普创作协会编	1983. 12
80	科普文摘（第 5 期）	上海市科普创作协会，上海科学技术出版社编	1981. 3

（续表）

序号	题名	责任者	出版年
81	科普文摘（第6期）	上海市科普创作协会，上海科学技术出版社编	1981.5
82	科普文摘（第7期）	上海市科普创作协会，上海科学技术出版社编	1981.7
83	科普文摘（第8期）	上海市科普创作协会，上海科学技术出版社编	1984.2
84	科学词典	（英）P. 哈特曼·彼德森（P. Hartmann-Petersen），J. N. 皮格弗尔德（J. N. Pigford）编；李敬等译	1989.11
85	科学的价值	（法）昂利·彭加勒著；李醒民译	1988.5
86	科学发现与发明辞典	（民主德国）瓦尔特·康拉德等著；周忠德等译	1987.6
87	科学发展若干问题探讨（中国科学技术协会三届三次全委员会学术论文集）	中国科学技术协会编	1988.1
88	科学技术成果报告	中国科学技术情报研究所编	1980.7
89	科学技术的发展	中国科学院自然科学研究所近现代科学史研究室编	1982.9
90	科学技术的惊人突破	（美）帕纳蒂编著；戴可风，陈山译	1987.3
91	科学技术的前沿学科展望	美国科学工程和公共政策委员会编；佟丕济等译	1986.1
92	科学技术发现发明纵览	葛能全编著	1986.5
93	科学技术发展概要	邢广义，赵良庆编著	1988.12
94	科学技术史词典	（日）伊东俊太郎等编；樊洪业等编译	1986.12
95	科学技术史概要	张文彦主编	1989.4
96	科学技术史讲义	清华大学自然辩证法教研组编	1982.8
97	科学技术统计——对研究和实验发展活动进行调查的推荐标准规范	经济合作和发展组编；俞胜弟译	1985.5
98	科学技术学概论	林超然主编	1987.2
99	科学技术译文通报（1983年年度索引）	中国科学技术情报研究所编	1984.11
100	科学家的思维方法	姜念涛著	1984.5
101	科学家谈科学（第四辑）	中央人民广播电台科技组，科学部及出版社编辑部编	1986.6
102	科学家谈科学（第五辑）	中央人民广播电台科技组，科学部及出版社编辑部编	1986.6
103	科学家谈科学（第一辑）	中央人民广播电台科技组，科学部及出版社编辑部编	1982.5
104	科学年鉴（1980年）	（美）诺尔特（W. H. Nault）主编	1982.1
105	科学年鉴（1981年）	（美）诺尔特（W. H. Nault）主编	1983.9
106	科学年鉴（1982年）	（美）诺尔特（W. H. Nault）主编	1984.7
107	科学年鉴（1983年）	（美）诺尔特（W. H. Nault）主编	1984.7
108	科学年鉴（1985年）	（美）罗伯特O. 泽伦尼主编	1986.12
109	科学年鉴（1986年）	（美）罗伯特O. 泽伦尼主编	1987.1
110	科学年鉴（1988年）	（美）罗伯特O. 泽伦尼主编	1989.12

（续表）

序 号	题 名	责任者	出版年
111	科学探索之路	宋立军，元文玮著	1981. 12
112	科学研究对象、方向、方法	（苏）巴利切夫斯基著；王魁业等译	1984. 8
113	科学研究论文（第19集）	中科院水利水电部水利水电科学院编	1984. 11
114	科学疑题	（美）C. P. 贾戈基著；丁振祺译	1985. 8
115	科学杂志（1985年 第2期）	《科学》杂志编委会编	1985. 12
116	科学札记	能源出版社编	1983. 9
117	科学之锦（1）	刘有常著	1980. 4
118	科学之谜	黄梦平，杨国光等译	1980. 2
119	历史上的科学	（英）贝尔纳（J. D. Bernal）著；伍况甫等译	1981. 7
120	茅以升科普创作选集（第二集）	茅以升编	1986. 1
121	美国的高技术时代	俞启宇著	1984. 1
122	美国的科学技术潜力	（苏）В. И. 格罗米卡著；李怀先等译	1982. 11
123	美国科学家论近代科技	（美）D. J 凯福尔斯，J. L 斯托尔乔，等著；范岱年等译	1987. 3
124	美国政府研究报告通报（2）	中国科学技术情报研究所编	1980. 1
125	美国政府研究报告通报（5）	中国科学技术情报研究所编	1982. 5
126	明天将发明什么（一）——到本世纪末的一些预测	（美）S. 罗森著；奚兆炎等译	1981. 1
127	明天将发生什么（二）——到本世纪末的一些预测	（美）S. 罗森著；奚兆炎等译	1980. 1
128	南开大学自然科学论文摘要集（1981—1985年）	南开大学图书馆学系编	1988. 2
129	你知道吗？现代科学中的一百个问题	（美）阿西莫夫著；暴永宁等译	1980. 4
130	钱宝琮科学史论文选集	中国科学院自然科学史研究所编	1983. 1
131	全国高等院校自然科学学报总目录（1950—1981年）	兰州大学图书馆，兰州大学学报编辑室编	1982. 11
132	日本科学技术开发的道路	（日）工业技术院编；胡培纶，李谌章译	1986. 8
133	日本未来技术800项	上海科学技术情报研究所情报研究室译	1986. 11
134	日本未来技术的预测与应用	（日）森谷正规著；赵坤，马爱诗等译	1987. 6
135	日汉科技词汇大全	王同亿主编	1985. 12
136	日美欧技术开发之战——国际技术比较研究论	（日）森谷正规著；呈永顺，陶建明译	1984. 6
137	日用科技常识手册	中国青年出版社编辑	1984. 8
138	上海科技（1949—1984年）	《上海科技》编辑部编辑	1985. 12
139	上海科学技术文献译文通报（第二十八辑）	上海科学技术情报研究所编	1987. 3
140	上海科学技术文献译文通报（第二十辑）	上海科学技术情报研究所编	1985. 4
141	上海科学技术文献译文通报（第二十六辑）	上海科学技术情报研究所编	1986. 11
142	上海科学技术文献译文通报（第二十七辑）	上海科学技术情报研究所编	1986. 11

（续表）

序　号	题　名	责任者	出版年
143	上海科学技术文献译文通报（第二十三辑）	上海科学技术情报研究所编	1986. 4
144	上海科学技术文献译文通报（第二十四辑）	上海科学技术情报研究所编	1986. 1
145	上海科学技术文献译文通报（第二十一辑）	上海科学技术情报研究所编	1985. 8
146	上海科学技术文献译文通报（第六辑）	上海科学技术情报研究所编	1981. 11
147	上海科学技术文献译文通报（第三十二辑）	上海科学技术情报研究所编	1988. 3
148	上海科学技术文献译文通报（第三十辑）	上海科学技术情报研究所编	1987. 1
149	上海科学技术文献译文通报（第三十六辑）	上海科学技术情报研究所编	1989. 3
150	上海科学技术文献译文通报（第三十三辑）	上海科学技术情报研究所编	1988. 3
151	上海科学技术文献译文通报（第三十四辑）	上海科学技术情报研究所编	1988. 3
152	上海科学技术文献译文通报（第三十五辑）	上海科学技术情报研究所编	1989. 3
153	上海科学技术文献译文通报（第十九辑）	上海科学技术情报研究所编	1984. 9
154	上海科学技术文献译文通报（总第十三辑）	上海科学技术情报研究所编	1983. 5
155	上海科学技术文献译文通报（总第十四辑）	上海科学技术情报研究所编	1983. 7
156	神奇的大自然	（苏）缅仁泽夫；杨绍林译	1987
157	生活与科学（第一辑）	黑龙江科学技术出版社编	1980. 3
158	实用日汉科技词典	方白等编	1985. 11
159	世界各国科技事业——437 种图书介绍	陆蓝天等编	1987. 2
160	世界新的技术革命参考资料（一）	山东师范大学科技情报资料室编	1984. 3
161	世界新的技术革命介绍	中国社会科学院经济研究所学术资料室编	1984. 1
162	世界新的技术革命与对策	《经济参考》编辑部编	1984. 8
163	世界新技术的今天和明天	王超平等编	1989. 1
164	世界新技术革命小辞典	樊洪业，乐秀成等编译	1984. 7
165	世界之谜	（日）庄司浅水著；张彦民编译	1981. 4
166	苏联的科学	（英）Z. A. 麦德维杰夫著；刘祖慰等译	1981. 5
167	苏联科技长远发展规划（综述）	中国科学技术情报研究所重庆分所编辑	1984. 11
168	台湾科普文选（上集）	《台湾科普文选》编辑组编	1982. 5
169	台湾科普文选（下集）	《台湾科普文选》编辑组编	1982. 5
170	探索科学真理的征途	冯之浚著	1983. 9
171	天下之奇（3）	上海科学技术出版社编	1986. 6
172	天下之奇（4）	上海科学技术出版社编	1987. 1
173	天下之奇（1）	上海科学技术出版社编	1982. 2

（续表）

序　号	题　名	责任者	出版年
174	外国科学技术发明家	石玉良编译	1987. 7
175	我们周围的新科学技术	（苏）巴·克鲁尚采夫著；王汶编译	1986. 3
176	乌鲁木齐文史资料（第二辑）	中国人民政治协商会议乌鲁木齐市委员会文史资料研究委员会编	1982. 7
177	乌鲁木齐文史资料（第三辑）	中国人民政治协商会议乌鲁木齐市委员会文史资料研究委员会编	1982. 11
178	乌鲁木齐文史资料（第四辑）	中国人民政治协商会议乌鲁木齐市委员会文史资料研究委员会编	1982. 11
179	乌鲁木齐文史资料（第一辑）	中国人民政治协商会议乌鲁木齐市委员会文史资料研究委员会编	1982. 5
180	无用的科学发现	（苏）维·佩克利斯原著；程慧，李平沤译	1987. 4
181	西方伪科学种种	（美）马丁·加德纳著；贝金译	1984. 12
182	西文科技会议录联合目录（1976—1978 年）	北京图书馆联合目录编辑组编	1981. 3
183	西文科技学术会议录联合目录（续编）	北京图书馆联合目录编辑组编	1989. 6
184	现代科技干部读本	陶承德主编	1985. 6
185	现代科学技术词典（上）	王同亿编审	1980. 12
186	现代科学技术词典（下）	王同亿编审	1980. 12
187	现代科学技术新概念手册	朱长超，江世亮主编	1989. 11
188	现代科学技术与独创精神	（日）川上正光，本间三朗编；金秀红译	1989. 7
189	新俄汉综合科技词汇	蓝仁侠编	1986. 1
190	新技术革命的崛起	李宝恒著	1984. 7
191	新技术革命对世界的影响	姚琮著	1984. 1
192	新技术革命小辞典	机械科学研究院技术发行处编	1985. 4
193	新技术革命资料选辑	哈尔滨工业大学自然辨证法研究室编	1984. 4
194	新科技进步论	李树林著	1988. 12
195	新科技知识概要	朱宗奎编著	1988. 8
196	业余爱好者的科学	（美）C. L. 斯托克著；黄宗成译	1986. 1
197	英汉科技常用词汇	《英汉科技常用词汇》编辑组编	1980. 7
198	英汉科技词汇大全	王同亿主编	1984. 4
199	英汉科技词典	王同亿主编	1987. 12
200	英汉科技大词库（第二卷）	黑龙江大学英语辞书研究室编	1988. 3
201	英汉科技大词库（第四卷）	黑龙江大学英语辞书研究室编	1988. 9
202	英汉科技大词库（第一卷）	黑龙江大学英语辞书研究室编	1987. 1
203	英汉科技缩写词汇	阎庆甲编	1981. 2
204	英汉科技文献缩略语词典	王津生，王知津编	1986. 3
205	英汉现代科学技术词汇——兼作《现代科学科学技术词典》索引	《英汉现代科学技术词汇》编辑组编	1982. 8
206	迎接新的技术革命——新技术革命知识讲座（下册）	湖南科学技术出版社编	1984. 11
207	怎样参加国际科技会议	胡庚申著	1987. 8

（续表）

序 号	题 名	责任者	出版年
208	怎样搞发明创造	（美）G. 基文森著；赵晨译	1985. 8
209	怎样使你的大脑更灵敏	（英）汤尼·布仁著；刘云鹤译	1985. 4
210	中国大地的探索者	甄朔南，王仰之著	1986. 4
211	中国科技史话（上册）	杨文衡等编著	1988. 7
212	中国科技史料（第三辑）	《中国科技史料》编委会编	1981. 1
213	中国科学技术史概述	毕剑横编著	1985. 5
214	中国科学技术史稿（上册）	杜石然等著	1982. 8
215	中国科学技术史稿（下册）	杜石然等著	1982. 9
216	中国科学家辞典（现代第三分册）	《中国科学家辞典》编委会	1984. 8
217	中国科学家辞典（现代第四分册）	《中国科学家辞典》编委会	1985. 1
218	中华人民共和国科学技术大事记（1949—1988 年）	张应吾主编	1989. 9
219	中文版科技工具书辞典	张治江主编	1989. 5
220	重大科学发现个例研究	钱时惕主编	1987
221	自然·科学·辩证法	东北师范大学自然辩证法研究室编著	1984. 8
222	自然辩证法参考资料目录索引（1949—1978 年）	中国社会科学院哲学研究所自然辩证法研究室编	1980. 4
223	自然辩证法概要	张文彦等编著	1988. 4
224	自然辩证法教程	吉林省工科高等院校编	1983. 9
225	自然辩证法原理	中国科学技术大学等编	1984. 6
226	自然科学的发展与认识论	陈昌曙编著	1983. 11
227	自然科学的哲学	（美）C. G. 亨佩尔著；陈维杭译	1986. 3
228	自然科学发展简史	萧子健等编	1985. 7
229	自然科学概论	杨世珍，阎荃生等编著	1987. 5
230	自然科学概要	吴义生，孙慧英等著	1981. 8
231	自然科学奖励项目公报（1982 年）	国家科委科学技术研究成果管理办公室编	1984. 2
232	自然科学年鉴（1981 年）	《自然杂志》编辑部编	1981. 11
233	自然科学年鉴（1982 年）	《自然杂志》编辑部编	1982. 12
234	自然科学年鉴（1984 年）	《自然杂志》编辑部编	1986. 12
235	自然科学年鉴（1985 年）	《自然科学年鉴》编辑部编	1987. 5
236	自然科学年鉴（1986 年）	《自然科学年鉴》编辑部编	1988. 12
237	自然科学年鉴（1988 年）	《自然科学年鉴》编辑部编	1989. 12
238	自然科学趣谈（下）	（美）罗伊 A. 盖朗特等著；董眉君等译	1984. 1
239	自然科学小词典	王大光等编	1983. 11
240	自然科学哲学的探索	内蒙古自然辩证法研究会编	1983. 7
241	最新科学技术趣谈	（日）尾崎正直著；刘晓侦译	1986. 4

(6) 1990—1999 年

序　号	题　名	责任者	出版年
1	1992 年度国家自然科学基金项目指南	中国国家自然科学基金委员会编	1991. 11
2	阿汉英科技词典	张志民，董兴海编著	1991. 6
3	当代科学实在论	郭贵春著	1991. 9
4	第三届国际中国科学史讨论会论文集	杜石然主编	1990. 3
5	俄汉科技词典	《俄汉科技词典》编写组	1991. 12
6	俄汉科技新词词典	张后尘	1990. 11
7	各国科技要览：40 个国家的科学技术	梁战平主编	1991. 1
8	国际科技交流工作手册	张洪淇等编	1991. 12
9	国外基本科技工具书指南	(美) E. P. 希伊编；邵献图等译	1990
10	汉俄英科学技术大辞典	陈振声主编	1992. 2
11	假设和预测——浅谈科学的未来	(苏) 波斯佩洛夫等著；莫恭敏等译	1991. 6
12	简明自然科学小词典	夏兆扬主编	1990. 1
13	经济合作与发展组织科学技术指标——技术的生产与扩散	国家科委综合司编	1992. 1
14	科技发展与预测	蒋沁，赵克斌等编著	1991. 7
15	科技进步认识与实践	丁贵明等著	1992. 3
16	科技进步与社会发展	郝志功等主编	1990. 9
17	科技前沿大扫描	中央人民广播电台“科技与社会”节目组编	1992. 5
18	科技战线五十年	武衡著	1992. 12
19	科学技术是第一生产力——看北京看世界看未来	北京市科技情报所编著	1991. 12
20	科学年鉴（1989 年）	(美) 罗伯特 O. 泽伦尼主编	1990. 12
21	科学年鉴（1990 年）	(美) 罗伯特 O. 泽伦尼主编	1991. 12
22	美国科学指标（1985 年）	美国国家科学理事会编	1991. 3
23	全国标准化科技成果选编（1979—1989 年）	国家技术监督局科技司编	1990. 1
24	全国科技图书总览（1990 年）	中国出版工作者协会编	1991. 12
25	日本科技白皮书——走向国际化的日本科学技术（1987 年版）	国家科委综合计划司主编；项丽芳，金小青译	1991. 2
26	上海科技改革	金桂青编	1992. 11
27	上海科学技术文献译文通报（第三十九辑）	上海科学技术情报研究所编	1990
28	上海科学技术文献译文通报（第四十一辑）	上海科技技术情报研究所编	1990. 1
29	实用科技法	陶鑫良等主编	1991. 6
30	苏联当代科技纵览	廖纲煊，和宝彩编	1990. 1
31	现代科技革命史	刘新启著	1994. 2
32	现代科学技术概论	吴三复著	1992. 9
33	相似系统论	周美立著	1994. 3

（续表）

序　号	题　名	责任者	出版年
34	英日汉对照日本机构名称手册	朱岚，潘桂敏等编译	1991.12
35	中国发明	中国发明协会中国新闻社编	1994.9
36	中国国家标准汇编（111 GB9334—9400）	中国标准出版社总编室编	1993.1
37	中国国家标准汇编（123 GB9926—10014）	中国标准出版社总编室编	1993.7
38	中国国家标准汇编（125 GB10091—10179）	中国标准出版社总编室编	1993.5
39	中国国家标准汇编（128 GB10294—10399）	中国标准出版社总编室编	1993.4
40	中国国家标准汇编（131 GB10615—10685）	中国标准出版社总编室编	1993.6
41	中国国家标准汇编（137 GB22262—11250）	中国标准出版社总编室编	1993.7
42	中国科技瞭望	《科技日报》编	1991.9
43	中国科技史话（下册）	杨文衡等编著	1990.6
44	中国科学技术发展规划与计划	苑广增，高筱苏等编著	1992.9
45	中国科学技术政策指南——科学技术白皮书（第4号）	国家科学技术委员会编	1990.9
46	中国科学技术政策指南——科学技术白皮书（第5号）	国家科学技术委员会编	1992.8
47	中外科技工具书指南	尹华清	1991.4
48	自然科学大事典	张文彦等主编	1992.7
49	自然科学年鉴（1989年）	自然科学年鉴编辑部编	1990.9
50	自然科学学科辞典	姜振寰主编	1991.9

新疆维吾尔自治区农业科学院图书馆馆藏图书资料目录

（第二册）

◎ 岳丕昌　主编

中国农业科学技术出版社

《新疆维吾尔自治区农业科学院图书馆馆藏图书资料目录》

编 委 会

《新疆维吾尔自治区农业科学院图书馆馆藏图书资料目录》(第二册)

编 写 人 员

主　编：岳丕昌

副主编：赵瑞雪* 寇远涛*

参　编：李东丽　刘平芳　李琼诗　赵　斌　鲜国建*
　　　　郭　军　蒋国伟　许士东　刘亚楚　侯　迪**
　　　　王　雷

核　校：阮金謌

（*：作者单位为中国农业科学院农业信息研究所；**：作者单位为西北民族大学新闻传播学院；其他作者单位均为新疆维吾尔自治区农业科学院）

前　言

新疆维吾尔自治区农业科学院（以下简称“新疆农业科学院”，全书同）图书馆始建于1979年。建馆以来，依托馆藏图书文献资料，开展信息、咨询服务，为全院科研、推广、成果转化等工作提供了有力的信息支撑。

为了使我院馆藏图书资料的利用更加方便快捷，促进图书等信息资源共享，在国家科技图书文献中心（NSTL）的大力支持下，在中国农业科学院农业信息研究所的指导和帮助下，我们研究开发了新疆农业科学院馆藏图书资料目录信息管理系统，构建了新疆农业科学院馆藏图书资料目录数据库。为便于广大读者了解我院馆藏图书资料情况，并借助馆藏图书目录数据库更好地利用馆藏图书资料，我们组织编写了《新疆维吾尔自治区农业科学院图书馆馆藏图书资料目录》。

馆藏图书资料目录分三册，第一册和第二册为此次公开出版的图书。其中，第一册共收编（A）马克思主义、列宁主义、毛泽东思想、邓小平理论；（B）哲学、宗教；（C）社会科学总论；（D）政治、法律；（E）军事；（F）经济；（G）文化、科学、教育、体育；（H）语言、文字；（I）文学；（J）艺术；（K）历史、地理；（N）自然科学总论等十二大类图书书目12 312条。第二册共收编（O）数理科学和化学；（P）天文学、地球科学；（Q）生物科学；（R）医药、卫生；（S）农业科学等五大类图书书目13 336条。

馆藏图书资料目录中，一级标题按照中国图书分类法，依次为A、B、C……Z，二级标题按照图书资料出版年代，依次为1949年以前、1950—1959年、1960—1969年……1990—1999年，二级标题下的书目按照汉语拼音字母顺序由前到后依次排序。

衷心希望我们的工作能为广大读者全面了解和利用新疆农科院图书馆馆藏图书资料提供帮助。

由于我们的水平有限，不足之处在所难免，敬请批评指正。

新疆农业科学院图书馆馆藏图书资料目录数据库研建课题组

2018年10月28日

目　录

第一册

第二册

新疆维吾尔自治区农业科学院图书馆馆藏图书资料目录（第二册）说明

第二册共收编图书书目 13 336条。其中，收编（O）数理科学和化学类图书书目 1 319条；（P）天文学和地球科学类 769 条；（Q）生物科学类 1 844条；（R）医药、卫生类 546 条；（S）农业科学类 8 858条。按出版年代统计，收编 1949 年以前的图书书目 282 条，1950—1959 年 3 783条，1960—1969 年 2 403条，1970—1979 年 1 601条，1980—1989 年 4 116条，1990—1999 年 1 151条。收编的各个年代各类图书书目数量详见下表。

各类、各年代图书书目收录数量统计表

项　目	O	P	Q	R	S
1949 年前	1	7	41	4	229
1950—1959 年	384	269	521	120	2 489
1960—1969 年	352	161	396	92	1 402
1970—1979 年	159	85	231	80	1 046
1980—1989 年	397	207	514	194	2 804
1990—1999 年	26	40	141	56	888

收录的各类图书书目具体如下。

O　数理科学和化学

本部分共收编数理科学和化学类图书书目 1319 条。其中，收编 1949 年以前出版的该类图书书目 1 条，1950—1959 年 384 条，1960—1969 年 352 条，1970—1979 年 159 条，1980—1989 年 397 条，1990—1999 年 26 条。具体目录如下。

（1）1949 年以前

序　号	题　名	责任者	出版年
1	趣味物理学（苏联青年科学丛书）	（俄罗斯）别莱利曼著；符其珣译	1855. 2

（2）1950—1959 年

序　号	题　名	责任者	出版年
1	1917—1947 三十年来的苏联力学（论文集）	（苏）B. 3. 符拉索夫著；林鸿荪译	1959. 1
2	M—3 小型电子计算机	（苏）B. B. 培雷斯基等著；中国科学院计算技术研究所译	1959
3	PH 与电滴定	（美）L. M. Kolthoff，H. A. Laitinen 著；王铎安译	1959. 12
4	X 射线基础	（苏）伊・维・亚沃尔斯基著；田玉译	1959. 4
5	氨羧络合剂及其在分析化学上的应用	陈执中编著	1958. 1
6	百分比查对表	石锡琛编	1959. 4
7	百分比及乘除三用数表	厉晋元编著	1957. 8
8	百分比简易计算手册	涂志伸编；陈福临校	1955. 1
9	百分比数表	徐敏惠编	1959. 12
10	半导体科学文献索引（1920—1952 年）	苏联科学院半导体研究所编；中国科技情报研究所译	1959. 9
11	半导体温差电偶	（苏）A. Φ. 约飞著；潘金声译	1958
12	半导体物理实验	刘士毅等编	1959
13	半导体物理学	黄昆，谢希德著	1958
14	半微量定性分析（上册）	（苏）B. H. 阿列克谢耶夫著；黄仕永译	1957. 9
15	半微量定性分析（下册）	（苏）B. H. 阿列克谢耶夫著；黄仕永译	1957. 9
16	半微量有机制备法	李善馥编译	1952
17	逼近论讲义	（苏）H・H・阿赫叶惹尔著；程民德等译	1957. 1
18	比例和百分法	沈超等著	1957. 2

（续表）

序 号	题 名	责任者	出版年
19	比色分析	（苏）A·K巴布科，A·T彼利平科著；施绍银，水志良译	1958. 4
20	标记原子	（苏）C. B. 阿尔特舒列尔著；谢百魁译	1955. 5
21	不等距数值微分公式与系数表及其在偏微分方程数值解上的应用	吴仲华著	1959. 12
22	测定值计算基础	张启人编著	1959. 11
23	常微分方程论讲义	（苏）И. Г. 彼得罗夫斯基著；黄克欧译	1959. 5
24	常用计量计算手册（修订本）	程理浚编	1959. 9
25	场论	（苏）Л. Д. 朗道 E. M. 栗弗席兹著；任朗，袁炳南译	1959. 8
26	超高频天线	（苏）H. T. 薄瓦讲；南京大学物理系无线电教研组译	1959. 8
27	超声的应用	邵卫平	1959. 8
28	超音速空气动力学	（苏）A. 费里著；郭达进，巢以明译	1959. 8
29	乘除简易查算表	上海财经经济出版社编	1959. 12
30	初等几何学教程（上卷）	（苏）别列格尔金著	1959. 1
31	初等几何学教程（下卷）	（苏）别列格尔金著	1959. 1
32	初级物理学（第二册）	（苏）兰茨别雨格著；王子昌译	1958. 12
33	初等原子物理学	田渠著	1959. 7
34	纯化学试剂（上册）	（苏）Ю. B. 卡尔雅金著；于忠等译	1955. 12
35	从近代物理学来看宇宙	（德）普朗克著；何青译	1959. 1
36	催化作用中的示踪原子	（苏）Л. Я. 玛尔高利斯著；任新民译	1959. 12
37	大众速成珠算	华印椿著	1955. 1
38	大众物理学	江苏师范学院物理系编著	1959. 9
39	代数（第五册）	天津市广播函授大学预科数学教研组	1959. 5
40	代数浅说	周伯埙编著	1959. 12
41	代数（试用本）	邹定仪	1959. 1
42	代数学辞典	（日）长泽龟之助著；薛德炯编译	1959. 1
43	弹性理论（高等学校教学用书）	（苏）A. M. 卡兹编著；王知民译	1959. 12
44	弹性与塑性理论	（苏）H. И. 别茹霍夫著；杜庆华等译	1956. 12
45	倒数表	H. C 别林基等著	1959. 9
46	倒易晶格空间构造	（苏）И. B. 亚沃尔斯基著；田玉译	1959. 1
47	电磁波与辐射系统	（美）E. C. 约敦著	1959. 6
48	电磁学讲义（上册）	江苏师范学院物理系编委会编	1959. 12
49	电化学概论（上）	（美）格拉斯登（S. Glasstone）著；贾立德等译	1958. 6
50	电化学概论（下）	（美）格拉斯登（S. Glasstone）著；贾立德等译	1959. 11
51	电声学基础	（德）F. A. 费歇尔（F. A. Fischer）著；王谨之，沈俞坤译	1958. 8
52	电学光学原子物理学问题介绍	《物理通报》编委会编	1959. 8

（续表）

序号	题名	责任者	出版年
53	电真空技术的物理基础	（苏）K.И. 克雷洛夫著；孟昭英等译	1955.8
54	定量分析	（苏）沙比罗著；张曾譓等译	1956
55	定量分析（下）	（苏）E.B阿列克谢耶夫斯基等著；北京大学化学系分析化学教研室译	1955.11
56	定量分析（中）	（苏）E.B阿列克谢耶夫斯基等著；北京大学化学系分析化学教研室译	1955.8
57	定量化学分析（上册）	曹元宇著	1957.2
58	定量化学分析（下册）	曹元宇著	1957
59	定性分析	（苏）B.H. 阿列克谢耶夫著；孙君立译	1959
60	定性分析（第二册）	（苏）B.И. 别特拉申著；周定等译	1957.8
61	定性分析（第三册）	（苏）B.И. 别特拉申著；周定等译	1957.8
62	定性分析（第一册）	（苏）B.И. 别特拉申著；周定等译	1957.1
63	定性分析化学	（美）诺伊斯（Arthun A. Noyes）著；蓝春池译	1950
64	定性分析教科书	化学工业部中等专业学校教材编写组编	1959
65	定性分析实验	杭州化工学校分析化学学科委员会编	1959.1
66	动力学	中国物理学会上海分会等编	1959.6
67	俄汉对照化学专业常用词汇编	北京大学俄语系俄语教组主编	1959.11
68	俄汉化学化工词汇	中国科学院编译出版委员会名词室	1959.9
69	俄汉物理学词汇	中国科学院编译出版委员会名词室	1959.12
70	俄华英化学辞典	郭明达	1955.11
71	俄罗斯之光（科学和科学家的故事）	（苏）Ф. 维伊特科夫著；冬阳译	1956.9
72	俄中数学名词	中国科学院编译出版委员会名词室	1959.7
73	发光分析	（苏）斯维托夫著；石岩山译	1958.8
74	泛函分析讲义	关肇直编	1958.9
75	放射化分析	毕木天著	1959.2
76	放射化学试验教程（高校教学用书）	（苏）AH.H. 涅斯米扬诺夫等编；苏峙鑫等译	1959
77	放射能的发现	（苏）И. 涅察叶夫著；郭文杰译	1956.9
78	放射性辐射防护手册	（苏）H.Г. 古雪夫著；邝华俊，戴方圣译	1959.4
79	放射性同位素	（英）W.J. 华脱霍斯，J.L. 布特门著；汤良知译	1959
80	放射性同位素的测量	（英）达尼斯·台劳著；程致中等译	1959.4
81	放射性元素的防御	（法）P. 日诺（P. Genaud）著；陶坤，卢侃译	1959
82	非水溶液滴定法及其应用	陈执中编	1959.5
83	分部分析	（苏）H.A. 坦那纳也夫著；赵梦瑞等译	1955.9
84	分光化学分析	（美）L.H. 爱伦斯（L.H. Ahrens）著；殷宁万译	1956.8
85	分析化学（上册）	汪葆浚等编	1959.8
86	分析化学理论基础及计算	黄炳荣编	1959

（续表）

序　号	题　名	责任者	出版年
87	分析化学实验（上册）	王明德，汪树玉等编	1959.8
88	分析化学实验（下册）	王明德，汪树玉等编	1959.8
89	分析化学习题汇编	（苏）A.M.华西里耶夫著；北京地质学院化学教研室译	1959.3
90	分子化学（下册）	汪葆浚等编	1959.1
91	分子物理学（上册）	（苏）E.A.史特劳夫著；戈革译	1959.5
92	分子物理学和热学	中国物理学会上海分会中学物理教学研究委员会编	1958.5
93	辐射的生物效应与安全防护	中国科学院原子核科学委员会编委会	1959.12
94	复数概论	叶世源著	1959.12
95	高等代数教程	（苏）E.C.里亚平著；雷垣等译	1956
96	高等几何（上册）	（苏）H.B.叶非莫夫著；裘光明译	1954
97	高等数学教程	（苏）H.П.塔拉索夫著；丁寿田等译	1957.1
98	高等数学教程（第一卷第一分册）	吴肇直编	1959
99	高等数学袖珍手册	胡淑洪编	1959.2
100	高等数学学习方法指导书（上册）	同济大学数学教研组编	1959.8
101	高分子化合物化学	（苏）柯尔沙克著；中国科学院应用化学研究所高分子化合物化学译校小组译	1955
102	高分子化学基本书目	中国科学院图书编	1959.4
103	高聚物的分子量测定	钱人元著	1959.8
104	高温计的构造和使用	裘烈钧编著	1954
105	高中数学复习资料（修订本）	中国数学会上海分会中学数学研究委员会编	1959
106	功和能	中国物理学会上海分会等编	1958.1
107	固体物理学	程开甲著	1959.9
108	馆藏俄文化学图书简目	南京图书馆编	1959.2
109	馆藏西文化学图书简目	南京图书馆编	1959.2
110	馆藏中文化学图书简目	南京图书馆编	1959.2
111	光的世界	文雨编著	1959
112	光谱化学分析的原理及其应用	（美）N.H.纳赫特里伯著；郑康乐译	1959.7
113	光学（下）	（苏）Г.C.兰斯别尔格著；王鼎昌译	1956.3
114	光学（下）	（苏）Г.C.兰斯别尔格著；王鼎昌译	1956.3
115	硅有机化合物分析	（苏）A.П.克列什科夫等编；陈演汉译	1958
116	函数表与积分表	（苏）И.M.雷日克，И.C.格拉德什坦编著；高等教育出版社编辑部译	1959.12
117	函数构造论（上册）	（苏）И.П.纳唐松著；何旭初译	1958.6
118	函数构造论（下册）	（苏）И.П.纳唐松著；何旭初译	1959.9
119	红外线辐射	（法）M.A.安戈原著；中国科学院上海无线电技术研究所资料图书室译	1959.12
120	红外线光谱与有机化合物分子结构的关系	黄鸣龙编著	1958.9
121	宏观电动力学	（苏）A.A.富拉索夫著；罗零译	1959.9

（续表）

序　号	题　名	责任者	出版年
122	化学（红专建筑工程学校教材）	哈尔滨建筑工程学院	1959. 5
123	化学的应用	周余庆编	1959. 6
124	化学方程式的组成	（苏）A. A. 库德利雅夫采夫著；曹庭礼等译	1956. 11
125	化学方程式与化学计算	张式之编著	1955. 6
126	化学分析基本知识	钢铁研究院分析室著	1959. 7
127	化学符号、化学式和化学方程式	树成编著	1958. 6
128	化学工作者计算手册	（苏）Ю. 鲁利耶编；王正华，席时佳译	1959. 2
129	化学化工目录	苏州市图书馆	1959. 11
130	化学计算	（美）H. V. 安得松著；周文译	1958. 1
131	化学教学法讲义	北京师范大学化学系化学教学法教研组编	1959. 11
132	化学实验室的安全技术	（苏）M. П. 谢里瓦诺夫著；夏绍武译	1959. 12
133	化学实验室流水作业法	（苏）И. B. 什马年科夫等编；中央地质部编译出版室编译	1954. 1
134	化学实验演示与作业	周颂高等编；董纯维绘	1958. 12
135	化学试剂与制剂手册	（苏）B. H. 库兹涅佐夫著；于忠等译	1957
136	化学文献提要	中国化学会上海分会等编	1958. 8
137	画法几何方法及其应用	（苏）H. Ф. 切特维鲁新主编；武汉水利学院画法几何及制图教研组编译	1959. 4
138	机工趣味化学	黄尧仁编	1959. 6
139	积分学	（苏）H. H. 鲁金著；谭家岱，张理京译	1957. 5
140	极谱分析法	（美）密勒，O. H. 著；杨静勤译	1958. 1
141	极谱分析实用参考资料	冶金工业部有色金属研究院分析室编	1959. 1—1959. 10
142	极谱技术	L. 麦蒂斯（Louis Meites）著；胡茵华译	1958. 8
143	极谱学（第一册）	（美）柯尔蜀夫（Isaac Maurits Kolthoff），林干（James Joseph Lingane）著；许大兴译	1956. 4
144	极谱学文献内容索引（第二册）	（捷）J. 海洛夫斯基著；韩组康编辑	1958. 8
145	几何光学	（苏）Г. Г. 斯留萨列夫著；赵文桐，刘亚里译	1959. 7
146	几何基础知识（自然科学丛书）	赵华等编著	1959. 8
147	几何学辞典（题解中心）	（日）长泽龟之助著；薛德炯编译	1959. 1
148	几何学通论	秦元勋著	1959. 1
149	几何作图 非欧几何 逻辑初步	中国数学会数字通报编委会编	1959. 12
150	计算方法	胡祖炽著	1959. 5
151	计算实习（第一分册）	王德人等编	1959. 1
152	简明化学手册	（苏）B. И. 别列利曼著；顾振军，吴国沛译	1959. 2
153	简明有机化学实验指南	（苏）B. B. 涅克拉索夫著；余仲建译	1954. 1
154	渐进积分和积分逼近	徐利治著	1958. 7

（续表）

序 号	题 名	责任者	出版年
155	胶体化学教程（上）	（苏）Н.П. 培斯可夫，Е.М. 亚历山大罗娃·普列斯著；陈惟同等译	1956.1
156	胶体化学教程（下）	（苏）Н.П. 培斯可夫，Е.М. 亚历山大罗娃·普列斯著；陈惟同等译	1956.1
157	胶体化学实验作业指南	（苏）普契洛娃著；南开大学物理化学教研组译	1955
158	胶体物理化学（上）	（苏）С.М. 李帕托夫著；南京大学胶体化学教学小组等译	1954.12
159	胶体物理化学（下）	（苏）С.М. 李帕托夫著；南京大学胶体化学教学小组等译	1954.12
160	结构晶体学	（苏）Н.В. 别洛夫著；萧序刚译	1956.1
161	结构力学（下册）	湖南大学结构力学教研组	1959.12
162	结晶化学	唐有祺编著	1957
163	解析函数论	（苏）А.И. 马库雪维奇著；黄正中等译	1959.4
164	解析集合论讲义及其应用	（苏）Н.Н. 鲁辛著；丁石孙译	1958.4
165	解析几何讲义	陈受编	1958.8
166	解析几何学讲义（第二分册）	董寿成编	1959.7
167	解析几何学教程	（苏）别斯金著；王自楷等译	1956.4
168	解析几何学学习方法指导书（第一册）	董寿成编	1959.5
169	金属光谱分析指导	（苏）Я.П. 别尔凯维奇著；张叡等译	1959
170	近代物理学介绍（第二集）	物理通报编委会编	1959.6
171	近世几何学	孙泽瀛编	1959.4
172	近似计算讲义	（苏）А.Н. 克雷洛夫著；吕茂烈，季文美译	1958.6
173	经典场论	（苏）Д. 伊凡宁柯，А. 索科洛夫著；黄祖治译	1958.7
174	开方乘方便查表	上海科技出版社编	1958.12
175	可控制热核反应（第一册）	中国科学院原子核科学委员会编辑委员会编	1959.11
176	克拉索夫斯基椭圆体上的高斯和地理坐标	（苏）赫里斯托夫著；许厚泽译	1959.6
177	空气动力学的发展	（匈）卡尔曼（Theodore Von Karman）著；江可宗译	1959.11
178	空气动力学实验指导书	（苏）А.К. 马尔丹诺夫等著；张桂联等译校	1959
179	离子交换剂及其应用（科学译丛）	（苏）Д.И. 略布契柯夫，捷连齐耶娃著；陈培德译；中国科学院编译局编辑	1954.8
180	力学、热学、分子物理学问题介绍	物理通报编委会编	1959
181	力学·分子物理学（上）	（苏）В.И. 巴甫洛夫著	1959.11
182	力学·分子物理学（下）	（苏）В.И. 巴甫洛夫著	1959.11
183	力学讲义（上册）	江苏师范学院物理系编委员会编	1959.12
184	力学运动定律	（苏）А.З. 洛班诺夫著	1959.2
185	力学知识	科学大众编辑部编	1959.1

（续表）

序号	题名	责任者	出版年
186	量子力学原理（下册）	（苏）Д.И. 布洛欣采夫撰；叶蕴理译	1959.6
187	量子力学中的多粒子问题——理论与解法	（匈）P. 高姆巴斯（P. Gombas）著；潘忠诚译	1959.12
188	量子统计学	（苏）Н.Н. 波戈留波夫著；杨杰译	1959.1
189	流体动力学的新发展——高速流	（英）华斯主编；徐华航译	1958.1
190	流体力学（下册）	巴特勒雪夫著；戴昌辉等译	1959.8
191	流体力学浅说（中级自学科学技术丛书）	蔡铭之著	1958.5
192	论几种数学物理微分方程	（苏）А.Н. 克雷洛夫著；徐子豪译	1959.9
193	论紊流中的悬浮质运动	（苏）Г.И. 巴仑勃拉特著；范家骅等译	1956
194	罗巴切夫斯基几何浅说	陆钦轼编著	1959.9
195	络合物热化学	（苏）К.Б. 亚奇米尔斯基著；刘为涛等译	1959.8
196	莫氏有机化学实验术	（美）莫顿（A. A. Morton）著 余孟杰译	1950.8
197	内弹道学中的物理燃烧定律	（苏）М.Е. 谢列伯梁可夫著；卢景楷译	1959.5
198	普通化学	王箴	1956.2
199	普通化学	申泮文编著	1959.8
200	普通化学（第二册）	（苏）Н.Л. 格林卡著	1954.1
201	普通化学（第三册）	（苏）Н.Л. 格林卡著	1954.2
202	普通化学（第四册）	（苏）Н.Л. 格林卡著	1954.5
203	普通化学（第一册）	（苏）Н.Л. 格林卡著；殷恭宽等译	1959
204	普通化学（上册	（苏）利雅勃契柯夫著；庐宗兰译	1954.11
205	普通化学（下册）	（苏）利雅勃契柯夫著；庐宗兰译	1956.1
206	普通化学工艺化学实验指南	（苏）Б.А. 柯培列夫著；赵镳译	1959.1
207	普通化学工艺学（第一卷，上册）	（苏）С.И. 沃里福科维奇著；重工业部化学工业管理局专家工业科译	1955.9
208	普通化学教程（下）	（苏）Б.В. 涅克拉索夫著；北京大学无机化学教研室译	1955.3
209	普通化学教程（中）	（苏）Б.В. 涅克拉索夫著；北京大学无机化学教研室译	1955.1
210	普通化学教学法指导书与测验题	（苏）Н.Л. 格琳卡，М.К. 斯特鲁加兹基著；申泮文译	1959.11
211	普通化学习题集	（苏）Н.Л. 格琳卡著	1959
212	普通化学学习法指导书（第二分册）	申泮文	1959.5
213	普通无机化学（上）	（苏）А.Г. 库里曼著；张祖庆等译	1954.2
214	普通无机化学（下）	（苏）А.Г. 库里曼著；张祖庆等译	1954.12
215	普通无机化学（中）	（苏）А.Г. 库里曼著；张祖庆等译	1954.7
216	普通物理学（第二卷第第二分册）	（苏）С.Э. 福里斯，季莫列娃著；梁宝洪等译	1956.2
217	普通物理学（第二卷第第一分册）	（苏）С.Э. 福里斯，季莫列娃著；梁宝洪等译	1956.3
218	普通物理学（第三卷第第二分册）	（苏）С.Э. 福里斯，季莫列娃著；梁宝洪等译	1956.11

（续表）

序　号	题　名	责任者	出版年
219	普通物理学（第三卷第第一分册）	（苏）С.Э. 福里斯，季莫列娃著；东北人民大学物理系译	1956.4
220	普通物理学（第一卷）	（苏）С.Э. 福里斯，季莫列娃著；梁宝洪等译	1959.12
221	普通物理学（第一卷）	（苏）С.Э. 福里斯，季莫列娃著；梁宝洪等译	1959.12
222	普通物理学（上册）	上海市高等工业学校物理学编写组编	1959.8
223	普通物理学（下册）	上海市高等工业学校物理学编写组编	1959.9
224	普通物理学光学部分	张阜权著	1954.11
225	七位对数与三角函数表	（德）C·布鲁斯编；刘述文译	1959
226	奇妙的原子（静科学丛书）	（苏）A. 布扬诺夫著；华涵译	1956
227	气体分析（第二册）	（苏）Н.Л. 索洛蒙诺娃著；火时中译	1959.8
228	气体混合物的光谱分析	（苏）О.П. 波契柯娃，Е.Я. 施雷捷尔著；何乃宽，徐赓武译	1958.11
229	氢化物化学导论	（美）D.T. 赫尔德原著；燕正曜译	1959.6
230	氢离子浓度测定法	（苏）Е.Н. 维诺格拉多娃著；潘家来，沈梅英译	1957
231	求积公式	（苏）С.М. 尼考尔斯基著；郑维行译	1959.6
232	球面三角学	张楚宾编	1959
233	趣味力学	（俄罗斯）别莱利曼著；符其珣译	1956.6
234	全国实验应力分析第一次报告会文献汇编	中国科学院机械研究所编	1959
235	日英汉化学化工词汇	中国科学院编译委员会名词室编	1959.5
236	三角法辞典	（日）长泽龟之助原著；薛德炯，吴载耀编译	1959.1
237	三角法辞典——题解中心	（日）长泽龟之助原著；薛德炯，吴载耀编译	1959.1
238	三角函数表的用法	石鑑著	1955.8
239	三角函数七位对数表	北京测绘出版社	1957.2
240	色层法	（法）E. 莱德雷，M. 莱德雷著	1959.12
241	色层吸附分析法	Н.Н. 斯特兰著；高鹤娟译	1959.8
242	实变函数论（上册）	（苏）И.П. 那汤松著；徐瑞云译	1958.1
243	实变数函数论	（德）卡拉皆屋铎利著；武崇林译	1957.12
244	实验室工作技术基础	（苏）沃斯克烈夫斯基著；化工试验翻译组译	1959.1
245	实验室精密分馏	（苏）A.N. 列文著；宋永瑞等译	1956
246	实验原子核物理学专集	中国物理学会编辑	1958
247	实用化工图算法	魏德孚著	1955.11
248	数学弹性力学的几个基本问题	赵惠元译	1958.2
249	数学分析入门	杨宗磐著	1959.11
250	数学故事	（苏）杰普门著；齐全译	1958
251	数学手册	北京矿业学院高等数学教研组编著	1959.11
252	数学物理方程	（苏）索波列夫著；毅敏译	1958.12

（续表）

序 号	题 名	责任者	出版年
253	数学物理方法	（苏）列文著；程惟松等译	1959
254	数学物理方法（1）	柯朗等著；钱敏等译	1958.3
255	数学在生产中的应用	天津师范大学数学系一年级学生编	1959.6
256	数值计算	W.E. 密伦著；徐钟济，安其春译	1959.1
257	数字计算机中的算术运算	（英）理查德著	1959
258	水化学	阿列金著；袁龙蔚译	1957.1
259	水力学及空气动力学	赵学端	1959.1
260	水声学物理基础（上册）	柏格曼著；邵维文译	1958
261	水声学物理基础（下册）	柏格曼著；邵维文译	1959.6
262	四位数学用表	（苏）B.H. 伯拉基斯撰；人民教育出版社编译	1959.11
263	苏联关于质量和能量问题的讨论（论文集）	科学出版社	1959.8
264	苏联光谱分析论文选译	应用化学研究所光谱组翻译	1959.5
265	苏联化学手册（第二册）	（苏）B.П. 尼科里斯基主编；曾昭抡，陶坤译	1959.1
266	苏联七年制学校化学教学法：理论部分	（苏）C.Г. 沙波瓦连科，П.A. 格洛里奥卓夫著；人民教育出版社译	1959.7
267	塑性理论基础	（苏）Л.M. 卡恰诺夫著；周承倜，唐照千译	1959.6
268	算术辞典（题解中心）	（日）长泽龟之助原著；薛德炯，吴载耀编译	1959.11
269	同位素的光谱分析	（苏）A.P. 斯特利甘诺夫著；王傅珏，徐世秋译	1957
270	同位素的生产	苏联和平利用原子能科学技术展览会上海学习委员会编	1959.5
271	统计物理引论	陈仁烈编	1959.11
272	拓扑学	（德）沙爱福（H. Seifert），施雷发（W. Threlfall）著；江泽涵译	1959
273	微分方程	（苏）Л.З. 艾利斯哥尔兹著；南开大学数学系编译中队译	1959.5
274	微分方程的数值解法	（苏）米尔纳著；何国伟译	1959.8
275	微分方程定性论（下册）	（苏）B.B. 涅梅茨基，B.B. 斯捷巴诺夫著；王柔怀，童勤谟译	1959.9
276	微分方程稳定性理论讲义	张学铭等著	1959.5
277	微积分学（第一分册）	杨从仁编	1959.7
278	微量元素的测定方法	（苏）A.П. 维诺格拉多夫主编；朱兆良译	1956.2
279	无机定性分析化学（大学丛书）	（美）诺耶斯撰；斯威夫特增订；蓝春池，余大猷译	1953.7
280	无机合成（第二卷）	（美）斐内利乌斯 W.C. 主编；申泮文等译	1959.11
281	无机合成手册	（苏）H.Г. 克留乞尼科夫著；申泮文，姚从工译	1957.12

（续表）

序　号	题　名	责任者	出版年
282	无机化学及分析化学（土壤肥料专业适用）	河南省农林厅教材编辑委员会编	1959. 9
283	无机化学及分析化学（植物保护、农作物专业适用）	河南省农林厅教材编辑委员会编	1959. 3
284	无机化学教程（下册）	代安邦等编著	1959. 7
285	无机化学教科书（上册）	杭州化工学校编著	1959. 2
286	无机化学试剂手册	（苏）Ю. В. 卡尔雅金，И. И. 安捷洛夫著；于忠等译	1959. 3
287	无机化学问答	（德）埃里许·蒂洛著；蒋中鳌等译	1959
288	无机及分析化学（高等农校教学参考书）	北京农业大学无机及分析化学教研组编	1958. 12
289	无机及分析化学（高等农校教学参考书）	北京农业大学无机及分析化学教研组编	1959. 9
290	无机色层法	（美）史密斯著；吴耀乐译	1957
291	无机制备化学手册（上册）	（德）乔治·勃劳尔主编；何泽人译	1959. 7
292	无穷小量的求和	（苏）И. П. 纳汤松著；高彻译	1954
293	物理（第一册第五分册）	天津市广播函授大学预科物理教研组	1959. 6
294	物理附化学（试用本）	河南省农业厅教材编辑委员会编	1958. 9
295	物理化学	东北工学院物理化学及冶金原理教研组编著	1959. 12
296	物理化学	尚仰震编著	1959. 4
297	物理化学（上）	（苏）И. Ф. 费杜洛夫，В. А. 吉列也夫著；抚顺石油学校，天津石油学校教师译	1956. 3
298	物理化学（上卷）	（苏）В. А. 基列耶夫著；张志炳等译	1955. 12
299	物理化学（下）	（苏）И. Ф. 费杜洛夫，В. А. 吉列也夫著；抚顺石油学校，天津石油学校教师译	1956. 3
300	物理化学（下卷）	（苏）В. А. 基列耶夫著；张志炳等译	1956. 8
301	物理化学基础（上册）	钱受仁编	1959. 9
302	物理化学及无机化学指南	（美）斯达德；鲍银堂译	1958. 4
303	物理化学教科书（下册）	杭州化工学校，北京化工学校，沈阳化工学校编	1959. 9
304	物理化学数据简明手册（第二版）	（苏）Н. М. 巴龙等编著；周振华译	1959. 12
305	物理化学习题集	（瑞典）赛冷，L. G. 等著；傅献彩等译	1959. 1
306	物理化学与胶体化学	（苏）密德魏杰夫著；刘懋涛译	1956. 4
307	物理实验指南（第三册）	（苏）Т. Н. 勃格达诺伐，Е. П. 苏勃梯那著；刘立本等译	1955
308	物理学（上册）	全国技工学校教材编委会编	1959. 1
309	物理学部分（科学技术名词解释）	北京师范大学物理系研究班	1959. 8
310	物理学教程（第二卷，上册）	巴巴列克西主编；朱竹林，刘国桢译	1955. 5
311	物理学名词（英汉对照）	中科院自然科学名词编订室编	1956. 9
312	物理学手册	（苏）А. И. 巴钦斯基等著；阎喜杰译	1956. 5
313	物理学西文图书联合目录	中国科学院图书馆主编	1959. 1
314	物理学——原子物理学之部	郑一善著	1959. 3

（续表）

序 号	题 名	责任者	出版年
315	物相变化和热机	中国物理学会上海分会中学物理教学研究委员会编	1958.8
316	物性学	闻诗著	1959.9
317	矽有机化合物	（苏）K.A. 安德里阿诺夫等著；陈演汉译；中国科学院编译局编辑	1954.6
318	稀有元素	刘英俊著	1959.2
319	稀有元素化学	（苏）费罗洛夫编著；徐克敏等译	1959.4
320	稀有元素特性手册	（苏）费良德等著；杨熙珍译	1955.12
321	线性规划的理论及应用	中国科学院数学研究所运筹学研究室	1959.9
322	线性规划概论	（美）汉特逊等著；林自新译	1959.1
323	向量计算及张量计算初步	（苏）H.E. 柯青著；史福培等译	1958.5
324	小三角坐标平差	北京市城市规划局勘测处测量科编	1959.9
325	新全国珠算（修订本）	上海财经出版社编	1959.12
326	行列式和线性方程组（供自学用）	孙梅生，米道生著	1959.1
327	袖珍捷用三位算表（增修精装本）	胡家骏编	1956
328	袖珍速算手册	（德）斯·舍德（C. Schade）著；杨振清译	1959.1
329	研究辐射的电子学方法	（苏）A.A. 萨宁著；忻贤杰，夏培肃译	1959.3
330	氧化物阴极中的物理现象	（苏）C.B. 普奇真著；毛振琮等译	1957.7
331	仪器分析大纲（原名器械分析大纲）	韩组康主编	1959.1
332	仪器分析及生物化学实验法	中国医学科学院编	1959.3
333	应用放射性碳 C14 研究光合作用的方法	（苏）查林斯基等著；沈允钢，沈巩楙译	1958.1
334	应用光学	（苏）Б.В. 费菲洛夫著；北京工业学院仪器系应用光学教研组译	1959.9
335	应用胶体化学	（日）厚木腾基原著；陆志鸿原译	1952.6
336	英汉无机化合物名词	中科院自然科学名词编订室编订	1959.3
337	英汉有机化合物名词	中国科学院编译出版委员会名词室编	1959
338	有机合成（第一集）	（美）尔曼等编；南京大学有机化学教研室译	1957
339	有机化合物的反应及其研究方法（第四册）	（苏）罗吉昂诺夫著；戴乾园译	1959
340	有机化合物的系统鉴定法	余仲建编	1958.1
341	有机化学（第二册）	（苏）E.C. 哈钦斯基著；大连工学院有机化学组研究生译	1954.1
342	有机化学（第三册）	（苏）E.C. 哈钦斯基著；大连工学院有机化学组研究生译	1954.2
343	有机化学（第一册）	（苏）E.C. 哈钦斯基著；大连工学院有机化学组研究生译	1953.1
344	有机化学（高校教学用书）	苏企洵等编	1958
345	有机化学（上册）	陈岩编	1959.4
346	有机化学（试用本）	河南省农林厅教材编辑委员会编	1959.1
347	有机化学（下册）	华东化工学院有机化学教研组	1954

（续表）

序　号	题　名	责任者	出版年
348	有机化学基本原理（第一卷）	（苏）齐齐巴宾著；邢基毅等译	1957
349	有机化学基础	恽福森 恽魁宏编	1958. 1
350	有机化学及生物化学教程（上册）	（苏）С. Я. 捷姆扬诺夫斯基著；中国医科大学生物化学教研组译	1955. 1
351	有机化学及生物化学教程（下册）	（苏）С. Я. 捷姆扬诺夫斯基著；中国医科大学生物化学教研组译	1956. 6
352	有机化学教程（上册）	（苏）Б. А. 巴甫洛夫著；张中岳，吴蕴琛译	1956. 6
353	有机化学教程（上册）	（苏）Б. А. 巴甫洛夫著；张中岳，吴蕴琛译	1955. 7
354	有机化学教科书（试用本）	沈阳化工学院编著	1959. 6
355	有机化学理论问题	（苏）О. А. 莱乌托夫著；吉林大学有机化学教研室，南开大学有机化学教研室译	1959. 7
356	有机化学微量定性反应	（苏）列沃著；沈阳药学院外语教研室译	1959. 6
357	有机化学中立体化学的新发展	黄耀曾等译	1957. 12
358	有机元素定量分析	余仲建著	1959. 8
359	有机中间物合成	（美）D. A. 萧莱（David Allen Shirley）著；郑小陶等译	1959. 2
360	元素的物理化学性质（下册）	（苏）М. Л. 斯拉文斯基著；黄张添等译	1959. 7
361	元素微量分析新方法	（苏）柯尔苏，盖尔曼著；北京医学院化学教学组译	1956
362	原子光谱与原子结构	G. 赫兹堡著；汤拒非译	1959. 9
363	原子核	（苏）柯尔松斯基著；斐毓华译	1959. 9
364	原子核理论原理	（苏）弗连凯里著；赵祖森译	1959
365	原子核物理学及仪器设备（1）	中国科学院原子核科学委员会编辑委员会编	1959. 11
366	原子能辐射病理和防避法	王恒守，陈仁彪著	1956. 6
367	原子物理学（第二卷第二分册）	（苏）史包尔斯基著；卢鹤绂等译	1959. 1
368	原子物理学（第一卷）	（苏）史包尔斯基著；周同庆等译	1956. 9
369	原子与分子的初等量子论	（苏）М. Г. 维谢洛夫著；冯景宋译	1959. 4
370	运动学及其应用	（苏）贝霍夫斯基著；朱保璪译	1959. 12
371	直观几何（上册）	（德）尔伯特，S. 康福森著；王联芳译	1959. 12
372	中等化学计算	王文彩，田凤岐著	1959. 11
373	中国化学史论文集	袁翰青著	1956. 12
374	中国科学院应用化学研究所集刊（第二集）	中国科学院应用化学研究所编	1959. 9
375	重要有机化学反应及其应用	顾可权编著	1956
376	周期律与原子结构浅说	田冠生编著	1958. 6
377	轴侧投影	卡米涅夫著	1957. 1
378	轴测投影学——高等数学教学用书	（苏）Е. А. 格拉祖诺夫，（苏）Н. Ф. 切特维鲁新著；徐良佐，李汉卿译	1956. 12
379	珠算快速定位法	孝感县商业局	1959. 3

（续表）

序　号	题　名	责任者	出版年
380	自然哲学之数学原理	（英）伊萨克·牛顿著；郑太林译	1957.5
381	自学代数的钥匙（高中组）	佘逸时等编著	1959.6
382	自学化学的钥匙（高中组）	刘遂生，张蔚之编著	1959.5
383	自学物理的钥匙（高中组）	徐昌权编著	1959.2
384	综合数学手册	徐韫知	1952.4

（3）1960—1969 年

序　号	题　名	责任者	出版年
1	1953—1958 年半导体科学文献索引	中国科学技术情报研究所	1962.9
2	PH 入门	（德）什华伯著；聂汤谷译	1960.8
3	X 射线结构分析	（苏）A. И. 季达依哥罗茨基著；龚尧圭等译	1960.2
4	β 和 γ 放射性专集	梅镇岳等编译	1963.1
5	氨羧络合剂及其在分析化学上的应用	陈执中编著	1962.5
6	百分率查对表（简化本）	河南省气象局编	1960.1
7	半纯函数的聚值线理论	李国平著	1960.2
8	半导体	（苏）A. Φ. 约飞著；陈嘉桢，涂象初译	1963.3
9	半导体受激光发射	谢希德，阮刚编	1964.1
10	半微量有机分析	陈耀祖编	1965.3
11	波动过程、光学、核物理学	（苏）A. A. 齐楚林著；万山等译	1960.3
12	玻耳兹曼分布律	（荷）E. A. 古根亥姆（E. A. Guggenheim）著；张耀西译	1960.3
13	不可见的光线	（苏）Ю. M. 库什尼尔著；立明，贺之译	1960.1
14	不可逆过程热力学	S. R. De. 格鲁脱著；詹励宾译	1960.1
15	不可逆过程热力学导论	（比）普里高京著（I. Prigogine）；徐锡申译	1960.8
16	超纯物质及稀有元素分析第一次年会报告集（1961 年）	科学技术委员会纯物质及稀有元素分析测试基地专业组编辑	1965.4
17	超声的基本原理与应用：基本原理和在物理学、工程技术、工业、生物学及医学中的应用	（德）L. 赫尔福尔特（L. Herforth），H. M. 温特尔（H. M. Winter）著；同济大学“超声的基本原理与应用”译校工作组译	1961.1
18	超声工程	（美）克洛福德著；杜连耀，应崇福译	1960
19	超声及其应用	邵卫平编	1960.5
20	超声物理	同济大学物理教研组主编	1962.1
21	超声物理（第 2 辑）	上海市物理学会声学工作委员会主编	1963.3
22	超声物理（第 3 辑）	上海市物理学会声学工作委员会主编	1963.4
23	超声物理（第 4 辑）	上海市物理学会声学工作委员会主编	1964.4
24	超声诊断（第四部分）	上海市物理学会超声学工作委员会编著	1963.4

（续表）

序　号	题　名	责任者	出版年
25	超声诊断（第一部分）	上海市物理学会超声学工作委员会编著	1962. 1
26	乘除及百分比查算表	富文业编	1964. 6
27	乘除计算手册	安其春编著	1965. 5
28	抽象代数学（卷 1）	（美）N. 贾可勃逊（Jacobson，N.）著；黄缘芳译	1960
29	初等代数教程	（苏）С. И. 诺洼塞洛夫著；赵慈赓等译	1960
30	初等代数教程	（法）布尔勒著；朱广才译	1964. 4
31	初等物理学	（苏）兰茨别尔格著	1965. 8
32	初等物理学（第二卷第二分册）	（苏）兰茨别尔格著；王子昌等译	1962. 9
33	初中物理学问题和习题	辛培之，李景春编著	1963. 5
34	萃取过程的化学	（苏）B. B. 福明著；柳毓谟译	1963. 1
35	大众物理学（三）	江苏师范学院物理系编著	1965. 7
36	代数（2）	周鹏寿	1964. 2
37	代数和初等函数学习指导	许蕤舫	1963. 6
38	代数学（1）	（荷）B. L. 范德瓦尔登著；丁石孙译	1963. 7
39	弹性理论	徐芝纶编	1960. 4
40	弹性理论的接触问题	（苏）加林著；王君健译	1960. 1
41	弹性体系的动力稳定性	（苏）B. B. 鲍洛金著；林砚田等译	1960. 3
42	弹性与塑性理论	（苏）C. H. 尼基伏罗夫著；徐芝纶，吴永祯译	1960. 6
43	德汉核物理及核技术简明辞汇	（苏）卡普斯卡娅等编著；中国科学院原子核科学委员会编辑委员会译	1962. 1
44	德汉化学化工词汇	张兆青等编；中国科学院编译出版委员会名词室审订	1962. 8
45	等离子体物理学	林哈脱著；陆全康，徐学基译	1962. 12
46	低温物理杂志	F · X 埃法尔著；王采华译	1960. 8
47	点滴试验（第一卷）	（巴西）费格尔著区祖鉴等译	1960
48	电离辐射的化学防护	（苏）E. Φ. 罗曼采夫，A. B. 沙维契著；许德余译	1965. 8
49	电学与磁学原理	陈津候编译	1960. 4
50	电子管在实验物理学中的应用（上册）	（苏）邦奇布鲁耶维奇著；廖增琪等译	1960
51	电子和离子发射	（苏）Л. Н. 多布雷楚夫著；刘学懿译	1960. 7
52	电子理论与化学反应	斯托特著；谢洪泉译	1960. 3
53	电子学（上）	（苏）H. A. 卡普佐夫著；吴全德等译	1960. 7
54	电子学（下）	（苏）H. A. 卡普佐夫著；吴全德等译	1960. 7
55	电子原理	（苏）塔姆著；钱尚武等译	1960. 5
56	定量分析	北京农业大学无机及分析化学教研组编	1960. 8
57	定性分析	北京农业大学无机及分析化学教研组编	1960. 8
58	动力化学工作者手册（2）	（苏）B. A. 郭鲁布佐夫等编；施燮钧译	1963. 1
59	对数计算尺	杨荣祥，陶臣铨编著	1963. 12
60	多相催化理论	（苏）德鲁吉著；北京大学化学系有机催化教研室译	1963. 1

（续表）

序 号	题 名	责任者	出版年
61	俄汉化学化工词汇	中国科学院编译委员会名词室编订	1963.4
62	二位对多位袖珍乘除表	（苏）M.B.雅考夫金著；王洞山译	1960
63	泛函分析	李文清著	1960.1
64	放射化学及剂量测量方法手册	（苏）H.Г.古谢夫等编；邢权等译	1963.3
65	放射能分析法	（日）松浦二郎著；曹云章等译	1960.4
66	放射性辐射的防护及剂量学	瓦米夫著；钱绍钧译	1961.6
67	放射性同位素毒理学手册	（苏）Д.И.扎库金斯基等编；阎效珊译	1965.5
68	放射性物质毒理学文摘	王克为等编译	1964.8
69	放射性物质运输规程	苏联部长会议原子能利用委员会，苏联保健部制订；袁宗信等译	1963.2
70	放射性元素	（苏）布列斯列尔著；邱陵等译	1966.4
71	放射性制剂的制备与测量方法	（苏）B.B.波契卡列夫主编；吴养洁等译	1965.5
72	放射学与原子核物理学	（美）考克著；赵炳林译	1962.9
73	分析化学（上册）	王明德编	1960.11
74	分析化学（上册）	华东化工学院分析化学教研组及硅80班同学编	1960.8
75	分析化学计算	（美）L.F.哈密尔登，S.西姆普松著；周文译	1960.4
76	分子的结构及物理性质	（苏）M.B.伏肯斯坦著；张乾二等译	1960
77	氟化学进展	（英）M.斯塔塞（M.Stacey）等编著；徐积功等译	1963.3
78	辐射的生物效应与安全防护（2）	中国科学院原子核科委会编委会	1960.2
79	辐射的生物效应与安全防护（3）	中国科学院原子核科委会编委会	1960.2
80	辐射的生物效应与安全防护（4）	中国科学院原子核科委会编委会	1960.3
81	辐射的生物效应与安全防护（5）	中国科学院原子核科委会编委会	1960.1
82	辐射化学的若干领域及方向	燃料研究译报编辑委员会	1960.2
83	辐射剂量学原理	（加拿大）怀特著；张立等译	1965.11
84	高等代数	复旦大学数学系编	1960.6
85	高等分析化学	（美）W.瓦格奈尔等著；刘少陵，田笠卿等译	1960.9
86	高等数学	北京农业机械化学院编	1961.8
87	高等数学	北京农业大学编	1961.9
88	高等数学	裴鑫德编	1965.1
89	高等数学（第三卷）	南京大学数学天文学系编	1961.1
90	高等数学（第二册）	武汉测绘学高等数学函授小组编	1960.7
91	高中代数习题汇编	（苏）拉里契夫著；蔡振扬译	1963.3
92	高中物理教材和教法分析	物理通报编委会编	1960.1
93	高中物理升学复习题解	甘肃师大附中理化教研组编	1960
94	功能团有机定量分析	（美）S.席吉雅（Sidney Siggia）著；北京师范大学化学系有机化学教研组译	1960.7

（续表）

序　号	题　名	责任者	出版年
95	古代物理学、经典物理学和量子物理学中的相对原理	（苏）Б. Г. 库兹涅佐夫著；戈革译	1964. 7
96	关于原子核结构的一些最新发展与实验方法	（丹麦）玻尔著；杨衍等译	1963. 12
97	光激射器的应用	《激光译丛》编译组编	1966. 1
98	光谱分析工作总结集	冶金工业部钢铁研究院分检室编	1960. 1
99	光学仪器	上海市仪表电讯工业局技术情报所，第一机械工业部上海光学仪器研究室编	1962. 8
100	国外铌钽分析方法专辑	爱威尔等著；地质部地质科学研究院情报研究室译	1964. 5
101	海水分析化学	陈国珍编	1965. 8
102	汉译海氏有机化合物辞典（第1册）	（英）伊凡·海耳布伦（Ivan Heilbron）等原编；中国科学院自然科学名词编订室译	1964. 2
103	汉译海氏有机化合物辞典（第Ⅱ册）	（英）伊凡·海耳布伦（Ivan Heilbron）等原编；中国科学院自然科学名词编订室译	1965. 6
104	汉译海氏有机化合物辞典（第Ⅲ册）	（英）伊凡·海耳布伦（Ivan Heilbron）等原编；中国科学院自然科学名词编订室译	1965. 11
105	汉译海氏有机化合物辞典（第Ⅳ册）	（英）伊凡·海耳布伦（Ivan Heilbron）等原编；中国科学院自然科学名词编订室译	1966. 4
106	核反应堆理论	富里特著；刘圣康译	1964. 5
107	核反应堆物理导论	施士元编著	1960. 6
108	核函数和共形映照	（美）施梯芬·柏格曼著；龚昇，陈希孺译	1960. 1
109	核物理基础	曼恩斯菲法尔著；沈兴武译	1964. 5
110	红外光电探测器及其材料	万欣等编译	1960. 2
111	化学（第一册）	张国模等编	1964. 1
112	化学（试用本）	石油五厂工人技术学校编	1960. 2
113	化学分析（第二辑）	陈钧鸿主编	1964. 7
114	化学分析手册	丘星初编	1960
115	化学化工外文图书联合目录	天津市中心图书馆委员会主编	1961. 5
116	化学汇解	王箴编著	1960. 1
117	化学俱乐部	田锡申编	1964. 11
118	化学热力学导论	傅鹰编著	1963. 12
119	化学文摘（第四分册）	中国科技情报研究所编	1963. 12
120	化学元素的发现	（美）M. E. 韦克思著；黄素封译	1965. 1
121	化学哲学问题纲要	（苏）沙赫巴龙诺夫著；潘吉星译	1960. 6
122	化学专业英语文选（上）	南京大学外文系普通英语教研组编	1961. 12
123	化学专业英语文选（下）	南京大学外文系普通英语教研组编	1962. 5
124	画法几何	江苏师范学院数学系教研组编	1960. 8

（续表）

序号	题名	责任者	出版年
125	画法几何习题	江西师范学院数学系几何教研组编	1960. 8
126	基本有机合成工艺学	（苏）尤凯尔逊著	1960. 1
127	极谱学专论	（捷）J. 海洛夫斯基著；汪尔康等译	1960
128	集合·拓扑·测度	（日）何田敬义著；赖英华译	1961. 8
129	几何实用习题集	（苏）集·尼·卡斯齐娜著；管承仲译	1962. 12
130	几何作图	王之煦著	1965. 7
131	计算方法（试用本）	复旦大学数学系编	1960. 8
132	计算数学和计算技术中的若干问题（文集）	（苏）C. Б. 波格列宾斯基等著；意天，林甫译	1963. 4
133	简明六位对数表（附反对数和三角函数对数表）	（英）阿脱伍特著	1965. 9
134	简明十位对数表	王竹溪主编	1963. 1
135	简易化学手册	韩建成编	1963. 1
136	简易珠算乘除速算法	吴英东编	1964. 1
137	近代分析分离方法	燃料文献译丛编辑委员会编	1962. 8
138	近似方法与数值方法	（苏）加符林，坎托罗维奇著；吴文达译	1961. 6
139	晶体光性研究法	（苏）И. М. 麦兰霍林，С. В. 格鲁姆·格尔日迈洛著；王德滋译	1960. 1
140	精密测量光学量仪	（德）库特·任席著；国家计量局长度处译	1960
141	聚合物物理化学概论	（苏）В. А. 卡尔金，Г. Л. 斯洛尼姆斯基著；郝柏林等译	1962. 9
142	科技文献索引（化学化工 1）	中国国外科技文献编译委员会，中国科技情报研究所编	1962. 1
143	科技文献索引（化学化工 2）	中国国外科技文献编译委员会，中国科技情报研究所编	1962. 12
144	科技文献索引（核子能）	中国国外科技文献编译委员会，中国科技情报研究所编	1964. 3
145	科学和技术中的半导体（精装本）	（苏）А. Ф. 约飞主编；周廉，邹雅译	1963. 7
146	科学技术名词解释（化学部分）	俞凌羽中等编	1960. 3
147	可控制热核反应（2）	中国科学院原子核科学委员会编辑委员会编	1961. 3
148	可控制热核反应（3）	中国科学院原子核科学委员会编辑委员会编	1962. 2
149	可控制热核反应（4）	中国科学院原子核科学委员会编辑委员会编	1961. 11
150	克累布施—郭尔丹系数表	中国科学院原子能研究所编	1964. 11
151	快中子能谱测量	（苏）雷巴可夫等著	1961. 12
152	离子交换技术	F. C. 纳考德，J. 修伯特主编；钱庭宝等译	1963. 5
153	离子交换树脂	（苏）R. 柯宁著；朱秀昌等译	1960. 3
154	离子交换树脂	化学工业部上海医药工业研究院编	1963. 4

（续表）

序　号	题　名	责任者	出版年
155	离子晶体与金属相的结构	（苏）H. B. 别洛夫著；朱而勤等译	1962. 11
156	理论力学	西安交大理论力学教研组编	1960. 7
157	理论力学	南京农学院农业机械化分院，北京农业机械化学院编	1960. 12
158	理论力学（第二册）	徐芝纶等编	1962. 12
159	理论力学（第一册）	徐芝纶等编	1963. 3
160	理论力学（机械制造专业用）	牛实为等编	1960. 12
161	理论力学（上册）	浙江大学力学教研组编	1960. 8
162	理论有机化学（上册）	袁开基编著	1963. 11
163	力学	葛利姆塞著；葛庭燧译	1960. 5
164	力学（国际会议文献索引）	中国科技情报研究所编	1960. 3
165	力学漫话	余元镇著	1965. 8
166	力学在几何中的一些应用	吴文俊著	1964. 2
167	六位对数表	（德）布列米克尔编；刘述文译	1962. 6
168	六位简易对数表	薛仲三	1963. 2
169	络合滴定法	（瑞士）许伐辰巴赫著；马立人等译	1960. 1
170	络合物的不稳定常数	（苏）雅齐米尔斯基等著；王夔，吴炳辅译	1960. 6
171	络合物化学	严志弦编著	1960. 5
172	门捷列夫元素周期表	北京大学化学系无机化学教研室编	1962. 4
173	难熔化合物分析	（苏）Г. В. 萨姆松诺夫等著；黄静华等译	1965. 2
174	拟线性方程组理论的某些问题	金福临编；李大潜等译	1962. 1
175	排队论	复旦大学概率论教研组编译	1961. 5
176	平面三角	饶婉宜编	1960. 4
177	普通化学	湖北省三年制工业专科学校普通化学选编组选编	1961. 7
178	普通化学	湖南冶金学院普通化学教研组编著	1960. 2
179	普通物理学（分子物理学部分）	顾建中编	1961. 7
180	普通物理学（上册）	北京农业大学编	1961. 7
181	齐性空间微分几何学	谷超豪著	1965. 3
182	气泡室	王祝翔著	1962. 8
183	气体色层法	A. I. M. 考勒曼著；申葆诚译	1963. 1
184	趣味的数学问题	中国数学会数学通报编委会编	1960. 1
185	趣味数学	（苏）柯尔詹姆斯基著；张继武等译	1961. 5
186	日本静电加速器论文集	（日）野中到等著；中国科学院原子核科学委员会编辑委员会译	1960. 7
187	日常生活中的实用化学手册	（苏）П. Е. 卡扎良著；丁素夫，傅慧斯译	1960. 4
188	容量分析（卷三）	柯尔蜀夫等著；梁树权译	1963. 12
189	乳状液理论与实践	（美）贝歇尔著；傅鹰译	1964. 12
190	色层分析法	（苏）舍勉金等著；蒋滋慧等合译	1960. 5

（续表）

序 号	题 名	责任者	出版年
191	上海市科学技术论文选集	上海市科技论文编选委员会	1962. 8
192	十年来的中国科学（动力）	中国科学编译出版委员会主编	1965. 2
193	十年来的中国科学（物理学）	中国科学编译出版委员会主编	1962. 2
194	实用光电控制线路	杨世琦，吕孟夔编译	1961. 12
195	实用有机定量分析	张志贤编著	1965. 3
196	实用珠算	周启宏编著	1962. 1
197	示踪原子法在化学中的应用	（苏）В. Г. 华西里耶夫编；刘程译	1963. 5
198	试剂手册	中国医药公司上海化学试剂采供供应站编著	1963. 11
199	受激光发射论文汇编	吕大元主编	1964. 9
200	数学分析（试用本）	复旦大学数学系编著	1960. 5
201	数学名词补编（英汉对照）	中国科学院自然科学名词编订室编	1964. 11
202	数学手册	（苏）布龙什捷因，谢缅佳也夫著；罗零，石峥嵘译	1965. 4
203	数学物理方程（试用本）	复旦大学数学系编著	1960. 5
204	双电层和电化学动力学的某些理论问题（论文集）	（苏）А. Н. 弗鲁姆金，П. Д. 鲁柯夫采夫著；江志韫等译	1960. 8
205	水的同位素分析	（苏）沙钦什杰恩著；纯冰译	1960. 2
206	水分析化学	宜化地质学校	1961. 8
207	水声学专题文献索引	中国科学院海洋研究所图书室	1960. 4
208	四位数学用表	人民教育出版社	1961. 5
209	苏联化学手册（第三册）	（苏）尼科里斯基主编；陶坤译	1963. 2
210	碳氢化合物的沸点和饱和蒸汽压	（苏）卡拉佩奇扬茨，程光钺著	1963. 1
211	碳酸气的行踪（修订本）	陈道章	1962. 12
212	萜类化学	（英）品德尔著；刘铸晋等译	1964. 11
213	同位素在催化中的应用	罗金斯等编；孙未成等译	1965. 7
214	统计决策函数	（美）瓦尔特著；王福保译	1960. 1
215	统计力学及其在物理化学中的应用	唐有祺著	1964. 5
216	微积分学（第三分册）	杨从仁编	1960. 1
217	微量分析中的环炉技术	（奥）H. 魏茨著；沈石年译	1965. 4
218	微量生物化学实验	彭伟堂编著	1961. 8
219	温差电材料和器件	I. B. 卡多夫（I. B. Cadoff），E. 密勒（E. Miller）主编；周梦麐译	1964. 4
220	我这一代的物理学	（西德）M. 玻恩著；侯德彭译	1964. 6
221	无机合成（第三卷）	（美）奥德利斯著；申泮文等译	1962. 7
222	无机化学（上册）	严志弦编	1965. 8
223	无机化学（下册）	武汉地质专科学校编	1961. 9
224	无机化学（下册）	严志弦编	1965. 9
225	无机化学大纲（第六卷）	（美）M. C. 斯尼特，R. C. 勃拉斯蒂特主编；何开苗，何兆雄译	1962. 11
226	无机化学大纲（第四卷）	（美）M. C. 斯尼特，R. C. 勃拉斯蒂特主编；何开苗，何兆雄译	1963. 8

（续表）

序　号	题　名	责任者	出版年
227	无机化学大纲（第五卷）	（美）M.C.斯尼特，R.C.勃拉斯蒂特主编；何开苗，何兆雄译	1963.4
228	无机化学命名法（无机化学命名委员会1957年的报告）	陶坤译注	1964.9
229	无机化学实验室作业	广东省轻工业学校编	1960.9
230	无机及分析化学实验	北京农业大学无机及分析化学教研组编	1961.7
231	无机微量分析	（英）R.贝尔切，C.L.威尔逊著；梁树权译	1960.7
232	无穷小量的求和	（苏）И.П.纳汤松著；高彻译	1960.2
233	物理	徐昌权等编	1964.5
234	物理常数	（英）W.H.恰而斯著；翟佩英，李华海译	1963.8
235	物理光学	中国物理学会上海分会中国物理教学研究委员会编	1960.5
236	物理化学	山东工学院化学教研室编	1960.4
237	物理化学（冶金类用）	北京钢铁学院物理化学及冶金原理教研组编著	1960.6
238	物理化学分析	（美）巴格也夫良斯基著；王立惠，会淑兰译	1963.4
239	物理化学基础（上册）	钱受仁编	1965.3
240	物理化学数据简明手册	（苏）巴龙等编著；周振华译	1964.8
241	物理力学讲义	钱学森编	1962.2
242	物理实验	（德）卫斯特发尔著；王福山译	1964.7
243	物理学	第二军医大学数理教研室编	1960.3
244	物理学（上册）	同济大学物理教研组编	1960
245	物理学（苏联中学六年级课本）	（苏）别雷史金等编；史东译	1963.7
246	物理学（下册）	全国技工学校教编会编	1960.3
247	物理学常用单位制	姜衍智编著	1964.4
248	物理学的基础	R.B.林赛（LindsayR.B.），H.马根脑（Margenau，H.）著；许良英译	1964.1
249	物理学教程（第二卷）	C.A.阿尔柴贝谢夫著；罗零译	1960.1
250	误差理论与实验数据处理	冯师颜编	1964.6
251	希有元素的物理化学及热力学性质手册	四川大学化学系编	1960.7
252	稀土矿物化学	郭承基等	1963.4
253	稀有和分散元素的光谱定量测定	（苏）A.K.鲁萨诺夫等著；袁玄晖等译	1963.5
254	稀有元素浅说	树成编著	1961.6
255	线性算子与逼近论	（苏）П.П.克罗夫金著；郑维行译	1960.3
256	硝基化合物的化学及工艺学	（苏）A.Г.高尔斯特编著；李祜新译	1960.1
257	小物理	（东德）尼泽著；田本良等译	1964.5
258	新珠算法	段长生编著	1962.6
259	续几何学辞典（题解中心）	（日）长泽亀之助原著；薛德炯，吴载耀编译	1960

（续表）

序　号	题　名	责任者	出版年
260	旋光谱在有机化学中的应用	黄鸣龙编著	1963. 5
261	仪器分析（二）	武汉地质专科学校编	1961. 1
262	铟的分析化学	（苏）A. И. 布谢夫著；刘崇志译	1960. 8
263	应用光学	浙江大学编	1961. 1
264	英汉化学辞典	薛德炯译订	1964. 11
265	英汉化学化工词汇	中国科学院编译出版委员会名词室编	1961. 12
266	英汉化学化工词汇	中国科学院自然科学名词编订室编	1965. 4
267	英汉化学化工词汇（初版的补篇）	中国科学院编译出版委员会名词室编	1963. 2
268	英汉化学化工词汇（再版本）	北京科学出版社编	1962. 1
269	英汉原子核辞典	中国科学院原子核科学委员会编辑委员会译	1963. 1
270	铀化学（卷一）	（美）卡茨（J. J. Katz），拉宾诺维奇（E. Rabinowitch）著；伍丽素等译	1960. 8
271	有机催化	（苏）德鲁吉著；北京大学化学系有机催化教研室译	1962. 12
272	有机硅	上海合成树脂研究所编译	1963. 4
273	有机合成（第二集）	（美）勃拉特主编	1964. 4
274	有机合成反应手册（第一卷）	（法）J. 马蒂欧（Jean Mathieu），（法）A. 阿莱士（Andre Allais）著；吴钧和，刘铸晋等译	1965. 6
275	有机合成化学	顾可权编著	1961. 11
276	有机化合物的电化氟化	胡振亚等选译	1964
277	有机化合物的反应及其研究方法（第八册）	（苏）罗吉昂诺夫著；于同隗译	1964. 1
278	有机化合物的反应及其研究方法（第五册）	（苏）罗吉昂诺夫著；戴乾园译	1964. 4
279	有机化合物的鉴定	（丹麦）佛贝尔著；穆光照译	1962. 12
280	有机化合物辐射化学	（英）斯华罗等著；盛怀禹等译	1963. 12
281	有机化学	计显焜等编	1960. 9
282	有机化学（上册）	（美）路易 F. 费塞尔著；张滂译	1960
283	有机化学（上册）	南京大学化学系有机化学教研组编	1961. 7
284	有机化学（上册）	人民教育出版社高教用书编辑部组织选编	1961. 7
285	有机化学（上册）	刑其毅编	1961. 7
286	有机化学（下册）	（美）路易·F. 费塞尔（Louis F. Fieser），（美）玛丽·费塞尔（Mary Fieser）；张滂译	1960. 5
287	有机化学（下册）	人民教育出版社高教用书编辑部组织选编	1961. 7
288	有机化学（下册）	刑其毅编	1961. 9
289	有机化学基础	恽福森，恽魁宏编	1962. 1
290	有机化学教程	北京农业大学有机化学教研组编	1960. 7
291	有机化学结构理论	高振衡编	1960. 4

（续表）

序 号	题 名	责任者	出版年
292	有机化学结构理论新进展——布特列洛夫化学结构理论一百周年纪念会议论文选译集	（苏）Б. А. 卡赞斯基等著；洪熙君译	1964. 1
293	有机化学近代技术	（英）（R. P. ）林斯台德（aLimstead, R. P. ）等著；复旦大学有机化学教研组译	1960
294	有机化学命名法	陶坤译	1964. 1
295	有机化学实验	北京农业大学有机化学教研组编	1960
296	有机化学实验操作技术	（苏）А. Я. 别尔林著；化工部北京医药工业研究设计院技术经济室编译	1960. 5
297	有机化学试剂（第二册）	中华人民共和国化学工业部	1960. 5
298	有机化学中的空间效应	（美）纽曼主编；黄耀曾译	1964. 4
299	诱导效应指数及其在分子结构与化学活性间定量关系中的应用	蒋明谦，戴萃辰著	1963. 6
300	于振善尺算法	于振善创作；段学复编辑	1962. 12
301	元素的故事	（苏）依・尼查叶夫著；滕砥平译	1962. 8
302	元素的物理化学性质（上册）	（苏）М. Л. 斯拉文斯基著；王勤和等译	1960. 4
303	元素有机化学（第三分册）	曾昭抡	1965. 11
304	元素有机化学（第一分册）	曾昭抡编著	1965. 6
305	原子核辐射屏蔽	普莱斯等著；益群译	1961. 9
306	原子核理论	（苏）达维多夫著	1963. 6
307	原子核物理学	海森堡著；马振玉译	1960. 1
308	原子核物理学及仪器设备（3）	中国科学院原子核科学委员会编辑委员会编	1960. 5
309	原子核物理学及仪器设备（4）	中国科学院原子核科学委员会编辑委员会编	1960. 8
310	原子核物理学及仪器设备（5）	中国科学院原子核科学委员会编辑委员会编	1960. 7
311	原子核物理学及仪器设备（6）	中国科学院原子核科学委员会编辑委员会编	1960. 9
312	原子核物理学及仪器设备（7）	中国科学院原子核科学委员会编辑委员会编	1961. 11
313	原子核物理学及仪器设备（9）	中国科学院原子核科学委员会编辑委员会编	1963. 4
314	原子和原子能	林岸殊编	1965. 1
315	原子结构的教学	钱止英等编	1963. 5
316	原子结构与化学键（以直观概念为基础的现代化学键理论的概念）	（德）弗・泽埃尔（F. Seel）著；邓宗文译	1960. 5
317	原子论和自然的描述	（丹麦）尔著；郁韬译	1964. 6
318	原子能基本化学与辐射化学（1）	中国科学院原子核科学委员会编辑委员会编	1960. 7
319	原子能基本化学与辐射化学（2）	中国科学院原子核科学委员会编辑委员会编	1961. 9

（续表）

序　号	题　名	责任者	出版年
320	原子能基本化学与辐射化学（3）	中国科学院原子核科学委员会编辑委员会编	1961.1
321	原子能基本化学与辐射化学（4）	中国科学院原子核科学委员会编辑委员会编	1961.12
322	原子能基本化学与辐射化学（5）	中国科学院原子核科学委员会编辑委员会编	1963.4
323	原子物理学和人类知识	（丹）尼尔斯·波尔著；郁韬译	1964.1
324	原子物理与量子力学	蔡建华编	1962.6
325	运筹学论文集（1）	中国科学院数学研究所运筹学研究室编	1964.7
326	运筹学在水文水利计算中的应用	卡特维利施维利等著；中科院力学研究所运筹室等译	1960.7
327	怎样用复数解题	程其坚著	1964.9
328	脂肪族氟化合物	（美）勒符雷斯等著；黄耀曾等译	1963.6
329	致电离辐射剂量学	（苏）阿格林采夫著；潘自强等译	1963.11
330	中国化学会1963年年会论文摘要集	中国化学会63年编委会编	1963.7
331	中国科学院化学物理研究所研究报告集刊（第1集）	中国科学院化学物理研究所研究报告集刊委员会编辑	1964.5
332	中国科学院化学物理研究所研究报告集刊（第2集）	中国科学院化学物理研究所研究报告集刊编辑委员会编辑	1964.7
333	中国科学院化学物理研究所研究报告集刊（第3集）	中国科学院化学物理研究所研究报告集刊编辑委员会编辑	1964.8
334	中国科学院化学物理研究所研究报告集刊（第4集）	中国科学院化学物理研究所研究报告集刊编辑委员会编辑	1965.4
335	中国科学院应用化学研究所集刊（第10集）	中国科学院应用化学研究所集刊编审委员会编辑	1964.2
336	中国科学院应用化学研究所集刊（第11集）	中国科学院应用化学研究所集刊编审委员会编辑	1964.7
337	中国科学院应用化学研究所集刊（第12集）	中国科学院应用化学研究所集刊编审委员会编辑	1964.1
338	中国科学院应用化学研究所集刊（第13集）	中国科学院应用化学研究所集刊编审委员会编辑	1965.2
339	中国科学院应用化学研究所集刊（第14集）	中国科学院应用化学研究所集刊编审委员会编辑	1965.6
340	中国科学院应用化学研究所集刊（第15集）	中国科学院应用化学研究所集刊编审委员会编辑	1966.1
341	中国科学院应用化学研究所集刊（第1集）	中国科学院应用化学研究所编辑	1961.11
342	中国科学院应用化学研究所集刊（第3集）	中国科学院应用化学研究所编辑	1960.4
343	中国科学院应用化学研究所集刊（第4集）	中国科学院应用化学研究所编辑	1961.12
344	中国科学院应用化学研究所集刊（第7集）	中国科学院应用化学研究所集刊编审委员会编辑	1963.6

（续表）

序 号	题 名	责任者	出版年
345	中国科学院应用化学研究所集刊（第8集）	中国科学院应用化学研究所集刊编审委员会编辑	1963. 9
346	中国科学院应用化学研究所集刊（第9集）	中国科学院应用化学研究所集刊编审委员会编辑	1963. 1
347	中国物理学会1963年年会论文摘要	中国物理学会编	1963. 8
348	中学化学教学中的实验	凌祖颐	1962. 9
349	中学物理课程中的交流电	（苏）K. H. 耶利查罗夫著；朱一之译	1961. 6
350	重要无机化学反应	陈寿椿编	1963. 2
351	专题文献索引——红外线、紫外线、电磁场	中国科学院科学技术情报研究所编	1960. 6
352	紫外线与高聚物	甘景镐译	1963. 3

（4）1970—1979年

序 号	题 名	责任者	出版年
1	八位对数表	测绘出版社编	1974. 1
2	半导体器件	（美）A. S. 格罗夫著；齐建译	1976. 3
3	半导体物理基础	黄昆等著	1979. 7
4	标准放射源的检验证书	于跃明译	1975. 7
5	不分光红外线气体分析	（英）D. W. 希尔 T. 波韦尔著；北京分析仪器厂译	1975. 8
6	常用数理统计表	中国科学院数学研究所概率统计室编	1974. 8
7	常用数理统计方法	中科院数学研究所统计组编	1979. 1
8	乘除速算法	郭民钟等编	1978. 1
9	抽样检验方法	中国科学院教学研究所统计组编	1977. 3
10	初等数学（初等代数）	北京高等院校数学教材编写组编	1973. 6
11	初等数学（初等几何）	北京高等院校数学教材编写组编	1973. 6
12	初等数学（解析几何）	北京高等院校数学教材编写组编	1973. 6
13	初等数学（三角函数）	北京高等院校数学教材编写组编	1973. 6
14	从单位圆谈起	华罗庚著	1977. 2
15	从哥德巴赫猜想谈起	王连笑	1978. 12
16	大气中的某些有害物质的测试及消除研究报告	中科院大连物理化学研究所	1974. 3
17	大学化学（上）	陈英编译	1979. 4
18	大学化学（下）	陈英编译	1979. 4
19	大学入学考试数学试题选	（日）圣文社编；刘远图，魏群译	1979. 6
20	代数	《初等数学》编写组	1973. 1
21	代数（第二册）	数理化自学丛书编委会数学编写小组	1978. 9
22	代数（第三册）	数理化自学丛书编委会数学编写小组	1978. 9
23	代数（第四册）	数理化自学丛书编委会数学编写小组	1978. 9

（续表）

序 号	题 名	责任者	出版年
24	代数（第一册）	数理化自学丛书编委会数学编写小组	1978.9
25	氮的世界	（美）阿西摩夫著；育青译	1977.1
26	低能和物理资料汇编	原子能出版社	1974.3
27	电离辐射——水平与效应（第一卷）	《水平》翻译组译	1978.1
28	电子计算机常用算法	中国科学院沈阳计算技术研究所等编	1976.11
29	电子计算机原理	铁道部电子计算机编写组编	1975.1
30	电子数学计算机	王钧著	1975.1
31	电子数字计算机入门	王玉龙编	1978.4
32	电子数字计算机原理（第一册）	北京大学电子仪器厂编著	1975.9
33	多因素实验正交优选法	俭济斌编	1976.3
34	二进制与逻辑运算——电子计算机基础	董炯明编译	1977.2
35	二十世纪物理学	（美）韦斯科夫著；杨福家译	1979.5
36	方差分析	中国科学院数学研究所统计组	1977.6
37	方程论初步	余元庆编著	1979.2
38	放射性废液的离子交换处理	邵刚著	1976.2
39	放射性同位素与射线应用画册（1972 年）	放射性同位素与射线应用展览会编绘	1972.12
40	放射性物品运输常识问答	科群编	1973.1
41	分析化学手册（第一分册）	杭州大学化学系分析化学教研室编	1979.6
42	分析技术词典——色谱分析	科学出版社	1977.1
43	辐射化学（1975 年会议资料选编）	《辐射化学》编辑组	1977.7
44	辐射量和单位	中科院生物物理研究所辐射剂量学翻译小组译	1974.3
45	概率初步	上海师范大学数学系应用教学组	1975.4
46	概率论基础及其应用	王梓坤	1976.7
47	概率与统计预报——及在地震与气象中的应用	南开大学数学系统计预报组	1978.1
48	汞的分析方法	（日）浮田忠之进等编；黄致远等译	1979.3
49	古今数学思想（第二册）	（美）M. 克莱因（Morris Kline）著；北京大学数学系数学史翻译组译	1979.8
50	古今数学思想（第一册）	（美）莫里斯·克莱因著	1979.1
51	固体物理学	黄昆编著	1979.1
52	核电子学	E. 科瓦尔斯基等	1975.4
53	核素常用数据表	核素图表编制组编	1977.8
54	红外光学材料	上海市红外物理与技术译丛编辑组编	1974.9
55	化学（第一册）	数理化自学丛书编委会化学编写小组编	1979.4
56	化学（上）	Clyde R. Dillard 等著；施如详编译	1979.4
57	化学（数理化学自学丛书第二册）	数理化自学丛书编委会化学编写小组编	1978.8
58	化学（数理化学自学丛书第三册）	数理化自学丛书编委会化学编写小组编	1978.9
59	化学（数理化学自学丛书第四册）	数理化自学丛书编委会化学编写小组编	1979.4
60	化学（数理化学自学丛书第一册）	数理化自学丛书编委会化学编写小组编	1978.9

（续表）

序　号	题　名	责任者	出版年
61	化学（下）	Clyde R. Dillard 等著；施如详编译	1979. 4
62	化学分析（上册）	武汉大学分析化学教研编	1976. 6
63	化学用表	顾庆超等编	1979. 1
64	化学元素漫话	叶永烈编著	1978. 1
65	化验员基本知识	孙守田编	1977. 3
66	基本粒子	（日）汤川秀树等著；张质贤译	1975. 8
67	基本粒子发现简史	杨振宁著	1979. 6
68	激光技术	天津大学精仪系编译	1972. 11
69	激光技术在流体力学中的应用	中国科学技术情报研究所重庆分所编辑	1976. 3
70	激光——科技专题参考资料（3）	中国科技情报研究所重庆分所编	1972. 5
71	激光物理	朱如曾，封开印编译	1975. 2
72	几何	初等数学编写组	1973. 9
73	计算方法	清华大学，北京大学计算机方法编写组编	1975. 3
74	计算机数据显示器	（美）戴维斯著；长工译	1977. 2
75	空间解析几何引论（下册）	南开大学数学系《空间解析几何引论》编写组编	1978. 5
76	立体几何	孙福元编	1979. 11
77	量子史话	（美）B. 霍夫曼著；马元德译	1979. 5
78	列方程解应用问题	新疆大学教育革命处函授科	1978. 5
79	六位对数表	薛仲三	1975. 1
80	逻辑与数学教学	寿望斗编著	1979. 3
81	能量原理与结构分析	J·H·阿吉里斯著；邵成勋译	1978. 8
82	偏微分方程的有限差分方法	（美）G·E 福尔斯 W·R 华沙著；胡祖炽译	1979. 3
83	平均增长速度查对表	河北大学经济系编	1974. 11
84	平面几何（第二册）	数理化自学丛书编委会数学编写小组编	1978. 6
85	平面解析几何	数理化自学丛书编委会数学编写小组编	1978. 1
86	普通化学（地质类专业）	成都地质学院《普通化学》编写组	1979. 2
87	气相色谱分析（1974 年会议资料选编）	《气相色谱分析》编辑组	1976. 1
88	气相色谱手册	中国科学院化学研究所色谱组编著	1977. 12
89	热室设计安全问题手册	顾俊仁译	1975. 7
90	三角	数理化自然丛书编委会数学编写组编	1978. 9
91	三算结合——珠算新法	四平师范学院数学系编著	1978. 2
92	射线物理测量方法提要汇编	中科院原子能研究所编	1974. 3
93	十位对数表	沈时悦编	1974. 4
94	实验应力分析论文选编	中国科学技术研究所重庆分所编	1973. 1
95	数理统计的原理和方法（适用于生物科学）	（美）斯蒂尔，托里著；杨纪珂，孙长鸣译	1979. 5
96	数量化理论及其应用	董文泉等编著	1979. 8
97	数学（下册）	上海师范大学数学系	1975. 11

（续表）

序号	题名	责任者	出版年
98	数学手册	原北京矿业学院高等数学教研组编	1976.2
99	数学手册	《数学手册》编写组编	1979.12
100	数学习题汇编	温明康编	1978.12
101	数学在工业生产中的应用（第一集）	北京市教育局教材编写组编	1975.4
102	谈谈素数	王元著	1978.11
103	特殊函数概论	王竹溪，郭敦仁著	1979.3
104	特效试剂及其用途（国外资料汇编）	北京化工厂编著	1972
105	微积分概念史——对导数与极分的历史性的评论	（美）卡尔·B. 波耶著；上海师范大学数学系翻译组译	1977.9
106	无机合成（第七卷）	（美）Jacob Kleinberg 主编；张靓华等译	1974.5
107	无机合成（第十三卷）	（美）科顿主编；申泮文等译	1977.2
108	无机合成（第十一卷）	（美）约利 W. L. 主编；李士绮等译	1975.7
109	无机化学	大连工学院无机化学教研室编	1979.3
110	无机化学（上）	郑庆甦，刘增勋编	1979.9
111	无机化学（上册）	上海化工学院“无机化学”编写组编	1974.11
112	武谷三男物理学方法论文集	（日）武谷三男著	1975.7
113	物理（第二册）	数理化自学丛书编委会物理改编小组编	1978.9
114	物理（第三册）	数理化自学丛书编委会物理改编小组编	1979.6
115	物理（第四册）	数理化自学丛书编委会物理改编小组编	1979.8
116	物理（第一册）	数理化自学丛书编委会物理改编小组编	1978.8
117	物理（第一册）	（美）U. 哈伯·沙姆等著	1978.5
118	物理大辞典	人文出版社编委会	1979.1
119	物理化学（上册）.	吉林大学等校编	1979.6
120	物理化学基本原理（上）	吉林大学等校编	1975.6
121	物理化学基本原理（下）	吉林大学等校编	1976.12
122	物理技术手册——常用资料	《物理技术手册》编写组	1978.12
123	物理生物化学	（美）K. E. 范霍尔德（K. E. Van Holde）著；郁贤章译	1978.9
124	物理学常用数表	（日）饭田修一等编；张质贤等译	1979.8
125	物理学——力学（高等学校试用教材）	复旦大学，上海师范大学物理系编	1978.9
126	物理学史	（西德）M. V. 劳厄著	1978.3
127	物理学与哲学——现代科学中的革命	（西德）W. 海森堡著；范岱年译	1974.4
128	现代物理学参考资料（第二集）	《现代物理学参考资料》编辑组编译	1978.6
129	现代物理学参考资料（第四集）	《现代物理学参考资料》编辑组编译	1979.2
130	现代物理学参考资料（第一集）	《现代物理学参考资料》编辑组编译	1976.6
131	线性代数	武汉大学数学系数学专业编	1977.11
132	线性代数	南京大学数学系计算数学专业编	1978.1

（续表）

序　号	题　名	责任者	出版年
133	新基本粒子观对话	（日）坂田昌一著；庆承瑞，柳树滋注释；张质贤译	1973.4
134	袖珍乘除速算手册	郭民鐄，周淑芳编著	1975.1
135	许莼航初级几何	许莼航编；中国青年出版社	1979.2
136	液体色谱的现代实践	（美）柯克兰主编；中国科学上海有机化学研究所《液体色谱的现代实践翻译组译	1978.9
137	应用数学基础	W. 希尔等著；周焕山译	1974.3
138	英德法俄汉物理学词典（N—Z）	祖贝编；《物理学词典》翻译组译	1979.12
139	英汉高分子词汇	北京科学出版社	1974.6
140	英汉化学化工词补编	科学出版社编辑	1975.8
141	英汉化学化工略语词典	朱洪法，李绍雄编	1975.9
142	英汉色谱技术词汇	科学出版社编版	1977.2
143	英汉数学词汇	科学出版社编	1974.12
144	英汉物理学词汇	科学出版社编辑	1978.11
145	荧光分析法	陈国珍主编	1975.4
146	有机化学	天津大学有机化学教研室等编	1979.5
147	有机化学的产生和发展	（德）肖莱马著；潘吉星译	1978.8
148	有机微量定量分析	兰州大学化学系，中国科学院上海药物研究所编	1978.1
149	有限元素法选讲	复旦大学数学系《有限元素法选讲》编写组编	1976.1
150	元素发射光谱图（1930—8560A）	《元素发射光谱图》编制小组编	1976.5
151	元素周期律	北京市 101 中编写组编	1972.4
152	原子核物理（1978 年会议资料选编）	原子能出版社编	1979.2
153	原子能名词浅释	《原子能名词浅释》编辑组编	1973.9
154	原子吸收光谱分析经验交流会议技术资料选编	地质科学研究院编	1975.4
155	正交设计法	北京大学数学力学系概率统计组编	1976.9
156	正交实验法	中国科学院数学研究所数理统计组编	1976.4
157	指数函数和对数函数	徐美琴编	1978.1
158	质谱分析法（上册）	季欧编	1978.11
159	珠算手册	中国人民银行甘肃省分行编	1972.5

（5）1980—1989 年

序　号	题　名	责任者	出版年
1	1986 年基本物理常数国际推荐值	沈乃澂编译	1987.1
2	Sears 大学物理解题指南	（美）A. L. 福特著；蔡峰怡等译	1984.8
3	X 射线光谱分析导论	（美）尤金・P 伯廷著；高新华主译	1981.9

（续表）

序 号	题 名	责任者	出版年
4	X-射线晶体学——单晶体结构分析理论和实验导论	（英）米尔本著；王守道译	1983. 9
5	X射线衍射分析用的蛋白质和核酸晶体的生长及初步研究	（美）小A. 麦克弗森著；中国科学院生物物理研究所晶体生长组译	1983. 1
6	爱因斯坦和相对论	尤广建编著	1985. 7
7	表面的物理化学（上册）	（美）A. W. 亚当森（A. W. Adamson）著；顾惕人译	1984. 6
8	表面的物理化学（下册）	（美）A. W. 亚当森（A. W. Adamson）著；顾惕人译	1985. 1
9	表面化学物理	（美）莫里森 S. Roy Morrison 著；赵璧英等译	1984. 12
10	卜氏七位对数表	卜龙士	1983. 8
11	不爱物理者的启蒙物理学	（美）福恩，库恩著；夏树忱等译	1982. 1
12	常用分析仪器	由正明，庄玉茂编著	1985. 1
13	常用核电子技术	席德明等编著	1982. 1
14	常用物理量及单位手册	李慎安，杜荷聪编	1982. 12
15	传热与传质分析	（美）E. R. G. 埃克特，R. M. 德雷克著；航青译	1983. 6
16	纯化学试剂——无机试剂和制剂实验室制备指南	（苏）Ю. В. 卡尔雅金，И. И. 安捷洛夫著；曹素忱等译	1989. 6
17	催化·表面科学与穆斯保尔谱学	李永希，夏元复著	1986. 6
18	催化研究中的实验方法（第三卷）	（美）安德森等著；尹元根等译	1986. 6
19	催化研究中心的实验方法（第一卷）	（美）安德森等著；中科院大连化物理研究所等译	1987. 3
20	萃取色层法及其应用	孙素元等编译	1982. 5
21	错在哪里——化学问题错解分析（1）	章鹏编著	1986. 1
22	大学化学（清华大学教材）	刘国璞等主编	1985. 12
23	大学物理手册（第二分册）	（苏）亚沃尔斯基著；陈瑞征译	1985. 8
24	大众物理学（光子和原子核）	（苏）基泰戈罗茨基著；尚惠春译	1984. 5
25	代数学辞典——题解中心	（日）长泽龟之助著；薛德炯编译	1981. 1
26	弹性理论	王龙甫编	1984. 8
27	倒虹吸管	余际可等编	1983. 12
28	德汉核能词汇	《德汉核能词汇》编辑组编	1986. 7
29	德汉数学词汇	沈康身编订	1982. 12
30	第四次核物理会议文集（兰州 1980 年 10 月 9—16 日）	第四次全国核物理会会务组编	1981. 1
31	电分析化学	（美）巴兹尔·H. 瓦索斯（Basil H. Vassos），盖伦·W. 尤因（Galen W. Ewing）著；张慧明，吴君译	1987. 6
32	电分析化学导论	高小霞等编著	1986. 1
33	电化学的实验方法	（英）N. J. 塞勒（N. J. Selley）著；曾实译	1985. 6
34	电化学分析	方惠群等编著	1984. 5

（续表）

序　号	题　名	责任者	出版年
35	电化学科学	（英）博克里斯（J. O'M. Bockris），德拉齐克（D. M. Drazic）著；夏熙译	1980. 8
36	电化学研究方法	田昭武著	1984. 3
37	电学知识讲座	宋东生编	1981. 9
38	电子能谱基础	潘承璜，赵良仲编	1981. 8
39	电子在真空中飞行	谢鹏编著	1984. 8
40	定量化学分析（上册）	（美）I. M. 科尔索夫等著；南京化工学院分析化学教研组译	1981. 9
41	定性分析化学	林树昌等编	1984. 12
42	多孔薄层玻璃毛细管色谱柱	中国科学院兰州化学物理研究所编	1980. 1
43	放射分析物理导论	（比）G. 德康尼恩克著；董廼生，柴之芳译	1985. 7
44	放射化学	张寿华，张亦忠主编	1983. 6
45	放射化学	（苏）涅斯米扬诺夫著	1985. 2
46	放射化学和核过程化学（第二册）	（苏）A. H. 穆林等著；陶祖贻，赵爱民译	1981. 12
47	放射化学和核过程化学（第三册）	（苏）A. H. 穆林等著；陶祖贻，赵爱民译	1981. 11
48	放射化学和核过程化学（第一册）	（苏）A. H. 穆林等著；陶祖贻，赵爱民译	1981. 9
49	放射化学实验	叶明吕等编著；张庆熹，王祥云审校	1983. 5
50	放射性核素概论	卢玉楷等著	1987. 8
51	放射性核素强度的绝对测量（1979 年讨论会资料选编）	北京原子能出版社编	1981. 11
52	非牛顿流体力学	陈文芳著	1984. 9
53	非水滴定（下册）	孙瑾编	1985. 7
54	非线性激光光谱学	（苏）莱托霍夫，契勃塔耶夫著	1984. 9
55	分光光度技术及其在生物化学中的应用	郭尧君编著	1987. 9
56	分析化学（下册）	戚文彬著编	1983. 1
57	分析化学（供中药专业用）	陈定一等主编	1986. 11
58	分析化学（海水养殖专业用）	福建水产学校编	1981. 11
59	分析化学计算法	（日）早川久雄著；杜乃林，叶怀义译	1988. 5
60	分析化学手册（第三分册）	杭州大学化学系分析化学教研室编	1983. 7
61	分析化学手册（第四分册，上）	成都科学技术大学分析化学教研室编	1984. 4
62	分析化学手册（第四分册，下）	成都科学技术大学分析化学教研室编	1984. 8
63	分析化学手册（第五分册）	于德泉等编	1989. 12
64	分析化学数据手册	罗明富，陆恩泽译	1982. 8
65	分析化学文摘：一九八六年度主题索引	中国科学技术情报所重庆分所编辑	1987. 1
66	分析化学文摘：一九八三年度主题索引	中国科学技术情报所重庆分所编辑	1984. 9
67	分析化学文摘：一九八四年度主题索引	中国科学技术情报所重庆分所编辑	1986. 3
68	分析化学文摘：一九八五年度主题索引	中国科学技术情报所重庆分所编辑	1986. 6
69	分析化学译文集	中国地质部书刊编辑室编	1981. 7

（续表）

序 号	题 名	责任者	出版年
70	分析化学中的法定计量单位	张铁垣编	1987
71	分析化学中的络合作用	（芬）A. 林邦著；戴明译	1987.7
72	分析化学中的数理统计方法	郑用熙编著	1986.1
73	分析化学中试样分解方法手册	（德）博克著；吴湘澍，王信予译	1987.3
74	分析化学准确度的保证和评价	潘秀荣编著	1985.4
75	分析技术词典——电化学分析	南京大学化学系编	1988.9
76	分析技术词典——发射光谱分析	科学出版社	1980.1
77	分析技术词典——光度分析	中国科学院长春应用化学研究所等编	1983.1
78	分析技术词典——离子选择性电报分析	中国科学院长春应用化学研究所等编	1985.8
79	分析试剂的提纯与配制手册	吴辛友著编	1989.9
80	分析室与仪器	（日）山崎喜三郎著；王玉珊，邵忠译	1984.6
81	分析仪器电子技术	冯建国，冯建兴编著	1986.7
82	分子光谱与分子结构（第二卷）	（加拿大）赫茨伯格著；王鼎昌译	1986.2
83	分子光谱与分子结构（第一卷）	（加拿大）赫茨伯格著；王鼎昌译	1983.8
84	分子光谱与激光	钟立晨，丁海曙编	1987.7
85	分子轨道图形理论	唐敖庆，江元生等编	1980.6
86	分子和辐射——近代分子光谱学导论	（美）斯坦菲尔德著；李铁津等译	1983.9
87	辐射防护最优化中的代价与利益分析	李树德	1985.3
88	辐射化学导论	（美）斯沃罗著；陈文琇译	1985.1
89	傅里叶变换及其物理应用	（英）香帕尼著；陈难先，何晓民译	1980.4
90	概率论	复旦大学	1980.3
91	概率论及数理统计导论（上册）	（美）洛哈吉著；高尚华译	1983.7
92	感光性高分子	（日）永松元太郎等著；丁一等译	1984.4
93	高等力学试题分析解答	丁立祚等编	1984.7
94	高等数学（上册 第一分册）	西安交通大学高等数学教研室编	1980.2
95	高等数学（下册 第二分册）	西安交通大学高等数学教研室编	1980.3
96	高等数学（下册 第一分册）	西安交通大学高等数学教研室编	1980.4
97	高等数学引论（余篇）	华罗庚	1984.7
98	高等无机化学（上册）	（美）科顿，（英）威尔金森著；北京师范大学译	1980.9
99	高等无机化学（上册）	（英）赫斯洛普 R·B，琼斯 K 著；北京工业学院无机化学教研组等译	1981.3
100	高等有机化学（B 卷）	（美）凯里，森德伯格著；王积涛译	1986.1
101	高等有机化学（上册）	（美）马奇著；陶慎熹，赵景旻译	1981.1
102	高分子概论	（日）片山将道著；朱树新等译	1983.1
103	高分子合成（第六卷）	（美）马尔瓦尼编；洪啸吟，冯汉保译	1983.7
104	高分子科学简明教程	夏炎主编	1987.8
105	高分子领域中的近期研究	（罗）埃列娜·齐奥塞斯库著；施良和，徐懋等译	1984.9
106	高聚物的转变与松弛	钱保功等编著	1986.12

（续表）

序　号	题　名	责任者	出版年
107	高灵敏度原子吸收光谱和发射光谱分析法	（日）保田和雄，広川吉之助著；何华焜，黄汉国译	1982.1
108	高效薄层色谱	（美）茨拉脱坎斯（A. Zlatkis），（联邦德国）卡爱塞（R. E. Kaiser）著；林珍安译	1984.5
109	古今数学思想（第三册）	（美）M. 克莱因（Morris Kline）著；北京大学数学系数学史翻译组译	1980.11
110	古今数学思想（第四册）	（美）M. 克莱因（Morris Kline）著；北京大学数学系数学史翻译组译	1981.7
111	光化学原理	（英）P. 苏班著；陆志刚译	1983.6
112	光化学原理	（英）J. A. 巴尔特洛甫，J. D. 科伊尔著；宋心琦等译	1983.11
113	光谱实验室（第1卷第2辑）	光谱实验室编辑部编	1985.4
114	光谱实验室（第2卷第1辑）	光谱实验室编辑部编	1985.12
115	光谱实验室（第2卷第2辑）	光谱实验室编辑部编	1985.12
116	光学	（印度）加塔克著；梁全廷译	1984.1
117	光学三百年	（苏）斯杰潘诺夫著；尚惠春译	1981.4
118	国际电工辞典（电磁学）	华明译	1982.12
119	国内无机分析化学文献摘要（1983年）	《国内无机分析化学文献摘要》编写组编	1985.3
120	国外分析化学专利文集（1）	《国外分析化学专利文集》编译组编	1985.12
121	国外化学（第六集）	中国科学技术情报研究所重庆分所编	1981.2
122	哈里德物理学习题解答（第一卷）	恽瑛等编著	1985.2
123	汉维数学简明词典	米吉提·卡的尔，阿卜杜热西提编	1981.12
124	汉维物理学简明词典	热本赞·热依本，米吉提哈得尔著	1981.12
125	汉英数学词汇	齐玉霞主编	1986.7
126	合成聚合物的分级原理和应用	董履和主编	1984.11
127	核辐射防护基础	王同生，张季儒，刘志文编	1983.6
128	核辐射探测器入门	（美）P·J·奥塞夫著；姬成周译	1980.4
129	核辐射物理学	于孝忠主编	1981.1
130	核素数据手册	卢希庭等编	1981.11
131	黑体辐射数据表	朱焕文等著	1984.4
132	红外辐射的产生（利用非线性光学原理）	（美）沈元壤主编；孔凡平等译	1982.12
133	红外光谱法在高分子研究所中的应用	沈德言编著	1982.1
134	红外光谱分析100例	（美）中西香尔，P. H. 索罗曼著；王绪明译	1984.8
135	红外光谱在有机化学和药物化学中的应用	谢晶曦编著	1987.11
136	红外线光谱法入门	钟海庆编	1984.4
137	化学（上册）	（美）鲍林（Pauling，L.）（Pauling，P.）著；邓淦泉译	1982.1
138	化学（下册）	（美）鲍林（Pauling，L.）（Pauling，P.）著；戴乾圜译	1982.12
139	化学词典	顾翼东主编	1989.9
140	化学发现和发明	应礼文编	1985.1

（续表）

序号	题名	责任者	出版年
141	化学反应的酸碱理论	张承宏，潘家理编	1983. 11
142	化学反应工程习题题解	（美）奥・列文斯比尔（O. Livenspiel）著；施百先，张国泰译	1983. 1
143	化学分离法	秦启宗等编著	1984. 6
144	化学分析的仪器方法	（美）尤．因．G. W 著；华东化工学院分析化学教研组译	1986. 7
145	化学分析手册	中南矿冶学院分析化学教研室等编著	1982. 1
146	化学复习总表	俞永亮等编	1985. 9
147	化学和我们	（美）香伯格著；范毅等译	1982. 2
148	化学计算必备	（日）北出健治，楠见善男著；李玉秀，王福元译	1984. 1
149	化学命名原则	中国化学会编	1984. 12
150	化学实验室简明计算手册	王少怀，刘哲人编	1987. 2
151	化学史简明教程	郭保章，董德沛编	1985. 6
152	化学世界导游	（英）哈泽尔・罗索蒂著；严世菁译	1984. 5
153	化学数据手册（国际单位制）	（英）斯塔克（美）华莱士著；杨厚昌译	1980. 9
154	化学危险品安全实用手册	杨胜璧等编	1987. 7
155	化学文献的使用	（英）博特尔主编；冯宗菽等译	1987. 1
156	化学文献基础知识	杨善济，杨静然编著	1982. 5
157	化学文献及查阅方法	余向春编著	1983. 3
158	化学文献指南	刘铸晋，陆仁荣编	1985. 7
159	化学物品混合接触危险性手册	（日）东京消防厅编	1986. 5
160	化学小辞典	张学铭等编	1984. 1
161	化学选答练习	（英）艾尔温斯编；白风娥译	1985. 7
162	化学元素的发现	凌永乐编著	1981. 9
163	化学元素发现简史	（苏）特立韦诺夫著；崔浣华译	1986. 1
164	化学元素概念的演变	（苏）凯德洛夫著；陈益升，袁绍渊译	1985. 5
165	化学原理	（美）格雷，海特著；杨炳良译	1985. 8
166	化学之谜	王一川编	1988. 12
167	化学专业英语文选	南京大学外文系公共英语教研组编	1983. 12
168	基本粒子物理发展史年表	《高能物理》编辑部编	1985. 11
169	基本粒子物理学中的对称性原理	（英）吉布森等编著	1982
170	基础化学选择法测验	（英）斯特班斯著；尚久方译	1984. 3
171	基础有机化学示范教学	邢其毅主编	1983. 5
172	几何基础	傅章秀编	1984. 8
173	几何学辞典（题解中心）	（日）长泽龟之助著；薛德炯编译；吴载耀译	1981. 8
174	简明化学手册	甘肃师范大学化学系《简明化学手册》编写组编	1980. 11
175	简明化学手册	北京师范大学化学系无机化学教研室编	1980. 6
176	简明数学词典	沈永欢等编	1989. 7

（续表）

序号	题名	责任者	出版年
177	简明数学全书——高等数学与现代数学	（德）W. 盖勒特（W. Gellert）等著；秦曾复等译校	1985. 9
178	简明信息知识词典	吴善勤主编	1987. 4
179	解析函数边值问题	路见可著	1987. 2
180	解析几何	杨存斌，孙久荆编	1987. 11
181	近代化学的奠基者	（日）原光雄著；黄静译	1986. 7
182	近代物理基础及其应用	（美）保罗·A. 蒂普勒著；《近代物理基础及其应用》翻译组译	1981. 11
183	近代物理学基础（上）	（美）韦德纳（R. T. Weidner）等著；汤发宇译	1986. 11
184	近代物理学家传记	欧阳鸰，金怀诚等译	1985. 3
185	近代有机定量分析	陈耀祖，王昌益编著	1987. 2
186	经典物理学	（日）汤川秀树主编；周成民，方丹群译	1986. 9
187	《九章算术》注释	白尚恕注释	1983. 12
188	聚合反应热力学	（日）泽田秀雄著；阎海科，金士九译	1985. 8
189	聚合物吸附对胶态分散体稳定性的影响	（美）佐藤（Satc，T.），鲁赫（Ruch，R. J.）著；江龙等译	1988
190	科学技术百科全书（第七卷）	徐津津编	1980. 1
191	科学知识宫——化学	（美）西摩·罗森著；《科学知识宫》编译组译	1983. 12
192	快速傅里叶变换和卷积算法	努斯鲍默著	1984. 12
193	快速计算手册	杨秉礼著	1984. 9
194	离子色谱	牟世芬，刘开录编著	1986. 12
195	理化中的基础数学	（英）尼尔肯著	1985. 5
196	理论电化学	郭鹤桐，刘淑兰编	1984. 1
197	理论力学解题指导	叶仲文，乔永分编	1983. 8
198	理论有机化学解说	（日）井本稔著	1985. 7
199	粒子物理和场论简引（上册）	（美）李政道著；阮同泽，汤拒非译	1984. 8
200	量子场论（上册）	（法）C. 依捷克森，J. B. 祖柏尔著；杜东生等译	1986. 9
201	量子化学	唐敖庆等编著	1982. 9
202	量子化学——基本原理和从头计算法（中册）	徐光宪等著	1985. 5
203	量子力学（第一卷）	（法）梅西亚著；苏汝铿，汤家镛译	1986. 9
204	伦理学名词解释	罗国杰主编	1984. 12
205	络合滴定原理	彭崇慧，张锡瑜编著	1981. 8
206	穆斯堡尔谱学基础和应用	夏元复等编著	1987. 8
207	穆斯堡尔效应及其应用	夏元复编	1984. 11
208	能	许定安，史新奎著	1986. 8
209	诺贝尔物理学奖获得者（1901—1984 年）	R. L. 韦伯著；李应刚，宁存政译	1985. 1
210	培养数学上的机智	（美）格雷厄姆编；李文锦等译	1984. 8

（续表）

序　号	题　名	责任者	出版年
211	配位化学	戴安邦等编	1987.1
212	配位与催化	G.H. 奥利韦（G.H. Olive），S. 奥利韦（S. Olive）著；徐吉庆，徐丽娟等译	1986.9
213	普通化学	（美）朗戈著；蒋尚信译	1982.12
214	普通物理教学手册	阎金铎等编	1984.5
215	普通物理学（上册）	《普通物理学》编写组编	1985.9
216	奇妙的红外辐射——它的原理和应用	穆恭谦等编著	1984.1
217	全国高考物理试题解答（1978—1980 年）	高考试题解答编辑小组编	1981.5
218	全国中学数学竞赛题解（1979 年）	科学普及出版社编	1981.6
219	热传导	（美）M.N. 奥齐西克（M. Necati Ozisik）著；俞昌铭主译	1983.7
220	日英汉分析化学词汇	杨本文编订	1982.5
221	身边的化学现象——日本化学家的探索	（日）松本恒隆等著；吴祺译	1984.3
222	生活中的物理学	（美）吉尔·沃克著；徐婉华，叶庆桐译	1984.7
223	生物数学概论	杨纪珂等编译	1982.9
224	生物无机化学	（英）R.W. 海氏著；钟淑琳，闵蔚宗译	1988
225	生物无机化学	邵懋昭编著	1988.1
226	生物无机化学	（英）M.N. 休斯著；陈自在等译	1986.12
227	生物无机化学入门	（苏）K.Б. 雅茨米尔斯基著；余珣，吴瑶曼译	1984.4
228	生物无机化学原理	（英）A.M. 菲亚班，D.R. 威廉斯著；冯子道等译	1987.1
229	生物学工作者的物理化学	（英）J.G. 莫里斯著	1981.12
230	什么是相对论	（苏联）兰道等著；华涵译	1980.3
231	实验无机化学——制备、反应和仪器方法	（英）帕斯，萨克利夫著；郑汝骊译	1980.7
232	实验应力分析	赵清澄主编	1987.9
233	实用量子力学（上册）	（德）福里格著；宋孝同等译	1981.12
234	实用有机化学手册	李述文，范如霖编译	1981.12
235	数理统计	北京林学院主编	1980.1
236	数理统计浅说	陈永秉编著	1983.7
237	数学百科辞典	日本数学会编	1984.7
238	数学史	（美）阿瑟·吉特尔曼著；欧阳绛译	1987.11
239	数值分析	（美）奥特加著；张丽君等译	1983.6
240	四十一位著名的物理学家	（捷）托·博列梓著；薛克夫，阎崇文译	1983.12
241	苏联基本数学手册	周荣坤编	1982.8
242	算法论	莫绍揆编著	1982.11
243	算术辞典（题解中心）	（日）长泽龟之助原著	1981.8
244	王冠醚化学	（日）小田良平等编；杨秀秋，彭第基译	1985.11
245	微积分（题解）	中国人民大学数学教研室编；中国人民大学	1983.3
246	微积分发展史	（美）爱德华著；张鸿林译	1987.12

（续表）

序　号	题　名	责任者	出版年
247	微积分和数学分析引论（第二卷第一分册）	（美）R. 柯朗，F. 约翰著；林建详等译	1985.8
248	微积分基础（下册）	陈伟侯等编著	1984.1
249	微量元素	（日）山県登著；柴之芳，祝汉民译	1983.1
250	温度滴定法	（联邦德国）J. 巴特尔（J. Barthel）著；翟宗玺译	1986.8
251	稳定核素的应用	张炜明等编著	1983.2
252	稳定同位素化学	郭正宜编	1984.3
253	沃尔什函数及其应用	（美）比彻姆著；常迥译	1980.4
254	钨钼在化工中的应用	张文朴著	1986.3
255	无机分析中的分离方法（实用手册）	（加）罗兰 S. 扬著；张国雄译	1984.12
256	无机固态反应	（日）日本化学会编；董万堂，董绍俊译	1985.2
257	无机合成（第十六卷）	（美）弗雷德主编；张靓华等译	1986.7
258	无机化合物的合成与鉴定	（美）W. L. 乔利著；李彬，肖良质等译	1986.12
259	无机化学（上）	杨德壬等编	1982.5
260	无机化学（生物专业用）	张启昆，张永安编	1987.2
261	无机化学（下）	华南工学院无机化学教研组编	1980.4
262	无机化学基础（上册）	张锡辉等编著	1988.5
263	无机化学试验	上海化工学院无机化学教研组编	1980.3
264	无机化学疑难问题解答	田荷珍等编著	1987.6
265	无机立体化学与化学键	（英）J. E. 弗格森著；刘举正等译	1983.1
266	五字珠标法	李新编	1983.3
267	物理（第四册）	（美）U. 哈伯·沙姆等著；《PSSC 物理》翻译组	1980.9
268	物理化学化实验	北京大学化学系物理化学教研室	1985.7
269	物理化学教程（下）	（美）亚当森著	1982.11
270	物理化学教学文集	理科化学教材编审委员会物理化学编审小组编	1986.11
271	物理化学实验	（美）克罗克福特，诺威尔等著；郝润蓉等译	1981.2
272	物理化学实验	北京大学化学系物理化学教研室实验课教学组编	1981.8
273	物理化学习题解答（上册）	王文清等编	1980.12
274	物理化学习题解答（下册）	王文清等编	1981.4
275	物理化学与胶体化学实验	刘衍光主编	1989.6
276	物理基础知识（下册）	周衍柏编	1989.8
277	物理计算手册	（美）图马著；黄振岗译	1985.9
278	物理世界（上）	（美）列昂·库珀著；杨基方等译	1983.6
279	物理世界（下）	（美）列昂·库珀著；杨基方等译	1983.6
280	物理学（第二卷第一册）	（美）哈里德，瑞斯尼克著	1981.9
281	物理学（电磁学部分）	余守宪著	1983.5

（续表）

序　号	题　名	责任者	出版年
282	物理学（经典和现代）	（美）FOVD. K. W. 著；高航译	1982. 1
283	物理学学习指南（第二卷）	（美）威廉斯等著；许云宏译	1982. 1
284	物理学词典——等离子体物理学分册	蔡诗东等编著	1985. 7
285	物理学词典——低温物理学分册	北大物理系低温物理教研室编	1984. 12
286	物理学词典——力学分册	汪思谦编	1986. 1
287	物理学词典——粒子物理学分册	刘连寿等编	1982. 1
288	物理学词典——声学分册	沈壕等编	1986. 1
289	物理学词典——宇宙线分册	高能物理研究所宇宙线室；空间物理研究所宇宙线室编	1983. 1
290	物理学大辞典	《物理学大辞典》编辑组编	1980. 1
291	物理学发展简史	杨基芳，黄高年编译	1983. 2
292	物理学手册	（苏）亚沃尔斯基，杰特拉夫著；安鼎梁等译	1986. 7
293	物理学中的符号、单位和术语	国际纯粹和应用物理学协会符号，单位和术语委员会编；邓存熙译	1982. 11
294	物理知识的特征和规律	辛培文编著	1987. 8
295	物质元素的X射线分析——能谱测试技术及其应用	冶金工业部钢铁研究总院物理室扫描电镜组编	1984. 2
296	稀土元素分析化学（下）	武汉大学化学系等编著	1983. 3
297	稀土元素化学	张若桦编著	1987. 1
298	稀土在催化中的应用	（苏）X. M. 米纳切夫等著；刘恒潜译	1987
299	显微术中的分析与定量方法	（英）G. A. 米克，H. Y. 艾尔德主编；管汀鹭译	1983. 8
300	现代化学分析法（上册）	（美）罗伯特·L. 皮索克（Robert L. Pecsok）等著；林素梅等译	1985. 12
301	现代化学分析法（下册）	（美）罗伯特·L. 皮索克（Robert L. Pecsok）等著；林素梅等译	1989. 1
302	现代化学技术（1）	（美）杰克逊（Jackson，R. B.）著；官宜文译	1986. 1
303	现代化学技术（2）	（美）杰克逊（Jackson，R. B.）著；李彦奇译	1985. 6
304	现代化学技术（3）	（美）杰克逊（Jackson，R. B.）著；官宜文译	1986. 11
305	现代化学试剂手册（第二分册）	张孙玮等编	1987. 9
306	现代化学试剂手册（第四分册）	曾云鹏	1989. 9
307	现代化学译丛（第七辑）	《现代化学译丛》编辑组编	1982. 4
308	现代化学译丛（分析化学专辑）	郑德清编	1984. 4
309	现代生活中的统计学和概率论	韩冠堂编	1987. 8
310	现代物理概念	（美）阿瑟·贝塞（Arthur Beiser）著；何瑁等译	1984. 5
311	现代物理学参考资料（第六集）	《现代物理学参考资料》编辑组编译	1980. 6
312	现代物理学中的关键性实验	（美）G. L. 特里格（G. L. Trigg）著；尚惠春，王罗禹译	1983. 1

（续表）

序 号	题 名	责任者	出版年
313	相平衡、化学平衡和热力学	唐有祺编	1984. 3
314	新俄汉数学词汇	齐玉霞编	1988. 1
315	性能—结构—化学键	杨频，高孝恢编著	1987. 1
316	亚原子物理学	（美）汉斯·弗朗费尔德，欧内斯特·M. 亨利著；王忠民译	1981. 12
317	液晶知识	（日）立花太郎等著；谈漫琪等编译	1984. 1
318	液相化学反应动力学原理	金家骏编	1984. 9
319	一九七八年上海市物理学会年会会议论文选编	上海市物理学会主编	1980. 2
320	仪器分析	缪征明主编	1984. 11
321	仪器分析（中级本）	机械工业部机械工人技术培训教材编审领导小组编	1984. 12
322	仪器分析实验	《仪器分析实验》编写组编	1986
323	仪器分析原理（上册）	（美）斯科格，韦斯特著；吉林大学化学系分析化学教研室译	1980. 8
324	仪器分析原理（下册）	（美）斯科格，韦斯特著；吉林大学化学系分析化学教研室译	1981. 4
325	应用于生物研究中的中子散射技术	何敏等译	1986. 2
326	英德法俄汉物理学词典（A—M）	祖贝编《物理学词典》翻译组译	1980. 6
327	英德法俄汉物理学词典（N—Z）	祖贝编《物理学词典》翻译组译	1981. 9
328	英汉常用化学小词典	顾可权主编	1989. 4
329	英汉等离子物理学与受控核聚变词汇	姚国昌编	1984
330	英汉高分子词汇	北京科学出版社	1981. 7
331	英汉高分子词汇（第二版）	北京科学出版社	1984. 1
332	英汉高能物理学词汇	中国科学院高能物理研究所《英汉高能物理学词汇》编订小组编	1981. 8
333	英汉光化学词汇	宋心琦，刘文渊编译	1985. 12
334	英汉光学词典	周海宪，程云芳编	1987. 1
335	英汉光学词汇	李健主编	1985. 8
336	英汉核科学技术缩略词词典	祝疆，秋平编译	1984. 6
337	英汉化学小辞典	（美）汉培尔编；刘秉兰译	1984. 1
338	英汉加速器词汇	科学出版社	1980. 1
339	英汉色谱技术词汇	战英民编	1982. 1
340	英汉色谱技术词汇	河北工学院科技情报研究室战英民编	1984. 1
341	英汉数学词汇	齐玉霞编	1982. 8
342	英汉物理学词典	（英）J·丹蒂瑟编；戴雪文等译	1986. 12
343	有机分析试剂手册	（美）程广禄，（日）上野景平编；王镇浦翻译	1985. 5
344	有机合成新发展	（美）B. M. 特罗斯特（B. M. Trost），C. R. 哈特钦森（C. R. Hutchinson）编辑；左桂权等译	1985. 3
345	有机化合物的光谱分析	克利斯威尔等编著；周黛玲等译	1985. 5

（续表）

序 号	题 名	责任者	出版年
346	有机化合物光谱鉴定	（美）巴斯勤著；姚海文译	1988. 4
347	有机化合物光谱鉴定	（美）西尔弗斯坦著；姚海文译	1982. 11
348	有机化合物及药物的比色法和萤光分析法	（法）M. 佩塞兹（M. Pesez），J. 巴托斯（J. Bartos）著；夏锦尧编译	1989. 6
349	有机化学	胡秉方，陈馥衡编	1988. 2
350	有机化学 上册	（美）道格拉斯等著；金寄春等译	1984. 11
351	有机化学（下册）	季鸿崑等编著	1983. 11
352	有机化学反应规律	丁忠源，丁明远编	1985. 12
353	有机化学基础——理论和应用（上册）	（美）巴特勒，柏林著；张丽蘋，涂余如译	1980. 1
354	有机化学基础实验（上册）	（德）贝克尔等著；四川大学化学系有机化学教研室译	1983. 2
355	有机化学解题指导	王桂林编	1987. 1
356	有机化学命名原则（1980 年）	中国化学会编	1983. 12
357	有机结构分析	陈德桓著	1985. 4
358	有机物热力学数据的估算	赵国良，靳长德编	1983. 7
359	元素性质数据手册	李振寰编	1985. 7
360	原子光谱学和激光光谱学	A. 科尼著；邱元武等译	1984. 5
361	原子核的统一理论	怀尔德默德，唐尧千著；原子能研究所原子核理论组译	1983
362	原子核理论（核力部分）	徐躬耦著	1983. 1
363	原子核物理（第五次核物理会论文集，1982 年）	原子能出版社编	1984. 7
364	原子核物理实验方法（上）	复旦大学，清华大学等编	1981. 4
365	原子核物理学	梅镇岳编著	1983. 8
366	原子量的测定	凌永乐编著	1985. 4
367	原子物理学	高顺福等编	1984. 1
368	原子吸收分光光度法	邓勃编著	1981. 12
369	原子吸收光谱法	（西德）B. 威尔茨著；李家熙等译	1989. 6
370	原子吸收光谱法	李盛亮主编；夏令伟，袁俊华副主编	1989. 1
371	原子吸收光谱分析方法选编	北京第二光学仪器厂情报室编	1981. 8
372	原子与原子核物理学习题集	（苏）伊罗多夫著；田俊恒译	1981. 6
373	在研究生院里——关于色谱的故事	（美）G. 亚历山大（Guy Alexander）著；万正忠译	1981. 9
374	质谱学方法与同位素分析	刘炳寰等编著	1983. 7
375	中国大百科全书——数学	中国大百科全书总编辑委员会《数学》编委会，中国大百科全书出版社编辑部编	1988. 11
376	中国大百科全书——物理学（Ⅰ）	中国大百科全书总编辑委员会《物理学》编委会，中国大百科全书出版社编辑部编	1987. 7
377	中国大百科全书——物理学（Ⅱ）	中国大百科全书总编辑委员会《物理学》编委会，中国大百科全书出版社编辑部编	1987. 7
378	中国古代化学史研究	赵匡华编	1985. 8

（续表）

序号	题名	责任者	出版年
379	中国古代数学的世界冠军	夏树人，孙道杠编著	1984
380	中国古算题选解	李逢平著	1985. 8
381	中国化学会 1978 年年会学术报告集	中国化学会编	1981. 8
382	中国化学五十年（1932—1982 年）	中国化学会《中国化学五十年》编辑委员会编	1985. 11
383	中国科学院 1979 年色谱学术交流报告会论文摘要集	中国科学院大连化学物理研究所编	1981. 12
384	中国科学院上海原子核研究所年报（1981—1982 年）	上海科学技术文献出版社编	1985. 3
385	中国科学院上海原子核研究所年报（1983 年）	中国科学院上海原子核研究年报编	1984. 12
386	中国科学院上海原子核研究所年报（1984 年）	原子能出版社编	1984. 12
387	中级无机化学实验	《中级无机化学实验》编写组编	1984. 12
388	中学教师化学手册	《中学教师化学手册》编委会	1981. 7
389	中学生物理学手册	陆山	1981. 8
390	中学物理竞赛题解（1979 年）	全国中学数理化竞赛委员会编	1980. 1
391	中子	顾以藩著	1982. 9
392	中子源物理	丁厚本，王乃彦编著	1984. 6
393	重要有机化学反应	顾可权编著	1983. 11
394	周期表与分析化学	日本分析化学会绘编；邵俊杰译	1981. 8
395	专利文献通报——有机化学（1982 年第 2 期）	中国专利局文献服务中心编	1985. 3
396	专利文献通报——有机化学（1985 年第 5 期）	中国专利局文献服务中心编	1985. 9
397	专利文献通报——有机化学（1985 年第 6 期）	中国专利局文献服务中心编	1985. 9

（6）1990—1999 年

序号	题名	责任者	出版年
1	常微分方程理论及其应用	王联等编	1992. 1
2	分光光度分析	罗庆娆等编	1992. 8
3	分析化学中的数值方法——计算机在分析化学中的应用	李克安，童沈阳编著	1990. 2
4	汉英化学术语汇编	荆瑜编著	1991. 3
5	核物理学	徐四大编	1992. 2
6	红外光谱使用指南	荆煦瑛等编著	1992. 6
7	化学分析计算手册	申令生著	1992. 3
8	化学因子分析	潘忠孝等编著	1993. 1
9	化学英语常用词词典	黄仕永等编著	1991. 6

（续表）

序　号	题　名	责任者	出版年
10	基础分析化学实验	北京大学化学系分析化学教研室编	1993. 5
11	聚合物试剂和催化剂	杨辉荣等编著	1991. 12
12	钪·稀土元素	易宪武，黄春辉等著	1992. 1
13	力学词典	《力学词典》编辑部编	1990. 6
14	模糊信息分析与应用	黄崇福，王家鼎编著	1992. 12
15	农科物理学（下册）	章志刚等编	1990. 11
16	青少年物理知识百科辞典	王兼善等编著	1992. 1
17	热分析	蔡正千著	1993. 8
18	生物大分子的液相色谱分离和制备	师治贤，王俊德编著	1992. 7
19	生物电化学生物氧化还原反应	肖何等译	1990. 4
20	实用发射光谱分析	徐秋心主编	1993. 6
21	试剂化学（下册）	周伯劲等编著	1993. 2
22	无机色谱分析法	（德）乔治·施韦特著；贺尊诗，李青山译	1990. 6
23	物理化学	邵文三等编	1992. 8
24	英汉常用有机化学与物理有机化学辞典	倪天民等译	1990. 8
25	英汉数理化词典 An English-chinese Dictionary Of Mathematics, physics And Chemistry	张缵绪主编	1991. 4
26	原子与原子核物理学手册——物理学手册之一	陈辰嘉主编	1993. 6

P 天文学、地球科学

本部分共收编天文学和地球科学类图书书目769条。其中，收编1949年以前出版的该类图书书目7条，1950—1959年269条，1960—1969年161条，1970—1979年85条，1980—1989年207条，1990—1999年40条。具体目录如下。

（1）1949年以前

序号	题名	责任者	出版年
1	地质矿物学大辞典	杜其堡编	1930.11
2	高等天文学	张云著	1936.8
3	气候学	A·AustinMiller—著；萧廷奎译	1944.5
4	实用测量法（职业教科书委员会审查通过）	卫梓松著	1919.12
5	谈天	（英）侯失勒撰；（英）伟烈亚力，李善菊译	1934.1
6	应用天文学	夏坚白著	1933.1
7	中国之霜期	陈正祥著	1945.5

（2）1950—1959年

序号	题名	责任者	出版年
1	1：10000、1：25000、1：50000、1：100000比例尺　地形图测绘基本原则	中华人民共和国国家测绘总局，中国人民解放军总谋部测绘局编	1959.7
2	1821—2020年的二百年历表	中国科学院紫金山天文台编	1959
3	1956年天文年历	中国科学院紫金山天文台编	1955.7
4	1958年全国农业展览会气象馆	全国农业展览会	1958.12
5	1958年天文年历	中国科学院紫金山天文台编	1958.9
6	1960年天文年历	中国科学院紫金山天文台编	1959.11
7	北美洲的气候	（苏）Г.Н.维特维茨基著；张晓天等译	1957.6
8	变质岩	（苏）E.A.库兹涅佐夫著；王述训，周自立译	1959.12
9	冰雹	人民革命军事委员会气象局编	1951.7
10	冰和雪	楼书聪，黄炳荣著	1956.3
11	不透明矿物显微镜鉴定	陈正编著	1959.9
12	不用指南针如何确定方向	地质出版社编辑出版	1958.8
13	测量学	（苏）莫德林斯基著；程昌国著	1959.3

（续表）

序　号	题　名	责任者	出版年
14	测量学（上）	（苏）П. И. 希洛夫著；中南土木建筑学院测量教研组译	1956.9
15	测量学（下）	（苏）П. И. 希洛夫著；中南土木建筑学院测量教研组译	1957.4
16	测量学（下册）	郭禄光等著	1959.9
17	测量学与矿山测量（上）	（苏）彼烈古多夫著；地质部教育司译	1954.7
18	测量学与矿山测量（下）	（苏）彼烈古多夫著；地质部教育司译	1955.4
19	测量仪器的保管和维护手册	王恩尧译	1956.6
20	测量仪器的使用检修与保养法	刘海清著	1957.3
21	赤平极射投影在地质科学上的应用	何作霖编著	1959.9
22	冲击地压	（苏）С. Г. 阿维尔申著；朱敏等译	1959
23	大地测量学（下卷第二分册）	（苏）克拉索夫斯基著；吴天柱等译	1959.9
24	大气锋的高空天气学研究	叔碧思著	1957.7
25	大气环流	（苏）Х. П. 帕哥乡著；陶诗言，杨易初等译	1957.1
26	大气凝结核	（苏）Р. И. 梅拉波夫斯基著；周梦露译	1959.8
27	大气物理学（下册）	（苏）А. Х. 赫尔吉安著；邹进上等译	1959.5
28	大气中的光象	周淑贞编著	1959.11
29	单站补充天气预报初步总结（第三号）	天气月刊编辑委员会编	1958.8
30	地壳的变动	朱瑞申编著	1959.6
31	地壳发展的规律性与区域大地构造	（苏）П. Н. 克鲁泡特金，В. В. 别洛乌索夫等著；张文佑等译	1955.1
32	地壳与地质作用	（苏）Л. И. 谢尔巴科夫，Ф. Д. 布布列尼科夫著；张宝山译	1957
33	地理摄影	卢地禾撰	1959.6
34	地球的形状和运动	王祥珩编著	1959.6
35	地球化学	（苏）А. А. 萨乌科夫著；中华人民共和国地质部编辑出版室编	1955
36	地球化学	（挪）V. M. 戈尔德施密特（Goldschmidt，V. M）著；沈永直，郑康乐译	1959.8
37	地球化学与矿物学问题	（苏）Д. И. 谢尔巴科夫编；王文斌等译	1958.11
38	地球化学与找矿	李祖材著	1959.6
39	地史学教程	王鸿祯著	1956.2
40	地史学原理（上）	（苏）斯特拉霍夫著；杨鸿达，北京地质学院地史古生物教研室译	1955.3
41	地史学原理（下）	（苏）斯特拉霍夫著；杨鸿达，北京地质学院地史古生物教研室译	1955.3
42	地图摄影学（第一册）	方俊著	1957
43	地图学	李海晨编著	1959
44	地图学讲义（上）	李海晨编著	1958
45	地下水动力学原理	（苏）卡明斯基著；地质学院水文地质教研组译	1955

（续表）

序　号	题　名	责任者	出版年
46	地下水动态研究方法指南	（苏）M. E. 阿利托夫斯基，A. A. 康诺波梁采夫总编；苏联地质保矿部全苏水文地质工程地质科学研究所编；檀宝山等译	1956
47	地下水壅水与水库渗透水文地质计算	（苏）宾德曼著；中华人民共和国水利部专家工作室译	1956
48	地下水在灌溉和给水方面的利用	（苏）И. Ф. 沃洛季科著；水利部专家工作室译	1958. 2
49	地形测量初步	（苏）M. A. 兹纳明斯基著；李树棠译	1959. 1
50	地形测量学（上）	（苏）A. И. 布拉诺夫等著；中华人民共和国地质教育司译	1956. 3
51	地形测量学（中）	（苏）A. И. 布拉诺夫等著；中华人民共和国地质教育司译	1956. 4
52	地形测图	全国测绘科学技术经验交流会议资料选编编辑委员会编	1959. 9
53	地形绘图学	武汉测绘学院地形绘图教研组编	1959. 8
54	地质丛刊（第 2 号）	中国科学院地质研究所编	1957. 7
55	地质勘探方法手册（第 11 册）	苏联全苏矿物原料研究所编；地质部地质研究所翻译组译	1959. 1
56	地质学基本知识	苏欲然编	1959. 11
57	地质学原理（第一册）	（英）C. 莱伊尔（C. Lyell）著；徐韦曼译	1959. 12
58	动力气象学（上册）	（苏）B. A. 别林斯基著；仇永炎等译	1956. 5
59	动力气象学（下册）	（苏）B. A. 别林斯基著；仇永炎等译	1959. 9
60	动力气象学基础（上册）	（苏）Л. С. 刚金等著；陈绍猷译	1958. 2
61	动力气象学基础（下册）	（苏）Л. С. 刚金等著；陈绍猷译	1958. 7
62	短期天气预报的流体力学方法引论	（苏）И. A. 基别尔著；顾震潮等译	1959. 6
63	短期天气预报指导（下）	苏联中央预报研究所著；李榆译	1957. 7
64	多倍投影测图仪平面网的构成及缩放	（苏）K. H. 格尔琴诺娃著；徐省三译	1959
65	俄华简明测绘辞典	胡明城等	1954. 1
66	二十四节气	陆仁寿	1956. 3
67	高等测量学教程	（苏）Л. С. 萨卡托夫著；同济大学测量系大地测量教研组，中国科学院地理研究所大地测量组译	1956. 11
68	高精度水准测量	（苏）И. И. 恩琴著；宋禄云译	1958
69	高空风单点观测	苏联部长会议水文气象管理总局编；中央气象局编译室译	1956. 9
70	高空分析与天气预告	陶诗言著	1956. 12
71	高空风报告电码（GD—03Ⅲ）	中央气象局编	1956
72	高空气象学（上册）	（苏）A. Б. 卡林诺夫斯基，H. 3. 庇努斯著；顾钧禧等译	1957. 1
73	高空气象仪器检定规范	苏联农业部水文气象总局中央高空气象台编；邹琳庚译	1956
74	高速水流论文译丛（第一辑第二册）	中国科学院水工研究室译丛	1958

（续表）

序　号	题　名	责任者	出版年
75	供用水地下水、储量分类及其计算法	（苏）Н. А. 普洛特尼柯夫著；王锐译	1957. 1
76	构造地质学和野外地质学（上册）	（苏）И. И. 布雅洛夫著；徐秉涛等译	1955
77	构造地质制图指南	（苏）Н. И. 布雅洛夫著；李泰明译	1958
78	古地理学	（苏）К. К. 马尔科夫著；梁元博，陆英译	1959
79	关于地球的争论	（苏）Э. 柴里柯维奇著；郭文杰译	1956
80	关于准静止反气旋及中心气旋的探讨	（苏）阿里斯多夫等著；纪乃晋等译	1956. 1
81	灌溉区水文地质工程地质调查法	（苏）Н. В. 罗戈夫斯卡娅著	1959. 8
82	灌溉水文地质工作	水利电力部水利水电总局编	1959. 9
83	海洋（第三卷）	（美）H. U. 斯费德鲁普（H. U. Sverdrup）等著；毛汉礼译	1959. 5
84	海洋科学集刊	中国科学院海洋研究所编	1962. 12
85	海洋学常用表	（苏）Н. Н. 朱波夫著；施正鉴等译	1958. 8
86	航空摄影与摄影测量基础	（苏）Х. В. 德洛贝雪夫著；郑沛，赵友茂译	1959. 3
87	河西走廊水文地质研究	地质部水文地质工程地质研究所编	1959. 1
88	黄河流域的降水	叶笃正	1956. 8
89	火成岩的起源与花岗岩问题	（苏）Г. Д. 阿法纳谢夫等著；朱夏，张炳熺等译	1959
90	火成岩及矿物中的稀有元素	（挪）V. M. 戈尔德斯密特等著；丁迈译	1959
91	简明岩矿知识手册	董瑞著	1959. 7
92	简易水文观测法	江苏省水利厅编	1959. 12
93	降水量观测暂行规范	水利电力部水文局编	1959
94	胶体分散矿物鉴定法	（苏）И. Д. 谢德列茨基著；王桂生，田玉枝译	1959. 4
95	近代气象学原理	（挪）S. 彼得生撰；程纯枢译	1951. 5
96	经济地图学	（苏）尼・尼・巴朗斯基著；秦牧，侯学焘译	1959. 9
97	径流与水文计算讲义（上册）	（苏）И. Х. 郭洛什柯夫编；刘光文，彭泽来译	1959. 7
98	矿石和矿物粉末研磨定性分析法	（苏）П. М. 伊萨科夫著；杨正莘，陈鑀熙译	1954. 3
99	矿物・土壤	（苏）М. Н. 斯卡特金著；王汝译	1954. 6
100	矿物吹管鉴定手册	（苏）П. П. 皮里平科，加里宁著；张本仁，翁玲宝等译	1954
101	矿物及岩石的点滴分析	（苏）Л. М. 库尔勃格等著；王夔译	1954
102	矿物学（中等专业学校教学用书）	长春冶金地质专科学校矿岩教研组编	1959. 11
103	矿物悬浮体 PH 值的测定	（苏）В. Н. 卡留金娜著；杨正莘译	1954
104	矿物学实习指导	（苏）Н. А. 斯莫利杨尼诺夫著；北京地质学院结晶矿物教研室译	1954
105	矿物学岩石学及地质学基础教程	（苏）Н. А. 托洛波夫，Л. Н. 布拉克著；东北工学院采矿系地质矿物岩石教研组译	1956

（续表）

序　号	题　名	责任者	出版年
106	矿物岩石鉴定法	（苏）维·格·穆札法罗夫原著；北京矿业学院编译室翻译	1953
107	矿物岩石学简明教程	（苏）伏·伏·克利茨基，斯·德·契特维里柯夫著；北京矿业学院编译室翻译	1955
108	矿物原料分析法	地质部矿物原料研究所编	1959
109	矿物原料研究	（苏）Ю. Л. 切尔诺斯维托夫等著；于祖湘等译	1958. 1
110	雷雨	周琳著	1957. 8
111	理论天体物理学	（苏）В. А. 阿姆巴楚米扬主编；戴文赛，席泽宗译	1956. 1
112	磷灰石及磷块岩	宗震东编著	1959. 8
113	陆地测站定时绘图天气观测报告电码GD—01	中央气象局编	1958. 12
114	陆地水文学	（苏）А. И. 切波达列夫著；杨显明等译	1958. 2
115	陆地水文学（上册）	施成熙著	1959. 9
116	滤流理论（下册）	（苏）В. Н. 阿拉文等著；王仁东译	1959. 4
117	论杜库恰耶夫的水平分带规律在潜水方面的应用及其它地下水对水平分带的属性	（苏）Б. Л. 李奇柯夫著；刘秉衡，萧庆龙译	1956
118	论黄土	（苏）В. А. 奥勃鲁契夫著；沈树荣等译	1958. 5
119	论裂隙岩层的含水条件	（苏）Н. И. 普洛特尼柯夫著；再造译	1959. 1
120	能见度——气象观测项目之一	（苏）Вл. 别列兹金著；吴贤维，张之琦	1955. 12
121	平板仪测量规范（适用于1：10000 1：25000 1：50000 1：100000比例尺测图）	中华人民共和国国家测绘总局，中国人民解放军总参谋部测绘局编	1959. 7
122	普查勘探讲话	（苏）В. М. 克列特尔著；北京地质勘探院译	1959. 1
123	普通地质学（下册）	（苏）С. А. ∕雅可甫列夫著；南京大学古生物地史学教研组译	1955
124	普通地质学（上）	（苏）С. А. ∕雅可甫列夫撰；马万均译	1954. 8
125	普通地质学（下）	（苏）С. А. ∕雅可甫列夫撰；马万均译	1954. 1
126	普通地质学（中）	（苏）С. А. ∕雅可甫列夫撰；马万均译	1955. 1
127	普通地质学室内实习指导	（苏）博格丹诺夫等著；北京地质学院普通地质学教研室译	1956
128	普通水文地质学	（苏）А. М. 欧维奇尼柯夫著；北京地质学院水文地质及工程地质教研室译	1954. 3
129	祁连山现代冰川考察报告	中国科学院高山冰雪利用研究队著	1959. 4
130	气候理论与长期数值预报方法概论	（苏）Е. М. 多勃雷什曼著；张玉玲译	1959
131	气候学	（苏）С. И. 柯斯晋，Т. В. 坡克诺夫斯卡娅	1958. 4
132	气候学基础	张光业，苏文才编著	1959. 7
133	气候学教程（第一册）	（苏）Б. П. 阿里索夫等著	1957. 3
134	气候学原理	么枕生著	1959. 8
135	气象观测暂行规范	中央气象局	1958. 11
136	气象学	（苏）Г. П. 杜宾斯基著；刘从正译	1959. 8

（续表）

序　号	题　名	责任者	出版年
137	气象学	中等农业学校，气象学教科书编辑委员会编	1957
138	气象学（上册）	（苏）В. М. 斯克里亚洛夫著；刘世贤等译	1957
139	气象学（下册）	（苏）В. М. 斯克里亚洛夫著；刘世贤等译	1957. 7
140	气象学、水文学、水文测验学（上）	（苏）М. Л. 列依维科夫著；方常瑞等译	1957. 8
141	气象学、水文学、水文测验学（下）	（苏）М. Л. 列依维科夫著；方常瑞等译	1958. 6
142	气象学基本原理	王鹏飞著	1959
143	气象学教程（第二册）	（苏）П. Н. 特维尔斯戈伊等著；仇永炎等译	1959. 1
144	气象学教程（第三册）	（苏）特维尔斯戈伊著；顾鈞禧译	1956. 12
145	气象学名词	中国科学院编译局编	1954
146	气象学引论	谢义炳著	1959. 7
147	气象学与气候学原理	（苏）С. И. 科斯晋著；杜沦聪等合译	1955
148	气象仪器的修理和调节	（苏）А. И 诺维可夫著；中央气象局编译室译	1956. 1
149	气象站哨网的检查	涅兹久罗夫著；李榆译	1959. 9
150	气压形势图	（苏）布加也夫 В. А. 著；邹进上译	1957. 1
151	秦汉时代黄河中下游气候研究	文焕然著	1959. 2
152	群众性水文观测	水利电力部水文局河北省保定专署水利电力局编	1959. 4
153	人工控制天气报告汇编（三）	中央气象局观象台编著	1959. 7
154	人工控制天气报告汇编（四）	中央气象局观象台编著	1959. 9
155	人类怎样认识了宇宙	（苏）符谢赫斯维亚茨基著；郭正谊译	1956. 7
156	人造地球卫星的目视观测	（苏）И. С. 阿斯塔包维契，С. А. 卡布兰著；陈晓中等译	1959
157	日本的气候	（苏）Г. Н. 维特维茨基著；中国地理学会长春分会翻译组译	1956. 7
158	日月交食基本原理	胡继勤编著	1959. 8
159	日月食及其计算概要	唐汉良等编著	1959
160	三角测量及水准测量计算细则（第二部）	（苏）А. М. 威罗维茨，А. И. 布兰诺夫主编，刘韬译	1957. 2
161	上新世和上新世后介形类形态学和分类学原理	（苏）А. В. 什维也尔著；李应培，蔡治国译	1959. 4
162	摄影测量学（上）	（苏）维先洛夫斯基著；同济大学航空测量教研室译	1954. 11
163	摄影测量学（下）	（苏）维先洛夫斯基著；同济大学航空测量教研室译	1955. 4
164	十年来的中国科学（测量学与制图学）	中国科学编译出版委员会主编	1959. 1
165	十年来的中国科学（地质学）	中国科学编译出版委员会主编	1959. 11
166	十年来的中国科学（天文学）	中国科学编译出版委员会主编	1959. 12

（续表）

序号	题名	责任者	出版年
167	石英片制造工艺	（苏）A. A. 丘里巴诺夫著；李杰萃，夏绍良译	1959. 11
168	实用水文地质学	地质部水文地质工程地质局，地质部水文地质工程地质研究所编	1959. 9
169	实用水文学	（苏）A. M. 加夫里洛夫等撰；麦齐威等译	1955. 8
170	实用水文学——水文计算习题	（苏）A. A. 鲁契舍娃撰；王廷俊，周恒子译	1957
171	实用天文学	（苏）茨维特考夫著；卢光巨等译	1956
172	实用天文学教程（下册）	（苏）C. H. 勃拉日哥著；夏坚白，李春生译	1959. 4
173	霜冻、冻土、积雪	中央气象局编辑室编	1956. 6
174	水分析	水利电力部水利电力建设总局	1959. 9
175	水利水电工程的水文地质试验	河北省水利厅勘测设计院等	1959. 6
176	水文测验学	（苏）H·A. 苏索洛明采夫著；中华人民共和国水利部水文局译	1956
177	水文地质测量工作规范比例尺（1：500 000）	苏联地质保矿部全苏水文地质工程地质科学研究所著；孙昌淑译	1959
178	水文地质工程地质点发勘探经验（第一集）	地质出版社	1959. 1
179	水文地质通俗讲话	地质部水文地质工程地质局	1959. 4
180	水文地质学	（苏）克里明托夫著；张介涛，宁有义译	1956
181	水文地质学概论	（苏）克里明托夫著；刘英林等译	1957
182	水文地质学及工程地质学名词	中国科学院编译出版委员会名词室编订	1957
183	水文分析与计算（上）	Б·B 波莱柯夫著；刘光文译	1955. 3
184	水文分析与计算（下）	Б·B 波莱柯夫著；刘光文译	1956. 3
185	水文计算经验汇编	水利部北京水利科学研究院水文研究所	1958. 3
186	水文气象站点规范（第十分册）	苏联部长会议水文气象管理总局	1957. 9
187	水文学	韩志刚	1959
188	水文与测量（农田水利干部培训讲义）	武汉水利电力学院	1959. 3
189	苏联地质科学四十年（下集）	（苏）格里戈里耶夫编；赵其渊等译	1958
190	苏联河流水文地理概论	苏联科学院地理研究所编；宋夫让等译	1959. 11
191	苏联气候	（苏）包利索夫著；肖迁奎等译	1957
192	苏联水文地质工程地质专家报告	中华人民共和国地质部水文地质工程地质局编	1955
193	苏联土壤中的粘土矿物（论文集）	（苏）高尔布诺夫著；熊毅等译	1956
194	苏联中长期天气预报	（苏）波利索瓦著；瞿章等译	1956. 8
195	太平洋水文的基本特征	（苏）A. M. 穆罗姆采夫著；谢金赞等译	1959. 12
196	探空观测报告电码 GD—04	中央气象局编	1956
197	天气分析与预报（上册）	S·佩特森著；程纯枢译	1959. 1
198	天气图分析基础	泽田龙吉著；侯宏森等译	1959
199	天气学	A. B. 库尼兹著；唐睥耕译	1957. 1

（续表）

序号	题名	责任者	出版年
200	天气学（上册）	（苏）О.Г. 克里恰克著；李琼芝，张杏珍译	1958.11
201	天文部分（科学技术名词解释）	北京天文馆编	1959.8
202	天文测量	全国测绘科学技术经验交流会议资料选编编委会	1959
203	天文常识问答	陈晓中主编	1958.8
204	天文学简史	（法）伏古勒尔原著；李晓航译，罗玉君校	1959.12
205	天文学名词（俄英中对照试用本）	中国科学院编译出版委员会名词室编	1958.9
206	土法测量	河北省水利电力干部学校编	1959.4
207	微气象学	（英）O.G. 萨顿著；徐尔灏，吴和赓译	1959.9
208	微体化石概论	（英）琼斯著；乐森璕，秦洪宾译	1959.12
209	无线电天文学	（苏）И.С. 什克洛夫斯基著；王绶琯等译	1958.6
210	雾及其预告	（苏）A.C. 兹维烈夫著；刘小兰译	1956
211	西北黄土高原的小气候	么枕生等著	1959
212	西藏东部地质及矿产调查资料	中国科学院西藏工作队地质组编	1959.9
213	希有分散放射性元素矿床论文集（第一集）	中国科学院编	1959.12
214	希有分散元素文献目录（1）	中国科学院地质研究所图书馆，中华人民共和国地质部图书馆合编	1959.9
215	稀有元素矿床地质（第二辑）	（苏）阿彼尔津等著；房立民等译	1959.1
216	小比例尺普通地理图制图综合原理	（苏）E.И. 叶昂门科等著；Ю.В. 费里波夫总编；熊大畯，昂保珍翻译	1958
217	旋卷和一般扭动构造及地质构造体系复合问题（第二辑）	李四光著	1958.9
218	旋卷和一般扭动构造及地质构造体系复合问题（第一辑）	李四光著	1955.12
219	学校中的气象观测	（苏）库兹敏，马提年著；倪合礼，侯宏森译	1959
220	岩矿鉴定文集（第一辑）	冶金工业部地质研究所编	1959.8
221	岩石结构（第一册）	（苏）波洛文舍娜，叶戈罗娃	1959.5
222	演化的实证与过程	杨钟健编译	1957.6
223	野外矿物鉴定手册	袁耀庭编著	1958.11
224	一百年阴阳历对照表（1862—1961年）	吴顾毓编	1951.1
225	一九五九年天文年历	中国科学院紫金山天文台编	1958.9
226	一九五七年天文年历	中国科学院紫金山天文台编	1956.8
227	一九五四年天文年历	中国科学院紫金山天文台编	1953
228	异重流的研究和应用	中国科学院水利电力部水利水电科学研究院河渠研究所编	1959.12
229	应用水文学原理	（美）董·姜斯敦，威廉 P. 克乐斯著；吴瑞鋐李昌华译	1958.4
230	用电容法测定松散砂质粘性土含水量和孔隙率的规程	全苏给水，排水，水工建筑物和工程水文地质科学研究所编著	1957

（续表）

序号	题名	责任者	出版年
231	用数值方法研究气象要素场的预告和局地现象理论的概述	（苏）E. M. 多勃雷什曼著；张玉玲译	1958
232	宇宙（苏联大百科全书选译）	（苏）阿姆巴楚米扬撰；何仙槎译	1954. 1
233	宇宙间的生命	（苏）A. И. 奥巴林，B. Г. 费申科夫著；席泽宗等译	1959. 5
234	宇宙物质	（苏）Г. M. 依德里斯著；李竞译	1959. 11
235	预报工作暂行规范（第一分册）	中央气象局	1959. 4
236	云图	中央气象局编	1955. 5
237	云雾降水（第一号）	天气月刊编辑委员会编	1958. 7
238	造岩矿物光性鉴定表	（德）W. E. 特吕格（W. E. Troger）著；郭宗山译	1959. 1
239	怎样按外表特征鉴定矿物	（苏）斯摩利扬宁诺夫著；关广岳，杨守廉译	1954. 8
240	怎样观测降水——简明水文观测手册（第一分册）	刘岳松编	1959. 1
241	怎样看地图	褚亚平编	1959. 12
242	怎样利用天气预报	新疆气象局编	1958. 12
243	怎样认识矿物	（苏）拉祖莫夫斯基著；唐世民译	1955
244	粘土矿物的晶体构造与伦琴射线鉴定法	（英）布令得利编；邵克忠译	1959. 1
245	制图习题集	C. B. 罗佐夫著；朱育才译	1956
246	中长期预报电码 YD—43	中央气象局	1959
247	中国暴雨分区图的研究	交通部公路科学研究所编	1959. 8
248	中国大地构造图	中国地质科学院地质研究所编	1959. 8
249	中国的气候	陈世训编著	1959. 11
250	中国地质学发展小史	章鸿钊著	1955. 3
251	中国地质学基本资料专题总结论文集	中国地质学编辑委员会编	1959. 7
252	中国地质学基本资料专题总结论文集（第 1 号）	中国地质学编辑委员会编	1959
253	中国地质学基本资料专题总结论文集（第 4 号）	中国地质学编辑委员会编	1959. 12
254	中国第四纪研究（第一卷第一期）	中国第四纪研究委员会编	1958. 6
255	中国干旱区水文地质区划及利用地下水改造沙漠的初步意见	地质部水文地质工程地质局编	1959. 9
256	中国固体矿床水及地质分类	地质部水文地质工程地质局，地质部水文地质工程地质研究所编	1959. 12
257	中国磷块岩的形成特点、矿石类型及远景评价	中科学院地质研究所编	1959. 3
258	中国气候图（简篇）	中央气象局气候资料研究室编	1959. 9
259	中国浅水区划（初稿）	中华人民共和国地质部水文地质工程地质研究所编	1959. 12
260	中国区域地层表（草案补编）	中国地质学编辑委员会，中国科学院地质研究所编	1959. 6

（续表）

序　号	题　名	责任者	出版年
261	中国区域水文地质概论（中国水文地质分区图说明书）	地质部水文地质工程地质局编	1958. 7
262	中国主要地质构造单位	黄汲清著	1957
263	重要矿物的野外鉴定法	地质部矿物原料研究所岩矿研究室编	1958. 8
264	专门水文地质学	（苏）Г. В. 博戈莫洛夫，А. И. 西林—别克丘林著；左强华，吴光轮译	1959. 6
265	资料选编（天文测量）	全国测绘科学技术经验交流会议资料选编编辑委员会	1959
266	子午仪测时	（苏）П. Н. 达尔果夫著；邹仪新等译	1958. 8
267	综合地质名词（英中对照）	中国科学院编译出版委员会名词室编	1959. 8
268	综合气候学	（苏）楚布科夫著；张家诚译	1955. 12
269	综合气候学的方法	丘宝剑	1959

（3）1960—1969 年

序　号	题　名	责任者	出版年
1	白云鄂博矿物志	张培善，洪文兴著	1963. 6
2	北半球冬季阻塞形势的研究	叶笃正等著	1962. 5
3	测定面积的方法及精度	（苏）马斯洛芙著；蒋夏林等译	1960. 6
4	测绘实用手册	中华人民共和国林业部建设局编	1960
5	测量及制图（专题文献索引）	中国科学技术情报研究所编	1960. 1
6	测量误差理论	张叔涵编译	1966. 1
7	测量学（下册）	（苏）那扎罗夫著	1960. 7
8	测量仪器检修基础知识	赵如磋，赵茂哲编	1962. 8
9	长期天气预报的几个问题	中央气象局气象科学研究所	1963. 9
10	长期天气预报方法	中央气象学研究所	1965. 7
11	长期天气预告原理	（苏）吉尔斯著；章基嘉译	1963. 6
12	城市气候	克拉特米尔著；谢克宽译	1963. 1
13	大地天文学（上册）	武汉测绘学院天文与重力测量教研组编	1961. 6
14	大规模三角网之平差	长江流域规划办公室勘测处著	1962. 8
15	大型天气过程分析的几个问题	张家诚著	1961. 1
16	大众气象学	王文山编著	1962. 6
17	大众天文学（第二分册）	（法）弗拉马利翁著；李珩译	1965. 1
18	大众天文学（第一分册）	（法）弗拉马利翁著；李珩译	1965. 3
19	地层规范草案及地层规范草案说明书	全国地层委员会编	1960. 12
20	地球化学概论	（苏）В. И. 维尔纳茨基著；杨辛译	1962. 11
21	地球化学专辑（第 6 辑）	（苏）Л. В 塔乌松著	1960
22	地球化学专辑（第 7 辑）	（苏）毕利宾等著；宇河等译	1960. 1
23	地图史话	陈述彭编	1963. 7
24	地下水	王秉忱，王仰之编著	1960. 6

（续表）

序　号	题　名	责任者	出版年
25	地下水储量的评价	（苏）H. A. 普洛特尼科夫著；蔡祖煌译	1962. 1
26	地下水及其普查	（苏）杜勃罗夫斯基著；何永杰译	1963. 8
27	地下水利用	全国农业展览会馆水利馆编	1960. 2
28	地形图编绘规范（草案）	中华人民共和国国家测绘总局等制定	1964. 8
29	地形图读法	A. K. 罗培克，W. J. 戴灵顿著；李海晨编译	1965. 2
30	地形制图（上册）	哈尔滨冶金测量科学院编	1960
31	地震常识	中科院地球物理研究所编	1966. 4
32	地质学原理（第二册）	（英）C. 莱伊尔（C. Lyell）著；徐韦曼译	1960. 7
33	东亚季风的若干问题	高由禧等著	1962. 8
34	动力气象学	（日）正野重方著；吴伯雄译	1960. 4
35	动力气象学论文集	顾震潮等著	1961. 12
36	俄汉气象学词汇	中国科学院自然科学名词编订室	1965. 3
37	放射性矿石的 B—r 分析方法	（苏）Ф. Б. 麦日博尔斯卡亚等著；于铭强译	1962. 5
38	放射性水文地质学	（苏）托卡列夫，谢尔巴科夫著；王恒纯等译	1960
39	风压论文选辑	上海中心气象台编选	1960. 1
40	高空测风学	北京气象专科学校主编	1961. 7
41	高斯投影大比例尺图廓坐标表	中华人民共和国国家测绘总局大地计算室编译	1960. 8
42	构造地质学术语汇编（第一部分）	（苏）巴尔费诺夫等著；周裕藩译	1964. 11
43	灌溉区潜水水位变化预测	（苏）A. B. 列别捷夫著；李国贤等译	1960. 1
44	国际云图	王鹏飞编译	1964. 1
45	国家水文地质图编制暂行方法指南	苏联地质保矿部全苏水文地质工程地质科学研究所编；孙昌仁等译	1960
46	海陆的起源	（奥）魏格纳著；李旭旦等译	1964. 11
47	航空摄影测量外业规范（修订本）	中华人民共和国国家测绘总局等编	1964. 4
48	河川水文学（上册）	武汉水利电力学院水文及防洪工程教研组编	1960. 3
49	华北磷矿地质	中国科学院地质研究所著	1962. 2
50	荒漠地方水及其利用问题	（苏）库宁著；翁绵熹等译	1962. 8
51	黄河下游河床演变	钱宁等	1965. 4
52	积云动力学	巢纪平，周晓平著	1964. 1
53	简易水文预报方法	水利电力部水文局编	1960. 3
54	江苏气候志	南京大学气象系气候专业 1959 年毕业班编著	1961. 1
55	近代气象学的几个问题	（英）罗斯贝著；朱和周，卢志强译	1963. 7
56	科技文献索引——测绘 0001—0400 1964（1）	中国科技情报研究所编	1964. 12
57	矿物原料中放射性元素的测定方法	（苏）E. И. 日列兹诺娃等编著；张正南译	1963. 1

（续表）

序　号	题　名	责任者	出版年
58	蒙古人民共和国河流水文地理	（苏）库兹涅佐夫著；杨郁华等译	1963. 3
59	南疆的水文	中国科学院新疆综合考察队编著；汤奇成等著；郭敬辉主编	1964. 5
60	农历：一九六五（乙巳年）年	内蒙古人民出版社	1964. 1
61	农田样板地图的编制	中国科学院地理研究所编辑	1964. 7
62	暖云降水微物理机制的研究	周秀骥编著	1964. 8
63	帕米尔冰川作用	扎比罗夫著；顾嗣亮，赵冬译	1960. 3
64	平流层大气环流及太阳活动对大气环流影响的研究	陈诗言等著	1964. 2
65	普通气象学（上册）	王彬华编著	1961. 9
66	普通气象学（下册）	王彬华编著	1962. 3
67	祁连山地质志（第二卷二分册）	中国科学院地质研究所著	1962. 11
68	祁连山地质志（第四卷二分册）	中国科学院地质研究所著	1962. 9
69	祁连山地质志（第四卷三分册）	中国科学院地质研究所著	1962. 1
70	祁连山地质志（第一卷）	中国科学院地质研究所著	1960. 1
71	气候统计	么枕生著	1963. 12
72	气候学——关于近代气候学的若干问题	（日）矢泽大二著；侯宏森译	1964. 9
73	气候学教程	（苏）Б. П. 阿里索夫等著；谢毅炳译	1960. 7
74	气候学教程（第三册）	（苏）Б. П. 阿里索夫等著	1960. 1
75	气溶胶力学	（苏）富克斯著；顾震潮译	1960. 6
76	气象观测	成都气象学校编	1961. 8
77	气象观测的气候学整理方法	（苏）德罗兹多夫著；翁笃鸣译	1963. 4
78	气象学	北京气象专科学校编	1961. 7
79	气象学	成都工学院水利系陆地水文教研组编	1961. 12
80	气象学	河北农业大学园林化分校中专部，辽宁林学院中专部编	1961. 7
81	气象学（下册）	（苏）М. С. 阿维尔基耶夫著；张杏珍等译	1960. 8
82	气象学若干问题的进展	气象学报编委会编	1963. 7
83	气象学实验工作指南	（苏）卡楚林著；袁文德译	1963. 6
84	气象学图书联合目录	中央气象局图书馆主编	1961
85	气象学与气候学	黄润本，盛承禹编	1961. 9
86	区域海洋学和海流动力学的若干问题	（苏）列昂诺夫著；山东海洋学院海洋水文气象系译	1961. 9
87	热水平衡及其在地理环境中的作用问题（第二辑）	中国科学院地理研究所编辑	1961. 11
88	人工影响云雾——微观物理基础	（苏）В. Я. 尼坎德罗夫著；张纪淮等译	1962. 8
89	人造卫星的观测和预报	紫金山天文台编	1960. 4
90	日地关系	杨铿初著	1963. 8
91	日食和月食	胡继勤编著	1962. 12
92	三角测量（3）	阿格罗斯金著；武汉测绘学院天文大地测量系译	1962. 4

（续表）

序 号	题 名	责任者	出版年
93	三角测量的设计与选点	（苏）奚什金著；李锡泉译	1963.4
94	三角点的网眼式转换	（德）M. 内包尔著；陈健译	1963.5
95	十年早知道（1964—1973 年历表）	中国科学院紫金山天文台历表组编	1964.11
96	实用天文学	夏坚白等编	1960.8
97	水文地质（苏专家讲义汇编）	铁道部设计院编	1960
98	水文地质工程地质论文集（第二辑）	中国科学院地质研究所	1962.1
99	水文地质工程地质论文集（第一辑）	中国科学院地质研究所	1961.9
100	水文地质工程地质专辑（第三辑）	（苏）普洛特尼科夫等著；彭译民等译	1960.4
101	水文地质手册（下）	马克西莫夫等著；常连贵译	1962.11
102	水文地质学	陕西省地质学校	1961.8
103	水文地质学原理	（苏）博戈莫洛夫	1960.3
104	水文地质学中国区域水文地质概论部分	宣化地质学校	1961.8
105	水文地质学（专门水文地质学部分）	宣化地质学校	1961.9
106	水文分析与计算	刘光文等	1963.6
107	水文资料整编方法（流量部分）	水电水文局	1960.3
108	太阳辐射能	（苏）康德拉齐耶夫著；李怀瑾等译	1962.3
109	太阳物理学	（苏）谢维尔内著；李竞译	1960.8
110	天气学（上册）	（苏）兹维列夫著；张杏珍等译	1960.3
111	天气学（上册）	中国人民解放军气象专科学校天气教研室编	1960.4
112	天气学（下册）	（苏）兹维列夫著；张杏珍等译	1961.6
113	天气学（下册）	中国人民解放军气象专科学校天气教研室编	1960.9
114	天山乌鲁木齐河冰川与水文研究（论文集）	中国科学院地理研究所冰川冻土研究室编	1965.7
115	天文爱好者手册	库利考夫斯基著；中国科学院天文台译	1965.5
116	天文测量学（上册）	北京测绘学院天文教研室编	1960.4
117	天文简说	李珩编	1963.1
118	天文年刊（第二十五卷）	中国科学院佘山观象台编	1962.6
119	同位素地质学	（芬）K. 兰卡玛著；朱锡涛译	1960.5
120	图的理论及其应用	（法）C. 贝尔热（Claude Berge）著；李修睦译	1963.3
121	位理论及其在地球形状理论和地球物理中的应用	（苏）H. 伊捷尔松著；宁津生等译	1963.2
122	我国云雾降水微物理特征的研究	朱珍华等著	1965.8
123	我国云雾降水微物理特征问题	顾震潮等著	1962.11
124	无线电气象学	（苏）Д. H. 纳西洛夫著；周梦麐译	1960.1
125	物理气象学	（美）J. C. 强生著；王鹏飞译	1960.2
126	西藏高原气象学	杨监初等著	1960.4
127	希有分散元素文献目录（2）	中国科学院地质研究所图书馆，中华人民共和国地质部图书馆编	1962.1

（续表）

序 号	题 名	责任者	出版年
128	稀有元素矿物分析法（第二集）	中国科学院地质研究所编	1964. 1
129	新疆冰川积雪研究（论文集）	中国科学院新疆分院编	1964. 9
130	新疆大型天气过程若干问题的研究（1958—1963年新疆天气预报改革成果汇编）	中国气象学会新疆分会，新疆气象局编	1963. 12
131	新疆地下水	中国科学院新疆综合考察队主编	1965. 12
132	新疆地下水的研究（论文集）	中国科学院新疆分院地质地理研究所新疆维吾尔自治区科学技术委员会编	1965. 7
133	雪山及其表示法	（苏）П. А. 依万尼科夫，В. В. 索科洛夫著；国家测绘总局专家工作室译	1960. 6
134	一九六二年天文年历	中国科学院紫金山天文台编	1961. 11
135	一九六六年历书	新疆人民出版社编辑	1965. 11
136	一九六三年历书	通俗读物出版社	1962
137	一九六三年天文年历	中国科学院紫金山天文台编	1962. 11
138	一九六四年农历	农业出版社编	1963
139	一九六四年天文年历	中国科学院紫金山天文台编	1963. 9
140	一九六五年天文年历	中国科学院紫金山天文台编	1964. 1
141	一九六一年地貌学术讨论会论文摘要	中国地理学会地貌专业委员会编	1962. 1
142	一九六一年天文年历	中国科学院紫金山天文台编	1960. 11
143	英汉测绘词汇	中国科学院自然科学名词编订室编	1964. 1
144	英汉气象学词汇	中科院自然科学名词编订室	1965. 11
145	宇宙	林有禹等编	1962. 9
146	灾害性天气	喻之编著	1965. 2
147	怎样观测水位	刘岳松编	1960. 6
148	怎样看云识天气	黄必选著	1962. 1
149	粘土矿物学	格里姆著；许冀泉译	1960. 2
150	制图学论文专辑（1）	尼基朔夫著；王通栋译	1962. 8
151	中尺度天气分析	章淹等编著	1965. 2
152	中国的黄土堆积（中国黄土分布图说明书）	刘东生等著	1965. 9
153	中国地质学	南京大学地质系编	1961. 11
154	中国第四纪研究（第三卷第二期）	中国第四纪研究委员会编	1961. 5
155	中国第四纪研究（第三卷第一期）	中国第四纪研究委员会编	1961. 5
156	中国黏土矿物研究	彭琪瑞等编	1963. 12
157	中国气候	朱炳海著	1962. 9
158	中国气候总论	盛承禹等编著	1962. 9
159	中国热带——南亚热带的农业气候	丘宝剑等著	1963. 6
160	中国夏季副热带天气系统若干问题的研究	陶诗言等著	1963. 11
161	中华人民共和国大地测量法式（草案）	中华人民共和国国家测绘局，中国人民解放军总参谋部测绘局制定	1960. 1

（4）1970—1979 年

序 号	题 名	责任者	出版年
1	1980 年中国天文年历	中国科学院紫金山天文台编	1979. 9
2	春季连续低温阴雨天气的预报方法	中国科学院大气物理研究所二室著	1977. 7
3	大比例尺土壤制图（方法，理论和实践）	（苏）格里戈里也夫等编；张祖锡译	1975. 12
4	大陆架（陆棚）	（美）L. R. 小赫斯顿著；北京大学地质地理系译	1972
5	大陆漂移浅说	（美）唐・塔林，莫琳・塔林著；范毅，高泳源译	1978. 3
6	大气和海洋的相互作用	（英）柯劳斯著；山东海洋学院海洋气象专业译	1979. 1
7	大气中的风暴	丁一汇编	1977. 8
8	地光	黄录基，邓汉增编	1978. 12
9	地面气象观测规范	中央气象局编定	1979. 12
10	地球动力学原理	（加）阿德里安・夏德格著	1977. 1
11	地球漫话	《地球漫话》编写组编	1975. 1
12	地球十讲	傅承义编著	1976. 9
13	地球物理勘探词典	《地球物理勘探词典》编写组编	1976. 7
14	地下水	仰之，寒冰编	1975. 12
15	地下水污染（31）	（罗马）联合国粮食及农业组织编	1979
16	地下水与地震	天津市地震局地震处等编	1976. 9
17	地形制图检算用表	测量计算用表编算组编算	1977. 8
18	地震	天津市地震办公室“地震”画册编绘组	1973. 8
19	地震常识	北京人民出版社	1975. 6
20	地震地质	李四光著	1977. 5
21	地震及其预防（修订本）	广东省革委会地震办公室等编	1976. 11
22	地震问答	《地震问答》编写组编	1976. 8
23	地震学基础	中科院地球物理研究所编	1976. 4
24	地震与抗震	谢毓寿编著	1977. 1
25	地质实验（第七辑）	《地质实验》编写组编	1978. 6
26	地质数据统计分析（下册）	（美）小乔治 S. 科克，理查德 F. 林克著；王仁铎，刘绂堂译	1978. 8
27	冻土	中科院兰州冰川冻土沙漠所著	1975. 6
28	风云可测	安徽省休宁县《风云可测》编写组编著；金传达执笔	1976. 9
29	供水水文地质手册（第二册）	国家地质总局书刊编辑室编译	1978. 1
30	光学经纬仪的检修和校正	上海市城市建设局测量总队编	1973. 11
31	广西气象站剖面图预报方法	《广西气象站剖面图预报方法》编写组编	1977. 12
32	海洋 1001 个问题	（美）哈罗德・杜巴赫等著	1979. 11
33	海洋的秘密	雷宗友著	1976. 1
34	激光在大地测量中的应用	（苏）M. T. 帕里列宾，A. H. 高鲁别夫著；浙江大学光仪系激光仪器教研组译	1976. 4

（续表）

序号	题名	责任者	出版年
35	几种典型地貌的立体描绘	四川省测绘局航测队编	1979. 2
36	抗震知识	北京抗震知识编写组编	1977. 5
37	矿物 X 射线粉晶鉴定手册	中国科学院贵阳地球化学研究所《矿物 X 射线粉晶鉴定手册》编著组编	1978. 9
38	雷雨和闪电	李国庆，阮忠家编著	1977. 1
39	历代天文律历等志汇编（八）	中华书局编辑部编	1976. 7
40	历代天文律历等志汇编（九）	中华书局编辑部编	1976. 8
41	历代天文律历等志汇编（六）	中华书局编辑部编	1976. 3
42	历代天文律历等志汇编（七）	中华书局编辑部编	1976. 7
43	历代天文律历等志汇编（三）	中华书局编辑部编	1976. 3
44	历代天文律历等志汇编（四）	中华书局编辑部编	1976. 3
45	辽南地震	营口市《辽南地震》编写组编	1975. 12
46	流量测验方法的分析	广东省水利电力局主编	1978. 8
47	论地震	李四光著	1977. 4
48	漫谈灾害性天气	金传达著	1978. 8
49	平原、盆地、黄土区的地下水	地质局书刊编辑室编	1974. 7
50	气候变迁及其原因	张家诚编著	1976. 1
51	气象学词典	世界气象组织编	1977. 9
52	气象与地震	兰州地震大队气象地震组编	1976. 12
53	气象站数理统计预报方法	谭冠日编	1978. 12
54	气象资料的统计分析方法	张尧庭等编	1979. 8
55	青藏高原气象学	叶笃正等著	1979. 12
56	日食和月食	北京天文馆，上海自然博物馆天文组编	1976. 3
57	松潘地震	朱皆佐等编	1978. 9
58	台风会议文集（1972 年）	上海人民出版社	1973. 5
59	太阳辐射浅说	李玉海，狄勉祖著	1978. 1
60	唐山地震前兆	《唐山地震前兆》编写组编	1977
61	天气学知识	中国科学院大气物理研究所编著	1978. 12
62	天气预报	王跃山编著	1976. 2
63	天体・地球・生命和人类的起源	上海人民出版社编	1972. 4
64	天文集刊（1978 年第 2 号）	中国天文学会编	1978. 12
65	天文知识	上海市少年宫编	1976. 3
66	天文知识	南京大学天文系《天文知识》编写组编	1976. 9
67	卫星云图使用手册	中科院大气物理研究所等	1975. 1
68	夏季梅雨期降水的形成和预报	中国科学院大气物理研究所编	1979. 3
69	新编万年历（1840—2000 年）	中国科学院紫金山天文台编	1979. 5
70	一九七七年中国天文年历	中国科学院紫金山天文台编	1976. 7
71	一九七四年中国天文年历	中国科学院紫金山天文台编	1973. 11
72	银河系	翁士达著	1975. 7
73	英汉海洋学词汇	《英汉海洋学词汇》编订小组编	1977. 6

（续表）

序　号	题　名	责任者	出版年
74	英汉气象学词汇	科学出版社编	1974. 11
75	英汉综合地质学词汇	科学出版社	1970. 7
76	影像地图译文专辑	国家测绘总局测绘研究所译	1978. 9
77	宇宙、地球和大气	（美）阿西摩夫著；王涛等译	1976. 12
78	云与天气	上海市气象局编	1974. 5
79	怎样找地下水	《怎样找地下水》编写小组编	1975. 4
80	震源物理	郭增建，秦保燕编著	1979. 3
81	中国大地构造概要	广州地震大队编	1977. 2
82	中国大地构造图	中国地质科学院地质研究所构造地质室编制	1979. 12
83	中国地震地质概况	中科院地质所编	1977
84	中国科学院兰州冰川冻土沙漠研究所集刊（第一号）	中国科学院兰州冰川冻土沙漠研究所编	1976. 9
85	中国六级以上地震目录	国家基本建设委员会抗震办公室编	1977. 8

（5）1980—1989 年

序　号	题　名	责任者	出版年
1	1901—2000 一百年日历表	中国科学院紫金山天文台编	1982. 1
2	1966—1976 年中国九大地震	马宗晋等著	1982. 5
3	安徽气候漫话	安徽省气象学会科普委员会编	1984. 4
4	暴雨的分析与预报	包澄澜等编著	1981. 5
5	暴雨文摘（东北、华北、西北）	北方暴雨研究技术组编	1983. 12
6	北方天气文集（3）	《北方天气文集》委员会编	1982. 1
7	北方天气文集（5）	《北方天气文集》委员会编	1984. 4
8	北方天气文集（6）	《北方天气文集》委员会编	1987. 6
9	北方天气文集（暴雨研究专集）	《北方天气文集》委员会编	1983. 6
10	北京气候志	北京市气象局气候资料室编著	1987. 9
11	变质作用与铀的成矿	（苏）Я. Н. 别列夫采夫等著；陈祖伊译	1983. 8
12	测量学名词	张芝生等主编	1989. 3
13	长期天气预报方法论概要	张家诚	1981. 1
14	大气、天气和气候	巴里，乔利著；施尚文译	1982. 12
15	大气超长期过程的性质	（苏）穆萨耶梁著；刘树泽，杨玉梅译	1982. 7
16	大气科学概观	（美）J. M. 华莱士 P. V. 霍布斯著；王鹏飞译	1981. 9
17	大气气溶胶	（澳）图梅著；王明星等译	1984. 9
18	德汉大气科学词汇	顾钧禧，张载杨编	1984. 12
19	地层古生物论文集（第十三辑）	中国地质科学院地层古生物论文集编委会编	1984. 1
20	地球的演化	（美）F. J. 索金斯等著；张友南等译	1982. 12

（续表）

序　号	题　名	责任者	出版年
21	地球物理学名词（1988 年）	地球物理学名词审定委员会编	1989. 5
22	地图概论	廖克等编著	1985. 4
23	地下水非稳定流计算和地下水资源评价	张蔚榛主编	1983. 12
24	地震来了怎么办?	辽宁省地震局群测群防处，辽宁省科学美术协会编绘	1981. 9
25	地震前兆探索	（苏）萨瓦连斯基主编；傅征祥，胡鸿翔译	1980. 4
26	地震之谜	姜忠，金莹道编	1983. 1
27	地质辞典（二矿物 岩石 地球化学分册）	地质部地质辞典办公室编	1981. 6
28	地质辞典（五地质普查勘测技术方法分册）	地质部地质辞典办公室编	1981. 6
29	地质因子分析	余金生，李裕伟著	1985. 2
30	第二次全国概率统计天气预报会议论文集	会议论文集编辑小组编	1986. 1
31	第五届国际磷块岩讨论会论文集——国际地质对比计划第 156 号项目（磷矿岩）	国际地质对比计划中国委员会主编	1984. 4
32	俄汉地球物理词典	江苏省地震局	1982. 6
33	俄汉气象学词汇	刘树泽等编	1986. 7
34	构造地质论丛（三）	构造地质论丛编辑部编	1984. 2
35	国际交流地质学术论文集——为二十七届国际地质大会撰写（6）	王兆馨等编著	1985. 1
36	国外气象参考资料（第八辑）	中国科学技术情报研究所重庆分社所编	1981. 3
37	海洋腐蚀与防护辞典	陈同庆等编著	1985. 8
38	海洋技术年鉴（1982 年）	国家海洋局海洋科技情报研究所编	1983. 1
39	海洋科学集刊（第 23 集）	中国科学院海洋研究所编	1984. 9
40	寒潮	陈敏连，金传达编	1987. 5
41	寒潮年鉴	东北，华北，西北寒潮大风科研协作组编	1983. 8
42	寒潮年鉴（1958 年 9 月—1959 年 5 月）	东北，华北，西北寒潮大风科研协作组编	1982. 4
43	寒潮年鉴（1955 年 9 月—1956 年 5 月）	东北，华北，西北寒潮大风科研协作组编	1982
44	寒潮年鉴（1957 年 9 月—1958 年 5 月）	东北，华北，西北寒潮大风科研协作组编	1982. 4
45	寒潮年鉴（1959 年 9 月—1960 年 5 月）	东北，华北，西北寒潮大风科研协作组编	1982. 4
46	寒潮年鉴（1960 年 9 月—1961 年 5 月）	东北，华北，西北寒潮大风科研协作组编	1982. 1
47	寒潮年鉴（1961 年 9 月—1962 年 5 月）	东北，华北，西北寒潮大风科研协作组编	1982. 1
48	寒潮年鉴（1962 年 9 月—1963 年 6 月）	东北，华北，西北寒潮大风科研协作组编	1982. 1
49	寒潮年鉴（1973 年 9 月—1974 年 5 月、1974 年 9 月—1975 年 5 月合订本）	东北，华北，西北寒潮大风科研协作组编	1980. 7
50	寒潮年鉴（1978 年 9 月—1979 年 5 月）	国家气象局北京气象中心资料室编	1988. 1
51	寒潮年鉴（1979 年 9 月—1980 年 5 月）	国家气象局北京气象中心资料室编	1988. 12
52	寒潮年鉴（综合本·1951—1975 年）	东北，华北，西北寒潮大风科研协作组编	1983. 7
53	寒潮年鉴（1952 年 9 月—1953 年 5 月）	东北，华北，西北寒潮大风科研协作组编	1982. 12
54	寒潮年鉴（1956 年 9 月—1957 年 5 月）	东北，华北，西北寒潮大风科研协作组编	1982
55	汉英地球物理学及地震地质学词典	王振福主编	1989. 3
56	恒星的诞生、发展和死亡	（苏）什克洛夫斯基著；黄磷，蔡贤德译	1986. 3

（续表）

序　号	题　名	责任者	出版年
57	计算水力学	（荷）M. B. 阿包特著	1985. 1
58	简明气象词典	陆忠汉，王婉馨编	1984. 3
59	简明天文学手册	刘步林，成松林编	1986. 7
60	江苏省及上海市区域地质志	江苏省地质矿产局编	1984. 4
61	节气计算	唐汉良编著	1982. 2
62	内蒙古自治区及其东部毗邻地区水资源及其利用：综合考察专集	中国科学院内蒙宁夏综合考察队编	1982. 1
63	廿四节气	冯秀藻，欧阳海编	1982. 8
64	农历潮汐表	方国洪等编	1984. 7
65	气象	（日）伊藤博主编；陈波涔译	1985. 1
66	气象常用参数和物理量查算表	陈创买，郭英琼编著	1980. 12
67	气象科学技术集刊（中美气象科学家合作论文选编）	国家气象局气象科学研究所编	1985. 5
68	气象科学技术集刊（云物理和人工影响天气研究）	国家气象局气象科学研究所编	1985. 12
69	气象科学技术集刊（李利论文专集）	国家气象局气象科学研究所编	1987. 5
70	气象科学技术集刊（人工影响天气的试验研究）	中央气象局气象科学研究所编	1982. 6
71	气象卫星资料分析应用文集	《气象卫星资料分析应用文集》编辑组	1985. 3
72	气象学词典	朱炳海等主编	1985. 12
73	气象学与气候学	中山大学，兰州大学，西北大学地理系编	1980. 1
74	气象应用概率统计学	屠其璞等编	1984. 1
75	气象站天气预报	刘钧枢编	1985. 3
76	青藏高原地质文集（16）	地质矿产部青藏高原地质文集编委会编；“三江”专著编辑委员会卷编	1985. 2
77	青藏高原地质文集（6）	地质矿产部青藏高原地质文集编委会编；“三江”专著编辑委员会卷编	1983. 6
78	全国寒潮中期预报文集	寒潮中期预报文集编委会编	1987. 8
79	人工影响天气和气候	赫斯主编，王昂生等译	1985. 5
80	日本气候	（日）福井英一郎主编；安顺清，吴其勋等译	1983. 9
81	日地空间物理	（日）大林辰藏著；冯克嘉译	1984. 5
82	日汉天文学词汇（日中天文学用语集）	冯克嘉编	1985. 3
83	山地气候	傅抱璞著	1983. 1
84	神秘的水世界（水文及水资源类专业）	张永平编	1987. 4
85	生物气象	冯定原，王雪娥同编著	1987. 3
86	湿度查算表（甲种本）	中央气象局编	1980. 12
87	实用气象手册	陆忠汉等编著	1984. 1
88	世界名川大河	吴玉林，白文编	1987. 5
89	世界气候	孙安健著	1986. 1
90	世界气候	盛承禹编著	1988. 1
91	世界上最奇异的液体	（苏）密尔库洛夫著；师淑凤等译	1986. 1

（续表）

序号	题名	责任者	出版年
92	水的世界	（苏）杰尔普格利茨著；孙德佩译	1983.7
93	水的世界	王仰之	1984.6
94	水文地质词汇（英中法德俄文对照）	地质矿产部水文地质工程地质研究所等编译	1984.1
95	水文计算经验汇编（第四集）	水利部北京水利科学研究院水文研究所	1984.12
96	水文实践指南（第一卷）	世界气象组织编；陈道弘译	1987
97	水文学的概率统计基础	华东水利学院	1981
98	说风	金传达著	1982.3
99	太阳	叶式辉著	1982.1
100	太阳·天气·气候	（美）J. R. Herman R. A. Goldberg 著；盛承禹等译	1984.3
101	天体物理中的辐射机制	尤峻汉编著	1983.11
102	天文测量简历（1982 年）	中国科学院紫金山天文台编	1981.11
103	天文普及年历（1981 年）	紫金山天文台，北京天文馆编	1980.11
104	天文普及年历（1982 年）	紫金山天文台，北京天文馆编	1981.12
105	天文普及年历（1983 年）	紫金山天文台，北京天文馆编	1982.12
106	天文普及年历（1984 年）	紫金山天文台，北京天文馆编	1983.11
107	天文普及年历（1985 年）	紫金山天文台，北京天文馆编	1984.1
108	天文普及年历（1986 年）	紫金山天文台，北京天文馆编	1985.11
109	天文气象学术讨论会文集	《天文气象文集》编委会编	1986.11
110	天文学及其历史	刘金沂，杜升云编	1984.12
111	天文学简史	陈久金编著	1985.3
112	天文学手册	罗斯主编；汤崇源等译	1985.1
113	统计天气预报译文集	中央气象局天气预报气候研究所编	1980.12
114	微量元素地理学	（苏）B. B. 多布罗沃利斯基著；朱颜明译	1987.9
115	微气象学	（美）豪根主编；洪钟祥等译	1984.1
116	我国的湖泊	王洪道等编	1984.3
117	我们的地球	林耀柄，孙以年译	1984.7
118	西北地区区域地层表（新疆维吾尔自治区分册）	新疆维吾尔自治区区域地层表编写组编著	1981.1
119	西藏气候	中国科学院青藏高原综合科学考察队编	1984.12
120	夏半年青藏高原对我国天气的影响	《夏半年青藏高原对我国天气的影响》编辑组编	1987.1
121	新编万年历（1840—2050 年）	中国科学院紫金山天文台编	1984.6
122	新疆降水概论	张家宝，邓子风主编	1987.12
123	新疆前寒武纪地质	高振家等著	1984.4
124	新疆水资源及其利用	杨利普著	1982.4
125	新疆维吾尔自治区地表水资源	新疆水文总站编	1985
126	新疆维吾尔自治区地下水资源	新疆水文总站编	1985
127	新疆维吾尔自治区地震目录（1970—1979 年）	新疆维吾尔自治区地震局编	1988.4

（续表）

序　号	题　名	责任者	出版年
128	新疆维吾尔自治区地震资料汇编	新疆维吾尔自治区地震局编	1985.9
129	行星与长期天气预报	奕巨庆著	1983.7
130	寻访人类的太空之友——地外文明	（美）I. 阿西摩夫（Isaac Asimov）著；卞毓麟，黄群译	1984.6
131	一九八二年中国天文年历	中国科学院紫金山天文台编	1981.12
132	一九八六年中国天文年历	中国科学院紫金山天文台编	1985.11
133	一九八七年中国天文年历	中国科学院紫金山天文台编	1985.11
134	一九八三年天文测量简历	中国科学院紫金山天文台编	1982.11
135	一九八四年天文测量简历	中国科学院紫金山天文台编	1983.11
136	一九八四中国天文年历	中国科学院紫金山天文台编	1983.12
137	一九八五年天文测量简历	中国科学院紫金山天文台编	1984.1
138	一九八五年中国天文年历	中国科学院紫金山天文台编	1984.11
139	一九七六年唐山地震	国家地震局《一九七六年唐山地震》编辑组	1982.8
140	应用气候	谭冠日等著	1985.7
141	英汉常用地质学词汇	武汉地质学院外语教研室	1980.1
142	英汉大气科学缩略语词汇	气象出版社编	1987.1
143	英汉海事缩略语词汇	陈有锐编	1989.3
144	英汉近海技术词汇	孙岐昆，邵维文主编	1985.5
145	英汉空间物理学词汇	都亨，李再琨主编	1981.9
146	英汉水文学词汇	刘光文编订	1985.6
147	英汉水污染词汇	顾康乐编	1986.5
148	英汉天文和气象词典	特佛，莫茨，哈特曼原著；赵君亮译	1987.4
149	英汉天文学名词	许邦信主编	1986.11
150	英汉综合地震学和地球物理学词汇	《世界地震译丛》编辑部，《国际地震动态》编辑部编	1983.8
151	云物理学基础	北京大学地球物理系大气物理研究室编；云物理教学组编	1981.6
152	云雾降水物理基础	顾震湖著	1980.11
153	粘虫与气象	赵圣菊编著	1988.2
154	张氏公元万年甲子纪日速算法	张致中，张幼明著	1982.8
155	震前奇观	郭钦华编	1982.12
156	植被产量的辐射因子	（苏）H. A. 叶菲莫娃著；王炳忠译	1983.6
157	中国 1 :1000000 地貌图制图规范（试行）	中科院地理研究所主持编定	1987.4
158	中国大百科全书：大气科学、海洋科学	中国大百科全书总编辑委员会《大气科学，海洋科学》编委会，中国大百科全书出版社编辑部编	1987.5
159	中国大百科全书：固体地球物理学、测绘学、空间科学	中国大百科全书出版社编辑部编	1985.11
160	中国地表面辐射平衡与热量平衡	高国栋，陆渝蓉编著	1982.11
161	中国地理学会冰川冻土学术会议论文选集（冰川学）	中国科学院兰州冰川冻土研究所编	1982.6

（续表）

序　号	题　名	责任者	出版年
162	中国地理学会冰川冻土学术会议论文选集（冻土学）	中国科学院兰州冰川冻土研究所编	1982. 5
163	中国地理学会第三次全国水文学术会议论文集	中国地理学会水文专业委员会编辑组编	1986. 3
164	中国地理学会陆地水文学学术会议文集（一九七八年）	中国地理学会编	1981. 6
165	中国地震历史资料汇编（第一卷）	谢毓寿，蔡美彪主编	1983. 11
166	中国地震目录（1970—1979 年）	顾功叙主编	1984. 2
167	中国地震年鉴（1984 年）	张存德编	1986. 1
168	中国地震年鉴（1986 年）	《中国地震年鉴》编辑部编	1987. 12
169	中国地震年鉴（1987 年）	《中国地震年鉴》编辑部编	1988. 12
170	中国地质科学院成都地质矿产研究所所刊（第 5 号）	《地质矿床研究》编辑部编	1984. 1
171	中国地质科学院地质研究所所刊（第 8 号）	中国地质科学院地质研究所编	1984. 5
172	中国地质科学院矿床地质研究所所刊（1984 年第 1 号）	宋叔和主编	1984
173	中国地质科学院年报（1981）	中国地质科学院院报编辑部编	1983. 12
174	中国地质科学院天津地质矿产研究所所刊（第 8 号）	《地质矿床研究》编辑部编	1984. 12
175	中国地质科学院院报（第 8 号）	《中国地质科学院院报》编辑部编著	1984
176	中国第四纪研究（第六卷第二期）	中国第四纪研究委员会编	1985. 7
177	中国海事行名录	《中国造船》编辑部编	1985. 9
178	中国黄土	张宗祜等著	1989. 6
179	中国科学院长沙大地构造所研究集刊（第 1 号）	中国科学院长沙大地构造研究所编	1984. 8
180	中国科学院兰州冰川冻土研究所集刊（第 4 号）	中国科学院兰州冰川冻土研究所编	1985. 1
181	中国科学院兰州冰川冻土研究所集刊（第 5 号）	中国科学院兰州冰川冻土研究所编	1985. 1
182	中国科学院兰州冰川冻土研究所集刊（第 2 号）	中国科学院兰州冰川冻土研究所编	1981. 2
183	中国科学院兰州高原大气物理研究所集刊（第 1 号）	中国科学院兰州高原大气物理研究所编	1981. 5
184	中国科学院南京地理研究所集刊（第 1 号）	《中国科学院南京地理研究所集刊》编辑部编	1983. 5
185	中国年降水量图	中国科学院地理研究所水文室编	1982. 6
186	中国气候	张家诚，林之光著	1985. 8
187	中国气温等级图（1911—1980 年）	气象科学研究院天气气候所，中央气象台编制	1984
188	中国气温降水变率图集	国家气象局北京气象中心气候资料室编	1986
189	中国区域地质（11）	地质出版社编	1985. 2
190	中国区域地质（2）	《中国区域地质》编辑部编辑	1982. 1

（续表）

序　号	题　名	责任者	出版年
191	中国区域地质（6）	《中国区域地质》编辑部编辑	1983. 1
192	中国区域地质（7）	《中国区域地质》编辑部编辑	1984. 2
193	中国区域地质（9）	《中国区域地质》编辑部编辑	1984. 8
194	中国沙区的气候	耿宽宏编著	1986. 5
195	中国天文史料汇编（第一卷）	中科院北京天文台主编	1989. 7
196	中国天文学史文集（第三集）	《中国天文学史》编辑组著	1984. 12
197	中国物理气候图集	高国栋，陆渝蓉绘制	1981. 8
198	中国西北天气	白肇烨等编	1988. 3
199	中国自然地理——地表水	中国科学院《中国自然地理》编辑委员会编	1981. 3
200	中国自然地理——地下水	中国科学院《中国自然地理》编辑委员会编	1981. 9
201	中国自然地理——古地理（上册）	中国科学院《中国自然地理》编辑委员会编	1984. 11
202	中国自然地理——古地理（下册）	中国科学院《中国自然地理》编辑委员会编	1986. 6
203	中国自然地理图集	西北师范学院地理系主编	1984. 6
204	中华人民共和国地质矿产部地质专报五——构造地质力学（第七号）	肖序常等著	1988. 8
205	中华人民共和国及其毗邻海区构造体系图简要说明书	中国地质科学院地质力学研究所主编	1984
206	中期天气预报	仇永炎著	1985. 9
207	紫金山天文台五十年（1934—1984 年）	中国科学院紫金山天文台主编	1985. 6

（6）1990—1999 年

序　号	题　名	责任者	出版年
1	1986—1990 长期天气预报论文集	章基嘉主编	1992. 6
2	北京气象事业发展史	北京市气象局史志办公室编	1992. 9
3	测绘学名词	《测定学名词》审定委员会编	1990. 12
4	地下水资源系统勘查技术与综合评价方法	霍明远主编	1993. 3
5	地震成因和地震预报	郭增建著	1991. 12
6	东北地震史料辑览	吴戈等编	1992. 4
7	俄汉测绘词汇	《俄汉测绘词汇》编辑组编	1990. 11
8	非震宏观异常 100 例	任葆德主编；河北省地震局地方处，河北省张家口地震局编	1992. 1
9	国际减轻自然灾害十年计划的实施（1991 年）	国家地震局震害防御司，《自然灾害学报》编辑委员会编	1992. 6
10	寒潮年鉴（1981 年 9 月—1982 年 5 月）	国家气象局北京气象中心资料室编	1991. 4
11	汉英地质词典	吴树仁主编	1990. 11
12	华北平原中低温地热资源及其利用的环境影响——以汤间地区为例	王钧，周家平著	1992. 6

（续表）

序号	题名	责任者	出版年
13	气候与冰雪覆盖	彭公炳等著	1992.6
14	气候诊断研究进展	王绍武编著	1993.2
15	强对流天气的分析及短时预报	王晓明等编著	1992.4
16	实用科技农历一九九二年（壬申年）	郭金如编	1991.7
17	世界奇异震害	肖承邺，邹其嘉编著	1992
18	世界气象组织四十年	阿瑟·戴维斯爵士主编	1992.5
19	水文情报预报效益文集	水利部水文水利调度中心	1992.8
20	塔克拉玛干沙漠地区水资源评价与利用	中国科学院塔克拉玛干沙漠综合科学考察队编	1993.12
21	塔克拉玛干沙漠研究文献目录索引	李仲光主编	1993.1
22	塔里木河研究	程其畴著	1993.3
23	我国古代对中亚的地理考察和认识	钮仲勋著	1990.2
24	西北暴雨	《西北暴雨》编写组	1992.6
25	新疆地质科学（第3辑）	《新疆地质科学》编写组编	1991.12
26	新疆哈纳斯湖科学考察	冯敏主编	1990.9
27	新疆塔里木盆地西部晚白垩世至早第三纪海相沉积特征及沉积环境	唐天福等著	1992.1
28	英汉沉积学解释词典	杨卫东，关平，李建明主编	1991.11
29	宇宙的生命科学	（日）实藤远著；李小青译	1992.12
30	云和降水物理学	王明康编著	1991.6
31	中国大百科全书——地理学	中国大百科全书出版社编辑部编	1990.9
32	中国地震和工程抗震文献题录（1986—1990年）	孙寿成等编	1992.4
33	中国地震年鉴（1990年）	陈章立主编	1992.3
34	中国地震台网观测报告（1-6合订本）	陈培善主编	1991.12
35	中国地震台网观测报告（7-13合订本）	陈培善主编	1991.12
36	中国地震详目	国家地震局分析预报中心编	1992.3
37	中国地震预报概论	梅世蓉，冯德益等著	1993.6
38	中国地质科学院水文地质工程地质研究所所刊（第8号）	张新兴等编	1992.7
39	中国风暴潮概况及其预报	水利部水文水利调动中心编	1992.8
40	中期地震预报——模型、算法、全球实验	（苏）凯里斯鲍罗克主编；陈颙等译	1991.12

Q 生物科学

本部分共收编生物科学类图书书目1844条。其中，收编1949年以前出版的该类图书书目41条，1950—1959年521条，1960—1969年396条，1970—1979年231条，1980—1989年514条，1990—1999年141条。具体目录如下。

（1）1949年以前

序　号	题　名	责任者	出版年
1	巴甫洛夫生理研究所业绩	茅子均	1939. 1
2	动物学大辞典	杜亚泉等编	1927. 2
3	动物学大辞典	杜亚泉等编	1933. 6
4	动植物大意	尤其伟编	1938. 7
5	峨眉植物图志（第一卷）	方文培著	1946
6	高等植物分类学	虞开运编	1949. 7
7	高等植物学	邹秉文等编	1923. 11
8	广西西部下三叠纪菊石（中国古生物志新乙种第9号）	赵金科编著；中国科学古生物研究所译	1939. 9
9	寄生物和微生物	杜其垚等编译	1936. 1
10	近世病原微生物及免疫学	(日本）志贺洁著；汤尔和译	1928. 4
11	近世生物学	王其澍著	1925. 9
12	昆虫漫话	陶秉珍著	1947
13	昆虫学通论	三宅恒方著；缪端生译	1937. 5
14	人生植物学	（日）三好学著；许心芸译	1930
15	生物的进化	司各脱著；冯景兰译	1941. 3
16	生物学大纲	伍特鲁夫著；伍况甫译	1934. 11
17	生物学发达史	于珩著	1948. 6
18	生物学精义	冈村周谛著；汤尔和译	1929. 12
19	生物之相互关系	（日）内田亨撰；梁希，沙俊译	1936. 3
20	实用植物图说	朱义方著	1920
21	细胞学	薛德榕著	1923. 11
22	细胞学概论	（日）山羽仪兵著；任一碧译	1937. 1
23	遗传及其变异	（俄）李森科（T. D. Lysenko）撰	1949. 7
24	遗传与环境	何定杰，张光耀译	1930. 12
25	浙江省昆虫局年刊	朱凤美著	1932. 1
26	植物的世界	许达年等著	1941. 1
27	植物的系统	胡哲齐编	1937. 3
28	植物地理学	DR. Ludwigdiels 著；董爽秋译	1929

（续表）

序　号	题　名	责任者	出版年
29	植物繁殖法	霍德斯著；崔文友译	1946. 8
30	植物生理学	蒋芸生，郑广华编	1949. 7
31	植物世界	波尼哀著；周太玄，周王耀群译	1933. 5
32	植物学大辞典	孔庆莱著	1920. 9
33	植物学大辞典	杜亚泉著	1933. 6
34	植物学大纲	稽联晋著；薛德焴校订	1936
35	植物学讲义	颜纶泽编撰	1947. 6
36	植物学通论（自然科学丛书）	山羽仪宾著；陶秉玲译	1948. 4
37	中国蕨类植物图谱（第三卷）	秦仁昌编	1935. 5
38	中国植物图谱（第四卷）	胡先潇，陈焕镛编	1933. 1
39	中国植物学文献评论	（德）布累特什奈德尔（E. Bretschneider）著；石声汉译	1923. 3
40	重要植物病原菌之分类与检索	郑曼倩编译	1949. 4
41	自然分类普通植物检索表	彭世芳著	1929. 9

（2）1950—1959 年

序　号	题　名	责任者	出版年
1	巴甫洛夫院士生理学说问题科学会议	中国科学院编译局编；徐学峥译	1954
2	孢子植物名称	中国科学院编译局编订	1955. 9
3	孢子植物名词及名称	中国科学院编译出版委员会名词室编	1958
4	孢子植物形态学	严楚江编著	1959. 9
5	孢子植物形态学名词	中国科学院编译局编	1954
6	北京植物园栽培植物名录	中国科学院植物研究所，北京植物园编	1959. 6
7	被子植物的起源	（苏）A. Л. 塔赫他间著；朱澄，汪劲武译	1955. 9
8	不同因子型植物的嫁接在遗传上的意义	（德）柏梅著；吴仲贤译	1957
9	仓库鳞翅目成虫的鉴别	（英）柯倍特（H. E. Hinton）等著；管致和译	1958. 5
10	查理士·达尔文在贝格尔舰上的旅行——达尔文在环球旅行期间里的家信集和笔记本	（英）达尔文著；周邦立译	1958. 4
11	柴达木盆地植被与土壤调查报告	李世英著	1958. 4
12	从进化的观点看光合作用的机制问题	（苏）Д. И. 萨波日尼科夫等著	1956. 1
13	达尔文及其学说（科学和科学家的故事）	（苏）A. H. 斯杜奇茨基著；吴行健译	1956. 9
14	达尔文进化论与苏联植物栽培	（苏）B. A. 凯列尔撰；张正元译	1953. 1
15	达尔文生平及其书信集（第二卷）	（英）法兰士·达尔文（Francis Darwin）编；叶笃庄，孟光裕译	1957
16	达尔文生平及其书信集（第一卷）	（英）法兰士·达尔文（Francis Darwin）编；叶笃庄，孟光裕译	1957. 5
17	达尔文学说	方宗熙著	1956

（续表）

序号	题名	责任者	出版年
18	达尔文与进化论	（越）裴辉塔（Bui Huy Dap）著	1959.1
19	达尔文与米丘林生物学	（苏）Н.И. 努日金撰；王爵渊译；	1954.1
20	达尔文主义	（苏）Е.А. 魏谢诺夫著；石绍业译	1959.1
21	达尔文主义	方宗熙编	1959.12
22	达尔文主义（续编）	北京大学生物系等编译	1957.8
23	达尔文主义的几个基本问题	米景九著	1959.8
24	达尔文主义底基础	李鲸石编译	1954.2
25	达尔文主义基本原理（上）	中国科学院遗传选种实验馆，北京农业大学编	1952.12
26	达尔文主义基本原理（下）	中国科学院遗传选种实验馆，北京农业大学编	1956.1
27	达尔文主义浅说	方宗熙，王以诚著	1958.1
28	达尔文主义暑期实习经验	（苏）С.И. 拉德钦科著；米景九等译	1958
29	大兴安岭山脉的植物群落	张玉良著	1955.1
30	单宁质在茶树内的合成和转化	（苏）А.Л. 库尔萨诺夫著；李明启译	1956.7
31	低等藻类的物种问题	（苏）В.И. 坡良斯基著；陆定安等译	1957.1
32	地形对动植物的影响	（苏）Х.Н. 米李科夫，著；唐永銮，吴静如译	1956.9
33	地植物学	（苏）В. А. 贝科夫著；傅子祯译	1957
34	地植物学研究简明指南	（苏）В.Н. 苏卡切夫等著；李继侗译	1955.12
35	地植物学研究中的物候学观察方法	（苏）И.Н. 倍杰芒著；郑钧镛译	1958.5
36	第四纪动植物群及人类的发展	（苏）Г.И. 拉茹科夫著；周明镇等译	1955.1
37	东北草本植物志（第二卷）	刘慎谔主编	1958
38	东北草本植物志（第一卷）	刘慎谔主编	1959
39	东北第四纪哺乳动物化石志	古脊椎动物玩具所高等脊椎动物组	1959.5
40	东北药用植物志	刘慎愕主编	1959
41	东北植物检索表	刘慎谔主编	1959.12
42	东北资源植物手册	中国科学院林业土壤研究所	1958.12
43	动物、植物（自然科学基本知识丛书）	吉林省科学技术协会编	1958.12
44	动物大脑皮质生理学的研究	（苏）Н.Ф. 波波夫著；杭维才译	1957.11
45	动物胚胎学（上卷）	（苏）Г.А. 诗密特著；李维恩等译	1955.12
46	动物生理学中的几个问题（北京农大丛书）	（苏）Е.Н. 巴甫洛夫斯基著；北京农业大学译	1958.11
47	动物生态学（苏联大百科全书选译）	（苏）楚卡诺娃等编著	1959.12
48	动物生物化学实验指导（高校教学用书）	（苏）Н.П. 梅什科娃，С.Е. 谢维林著；四川医学院生物化学教研组译	1955.5
49	动物细胞膜及其生物学上的意义（科学译丛）	（苏）О.Б. 勒柏辛斯卡娅著；马秀权等译	1956.4
50	动物学	陈义著	1956.7
51	动物学（上册）	郝天和编	1959.12
52	动物学实习	（苏）Н.Г. 克尔美涅茨基著；温业棠，翁禹声译	1958.9

（续表）

序　号	题　名	责任者	出版年
53	动物组织学名词	中国科学院编译局编	1955. 3
54	动植物生活中的微量元素和天然放射性元素	（苏）A. A. 德罗布柯夫著；刘钟钰译	1959. 9
55	俄汉植物地理学、植物生态学、地植学名词	中国科学院编译出版委员会名词室	1959. 1
56	俄华生物学辞典	施浒编	1954. 8
57	俄拉汉种子植物名称	中国科学院编译出版委员会名词室	1959. 9
58	俄英中昆虫学名词（试用本）	中国科学院编译出版委员会名词室	1958. 4
59	俄英中植物地理学、植物生态学、地植物学名词	中国科学院编译出版委员会名词室	1956
60	俄英中种子植物外部形态学名词	中国科学院编译出版委员会名词室	1957. 3
61	俄中动物组织学名词	中国科学院编译委员会名词室	1957. 3
62	放射生物学论文集	（苏）Н. И. 努日金主编；莫维冬译	1958. 11
63	放射性色层分析法在生物化学研究中的应用	（苏）В. В. 拉岑斯基等著；何开玲等译	1955. 11
64	放射性同位素在生物化学中应用的总结和远景	（苏）В. А. 恩格里哈特等著；许振英等译	1956. 8
65	放线菌及其抗生素分类鉴定指南	（乌克兰）S. A. 瓦克斯曼，H. A. 洛舍瓦利著；阎逊初译	1958. 8
66	甘肃疏勒河中下游的植被概况	陈庆诚等著	1957. 9
67	高等植物器官图解——叶	（苏）П. А. 巴拉诺夫主编；匡可任编译	1959
68	高等植物营养器官形态学	（苏）И. Г. 谢列勃辽柯夫著；朱澄译	1956
69	高级植物生长刺激素赤霉素（说明书）	哈尔滨医科大学卫校附属工厂编	1959
70	根据植物细胞和组织的休眠深度对植物耐寒力的鉴定	（苏）П. А. 金杰里，Е. З. 奥克尼娜著；高煜珠译	1957. 5
71	根系在植物生命活动中的意义	（苏）Д. А. 萨比宁著；苏联科学院植物生理研究所编；雷宏俶，张静兰译	1956. 6
72	工业真菌学纲要	（英）G. 斯密士著，徐浩译	1959
73	古脊椎动物与古人类（第一期）	中国科学院古脊椎动物研究所编辑	1959
74	古生态学参考资料	（苏）Р. Х. 盖格尔编；杨式溥译	1959
75	古生态学概论	（苏）Р. Ф. 盖格尔著；王立文，蒋福新译	1959. 4
76	古生态学研究指南	（苏）Р. Ф. 盖格尔著；，周明镇等译	1956. 11
77	古生物学名词（英、俄、中）	中国科学院编译出版社委员会名词室	1956. 9
78	古生物学研究的问题和任务	（苏）В. Н. 舍曼斯基著；盖培译	1958
79	顾巧英的生物教学	华东师范大学研究总结上海中学生物教学先进经验科学研究小组编	1956. 12
80	关于蛋白质结构问题的讨论	（苏）С. Е. 布列斯列尔等著；何开玲等译	1955. 7
81	关于米邱林路线——生物科学的新方向	孟庆哲编	1950. 1
82	关于生活物质的细胞和非细胞形态演变问题的新资料	（苏）И. Н. 马依斯基等编；何鸿恩等译	1956

（续表）

序 号	题 名	责任者	出版年
83	关于物种变化问题的研究（第二集）	（苏）B. A. 卡拉别江等著；王爵渊等译	1956
84	关于物种变化问题的研究（第三集）	（苏）B. B. 斯克利普钦斯基等著；俞志隆，苏允玙译	1957.6
85	关于物种变化问题的研究（第四集）	（苏）A. A. 亚秦科·赫梅列夫斯基等著；苏允玙译	1957.6
86	关于物种与物种形成问题的讨论（第八集）	（苏）H. И. 努日金等著；刘后贻等译	1955
87	关于物种与物种形成问题的讨论（第二十集）	（苏）T. Г. 李森科等著；王爵渊等译	1957.5
88	关于物种与物种形成问题的讨论（第七集）	（苏）Г. Б. 叶尔米洛夫等著；王爵渊等译	1955.7
89	关于物种与物种形成问题的讨论（第十八集）	（苏）H. П. 杜比宁等著；俞志隆等译	1956.11
90	关于物种与物种形成问题的讨论（第十二集）	（苏）φ. A. 德伏梁金等著；姚慧心等译	1956.4
91	关于物种与物种形成问题的讨论（第十六集）	（苏）T. Г. 李森科等著；苏允玙等译	1956
92	关于物种与物种形成问题的讨论（第十七集）	（苏）C. C. 霍赫洛夫等著；陈兆驹等译	1956.11
93	关于物种与物种形成问题的讨论（第十三集）	（苏）C. C. 霍赫洛夫等著；余名仑等译	1956
94	关于物种与物种形成问题的讨论（第十四集）	（苏）И. И. 诺文斯基等著；周邦立等译	1956
95	关于物种与物种形成问题的讨论（第十五集）	（苏）И. И. 普列森特等著；马常耕等译	1956.9
96	关于物种与物种形成问题的讨论（第五集）	（苏）П. A. 巴拉诺夫著；罗见龙等译	1955
97	关于物种与物种形成问题的讨论（第一集）	（苏）T. Г. 李森科等著；傅子祯等译	1954
98	关于植物分类学的几个问题	（苏）B. И. 坡尔扬斯基著；唐进等译	1956.9
99	关于植物年龄周期性学说的评论	（苏）A. H. 克连启等著；傅世耀译	1957.6
100	关于植物受精作用的几个问题	（苏）И. M 波里雅科夫等著；冯午等译	1957
101	关于植物体内蔗糖的合成与转移	（苏）A. Л. 库尔萨诺夫院士等著	1956.8
102	关于植物无性杂交的科学资料	江幼农编	1956.9
103	关于植物细胞学的几个问题	（苏）Я. E. 爱连戈尔恩等著；吴素萱等译	1957.12
104	关于中国生物学史	生物学通报编辑委员会编	1958.12
105	关于种内种间问题的研究	（苏）E. H. 巴甫洛夫斯基等著；高岫等译	1956
106	馆藏昆虫资料目录	中国科学院图书馆编	1958
107	光合作用是植物的生命活动过程	（苏）B. A. 布瑞里安特著；吴相钰，冯午译	1959
108	广西八角茴香树的栽培技术及其生态环境（植物生态学与地植物学资料丛刊第2号）	王献溥，阎振龙著	1955.1

（续表）

序号	题名	责任者	出版年
109	广西临桂雁山附近的植物群落（植物生态学与地植物学资料丛刊第7号）	中国科学院植物研究所广西调查队调查；王献溥执笔	1956.4
110	广西龙津西南部及其邻近地区的植物群落（植物生态学与地植物学资料丛刊第8号）	李世英执笔	1956.4
111	广州植物志	侯宽昭等编著；中国科学院华南植物研究所编辑	1956
112	国营友谊农场的植物调查	张玉良编	1956.7
113	哈尔滨地区沟谷森林的地植物学概说	（苏）Т.П. 高尔捷也夫，В.Н. 热尔纳科夫著	1955.1
114	害虫的寄生昆虫之采集和饲育	（苏）И.А. 鲁布错夫著；刘崇乐，施慧元译	1955
115	禾本科植物结实器官的形成阶段	（苏）Ф.М. 库别尔曼等著；蔡可译	1958.8
116	呼吸和其在植物生活中的作用	（苏）鲁宾撰；用邦立译	1953
117	湖南野生植物	湖南省商业厅编	1958.8
118	花粉分析	（苏）坡克罗夫卡娅等著；王伏雄等译	1956.12
119	花粉及孢子图鉴	（德）约纳斯著；斯行健等译	1955.4
120	华南经济禾草植物	贾良智著；中国科学院华南植物研究所编	1955
121	黄渤海鱼类调查报告	张春霖等著	1955.6
122	获得性的遗传	（苏）П.П. 萨哈罗夫著；余名仑译	1958.11
123	基因论	（美）摩尔根著；卢惠霖译	1959.3
124	脊椎动物发生学	布拉舍著，朱洗译	1953.1
125	脊椎动物学（上）	（苏）С.П. 纳乌莫夫著；周家兴，刘后贻译	1957.1
126	脊椎动物学（下）	（苏）С.П. 纳乌莫夫著；周家兴，刘后贻译	1957.7
127	季米里亚捷夫世界观	（苏）Г.В. 普拉托诺夫著；周邦立译	1956.3
128	季米里亚捷夫选集（第二卷）	（苏）季米里亚捷夫著；科马罗夫编辑	1958.5
129	季米里亚捷夫选集（第三卷）	（苏）季米里亚捷夫著；科马罗夫编辑；周邦立译	1958.8
130	季米里亚捷夫选集（第四卷）	（苏）季米里亚捷夫著；科马罗夫编辑；傅子祯译	1958.6
131	季米里亚捷夫选集（第一卷）	（苏）季米里亚捷夫著；科马罗夫编辑；周邦立译	1957.6
132	季米里亚捷夫与光合作用的研究	（苏）А.А. 尼启波洛维奇著；周邦立译	1956.1
133	简明昆虫学	（苏）Н.Н. 普拉维里西科夫著；刘崇乐，施慧元译	1957.5
134	江苏南部种子植物手册	中国科学院植物研究所编	1959.1
135	阶段发育理论和植物的年龄性	（苏）Н.И. 沃罗达尔斯基等著；傅世耀译	1956
136	拮抗性放线菌的分类问题	（苏）Г.Ф. 高泽著；戴冠群，袁永生译	1959.1
137	解剖标本制作法	（苏）А.К. 科维什尼科娃，Е.А. 克列彭诺娃著；王世濬，邵象清译	1956.6

（续表）

序　号	题　名	责任者	出版年
138	介壳虫分类	（苏）H. C. 包尔赫谢尼乌斯著；汤祊德译	1958. 9
139	金鱼的家化与变异	陈桢著	1959. 2
140	经济植物手册（上册）	胡先骕著	1955. 6
141	经济植物手册（上册，第二分册）	胡先骕著	1955. 12
142	经济植物手册（下册，第一分册）	胡先骕著	1957. 12
143	颈卵器植物分类学	（苏）墨叶尔著；吴长春等译	1959. 3
144	抗菌素发酵染菌的防止——实况介绍、原因分析及解决方法	沈义，童村编	1959. 12
145	抗菌素讲演集	中国医学科学院抗菌素研究所编	1959. 1
146	抗菌素译丛（第一辑）	华东化工学院抗菌素教研组译	1959. 1
147	科学技术名词解释——植物部分	俞德浚，鲁鸿瑾编	1959. 9
148	昆虫病理学原理（上册）	（法）E. A. 史泰奥斯原著；（苏）E. H. 巴甫洛夫斯基编注；忻介六等译	1956. 7
149	昆虫病理学原理（下册）	（法）E. A. 史泰奥斯原著；（苏）E. H. 巴甫洛夫斯基编注；忻介六等译	1956. 7
150	昆虫的采集	杨集昆著	1958. 1
151	昆虫的采集饲养和标本制作	王林瑶等著	1955. 12
152	昆虫的分类	（美）C. T. 布鲁斯（Charles T. Brues）等著；肖采瑜等译	1959. 8
153	昆虫的故事	（法）法布尔（Jean Henri Casimir Fabre）著；王大文译	1956. 5
154	昆虫的生活	绿荷著	1951. 7
155	昆虫分类学（上册）	蔡邦华著	1957. 1
156	昆虫名称	中科院编译出版委员会编	1956. 1
157	昆虫生理学（下册）	（法）R. 朔文（R. Chauvin）原著；（苏）E. H. 巴甫洛夫斯基编注；忻介六，罗祖玉译	1959
158	昆虫生态学	（苏）H. И. 戈雷辛等著；曾绍民等译	1959. 7
159	昆虫学	北京农业大学昆虫学教研组编	1954. 8
160	昆虫学（试用本）	河南农林厅教材委会编	1959. 2
161	昆虫学纲要	（英）依姆斯（Augustus Daniel Imms）撰；吴维均，管致和译	1957. 2
162	拉汉孢子植物名称（补编）	中国科学院编译出版委员会名词室编	1959. 4
163	拉汉微生物名称	中科院自然科学名词室编订	1958. 9
164	拉汉种子植物名称（补编）	中国科学院编译出版委员会名词室编	1959. 5
165	拉马克 拉马克主义（苏联大百科全书选译）	（苏）П. П. 波达稜科著；子虹译	1955
166	拉马克和他在生物科学中的作用	（苏）H. И. 努日金，A. H. 司徒吉斯基等著；王在德，卢惠霖等译	1956
167	镰刀菌	（苏）拉依洛著；王云章等译	1958. 6
168	量子生物学及其应用	刘次全主编	1990. 1

（续表）

序　号	题　名	责任者	出版年
169	庐山植物园栽培植物手册	陈封怀主编	1958
170	论达尔文主义	（苏）И. И. 梅契尼科夫著；刘后一，关汉光译	1959. 2
171	论动物有机体与环境的统一	（苏）Д. А. 比留科夫著；崇文译	1955
172	论高等植物双精和多精入卵问题	（苏）В. А. 包特杜布纳娅·阿尔诺基著；姚景侠译	1956
173	论酶在植物与外界环境相互关系中的作用	（苏）Б. А. 鲁滨著；张殿京，张伟成译	1955
174	论苏维埃古生物学的现况	（苏）Л. Щ. 达维大希维里，Ю. А. 奥尔洛夫著；钱竟阳译	1954. 6
175	论有机体的化学与生物学过程	（苏）Г. Н. 克德尔尼亚佐夫等著；赵宗诚等译	1955
176	马克思主义和达尔文主义	（苏）Г. В. 普拉托诺夫著；张绅译	1959. 8
177	马克西莫夫院士选集（上卷）	（苏）Н. А. 马克西莫夫著；周小民译	1959. 11
178	蒙古人民共和国植被的基本特点	（苏）А. А. 尤纳托夫著；李继侗译	1959. 1
179	米丘林·米丘林学说	（苏）雅可夫列夫等著；罗见龙译	1955. 9
180	米丘林的生平及其事业	新华时事丛刊社编辑	1950. 11
181	米丘林的原理和方法	褚圻著	1953. 1
182	米丘林工作方法	米景九著	1956. 6
183	米丘林李森科论控制生物发展的学说	（苏）М. Ф. 尼基钦科，Т. Д. 李森科著；童克忠等译	1955
184	米丘林路线的理论与实践	山东大学植物学系编译	1950. 7
185	米丘林路线的试验方法和结果	余松烈	1951. 5
186	米丘林农业生物科学及其基本原理	（苏）И. Е. 格鲁森科著；王爵渊译	1956. 9
187	米丘林全集（第二卷）	（苏）特·杰·李森科主编；华北农业科学研究所，北京农业大学译	1958
188	米丘林全集（第三卷）	（苏）特·杰·李森科主编；华北农业科学研究所，北京农业大学译	1959
189	米丘林全集（第一卷）	（苏）特·杰·李森科主编；华北农业科学研究所，北京农业大学译	1955. 8
190	米丘林生物学教学法	卫济林著；郑讷译	1953. 8
191	米丘林生物学原理	（苏）Т. В. 维诺格拉多娃等著；北京农业大学俄文翻译室译	1954. 6
192	米丘林生物学原理（上）	（苏）Т. В. 维诺格拉多娃等著；北京农业大学俄文翻译室译	195. 9.
193	米丘林生物学原理（下）	（苏）Т. В. 维诺格拉多娃等著；北京农业大学俄文翻译室译	1958. 9
194	米丘林生物学中的生活力学说	（苏）Х. Ф. 库什涅尔，Н. И. 努日金等著；武镛祥，王爵渊译	1955
195	米丘林选集	（苏）米丘林著；华北农业科学研究所译	1956
196	米丘林选集	（苏）米丘林著；华北农业科学研究所译	1951. 8
197	米丘林学说参考资料（1）	西北军政委员会农林部编	1950. 5
198	米丘林学说的理论和成就（2）	华北农科所编委会	1952. 2

（续表）

序 号	题 名	责任者	出版年
199	米丘林学说与植物生理学	（苏）Н. А. 马克西莫夫撰；韩碧文，祝宗岭译；	1955
200	米丘林学说在苏联的发展	（苏）П. Х. 谢孔著；北京师范大学生物系翻译组译	1956.6
201	米丘林学说中的现代微生物学问题	（苏）С. Н. 穆伦切夫等著；舒濬，王玉民译	1954
202	米丘林遗传学纲要	刘毅德编	1957
203	米丘林遗传学基本知识	罗鹏等著	1959
204	米丘林遗传学中的基本问题	（苏）Н. И. 费金逊著；王在德译	1958
205	米丘林与现代生物学	齐律等编；王嫣萍译	1957.12
206	米丘林植物生理学与农业实践	（苏）М. И. 谢尔盖耶夫等著；余叔文译	1954
207	牡蛎	张玺，楼子康著	1959
208	鸟类野外工作手册	郑作新，钱燕文等编著	1959.6
209	攀援植物的运动和习性	（英）C. 达尔文（Charles Robert Darwin）著；张肇骞译	1957.1
210	胚胎学教学用图	秦素美等编	1959.11
211	胚胎学名词	中国科学院编译局编	1954.7
212	普通昆虫学（上）	管致和，吴维均等著	1956.3
213	普通昆虫学教程（第二册）	（苏）Б. Н. 施凡维奇著；方三阳译	1954.11
214	普通昆虫学教程（第三册）	（苏）Б. Н. 施凡维奇著；方三阳译	1955.4
215	普通昆虫学教程（第四册）	（苏）Б. Н. 施凡维奇著；方三阳译	1956.6
216	普通昆虫学教程（第五册）	（苏）Б. Н. 施凡维奇著；方三阳译	1955.12
217	普通昆虫学教程（第一册）	（苏）Б. Н. 施凡维奇著；方三阳译	1958.6
218	普通昆虫学实习指导	（苏）保格达诺夫·卡契柯夫著；吴维均等译	1954.2
219	普通生物化学	郑集编	1959
220	普通生物化学（上册）	（美）弗鲁顿等著	1958.7
221	普通生物化学（下册）	（美）弗鲁顿，辛蒙兹著；戴云玲，叶秀林译	1958.1
222	普通生物学	（苏）盖勒尔等著；马梅荪译	1955.7
223	普通生物学实习指导	大连医学院生物学教研组	1956
224	普通遗传学（细胞遗传学）	方宗熙著	1959
225	普通植物病理学	林传光著	1959.4
226	青岛海滨习见无脊椎动物	中国科学院海洋研究所无脊椎动物室全体青年编著	1959.12
227	人的祖先	（苏）М. Ф. 涅斯屠尔赫著；吴行健译	1956.9
228	人类和动物的表情	（英）达尔文著；周邦立译	1958
229	人类原始及类择	（英）达尔文著；马君武译	1957.8
230	蚋类昆虫及其防治	（苏）И. А. 鲁勃错夫著；夏松云译	1957
231	陕北中生代延长层植物群	斯行健著；中国科学院古生物研究所古脊椎动物研究室编辑	1956.6
232	陕甘宁盆地植物志	乐天宇，徐纬英著	1957

（续表）

序号	题名	责任者	出版年
233	上海植物名录	徐炳声编著	1959
234	生统遗传学	K. 梅赛尔著；吴仲贤译	1958.8
235	生物传感技术原理与应用	张先恩著	1991.5
236	生物的进化	朱洗著	1958.4
237	生物的新陈代谢——生物的质的特征	（苏）H. M. 西萨江著；姜梦兰译	1956.5
238	生物地理群落综合定位研究的初步纲要	莫斯科自然研究者协会地理组编著；胡式文等译	1959
239	生物化学大纲（上）	何君超编	1952.12
240	生物化学大纲（下）	何君超编	1952.12
241	生物化学讲义	刘思职著	1956
242	生物化学名词	卫生部卫生教材编委会编	1956.9
243	生物化学实习	中国医科大学生化教研组译	1953.12
244	生物化学实验	（苏）П. П. 阿斯丹宁著；郝缝繡译	1956.2
245	生物化学实验	南京第一医学院生物化学教研组编著	1958.8
246	生物化学实验指导	北京大学生物系生物化学研究室编	1958.12
247	生物绘图法	冯澄如著	1959.1
248	生物集刊（第一辑）	华东师范大学学报编委会编	1958.7
249	生物技术学	卢开运著	1958.12
250	生物检定讲义	顾汉颐著	1958.9
251	生物科学现状（苏列宁农业科学院1948年会议报告）	华北农业科学研究所，东北农学院译	1956.1
252	生物模型标本制作技术指导	鄂永昌著	1959.9
253	生物物理学期刊论文索引	复旦大学图书馆编	1959.1
254	生物学	蔡堡主编	1958.8
255	生物学（苏联大百科全书选译）	（苏）赫鲁晓夫等著；罗见龙译	1955.9
256	生物学基本知识	郭亦寿著	1959.8
257	生物学中的色层分析法	（苏）拉琴斯基，卡朋著；上海第一医学院生化教研组译	1957.1
258	生物学中的示踪原子	（苏）A. M. 库津等著；姜梦兰等译	1956.1
259	生物学中的示踪原子法	（苏）A. M. 库津著；吴伯泽等译	1958.6
260	生物学中新陈代谢内外统一问题	（苏）H. M. 西萨江著；李英译	1955
261	生物氧化	（苏）Л. M. 米赫林著；黎壁莹等译	1959.6
262	实验微生物学	（苏）谢里别尔等著；娄隆后等译	1955
263	实用昆虫学	路顺奎编	1959.12
264	实用细菌学手册	方景灿著	1956
265	示踪原子法和蛋白质代谢问题	（苏）B. H. 奥列霍维奇著；凌治镛译	1957.5
266	示踪原子在昆虫学中的应用	（苏）Б. A. 苏拉·布拉著；包适中译	1959.2
267	受精的生物学问题	（苏）H. B. 杜尔宾等著；季道藩，林世成等译	1957.3
268	授粉与遗传变异	（苏）切尔·阿瓦涅祥编；余彦波，刘棣良译	1959

（续表）

序 号	题 名	责任者	出版年
269	双子叶植物科志	（英）A. 耿德逊著；马骥译	1959. 1
270	苏联创造性的达尔文主义	（苏）И. И. 普列森特，著；米景九，李芜筝译	1956
271	苏联地植物学定位研究会议文集	（苏）М. В. 马尔科夫等著；张绅译	1958. 12
272	苏联动物形态学问题	（苏）马特维耶夫等著；刘后贻等译	1955
273	苏联古生物学家在中亚细亚的研究工作	（苏）А. К. 罗日捷斯特文斯基著；胡长康译	1955. 5
274	苏联昆虫生理生态学论文集	（苏）斯塔尔克等著；陈常铭译	1956
275	苏联昆虫学论著选译	（苏）Е. Н. 巴甫洛夫斯基等著；夏松云选译	1956. 8
276	苏联植物学当前的首要任务	（苏）В. Н. 苏卡切夫等著；苏少泉译	1958. 7
277	苏联植物园	（苏）А. И. 维克斯列尔编著；中国科学院植物研究所北京植物园译	1959
278	苏联中部地带小家鼠的生态学	（苏）Н. В. 屠皮科娃著；李汝祺，江先群译	1957. 6
279	苏维埃科学在植物耐寒力研究上的基本成就	（苏）И. И. 杜曼诺夫撰；罗宗洛译	1953. 12
280	苔藓动物骨骼中微细构造的功能及其在演化和地层上的意义	（苏）М. И. 舒里卡・聂斯切林科著；陆麟黄译	1959
281	苔藓植物和蕨类植物（植物分类系统讲座）	王凯基编	1959. 1
282	铁细菌	（苏）Н. Г. 霍洛得尼著；王祖农译	1957. 11
283	同位素在生理学和生物化学上的应用	吕家鸿编著	1958
284	微生物的氮素代谢	（英）B. A. 福莱著；刘麟祥译	1958. 7
285	微生物漫话	高士其著	1958. 11
286	微生物学	张元龙著	1958. 12
287	微生物学（上）	（苏）М. В. 斐多罗夫著；张天伏等译	1953. 12
288	微生物学（下）	（苏）М. В. 斐多罗夫著；张天伏等译	1953. 12
289	微生物学及寄生物学	蔡井峰编著	1959
290	微生物学实验	（苏）М. В. 斐多罗夫著；张天伏等译	1953
291	微生物遗传学	（英）卡塔彻赛德（D. G. Catcheside）著；盛祖嘉译	1958. 1
292	为人民服务的米丘林学说	（苏）М. А. 奥尔萨斯基等著；孙济中等译	1958. 1
293	伟大的生理学家巴甫洛夫	（苏）Ю. П. 福罗洛夫著；施稼，刘星等译	1954
294	伟大的生理学家的故事	（苏）А. Н. 斯杜奇茨基著；章克椮译	1956
295	无脊椎动物比较解剖学原理（上册）	（苏）В. Н. 贝克列米舍夫著；王洛白等译	1958. 8
296	无脊椎动物名称	中国科学院编译局编	1955. 11
297	无脊椎动物学	赵汝翼等编	1958. 12
298	无脊椎动物学教学用图	徐岌南编著	1959. 9

（续表）

序　号	题　名	责任者	出版年
299	无脊椎动物学名词	中国科学院编译出版委员会名词室编	1958
300	无性杂种种子后代中生物化学获得性的遗传	（苏）Н.М. 西萨江等著；孙家麟，张伟成译	1955.11
301	物种起源	（英）达尔文著；谢蕴贞译	1955.12
302	物种起源（第二分册）	（英）达尔文著；周建人译	1955.1
303	物种起源（第三分册）	（英）达尔文著；周建人译	1956.1
304	物种起源（第一分册）	（英）达尔文著；周建人译	1954.6
305	西天山高山植物的生态学特点	（苏）И.М. 库里契阿索夫等著；祝廷成等译	1958
306	喜马拉雅山东莨菪	（苏）Ф.Л. 布尔米斯特罗夫等著；刘国声译	1955.12
307	系统动物学（下册）	薛德焴著	1952.6
308	细胞的决定和细胞的分化	（德）格尔希著；庄孝惠，江希明译	1957.2
309	细胞的生命和起源	（苏）沃·波·勒柏辛斯卡娅著；应幼梅等译	1954.2
310	细胞学名词	中国科学院编译出版委员会名词室编	1956.9
311	细胞学原理	（美）夏普著；李汝祺，李竞雄译	1959.8
312	细胞学原理	（苏）П.В. 马卡洛夫著；陈阅增等译	1958.9
313	细胞遗传学（第一卷）	（日）木原均主编；杜竹铭译	1959.2
314	细菌和放线菌的鉴定（放线菌目）	（苏）Н.А. 克拉西里尼科夫著；阎逊初等译	1957.9
315	细菌和放线菌的鉴定（分枝杆菌目、球菌目）	（苏）Н.А. 克拉西里尼科夫著；阎逊初等译	1958.7
316	细菌和放线菌的鉴定（真菌纲、粘纲菌、螺旋体纲）	（苏）Н.А. 克拉西里尼科夫著；钮家淇译	1958.1
317	先进的苏联生物学家论有机体获得性的遗传	（苏）И.А. 波辽科夫著；黄平章译	1955
318	纤维素微生物学（上册）	（苏）А·А 依姆著；马麟祥译	1958.6
319	现代中国植物生理学工作概述	汤佩松著	1956.6
320	新细胞学说问题讨论集（第二集）	（苏）П.С. 列乌茨卡娅等著；仝允栩，彭奕欣译	1956.11
321	新细胞学说问题讨论集（第一集）	（苏）任金著；彭奕欣译	1956
322	新遗传学与旧遗传学（1）	（俄）Т.Д. 李森科著；梓丁译	1951.3
323	研究昆虫疾病及应用微生物学方法保护植物指南	（苏）А.А. 耶夫拉霍娃，О.И. 什维错娃著；陈常铭，陈宾译	1955
324	研究受精过程的米丘林生物学底新资料	（苏）Н.В. 杜尔宾著；林世成，杨傅任译	1955.1
325	野生植物利用参考资料	林业部教育司编	1959.1
326	野生资源植物调查手册	陈彦卓等编著	1959.11
327	叶和光合作用	戴伦焰著	1955.12
328	伊万诺夫斯基的生平及其科学活动	（苏）К.Е 奥甫查罗夫著；高尚荫，刘年翠译	1957.5

（续表）

序 号	题 名	责任者	出版年
329	医学昆虫鉴别手册	（英）司马德 J. 著；陆宝麟等译	1957. 5
330	遗传及其变异	（苏）T. D. 雷先科撰；李景均，陈延熙译	1950. 1
331	遗传选种讲义	农业干部学校编	1958. 11
332	遗传学的米丘林路线	褚圻撰	1954. 1
333	遗传学会议文选	（苏）Н. И. 费依金松等著；黄济明等译	1959. 6
334	遗传学及选种原理	（苏）Н. В. 杜耳宾著；王在德等译	1957
335	遗传学集刊（1956 年）	中国科学院植物研究所遗传研究室编辑	1956. 8
336	遗传学集刊（1959 年）	中国科学院遗传研究所编辑	1959. 12
337	遗传学名词（英中对照）	中国科学院编译出版委员会名词室编	1958. 9
338	遗传学选集（上册）	（苏）Н. В. 杜耳宾主编；许耀奎等译	1958
339	遗传学选集（下册）	（苏）Н. В. 杜耳宾主编；许耀奎等译	1959. 12
340	遗传学原理	（美）辛诺特等著；奚元龄译	1958. 6
341	遗传学座谈会发言记录	遗传学座谈会会务小组编辑	1957
342	遗传与代谢	魏格纳（Robert P. Wagner），H. K. 密契尔（Herschel K. Mitchell）著；盛祖嘉等译	1959. 12
343	隐花植物学（下）	（英）G. M. 史密斯著；朱浩然，陆定安译	1959. 9
344	应用微生物学参考资料（第二集）	中国科学院北京微生物所研究室编辑	1957
345	应用微生物学参考资料（第三集）	中国科学院北京微生物研究室编辑	1958. 8
346	应用微生物学参考资料（第一集）	中国科学院菌种保藏委员会，中国科学院北京微生物研究室编	1957
347	英汉微生物名词	中国科学院编译出版委员会名词室编	1959. 4
348	英汉植物学名词汇编	中国科学院编译出版委员会名词室编	1958. 8
349	英中植物病理学名词	中国科学院编译出版委员会	1959. 2
350	英中植物学名词汇编	中国科学院编委会名词室编	1958. 8
351	优秀的苏维埃学者李森科院士	格鲁希钦柯著；周邦立译	1950. 1
352	有花植物分类学（第一册）	（英）A. B. 伦德勒（A. B. Rendle）著；钟补求，杨永执译	1958. 1
353	有性杂交和杂种优势	李克雄著	1958. 9
354	鱼类分类学	王以康遗著	1958. 1
355	鱼类年龄和生长的研究方法	（苏）Н. И. 丘古诺娃著；刘建康，陈佩薰译	1956. 8
356	鱼类生理学	（苏）Н. В. 普契科夫著；何大仁译	1959
357	鱼类生态调查基本知识	四川大学生物系三年级动物班编	1959
358	鱼类学讲义	王以康编译	1959. 4
359	栽培植物名录	中国科学院植物研究所南京中山植物园	1959. 3
360	在外界环境影响下植物性别的转变	（苏）Е. Г. 米宁娜著；孙岱译	1957. 3
361	在植物生活和苏联农业中的氮素	（苏）Д. Н. 普里亚尼什尼科夫著；王天铎等译	1956. 12

（续表）

序　号	题　名	责任者	出版年
362	怎样研究昆虫	钦俊德著	1956
363	怎样制作动植物标本	孟振亚编	1955. 1
364	浙江杀虫植物图说（第一册）	浙江省卫生厅主编	1958. 1
365	浙江蛇类志	胡步青等著	1959. 4
366	真菌和细菌侵染种子的分析	纳乌莫娃著；杨开宁等译	1955. 3
367	真菌和植物病害	（印度）孟德克著；俞夫绂译	1959. 1
368	植物标本采集制作法	凌昌焕著	1958. 9
369	植物病毒和病毒病害	（英）鲍登著；俞大绂译	1958
370	植物病理学	（美）I. E. 迈尔胡司（Irving E. Melhus），G. C. 敢提（George C. Kent）原著；陈瑞泰译	1951. 5
371	植物病理学和真菌学技术汇编	俞大绂编	1959. 9
372	植物病理学名词	中国科学院编译局编	1953. 12
373	植物病理学浅说	夏承壁	1959. 4
374	植物病原菌诱致萎蔫和软腐的生理机制	沈阳农学院译	1958. 3
375	植物成分化学	刘米达夫著；杨季秋译	1959. 7
376	植物代谢生理学实验指导	裴驱著；朱健人译	1958. 7
377	植物的第三和第四发育阶段	（苏）诺维科夫等著；庄增辉译	1958. 7
378	植物的感应性问题与植物生理学今后的发展	（苏）古纳尔著；娄成后译	1955
379	植物的光合作用	（苏）尼契波罗维奇等著；黄相钰等译	1958. 4
380	植物的寒害与防寒抗寒	石大伟编著	1954
381	植物的呼吸作用	杰姆斯著；李明启译	1959. 8
382	植物的化学作用与气候	（苏）沙拉波夫著；游修玲，历葆初译	1957
383	植物的阶段发育	（苏）李森科著；涂治译	1955
384	植物的进化与遗传	陈机编译	1951
385	植物的抗盐性	沙霍夫著；韩晓译	1958. 1
386	植物的抗盐性及其定向提高的途径	（苏）金杰里著；万正源译	1956. 1
387	植物的耐寒性	（苏）N. M 瓦西里耶夫著	1956. 12
388	植物的忍耐力	（苏）H. N. 谢尔盖耶夫著；罗宗洛等译	1956
389	植物的生活	（苏）H. A. 马克西莫夫著；罗宗洛等译	1953
390	植物的无性杂交	生物学通报编辑委员会编	1958. 11
391	植物的无性杂交	华北农业科学研究所编译委员会编	1951
392	植物的营养（论文集）	（苏）莫索洛夫等著；樊梦康等译	1959. 4
393	植物的远缘杂交	（苏）齐津著，胡启德等译	1957. 12
394	植物的越冬	（苏）瓦西里耶夫著；何永集等译	1959. 8
395	植物的杂交	黄济明等著	1958. 6
396	植物的杂交和植物的变异	（苏）艾萨希达特著；李道藩等译	1955. 5
397	植物地理学	（苏）阿略兴著；傅子桢译	1957. 1
398	植物地理学（上册）	（苏）阿略兴著；傅子桢译	1955. 3
399	植物地理学（下册）	（苏）阿略兴著；傅子桢译	1955. 3

（续表）

序　号	题　名	责任者	出版年
400	植物地理学、植物生态学和地植物学的发展	李继侗著	1958. 5
401	植物动物及微生物遗传性病变异性会议报告纲要	（苏）Т. Д. 李森科等著；李继耕等译	1959. 8
402	植物对微生物的抵抗性的生物化学特性	（苏）Б. А 鲁宾，Е. 阿尔齐霍夫斯卡娅著；邵力平译	1955
403	植物对盐渍的适应生理	（苏）根凯里著；罗宗洛译；科学出版社编	1954
404	植物多倍体	（苏）巴拉诺夫等著；鲍文奎译	1959. 9
405	植物发育的特性与环境	（苏）拉祖莫夫著；林卉成译	1958. 8
406	植物繁殖	叶培忠著	1958. 4
407	植物分类学简编	胡先骕著	1958. 8
408	植物分类学实习	（苏）波格达蔼夫著；关其侗等译	1955
409	植物分类学实习教程（上册）	（苏）戈尔捷耶娃等著；傅子桢等译	1955. 8
410	植物个体发育的生理变化	（苏）Л. Г. 多勃鲁诺夫著；李乐生译	1959. 12
411	植物技术手册	（英）R. C. 麦克林，W. R. 艾义梅·库克著；杨作民，黄河译	1958. 11
412	植物嫁接的理论与实践	蔡以欣编著	1959. 7
413	植物阶段发育的若干特性和禾谷类作物新类型的形成	（苏）诺维科夫著；刘富林译，科学出版社编	1954
414	植物阶段发育和性器官形成的关系	（俄）费多罗夫著；奚元龄译	1956. 7
415	植物阶段发育理论的新成就	（苏）萨维尼耶夫等著；季道藩等译	1955
416	植物解剖学	（德）H. 摩利许 K·赫福勒著；罗迪安译	1959. 1
417	植物解剖学及形态学实验	伏罗宁著；张景钺译	1957. 4
418	植物解剖学名词	中国科学院编译出版委员会名词室编	1958
419	植物屈异花受精和自花受精效果	（英）达尔文著；肖辅等译	1959
420	植物进化原理	（苏）凯列尔著；周邦立译	1953
421	植物漫话	陶炳珍撰	1953
422	植物名实图考长编	（清）吴其濬	1957. 8
423	植物胚胎学论文选辑（一）	（苏）巴拉诺夫等著；唐佩华译	1959. 6
424	植物群落的分类原则与实验植物群落学文集	（苏）亚历山大洛娃等著；中国科学院植物研究所生态学地植物学组译	1958. 9
425	植物群落的基本规律及其研究途径（E·M 拉普连科通讯院士在华讲学特辑）	（苏）拉普连科著	1959
426	植物杀菌素	（苏）Б. П. 托金著；林传光译	1958
427	植物生长与发育生理学实验指导	（德）盧其著；张伟成等译	1957. 8
428	植物生活讲义	农业部干部学校编	1958
429	植物生活中的维生素	奥夫查洛夫著；姜梦荣译	1957. 7
430	植物生理学的基本问题	（苏）库尔山诺夫著；刘富林，张良诚译	1954
431	植物生理学的现状及其在苏联科学院内发展的前途	（苏）马克西莫夫，金杰里著；罗宗洛，余淑文等译	1955. 4
432	植物生理学简明教程（下册）	（苏）马克西莫夫著；刘富林等译	1957. 2

（续表）

序　号	题　名	责任者	出版年
433	植物生理学名词（俄中对照试用本）	中国科学院编译局编	1954. 1
434	植物生理学实验指导	北京农业大学植物生理教研组编	1954. 8
435	植物生理学实验指导	亚斯卡普金著；北京农业大学，南开大学植物教研组	1956. 5
436	植物生理学实验指导	颜季群著	1959. 12
437	植物生态地理学的内容任务概念研究方法	候学煜	1956
438	植物生态学	（苏）申尼科夫著；王汶译	1954
439	植物生态学	乐天宇著	1958
440	植物生态学	何景	1959. 5
441	植物生态学与地植物学资料丛刊（第二辑）	植物生态学与地植物学资料丛刊编委会	1958
442	植物生态学与地植物学资料丛刊（第三辑）	植物生态学与地植物学资料丛刊编委会	1959. 8
443	植物生物化学基础（上）	（苏）克列托维奇著；奥巴林院士校；龚立三等译	1958
444	植物生物化学基础（下）	（苏）克列托维奇著；奥巴林院士校；龚立三等译	1955. 12
445	植物生物化学研究法	（苏）A. И. 耶尔马科夫著；吴相钰译	1956. 1
446	植物受精生物学	（苏）Г. Б. 梅德维捷娃著；余彦波，李良才译	1958. 2
447	植物术语参详	储椒生著	1951. 5
448	植物体内营养物质的运输	（苏）M. β. 阿法纳多耶娃著；阎飞龙等译	1959. 1
449	植物细胞渗透生理	坂村徹著	1959. 4
450	植物细胞与组织生理学实验指导	S. 斯特鲁皋著	1959. 6
451	植物学（第二册）	（苏）金傑里等著；傅子祯译	1957. 1
452	植物学（第三册）	（苏）金傑里等著；傅子祯译	1954. 1
453	植物学（第一册）	（苏）金傑里等著；傅子祯译	1953. 7
454	植物学（动物饲养专业用）	中等农业学校植物学教科书编	1958
455	植物学（上）	李扬汉著	1958. 12
456	植物学（上）	（苏）易萨音著；刘毅然译	1954. 11
457	植物学（上册）	斯卡兹金著；王在德译	1958. 7
458	植物学（苏联百科全书选译）	（苏）巴拉诺夫著；罗见龙译	1955. 9
459	植物学（下）	（苏）易萨音著；刘毅然译	1957. 3
460	植物学（形态学及解剖学部分）	胡适宜编	1959. 4
461	植物学（中）	（苏）易萨音著；刘毅然译	1957. 3
462	植物学（中）	李扬汉著	1959. 5
463	植物学（作物栽培、果树蔬菜栽培、植物保护、蚕桑、茶叶专业用）	中等农业学校《植物学》教科书编写组编	1957
464	植物学基础知识（初级自学自然科学丛书）	南京师范学院生物系编	1959. 6
465	植物学实习（上）	（苏）易萨音著；钱葭生译	1957. 1

（续表）

序　号	题　名	责任者	出版年
466	植物学实习指导	（苏）杜宾斯卡娅著；穆永年等译	1959. 1
467	植物营养生理学问题	（苏）П. А. 甫拉修克著；郑宣译	1958. 4
468	植物营养生理学原理	（苏）Д. А. 萨比宁著；刘富林译	1957. 11
469	植物营养中的微量元素与放射性同位素	（苏）П. А. 甫拉修克著；李功藩，王统正，徐钟吾译	1958. 1
470	植物杂交的试验	（奥地利）孟德尔著；吴仲贤译	1957. 1
471	植物在冻土地带上是怎样生活的	（苏）В. П. 达迪金著；李元量，姚南瑜译	1957
472	植物种名释	丁广奇编译	1957. 11
473	中俄拉丁名对照经济昆虫名录	夏松元	1957. 1
474	中国150中植物的化学成分及其分析方法	侯学煜，林厚萱，章慧龄著	1959. 8
475	中国按蚊鉴定手册——成虫（上册）	陆宝麟主编	1959. 7
476	中国标准化石	吴士涛等编著	1955
477	中国的裸子植物材的解剖性质和用途	成俊卿著	1958. 7
478	中国东北及内蒙古自治区东部的植被概要（植物生态学与地植物学资料丛刊第12号）	高尔捷也夫著	1957. 4
479	中国动物地理区划与中国昆虫地理区划（初稿）	中国自然区划工作委员会编	1959. 12
480	中国动物图谱（两栖类）	刘承钊等著	1959. 12
481	中国动物图谱——环节动物（附多足类）	陈义编著	1959. 9
482	中国动物图谱——鸟类（第二册）	郑作新等著	1959. 6
483	中国动物图谱——鸟类（第一册）	郑作新等编	1959. 7
484	中国动物图谱——鱼类（第四册）	成庆泰著	1959. 9
485	中国蚧壳虫名录	H. S. CHANG 著	1958
486	中国经济昆虫学（上卷）	李凤荪著	1951. 8
487	中国经济昆虫学（中卷）	李凤荪著	1952. 11
488	中国经济昆虫志——鞘翅目 天牛科（第二册）	陈世骧等著	1959. 3
489	中国经济植物病原目录	戴芳澜等著	1958. 11
490	中国蕨类植物图谱（第五卷）	秦仁昌著	1958. 6
491	中国科学院古生物研究所集刊（第二号）	张日东等著	1959. 9
492	中国科学院一九五五年抗生素学术会议会刊	中国科学院编	1958. 12
493	中国昆虫生态地理概述	马世骏著	1959
494	中国蚊虫描述汇编	冯兰洲主编	1958. 6
495	中国系统鲤类志	张青霖著	1959. 12
496	中国早期昆虫学研究史（初稿）	周尧著	1957. 9
497	中国真菌学与植物病理学文献	相望年编	1957. 12
498	中国植物图鉴	贾祖璋等著	1957. 4
499	中国植物照片集（1）	中国科学院植物研究所编纂	1959. 3
500	中国植物照片集（2）	中国科学院植物研究所编纂	1959. 3
501	中国植物志（第二卷）	秦仁昌，傅书遐，王铸豪，邢公侠著	1959. 9

（续表）

序　号	题　名	责任者	出版年
502	中国种子植物分科检索表	耿以礼，耿伯介编撰	1951.9
503	中国种子植物分类学（上册）	郑勉著	1957.11
504	中国种子植物分类学（中册，第1分册）	郑勉著	1959.4
505	中国种子植物分类学（中册，第2分册）	郑勉著	1959.12
506	中国种子植物科属辞典	侯宽昭著	1958.12
507	中国主要禾本植物属种检索表	耿以礼主编	1957.1
508	中国主要植物图说（豆科）	中国科学院植物研究所编	1955.12
509	中国主要植物图说——蕨类植物门	傅书遐编著	1957.12
510	中学生物学直观教学法	赵锡鑫	1959.12
511	中学植物学的课堂教学（上）	魏尔滋林	1954.6
512	种子植物分类学讲义	胡先骕著	1951.7
513	种子植物分类学讲义	胡先骕撰	1951.7
514	种子植物名称	中国科学院编译出版委员会名词编	1954.12
515	资阳人	斐文中，吴汝康著	1957
516	自然改造者——米丘林的故事	（苏）维·列比杰夫著；毕黎译	1954.5
517	组织学教学用图	秦素美主编	1959.12
518	组织学胚胎学名词	中央人民政府卫生部卫生教材编审委员会编	1953.2
519	组织学与胚胎学基础教程	（苏）H.A.马努伊洛娃著；刘后贻等译	1955
520	钻蛀性的昆虫	黄馥荪撰	1951.6
521	作物的饥饿征状	（美）F.E.贝尔等著；周礼恺译	1959.4

（3）1960—1969年

序　号	题　名	责任者	出版年
1	1959年全国胚胎学学术会议论文摘要汇集	中国科学院实验生物研究所主编	1961.7
2	1960上海市科学技术论文选集——生物学	上海市科学技术论文编选委员会	1962.8
3	白鲢的系统解剖	孟庆闻，苏锦祥著	1960.4
4	孢子花粉分析	宋之琛等编著	1965.6
5	保护和发展山区的经济鸟类	郑作新，周世锷著	1960.3
6	贝类学纲要	张玺，齐钟彦著	1961.9
7	被子植物胚胎学引论	（印度）玛海希瓦里，Maheshwari著；陈机译	1966.4
8	病毒的结构与功能	（美）弗朗克·康拉著；张友尚译	1964.1
9	玻片标本	于松圃编著；	1964.11
10	哺乳动物大型管状骨检索表	（苏）B.格罗莫娃著；刘后贻等译	1960.3
11	哺乳动物的辐射防护	（美）汤姆逊著；钟定枢等译	1964.1
12	哺乳类	赵锡鑫编著	1962.12
13	超声波在生物学和农业上的应用汇编	中国科学技术情报研究所编	1960.1
14	达尔文生平及其书信集（第二卷）	（英）F.达尔文（F.Darwin）编；叶笃庄，孟光裕译	1963.3

（续表）

序　号	题　名	责任者	出版年
15	达尔文生平及其书信集（第一卷）	（英）F. 达尔文（F. Darwin）著；孟光裕等译	1963. 3
16	达尔文主义（上册）	方宗熙编	1961. 8
17	达尔文主义（下册）	方宗熙编	1961. 8
18	淡水生物研究法	（苏）E. H. 巴甫洛夫斯基，B. И. 查金主编；詹之吉等译	1962. 12
19	德汉植物学词汇	中国科学院编译出版委员会名词室编	1962. 1
20	地层古生物论文集（第10辑）	中国地质科学院地层古生物论文集编委会编	1963. 6
21	地植物学（基本概念、方向和方法）	（苏）雅罗申科著；傅子祯译	1966. 3
22	第一届全国生物化学学术会议会刊	中国科学院生物化学研究所主编	1962. 9
23	第一届全国生物物理学学术会议会刊	中国生理科学会主编	1965. 4
24	电离辐射对植物的作用	（苏）И. M. 瓦西里耶夫著；方亦雄等译	1964. 11
25	电离辐射生物学作用的生物化学基础	（苏）K. X. 萨尔瓦乔夫著；北京大学生物系生物物理教研室译	1960. 12
26	电离辐射与遗传	（苏）H. П. 杜比宁主编；复旦大学遗传学研究所译	1961. 12
27	电生理学方法	（捷）J. 布瑞希（J. Bures）等著；范世藩，江振裕译	1963. 1
28	电子显微镜下的病毒	高尚荫著	1962. 1
29	顶端分生组织	克劳沃斯著；喻诚洪，唐锡华译	1966. 1
30	定量组织学实验技术	施履吉著	1964. 11
31	东海鱼类志	朱元鼎等主编	1963. 8
32	动物发展史（下册）	（俄）拜尔著；罗颖之译	1963. 6
33	动物寄生虫学（上册）	徐芃南编著	1965. 2
34	动物寄生虫学（下册）	徐芃南编著	1965. 2
35	动物胚胎学（下卷）	（苏）Г. A. 诗密特著；李维恩等译	1962. 12
36	动物生态及分类区系专业学术讨论会论文摘要汇编（1962年）	中国动物学会编	1963. 8
37	动物生物化学	北京农业大学编译	1961. 1
38	动物学	北京农业大学主编	1961. 9
39	动物学（上册）	南京师范学院生物学系编	1960. 1
40	动物学简明教材	（苏）金克维奇，纳乌莫夫著；何鸿恩译	1960. 2
41	俄汉动物学词汇	中国科学院自然科学名词编订室	1965. 5
42	俄汉对照生物专业常用词汇编（植物、植物生理部分）	北京大学俄语系俄语教组主编	1960. 1
43	俄汉植物学词汇	中国科学院编译出版委员会名词室	1960. 2
44	发育的能学	（英）巴斯著；施履吉译	1961. 5
45	发育的生物化学	（比利时）布拉舍著；严绍颐，陈德裕译	1964. 6
46	发育分析	威利尔主编；庄孝僡译	1964. 4
47	放射生物学（全苏放射性同位素及稳定性同位素在国民经济和科学上的应用科学—技术会议论文集）	（苏）库津等著；林克椿等译	1962. 7

（续表）

序 号	题 名	责任者	出版年
48	放射生物学机制——多细胞有机体（第二卷）	（比）M. 埃列拉，（瑞典）A. 福斯白格编；马秀权等译	1965. 8
49	放射生物学机制——普通原理（第一卷）	（比）M. 埃列拉，（瑞典）A. 福斯白格编；放射生物学翻译小组译	1966
50	放射生物学基础	（比利时）Z. M. 巴克，（英）P. 阿历山德尔著，沈淑敏等译	1965. 1
51	放射性元素在体内的蓄积和排除	（苏）B. C. 巴拉布哈，Γ. E. 弗拉德金著；吴德昌等译	1960. 9
52	分布区学说原理——植物分布学引论	（苏）A. И. 托尔马乔夫著；李锡文，宣淑洁译	1965. 7
53	浮游生物学概论	郑重著	1964. 1
54	福建野生经济植物	福建省商业厅编	1960. 6
55	辐射对活细胞的作用	（英）李（Lea，D. E.）	1962. 1
56	辐射遗传学问题	（苏）杜比宁著；复旦大学遗传学研究组译	1964. 3
57	甘肃经济植物	甘肃师范大学生物学编	1962. 3
58	高等植物（1）	（苏）塔赫达德日扬著；匡可任等译	1963. 6
59	根系研究法	（苏）塔拉诺夫斯卡娅著；李继云等译	1962. 1
60	工业真菌学纲要	（英）G. 斯密士著；徐浩译	1964. 8
61	古生物学	南京大学地质系古生物地史学教研组编著	1961. 1
62	光合作用	（英）希尔，威丁亨著；殷宏章等译	1960. 4
63	光和植物生长	（荷）R. v. d. 维恩，G. 梅杰著；肖甫译	1963. 12
64	贵州经济植物图说（第二册）	贵州省野生植物普查办公室编	1960. 4
65	贵州经济植物图说（第六册）	贵州省野生植物普查办公室编	1960. 12
66	贵州经济植物图说（第三册）	贵州省野生植物普查办公室编	1960. 6
67	贵州经济植物图说（第四册）	贵州省野生植物普查办公室编	1960. 7
68	贵州经济植物图说（第一册）	贵州省野生植物普查办公室编	1960. 4
69	国际动物命名法规（第十五届国际动物学会通过）	N. R. 斯托尔等编；朱弘复等译	1964. 12
70	国际植物命名法规（1959 年蒙特利尔第九届国际植物学大会通过）	郎瑶等编；任可匡等译	1965. 9
71	海南植物志（第二卷）	陈焕镛等编	1965. 11
72	海南植物志（第一卷）	陈焕镛等编	1964. 12
73	禾本科植物的远缘杂交	（苏）齐申等著；王怀名等译	1961. 3
74	核酸（第一卷）	查加夫，达维生主编；黄德民译	1963. 6
75	核酸的化学	（澳大利亚）D. O. 佐登著；施嘉钟等译	1965. 1
76	核酸的生物化学	达维丁 J. N 著	1961. 3
77	核酸及其生物学作用	（苏）切宾諾加著；严幼宽译	1961. 12
78	核糖核酸大分子结构的某些问题	（苏）斯比林著；张福微等译	1965. 9
79	核糖核酸在生物体内的含量及其作用	中国科技情报研究所编印	1960. 1
80	黑龙江流域鱼类	（苏）尼科里斯基著；高岫译	1960. 8
81	花粉形态与植物分类	额尔特曼著；王伏雄译	1962. 7

（续表）

序号	题名	责任者	出版年
82	花和植物的繁殖作用	褚祈编著	1962. 12
83	华东禾本科植物志	陈守良编著	1962. 12
84	化学与生物学中的激发态	（美）C. 瑞德（C. Reid）著；高谨译	1963. 8
85	黄山植物的研究（苔藓、蕨类、种子植物的区系和地理）	陈邦杰等著	1965. 3
86	活细胞	布拉舍等著；刘凌云等译	1963. 9
87	基因和遗传	上海复旦大学遗传学科研所编	1962. 9
88	脊椎动物分类学	郑作新编著	1964. 1
89	脊椎动物学	陈义编著	1963. 5
90	脊椎动物学	王所安编	1960. 1
91	脊椎动物学科学研究和论文工作经验	吉林师范大学生物系动物学研究班编	1960. 11
92	脊椎动物学夏季实习	（苏）班尼科夫，米海夫著；孙晓耕译	1960. 11
93	简明微生物学	张儒珍编著	1963. 5
94	茎和它的作用	范良玉，蒋叔雍编著	1961. 11
95	科技文献索引——生物学（1964 年第 10 期）	中国科学技术情报研究所编辑	1964. 12
96	科技文献索引——生物学（1964 年第 11 期）	中国科学技术情报研究所编辑	1964. 12
97	科技文献索引——生物学（1964 年第 12 期）	中国科学技术情报研究所编辑	1965. 1
98	科技文献索引——生物学（1964 年第 1 期）	中国科学技术情报研究所编辑	1965. 2
99	科技文献索引——生物学（1964 年第 2 期）	中国科学技术情报研究所编辑	1965. 2
100	科技文献索引——生物学（1964 年第 3 期）	中国科学技术情报研究所编辑	1964. 11
101	科技文献索引——生物学（1964 年第 4 期）	中国科学技术情报研究所编辑	1964. 11
102	科技文献索引——生物学（1964 年第 5 期）	中国科学技术情报研究所编辑	1964. 11
103	科技文献索引——生物学（1964 年第 6 期）	中国科学技术情报研究所编辑	1965. 3
104	科技文献索引——生物学（1964 年第 7 期）	中国科学技术情报研究所编辑	1964. 11
105	科技文献索引——生物学（1964 年第 8 期）	中国科学技术情报研究所编辑	1964. 11
106	科技文献索引——生物学（1964 年第 9 期）	中国科学技术情报研究所编辑	1965. 2
107	矿质营养与植物个体发育	（苏）Г. К. 萨摩赫瓦洛夫著；苏允玙译	1960. 2
108	昆虫变态生理	（英）韦格尔斯华滋著；忻介六译	1963. 12
109	昆虫的变态	郭郛著	1965. 1
110	昆虫动态与气象	马世骏著	1963. 5
111	昆虫耐寒性原理	（苏）乌莎琴斯卡娅著；张淑德等译	1960. 2

（续表）

序　号	题　名	责任者	出版年
112	昆虫生理生化及毒理	尤子平编著	1963. 11
113	昆虫生态学	（苏）B. B. 雅洪托夫著；王荫玲等译	1960
114	昆虫生态学（二）	南京农学院编	1962. 6
115	昆虫生态学（一）	南京农学院编	1962. 6
116	昆虫生态学的常用数学分析方法	邬祥光编著	1963. 12
117	昆虫生物化学	（澳大利亚）葛尔慕著；钦俊德等译	1966. 4
118	昆虫微生物学与昆虫病理学实验指导	马蒂格诺尼（M. E. Martignoni），史泰奥斯（E. A. Steinhaus）著；苏德明译	1965. 11
119	昆虫学	陕西省农林厅教材编辑委员会编	1960. 6
120	昆虫学集刊	中科院昆虫研究所主编	1960. 3
121	兰州植物通志	孔宪武著	1962. 1
122	历史植物地理学（世界植物区系历史）	（苏）吴鲁夫著；祖安等译	1964. 1
123	历史植物地理学引论	（苏）吴鲁夫著；仲崇信等译	1960. 4
124	辽宁经济植物志	中国科学院林业土壤研究所等编	1960. 9
125	绿色植物的生活	（美）高乐斯顿著；吴相钰译	1966. 6
126	卵子发生	（英）瑞温著；李汝祺，张宗炳译	1965. 4
127	马克西莫夫院士选集（下卷）	（苏）H. A. 马克西莫夫著；周小民译	1962. 5
128	孟德尔·摩尔根遗传学批判	（苏）吉洪诺娃（H. A.）著；武汉大学生物系达尔文主义与遗传学教研室译	1960. 3
129	米丘林全集（第四卷）	（苏）米丘林著；李森科编；中国农业科学院等译	1965
130	内蒙古自治区哲理木，昭乌达盟野生资源植物概要	中国科学院内蒙宁夏综合考察队编	1965. 2
131	南海的双壳类软体动物	张玺等编	1960. 4
132	南海鱼类志	中国科学院动物研究所等主编	1962. 12
133	疟原虫镜检	张奎编著	1963
134	胚胎免疫性	（苏）托金著；王亚辉译	1960. 4
135	胚胎学讲义	叶毓芬等编	1962. 6
136	普通电生理学	（苏）沃朗佐夫著；何瑞荣等译	1964. 2
137	普通昆虫学	黄其林等著	1961. 9
138	普通生物物理学实验指导（第二册）	（苏）塔鲁索夫主编；艺先译	1960. 3
139	普通生物物理学实验指导（第一册）	（苏）塔鲁索夫主编；艺先译	1960. 4
140	普通细胞学	戴罗伯底斯等著；项维等译	1964. 3
141	普通植物病理学	林传光著	1961. 8
142	普通植物学实习指导	（苏）齐热夫斯卡娅著；鲁涤非等译	1960. 8
143	青甘地区资源植物及其评价	中国科学院青甘综合考察队编	1964. 3
144	青海甘肃兽类调查报告	中国科学院青海甘肃综合考察队编	1964. 3
145	趣味动物学	（苏）岑盖尔著；朱博平译	1962. 12
146	趣味植物学	（苏）晋格尔著；徐亚倩译	1966. 1
147	全国第三次抗菌素学术会议论文集（第二册）	童村，张为申主编	1965. 12
148	群体遗传学的数学理论	（日）木村资生著；刘祖洞译	1962. 5

（续表）

序 号	题 名	责任者	出版年
149	人体及动物生理学	（苏）高雷舍娃，С. И. 葛里别林著；长春体育学院生理卫生教研室译	1960. 4
150	三叶虫	卢衍豪，张文堂等编著	1963. 11
151	神经系统生物化学	（苏）A. B. 巴拉金主编；王保安译	1961. 1
152	生化细胞学	（英）J. 布拉舍著；汪开治等译	1965. 1
153	生活物质中的能量转变	（英）H. A. 克莱勃斯，H. L. 康恩柏格著；殷蔚荑译	1965. 1
154	生理学进展（1962 年）	徐丰彦，胡旭初主编	1963. 2
155	生物超微结构	A. 恩格斯特朗，J. B. 费宁著；叶容译	1963. 8
156	生物化学	（美）坎太罗，歇伯兹著；涂长晟译	1964. 1
157	生物化学基础	上海第一医学院化学教研组，上海第二医学院化学教研组编著	1960. 12
158	生物化学讲义	刘思职编著	1964. 1
159	生物化学进展（第二次全国生物化学学术研讨会汇刊）	《生物化学进展》编辑委员会编	1965. 6
160	生物化学实验	（美）葛雷诺，陶蒂著；朱寿民等译	1960. 2
161	生物化学中的重要问题	（苏）H. M. 西萨江著；赵升浩等译	1961. 12
162	生物碱化学	（苏）奥列霍夫著；袁开基等译	1960. 4
163	生物进化	方宗熙著	1964. 12
164	生物名称和生物学术语的词源	耶格著；腾砥平，蒋芝英译	1965. 3
165	生物能力学	圣乔其著；林克椿等译	1962. 1
166	生物物理和医学物理学原理	（英）R. W. 斯达西等著；刘普和等译	1962. 8
167	生物物理化学	威斯特著；王玉琛译	1960. 3
168	生物物理学	复旦大学生物物理教研组编	1961. 9
169	生物学中的放射自显影术（译文集）	爱尔列克索娃等著；唐家骏译	1963. 11
170	生物学中同位素示踪法	凯门著；王世真等译	1962. 7
171	十年来的中国科学——生物学Ⅰ	中国科学院编译出版委员会	1961. 3
172	十年来的中国科学——生物学Ⅱ	中国科学院编译出版委员会主编；中国科学院生物学部编审	1962. 7
173	十年来的中国科学——生物学 Ⅲ	中国科学院编译出版委员会	1961. 3
174	实用生物化学	（美）霍克等著；中山医学院生物化学教研组译	1961. 9
175	受精	（德）罗思柴尔德著；李汝祺，江先群译	1963. 8
176	树木花草的识别	汪劲武编	1964. 11
177	数量遗传学概论	（英）法尔康纳著；杨纪珂，汪安琦译	1965. 7
178	水生生物学	何志辉	1960. 1
179	水生生物学集刊（第五卷第 1 期）	中国科学院水生生物研究所	1964. 9
180	水生生物学集刊（第五卷第 2 期）	中国科学院水生生物研究所	1965. 4
181	水生生物学集刊（第 2 期总第 13 期）	中国科学院水生生物研究所	1962. 12
182	水生生物学集刊（第 3 期总第 16 期）	中国科学院水生生物研究所	1963. 12
183	四川植物学术讨论会论文选集	中国植物学会成都分会等编	1962. 4

（续表）

序 号	题 名	责任者	出版年
184	苏联微生物学成就	（苏）A. A. 依姆歇涅茨基等著；中国科学院微生物研究所资料组译	1960. 1
185	苏芸金杆菌研究的五十年	刘崇乐等著	1962. 5
186	天然水域鱼类营养研究指南	（苏）勃鲁茨基等著；曾炳光，王贻德译	1965. 2
187	微生物	钱存柔著	1964. 1
188	微生物的生理学生物化学著作集（卷二）	（苏）C. П. 科斯蒂切夫著；周丰译	1964. 3
189	微生物的生理学生物化学著作集（卷一）	（苏）C. П. 科斯蒂切夫著；余茂效，庄增辉译	1960. 4
190	微生物生理学（上册）	（日）植村定治郎等主编；李知正等译	1966. 3
191	微生物生理学及免疫学讲义	（苏）H. И. 尼克拉恩柯著；北京农业大学译	1960. 2
192	微生物新陈代谢生理学与功能进化	（苏）B. H. 萨波什尼科夫著；陶增鑫等译	1965. 1
193	微生物学	俞大绂等编	1965. 8
194	微生物学革命资料汇编（第 1 集）	中国科学院微生物研究所汇编	1969. 4
195	微生物学实验指导	北京大学微生物学教学小组编	1964. 12
196	微生物学专题报告集	高尚荫主编	1964. 11
197	微生物遗传学基础	盛祖嘉编著	1963. 5
198	微生物在湖内物质循环中的作用	（苏）C. И. 库兹涅佐夫著；宋大祥译	1961. 11
199	维生素的微生物学测定法	（苏）奥金佐娃著；刘同昌译	1961. 12
200	维生素在植物生活中的作用	（苏）奥夫察罗夫著；金成忠等译	1962. 6
201	我国的贝类	张玺，齐钟彦编著	1964. 12
202	无脊椎动物玻片标本制作法	堵南山编著	1960. 4
203	无性生殖与再生	（苏）M. A. 沃龙错娃，Л. Д. 寥兹涅尔著；李彦译	1962. 1
204	物候学	竺可桢，宛敏渭著	1963. 8
205	物理化学条件（PH 与 rH2）在微生物生命活动中的作用	（苏）拉鲍特诺娃著；王子芳，翁稣颖等译	1963. 9
206	西藏南部的经济昆虫	王林瑶著	1965
207	西藏综合考察论文集（水生生物及昆虫部分）	中国科学院西藏综合考察队编印	1964. 11
208	细胞	陈为山著	1964. 11
209	细胞生理学	（英）A. C. 吉斯著；高天礼译	1963. 3
210	细胞透性问题	（苏）特罗申著；赵微平译	1961. 5
211	细胞学进展	张作干等编	1963. 2
212	细胞学学术讨论会汇刊（1962 年）	中国动物学会等编	1962. 12
213	细胞遗传	萨格等著；盛祖嘉等译	1966. 7
214	细胞遗传学	方宗熙著	1964. 6
215	细胞与组织培养	向近敏，朱宝莲编译	1965. 3
216	细菌的生活（它们的生长、代谢和亲缘关系）	（英）K. V. 蒂曼著；陆定安，李季伦译	1966. 2

（续表）

序　号	题　名	责任者	出版年
217	细菌检验用培养基手册	宣卿华编著	1960. 3
218	细菌生理学	张宽厚主编	1962. 7
219	细菌学基本原理	（英）萨里著，黄梧芳等译	1964. 3
220	现代生物化学问题	（苏）B. A. 恩格尔哈特编；朱锺景，陈爱德译	1962. 5
221	橡子	冯国楣编著	1963. 4
222	新疆波罗霍洛山北坡下中石炭统腕足动物及其地层意义	杨式溥著	1964. 6
223	新疆南部的鸟兽	钱燕文等著	1965. 9
224	新抗菌素的探索方法	（苏）Г. Ф. 高泽著；吴钟浩，陈．明译	1960. 3
225	亚分子生物学导论	A. 圣乔基著；林克椿译	1965. 1
226	研究叶绿素生物合成的示踪原子法	（苏）施雷克 A. A. 著；王军，范红译	1961. 8
227	扬子区标准化石手册	中国科学院地质古生物研究所编	1962. 7
228	野生淀粉植物图说	中国科学院华南植物研究所编	1962. 8
229	野外地植物学（第一卷）	（苏）拉甫连柯，E. M. 等著；陈昌笃等译	1965. 11
230	仪器分析及其在生理科学中的应用（第二册）	刘培楠等重编	1965. 8
231	仪器分析及其在生理科学中的应用（第一册）	刘培楠等重编	1965. 7
232	遗传密码	盛祖嘉编著	1960. 3
233	遗传浅说	梁祖霞编	1963. 4
234	遗传学的两个原理	方宗熙著	1962. 9
235	遗传学集刊（1960 年第 1 期）	中国科学院遗传研究所编辑	1960. 4
236	遗传学集刊（1960 年第 2 期）	中国科学院遗传研究所编辑	1960. 6
237	遗传学集刊（第 1 集）	中国科学院遗传研究所编辑	1962. 12
238	遗传学集刊（第 2 集）	中国科学院遗传研究所编辑	1963. 6
239	遗传学集刊（第 3 集）	中国科学院遗传研究所编辑	1963. 12
240	遗传学集刊（第 4 集）	中国科学院遗传研究所编辑	1964. 6
241	遗传学集刊（第 5 集）	中国科学院遗传研究所编辑	1964. 12
242	遗传学集刊（第 6 集）	中国科学院遗传研究所编辑	1965. 8
243	遗传学集刊（第 7 集）	中国科学院遗传研究所编辑	1965. 12
244	遗传学问题讨论集（第二册）	上海复旦大学遗传研究所编	1962. 1
245	遗传学问题讨论集（第三册）	上海复旦大学遗传研究所编	1963. 9
246	遗传学问题讨论集（第一册）	上海复旦大学遗传研究所编	1961. 1
247	遗传与进化	卢惠霖编	1962. 9
248	乙种、地层学古生物学——贵州及湖南西部寒武纪三叶虫动物群（第三卷）	（苏）叶戈洛娃等著	1963. 1
249	隐花植物学（上）	（英）G. M. 史密斯著；朱浩然，陆定安译	1962. 5
250	应用微生物学实验法	方心芳著	1962. 2
251	英汉动物学词汇	中国科学院编译出版委员会名词室编	1961. 12

（续表）

序 号	题 名	责任者	出版年
252	英汉抗菌素词汇（试用本）	中国科学院自然科学名词编订室编	1965.6
253	英汉昆虫学辞典	刘崇乐等编译	1962.3
254	英汉蜱螨学词汇	中国科学院自然科学名词编订室编	1965.5
255	英汉遗传学词汇	中国科学院自然科学名词编订室编	1966.2
256	英汉植物学名词汇编补编（一）	中国科学院编译出版委员会名词室编订	1965.11
257	英拉汉植物名称（试用本）	关克俭，陆定安编	1963.5
258	有花植物分类学（第二册）	（英）A. B. 伦德勒（A. B. Rendle）著；钟补求，杨永执译	1965.1
259	有性繁殖	褚圻编著	1963.9
260	鱼类对环境温度的生理适应	（苏）H. C. 斯特罗加诺夫著；章宝惠译	1961.4
261	鱼类生理学会议论文集	（苏）E. H. 巴甫洛夫斯基主编；张亢西译	1965.3
262	鱼类生理学——行为篇（下册）	（英）勃朗编著；费鸿年译	1963.5
263	鱼类与两栖类	赵锡鑫编著	1963.2
264	原料植物野外调查法	（苏）伊里因主编；中国科学院植物研究所植物资源研究室译	1960.4
265	远缘杂交专题文摘	吉林省农业科学院编	1960.6
266	越冬植物发育的特点	（苏）费多罗夫著；王希韫等译	1962.5
267	云南热带亚热带植物区系研究报告（第一集）	吴征镒，李锡文著	1965.12
268	藻类的新陈代谢	（英）福格著；纪明侯等译	1962.11
269	怎样观测物候	宛敏渭著	1964.7
270	真菌概论	（美）亚历克索鲍罗斯著；李季伦等译	1961.3
271	真菌生理学	柯克兰著；陈騊声等译	1963.5
272	真菌形态特征和演化	（瑞士）高又曼著；姜广正等译	1960.5
273	真菌学·真菌	陈吉棣等译	1963.3
274	植被学说原理	（苏）雅罗申科著；李继侗等译	1960.4
275	植物病毒学	裘维蕃主编	1964.2
276	植物病理学	南京农学院植物病理教研组编	1961.7
277	植物病理学（试用本）	陕西省农林厅教材编辑委员会	1960.3
278	植物病理学基础	何文俊	1963.5
279	植物病理学问题和进展	（美）霍尔敦等编；俞大绂译	1963.12
280	植物的变异和进化	（美）史旦宾斯著；复旦大学遗传学研究所译	1963.11
281	植物的氮代谢	（美）韦勃斯特著；王岳定，闵九康译	1965.6
282	植物的繁殖	郭栋编	1960.1
283	植物的根外营养	（苏）马茨科夫著；薛德榕译	1960.9
284	植物的阶段发育	祖德明，李继耕主编	1965.5
285	植物的阶段发育（下册）	（苏）李森科著；祁颐译	1965.4
286	植物的类群	刘国桢著	1962.2
287	植物的生活一章的教学	褚圻编著	1960.4

（续表）

序　号	题　名	责任者	出版年
288	植物的中间代谢	（英）戴维斯著；关颖谦译	1966. 4
289	植物地理学（附植物学基础）	（苏）沙巴林娜著；华东师范大学生物系植物地理学翻译室译	1960. 1
290	植物分泌物的生物学作用和间作中的种间相互关系	（苏）切尔诺勃利文科著；艾玲等译	1961. 1
291	植物干制标本	于松圃编著	1964. 3
292	植物及动物的无性杂交（1958—1963 年）	祖德明，李继耕主编；	1964. 1
293	植物解剖学	（苏）亚历山大洛夫著；王凯基等译	1960. 2
294	植物解剖学	（美）伊稍著；李正理等译	1962. 8
295	植物抗性及水分生理学问题（A·H 马克西莫夫院士纪念文集）	（苏）杜曼诺夫等著；庄增辉等译	1962. 4
296	植物矿质营养和土壤吸收性能	（苏）拉特涅尔著；何永集译	1960. 8
297	植物免疫的生物化学和生理学	（苏）鲁宾，阿尔齐霍夫斯卡娅著；柯冲译	1966. 2
298	植物免疫学	北京农业大学编著	1961. 8
299	植物名实图考长编（三十八卷）	（清）吴其濬	1963. 2
300	植物名实图考长编（三十二卷）	（清）吴其濬	1963. 2
301	植物群落的研究	（英）欧斯汀著；吴中伦译	1962. 2
302	植物杀菌素在植物免疫中的作用及其研究方法	（苏）Д. Д. 维尔捷列夫斯基著；刘宗善译	1960. 4
303	植物生理过程的相互关系	（苏）库尔山诺夫著；金成忠译	1962. 1
304	植物生理学	卓仁松编	1960. 4
305	植物生理学	北京气象专校编	1961. 8
306	植物生理学（第二册）	（苏）鲁宾著；施浒译	1962. 11
307	植物生理学（附微生物学原理）	（苏）拉斯卡托夫著；张良诚等译	1960. 1
308	植物生理学（上册）	（苏）根凯里著；薛德榕等译	1965. 2
309	植物生理学（下册）	（苏）根凯里著；薛德榕等译	1965. 3
310	植物生理学（上册）	北京农业大学	1961. 9
311	植物生理学（上卷）	（日）坂村徹著；廉源译	1961. 1
312	植物生理学（下册）	北京农业大学	1961. 9
313	植物生理学（下卷）	（日）坂村徹著；廉源译	1963. 12
314	植物生理学（修订版）	潘瑞炽等编	1960. 3
315	植物生理学附生物化学原理实验指导	（苏）华尔捷尔等著；徐健安等译	1966. 1
316	植物生理学译丛（第二辑）	中国科学院植物研究所生理研究所编	1965. 2
317	植物生理学译丛（第三辑）	中国科学院植物研究所生理研究所编	1965. 7
318	植物生理学译丛（第四辑）	中国科学院植物研究所生理研究所编	1965. 12
319	植物生理学译丛（第一辑）	中国科学院植物研究所生理研究所编	1964. 4
320	植物生态型学	乐天宇	1965. 3
321	植物生态学与地植物学资料丛刊（第四辑）	植物生态学与地植物学资料丛刊编委会	1960. 4
322	植物生态学—植物群落研究引论	（丹麦）瓦尔明著；陈庆诚，陈泽霖译	1965. 1

（续表）

序号	题名	责任者	出版年
323	植物生物力能学的基本原理	（苏）塔乌松著；周礼恺译	1961.7
324	植物水分状况的若干规律	古谢夫著；王统正译	1962.3
325	植物物候学	（德）施奈勒著；杨郁华译	1965.1
326	植物细胞中的病毒内含体	（苏）高尔琴著；曹若彬译	1960.3
327	植物显微化学实验指导	（苏）德扎巴利节著；余名仑译	1960.6
328	植物学	南京农学院等编	1960.1
329	植物学（上册）	河北省保定农业专科学校主编	1961.6
330	植物学（下册）	河北省保定农业专科学校主编	1961.7
331	植物学基础与植物地理学（第二部分）	南京农学院等编	1961.1
332	植物学基础与植物地理学（第一部分）	南京农学院等编	1961.9
333	植物异属授粉	（苏）巴巴詹年著；张冬生译	1965.8
334	植物引种驯化集刊（1）	中国科学院植物园工作委员会编	1965.12
335	植物引种驯化集刊（2）	中国科学院植物园工作委员会编	1966.6
336	植物引种驯化论文集	中国科学院植物研究所北京植物园编	1965.4
337	植物营养繁殖的生理学基础	（苏）留宾斯基著；陈家修译	1961.12
338	植物营养研究的砂培与水培法	（英）休伊特著；崔澄等译	1965.4
339	植物与光（植物光照栽培的理论与应用）	（苏）克列什宁著；雷宏俶等译	1963.4
340	植物与环境	道本迈尔著；曲仲湘等译	1965.1
341	中国按蚊鉴定手册——幼虫（下册）	陆宝麟编著；任琦玉绘图	1961.9
342	中国常见蝇类检索表	范滋德编著；施达三等绘图	1965.9
343	中国淡水轮虫志	王家楫著；中国科学院水生生物研究所编	1961.9
344	中国淡水藻类	胡鸿钧等编著	1960.1
345	中国的苔藓虫	杨敬之，胡兆珣编著	1962.4
346	中国的蜓类	盛金章编著	1962.9
347	中国的真菌	邓叔群著	1963.9
348	中国的植被	侯学煜编	1960.7
349	中国东亚飞蝗蝗区的研究	马世骏等著	1965.9
350	中国动物图谱——扁形动物	陈心陶等编著	1963.1
351	中国动物图谱——棘皮动物	张凤瀛等编著	1964.12
352	中国动物图谱——甲壳动物（第二册）	沈嘉瑞，戴爱云著	1964.6
353	中国动物图谱——鸟类	郑作新等著	1966.1
354	中国动物图谱——鸟类（第三册）	郑作新等编著	1962.12
355	中国动物图谱——软体动物（第一册）	张玺等编著	1964.12
356	中国动物图谱——兽类	夏武平等编著	1964.7
357	中国动物图谱——鱼类（第二册）	张春霖著	1960.3
358	中国动物学会三十周年学术讨论会论文摘要汇编	中国动物学会编	1965.12
359	中国动植物物候观测年报（1963年第1号）	中国科学院地理研究所编	1965.12
360	中国黑粉菌	王云章著	1963.4

（续表）

序 号	题 名	责任者	出版年
361	中国脊椎动物化石手册（鱼类、两栖类、爬引类部分）	低等脊椎动物研究室编	1961. 7
362	中国经济动物志——淡水鱼类	伍献文等编著	1963. 1
363	中国经济动物志——环节、棘皮、原索动物	张玺等编著	1963. 8
364	中国经济动物志——寄生蠕虫	吴淑卿等编著	1960. 2
365	中国经济动物志——鸟类	郑作新主编	1963. 3
366	中国经济昆虫志——半翅目蝽科（第二册）	中国科学院动物研究所主编；杨惟义著	1962. 9
367	中国经济昆虫志——等翅目白蚁（第八册）	中国科学院动物研究所主编；蔡邦华，陈宁生著	1964. 11
368	中国经济昆虫志——鳞翅目夜蛾科（第七册）	中国科学院动物研究所主编；朱弘复等编	1963. 12
369	中国经济昆虫志——鳞翅目夜蛾科（第三册）	朱弘复等著	1963. 5
370	中国经济昆虫志——膜翅目蜜蜂总科（第九册）	中国科学院动物研究所主编；吴燕如著	1965. 1
371	中国经济昆虫志——鞘翅目拟步行虫科（第四册）	中国科学院动物研究所主编；赵养昌编	1963. 6
372	中国经济昆虫志——鞘翅目瓢虫科（第五册）	中国科学院动物研究所主编	1963. 12
373	中国经济昆虫志——同翅目叶蝉科（第十册）	中国科学院动物研究所主编；葛钟麟著	1966. 5
374	中国经济植物志	商业部土产废品局，中国科学院植物研究所主编	1961. 9
375	中国科学院微量元素研究工作会议汇刊（1962 年）	李庆逵，崔澂主编	1964. 1
376	中国昆虫学会 1962 年学术讨论会会刊	冯兰洲主编	1963. 6
377	中国昆虫学会二十周年学术讨论会会刊（1964 年）	中国昆虫学会编	1966. 2
378	中国昆虫学史	邹树文著	1961. 1
379	中国鲇类志	张春霖著	1960. 7
380	中国鸟类系统检索	郑作新著	1964. 1
381	中国软骨鱼类志	朱之鼎著	1960. 8
382	中国无尾两栖类	刘承剑，胡淑琴著	1961. 11
383	中国藓类植物属志（上册）	陈邦杰主编	1963. 4
384	中国蚤类鉴定	中国医学科学院流行病学微生物学研究所编	1960
385	中国植被区划（初稿）	中国科学院植物研究所编	1960. 1
386	中国植物花粉形态	王伏雄等著	1960. 4
387	中国植物生理学会第一届年会论文集（摘要）	中国植物生理学会编	1963
388	中国植物学会三十周年年会论文摘要汇编	中国植物学会编	1963. 1

（续表）

序号	题名	责任者	出版年
389	中国植物志（第六十八卷）	钟补求等编著	1963. 8
390	中国植物志（第十一卷）	钱崇澍，陈焕镛编	1961. 11
391	中国种子植物分科检索表	耿以礼，耿伯介编撰	1960
392	中国主要野生纤维植物及其利用	刘鸿翥编著	1960. 4
393	中学生物学实验手册（上）	盛占春	1962. 1
394	紫外线辐射对植物的作用	（苏）杜勃罗夫著；韩锦峰，王瑞新译	1964. 12
395	自养细菌的生物化学	（英）H. 李斯著	1960. 3
396	自制生物教具经验	人民教育出版社编	1960

（4）1970—1979 年

序号	题名	责任者	出版年
1	半知菌属图解	（美）巴尼特，亨特著；沈崇尧译	1977. 1
2	北京地区植物志——单子叶植物	北京师范大学生物系编	1975. 4
3	病毒的分类与命名（国病毒分类委员会第四次报告）	（英）P. 怀尔狄编著；甘肃农业大学畜牧兽医系微生物教研组译	1974. 5
4	草原植物学（第二部分）	甘肃省农业大学草原学院编	1972. 73
5	东北草本植物志（第六卷）	辽宁省林业土壤研究所编著	1977. 9
6	东北草本植物志（第三卷）	辽宁省林业土壤研究所编著	1975. 1
7	东北草本植物志（第十一卷）	辽宁省林业土壤研究所编著	1976. 9
8	东北草本植物志（第五卷）	辽宁省林业土壤研究所编著	1976. 3
9	东北藓类植物志	辽宁省林业土壤研究所编	1977. 1
10	东方蝾螈胚胎发育图谱	蔡堡主编	1978. 8
11	懂一点达尔文进化论	方宗熙著	1975. 5
12	蛾类图册	朱弘复等编著	1973. 12
13	蛾类幼虫图册（一）	朱弘复等编著	1979. 8
14	放线菌（二）	（美）S. A. 瓦克斯曼（Selman A. Waksman）著；阎逊初译	1974. 2
15	放线菌分类基础	中科院微生物研究所编	1974. 8
16	放线菌分类基础	阮继生编著	1977. 1
17	分子放射生物学	（西德）H. 德廷格，H. 容克著	1975. 9
18	分子生物学方法	（西德）P. 康德拉，阿培尔著；李申德译	1977. 7
19	分子生物学术语汇编	（美）A. 伊文思著	1977. 11
20	分子遗传学	（美）G. S. 斯坦特著	1978. 12
21	分子遗传学浅释	盛祖嘉编著	1976. 1
22	辐射生理	国外农业科技资料编译	1978. 3
23	工业微生物学	（西德）H. J. 李姆著；徐浩译	1975. 1
24	古猿怎样变成人	方少青著	1977. 1
25	馆藏生物科学期刊文献索引（俄文部分）	上海科技图书馆编	1977. 4
26	馆藏生物科学期刊文献索引（日文部分）	上海科技图书馆编	1976. 12

（续表）

序 号	题 名	责任者	出版年
27	馆藏生物科学期刊文献索引（西文部分）	上海科技图书馆编	1976. 12
28	馆藏生物科学期刊文献索引（中文部分）	上海科技图书馆编	1977. 4
29	光合作用	沈允钢著	1978. 8
30	光合作用研究进展	上海植物生理研究所，中国科学院北京植物研究所著	1976. 5
31	广东南雄古新世哺乳动物群	中国古生物志，中国科学院南京地质研究所等编	1977. 2
32	广东植被	广东有植物研究所编著	1976. 11
33	广西中部东部泥盆纪层孔虫	杨敬之，董得源著	1979. 11
34	国外应用微生物（第三辑）	《国外应用微生物》编译组编	1973. 6
35	海南植物志（第三卷）	广东省植物研究所编	1974. 1
36	海南植物志（第四卷）	广东省植物研究所编	1977. 9
37	海洋光合作用	（丹麦）斯蒂曼·尼耳森著；周白成，温宗存等译	1979. 11
38	核酸的生物化学	（英）达维生著；中科院微生物研究所病毒组等译	1973. 9
39	华北灯下蛾类图志（上）	华北农业大学	1977
40	化学模拟生物固氮进展	吉林大学化学系固氮小组等编	1973. 11
41	化学模拟生物固氮进展（第二集）	中国科学院福建物质结构研究所固氮小组等编	1976. 11
42	基础微生物学	南开大学生物系微生物教研室编	1975. 1
43	江苏植物志（上册）	江苏省植物研究所编	1977. 1
44	进化论与分类学	陈世骧著	1978. 9
45	抗菌素的作用机制—抗菌和抗癌的作用的R分子生物学	（日）田中信男著；《抗菌素的作用机制》翻译组译	1977. 2
46	昆虫、螨类、蜘蛛的人工饲料	忻介六，苏德明编	1979. 6
47	昆虫病理学	南开大学生物系昆虫教研室编	1979. 5
48	昆虫的激素	郭郛著	1979. 7
49	昆虫分类学（中册）	蔡邦华著	1973. 12
50	昆虫激素（全国昆虫信息化合物研究所学术交流会资料汇编之二）	江苏省镇江地区科学技术委员会等编	1979
51	昆虫性信息素的合成	（美）亨里克著；刘孟英等译	1979. 9
52	昆虫知识	王林瑶等编著	1977. 1
53	拉汉种子植物名称	中国科学院编译出版委员会名词室编	1974. 6
54	量子生物学入门	（日）永田亲义著；陶宗晋译	1979. 5
55	米丘林遗传学基本原理	四川大学生物系植物遗传组编	1979. 5
56	宁夏六盘山、贺兰山木本植物图鉴	冯显逵等编著	1979. 4
57	蜱螨分科检索	（美）E. W. 培克（E. W. Baker），J. H. 卡明（J. H. Camin）等著	1975. 7
58	黔南桂中中泥盆世北流期腕足动物	王钰，朱瑞芳著	1979. 11
59	秦岭植物志（第二卷）	中科院植物所编	1974. 3

（续表）

序 号	题 名	责任者	出版年
60	秦岭植物志（第一卷第二册）	中科院西北植物所编	1974. 2
61	秦岭植物志（第一卷第一册）	中科院西北植物所编	1976. 12
62	青海湖地区的鱼类区系和青海湖裸鲤的生物学	青海省生物研究所编	1975. 2
63	青海省应用微生物资料选编	青海省革委会科委会编	1972. 1
64	人类的起源和发展	吴汝康著	1976. 1
65	人类遗传学原理	（美）C. 斯特恩著；吴旻译	1979. 1
66	人类在自然界的位置	（英）赫胥黎著；《人类在自然界的位置》翻译组译	1971. 5
67	扫面电子显微镜在植物学上的应用	中科院植物研究所情报资料室编译	1974. 1
68	杀菌的战术	高士其著	1977. 2
69	生化学导论	（英）哈里森著；严自正等译	1975. 6
70	生命的起源（第三分册）	（美）阿西摩夫著；周惠民等译	1979. 12
71	生物奥秘	科技世界出版社编	1979. 12
72	生物的进化	陈安骥著	1975. 6
73	生物的进化	方宗熙著	1973. 6
74	生物化学原理（上册）	（美）A. 怀特等著；南开大学生化教研室等译	1978. 4
75	生物化学原理（下册）	（美）A. 怀特等著；杨松榆等译	1979. 9
76	生物化学原理（中册）	（美）A. 怀特等著；张澄波等译	1979. 5
77	生物基础知识	复旦大学生物系《生物基础知识》编写组编	1979. 4
78	生物进化论	河北师范大学生物素遗传育种教研组编	1975. 1
79	生物科学参考资料（第八集）	科学出版社编	1977. 2
80	生物科学参考资料（第二集）	科学出版社编	1973. 8
81	生物科学参考资料（第九集）	科学出版社编	1978. 12
82	生物科学参考资料（第六集）	科学出版社编	1976. 6
83	生物科学参考资料（第三集）	科学出版社编	1973. 12
84	生物科学参考资料（第十二集）	科学出版社编	1979. 9
85	生物科学参考资料（第十集）	科学出版社编	1978. 12
86	生物科学参考资料（第四集）	科学出版社编	1974. 4
87	生物科学参考资料（第五集）	科学出版社编	1975. 7
88	生物圈	（美）G. E. 赫钦逊等著；华北农大植物生理教研组译	1974. 9
89	生物生生不息	胡雨涛著	1975. 5
90	生物史（第三分册）	周明镇等编著	1978. 3
91	生物史（第四分册）	《生物史》编写组编	1978. 6
92	生物史（第五分册）	《生物史》编写组编	1979. 5
93	生物显微技术	郑国錩主编	1979. 1
94	生物学纲要（香港中文参考中文大学入学试用）	关培生编著	1975

（续表）

序　号	题　名	责任者	出版年
95	生物学与人类的未来	（美）P. 亨德莱主编；上海生物化学所等译	1977.8
96	生物钟	（美）皮尔兹，范贝弗著；王树凯，刘锦城译	1979.5
97	实验植物群落学	（西德）克纳普著，郑慧莹译	1974.5
98	实验植物群落学	（西德）克纳普著；郑慧莹译	1974.5
99	世界显花植物科之检索	中华学术院编；滕泳延译	1974.1
100	噬菌体及其防治	中国科学院微生物研究所噬菌体组编	1973.2
101	数量遗传基础知识	杨纪珂著	1979.4
102	水生昆虫和它们的生活	王振容译	1970.11
103	松树——形态结构与发育	中国科学院植物研究所形态细胞研究室比较形态组编著	1978.8
104	统计遗传学	吴仲贤著	1977.1
105	微生物学和酶学基本知识	北京大学制药厂编	1971.5
106	微生物学基础知识与实验指导	钱存柔，董碧虹著	1979.1
107	微生物诱变育种	《微生物诱变育种》编写组编	1973.2
108	微生物资料汇编（第二辑）	中科院微生物研究所编	1972.1
109	微生物资料汇编（第六辑）	中科研微生物研究所编	1972.12
110	微生物资料汇编（第三辑）	中科院微生物研究所编	1972.2
111	微生物资料汇编（第四辑）	中科院微生物研究所编	1972.8
112	微生物资料汇编（第五辑）	中科院微生物研究所编	1972.8
113	微生物资料汇编（第一辑）	中科院微生物研究所编	1971.1
114	我国西沙、中沙群岛海域海洋生物调查研究报告集	中国科学院南海海洋研究所编	1978.1
115	我国西沙群岛的植物和植被	广东省植物研究所西沙群岛植物调查队编著	1977.9
116	西安植物园栽培植物名录	中国科学院西安植物园编	1977.1
117	西北地区古生物图册（青海分册）	中国科学院南京地质古生物研究所，青海地质科学研究所编著	1979.8
118	西藏阿里地区动植物考察报告	青海省生物研究所编	1979.4
119	细胞	陈受宜，劳为德编	1976.7
120	细胞	中国科学院动物研究所细胞研究室编	1978.9
121	细胞融合	（日）冈田善雄著；杨畔农译	1974.7
122	细胞生物学	（英）安布罗斯，伊斯蒂著；上海实验生物研究所译	1977.4
123	细胞在生命进化历史中的发生——真核细胞的起源	李靖炎著	1979.5
124	细菌	《细菌》编写组	1972.8
125	细菌分类基础	王大耜著	1977.5
126	细菌分类基础	中科院微生物研究所编	1974.8

（续表）

序 号	题 名	责任者	出版年
127	细菌属的鉴定指导（附方法及属的特征提要）	（澳）斯克尔曼著；蔡妙英等译	1978. 11
128	新疆植被及其利用	中国科学院新疆综合考察队，新疆科学院植物研究所主编	1978. 11
129	一般细菌常用鉴定方法	中国科学院微生物研究所细菌分析分类组编	1978. 11
130	仪器分析及其在分子生物学中的应用（第三册）	刘培楠等重编	1978. 6
131	遗传工程参考资料（7）	中国科学院图书馆编辑	1979. 4
132	遗传工程浅说	方宗熙，江乃萼编著	1979. 7
133	遗传学词典	上海复旦大学生物系遗传教研组，上海复旦大学遗传研究所编译	1979. 11
134	遗传学词汇	李成章主编	1971. 2
135	遗传学词汇	新疆育种队编	1973. 2
136	遗传与育种	方宗熙，江乃萼编著	1979. 6
137	应用微生物学（国外科技资料目录）	中国科技情研所重庆分所编版	1972. 6
138	应用微生物学资料汇编（1）	新疆农业科学院	1971. 2
139	应用微生物学资料汇编（2）	新疆农业科学院	1971. 9
140	应用微生物学资料汇编（3）	新疆农业科学院	1972. 12
141	英汉昆虫俗名词汇	忻介六等编	1978. 7
142	英汉生物化学词汇	北京科学出版社编订	1977. 6
143	英汉生物物理学词汇	中国科学院生物物理研究所五室编订	1977. 8
144	英汉植物学词汇	北京科学出版社编订	1978. 9
145	鱼名、甲壳类及海洋动物词汇	联合国粮食及农业组织	1979
146	云南植物志（第二卷）	云南省植物研究所编著	1979. 3
147	云南植物志（第一卷）	云南省植物研究所编著	1977. 1
148	怎样识别植物	北京大学生物系，中国科学院北京植物研究所编	1977. 9
149	真菌——发展史及其形态学的基础	（瑞士）高又曼著；刘锡琎译	1979. 3
150	真菌鉴定手册	魏景超著	1979. 9
151	真菌名词及名称	中国科学院微生物研究所等编	1976. 12
152	植物、化学药剂和生长	（美）斯图尔德，克里科里安著；郭季芳等译	1978. 7
153	植物病理学方法	（匈）吉罗利等著；林传光译	1976. 8
154	植物的叶	戴志远著；行政院国家科学委员会主编	1974. 1
155	植物分子生物学实验指导	（美）彻里著；崔澂等译	1979. 9
156	植物化学译文集	中国科学院北京植物研究所植物化学研究室译	1975. 9
157	植物激素	（日）增田方雄等著；辽宁铁岭农学院《植物激素》翻译小组译	1976. 4
158	植物解剖学试验和解说（上）	（美）卡特著；李正理等译	1973. 12
159	植物解剖学试验和解说（下）	（美）卡特著；李正理等译	1976. 1

（续表）

序 号	题 名	责任者	出版年
160	植物解剖学——细胞与组织（上册）	（美）卡特著；李正理等译	1973. 12
161	植物漫谈	顾钟骅，陈维培著	1979. 11
162	植物免疫学化学实验法	（日）坂口进著；《植物免疫化学实验法》翻译小组译	1976. 3
163	植物生活	北京农业出版社编	1973. 9
164	植物生理生化译丛（第二集）	中国科学院北京植物研究所植物生理生化研究室译	1976. 11
165	植物生理生化译丛（第一集）	中国科学院北京植物研究所植物生理生化研究室译	1974. 5
166	植物生理学	（美）索尔兹伯里，罗斯著；北京大学生物系译	1979. 3
167	植物生理学	中华学术院编；高清选译	1976. 3
168	植物生理学的分子探讨	（美）普赖斯著；上海植物生理研究所译	1977. 1
169	植物生理学讲座（第二卷）	（日）古谷雅树等主编；崔继林译	1978. 12
170	植物生理学讲座（第三卷）	（日）古谷雅树等主编；廉平湖，周永春译	1977. 1
171	植物生理学讲座（第四卷）	（日）古谷雅树等主编；王永潮译	1976. 4
172	植物生理学讲座（第五卷）	（日）古谷雅树等主编；程炳嵩译	1976. 12
173	植物生理学讲座（第一卷）	（日）古谷雅树等主编；薛德榕译	1975. 6
174	植物生理知识	罗宗洛编译	1973. 11
175	植物生态学研究报告集（第一集）	中科院植物研究所生态室	1978. 5
176	植物生态学译丛	陈昌笃等译	1974. 9
177	植物生态与植物群落基本知识	云南大学生物系生态地植物学组编著	1976. 4
178	植物体细胞杂交参考资料	中国科学院植物研究所细胞组编	1974. 8
179	植物体细胞杂交参考资料（第二集）	上海植物生理研究所著；细胞生理室译	1975. 1
180	植物无性杂交文献索引	中国科学院，中国农科院“接种技术”文献调查小组编	1971. 11
181	植物细胞	中国科学院北京植物研究所五室细胞组编译	1977. 7
182	植物细胞培养和细胞杂交资料集	中国科学院上海植物生理研究所细胞生理室译	1979. 7
183	植物学拉丁文（上册）	（英）斯特恩著；秦仁昌译	1978. 9
184	植物营养繁殖最新技术	（日）藤井利重著	1979. 5
185	植物与人类	郭长生著	1979
186	植物制片技术	李正理编著	1978. 4
187	植物制片学	李正理编著	1973. 1
188	植物组织和细胞培养	中国科学院上海植物生理研究所细胞室编译	1978. 1
189	中国按蚊鉴定手册	陆宝麟主编	1974. 9
190	中国被子植物分科检索表（附西北地区主要科分属检索表）	甘肃农业大学单元专业教材编	1972. 7
191	中国常见淡水枝角类检索	堵南山编著	1973. 12

（续表）

序　号	题　名	责任者	出版年
192	中国椿类昆虫鉴定手册（第一册）	萧采瑜等编著	1977.11
193	中国动植物物候观测年报（第3号）	中国科学院地理研究所编	1977.7
194	中国高等植物图鉴（第二册）	中国科学院植物研究所主编	1972.5
195	中国高等植物图鉴（第三册）	中国科学院植物研究所主编	1974.8
196	中国高等植物图鉴（第四册）	中国科学院植物研究所主编	1975.5
197	中国高等植物图鉴（第五册）	中国科学院植物研究所主编	1976.12
198	中国高等植物图鉴（第一册）	中国科学院植物研究所主编	1972
199	中国经济昆虫志（第十二册）	中国科学院中国动物志编辑委员会主编	1978.6
200	中国经济昆虫志（第十六册）	蔡荣权编著	1979.11
201	中国经济昆虫志（第十三册）	中国科学院中国动物志编辑委员会主编	1978.5
202	中国经济昆虫志（第十四册）	中国科学院中国动物志编辑委员会主编	1979.4
203	中国经济昆虫志（第十五册）	中国科学院中国动物志编辑委员会主编	1978.8
204	中国科学院南京地质古生物研究所期刊(第10号)	中国科学院南京地质古生物研究所编	1978.1
205	中国裸子植物检索表	甘肃农业大学草原专业教材	1972.7
206	中国鸟类分布名录（第二版）	郑作新著	1976.8
207	中国蛇类检索表	四川省生物研究所编	1972.3
208	中国物候观测方法	宛敏渭，刘秀珍著	1979.6
209	中国藓类植物属志（下册）	陈邦杰主编	1978.12
210	中国真菌总汇	戴芳澜著	1979.9
211	中国植物志（第二十七卷）	中国科学院中国植物志编辑委员会编	1979.7
212	中国植物志（第二十五卷第二分册）	中国科学院中国植物志编辑委员会编	1979.3
213	中国植物志（第六十六卷）	中国科学院中国植物志编辑委员会编	1977.11
214	中国植物志（第六十七卷第二分册）	中国科学院中国植物志编辑委员会编	1979.1
215	中国植物志（第六十七卷第一分册）	中国科学院中国植物志编辑委员会编	1978.11
216	中国植物志（第六十三卷）	中国科学院中国植物志编辑委员会编	1977.2
217	中国植物志（第六十四卷第一分册）	中国科学院中国植物志编辑委员会编	1979.5
218	中国植物志（第六十五卷第二分册）	中国科学院中国植物志编辑委员会编	1977.5
219	中国植物志（第七十五卷）	中国科学院中国植物志编辑委员会编	1979.9
220	中国植物志（第三十卷第二分册）	中国科学院中国植物志编辑委员会编	1979.5
221	中国植物志（第三十六卷）	中国科学院植物所编	1970.1
222	中国植物志（第三十五卷第二分册）	中国科学院中国植物志编辑委员会编	1979.5
223	中国植物志（第十三卷第二分册）	中国科学院中国植物志编辑委员会编	1979.9
224	中国植物志（第十五卷）	中国科学院中国植物志编辑委员会编	1978.6
225	中国植物志（第五十八卷）	中国科学院中国植物志编辑委员会编	1979.8
226	中国植物志（第五十四卷）	中国科学院中国植物志编辑委员会编	1978.3
227	中国植物志（第五十五卷第一分册）	中国科学院中国植物志编辑委员会编	1979.1
228	中华人民共和国植被图	中国科学院植物研究所编	1979
229	中英对照微生物辞典	戴佛香，陈吉平编著	1976
230	种子植物解剖学	（美）K. 伊稍著；李正理译	1973.12
231	紫胶虫的寄主植物	中科院综合观察委员会紫胶观察队编	1972.9

(5) 1980—1989 年

序号	题名	责任者	出版年
1	1980 年生物物理学学术会议文集	中国生物物理学会编	1982. 6
2	DNA 克隆	(英) 格洛弗著; 潘树庸等译	1986. 1
3	RNA 的生物合成	(美) R. H. 伯登著; 赵甘泉译	1980. 6
4	奥妙的微生物	张若飞编	1980. 7
5	孢粉学译丛 (第一集)	中国科学院植物研究所古植物研究室孢粉组译	1980. 11
6	北京鸟类志	蔡其侃著	1988. 1
7	北京植物志 (上册)	贺士元等编著	1984. 9
8	北京植物志 (下册)	贺士元等编著	1987. 11
9	北美洲茧蜂科分属鉴定手册	(美) 马什 P. M. 等著; 赵修复等译	1988. 3
10	被子植物的起源	(日) 浅间男著; 谷祖纲, 珊林译	1988. 5
11	被子植物的起源和早期演化	(美) C. B. 贝克 (C. B. Beck) 主编; 张芝玉等译	1981. 2
12	病毒	莽克强编著	1982. 1
13	病毒的分类与命名	(澳大利亚) 芬纳著; 廖延雄等译	1980. 5
14	病毒的分类与命名 (国际病毒分类委员会第四次报告)	(新西兰) 马修斯编著; 廖延雄等译	1987. 5
15	病毒名称	朱关福著	1987. 1
16	病毒学集刊 (1)	中国科学院武汉病毒研究所编	1982. 3
17	病毒学集刊 (2)	中国科学院武汉病毒研究所编	1982. 12
18	病毒学集刊 (3)	中国科学院武汉病毒研究所编	1983. 8
19	病毒学集刊 (4)	中国科学院武汉病毒研究所编	1985. 5
20	病理生化学	(西德) 卡尔森著	1984. 11
21	伯杰细菌鉴定手册	布坎南 · 吉木斯等编; 中国科学院微生物研究所《伯杰细菌鉴定手册》翻译组译	1984. 12
22	哺乳动物染色体	陈宜峰, 郭健民编著	1986. 8
23	常见介壳虫鉴定手册	王子清编著	1980. 11
24	虫国趣谈	柳仲康编	1985. 8
25	次生代谢作用	(英) 曼 · J 著; 曹日强译	1983. 9
26	从遗传学看人类的未来	(日) 木村资生编; 高庆生译	1985. 1
27	从原始生物学到现代生物学	钟安环编著	1984. 5
28	达尔文生平	(英) F. 达尔文 (Francis Darwin) 编; 叶笃庄, 叶晓译	1983. 1
29	代谢 (糖蛋白与蛋白聚糖结构功能和代谢)	孙册, 莫汉庆编著	1988. 4
30	代谢调节作用	(英) 丹顿, 波克森著; 张惟杰, 李锡泾译	1982. 8
31	蛋白质的定量法	(日) 菅原洁, 副岛正美著; 张旭译	1981. 9
32	蛋白质的结构与功能	(美) A. 莱特 (Albert Light) 著; 张维钦译	1982. 1

（续表）

序 号	题 名	责任者	出版年
33	蛋白质知识	郑集编著	1980.4
34	当代生物学发展的主流——分子生物学类专业	李家瑶著	1987.4
35	等电聚焦	何忠孝等编	1985.11
36	低等真菌分类与图解	刘波著	1984.8
37	地球上生命的起源	（美）米勒，奥吉尔著；彭奕欣译	1981.1
38	地衣名词及名称	魏江春等编订	1980.8
39	地质时期中国各主要地区植物景观	徐仁编著；王秀琴绘	1982.9
40	东北草本植物志（第七卷）	辽宁省林业土壤研究所编著	1981.12
41	东北草本植物志（第四卷）	辽宁省林业土壤研究所编著	1980.11
42	东北苔类植物志	高谦，张光初著	1981
43	动物生理学原理	（英）伍德.Dennis W. Wood 著；李永材译	1982.1
44	动物生态学（上卷）	（日）伊藤嘉昭著；邬祥光译	1982.5
45	动物生态学（下卷）	（日）伊藤嘉昭著；张志庆，刘文惠译	1982.6
46	动物细胞膜	（英）洛克伍德著；徐恒译	1984.6
47	动物学集刊（2）	中国科学院动物研究所编辑	1982.3
48	动物学集刊（3）	中国科学院动物研究所编辑	1985.3
49	动物学实验方法	黄正一，蒋正揆编著	1984.6
50	动物之迷	周本湘，华惠伦编	1988.8
51	动物组织培养入门	（英）J.A.夏普（J.A.Sharp）著；章静波，王瑞珍译	1982.5
52	俄汉遗传学词汇	许耀奎编订	1981.5
53	二十世纪的生命科学	（美）G.E.艾伦著；谭茜译	1985.1
54	发酵生理学	李友荣	1989.1
55	发生遗传学（上册）	李汝祺	1985.1
56	发生遗传学（下册）	李汝祺	1985.5
57	发育和基因	（日）腰原英利著；敖光明译	1984.9
58	发育生物学	史瀛仙	1988.6
59	分子病毒学	（美）奈特著；方荣祥译	1980.11
60	分子病毒学	（英）T.H.彭宁顿，D.A.里奇著；朱本明，徐佐杰译	1981.9
61	分子和功能神经生物学	（荷）W.H.吉斯本等著；翟森等译	1982.7
62	分子免疫学	王亚辉著	1982.12
63	分子群体遗传学与进化论	（美）根井正利著；王家玉译	1983.6
64	分子生物学基本实验方法	（美）L.戴维斯等编著；张钰等译	1989.12
65	分子生物学实用方法	（美）R.F.施莱夫，P.C.温辛克著；章静波等译	1985.4
66	分子生物学——原核生物和真核生物总论（上册）	（美）弗雷费尔德著；蔡武城译	1988.1
67	分子微生物学	（加）克瓦平斯基主编；赵大健等译	1986.6

（续表）

序　号	题　名	责任者	出版年
68	分子遗传学	王尔中编著	1982. 11
69	分子遗传学简介	吴鹤龄编	1983. 2
70	分子遗传学文集	童克忠等编	1982. 12
71	福建省昆虫名录	赵修复编	1982. 2
72	辐射对遗传的影响	（美）阿西莫夫，杜布赞斯基著；陈只译	1982. 2
73	辐射生物学	朱壬葆等	1987. 9
74	辐射与生命	霍尔著；沈国民等译	1983. 12
75	高等生物的遗传工程	（英）瓦尔著；涨任培译	1986. 8
76	高等植物的呼吸作用	（英）H. 厄皮克著	1984. 1
77	高等植物的有机物运输	张伟成，严文梅编著	1987. 8
78	高等植物分类学原理	黄增泉著	1983. 5
79	高级细菌遗传学—遗传工程手册	（美）戴维斯等著	1984. 12
80	高原生物学集刊（第 3 集）	中国科学院西北高原生物所编	1984. 12
81	高原生物学集刊（第 4 集）	中国科学院西北高原生物所编	1985. 8
82	高原生物学集刊（第 5 集）	中国科学院西北高原生物所编	1986. 4
83	高原生物学集刊（第 7 集）	中国科学院西北高原生物所编	1988. 2
84	高原生物学集刊（第 8 集）	中国科学院西北高原生物所编	1989. 3
85	固氮蓝藻	黄有馨，刘志礼主编	1984. 7
86	固定化酶	（日）千烟一郎著；胡宝华，吴维江译	1981. 8
87	光合作用	（英）霍尔，拉奥著；张永平译	1982. 2
88	光合作用器官的细胞生物学	（日）石田政弘等主编；黄宗甄译	1986. 4
89	光合作用研究进展（第二集）	中国科学院植物生理研究所，中国科学院植物研究所主编	1980. 12
90	光合作用研究进展（第三集）	中国科学院植物生理研究所编	1984. 5
91	光合作用原初过程	严国光等编著	1987. 9
92	光生物学	（美）史密斯著；沈恂译	1984
93	光与生命	（英）L. O. 布琼著；汉槎译	1984. 4
94	广东三水盆地及近邻盆地早第三纪鱼化石	王将克著	1981. 3
95	广西宜山地区晚石炭世马平组的蜓类	陈旭，王建华著	1983. 7
96	国宝之乡——四川省自然保护区	张天来编著	1982. 5
97	国际动物命名法规（第三版）	朱弘复等译	1988. 1
98	国际植物命名法规	赵士洞译	1984. 7
99	汉朝植物名称词典	张宏文等编	1982. 1
100	汉哈生物学词汇	涂苏别克编纂	1983. 4
101	汉维生物词典（维文）	米吉提，胡达拜尔地编	1984. 12
102	好热性细菌	（日）大岛泰郎著；陈中孚，潘星时译	1983. 1
103	河北植物志（第一卷）	《河北植物志》编辑委员会编	1986. 9
104	核苷类抗菌素	苏哈道尼克著；谢其明，王恕蓉译	1982. 12
105	核技术在生物学中的应用实验	中山大学生物系同位素研究室编	1988. 8

（续表）

序 号	题 名	责任者	出版年
106	核酸的生物化学	（英）戴维森著；亚当斯等修订；生物物理研究所二室《核酸的生物化学》翻译小组译	1983. 7
107	核酸研究技术（上册）	蔡良琬主编	1987. 11
108	核酸与生命	姚连生，郑仲承编著	1985. 1
109	核外遗传学	比尔，诺尔斯著；蔡以欣等译	1984. 3
110	呼吸生物学	（澳）布莱恩特编著	1985. 6
111	花粉	房柱编	1985. 5
112	花粉——花粉的采收和它的特性与利用	（法）卡亚著	1981. 1
113	基础生物化学	沈仁权，顾其敏等编	1980. 8
114	基础生物化学问答	张玉中，阎一林著	1980. 1
115	基础细菌学和遗传学	（美）索加兹等著；陆秀芳等译	1983. 3
116	基因	（美）卢因著；吴经才，静天玉等译	1989. 12
117	基因的分子生物学	（美）沃森著；《基因的分子生物学》翻译组译	1982. 7
118	基因和遗传	谈家桢主编	1980. 5
119	基因无性繁殖	范云六等编译	1982. 7
120	激素的生物化学	沈孝宙等编	1983. 11
121	脊椎动物分类学	郑作新编著	1982. 1
122	寄生蜂末龄幼虫分类	（加拿大）芬利森，（美）哈根著；赵修复译	1981. 9
123	寄生原虫的生物化学	（美）格特里奇，库姆斯著；董纪龙等译	1981. 3
124	甲醇蛋白——微生物学与工程技术	北京饲料研究所编译	1982. 4
125	简明生物学词典	上海辞书出版社编版	1983. 6
126	江西古新世孢子花粉研究	孙湘君，何年明著	1980. 8
127	酵母遗传学	陈士怡，徐洪基著	1989. 1
128	今日的微生物学	焦瑞身主编；丁正民等编	1987
129	近代的生态学	孙儒泳，林特溟编著	1986. 8
130	近代植物病理化学	（日）铃木直治等著；张际中等译	1985. 11
131	进化论	方宗熙，江乃萼编著	1986. 7
132	进化论选集（纪念达尔文逝世一百周年学术讨论会论文选编）	《进化论选集》编辑委员会编	1983. 9
133	经济植物的组织培养与快速繁殖	崔蘡，桂耀林主编	1985. 12
134	蕨类名词及名称	邢公侠编	1982. 12
135	菌种保藏手册	中国科学院微生物研究所《菌种保藏手册》编著组编	1980. 2
136	菌种目录	中国科学院微生物研究所，中国微生物菌种保藏管理委员会普通微生物中心编	1982. 1
137	昆虫、螨类、蜘蛛的人工饲养（续篇）	忻介六，邱益三编著	1986. 11
138	昆虫变态的生理化学	（日）长谷川金作著；张义成译	1988. 12
139	昆虫标本技术	王林瑶，张广学编著	1983. 12

（续表）

序号	题名	责任者	出版年
140	昆虫病毒图谱	（美）K. 马拉莫罗斯奇（Karl Maramorosch）主编；刘岱岳，谭业平译	1987
141	昆虫病毒与昆虫病毒病	吕鸿声著	1982. 12
142	昆虫的成长发育	（日）诸星静次郎著；蒋同庆等译	1984. 5
143	昆虫分类检索	李鸿兴等编著	1987. 9
144	昆虫分类图谱	钟觉民编	1985. 11
145	昆虫分类学（下册）	蔡邦华著	1985. 1
146	昆虫分类学的原理和方法	田立新，胡春林编著	1989. 7
147	昆虫分析生物化学	（美）特纳编	1984. 8
148	昆虫卵巢发育与害虫预测预报	李汝铎等编著	1987. 4
149	昆虫迁飞和滞育的进化	（美）丁格尔编著；巫国瑞等译	1984. 5
150	昆虫趣话	魏德保编著	1982. 5
151	昆虫神经生理与神经毒素剂	张宗炳编著	1986. 6
152	昆虫生理学研究进展（第二集）	钦俊德主编	1981. 6
153	昆虫生理学研究进展（第三集）	冯慧主编	1984. 2
154	昆虫生理学研究进展（第四集）	傅贻玲主编	1987. 5
155	昆虫生态学	邹钟琳编著	1980. 5
156	昆虫生态学	（美）普赖斯著；北京大学生物系昆虫学教研室译	1981. 2
157	昆虫生态学的常用数学分析方法	邬祥光编著	1985. 1
158	昆虫生物化学	（英）里斯著；钦俊德译	1980. 5
159	昆虫生物化学	（美）罗克斯坦编；李绍文等译	1988. 2
160	昆虫生物化学分析法	冯慧编著	1989. 2
161	昆虫世界	李文蓉著	1985. 6
162	昆虫图谱	程义存编绘	1984. 7
163	昆虫形态图解	（德）H. 施太因曼（H. Steinmann），L. 佐博里（L. Zombori）原著；李克希，世译汉编译	1987
164	昆虫形态学分类学	忻介六等编	1985. 7
165	昆虫学纲要	（德）韦贝尔著；忻介六译	1982. 1
166	昆虫学名词辞典	丁慧琳，王雯珊编	1986. 5
167	昆虫学试验技术	郭郛，忻介六主编	1988. 5
168	昆虫学通论（下册）	北京农业大学主编	1981. 4
169	昆虫学研究集刊（1980 年第一集）	中科院上海昆虫研究所编	1982. 4
170	昆虫学研究集刊（1981 年第一集）	中科院上海昆虫研究所编	1982. 12
171	昆虫学研究集刊（1982—1983 年第三集）	中科院上海昆虫研究所编	1983. 12
172	昆虫学研究集刊（1984 年第四集）	中科院上海昆虫研究所编	1984. 12
173	昆虫学研究集刊（1985 年第五集）	中科院上海昆虫研究所编	1986. 1
174	昆虫循环系统	（美）琼斯著；蒋书楠译	1981. 7
175	昆虫与植物的关系——论昆虫与植物的相互作用及其演化	钦俊德著	1987. 9
176	昆虫知识	王林瑶等编著	1982. 6

（续表）

序号	题名	责任者	出版年
177	昆虫种群生态学分析方法	(英) G. R. 格拉德韦尔等著；李祖荫等译	1981.5
178	昆虫种群生态学	徐汝梅编著	1987.12
179	昆虫种群数学生态学原理与应用	丁岩钦著	1980.1
180	拉汉英种子植物名称	冯宋明编著	1983.7
181	拉汉原生动物名称	庞延斌，邹士法编	1987.11
182	拉日汉昆虫名汇（蝴蝶类分册）	河北省农作物病虫测报站编	1986.12
183	拉英汉昆虫名称	中国科学院动物研究所业务处编	1983.12
184	类病毒和类病毒病	(美) 迪内著；刘勇译	1985.9
185	镰刀菌属	(英) 布斯著；陈其煐译	1988.2
186	刘慎谔文集	刘慎谔著	1985.9
187	陆地植物群落的生产量测定法	(日) 木村允著；姜恕等译	1981.6
188	陆地植物群落的物质生产	(日) 佐藤大七郎，堤·利夫著；聂绍全译	1986.6
189	罗宗洛文集	罗宗洛著	1988.4
190	酶的作用原理	许根俊编著	1983.3
191	酶法分析手册	(美) 吉尔鲍特著；缪辉南，陈石根译	1983.4
192	酶活性的控制	(英) 科恩著；罗兰译	1982.11
193	酶生物技术手册	(英) A. 怀斯曼 (A. Wiseman) 主编；徐家立等译	1989.7
194	酶学研究技术（上）	张树政主编	1987.12
195	酶与人	蔡泽民编著	1985.5
196	美国白蛾（连环画）	根据同名科教电影改编	1982.12
197	美国以南地区的实蝇属（双翅目实蝇科）	(美) 理查德著；黄书针译	1986.2
198	孟德尔逝世一百周年纪念文集（1884—1984年）	中国遗传学会主编	1985.7
199	免疫活性细胞与免疫方法进展	葛锡锐编	1982.9
200	免疫细胞化学	(美) L. A. 斯顿伯格 (Ludwig A. Sternberger) 著；李元敏等译	1980
201	免疫诱导阶段的细胞相互作用	张友会编著	1987.5
202	免疫知识漫谈	刘俊达著	1980.7
203	膜翅目导论及分科检索表	(英) 理查德著；赵修复译	1985.12
204	膜生物化学	(英) E. 西姆著；李敏媛译	1985.9
205	木本植物耐阴性的生理学原理	(英) 采利尼克尔著；王世绩译	1986.11
206	木本植物组织培养及其应用	陈正华主编	1986.11
207	内蒙古植被（综合考察专辑）	中国科学院内蒙宁夏综合考察队编	1985.1
208	内源植物生长物质	(英) T. A. 希尔 (T. A. Hill) 著；江洪，张永平译	1986.4
209	攀缘植物	杜乃正，张凤英著	1984.7
210	蜱螨分科手册	梁来荣等编译	1981.8
211	蜱螨名词词典	丁淦主编	1986.3

（续表）

序 号	题 名	责任者	出版年
212	蜱螨名词及名称	中国昆虫学会蜱螨专业组编	1982. 12
213	蜱螨学	李隆术，李云端编著	1988. 11
214	蜱螨学纲要	西南农学院编	1981. 8
215	蜱螨学纲要	忻介六编著	1984. 3
216	蜱螨知识	杨庆爽，梁来荣编著	1986. 12
217	评生态系统研究及管理中的系统分析	（荷）阿诺德，戴维特著；孙锡麟，俞之敦译	1982. 1
218	普通病毒学	（美）卢礼亚等著；王顺德等译	1987. 9
219	普通生物学	南开大学，武汉大学，复旦大学，四川大学编	1983. 9
220	普通细胞生物学	陈睦传等编	1988. 9
221	普通遗传学	方宗熙著	1984. 1
222	青藏高原的蝗虫	印象初著	1984. 9
223	蚯蚓生物学	（英）爱德华兹编；范果仪译	1984. 2
224	全息生物学（上册）	张颖清著	1989. 1
225	全息生物学原理与应用	叶永在编	1988
226	群落生态学中的多元分析	（美）H. G. 小高奇（Hugh G. Gauch，Jr.）著；杨持等译	1989. 9
227	群体遗传	（日）大羽滋著；赵敏等译	1983. 4
228	群体遗传学	（英）库克著	1981. 7
229	群体遗传学	（美）李景均著；吴仲贤译	1981. 9
230	热带植物生态学	（英）D. H. 詹曾著	1982. 2
231	人和动物的细胞遗传学	（美）A. 麦克德莫特著；江乃萼，方宗熙译	1981. 9
232	神农架真菌与地衣	中国科学院神农架真菌地衣考察队编	1989. 12
233	生化学精华	（德）卡尔森著；张增明译	1989. 3
234	生化遗传学	（英）伍兹著；沈仁权等译	1983. 5
235	生理学方法与技术（第一集）	周衍椒等编	1984. 2
236	生理学实验指南	解景田等译	1987. 9
237	生命	张礽苏等译	1981. 7
238	生命的奥秘	（日）太田次郎，区英琦译	1985. 7
239	生命的化学	（英）S. 罗斯著；潘希明译	1983. 7
240	生命的演化	杨荣祥著	1985
241	生命化学基础	（美）尤克著；刘世伟，孙冠文译	1982. 7
242	生命科学物理学	（美）凯思，斯特海姆著；王祖铨译	1985. 12
243	生命——一项未完成的实验	（美）S. E. 卢里亚著；赵永译	1985. 2
244	生命之谜	中央人民广播电台科技组，科学普及出版社编辑部编	1981. 5
245	生态平衡浅说	刘国城编著	1982. 11
246	生态生物化学导论	张玉麟，王镇圭编译	1989. 7
247	生态学	张雨川编译	1988. 11
248	生态学	（联邦德国）H. 雷默特著；庄吉珊译	1988. 3

（续表）

序号	题名	责任者	出版年
249	生态学及人类未来	尚玉昌著	1989.2
250	生态学研究方法（适用于昆虫种群的研究）	（英）索思伍德著；罗河清等译	1984.8
251	生态学野外及实验室实验	（英）雷坦，弗赖伊著；吴千红译	1986.8
252	生态学原理和野外生物学	（美）R. L. 史密斯著；李建东等译	1988.1
253	生统遗传学导论	（英）马瑟（K. Mather），金克斯（J. L. Jinks）著；冯午等译	1981.11
254	生物标本制作法	鄂永昌，冯宋明编著	1988.2
255	生物的能量贮存	（英）C. W. 琼斯著；李立人译	1980.9
256	生物的信息与控制	高远，程君实编	1988.7
257	生物地理学——生态和进化的途径	（英）科克斯，穆尔著；赵铁桥译	1985.8
258	生物反应工程	（日）山根恒夫著；苏尔馥译	1989.6
259	生物固氮	陈因，陈永宾等著	1985.8
260	生物固氮	尤崇杓主编	1987.11
261	生物固氮	窦新田编著	1989.8
262	生物固氮的秘密	姜涌明编著	1981.12
263	生物固氮研究方法	（澳大利亚）伯杰森主编；陈冠雄等译	1987.8
264	生物固氮译丛（二）	刘中柱主编	1982.2
265	生物固氮译丛（三）	尤崇杓主编	1988.2
266	生物固氮译丛（一）	刘中柱主编	1980.9
267	生物化学	刘国举，张其昌著	1985.12
268	生物化学（习题入门）	（美）威尔逊等著；姚仁杰等译	1987.7
269	生物化学的现状与展望	邹承鲁主编	1987.1
270	生物化学——附病例分析	（美）R. 蒙哥马利等著；徐晓利主译	1988.4
271	生物化学概念	（美）史蒂芬森著；劳为德译	1982.11
272	生物化学纲要	（美）康思（Eric. E. Conn），斯顿夫（P. K. Stumpf）著；刘骊生等译	1982.8
273	生物化学工具	（美）库珀著；徐晓利主译	1980.8
274	生物化学计算——怎样解决普通生物化学中的数学问题	（美）I. H. 西格尔著；吴经才等译	1983.2
275	生物化学实验	朱俭等编著	1981.7
276	生物化学——细胞结构和功能的分子基础（上）	（美）A. L. 伦宁格著	1981.12
277	生物化学——细胞结构和功能的分子基础（下）	（美）伦宁格著；任邦哲等译	1983.5
278	生物化学译丛（第五辑）	上海第一医学院等编	1982.5
279	生物化学译丛（第一辑）	上海第一医学院等编	1980.5
280	生物化学制备技术	苏拔贤主编	1986.1
281	生物化学中的物理化学原理和问题	（英）N. C. 普赖斯，R. A. 德韦克（R. A. Dwek）著；陈竹生，陈竹铭译	1985.1
282	生物机器——研究生命的控制论途径	（英）卡洛著，汪云九，陈德高译	1982.7
283	生物技术	莽克强编著	1984.7

（续表）

序　号	题　名	责任者	出版年
284	生物技术	（英）史密斯著	1985.1
285	生物技术	张树庸，李健新编著	1989.1
286	生物技术概说	（日）户田清著；莫锡荣译	1988.12
287	生物技术与经济社会发展	吴明瑜等编	1989.11
288	生物技术原理和应用	（英）I. J. 希金斯（I. J. Higgins）等主编；马昭若，谭实译	1989.11
289	生物检定统计方法	周海钧主编	1988.2
290	生物进化的历程	方大钧编	1982.3
291	生物科学参考资料（第二十二集）	科学出版社编	1987.2
292	生物科学参考资料（第二十集）	科学出版社编	1986.2
293	生物科学参考资料（第二十三集）	科学出版社编	1987.12
294	生物科学参考资料（第二十五集）	科学出版社编	1988.3
295	生物科学参考资料（第二十一集）	科学出版社编	1986.11
296	生物科学参考资料（第十八集）	科学出版社编	1983.1
297	生物科学参考资料（第十九集）	科学出版社编	1985.3
298	生物科学参考资料（第十六集）	科学出版社编	1982.1
299	生物科学参考资料（第十七集）	科学出版社编	1983.2
300	生物科学参考资料（第十三集）	科学出版社编	1981.5
301	生物科学参考资料（第十四集）	科学出版社编	1981.1
302	生物科学参考资料（第十五集）	科学出版社编	1981.1
303	生物力能学机理的新探讨	（美）拉克尔著；林哲甫译	1980.7
304	生物力学	冯元桢著	1983.1
305	生物流体力学	陶祖莱编	1984.9
306	生物膜的结构与功能	林其谁编著	1982.11
307	生物圈的第一性生产力	（美）里斯，惠特克等著；王业蘧等译	1985.4
308	生物染色程序	（美）克拉克主编；陆怀南等译	1985.12
309	生物热力学导论	（日）山道茂著；屈松生，黄素秋译	1987
310	生物生产力和光合作用测定技术	（英）库姆斯等编；邱国雄等译	1986.9
311	生物史（第二分册）	徐仁编著	1980.6
312	生物是怎样进化的	刘方一等著	1982.1
313	生物物理的植物生理学导论	（美）P. S. 诺贝尔著	1984.12
314	生物物理学	程极济，林克椿主编	1982.5
315	生物物质常用化学分析法	蔡武城，袁厚积主编	1982.8
316	生物系统的流体动性	（英）莱顿著；赵冠美译	1980.3
317	生物小辞典	吴浩源主编	1984.8
318	生物学	哈尔滨医科大学主编	1980.6
319	生物学（第一册）	田清涞等编	1985.7
320	生物学概论——细胞和遗传的生物学	（日）汤浅明著	1981.7
321	生物学和医学中的蛋白质（1983年增刊）	《生命的化学》《动物学研究》编辑部编	1983
322	生物学基础	南京农学院主编	1981.5

（续表）

序　号	题　名	责任者	出版年
323	生物学剪影——生物学若干领域简介	（英）P. N. 坎贝尔主编；邹承鲁，沈淑敏等译	1982. 1
324	生物学鉴定法——生物学鉴定方法的原理与实践	（英）理查德 J. 潘克赫斯特著；王平远译	1984. 3
325	生物学名词辞典	国立编译馆主编；诸亚侬，吕理福译	1980. 6
326	生物学实验室的安全问题	（英）哈特里，布思编；李令媛，杨安峰译	1981. 1
327	生物学图册	（日）生物学资料集编辑委员会编；樊洪业，程光胜译	1987. 3
328	生物学中的 BASIC 微计算机模型	谢正祥等译	1987. 8
329	生物学中的电子显微镜技术	朱丽霞等编著	1983
330	生物液晶	纪极英编著	1987. 6
331	生物遗传与变异	郭文明著	1981. 1
332	生物钟	（美）萨拉 R. 里德曼著；秋帆译	1987. 9
333	实验动物的无菌技术	（日）前岛一淑等编著；张静容，张曙译	1983. 7
334	实验生物学论文选集	李汝祺著	1985. 8
335	实验室生物安全手册	马连山译校	1985. 1
336	实用蛋白质化学技术	华家柽等编译	1982. 9
337	实用生物化学导论	（英）D. T. 普卢默著；吴翚等译	1985. 1
338	实用生物学制片技术	曾小鲁主编	1989. 5
339	实用细胞学技术	郑若玄编著	1980. 6
340	食虫植物	（英）达尔文著；石声汉译	1987. 9
341	食虫植物	马德芳等著	1983. 6
342	史前的生物	中国科学普及出版社根据日本讲谈社《少年儿童知识文库》改编	1980
343	世界鸟类名称（拉丁文、汉文、英文对照）	郑作新等编	1986. 6
344	世界有花植物分科检索表	（英）哈钦森著；洪涛译	1983. 2
345	世界植被——陆地生物圈的生态系统	（西德）沃尔特著；中国科学院植被研究所生态室译	1984. 3
346	适于遥感使用的标准化植被分级分类法	霍华德，谢德著	1982. 1
347	鼠疫自然疫源地空间结构及其研究方法	（俄）耶·伊·罗特什里德著	1982. 12
348	数量遗传学	高之仁编著	1986. 6
349	数量遗传学手册	（美）贝克尔著；区靖祥译	1987. 1
350	双螺旋——发现 DNA 结构的故事	（美）沃森 著；刘望夷 译	1984. 8
351	水分与植物生活——问题与研究现状	（德）朗格著，樊梦康等译	1985. 3
352	水生生物学集刊（第八卷第 2 期）	中国科学院水生生物研究所	1984. 5
353	水生生物学集刊（第七卷第 1 期）	中国科学院水生生物研究所	1980. 5
354	水生生物学集刊（第七卷第 4 期）	中国科学院水生生物研究所	1982. 6
355	水生微生物学实验法（上）	陈绍铭，郑福寿	1985. 9
356	四川资源动物志（第三卷）	《四川资源动物志》编辑委员会主编	1985. 8
357	苏浙皖中生代后期叶肢介化石	陈丕基，沈炎彬著	1982. 1

（续表）

序 号	题 名	责任者	出版年
358	台湾昆虫生态大览	郭玉吉著摄影	1983. 1
359	苔藓名词辞典	丁淦主编	1986. 3
360	同工酶	（美）C. C. 赖德，C. B. 泰勒著；范培昌译	1987. 4
361	图解基因工程入门	（日）太田次郎著；吴政安译	1987. 8
362	图解扫描电子显微镜——生物样品制备	（日）田中敬一，永谷隆编；李文镇等译	1984. 5
363	图解现代生物学	（日）新津恒良等著；赵敏等译	1982. 8
364	微生物工程	陈騊声等编著	1987. 12
365	微生物化学分类的实验方法	（日）驹形和男编；方爽译	1989. 4
366	微生物菌种保藏技术	李钟庆编著	1989. 4
367	微生物快速诊检新技术	程知义，周佳敏编著	1984. 2
368	微生物酶	郭杰炎，蔡武城编著	1986. 1
369	微生物生理学	（英）道斯，萨瑟兰著；中国科学院上海植物生理研究所微生物室译	1980. 4
370	微生物生理学	程皆能主编	1987. 6
371	微生物生理学	卫扬保编	1989. 6
372	微生物生理学	（美）布洛克著；《微生物生理学》翻译组译	1981. 1
373	微生物世界	（美）R. Y. 斯塔尼尔等著；《微生物世界》翻译组译	1983. 12
374	微生物世界	徐孝华编著	1989. 9
375	微生物学	无锡轻工业学院等编	1980. 9
376	微生物学	陕西省农林学校主编	1984. 1
377	微生物学	俞大绂，李季伦编	1985. 6
378	微生物学	武汉大学生物系微生物学教研室，复旦大学生物系微生物学教研室编	1980. 3
379	微生物学的奠基人巴斯德	李光羽编著	1985. 5
380	微生物学的发展	（英）P. 科勒德著；王龙华，高小琪译	1985. 7
381	微生物学奠基人——巴斯德	（法）R. 瓦莱里·拉多著；陶亢德，董元骥译	1985. 7
382	微生物学进展	樊庆笙，陈华癸主编	1984. 7
383	微生物学论文集	中国微生物学会编辑	1985. 9
384	微生物学名词（1988 年）	微生物学名词审定委员会编	1989. 11
385	微生物学实验	钱存柔等编	1985. 1
386	微生物学实验法	日本微生物研究法讨论会编；程光胜等译	1981. 12
387	微生物学实验手册	周德庆主编	1986. 12
388	微生物遗传学	盛祖嘉编著	1981. 7
389	微生物遗传学实验	盛祖嘉等编著	1982. 5
390	微生物遗传学与实验技术	王岳五等编译	1989. 4
391	微生物与分子生物学	（法）乔治·科恩著；吴明译	1980. 12
392	微生物与人类	高庄编	1985. 12

（续表）

序　号	题　名	责任者	出版年
393	微生物与生物工业	门大鹏等编著	1989. 12
394	未来世界中的生物学	（美）哈尔·赫尔曼著；邱仁宗，赵功民译	1983. 5
395	温度与动物生活	（英）R. N. 哈迪（Richard N. Hardy）著；蔡益鹏译	1984. 7
396	我国蛾类仓库害虫的鉴别	陈启宗编著	1988
397	无脊椎动物病理学术语简编	（美）斯坦豪斯，马丁诺尼，M. E. 著；颜方贵，管致和译	1982. 7
398	物候学	竺可桢，宛敏渭著	1980. 1
399	物候学与季节性模式的建立	（美）利思编；颜邦倜等译	1984. 6
400	西北地区古生物图册（新疆维吾尔自治区二分册）	新疆地质局区域地质调查队等编	1983. 7
401	西北地区古生物图册（新疆维吾尔自治区三分册）	新疆石油管理局地质调查处，新疆地质局区域测量大队编	1984. 2
402	西北地区古生物图册（新疆维吾尔自治区一分册）	新疆地质局区域地质调查大队等编	1981. 8
403	西藏地衣	魏江春，姜玉梅著	1986. 4
404	西藏昆虫（第二册）	中国科学院青藏高原综合科学考察队编	1982. 4
405	西藏昆虫（第一册）	中国科学院青藏高原综合科学考察队编	1981. 1
406	西藏植被	中国科学院青藏高原综合科学考察队编	1988
407	西藏植物名录	《西藏植物名录》编辑组编	1980. 7
408	西藏植物志（第二卷）	吴征镒主编；中国科学院青藏高原综合科学考察队编	1985. 1
409	西藏植物志（第三卷）	吴征镒主编	1986. 11
410	西藏植物志（第四卷）	中国科学院青藏高原综合科学考察队编	1987. 2
411	西藏植物志（第五卷）	中国科学院青藏高原综合科学考察队编	1987. 9
412	西南地区寒武纪三叶虫动物群	张文堂等著	1980. 7
413	西南地区寒武纪三叶虫动物群——中国古生物志	中国科学院南京地区古生物研究所，古脊椎动物与古人类研究所编辑；张文堂等著	1980. 7
414	系统分析及其在生态学上的应用	（英）杰弗斯著；朗所等译	1983. 9
415	细胞	斯旺森，韦伯斯特著；陈泉光等译	1985. 4
416	细胞超微结构及功能	第二军医大学电镜室，复旦大学生物系电镜室编	1981. 1
417	细胞的结构与细胞的代谢	尤复翰，陆佩洪编	1982. 8
418	细胞的运输与细胞的能源	尤复翰，陆佩洪编	1982. 6
419	细胞发育	（英）加罗特著；于建康译	1982. 5
420	细胞繁殖的生物学	（美）瑞南托·巴塞加著；薛绍白等译	1985. 12
421	细胞膜与离子传递	（英）J. L. 霍尔，D. A. 贝克著；焦新之译	1985. 12
422	细胞生长和分裂	（英）惠特利著；赖天赋等译	1989
423	细胞生理学	（英）A. C. 吉斯著；高谨译	1984. 4
424	细胞生物学	金布尔著；陈立滇等译	1983. 5

（续表）

序 号	题 名	责任者	出版年
425	细胞生物学	（美）J. D 伯克著；傅文庆译	1980. 7
426	细胞生物学超微结构图谱	汪德耀主编	1989. 5
427	细胞生物学概念	（美）史蒂芬森著；陈受宜译	1982. 9
428	细胞生物学基础	翟中和编著	1987. 3
429	细胞生物学进展（第一卷）	郑国錩，翟中和主编	1989. 1
430	细胞生物学实验指导	（英）霍尔·霍金斯编	1985. 1
431	细胞生物学——一种进化途径	（美）德威特著	1983. 7
432	细胞世界探索	上海细胞生物学研究所编	1983. 3
433	细胞外酶	（英）普里斯特著；张宗义等译	1988. 1
434	细胞遗传学的基本原理	李汝祺编著	1981. 4
435	细胞遗传学若干问题的探讨	李汝祺编著	1986. 5
436	细胞与能	R. A. 戈德斯比著；张镜宇译	1984. 9
437	细菌的新陈代谢	（澳）多伊尔著；郭杰炎等译	1983. 11
438	现代生物化学方法	（苏）B. H. 奥列霍维奇等编著；袁厚积，赵邦悌译	1981. 9
439	现代生物学的进化论	（英）K. J. R. 爱德华兹（K. J. R. Edwards）著；彭奕欣译	1982. 2
440	现代生物学统计	杨纪珂，齐翔林编著	1985. 9
441	线粒体	李静涵	1988. 6
442	线粒体 NDA	（苏）豪泽著；赵邦悌	1982. 11
443	线粒体——结构、功能和组装	惠克特，丹克同著；林冶焕译	1982. 7
444	湘西南早侏罗世早期植物化石	周志炎著	1984. 3
445	新编植物生理学——绿色植物的生活	戴尧仁著	1989. 11
446	新疆北部地区啮齿动物的分类和分布	马勇编著	1987. 1
447	新疆啮齿动物志	王思博主编	1983. 8
448	新疆珍贵动物图谱	梁崇歧编	1986. 12
449	新疆植物检索表（第二册）	新疆八一农学院编	1983. 9
450	新疆植物检索表（第三册）	新疆八一农学院编	1983 . 3
451	新疆植物检索表（第一册）	新疆八一农学院编	1982. 2
452	蚜茧蜂分类译文集	陕西省棉花研究所编	1981. 6
453	研究工作年报（1979 年中国科学院遗传研究所）	《研究工作年报》编辑小组	1980. 8
454	液晶与生物结构	（美）布朗，沃尔肯著；吴熙载，何海平译	1983. 9
455	一个生物化学家的求索	（美）F. 李普曼著；周廷冲译	1986. 4
456	伊姆斯普通昆虫学教程（第一卷）	（美）理查兹，戴维斯修订；忻介六译	1987. 12
457	遗传的结构与功能	（英）史密斯·凯利（P. F. Smith-Keary）著；褚启人译	1980. 8
458	遗传毒物	（日）西帛一著；张研译	1988. 5
459	遗传分析方法	戴君惕，王身立编著	1989. 12
460	遗传工程	方宗熙编著	1984. 7

（续表）

序号	题名	责任者	出版年
461	遗传工程——DNA 克隆技术	（英）D. M. 格洛弗（D. M. Glover）著；李载平译	1986.1
462	遗传工程的应用与展望	刘国瑞，毛盛贤著	1986.4
463	遗传工程——定向改造生物的新科学	方宗熙，江乃萼编著	1983
464	遗传工程理论与方法	黄翠芬主编	1987.3
465	遗传工程译丛（第1辑）	中国科学院上海图书馆编	1980.1
466	遗传密码	（英）B. F. C. 克拉克（Brian F. C. Clark）著；钟安环译	1982.11
467	遗传学	杨光锐编	1985.2
468	遗传学基本原理及解题指导	毛盛贤等编	1987.4
469	遗传学基础	季道藩编著	1981.4
470	遗传学基础	沈大绫编	1988.7
471	遗传学基础知识	云南省农科院科技情报研究室编译	1981.7
472	遗传学经典论文选集	（奥地利）孟德尔（G. J. Mendel）等著；梁宏，王斌译译	1984.1
473	遗传学浅说	梁祖霞编	1981.7
474	遗传学三百题解	刘国瑞等编	1984.3
475	遗传学实验	河北师范大学等编	1982.6
476	遗传学手册	孙勇如主编	1989.9
477	遗传学先驱摩尔根	（美）I. 夏恩，S. 朗比尔著；李振华等译	1987.2
478	遗传学原理	（美）E. J. 加德纳（E. J. Gardner）著；杨纪珂，汪安琦译	1984.1
479	遗传学原理	裴广铮等编著	1988.12
480	遗传学自学指导书	程经有编	1985.9
481	遗传与适应	（英）E. B. 福特（E. B. Ford）著；沈克全等译	1986.8
482	遗传与遗传工程	陈受宜，劳为德著	1980.2
483	英汉病毒学词汇	戴华生主编	1987.3
484	英汉病毒学词汇	任中原等编	1985.12
485	英汉动物学辞典	陈兼善编	1988.12
486	英汉发育生物学词汇	史瀛仙等编	1987.1
487	英汉生物化学词典	北京科学出版社编	1983.8
488	英汉生物化学词汇	《英汉生物化学词汇》编订小组编	1984.3
489	英汉生物学词汇	北京师范大学生物学《英汉生物学词汇》汇编组编	1983.1
490	英汉时间生物学术语	吴今义编译	1987.11
491	英汉细胞学遗传学词汇	《英汉细胞学遗传学词汇》编订小组编	1982.11
492	英汉遗传工程词典	赵寿元，唐炜良编译	1989.12
493	英汉遗传学与细胞遗传学词典	（德）里格尔（美）格林著；吕宝忠等译	1988.1
494	英汉植物生理学词汇	卓仁松著	1982.2
495	英汉植物学词典	（美）约翰·里特尔著；李平译	1989.3

（续表）

序　号	题　名	责任者	出版年
496	英拉汉真菌及植物病害名称	刘波等编	1984. 9
497	云南植被	云南植被编写组编著；吴征镒主编	1987. 2
498	云南植物志（第三卷）	云南省植物研究所编著	1983. 6
499	云南植物志（第四卷）	云南省植物研究所编著	1986. 11
500	云南种子植物名录（上册）	中国科学院昆明植物研究所编	1984. 7
501	杂种细胞	（瑞典）林格兹（美）萨维奇著；陈瑞铭等译	1982. 6
502	藻类学	（捷）福迪著；罗迪安译	1980. 7
503	怎样观察与培养微生物	北京师范大学物系微生物教研组编	1982. 9
504	怎样识别植物	汪劲武编著	1983. 3
505	粘菌生物学	（英）J. M. 阿什沃思，J. 迪伊著；徐孝华译	1985. 7
506	浙江动物志（兽类）	浙江动物志编辑委员会编	1989. 11
507	浙江植物志（第五卷）	浙江植物志编辑委员会编	1989. 2
508	真核细胞的繁殖	（美）普雷斯科特著·张伟成等译	1980. 4
509	真核细胞遗传学	莫罗著	1985. 5
510	真菌导论	（英）韦伯斯特著；张素轩译	1982. 11
511	真菌学概论	（美）阿历索保罗等著；余永年等译	1983. 7
512	真菌学基础	J. H. 柏内特著；刘锡琎等译	1989. 3
513	真菌与人	余永年著	1980. 4
514	蜘蛛漫话	陆东林编著	1981. 8

（6）1990—1999 年

序　号	题　名	责任者	出版年
1	DNA 重组技术（实验室操作手册）	徐洵，刘震乾主编	1990. 2
2	孢子植物名词及名称	郑儒永等编著	1990. 6
3	北方植物学研究（第一集）	山西省植物学会编	1993. 4
4	常见植物 400 种彩色观察图册	欧善华等编著	1990. 5
5	常见植物鉴别手册	欧善华，杨斌生编著	1993. 2
6	多样性促进发展——国际植物遗传资源研究所战略	国际植物遗传资源研究所总部编	1993
7	放线菌研究及应用	阮继生等编著	1990. 4
8	分子克隆实验指南	（美）J. 萨姆布鲁克等著；金冬雁等译	1992. 1
9	分子生物学方法	田勇泉，江国健主编	1990. 1
10	分子生物学实验技术	（美）L. 戴维斯等编著；姚志建等译	1990
11	分子生物学与分子克隆概论	罗忠训编著	1991. 1
12	分子细胞生物学	郭仁等编译	1990. 2
13	分子遗传学概论	李振刚编著	1990. 4

（续表）

序　号	题　名	责任者	出版年
14	干旱生态学——生物、环境与生态建设策略	黄培祐编著	1993.5
15	高等植物常用名词术语解释	周呈维编	1992.8
16	高原生物学集刊（第12集）	中国科学院西北高原生物研究所编	1994.12
17	光合细菌的研究及其应用	朱章玉等编著	1991.2
18	光合细菌及其应用	刘如林等编著	1991.12
19	广西经济昆虫图册·捕食性昆虫	李永等编著	1990.3
20	华东五省一市植物名录	张美珍等编著	1993.9
21	华中农业大学昆虫标本馆藏昆虫标本名录	江世宏编	1993.1
22	简明生物学	钟贻诚等编	1990.5
23	简明植物生物化学	李雄彪，张金忠编	1992.1
24	酵母生物化学	陈思妘，萧熙佩著	1990.7
25	进行组织培养和繁殖的基本材料与设备	（英）威瑟斯（Withers，L. A.）著	1990
26	昆虫病毒病名录	于在林，蔡秀玉编	1991.5
27	昆虫病毒学	谭业平等编著	1991.5
28	昆虫学研究集刊（第八集）	中科院上海昆虫研究所编	1990.4
29	昆虫学研究集刊（第十集）	中科院上海昆虫研究所编	1992.12
30	拉汉微生物名称	沈惟孝等	1992.1
31	免疫生理学	程违，李春德主编	1993.8
32	普通微生物学	陆卫平等译	1990.6
33	普通微生物遗传学	丁友栦，陈宁编	1992.7
34	奇幻的生物技术	吕秀齐，王宇编著	1993.5
35	全国自然科学名词审定委员会公布——细胞生物名词（1992年）	细胞生物名词审定委员会编	1992.9
36	染色体遗传学导论	李栒编著	1991.9
37	日英汉生物物理与生物化学词典	杨文翻，马素卿编；王永潮校	1992.5
38	山东植物志（上卷）	陈汉斌，郑亦津，李法曾	1990.12
39	生化工程与生物技术手册（上册）	（英）B. 阿特金森，F. 马维图纳著；何忠效等译	1992
40	生化工程与生物技术手册（下册）	（英）B. 阿特金森，F. 马维图纳著；何忠效等译	1992.4
41	生理学名词（1989年）	生理学名词审定委员会编	1990.12
42	生命科学进展	李季伦等主编	1991.8
43	生态遗传学	（美）D.J. 梅里尔著；黄瑞复等译	1991.3
44	生物工程名词解释	（日）广川秀夫，丸の内棣著；胡宝华译	1991.9
45	生物化学	李建武编著	1990.3
46	生物化学	Lubert Stryer 编；唐有祺等译校	1990.5
47	生物化学	宓怀风编著	1990.6
48	生物技术（《中国农业百科全书》生物学卷分册）	黄为一等主编	1991.12
49	生物技术的商品化	美国国会技术评价局编著；王作明等译	1990.6

（续表）

序 号	题 名	责任者	出版年
50	生物技术的现状与未来	顾方舟编	1990. 11
51	生物技术发展政策	国家科学技术委员会编	1990
52	生物技术与发展	（摩洛哥）阿尔贝·萨松著；邵斌斌等译	1991. 1
53	生物技术与专利	胡佐超，陶天甲主编	1993. 4
54	生物力学的原理与应用	刁颖敏编著	1991. 1
55	生物无机化学概要	郭德威编著	1990. 1
56	生物学手册	卢浩泉，施安辉等主编	1991. 9
57	数量遗传学的数学理论	（英）布尔默著；兰斌，袁志发译	1991. 9
58	苏云金杆菌	喻子牛主编	1990. 6
59	微生物生理代谢实验技术	焦瑞身，周德庆主编	1990. 5
60	微生物学词典	王祖农主编	1990. 9
61	微生物学基础	郑善良等编著	1992. 3
62	微生物学名词（1988 年）	微生物学名词审定委员会编	1991. 1
63	微生物学实验技术教程	宋大新等主编	1993. 12
64	微生物遗传实验技术	贾盘兴等编著	1992. 9
65	微生物遗传学综述文集	盛祖嘉，陈永青主编	1993. 11
66	未来十年的生物科学	中科院生物科学与技术局编	1991. 7
67	细胞分子生物学（上册）	（美）B. 艾伯茨（Alberts. B.）等著；赵寿元等译	1990. 2
68	细胞骨架	（英）A. 富尔顿著；袁菊等译	1991. 12
69	细胞生物学	鲁润龙，顾年华编	1992. 3
70	细胞信号系统	孙大业，郭艳林编著	1993. 8
71	现代生态学透视	马世骏主编	1990. 8
72	现代生物化学分析原理	张立名，王贤舜编著	1991. 4
73	新疆塔里木盆地西部晚白垩世至早第三纪钙质超微化石——颗石藻类	钟石兰编	1992. 7
74	新疆塔里木盆地西部晚白垩世至早第三纪沟鞭藻及其它藻类	何承全著	1992. 12
75	新疆野生动物	袁国映编著	1990
76	新生物观——全息胚学说及其对生物学、医学前沿若干疑难问题的解决	张颖清著	1991. 11
77	遗传、环境、生命之谜	孙二虎编	1991. 2
78	遗传工程辞典	董森美等编译	1991. 8
79	遗传模型分析方法	中华人民共和国农业部教育司主编	1996. 12
80	英汉昆虫学词典（English-chinese Dictionary Of Entomology）	朱弘复，钦俊德编	1991. 12
81	英汉生命科学词典（Enlish-Chinese dictionary of life science）	向华明，张士琦主编；李汝淇主审	1992. 9
82	英汉生物工程词典	王二力等编	1993. 5
83	有趣的昆虫世界	王林瑶，张立峰编	1994. 8
84	粤北山区大型真菌志	毕志树等著	1990. 2

（续表）

序　号	题　名	责任者	出版年
85	植物的抗寒生理	张石城编著	1990.1
86	植物的细胞遗传学	李竞雄，宋同明编	1993.4
87	植物分子生物学与生物工程	张德颐主编	1991.7
88	植物基因工程研究	陈章良主编	1993.3
89	植物解剖学	（以色列）A. Fahn 著；吴树明等译	1990.1
90	植物科学	国家自然科学基金委员会生命科学部主编	1994.7
91	植物名释札记	夏纬瑛著	1990.12
92	植物生长模式与形态的数理研究方法	（加）杰恩（Jean，R.V.）著；王本楠等译	1990.3
93	植物生理生化	沈康等主编	1990.4
94	植物生理与分子生物学	余叔文	1992.9
95	植物生物技术原理与方法	李宝健	1990.1
96	植物衰老过程和调控	莱谢姆等著；胡文玉等译	1990.4
97	植物水分逆境生理	刘友良编著	1992.8
98	植物细胞分类学	洪德元编著	1990.6
99	植物细胞工程实验技术	孙敬三，桂耀林主编	1995.3
100	植物细胞培养手册	奚元龄，颜昌敬编译	1992.12
101	植物细胞遗传学的研究方法与技术	李子先，刘东旭著	1992.8
102	植物细胞与体细胞遗传学技术与原理	张自立，俞新大编著	1990.8
103	植物学	北京市园林学校主编	1990.12
104	植物学集刊（第4集）	中科院植物研究所编	1990.12
105	植物学集刊（第5集）	中科院植物研究所编	1991.6
106	植物学集刊（第六集）	中国科学院植物研究所编	1992.8
107	植物学名词（1991年全国自然科学名词审定委员会颁布）	植物学名词审定委员会	1992.4
108	植物营养遗传学	中华人民共和国农业部教育司主编；严小龙，张福锁	1996.12
109	植物组织培养手册	颜昌敬编著	1990.2
110	中国北部地衣测年研究	谢新生，肖振敏著	1991.1
111	中国动物志——昆虫纲（第三卷）	朱弘复编著	1991.3
112	中国经济昆虫志（第四十册）	邓国藩等编著	1993.12
113	中国蕨类植物科属志	吴兆洪著	1991.3
114	中国科学遗传研究所《研究工作年报》（1990年）	《陈受宜主编	1990.9
115	中国科学遗传研究所《研究工作年报》（1991年）	《研究工作年报》编辑委员会编	1992.8
116	中国科学院华南植物研究所集刊（第六集）	中国科学院华南植物研究所编	1990.12
117	中国科学院遗传植物细胞培养与遗传操作（中国科学院遗传研究所植物遗传操作研究室论文集）	陈英等主编	1992.1

（续表）

序　号	题　名	责任者	出版年
118	中国农业百科全书（昆虫卷）	中国农业百科全书编辑部编	1990. 6
119	中国农业百科全书（生物学卷）	中国农业百科全书编辑部编	1991. 5
120	中国沙漠植物志（第三卷）	刘瑛心主编	1992. 1
121	中国饲用植物志（第三卷）	贾慎修主编	1991. 8
122	中国西北细蠓研究	刘增加等编	1990. 4
123	中国叶蝉分类研究（同翅目：叶蝉科）	张雅林著	1990
124	中国真菌志（第二卷）	刘波主编	1992. 6
125	中国植物红皮书——稀有濒危植物（第一册）	中国科学院植物研究所编	1992
126	中国植物志（第八卷）	中国科学院《中国植物志》编辑委员会编	1992. 1
127	中国植物志（第六十九卷）	中国科学院《中国植物志》编辑委员会编	1990. 3
128	中国植物志（第六十一卷）	中国科学院《中国植物志》编辑委员会编	1992. 2
129	中国植物志（第三卷第一分册）	中国科学院《中国植物志》编辑委员会编	1990. 6
130	中国植物志（第三十四卷第二分册）	中国科学院《中国植物志》编辑委员会编	1992. 2
131	中国植物志（第十卷第一分册）	中国科学院《中国植物志》编辑委员会编	1990. 6
132	中国植物志（第十三卷第一分册）	中国科学院《中国植物志》编辑委员会编	1991. 12
133	中国植物志（第四十一卷）	中国科学院《中国植物志》编辑委员会编	1995. 5
134	中国植物志（第五十九卷第二分册）	中国科学院《中国植物志》编辑委员会编	1990. 1
135	中国植物志（第五十六卷）	中国科学院《中国植物志》编辑委员会编	1990. 12
136	中国植物志（第五十七卷第二分册）	胡琳贞等编辑	1994. 12
137	中国植物志（第五十七卷第三分册）	中国科学院《中国植物志》编辑委员会编	1991. 12
138	中国植物志（第五十五卷第三分册）	中国科学院《中国植物志》编辑委员会编	1992. 1
139	中国植物志（第五十一卷）	中国科学院《中国植物志》编辑委员会编	1991. 12
140	自由基生命科学进展（第一集）	方允中等主编	1993. 3
141	走向 21 世纪的生物学——未来生物学预测（1991—2020 年）	王亚辉，吴志纯主编	1992. 4

R　医药、卫生

本部分共收编医药、卫生类图书书目 546 条。其中，收编 1949 年以前出版的该类图书书目 4 条，1950—1959 年 120 条，1960—1969 年 92 条，1970—1979 年 80 条，1980—1989 年 194 条，1990—1999 年 56 条。具体目录如下。

（1）1949 年以前

序　号	题　名	责任者	出版年
1	中草药新医疗法资料选编	内蒙古自治区革命委员会卫生局，内蒙古自治区革命委员会科技局编	1900. 1
2	中国医药标本图影	中国医药研究社编	1935. 4
3	中国医药大辞典（上册）	中国医药研究社编	1935. 4
4	中国医药大辞典（下册）	中国医药研究社编	1935. 4

（2）1950—1959 年

序　号	题　名	责任者	出版年
1	1958 年全国寄生虫病学术会议资料选集	中华医学会编	1959. 12
2	巴甫洛夫高级神经活动学说讲义	阎德润编著	1954
3	巴甫洛夫高级神经活动学说中级教程	张琼编	1955
4	本草备要	（清）汪昂辑著	1959. 6
5	本草纲目（上）	（明）李时珍著	1957. 4
6	本草纲目（下）	（明）李时珍著	1957. 4
7	本草纲目拾遗（上）	（清）赵学敏辑	1955. 4
8	本草纲目拾遗（下）	（清）赵学敏辑	1955. 4
9	本草纲要	江苏省西医学习中医讲师团，南京中医学院本草教研组编	1959. 12
10	本草求真	（清）黄宫绣著	1959. 12
11	病毒学	（罗）尼古劳著；程一雄等译	1958
12	布鲁式菌病学实验室操作方法汇编	流行病学杂志编委会	1959
13	常见医学昆虫图谱（精装）	张本华，甘运兴编	1958. 4
14	常用药物——中药部分（上册）	中华医学会等四个学会编	1959. 9
15	成药与常用药物手册	江上昭，朱骏德编著	1959. 7
16	除害灭病爱国卫生运动手册	中央爱国卫生运动委员会办公室	1959. 9
17	单体	（美）E. R. 布劳脱等编；李斌才等译	1959. 5
18	滇南本草（第一卷）	（明）兰茂著	1959. 9

（续表）

序 号	题 名	责任者	出版年
19	电离放射对机体的作用	（苏）A. A. 列塔维特等著；李清璧等译	1959
20	发热的诊断与治疗	陈锺英	1959. 5
21	放射病病理解剖学概论	（苏）H. A. 克拉也夫斯基编；张卿西译	1958. 7
22	放射生物学的当前问题	（苏）З. 格拉耶夫斯基，H. И. 沙比洛著；莫维冬译	1959
23	放射性同位素在临床诊断上的应用的国内资料	北京，天津，上海，广州放射性同位素临床应用训练班编	1959
24	放射性同位素在医学和生物学中的应用	张友尚等译	1957. 2
25	放射性同位素在医学上的应用	苏联和平利用原子能科技展览会上海学委会编	1959. 4
26	放射性物质工作人员的防护措施	（苏）B. M. 日丹诺夫编；邢家骝等译	1959. 6
27	放射性物质污染地面水的卫生防护	（苏）A. H. 马雷著；麻世迹等译	1959
28	放射医学	（苏）列别金斯基主编	1958. 1
29	放射治疗学基础	（苏）A. B. 柯兹洛瓦著；缪其宏译	1959. 12
30	化学药物的化学与工艺学	（苏）M. Ц. 罗伯特・尼库著；石毓澪等译	1956. 12
31	环境卫生学	北京卫生干部进修学院环境卫生师进修班著	1959. 11
32	黄帝内经素问译释	南京中医学院医经教研组编	1959. 6
33	脊髓神经疾病与损伤诊断学	（苏）波伦斯基著；王孝忠译	1959. 12
34	阶段发育的理论和实验	（苏）李森科著；	1958. 11
35	金匮要略译释	南京中医学院金匮教研组编著	1959. 1
36	金匮要略语译	任应秋编著	1959
37	景岳全书（上）	（明）张会卿著	1959. 9
38	景岳全书（下）	（明）张会卿著	1959. 9
39	镭疗的物理基础放射性同位素	（英）威尔逊，C. W. 著；刘泰福译	1958. 1
40	临床血液学	（苏）И. A. 卡西尔斯基著；陈慧等译	1959. 8
41	临床药理学	郑瑶琴等译	1959. 4
42	流行病学讲义	（苏）斯捷潘诺夫主编	1958. 9
43	麻醉学	谢荣编著	1957. 1
44	农村粪便处理	刘志剔著	1958. 5
45	疟疾蠕虫病及其他寄生虫病防治资料	（苏）П. Г. 谢尔吉耶夫，B. M. 日达诺夫主编；易新元等译	1959. 1
46	奇效良方（上）	（明）方贤著	1959. 9
47	奇效良方（下）	（明）方贤著	1959. 9
48	青霉菌的生理和青霉素的生物合成	周家惠	1959
49	青年卫生常识讲话	危石编著	1959. 2
50	人体解剖实习	（苏）A. K. 涅恰耶娃・季亚科诺娃著；邱树华等译	1954
51	人体解剖图谱	（捷）F. 吉司，I. 森塔戈泰著	1959. 4
52	人体生理常识	雷芝芳编	1959. 4
53	日常生活的科学（第一辑）	科学普及出版社编	1958. 7

（续表）

序　号	题　名	责任者	出版年
54	三年来美英传染病学文献述要（1954—1956）	周耀南编译	1958.7
55	射线对人体的影响	（苏）A.B.柯兹洛瓦著	1959.1
56	神农本草经读	（清）陈修园著	1959.12
57	生活条件与健康	世界医学会《生活条件与健康》编辑委员会主编	1959.11
58	生活物质在组织发生和创伤恢复过程中的作用	（苏）A.H.司徒吉斯基等著；张贵寅等译	1955.3
59	生理产科学	柯应夔等著	1959.1
60	生命——高级神经活动（苏联大百科全书选译）	人民出版社	1956.1
61	生物化学与临床医学的联系	刘士豪编著	1957.8
62	生药学	王殿翔著	1959.4
63	实用医学昆虫学	姚永政编著	1956
64	寿世保元	（明）龚廷贤撰	1959
65	苏联地方病考察团文集（第1辑）	中华人民共和国卫生部编	1958
66	苏联地方病考察团文集（第2辑）	中华人民共和国卫生部编	1958
67	苏维埃社会主义共和国联盟国家药典	苏联国家药典委员会编；中国药学会上海分会译	1959.5
68	太平惠民和剂局方	（宋）太平惠民和剂局编	1959.11
69	微生物世界的斗争——抗生素发现的故事	（苏）П.С.弗烈特兰著；岚石译	1954.5
70	微生物学（中等医药学校适用）	江苏省卫生厅编	1959.6
71	微生物疫病的生化基础	陈仁傅等译	1959.6
72	卫生宝鉴	（元）罗天益著	1959.11
73	温热经纬	（清）王士雄著	1956.4
74	西药手册	中华人民共和国商业部医药局编	1959.5
75	细菌学	郑子颖著	1950.6
76	细菌学	余贺编著	1955
77	下乡上山须知——生活的科学（第一辑）	许胜文等著	1958.4
78	现存本草书录	龙伯坚编著	1957.4
79	消毒学	（苏）B.И.瓦什科夫，B.И.冈捷利斯曼编；大连医学院流行病学教研组译	1958
80	消化生理学	（苏）И.Т.库尔岑著；邝宇宽，刘泰槰译	1959.12
81	消灭的9种疾病	中华人民共和国卫生部卫生教育所编	1958.8
82	消灭性病	袁兆庄著	1956
83	新疆药材（第一辑）	新疆维吾尔自治区卫生厅药政管理处编	1959
84	新修本草	（唐）苏敬等撰	1957.9
85	血吸虫病研究文摘（1950—1958年）	卫生部医学科学研究委员会，血吸虫病研究委员会编辑小组编	1959.1
86	血液学和细胞学图谱	（德）L.海尔梅耶（L.Heilmeyer），H.贝格门（H.Begemann）著；潘瑞彭等译	1959.7

（续表）

序　号	题　名	责任者	出版年
87	药材资料汇编（下集）	中国医学会上海分会，上海市药材公司编	1959.8
88	药剂学	杨继彰等著	1957.5
89	药剂学——基本原理及操作	杨继彰等著	1956
90	药品规范（1959年）	中国药学会上海分会编	1959.9
91	药物化学教程	谢诺夫著；郑仁风译	1957
92	药物制剂手册	山东医学院药理学教研组编	1959.11
93	药物治疗反应	高浴等译	1959.3
94	药用黄耆本草学及生药学的研究	赵燏黄等著	1959.8
95	药用物理化学（药品制造技术理论）	金松寿著	1959
96	野外工作人员安全卫生手册	史玉璞等编著	1958
97	一九五六年中华医学会总会杂志总引索	中华医学会编	1958.9
98	一九五七年中华医学会总会杂志总引索	中华医学会编	1958.9
99	医学名词汇编	人民卫生出版社编	1957.12
100	医学微生物学	余贺主编；上海第二医学院微生物学教研组编	1959.1
101	医学卫生普及全书	上海第一医学院医学卫生普及全书编辑委员会编	1959.12
102	营养调查手册	陈学存著	1959.6
103	有机磷氟杀虫剂	（德）G. 希拉台尔（G. Schrader）著；孙令衔，杨青译	1954
104	原子医学	培楞编；汪绍训等译	1957
105	怎样加强记忆	卢仲衡著	1959.8
106	植物疗法	（德）迈尔（E. Meyer）著；徐佐夏译	1958
107	植物学（苏联药剂士学校教学用书）	（苏）E. A. 杜宾斯卡娅，拉乔克著；张贵寅等译	1956.4
108	中国的呼吸习静养生法	蒋维乔著	1958.6
109	中国药物学	时逸人编著	1958.12
110	中华人民共和国药典	国家药典编纂委员会编	1957.12
111	中药材手册	中华人民共和国卫生部药政管理局主编	1959.9
112	中药成方配本	苏州市卫生局编	1959.4
113	中药手册	南京中医学院中药教研组编著	1959.7
114	中药新编	丘晨波	1959.2
115	中药志（第一册）	中国医学科学院药物研究所	1957.9
116	中药志（第二册）	中国医学科学院药物研究所等编	1959.12
117	中医科研方法概论	孙国杰	1958.2
118	重修政和经史证类备用本草	（宋）唐慎微著	1957.4
119	专题文献索引——杆菌痢疾（1）	中国科学院科学技术情报研究所编	1959.5
120	组织病理标本制作法	孟朝瑞编著	1959.9

（3）1960—1969年

序　号	题　名	责任者	出版年
1	1960年上海市科学技术论文选集——医学卫生	上海市科技论文编委会	1962.8
2	本草思辩	（清）周岩著	1960.1
3	病理生理学进展（一）	潘世成，罗正曜主编	1963.12
4	病理组织标本制作技术	麦兆煌编著	1963.6
5	常用处方配制手册	甘肃省卫生局编	1963.4
6	常用农药中毒的防治	张福瑞，吕伯钦编著	1963.7
7	常用药物知识	张家铨编著	1963.3
8	超声波在医学上的应用文献汇编	中国科学技术情报研究所编	1960.1
9	超声及其治疗应用	（苏）Н.П. 克雷洛夫，В.И. 罗杰疆斯基著；陈子元，缪鸿石译	1960.6
10	传染病学与流行病学	山东医学院传染病学与流行病学教研组编	1961.9
11	动物疾病的复制：实验治疗研究用	（苏）Н.В. 拉扎列夫主编；孔道彰等译	1960
12	毒蛇与毒蛇咬伤的急救	胡步青，黄美华编著	1960.5
13	毒物分析	刘立群编著	1960
14	俄汉医学词汇	上海第一医学院外文教研组主编	1962.11
15	防空和原子化学细菌武器防护	中国红十字会编	1963.5
16	防空和战伤救护常识	中国红十字会编	1965
17	放射性同位素剂量学	（苏）Е.А. 利贝尔曼著；兰州医学院物理学教研组译	1962.5
18	放射性物质的毒理学问题	（苏）А.И. 札库琴斯基著；陆如山，张景源译	1960.7
19	放线菌	（美）S.A. 瓦克斯曼著；王大来等译	1960.1
20	肝胆胰脾手术图解	С.В. 浦司妥著；曹德生，蒋吕品译	1962.12
21	高血压病的预防和治疗	上海市高血压研究所编著	1960.4
22	工业生产中的有害物质手册（下卷第二分册）	（苏）Н.В. 拉扎列夫主编；韦庆崑译	1964.5
23	海洋细菌学	薛廷耀编译	1962.3
24	化学药理学概论	巴鲁著；王振铖译	1963.8
25	机体的备解素系统	（苏）А.А. 巴格达萨罗夫等著；王正国等译	1963.9
26	积极消灭寄生虫病	何尚浦等编	1960.4
27	激素生物合成和代谢研究中的放射性指示剂	（苏）柯里著；郑仁风等译	1961.3
28	寄生虫病文摘（1）	上海市医学科学技术情报研究站《寄生虫病文摘》编译委员会编	1963.7
29	寄生虫病研究资料汇编（1960年）	卫生部医学科学研究委员会血吸虫病研究委员会编辑小组编	1962.12
30	寄生虫学文献索引（1958年）	盛伯梁等编著	1961.8
31	寄生虫学文献索引（1959—1960年）	盛伯梁等编	1963.4
32	寄生物学	冯兰洲编撰	1960

（续表）

序　号	题　名	责任者	出版年
33	检压技术	W. W. 恩布赖特（W. W. Umbreit）等著；姚侃等译	1961. 11
34	结核分枝杆菌生物学与结核病免疫生物学	（苏）莫杰里著；章谷生等译	1963. 3
35	金匮要略浅释	山东中医学院编	1961. 1
36	抗菌素	马誉潋主编；刘颐屏等编	1963. 2
37	抗菌素的副作用	（苏）A. Л. 李波夫著；傅绍萱译	1961. 12
38	抗菌素工业分析	化学工业部上海医药工业研究所编著	1960. 11
39	抗菌素微生物效价测定法	张绪敏编	1963. 8
40	抗菌素研究（抗菌素的生产工艺）	童村，张为申著	1963. 2
41	抗菌素研究（抗菌素在农牧业上的应用）	童村，张为申著	1963. 3
42	抗菌素研究（抗菌素在医学上的应用）	童村，张为申著	1962. 12
43	抗菌素研究（新抗菌素）	童村，张为申著	1962. 12
44	抗生菌的分离及其抗菌效能的生物学检定	（苏）H. C. 叶高罗夫著；冯明霞，周本励译	1960. 7
45	岭南草药志	广东省中医药研究所，华南植物研究所编	1961. 12
46	你知道吗？（生理卫生）	韩济生等著	1963. 7
47	农村卫生学	上海第一医学院农村卫生学编辑委员会	1962. 9
48	皮肤科临床手册	杨国亮主编；周茂恒等编著	1962. 11
49	全国城市爱国卫生运动广东佛山现场会议资料选编	中央爱国卫生运动委员会办公室编	1960. 7
50	全国劳动卫生和职业病学术会议资料编	卫生部卫生防疫司，中华医学会主编	1960. 5
51	人体寄生虫学	上海第二医学院编	1961. 1
52	塞里应激学说概要	刘士豪著	1963. 9
53	神经系疾病文摘	上海市医学科学技术情报研究站《神经系疾病文摘》编译委员会编	1963. 7
54	神经系统药物化学	嵇汝运编著	1963. 4
55	生物化学检查法（临床检验工作者、生物化学工作者工作指南）	（苏）B. C. 阿萨契阿尼著；四川医学院生物化学教研组译	1960. 7
56	圣济总录（上）	人民卫生出版社编	1962. 1
57	圣济总录（下）	人民卫生出版社编	1962. 1
58	十种常见毒物检验方法	公安部第三局编	1961. 2
59	实验化学治疗方法	彼尔森主编；苏宝田等译	1963. 3
60	苏联自然资源地考察团文集	医学科学院流行病学微生物学科研所译	1960
61	卫生宝鉴	（元）罗天益著	1963. 11
62	卫生救护手册	人民军医社编	1965. 8
63	温病述要	孙纯一编	1963. 2
64	细胞病理学	魏尔啃著；林丛等译	1963. 4
65	新农药的卫生毒理及中毒临床	（苏）Л. И. 梅德维季主编；张福瑞等译	1964
66	血液学图谱	（波）W. 拉夫科维奇（W. Lawkowicz），I. 克勒惹明斯卡 · 拉夫科维奇（I. Krzeminska-Lawkowicz）著；姚立人等译	1962. 11

（续表）

序　号	题　名	责任者	出版年
67	养生之道	傅连暲编	1960. 11
68	药材学	南京药学院药材教研组编著	1960
69	药理学进展（1962 年）	张昌绍等主编	1962. 12
70	药品的化学测定法	卫生部药品检验所编	1960. 7
71	药物定量分析	（英）加拉特著；沈阳药学院药物化学教研室译	1960. 6
72	药学专题报告集	中国药学会 1962 年学术会议编辑组编	1963. 9
73	一九六三年寄生虫学专业学术讨论会论文摘要汇编	中国动物学会编辑	1964. 12
74	医效秘传	（清）叶天士述；吴金寿校	1963. 1
75	医学放射生物学	F. 埃林格著；马秀权等译	1962. 9
76	医学寄生虫	陈心陶著	1960. 2
77	医学检验技术	J. S. 西蒙斯，C. J. 根兰科夫著；翁心植等译	1962
78	医学微生物学	余贺主编	1963. 5
79	医学文摘——结核病与呼吸系病	中华医学会上海分会结核病科学会编	1962. 11
80	医学文摘——心血管疾病	医学文摘心血管疾病编委会编	1963. 1
81	医用生物学	上海第一医学院等编著	1960. 9
82	营养卫生学	刘志诚主编	1962. 8
83	预防能传染人的家畜传染病	袁梦新，叶志雄编	1960. 5
84	原生质的局部反应及扩布性兴奋	（苏）那索诺夫著；谭德培，程玠士译	1962. 11
85	原子、化学、生物武器防护医学	刘贵强主编	1963. 5
86	原子医学基本知识	叶根耀等编	1961. 5
87	职业性慢性放射线损伤	（日）后藤五郎著；刘赓年译	1965. 5
88	治疗学的药理基础	戈特曼著；谭世杰等主译	1963. 3
89	中国药学会（1962 年学术会议论文文摘集）	中国医药学会编	1963. 7
90	中华人民共和国药典（1963 年版）	中华人民共和国卫生部药典委员会编	1964. 4
91	中药志（第 3 册）	中国医学科学院药物研究所等编	1961. 2
92	中药志（第 4 册）	中国医学科学院药物研究所	1961. 9

（4）1970—1979 年

序　号	题　名	责任者	出版年
1	藏药标准	西藏、青海、四川、甘肃、云南、新疆卫生局编	1979. 12
2	常用中草药彩色图谱（第一集）	广东省植物研究所编著	1970. 1
3	常用中成药	张大宁编	1973. 11
4	地理环境污染译文集（水体污染）	中国科技情报研究所编	1973. 1
5	地理环境与污染研究（译文集）	中国科技情报研究所等编译	1974. 2

（续表）

序　号	题　名	责任者	出版年
6	电子自旋共振的生物学应用	（美）斯沃茨（Harold M. Swartz）等编；《电子自旋共振的生物学应用》翻译组译	1978. 1
7	冬春季常见传染病防治	山西医学院第一附属医院传染病科编	1975. 1
8	堆肥和粪稀的卫生检验方法	中国医学科学院卫生研究所环境卫生研究室编	1976. 4
9	防治按摩	曹锡珍编著	1976. 3
10	防治慢性气管炎工作经验汇编	卫生部《防治慢性气管炎工作经验汇编》办公室编	1976. 4
11	放射防护规定	原子能出版社编	1977. 5
12	放射免疫分析及其它放射体外测定方法（1975 年会议资料选编）	《放射免疫分析及其它放射体外测定方法》编辑组编辑	1976. 7
13	放射生物学和核医学文集	原子能出版社编	1977. 2
14	实用诊断知识（工农知识青年自学读物）	吉林医科大学编	1977. 3
15	公害引起的疾病	（日）和田攻编	1974. 1
16	公害与农业（国外公害资料）	《公害与农业》编译组编	1976. 1
17	汞中毒的防治	潘骏千编	1974. 6
18	固相酶与亲和层析	袁中一等编著	1975. 4
19	贵州的毒蚊及蚊伤防治	遵义医学院生物学组编	1977. 8
20	国外农药公害与防治措施	上海科技情报研究所编	1974. 2
21	活细胞	（美）F. 雅各布等著	1974. 5
22	基础医学问答（内分泌系统）	河北新医大学《赤脚医生参考丛书》编写组编	1977. 6
23	基础医学问答（生殖系统）	河北新医大学编	1976. 4
24	基础医学问答（血液系统）	河北新医大学编	1976. 7
25	急性中毒	青岛医学院编	1976. 12
26	近视、远视、散光	孙晓琴著	1975. 6
27	抗菌素生物理化特性（第一分册）	《抗菌素生物理化特性》编写组编	1977. 2
28	临床肿瘤细胞学图谱	中国医学科学院肿瘤研究所细胞学室等编	1976. 5
29	酶法分析	（美）吉尔鲍特著；缪辉南译	1977. 3
30	民间简易疗法	胡海天编	1975. 1
31	凝胶层析法及其应用	袁静明著	1975. 5
32	农村妇女卫生常识问答	林巧稚等编	1973. 2
33	农药公害问题与对策	（日）八田贞义著；中国农林科学院科技情报所译	1976. 5
34	农业劳动卫生	李才广编	1976. 2
35	青藏高原药物图鉴（第一册）	青海省生物研究所编	1972. 9
36	青春期卫生	谢柏樟著	1974. 3
37	全国中草药汇编（上册）	《全国中草药汇编》编写组编	1975. 9
38	全国中草药汇编彩色图谱	《全国中草药汇编》编写组编	1977. 2
39	人体形态功能学（下册）	上海第一医学院华山医院	1976. 5
40	人体中子组织剂量	（苏）B. Г. 佐洛图欣等著；蒋洪第译	1979. 1

（续表）

序　号	题　名	责任者	出版年
41	山西中草药	山西省革命委员会卫生局主编	1972. 1
42	伤寒贯珠集	（清）尤在泾注	1978. 2
43	沈绍九医话	成都中医院主编	1975. 11
44	生命发展的辩证法	方宗熙，江乃萼著	1976. 1
45	实用听诊手册	哈尔滨市科学技术情报研究所编	1974. 12
46	实用肿瘤细胞学	上海市肿瘤医院病理科编著	1975. 1
47	食品毒理	上海市第一医学院等主编	1978. 12
48	食品卫生	上海市卫生防疫站《食品卫生院》编写小组编	1976. 7
49	食品卫生检验方法（微生物学部分）	卫生部颁布	1976. 1
50	水质分析法	中国医学科学院卫生研究所	1974. 5
51	天花粉蛋白的研究及其应用	汪绍福等编著	1979. 5
52	微生物学	成都中医学院主编	1979. 8
53	心血管疾病的诊断与治疗	杨兴生，孙静平编	1976. 12
54	新疆农村饮水卫生	李明奎主编	1978. 9
55	新英汉医学大辞典	《新英汉医学大辞典》编写组编	1976. 2
56	胸部透视诊断手册	邱祖荫编	1975. 4
57	学习如何改善营养	（英）里奇著	1979
58	药物与方剂	陈育鸣著	1978. 7
59	药用植物资料防治老年慢性气管炎	中国科学院植物所等编	1972. 4
60	液体疗法	广西壮族自治区百色地区革委会卫生局主编	1976. 12
61	英汉免疫学辞典	广西医学院微生物学教研组编	1979. 2
62	英汉医学常用词汇	上海第二医学院外文教研组编	1974. 5
63	英汉医学及生物学词素略语词典	青岛医学院病理教研组等编译	1977. 1
64	与心脏病作斗争	黄宛著	1976. 11
65	玉溪中草药	云南省玉溪地区革委会卫生组编	1971
66	在烟雾中生活	（日）外山敏夫，香川顺著；燃化部化学工业设计院译	1973. 6
67	怎样观察染色体	北京师范大生物系编	1975. 3
68	怎样正确使用青霉素、链霉素	上海第一医学院华山医院编	1974. 11
69	针灸	河北新医大学编	1975. 4
70	真菌毒素研究进展	孟昭赫等主编	1979. 4
71	职业照射内污染辐射剂量的估算（1968年）	肇恒元，董柳灿译	1975. 6
72	职业中毒检验	周恒铎主编	1976. 8
73	中草药成分化学	林启寿	1977. 5
74	中草药新医疗法展览资料选编	湖南省革命委员会卫生局	1970. 1
75	中草药应用	中医研究院中药研究所《中草药应用》编写组编	1978. 4
76	中药鉴别手册（第二册）	卫生部药品生物制品检定所，中国科学院植物研究所编	1979. 2

（续表）

序号	题名	责任者	出版年
77	中药研究文献摘要（1962—1974年）	刘寿山	1979.3
78	中医临床基础	北京医学院编	1976.12
79	中医医案八十例	河北新医大学编	1976.1
80	专题资料目录（废水的利用和处理）	中国科学技术情报研究所编	1974.2

（5）1980—1989年

序号	题名	责任者	出版年
1	保健饮料——海宝茶菌	袁洪业著	1981.8
2	本草纲目拾遗	（清）赵学敏著	1983.1
3	病毒学实验诊断技术	戴华生，江西省科学技术情报所编	1980.2
4	常用药物手册	梁秉志编	1987.3
5	大众药膳	彭铭泉编	1989.4
6	蛋白质食物的营养评价	（美）P. L. 佩利特（Peter L. Pellett），V. R. 扬（Vernon R. Young）主编；范文洵等译	1984.12
7	德汉医学词汇	武汉医学院《德汉医学词汇》编写组编	1985.8
8	德英汉医学词汇	唐哲，彭明江等编	1984.12
9	第四次全国抗生素学术会议论文集（上册）	《第四次全国抗生素学术会议论文集》编辑委员会编	1984.12
10	电离辐射剂量学	李士骏编著	1981.12
11	毒理实验中实验动物各种指标的正常值	（苏）H. M. 特拉赫金别尔格等编著；李甡等译	1984.1
12	俄汉医学词汇	王重稼等	1989.7
13	儿科疾病中西医结合防治学（下册）	姚枫梧著	1980.9
14	防癌食品知识介绍	卢云峰编著	1989.8
15	放射免疫测定和其它配基测定方法——基础理论及操作指导大纲	（美）特拉维斯著；王振纲等译	1982.1
16	放射免疫测定基础	尹伯元编著	1985.8
17	放射敏感性和剂量的空间分布	刘增鼎等译	1982.8
18	放射损伤临床	孙世则等编	1983.6
19	放射损伤学	刘及等编著	1981.1
20	放射性核素临床研究中患者的防护（国际放射防护委员会报告书）	陈常茂等译	1981.11
21	辐射免疫学	刘树铮编著	1985.3
22	辐射与营养	方允中，赖业馥著	1989.4
23	妇女健康之友	中央人民广播电台科技组，科学普及出版社编辑部编	1980.11
24	各行各业用气象——健康	黄高平编	1988.1
25	国际放射防护委员会关于把剂量保持在不难达到的坐地水平建议的含义	毛焕章译；宋绍仪校	1981.9

（续表）

序号	题名	责任者	出版年
26	果蔬食疗	仇志荣，陆美英编	1988.8
27	汉维英医学词汇（试用本）	新疆人民卫生出版社《汉维英医学词汇》编写组编	1983.1
28	汉英常用医学词汇	第二军医大学科技情报室编	1984.9
29	汉英常用医学词汇	谢斌午等编	1985.6
30	汉英医学大词典	《汉英、汉法、汉德、汉日、汉俄医学大词典》编纂委员会编	1987.1
31	核武器爆炸对人的远期影响	李春海编	1981.8
32	红茶菌	段葆兰编著	1982.2
33	红茶菌与健康长寿	《食品科技》杂志社编	1981.7
34	环境医学——内部发行	胡汉昇等编	1981
35	黄曲霉毒素	居乃琥编	1980.1
36	基础医学问答（感官、皮肤和运动系统）	河北新医大学《赤脚医生参考丛书》编写组编	1987.1
37	激光在医学和生物学中的应用	（美）沃尔巴什特著；刘普和等译	1983.11
38	激素和我们的身体	（英）A. S. 梅森（A. Stuart Mason）著；王霖译	1982.7
39	激素作用	（美）马尔金森著；张漪，方玉珍译	1980.7
40	剂量及其时间分布对低 LET 辐射剂量——效应关系的影响	沈恂译著	1988.9
41	家庭护理	王琇瑛编	1984.8
42	家庭卫生顾问	北京科学技术普及创作协会《家庭卫生顾问》编委会编	1980.5
43	家庭卫生一百讲	天津人民广播电视台科技组编	1982.2
44	家庭医学全书	复旦大学上海医学院《家庭医学全书》编委会编	1982.1
45	家庭医药指南	游孟高主编	1981.1
46	家庭营养知识	刘冰容主编	1985.9
47	简明英汉医学缩略语词典	刘中元，谢斌午编	1982.7
48	健康与长寿	左林，裴植主编	1981.1
49	健康与食物	马文飞著	1988.1
50	健康之友	李宗浩等著	1981.8
51	精神分析引论	（奥）弗洛伊德著；高觉敷译	1984.11
52	竞争放射分析（1979 年全国竞争放射分析技术交流会议论文选编）	王世真主编	1981.9
53	抗癌本草	常敏毅编著	1987.4
54	抗癌食药本草（上卷）	金有景主编	1989.12
55	抗生素	徐积恩，朱明珍编	1982.8
56	抗生素	王嶽，方瑞金主编	1988.4
57	可燃性放射性废物的焚烧（译文集）	《可燃性放射性废物焚烧》翻译组译	1984.3
58	拉汉医学词汇	谢大任，张廷琚，王佩侠编	1981.9
59	老年生活指南	上海文化出版社编	1986.8

（续表）

序　号	题　名	责任者	出版年
60	粮食营养与人体健康	李庆龙，柯惠玲编著	1984. 2
61	免疫病理学的分子与细胞基础	候建存著	1984. 8
62	免疫生物化学	（日）尾上薰等著；陈仁等译	1983. 6
63	灭鼠	骆玉斌编著	1985. 3
64	名医别录	（梁）陶弘景编；尚志钧校	1986. 6
65	凝集素	孙册等编著	1986. 4
66	农家保健问答	韩绍安编	1984. 4
67	跑步使你健康	张焱著	1984. 8
68	气功治疗二十九种慢性病	李国章等编	1989. 4
69	气相色谱法在微生物学和医学中的应用	周方，朱厚础译	1984. 8
70	全国县以上医院名录	《全国医院名录》编辑组编	1985. 12
71	染色体处理	C. D. 达林顿（C. D. Darlington），L. F. 拉柯（L. F. LaCour）著；姚璧君等译	1982. 9
72	染色体及其研究方法	李国珍主编	1985. 2
73	染色体遗传学	（英）H. 里斯（H. Rees），R. N. 琼斯（R. N. Jones）著；张励令译	1983. 5
74	染色质的结构与功能	王幽兰等译	1981. 6
75	人类染色体和基因	张敦厚编	1984. 1
76	人类生化遗传学原理	（英）H. 哈里斯著；沈若谦等译	1981. 1
77	人体维生素 A、铁、叶酸和维生素 B12 的需要量	联合国粮食及农业组织编	1989
78	人体与辐射	（美）诺曼 A. 弗里格里奥著；张关铭译	1981. 8
79	人体之谜	王义炯编	1988. 8
80	人与生物圈	阳含熙著	1982. 3
81	日汉公害辞典	王兴阁编	1985. 6
82	日汉医学词汇	王有生主编	1987. 1
83	日英汉药名词汇	徐达华等编著	1989. 8
84	伤寒萃要	邵余三著	1981. 5
85	蛇毒的生化、毒理和应用	陈远聪，李文杰主编	1983. 7
86	生化药物《药品集》（第七分册）	华东化工学院编	1984. 3
87	生活顾问——家庭卫生知识	湖北省卫生防疫站编	1980. 9
88	生活医学指南	丁震等编	1983. 3
89	生活与气候	汪奕琮等编著	1984. 2
90	生命衰老长寿	王天胜编	1982. 3
91	生物化学（供中医、针灸专业用）	齐治家等主编	1985. 11
92	生物化学译丛（第二辑）	上海第一医学院等编	1980. 7
93	生物活性化合物的放射免疫测定法	（美）帕克著；曹梅讯等译	1981. 4
94	生物活性天然产物	（德）瓦格纳，沃尔夫编；中国科学院上海药物研究所译	1981. 6
95	生物活性天然物质	（日）柴田承二等编；杨本文译	1984. 2
96	生物膜与疾病	（日）野译义则，香川靖雄著；杨畔农译	1985. 2

（续表）

序 号	题 名	责任者	出版年
97	生物统计在药理学中的应用	徐瑞正编著	1986.1
98	食品微生物学检验方法提要	（美）斯佩克主编；何晓青等译	1982.12
99	食品卫生工作手册	郑鹏然编	1985.4
100	食品与健康	（美）西奥多·拉布扎著；侯开宗译	1982.2
101	世界卫生论坛（第4卷第3期）	世界卫生组织编	1984.6
102	世界卫生论坛（第7卷第4期）	世界卫生组织编	1987.7
103	蔬菜的食疗	顾智章，陈瑛编著	1989.11
104	蔬菜与健康	高士良编	1988.6
105	蔬菜与健康长寿	徐敬武，白膺编著	1989.12
106	蔬食斋随笔（第一集）	聂凤乔著	1983.5
107	鼠类、鼠害及其防治	赵肯堂，郑智明编著	1986.1
108	水飞蓟的综合利用	水飞蓟的综合利用课题组编	1980.1
109	糖尿病——世界卫生组织糖尿病专家委员会第2次报告	蒋国彦译	1982.3
110	天气与健康	夏廉博编	1984.6
111	土壤卫生监测检验方法	中国医学科学院卫生研究所等编	1985.4
112	退休离休生活手册	《退休离休生活手册》编写组编	1983.9
113	退休者保健与生活指南	余荣华著	1984.3
114	退休者生活顾问	《退休者生活顾问》编委会编	1983.2
115	外部源致电离辐射的防护	陈常茂译	1981.9
116	维生素及其分析方法	聂洪勇等编著	1987.9
117	维生素手册	（英）玛克斯著；郑学昌等译	1981.1
118	蚊虫综合防治	陆宝麟著	1984.8
119	稳定同位素分析法	赵默田编著	1985.1
120	我的特异功能	（美）尤里·盖博著；陆锦林，谭树杰译	1987.9
121	西汉医学词汇	仇新年编	1985.11
122	细胞免疫研究和临床应用	章谷生编	1980.2
123	消毒杀虫灭鼠手册（包括其他医学动物防治）	《消毒杀虫灭鼠手册》编写组编	1985.5
124	血流动力学	吴再彬	1981.1
125	血型与人生	（日）能见正比古，能见俊贤著；俞家玲编译	1988.9
126	牙痛的原因及防治	陈永华编	1980.2
127	养生气功学	林海编著	1987.3
128	医学昆虫的综合防治	欧阳际群编	1986.1
129	医学昆虫学	冯兰洲著	1983.6
130	医学生英汉词典	徐仁骥主编	1988.5
131	医学文献检索工具实习与指导	李占兵，王一煦编著	1987.9
132	饮食与健康	刘敬文编译	1988.2
133	英（拉）汉药学词汇	顾雪裘主编	1985.6
134	英汉病毒学辞典	单佩华主编	1987.5

（续表）

序号	题名	责任者	出版年
135	英汉常用医学词汇	《英汉常用医学词汇》编纂小组编	1982.1
136	英汉妇产科词典	曹泽毅主编	1989.3
137	英汉妇产科学计划生育词汇	俞霭峰主编	1989.1
138	英汉核医学词汇	王世真主编	1986.9
139	英汉免疫药理学词汇	郑有顺编译	1989.5
140	英汉药物词汇	刘有常编著	1986.9
141	英汉药学词汇	《英汉药学词汇》编写组编	1984.7
142	英汉医疗器材与生物医学工程学词汇	方军编	1985.6
143	英汉医学辞典	陈维益等编	1984.5
144	英汉医学放射学词汇	吴恩惠等编	1987.11
145	英汉医学寄生虫学词汇	王永祥，徐贞光主编	1983.5
146	英汉医学检验词汇	谷乃文编	1988.6
147	英汉医学微生物学词汇	余贺主编	1989.3
148	英汉医用词素手册	冯连元主编	1985.9
149	英汉营养科学词典	隋志仁主编	1989.11
150	英汉预防医学词汇	金宝善主编	1985.3
151	营养改善干预措施的选择手册	食品政策及营养处营养计划科编	1983
152	有机药物配伍变化的化学键理论基础	周维书编著	1982.12
153	遇险生存	陆惠良编	1984.9
154	杂交瘤细胞核单克隆抗体实验技术	许迁贵译；孔昭敏校	1982.11
155	植物神经系统疾病学	张建南等编	1983.2
156	植物药有效成分手册	国家医药管理局中草药情报中心编	1986.3
157	中国历代名医传	陈梦赉编著	1987.1
158	中国气功心理学	王极盛著	1989.5
159	中国外科年鉴（1984年）	《中国外科年鉴》编辑委员会编	1985.2
160	中国卫生年鉴（1983年）	《中国卫生年鉴》编辑委员会编	1984.2
161	中国卫生年鉴（1984年）	《中国卫生年鉴》编辑委员会编	1985.3
162	中国卫生年鉴（1986年）	《中国卫生年鉴》编辑委员会编	1987.6
163	中国卫生年鉴（1987年）	《中国卫生年鉴》编辑委员会编	1987
164	中国现代名医传（一）	黄树则主编	1985.1
165	中国现代医学	四川医学院主编	1985.3
166	中国现代医学家传略	李向明等编	1984.2
167	中国现代医学文献摘编（第2卷第1期）	浙江医科大学编	1983.8
168	中国现代医学文献摘编（第3卷第1期）	浙江医科大学编	1984.12
169	中国药学年鉴（1983—1984年）	《中国药学年鉴》编辑委员会编	1985.12
170	中国药学年鉴（1985年）	《中国药学年鉴》编辑委员会编	1987.8
171	中国药用孢子植物	丁恒山著	1982.8
172	中国药用地衣	魏江春等著	1982.11
173	中国医学百科全书（病毒学）	黄祯祥主编	1986.1
174	中国医学百科全书（精神病学）	夏镇夷主编	1982.2

（续表）

序　号	题　名	责任者	出版年
175	中国医学科学年鉴（1984年）	中国医学科学年鉴编辑委员会编	1984.6
176	中国重要医学动物鉴定手册	陆宝麟主编	1982.8
177	中华人民共和国药典	中华人民共和国卫生部药典委员会编	1980.12
178	中华人民共和国药典（1985年版第二部）	中华人民共和国卫生部药典注释委员会编	1988.8
179	中华人民共和国药典（1985年版第一部）	中华人民共和国卫生部药典委员会编	1985.8
180	中华人民共和国药典（1985年增补本）	中华人民共和国卫生部药典委员会编	1988.8
181	中华人民共和国药品管理法	法律出版社编	1985.3
182	中年保健	余荣华主编	1985.6
183	中药研究文献摘要（1975—1979年）	刘寿山编	1986.2
184	中医大辞典（中药分册）	《中医大辞典》编辑委员会编	1982.1
185	中医年鉴（1983年）	上海中医学院主编	1984.5
186	中医年鉴（1984年）	上海中医学院主编	1985.2
187	中医年鉴（1985年）	上海中医学院主编	1986.6
188	中医年鉴（1988年）	上海中医学院主编	1989.8
189	肿瘤的放射生物学	（日）坂本澄彦著；郝凤鸣，李冬华译	1981.9
190	主要食品成分的辐射化学——关于辐射食品卫生安全性的评价	伊莱亚斯（P. S. Elias），科恩（A. J. Cohen）主编；陈祖荫译	1982.6
191	祝你健康——生活中的一些卫生问题	R. E. 格劳特等著；朱进宁，方玉珍译	1982.6
192	祝您精神健康	《大众医学》编辑部编	1987.12
193	最大能量为0.6—50MeVX射线和r射线的辐射剂量学	张之彬译	1982.5
194	最新英汉医学药学微生物学辞典	戴华生主编	1992.6

（6）1990—1999年

序　号	题　名	责任者	出版年
1	癌症自然疗法——现代奇迹加滕式疗法的真相	（日）加藤清著；（中国台湾）吴荣炎译	1992.8
2	百病气功自疗法	吴心，吴翼编	1992.3
3	百病食疗偏方1100	周鸿飞等编	1992.3
4	病象与疾病	高渌纹编	1993.8
5	防癌必读	李承山等编著	1992
6	风湿病防治130问	陈艳，黄佳娜编著	1992
7	风湿类疾病的防与治	白人骁，应森林编著	1993.2
8	高级医学英语教程	胡德康主编	1993.8
9	果品食疗	汪景彦主编	1991.8
10	果蔬疗法大全	陈泗传主编	1992.1
11	果蔬营养与药用	仇志荣编著	1992.4
12	海鲜野味与祛病健身	汤宽泽编	1993.12
13	汉法常用医学词汇	孙艮生编	1990.1

（续表）

序　号	题　名	责任者	出版年
14	汉法医学大词典	汉英、汉法、汉德、汉日、汉俄医学大词典编委会编	1992. 9
15	汉日医学大词典	汉英、汉法、汉德、汉日、汉俄医学大词典编委会编	1993. 6
16	汉英双解实用中医词汇	王宝祥，董雪梅主编	1993. 1
17	护肤美肤与皮肤病防治 160 问	乐光熙等编著	1991. 7
18	家庭百病自我治疗与护理大全	范正祥主编	1991. 7
19	家庭保健 150 问	金先道编	1992. 7
20	家庭防癌抗癌知识手册	薛君武等编	1992. 4
21	家庭颈肩腰腿痛推拿	张世明著	1992. 12
22	家庭营养大全	顾奎琴主编	1991. 1
23	家庭用药知识 240 问	李健康编著	1992. 1
24	家庭用药指南	张彬等主编	1992. 12
25	健康 4 绝招	立群，庆华编著	1992. 9
26	名老中医肿瘤验案辑按	李济仁主编	1990. 6
27	男子性功能障碍与不育	樊中州编著	1991. 7
28	人体营养与社会营养学	李静主编	1993. 12
29	乳腺癌防治与自我检查	金宗浩著	1992. 1
30	生活中 500 个禁区	韩枫主编	1993. 7
31	生理系统的建模理论与方法	徐振耀著	1993. 8
32	实用食品卫生	（日）河端俊治等编著；张洪祥等译	1992. 8
33	实用药物分析化学	许瑞庭编著；严济祥审	1992. 12
34	实用药学辞典（Practical Pharmaceutical Bcience）	周廷冲主编	1991. 1
35	食品营养成分表	（日）香川绫主编；刘海燕，郑德中译	1992. 6
36	食物成分表（全国代表值）	中国预防医学科学院营养与食品卫生研究所编著	1991. 8
37	蔬菜与健康（修订版）	高世良编	1991. 12
38	水果蔬菜的保健价值与食用禁忌	敏涛等编	1992. 5
39	新汉英医药学词汇	李世俊主编	1993. 5
40	新英汉医学词典	丁震主编	1992. 6
41	延缓皮肤衰老的奥秘	王耀发，张红锋编	1992. 5
42	药毒物检验手册	日本法医学会著；范垂昌，刘俊亭译	1992. 12
43	药物新用千题	刘瑞杰，李玉春主编	1993. 3
44	医技科室诊疗技术	谢立信主编	1991. 11
45	医学英语会话	董力争主编	1992
46	医用多元分析	史秉璋等编	1990. 5
47	英汉现代医学药学词海	蒋谷人主编	1991. 7
48	英汉医学略语大词典	胡渝生，郭日典编	1994. 5
49	支气管哮喘的基础与临床	刘又宁，李峻亨主编	1991. 12
50	中国家庭经穴按摩	王传贵著	1992

（续表）

序　号	题　名	责任者	出版年
51	中国卫生年鉴（1989 年）	《中国卫生年鉴》编辑委员会编	1990. 2
52	中华民间秘方大全	进生等编	1992. 8
53	中老年营养与食疗	谢雁鸣等编	1991. 12
54	中外膳食结构比较与合理膳食	毛礼钟编	1990. 2
55	自我测病指南	（日）吉川博通著；葛薇，何平译	1991. 3
56	最新英汉医学药学微生物学辞典	戴华生主编	1992. 6

S　农业科学

本《馆藏图书资料目录》第二册共收编农业科学类图书书目 8 858条。收编的图书书目主要包括 S1 农业基础科学、S2 农业工程、S3 农学、S4 植物保护、S5 农作物、S6 园艺、S7 林业、S8 畜牧动物医学、S9 水产渔业等九大类。其中，收编 S1 农业基础科学类图书书目 1 984条，S2 农业工程类图书书目 807 条，S3 农学类图书书目 588 条，S4 植物保护类图书书目 1 129条，S5 农作物类图书书目 1 701条，S6 园艺类图书书目 1 152条，S7 林业类图书书目 417 条，S8 畜牧动物医学类图书书目 962 条，S9 水产、渔业类图书书目 118 条。其中，1949 年以前出版的农业科学类图书书目 229 条，1950—1959 年 2 489条，1960—1969 年 1 402条，1970—1979 年 1 046条，1980—1989 年 2 804条，1990—1999 年 888 条。详见下表：

本《目录》收录的九大类农业科学类图书各年代图书数量统计表

类别 / 年代	S1	S2	S3	S4	S5	S6	S7	S8	S9	合计
1949 年前	47	5	21	14	48	24	14	51	5	229
1950—1959 年	564	301	152	301	581	242	95	235	18	2 489
1960—1969 年	311	177	70	153	238	105	88	244	16	1 402
1970—1979 年	276	129	79	168	203	84	42	53	12	1 046
1980—1989 年	607	163	207	371	480	486	156	288	46	2 804
1990—1999 年	179	32	59	122	151	211	22	91	21	888
合计	1 984	807	588	1 129	1 701	1 152	417	962	118	8 858

S1　农业基础科学

本部分共收编农业基础科学类图书书目 1984 条。其中，收编 1949 年以前出版的该类图书书目 47 条，1950—1959 年 564 条，1960—1969 年 311 条，1970—1979 年 276 条，1980—1989 年 607 条，1990—1999 年 179 条。具体目录如下。

（1）1949 年以前

序　号	题　名	责任者	出版年
1	博罗、惠阳土壤调查报告	刘茂青，刘天乐，黎旭祥等编	1936
2	出席国际土壤学大会暨沿途考察农业与农业教育概况报告书	邓植仪著	1935. 12
3	东莞县土壤调查报告书	国立中山大学广东土壤调查所编	1934. 1
4	堆肥新编	邓崇岱著	1935
5	肥料学	李秋新编	1933
6	肥料学	彭家元著	1936. 1
7	甘肃西北部之土壤	马溶之著	1938. 4
8	广东化学肥料营业施用概况调查报告书	苏旭光	1933. 9
9	广东省中部土壤约测报告	潘德顿著	1933. 5
10	广东土壤提要（初集）	邓植仪著	1934. 5
11	广东重要土壤肥沃度概述	彭家元著	1934. 7
12	广西柳江县土壤概要	李连捷著	1940. 1
13	广西邕宁之土壤	李连捷著	1936. 1
14	哈尔滨土壤约测	潘德顿，陈伟，常庆隆等著	1935. 7
15	河北省定县土壤调查报告	侯光炯，朱莲青，李连捷等著	1935. 9
16	湖南长沙湘潭湘乡衡山四县之土壤	周昌芸著	1937. 9
17	江苏省东部盐渍三角洲区土壤约测	梭颇，侯光炯著	1934. 5
18	江苏省句容县土壤调查报告	周昌芸，李连捷，陈恩凤等著	1934. 8
19	南海县土壤调查报告书	国立中山大学广东土壤调查所编	1933. 12
20	农声汇刊（土壤肥料论丛）	张农，翟克编	1934. 11
21	农业气象学	陈遵妫撰	1936. 12
22	农艺化学浅谈	张继龄编著	1922
23	农作物施肥法原理	王世中著	1946. 2
24	欧美农业史	（美）格剌斯（N. S. B. Gras）著；万国鼎译	1935. 2
25	琼崖各县农业概况调查报告	国立中山大学	1937. 5
26	山东省土壤纪要	梭颇，周昌芸著	1936. 5
27	山西大同区土壤报告	潘德顿，常隆庆，陈伟，侯光炯著	1933. 2
28	山西省土壤概述	穆懿尔著	1935. 4

（续表）

序　号	题　名	责任者	出版年
29	实用肥料分析法	赵云梦著	1941.9
30	实用农艺化学	鲁葆如编	1947.1
31	四川成都区土壤约测	朱莲青著	1937.2
32	绥远萨拉齐区土壤报告	潘德顿，常隆庆，陈伟，侯光炯著	1932.5
33	台湾农业气候	陈正祥著	1948.1
34	土地改良法	万国鼎著	1933.9
35	土壤分类及土壤调查	谢家荣著	1931.3
36	土壤分析法	李庆逵等著	1937.2
37	土壤学	褚乙然著	1948.8
38	土壤学概要	关丰太郎著；蓝梦九等译	1946.12
39	土壤学之新发展	（德）拉茨（W. Laatsch）著；王世中译	1947.9
40	渭河流域土壤调查报告	周昌芸，张乃凤等著	1935.4
41	研究中国土壤分类应取之途径	侯光炯著，国立北平研究院地质学研究所	1938.5
42	中国北部及西北部之土壤	梭颇，侯光炯著	1935.7
43	中国土壤的酸度和碳酸钙含量	李庆，鹿笃伊著	1936.9
44	中国土壤——概观之实地考察	萧查理著	1931.2
45	中国盐渍土之分类及其概性	熊毅著	1938.4
46	中国之土壤	梭颇著	1936.12
47	中文土壤名词试草	侯光炯主编	1935.4

（2）1950—1959 年

序　号	题　名	责任者	出版年
1	132 种土化肥	农垦部干部学校编	1959.2
2	1949—1955 年主要研究资料简编	华北农业科学研究所编	1956.12
3	1954 年研究工作总结	华东农业科学研究所编	1955.9
4	1955 年研究工作总结	华东农业科学研究所编	1956.1
5	1956—1957 年全国农业发展纲要修正草案讲话	中央人民广播电台编	1958.4
6	1956 年—1957 年全国农业发展纲要草案通俗讲话	解放军日报编辑室编	1956.5
7	1956 年农业试验研究会议会刊（新疆维吾尔自治区）	新疆农业科学研究所编	1956
8	1957 年研究工作简报	华东农业科学研究所编	1958.4
9	1958 年主要研究成果介绍	中国农业科学院陕西分院汇编	1959.1
10	1959 年海南区旱造农业技术经验汇编	广东省海南行政公署农业处编	1959.1
11	40 年来苏联农业的变化	（苏）И. В. 阿尼西莫夫著；周振华等译	1959.5
12	安徽积肥经验（第一集）	中共安徽省委编辑室	1958.9
13	安徽农民积肥十字诀（烧熏）	中共安徽省委编辑室	1958.1
14	安徽农民积肥十字诀（挖换扫）	中共安徽省委编辑室	1958.1

（续表）

序　号	题　名	责任者	出版年
15	安徽农民积肥十字诀（沤铲）	中共安徽省委编辑室	1958. 1
16	安徽农民积肥十字诀（堆拾捞）	中共安徽省委编辑室	1958. 1
17	澳洲土壤地理概论	（苏）格拉佐斯卡娅著；李世玢译	1959. 3
18	把戈壁变为绿洲	新疆人民出版社编	1959. 2
19	办好农业技术指导站	东北农业局农机站管理处编辑	1954. 1
20	保持水土发展生产	赵作为编著	1958. 7
21	便民图纂	（明）邝璠著，石声汉，康成懿校注	1959. 11
22	便民图纂（二）	（明）邝璠著	1959. 9
23	便民图纂（三）	（明）邝璠著	1959. 9
24	便民图纂（四）	（明）邝璠著	1959. 9
25	便民图纂（一）	（明）邝璠著	1959. 9
26	玻璃肥料	吴家欣，范震先，巫振群编著	1959. 2
27	补农书研究	陈恒力编著	1958. 1
28	草饼的制法和用法	安徽农业厅土壤肥料处编	1958. 8
29	草木灰及其施用	（苏）П. П. 索洛维也夫著；游修龄译	1955
30	草炭干馏法	黑龙江省农业科学研究所土肥系著	1958. 12
31	年产100吨（高炉法）明矾石制钾肥小型定型设计	化学工业部化学工业设计院编	1958. 11
32	陈敷农书	（宋）陈敷著	1956. 1
33	赤霉素	中国农业科学院编	1959
34	赤霉素	甘扬声，何德星	1959. 2
35	川滇农牧交错地区农牧业地理调查资料	赵松乔等编	1959. 11
36	从齐民要术看中国古代的农业科学知识	石声汉编著	1955. 12
37	大搞土化肥的经验	江苏工商业厅，农林厅	1958. 7
38	大力改良土壤争取农业更大丰收	河南农业厅编	1958. 4
39	大兴农田水利，改进灌溉管理	新疆人民出版社编辑	1958. 8
40	大学肥料学 附实验指导	钟与正著	1951. 8
41	氮素化学肥料	李明，任德兰编	1958. 8
42	低洼地区改造的经验	河北省农林厅	1957. 1
43	第一个五年计划中的农业	王耕今著	1956. 1
44	东南欧农业的社会主义改造	蒋学模著	1950
45	冬小麦播种期与生长发育条件的农业气象鉴定	宛敏渭，刘明孝等著	1958. 12
46	多部门的库班集体农庄	（苏）Б. В. 克列门托夫著；华彬译	1955. 12
47	俄华农业辞典	东北农学院	1958. 1
48	发展黄麻、蓖麻生产	中共广东省委办公室	1958. 4
49	发展农业与社会主义工业化	华恕编著	1955. 5
50	放射性同位素在农业和生物学上的应用	苏联和平利用原子能科技展览会上海学委会编	1959. 5
51	肥料	李正毅编著	1958. 5

（续表）

序　号	题　名	责任者	出版年
52	肥料	金开著	1955
53	肥料实用技术参考手册	湖北省农业厅粮食生产处，湖北省商业厅生产资料经营管理处编	1958.9
54	肥料手册	马复祥编	1958.6
55	肥料学	云南科技普及协会编	1958
56	肥料学	彭家元著	1951.9
57	肥料学讲义	中华人民共和国农业部干部学校	1958.8
58	肥料在提高单位面积产量方面的作用	（苏）Н.Д. 斯米尔诺夫著；杨晴雪译	1959
59	肥料志	中华人民共和国农业部编	1958.9
60	粪尿厨废物及沟渠污泥混合发酵试验	日本神户市卫生部著；湖北省工业厅生物能利用研究组译	1958.5
61	福建省农业科学研究十年成就	福建省农业科学研究所	1959.1
62	改革耕作制度的初步经验	经济资料编辑委员会编	1957.1
63	改良土壤	王凤齐编著	1958.7
64	甘肃水土保持（1）	甘肃省农林厅水利局编	1957.12
65	甘肃水土保持（2）	甘肃省农林厅水利局编	1957.12
66	高产志	中华人民共和国农业部编	1958.9
67	高等教育赴苏访问团农林组访问工作报告	《高等教育赴苏访问团农林组》编	1957.5
68	各种肥料的三要素含量	江苏省农林厅畜牧肥料局编	1958.6
69	各种肥料的三要素含量及其分析法	乔生辉编著	1958.1
70	各种绿肥作物介绍	中国科学院华南植物研究所等编	1958.11
71	耕地土壤普查鉴定工作教材	新疆土壤普查鉴定委员会办公室编	1959
72	耕作学	北京农业大学等编	1951.9
73	关于进一步发展苏联农业的措施	人民出版社编	1954.2
74	关于苏联生物物理学在农业中的成就和任务的科学会议论文集	（苏）A.M. 库津主编	1957.12
75	馆藏肥料书目	北京图书馆参考研究组编	1958.9
76	馆藏农林技术书目（初编）	首都图书馆编	1958.9
77	馆藏农林技术书目（续编）	首都图书馆编	1958.9
78	馆藏农业土壤、农田水利、植物选种、植物病虫害书目	南京图书馆	1958.7
79	馆藏水利书目	北京图书馆参考研究组编	1957.4
80	馆藏中日文农业图书目录	河北农业大学图书馆编	1959.4
81	管子地员篇校释	夏纬瑛校译	1958.5
82	灌溉量水手册	张景深编著	1957
83	灌溉土地盐渍化与沼泽化的防治	（苏）B.A. 莎乌绵著；天津大学水利系土壤改良教研室译	1956
84	灌溉用的配水和量水建筑物	（苏）B.Я. 波波娃著；林昭等译	1956
85	广东省番禺县土壤鉴定	番禺县社会主义建设规划委员会等编	1959.3
86	广东省改良土壤平整土地典型经验	中共广东省委办公厅编	1958.12
87	广东省高要专区土壤肥料展览会专辑	高要专区农业处编	1958.11

（续表）

序　号	题　名	责任者	出版年
88	贵州农谚	徐天恩编	1958. 7
89	河北省农业生产跃进展览会简介	河北省农林厅编	1959. 1
90	河南省农业科学工作会议文件汇集	河南省农业科学研究所编	1958. 8
91	河南省全党全民办科学经验汇集	河南省农业科学研究所安阳现场会议	1958. 12
92	河南省治山经验选集	中共河南省委农村工作部编	1958. 1
93	黑龙江流域综合考察学术报告（2）	中国科学院黑龙江流域考察队	1959. 1
94	黑龙江省农业社积肥经验	黑龙江省农业厅编	1957. 3
95	红壤荒地的利用	中国科学院土壤研究所，甘家口红壤试验场编	1958. 6
96	湖南农业	湖南农学院编	1959. 9
97	湖南省地方资料索引（农业）	湖南省中山图书馆编	1959. 1
98	湖南省南县合作化后的积肥经验	湖南省农业厅编著	1957
99	华东区第二次农业技术会议汇刊	华东军政委员会农林部编	1950. 9
100	化肥农药介绍	江苏省勤工俭学展览会编	1958. 9
101	化学除莠法	（苏）И. И. 古纳尔，М. Я. 别列佐夫斯基著；韩碧文等译	1955
102	化学肥料	江西省农业厅编	1958. 5
103	化学肥料	金开著	1959
104	化学肥料的使用方法	河北农业厅农业技术局编	1958. 11
105	化学肥料的性质与用法	（日）松木五楼著；金连缘译	1959. 5
106	化学肥料和农药	四川省工业建设经验交流展览会编	1958. 7
107	化学肥料译丛（第二辑）	化学工业出版社编	1959. 1
108	化学肥料译丛（第一辑）	化学工业出版社编	1958. 7
109	化学与农业	（苏）С. И. 沃里弗科维奇著；凌永乐译	1958. 7
110	淮河流域土壤调查试用规范	沈梓培编	1955. 12
111	黄河中游的农业	中国科学院黄河中游水土保持综合考察队	1959. 4
112	黄河中游黄土高原地区的调查报告(第四号)	中国科学院黄河中游水土保持综合考察队编著	1959
113	黄河中游黄土地区水土保持手册	中国科学院黄河中游水土保持综合考察队编著	1959. 5
114	黄土资料	人民铁道出版社编	1958. 12
115	活的土壤（农业思想小史）	（苏）Г. 费希著；西北大学俄文教研组译	1959. 7
116	积肥办法四十五种	赵桂庭，唐光典编著	1958. 5
117	积肥插红旗 全国争第一	辽宁省农业厅编著	1958. 11
118	积肥和施肥	江苏省人民政府农林厅编	1954. 6
119	积肥与施肥	中华人民共和国农业部土地利用总局编	1955. 11
120	积肥造肥工作经验汇编	全国积肥造肥工作现场促进会议编	1958
121	积肥造肥土农药制造方法汇编	慈溪县商业局编	1959. 2
122	积极发展特产生产支援国家工业建设	浙江省农业厅编	1958. 1
123	积极贯彻农业“八字宪法”实现农业增产再增产（馆藏有关农业“八字宪法”中文书目）	天津市人民图书馆编	1959. 12

（续表）

序号	题名	责任者	出版年
124	基本化学（适用专业：农作物、畜牧兽医、蚕桑）	江苏农林厅教编会编	1959.3
125	吉林农业专刊	吉林省农业厅编	1958.2
126	技术革新资料（农业技术）	上海科学技术出版社编	1959.7
127	碱地变良田 五谷庆丰登	新疆维吾尔自治区农业厅编	1959
128	江苏省的土制化肥、土制农药	江苏省商业厅编	1958.11
129	江苏省低产土壤改良	江苏省农林厅编	1959.1
130	江苏省积肥造肥经验汇编	江苏省农林厅编	1958.11
131	江苏省土化肥志	江苏省农林厅等编	1959.1
132	揭开土壤秘密，改造利用土壤	中国农业科学院土壤肥料研究所编	1959.3
133	厩肥施用法	（苏）С.Г. 彼得洛夫著；机农业书编辑委员会译	1954.9
134	救荒本草	（明）朱橚著	1959.7
135	抗菌素在农业上的应用汇编	中国科学技术情报研究所编辑	1959.7
136	科学技术书目（农田水利建设）	上海图书馆编	1959.11
137	颗粒肥	（苏）帕·格·纳依丁著；涂治译；华北农业科学研究所编译委员会主编	1954.4
138	颗粒肥料	中国人民共和国农业部土地利用总局编	1955
139	颗粒肥料的原理与制造	徐嘉骝著	1958.1
140	颗粒肥料对提高作物产量的作用	（苏）В.У. 普切尔金著；陈业文译	1956.2
141	理论与实践的统一	中央人民政府农业部中国农报编辑室译	1954
142	力争1959年农牧业生产战线的更大胜利	新疆人民出版社编	1959.3
143	粮食保管常识	安徽省粮食厅编	1956.11
144	粮食检验	上海市粮食局编	1958.1
145	磷的农业化学	（苏）А.В. 索科洛夫著；上海化学工业研究院七室译	1959.6
146	磷灰石粉及其施用	（苏）А.С. 契尔纳文著；王统正译	1958.5
147	硫磺细菌	王祖农著	1955
148	硫酸铵的肥田作用	蔡大同编著	1958.6
149	硫酸胺	化学工业部人事司编	1958.7
150	绿肥丰产经验	浙江省农业厅	1958.9
151	绿肥高产经验	湖北省农业厅	1958.9
152	绿肥栽培技术	湖北省农业厅编	1958.9
153	绿肥增产经验	湖北经济建设展览会主编	1958.9
154	绿肥作物	徐方幹著	1951.5
155	论农业生物学与农学	（苏）В.Н. 斯托列托夫，В.С. 德米特里耶夫著；傅子祯译	1954.5
156	美国农业100年	中国科学技术情报研究所编	1953.9
157	蒙古人民共和国的土壤	（苏）Н.Д. 彼斯帕洛夫著；方文哲译	1959.6
158	棉田绿肥	杨琪著	1956
159	闽、浙、皖、苏、沪五省市第一次农业协作会议文件汇集	中共甘肃省委办公厅编	1958.7

（续表）

序 号	题 名	责任者	出版年
160	摸清土壤底细充分发挥土壤的增产潜力	农业部土地利用局编	1959.5
161	内蒙古自治区1958年农业生产工作部署	内蒙古自治区农业厅编	1958.4
162	泥炭及其他有机矿层在肥料方面的利用（苏联第聂伯乍得罗夫斯农学院Л.А.赫里斯捷娃教授在西南农学院讲学时的讲义）	（苏）Л.А.赫里斯捷娃著；西南农学院土壤农化系译	1959.1
163	泥炭在农业上的应用	（苏）Н.С.罗扎诺夫著；王德译	1956.3
164	尿素肥料详说	（日）镰仓武富著；马复祥译	1959.4
165	农村党支部怎样发挥堡垒作用	戴茂斋等编著	1959.2
166	农村工作手册	通俗读物出版社编辑	1957
167	农村工作手册	新疆自治区农村工作部	1958.3
168	农村青年为实现农业合作化而奋斗	中国新民主主义青年团中央宣传部编著	1955
169	农家肥料的积攒与施用	周宏德，郅如敬著	1958.1
170	农林改良土壤工作人员手册	苏联农林土壤改良科研所著；张企曾等译	1957.8
171	农民特约研究员	中国农业科学院陕西分院	1959.1
172	农牧业生产经验汇集	中国人民解放军新疆军区生产建设兵团编	1959.9
173	农圃便览	（清）丁宜曾著；王毓瑚校点	1957.5
174	农史研究集刊（第一册）	中国农业科学院南京农学院中国农业遗产研究室编辑	1959.9
175	农田气候	（苏）鲁辛著；卢其尧译	1957
176	农学合编	（清）杨巩编	1956.1
177	农业	石础译	1954
178	农业“八字宪法”的科学知识	江苏人民出版社编	1959.9
179	农业“八字宪法”书目索引——肥料（二）	甘肃省图书馆参考辅导部编	1959.2
180	农业大跃进中的珍闻	农业资料编辑委员会编	1959
181	农业工作文件选辑（1954年）	中华人民共和国农业部办公厅编	1954
182	农业合作化的第一年连平县实现增产增收的两个90%	广东省农业厅编	1957.7
183	农业和医学中的微量元素	（苏）Я.В.比伊维主编；邓汉生等译	1959.9
184	农业化学	孙羲著	1957
185	农业化学（上）	（苏）Д.Н.普里亚尼施尼柯夫著；中国科学院土壤研究所译	1955.6
186	农业化学（下）	（苏）Д.Н.普里亚尼施尼柯夫著；中国科学院土壤研究所译	1956.9
187	农业化学（中）	（苏）Д.Н.普里亚尼施尼柯夫著；中国科学院土壤研究所译	1955.11
188	农业化学分析	（苏）彼坚布尔斯基著；陈家坊等译	1955.12
189	农业化学分析	王子方著	1959
190	农业化学讲义	（苏）Ф.К.阿沙洛夫编；北京农业大学译	1959

（续表）

序　号	题　名	责任者	出版年
191	农业化学讲义（上册）	（苏）Ф.К. 阿沙洛夫编；北京农业大学译	1959.1
192	农业化学讲义（下册）	（苏）Ф.К. 阿沙洛夫编；北京农业大学译	1959.2
193	农业基础	（苏）谢昆著；北京师范大学生物学翻译室译	1957
194	农业基础实验	（苏）谢昆著；北京师范大学生物学翻译室译	1957
195	农业技术	中华人民共和国农业部农业机械管理总局编	1956
196	农业技术（上）	（苏）莫索洛夫著；尹良等译	1955.11
197	农业技术（下）	（苏）莫索洛夫著；尹良等译	1957.6
198	农业技术手册	周明安著	1958
199	农业技术推广站参考资料（第二集）	中华人民共和国农业部农业宣传总局编	1956.5
200	农业技术资料手册	黑龙江省农业厅编	1959.9
201	农业科学新书提要（1）	中国农业科学院图书馆编	1958.7
202	农业科学研究成果汇编（第二集）	中国农业科学院办公室编	1959.4
203	农业科学知识十一讲	浙江省科普协会编	1957.9
204	农业气象观测方法	（苏）B.B. 西涅里席柯夫著；北京农业大学译	1959.5
205	农业气象文献目录	中央气象局农业气象研究室	1958.11
206	农业气象物候观测法	宛敏渭编	1955
207	农业气象学（上册）	（苏）Г.З. 维茨凯维奇著；陈德鑫等译	1954
208	农业气象学（下册）	（苏）Г.З. 维茨凯维奇著；陈德鑫等译	1957
209	农业气象学习材料（棉花、水稻、小麦）	中央气象局农业气象处编	1958.8
210	农业气象学原理	么枕生编撰	1954.4
211	农业气象与农业	（苏）B.B. 西涅里席柯夫著	1959.7
212	农业气象员手册	湖南省经济建设展览会主编	1958.9
213	农业社改良土壤增产经验	黑龙江省农业厅	1957.3
214	农业社怎样制造固氮菌肥料	中国张家口地委，农村工作部编	1958.9
215	农业生产技术基本知识（14）	中华人民共和国农业部农业宣传总局编	1956.4
216	农业生产技术基本知识（15）	中华人民共和国农业部编	1956.4
217	农业生产技术基本知识（16）	农业部编	1958.9
218	农业生产技术基本知识（19）	农业部农业宣传总局编	1956.4
219	农业生产技术讲话	中国农报编辑室编辑	1956.3
220	农业生产技术手册（修订本）	河南省农业厅编	1958
221	农业生产技术——土壤肥料	山东人民出版社编辑	1958
222	农业生产技术知识汇编（第一辑）	南京市科学技术普及协会编	1957.12
223	农业生产手册	上海市农业科学研究所编	1959.12
224	农业生产学习资料（工业原料专刊）	黑龙江省农业厅编	1955.3
225	农业生产有关文件汇集	新疆农业厅编	1956.3

（续表）

序　号	题　名	责任者	出版年
226	农业生产中的气象知识	刘明孝等编	1958.4
227	农业生产中的物理知识	王志远编	1959.1
228	农业生物学	（苏）李森科著；农业生物科学研究室译	1952
229	农业实习	（苏）德罗兹多夫著；刘直奉等译	1956.6
230	农业实用手册	龚积芝编撰	1953.3
231	农业书籍排印卡片目录	北京图书馆中文编目组编	1958.9
232	农业先进单位代表谈农业“八字宪法”积肥和施肥	福建人民出版社编	1959.2
233	农业学校教育原理	（苏）克·阿·伊凡诺维奇著；何春霖等译	1956.3
234	农业研究中的示踪原子	（苏）A.M. 库津著；刘富林译	1956.1
235	农业遗产研究集刊（第二册）	中国农业科学院中国农业遗产研究室编著	1958.1
236	农业遗产研究集刊（第一册）	中国农业科学院中国农业遗产研究室编著	1958.4
237	农业知识讲义（第二册）	上海市北郊区庙行乡民办农业中学暨农民业余中学编	1958.4
238	农业知识讲义（第一册）	上海市北郊区庙行乡民办农业中学暨农民业余中学编	1958.7
239	农业知识教学参考资料（第三辑）	上海教育出版社编	1959
240	农业知识教学参考资料（第十辑）	上海教育出版社编	1959.11
241	农业知识教学参考资料（第十一辑）	上海教育出版社编	1959.12
242	农业知识教学参考资料（第四辑）	上海教育出版社编	1959.6
243	农业知识教学参考资料（第五辑）	上海教育出版社编	1959.7
244	农业中的资本主义农业危机	（苏）Л. 留波西茨著；宣淼和等译	1956.12
245	农政全书	（明）徐光启原著	1956.12
246	农作物的根外追肥	朱华璋著	1956.8
247	农作物的施肥方法	（苏）П.Г. 纳依金等著；汪玢、江意译	1959.8
248	农作物的追肥	（苏）阿夫多宁著；王兰译	1957
249	农作物根外追肥	（苏）雅库希金，瓦鲁恰主编；邓汉生译	1957
250	庞家堡矿区缺菜问题是怎样解决的	河北农业大学等编	1959.1
251	硼肥及其使用	（苏）B.B. 雅柯夫列娃著；黄自强译	1959
252	普通农业气象学	（苏）B.B. 西涅里席柯夫著；北京农业大学农业气象专业专家翻译室译	1959.5
253	齐民要术今释（第三分册）	石声汉校译	1958.5
254	齐民要术今释（第四分册）	石声汉校译	1957.12
255	齐民要术研究	李长年著	1959
256	气候与农业	（苏）达维达雅著；中央气象局，农业气象局研究室编译	1959.7
257	气象与农业	（苏）马克西莫夫撰；林世成，卢纬民译	1957.1
258	秦晋农言	王毓瑚译	1957
259	曲江县土壤调查报告	彭家元著	1956
260	全国农业博览会（国营农场馆）	全国农业展览会国营农场馆编	1957.2

（续表）

序　号	题　名	责任者	出版年
261	全国农业合作大会文件汇编	（朝）外国文出版社编	1959.2
262	全国农业科学组织机构	中国农业科学院办公室编	1959.11
263	全国农业水利先进生产者代表会议先进经验选编	中华人民共和国农业部农业宣传总局，全国农业水利先进生产者代表会议编	1956.6
264	日文农业图书目录	北京市图书馆编目部东方语文编目组编	1956.12
265	三熟作物丰产经验	浙江省农业厅粮食生产处编	1956.3
266	砂荒及其利用	（苏）A.E伊万诺夫等著；赵兴梁等译	1958.6
267	山西西部水土保持调查报告	中国科学院黄河中游水土保持综合考察队	1957.6
268	陕北无定河流域黄土侵蚀和水土保持问题	席承藩，程云生，黄自立著	1955.11
269	陕西省水土保持经验介绍（二）	陕西省水利厅编	1959.7
270	上海市郊区农业丰产经验	中共上海市委办公厅编	1956.3
271	社会主义之花	河北省农业厅编	1957
272	社社增产95%社员增加收入的连山县	广东省农业厅	1957.4
273	深耕深翻改良土壤办法	安徽省农业厅土壤肥料处	1958.8
274	深耕与改良土壤	农业部全国土壤普查办公室编	1959.11
275	深入发动群众，做好各项准备，争取明年农业生产更大跃进	新疆自治区农业厅办公室	1958.12
276	生长刺激剂在农业中的应用	（苏）Ю.В.拉基金等著；娄成后，王宇霖等译	1958.1
277	施肥	王至培著	1958.11
278	施肥简明手册	（苏）奈丁，采尔纳文著；尹金凤译	1958.9
279	施肥试验研究	江西农业厅编	1958.9
280	十年来农业科学研究成果摘要	新疆维吾尔自治区农业科学研究所编	1959.5
281	实用农业气象学	（苏）高里佐夫等著；顾全甫等译；中国科学院地球物理研究所农业气象组，华北农业科学研究所农业气象组编辑	1956
282	实用蹄铁术	于绍明编译	1957.4
283	实用自给肥料学	田健生著	1953.9
284	示踪原子在农业科学研究中的应用	（苏）土尔津著；孙鸥等译	1956.3
285	授时通考（上册）	农业出版社	1956.1
286	授时通考（下册）	农业出版社	1956.1
287	水利保持工作的政策与实践	农业部水土利用局	1954.2
288	水利土壤改良工程的施工组织和机械化（上册）	（苏）И.И.兹纳门斯基著；吕元平等译	1957
289	水利土壤改良讲义	（苏）И.М.卡尔波夫著；武汉水利学院水利土壤改良教研室译	1958
290	水利土壤改良讲义	武汉水利学院	1958.6
291	水利土壤改良系统的经营管理（下）	（苏）И.А.萨洛夫著；水利部专家工作室译	1956.7
292	水利土壤改良系统的经营管理（上）	（苏）И.А.萨洛夫著；水利部专家工作室译	1955.9
293	水利土壤改良学名词	中国科学院自然科学名词修订室编	1958.2

（续表）

序 号	题 名	责任者	出版年
294	水土保持	方正三	1958.4
295	水土保持（下册）	中华人民共和国水利电力部黄河水利委员会	1958.7
296	水土保持工作的政策与实践	农业部水土保持利用局	1954.2
297	水土保持技术措施	国务院水土保持委员会办公室	1958.6
298	水土保持是发展山区生产的生命线	国务院水土保持委员会办公室	1958
299	水土保持水利技术措施	李振华	1959.1
300	水土保持图片集	国务院水土保持委员会办公室	1958.6
301	水土保持原理	（苏）A.C.科菲明科著；叶蒸，丁培榛译	1958
302	水土保持综合治理的效益	国务院水土保持委员会办公室	1959.7
303	四川省1956年农业、水利、气象系统先进生产者代表会议发言汇集（第一辑）	大会秘书处编	1957.2
304	四川省施用磷矿粉增产经验	四川省农业厅，供销合作社编	1958.2
305	四勤八有 大力积肥	中华人民共和国农业部粮食作物生产局编	1958.4
306	苏北、台北、射阳、滨海灌云四县盐土调查报告	李庆逵，河金海，王遵亲著；中国科学院地质研究所土壤研究室编	1951.12
307	苏联非黑钙土地带农业中的微量元素	（苏）Я.В.比伊维著；邓汉生译	1956
308	苏联干旱地区的气候及其改善途径	（苏）Я.И.费尔德曼，Л.А.楚布科夫著；卢其尧译	1955
309	苏联干旱地区改造自然计划所引起的气候变化	（苏）波戈祥等著；沈浦洲等译	1958.7
310	苏联共产党的土地纲领及其在苏联的实现	（苏）A.伏罗诺维奇著；朱文忠译	1956
311	苏联黑龙江流域泽雅——布列雅平原的饲料资源	（苏）Л.А.柯列茨卡娅著；常世华等译	1958.1
312	苏联进一步发展农业生产的措施	中华人民共和国农业部中国农报编辑室编	1955
313	苏联农业集体化的好处说不完——中国农民代表参观团访苏观感	中苏友好协会总会资料室编	1952
314	苏联农业技术（修订本）	徐豹著	1953
315	苏联农业科学家参考资料	华北农业科学研究所编译委员会	1950.12
316	苏联农业科学研究的新方向	（苏）李森科撰；梓丁，嘉然译	1950
317	苏联农业气象译丛（第一集）	中国科学院地球物理研究所，华北农业科学研究所农业气象组编	1954
318	苏联农业新高涨	江西省中苏友好协会编	1958.11
319	苏联农业展览会	经济资料编辑委员会编	1955.1
320	苏联土壤科学研究的最新进展（苏联科学院在第六届国际土壤学家会议上的报告集）	（苏）H.A.卡庆斯基等著；鲁如坤等译	1958.8
321	苏联土壤学四十年成就	（苏）И.В.邱林等著；徐文征等译	1958.8
322	苏联现代土壤地理研究的理论问题和方法（1953年格拉西莫夫院士等在中国科学院土壤研究所的科学报告）	（苏）И.П.格拉西莫夫等著；陈恩健等译	1958.1
323	苏联在根瘤菌及菌根研究上的发展	（苏）K.И.鲁达科夫，Ю.M.沃士尼亚科甫斯卡娅撰；谢潜渊，褚菊徵译	1955

（续表）

序　号	题　名	责任者	出版年
324	苏州地区的人造肥——土办法遍地花开	江苏苏州专署工业局，江苏苏州专署商业局编	1958. 7
325	酸性土壤及其改良	（苏）Б. А. 高罗别夫著；陆行正译	1957
326	洮南四海社改良盐碱地的经验	杨玉玺，岳奇编	1958. 12
327	天工开物研究论文集	（日）薮内清等著	1959. 1
328	天津地区改造窪地种植水稻增产粮食典型经验	中共河北省天津地委窪改办公室编	1958. 8
329	田间作物施肥法	（苏）А. 拉德金撰；徐雪瑕译	1951
330	同位素在农业化学和土壤学研究中的应用	（苏）А. В. 索科洛夫，И. П. 谢尔多布尔斯基编；于天仁等译	1957
331	同位素在生物学和农业中的应用	（苏）А. Л. 库尔萨诺夫著；凌治镛等译	1959. 4
332	土法制肥	陕西省农林厅编	1958. 8
333	土法制化肥参考资料	湖北省农业厅粮食生产处编	1958. 8
334	土法制造化学肥料	浙江化学工业会议秘书处编	1958. 8
335	土法制造钾钙混合肥料	湖南省经济建设展览会主编	1958. 1
336	土法制造细菌肥料	农业部粮食作物生产局编	1958. 11
337	土法制造细菌肥料和抗生菌肥料	中国农业科学院土壤肥料研究所编	1958. 9
338	土法制综合化肥	中共宣恩县委会工业交通工作部编	1958. 8
339	土化肥	农业资料编辑委员会编	1958. 11
340	土化肥、土农药参考资料	浙江省土化肥土农药工作委员会编	1959. 4
341	土化肥鉴定	中国农业科学院土壤化肥研究所农业土壤研究室编	1959. 2
342	土化肥鉴定	中国科学院土壤分析室编	1958. 1
343	土化肥介绍	常熟县商业局太仓县农业科学研究所编	1958. 12
344	土化肥志	中华人民共和国农业部编	1958. 9
345	土化肥制法、用法书目	四川省图书馆编	1959. 11
346	土化肥资料集	西安师范学院史四化肥厂编	1959. 5
347	土壤	李正毅著	1958. 3
348	土壤、土壤学、土壤耕作与土壤改良	北京财政经济出版社编辑；乔樵等译	1957. 7
349	土壤表土及地下水中含盐量的电测定法	М. А. 别尔里聂尔著；沈玉琪等译	1957. 6
350	土壤的理化分析方法	叶柄等编	1959. 7
351	土壤的力学性质	（苏）戈里特什腾，交通部公路总局译	1954. 12
352	土壤的农业化学研究法	索克洛夫斯基主编；谢建昌等译	1959. 1
353	土壤地理学	（苏）С. А. 莫宁著；北京师范学院地理系编	1959. 11
354	土壤调查及制图	萨多普尼科夫著；尹崇仁等译	1956. 8
355	土壤调查手册	苏联农业部水利总局编；中央人民政府农业部翻译室	1952. 12
356	土壤调查手册	宋达泉著	1955. 11
357	土壤肥料分析法	中国农业科学院华东农业研究所编	1958. 9
358	土壤肥料讲义	江西省农业干部学校土壤肥料教研室编	1958. 1
359	土壤肥料实验	马寿徽主编	1950. 2

（续表）

序 号	题 名	责任者	出版年
360	土壤肥料田间试验法	中国农业科学院江苏分院编	1959. 11
361	土壤肥料学	陕西省武功农业学校编	1958
362	土壤肥料学	河南省农林厅教材编辑委员会编	1958. 1
363	土壤肥料学（农作物、果树蔬菜专业通用）	河南省农林厅教材编辑委员会编	1958. 1
364	土壤肥料研究报告汇编	中国农业科学院华东农业研究所编	1958. 7
365	土壤分析法	李庆逵，鲁如坤，陈家坊著	1958. 6
366	土壤分析方法	长江水利科学研究院土工室编	1959
367	土壤风蚀及其防止	（苏）雅库波夫著	1956. 12
368	土壤腐植等问题及其研究工作的当前任务	（苏）M. M. 科诺诺娃著；尹崇仁等译	1956. 3
369	土壤改良经验	吉林省农业厅编	1959. 4
370	土壤改良土壤学	（苏）罗佐夫著；傅子祯等译	1959. 4
371	土壤改良习题和实验	（苏）考斯加科夫著；武汉水利学院土壤改良教研组译	1956. 3
372	土壤改良学教学提纲	褚金元著	1955
373	土壤改良学实习	（苏）阿斯塔波夫著	1955. 11
374	土壤改良与农业给水（上）	契尔卡索夫著；水利部灌溉总局编译组	1954. 7
375	土壤改良与农业给水（下）	契尔卡索夫著；水利部灌溉总局编译组	1956. 3
376	土壤改良原理（上）	（苏）考斯加科夫著主编	1954. 7
377	土壤改良原理（下）	（苏）考斯加科夫著主编	1956. 6
378	土壤改良原理（中）	（苏）考斯加科夫著主编	1955. 5
379	土壤改良原理与农业给水	（苏）罗杰著；王顺明等译	1954
380	土壤和植物	（苏）A. B. 毕吉尔蒲尔克斯基著；清河译	1959. 9
381	土壤化学	（苏）И. П. 谢尔多波耳斯基著；黎耀辉译	1957. 4
382	土壤化学	（美）F. E. 贝尔主编；袁克能等译	1959. 7
383	土壤化学分析法	彭谦编	1959. 8
384	土壤集刊（1）	中国科学院林业土壤研究所编	1958. 1
385	土壤集刊（2）	中国科学院林业土壤研究所编	1959. 6
386	土壤胶体	（苏）H. И. 戈尔布诺夫著；辛德惠等译	1959. 2
387	土壤胶质化学	蓝梦九著	1951. 1
388	土壤结构改良剂	中国农业科学院编	1959. 8
389	土壤抗剪强度	（德）约翰·奥得著；陈愈炯译	1959. 1
390	土壤普查鉴定教材	江苏省农业林厅，中国农业科学院华东农业研究所	1959. 1
391	土壤普查鉴定与土壤分频制图问题	农业部全国普查办公室编	1959. 11
392	土壤侵蚀	（苏）柯列次卡雅著；南文元等译	1957. 2
393	土壤侵蚀的防治	（苏）A. C. 科兹敏科著	1956. 12
394	土壤侵蚀及其防治	（苏）H. И. 苏斯著；水利部专家工作室译	1956. 4

（续表）

序号	题名	责任者	出版年
395	土壤图及其利用	（苏）布拉戈维多夫谢尔·贝克曼著；郭兴嘉译	1957.4
396	土壤脱盐过程中的变化	（苏）巴宁	1956.6
397	土壤微生物分析法	陈子英，陈廷伟著	1959.7
398	土壤微生物和土壤肥力	（苏）米舒斯金著；许光辉等译	1959.3
399	土壤微生物学	陈华葵著	1950.4
400	土壤微生物学	王祖农著	1955.11
401	土壤微生物学	陈华癸著	1958.4
402	土壤微生物学（上）	（苏）M.B.费多罗夫著；尹崇仁等译	1957.3
403	土壤微生物学（下）	（苏）M.B.费多罗夫著；尹崇仁等译	1956.3
404	土壤微生物学分析技术手册	J.波爽（J.Pochon）著；阎逊初译	1959.1
405	土壤微生物学集刊（第一册）	中国科学院土壤研究所编	1957
406	土壤微生物学问题讨论会论文集	（苏）米苏斯金等著；娄隆后译	1955
407	土壤物理简易测定法	刘昌智，陈玲优，吴乐天，王庆等编	1959.2
408	土壤消毒	（苏）布特凯维奇，B.B.著；欧阳谅译	1959.1
409	土壤学	钟兴正等著	1952.7
410	土壤学	（苏）威林斯基著；傅子祯等译	1957.3
411	土壤学（附图五幅）	（苏）威林斯基著；傅子祯等译	1958.4
412	土壤学（上）	（苏）威林斯基著；华孟等译	1954.1
413	土壤学（下）	（苏）威林斯基著；华孟等译	1955.8.
414	土壤学（下）	И.Ф.加尔库莎著；梁式弘等译	1956.2
415	土壤学附耕作学讲义	农业部农业干部学校编	1959.4
416	土壤学和农作学	安徽水利电力学院编	1959.1
417	土壤学及土壤地理学参考资料简介	北京师大地理系土壤地理研究班编	1957.12
418	土壤学讲义	罗光心编著	1958.5
419	土壤学名词（俄中对照试用本）	中国科学院编译局编	1955.1
420	土壤学浅说	戴朱恒著	1958.3
421	土壤盐渍化的防止与改良	西安交通大学水利系“土壤改良系统管理”进修班编	1959.12
422	土壤盐渍化及其垦殖	（苏）叶戈罗夫著；中华人民共和国水利部专家工作室译	1959
423	土壤有机质	（苏）M.M.科诺诺娃著；陈恩健，严仁琪，文启孝译	1959.1
424	土壤有效性氮磷钾有机质成分及酸碱度的测定方法	广东省南海县农林局土壤肥料化验室编	1959.3
425	土壤与气候	（苏）沃洛布耶夫著；杨景辉等译	1958.12
426	土壤与土质的水分性质	（苏）A.A.罗戴著；袁剑舫译	1958.6
427	土壤制图学	（苏）萨多普尼科夫著；陈静生等译	1957.4
428	土壤中稀有和扩散化学元素的地球化学	（苏）A.П.维诺格拉多夫著；周启琇译	1954.7
429	土壤专报（第29号）	中国科学院土壤研究所编	1956.9

（续表）

序　号	题　名	责任者	出版年
430	土壤专报（第35号）	中国科学院土壤研究所编	1959.3
431	土制化肥	山西省商业厅生产资料管理局编	1958.12
432	土制化肥（第一集）	上海市化肥公司编	1958.9
433	土制化肥参考资料（第一辑）	浙江省土化肥土农药工作委员会编	1958.8
434	土制化肥典型经验汇编（第一集）	中华人民共和国商业部生产资料局编	1958.12
435	土制化肥汇集	四川省第二届人民代表大会第一次会议秘书处编	1958.6
436	土制化肥技术资料	全国积肥造肥现场促进会议编	1959.2
437	土制化学肥料	安徽省农业厅土壤肥料处编	1958.9
438	土质学及土力学词汇（俄汉）	中国科学院编译出版委员会名词室编	1959.12
439	土质学及土力学名词	中国科学院编译出版委员会名词室编	1957.8
440	洼地、沙地及其他瘠薄土壤利用改良经验	中华人民共和国农业部土地利用局编	1958.8
441	万里风沙线上红旗飘	内蒙古党委农牧部编	1959.5
442	王祯农书	（元）王祯著	1956
443	威廉士的土壤学说及其发展近况	华北农业科学研究所编译室编；孙渠编译	1958.5
444	威廉斯的生平及其学说	（苏）H. 斯米尔诺夫撰；梓丁译；华北农业科学研究所编译委员会编	1951
445	威廉斯学说的理论及其成就（16）	华北农业科学研究所编译室编	1951.1
446	微量元素及其对农业增产的作用	（苏）M. B. 卡塔雷莫夫著；宋振铎译	1958.12
447	微量元素在农业中的运用	（苏）O. K. 道勃罗留勃斯基著；杨业正译	1959.1
448	微生物学	陈华癸主编	1959.12
449	微生物在农业上的作用	（苏）耶·弗·别列佐娃著；朱颜頫等译	1955.1
450	微生物在植物生活中的作用	（苏）H. A. 克拉西立尼科夫撰；陈善堃译	1955
451	微生物在植物营养中的作用	（苏）萨茂依洛夫等著；吴继林等译	1958.7
452	为苏联农业服务的多倍体植物	（苏）П. A. 巴拉诺夫著；李竞雄译	1955.1
453	我国农业建设的前景	王观澜著	1958.7
454	我国现代农业建设的道路	中国青年出版社编	1958.4
455	无机肥料工艺学（上册）	（苏）杜勃维次基，舍列夫斯基著；中华人民共和国化学工业部化学工业设计院翻译科译	1957.4
456	无机肥料工艺学（下册）	（苏）舍列夫斯基，杜勃维次基著；中华人民共和国化学工业部化学工业设计院翻译科译	1957.8
457	无机肥料与无机盐工艺学（高校教学用书）	（苏）M. E. 波任著；胡先庚译	1959.6
458	无机肥料制造	（苏）杜包维茨基著；叶树滋等译	1958.9
459	五亿农民方向	河北省农业厅	1957.1
460	物理学在农业上的应用	卞文钧编著	1959.2
461	西安师范学院化肥厂试剂的土化肥	西安师范学院编	1958.9

（续表）

序　号	题　名	责任者	出版年
462	西北和内蒙六省（区）第二次治沙会议文件汇编	新疆维吾尔自治区治沙委员会编	1959. 1
463	西北黄土的性质	西北水利科学研究所，陕西省水利科学研究所著	1959. 9
464	西藏农业考察报告	西藏工作农业科学组编	1958. 6
465	矽酸盐细菌	（苏）В. Г. 亚历山大罗夫著；叶维青译	1955
466	细菌肥料	胡济生著	1956
467	细菌肥料的肥田作用	刘梦钧编著	1958. 6
468	细菌肥料的培制和施用	江苏农林厅等编	1959. 1
469	细菌肥料的生产介绍（1958 年 7 月河北省细菌肥料生产阳门堡现场会议资料）	河北省轻工业局工作组收集整理	1958. 7
470	细菌肥料的生产与应用	张家口学院菌肥厂编著	1959. 6
471	细菌肥料的应用	（苏）别列佐娃等著；许光辉等译	1957. 3
472	细菌肥料的制造和使用	郭裕怀等编	1959
473	细菌肥料画册	胡济生编著	1958. 4
474	细菌肥料培制技术（细菌肥料训练班讲义）	农业部粮食作物生产局，商业部生产资料管理局编	1958
475	细菌肥料资料集	云南大学生物系细菌肥料厂等编	1959. 5
476	先进的农业理论基础	中央人民政府农业部国营农场管理局辑	1952
477	向土壤进军	中共安徽省委编辑室编	1958. 9
478	新法积肥十讲	叶岩山等编著	1959. 3
479	新疆的土壤及其改良（苏联专家报告选辑）	新疆农业科学院，新疆八一农学院编印	1959
480	新疆农业科学院研究成果汇集（第二集）	新疆农业科学研究所	1959
481	新疆农业科学院研究成果汇集（第三集）	新疆农业科学研究所	1959
482	新疆农业科学院研究成果汇集（第一集）	新疆农业科学研究所	1959
483	新疆维吾尔自治区 1958 年农林牧科学会议汇刊	新疆农业科学院编	1959. 5
484	新疆维吾尔自治区第二次农业实验研究工作会议汇刊	新疆维吾尔自治区农科所编	1959. 2
485	新疆维吾尔自治区农业先进生产单位暨先进生产者代表会议会刊	新疆维吾尔自治区农科所编	1958. 2
486	新疆维吾尔自治区农业展览会会刊（1958 年）	新疆先进生产者代表会会务组编	1959. 2
487	新疆综合考察报告（1956 年）	新疆维吾尔自治区农业展览会	1958
488	新疆综合考察报告汇编	中国科学院新疆综合考察队主编	1959. 7
489	新疆综合考察报告汇编（农牧业生产部分）	中国科学院新疆综合考察队主编	1956. 6
490	学习红安县农业生产领导经验	中国科学院新疆综合考察队主编	1959. 12
491	盐地、碱地改良法	李积新著	1950. 8
492	盐碱地的改良	魏永纯，余开德编著	1956
493	盐碱地改良法	河北省农业厅	1957. 1

（续表）

序号	题名	责任者	出版年
494	盐碱土	（美）凯莱著；黄震华译	1959. 1
495	盐渍土的产生与于演变（上册）	（苏）B. A. 柯夫达著，席承藩等译	1957
496	盐渍土的灌溉与水旱轮作	顾经昆著	1959. 3
497	盐渍土的土壤改良措施	И · K 平斯科依著；罗仁译	1959. 2
498	羊井底乡全面规划后的成就和经验	中华人民共和国农业部粮食作物生产总局编	1957
499	养馀令	（明）戴义辑	1956
500	液态氮肥	（苏）杜尔钦著	1959. 5
501	一个全面改造和建设山区的典范——贵州省大市县长石区改造山区面貌的情况和经验	王良玉编著	1956. 1
502	一九五九年科研成果摘要	陈祖铃著	1956. 6
503	以季节为顺序的农业知识	全国农展会编	1958. 6
504	英汉农学名词	中国科学院编译委员会名词室	1959. 5
505	营养钵、营养土块及其制作工具	西冷编著	1958. 7
506	用土办法制造的化学肥料（第二集）	江苏省工业厅，商业厅，农业厅编著	1958. 7
507	用土办法制造的化学肥料（第一集）	江苏省工业厅，商业厅，农业厅编著	1958. 7
508	有机无机混合肥料的应用	（苏）T. Д. 李森科著；万邦和译	1958. 9
509	豫西淮河上游的土壤	文振旺，汪安球著	1953. 8
510	原子能在农业和食品工业中的利用	（苏）A. M. 库津著	1956. 6
511	在晋西水土保持工作中如何改进和发展畜牧业的意见	科学出版社编	1956. 1
512	在农业化学研究中磷同位素的应用	（苏）A. B. 索科洛夫，И. П. 谢尔多波里斯基著；金成忠等译	1955. 8
513	在农业生物学中放射性指示剂应用方法上的有关问题	（苏）C. П. 泽利舍夫著；张良诚译	1955. 11
514	怎样发展副食品生产——介绍上海县解放人民公社经验	黄铭兴	1959. 3
515	怎样防止土壤盐碱化和改良盐碱地	甘肃省水利局银川分局编	1958. 12
516	怎样改良和垦殖碱土	（苏）B. A. 科夫达等著；杨景辉译	1955
517	怎样改良碱土	王储仁编	1958. 7
518	怎样改造低产冷浸田和白土	中国科学院土壤研究所著	1959. 4
519	怎样根据植物的外形来施肥	（苏）马格尼茨基著；肖曼译	1958. 9
520	怎样合理施用农家肥料	江苏农业厅编	1958. 5
521	怎样积肥	任家骅编著	1958. 7
522	怎样施肥	江苏省农业厅	1955. 8
523	怎样提高单位面积产量	农业部农业机械局编	1958. 7
524	怎样找化肥矿物原料	王振民等编著	1959. 12
525	怎样制造和施用颗粒肥料	王家悌，陈百编	1958. 12
526	怎样制造颗粒肥料	李界先编	1958. 1
527	怎样做骨肥	程学达撰	1951. 5

（续表）

序　号	题　名	责任者	出版年
528	增加肥料	农业部粮食局肥料处等编	1958. 5
529	找肥和用肥	中国农业科学院土壤肥料研究所农业土壤研究室编	1959. 2
530	植物的二氧化碳施肥	（苏）B. A 彻斯诺科夫，A. M. 斯捷帕诺娃等著	1959. 4
531	植物的根外追肥	（苏）阿夫多宁等著；苏少泉等译	1955
532	植物的根外追肥	（苏）沙康奇著；陈耕陶译	1958
533	植物菌根营养会议文集	（苏）A. A. 伊姆舍涅茨基著；方安译	1958. 11
534	植物壤土和蚯蚓	（英）达尔文著；舒贻上译	1954
535	植物营养施肥	（苏）E. N 拉特涅尔著；杨景辉，赵其国，石华译	1956. 8
536	中国的土壤	刘海蓬著	1955. 12
537	中国肥料学（上册）	中国农业科学院土壤肥料研究所编	1959. 6
538	中国肥料学（下册）	中国农业科学院土壤肥料研究所编	1959. 6
539	中国肥料学（中册）	中国农业科学院土壤肥料研究所编	1959. 6
540	中国古农联合目录	中央广播电台农业组编	1958. 9
541	中国古农书目录	北京图书馆主编	1959. 6
542	中国农学史（上册）	南京图书馆编	1956. 8
543	中国农学遗产选集——麦	中国农业遗产研究室编著	1959
544	中国农学遗产选集——柑橘	胡锡文著	1958. 1
545	中国农学遗产选集——豆类	叶静渊著	1958. 1
546	中国农学遗产选集——稻	李长年著	1958. 11
547	中国土壤地理	陈恩凤著	1951. 12
548	中国土壤区划（初稿）	中国科学院土壤研究所编	1959. 12
549	中国土壤学会第一次代表大会暨土壤肥料工作会议专刊	中央农业部土地利用总局编	1954. 7
550	中华人民共和国全国农业展览会内容简介	农业部计划局编	1958. 1
551	中华人民共和国水土保持暂行纲要	全国农业展览会	1957. 2
552	中亚细亚和南卡查赫斯坦山地土壤改良	（苏）X. K. 柯契尔佳著；田惠兰、晏友仑译	1955
553	中亚细亚灰钙土	（苏）A. H. 罗赞诺夫著；文振旺等译	1958. 11
554	种稻改良盐碱地	水利科学研究院灌溉研究所编	1959. 4
555	专利专题索引（肥料）	中国科学院图书馆专利文献组编	1959. 12
556	专题参考书目（人造肥料）	中国科学院图书馆	1958. 5
557	专题文献索引（赤霉素）	中国科学院科学技术情报研究所编	1958. 9
558	庄稼生长的气象条件	宁宁编	1959. 12
559	自然界中的微量元素与在农业中的作用	（苏）M. Я. 施科尔尼克，Б. Я. 罗津等著；张陆德，方圣杰等译	1956. 7
560	渍水土壤的化学与水稻生长的关系	（锡兰）F. N. 彭拉姆帕鲁马（Ponnamperuma，F. N.）著；刘志光等译	1959. 6
561	总结领导经验争取农业生产更大的跃进	法律出版社编辑	1959. 12

（续表）

序　号	题　名	责任者	出版年
562	组织农业生产大跃进的典型经验	新疆人民出版社编	1959. 2
563	祖国的农业	中华人民共和团农业部办公厅编	1958
564	最近五年来农业发展的结果和进一步增加农产品生产的任务	恕子著	1953. 11

（3）1960—1969 年

序　号	题　名	责任者	出版年
1	1960 年农业科学研究成果简报	江西省农科所	1960. 12
2	1960 年上海市科学技术论文选集	上海市科学技术论文编选委员会	1962. 8
3	1963 年外国农业期刊检索指南	上海科技情报所	1963. 1
4	安徽省农业科学院内部资料索引（2）	安徽省农业科学院情报资料科编	1964. 1
5	氨水化肥的应用	中国农业科学院情报资料室编	1960. 6
6	氨水化肥使用的经验（全国氨水使用现场会议资料选辑）	农业部土壤肥料局编	1960. 5
7	“八字宪法”的农谚解说	朱先立编	1960. 1
8	北方绿肥文献选录	中国农业科学院图书馆编	1966. 3
9	变盐碱窝为粮棉仓——江苏省东台县三仓公社新五大队	中国江苏省东台县委会	1966. 1
10	豳风广义	（清）杨屾著；郑辟疆，郑宗元校	1962. 3
11	陈敷农书校注	（宋）陈敷著；万国鼎校注	1965. 7
12	赤地变绿乡（广东省电白县）	吴兆奇编	1966. 5
13	大搞农业科学实验种好样板田	广西僮族自治区第二图书馆编	1965. 4
14	大兴多种经营	张广文编著	1960. 2
15	大寨红旗飘	北京农业出版社编	1965. 1
16	大众农业辞典	江苏人民出版社编	1962. 11
17	东北地区农业历史文献联合目录	辽宁科学技术文献编译委员会等编	1965. 9
18	豆类——根瘤菌的共生关系及其农业利用	陈华癸编	1965. 11
19	二十四节气与农业生产	中国农科院农业气象研究室编著	1960. 5
20	放射卫生防护学（内部资料）	吉林农业大学，吉林大学编	1961. 5
21	肥料	彭克明等编	1962
22	肥料保丰收	李正毅编著	1960. 8
23	肥料科技情报资料目录	南京图书馆编	1963. 11
24	肥料论文索引	中国科学院图书馆编	1961. 11
25	肥料使用常识	陈唯编	1963. 8
26	肥料学讲义	中国农业科学院江苏分院编	1960. 4
27	肥料研究	中国农业科学院土壤肥料研究所编	1960. 3
28	肥料中外文图书目录	南京图书馆编	1963. 1
29	肥料中外文资料索引	南京图书馆编	1963. 1
30	肥料专题资料索引	青岛市图书馆编	1965. 7

（续表）

序号	题名	责任者	出版年
31	改良土壤得高产	徐松龄编	1960. 4
32	高标准水土保持工作经验	黄河水利委员会西峰水土保持科学试验站等编	1960. 5
33	高频电流在农业中的应用资料汇编	中国农业科学院农业机械研究所	1960. 4
34	固氮菌和磷细菌肥料	方景依编著	1960. 6
35	馆藏图书目录（原子能，同位素，超声波）	中国农业科学院图书馆	1960
36	馆藏图书目录（土壤肥料）	中国农业科学院图书馆	1960. 8
37	馆藏外文农业图书资料目录	中国科技情报研究所重庆分所编	1963. 9
38	广西冬季绿肥	刘寿春等编	1965
39	贵州天气谚语浅解	余明璘编	1960. 4
40	国外科技参考资料（农业）	上海市科技编译馆编	1961. 1
41	国外专利文献题解（农业）	浙江农业科学院，浙江农业大学主编	1965. 1
42	国外专利文献题解（化学肥料）	化学工业部上海化学工业研究院编	1965. 4
43	黑龙江流域综合考察学术报告（3）	中国科学院黑龙江流域考察队	1960. 1
44	红旗人民公社工农业生产高速度发展	全国农业展览馆综合馆编	1960. 1
45	红旗招展（西北地区农业稳产高产经验交流座谈会典型单位介绍）	宁夏回族自治区人民出版社编	1964. 4
46	华北平原土壤	中国科学院土壤及水土保持研究所，水利电力部北京勘测设计院土壤调查部队编著	1961. 6
47	华南农学院科学论文集	华南农学院科研处编	1964. 7
48	化肥生产中气体净化和处理中外文专题资料索引	南京图书馆编	1963. 12
49	化学肥料漫谈	陈赞文编	1966. 1
50	化学肥料实用手册	孙世修编	1962. 3
51	化学肥料译丛（第八辑）	化学工业部图书编辑室编	1963. 5
52	化学肥料译丛（第六辑）	化学工业部图书编辑室编	1962. 12
53	化学肥料译丛（第七辑）	化学工业部图书编辑室编	1963. 4
54	化学肥料译丛（第五辑）	化学工业部图书编辑室编	1962. 11
55	化学肥料中外文资料索引	上海图书馆	1962. 5
56	黄河中游黄土	刘东生等著	1964. 12
57	检验手册	施农生等编	1962. 11
58	近年馆藏农业图书选目（1963 年 6 月—1965 年 8 月）	中国农业科学院图书馆	1965. 11
59	厩肥	马复祥编著	1963. 8
60	郡县农政	（清）包世臣著；王毓瑚校	1962. 11
61	开展十边种植活动	王华仁等著	1960. 3
62	抗生菌肥料及其应用	尹莘耘著	1966. 4
63	科学技术文献索引——农业（1963 年第 1 辑）	中国科学技术情报研究所编	1962. 12
64	科学技术文献索引——农业（1965 年增刊）	中国科学技术情报研究所编	1965. 7

（续表）

序　号	题　名	责任者	出版年
65	科学技术文献索引——农业（1956年增刊）	中国科学技术情报研究所编	1965. 8
66	科学研究报告（1958—1959年）	宁夏农学院科研委员会编	1960. 8
67	科学研究报告选集（第二集）	南京农学院编	1960. 7
68	科学研究彙刊	江西农学院编	1960
69	科学研究论文集	北京农业大学编	1960
70	矿物肥料及其使用	（苏）Н. Д. 斯米尔诺夫著；杨立民等译	1965. 1
71	利用排水设施防治灌溉土壤盐渍化	瞿兴业等选编	1964. 1
72	辽宁农业科学论文选（第一辑）	中国农业科学院辽宁分院等编	1963. 1
73	林业建设的辉煌成绩（全国农业展览馆林业馆简介）	林业馆编	1960. 1
74	磷与钾的农业化学	（苏）Ф. В. 契里科夫著；凌渭清，凌魁译	1962. 9
75	楼土	朱显谟著	1964. 8
76	吕氏春秋·上农等四篇校释	夏纬英校释	1961. 4
77	绿肥文献资料索引（第一期）	中国农科院图书馆编	1965. 8
78	氯铵的肥效	侯德榜，何熙曾编译	1964. 11
79	美国的农业问题	中国科技情报研究所编辑	1962. 11
80	美国灌区盐碱化概况	中国科学技术情报研究所编	1963. 1
81	美国和加拿大农业考察记	（苏）马茨凯维奇著；刘文彬等译	1963. 5
82	美国农业的发展和问题	（美）乔治·惠勒著；异等译	1962. 3
83	内蒙古农牧业资源	《内蒙古农牧业资源》编委会编	1966. 4
84	内蒙古农谚选	内蒙古人民出版社主编	1965. 5
85	你知道吗？（农业3）	马建猷等著	1964. 9
86	你知道吗？（农业8）	曾士迈等著	1964. 9
87	你知道吗？（农业9）	魏鸿钧等著	1965. 9
88	宁夏回族自治区有关农业考察研究专题报告集	中国科学院内蒙宁夏综合考察队编	1965. 1
89	宁夏农学会首届年会论文选集（1963年）	宁夏回族自治区农学会编	1963. 8
90	农垦英雄谱（第二卷）	农垦出版社编	1960. 4
91	农垦英雄谱（第一卷）	农垦出版社编	1960. 4
92	农牧学基础（下）	东北农学院等编	1961. 1
93	农牧学基础（中）	东北农学院等编	1961. 1
94	农史研究集刊（第二册）	中国农业科学院南京农学院中国农业遗产研究室编	1960. 2
95	农田小气候观测方法	中国农业科学院农业气象研究室编著	1960. 4
96	农学研究中应用同位素和核辐射问题（译文集）	（苏）克列奇科夫斯基等著；王连铮译	1962. 7
97	农雅	（清）倪倬编	1960. 1
98	农言著实注释	（清）杨一臣著；石声汉校	1963. 7
99	农谚里的科学道理	诸德辉，朱先立编著	1963. 5

（续表）

序　号	题　名	责任者	出版年
100	农业“八字宪法”讲话	贵州省农业厅编	1960.4
101	农业“八字宪法”在花生增产中的科学运用	河北省农业科学院，河北省农学会编	1960.4
102	农业“四化”书目	辽源市图书馆	1960.2
103	农业“八字宪法”教学参考资料	上海市教育局编	1960.2
104	农业分析	北京农业大学编	1961.7
105	农业高额丰产经验资料目录	四川省中心图书馆委员会主编	1960.6
106	农业给水土壤改良	（苏）А.Я. 卡拉布金，С.И. 穆腊舍夫著；韩景慈译	1960.3
107	农业和畜牧业技术措施经济效益研究	（苏）穆拉托夫等著；汤秀珍译	1960.3
108	农业化学——（肥料）	北京农业大学，山东农学院主编	1961.7
109	农业化学分析法（AOAC 分析法）（上册）	美国农业化学家协会编；徐宗稼等译	1963.12
110	农业化学分析法（AOAC 分析法）（下册）	美国农业化学家协会编；徐宗稼等译	1966.4
111	农业化学化的效果（节译本）	（苏）巴布洛夫斯基著；余志远译	1965.3
112	农业基础	镇江农业机械学院农业机械教研组编	1961.8
113	农业基础与农业气象	成都气象学校主编	1961.9
114	农业及农业机械基础	吉林工业大学农业机械教研室编	1961.11
115	农业技术手册	甘肃省农牧厅编	1961.12
116	农业科学技术广播（1）	中央人民广播电台文教科学编辑部编	1964.1
117	农业科学技术广播（10）	中央人民广播电台文教科学编辑部编	1965.6
118	农业科学技术广播（11）	中央人民广播电台文教科学编辑部编	1965.7
119	农业科学技术广播（12）	中央人民广播电台文教科学编辑部编	1965.8
120	农业科学技术广播（14）	中央人民广播电台文教科学编辑部编	1965.1
121	农业科学技术广播（2）	中央人民广播电台文教科学编辑部编	1964.12
122	农业科学技术广播（3）	中央人民广播电台文教科学编辑部编	1964.12
123	农业科学技术广播（4）	中央人民广播电台文教科学编辑部编	1964.12
124	农业科学技术广播（5）	中央人民广播电台文教科学编辑部编	1965.2
125	农业科学技术广播（6）	中央人民广播电台文教科学编辑部编	1965.3
126	农业科学技术广播（7）	中央人民广播电台文教科学编辑部编	1965.3
127	农业科学技术广播（8）	中央人民广播电台文教科学编辑部编	1965.5
128	农业科学技术广播（9）	中央人民广播电台文教科学编辑部编	1965.5
129	农业科学实验小组活动经验	中共中央东北局科委办公室编	1965.1
130	农业科学图书联合目录（土壤肥料部分）	中国农业科学院图书馆编	1964
131	农业科学资料目录（内部资料部分）	华南农学院图书馆资料室编	1964.12
132	农业内部资料目录	中国科学技术情报研究所编	1963.5
133	农业气候研究方法	（苏）В.В. 西涅里席柯夫，Ф.Ф. 达维塔亚著；北京农业大学译	1960.4
134	农业气象	中国农业科学院农业气象研究室编	1962.12
135	农业气象观测方法	北京气象专科学校编	1961.7

（续表）

序　号	题　名	责任者	出版年
136	农业气象经验汇编（第1辑）	贵州气象局编	1960.6
137	农业气象学基础	日本农业气象学会编；侯宏森译	1963.9
138	农业气象学讲义	中国农业科学院江苏分院编	1960.3
139	农业气象学通论	（日）大后美保著；王正春译	1962.8
140	农业气象译丛	中国农业科学院农业气象研究室编译	1965.9
141	农业气象预报和情报的方法	（苏）B.B. 西涅里席柯夫著；北京农业大学译	1960.4
142	农业生产技术基本知识	农业部主编	1963.11
143	农业土壤学（上册）	沈阳农学院主编	1961.12
144	农业推广	章之汶等著	1963.5
145	农业文献索引（1）	中国科学院图书馆	1963.3
146	农业文献索引（2）	中国科学院图书馆	1963
147	农业文献索引（3）	中国科学院图书馆	1963
148	农业文摘主题索引——农学	中国科学技术情报研究所重庆分所编	1966.1
149	农业物理学	（日）八锹利助著；郭养淳译	1965.12
150	农业物理学问题	（苏）约飞，萨莫依诺夫主编；朱振武等译	1962.4
151	农业物理研究方法、仪器和措施	北京农业大学农业物理和气象系译	1960.11
152	农业新技术一百条	河北省农业科学院，河北省农学会主编	1963.5
153	农业样板	江苏省人民委员会农林办公室，中国农业科学院江苏分院编	1966.1
154	农业战线上的化学	陈道章编著	1964.12
155	农业战线上的一面红旗——大寨	北京人民广播电台农村组编	1964.8
156	农业知识删节本	上海师范学院编	1961.2
157	农业知识教学参考资料（1960年第1辑）	上海教育出版社编	1960.1
158	农业知识教学参考资料（1960年第3辑）	上海教育出版社编	1960.3
159	农业知识教学参考资料（1960年第4辑）	上海教育出版社编	1960.5
160	农业知识教学参考资料（1961年第1辑）	上海教育出版社编	1961.8
161	农业知识教学参考资料（1961年第2辑）	上海教育出版社编	1961.11
162	农业知识教学参考资料（1961年第4辑）	上海教育出版社编	1962.3
163	农业知识问答	中国青年出版社编	1960.1
164	农业资料目录	青岛市图书馆编	1964.4
165	农政全书征引文献探原	康成懿编著	1960.3
166	贫困的印度农村	（印）库苏姆·奈尔著；姚念赓等译	1965.1
167	齐民要术	（北魏）贾思勰著	1963.5
168	启东粮棉双丰收生产技术	启东县农业局编	1965.11
169	气象学与农业气象学	北京农业大学主编	1961.7
170	青海农谚	韩涛编	1963.8
171	穷棒子社精神开花结果（河北省遵化县人民自力更生、艰苦创业改变了生产面貌）	唐斯文编著	1966.3
172	全国农业科技资料联合目录	中国农业科学院科学情报资料室主编	1966.2

（续表）

序 号	题 名	责任者	出版年
173	全面贯彻农业“八字宪法”	干城著	1960. 2
174	人民公社大办林业（第一辑）	林业部造林司编	1960. 2
175	人民公社土壤调查土地规划讲义	中国农业科学院江苏分院编	1960. 5
176	人民日报农业科学文选（第二辑）	侯学煜等著	1964. 5
177	人民日报农业科学文选（第一辑）	孙渠等著	1963. 7
178	日本十年后的农业技术	中国科学技术情报研究所编	1963. 2
179	熔成钙镁磷肥的制造及其肥效的研究	（日）中川正男著；何熙曾译	1965. 7
180	沙漠修渠技术	榆林县水利局编著	1960. 5
181	山东古代三大农学家	中国科学院山东分院历史研究所著	1962. 7
182	山西省的盐渍土与盆地土壤	席承藩等著	1965. 4
183	陕西农民科学家的智慧和风格	陕西省科学技术协会，共青团陕西省委员会编	1961. 6
184	陕西省科学研究论文选集（第三集）	西北大学编	1964
185	上海市农业外文图书联合目录（俄文部分）	上海图书馆编	1964
186	深耕与改良土壤	新疆维吾尔自治区农业厅，新疆军区生产建设兵团司令部编	1960. 8
187	沈氏农书	张履详辑补	1960. 1
188	生龙活虎皮山人（新疆维吾尔自治区皮山县）	苏波等著	1966. 3
189	实现园田化 确保大丰收	农业部土壤肥料局编	1960. 6
190	使用化学肥料的一般知识	王乃强编	1965. 1
191	世界主要国家农业发展趋势	农业出版社编	1963. 5
192	世界主要国家农业文献检索工具书简介	中国农业科学院科学情报资料室	1963. 9
193	授时通考（七十八卷）	（清）鄂尔泰，张廷玉等纂	1963. 7
194	水稻译丛——土壤肥料（第十二辑）	水稻译丛编译委员会编	1965. 3
195	水土保持（1）	辽宁科技情报研究所	1964. 8
196	水土保持（2）	辽宁科技情报研究所	1964. 4
197	水土保持（3）	辽宁科技情报研究所	1964. 11
198	水土保持技术经验汇编	国务院水土保持委员会办公室	1966. 3
199	梭山农谱	（清）刘应棠著；王毓瑚注	1960. 3
200	提高政治水平 改进工作作风（农村基层干部学习材料）	中共新疆维吾尔自治区委员会宣传部宣传处编	1962. 5
201	同位素及辐射在植物生理学、农业化学及土壤学中的应用（全苏同位素及核辐射应用会议论文集）	（苏）克列奇科夫斯基等著；孙鸥等译	1963. 1
202	同位素应用方法（农业生物物理专业适用）	吴殿武编	1961. 6
203	图书目录	江西农科院情报资料室编	1964. 5
204	图书目录（农牧、农牧机械）	内蒙畜牧机械研究所	1962. 1
205	土法测天	凌坚编	1962. 4
206	土化肥讲义	中国农业科学院江苏分院编	1960. 6

（续表）

序号	题名	责任者	出版年
207	土壤常规分析方法	中国土壤学会土壤农化分析专业委员会编	1965. 7
208	土壤的电化学性质及其研究法	于天仁等编著	1965. 12
209	土壤调查	安徽省水利电力厅勘测设计院编	1960. 2
210	土壤肥料分析法	中国农业科学院江苏分院编	1960. 8
211	土壤肥料物理化学性质的简易测定法讲义	中国农业科学院江苏分院编	1960. 4
212	土壤风蚀	联合国粮食及农业组织编	1960
213	土壤腐殖质及其形成的微生物学因素	（苏）诺沃格鲁德斯基著；刘钟钰译	1960. 1
214	土壤改良学（水利土壤改良）	北京农业大学编	1961. 1
215	土壤改良原理（上册）	（苏）柯斯恰科夫著；陈益秋译	1965. 2
216	土壤改良原理（下册）	（苏）柯斯恰科夫著；陈益秋译	1965. 6
217	土壤化学分析	（美）杰克逊著；蒋柏藩等译	1964. 11
218	土壤化验工作手册	甘肃省农牧厅农垦局编	1961. 12
219	土壤机械组成、微团聚体组成及其研究方法	（苏）卡钦斯基著；田积莹等译	1964. 1
220	土壤基本知识与土壤改良讲义	中国农业科学院江苏分院编	1960. 5
221	土壤及土质物理性质测定法	（苏）瓦久尼娜，柯尔察金娜著；程云生等译	1965. 8
222	土壤农化分析手册	劳家柽编	1961. 7
223	土壤水	（苏）罗戴著；巴逢辰等译	1964. 1
224	土壤水分状况的研究方法	（苏）罗杰著；傅作钧等译	1965. 2
225	土壤水蚀	联合国粮食及农业组织编	1965
226	土壤微生物和高等植物	（苏）克拉西里尼科夫著	1962. 8
227	土壤微生物学	（美）瓦克斯曼著	1960. 4
228	土壤微生物学	北京农业大学编	1961. 6
229	土壤微生物学	蓝梦九著	1967. 4
230	土壤微生物学（问题与方法）	（苏）维诺格拉德斯基著；阎逊初等译	1962. 1
231	土壤微生物学分析方法手册	中国科学院南京土壤研究所微生物室主编	1960. 1
232	土壤微生物学数量计算手册	中国科学院南京土壤研究所微生物组编著	1961. 8
233	土壤物理化学专题综述	熊毅，朱祖祥主编	1965. 4
234	土壤物理条件与植物生长	（美）B. T. 肖（B. T. Shaw）主编；冯兆林译	1965. 2
235	土壤物理学	（美）贝弗尔著；张君常等译	1965. 8
236	土壤学	熊惠等编著	1960. 5
237	土壤学附地质学基础（上册）	西南农学院编	1961. 9
238	土壤学附地质学基础（下册）	西南农学院编	1961. 9
239	土壤学及农作学	武汉水利电力学院灌溉耕作园田化教研组编	1961. 9
240	土壤学实验室作业	（苏）亚历山大洛娃，那一坚诺娃著；王书清译	1960. 2
241	土壤学中的矿物学研究	（苏）帕尔费诺娃等著；方明等译	1966. 5
242	土壤有机质	（苏）柯诺诺娃著；周礼恺等译	1966. 1

（续表）

序 号	题 名	责任者	出版年
243	土壤中施用石灰和微量元素的应用	(苏) 凯德罗夫·吉赫曼原译著；王统正译	1961. 5
244	土壤专刊 (第 36 号)	中国科学院土壤研究所编	1964. 1
245	外文资料目录 (农业、化工等)	黑龙江省科技委员会情报处	1963. 2
246	王国藩办社的基本经验是什么	全国农业展望馆综合馆编	1960
247	王祯农书	(元) 王祯著	1963. 5
248	微量元素在农业中的应用	(苏) M. Я. 什科里尼克，H. A. 马卡洛娃著；冯世功译	1960. 2
249	微生物学实验	陈华癸主编	1962. 1
250	微生物在土壤养分转化中的作用	娄隆后等编	1962. 6
251	为 1961 年农业生产服务专题报告汇辑 (第 1 集)	福建南平专区农科所编	1961. 1
252	我国农业概况	王与新编	1963. 4
253	无机肥料生产的研究	苏联化学工业部基本化学工业管理局萨莫伊洛夫肥料及杀虫杀菌剂科学研究所编著；刘钰铭译	1960. 7
254	西北地区农业稳产高产经验介绍 (第二册)	中共中央西北局农村工作部编	1964. 5
255	西藏的农业概况	程天庆等编	1964. 6
256	细菌肥料	(苏) 道罗辛斯基著；王渊吉译	1960. 2
257	细菌肥料	胡济生著	1956. 6
258	细菌肥料的制备和应用	(苏) Л. И. 鲁宾契克等著；凌魁，凌渭清译	1963. 2
259	细菌肥料讲义	中国农业科学院江苏分院编	1960. 6
260	小流域水土保持勘测技术	杭载瑾编	1960. 5
261	新疆的农牧业建设	《新疆的农牧业建设》编写组编	1965. 9
262	新疆军垦农场盐渍土壤的改良与利用	新疆军区生产建设兵团司令部灌溉管理处编	1960. 1
263	新疆农业	中国科学院新疆综合考察队主编	1964. 4
264	新疆气候及其和农业的关系	陈汉耀著	1963. 1
265	新疆土壤地理	中国科学院新疆综合考察队，中国科学院土壤研究所编	1965. 8
266	新疆维吾尔自治区 1959 年农业科学研究主要成果及 1960 年的重大研究任务	新疆维吾尔自治区农科所编	1960. 1
267	新鲜果蔬化学和商品学——果蔬化学 (上卷)	(苏) Ф. В. 策烈维提诺夫遗著；汪辑文，唐翘平译	1960. 2
268	盐碱地改良	黄荣翰，魏永纯等编著	1962. 1
269	盐碱地改良和利用专题资料索引 (1)	青岛市科委协情报室著	1964. 7
270	盐碱土的鉴别和改良	(美) L. A. 理查兹 (L. A. Richards) 主编；厉兵译	1965. 6
271	盐碱土论文摘录集	中科院土壤研究所	1963
272	盐渍土改良	(苏) 列戈斯达耶夫著；杨景辉，陈恩健译	1964. 12

（续表）

序　号	题　名	责任者	出版年
273	盐渍土改良法	山东省水利科学研究所	1960. 4
274	盐渍土文献索引（西文部分）	中国科学院土壤研究所图书馆编	1965
275	盐渍土问题译文集	中国科学院土壤研究所编辑室	1964. 3
276	一件根本性的大事：谈干部参加集体生产劳动问题	赵汉编	1964. 5
277	银川平原土壤	宁夏回族自治区农业厅综合勘查队编著	1963. 4
278	应用于农学和生物学实验的数理统计方法	G. W. 斯奈迪格著；杨纪珂，汪安琦译	1963. 8
279	禹贡新解（附录：禹贡注释辑要）	辛树帜著	1964. 9
280	怎样才能把大寨经验学到手	山西日报农村部编	1965. 8
281	怎样施用化学肥料	欣生编著	1963. 7
282	怎样使用化肥	杨景尧，唐近春编	1963. 4
283	浙江农业科学总目录	浙江农业科学编辑部编	1960. 1
284	浙江省外文期刊联合目录（农业及生物部分）	浙江省中心图书馆委员会	1963. 1
285	正确贯彻农业“八字宪法”	人民日报出版社编	1960. 3
286	植物刺激剂的化学	郭琦珍编	1962. 12
287	植物的营养及生态和倒伏的关系	（苏）萨莫赫瓦洛夫著；蔡可译	1962. 3
288	植物激素	罗士韦等编	1963. 3
289	中国肥料概论	中国农业科学院土壤肥料研究所主编	1962. 6
290	中国农学书录	王毓瑚编著	1964. 9
291	中国农业科学院江苏分院十年来农业科学研究成就	中国农业科学院江苏分院编	1960
292	中国农业科学院图书馆中文馆藏书目（3）	中国农业科学院图书馆编	1963. 12
293	中国农业科学院图书馆中文馆藏书目（5）	中国农业科学院图书馆编	1963
294	中国农业气候资源图集	卢其尧等编著	1962. 8
295	中国农业土壤论文集	中国与科学院土壤肥料研究所等编	1962. 1
296	中国农业土壤志（初稿）	农业部全国土壤普查办公室主编	1969. 8
297	中国农业文摘（第一分册）	中国科学技术情报研究所编辑	1960. 2
298	中国盐渍土研究文献索引（1898—1963 年）	中科院土研究资料室等编	1964. 6
299	中国之土壤与自然条件概论	（苏）柯达夫著；陈恩健等译	1960. 3
300	中外文尿素专题资料索引	南京图书馆编	1963. 11
301	中文馆藏书目——农业部分（上）	中国农业科学院图书馆编	1964
302	中文馆藏书目——农业部分（下）	中国农业科学院图书馆编	1964
303	中文内部科技资料库藏目录（3）	中国科学技术情报研究所编	1961. 9
304	中央人民政府政务院关于划分农村阶级成分的决定（1950 年 8 月 4 日政务院第四十四次政务会议通过）	乌鲁木齐新疆人民出版社编	1963. 9
305	重庆市农业技术手册	重庆市农林水利局编	1963. 12

（续表）

序　号	题　名	责任者	出版年
306	重新安排林县河山	中共林县委员会编著	1966. 3
307	主要农作物施肥法讲义	中国农业科学院江苏分院编	1960. 4
308	专题文献索引——盐碱地改良	中国农业科学院图书馆	1963. 4
309	专题资料索引——积肥造肥	北京农业大学图书馆	1960. 4
310	专题资料索引——农业气象	北京农业大学图书馆	1960. 4
311	专题资料索引——物理学新技术在农业中的应用	中国农业科学院图书馆编	1963. 5

（4）1970—1979 年

序　号	题　名	责任者	出版年
1	安徽淮北平原土壤	安徽省水利局勘测设计院，中国科学院南京土壤研究所编著	1976. 3
2	氨水（化学肥料的施用知识丛书）	山东农业科学院编	1975. 6
3	坝地防洪与治碱	陕西省水土保持局	1976. 12
4	北京地区的气候与农业生产	北京农科院气象室编	1977. 1
5	滨海盐土与引水种稻	浙江省农业科学院土壤肥料研究所编	1976. 9
6	常用化肥施用技术	山东省土壤肥料研究所编	1975. 9
7	彻底批判“四人帮”掀起普及大寨县运动的新高潮（第二次全国农业学大寨会议文件和材料汇编）	陈永贵	1977. 2
8	陈永贵等同志谈大寨和昔阳的经验	北京农村读物出版社编	1974. 3
9	筹备委员会第二届会议报告	国际农业发展基金筹备委员会编	1976. 12
10	春播作物的好绿肥——毛叶苕子	陕西省棉花研究所编	1973. 5
11	大寨地理	昔阳县《大寨地理》编写组编	1975. 6
12	大寨红旗映草原——镶黄旗牧业学大寨的经验	区蒙启著	1977. 12
13	第一个大寨县昔阳	丽泉等编	1977. 1
14	电子技术在农村的应用	北京师范学院物理系《电子技术在农村的应用》编写组编	1976. 3
15	东欧各国的农工综合体	辛东主编	1979. 4
16	渡“江”记——河北省正定县人民学大寨赶昔阳的经验	史镝著	1975. 2
17	发展中国家的土壤保持	联合国粮食及农业组织编	1976
18	肥料	农业出版社编	1973. 1
19	肥料年鉴（1978 年）	联合国粮食及农业组织编	1979
20	肥料手册	北京农业大学《肥料手册》编写组编	1979. 5
21	肥料学 附肥料实验编	包伯度，郑支福著	1978
22	肥料知识	《肥料知识》编写组编	1974. 11
23	腐植酸类肥料	西南农学院土化系编	1976. 7
24	腐植酸类肥料的资源及其土法生产	吉林师范大学地理系泥炭沼泽研究室编	1976. 5

（续表）

序　号	题　名	责任者	出版年
25	腐植酸类肥料使用经验选编	农业出版社编辑	1975. 12
26	高产施肥	（英）G. W. 库克著；中国科学院南京土壤研究所农化室译	1978. 1
27	各国粮食政策	联合国粮食及农业组织	1975. 4
28	根瘤菌肥	山东省土壤肥料研究所微生物室编	1978. 5
29	馆藏农业图书目录	陕西省图书馆编	1975. 12
30	馆藏农业图书目录（第 2 册）	中国农林科学院图书馆编	1978
31	馆藏农业图书目录（第 3 册）	中国农林科学院图书馆编	1978
32	馆藏农业图书目录（第 1 册）	中国农林科学院图书馆编	1978
33	馆藏农业图书目录（第 4 册）	中国农林科学院图书馆编	1978
34	馆藏中文农业图书目录	上海科技图书馆编	1976. 2
35	贯彻农业“八字宪法”实行科学种田	青海省农林局编	1973. 3
36	国内外有关土壤肥料研究概况	福建省科学技术情报研究所编	1978. 4
37	国外农业概况	中国农林科学院科技情报研究所编	1975. 11
38	国外农业考察报告（二）	中国农业代表团编	1979. 4
39	国外农业考察报告（三）	中国农业代表团编	1979. 4
40	国外农业考察报告（一）	中国农业代表团编	1979. 6
41	国外农业生产水平和科技进展	中国农林科学院科技情报研究所编	1975. 11
42	国外农业现代化概况（美、日、法、西德、荷、苏、匈等七国）	中国农业科学院科技情报研究所编	1979. 12
43	国外生物防治文献目录（1970—1977 年）	中国科学技术情报研究所编	1979. 2
44	国外污泥在农业上的利用	上海科学技术情报研究所编	1977. 1
45	国外遥感技术资料目录	中国科学院地理研究所，中国科学技术情报研究所编	1979. 4
46	国外专利文摘（化肥）	中国科学技术情报研究所编	1977. 11
47	合理利用养分	联合国粮食及农业组织编	1978
48	合理施用化肥（国外资料选辑）	中国科学技术情报研究所重庆分所编	1975. 9
49	核子科学技术与农业现代化	徐冠仁著	1979. 4
50	红萍	广东省农科院土肥研究所编	1975. 9
51	红壤土的试验和改良	江西省红壤土实验站编	1975. 12
52	华容盛开科技花	华农著	1978. 2
53	化学与农业	叶永烈编著	1977. 9
54	黄淮海平原盐碱地改良	中国农业科学院农田灌溉研究所等编	1977. 1
55	黄县在阔步前进	陆岩，黄学锡编	1975. 7
56	钾细菌肥	湖南省益阳地区农业科学研究所编	1978. 5
57	坚持斗争学大赛——江西省星子县农业学大寨的基本经验	江浔新，卢秀峰	1976. 5
58	坚持以粮为纲发展多种经营经验	吉林省农业局编	1975. 6
59	简明农业词典（气象分册）	科学出版社编	1978. 4
60	简明农业词典（土壤、肥料、农田规划与测量分册）	江苏农学院园艺系等编著	1979. 9

（续表）

序　号	题　名	责任者	出版年
61	剑门山区大寨花	中国共产党四川省剑阁县委员会编	1974.2
62	节气与农事	安徽省农林科学院编	1975.5
63	开门办学实践	上海市宝山县刘行中学编	1974.12
64	科技资料——农业现代化概念（一）	浙江省建德县科学技术委员会翻印	1978
65	科学技术图书展览目录	陕西省图书馆等编	1975
66	科学小实验（1）	《科学小实验》编写小组编	1971.6
67	科学小实验（2）	《科学小实验》编写小组编	1971.6
68	科学种田（第14辑）	上海人民出版社编	1973.6
69	科学种田（第15辑）	上海人民出版社编	1973.6
70	科学种田夺高产	人民教育出版社编辑组编	1973.7
71	科学种田手册	北京市农业科学研究院编	1975.5
72	立窑窑灰钾肥的生产与施用	四川水泥研究所，广东省农业科学院编	1977.3
73	联合国粮食及农业组织总干事爱德华·萨乌马先生在粮农组织第九届非洲区域会议开幕式上的讲话	联合国粮食及农业组织编	1976.11
74	联合国粮食及农业组织总干事爱德华·萨乌马先生在粮农组织第十三届近东区域会议开幕式上的讲话	联合国粮食及农业组织编	1976.1
75	粮农组织情况简介	联合国粮食及农业组织编	1979.4
76	粮农组织生产年鉴（第31期）	联合国粮食及农业组织编	1978
77	粮食和农业状况（1975年）	联合国粮食及农业组织编	1975
78	粮食和农业状况（1977年）	联合国粮食及农业组织编	1978
79	粮食和农业状况（1978年）	联合国粮食及农业组织编	1979
80	粮食援助政策和计划委员会第二届会议报告	世界粮食计划署编	1976.11
81	粮食援助政策和计划委员会第七届会议报告	世界粮食计划署，粮食援助政策及计划委员会编	1979.5
82	粮食组织大会报告（第17届大会）	联合国粮食及农业组织编	1973.11
83	粮食组织大会报告（第20届大会）	联合国粮食及农业组织编	1979.11
84	粮食组织理事会报告（第70届会议）	联合国粮食及农业组织编	1976
85	粮食组织理事会报告（第75届会议）	联合国粮食及农业组织编	1979.6
86	粮食组织理事会报告（第76届会议）	联合国粮食及农业组织编	1979.11
87	粮食组织理事会报告（第77届会议）	联合国粮食及农业组织编	1979.11
88	磷细菌肥	山东农学院农药厂编	1979.4
89	密云农气手册	密云县科学技术委员会密云县气象站编	1978.1
90	棉乡盛开大寨花——河南省新乡县开展农业学大寨群众运动的经验	于新著	1974.7
91	内蒙古自治区及其东西部毗邻地区气候与农牧业的关系	中国科学院内蒙宁夏综合考察队编	1976.9
92	内蒙古自治区与东北西部地区土壤地理（综合考察专集）	中国科学院内蒙古宁夏综合考察队，中国科学院南京土壤研究所编	1978.6

（续表）

序号	题名	责任者	出版年
93	南斯拉夫的农业（1945—1975年）	（南）斯蒂培迪奇（V. Stipetic）著；瞿昭旗，沈桓译	1979.5
94	尿素	中国科学院南京土壤研究所农业化学研究室编	1977.1
95	尿素生产分析	泸州天然气化工厂编	1976.1
96	宁夏农业地理	《宁夏农业地理》编写组编	1976.12
97	农村常用数学	武冈县革命委员会文教局，安乡县革命委员会文教局编	1975.4
98	农村常用数学（二）	浙江省教育局《农村常用教学》编写组编	1976.3
99	农村常用数学（三）	浙江省教育局《农村常用教学》编写组编	1977.11
100	农村常用数学（一）	浙江省教育局《农村常用教学》编写组编	1975.5
101	农村科学实验参考资料（1）	科学出版社编辑	1977.1
102	农村科学实验参考资料（2）	科学出版社编辑	1978.8
103	农村科学实验参考资料（3）	科学出版社编辑	1979.1
104	农村科学实验自制仪器（第二集）	北京师范学院农机系编	1977.12
105	农村科学实验自制仪器（第一集）	北京师范学院农机系编	1977.2
106	毛主席和党中央关于农业问题的论述和政策（二）	新疆八一农学院农经系编	1972.7
107	毛主席有关农业问题的指示（一）	新疆八一农学院农经系编	1972.7
108	农村实用手册	上海人民出版社编	1972.3
109	农村数学计算	崇明县教师红专学院	1977.12
110	农垦战线学大寨典型经验选集	农林部农垦组编	1973.4
111	农田沙害的治理	中国科学院兰州冰川冻土沙漠研究所沙漠研究所编著	1977.8
112	农田生态学	（日）小田桂三郎著；姜恕译	1976.3
113	农业常用数字手册	北京市农林局编	1975.3
114	农业辞典	《农业辞典》编辑委员会编	1979.8
115	农业技术手册	黑龙江农科所编	1972.11
116	农业科技手册	吉林市《农业科技手册》编写组	1971.12
117	农业科技资料索引（6）	天津人民图书馆编	1975
118	农业科技资料选编（二）	中国科学技术情报研究所编辑	1977.11
119	农业科技资料选编（三）	中国科学技术情报研究所编辑	1978.4
120	农业科技资料选编（四）	中国科学技术情报研究所编辑	1979.3
121	农业科技资料选编（一）	中国科学技术情报研究所编辑	1977.7
122	农业科学技术基础知识	《农业科学技术基础知识》编写组编	1976.3
123	农业科学技术手册	陕西革委会农林局主编	1973.3
124	农业气象	北京农业出版社编	1973.1
125	农业气象	中央气象局研究所一室编	1977.1
126	农业气象监测与作物收成预报	联合国粮食及农业组织编	1979

（续表）

序　号	题　名	责任者	出版年
127	农业气象学	邱垂锡译	1978. 8
128	农业气象学用语集	日本农业气象学会编	1979
129	农业气象知识	《农业气象知识》编写组编	1978. 3
130	农业生产技术手册	上海市农业局等编	1979. 4
131	农业土壤真菌	（西德）K. H. 唐姆茨，（荷）W. 盖姆斯著；韩绍英译	1979. 5
132	农业微生物	《农业微生物》编写组	1975. 3
133	农业委员会第五届会议文件选集	联合国粮食及农业组织编	1979
134	农业现代化概念（初稿）	中国农林科学院科技情报研究所编	1978. 6
135	农业学大寨	新疆农业学大寨经验选编	1973. 4
136	农业学大寨（第 10 辑）	农业出版社编	1973. 6
137	农业学大寨（第 14 辑）	农业出版社编	1974. 9
138	农业学大寨（第 16 辑）	农业出版社编	1975. 4
139	农业学大寨（第 1 辑）	安徽省农林局编	1971. 1
140	农业学大寨（第 22 辑）	农业出版社编	1978. 2
141	农业学大寨（第 23 辑）	农业出版社编	1978. 4
142	农业学大寨（第 24 辑）	农业出版社编	1978. 7
143	农业学大寨（第 25 辑）	农业出版社编	1978. 1
144	农业学大寨（第 5 辑）	农业出版社编	1972. 1
145	农业学大寨（第 7 辑）	农业出版社编	1972. 7
146	农业学大寨（第二次全国农业学大寨会议专辑）	农业出版社编	1977. 1
147	农业学大寨经验选编	新疆自治区农业学大寨经验交流会议秘书处编	1974. 5
148	农业学大寨普及大寨县讲话	南方日报编辑部编	1975. 11
149	农业学大寨专辑	农业出版社编	1975. 11
150	农业知识手册	兰州部队后勤部生产管理部编	1972. 8
151	农用微生物	尹莘耘编著	1979. 11
152	农用微生物生产技术	中科院微研所“微生物”编辑组编	1974. 1
153	农政全书校注	（明）徐光启撰；石声汉校注	1979. 9
154	努力普及大寨县——石家庄地区农业学大寨运动的经验	葛静编	1978. 4
155	七十年代世界农业技术	顾镜清编	1979. 6
156	《齐民要术》及其作者贾思勰	浙江农业大学理论学习小组编	1976. 4
157	齐民要术选释	（北魏）贾思勰著；大寨大队理论组等注释	1975. 12
158	气象哨兵	中央气象局编	1975. 3
159	气象站天气预报基础	北京大学地球物理系气象专业编	1979. 6
160	千里草原气象新——泽库县进行党的基本路线教育的经验	青屏，桑珠著	1976. 7
161	勤俭办社	农业出版社编	1973. 1

（续表）

序 号	题 名	责任者	出版年
162	青海农业地理	《清海农业地理》编写办公室编	1976. 9
163	庆丰霉素的土法生产和应用	上海植物生理研究所农用抗菌素组编	1975. 9
164	穷棒子精神绘新图	燕山樵著	1979. 12
165	全国农田基本建设会议文件	人民出版社	1978. 9
166	群众管天	中央气象局编	1976. 5
167	群众性农业科学实验活动选辑	农业出版社编辑	1974. 1
168	人定胜天	水利电力部政治部宣传处	1973. 7
169	色层分析法译文集	上海科学技术情报研究所编译	1976. 3
170	沙石峪	唐振景等著	1974. 3
171	陕西省图书馆馆藏古农书目录	陕西省图书馆编	1976. 12
172	上海农业地理	程潞，陈永文等编著	1979. 9
173	上海市国营农场学大寨经验汇编	上海市农业局委员会编	1973. 1
174	生产年鉴	联合国粮食及农业组织编	1975
175	生物固氮译文集	上海植物生理研究所编译	1972. 11
176	使用化学肥料的一般知识	王乃强编	1974. 8
177	世界农业（第二辑）	《世界农业》编辑委员会编	1979. 6
178	世界农业（第六辑）	《世界农业》编辑委员会编	1979. 11
179	世界农业（第三辑）	《世界农业》编辑委员会编	1979. 5
180	世界农业（第四辑）	《世界农业》编辑委员会编	1979. 7
181	世界农业（第五辑）	《世界农业》编辑委员会编	1979. 9
182	世界农业（第一辑）	《世界农业》编辑委员会编	1979. 5
183	水平梯田	陕西省榆林地区水土保持站	1974. 5
184	水土保持	陕西省水土保持局	1973. 7
185	苏联的农业（1953—1964 年）	（美）拉扎尔·沃林（Lazar Volin）著；上海市“五·七”干校六连翻译组译	1977. 9
186	苏联农业透视	（奥）埃里克·斯特劳斯（Erich Strauss）著；上海市“五·七”干校六连翻译组译	1974. 1
187	苏联农业政策	（美）奥索夫斯基（Osofsky，S.）著；福建师范大学外语系译	1979. 2
188	台湾甘蔗糖业面面观	杨逸农著	1974. 4
189	谈谈科学种田	陈永贵编	1973. 4
190	碳化氨水运输贮存及施用	浙江省商业局农业生产资料公司革命委员会	1976. 4
191	碳酸氢铵	中国科学院南京土壤研究所农业化学研究室	1974. 7
192	天门棉乡在前进	湖北省天门县革命委员会编	1976. 3
193	天气谚语在长期天气预报中的应用	《天气谚语在长期天气预报中的应用》编写组编	1977. 1
194	天山脚下展新图——乌苏县农业学大寨	辛田山，朱长城著	1976. 7
195	《田家五行》选释	（元代）娄元礼著；江苏省建湖县《田家五行》选释小组选释	1976. 7

（续表）

序　号	题　名	责任者	出版年
196	土地评定与分类法	联合国粮食及农业组织编	1976
197	土地退化	劳施科尔布著	1971
198	土面增温剂及其在农林业上的应用	中国科学院地理研究所著	1976.1
199	土壤	北京农业出版社编	1973.12
200	土壤保持	（英）N. W. 哈德逊等著；窦葆璋译	1976.2
201	土壤的电化学性质及其研究法	于天仁等编著	1976.5
202	土壤地理的微形态特征	（奥地利）库比纳著；李连捷等译	1979.3
203	土壤地理学	李天杰，郑应顺编	1979.9
204	土壤电化学测定	中国科学院南京土壤研究所编	1977.1
205	土壤调查与灌溉	土地及水利开发处土壤资源、管理及保护科编	1979
206	土壤肥力学（南方本，下册）	四川省宜宾农业学校编	1979.1
207	土壤肥料分析	山东省土壤肥料研究所编	1978.4
208	土壤肥料学（北方本，下册）	河北省昌黎农业学校编	1979.1
209	土壤分析译文集（上集）	上海科学技术情报研究所编辑	1976.2
210	土壤和土壤化学分析	《土壤与土壤化学分析》编写组编	1977.12
211	土壤和植物中微量元素分析方法	中科院南京土壤改良研究所微量元素组编	1979.9
212	土壤结构改良剂	吴增芳编	1976.8
213	土壤理化分析	中国科学院南京土壤研究所编	1978.1
214	土壤理化性质作物营养速测技术	殷允相编著	1979.1
215	土壤水动力学的计算机模拟	（加拿大）希勒尔著；罗焕炎等译	1979.12
216	土壤条件与植物生长	（英）E. W. 腊塞尔著；谭世文等译	1979.7
217	土壤物理及土壤改良研究法	刘孝义编著	1978.9
218	土壤物理性测定法	日本土壤物理性测定委员会编；翁德衡等译	1979.6
219	土壤物理性质测定法	中国科学院南京土壤研究所土壤物理研究室编	1978.11
220	土壤学（上册）	山西农学院土壤农化专业编	1976.3
221	土壤与作物养分的测定及施肥	北京师范学院农业基础系编	1975.8
222	土壤诊断速测技术	山东省土壤化肥研究所土壤诊断组编著	1977.4
223	土壤知识	中科院南京土壤研究所《土壤知识》编写组编	1976.11
224	微生物在农业生产上的应用	抚顺市农业科学研究所汇编	1970.9
225	为普及大寨县而奋斗	全国农业大学大寨会议中心处编	1975.12
226	我国农村科学实验成果选	大寨大队党支部等编	1978.3
227	我国农业的社会主义道路	苏星著	1976.1
228	我国农业的社会主义改造	我国农业的社会主义改造编写组	1977.9
229	五年的报告——宿迁县学大寨赶昔阳的基本经验	江农兴，舒怀谦著	1976.9
230	“五四零六”抗生菌肥资料选编	中科院微生物所编	1972.1
231	西德农业——欧洲经济共同体国家农业一体化条件下的西德农业	（苏）德拉切娃著；裘元伦译	1979.1

（续表）

序　号	题　名	责任者	出版年
232	西欧国家的农业工业化	（保）托多洛维奇，（匈）希波什等著；裘元伦译	1979.7
233	昔阳遍开大寨花（昔阳县学大寨经验选编）	陈永贵著	1973.7
234	昔阳学大寨	丽泉等著	1974.9
235	喜看今天大寨	王枫编	1977.9
236	县委书记谈农业学大寨	农业出版社编辑	1978.2
237	萧县大步赶昔阳	沈涤潇著	1976.1
238	硝酸铵	天津市农业科学研究所土肥室编	1975.9
239	新疆农业技术手册	新疆农科院主编	1976.4
240	新愚公移山记——山东省莒南县农业学大寨的经验	《新愚公移山记》编写组编	1977.3
241	学大寨的生力军	农业出版社编辑	1977.4
242	学习和运用自然辩证法指导农业生产实践（第1集）	科学出版社编辑	1976.3
243	鸭屎泥田的改良	湖南省土壤肥料研究所编	1978.1
244	烟台地区普及大寨县	陆岩著	1978.6
245	沿着大寨道路继续前进（山东省农业学大寨典型选编）	山东人民出版社编辑	1973.4
246	沿着大寨道路前进	农业出版社编辑	1974.9
247	盐碱土壤的排水	欧洲农业委员会水资源及灌溉工作组编	1973
248	遥感在农业科学技术中的应用	陈述彭著	1979.2
249	一九七四年农历	新疆人民出版社编	1973.11
250	以粮为纲全面发展	农业出版社编辑	1972.12
251	引洪漫地	陕西榆林地区水土保持站	1974.5
252	英汉农业科技词典	铁岭农学院编	1976.1
253	英汉土壤学词汇	中国科学院南京土壤研究所编	1975.6
254	英中日农业科学技术用语集	铁岭农学院编	1976
255	迎着朝阳永向前——新洲县农业学大寨的基本经验	辛文著	1977.3
256	用蜡纸刻印彩色农业图	陈正清著	1976.2
257	优选法与正交法在农业上的应用	广东省推广优选法领导小组办公室	1978.4
258	有机物质与土壤生产力	联合国粮食及农业组织	1977
259	榆树人民学大寨	纪长余著	1977.11
260	原子能在农业上的应用	中国农林科学院原子能利用研究所编	1975
261	原子能在农业上的应用	（美）奥斯本著；闻理译	1979.12
262	塬面水平条田	甘肃省水利电力局西峰水土保持试验站	1974.5
263	云南农业技术手册	《云南农业技术手册》编写组编	1973.4
264	怎样合理施用化肥	江苏省农科所编	1973.7
265	正交试验法在农业科学实验中的应用	孙长鸣编	1978.4
266	治碱改土造良田	安徽省萧县《治碱改土造良田》编写组编著	1977.7

（续表）

序号	题名	责任者	出版年
267	中低品位磷矿的加工与施用	上海化工研究院等编	1977.8
268	中国古代农业科技史简明图表	陈文华编绘	1978.9
269	中国农学书录	王毓瑚编著	1979.9
270	中国农业史参考文献索引	中国农业科学院图书馆编	1979.2
271	中国土地利用现状概图	中国科学院地理研究所编	1979.1
272	中国土壤	中国科学院南京土壤研究所主编	1978.3
273	中州盛开大寨花	河南人民出版社编	1973.6
274	《周礼》书中有关农业条文的解释	夏纬瑛著	1979.1
275	综合肥料的农业化学	（苏）别切尔布尔戈斯基著；韩绍英译	1979.7
276	作物需水量	德伦博斯，普鲁伊特著	1977

（5）1980—1989年

序号	题名	责任者	出版年
1	1979—1988年农业重大科技成果选编	农业部科技委员会，农业部科技司	1989.9
2	1981年农历	北京农业出版社	1981
3	1982年农历	北京农业出版社	1982
4	1983（癸亥）年农家历书	农村读物出版社历书编辑组	1983
5	1983年农历	北京农业出版社	1983
6	1984（甲子）年农历	北京农业出版社	1984
7	1984年科普农历	一九八四年科普农历编写组	1983.1
8	1984年农副业技术气象卫生历书	重庆市科学技术协会	1983.6
9	1984年农家历书	农村读物出版社	1984
10	1985年农历（乙丑年）	北京农业出版社编	1985
11	2000年中国农产品需求与农业发展	牛若峰主编	1989.7
12	保护与生产——保护土壤促进发展	联合国粮食及农业组织编	1984
13	变动物粪便为饲料	米勒著	1980
14	补农书校释	（清）张履祥辑补；陈恒力校译；王达参校	1983.7
15	测渗仪	联合国粮食及农业组织	1982.1
16	茶业通史	陈椽编著	1984.5
17	产量程序设计的农业物理、农业气象和农业技术原理	（苏）И. С. 沙季洛夫，А. Ф. 丘德诺夫斯基著；刘树泽等译	1987.8
18	常用农业科技词浅释	《常用农业科技词浅释》编写组编	1982.7
19	朝鲜民主主义人民共和国农业	杨学忠等编	1983.5
20	陈敷农书选读	（宋）陈敷著；缪启愉选读	1981.12
21	从绿色革命谈起	信迺诠等编著	1986.7
22	带田农业气候资源的利用	董宏儒，邓振镛著	1988.4
23	丹麦的农业	（丹麦）克拉德森编；黄洪涛译	1982.12
24	氮肥的农业化学	（苏）柯连科夫著；尹崇仁等译	1983.7

（续表）

序　号	题　名	责任者	出版年
25	当代中国的农垦事业	《当代中国》丛书编辑部	1986. 1
26	稻、麦、棉与气象	姚克敏著	1985. 2
27	邓子恢农业合作思想学术讨论会论文集	中国农业经济学会，中国社会科学院农村发展研究所编	1989. 5
28	低产土壤改良	古汉虎，汤辛农著	1982. 1
29	地鳖虫与蚯蚓养殖技术问答	汤纪根，项祥，林鸿达著	1982. 4
30	地理学与农业	中国地理学会编辑	1983. 2
31	地貌与农业	穆桂春编著	1988. 5
32	电化学方法及其在土壤研究中的应用	于天仁等编著	1980. 7
33	电子计算机与现代农业管理	江道琪等著	1988. 9
34	电子计算机在农产品产量预测中的应用	万宝瑞等著	1986. 12
35	电子计算机在农业上的应用	袁柏瑞等编著	1983. 11
36	东南亚各国农业	谷源洋等编著	1984. 12
37	东欧国家农业	白靖宸，曹英等编著	1983. 6
38	东欧国家农业发展道路的比较研究	伍宇峰，刘国平编	1985. 12
39	豆科植物根瘤菌剂及其利用	联合国粮食及农业组织编	1988. 11
40	多作栽培制度中肥料的施用（1982 年印度新德里召开的专家会议论文集）	联合国粮食及农业组织编译	1988. 11
41	俄汉农业词典	东北农学院	1987. 1
42	二十世纪末的农业	联合国粮农组织编	1987
43	二十一世纪农业	（美）J. W. 罗森布拉姆著；翟凤林译	1987. 5
44	发达社会主义的农业问题	（苏）吉洪诺夫 B. A. 主编；周新城译	1987. 5
45	发展中国家植物营养与土壤限制因素	佩德罗 A. 桑切兹著	1983. 3
46	法国的农业现代化	刘振邦编著	1980. 5
47	法国农业趣史	（法）让·雄巴尔·德洛夫（Jean Chombart de Lauwe）著；马四近，庞爱菊译	1985. 3
48	法国农业新貌	（法）罗歇·利韦（Roger Livet）著；宫正，林方译	1985. 7
49	翻番五十例	新华社国内部编	1984. 6
50	非豆科作物固氮研究进展	陈廷伟主编	1989. 1
51	肥料	张淑民编	1982. 12
52	肥料方案 20 年：不断增加的作物产量（1961—1981 年）	联合国粮食及农业组织编	1981
53	肥料和植物营养指南	联合国粮食及农业组织编	1989. 1
54	肥料施用知识	张耀栋等编	1983. 3
55	肥料史话	曹隆恭编	1981. 1
56	肥料效应函数	李仁岗编著	1987. 4
57	肥料知识	河北省昌黎农校编	1984. 3
58	风砂土的改良	江渊编写	1980. 8
59	腐殖质和土壤形成	（苏）B. B. 波诺马廖娃，T. A. 帕洛特尼柯娃著；魏开湄译	1987. 2

（续表）

序 号	题 名	责任者	出版年
60	复合肥料中的成盐反应	（日）秋山尧著；于文洲，吴维江译	1986.7
61	改造传统农业	（美）西奥多·W. 舒尔茨著；梁小民译	1987.3
62	根系研究法	（联邦德国）伯姆著；薛德榕译	1985.7
63	耕作和牵引土壤动力学	（美）吉尔等编	1983.11
64	共生固氮技术手册（豆科植物根瘤菌）	奥巴托，德雷丰著；蒋有泽，周枫译	1987.6
65	“共同市场”的农业政策	（苏）伊·特·特罗增科著；周新城译	1983.12
66	固氮生物生物学	（英）斯普朗特著；刘永定译	1985.1
67	关于发挥地区优势的研究	农业出版社编辑	1983.7
68	关于发展我国农业的一些问题	于远光著	1980.1
69	关于农业问题的探索	郑重编著	1989.12
70	馆藏农业图书目录（俄文部分）	中国农业科学院图书馆编	1981.12
71	馆藏农业图书目录（西文部分）	中国农业科学院图书馆编	1981.12
72	馆藏农业图书目录（中文部分）	中国农业科学院图书馆编	1981.12
73	馆藏农业图书目录（日文部分）	中国农业科学院图书馆编	1981.12
74	广开肥源科学施肥	刘培棣编	1980.1
75	广西农业气候资源分析与利用	广西壮族自治区气象局农业区划协作组编著	1988.5
76	国际土壤分类述评	中科院南京土壤研究所土壤地理研究室编	1988.5
77	国际土壤侵蚀与土壤保持会议论文摘要	中科院西北水土保持研究所情报研究室编	1987.5
78	国际盐渍土改良学术讨论会论文集	北京农业大学农业资源华景和遥感研究所编	1985.5
79	国外农业考察报告（四）	中国农业代表团编	1980.3
80	国外农业科研机构及其出版物综述	中国图书进口总公司编	1983
81	海南岛农业地理	钟功甫等编著	1985.12
82	海南岛土壤和植物中的化学元素	王景华著	1987.2
83	含氮化合物在土壤中的转化	（苏）伊利涯列特季诺夫著；张耀栋等译	1985.12
84	旱地土壤培肥技术	尉庆丰，李祖荫编著	1989.12
85	旱区农业发展之路——有机旱作的原理与实践	籍希晋等编著	1985.6
86	核技术及其在农业科学中的应用	陈子元等主编	1983.1
87	核技术农业应用会议文献文摘汇编（1983年）	中国原子能农学会，中国农业科学院原子能利用研究所编	1983.12
88	核农学手册	陈子元等编	1988.8
89	核酸探针杂交实验技术	林万明主编	1992.3
90	黑龙江省与内蒙古自治区东北部土壤资源	中国科学院南京土壤研究所黑龙江队著	1982.1
91	红壤利用改良	谢为民等编著	1984.8
92	华南农业大学图书馆外文科技期刊目录	华南农业大学图书馆期刊组编	1984.1
93	化肥施用技术问答	黑龙江省农科院土肥所化肥室编著	1984.6
94	化肥手册	（澳）伊文思等著	1984.12
95	化学肥料	陈伦寿编著	1983.1
96	化学肥料的施用	河北省植保土肥研究所编	1981.2

（续表）

序　号	题　名	责任者	出版年
97	化学基础知识	吴金如编	1981. 1
98	化学在农业和生理学上的应用	（德）尤·李比希著；刘更另译	1983. 12
99	环境影响评价与农业发展	联合国粮食及农业组织编	1982
100	黄淮海平原低产田治理及其效果	杨正明主编	1989. 3
101	黄淮海平原地区农业地理	姜德华编著	1986. 8
102	黄淮海平原农业气候资源评价	丘宝剑等著	1987
103	机械耕作条件下的土壤改良——城西湖农场土壤改良试验总结	中国科学院南京土壤研究所，中国人民解放军南京部队城西湖农场著	1980. 4
104	计量施肥	金耀青编著	1989. 7
105	计算机农业应用	余雅福等编著	1987. 7
106	简明农业词典	北京农大等单位编	1983. 1
107	简明农业科学词典	辛农编	1988. 1
108	简明日汉农业词典	尹福祥等编	1986. 2
109	简明英汉农业词典	张立民等编	1985. 12
110	今后 25 年的非洲农业摘要	联合国粮食及农业组织编	1986
111	近代农业名人传	［美］坎农著；赵伟钧译	1984. 8
112	近代施肥原理与技术	毛达如编著	1987. 8
113	井田制考索	吴慧著	1985. 5
114	科学施肥新方法	（日）长谷川杢治著；谭俊杰，孙绥中译	1989. 1
115	科学施肥指南	袁德厚，孙泽江编著	1989. 1
116	科学施用化肥	林继雄编著	1988. 12
117	科学种田手册	北京市农业科学院编	1982. 1
118	拉丁美洲农业	魏燕慎等	1984. 5
119	立体农业原理与技术	刘中柱，刘克辉主编	1989. 1
120	立体农业致富决窍	陈梦林等编	1989. 9
121	立体农业——致富之路	张尔俊编著	1987. 6
122	立体农业组合技术 100 例	四川省科学技术协会普及部编	1989. 1
123	粮农组织第十九届亚洲及太平洋区域会议报告（1988 年 7 月）	联合国粮食及农业组织编	1988
124	粮农组织第十七届亚洲及太平洋区域会议报告	联合国粮食及农业组织编	1985. 4
125	粮农组织第十五届亚洲及太平洋区域会议报告（1980 年 3 月）	联合国粮食及农业组织编	1980
126	粮农组织肥料年鉴（第 37 期）	粮农组织经济及社会政策部统计司编	1989. 1
127	粮农组织肥料年鉴（第 39 期）	粮农组织经济及社会政策部统计司编	1989
128	粮农组织世界渔业管理和发展会议的报告	联合国粮食及农业组织编	1984
129	《粮农组织手册》（第一章）	联合国粮食及农业组织编	1982. 11
130	粮农组织中文出版物目录	联合国粮食及农业组织编	1986. 6
131	粮食和农业状况	联合国粮食及农业组织编	1988
132	粮食和农业状况（1979 年）	联合国粮食及农业组织编	1980
133	粮食和农业状况（1980 年）	联合国粮食及农业组织编	1980

（续表）

序号	题名	责任者	出版年
134	粮食和农业状况（1981年）	联合国粮食及农业组织编	1982
135	粮食和农业状况（1982年）	联合国粮食及农业组织编	1983
136	粮食和农业状况（1983年）	联合国粮食及农业组织编	1984
137	粮食和农业状况（1985年）	联合国粮食及农业组织编	1986
138	粮食和农业状况（1986年）	联合国粮食及农业组织编	1986
139	粮食和农业状况（1989年）	联合国粮食及农业组织编	1989
140	粮食组织大会报告（第21届大会）	联合国粮食及农业组织编	1981.11
141	粮食组织大会报告（第22届会议）	联合国粮食及农业组织编	1983.11
142	粮食组织大会报告（第23届会议）	联合国粮食及农业组织编	1985
143	粮食组织大会报告（第24届会议）	联合国粮食及农业组织编	1987
144	粮食组织大会报告（第25届会议）	联合国粮食及农业组织编	1989.11
145	粮食组织理事会报告（第78届会议）	联合国粮食及农业组织编	1980
146	粮食组织理事会报告（第80届会议）	联合国粮食及农业组织编	1981.11
147	粮食组织理事会报告（第81届会议）	联合国粮食及农业组织编	1981.11
148	粮食组织理事会报告（第82届会议）	联合国粮食及农业组织编	1982.11
149	粮食组织理事会报告（第83届会议）	联合国粮食及农业组织编	1983
150	粮食组织理事会报告（第84届会议）	联合国粮食及农业组织编	1983
151	粮食组织理事会报告（第85届会议）	联合国粮食及农业组织编	1983
152	粮食组织理事会报告（第86届会议）	联合国粮食及农业组织编	1984
153	粮食组织理事会报告（第87届会议）	联合国粮食及农业组织编	1985.6
154	粮食组织理事会报告（第88届会议）	联合国粮食及农业组织编	1985
155	粮食组织理事会报告（第89届会议）	联合国粮食及农业组织编	1985
156	粮食组织理事会报告（第90届会议）	联合国粮食及农业组织编	1986
157	粮食组织理事会报告（第92届会议）	联合国粮食及农业组织编	1987
158	粮食组织理事会报告（第93届会议）	联合国粮食及农业组织编	1987.11
159	粮食组织理事会报告（第96届会议）	联合国粮食及农业组织编	1989.11
160	粮食组织理事会报告（第97届会议）	联合国粮食及农业组织编	1989.11
161	磷肥	姜国泉主编	1988.8
162	论农业	（古罗马）M.T.瓦罗（M.T.Varro）著；王家绶译	1981.6
163	论农业现代化	中国科学院农业现代化研究委员会编	1982.3
164	罗·匈农业考察论	中国农业经济学者考察团编	1986.9
165	罗马尼亚农业	刘开铭编	1985.2
166	美国的农业——过去和现在	郑林庄选编；方原等译	1980.5
167	美国农业	徐更生编著	1987.3
168	美国农业的又一次革命	（美）莱尔·舒尔兹等著；王启美等编译	1984.5
169	美国农业史（1607—1972年）	（美）施莱贝克尔著	1981.6
170	美国土壤系统分类检索	（美）康奈尔大学农学系编；赵其国等译	1985.11
171	蒙特卡罗方法在农业气象学中的应用	于系民，赵焕宸著	1989.11
172	民间看天经验	宋汝南编	1984.1

（续表）

序 号	题 名	责任者	出版年
173	目前世界肥料形势和展望（1977/1978 年至 1983/1984 年度）	联合国粮食及农业组织编	1980
174	内蒙古土壤侵蚀研究——遥感技术在内蒙古土壤侵蚀研究中的应用	赵羽等著	1989. 4
175	《南方草木状》国际学术讨论会论文集	华南农业大学农业历史遗产研究室编	1990. 2
176	农村常用化验	曲阜师范学院化学系《农村常用化验》编写组编著	1981. 4
177	农村常用数学知识	卓越义编	1985. 6
178	农村常用运筹方法	贺维农编	1983. 11
179	农村发展新阶段——问题与探索	牛若峰，郭书田编	1986. 9
180	农村工作问答	中共中央宣传部宣传局，农牧渔业部宣传司	1985. 1
181	农村科学实验参考资料（4）	刘大钧等编著	1981. 1
182	农村生活与生产顾问	北京人民广播电台农村部	1981. 9
183	农村实用化学	丁中原编著	1984. 7
184	农村实用化学历书（乙丑）	郭金如编	1984. 1
185	农村实用科技手册	山东省科协普及部主编	1985. 9
186	农村实用手册	上海文化出版社编	1981. 12
187	农村适用技术	国家科本科研成果管理办公室编	1985. 3
188	农村政策问答	农村工作通讯杂志社《农村政策问答》编写组	1984. 11
189	农地中重金属的控制技术	（澳）G. W. 利珀著；胡荣梅等译	1987. 9
190	农技员常用手册	扈柯稼编	1984. 6
191	农家肥料知识	金同铭，黄莲芳编著	1982. 8
192	农家科学致富 400 法（又名：退伍军人科学致富手册）	赵庆华主编	1986. 1
193	农家实用气象观测	王石立，李伟光编著	1986. 6
194	农家万宝全书	浙江科学技术出版社编	1982. 2
195	农家致富 200 例	《农民日报》经济部编	1986. 9
196	农家种植新技术	《农村科学致富》编辑组编	1985. 6
197	农林、水产与气象——气象的利用和改良	（日）内岛善兵卫编著；方爽译	1988. 1
198	农民致富之友	于德春等编	1985. 2
199	农牧业重要科技成果年报（1982 年）	农牧渔业部科学技术司，中国农科院编	1983. 5
200	农史研究（第八辑）	华南农学院农业历史遗产研究室主编	1989. 5
201	农史研究（第二辑）	华南农学院农业历史遗产研究室主编	1982. 3
202	农史研究（第六辑）	华南农学院农业历史遗产研究室主编	1985. 7
203	农史研究（第三辑）	华南农学院《农史研究》编辑部编	1983. 4
204	农史研究（第五辑）	《农史研究》编委会	1985. 1
205	农史研究（第一期）	华南农学院农业历史遗产研究室主编	1980. 8
206	农书·农史论集	胡道静著	1985. 6
207	农田生态系统能量物质交换	牛文元等编	1987. 12

（续表）

序　号	题　名	责任者	出版年
208	农田小气候	翁笃鸣等编	1984.1
209	农学中同位素示踪技术	王福钧主编	1989.4
210	农言著实注释	（清）杨一臣著	1989.5
211	农谚与科学	刘也编著	1985.11
212	农业	王垂仍编；李瑞琴等译	1986.9
213	农业“八字宪法”浅说	刘瑞龙编	1980.6
214	农业常用数据资料	贺维农编	1981.9
215	农业常用资料手册	山西人民出版社编	1983.2
216	农业的微观与宏观	李炎巨等编	1985.7
217	农业多因素试验设计与统计分析	萧兵，钟俊维编著	1985.9
218	农业发展战略学术论文选集	中国科学院农业现代化研究委员会编	1982.2
219	农业化学常用分析方法	陕西师范大学化学系分析化学教研室，陕西省农林科学院分析室编	1982.4
220	农业化学手册	鲁如坤，史陶钧编	1982.3
221	农业化学研究法（土化专业用）	西北农学院，华南农学院主编	1980.12
222	农业化学自学指导书	陆景陵编	1985.5
223	农业环境保护与农业	陶战，买永彬编著	1989.2
224	农业环境的化学污染	傅克文编	1985.5
225	农业基础知识	浙江省农业干部学校主编	1982.6
226	农业集体化重要文件汇编（上册）	中华人民共和国国家农业委员会办公厅编	1981.11
227	农业技术（2）	中国人民大学农业经济系农业技术教研室编著	1988.1
228	农业科技要闻选编（1）	中国农业科学院编	1984.8
229	农业科技要闻选编（2）	中国农业科学院编	1985.8
230	农业科技知识（2）	中央人民广播电台农村部编	1982.12
231	农业科技知识（3）	中央人民广播电台农村部编	1983.9
232	农业科技知识（4）	中央人民广播电台农村部编	1984.6
233	农业科技知识120例	安徽人民广播电台农村组编	1983.12
234	农业科技资料选编（5）	中国科学技术情报研究所编	1982.5
235	农业科普佳作选	常珏等主编	1988.5
236	农业科学发展战略问题	中国农业科学院编	1988.8
237	农业科学技术广播（第九册）	中央人民广播电台农村部编	1980.11
238	农业科学技术广播（第六册）	中央人民广播电台农村部编	1980.9
239	农业科学技术广播（第七册）	中央人民广播电台农村部编	1980.11
240	农业科学技术广播（第十册）	中央人民广播电台农村部编	1980.12
241	农业科学技术广播（第十三册）	中央人民广播电台农村部编	1981.8
242	农业科学技术广播（第十一册）	中央人民广播电台农村部编	1981.2
243	农业科学技术知识	中央人民广播电台农村部编	1982.1
244	农业科学技术重点示范推广项目（1）	农业部科技局编	1982.9
245	农业科学生物统计	（美）耿旭，F.J.希尔斯著；高明尉等译	1988.8

（续表）

序　号	题　名	责任者	出版年
246	农业内部科技资料联合目录（1976—1980 年）	辽宁地区中心图书馆委员会编	1982. 12
247	农业普查	联合国粮农组织编	1988. 12
248	农业气候学	北京农业大学农业气象专业农业气候教学组编著	1987. 1
249	农业气候资源分析和利用	于沪宁，李伟光编著	1985. 5
250	农业气候资源译丛	韩湘玲等主编	1981. 4
251	农业气象	北京农业大学主编	1980. 8
252	农业气象	杨永岐编	1986. 1
253	农业气象基本知识（农业生产技术基本知识）	陶炳炎编著	1985. 12
254	农业气象基础知识	郑剑非编	1981. 1
255	农业气象问答	南京农学院，江苏农学院农业气象教研组编	1981. 1
256	农业气象学	北京农业大学农业气象专业编	1982. 12
257	农业气象学	（德）译曼著；元素福等译校	1984. 11
258	农业气象学	冯定原，王雪娥编著	1984. 2
259	农业气象学方法	（英）L. P. 史密斯著；于系民译	1981. 8
260	农业气象预报和情报方法	冯定原主编	1988. 5
261	农业气象预报文集	农业气象预报文集编审组	1983. 8
262	农业生产经验选辑（一）	国家农业委员会政策研究室编	1980. 1
263	农业生产效果预测	（苏）Н. И. 霍洛特著；谭锦维，刘天福译	1983. 2
264	农业生态和农业环境保护	吴方正等编著	1986. 1
265	农业生态环境研究	中国科学院北京农业生态系统试验站编	1989. 3
266	农业生态系统的水——热状况和产量的数学模拟	（苏）О. Д. 西罗坚科著；裘碧梧译	1985. 4
267	农业生态系统中矿质养分的循环	（荷）M. J. 福里赛尔主编；夏荣基等译	1981. 9
268	农业生态学——世界食物生产系统的分析	（美）乔治 W. 柯克斯，迈克尔 D. 阿特金斯著；王在德等译	1987. 3
269	农业生物化学	阎隆飞，吴显荣编	1986. 4
270	农业生物技术——国家竞争力战略	（美）农业生物技术国家战略委员会等著；郭殿瑞，金人一等译	1988. 8
271	农业生物统计手册	古华民编著	1989. 7
272	农业实验统计	卢宗海编著	1985. 7
273	农业实用回归分析	丁希泉等编著	1989. 7
274	农业实用预测技术及其应用（上）	刘天福，姚监复主编	1956. 7.
275	农业实用预测技术及其应用（下）	刘天福，姚监复主编	1956. 7
276	农业史话	李长年编著	1981. 7
277	农业试验设计和分析	（美）T. M. 利特尔，F. J. 希尔斯著；李耀锽，高学曾等译	1983. 5
278	农业试验统计	莫惠栋编著	1984. 1

（续表）

序　号	题　名	责任者	出版年
279	农业试验统计模型和 BASIC 程序	张全德编著	1985. 5
280	农业数据手册	王义华等编	1980. 5
281	农业（台湾及海外中文报刊资料专辑）	北京图书馆文献信息服务中心编辑	1987. 3
282	农业土壤管理	高德民，李笃仁等编著	1988. 12
283	农业土壤中的氮	（美）F. J. 史蒂文森等著；闵九康等译	1989. 11
284	农业委员会第六届会议文件选集	联合国粮食及农业组织	1981
285	农业文献检索工具书简介	内蒙古农牧学院图书馆编	1986. 7
286	农业物候学	邹效孟编著	1983. 11
287	农业系统仿真	（英）J. B. 登特，M. J. 勃拉基著；粟文辉等译	1984. 1
288	农业现代化参考资料选编（第 5 辑）	中国科学院石家庄农业现代化研究所编	1981. 12
289	农业现代化问题	顾焕章等编	1980. 6
290	农业新技术革命——生物工程、电子计算机、遥感等技术在农业上的应用	中国农业科学院编	1987. 12
291	农业遥感	寇有观，萧钦编著	1988. 5
292	农业遥感：农作物估产的理论与方法	郭德友等编译	1986. 7
293	农业遥感译文集	中国农业工程研究设计院农业遥感研究室，中国农业工程学会农业遥感专业委会编员会编	1989. 9
294	农业应用回归设计	丁希泉编著	1986. 6
295	农业应用生物统计	李永孝主编	1989. 11
296	农业与乡村发展项目监测系统（12）	克莱顿，佩特里著	1981
297	农业志	（古罗马）加图著；马香雪、王阁森译	1986. 6
298	农业中的微量营养元素	（美）莫尔维德特等著；中国农业科学院土壤肥料研究所编译	1984. 9
299	农业中的稀土	郭伯生等编著	1985. 9
300	农用施肥原理与实践	陈伦寿，李仁尚编	1984. 8
301	农用天气预报	闵庆文，曹作豪编	1988. 4
302	女谷神——粮农组织农业与发展评论	联合国粮食与农业组织	1985
303	诺尔曼·布洛格——一位同饥饿顽强搏斗的农学家	（澳大利亚）比克尔著；许叟编译	1983. 7
304	欧洲农业委员会第二十二届会议报告	联合国粮食及农业组织	1980. 6
305	配方施肥	陈延正著	1988. 9
306	配方施肥	农业部农业局编	1989. 7
307	硼肥	王运华等编	1988. 1
308	贫困地区的翻身之路	中共菏泽地委办公室编	1982. 1
309	贫困地区致富之路	中华人民共和国农牧渔业部编	1985. 7
310	齐民要术校释	（北魏）贾思勰著；缪启愉校释	1982. 11
311	气候与农业	李雁等编著	1985. 8
312	前进中的非洲农业	谈世中等著	1982. 5

（续表）

序　号	题　名	责任者	出版年
313	青海省主要特产	青海省科学技术情报研究所，青海省图书馆编	1981. 12
314	蚯蚓的利用与养殖技术	上海科学技术情报研究所编译	1980. 8
315	趣味农业科学	（苏）A. Г. 多亚连科著；于珏，王亦民等译	1980. 1
316	全芳备祖	（宋）陈景沂编辑	1982. 2
317	全国科学大会农业科技授奖成果汇编	农业部科学技术局，中国农业科学院科技情报所编	1981. 1
318	全国农业科技文献专题检索手册（1984 年）	湖南农学院图书馆，湖南省中心图书馆委员会合编	1984. 8
319	全国优质名特农牧渔业产品名录	《中国农业年鉴》编辑部编	1986. 2
320	热带作物生态生理学	（巴西）P. T. 阿尔维姆（Paulo de T. Alvim），（美）T. T. 科兹洛斯基（T. T. Kozlowski）编著；中国热带作物学会译	1984. 11
321	日汉农业词典	王树江主编	1989. 2
322	日英汉农林园艺词汇	浙江农业大学编；吴耕民主编	1986. 1
323	日英汉农业常用词汇	黄建南编	1984. 2
324	溶质在土壤根系统中的运动	（英）P. H. 奈，P. B. 廷克著；夏荣基，周文嘉译	1985. 7
325	如何发挥地区优势	刘再兴，刘天福编	1983. 1
326	如何经济合理施用化肥	徐木生著	1984
327	三江平原农业地理	刘哲明编著	1987. 5
328	三农纪校释	（清）张宗法原著；邹介正等校释	1989. 1
329	商君书论农政四篇注释	马宗申注释	1985. 1
330	社会主义南斯拉夫农业的发展	（南）斯蒂佩梯奇（Vladimir Stipetic）等著；南斯拉夫粮食和农业组织委员会编；杨魁信，宋献彝译	1980. 12
331	生长调节物在农业生产中的应用	（英）勒克威尔著；殷宏章译	1983. 12
332	生态农业	胡寿田等编著	1988. 6
333	生态农业基础	卞有生编著	1986. 8
334	生态农业及有关农业技术	（英）基利·沃辛敦著；张壬午译	1984. 12
335	生态农业与农村致富实例	卞有生，于亚平编	1987. 8
336	生态农业原理及其应用	时正新著	1988. 1
337	生态平衡与农业现代化	侯学煜讲；中国农学会编	1980. 11
338	生态生物化学导论	张玉麟，王镇圭编译	1989. 7
339	生态学与大农业发展	侯学煜著	1984. 8
340	《诗经》中有关农事章句的解释	夏纬瑛著	1981. 1
341	施肥原理与技术	（日）高井康雄主编；金安世译	1982. 1
342	十四国现代农业科学技术进步	蒋建平等主编	1987. 6
343	实用农业气象指南	郝任侠等编	1989. 1
344	实用农业生物学词典	周德超主编	1988. 8
345	实用土壤肥料手册	李笃仁等编	1989. 11

（续表）

序 号	题 名	责任者	出版年
346	世界农业（第八辑）	《世界农业》编辑委员会编	1980
347	世界农业（第七辑）	《世界农业》编辑委员会编	1980.5
348	世界农业推广	伯顿·E. 斯旺森等著；许无惧，罗泽伟等译	1989.6
349	世界土壤地理	朱鹤健编	1985.6
350	授时通考辑要	伊钦恒编	1981.8
351	数学生物经济学——更新资源的最优管理	（加）克拉克著；周勤学，丘兆福译	1984.5
352	水稻土	朱鹤健	1985.2
353	水稻土的物理化学	于天仁等	1983.9
354	四川农业地理	中国科学院成都地理研究所编著	1981.2
355	四级农科网经验选编	陕西省农业局科教处编	1980.1
356	四民令辑释	（东汉）崔寔著；缪启愉辑释	1981.5
357	四民月令选读	缪桂龙选译	1984.12
358	四时纂要选读	（唐）韩鄂原编；缪启愉译	1984.5
359	四时纂要校释	（唐）韩鄂原编；缪启愉校释	1981.1
360	苏北盐垦史初稿	孙家山著	1984.9
361	算图在农业中的应用	聂善长著	1985.12
362	太湖塘浦圩田史研究	廖启愉编著	1985.12
363	桃源综合考察报告集	桃源农业现代化综合科学实验基地县考察队编	1980.5
364	通县土壤	北京市通县土壤普查试点技术组编	1981.7
365	土面增温剂及其在农林业上的应用	中国科学院地理研究所著	1981.8
366	土壤	祖康祺编	1986.11
367	土壤测定与植物分析	（美）沃尔什，比顿主编；周鸣铮译	1982.5
368	土壤氮素分析法	（美）布伦纳等著；曹亚澄译	1981.4
369	土壤的本质与性状	（美）布雷迪著；南京农学院土化系等译	1982.1
370	土壤地理研究法	赵其国，龚子同主编	1989.9
371	土壤调查实验室方法	（英）亚维利，巴斯康卜主编；陈清硕等译	1981.9
372	土壤调查与土地评价	（英）登特D·杨A·著；倪绍祥等译	1988.5
373	土壤调查与制图	南京农学院，东北农学院主编	1981.7
374	土壤动态生物化学研究法	郑洪元，张德生编著	1982.8
375	土壤动物知识	忻介六等编	1986.6
376	土壤肥力测定与测土施肥	周鸣铮编著	1988.5
377	土壤肥力研究方法	严昶升主编	1988.1
378	土壤肥力与肥料	（美）蒂斯代尔，纳尔逊著；孙秀廷等译	1984.8
379	土壤肥料	禄文光，王亚明等编	1983.6
380	土壤肥料	浙江省农业厅主编	1984.3
381	土壤肥料和农产品质量	（苏）阿夫托宁著；李宝元等译	1983.1
382	土壤肥料理化性质简易测定法	陈震，吴俊兰编	1980.1

（续表）

序号	题名	责任者	出版年
383	土壤肥料文摘主题索引汉英对照（1980—1982 年）	吉林农业大学图书馆编	1988
384	土壤肥料学	山东省林业学校编	1986. 12
385	土壤肥料与植物保护	中国农业科学院编	1984. 1
386	土壤肥料资料选编（1983 年）	新疆维吾尔自治区土壤肥料工作站编	1982. 2
387	土壤肥沃度论	（日）冈岛秀夫著；林心清，沈德余译	1983. 5
388	土壤分析化学	于天仁，王振权主编	1988. 4
389	土壤航测普查	戴昌达等编著	1980. 9
390	土壤和肥料基础知识	夏荣基著	1981. 1
391	土壤和环境研究中的数学方法与建模	刘多森，曾志远编著	1987. 1
392	土壤和水——物理原理和过程	（美）D. 希勒尔著；华孟，叶和才译	1981. 7
393	土壤化学选论	徐拔和主编	1986. 3
394	土壤化学原理	于天仁主编	1987. 9
395	土壤环境容量及其应用	夏增禄主编	1988. 11
396	土壤基础知识	（日）前田正男，松尾嘉郎著；赖家琮译	1983. 9
397	土壤碱化及其防治	俞仁培等编著	1984. 1
398	土壤胶体（第二册）	熊毅等编著	1985. 11
399	土壤胶体（第一册）	熊毅等编著	1983. 1
400	土壤科学原理	（美）H. D. 福斯著；唐耀先等译	1984. 12
401	土壤酶活性	（苏）哈兹耶夫著；郑洪元等译	1980. 11
402	土壤酶及其研究法	关松荫等编著	1986. 7
403	土壤酶学	周礼恺编著	1987. 5
404	土壤农化分析	南京农学院编	1980. 12
405	土壤农化分析手册	劳家柽主编	1988. 12
406	土壤剖面描述标准	联合国粮农组织，土壤资源开发和保护局编著；冯步洲译	1989. 1
407	土壤侵蚀预报与控制	美国土壤保持协会编	1981. 4
408	土壤容量化学	夏增禄等著	1989. 4
409	土壤生物化学	（美）麦克拉伦等著；闵九康等译	1984. 12
410	土壤水盐动态和盐碱化防治	俞仁培主编	1987. 2
411	土壤微生物	郝余祥编著	1982. 11
412	土壤微生物分析方法手册	许光辉，郑洪元主编	1986. 2
413	土壤微生物实验法	日本土壤微生物研究会编；叶维青等译	1983. 12
414	土壤微生物学	（美）沃尔克编；中国科学院南京土壤研究所微生物室译	1981. 5
415	土壤微生物学	陈华癸等编著	1981. 5
416	土壤微生物学导论	（美）M. 亚历山大著	1983. 3
417	土壤微生物学研究法	中国科学院南京土壤研究所微生物室编著	1985. 4
418	土壤微形态研究指南	帕尔芬诺娃著；曹升庚等译	1987. 3
419	土壤物理化学	（美）P. F. 劳著	1985. 12
420	土壤物理及土壤改良研究法	刘孝义编著	1982. 8

（续表）

序 号	题 名	责任者	出版年
421	土壤物理学	（美）贝弗尔等著；周传愧等译	1983.1
422	土壤物理学	姚贤良，程云生等编著	1986.12
423	土壤物理学	（澳）马歇尔·霍姆斯著；赵成斋等译	1986.4
424	土壤详图的编制和应用	索洛金娜编著	1984.12
425	土壤形态学	（苏）罗札诺夫著；王浩清，郑军译	1988.9
426	土壤学（林业专业用书）	南京林业学校主编	1985.5
427	土壤学（上册）	北京林学院主编	1982.2
428	土壤学（下册）	朱祖祥主编	1983.1
429	土壤学基础与土壤地理学	南京大学等编	1980.1
430	土壤学名词 1988 年	土壤学名词审定委员会编	1988.11
431	土壤学译丛（二）	李连捷主编	1982.7
432	土壤学译丛（三）	李连捷主编	1983.11
433	土壤学译丛（一）	李连捷主编	1981.3
434	土壤学原理	（苏）柯夫达著；陆宝树等译	1981.11
435	土壤学自学指导书	刘念祖编	1985.8
436	土壤盐化和碱化过程的模拟	（苏）柯夫达，（匈）沙波尔斯等著；中国科学院土壤研究所盐渍地球化学研究室译	1986.1
437	土壤养分、植物营养与合理施肥（中国土壤学会农化专业会议论文集）	孙义主编	1983.9
438	土壤有机质的化学	（日）熊田恭一著；李庆荣译；何万云校	1984.6
439	土壤有机质研究	夏荣基等译	1982.8
440	土壤有机质研究法	文启孝等编著	1984.8
441	土壤与肥料知识	贾象斌著；陈修富编	1986.6
442	土壤与耕作	辽宁省熊岳农业学校编	1985.2
443	土壤与土壤管理	（美）梭菲尔，贝尔德著；《土壤与土壤管理》翻译小组	1984.5
444	土壤与植被系统	（英）特鲁吉尔著；赵磊译	1985.3
445	土壤元素背景值及其研究方法	夏增禄等著	1987.12
446	土壤诊断	中国农业科学院土壤肥料研究所土壤研究室编著	1980.4
447	土壤诊断法	（日）三好洋著；董振亚译	1987
448	土壤蒸发过程的数值模型及其应用	杨邦编著	1989.12
449	土壤知识	祖康祺编	1982.8
450	土壤知识浅说	梁玉衡编	1980.11
451	土壤知识与土壤普查技术	王关禄等编著	1983.3
452	土壤中的微量元素	（法）奥贝尔，潘塔同著；刘铮等译	1982.12
453	土壤中离子活度的电测法	（苏）H. K. 科鲁普斯基，包里索娃等著；毕德义，张国珍译	1980.5
454	土壤专刊（第 37 号）	中国科学院土壤研究所编	1980.2
455	土壤专刊（第 38 号）	中国科学院南京土壤研究所编	1985.4

（续表）

序　号	题　名	责任者	出版年
456	土壤专刊（第39号）	中国科学院土壤研究所编	1983. 3
457	土壤专刊（第40号）	中国科学院南京土壤研究所编	1986. 3
458	土壤专刊（第41号）	中国科学院土壤研究所编	1987. 12
459	土壤专刊——土壤微形态专辑（第43号）	中国科学院南京土壤研究所编	1989. 1
460	王祯农书	（元）王祯著，王毓瑚校	1981. 11
461	微电脑在农业科学中的应用	胡秉民编著	1987. 1
462	微机应用与农业系统模型	陈国良等编著	1986. 1
463	微量养分	联合国粮食及农业组织编	1988. 11
464	微量元素与微肥施用	邹邦基编著	1989. 2
465	微型机与农业试验统计	姜藏珍等编著	1989. 12
466	微型计算机在农业企业管理中应用案例选编（PC—1500）	石河子农学院农经系经管理教研室编	1985. 5
467	问天事	陈恩旺著	1981. 7
468	我国的土壤	张俊民著	1984. 6
469	我国粮食产量气象预测预报研究	王馥棠主编	1989. 2
470	我国农业气候资源及区划	国家气象局展览办公室编	1986. 7
471	我国农业气候资源与种植制度区划	中国气象局气象科学研究院天气气候研究所，南京气象学院农业气象研究室著	1981. 9
472	我国土壤氮素研究工作的现状与展望（中国土壤学会土壤氮素工作会议论文集）	中国土壤学会土壤农业化学专业委员会，土壤生物和生物化学专业委员会编	1986. 9
473	武夷山区农业气候资源论文集	《武夷山区农业气候资源论文集》编委会编	1987. 1
474	西北干旱地区农业地理	鲜肖威，陈莉君编著	1986. 9
475	西藏农业地理	中国科学院青藏高原综合科学考察队编	1984. 4
476	西藏土壤	中国科学院青藏高原综合科学考察队编	1985. 12
477	西德的农业现代化	裘元伦编著	1980. 3
478	稀土在农业上应用	宁加贲主编	1988. 7
479	夏小正经文校译	夏纬瑛校释	1981. 1
480	先秦农家言四篇别释	王毓瑚著	1981. 3
481	现代科学技术与农业现代化	徐冠仁等著	1982. 6
482	现代农业科学技术和发展战略研究	江苏盐城地区科委编	1982. 3
483	现代农业科学知识	中央人民广电台科技组，中国农学会，科学普及出版社编辑部编	1982. 8
484	现代农业科学知识（第三集）	中央人民广电台科技组，中国农学会编	1986. 8
485	现代农业科学知识（第四集）	中央人民广播电台科技组等编	1987. 1
486	现代农艺师手册（上册）	金善宝主编	1989
487	现代农艺师手册（下册）	金善宝主编	1989
488	现用化肥性能与用法	李少眉，徐顺室编	1982. 8
489	线虫学基础与进展——植物寄生性和土壤型线虫	萨塞编；毕志树译	1985. 6

（续表）

序　号	题　名	责任者	出版年
490	小气候和农田小气候	翁笃鸣等编著	1981.11
491	硝酸磷肥——硝酸处理磷矿的工艺过程（下册）	（苏）纳比耶夫著	1983.6
492	新编农业气象手册	（日）坪井八十二等编；侯宏森等译	1985.5
493	新疆干旱地区固氮生物资源	关桂兰等著	1991.9
494	新疆农业地理	《新疆农业地理》编写组编	1981.2
495	新疆农业科学院研究成果汇编（1956—1980年）	新疆农科院科研处，情报研究所编	1981.6
496	新疆农业气候资源及区划	徐德源主编	1989.12
497	新疆农业气象论文集	新疆维吾尔自治区气象学会农业气象专业组编	1988.3
498	新疆土壤肥力与培肥途径	许志坤等编著	1986.5
499	新疆土壤分析	李培清编著	1983.6
500	新疆土壤与改良利用	中国科学院新疆生物土壤沙漠研究所编	1981.1
501	新疆吐鲁番天池土壤元素背景值研究	新疆环保所，中科院土壤北京植物协作组编	1989.8
502	新疆盐碱土改良问题	许志坤编	1980.1
503	新兴化肥的使用	农牧渔部教育司主编	1986.1
504	匈牙利农业	陈学燕，姚锡敏编著	1984.2
505	芽孢杆菌属	（美）海恩斯等著；蔡妙英等译	1983.11
506	亚热带丘陵山区农业气候资料研究论文集	亚热带东部丘陵山区农业气候资源及其合理利用研究课题协作组编	1988.1
507	盐碱地改良	戈敢编著	1987.6
508	盐碱土改良——诊断·管理·改良	石元春编著	1986.7
509	盐渍环境中的植物	波杰科夫·梅伯，盖尔同主编；赵可夫译	1980.4
510	盐渍土改良的数量研究法	（苏）鲍罗夫斯基等著；尤文瑞等译	1980.1
511	盐渍土基础知识	黎立群编著	1986.8
512	遥感与农业	邹兆平编	1983.11
513	一九七八年全国农业学术会议讨论文摘要选编	中国农学会编	1980.5
514	仪器分析原理及其在农业中的应用	严国光，严衍录编著	1982.12
515	意大利农业	戎殿新，马青山编著	1982.9
516	印度农业	司马军等编著	1986.3
517	英汉汉英土壤学词汇	谢建昌等主编	1988.11
518	英汉核农学词汇	中国农科院原子能利用研究所情报研究室编	1989.1
519	英汉核农学词汇　An English-Chines Dictionary of nuclear-agricultural sciences	中国农业科学院原子能利用研究所情报研究室编	1989.1
520	英汉农学词典	詹英贤编	1989.1
521	英汉农业常用词汇	福建农学院外语教研组编	1980.3
522	英汉农业词典（气象分册）	王馥棠，卞来福编	1984.11
523	英汉农业科技词典（袖珍版）	沈阳农学院编	1980.7

（续表）

序　号	题　名	责任者	出版年
524	营田辑要校释	（清）黄辅辰著；马宗申校释	1984. 9
525	悠久的中国农业	范楚玉，苟翠华著	1983. 2
526	有机肥料	毛达如编著	1982. 12
527	禹县的水土保持工作典型经验	中共河南省禹县县委会编	1989. 6
528	原始农业史话	倪波，陈日朋编	1985. 5
529	原子能与农业	（苏）卡乌山斯基著；闻理译	1987. 9
530	远东农业中国特辑（1985 年）	《远东农业》杂志社编	1985
531	运用计量经济学方法分析研究化肥施用与作物反映	迈克尔丁·哈特利著；张权译	1985. 5
532	在调整与改革中前进的中国农业	孙德山编著	1982. 5
533	在土壤管理中固氮系统的应用	哈姆迪著	1985
534	在现实和幻想之间——展望明天的农业	彭辛岷著	1982. 3
535	怎样搞家庭副业	秦宝华，刘慕静编	1983. 4
536	怎样认土、用土和改土	庞邦域编	1984. 12
537	怎样施用肥料	杨端编	1984. 11
538	怎样用好化肥	中国科学技术普及创作协会农委会，辽宁省科普创作协会主编	1983. 7
539	政策问答与致富信息	《中国农业年鉴》编辑部编	1986. 2
540	植棉史话	章楷编	1984. 5
541	致富实用技术大全	农村读物出版社科编室，农民日报科技部编	1986. 11
542	中国 1：100 万土地类型国 K—45（乌鲁木齐）	中国 1：100 万土地类型图编委会，乌鲁木齐幅土地类型编图组编	1989. 2
543	中国传统农业与现代农业	郭文韬等编	1986. 1
544	中国东北土壤	中国科学院林业土壤研究所编著	1980. 1
545	中国古代农业科学技术成就展览（展示内容汇编）	上海农业展览馆编	1983
546	中国古代农业科学技术成就展览（资料汇编）	江西省科协，江西省历史博物馆编	1980. 9
547	中国古代农业科学家小传	西北农学院，古农学研究室编著	1984. 6
548	中国古代十位农业科学家	易知编	1984. 1
549	中国古代土壤科学	王云森著	1980. 11
550	中国古农具发展史简编	犁播编	1981. 2
551	中国红壤	李庆达主编	1983. 1
552	中国科学院微量元素学术交流会会刊	《中国科学院微量元素学术交流汇刊》编辑小组编	1980. 12
553	中国南方少数民族原始农业形态	李振潘，卢勋著	1987. 4
554	中国农村的选择	杜润生著	1989. 1
555	中国农林作物气候区划	中国农林作物气候区划协助组编著	1987. 1
556	中国农牧渔业统计资料（1984 年）	中华人民共和国农牧渔业部编	1986. 2
557	中国农牧渔业统计资料（1985 年）	中华人民共和国农牧渔业部编	1986. 2

（续表）

序　号	题　名	责任者	出版年
558	中国农牧渔业统计资料（1986年）	中华人民共和国农牧渔业部编	1987.12
559	中国农史稿	唐启宇编著	1985.5
560	中国农史系年要录（科技编）	闵宗殿编	1989.1
561	中国农学史（下册）	中国农业科学院，南京农学院中国农业遗产研究室编著	1984.8
562	中国农学遗产文献综录	犁播编	1985.1
563	中国农学遗产要略	石声汉著	1981.3
564	中国农谚（下）	农业出版社编辑部编	1987.4
565	中国农业	中华人民共和国农牧渔业部宣传司外事司，中国农学会编	1983.8
566	中国农业百科全书（农业气象卷）	中国农业百科全书编辑部编	1986.1
567	中国农业大事记（1949—1980年）	农业出版社编	1982.3
568	中国农业大事记（1981—1983年）	中国农业年鉴编辑部编	1985.1
569	中国农业大事记（1984年）	中国农业年鉴编辑部编	1986.7
570	中国农业大事记（1986年）	中国农业年鉴编辑部编	1988.5
571	中国农业大事记（1987年）	中国农业年鉴编辑部编	1989.5
572	中国农业地理	程潞等编	1984.8
573	中国农业地理总论	中国科学院地理研究所经济地理研究室编著	1980.1
574	中国农业基本情况	农业部政策研究室编	1980.1
575	中国农业技术发展简史	闵宗殿等编著	1983.4
576	中国农业科技发展史略	郭文韬编著	1988.8
577	中国农业科学技术史稿	梁家勉主编	1989.1
578	中国农业气候资源和农业气候区划	李世奎等主编	1988.9
579	中国农业气候资源和农业气候区划论文集	全国农业气候资源和农业气候区划研究协作组	1986.8
580	中国农业气候资源图集（光能部分）	中科院自然资源编合考察委员会编	1984.6
581	中国农业气候资源图集（热量部分）	气象科学研究所编绘	1984.6
582	中国农业气候资源图集（水分部分）	南京气象学院编绘	1987.6
583	中国农业浅说	刘瑞龙编	1984.12
584	中国农业土壤概论	《中国农业土壤概论》编委会编	1982.2
585	中国农业物候图集	张福春等编著	1987.3
586	中国农业之最	艾力农等编	1988.8
587	中国热带作物地理	黄远略编著	1984.11
588	中国水土保持概论	辛树帜，蒋德麟主编	1982.11
589	中国太湖地区水稻土	徐琪等著	1980.9
590	中国土壤图	中国科学院南京土壤研究所主编	1980.1
591	中国土壤图集	中国科学院南京土壤研究所制定	1986.1
592	中国亚热带东部丘陵山区农业气候资源研究	亚热带东部丘陵山区农业气候资源及其合理利用研究课题协作组编	1989.1
593	中国盐渍土分类分级文集	中国土壤学会盐渍土专业委员会编	1989.7

（续表）

序　号	题　名	责任者	出版年
594	中国栽培植物发展史	李璠编	1984. 3
595	中国主要农作物气候资源图集	崔读昌等著	1984. 12
596	中国自然地理（气候）	中科院《中国自然地理》编辑委员会编	1984. 2
597	中国自然地理（土壤地理）	中国科学院《中国自然地理》编辑委员会编	1981. 8
598	中华人民共和国国家农业地图集	南京地理与湖泊研究所，中科院地理所编	1989. 12
599	中文农业图书联合目录（1970 年 1 月—1980 年 12 月）	辽宁地区中心图书馆委员会编	1982. 8
600	中文农业文献目录（农史分册）	吴泽宣主编	1985. 1
601	综合治理盐碱地	根据北京农业电影制片厂同名科学影片改编	1982. 12
602	作物高产施肥技术问答	张崇国编	1987
603	作物和土壤示踪教程	中国农业科学院原子能利用研究所三室，北京农业大学农业物理及农业气象系同位素教研室译	1980. 9
604	作物气象生态译丛	高亮之主编	1984. 5
605	作物——天气模式及其产量预测中的应用	（加拿大）贝尔等著；王馥棠译	1980. 11
606	作物微气象学（模拟研究）	（荷）高德力安著；王正非译	1985. 9
607	作物营养与施肥	陆景陵编著	1982. 5

（6）1990—1999 年

序　号	题　名	责任者	出版年
1	BASIC 语言农业数理统计计算程序	张贤珍等编著	1990
2	达尔文进化论全集（第十三卷）	（英）C. 达尔文（Charles Darwin）著；张永平译	1995. 4
3	当代农业科学技术进步	信乃诠编著	1990. 2
4	当代世界农业	中国农业科学院编	1991. 9
5	德汉农业词典	北京农业大学《德汉农业词典》编写组编	1992. 11
6	电子计算机在农林水产研究中的应用	（日）斋尾乾二郎等编；赵四强等译	1991. 5
7	肥料分析方法	日本农林水产省农业技术研究所编；陆薇华译	1998. 1
8	肥料施用二百题	杨志福等编著	1992. 12
9	广东土壤	广东省土壤普查办公室编著	1993. 4
10	汉英农业科技词典	杨易等编	1990. 5
11	旱地农田水分状况与调控技术	信诠，赵聚宝主编	1992. 6
12	旱地农业蓄水保墒技术	钮溥编著	1992. 2
13	核技术与农业环境保护	陈传群编著	1990. 11
14	红壤生态系统研究（第 1 集）	中国科学院红壤生态实验站编	1992. 4
15	华北平原旱涝气候	李克让等著	1990. 2

（续表）

序　号	题　名	责任者	出版年
16	化肥技术与使用	（美）O. P. 英格尔斯塔德编；张国信等译	1992. 2
17	化肥施用与分析	廖瑾编著	1993. 1
18	化肥实用手册	林继雄，李家康编著	1993. 3
19	化肥使用手册	汪寅虎等编	1991. 3
20	化肥应用手册	王涌清，刘秀奇编	1993. 6
21	化肥种类及施用指南	苏国峰编著	1992. 2
22	淮北地区水土资源开发与治理研究——中国科学院黄淮海平原综合治理研究（1986—1990年）	周明枞，姚培元主编	1992. 2
23	黄土高原地区农业气候资源图集	中科院黄土高原综合科学考察队编绘	1990. 9
24	黄土高原水土保持林区遥感综合研究	王长耀等主编	1990. 12
25	活性堆肥的制作施用技术	日本农业渔村文化协会编；尹林，王维琴译	1994. 1
26	简明农业科技全书（土壤农化篇）	刘世全主编	1991. 8
27	建设高产优质高效农业	陈俊生主编	1994. 12
28	建设中国特色的现代化农业	中华人民共和国农业部编	1992. 5
29	科学施肥	重庆市教育委员会编	1992. 8
30	空前的丰收 伟大的开端	中共湖北省委办公厅编	1958. 9
31	粮农组织第21届亚洲及太平洋区域大会报告（1992年）	联合国粮食及农业组织编	1992
32	粮农组织肥料年鉴（1991年）	粮农组织经济及社会政策部统计司编	1992
33	粮农组织理事会报告（第100届会议）	联合国粮食及农业组织编	1991
34	粮农组织理事会报告（第101届会议）	联合国粮食及农业组织编	1991
35	粮农组织理事会报告（第102届会议）	联合国粮食及农业组织编	1992
36	粮农组织理事会报告（第107届会议）	联合国粮食及农业组织编	1994
37	粮农组织亚洲及太平洋区域大会第20届会议	联合国粮食及农业组织编	1990
38	粮食组织大会报告（第26届会议）	联合国粮食及农业组织编	1991
39	粮食组织理事会报告（第98届会议）	联合国粮食及农业组织编	1990
40	粮食组织理事会报告（第99届会议）	联合国粮食及农业组织编	1991
41	绿色的哲理——对农业的起源、演化体系及农耕文化、农业社会学的新探索	邹德秀著	1990. 2
42	论生态	张学祖著	1991. 8
43	美国农业政策	徐更生著	1991. 11
44	农村百事通	江西科学技术出版社	1992. 2
45	农家致富金钥匙	冯杰编著	1990. 3
46	农科英语口语	郭永斌主编	1992. 8
47	农民技术员手册	中国科协普及部，浙江省科协组编	1993. 3
48	农民快速致富技术	王文元等编著	1993. 5
49	农史研究（第九辑）	华南农学院农业历史遗产研究室主编	1990. 1

（续表）

序　号	题　名	责任者	出版年
50	农田水分与能量试验研究	唐登银，谢贤群主编	1990. 1
51	农田蒸发——测定与计算	谢贤群等主编	1991. 7
52	农业：现实与历史	陈健著	1991. 9
53	农业产量气象模拟与模型引论	王馥棠等著	1990. 11
54	农业地理学——世界农业的构造地带与经营形式	（德）安德烈埃著；刘西平等译	1991. 11
55	农业地理与政策	范慕韩编著	1992. 2
56	农业科技百题解	张顺成，赵克新编	1991. 1
57	农业科技工作者指南——从选题立项到成果转化	徐思祖主编	1996. 9
58	农业科技汉译英指南	田玉丰著	1993. 4
59	农业科技推广的理论与实践（中日农业科技普及学术研讨会论文选）	中日农业科学技术交流文献陈列室编	1992. 5
60	农业立体开发技术集锦	朱自均等著	1990. 1
61	农业流变学导论	李瀚如，潘君拯著	1990. 1
62	农业模糊学	郭瑞林编著	1991. 12
63	农业气候条件及其指标	丘宝剑，卢其尧编	1990. 1
64	农业气象适用技术	山东省气象学会农业气象委员会编	1993. 1
65	农业气象预报概论	王馥棠等编著	1991. 1
66	农业气象预测系统	卢志光主编	1995. 4
67	农业生产函数	（美）厄尔 O. 黑迪，（澳）约翰·L. 狄龙著；沈达尊等译	1991. 5
68	农业生产模型：气候、土壤和作物	（荷）H. 范柯伦，J. 沃尔夫主编；杨守春等译	1990. 6
69	农业生产中的若干土壤学与植物营养学问题	洪庆文等主编	1994. 11
70	农业实用新技术	共青团中共青农部，农村实用技术知识竞赛办编	1992. 3
71	农业试验统计	莫惠栋编著	1992. 1
72	农业文献库与计算机检索	刘源甫等著	1993. 1
73	农业研究和技术推广	（英）阿农著；刘毓湘等译	1991. 12
74	农业遥感论文集	中国农业工程学会农业遥感专业委员会	1991. 2
75	农业应用核技术——农林业应用核技术系列丛书之九	顾光炜等编著	1992. 12
76	农业用碳酸氢铵 GB3559—92（国家标准）	化工部上海化工研究院起草	1993. 2
77	配方施肥方法及其应用	金耀青，张中原编著	1993. 6
78	配方施肥与叶面施肥	黄照愿著	1992. 1
79	气候变化与作物产量	气候变化与作物产量课题组编	1992. 7
80	气候变化与作物产量波动	程延年编著	1990. 1
81	气象学与农业气象学	易明晖编著	1990. 6

（续表）

序　号	题　名	责任者	出版年
82	清代土地开垦史	彭雨新编著	1990. 5
83	日本农业	江瑞平编著	1990. 2
84	山东土种志	山东省土壤肥料工作站编	1993. 12
85	山西省农业气候资源图表	山西省气象档案馆	1990. 1
86	山西土壤	刘耀宗，张经元主编	1992. 11
87	上海科技兴农（1989—1990 年）	上海市农业委员会编	1992. 3
88	上海市农业科学院建院三十周年（1960—1990 年）	章道忠编	1990. 3
89	生态农业 180 问	卞有生编著	1994
90	生态农业讲习录	桂慕文编著	1992. 6
91	生态农业设计方法	云正明著	1990. 5
92	生态农业应用技术	李广新主编	1991. 8
93	生物地理和土壤地理研究	中国地理学会自然地理专业委员会编	1990. 3
94	施肥与环境	(美）钾磷研究所著；景海春译	1994. 5
95	施肥与环境学术讨论会论文集	中国农业科学院土壤肥料研究所，加拿大钾磷研究所北京办事处编	1994. 5
96	实用化肥手册	段炳源等编著	1992. 11
97	实用叶面喷施新技术	赵瑞英编著	1991. 8
98	食物生产的物质投入与环境保护	食物生产的物质投入与环境保护研究组编著	1991. 5
99	世界土壤图图例分类系统（修订版）	联合国粮食及农业组织编制	1990
100	水土保持的技术问答	孙建轩	1991. 8
101	酸性沉降与森林土壤：美国东南部的沉降环境及研究实例	(美）宾克利等著；张月娥，曹俊忠译	1993. 8
102	塔克拉玛干沙漠地区土壤和土地资源	樊自立主编	1994. 6
103	天津土种志	蒋德勤主编	1990. 3
104	土肥测试技术与配方施肥	朱海舟，陈培森，张金编著	1993. 4
105	土壤发生与分类学	张凤荣，马步洲，李连捷编著	1992. 3
106	土壤发生中的化学过程	于天仁，陈志诚主编	1990. 2
107	土壤肥力物质基础及其调控	陈恩凤编著	1990. 4
108	土壤肥料新技术	湖北省农牧业厅编	1992. 1
109	土壤分析法	A. L. 佩奇，R. H. 米勒著；闵九康，郝心仁译	1991. 4
110	土壤和水研究中的电化学方法	于天仁编著	1991. 2
111	土壤胶体——土壤胶体的性质（第三册）	熊毅等编著	1990. 2
112	土壤培肥与农业环境生态研究	傅积平，王遵亲主编	1992. 9
113	土壤盐化、碱化的监测与防治	俞仁培，尤文瑞主编	1993. 1
114	土壤元素的近代分析方法	中国环境监测总站编著	1992. 11
115	推广方式备选指南	乔治 H. 阿克辛编	1990
116	微量元素的农业化学	刘铮等编著	1991. 8
117	现代农业测试技术与应用	沈德珍主编	1993. 11

（续表）

序 号	题 名	责任者	出版年
118	乡镇干部农业技术手册	孙立瑶编著	1992. 2
119	锌素营养与作物生长	高粱等编著	1993. 3
120	新编化肥施用技术	司纲纪等主编	1994. 1
121	新疆农业科学院志略（1955—1985 年）	陈之伟主编	1993. 9
122	新疆农业与科技开发	冯兆昆著	1990. 3
123	新疆贫困地区脱贫致富发展战略	赵文宪主编	1991
124	新疆通志（第三十卷）	新疆地方志编委《新疆通志．农业志》编委会编	1994. 11
125	新疆土壤及土地资源研究	中国科学院新疆土壤沙漠研究所编辑	1991. 12
126	新疆土壤系统分类	钟骏平主编	1992. 9
127	盐渍土改良原理与作物抗性	谢承陶主编	1993. 6
128	雁北区农业气候资源分析及利用	汪源正主编	1992. 5
129	一九九三（癸酉．）科技致富农历	郭金如，闵瑾茹编	1992. 8
130	英国农业地理	曾尊国等编著	1990. 8
131	英汉农业生物学词典	徐祥浩主编	1990. 5
132	英汉农业缩略语词典	任继周主编	1992. 4
133	植物生长调节剂与保鲜剂	沈岳清编	1990. 1
134	植物生长调节剂与蔬菜生产	李曙轩编著	1992. 2
135	植物有益微生物的研究和应用——水稻丰收菌	颜思齐主编	1992. 12
136	致富新技术手册	湖南科学技术出版社编	1990. 3
137	中国 1：100 万土壤图制图规范（试行）	中国科学院南京土壤研究所制定	1990. 6
138	中国大百科全书（农业Ⅰ）	中国大百科全书总编委会《农业》编委会编	1990. 9
139	中国大百科全书（农业Ⅱ）	中国大百科全书总编委会《农业》编委会编	1990. 9
140	中国的气候与农业	程纯枢主编	1991. 5
141	中国的气候与农业（节本）	《中国的气候与农业》编委会编	1992. 7
142	中国复合农业	黄文丁等主编	1993. 9
143	中国古代农业科技史图谱	陈文华编著	1991. 12
144	中国磷矿的农业利用	李庆逵等编著	1992. 6
145	中国棉花产量变化及其气象预测	太华杰，王建林，庄立伟编著	1996. 4
146	中国棉花栽培科技史	倪金柱编著	1993. 5
147	中国农村（政策研究备忘录）	农业部经济政策研究中心编	1991. 1
148	中国农村改革与发展十年	郭书田主编	1990. 5
149	中国农业发展史	阎万英，尹英华著	1992. 7
150	中国农业发展与科技进步	卢良恕著	1992. 2
151	中国农业科技成果获奖项目人名录	农业部科学技术委员会，农业部科学技术司编	1992. 12
152	中国农业科技之研究	中国农业科学院编	1992. 5
153	中国农业科学技术的现状与发展	信迺诠，赵国磐著	1992. 5
154	中国农业科学研究机构	农业部科技司编	1993. 5

（续表）

序 号	题 名	责任者	出版年
155	中国农业起飞战略	白玛主编	1991. 3
156	中国农业气候资源	侯光良等主编	1993. 12
157	中国农业气象情报年鉴（1990 年）	《中国农业气象情报年鉴》编委会编	1992
158	中国农业气象文献目录	黄敬峰等编著	1994. 9
159	中国农业文明史话	闵宗殿主编	1991. 1
160	中国农业之研究	刘志澄主编	1990. 3
161	中国土壤普查技术	全国土壤普查办公室编	1992. 5
162	中国土壤系统分类新论	《中国土壤系统分类研究丛书》编委会编	1994. 12
163	中国土种志（第四卷）	全国土壤普查办公室编	1995. 2
164	中国土种志（第一卷）	全国土壤普查办公室编	1993. 4
165	中国屯垦史（上册）	杨向奎等著	1990. 4
166	中国现代农业之发展（海峡两岸现代农业发展学术讨论会论文集）	蒋建平，陈希煌主编	1996. 7
167	中国亚热带土壤动物	尹文英等著	1992. 6
168	中国有机肥料	刘更另主编	1991. 3
169	中国中长期食物发展战略研究	中国中长期食物发展研究组编	1991
170	中华人民共和国国家标准（农用硝酸稀土化学分析方法 GB/T12687. 1—12687. 8）	国家技术监督局发布	1991
171	中华人民共和国国家标准（石灰性土壤有效磷与土壤有效硼测定方法 GB12297—12298—90）	国家技术监督局发布	1991. 1
172	中华人民共和国国家标准（土的分类标准）	中华人民共和国水利部主编	1991. 8
173	种子活力	周爱清，罗顺编著	1990. 5
174	主要作物的推荐施钾技术	张福锁，刘全清编译	1993. 1
175	资源、环境与农业发展	中国自然资源研究会青年协会编	1992. 4
176	作物产量与天气气候	王世耆编著	1991. 2
177	作物气候评价的几种客观方法	于秉民等著	1993. 1
178	作物营养和科学施肥	黄德明编著	1993. 5
179	作物优质高产的施肥技术	史瑞和，杨建海，张春兰编著	1992. 5

S2 农业工程

本部分共收编农业工程类图书书目 807 条。其中，收编 1949 年以前出版的该类图书书目 5 条，1950—1959 年 301 条，1960—1969 年 177 条，1970—1979 年 129 条，1980—1989 年 163 条，1990—1999 年 32 条。具体目录如下。

（1）1949 年以前

序 号	题 名	责任者	出版年
1	沟洫举隅	张廷栴著	1932. 2
2	灌溉	冯雄	1935
3	垦殖学	李积新	1935. 1
4	垦殖学	舒联莹	1948. 4
5	农具学	颜俊编	1947. 6

（2）1950—1959 年

序 号	题 名	责任者	出版年
1	24 行播种机的构造与使用	张佑墉编	1959. 7
2	7. 5 马力高速蒸汽机的构造和使用	北京市通用机械厂编	1958. 1
3	C-80 和 C-100 拖拉机	（苏）E. B. 马莫托夫编；陆岭译	1956. 6
4	DT-413 拖拉机	农垦部机械物资局编	1959
5	KS-30 拖拉机	农垦部机械物资供应局编译	1959. 6
6	KS-30 拖拉机使用和修理	新疆生产建设兵团机运处编	1959. 1
7	MT3-5 和 MT3-5K 拖拉机	农业部农业机械局编译	1959. 7
8	T28 拖拉机保养及使用指南	（苏）E. A. 沙尔基相涅兹编；姜煊译	1959. 4
9	UTOS-2 型轮式拖拉机保养手册	罗马尼亚人民共和国国营对外贸易机构工业厅出口公司编	1959. 4
10	ДТ-14 和 ДТ-14Б 拖拉机	农业部农业机械局编译	1959. 8
11	КД-35 拖拉机、D-35 拖拉机和 KD-35 拖拉机	河北省农林厅机械局编	1959. 1
12	КД-35 拖拉机技术保养	农业部农业机械局编译	1959. 6
13	СФАТЗ-НАТИ 拖拉机	（苏）B. Г. 罗赞诺夫撰；机农丛译编辑委员会译	1954
14	カム-30 三铧犁鉴定书	第一机械工业部，机器工业管理局，农业机械研究室	1956. 2
15	ㄌ-5-35 和ㄌ厂-5-35 机引五铧犁	国营灵山农机厂编	1958. 9

（续表）

序 号	题 名	责任者	出版年
16	安徽治水工具介绍	中共安徽省委编辑室编	1958. 5
17	氨水施肥机介绍	农垦部机械物资局	1958. 9
18	坝体观测技术	（瑞士）胡根柏（A. U. Huggenberger）著	1959. 11
19	播种、施肥及栽植机械	李翰如编	1956
20	播种机具（全国农具展览会农具评选资料）	全国农具展览会编著	1958. 1
21	仓储工具设备技术革新选集	北京市储运公司马连道仓库编	1959. 6
22	拖拉机驾驶员手册	（苏）E. M 索罗金著；史廷芳译	1959. 1
23	柴油拖拉机燃油系保养（修理讲义）	张家颉等著	1959
24	长藤结瓜式的自流灌溉网	云南省农业厅水利局等	1958. 11
25	超级热托链轨式拖拉机拆装和修理	捷克斯洛伐克汽车进出口公司北京技术组编	1959. 8
26	超级热托轮式拖拉机拆装和检修	捷克斯洛伐克汽车进出口公司北京技术组编	1959. 8
27	抽水装置与抽水站	武汉水利电力学院抽水站教研组编	1959. 11
28	储水灌溉	（苏）B. A. 莎乌绵著；崔载之，刘乃济译	1956
29	大搞绳索牵引机的经验	中共江苏省委农具改革委员会	1958. 9
30	大搞水利改建旧灌区	新疆人民出版社编辑	1959
31	大力推广水稻插秧机	农业部农业机械局	1958. 12
32	大跃进中农机具的创造发明	第一机械工业部编	1959. 2
33	德特-24 型拖拉机的拆卸和装配	（苏）E. И. 阿布拉莫夫；国营永定机械厂	1959. 7
34	德特 54 拖拉机的构造和使用	（苏）A. Г. 盖沃朗斯基等著；孙可宗译	1956. 6
35	电动机在农业上的应用	李彬、李凤梧编译	1959. 9
36	电及其在农业中的应用	（苏）B. Л. 哈鑫斯基，B. A. 舒斯托夫著；黄维式译	1959. 3
37	电犁和绳索牵引机	中国农业科学院农业机械化研究所编	1958. 1
38	东方红-54 型和 75 型拖拉机	洛阳第一拖拉机制造厂编	1959
39	动力能源的利用	中国农业部农业机械局编	1959. 4
40	动力绳索牵引机技术资料汇编	中国农科院农机化所编	1959. 1
41	多种多样的沼气灯具和灶具	阜阳县沼气建设指挥部	1959. 2
42	肥料机具	福建省农具改革办公室编	1958
43	汾阳县兴修小型农田水利的经验	柳成编	1956. 12
44	福格森 MF-35 拖拉机	农业部农业机械局	1959. 6
45	改犁深翻向土地要粮	辽宁省农具展览会编	1958. 1
46	改良农具	轻工业部手工业局编	1958. 8
47	改良农具	机械工业出版社编辑	1958
48	改良农具的窍门	王建坤，张清华著	1958. 8
49	改良提水工具	中华人民共和国农业部农田水利局编	1958
50	沟灌小畦灌 勤浇万顷田	新疆人民出版社编辑	1959. 3

（续表）

序　号	题　名	责任者	出版年
51	沟渠工程（上册）	周瑾编	1958. 1
52	沟渠工程（下册）	周瑾编	1958. 1
53	谷物康拜因的使用与改装	农垦部机械物资局编	1958
54	谷物联合收获机的修理	（苏）И. М. 谢缅纽克等著；陈学士等译	1958. 1
55	灌溉	（苏）И. М. 卡尔波夫著；胡孝渊，方乾林译	1957
56	灌溉定额降一半多灌水田一万亩	辽宁省水利局编	1958. 1
57	灌溉工程讲话（第4辑）	宋希尚著	1956. 4
58	灌溉工程学	彭万谟，杨文渊编撰	1951. 8
59	灌溉管理	辽宁省水利厅	1958
60	灌溉管理	交通大学（西安部分）水利系“水利土壤改良系统管理”进修班编	1959. 12
61	灌溉管理工作经验（第1辑）	中华人民共和国水利部农田水利局编	1958
62	灌溉计划用水	（苏）B. A. 沙乌锦著；水利部专家工作室译	1956. 1
63	灌溉计划用水	中华人民共和国水利部水利局编	1957
64	灌溉计划用水实例	中华人民共和国农业部农田水利局编	1958. 1
65	灌溉棉田土壤板结层的防止	（苏）H. И. 果尔布诺夫，H. E. 别卡烈维奇著；韩国尧译	1956. 6
66	灌溉农业（上册）	（苏）C. K. 康德拉舍夫著；孙华东，刘富林译	1955.
67	灌溉农业（下册）	（苏）C. K. 康德拉舍夫著；孙华东，刘富林译	1955
68	灌溉区测图精度计算	（苏）H. H. 亚历山大罗夫等著；李奠国译	1959. 4
69	灌溉渠道和地下水	（苏）H. H. 法沃林著；水利部北京勘测设计院技术处规范组译	1956
70	灌溉渠系管理学	（苏）伊·阿·萨洛夫著；刘振声译	1952
71	灌溉渠系技术管理暂行规程	苏联农业部水利总局编；于孟君译	1957. 1
72	灌溉渠系上的测流工作（技术规范）	（苏）B. H. 雅尔采夫著；中华人民共和国水利部专家工作室译	1956
73	灌溉水利土壤改良实验研究成果简编	新疆军区生产建设兵团司令部灌溉管理处	1959
74	灌溉网由于过渡到新式灌溉系统的改建	（苏）B. A. 沙乌绵编；王联武译	1956. 6
75	灌溉系统新建改建科学技术交流会议报告及论文集	灌溉系统新建改建科学技术交流会议秘书处编	1957
76	贵州省创造和改良的农业工具（第1辑）	贵州省农业厅	1958. 8
77	国营农场和机器拖拉机站修理所设备手册	（苏）И. Д. 库道沃依和，A. M. 费多雪也夫撰	1953. 8
78	旱田灌溉	谢振武著	1958. 7
79	旱田作物井水灌溉农业技术	黑龙江省农业厅	1956. 4
80	河网化平原地区最完善的治水办法	农业部农田水利局编	1958. 12
81	湖南新式快速割禾器	湖南省农业厅农机管理局	1959

（续表）

序　号	题　名	责任者	出版年
82	混凝土坝的温度控制计算	潘家铮编著	1959. 12
83	机器——拖拉机运用法	（苏）Б. С. 斯维尔谢夫斯基著；公营农场管理局计划管理处编译科译	1951. 5
84	机器拖拉机站拖拉机作业技术组织规程	（苏）П. А. 卡拉什尼科夫主编；殷鸿范，陈若清翻译	1958. 1
85	机务工作规章	黑龙江省铁道兵农垦局	1957 年
86	机务管理与机耕组织	中农部机械管理总局编	1956. 1
87	机械农具	李积新编	1951. 1
88	机械排灌工程常识	湖北省农业厅机械管理局编	1959. 6
89	几种新式农具的故障和排除方法	汪阴德编	1959. 5
90	计划用水	童资生著	1958. 7
91	加强灌溉原理实行计划用水	江苏省水利厅编	1958. 5
92	简易风力发电	吴增耆编译	1958. 7
93	江口县推广新式农具的经验	中共江口委员会编；吴志成执笔	1958. 5
94	捷克超级热托拖拉机的使用和修理	河北省农业厅机械局整理	1957. 12
95	捷克热托 25 与热托 25K 型拖拉机保修手册	农垦部机械物资局编	1954
96	捷克热托 25 与热托 25K 型拖拉机使用手册	农业资料编委会译	1959. 4
97	解放式水车	江西省农业厅农具研究室	1958. 7
98	金吉谢普城郊机器拖拉机站	（苏）伏拉耶尔著；叶林译	1955. 1
99	净粮计算机	李龙城著	1959. 6
100	开发地下水源的一面旗帜	甘肃省水利厅编	1958. 12
101	开荒五铧犁：П-5-35ЦУ	苏联拖拉机农业机器制造部编；中华人民共和国农垦部供应局译	1958. 7
102	康拜因 C-6、国产 CT-4. 9180 题问答	农垦部机械物资供应局编	1958. 8
103	克斯 07 链轨拖拉机使用指南	毛天铎译	1958. 7
104	快速收割器	中共金山县委员会编	1958. 9
105	耒耜的起源及其发展	孙常叙编	1959. 6
106	链轨式拖拉机零件修理工艺手册	（苏）耶夫列莫夫主编；赵云樽译	1959. 1
107	粮仓机械	上海市粮食局编	1958. 1
108	密植耧和密植方法	商业部生产资料管理局，农业部农业机械管理局编	1958. 9
109	民主德国的沼气	中国农业科学院农业机械化研究所编	1958. 6
110	农产品加工机具	福建省农具改革委员会，福建省工业厅手工业管理局编	1958. 7
111	农村测绘读本	安徽水利厅勘测设计院测绘科	1959. 6
112	农村小型水电站建设（培训讲义）	武汉水利电力学水电站教研组编著	1959
113	农村沼气发酵池	张德礼著	1958. 8
114	农机运用科学报告集	（苏）И. З. 果罗别茨	1958. 8
115	农机站	李积新编著	1950. 1
116	农具	西北农学院教学试验农场	1958. 9

（续表）

序 号	题 名	责任者	出版年
117	农具改革（第二辑）	农业部农具改革办公室	1958.11
118	农具改革（第一辑）	农业部农具改革办公室	1958.1
119	农具改革和农业机械化电气化	睛霓著	1958.7
120	农具图谱（第二卷）	中华人民共和国农业部	1958.11
121	农具图谱（第三卷）	中华人民共和国农业部	1958.12
122	农具图谱（第四卷）	中华人民共和国农业部	1958.12
123	农具图谱（第一卷）	中华人民共和国农业部	1958.9
124	农田灌溉	农科院土壤研究所农业土壤研究室	1959
125	农田排水	（苏联）格伊特曼著；陆德佑等译	1958.8
126	农田排水工程	张书农编	1952.1
127	农田水利	清华大学水利系毕业班编	1958.12
128	农田水利工作手册	河南省水利厅编著	1955
129	农田水利讲话	湖北省水利厅编著	1958
130	农田水利学	沙玉清著	1950.3
131	农田水利增产实例汇编（第二集）	中华人民共和国水利部农田水利局编辑	1958
132	农药药械便览	徐景超	1958.7
133	农业泵的使用和维护	潘德民编	1958.6
134	农业给水和排水计算实例	（苏）B.C. 奥沃多夫，B.Г. 伊里印著；周顺行译	1958
135	农业供水与凿井（上册）	（苏）Я.M. 巴申可夫等著；方常瑞译	1957.1
136	农业供水与凿井（下册）	（苏）Я.M. 巴申可夫等著；方常瑞译	1957.2
137	农业机器拖拉机站的建立和管理	中华人民共和国农业部机械管理总局	1956 年
138	农业机器拖拉机站机务工作手册	农业部机械局	1958.10
139	农业机器运用学讲义（上册）	（苏）П.Д. 特列其亚阔夫讲；东北农学院农业机械化系农业机器运用教研组译	1959.1
140	农业机器运用学讲义（下册）	（苏）П.Д. 特列其亚阔夫讲；东北农学院农业机械化系农业机器运用教研组译	1959.7
141	农业机械（上册）	（苏）M.H. 列托施聂夫著；曹崇文等译	1959
142	农业机械化（试用本）	陕西省农林厅教材编辑委员会编	1959.9
143	农业机械化和电气化	沈兆燕等著	1954
144	农业机械化和电气化（试用本）	河南省农林厅教材编辑委员会编	1959.8
145	农业机械化及电气化	（苏）C.A. 伊奥菲诺夫等著；王冠译	1958.9
146	农业机械化及电气化（上册）	（苏）C.A. 伊奥菲诺夫等著；杰尔宾，崔凌，王冠译	1958.4
147	农业机械化及电气化（下册）	（苏）C.A. 伊奥菲诺夫著；郑绍国译	1958.5
148	农业机械讲义（第二册）	马志远，饶应吕，刘兴州编	1959.1
149	农业机械讲义（第一册）	吴赞襄等编	1958.11
150	农业机械学实验提纲	蒋亦元等著	1958.9
151	农业机械用哪些油	沈阳石油采购供应站编	1958.8
152	农业排灌用水泵的选择和使用	中华人民共和国第一机械工业部第一机器工业管理局编	1958.3

（续表）

序　号	题　名	责任者	出版年
153	农业生产机械化	汪荫德编	1959. 3
154	农业水利增产实例汇编	中华人民共和国水利部农田水利局编辑	1957
155	农业先进单位代表谈农业“八字宪法”工具改革	福建人民出版社编	1959. 2
156	农用蒸汽冲吸水泵	王明慧著	1958. 9
157	农作物灌溉	（苏）莎乌绵主编；章祖同等译	1958
158	喷灌与地下灌溉	水利科学研究院喷灌研究所编	1959. 6
159	普遍利用自然沼气和人造沼气	农业机械学会	1959. 1
160	青饲料切碎机的构造和使用	上海科技出版社编	1959. 1
161	全国工具改革办公室主任会议文件汇编	农业部工具改革办公室编	1959. 2
162	全国灌溉管理观摩评比先进经验选编	农业部农田水利局编	1958. 1
163	全国农具展览会评选资料整地机具	全国农具展览会	1958. 1
164	群众创造的深耕犁	江苏省委农具改革委员会编	1958. 9
165	群众创造的提水工具	江苏省水利厅编	1958. 5
166	群众性农田水利简易工程图谱	农业部农田水利局编	1959. 2
167	群众性水利工程对暴雨径流影响的分析	中国科学院水利科学研究院，水利电力部水利科学研究院编	1958. 11
168	让土地来个大翻身——深翻耕地和深耕农具改革经验介绍	农业土部地利用局编	1958. 1
169	山地灌溉方法经验介绍	甘肃省农林厅水利局	1958. 3
170	山东打渔张引黄灌溉工程规划设计	山东水利厅著	1959. 9
171	陕西省大荔县创造和改良农具汇集（第一集）	中共大荔县委会编	1958. 9
172	深耕电犁	中国农业科学院农业机械化研究所	1959. 1
173	深耕犁、密植耧	山东省农具改革办公室	1958. 7
174	深耕犁图集	农业部农具改革办公室	1958. 9
175	深耕农具——绞关犁介绍	江苏南通人民出版社编	1958. 9
176	绳索牵引机	农业部农业机械局编	1958. 1
177	绳索牵引机和深耕犁	浙江人民出版社编	1958. 1
178	绳索牵引机用于水利施工	农业部农具改革办公室	1959. 1
179	绳索牵引犁胜过拖拉机	江苏省农林厅农垦局编	1958. 8
180	施工导流和基础处理	农业部农田水利局编	1958. 12
181	收获的机具	福建省农具改革办公室，手工业管理局著	1958. 11
182	双轮双铧犁大显身手	江苏农林厅农垦局，江苏省供销合作社编	1958
183	水泵的运行	高伯诚	1959. 3
184	水囤子变成了粮仓	辽宁省水利局	1958. 11
185	水井工作经验（第二辑）	农业部农田水利局编	1958
186	水井灌区田间工程技术教材	河南省水利厅农田水利局	1958. 5
187	水库坍岸研究	官厅水库坍岸研究小组编	1958. 11
188	水库淤积问题的研究	中国科学院水利电力部水利电力研究所	1959. 12

（续表）

序号	题名	责任者	出版年
189	水利调查（上册）	（苏）波里兹尼亚克著；中华人民共和国水利部北京勘测设计院等译	1956.6
190	水利调查（下册）	（苏）波里兹尼亚克著	1957.5
191	水利工程概论	清华大学水利系毕业班同学编	1959.2
192	水利工程概论讲义	陈可一	1957.6
193	水利工程设计手册	姚树均，郭宗华	1959.5
194	水利工程施工组织与计划	北京水力发电学校	1959.6
195	水利工程图书目录	山东省图书馆	1959.11
196	水利化经验选集	科学普及出版社	1959
197	水利名词浅解	水利电力部技术司	1958.12
198	水利是农业的命脉（二）	中华人民共和国水利部	1958.3
199	水利是农业的命脉（三）	中华人民共和国水利部	1958.3
200	水利是农业的命脉（一）	中华人民共和国水利部	1958.2
201	水利土壤改良学	李平延等	1958.1
202	水利学	（苏）B.A. 柯莫夫著；陈肇和译	1957.8
203	水利资源研究问题	（苏）Ф.И. 贝琴著；周恩济译	1957.7
204	水田农具工作参考资料	中华人民共和国农业部农业机械管理总局	1957.4
205	水质改良及水分析	陶延桥编撰	1955.6
206	水中倒土筑坝的经验	（苏）C.Г. 扎帕罗麦托夫等著；陈益秋等译	1959.9
207	斯大林-6号康拜因手册	克拉斯夏克著；俞润生，石立译	1950.7
208	斯大林-80拖拉机	（苏）尼基福罗夫著；孙可宗译	1959
209	斯大林涅茨-80拖拉机修理	（苏）科马洛夫·科斯得洛夫斯基著	1953.9
210	苏联的农业机械化	中国农业技术考察团报告	1958.6
211	苏联的农业机械化经验介绍	（苏）米·彼·科列斯尼可夫报告；农业部机械局编	1959.12
212	苏联的农用灌溉事业（中国农民代表团赴苏参观报告之六）	时代出版社编	1953.9
213	苏联灌溉网设计暂行规范	苏联农业部水利总局著；中华人民共和国水利部专家工作室译	1956.3
214	苏联灌溉系统渠道设计规范	（苏）B.B. 波斯拉夫斯基主编；中华人民共和国水利部专家工作室译	1956
215	苏联农业灌溉田暂行设计标准和技术规范	苏联农业部批准；向邦元译	1959.5
216	苏联拖拉机的供油系统	（苏）C.A. 舒罗夫著；卞伯绅译	1958.1
217	苏联污水在农田灌溉中的利用与净化会议资料汇编	建筑工程部科学院市政研究所译	1958.9
218	苏联专家沃洛宁及儒可夫同志视察新疆水利工程的报告汇集	水利部专家工作室编著	1955
219	田间灌水方法	陕西省水利厅编	1958.5
220	铁牛-40型轮式万能中耕拖拉机	天津拖拉机制造厂技术科编	1959.8
221	图衍江水跨河登岸	吉林省水利厅	1958.12

（续表）

序号	题名	责任者	出版年
222	土地测量学	中共农业学校土地测量学教科书编辑委员会编	1958.12
223	土洋结合大搞工具改革运动的经验	农业部农具改革办公室编	1959.1
224	推广几种群众创造的密植耧	农业部农具改革办公室编	1958.12
225	拖拉机	史锡奎编	1956.1
226	拖拉机、汽车及农业发动机	（苏）B.A. 柯罗波夫著；吴起亚等译	1955.3
227	拖拉机、汽车及农业机器修理学讲义	（苏）B.B. 安吉波夫著；东北农学院机器修理教研组译	1959.9
228	拖拉机·汽车及农业机器修理学（上）	（苏）B.И. 喀查尔切夫著；刘修骥等译	1954.11
229	拖拉机·汽车及农业机器修理学（下）	（苏）B.И. 喀查尔切夫著；北京农业机械化学院修理学教研组译	1957.12
230	拖拉机、汽车及农业机器修理学（中）	（苏）B.И. 喀查尔切夫著；刘修骥等译	1957
231	拖拉机的冬季运用	（苏）高罗别茨著；拖拉机研究院所技术报导科译	1959.8
232	拖拉机的构造和性能浅说	（苏）扎列茨基著；许金钊，朱学俊译	1954
233	拖拉机的零件修复	（苏）兹吉尔斯基著；翁福盈译	1959.1
234	拖拉机的原理构造和计算	（苏）Д.K. 卡列里斯基赫著；吴起亚，冯中译	1956.9
235	拖拉机队队长手册	（苏）Г.Я. 亚历山大罗夫著；杨仁民译	1959.11
236	拖拉机和农业机器的操作技术安全手册	毛天铎，刘健生著	1958.1
237	拖拉机和汽车发动机	（苏）B.H. 保勤斯基著；天津大学机械系内燃机教研室译	1957.12
238	拖拉机及农具的技术维护	辽宁省农业厅拖拉机站管理局编	1959.7
239	拖拉机及汽车	南京农学院农机化分院拖拉机教研室等编	1959.1
240	拖拉机及汽车使用资料汇编	东北农学院	1959.7
241	拖拉机驾驶员须知	（苏）格·亚·亚历山大罗夫著；杨仁民译	1956.6
242	拖拉机理论	（苏）E.Д. 列伏夫著；丁珂译	1954.1
243	拖拉机设计与计算	巴尔斯基著；长春汽车拖拉机学院译	1958.5
244	拖拉机现代修理法	（苏）A.T. 多尔日可夫著；顾伟，朱奇译	1957.6
245	拖拉机修理	（苏）波格列勒等著；朱鑑译	1957
246	拖拉机修理	北京农业机械化学院1958年毕业班，北京农业机械化学院机械厂修理间编	1959.4
247	拖拉机修理工艺及KД-35拖拉机修理讲义	农业部农业机械局编	1959.7
248	拖拉机修理规程	傅孟林编译	1959.12
249	拖拉机修理规格汇编	辽宁省农业厅机械局编	1959.11
250	拖拉机修理质量检查须知	（苏）契斯加阔夫著；机农丛书编译委员会译	1953.12
251	拖拉机原理与构造浅谈	郭寰华等编	1959.2
252	万能粉碎机的使用和维护	戚绍勋编	1958.1

（续表）

序　号	题　名	责任者	出版年
253	我国农具的创造、改良及其综合利用	刘健生等编	1959. 6
254	污水灌溉棉花、玉米的经验	西安市农林局	1959. 2
255	无穷的智慧伟大的创造（旱田农具篇）	吉林省科学技术普及协会，吉林省农具展览会编	1958. 8
256	先进改良农具的制造和使用（第四集）	河南省人民委员会农具改良办公室编	1959. 3
257	先进植棉集体农庄的新式灌溉系统	（苏）古谢依诺夫著；胡中信，汤民钟译	1956
258	小麦脱粒的机器	林自强著	1956. 9
259	小型农田水利工程技术常识	江苏省水利厅编	1956
260	小型农田水利工程讲话	冯申编	1958. 9
261	小型农田水利工程施工改良工具	中华人民共和国水利部农田水利局编	1958
262	小型清洪水灌区实施计划用水方法介绍	内蒙古水利厅编	1958. 11
263	小型万能拖拉机修理和维护	祝心力著	1958. 11
264	新农具和提水工具	辽宁省手工业生产联合社编	1958. 7
265	新农具图选（收割、脱粒工具）	全国农业展览会编	1959. 7
266	新农具图选（水利排灌工具上）	全国农业展览会编	1959. 6
267	兴修水利	何基沣等编	1958. 5
268	兴修小型农田水利问答（增订本）	辽宁水利局编	1958
269	匈牙利 DT-413 拖拉机使用保养技术资料	农业部机械局编	1958. 12
270	匈牙利赫斯克舒齐-35 与斯尔 50/55 原油拖拉机手册	申镇恶译	1954. 5
271	修理拖拉机的部件法	（苏）乌利门著；杨秋荪译	1959. 11
272	沿着农业机械化的道路迈进（馆藏有关农业机械中外文书目）	天津市人民图书馆编	1959. 12
273	曳引械	李积新编	1950. 1
274	液体追肥机械化	（苏）波斯彼洛夫著；汪荫德译	1959. 9
275	依靠人民公社大办水利	农业部农田水利局编	1959. 12
276	引水上山的旗帜——武山东梁渠	甘肃省水利厅	1958. 11
277	用泥浆法采取不扰动砂样及现场测定混凝土板与地基土摩察系数的方法（研究报告第二号）	朱家谟等著	1959. 8
278	圆盘耙试验方法	农业部农业机械管理局	1957. 9
279	云南省创制改制农业工具汇编（运输部分）	云南省农业工具改革展览会编	1958. 6
280	怎样管理塘坝	冯申著	1958. 4
281	怎样建立风力发电站和动力站	殷炳山著	1958. 8
282	怎样开好抽水机	中华人民共和国水利部农田水利局编	1958
283	怎样开展农具改革运动	黄铭兴编	1959. 12
284	怎样利用沼气发电	朱可，周文海编	1958. 6
285	怎样使用电动水库	耀森编	1958. 9
286	怎样使用双轮双铧犁和双轮铧犁	西北农具研究所编	1955

（续表）

序　号	题　名	责任者	出版年
287	怎样修小水库	山东省水利厅编著	1956
288	闸坝工程养护检修工作经验	水利部工程管理局编	1958. 7
289	沼气	全国农具展览会编	1958
290	沼气发电	中国农业科学院沼气研究所，安徽省阜阳县沼气建设指挥部编著	1959. 7
291	沼气机	严卫明等著	1958. 1
292	沼气技术经验	农业部机械局编	1958. 12
293	沼气简明讲义	北京农业大学沼气训练班编	1958. 6
294	沼气——生物能的利用	北京农业大学沼气研究组综合实验站编	1958
295	沼气推广使用经验	农业部机械局编	1958. 9
296	中国农林水利书目	全国农业经济科学讨论会秘书组编	1958. 7
297	中国农业科学技术资料汇志（第一集）	中国农业科学院编	1959. 5
298	中小型水库的设计与施工	王治平	1959. 12
299	中小型水库工程的设计与施工	水利电力出版社	1958. 11
300	中亚细亚河流引水枢纽的泥沙冲洗理论和经验	中国科学院水利科学研究院编	1959. 2
301	庄稼的灌溉制度	陕西省水利厅编	1958. 5

（3）1960—1969 年

序　号	题　名	责任者	出版年
1	20 号水旱深耕通用犁	杜家瑶作	1960. 5
2	C-4 自动康拜因技术运用	（苏）别斯诺瓦台著；郑锐林译	1960. 1
3	C-80 ДТ-54 拖拉机修理工艺	营口农业机械化学校编	1960. 1
4	CK-2. 6 型青贮料联合收割机手册	白俄罗斯共和国国民经济会议机器和车床制造管理局国家农业机械制造厂编；柏农译	1960. 2
5	CK-3 和 CK-4 联合收割机简明手册	（苏）B. A. 柯巴罗夫，E. K. 鲁勉采夫著；胡克林等译	1966. 4
6	ТДТ-40M 集材拖拉机	（苏）Н. П. 马吉罗夫斯基编；梁君瑞，张弘译	1964. 11
7	白俄罗斯拖拉机底盘部分零件和部件检验手册	（苏）莫·阿·卢堪诺夫等编；魏秀贞译	1960. 6
8	常用拖拉机简要性能资料手册	拖拉机研究所编	1960. 6
9	春播工具改革图选	科右前旗工具改革委员会编绘	1960. 2
10	电力排灌站机电设备的运行和维修	黄河清，陈鹤池编	1963. 2
11	东方红-54 拖拉机的使用与保养	第一拖拉机制造厂设计处编	1963. 5
12	东方红-54 型铁牛-40 型拖拉机的构造与使用	山东省农业厅编著	1962. 4
13	俄汉农业机械化电气化辞典	北京农业机械化学院俄语教研室编	1963. 3
14	防旱抗旱文献选录（第一集）	中农院图书馆编	1966. 2

（续表）

序号	题名	责任者	出版年
15	分配式油泵的构造和使用	汪缉熙著	1964. 12
16	工农 7 型手扶拖拉机的使用与保养	上海拖拉机制造厂，上海诚孚动力机厂编	1963. 8
17	工农 7 型手扶拖拉机挂图（底盘部分）	上海拖拉机制造厂设计科编绘	1965. 3
18	拱坝的计算模型试验和观测成果的比较	（意）G. 奥倍蒂等著；水利水电科学研究院译	1960. 2
19	拱坝试载法计算的简化和改进	水利电力部上海勘测设计院编著	1960. 1
20	关于开都河改道和合理利用开都河、孔雀河和塔里木河下游等地区水土资源及灌溉排水问题	中国科学院新疆综合考察队编著	1964. 3
21	关于实现我国农业机械化的若干问题	新疆维吾尔自治区农机研究所生产建设兵团分所编	1960. 11
22	灌溉管理基本知识	河北省水利厅农田水利局编	1960. 3
23	灌溉计划用水	许志方主编	1963. 6
24	灌溉量水手册	甘肃省水利厅编	1960. 3
25	灌溉农业生物学基础	（苏）H. C. 彼季诺夫主编；杨培园等译	1961. 12
26	灌区量水工作手册	农业部农田水利局编	1965. 1
27	国内外期刊农业机械文献索引（2）	农机部农机科研院编	1960. 3
28	国外农业电气化	第一机械工业部电器科学研究院技术报道室编	1963. 9
29	航空像片在土壤研究中的应用	中国科学院地理研究所编译	1963. 11
30	红旗 100 拖拉机	鞍山红旗拖拉机制造厂编	1960. 1
31	呼和浩特地区农业机械图书联合目录	内蒙古图书馆编	1963. 8
32	铧式犁及浅耕犁	（苏）H. B. 舒契金著；余友泰等译	1966. 5
33	混凝土坝的内部观测	中国科学院水利电力部水利水电科学研究院编	1960. 4
34	混凝土加气剂说明书	石河子兵团建工二师科研所编辑	1964. 5
35	机务基础知识（试用本）	中国农业机械学会普及工作委员会著	1965. 12
36	机械化耕作经验调查总结（江苏省调查区）	中国农业科学院南京农业机构机械化研究所编著	1960. 3
37	机引犁的构造与使用	张佑墉编	1960. 6
38	机引犁的使用、保养和维护	张纯正著	1960. 4
39	几辅河道水利丛书	（清）吴邦庆著；许道龄校	1964. 4
40	吉林农具图谱	吉林省农业机械厅，吉林省农业机械研究所编	1960. 6
41	几种常用拖拉机的使用和修理	刘德让主编	1960. 1
42	简易水稻插秧机的制造和使用	贵州省农具改革委员会办公室编	1960. 3
43	捷克热托 25K、25A、25 拖拉机	河北省农林厅农业机械管理局编著	1960. 2
44	抗旱工具选辑	农业机械技术杂志编辑室编	1966. 2
45	科技文献索引（1）	中国国外科学技术文献编译委员会编	1964
46	科技文献索引（2）	中国国外科学技术文献编译委员会编	1964. 12
47	科技文献索引（3）	中国国外科学技术文献编译委员会编	1964. 12
48	科技文献索引（4）	中国国外科学技术文献编译委员会编	1965. 2

（续表）

序 号	题 名	责任者	出版年
49	科学技术书目——农业生产技术与农业机械（日文）	上海图书馆编	1960.10
50	联合收获机（试用本）	中国农业机械学会普及工作委员会，农垦部生产局合编	1965.5
51	农村安全用电常识	戚国彬编	1963.2
52	农村供电规划手册	水利水电部电力建设总局	1964.2
53	农村机电排灌设备检修简明手册（上册）	中国农机化科研院第三研究室	1966.7
54	农村机电排灌设备检修简明手册（中册）	中国农机化科研院第三研究室	1966.6
55	农村水电站（上册）	水利电力北京勘测设计院	1963.12
56	农村走向电气化	章长东编著	1960.4
57	农机译丛（1）	上海市科学技术编译馆汇编	1963.6
58	农机译丛（2）	上海市科学技术编译馆汇编	1963.8
59	农机译丛（3）	上海市科学技术编译馆汇编	1963.1
60	农机译丛（水泵专辑）	上海市科学技术编译馆汇编	1964.3
61	农机译文选	山东农机科研所编译	1964.7
62	农具改革	新疆维吾尔自治区农业厅，新疆军区生产建设兵团司令部编	1960.8
63	农具图谱（加工工具）	四川省农业工具改革和机械化政协会编	1960.7
64	农具图谱（排灌工具）	四川省农业工具改革和机械化政协会编	1960.7
65	农田灌溉管理	新疆维吾尔自治区农业厅，新疆军区生产建设兵团司令部编	1960.7
66	农田经济用水的方法	梅汉出编	1961.6
67	农田排灌机械的操作与保养	安徽省水利电力厅农田水利局编	1960.4
68	农田排水	鲁沁主编；叶和才等译	1965.1
69	农田水利	武汉水利学院水利电力学院农田水利教研组编	1961.9
70	农田水利系统管理	陕西工业大学水利系水利土壤改良教研组编	1961.9
71	农田水利学	武汉水利学院水利电力学院农田水利教研组编	1961.7
72	农田水利学	安徽水利电力学院编	1961.9
73	农业电气化	北京农业机械化学院，东北农学院编	1960.8
74	农业动力（上册）	南京农学院农业机械化分院编	1960.5
75	农业动力机械（上册）	黑龙江农业机械化学院编	1960.2
76	农业多用车（交通部、农业部、农机部全国排灌机械综合利用经验交流现场会议资料）	北京人民交通出版社编	1960.7
77	农业工具改革和半机械化农具图谱——耕作农具	四川省农业工具改革和半机械化现场会编	1960.7
78	农业工具改革和半机械化农具图谱——养猪工具	四川省农业工具改革和半机械化现场会编	1960.7
79	农业机具改装汇编（第一集）	新疆军区生产建设兵团机运处编	1960.2
80	农业机器使用维护手册	奚会昆等编	1963.1

（续表）

序　号	题　名	责任者	出版年
81	农业机器修理学	南京农学院农业机械化分院编	1960.9
82	农业机器运用	辽宁省农业厅机械局编	1960.4
83	农业机器运用学	南京农学院农业机械化分院编	1960.7
84	农业机器运用学作业题汇编	（苏）Ф.И. 葛夫利洛夫，П.Д. 特列其亚阔夫著；董雁书，林汉泽等译	1965.6
85	农业机械	上海市农业机械制造公司主编	1966.5
86	农业机械	北京农业机械化学院农业机械教研组编	1960.7
87	农业机械（中）	列托施聂夫著；曾德超等译	1965.1
88	农业机械化电气化常识	安徽省农业厅教材编辑委员会编	1961.9
89	农业机械化工作者手册	农垦部生产局编	1964.12
90	农业机械化经济参考资料（第一辑）	中国农业科学院农业降级研究所编	1960.2
91	农业机械化名词浅释及计量单位	农业部编	1960.2
92	农业机械理论及设计（下）	镇江农业机械学院主编	1961.9
93	农业机械理论及设计（中）	镇江农业机械学院主编	1961.8
94	农业机械田间作业技术规程（草案）	农垦部制定	1963.8
95	农业机械文摘年度索引（1963 年 1 月—1965 年 6 月）	农业机械文摘编辑部编	1966.3
96	农业机械修理经验汇编（第一集）	农业部农业机械局编	1960.3
97	农业机械学（下册）	李翰如编译	1960.2
98	农业科学图书联合目录（农业机械部分）	中国农业科学院图书馆等编	1962.1
99	农业生产机械化（上册）	北京农业大学等编	1960.2
100	农业生产机械化（下册）	北京农业大学等编	1960.4
101	农业生产机械化及电气化（上册）	南京农学院农机通论教研组主编	1961.7
102	农业生产中的水利知识	常化民等编	1960.4
103	农业拖拉机试验方法	农业机械部拖拉机研究所编	1962.8
104	农用动力机的使用与维护	南京农业机械化学校农业动力教研组编	1965.5
105	农用机械工作手册	吉林省农业厅农业机械管理处编	1962.3
106	农用井泵对口抽	北京市农业机械局农村机械处编	1966.4
107	排灌机械故障问答	北京市农业机械局农村机械处编	1966.6
108	排灌机械配套手册	农业部农田水利局编	1962.2
109	排灌机械使用技术手册	中华人民共和国农业部农田水利局编	1964.4
110	喷粉器及喷雾器的使用及维修	朱济生编	1963.1
111	日本的农业机械化	中国科技情报研究所编	1963.2
112	如何正确进行农业机械的技术保养	农垦部农业生产局编	1962.2
113	实现水利化 旱涝都不怕	赵焕鑫编著	1960.3
114	水稻机械译丛（1）	农机部水稻机械研究所	1962.11
115	水稻机械译丛（2）	农机部水稻机械研究所	1963.8
116	水稻机械译丛（3）	农机部水稻机械研究所	1963.1
117	水稻机械译丛（4）	农机部水稻机械研究所	1964.3
118	水稻作业机械	上海市科学技术编译馆编译	1963.1
119	水利土壤改良系统的管理	（苏）奥芬盖金 C.P. 等著；竺士林等译	1965.12

（续表）

序　号	题　名	责任者	出版年
120	水利运动十年（1949—1959 年）	农业部农田水利局	1960. 1
121	水田机械化	农垦部农业生产局，机械物资局	1960. 8
122	斯大林—80 拖拉机的修理（上册）	（苏）柯马诺夫，A. H.，（苏）柯斯特洛夫斯基，Г. И. 著；倪寿璋译	1960. 2
123	苏联集体农庄和国营农场中机器的保管	（苏）M. H. 密拉密德著；农业机械部农业机械研究院译	1962. 9
124	苏联提高拖拉机与农业机械作业速度的新成就	中国农业科学院农业机械化研究所编译	1962. 2
125	提水工具（第一集）	水利电力出版社编	1960. 5
126	图书目录	内蒙畜牧机械研究所	1963. 5
127	土地平整	农业部土壤肥料局编	1960. 12
128	土壤耕作机具工作零件寿命的提高	（苏）M. M. 赫鲁晓夫主编；黎璞译	1963. 12
129	推荐几种高功效的薯类加工工具	农业部机械局试验鉴定站，河北省工具改革委员会办公室编	1960. 3
130	拖拉机	辽宁农机局编	1960. 4
131	拖拉机	中国农业机械学会普及工作委员会，农垦部生产局编	1966. 2
132	拖拉机、内燃机、谷物联合收割机通用配件目录	农业机械部销售管理局编	1963. 3
133	拖拉机、汽车及农业机器修理学（3）	北京农业机械化学院编	1961. 1
134	拖拉机操作试行规程	福建农业厅机械管理处编	1960. 3
135	拖拉机常见故障排除方法图说	南京农业机械化学校运用教研组编著	1965. 6
136	拖拉机常识	张大克，钟耀源著	1963. 12
137	拖拉机的构造和原理	余定铿编著	1960. 3
138	拖拉机发动机的空气滤清问题论文集	（苏）C. A. 舒罗夫等著；高翔译	1964. 9
139	拖拉机发动机主要零部件的修理	中国农业机械化科学研究院运用修理研究室编	1963. 11
140	拖拉机基础零件的技术条件	苏联乌克兰农业机械化电气化科学研究所编；周允往等译	1966. 1
141	拖拉机及农业动力（上册）	北京农业机械化学院拖拉机汽车教研组编	1960. 5
142	拖拉机及农业动力（中册）	北京农业机械化学院拖拉机汽车教研组编	1960. 5
143	拖拉机驾驶员读本	上海市拖拉机训练班编	1961. 8
144	拖拉机驾驶员手册（上册）	（苏）E. M. 索罗金（苏）Г. П. 沙马也夫著；黄金新译	1963. 8
145	拖拉机驾驶员手册（下册）	（苏）E. M. 索罗金（苏）Г. П. 沙马也夫著；黄金新译	1960. 4
146	拖拉机汽车和农业机器修理学（第二策）	北京农业机械化学院编	1961. 1
147	拖拉机汽车和农业机器修理学（第三策）	北京农业机械化学院编	1961. 1
148	拖拉机汽车和农业机器修理学（第一策）	北京农业机械化学院编	1961. 1
149	拖拉机汽车及农业机械修理学（农业机械化专业用）	河北农业大学附属农业机械化学校编	1960. 8
150	拖拉机汽车技术使用	林业部带岭林业部干部学校编	1965. 4

（续表）

序　号	题　名	责任者	出版年
151	拖拉机汽车学——拖拉机汽车底盘构造（第二册）	南京农学院农业机械化分院，北京农业机械化学院编	1960. 11
152	拖拉机使用经验汇编	第八机械工业部图书杂志编辑部图书编辑室编辑	1966. 6
153	拖拉机使用与保养	吕绍成编	1960. 4
154	拖拉机手训练教材	天津市农业局，天津市科学技术协会编	1960. 3
155	拖拉机修理技术规范	辽宁省农业机械厅修配处编	1963. 2
156	拖拉机修理技术经验汇编	黑龙江省农业机械厅编	1960. 3
157	拖拉机修理经验汇编（一）	第八机械工业部图书杂志编辑部图书编辑室编辑	1966. 6
158	拖拉机悬挂和半悬挂犁、松土机及挖穴机	（苏）Г. Г. 戈功斯基，Г. Д. 卡柳日内伊著；崔引安译	1965. 6
159	拖拉机液压悬挂系统	（苏）Н. Ф. 安德列也夫，Т. С. 饶特凯维奇著；边耀刚译	1965. 5
160	拖拉机一般故障与排除	高玉山等编著	1960. 7
161	我和水稻插秧机	黄宝兰	1960. 5
162	五省沟洫图说	（清）沈梦兰撰；恽公孚标点注释	1963. 7
163	西北水利文献索引（1949—1962 年）	甘肃省图书馆编	1963. 1
164	小型万能拖拉机修理和维护	祝心力著	1962. 5
165	新疆适用的改良农具	新疆维吾尔自治区农业厅农具改革办公室编	1961. 2
166	新疆维吾尔自治区人民公社暂行机务规章（修正）	自治区农业厅编	1961. 5
167	畜力耕地整地播种机具	新疆维吾尔自治区农业机械局	1962. 8
168	引洪漫地淤灌	全国水利设计先进经验交流会议秘书处	1965. 12
169	原子能在农业上的应用	中国农业科学院情报资料室编	1962. 3
170	凿井与农业供水	陕西工业大学水利系土力学及工程地质教研组编	1961. 9
171	怎样提高农具的效率	农业机械编辑室编	1960
172	植物保护机具	新疆维吾尔自治区农业机械局编	1962. 8
173	中国农业科学技术资料汇志——农业机械类（第二集）	中国农业科学院编	1960. 1
174	中国农业科学院图书馆中文馆藏书目（4）	中国农科院图书馆编	1963
175	专利专题索引——农业机械（1956—1958 年）	中国科学院图书馆专利文献组编	1960. 11
176	专题文献索引（电气化部分）	第一机械工业部电气传动设计研究所等编	1963. 6
177	作物灌溉	杨培园编著	1964. 1

(4) 1970—1979 年

序号	题名	责任者	出版年
1	4LQ-2.5 型牵引式谷物联合收割机	联合设计组编	1977.5
2	背负手摇式喷雾器	广西壮族自治区农业机械管理局	1979.4
3	插秧机械（日本专利文献）	中国科学技术情报研究所重庆分所编	1977.11
4	产量与水的关系	杜林博斯，卡萨姆著	1979
5	常用农机零件简易修复法	上海市机电设备供应公司农业机械供应站编	1978.5
6	场上作业机具	甘肃省成县农具研究所编	1979.1
7	打坝淤地	清华大学水利系《打坝淤地》编写组编	1973.7
8	大搞农田基本建设（第二辑）	水利电力部水利司编	1975.11
9	大搞农田基本建设（第三辑）	水利电力部水利司编	1976
10	大搞农田基本建设（第一辑）	水利电力部水利司编	1975
11	稻谷加工设备操作及维修	加里波尔迪著	1974
12	稻麦两用收割机（宝山工农 69-108 型）	镇江农技科学院编	1972.12
13	地面灌溉	联合国粮食及农业组织	1974
14	地下管道灌溉排水经验汇编	水利电力部水利司编	1977.6
15	东方红-54 拖拉机轴承、曲轴齿轮修复工艺	广东中山第二机修理制造厂	1972.1
16	东方红-75（54）拖拉机底盘修理经验	农林部农业机械化局编	1978.3
17	肥水	中国科学院西北水土保持生物土壤研究所编著	1973.3
18	辐射井	陕西省水利科学研究所	1975.1
19	搞好农田基本建设（第二集）	农业出版社编辑	1975.6
20	搞好农田基本建设（第一集）	农业出版社编辑	1974.7
21	耕整地机械构造使用维护	四川省农业机械局，西南农学院编	1978.4
22	工农 10 型手扶拖拉机拆装工具图册	广东省第一机械工业局	1976.11
23	工农 12 型手扶拖拉机零件图册	永康拖拉机厂编	1973.4
24	工农 12 型手扶拖拉机使用知识	北京手扶拖拉机厂	1973.5
25	关中水利史话	戴应新著	1977.1
26	灌溉用水	陕西省革命委员会水电局编	1977.1
27	灌区量水工作手册	宁夏水利电力局水利科学研究所编	1974.1
28	灌区农田基本建设	陕西省革命委员会水电局编	1976.1
29	广西工农-12 型全喂入水稻联合收割机	广西壮族自治区农业机械管理局主编	1979.4
30	国外农业机械资料题录汇编（二）	上海市机电一局科技组情报站，上海图书馆汇编	1976
31	国外喷灌技术	水利电力部科学技术情报所编	1977.9
32	国外施药机械发展概况	上海科学技术情报研究所编	1977.1
33	国外收获机械	中国科学技术情报研究所重庆分所编辑	1975.9
34	河道土方工程施工经验	武德志编	1976.11
35	洪湖-12 型机耕船使用常识	洪湖县农业机械厂编	1975.7
36	灰土地下渠道	《灰土地下渠道》三结合编写组编	1977.9

（续表）

序　号	题　名	责任者	出版年
37	机电排灌设计手册（上册）	武汉水利电力学院《机电排灌设计手册》编写组编	1977. 1
38	机动水稻插秧机（上海-1型）	上海市机动水稻插秧机会战组编	1973. 3
39	机井布局及挖潜配套	水电水利司等编	1974. 4
40	机井技术	河北省革委会水利局机井技术编写组编	1973. 5
41	机井修复	水利电力部水利司，水利电力部科学研究所编	1975. 5
42	机引水田耙	广西壮族自治区农业机械管理局主编	1979. 4
43	技术总结汇编	第一机械工业部科学技术情报研究所编	1979. 2
44	加速实现农业机械化（讲话）	人民出版社编	1978. 6
45	简易农田水利工程测量	山西省水利局，河北水利水电学院编	1976. 9
46	简易沼气池图集	西南建筑设计院等编	1979. 5
47	靠“穷棒子”精神办农业机械化	谢俊华著	1976. 12
48	林县红旗渠	水电部政治部宣传处编	1977. 4
49	枚川水库灌区的管理	湖北黄冈地区水利电力局等编	1974. 5
50	美国《农业工程系》资料	中国农业机械学会编	1979. 6
51	美国加拿大农业机械化考察见闻	中国农业机械学会编	1978. 3
52	牧区找水	内蒙古自治区伊克昭盟勘探钻井队编著	1978. 1
53	农村办沼气	四川省推广沼气领导小组办公室编著	1975. 4
54	农村测量	广东师范学院数学系	1977. 8
55	农村地埋电力线路	《农村地埋电力线路》编写组	1978. 2
56	农村实用测量	武汉测绘学院《农村实用测量》编写组编	1976. 11
57	农村小水电	广东中小学教材编写组	1976. 1
58	农村沼气	钟贤烈编著	1973. 12
59	农村沼气问答	四川省沼气推广领导小组办公室编著	1979. 2
60	农村沼气制取和应用	四川省绵阳地革委科技办公室编	1973. 12
61	农机具胶修技术	河北省供销合作社，河北化工学院编	1977. 11
62	农机手册（耕耙机械）	镇江农机学院编	1973. 11
63	农机手册（上）	镇江农机学院编	1973. 11
64	农机手册（收获机械）	镇江农机学院编	1974. 5
65	农机手机械常识	山东工学院编	1978. 3
66	农机修理	华中农学院农机系，湖北新洲县农机局编	1978. 8
67	农田灌溉	河北农业大学《农田灌溉》编写组编	1978. 4
68	农田灌溉	范逢源编著	1978. 4
69	农田基本建设机具	一级工业部解析院农机所《农田基本建设机具》编写组编	1977. 8
70	农田基本建设基础知识问答	水利电力部科学技术情报研究所主编	1979. 2
71	农田泥石流防治	中国科学院兰州冰川冻土研究所编著	1978. 11
72	农田水利工程	清华大学水利系《农田水利工程》编写组编	1977. 9

（续表）

序　号	题　名	责任者	出版年
73	农田水利工程测量	武汉水利学院水利电力学院测量教研室编	1977. 11
74	农业的根本出路在于机械化（一）	农林部农业机械化局编	1976. 5
75	农业机械	第一机械工业机械研究院农机所编	1976. 1
76	农业机械	《农业机械》编写小组	1976. 2
77	农业机械文摘（第三集）	中国农业机械化科学研究院情报室，洛阳拖拉机研究所编辑	1979. 9
78	农业机械原理	（美）R. A. 凯普纳等著；崔引安等译	1978. 12
79	农用井泵	陕西省地下水工作队，西北农学院水利系编	1978. 1
80	农业科学实验仪器及农业科学实验设备产品样本（1977 年）	第一机械工业部编	1979. 4
81	农业生产工具参考资料	上海人民出版社编	1972. 5
82	农用电动机修理	开封第三电机厂	1977. 8
83	农用机井	河南省水利局编	1973. 3
84	农用拖拉机的差动型液压传动装置（译文集）	上海科科技情报研究所编	1974. 4
85	努力赢得种田的自由	上海人民出版社编	1976. 6
86	喷灌	中国农科院农田灌溉研究所等编	1978. 2
87	喷灌技术经验汇编	水利电力部科学研究所编	1975. 6
88	喷灌设备与喷灌系统规划设计	施钧亮等著	1979. 3
89	淠史杭灌区欣欣向荣	《淠史杭灌区欣欣向荣》编写组编	1977. 1
90	汽车拖拉机的响声	伊春林业机械厂编写组编；孙世乾执笔	1975. 1
91	渠道防渗	陕西省水利科学研究院编	1976. 9
92	全党动员决战三年为基本上实现农业机械化而奋斗	人民出版社编辑	1978. 2
93	认真办好沼气	农业出版社编	1975. 11
94	儒法斗争与我国古代水利事业的发展	武汉水利电力学院编写组编	1974. 12
95	儒法斗争与我国水利发展史概论	湖北水电局水利工程局，华中师范学院编	1975. 7
96	山区打井经验汇编	水利电力部水利部编	1974. 6
97	实用水利测量	于守诚著	1976. 3
98	手动农业药械结构使用挂图	浙江省农业生产资料公司编绘	1975. 4
99	手扶拖拉机结构原理和使用维修	浙江农业大学农机系拖拉机教研组编	1974. 12
100	水利是农业的命脉	农业出版社	1973. 6
101	镗缸镗瓦工艺	辽宁省农机局编	1979. 11
102	田间工程	西北农学院水利系编	1977. 6
103	铁牛-55 拖拉机修理工艺	第一机械工业部机械研究院农业机械研究所编	1975. 6
104	铁牛-55 拖拉机修理工艺（第二册）	第一机械工业部机械研究院农业机械研究所编	1976. 1
105	铁牛-55 型拖拉机使用与保养	天津拖拉机制造厂编	1976. 12
106	铁牛-56 拖拉机修理工艺（第三册）	第一机械工业部机械研究院农业机械研究所编	1976. 1

（续表）

序　号	题　名	责任者	出版年
107	拖拉机	洛阳拖拉机研究所编	1977.6
108	拖拉机产品样本	第一机械工业编	1972.8
109	拖拉机分置式液压系统原理构造及维修	天津机械厂编	1973.8
110	拖拉机驾驶员读本	河南省革命委员会农林局编	1974.12
111	拖拉机驾驶员读本	湖南农业机械化学校编	1972.9
112	拖拉机驾驶员基本常识问答	黑龙江革委会农业机械局编	1971.8
113	拖拉机使用经验选编	第一机械工业部机械研究院农业机械研究所编	1977.8
114	拖拉机使用中的检查调整	苏晓光编	1976.6
115	拖拉机修理（第四篇）	《拖拉机修理》编写组编	1979.4
116	拖拉机修理经验汇编	第八机械工业部图书杂志编辑部图书编辑室编	1971.3
117	拖拉机修理经验选编	第一机械工业部研究院农业机械研究所编	1978.2
118	污水灌溉资料汇编	中国农林科学院农业生物研究所等编	1973.9
119	污水灌田	辽宁省林业土壤研究所编	1971.12
120	小型水利工程手册（简易工程测量）	陕西省水利学校编	1975.1
121	小钻机	河北省衡水县革命委员会编	1971
122	新洲农业机械化	湖北新洲县委	1974.1
123	沿着毛主席指引的农业机械化道路前进	第一机械工业写作组编	1972.1
124	英汉农业机械词典	洛阳农业机械学院等编	1974.5
125	怎样打好机井	北京市水利勘测设计处编	1973.1
126	沼气（资料汇编第二集）	中国科学技术情报研究所重庆分所，四川省生物研究所编	1977.5
127	沼气（资料汇编第一集）	中国科学技术情报研究所重庆分所，四川省生物研究所编	1975.1
128	沼气的制取利用	四川绵阳地区科学技术委员会编	1977.12
129	爪式粉碎机综合利用汇编	山东省农业机械研究所编	1970.4

（5）1980—1989 年

序　号	题　名	责任者	出版年
1	八十年代国内外农机化新技术	《八十年代国内外农机化新技术》编辑委员会编	1984.1
2	边坡工程地质	湖南省水利水电勘测设计院	1983.4
3	播种机械	刘兴加编	1980.12
4	菜篮子工程	中华人民共和国农业部编	1989.12
5	测量与规划——农学、果树专业用	河北省昌黎农业学校主编	1981.7
6	长藤结瓜灌溉系统的水利计算	王铁生	1984.1
7	当代农机实用新技术	中国农业机械学会基础技术专业委员会编	1987.1
8	德汉农业机械词汇	中国农业机械化科学研究院科学技术情报研究所主编	1986.12

（续表）

序　号	题　名	责任者	出版年
9	滴灌设计	（美）凯勒，喀麦利著；罗远培译	1980.12
10	滴灌原理与应用	（以色列）戈德堡等著；西世良，余康临译	1984.12
11	地下排灌工程	羊锦忠著	1980.1
12	地下水开发利用	李益三，陈梅芬编著	1982.12
13	东方红-18型背负式机动弥雾喷粉机的使用和修理	青克金编著	1984.7
14	东方红-20拖拉机使用与保养	湖北拖拉机厂编	1980
15	都江堰	四川省水利电力都江堰管理局编著	1986.3
16	多语种灌溉排水技术辞典	国际灌溉排水委员会，中国国家委员会编译	1989.3
17	法英汉农业词典（农业气象分册）	元来福等编	1985.12
18	非洲灌溉和水利管理	联合国粮食及农业组织编	1988.8
19	干旱地区水文学	联合国粮食及农业组织编	1988
20	干旱地区土壤的灌溉和保墒	谭伯勋编著	1988.3
21	割捆机和联合收割机	（日）江崎春雄著；姜吉雄译	1980.6
22	耕作机械与农业物料的机械加工工艺	（苏）B.A.阿·热利戈夫斯基编著；孙一源等译	1982.2
23	工农-12型（190W）手扶拖拉机修理	《手扶拖拉机》编写组	1981.6
24	灌溉工程管理	陕西省水电局编	1982.7
25	灌溉渠与排水沟	焦盛昌编著	1986.1
26	灌溉水质	山伯格，奥斯特著；鲁光四译	1984.5
27	灌溉水质标准研究	农牧渔业部环境保护科研监测所编	1985.3
28	灌溉系统的随机控制	（美）何塞等著；谢安周等译	1985.5
29	灌溉用水	陕西省水电局编	1982.7
30	灌溉与排水	华东水利学院编	1982.6
31	灌区配套建筑物设计	安徽省水利厅主编	1985.5
32	国外耕耘机械技术水平（一）	北京农业机械化学院主编	1981.3
33	国外果树机械索引（1973—1978年）	山东省农业机械科学研究所编	1980.3
34	国外农业工程（第10辑）	中国农业工程学会，中国农业工程研究设计院编	1984.5
35	国外农业工程（第11辑）	中国农业工程学会，中国农业工程研究设计院编	1984.11
36	国外农业工程（第1辑）	《国外农业工程》编辑组编	1980.2
37	国外农业工程（第2辑）	《国外农业工程》编辑组编	1980.11
38	国外农业工程（第3辑）	中国农业工程研究设计院编	1980.12
39	国外农业工程（第5辑）	吴启亚主编	1981.12
40	国外农业工程（第6辑）	中国农业工程协会编	1982.11
41	国外农业工程（第7辑）	中国农业工程学会，中国农业工程研究设计院编	1983.8
42	国外农业工程（第8辑）	中国农业工程学会，中国农业工程研究设计院编	1983.8

（续表）

序 号	题 名	责任者	出版年
43	国外农业工程（第9辑）	中国农业工程学会，中国农业工程研究设计院编	1983. 9
44	果园机械	沈美容等编	1983. 1
45	耗水量与灌溉需水量	（美）马文·E. 詹森（Marvin E. Jensen）编；熊运章，林性粹译	1982. 1
46	黑灯光	电子技术推广应用研究所编	1980. 1
47	机械化喷灌	联合国粮食及农业组织编	1982
48	截潜流工程	骆鸿固著	1981. 12
49	经济作物喷灌	冯广志编	1987. 7
50	精密播种机械	张德文等编著	1982. 1
51	漫谈地下水	时梦熊，车用太编著	1985. 2
52	泥沙运动统计理论	韩其为，何其民著	1984. 3
53	农村电工培训教材	《农村电工培训教材》编写组	1980. 5
54	农村能源开发利用技术	中国科普创作研究所	1986. 8
55	农村能源资料选编	新疆维吾尔自治区农村能源办公室编	1984
56	农村太阳能利用	屠云璋，孙晓仁编著	1986. 5
57	农副产品加工机械	河北农业大学农机教研室编	1985. 1
58	农具史话	周昕编著	1980. 2
59	农垦经济改革十年（1978—1988年）	中国农垦经济研究所，中国农垦经济研究会编	1989
60	农林机械燃料节约与废油再生	陈瑞贤编著	1982. 12
61	农牧业机械液压传动	潘石峰，王智敏编著	1982. 12
62	农桥	潘炳甫等编著	1983. 8
63	农田地下排水	严思诚编著	1986. 4
64	农田地下水排水计算	沙金煊著	1983. 2
65	农田灌溉与排水	邹广荣，董冠群编著	1982. 12
66	农田排灌机械手册	陕西省农业机械研究所情报资料室编	1982. 5
67	农田水利	董其林编著	1983. 9
68	农田水利	李永善等编	1987. 5
69	农田水利工程经济	许志方编	1986. 1
70	农田水利学	沈阳农学院主编	1980. 7
71	农田水利学	郭元裕主编	1986. 12
72	农田作业机械化	陈寿奎编著	1987. 5
73	农业地理译丛（二）	吴传钧等编	1983. 7
74	农业地理译丛（一）	吴传钧等编	1980. 1
75	农业动能学	弗拉其（Fluck，R. C.），贝尔德（Baird，C. D.）著；薛紫华译；游修令校	1983
76	农业飞机	郭宾奇编	1983. 6
77	农业工程系译丛（农业系统工程学专辑）	陈立主编	1981. 2
78	农业工程学浅说	张季高编著	1984. 5

（续表）

序　号	题　名	责任者	出版年
79	农业机械概论	洛阳农业机械学院，凤元洪主编	1981.3
80	农业机械管理	（美）D.R. 亨特著；戴有忠译	1982.1
81	农业机械化欧洲四国考察资料	第一机械工业部科学技术情报研究所编	1980.6
82	农业机械基础知识	吕天冲，钱致刚等编	1981.12
83	农业机械基础知识	施森宝等编	1983.7
84	农业机械试验设计与直观分析选优法	屠秉恒编著	1982.5
85	农业机械文摘（第六集）	中国农业机械化科学研究院情报室，洛阳拖拉机研究所编辑	1980.5
86	农业机械修理	崔大同，赵素娥编	1985.11
87	农业机械学（上册）	镇江农业机械学院主编	1981.2
88	农业机械学（上册）	北京农业机械化学院主编	1981.6
89	农业机械学（下册）	镇江农业机械学院主编	1981.3
90	农业机械学（下册）	北京农业机械化学院主编	1981.9
91	农业机械应用技术	重庆市科学技术协会编	1985.1
92	农业机械与设备	（美）哈里斯·皮尔逊·史密斯，兰伯特·亨利·威尔克斯著；朱继培，吴叙田译	1982.7
93	农业机械原理（上卷）	（美）罗伯特·H. 威尔金森，奥斯卡·A. 布朗贝克著	1986.8
94	农业机械原理（下卷）	（美）罗伯特·H. 威尔金森，奥斯卡·A. 布朗贝克著	1986.8
95	农业建筑工程设计手册	（英）莱迪恩主编；吴国林译	1984.2
96	农业建筑学	张岫云编著	1988.12
97	农业排水	（美）简·范席福加德主编；胡家博译	1982.1
98	农业水文学	施成熙，粟宗嵩主编	1984.5
99	农业系统工程	张象枢编著	1985.5
100	农业系统工程	李光恒，竺开华编著	1989.8
101	农业系统工程引论	梁荣欣编著	1986.6
102	农业现代化参考资料选编（第10辑）	中国科学院石家庄农业现代化研究所编	1982.11
103	农业现代化参考资料选编（第4辑）	中国科学院石家庄农业现代化研究所编	1981.7
104	农业与能源译丛（1）	陈道主编	1982.8
105	农业与能源译丛（2）	陈道主编	1984.2
106	农用滚动轴承修复	黑龙江省农业机械管理局编著	1980.5
107	农用内燃机的构造与使用	申屠森编	1983.8
108	农用水泵的构造与使用	干浙民编	1981.9
109	农用水质	（美）R. S. 艾尔斯，D. W. 韦斯科特著；联合国粮食及农业组织中文组译	1988.8
110	农作技术的明天	（苏）B.Б. 戈利德曼著；林家和，安大中译	1988
111	排灌机械	施森宝编	1984.8
112	排灌机械	黄林泉编著	1987.1
113	排水设计因素（28个问题及其答案）	联合国粮食及农业组织	1980

（续表）

序 号	题 名	责任者	出版年
114	排水原理和应用——测和调查研究	国际土地开垦和改良研究所著；朱忠德译	1983. 7
115	排水原理和应用——基础科目	国际土地开垦和改良研究所编；粟宗嵩，朱忠德译	1980. 1
116	排水原理和应用——排水系统的设计与管理	国际土地开垦和改良研究所编	1983. 8
117	喷灌	（美）佩尔主编；姚汉源等译	1980. 8
118	喷灌工程设计手册	《喷灌工程设计手册》编写组编	1989. 8
119	喷灌机械理论和构造	（苏）列别捷夫著；姚兆生，汪泰临等译	1981. 1
120	喷灌机械原理·设计·应用	许一飞，许炳华编著	1989. 5
121	喷滴灌译丛（1980 年）	北京农业机械化学院《喷滴灌译丛》编译组编译	1980. 1
122	喷滴灌译丛（1981 年）	北京农业机械化学院《喷滴灌译丛》编译组编译	1982. 1
123	热带亚热带山地丘陵建设与生态平衡学术论文集	《热带亚热带山地丘陵建设与生态平衡学术论文集》编写组编	1982. 2
124	日汉农业机械词典	中国农业机械化科学研究院技术情报室编	1985. 12
125	软 X 射线在农林业中的应用	顾德法编著	1988. 9
126	渗渠取水	吴正淮编著	1981. 3
127	实用滴灌技术	唐山市水利局主编	1988. 12
128	手动农业药械	朱济生，徐一权编	1981. 1
129	手扶拖拉机配套农具	北京市农业机械研究所编	1980. 7
130	水稻动力中耕机	江西省农机研究所编	1980. 5
131	水库水温与水稻丰产灌溉	刘仲桂	1985. 6
132	水利与农业	汤奇成	1985. 12
133	水田犁	林桂生，汪建国	1980. 8
134	水田土壤学	（日）川口桂三郎编；汲惠吉译	1985. 1
135	水土保持	郭适辅，高博文著	1982. 5
136	水土保持词语浅解	孙建轩	1985. 12
137	水土保持技术	甘肃省水利厅水土保持局编	1983. 3
138	苏联农业机械化译文集	边益世译	1980. 1
139	拖拉机	黑龙江省农业机械学校主编	1980. 12
140	拖拉机理论	镇江农机学院，洛阳农机学院编	1981. 3
141	拖拉机配套农具	吉林农业大学农机系编	1980. 5
142	拖拉机使用经验选编	《农业机械》杂志编辑部编	1982. 2
143	拖拉机修理工作手册（第七篇）	《拖拉机修理工作手册》编辑委员会编著	1987. 1
144	脱粒机	张成堂，周立今编	1985. 4
145	外国农机样本选编	北京外国农机展览会农林系统技术交流会编	1981. 1
146	微喷灌	陈大雕，李蔼铿编著	1988. 5
147	温室建筑与温室植物生态	孙可群编著	1982. 11
148	我国的水利建设	雷锡禄	1984. 3

（续表）

序号	题名	责任者	出版年
149	小流域综合治理	于增彦编著	1988. 12
150	小麦生产过程机械化	宋秉彝编	1986. 1
151	小容量喷雾新技术及应用	王金义，谢运谱编著	1988. 3
152	小型农田水利工程的水力计算	武汉水利电力学院力学教研室编	1982. 8
153	小型拖拉机的使用与保养	郭勇天，李岩等编	1986. 1
154	英汉农田水利词汇	水利电力部科学技术情报研究所主编	1987. 7
155	沼气	程琪，罗本凯著	1982. 6
156	沼气工艺学	徐曾符主编	1981. 9
157	浙西水利书校注	（明）姚文灏编辑；汪家伦校注	1984. 12
158	真空井与喷灌	杨诚衷著	1986. 11
159	植保机械	李秉礼编	1984. 11
160	中国的农业生态工程	马世骏，李松华主编	1987. 1
161	中国科技史资料选编	农业机械/清华大学图书馆科技史研究组编	1981
162	中国农业机械化发展概要（1938 年）	北京农业机械化学院农机化研究所科技情报室编	1984. 2
163	中国农业机械基本情况（1981—1985 年）	《中国农业机械基本情况》编辑委员会编	1988. 3

（6）1990—1999 年

序号	题名	责任者	出版年
1	GB/T 12994—91 种子加工机械术语（国家标准）	中国机械电子工业部提出，中国农业机械化科学研究院，北京农业工程大学起草	1992. 4
2	储粮机械通风和太阳能干燥	刘瑞征编	1993. 5
3	滴灌	张志新编著	1992. 5
4	地面灌溉系统的设计和评价指南	（美）沃克著；刘荣乐译	1992. 9
5	地下水开发利用与管理（第一辑）	全国地下水情报网选编	1991. 8
6	灌溉管理手册	水利部农村水利司	1994. 6
7	灌溉原理与应用	粟宗嵩主编	1990. 9
8	灌区改造的成功之路——试论灌区承包经营责任制	陶善生著	1992. 8
9	旱区农田节水灌溉技术	林性粹编著	1991. 3
10	节水农业研究	许越光主编	1992. 8
11	粮农组织灌溉和排水文集	联合国粮食及农组织编；王振江，裘四才译	1992. 11
12	能量水分平衡与农业生产潜力网络试验研究	赵名荣著	1992. 12
13	农村持续发展中的能源规划新方案	王璋瑜等译	1992. 4
14	农村发展与能源建设（农村能源建设系统）	杨世基编著	1993. 1
15	农村小麦制粉设备与维修	徐文华等编	1990. 1

（续表）

序　号	题　名	责任者	出版年
16	农田地下排灌技术与施工机具	严思成等编	1991. 8
17	农田作业机械	山西省农机局编	1992. 9
18	农业工程手册（第二册）	中国农业工程研究设计院，北京农业工程大学编	1993. 5
19	农业工程手册（第一册）	中国农业工程研究设计院编	1990. 1
20	农业基础设施建设	陈厚基主编	1991. 2
21	农业节水技术	国家科委，水利部等	1992. 9
22	农业用水有效性研究	许越先等主编	1992. 5
23	陕西省作物需水量及分区灌溉模式	陕西省水利水土保持所，西北农林大学编	1992. 7
24	实用微喷灌技术	李茂稳等编著	1991. 5
25	仪器与农业	中国仪器仪表学会农业仪器应用技术分会编	1991. 12
26	在农业和水产业中安全利用废水及粪便的指导原则（保护公众健康的措施）	马拉（Mara，D.），凯恩克罗斯（Carirn-cross，S.）编；苏如等译	1991. 7
27	中国北方旱地农业技术	王维敏主编	1994. 8
28	中国北方旱农地区水分生产潜力及开发	陶毓汾，王立祥，韩仕峰著	1993. 2
29	中国干旱、半干旱地区地下水资源评价	曲焕林主编	1991. 7
30	中国农田水利史	汪家伦，张芳编著	1990. 12
31	中国农业百科全书（农业机械化卷）	中国农业百科全书总编委会等编	1992. 9
32	中国农业机械年鉴（1992 年）	中国农业机械年鉴编委会编	1992. 1

S3 农学（农艺学）

本部分共收编农学（农艺学）类图书书目588条。其中，收编1949年以前出版的该类图书书目21条，1950—1959年152条，1960—1969年70条，1970—1979年79条，1980—1989年207条，1990—1999年59条。具体目录如下。

（1）1949年以前

序　号	题　名	责任者	出版年
1	到田间去	南满洲铁道株式会社农事试验场编	1930. 8
2	改进中国农业之途径	中美农业技术合作团	1947. 8
3	广东农业概况调查报告书	国立中山大学农学院编	1933. 8
4	华北农事试验场要览	华北农事试验场编	1943
5	江苏省农村调查	行政院农村复兴委员会	1934. 7
6	农村社会学大纲	冯和法著	1931. 1
7	农家百事问答	中国农业书局	1942. 8
8	农家副业	李乃垚编	1934. 1
9	农林种子学（上册）	（日）近藤万太郎著；杨开渠译	1940. 4
10	农书	（元）王祯撰	1937. 3
11	农学	孙伯才著	1936. 4
12	农业概论	黄绍绪著	1935. 5
13	农业及实习（第二册）	唐志才等编	1936. 8
14	农业论文索引续编（1932—1934年）	金陵大学图书馆杂志小册部编	1924. 7
15	农业全书	赖昌编译	1911
16	农业文库	中央农业推广委员会编	1934
17	农艺植物学	汤文通著	1947. 12
18	品种改良	唐志才著	1935. 1
19	植物育种的数量遗传学基础	马育华编著	1932. 8
20	作物育种学（上）	郝钦铭等编	1946. 1
21	作物育种学（下）	郝钦铭等编	1946. 1

（2）1950—1959年

序　号	题　名	责任者	出版年
1	安徽培育新品种和农家良种介绍	中共安徽省委编辑室编	1958. 1
2	安徽太园农业社是怎样获得连年增产的	安徽省农业厅编	1957. 1
3	北京市郊区农业增产经验点滴	北京大众出版编辑	1956. 4

（续表）

序号	题名	责任者	出版年
4	草田轮作的理论与实施	王栋编著	1953. 12
5	草田轮作法教学用挂图说明书	（苏）М. Г. 阿瓦耶夫，И. В. 柯兹尔著；孔广升译	1953. 3
6	草田农作制问题（卷一）	（苏）Н. А. 马克西莫夫等主编；（苏）П. А. 金杰里著；江幼农译	1956
7	朝邑县技术推广站是怎样推广农业技术的	陕西省农业厅编	1957. 1
8	稻谷加工	蒋仲华著	1959. 4
9	繁殖与推广良种的经验	贵州省农业厅编	1958. 11
10	防旱抗旱工作总结	农业部粮食生产总局编	1955. 5
11	改变耕作制度，扩大复种面积	中华人民共和国农业粮食部生产局编	1958
12	改进耕作方法	马鸣琴著	1956
13	耕作学基础（上册）	（苏）А. А. 索科洛夫主编；朱大权译	1957. 6
14	耕作学问题	（苏）Т. С. 马尔采夫著；李笃仁译	1958. 9
15	耕作学与植物栽培学	（苏）Н. Н. 莫金著；元禾，陈彦雄译	1959. 11
16	耕作学与植物栽培学实习指导	（苏）Г. М. 索可洛夫著；汪玢等译	1954. 11
17	耕作学原理	华北农科所编译委员会编；傅子祯译	1955. 1
18	耕作园田化经验	农业部土地利用总局编	1959. 2
19	耕作原理	（苏）威廉斯撰；吴相淦编译	1951. 12
20	谷物的贮藏	（苏）Н. П. 柯兹米娜著；黄蕙译	1958. 8
21	谷物贮藏防虫法	（苏）М. И. 舍甫岑科著；忻介六译	1955. 1
22	关于大面积丰产作物产量测定方法	新疆八一农学院编	1956. 1
23	光对于植物通过春化阶段的作用	（苏）С. С. 沙英，В. З. 古里萨什维里著；孙大容等译	1955
24	国营农场主要作物栽培技术	中华人民币共和国农业部国营场管理局编	1952. 12
25	国营农牧场农业丰产经验选	农垦部办公厅编	1958. 1
26	果实种子历险记	（苏）В. 柯尔孙斯卡娅著；浦光南等译	1955
27	果蔬贮藏及加工学	中等农业学校《果蔬贮藏及加工学》教科书编辑委员会编	1959. 1
28	黑龙江省混种复种增产经验	黑龙江省农业厅编	1957. 1
29	湖南复种轮作制度	陈一吾编著	1958. 9
30	机耕作业法	余定铿编著	1959. 4
31	加深黑钙土耕作层的耕作法	（苏）П. К. 伊万诺夫著；郑治国等译	1954. 11
32	科尔沁右翼前旗农业丰产经验	科尔沁右翼前旗农业局等编	1959
33	科学研究报告	中国农业科学院作物育种栽培研究所编	1959. 1
34	可克·洒格兹（青胶蒲公英）栽培法	涂治编著	1951. 5
35	良种繁育典型经验	中共安徽省委编辑室编	1958. 9
36	粮食储藏	粮食部采购储存局编	1958. 8
37	粮食水分与品质变化	（美）J. A. 安台生，A. W. 阿尔考克编；赵同芳译	1959. 3
38	领导种子工作大跃进的经验	农业部种子管理局编	1958. 12

（续表）

序 号	题 名	责任者	出版年
39	论种子改良学的改造	（苏）李森科著；北京农业大学农业生物科学研究室译	1950. 1
40	米丘林的作物育种及选种原则	（苏）Д. А. 陶尔古欣撰；毕黎译	1950. 1
41	米丘林方法在大田作物选种中的应用	（苏）В. Я. 尤利耶夫等著；孟庆喜等译	1957
42	米丘林路线的作物有性杂交选种法（第2号）	萧辅，季道藩编撰；华北农业科学研究所编译委员会编辑	1951
43	米丘林移植南方植物到北方的方法	（苏）С. И. 伊沙叶夫著；毕黎译	1951. 4
44	米丘林遗传选种与良种繁育学（第二集）	（苏）阿·巴·伊万诺夫著；中央农业部米邱林农业植物选种及良种繁育讲习班编译	1953. 7
45	米丘林遗传选种与良种繁育学（第三集）	（苏）阿·巴·伊万诺夫著；中央农业部米丘林农业植物选种及良种繁育讲习班编译	1953
46	牧草大田轮作制的理论与技术	中央人民政府农业部国营农场管理局编	1952. 1
47	牧草田轮作制	（苏）М. Г. 阿瓦耶夫著；涂治译	1954. 1
48	农产品贮藏加工实习指导	（苏）В. В. 杜加凌诺夫等著；赵增煜译	1958
49	农产制造	陈驹声著	1951. 2
50	农场良种繁育工作的经验	农业部种子管理局编	1957
51	农民选种家经验介绍	农业部种子管理局编	1958
52	农业测量学	北京农业大学测量学教研组编	1959. 11
53	农业丰产经验汇编	新疆农业厅编	1956
54	农业技术（上册）	（苏）В. П. 莫索洛夫著；尹良等译	1958. 6
55	农业科学专题报告及参考资料集	中央人民政府农业部米丘林农业植物选种及良种繁育讲习班辑译	1953
56	农业劳模增产经验	福建省农业厅编	1957
57	农业社储粮须知	中华人民共和国粮食部购销储存局编	1958. 7
58	农业生产技术基本知识——我国的农业概况	农业部农业宣传总局编	1956. 5
59	农业生产技术基本知识——种子和品种	农业部农业宣传总局编	1956. 5
60	农业先进单位代表谈农业“八字宪法”密植	福建人民出版社编	1959. 2
61	农业先进单位代表谈农业“八字宪法”深耕和改良土壤	福建人民出版社编	1959. 2
62	农业先进单位代表谈农业“八字宪法”田间管理	福建人民出版社编	1959. 2
63	农业先进单位代表谈农业“八字宪法”选育和推广良种	福建人民出版社编	1959. 2
64	农作物的辅助授粉	（苏）А. С. 穆西科著；刘仲元等译	1959. 7
65	农作物的人工辅助授粉	（苏）А. С. 穆西科撰；黄卓明译	1950. 9
66	农作物和其他植物授粉者的采集与研究	（苏）В. В. 波波夫著；刘崇乐，施慧元译	1957
67	农作学与土壤学原理（上册）	（苏）М. Г. 契日夫斯基等著；许耀奎，祝其昌译	1954. 3

（续表）

序　号	题　名	责任者	出版年
68	农作学与土壤学原理（下册）	（苏）М.Г. 契日夫斯基等著；许耀奎，祝其昌译	1954.3
69	沤水田绳索牵引耕作	江苏省农业科学研究所编	1958.2
70	培选良种确保丰收	吉林省农业厅编	1958.1
71	葡萄加工法	张勔新	1952.6
72	葡萄酒和果实酒酿造法	金培松著	1951.5
73	葡萄酒酿造	朱梅著	1959.11
74	普及农作物的优良品种	马克让著	1956.6
75	青饲料轮替	（苏）В.В. 苏沃洛夫，А.В. 施坦科著；章祖同译	1955.12
76	秋耕保水是干旱地区各项农业技术措施的增产基础	张立范著	1956
77	全国农作物优良品种	农业部种子管理局编	1958.9
78	全国农作物优良品种（目录续编）	农业部种子管理局编	1959.11
79	群众选种法	卢炳麟编著	1951
80	人工光照下的植物栽培	（苏）Б.С. 莫什科夫著；曾声涛译	1958
81	如何培育植物为人类服务（第一卷）	（美）路得·布尔班克著；孟光裕译	1959.1
82	如何培育植物为人类服务（第二卷）	（美）路得·布尔班克著；孟光裕译	1959.3
83	如何培育植物为人类服务（第三卷）	（美）路得·布尔班克著；孟光裕译	1959.11
84	陕西省主要农作物优良品种	陕西省农林厅编	1958.8
85	设置农业试验的方法与技术原理	彼·费·谢孔著；北京师范大学生物系翻译组译	1956.8
86	社会主义谷物业配置	（苏）И.Д. 拉普切夫著；毛士田，李鹤亭译	1956.3
87	深翻大地	中共河南省长葛县委员会	1958.9
88	深耕和土壤改良经验选辑（第一辑）	农业部土地利用局	1958.12
89	生物种内种间关系	乐天宇编	1953.9
90	收获机械（农业机械丛书）	农业机械编译委员会编	1953.8
91	蔬菜和果实的贮藏原理	（苏）Б.А. 鲁宾，Л.В. 梅特里茨基著；张镜宇等译	1958.6
92	薯类的贮藏与加工（第一辑）	农业部粮食作物生产局编	1959.9
93	水果和蔬菜的贮藏法	熊同和	1958.9
94	水果简易加工	商业部蔬菜果品公司，西北农学院园林系	1959.7
95	“四、五、八”粮食增产经验汇编（第二集）	中华人民共和国农业部粮食作物生产局编	1958.5
96	“四、五、八”粮食增产经验汇编（第一集）	中华人民共和国农业部粮食作物生产局编	1958.2
97	苏联的种子工作	中国农民代表团撰	1956
98	苏联马尔采夫的新耕作法	（苏）马尔采夫；华北农业科学研究所编委会，机械化农业编辑部编译	1955
99	田间作物育种学及种子繁殖学（上册）	（苏）尤里耶夫等撰；傅子祯等译	1953.7
100	田间作物育种学及种子繁殖学（下册）	（苏）尤里耶夫等撰；傅子祯等译	1954.1

（续表）

序　号	题　名	责任者	出版年
101	甜菜简法制糖	曾尔特编著	1958. 11
102	甜菜土法制糖	轻工业部食品局制糖处编	1958. 12
103	甜菜制糖工艺学	R. A. 麦克靳尼斯编；刘道元译	1959
104	土法甜菜糖制法	轻工业出版社图书编辑室汇编	1958. 12
105	土壤耕作学与农作学	河南省农林厅教材编辑委员会编	1957. 1
106	小麦、水稻、玉米、棉花栽培法	新疆军区司令部农牧处编	1952. 11
107	小麦与冰草的杂交	（苏）Г. Д. 拉普钦科等著；孙善澄译	1957. 3
108	新疆主要农作物品种	新疆维吾尔自治区农科所编著	1959. 1
109	选种的方法	江苏农业厅种子局编	1958
110	选种学与种子改良学教学纲要	（苏）А. Ф. 格利柯夫原主编；李景华译	1950
111	雪被在农业上的作用（利用雪和雪被以争取高额而稳定的产量）	（苏）利赫切尔 Г. Д. 著；范治源，苏联科学院地理研究所编译	1956
112	药用植物栽培法	姜傅颜，丁如辰编	1958. 11
113	野生植物与废物利用资料选	河北省第二工业厅编	1958. 7
114	一九五五年陕西省农业增产经验集	陕西省农业厅编	1956
115	云南省农业丰产经验	中共云南省委办公厅编	1958. 6
116	杂粮作物品种介绍	全国农业展览会增产措施馆种子室	1957. 3
117	栽培学讯论	安田贞雄原著；陶秉珍译	1953. 7
118	栽培植物的水分循环	（苏）阿尔巴奇耶夫著；卢其克译	1957
119	怎样保管粮食	霍宝库编	1958. 1
120	怎样建立种子地	上海市农业局编	1958. 6
121	怎样扩大复种面积	田活农著	1956. 5
122	浙江省 1958 年亩产 800—1000 斤高额丰产技术纲要	浙江省农业厅编	1958. 3
123	浙江省 1956—1957 年冬作栽培技术参考资料	浙江农业厅粮食生产处编	1956. 9
124	浙江省 1957—1958 年冬作栽培技术参考资料	浙江省农业厅	1957. 9
125	整地和耕地	孙渠著	1956
126	正确轮栽法在各集体农庄中的实施和熟练运用	（苏）齐哲夫斯基撰；梓丁，奋炎译	1951. 11
127	植物嫁接的理论与实践	蔡以欣著	1957. 11
128	植物无性杂交的理论与实践	（苏）日查维津著；华北农业科学研究院编辑委员会编辑	1951
129	植物选种的新成就	（苏）布烈日涅夫，艾秦施塔特著；孙承定等译	1957
130	植物栽培学（上）	（苏）李图斯著；李兢雄等译	1955
131	植物栽培学（下）	（苏）李图斯著；李兢雄等译	1955
132	中国栽培植物品种汇编（第二辑）	中华人民共和国农业部对外联络局	1958
133	中国栽培植物品种汇编（第三辑）	中华人民共和国农业部对外联络局	1958
134	中国栽培植物品种汇编（第四辑）	中华人民共和国农业部对外联络局	1958
135	中国栽培植物品种汇编（第一辑）	中华人民共和国农业部对外联络局	1958

（续表）

序　号	题　名	责任者	出版年
136	种实验田	上海人民出版社编辑	1958. 6
137	种子常识	群力编著	1958. 8
138	种子工作规划汇编	农业部种子管理局编	1958. 12
139	种子和播种	熊振民等著	1958. 9
140	种子检验	青海省农林厅编	1959. 3
141	种子检验和研究方法	（苏）菲尔索娃著；伍绵善等译	1958. 8
142	种子检验技术	徐旭增编著	1958
143	种子讲义	江西省农业部学校遗传选种教研室编著	1958. 1
144	种子生理学	（英）W. 克罗凯尔等著；张永平等译	1959. 5
145	种子学原理及种子检验	叶常丰编	1959
146	种子贮藏原理	（苏）施马里科著；浙江农业大学作物栽培教研组译	1956
147	作物春化法	李景华，徐豹编译	1950. 6
148	作物选种和良种繁育	庄寿鸿编	1958. 8
149	作物选种及良种繁育学讲义（上册）	（苏）米普罗茨柯夫编著；北京农业大学译	1958. 12
150	作物选种及良种繁育学讲义（下册）	（苏）米普罗茨柯夫编著；北京农业大学译	1959. 2
151	作物育种学纲要	杨曾盛编著	1951. 4
152	作物怎样选种	周开惠编著	1952

（3）1960—1969 年

序　号	题　名	责任者	出版年
1	茶叶检验学	安徽农学院编	1961. 8
2	大荔县一九六四年农业生产经验汇集	大荔县农林畜牧局编	1965
3	大米加工除杂技术	粮食部粮油工业管理局编著	1963. 5
4	大田作物试验方法	中国农业科学院江苏分院编	1960. 2
5	电离辐射与植物育种	（苏）A. 古斯塔夫逊，O. 杰定等著；粟翼玟，张冬生等译	1963. 8
6	多倍体诱导与育种	裴新澍编著	1963. 1
7	番茄大白菜的加工保藏	轻工业部科学研究设计院食品所编	1960
8	甘薯贮藏	袁宝忠编	1966. 2
9	耕作法（间作套作）专题报刊索引	中国农业科学院图书馆编	1961. 6
10	馆藏图书目录	中国农业科学院图书馆	1960. 8
11	果酱简易制法	程学达编著	1967. 1
12	果蔬贮藏加工学	浙江农业大学主编	1960. 1
13	科学技术书目（水稻栽育法、农田土壤研究）	上海图书馆编	1960. 1
14	粮仓类型及其管理	（美）巴利，培雷原著；任锡畴译	1962. 9

（续表）

序　号	题　名	责任者	出版年
15	粮食种子的呼吸和发热	（美）安台生，阿尔考克编；赵同芳译	1961. 5
16	林粮间作经验汇编	中国林业出版社编辑	1960. 5
17	马同义土地深耕法	中共长葛县坡胡人民公社委员会主编	1960. 4
18	农村科学实验（作物栽培）	浙江省农学会编	1966. 3
19	农副产品的综合利用	姜兆熊编	1963. 9
20	农副产品及野生植物主要成分分析法	轻工业部食品工业科学研究所分析研究室编著	1964. 9
21	农副产品加工和综合利用的经验	上海农业展览会编	1960. 3
22	农业科学图书联合目录（农作物部分）	浙江农业大学等编	1964. 12
23	农业科学知识问答：种子	福建省福安专署农业局等编；周修韬修订	1962. 1
24	农作物田间试验记载项目及试行标准	浙江农业科学院作物育种栽培研究所著	1964. 3
25	普通耕作学	河南省农业厅教材编辑委员会编	1961. 6
26	齐民要术选读本	（北魏）贾思勰著；石汉声选译	1961. 5
27	全国农业生产特征与农作物分布分析图集	中科院地理研究所编	1964. 4
28	全国农业展览馆种子室展出资料介绍	全国农业展览馆种子室编	1960. 2
29	如何培育植物为人类服务	（美）路得·布尔班克著；孟光裕译	1962. 8
30	山东省农作物优良品种介绍	山东省农业科学院作物育种栽培研究所主编	1964. 6
31	社办育种场的经验	贵州省农业厅种子公司编	1960. 3
32	深耕的原理和方法	贺滁新编	1960. 5
33	深耕和改良土壤经验选辑（第二辑）	农业部土壤肥料局编	1960. 1
34	水果贮藏	北京农业大学园艺系，北京市糖业果品公司	1960. 9
35	梯田	方正三编	1960. 3
36	天津市种子工作典型队经验介绍	天津市农林局编	1965. 7
37	田间试验的设计与分析	闵绍楷著	1962. 7
38	田间试验技术	范福仁著	1962. 5
39	为革命搞农业科学实验	共青团中央青农部编	1966. 3
40	向日葵的综合利用	王毓林编	1960. 9
41	小麦的多倍体种	（苏）A. P. 日布拉克著；殷殿忠，王连铮译	1960
42	新疆维吾尔自治区农林物育种工作会议汇刊	新疆维吾尔自治区农科所编	1960. 2
43	选种和良种繁育	新疆维吾尔自治区农业厅，新疆军区生产建设兵团司令部编	1960. 8
44	选种和良种繁育学（试用本）	陕西省农林厅教材编辑委员会编	1960. 3
45	油茶果的用处	蒋万芳，吴照华编	1960. 5
46	怎样深耕深翻和平整土地	山东省农业厅农业技术处编	1960. 3
47	怎样选育和繁殖良种	黎洪模著	1960. 9
48	植物育种和细胞遗传学	伊利沃特著；奚元龄等译	1964. 5
49	植物育种学	（美）海斯等著；庄巧生等译	1962. 3

（续表）

序　号	题　名	责任者	出版年
50	中国仓库害虫	赵养昌编著	1966. 7
51	中国药用植物图鉴	第二军医大学药学系生药学教研室编著	1960. 6
52	种试验田常识	宋六之等编	1966. 7
53	种子处理	宋科葆编	1965. 1
54	种子的干燥和贮藏	（苏）列宾著；陈崇德译	1960
55	种子工作手册	中国科学院植物研究所，北京植物园种子组编著	1960. 4
56	种子和它的萌发	褚圻编著	1962. 11
57	种子及其发育和生理学特征	（苏）岑盖尔著；于玉译	1962. 1
58	种子学	（苏）柯吉米娜著；浙江农学院作物栽培教研组等译	1960. 1
59	种子植物形态学辞典	施浒编	1962. 11
60	贮藏农产品中的螨类	（英）赫士著；冯敦棠译	1960. 3
61	贮粮微生物	（美）G. 西门涅克著；王鸣岐译	1962. 1
62	专题资料索引（农产品贮藏与加工）	北京农业大学图书馆	1960. 4
63	专题资料索引（畜产品贮藏与加工）	北京农业大学图书馆	1960. 4
64	作物产量变异的生理基础（译文集）	（苏）A. A. 尼奇波罗维奇等著；奚元龄等译	1960. 7
65	作物的生理生态	（日）户刈义次等主编；崔继林等译	1962. 12
66	作物品种试验调查记载项目和标准	新疆维吾尔自治区农业厅种子处编	1960. 4
67	作物生理讲座（发育生理）	（日）户刈义次等主编；余友浩译	1964. 7
68	作物生理讲座（水分生理）	（日）户刈义次等主编；余友浩译	1965. 1
69	作物生理讲座（营养生理）	（日）户莉义茨等主编；余友浩译	1965. 1
70	作物遗传选种及良种繁育学	浙江农业大学遗传选种教研组编	1960. 1

（4）1970—1979 年

序　号	题　名	责任者	出版年
1	茶叶制造	哈勒著；丁俊之译	1978. 5
2	大寨科学种田	北京农业出版社编	1973. 1
3	大寨田	大寨农学院，山西农学院《大寨田》编写组编	1976. 5
4	单倍体育种	李德炎主编	1977. 6
5	单倍体育种知识	上海市农科院作物所单倍体育种研究小组编	1974. 12
6	单倍体育种资料集（第三集）	中国科学院北京植物研究所编	1977. 4
7	单倍体育种资料集（第一集）	中科院研究所	1972. 9
8	“倒行子”平整土地	陕西省水土保持局编	1974. 11
9	稻瘟病的抗病育种	（日）清泽茂久著；朱奇武译	1978. 9
10	耕作保护增产经验	农业出版社编	1973. 7

（续表）

序　号	题　名	责任者	出版年
11	耕作改制夺高产	甘肃省农业科学院编	1977.12
12	工业微生物诱变育种	章名春编著	1984.7
13	谷物种子技术	瓦尔特卫·法伊施特里茨尔主编	1975
14	广东几种低产田的改进（初稿）	华南农学院革命委员会《土壤肥料》教材编写组编	1970.7
15	广东省农作物品种志	广东省农业局编	1978.6
16	国外谷物干燥参考资料	上海科学技术文献出版社编	1978.12
17	果菜汁的制作与效用	《家庭百科丛书》编译组编译	1970.9
18	花药培养学术讨论会文集（1977年）	《花药培养学术讨论会文集》编辑小组编	1978.5
19	简明农业词典（植物基础、遗传育种、耕作栽培分册）	江苏农学院园艺系等编著	1979.1
20	科学种田经验选编	辽宁省农业局	1972.3
21	良种生产	联合国粮食及农业组织编	1978
22	粮粮间作三种三收	河北省石家庄地区农业局等编	1977.8
23	粮食保管	上海市粮食储运公司等编	1973.12
24	林茂粮丰	农林部林业局编	1973.12
25	麦套玉米栽培管理历程	北京市农科院编	1976.1
26	农桑辑要	赵模初题	1979.8
27	农业中的植物生长物质	（美）R.J.韦弗著；中国科学院植物研究所植物生理生化研究室译	1979.1
28	农业种子四唑测定手册	（美）D.F.格雷勃编；颜启传译	1979.3
29	农作物辐射育种	黑龙江农业科学实验所	1972
30	农作物良种繁育	北京市种子站编	1977.2
31	农作物品种资源专题文献索引	中国农业科学院图书馆编	1978.12
32	农作物远缘杂交育种	中国科学技术情报研究所编辑	1977.11
33	农作物杂交优势的利用与简要介绍	农作物杂交优势的利用编写组	1971.9
34	农作物种子标准化知识	《农作物标准化知识》编写组	1978.11
35	培育作物新品种的田间试验方法	范濂，王福亭编著	1977.3
36	热带和亚热带地区粮食的处理和储藏	霍尔著	1970
37	三种三收下茬作物增产经验	北京市农林局编	1978.2
38	田间试验产量结果的直观分析法	赵仁镕，余松烈编著	1979.11
39	田间试验方法	赵仁镕，余松烈编著	1979.8
40	突变育种手册	中国科学院遗传研究所《突变育种》翻译小组	1972.9
41	微生物的选种和育种	上海市应用微生物展会编	1972.9
42	微生物育种学术讨论会文集（国外资料评述）	微生物育种学术讨论会编	1974.11
43	微生物育种学术讨论会文集（研究工作报告）	微生物育种学术讨论会编	1975.9
44	为革命搞好间套复种	中国农科院作物育种栽培研究所	1971.9
45	为革命育良种“三杂”育种	伊盟农林技术指导站	1972.2

（续表）

序　号	题　名	责任者	出版年
46	现代农业的免耕法	娄成后	1979. 12
47	育种探索	上海市农科院作物所编	1978. 4
48	早稻烂秧及其防治	周燮等编著	1978. 2
49	怎样建立种子田	张掖地区农科所编	1975. 7
50	怎样贮藏地瓜种	山东省胶南县革命委员会生产指挥部编	1972. 4
51	怎样做田间试验（合订本）	山东农学院编	1979. 3
52	怎样做田间试验（土壤肥料分册）	山东农学院《土壤肥料分册》编写组编	1976. 6
53	怎样做田间试验（作物育种分册）	山东农学院作物育种组编	1978. 8
54	怎样做田间试验（作物栽培分册）	山东农学院农学系编	1977. 3
55	植物单倍体育种	中科院北京植物所等编著	1977. 1
56	植物抗病育种——概念和应用	（美）纳尔逊编著；河北省保定地区科技情报所译	1975. 5
57	植物遗传育种学	华北农业大学等编	1976. 12
58	植物远缘杂交概说	李振声编著	1979
59	中正科技大辞典（农科、农艺作物分科）	王云五等编	1979. 3
60	种子工作经验选编	农林部种子局著	1976. 6
61	种子工作手册	《种子工作手册》编写组著	1979. 6
62	种子和品种	农业出版社编	1974. 4
63	主要农作物的杂交育种	陈元嘉编著	1974. 2
64	主要农作物育种技术问答	《主要农作物育种技术问答》编写组编	1976. 2
65	作物的合理用水	武汉水利电力学院农田水利教研室编	1978. 1
66	作物丰产理论及遗传工程（资料汇编）	中国科学技术情报研究所重庆分所编	1979. 1
67	作物辐射育种	中国农林科学院原子能利用研究所编	1973. 6
68	作物嫁接育种	中国科学技术情报研究所编	1971. 12
69	作物生理学	（英）伊文思主编；江苏省农业科学院科技情报研究室译	1979. 6
70	作物生理知识	浙江农业大学《作物生理知识》编写组编	1975. 9
71	作物遗传与育种学（北方本 下册）	山东省昌潍地区农业学校编	1979. 11
72	作物遗传与育种学（南方本 下册）	广西壮族自治区农校主编	1979. 1
73	作物遗传育种知识	童一中等著	1975. 1
74	作物营养生理	中国科学院华南植物研究所编	1979. 11
75	作物育种基础知识问答	中国青年出版社编	1976. 9
76	作物育种学	汪呈因编著	1975
77	作物育种知识	《作物育种知识》编写小组编著	1977. 4
78	作物杂种优势与数量遗传	中国科学技术情报研究所重庆分所编	1979. 11
79	作物栽培学（下册）	河南省中牟农业学校主编	1975. 1

（5）1980—1989 年

序 号	题 名	责任者	出版年
1	北方旱地农业	中国农业科学院，南京农业大学中国农业遗产研究室编著	1986. 1
2	波兰的农业和食品问题	（波）艾·葛热拉克主编；钱亚军等译	1983. 5
3	仓库害虫	陈耀溪编著	1984. 2
4	仓库害虫防治图册	商业部商业储运局编	1985. 2
5	仓库害虫及益虫	姚康著	1986. 7
6	仓库昆虫图册	陈启宗，黄建国编著	1985. 2
7	仓库温湿度的科学管理	滕立新编著	1985. 12
8	常用农业科学试验法	赵增煜主编	1986. 8
9	大豆与大豆食品	骆承庠等编译	1983. 1
10	大豆制品的加工	白至德等编著	1985. 9
11	单倍体与育种	（苏）C. C. 霍赫洛夫主编	1985. 5
12	当代中国的农作物业	《当代中国》丛书编辑部编辑	1988. 4
13	稻壳变能源	比格尔著	1984. 12
14	稻麦质量分析	朱展才著	1988. 1
15	低温贮粮	关延生，沈嘉伟著	1982. 5
16	地膜覆盖栽培	吉林省农业技术推广站编	1985. 1
17	地膜覆盖栽培常见问题解答	黄顺苍等编著	1988. 9
18	地膜覆盖栽培技术	张国村等编著	1984. 2
19	地膜覆盖栽培技术大全	中国地膜覆盖栽培研究会主编	1988. 1
20	淀粉糖	张力田编著	1981. 2
21	对病虫的持久性抗性育种	联合国粮食及农业组织编	1988. 11
22	多熟制——间套复种制	（美）C. A. 法兰西斯等著；王在沐等译	1989. 11
23	多熟种植	沈学年等编著	1983. 3
24	发芽生理学	（日）中山包著；马云彬译	1988. 7
25	防止易腐农产品的损失	联合国粮食及农业组织编	1981
26	防治有害生物安全贮粮手册	英国热带发展研究所贮藏系编	1988. 12
27	高光效率与作物丰产	中国科学技术情报研究所重庆分所编	1980. 6
28	高效益的种养结合棚舍	刘今晞著	1989. 9
29	耕作学	北京农业大学编	1981. 5
30	耕作学基础知识	李丕明，李孙荣著	1981. 1
31	耕作学原理——关于地力的使用和培养问题	孙渠著	1981. 11
32	耕作制度	刘巽浩编著	1982. 8
33	耕作制度研究论文集	中国作物协会全国耕作制度研究会筹备会编	1981. 9
34	谷类油脂	田仁林著	1983. 3
35	谷物干燥	（美）布鲁克等著；周清澈译	1981. 3
36	谷物及油料品质分析法	刘铭三主编	1987. 5

（续表）

序　号	题　名	责任者	出版年
37	瓜类贮鲜	王仲田编著	1989. 12
38	光合作用与作物生产译从（1）	中国农业科学院科技研情报究所编	1980. 6
39	光合作用与作物生产译从（2）	王天铎主编	1980. 2
40	光合作用与作物生产译从（4）	王天铎主编	1982. 7
41	国际水稻研究讨论会论文集	中国农业科学院编	1981. 3
42	国际种子检验规程（1976 年）	国际种子检验协会编制；颜启傅等译；叶掌千校	1980. 1
43	国外粮食干燥技术集锦	魏纳尔·米勒保尔等著；谢桂芳，丁声俊等译	1985. 6
44	国外玉米杂交系图册	中农院作物品种资源研究所等编	1984. 5
45	国外作物组织培养（12）	上海农科学作物所体细胞培养杂文组编	1983. 8
46	国外作物组织培养（13）	上海农科学作物所体细胞培养杂文组编	1983. 11
47	果品蔬菜贮藏保鲜方法	梁殿佑主编	1987. 5
48	果品蔬菜贮藏与加工	宋百成等编	1989. 9
49	果蔬保鲜	（澳）威尔士等著；聂勋丽等译	1987. 3
50	果蔬加工	蔡同一编著	1989. 1
51	果蔬粮油贮藏保鲜	仇志荣，陆美英编	1989. 12
52	旱地农业覆盖栽培技术	许萱著	1989. 12
53	旱地农业理论与实践	（美）布伦格尔著；冯祖光译	1987. 1
54	核技术在农学和环保中应用论文集	陈传群等著	1988. 12
55	花生、玉米、棉花、西瓜地膜覆盖高产早熟栽培技术	王耀林等编著	1988. 2
56	吉林省农作物品种区划	吉林省农作物品种区划协作组编	1981. 7
57	家庭副业二十例	河北人民广播电台对农村广播节目组编	1982. 1
58	家庭农产品加工手册	裴玉，石仁编	1981. 1
59	家庭农副产品加工技术	毛国盛等编	1989. 3
60	江苏农作物良种介绍	江苏省种子公司编	1984. 6
61	金薯传习录（种薯谱合刊）	农业出版社出版编辑部编	1982. 1
62	精密播种技术论文集	农业机械化编辑部编	1983. 8
63	块粮植物、棕榈、柑桔和观赏植物的微繁殖	联合国粮食及农业组织编	1984. 7
64	粮食仓储企业业务管理	田峰编著	1986. 11
65	粮食深加工及综合利用	顾尧臣，刘祖荫编著	1989. 2
66	粮食微生物学	殷蔚申主编	1983. 1
67	粮食贮藏和加工技术（农村适用技术 3）	国家科委科研成果管理办公室编	1986. 1
68	粮食作物的远缘杂交（译文集）	邵启全等译	1980. 7
69	麻类形态学	李宗道，胡久清	1987. 9
70	蜜饯果脯加工技术	田耕，单国生编	1989. 12
71	免耕法	北京农业大学植物生理教研室编辑	1981. 8

（续表）

序 号	题 名	责任者	出版年
72	免耕法译丛	崔引安译	1980. 9
73	免耕农作制	（美）谢力·菲利普（Shirley H.Phillips），哈利·杨（Harry M. Young，Jr.）著；陈士平译	1983. 5
74	亩收入超千元种植技术 100 例	孙秋良，张进京	1987. 9
75	农产粮油的贮藏与加工	李庆龙等编著	1987. 1
76	农产品的贮藏防腐保鲜技术	安徽省农科院科技情报研究所图书馆编	1984. 1
77	农产品加工工程	（美）亨德森，佩里同著	1984
78	农产品加工技术经济手册	刘天福，赵华龄主编	1988. 7
79	农产品加工经济	农产品加工经济编写组编	1986. 12
80	农村简易贮粮技术	李光灿编著	1986. 1
81	农村粮食储藏知识问题	王佩祥编	1983. 8
82	农副产品加工技术	刘其堂等编	1986. 1
83	农副产品加工指南	马宝岐主编	1988. 11
84	农业烘干机械	陕西省农业机械管理局主编	1985. 8
85	农业十项推广技术	中国农业科学院国务院农村发展研究中心编辑组编	1988. 1
86	农业用塑料	郭钟福，郭玉瑛编	1987. 6
87	农作物干燥与通风贮藏	李笑光编著	1989. 8
88	农作物田间试验记载项目及标准	《浙江农业科学》编辑部编	1982. 4
89	农作物遗传育种	浙江省农业厅编	1982. 7
90	农作物栽培	浙江省农业厅主编	1982. 1
91	农作物种子消毒技术	刘惕若编	1984. 5
92	苹果贮藏与加工	任裕芳等编	1987. 7
93	青海省农作物品种志	青海省农林科学院编	1983. 12
94	全国作物良种及食用菌种购销信息	农业出版社编	1986. 5
95	山东省主要农作物高产栽培技术规程及测产验收办法	山东省科学技术委员会编	1988. 9
96	山西农作物优良品种	山西省农业种子总站	1988. 4
97	上海农作物优良品种	周林桃编	1982. 12
98	世界的多熟种植	刘巽浩，韩湘玲编译	1980. 8
99	试验统计	马育华编著	1982. 1
100	蔬菜加工实用技术	范尉忠编	1987. 1
101	水果蔬菜和食品加工技术	国家科委科研成果管理办公室	1986. 2
102	水田半旱耕作技术	侯光炯等编著	1985. 5
103	水土保持耕作制	（美）安格尔著	1989. 12
104	塑料薄膜地面覆盖栽培	王耀林，祝旅编	1981. 8
105	提高农作物生产力的研究方向	（美）布朗等编；江苏省农业科学院科技情报研究室译	1984
106	田间试验与统计分析方法	杨庆凯编著	1982. 12
107	土特产生产加工技术	中国土产畜产出口总公司主编	1983. 8

（续表）

序 号	题 名	责任者	出版年
108	无土栽培	马太和编著	1980. 12
109	西藏作物	中国科学院青藏高原综合科学考察队编	1984. 1
110	相对遗传力理论与杂交育种	裴新澍著	1983. 7
111	新疆作物种子学	《新疆作物种子学》编写组编	1986. 5
112	遗传学	浙江农业大学主编	1986. 7
113	遗传学基础和育种原理	钱德杞等编	1982. 6
114	英汉种子学词汇	郑光华，刘长江编	1987. 2
115	英汉作物栽培学词汇	北京农业大学农学系编	1983
116	营养液栽培大全	（日）山崎肯哉著；刘步洲等译	1989. 1
117	玉米提胚榨油	吉林省粮食厅工业处编	1982. 8
118	育种手册（第二分册）	（日）松尾孝岭监修；赵庆华等译	1986. 5
119	育种手册（第一分册）	（日）松尾孝岭监修；葛扣麟等译	1983. 2
120	栽培植物营养诊断分析测定法	（日）农林省农林水产技术会议及物局监修；作物分析法委员会编；邹邦基译	1985. 5
121	怎么办——巧种庄稼集锦	中国农科院作物所编	1987. 12
122	怎样搞农作物产量调查	王广森，晏森编著	1983. 12
123	怎样提高秸秆的营养价值	（苏）C. Я. 扎弗连著；王克军译	1987. 11
124	浙江的耕作制度	汤起麟等编	1984. 4
125	植物的感染生理	（日）富山宏平著；尹福祥译	1986. 5
126	植物荷尔蒙剂之功效与应用	谌克终编著	1984. 5
127	植物抗虫育种	（美）马克斯维尔等著；翟凤林等译	1985. 5
128	植物魔术师——布尔班克	任本命编	1982. 7
129	植物生活	娄成后，蔡可同编著	1982. 8
130	植物生理学在农业中的应用	黄宗甄编	1983. 6
131	植物体细胞遗传与作物改良	胡含，陈英主编	1988. 8
132	植物细胞质雄性不育的遗传学原理	（苏）杜尔宾，巴利洛娃著	1980. 6
133	植物遗传育种学（第二版）	蔡旭主编	1988. 12
134	植物遗传资源——未来植物生产的关键	张德慈著	1988. 5
135	植物遗传资源译丛（二）	中国农业科学院作物品种资源研究所	1989. 9
136	植物遗传资源译丛（一）	中国农业科学院作物品种资源研究所	1986. 3
137	植物营养与技术	（日）高井康雄等著；敖光明等译	1988. 9
138	植物营养元素的土壤化学	袁可能著	1983. 9
139	植物营养原理	史瑞和著	1989. 8
140	植物育种的轮回选择	（苏）H · B 杜尔宾等编；刘丕龙等译	1980. 12
141	植物育种的杂种优势	（匈）杨诺西，（英）勒普顿编；北京农业大学农学系译	1981. 3
142	植物育种学	（日）角田重三郎等著；敖光明等译	1984. 1
143	植物育种中的示踪技术	FAO/IAEA 原子能联合应用处编；马昌燐等译	1981. 9
144	中国仓储品皮囊害虫	刘永平，张生芳编著	1988. 5

（续表）

序　号	题　名	责任者	出版年
145	中国古代的农作制和耕作法	郭文韬编著	1981. 12
146	中国海南岛大农业建设与生态平衡论文选集	《中国海南岛大农业建设与生态平衡论文选集》编辑委员会编	1987. 9
147	中国农作物种植区划论文集	中国农业科学院《中国农作物种植区划论文集》编写组编	1987. 8
148	中国作物栽培史稿	唐启宇编著	1986. 4
149	中华人民共和国种子管理条例（中华人民共和国国务院第 31 号）	国务院第三十二次常务会议通过	1989. 7
150	中文农业文献目录（育种分册，A）	中国农业科学院图书馆编	1983. 11
151	中文农业文献目录（育种分册，B）	中国农业科学院图书馆编	1983. 11
152	中文农业文献目录（作物分册，A）	吴泽宣主编	1984. 11
153	中文农业文献目录（作物分册，B）	吴泽宣主编	1984. 11
154	中文农业文献目录（作物分册，C）	吴泽宣主编	1984. 11
155	种子	叶常丰编著	1985. 2
156	种子病理学	（丹）保尔·尼尔高著；狄原渤等译	1987. 12
157	种子检验概要	（美）贾斯蒂斯著；李庆维译	1981. 8
158	种子检验简明教程	浙江农业大学种子教研组编	1980. 2
159	种子生理	傅家瑞编著	1985. 6
160	种子生理实验手册	黄学林等编	1990. 5
161	种子实用知识	《农村科技致富技术问答丛书》编写组编	1988. 3
162	种子休眠和萌发的生理生化	（美）A. A. 卡恩主编；王沙生等译	1989. 3
163	种子学	浙江农业大学种子教研组著	1980. 11
164	种子贮藏	郭长根编著	1985. 9
165	种子贮藏简明教程	浙江农业大学种子教研组编	1980. 2
166	种子贮藏原理与实践	（美）贾斯蒂斯，巴斯同著；浙江农业大学种子教研组译	1983. 1
167	主要栽培植物的世界起源中心	（苏）Н. И. 瓦维洛夫著；董玉琛译	1982. 5
168	贮藏食物与房舍的螨类	（英）休斯著；忻介六等译	1983. 2
169	贮粮害虫对农药的敏感性	钱普，戴特同著	1984. 1
170	作物	中国农业科学院编	1984. 8
171	作物的形态与机能	（日）北条良夫，星川清亲等编；郑丕尧等译	1983. 12
172	作物辐射遗传与育种	杜若甫编著	1981. 4
173	作物改良原理	莫惠栋主译	1983. 12
174	作物进化	（英）西蒙兹编；赵伟钧译	1987. 4
175	作物抗性生理学	（美）H. 马塞尔，R. C. 斯特普尔斯编；张永平译	1985. 12
176	作物良种繁育与推广	孙杨保编著	1985. 2
177	作物轮作技术与理论	（日）大久保隆弘著；巴恒修，张清沔译	1982. 1
178	作物胚胎学	赵世绪编著	1982. 1
179	作物胚胎学基础	王凤翱著	1983. 1
180	作物品种资源	许运天，董玉琛著；中国农学会编	1981. 5

（续表）

序　号	题　名	责任者	出版年
181	作物品种资源（国外参考资料汇编）	中国农业科学院作物品种资源研究所编	1984. 2
182	作物品种资源研究	中国农业科学院作物品种资源研究所编	1984. 5
183	作物品种资源研究方法	中国农业科学院作物品种资源研究所编	1985. 5
184	作物生长和栽培	（美）R. L. 米歇尔著；顾慰连等译	1981. 9
185	作物生理	赵微平编著	1982. 8
186	作物数量遗传	刘来福等编	1984. 5
187	作物遗传和育种	王象坤编	1985. 1
188	作物遗传学手册	（美）R. C. 金编；褚圻，童一中译	1980. 8
189	作物遗传与育种学实验实习指导	山东省昌潍地区农业学校编	1981. 12
190	作物遗传育种简明教程	浙江农业大学遗传育种教研组编	1984. 12
191	作物营养障碍的诊断及其防治	秦遂初编著	1988. 11
192	作物诱变育种	许耀奎等编	1985. 3
193	作物育种（回顾与展望）	日本农林水产技术会议事务局编著；翟凤林译	1983. 9
194	作物育种方法研究（译文集）	江苏省农业科学院科技情报研究室译	1980. 11
195	作物育种和良种繁育	陕西省农业局主编	1983. 4
196	作物育种和良种繁育	山东省昌潍地区农业学校编	1984. 2
197	作物育种基础知识	张树榛编	1981
198	作物育种学	西北农学院主编	1981. 1
199	作物育种学自学指导书	张树榛等编	1985. 12
200	作物育种与繁育	宋邦钧等编	1984. 2
201	作物杂种优势利用	张全德编著	1983. 12
202	作物栽培的生理基础	娄成后等编著	1980. 11
203	作物栽培学（北方本）（下册）	山东农学院主编	1980. 9
204	作物栽培学（南方本）（下册）	湖南省常德农业学校主编	1980. 7
205	作物栽培学实验实习指导	河南省中牟农业学校主编	1981. 12
206	作物栽培学通论	王缨等编著	1988. 7
207	作物之光合作用	林安秋编著	1984. 7

（6）1990—1999 年

序　号	题　名	责任者	出版年
1	储粮昆虫学实验	刘连全主编	1994. 1
2	稻田生产的结构改革与发展	过益先	1993. 4
3	电子计算机在遗传育种中的应用	黄金龙等编著	1991. 1
4	东亚未被充分利用的作物遗传资源	周明清主编	1991. 4
5	分子标记在作物遗传育种中的应用	郑康乐主编	1991. 5
6	高等植物组织离体培养的形态建成及其调控	黄学林，李筱菊著	1995. 3
7	高效益种植技术	李家福，高崇学编	1990. 2

（续表）

序　号	题　名	责任者	出版年
8	菇瓜豆立体栽培新技术	朱忠贵著	1992. 4
9	瓜粮间套作配套栽培技术	王坚等编著	1993. 8
10	旱地秋作物栽培技术	梁宏儒等主编	1991. 3
11	禾谷类油料和蔬菜作物杂种的制种	W. P. Feistritzer,, A. F. Kelly 编；杜允等译校	1992. 8
12	科技兴农实用技术	朱洪柱主编	1993. 5
13	科技兴农项目精选（1）	蔡毅主编	1990. 9
14	粮菜双丰收耕作诀窍	曾继华著	1991. 7
15	粮农组织植物生产和保护文集（禾谷类油料和蔬菜作物杂交种的制种）	联合国粮食及农业组织编；杜允等校译	1992. 8
16	粮食收获后的清理和储藏工艺学	（俄）卡尔波夫著；丁生旺译	1992. 6
17	粮食作物品质鉴定的优选方法	李酉开主编	1991. 1
18	粮食作物品质鉴定与评价	张玉良主编	1992. 11
19	农副产品加工利用 100 例	张秀峰主编；刘顺英等编	1991. 11
20	农家贮粮技术问答	李永祯编著	1994. 5
21	农家致富诀窍	卫世敏编	1991. 7
22	农田立体、多熟、高效益栽培技术	孙秋良编	1991. 1
23	农学基础科学发展战略	中国农科院编著	1993. 12
24	农学概论	朱新民主编	1991. 1
25	农业高新技术论	魏建昆主编	1993. 8
26	农业生产新技术	刘济波主编	1994. 4
27	农业项目经济实用手册	农业部综合计划司，农业部规划设计研究院，建设部标准定额研究所编	1996. 1
28	农作物新品种（1990—1992 年国家科技攻关成果）	农业部科技司编	1993. 5
29	农作物优良品种介绍	湖北省农牧业厅编	1992. 1
30	农作物组织培养	颜昌敬主编	1991. 2
31	生态遗传学	吴国凯等编译	1992. 7
32	台湾的植物育种	谢顺景等编著；薛德榕等译校	1990. 5
33	甜菜生理学	曲文章编著	1990. 11
34	无土栽培原理与技术	邢禹贤编著	1990. 6
35	无性繁殖植物辐射育种新方法	李雅志编著	1991. 5
36	新疆农业高产经验	新疆人民政府办公厅，新疆农业科学院编	1992. 11
37	英汉作物遗传资源词汇	郑殿升编	1990. 12
38	植物育种的现代基础	P·B 沃斯，S·G 布里克斯特主编；刘秉华等译	1993. 11
39	植物原生质体培养	孙勇如等主编	1991. 7
40	植物栽培及粘贴艺术	崔保军编著	1990. 5
41	中国高功能高效益耕作制度研究进展	邹超亚主编	1990. 11
42	中国耕地资源及其开发利用	中国农科院农业自然资源和农业区划所，农业部全国土壤肥料总站编著	1992. 11

（续表）

序号	题名	责任者	出版年
43	中国农业高产效益模式大全	冯杰编著	1992.6
44	中国水系大辞典	朱道清编纂	1993.12
45	种植增产新技术	杜宝善，罗慕椿等主编	1992.8
46	种质资源科学管理、鉴定、评价和创新	H. T. Stalke 等著；周明注等译	1993.5
47	种子检验的原理和技术	颜启传编著	1992.12
48	种子生理	傅家瑞编著	1992.3
49	作物高产群体生理	王永锐编著	1991.8
50	作物抗性生理	赵可夫，王韶唐主编	1990.5
51	作物良种繁育学	四川种子协会编著	1990.8
52	作物品质育种	翟凤林等编著	1991.5
53	作物生理学	（美）F. P. 加德纳等著；于振文等译	1993.7
54	作物数量性状的多元遗传分析	刘垂玗主编	1991.5
55	作物稳定性分析法	胡秉民，耿旭著	1993.1
56	作物雄性不育及杂种优势研究进展——国家攀登计划粮棉油雄性不育杂种优势基础研究	李竞雄，周洪生主编	1996.12
57	作物养分平衡与高产栽培——兼论作物栽培科学现代化	汪定淮等编著	1994.3
58	作物育种研究与进展（第一集）	刘后利主编	1993.1
59	作物育种原理与方法	郑彦平主译	1992.7

S4 植物保护

本部分共收编植物保护类图书书目 1 129条。其中，收编 1949 年以前出版的该类图书书目 14 条，1950—1959 年 301 条，1960—1969 年 153 条，1970—1979 年 168 条，1980—1989 年 371 条，1990—1999 年 122 条。具体目录如下。

（1）1949 年以前

序 号	题 名	责任者	出版年
1	稻作病害	魏景超著	1934. 4
2	稻作害虫学	张景欧著	1935. 6
3	国内麦类黑穗病分布调查第二次报告	吴昌济著	1936
4	果树病虫害防除法	李佑元编著	1937. 4
5	害虫防治法	楼人杰著	1942
6	害虫歼除法纲要	王历农著	1929. 11
7	农作物害虫学	谢申图编	1947. 3
8	杀菌大王	刘柏庆编	1932. 7
9	小麦品种杆黑粉病抵抗性之试验	俞大绂等著	1932
10	园艺害虫防治法	高桥奖著	1941. 4
11	植病丛谈（昆虫丛谈之二）	张巨伯，崔伯棠编	1947. 3
12	中国棉作害虫	李凤荪等著	1948. 3
13	中国园艺害虫	黄其林等编	1944. 3
14	作物病理学	王历农编著	1948

（2）1950—1959 年

序 号	题 名	责任者	出版年
1	1953—1955 年美国农用杀菌剂效力实验总结	程暄生，李保询，万墨宝编译	1957. 12
2	1956 年美国农用杀菌剂效力试验经验总结	程暄生，李保询，万墨宝编译	1958. 12
3	515 种土农药	农垦部干部学院编	1959. 2
4	安徽抗旱经验	中共安徽省委编辑室编	1958. 11
5	安徽是怎样战胜小麦秆锈病的	中共安徽省委编辑室编	1958. 9
6	八十六种土农药的制造和使用	裴元铠编	1959. 3
7	北方果树病理学三联教程	裘维蕃编著	1959. 12
8	北京地区果树病虫害的防治	北京市农林水利局编	1959. 1

（续表）

序　号	题　名	责任者	出版年
9	仓库害虫	吴达璋，陆纯序等编著	1956. 8
10	常熟县商业局关于试制土农药的情况	常熟县商业局编	1958. 6
11	常用杀虫剂对果树的毒性	曹骥编著	1956
12	彻底防治和捕灭马铃薯的主要害虫，加强贮藏管理，保证丰产丰收	内蒙农业厅编	1958. 8
13	彻治棉蚜的经验	河北省农业厅编	1957. 1
14	除虫药剂	张泽溥著	1956. 2
15	储粮害虫防治法	吴智羽编著	1956. 8
16	大面积彻底防治果树病虫害经验	中华人民共和国农业部植物保护局	1958. 6
17	稻螟防治	章士美等著	1957
18	稻热（瘟）病	（日）石山哲尔著；李成栋译；	1953
19	稻作病害	（日）铸方末彦著	1958. 7
20	第八届国际植物检疫及植物保护会议文件选辑	中华人民共和国农业部植物保护局编	1957. 1
21	第六、七届国际植物检疫及植物保护会议文件选辑	中华人民共和国农业部植物保护局编	1957. 1
22	东北农作物病虫害防治工作手册	中国农业科学院东北农科所	1958. 7
23	东北农作物害虫图说	沈阳农学院植物保护系昆虫教研组编辑	1959. 11
24	豆类害虫	吴达璋编著	1956
25	对内植物检疫对象图说	中华人民共和国农业部植物检疫实验室编	1956
26	对外植物检疫参考资料	中华人民共和国对外贸易部商品检验总局编	1956
27	二化螟发生预测	（日）深谷昌次，中冢宪次著；忻介六译	1958. 4
28	防病除虫庄稼好	李雨苏等编著	1955. 7
29	防治棉蚜和棉红蜘蛛	张广学等著；中华全国科学技术普及协会主编	1956. 4
30	防治水稻螟虫的经验	青阳县农业局编	1958. 9
31	防治水稻螟虫典型经验	中共安徽省委编辑室编	1958. 11
32	防治甜菜病虫害的土农药	罗邦彦著	1959. 3
33	防治亚洲飞蝗	（苏）A. H. 沃尔柯夫著；吴维均译	1954
34	飞蝗及其防治	华北农业科学院编译委员会主编	1951
35	飞蝗及其预测预报	邱世邦，李光博著	1956. 7
36	甘薯黑斑病	陈延熙撰，中国植物病理学会主编	1951
37	甘蔗害虫及其防治	张贵生编	1959. 6
38	柑橘病虫害防治法	福建省农业厅编	1958. 9
39	谷子（粟）黑穗病	华北农业科学研究所编译室委会编	1952. 12
40	谷子的白发病	俞大绂撰；中国植物病理学会主编；华北农业科学研究所编译委员会编	1951. 7
41	谷子红叶病	裴美云编著	1959. 7
42	广东三化螟虫的发生预测	邬祥光编著	1959. 12
43	果树病虫害	中国农业科学院东北农业研究所编	1959

（续表）

序 号	题 名	责任者	出版年
44	果树害虫	吴达璋，陆纯痒等编著	1956
45	果园害虫的防治	（苏）H. A. 伊凡诺娃著；黄可训译	1955
46	害虫防除学	尤其伟著	1951. 2
47	害虫与益虫	楼人杰著	1951. 4
48	禾谷类害虫	吴达璋等著	1956. 9
49	河北定县鸭梨的虫害问题	曹骥等著	1956. 1
50	河北省果树主要害虫及其防治法	肖振汉编	1957. 1
51	红铃虫	（美）A. 布斯克等著；傅胜发等译	1958. 1
52	湖南省土药土法防治病虫害的经验	湖南省农业厅编	1958 . 11
53	湖南水稻主要病虫害研究（植保论文第一辑）	湖南省农科所编	1959. 11
54	华北农业害虫记录	周明祥等	1953. 1
55	华北主要害虫防治手册	中央农业部病虫害防治局编	1950. 4
56	化学除莠剂和植物生长刺激剂	（苏）H. H. 梅尔尼柯夫，Ю. A. 巴斯卡柯夫著；高永根译	1957. 11
57	化学农药志	中华人民共和国农业部编	1958. 11
58	化学药剂除草	东北农业研究所农业部植物检疫室，克山农业试验站综合研究组	1959. 8
59	蝗虫	黄逸之著	1951. 6
60	蝗虫防治法	中中央人民政府农业部植物保护司编	1953
61	吉林土制农药（二）	吉林省农业厅编	1958. 12
62	吉林土制农药（一）	吉林省农业厅编	1958
63	几种主要农药使用法	五炳章等	1958. 7
64	简易有效的土农药	常熟县商业局	1958. 1
65	介壳虫	章士美撰	1951. 7
66	昆虫毒理学（下册）	张宗炳编著	1959. 6
67	昆虫生理学（上册）	（法）R. 朔文（R. Chauvin）原著；（苏）E. H. 巴甫洛夫斯基编注；忻介六，罗祖玉译	1956. 12
68	昆虫学（植物保护专用）	中等农业学校昆虫学教科书编辑委员会编	1958. 9
69	梨树病虫害防治	江苏省农林厅林业特产局编	1958
70	粮食作物害虫防治手册	严家显编	1953. 5
71	辽南苹果主要害虫及其防治	任兰田，李秉均著	1958
72	轮栽与防病	尹华耘撰；中国植物病理学会主编	1951
73	马铃薯的病害	（苏）H. A. 多罗什金著；刘锺钰译	1959. 7
74	马铃薯块茎蛾	中华人民共和国农业部植保局编	1956
75	马铃薯晚疫病及其预测预报	林传光著；中华人民共和国农业部植物保护局编	1956
76	麦类害虫防治手册（1）	朱象三，王辅成著	1959. 3
77	麦子病害防治法	江苏省农林厅	1954. 4
78	麦子害虫防治法	江苏省农林厅	1954. 2

（续表）

序　号	题　名	责任者	出版年
79	麦作病虫害及其防治	尤其儆编撰	1953.7
80	棉病虫发生规律及其预测预报方法	中华人民共和国农业部植物保护局编	1959.3
81	棉花蚜虫、红蜘蛛防治法	东北人民政府农业部特产处编	1952.1
82	棉花病虫害防治法	中央人民政府农业部植保司主编	1953.1
83	棉花红铃虫及其预测预报	傅胜发等著；中国农业部植物保护局编	1956
84	棉花黄萎病	尹莘耘著；中国科学院真菌植物病理研究室编辑	1954
85	棉蚜	朱先立著	1955
86	棉蚜（腻虫）及其防治	华北农业科学院编译委员会主编	1951.4
87	棉蚜及其预测预报	朱弘复，张广学著；中华人民共和国农业部植物保护局编辑	1956
88	棉作害虫	吴达璋等著	1958.6
89	牧草及绿肥作物病害	仇元编	1959.6
90	内蒙古几种主要农田鼠害及防治法	内蒙古自治区农业厅编	1958.12
91	内蒙古农作物主要病虫鼠害及其防治法	内蒙古自治区农牧厅，内蒙古科学技术及协会筹备委员会编	1956
92	内蒙古自治区麦秆蝇草地螟	内蒙古自治区农业厅编著	1957.4
93	内蒙古自治区植物保护植物检疫工作座谈会资料汇编	内蒙古自治区农业厅编	1957
94	内吸杀菌剂农用“氨基磺酸钙”	程暄生，焦书梅编	1959.7
95	宁夏的土农药	宁夏回族自治区农业与植物保护站编	1959.2
96	农林害虫生物防治法	（苏）H.A. 捷连加著；何俊华译	1957
97	农药的使用经验“1605”及“1059”	农业部植物保护局	1958.4
98	农药分析	汪时中	1959.4
99	农药规格	华北农业科学研究所，中华全国供销合作总社生产资料供应管理局编	1957
100	农药简介	江苏省重工业厅化工研究所	1959.11
101	农药实用技术参考手册	湖北农业厅植物保护业处等编	1958.7
102	农药实用手册	丘礼斌	1958.5
103	农药使用方法	曲国民，任锡祺编著	1956
104	农药研究论文集	中国农业科学院植保研究所农药研究室编	1959.11
105	农药应用手册	（苏）叶菲莫夫著；孙少轩译	1959.4
106	农药植物手册	浙江省吴兴县，湖州市科学研究所	1958.11
107	农业害虫防治	张宗炳编著	1959.1
108	农业昆虫学（上）	（苏）B.H. 谢戈列夫主编；西北农学院昆虫教研组译	1956.11
109	农业昆虫学（上）	西北农学院昆虫教学研究组译	1953.12
110	农业昆虫学（下）	（苏）B.H. 谢戈列夫主编；西北农学院昆虫教研组译	1956.4
111	农业昆虫学（中）	（苏）B.H. 谢戈列夫主编；西北农学院昆虫教研组译	1956.3
112	农业昆虫学简明教程	黄可训，吴维钧著	1958.9

（续表）

序　号	题　名	责任者	出版年
113	农业昆虫学讲义（园艺害虫部分）	新疆八一农学院农学系昆虫教研组	1957.12
114	农业杀虫杀菌剂与无机肥料的鉴定	（苏）波波夫，特鲁什金娜著；陈敏仁译	1957.11
115	农业生产技术基本知识（十九）	农业部农业宣传总局编	1958.9
116	农业先进单位代表谈农业“八字宪法”防治病虫害	福建人民出版社编	1959.2
117	农业益鸟的保护与招引	（苏）布拉戈斯克洛诺夫著；郑作新等译	1956.7
118	农业有害动物	吴达璋等编著	1956.8
119	农业植物病害（上）	（苏）纳乌莫夫撰；朱慧贞等译	1954.12
120	农业植物病害（下）	（苏）纳乌莫夫撰；朱慧贞等译	1955.1
121	农艺作物的线虫病害	（苏）斯卡尔毕洛维奇著；李清铣译	1954.5
122	农用杀虫杀菌药剂学	顾玄著	1951.5
123	农用药械使用法	江苏省农林厅编	1955
124	农作物病虫害的化学防治法	（苏）A.Л.叶菲莫夫著；张淑民，尚鹤言译	1956.8
125	农作物病虫害发生规律及其预测预测报（1）	农业部植保局编	1959.9
126	农作物病虫害发生规律及其预测预测报（2）	中国农业科学院植物保护研究所编	1959
127	农作物病虫害防治法（上）	（苏）伏尔科夫等著；罗仁等译	1956.12
128	农作物病虫害防治法（下）	（苏）伏尔科夫等著；罗仁等译	1955.6
129	农作物病虫害防治月历（1958年）	江苏省农业厅编	1958
130	农作物病虫害化学防除	（苏）卜斯汴洛夫著；章柏译	1953.6
131	农作物病虫害预测预测报资料选辑	农业部植物保护司编	1959.8
132	农作物病害问答	中国农业科学院植物保护研究所编	1959.7
133	农作物害虫的预测预报	上海市科学技术协会	1958.12
134	农作物害虫的主要防治法及其原理	吴达璋等编	1958.4
135	农作物害虫及其他有害动物的防治	（苏）B.H.舍戈列夫著；吴维均译	1955.11
136	农作物线虫病论文集	（苏）E.H.巴甫洛夫斯基主编；竺万里等译	1959.7
137	苹果、梨、葡萄病虫害及其防治	中国农业科学院果树研究所著	1959.6
138	苹果病虫害防治法	江苏省农林厅林业特产局著	1958.6
139	苹果和梨的害虫	曹骥著	1958.9
140	苹果锈果病	刘福昌等著	1957.1
141	扑灭农作物的十大病虫害	吴宏吉编	1956.4
142	葡萄根瘤蚜	（苏）尼科拉也夫等著；方三阳等译	1956.6
143	青海地区麦吸浆虫研究	青海省农林科学研究所编	1959.4
144	全国小麦病虫工作会议资料汇编	中国农业科学院作物品种资源研究所编	1958
145	让农作物病虫害断子绝孙	新疆人民出版社编	1958.1
146	日文农业期刊篇目索引（植物保护）	四川省图书馆编	1959.1
147	杀虫杀菌剂分析	N.K.齐托维奇著；邱国雄译	1957.8
148	杀虫药剂的毒力测定	张宗炳著	1959.4

（续表）

序　号	题　名	责任者	出版年
149	杀虫药剂学	黄瑞纶著	1956
150	上海郊区蔬菜病害及其防治	上海科技普及协会编	1958. 12
151	使用农药防治植物病虫害简明手册	（苏）А. Л. 叶菲莫夫著	1957
152	蔬菜病虫害防治法	哈尔滨市科学技术普及协会，哈尔滨市农业局编	1958. 6
153	蔬菜病害	范怀忠著	1959. 4
154	蔬菜害虫	吴达璋等著	1958. 6
155	蔬菜作物病虫害的防治	（苏）Е. К. 布雷希娜等著；王祈楷等译	1956. 12
156	薯类作物病害	仇元编	1959
157	霜冻防御及其预报	（苏）М. Е. 别尔良特，П. Н. 克拉西科夫著；元以志译	1955
158	水稻病虫害及其防治	云南省农业试验站	1958. 6
159	水稻病原手册	魏景超著	1957
160	水稻害虫	萧刚柔编著	1958
161	水稻害虫防治法	王院石	1958. 7
162	水稻害虫防治法（修订本）	江苏省农林厅	1954. 5
163	水稻棉花病虫害防治措施	中国农业科学院华东农业研究所编	1958. 1
164	水稻螟虫	邹钟琳等著	1950. 8
165	水稻螟虫及其预测预报	中国农业部植保局林郁等著	1956. 7
166	苏联专家对植物检疫专题报告汇集	中华人民共和国农业部植物保护局编	1956
167	苏州地区的土农药	苏州专署工业局等著	1958. 7
168	谈害虫	林山著	1951. 2
169	糖料作物病害	范怀忠等编	1959. 4
170	糖用甜菜的病虫害及其防治	唐述鋐著	1959. 4
171	田间的杂草	孙岱阳等著	1955
172	甜菜病虫害及其防治	谢家驹，陈宗懋编著	1959. 3
173	甜菜象甲及其防治	内蒙古自治区农业厅编	1958. 11
174	土农药	内蒙古自治区农林厅编	1958. 11
175	土农药	阜阳县商业局编	1959. 1
176	土农药防治病虫害的经验	湖南省经济建设展览会主编	1958. 12
177	土农药介绍	太仓农业科学研究所编	1958. 11
178	土农药介绍	中华人民共和国商业部生产资料局编	1958. 12
179	土农药介绍	中华人民共和国第二商业卫生生产资料供应局编	1958. 7
180	土农药介绍	宁夏回族自治区农林厅编	1958. 9
181	土农药介绍（第一集）	安徽省农林厅编	1958. 1
182	土农药介绍（一）	山西省晋南生产资料采购站编	1958. 11
183	土农药经验介绍	中华人民共和国商业部生产资料局编	1958. 12
184	土农药手册	宜春专署农业局编	1959. 4
185	土农药应用手册（第一册）	中国农业科学院江苏分院编	1959. 7
186	土农药志	中华人民共和国农业部编	1958. 9

（续表）

序 号	题 名	责任者	出版年
187	土农药制造法	中共大荔县委会编	1959. 1
188	土农药制造方法介绍（二）	福建省农具改革办公室编	1958. 11
189	土农药治虫经验介绍	莆田县商业局生产资料处编	1958. 1
190	土制农药参考资料	吉林省农业厅编	1958. 7
191	土制农药使用方法经验介绍	福建省商业厅农产品采购局汇编	1958. 6
192	外乌拉尔和西伯利亚的防旱经验	Л. С. 杰尼索夫	1956. 11
193	为长期战胜旱灾而斗争	西北军政委员会农林部编	1952. 3
194	卫生用杀虫药剂	黄兰孙著	1959. 6
195	乌克兰的蚜虫	（苏）马蒙托娃著；张广学译	1959. 7
196	无机杀虫菌剂制造	（苏）М. Г. 珈布莉业洛娃，М. А. 莫罗卓娃著；栾弗译	1957
197	系统防治三化螟方法介绍	广东省农业厅编	1957. 1
198	向摧残棉作物的害虫斗争	张叶丹编	1951. 7
199	消减农作物的十大病虫害	中农植保局等编	1956. 3
200	消减农作物十虫五病	江苏省农业厅编	1956. 7
201	消减水稻螟虫为害	农业部植物保护局，中华全国科学技术普及协会	1956
202	消灭飞蝗为害	中华全国科学技术普及协会编	1956. 3
203	消灭甘薯黑斑病害	中华人民共和国农业部植物保护局等编	1956
204	消灭麦类黑穗病害	中华全国科学技术普及协会编	1956. 3
205	消灭棉红蜘蛛为害	中华人民共和国农业部植物保护局编	1956. 3
206	消灭棉花红铃虫为害	中华人民共和国农业部植物保护局，中华全国科学技术普及协会编	1956
207	消灭棉蚜为害	中华人民共和国农业部植物保护局，中华全国科学技术普及协会编	1956
208	消灭螟虫的好办法	江西省科学技术普及协会编	1956. 2
209	消灭农作物病虫害（1）	农业部植物保护局编	1958. 12
210	消灭农作物病虫害（2）	农业部植物保护局编	1958. 12
211	消灭农作物病虫害技术经验选辑	农业部植物保护局编	1959. 1
212	消灭农作物的主要病虫害	吴宏吉编	1956. 6
213	消灭小麦线虫病害	中华全国科学技术普及协会编	1956. 3
214	消灭玉米螟虫为害	中华全国科学技术普及协会编	1956. 3
215	消灭粘虫为害	中华人民共和国农业部植物保护局等编	1956
216	小麦赤霉病	仇元撰	1952. 5
217	小麦吸浆虫	西北农学院编	1950. 8
218	小麦吸浆虫及其预测预报	曾省编著；中华人民共和国农业部植物保护局编辑	1956
219	小麦叶锈病及其防治原理	（美）K. S. 契斯特著；汪可宁译	1957. 1
220	孝感专区防治水稻螟虫的经验	孝感专署农业局	1958. 9
221	新疆害虫文集	新疆八一农学院编	1959
222	新疆维吾尔自治区农作物病虫害志（第一集）	新疆农林厅植保站编	1958. 8

（续表）

序 号	题 名	责任者	出版年
223	新乡专区防治棉虫工作经验	新乡专区棉花增产委员会办公室编	1959. 1
224	蚜虫概论	朱弘复编	1957. 5
225	烟草病虫害防治法（病虫防治参考资料）	中央人民政府农业部植物保护处编	1954
226	烟草的主要病害	曾士迈编著	1953. 8
227	烟草腋芽抑制剂简易制造及使用法	广东省农业厅编	1957. 1
228	烟草与马合烟草病虫害	（苏）格鲁舍伏尹，T. M. 马特维英柯著	1958. 9
229	烟雾剂及其在防治仓库害虫和农畜寄生虫上的应用	财政经济出版社编	1956. 1
230	一年消灭万年害	中共安徽省委编辑室	1958. 9
231	宜临县实现水稻无虫害县的经验（第二集）	宜临县治虫指挥，湖南省农业厅农科所工作组，宜临县农业局编	1958
232	用 20%六六六拌种防治油料作物及甜菜苗期害虫的方法	窦德才编著	1959. 4
233	用药剂防治甘蔗绵蚜虫及螟虫	轻工业出版社编	1959
234	余杭县常用农药土制方法	中共余杭县委会	1958. 1
235	玉米病害	（苏）Φ. E. 涅姆利延科著；张志光译	1959. 6
236	玉米螟	（匈牙利）米·哈洛西著；傅胜发译	1958
237	杂草及其防除法	伊万诺夫	1956. 1
238	怎样安全使用农药	中华人民共和国公安部三局	1959. 1
239	怎样防治仓库烟虫	张逸宾编著	1959. 3
240	怎样防治金龟子	章士美编著	1956. 1
241	怎样使用农药	农业部植物保护局植物保护处	1956. 5
242	怎样使用农药	陈心銈著	1958. 6
243	怎样消灭棉田草荒	杨赫为编著	1958. 5
244	怎样消灭农作物病虫害（第四集）	贵州省农业厅粮食生产处编	1959. 6
245	怎样消灭农作物的十大病虫害	马世骏著	1956. 5
246	怎样消灭十大病虫害	新知识出版社编	1956. 5
247	怎样预防谷物免受害虫感染	（苏）加弗利什著；忻介六，张元昉译	1957. 9
248	增产措施馆植物保护措施参考资料	增产措施馆植物保护室编	1957. 4
249	粘虫的故事	朱先立著	1956. 11
250	粘虫防治法	中央农业部植保处编	1954
251	粘虫及其预测预报	刘增义等著	1959. 3
252	浙江农药志	浙江省农业厅主编	1959. 9
253	浙江省土农药手册（二）	浙江省土农药工作委员会著	1958. 9
254	浙江省土农药手册（一）	浙江省土农药工作委员会著	1958. 8
255	蔗螟、蔗龟的防治经验	广东省农业厅编	1957. 1
256	植保工作参考资料	浙江省农业厅主编	1958
257	植病研究方法	方中达著	1957
258	植物保护讲义——虫害部分（上册）	农业部干部学校编	1958
259	植物保健	W·A·R·Dippon Weston 等编；俞大绂译	1951. 8

（续表）

序　号	题　名	责任者	出版年
260	植物病虫害防治及药械学（植物保护专业用）	中等农业学校植物病虫害防治学教科书编辑委员会编	1959.9
261	植物病虫害防治实习指导	布良采夫等著；李平淑译	1956.3
262	植物病虫害防治学（果树蔬采栽培专用）	中等农业学校植物病虫害防治学教科书编辑委员会编	1958.9
263	植物病虫害防治学（作物栽培专业用）	中等农业学校植物病虫害防治学教科书编辑委员会编	1958.9
264	植物病害与外界环境	（苏）高尔连科著；娄隆后译	1958.1
265	植物化学保护	黄瑞纶等编	1959.3
266	植物寄生线虫	（苏）E. C. 基里扬诺娃著；魏嘉典等译	1957
267	植物检疫工作手册	新疆维吾尔自治区农业厅植物检疫站编	1958.11
268	植物检疫害虫图说	周尧编著；中华人民共和国对外贸易部商品检验总局编辑	1956
269	植物抗虫性的研究方法	契斯诺科夫著；胡弢成等译	1957.6
270	植物侵染性病害原理（上）	埃·高又曼著；曾士迈译	1958.7
271	植物侵染性病害原理（下）	埃·高又曼著；曾士迈译	1958.1
272	植物危险性病虫杂草图说	中国农业部植物检疫实验室编	1957
273	植物为什么会生病	陈艾瑛编著	1959
274	植物营养贫乏病的识别	韦尔阜编译	1958.8
275	植物种苗防病处理	林传光著	1952.1
276	制造土农药的方法介绍	山东平原县商业局编	1958.8
277	中国的飞蝗	吴福祯著	1951.5
278	中国的蔬菜害虫	柳支英著	1951.3
279	中国的主要地下害虫	钟启谦等著	1959
280	中国东北部主要水田杂草及其防除法	肖文一编著	1959.7
281	中国飞蝗与飞机灭蝗	傅守仁著	1953.4
282	中国果树害虫	邹钟琳著	1958.1
283	中国粮食害虫学	忻介六著	1951.3
284	中国棉花害虫	朱弘复等著	1959.12
285	中国棉麻病害要览	黄齐望编	1952.1
286	中国农作物病虫图谱（第一集）	中国农业科学院编	1959.4
287	中国农作物主要病虫害及其防治	农业部植物保护局编	1959.8
288	中国土农药志	中国土农药志编辑委员会编	1959.5
289	种子带病和种子检疫	吴友三编著	1956.6
290	主要地下害虫防治	中央人民政府农业部植保处编	1954.2
291	主要农作物病虫图册	刘士方等	1956.7
292	专题文献索引——稻瘟病	中国科学院科学技术情报研究所编	1959.5
293	专题文献索引——马铃薯晚疫病	中国科学院科学技术情报研究所编	1958.9
294	专题文献索引——小麦三种锈病	中国科学院科学技术情报研究所编	1959.5
295	庄稼病	常珏编	1956.2
296	作物病虫害	西北军政委员会农林部编	1951.12

（续表）

序　号	题　名	责任者	出版年
297	作物病虫害防治	浙江省农业厅主编	1959. 9
298	作物病害图说	（日）中田觉五郎著；贺峻峯等译	1955
299	作物的根病及其防治原理	（英）S. D. 高莱特著；陈延熙译	1955. 9
300	作物害虫调查和昆虫标本的采集与制作	叶家栋编	1958
301	作物害虫学	王历农编著	1950. 8

（3）1960—1969 年

序　号	题　名	责任者	出版年
1	茶树病虫防治	中国农业科学院茶叶研究所编	1966. 6
2	常用农药的性能和用法	辽宁省农业厅植物保护处编	1963. 12
3	滴滴涕及“六六六”粉剂、乳剂及水悬剂研究报告汇编	（苏）奥尔洛夫主编；徐庆丰等译	1960. 7
4	敌百虫（杀虫性能及用途）	（苏）В. И. 瓦什科夫，Е. В. 什耐德尔著；张立言译	1964. 3
5	敌百虫与敌敌畏	高中兴编	1965. 2
6	多硫化钡、氟化钠	贵阳市红岩化工厂编	1960. 2
7	二硝散	厉墨宝编	1964. 3
8	防霜技术资料总结（第一集）	中央气象局农业气象研究室编	1960. 3
9	防治甘薯黑斑病专题资料索引（1）	青岛市科委情报室等编	1964. 6
10	防治农药中毒	丁训杰，薛寿征编著	1962. 4
11	甘薯黑斑病文献索引	中国农业科学院图书馆	1965. 9
12	高举毛泽东思想伟大红旗（1968 年上海郊区化学除草总结汇编）	上海市农业科学院革委会科研生产组	1964. 9
13	广西农作物病虫害名录	广西僮族自治区农业厅等编	1964. 7
14	国外专利文献简介（农药）	中国科学技术情报研究所编	1966. 3
15	国外专利文献题解（农药）	上海市农药研究所编	1966. 1
16	害虫防治新论	张宗炳著	1963. 9
17	黑粉病菌及其防治	刘波编著	1966. 4
18	黑粉菌生物学及其防治	G. W. 费歇（G. W. Fischer），C. S. 何顿（C. S. Holton）著；刘锡琎等译	1963. 6
19	湖北省农作物主要病虫害及其防治	湖北省农业厅主编	1964. 4
20	花生主要病虫害及其防治	山东省花生研究所编	1963. 12
21	化学除草	（德）库尔特著；马立人译	1965. 12
22	化学农药手册	中国农业科学院植物保护研究所农药研究室编	1962. 3
23	化学药剂除草	宁夏革委会生产指挥部农业组，科学组编	1969. 4
24	吉林省栽培植物真菌病害志	戚佩坤等著	1966. 1
25	昆虫毒理学（上册）	张宗炳编著	1965. 8
26	昆虫饲养	王宗楷编著	1964. 9

（续表）

序 号	题 名	责任者	出版年
27	粮棉病虫预测预报资料表册	农业部植保局编	1965. 6
28	棉红铃虫的发生与防治	上海市农业局植保植检站编	1966. 1
29	棉花病虫害	湖北省农业科学研究所编著	1960. 4
30	棉花害虫（第一辑）	傅胜发等编译	1963. 5
31	棉花害虫预测预报资料表册	农业部植物保护局编	1965. 6
32	螟虫生理生态	忻介六编著	1964. 7
33	螟虫药剂防治	忻介六编著	1963. 1
34	内蒙古农业害虫名录	内蒙古农业科学研究所植物保护系编著	1962
35	农林的益鸟和害鸟	郑作新编著	1963. 12
36	农林害虫生物防除	中国农业科学院江苏分院植保系主编	1966. 6
37	农林作物主要病虫防治研究	中国农业科学院江苏分院编	1960. 7
38	农田化学除草	全国化学除草领导小组办公室编	1965. 6
39	农药	浙江农科院	1965
40	农药	上海市农药研究所编	1966. 3
41	农药（杀虫剂和土壤改良剂）	巫万居编译	1962. 7
42	农药词汇	中国科学院编译出版委员会名词室编	1962. 8
43	农药的保管	中华全国供销合作总社储运局编	1963. 12
44	农药的毒害、药害和药效	侯鼎新编	1964. 9
45	农药的化学鉴定和生物鉴定	屠豫钦	1960. 11
46	农药的中毒与急救	侯鼎新编	1964. 9
47	农药分析	中农院植保研究所农药室编	1964. 9
48	农药科技情报资料目录	南京图书馆编	1963. 11
49	农药手册	（苏）波波夫著；王智增等译	1960. 4
50	农药手册	中国农业科学院植保研究所农药研究室编	1965. 3
51	农药药械的使用保管修配技术	河北省农林厅科学技术处编	1962. 8
52	农药译丛	徐维铧	1963. 12
53	农药应用知识概要	（日）田中彰一著；胡端译	1962. 3
54	农药中外文图书目录	南京图书馆编	1963. 1
55	农药中外文资料索引	南京图书馆编	1963. 1
56	农药助剂与农茶加工	侯鼎新	1964. 3
57	农业害虫抗药性（文摘索引）	中国农业科学院图书馆编制	1966. 1
58	农业科学图书联合目录（植物保护部分）	中国农业科学院图书馆编	1964
59	农业昆虫的生活	吕锡祥编著	1963. 9
60	农业昆虫图册	浙江农业大学植物保护系昆虫学教研组编著	1964. 12
61	农业昆虫学	沈阳农学院主编	1961. 1
62	农业昆虫学（上册）	浙江农业大学编著	1962. 8
63	农业昆虫学（上册）	华南农学院编	1961. 9
64	农业昆虫学（下册）	浙江农业大学编著	1963. 3
65	农业昆虫学（下册）	华南农学院编	1963. 2

（续表）

序号	题名	责任者	出版年
66	农业昆虫学基础	黄可训等编著	1960.3
67	农业昆虫学实验指导	李平淑，姚汝娴编	1960.2
68	农业生产中的鸟兽知识	罗泽珣等编写	1960.4
69	农业药剂药械	安徽省农业厅教材编辑委员会编	1960.8
70	农业植物病理学	浙江农业大学编著	1964.8
71	农业植物病理学（上册）	北京农业大学编	1961.7
72	农业植物病理学（下册）	北京农业大学编	1961.8
73	农医拉丁文	李鲸石编著	1963
74	农作物病虫害	《知识丛书》编辑室编；裘维蕃著	1964.11
75	农作物病虫害发生的预测和统计	（苏）B. B. 科索夫，И. Я. 波利亚科夫主编；罗河清等译	1961.5
76	农作物病虫害防治手册	山东省农业科学院植物保护研究所编	1964.1
77	农作物病虫害讲义	中国农业科学院江苏分院编	1960.6
78	苹果炭疽病	李知行著	1964.8
79	青稞穗蝇	青海省农林科学研究所编	1960
80	三种剧毒农药的使用方法	贵州省农业厅粮食油料生产局编	1960.4
81	杀虫剂及杀菌剂的生物测定	张泽溥等编著	1963.7
82	杀虫药剂的化学及应用	（美）德翁著；张宗炳等编译	1960
83	杀虫药剂与昆虫毒理进展（1）	龚坤元等著	1964.1
84	杀菌剂作用原理	荷斯法尔著；林孔勋等译	1962.6
85	杀菌药剂	刘经芬编	1964.9
86	上海蔬菜病虫图说	上海市农业科学研究所，上海市植物检疫站编	1960.5
87	蔬菜害虫及其防治	管致和等编著	1965.6
88	霜冻预报及防御	中国农业科学院农业气象研究室编著	1960.4
89	水稻白叶枯病	江西省农业科学研究所植物保护系编	1963.5
90	水稻病虫害	湖北农科所编	1960年
91	水稻病虫害预测预报资料表册	农业部植保局编	1965.6
92	水稻害虫	肖刚柔编著	1963.11
93	水稻译丛（第十辑）	《水稻译丛》编译委员会编	1964.2
94	水稻译丛（第十一辑）	《水稻译丛》编译委员会编	1964.11
95	水稻译丛（第十三辑）	《水稻译丛》编译委员会编	1965.11
96	水稻综合治虫指导	粮农组织综合治虫专家小组	1967
97	土农药防治林木病虫害	林业部森林保护司编	1960.6
98	土洋农药并用防治植物病虫	汪树俊编等	1960.4
99	五氯硝基苯与六氯苯	厉墨宝编	1964.3
100	消灭农作物病虫害	新疆维吾尔自治区农业厅，新疆军区生产建设兵团司令部编	1961.2
101	消灭农作物病虫害（第三集）	农业部植物保护局编	1960.3
102	小麦赤霉病及其防治	李克昌编著	1965.5
103	小麦吸浆虫	曾省编著	1965.2

（续表）

序 号	题 名	责任者	出版年
104	小麦锈病	中国农业科学院植物保护研究所，中国农业科学院情报资料室编译	1962. 3
105	小麦锈病专题文献索引	中国农业科学院图书馆编	1965. 4
106	新疆害虫文选（第二集）	张学祖编	1963. 12
107	新疆昆虫考察报告	杨惟义编著	1964. 3
108	新疆粮食作物主要病虫害	新疆维吾尔自治区农业厅植物保护处编	1962. 7
109	新疆植病文集（第二集）	新疆植保学会编	1965. 1
110	新疆植病文集（第一集）	新疆八一农学院新疆农科所编	1960
111	新杀虫杀菌剂（译文集）	（苏）梅里尼科夫主编；王大翔译	1965. 12
112	洋芋晚疫病的发生及防治	临夏回族自治州综合农业科学院研究所编	1960. 9
113	油茶害虫防治	章士美等编著	1964. 1
114	有机磷农药中毒的预防和治疗	潘骏千等著	1962. 3
115	有机磷杀虫剂 1605	韩熹莱编著	1960. 9
116	有机硫杀菌剂	郭奇珍编著	1964. 8
117	有机杀虫剂杀菌剂与除莠剂论文集	（苏）H. H. 麦利尼科夫审校；林则楷，王珺译	1963. 1
118	杂粮病虫害预测预报资料表册	农业部植物保护局编	1965. 6
119	怎样防治小麦锈病——福建小麦锈病发生规律及防治方法	福建省农业厅植物保护处编辑	1961. 1
120	怎样消灭农作物病虫害（第三集）	贵州省农业厅粮食油料生产局编	1960. 6
121	怎样消灭农作物病虫害（第五集）	贵州省农业厅粮食油料生产局编	1960. 4
122	粘虫研究选译	中国科学院中南昆虫研究所，广东省农业科学院编译	1963. 1
123	植物保护预测预报	（捷）德拉霍夫斯卡娅著；汪玢，江意译	1965. 1
124	植物病虫草鼠害防治大全	植物病虫草鼠害防治大全编写组编	1966
125	植物病虫害防治学	安徽省农业厅教材编辑委员会编	1960. 1
126	植物病虫害防治学	北京气象专科学校编	1961. 1
127	植物和土壤线虫实验法	（英）古德伊著；毕志树等译	1964. 9
128	植物生长刺激剂	浙江省化学工业研究所编	1960
129	植物生长调节剂与除草剂	高中兴编	1965. 3
130	植物线虫学	毕志树，李进编	1965. 8
131	植物性杀虫剂	高中兴编	1965. 3
132	植物真菌性病害（苏联大白科全书选译）	张志铭译	1963. 3
133	中国果树病虫志	中国农业科学院果树研究所主编	1960. 1
134	中国果树害虫	邹钟琳，曹骥编著	1965. 12
135	中国农作物病虫图谱（第二集）	中国农业科学院编	1960. 1
136	中国农作物主要病虫害及其防治——茶病虫害	农业部植物保护局编	1962. 2
137	中国农作物主要病虫害及其防治——地下害虫及暴食性害虫	农业部植物保护局编	1962. 2

（续表）

序　号	题　名	责任者	出版年
138	中国农作物主要病虫害及其防治——果树病虫害	农业部植物保护局编	1962. 2
139	中国农作物主要病虫害及其防治——蝗虫及其草原害虫	农业部植物保护局编	1962. 2
140	中国农作物主要病虫害及其防治——麻类病虫害	农业部植物保护局编	1962. 2
141	中国农作物主要病虫害及其防治——麦类病虫害	农业部植物保护局编	1962. 2
142	中国农作物主要病虫害及其防治——棉花病虫	农业部植物保护局编	1962. 2
143	中国农作物主要病虫害及其防治——桑树虫害	农业部植物保护局编	1962. 2
144	中国农作物主要病虫害及其防治——蔬菜病虫害	农业部植物保护局编	1962. 2
145	中国农作物主要病虫害及其防治——水稻病虫害	农业部植物保护局编	1962. 2
146	中国农作物主要病虫害及其防治——糖料作物病虫害	农业部植物保护局编	1962. 2
147	中国农作物主要病虫害及其防治——烟草病虫害	农业部植物保护局编	1962. 2
148	中国农作物主要病虫害及其防治——油料作物病虫害	农业部植物保护局编	1962. 2
149	中国植物保护科学	中国农业科学院植物保护研究所主编	1961. 9
150	中文馆藏书目（九）	中国农业科学院图书馆	1963
151	主要农业害虫的防治	吕锡祥编著	1965. 3
152	作物病害图说	（日）中田觉五郎原著；（日）吉井甫等修订；尹莘耘等译	1965. 8
153	作物抗虫性的研究（译文集）	（美）S. D. 培克等著；夏基康等译	1965. 4

（4）1970—1979 年

序　号	题　名	责任者	出版年
1	安徽主要农作物病虫害防治——麦类病虫害	安徽省革委会农村局编	1972. 9
2	保护青蛙 养蛙治虫	黄祝坚等编	1978. 12
3	北方果树病害及其防治	韩金声编著	1979. 1
4	冰雹砸了庄稼怎么办	山东省农业科学院作物研究所农业气象研究室编	1977. 1
5	病虫图片	广东省农科院农业局编	1975
6	蚕豆病害	俞大绂著	1979. 7
7	草原毛虫及其防治	青海省生物研究所编	1972. 1
8	茶树病虫防治	中国农业科学院茶叶研究所编	1974. 1

（续表）

序　号	题　名	责任者	出版年
9	常用农药（植保员手册）	《植保员手册》编绘组编	1973. 6
10	超低容量应用和配制技术	（荷）W. 马斯（W. Maas）编；沙冲译	1976. 7
11	赤眼蜂的研究与利用	阜南县赤眼蜂研究所编	1976. 6
12	除草剂的降解	上海植物生理研究所植物激素室除草组编译	1974. 12
13	除草剂的作用方式及代谢	中国科学院植物研究所生理生化室化学除草组译	1974. 3
14	春雷霉素的土法生产和应用	上海植物生理所农用抗菌素组编	1972
15	大豆病虫害	刘惕若等编著	1979. 9
16	稻飞虱防治技术挂图	湖南省农业科学院编	1976. 4
17	稻田化学除草	云南省农业科学研究所编	1973. 5
18	稻田化学除草	中国科学院植物研究所化学除草组编	1978. 9
19	稻田化学除草技术挂图	湖南省农业科学院编	1975. 4
20	稻瘟净	浙江兰溪农药厂编	1973. 11
21	稻叶蝉和稻飞虱的防治	黄荣根等著	1979. 11
22	低温冷窖与早熟高产（文献索引）	黑龙江省图书馆	1977. 1
23	地瓜根腐病	山东省农业科学院植物保护研究所编	1979. 4
24	地下害虫防治	《农作物病虫害防治》丛书编写组编	1972
25	防御小麦干热风	汪奕琮编	1978. 11
26	甘肃主要农作物病虫预测预报	甘肃农科院植保研究所	1975. 4
27	柑桔介壳虫及其寄生蜂	林善祥著	1979. 1
28	光合作用	中国科学院植物研究所光合作用研究室编	1979. 11
29	国际种子检验规程	中国科技情报研究所编	1976. 11
30	国外农药进展	南开大学元素有机化学研究所编译	1976. 5
31	害虫的生物防治	蒲蛰龙主编	1977. 9
32	害虫的遗传防治	（英）戴维森著；广东农林学院林学系译	1977. 1
33	害虫生物防治的原理和方法	中山大学生物系昆虫学专业编著；蒲蛰龙主编	1978. 1
34	害虫预报原理和方法	张孝羲等编著	1979. 9
35	湖南省水稻主要病虫害的测报与防治	湖南省植保植检站编	1978. 11
36	花生病虫害	山东省花生研究所编	1974. 5
37	化学除草	中国科学院植物研究所化学除草组主编	1978. 7
38	井冈霉素	上海市农药研究所农用抗菌素组编	1977. 12
39	“九二〇”的应用和土法生产	上海“九二〇”工作组编	1973. 1
40	“九二〇”的应用及其土法生产	上海市“九二〇”协作组编	1970. 3
41	“九二〇”工作进展（九）	中国农业科学院茶叶研究所	1972. 9
42	“九二〇”农药技术资料汇编（第三集）	中国科学院植物保护研究所等著	1971. 8
43	科技赶超参考资料——国外农药发展动向	中国科学技术情报所编	1972. 3
44	科学技术成果报告——用盐析法制备杀虫脒	中国科学技术情报研究所编辑	1978. 3

（续表）

序号	题名	责任者	出版年
45	昆虫和螨类的微生物防治	（英）伯吉斯，赫西同主编；广东农林学院林学系等译	1977.2
46	昆虫生态及预测预报	南京农学院编	1985.11
47	昆虫性外激素	（美）马丁雅各布森著	1978.1
48	利用黑光灯防治农业害虫	广东省农业科学院编	1971.4
49	蝼蛄活动规律及防治	山西省忻县南胡大队科研队，山西省忻县地区原平农校编著	1974.8
50	麦类病害防治	《农作物病虫害防治丛书》编写组著	1974.1
51	麦类赤霉病的防治	徐润成编著	1976.5
52	麦蚜和黄矮病及其防治	张掖地区农科所编	1973.5
53	棉虫图册（第一册）	张广学，王林瑶编	1975.1
54	棉红铃虫的预测预报	南通专区县农科所编写组编	1971
55	棉红蜘蛛的防治	马恩沛等编著	1977.9
56	棉花、黄麻病虫害防治（植保员手册）	浙江《植保员手册》编	1973.2
57	棉花枯、黄萎病及其防治挂图	全国棉花枯，黄萎病综合防治研究协作组编	1977.4
58	灭鼠和鼠类生物学研究报告（第二集）	青海省生物研究所编	1975.6
59	灭鼠和鼠类生物学研究报告（第一集）	青海省生物研究所编	1973.4
60	宁夏农业昆虫图志	吴福桢，高兆宁编	1978.3
61	农田化学除草	唐洪元编著	1978.1
62	农田杂草	湖南农学院植物研究组编	1974.3
63	农田杂草的识别与化学防除	中国科学院北京植物研究所化学除草组编著	1977.5
64	农田杂草幼苗	桂耀林等编著	1975.1
65	农药“矮壮素”简介	中科院植物图书资料室	1972.5
66	农药分析	四川省农业科学院农药研究所	1974.9
67	农药化肥使用手册	甘肃省商业局农业生产资料公司，甘肃省农业科技工作队编	1971.3
68	农药品种手册	（英）马丁著；北京市农药二厂译	1979.8
69	农药使用	浙江《植保员手册》编写组	1971.11
70	农药使用常识（1）	西北农学院编	1973.8
71	农药使用常识（2）	西北农学院编	1973.8
72	农药使用常识（5）	屠豫钦编	1974.8
73	农药手册	四川省农业科学院农药研究所编	1977.11
74	农药问答	费有春编	1975.2
75	农药新品种	四川省农业科学院农药研究所编	1974.7
76	农药药效试验的设计与分析	宋哲和	1975.3
77	农药知识	《农药知识》编写组编	1971.12
78	农药中英文名称检索手册	商检群编	1977.11
79	农业昆虫学（上册）	西北农学院农业昆虫学教学组编	1977.1
80	农业昆虫学（下册）	西北农学院农业昆虫学教学组编	1978.3

（续表）

序　号	题　名	责任者	出版年
81	农作物病虫害彩色图册（第二分册）	《植保员手册》编绘组	1972.12
82	农作物病虫害彩色图册（第六分册）	《植保员手册》编绘组	1972.12
83	农作物病虫害彩色图册（第七分册）	《植保员手册》编绘组	1972.12
84	农作物病虫害彩色图册（第四分册）	《植保员手册》编绘组	1972.12
85	农作物病虫害彩色图册（第五分册）	《植保员手册》编绘组	1972.12
86	农作物病虫害彩色图册（第一分册）	《植保员手册》编绘组	1973.4
87	农作物病虫害彩色图册（合订版）	《植保员手册》编绘组	1973.6
88	农作物病虫害的群众性测报（五）	《农作物病虫害的群众性测报》编绘组	1972.3
89	农作物病虫害的群众性测报（二）	《农作物病虫害的群众性测报》编写组	1972.4
90	农作物病虫害的群众性测报（三）	《农作物病虫害的群众性测报》编绘组	1972.3
91	农作物病虫害预测预报	河北师大生物系植保教研组	1976.1
92	苹果、梨、葡萄病虫害及其防治	中国农业科学院果树研究所著	1970.6
93	苹果、梨病虫害防治	陕西省果树研究所等编著	1975.9
94	七星瓢虫的利用	河南省安阳县农业局，北京大学生物系昆虫专业编	1979.5
95	蛴螬	河北省沧州地区农业科学研究所，河北省黄骅县河南大队编	1978.2
96	生物防治	（美）博希，梅森杰著；林保译校	1977.8
97	生物防治（三）	中国科学技术情报研究所重庆分所编	1979.12
98	生物防治（一）	中国科学技术情报研究所重庆分所编	1977.5
99	蔬菜病虫害防治手册	北京市农业科学院编	1976.7
100	蔬菜病虫害防治知识	浙江农业大学园艺系编	1976.2
101	蔬菜病虫害图说	天津市农林局编	1979.8
102	水稻病虫害及其防治（初稿）	华南农学院革命委员会水稻病虫害教材编写组	1970.7
103	水稻病毒病	浙江省农业科学院植物保护研究所编	1975.6
104	水稻立枯病	吉林省通化地区农科所著	1975.11
105	水稻绿肥病虫害防治	浙江《植保员手册》编写组	1971.7
106	水稻螟虫及其防治	周圻编著	1972.3
107	水稻纹枯病的防治	上海市金山县农业局，金山县亭新人民公社编	1976.5
108	水稻主要病虫害防治手册	广东省农业科学院编	1973.4
109	粟病害	俞大绂著	1978.11
110	天敌昆虫图册——昆虫图（第三集）	中国科学院动物研究所编	1978.3
111	土农药——防治水稻病虫害	广西农科院编	1972.8
112	向苹果病虫害作斗争	中国农业科学院果树研究所	1973.2
113	向小麦病虫害作斗争	中国农科院植保研究所	1974.3
114	小麦全蚀病（修订本）	烟台地区农科所等编	1975.1
115	新疆白粉菌志	赵震宇著	1979.5
116	新疆北部地区的主要害鼠及其防治	金善科等编著	1979.1

（续表）

序号	题名	责任者	出版年
117	新疆棉虫防治	库车县农业技术推广站，新疆农业科学院库车工作组编	1976. 8
118	英汉农药辞典	石得中等编	1978. 1
119	油菜菌核病	中国农业科学院油料作物研究所编	1979. 1
120	有关水稻白叶枯病的日本文献选译	上海科学技术情报研究所编译	1977. 10
121	有机磷农药中毒的防治	徐州医学院编	1972. 2
122	玉米、甘薯、大豆病虫害防治	浙江《植保员手册》编写组编	1971
123	玉米、高粱、谷子病原手册	戚佩坤编	1978. 7
124	玉米、谷子、高粱、螟虫防治	《农作物害虫防治》丛书编写组编	1972. 7
125	玉米病虫害综合防治	戴尔・G・博特雷尔著	1979
126	育蜂治虫	广东首农林学院等编	1976. 4
127	园林病虫害防治	赵怀谦，詹天来编著	1979. 12
128	怎样消灭田间杂草	《怎样消灭田间杂草》编写组编	1975. 7
129	怎样做田间试验（植物保护分册）	山东农学院农学系昆虫学教研组，植物病理学教研组编	1975. 9
130	粘虫防治	《农作物病虫害防治丛书》编写组编	1972. 9
131	战低温夺高产经验选编	农业出版社编	1977. 11
132	植保器械（植物保护手册）	王荣编	1978. 9
133	植保手册（3）	山东省农业局编	1973. 3
134	植保手册（2）	山东省农业局编	1972
135	植保手册（1）	山东省农业局编	1972. 1
136	植保手册（4）	山东省农业局编	1972. 1
137	植保手册（第一分册）	《植保手册》编写小组编	1972. 12
138	植保员手册（1）	《植保员手册》编绘组编	1971. 3
139	植保员手册（3）	《植保员手册》编绘组编	1971. 4
140	植保员手册（4）	《植保员手册》编绘组编	1971. 4
141	植保员手册（5）	《植保员手册》编绘组编	1972. 2
142	植保员手册（6）	《植保员手册》编绘组编	1971. 9
143	植保员手册（7）	《植保员手册》编绘组编	1971. 5
144	植保员手册（修订本）	《植保员手册》编绘组编	1974. 5
145	植病研究方法	方中达编	1979. 1
146	植物保护	北京农业出版社编	1973. 9
147	植物保护手册（第二分册）	江苏省农业科学研究所等编	1978. 3
148	植物保护手册（第一分册）	江苏省农业科学研究所等编	1975. 8
149	植物病程	（美）惠勒著；沈崇尧译	1979. 8
150	植物病害流行——数学分析和模型建立	（西德）克兰茨编；西北农学院植物病理教研组译	1979. 2
151	植物病理学（第一辑）	宁夏农学院，中国科学技术情报研究所重庆分所编	1978. 8
152	植物病理学译丛（一）	裘维蕃主编	1979. 1
153	植物化学保护	广东农林学院植物化学保护教研组编	1977. 8

（续表）

序 号	题 名	责任者	出版年
154	植物检疫	湖南省长沙农业学校主编	1979.9
155	植物检疫	浙江农业大学汇编	1979.1
156	植物检疫（植保员手册）	浙江《植保员手册》编写组	1973.2
157	植物检疫虫害鉴定手册	赵养昌等著	1976.2
158	植物检疫害虫挂图	中国农业科学院植物保护研究所编	1978.2
159	中国农作物病虫害（上册）	《中国农作物病虫害》编辑委员会编	1979.12
160	中国农作物病虫图谱（第八分册）	《中国农作物病虫图谱》编绘组编绘	1978.7
161	中国农作物病虫图谱（第二分册）	《中国农作物病虫图谱》编绘组编	1972.8
162	中国农作物病虫图谱（第四分册）	《中国农作物病虫图谱》编绘组编	1972.8
163	中国农作物病虫图谱（第七分册）	《中国农作物病虫图谱》编绘组编绘	1978.2
164	中国农作物病虫图谱（第一分册）	《中国农作物病虫图谱》编绘组编	1974.12
165	中国农作物病虫图谱（第十二分册）	《中国农作物病虫图谱》编绘组编绘	1979.5
166	中国主要害虫综合防治	中国科学院动物研究主编	1979.7
167	贮粮害虫图册	郑州工学院粮油工业系编绘	1975.1
168	作物病理学	罗宗爵编著	1970

（5）1980—1989 年

序 号	题 名	责任者	出版年
1	氨基甲酸酯杀虫剂的化学、生物化学及毒理学	（美）R.J. 库尔，H.W. 多鲁夫著；张立言等译	1984.7
2	白僵菌的生产和应用	李运帷等编著	1981.4
3	北方抗旱技术	中国农业科学院农业气象研究室编	1980.5
4	北方林果树病虫防治手册	张俊楼等编著	1987.3
5	北方水稻害虫	王德民，梁兴善编	1980.8
6	病虫害防治手册	（英）植物保护委员会编；张绍周等译	1986.6
7	病虫害农家防治法	杨峡著	1988.12
8	病毒与农业	田波，龚祖埙编	1986.12
9	草蛉	李澄晖编	1982.12
10	茶树病虫害	安徽农学院主编	1980.12
11	常见花卉病虫害防治	赵国防编	1985.3
12	常见水稻弄蝶	方正尧编著	1986.4
13	常用农药应用技术	何立等编	1988.12
14	常用新农药实用手册	苏清实，向子钧编	1989.7
15	除草剂的作用方式	杨华锋等译	1985.5
16	除草剂概论	苏少全编著	1989.12
17	除草剂译丛	周家祺，黄蕴娴主编	1980.2
18	大豆食心虫防治技术	夏槃编	1989.8
19	大豆田化学除草技术	中国农学会主编	1985.9

（续表）

序　号	题　名	责任者	出版年
20	稻飞虱	巫国瑞等著	1987.12
21	稻飞虱及其防治	朱绍先著	1984.11
22	稻飞虱与气象	芮庆宝著	1987.8
23	稻瘟病测报浅说	洑景春著	1983.2
24	稻瘟病防治方法	章强华著	1983.5
25	稻叶蝉及其防治	葛钟麟，尹楚道著	1987.2
26	稻纵卷叶螟的防治	张左生，王功满著	1988.7
27	荻芦害虫与天敌图谱	湖南省汉寿芦苇科研所，湖南农学院编著	1989.9
28	地下害虫测报浅说	魏鸿钧编著	1987.5
29	冬小麦冻害及其防御	郑大玮等编著	1985.7
30	动植物致毒及其防治	华惠伦等主编	1985.9
31	防治害虫的熏蒸法	（加）门罗 H. A. U. 著；联合国粮食及农业组织出版物选译	1986.6
32	防治害虫熏蒸法手册	邦德著	1988.12
33	防治棉铃虫的新策略	盛承发著	1987.1
34	干旱半干旱农业研究参考资料索引（第二辑）	西北农学院图书馆编	1983.11
35	干旱半干旱农业研究参考资料索引（第三辑）	西北农学院图书馆编	1983.11
36	干旱半干旱农业研究参考资料索引（第四辑）	西北农学院图书馆编	1983.11
37	甘蔗病虫害及其防治	刘志诚编著	1983.4
38	高效低毒的防虫磷	张国梁编	1982.8
39	耕作播种与植物保护机械	（波）H. 伯纳斯基（H. Bernacki）等著；凤元洪等译	1985.12
40	瓜菜病虫害防治技术问答	李景茹，罗希成编	1988.8
41	贵州历代自然灾害年表	贵州省图书馆编	1982.6
42	国际间植物检疫处理手册	卡帕蒂编著	1989.1
43	国际植保讲习班外国专家学术报告（上）	河北省植病学会编译	1984.1
44	国际植保讲习班外国专家学术报告（下）	河北省植病学会编译	1985.8
45	国内农药生产基本情况手册	化学工业部农药科技情报中心站编	1980.9
46	国外农药品种手册（三）	化学工业部农药科技情报中心站编	1981.1
47	国外西甜瓜病害研究文摘汇编（第二辑）	自治区西甜瓜病害攻关协作组编	1980
48	国外西甜瓜病害研究文摘汇编（第一辑）	自治区西甜瓜病害攻关协作组编	1980
49	果树病虫害防治技术问答	董桂芝，曹子刚编	1989.7
50	果树病虫害防治手册	吴印青，区振棠编	1988.5
51	果树病虫害防治图册	黄邦侃著	1985.12
52	果树病虫害防治学	山西运城农业学校主编	1980.8
53	果树病虫害防治学实验实习指导	辽宁省熊岳农校，广西壮族自治区农校编	1984.6
54	果树病虫害及其防治	陕西省果树研究所，西北农学院编	1983.11
55	果树病虫害及其防治	王克，赵文珊编著	1989.12

（续表）

序 号	题 名	责任者	出版年
56	果树病虫害综合防治	范永华编著	1987.12
57	果树害虫	胡敦孝编著	1985.1
58	果树害虫识别与防治	（英）奥尔福德著；邓俊峰等译	1988.11
59	果树害虫天敌	章宗江编著	1981.9
60	果树红叶螨的生物防治	（荷兰）拉宾著；丁岩钦等译	1982.4
61	果树昆虫学（上册）	北京农业大学等主编	1980.8
62	果树昆虫学（下册）	北京农业大学等主编	1981.2
63	害虫防治经济学	陈杰林编著	1985.5
64	害虫防治研究入门	王宗楷编著	1983.1
65	害虫管理引论	梅特卡夫，勒克曼主编；中山大学昆虫研究所译	1984
66	害虫生物防治	福建农学院主编	1982.7
67	害虫生物防治的原理和方法	中山大学生物系昆虫学专业编著；蒲蛰龙主编	1984.5
68	害虫生物抑制	（美）H. C. 科波尔，J. W. 梅丁斯著；徐维良等译	1983.3
69	害虫与害螨天敌的增强及其机械化繁殖	忻介六编著	1988.5
70	害虫综合治理	张宗炳编著	1986.1
71	害虫综合治理导论	（美）M. L. 弗林特，R. 范德博希著；曹骥，赵修复译	1985.2
72	汉英拉作物主要病害名称	陈鸿逵编	1980.1
73	旱粮作物病虫草害的防治	中国植物保护学会组织编	1984.3
74	褐稻虱防治办法	程家安编	1983.7
75	黑粉菌与黑粉病	刘惕若编著	1984.5
76	花卉病虫害及其防治	张连生等编著	1984.9
77	花生病害	孟宪曾编著	1985.2
78	化学除草应用指南	张殿京，程慕如编著	1987.12
79	机动农业药械	中国农业机械化科学研究院植保机械组编	1980.10
80	激素在家畜生产中的应用（31）	联合国粮食及农业组织编	1982
81	家庭养花病虫害防治	冯天哲编著	1989.5
82	简明农药词典	费有春编	1985.1
83	简明农业词典	江苏农学院园艺系等编著	1980.12
84	金龟子饲养技术	商学惠著	1985.2
85	经济线虫学	（加）韦伯斯特编；胡起宇译	1988.6
86	科学使用农药	中国科协普及部等编	1985.3
87	科学用农药技术	王功满，张左生编著	1987.1
88	昆虫线虫学	李福春编著	1989.5
89	昆虫信息素防治害虫技术	石奇光编著	1987.3
90	昆虫信息素及其应用	杜家纬编著	1988.4
91	梨、苹果病虫害防治	河北省粮油食品进出口公司	1989.11
92	梨树病虫害防治	杨玉贵编著	1985.11

（续表）

序　号	题　名	责任者	出版年
93	粮棉病虫害的防治	段道怀编著	1982. 12
94	绿色的火焰——杂草及其防治	（苏）里贝尔斯坦著；刘君礼译	1985. 8
95	马铃薯病毒和种薯生产	（荷）J. A. 德波克瑟斯主编；张鹤龄等译	1981. 9
96	麦类病毒病及其防治	周广和等编著	1987. 1
97	麦类常用农药	郝祥之等编	1988. 5
98	美国白蛾	《美国白蛾》编写组编	1981. 1
99	棉虫识别及防治	万胜印，万明编	1985. 5
100	棉花病虫害的防治	《植保员手册》编绘组编	1983. 8
101	棉花害虫的综合治理	张广学著	1982. 1
102	棉花害虫及其天敌图册	湖北省农业科学院植物保护研究所编	1980. 11
103	棉花害虫与天敌	陕西省棉花研究所，西北农学院陕西植物保护研究所编著	1982. 8
104	棉花红铃虫测报浅说	万胜印编著	1982. 11
105	棉花枯、黄萎病及其防治	吕金殿，罗家龙编著	1983. 8
106	棉花枯萎病和黄萎病	全国棉花枯、黄萎病综合防治研究协作组编	1983. 1
107	棉花苗期病害及其防治	籍秀琴编	1984. 12
108	棉盲蝽的防治	曹赤阳，万长寿编著	1983. 7
109	灭鼠百法	范昌编	1984. 5
110	啮齿动物的生态与防治	邓址编著	1989. 9
111	拟除虫菊酯类农药的应用技术	应松鹤编	1988. 7
112	宁夏农业昆虫图志（第二集）	吴福桢等著	1982. 1
113	农林白蚁	林善祥编著	1988. 2
114	农林蛾类一百种鉴别图册	李成章，陈小钰编著	1988. 4
115	农林昆虫生态学	邹运鼎，王弘法编著	1989. 4
116	农螨学	匡海源编著	1986. 5
117	农田害鼠的分类测报与防治	卢浩泉等编	1986. 1
118	农田鼠害测报浅说	马壮行编著	1986. 11
119	农田野燕麦与化学防除	涂鹤龄等编著	1983. 8
120	农田有害生物的防除	徐培河主编	1989. 11
121	农田杂草及防除	肖文一，陈铁保编著	1982. 8
122	农药	薛本东	1988. 2
123	农药残留量分析与检测	樊德方主编	1982. 7
124	农药残留量气相色谱法	中华人民共和国国家进出口商品检验局	1986. 9
125	农药残留影响及其测定方法	上海科学技术文献出版社编辑	1980. 9
126	农药词汇	吴泽宜	1981. 1
127	农药的安全使用	山东省科协普及部主编	1985. 5
128	农药的安全使用（世界卫生组织媒介生物学及防治专业委员会第三报告）	世界卫生组织农药专业委员会编著；龚元坤等译	1983. 12
129	农药的混用与混剂	张瑞亭	1987. 1

（续表）

序 号	题 名	责任者	出版年
130	农药的三废处理和去毒——工艺过程与技术	（美）狄龙 A·P 编；张铸，余常兴等译	1987.11
131	农药的污染与防治	樊德方，黄幸舒编著	1982.1
132	农药的应用和环境保护	（苏）伏洛钦斯基·马可夫斯基著；陶为民译	1985
133	农药毒理学	（美）韦兰·丁·小海斯著；冯致英等译	1982.1
134	农药基础知识	金瑞华	1983.4
135	农药品种手册（补编）	（英）马丁，沃辛编	1984.6
136	农药实用技术大全	王德民	1987.1
137	农药使用技术	（英）G·A·马修斯编；丁竟刚，石得中等译	1982.1
138	农药使用技术原理	屠子钦编著	1986.5
139	农药使用知识	秦森荣编	1985.1
140	农药手册	中国农业科学院植保研究所农药室	1982.12
141	农药污染	日本环境厅水质保全局土壤农药课编；许泳峰译；李进，韩熹荣校	1983.2
142	农药新品种	《农药新品种》编写组编	1983.1
143	农药新品种	厉墨宝编著	1989.7
144	农药新品种及其使用	岳铖编	1985.12
145	农药研究报告选集（1848—1979 年）	中国科学技术情报研究所，化学工业部科学技术局编辑	1981.3
146	农药应用大全	林郁编	1989.5
147	农药注册环境标准第二次专家磋商会议	联合国粮食及农业组织	1985.5
148	农业病虫害的生物防治	张汉元编	1982.3
149	农业害虫测报技术	金德锐编	1981.1
150	农业害虫抗药性	唐振华，黄刚编著	1982.9
151	农业环境的污染和保护	沈明珠，曹洪法，杨居荣，瞿爱权，傅幼英编著	1981.8
152	农业昆虫基础知识	金瑞华编	1986.8
153	农业昆虫鉴定	黄其林等编著	1984.2
154	农业昆虫学	西北农学院主编	1981.11
155	农业昆虫学（上）	华南农学院主编	1981.8
156	农业昆虫学（上）	浙江农业大学编著	1982.11
157	农业昆虫学（下）	华南农学院主编	1981.8
158	农业昆虫学（下）	浙江农业大学编著	1987.5
159	农业昆虫学彩色挂图	袁锋，王应伦编著	1987.1
160	农业昆虫学实验实习指导	安徽省宿县农业学校，黑龙江省佳木斯农业学校编	1984.1
161	农业昆虫学译丛（二）	齐兆生，管致和主编	1981.5
162	农业昆虫学译丛（三）	齐兆生，管致和主编	1981.7
163	农业昆虫学译丛（一）	齐兆生，管致和主编	1980.9
164	农业昆虫学自学指导书	杨奇华编	1985.5

（续表）

序号	题名	责任者	出版年
165	农业昆虫一百种鉴别图册	李成章，罗志义等编著	1983.1
166	农业昆虫知识及应用	陈自强编	1983.8
167	农业气象灾害及其防御	冯定原编	1984.11
168	农业生物战——植物病虫的生物防治	范良智编著	1986.1
169	农业鼠害防治——农业有害动物共栖啮齿类的生物学防治手册	格里夫斯著	1982
170	农业植物病理学	北京农业大学主编	1982.5
171	农业植物病理学（下册）	浙江农业大学编著	1980.7
172	农用激素	黄建全著	1980.6
173	农作物病虫害辞典	李保元，杜若愚编	1986.9
174	农作物病虫害的群众性测报	江苏省科学院保护研究所，江苏省太仓县病虫测报站编著	1984.6
175	农作物病虫害的综合防治	农业部植保局编	1982.5
176	农作物病虫害防治	浙江省农业厅编	1982.9
177	农作物病虫害防治学各论（北方本）	陕西省农林学校编	1980.2
178	农作物病虫害生物防治	严毓骅等编	1984.8
179	农作物病害	裘维蕃著	1986.12
180	农作物的病虫害防治学实验	陕西省农林学校编	1983.5
181	农作物低温冷害及其防御	潘铁夫等编著	1983.5
182	农作物增产剂——三十烷醇	刘德盛编著	1986.11
183	农作物主要病虫测报办法	农业部农作物病虫测报总站著	1981.9
184	苹果、梨、桃、葡萄主要病虫草害防治技术	唐欣甫编著	1989.1
185	苹果园病虫综合治理	张慈仁著	1989.12
186	迁飞昆虫学	陈若篪等编著	1989.1
187	杀虫剂的化学及规范	世界卫生组织部编；黄一心译	1985.12
188	杀虫药剂的毒力测定·原理·方法·应用	张宗炳编著	1988.7
189	杀虫药剂的分子毒理学	张宗炳编著	1987.1
190	杀虫药剂的环境毒理学	张宗炳等著	1989.5
191	杀虫药剂的生物化学和生理学	（美）威尔金逊主编；张宗炳等译	1985.8
192	杀虫药剂与昆虫毒理进展（2）	龚坤元等著	1983.8
193	杀菌剂防治植物病害	（印）尼尼 Y·L，萨普里尔著；俞康宁译	1989.1
194	山西农田蜘蛛（第一分册）	山西省农牧厅植保植检总站，山西农大昆虫教研室编	1983.2
195	山西省果树主要害虫及天敌图说	山西省果树主要病虫害及天敌图说编写组编	1983.4
196	生态学引论——害虫综合防治的理论及应用	赵志模，周新远编著	1984.9
197	生物防治（六）	中国科学技术情报研究所重庆分所编	1985.6
198	生物防治的新技术	新疆科学技术情报研究所编	1983.6

（续表）

序号	题名	责任者	出版年
199	生物农药知识	陈国相编著	1982.4
200	食品害虫的防治	于世芬，马有荆编著	1987.1
201	食物中的农药残留	中国对外翻译出版社编	1986.2
202	食用菌病虫害防治	沈中霞编著	1988.3
203	世界甘蔗病害（第二卷）	（澳大利亚）休斯等编辑；陈庆龙译	1982.5
204	世界甘蔗病害（第一卷）	（美）J.P. 马丁等编辑；陈庆龙译	1982.5
205	蔬菜病虫草防治手册	黄仲生等编著	1989.8
206	蔬菜病虫防治（六）	四川省科学院植保所等编	1988.7
207	蔬菜病虫害的防治	王鹤美主编	1989.8
208	蔬菜病虫害防治	孟晓云等编	1985.1
209	蔬菜病虫害防治	吴钜文等编	1988.12
210	蔬菜病虫害防治	范巨编	1988.2
211	蔬菜病虫害防治手册	姚文岳编	1988.4
212	蔬菜病虫害防治学（蔬菜专业用）	北京市农业学校主编	1980.1
213	蔬菜病虫害及其防治	李爽编著	1980.1
214	蔬菜病害的诊断与防治	王就光主编	1989.12
215	蔬菜病害防治经验	周力著	1989.2
216	蔬菜田化学除草技术	卢盛林等编著	1986.1
217	蔬菜主要病虫害防治	中国科学技术协会普及工作部编	1983.1
218	水稻病虫草害的防治	中国植保学会组织编	1984.9
219	水稻病虫害防治	李宗明编	1987.3
220	水稻病虫害防治及其药剂制备使用方法	实用技术编辑部	1988
221	水稻病虫害图册	莫蒙异，罗志达	1984.4
222	水稻病虫害研究	《国外农学水稻》编辑部编	1983.2
223	水稻病害	S.H. 欧（S.H. Ou）编著；何家沁译	1981.7
224	水稻常用农药	周述尹	1986.9
225	水稻二化螟测报浅说	徐建雄	1986.12
226	水稻害虫天敌图说	何俊华等	1986.1
227	水稻蓟马测报浅说	吴嗣勋	1982.1
228	水稻螟虫防治方法	章连观编	1983.7
229	水稻三大病害的药剂防治	梁帝允，雷昭慧编著	1987.1
230	水稻三化螟测报浅说	詹金庭编著	1982.12
231	水稻杀虫剂试验手册	（德）E.A. 海因里希斯著；胡建章译	1987.3
232	水稻纹枯病防治方法	蒋文烈	1983.4
233	水稻新病虫螨害	李春泉	1983.2
234	水稻叶蝉	阮义理，巫国瑞	1986.8
235	松卷叶蛾的动态模拟	（荷）J. 范登波斯（J. Van der Bos），R. 拉宾（R. Rabbinge）著；陈维博译	1980.6
236	苏联小蜂总科分类	王文良编著；河北省生物防治实验站，河北农业大学植物保护系编	1981.11

（续表）

序　号	题　名	责任者	出版年
237	粟灰螟测报浅说	孟文编著	1983. 11
238	田园杂草和草害——识别、防除与检疫	李扬汉编著	1981. 6
239	甜菜根腐病的防治	张威俊编著	1980. 4
240	庭院花卉病虫害及其防治	林晃编	1983. 7
241	土壤和水中的农药	（美）W. D. 冈吉等编；夏增禄，张莉等译	1985. 2
242	豚草的危害及其防除	黄宝华等著	1987. 9
243	微生物防治害虫	李荣森等编著	1983. 2
244	无公害的农药	（日）见里朝正著；王怡霖译	1982. 1
245	细菌学分析手册	美国食品与药品管理局编；甄宏太，俞平译	1986. 2
246	小麦病虫害的防治	中国植物保护学会组织编	1983. 1
247	小麦病虫害防治及其药剂制备使用方法	《实用技术》编辑部主编	1988. 12
248	小麦病虫害及其防治	郭豫元，李月华著	1980. 12
249	小麦全蚀病及其防治	郝祥元等编著	1982. 1
250	小麦锈病测报浅说	刘孝编著	1986. 11
251	小麦锈病及其防治	李振岐编著	1989. 2
252	新编农药手册	农业部农药检定所编	1989. 1
253	新疆的蝗虫及其防治	陈永林等编	1980. 4
254	新疆粮食作物主要病害防治	张翰文编著	1980. 8
255	新疆棉花主要病害及防治	田逢秀编著	1983. 1
256	新农药及机械使用技术	新疆维吾尔自治区植物保护站编	1984. 1
257	新农药使用技术	贾志英等主编	1984. 1
258	新农药使用手册	黄汝增主编	1989. 3
259	新农药使用手册	广东省农业厅植保总站宣教处编	1989
260	信号化合物防治害虫	（美）米切尔汇编；祁云台等译	1986. 9
261	锈菌属图解	G. B. 卡明斯著；尚衍重译	1987. 12
262	熏灭净、熏蒸剂	熏灭净协作组编	1985. 3
263	蚜虫及其防治	陈其瑚，俞水炎编	1988. 5
264	蚜虫研究技术	（英）范埃姆登编	1982. 5
265	蚜茧蜂鉴别与应用译文集	陕西省棉花研究所编	1983. 1
266	烟草病害诊断虫害识别及防治	管雨霖等编	1989. 5
267	药用植物病虫害防治	刘英慧，张元恩编著	1989. 5
268	英汉农药辞典（续编）	石得中等编	1988. 1
269	英汉农业词典（昆虫分册）	管致和编	1983. 1
270	英汉农业昆虫学词汇	《英汉农业昆虫学词汇》编辑委员会编	1983. 8
271	英拉汉杂草名称	苏少泉，郭景春编	1989. 5
272	用辐射不育法灭害虫	张和琴编著	1988. 1
273	油菜菌核病测报浅说	龚德英编著	1986. 8
274	油料作物病害及其防治	刘惕若等编著	1983. 11

（续表）

序　号	题　名	责任者	出版年
275	有害生物防治策略	（美）E. H. 斯密斯主编；陈馥衡译	1988. 12
276	玉米生理病害及防治	苏祖芳，张洪程编著	1986. 2
277	园林植物病虫害	王瑞灿编著	1984. 12
278	园艺植物病虫害防治彩色图鉴	徐世杰编著	1984. 5
279	云贵川陕宁地区的蝗虫	郑哲民著	1985. 9
280	杂草防除研究田间工作手册	（美）伯利尔等著；张兵译	1982. 7
281	杂草科学——原理与实践	（美）克琳曼等著；李伟格译	1984. 12
282	杂草生物学	（英）托马斯著；姚璧君译	1983. 8
283	杂草种子图说	中国科学院植物研究所植物园种子组，中国科学院植物研究所形态室比较形态组编著	1980. 5
284	杂粮和经济作物田化学除草技术	陈永康编著	1986. 9
285	灾害性天气的预测和预防	中国科学院大气物理研究所编	1981. 7
286	灾害性天气及其预防	贺致美编绘	1982. 7
287	怎样用好除草剂	周荣刚编	1986. 9
288	怎样用好农药	曹鹏翔编	1983. 7
289	怎样用好杀虫剂	周丽鸿编	1986. 1
290	怎样用好杀菌剂	农牧渔业部教育司主编	1987. 8
291	蔗麻病虫害防治	福建省农业科学院蔗麻研究所主编	1981. 11
292	植保员手册	《植保员手册》编绘组编	1982. 12
293	植保员手册——旱粮、大豆病虫害的防治	《植保员手册》编绘组编	1983. 3
294	植保员手册——麦类、油菜绿肥病虫害防治	《植保员手册》编绘组编	1983. 8
295	植保员手册——水稻病虫害的防治	《植保员手册》编绘组编	1983. 3
296	植绥螨研究新进展	（美）霍伊（M. A. Hoy）等著；吴伟南，卢剑铨编译	1988. 1
297	植物保护基础知识	曾士迈等编	1981. 6
298	植物保护手册（第四分册）	江苏省农业科学研究所等编	1987. 3
299	植物保护手册（第七分册）	江苏省农业科学院等编	1982. 1
300	植物保护知识	北京市农林科学院编	1987. 12
301	植物病虫测报	夏基康，许志刚编著	1986
302	植物病毒图鉴	（日）保坂康弘等编；梁训生，张成良译	1980. 8
303	植物病毒学概要	（澳）A・J・吉布斯，（英）B・D 哈里森著；中国科学院上海生化研究所病毒组译	1982. 11
304	植物病毒鉴定	《植物病毒学鉴定》编写组	1980. 12
305	植物病毒血清学技术	梁训生等编	1985. 12
306	植物病害的发生和防治	美国科学研究委员会农业局植保丛书编委会植病组编著；陈廷熙译	1981. 7
307	植物病害管理原理	（美）弗赖伊著；黄亦存，张斌成译	1988. 4
308	植物病害流行学	曾士迈，杨演编	1986. 9
309	植物病害诊断	南京农学院植物保护系编	1980. 7

（续表）

序　号	题　名	责任者	出版年
310	植物病理基础知识	古希昕，王沛编	1987. 5
311	植物病理学实验实习指导	四川省万县农校主编	1984. 5
312	植物病理学译丛（二）	裘维蕃主编	1980. 1
313	植物病理学译丛（六）	裘维蕃主编	1987. 2
314	植物病理学译丛（三）	裘维蕃主编	1980. 12
315	植物病理学译丛（四）	裘维蕃主编	1982. 1
316	植物病理学译丛（五）	裘维蕃主编	1983. 2
317	植物病理学自学指导书（试用本）	古希昕等编	1985. 8
318	植物病原菌的生物防治	(美) 贝克，库克著；兰斌，王朝琪译	1984. 8
319	植物病原真菌学（植物病理专业用）	张中义等编	1988. 3
320	植物病原真菌属分类图索	周茂繁编	1989. 11
321	植物的细胞和组织	农业部教育局主编	1987. 7
322	植物根结线虫（生物学、分类鉴定防治）	(美) 泰勒，萨塞同著；杨宝君，曾大鹏译	1983. 7
323	植物检疫	黄翠云等编	1983. 2
324	植物检疫病虫害文集	天津动植物检疫所编	1980. 6
325	植物检疫手册	曹骥等著	1988. 3
326	植物类菌质体病害	朱本明编著	1981. 3
327	植物生长调节剂与农业生产	李曙轩编著	1989. 2
328	植物生长调节物质及其应用	陈婉芬，周燮编著	1988. 1
329	植物线虫学研究入门	(美) 泰勒著；陈品三，郝近大译	1981. 5
330	植物有害生物检疫熏蒸技术	徐国淦，徐京辉编著	1988. 12
331	中国常见水田杂草	刁正俗编著	1983. 5
332	中国赤眼蜂的研究与应用	包建中等编	1989. 8
333	中国赤眼蜂论文集	中国农业科学院生物防治研究所主编	1987. 2
334	中国地下害虫	魏鸿钧等编	1989. 4
335	中国柑橘冻害研究	章文才，江爱良等编	1983. 8
336	中国历代自然灾害及历代盛世农业政策资料	中国社科院历史研究所资料编纂组编	1988
337	中国棉花病害研究及其综合防治	全国棉花枯，黄萎病综合防治研究协作组，中农院植保所编	1984. 12
338	中国农垦农田杂草及防除	农牧渔业部农垦局农业处编	1987. 12
339	中国农林蜘蛛	胡金林编	1983. 7
340	中国农区的介壳虫	王子清编著	1982. 12
341	中国农区地老虎	陈一心编著	1986. 2
342	中国农田杂草彩色图谱	唐洪元编著	1989. 12
343	中国农田杂草图册（第一集）	农业部全国植物保护总站主编	1988. 12
344	中国农业害虫名录	中国农业科学院植物保护研究所编	1980
345	中国农业昆虫（上册）	中国科学院动物研究室主编	1986. 12
346	中国农业昆虫（下册）	中国科学院动物研究室主编	1987. 3

（续表）

序　号	题　名	责任者	出版年
347	中国农业螨类	江西大学主编	1984. 11
348	中国农作物病虫害（下册）	《中国农作物病虫害》编辑委员会编	1981. 12
349	中国农作物病虫图谱——茶树病虫	《中国农作物病虫图谱》编绘组编绘	1985. 3
350	中国农作物病虫图谱——常绿果树病虫	《中国农作物病虫图谱》编绘组编绘	1985. 11
351	中国农作物病虫图谱——落叶果树病虫	《中国农作物病虫图谱》编绘组编绘	1984. 12
352	中国农作物病虫图谱——蔬菜病虫	《中国农作物病虫图谱》编绘组编绘	1984. 5
353	中国农作物病虫图谱——油料病虫（1）	《中国农作物病虫图谱》编绘组编绘	1982. 4
354	中国农作物病虫图谱——油料病虫（2）	《中国农作物病虫图谱》编绘组编绘	1981. 1
355	中国农作物蓟马	韩运发，徐祖荫编著	1982. 8
356	中国生物防治的进展	农牧渔业部植物保护总站编	1984. 2
357	中国鼠类及其防治	郭全宝等编著	1984. 4
358	中国天牛幼虫	蒋书楠著	1989. 12
359	中国叶甲科检索表	嘉理思，木村编著	1981. 2
360	中国园林花卉病虫害防治	冯天哲编	1988. 5
361	中国主要气象灾害分析（1951—1980 年）	冯佩芝等编著	1985. 11
362	种子病害简明教程	陈鹤生编	1983. 1
363	主要蔬菜病虫害防治历	潘恕著	1984. 9
364	作物病虫害防治学基础知识问答	周世春编	1988. 3
365	作物病害	湖南省长沙农业学校编	1984. 2
366	作物病害防治技术	华世珍编	1986. 1
367	作物病害田间诊断	陆家云，叶钟音编著	1980. 3
368	作物草害及其防除	李孙荣编著	1982. 8
369	作物虫害防治技术	廖顺源编	1984. 12
370	作物抗虫原理及应用	曹骥编著	1984. 4
371	作物生长调节剂的应用	农牧渔业部教育司主编	1986. 8

（6）1990—1999 年

序　号	题　名	责任者	出版年
1	北方果树常用农药实用技术	唐欣甫编著	1993. 3
2	仓库害虫防治手册	谢开春，苏梅编著	1992. 12
3	大白菜干心病诊断与防治	天津市园艺学会编著	1991. 4
4	稻飞虱和稻叶蝉的防治	王沐民，皖石编著	1992. 11
5	稻瘟病与抗病育种	（日）山崎义人等编著；凌忠专译	1990. 3
6	柑桔、荔枝、香蕉、葡萄常见病虫害防治	林晃等编著	1991. 5
7	观赏植物真菌病害	王英详等编著	1992. 2
8	国产农药应用手册	徐映明等编著	1990. 2
9	国外新农药品种手册	沙家骏等编	1992. 1
10	果树八十种病害识别与防治	王文学编著	1992. 6

（续表）

序　号	题　名	责任者	出版年
11	果树病虫害实用防治技术问答	李和平，栗淑玲编著	1992.11
12	果树害虫及其防治	石万成，刘旭编著	1992.7
13	果树和葡萄的病毒病及类菌质体病害	（苏）薇尔杰列夫斯卡娅著；雷增普，赵增仁译	1991.9
14	果树蔬菜霜冻与冻害的防御技术	唐广等编著	1993.7
15	果园霜冻	（苏）康斯坦丁诺夫著；汪景彦等译	1991.5
16	果园杂草及化学除草技术	张殿京编著	1992.7
17	害虫防治：策略与方法	张宗炳主编	1990.8
18	害虫综合防治	陈杰林编著	1991.4
19	红铃虫防治理论研究与实践	曹赤阳等著	1991
20	化肥农药农膜实用手册	戴立根等主编	1996.7
21	化肥农药农膜药械实用指南	季振军，袁家要主编	1992.7
22	减灾农业——献给国际减灾十年	黄青禾，苗复春主编	1993.1
23	冷凉地区农作物病虫防治问答	李济宸主编	1993.4
24	落叶果树病害原色图谱	王金友，李知引主编	1994.12
25	马铃薯病害及其防治	李济宸主译；张志铭审校	1992.6
26	棉虫防治新技术	李春藻等编著	1992.8
27	棉花病虫草害防治及化控技术指南	苗春生编著	1992.1
28	棉花病虫草害防治手册	方昌源等编著	1993.1
29	棉花病虫草害综合防治	柏立新主编	1992.1
30	棉花病虫害综合防治及研究进展	陈其煐主编	1990.8
31	棉花病虫害综合防治技术	陈其煐主编	1993.3
32	棉花病害基础研究与防治	沈其益主编	1992.8
33	棉花虫害防治新技术	王武刚主编	1991.8
34	棉花害虫的抗药性及防治技术	中国农科院植保所棉花害虫研究所编	1993.3
35	棉花烂铃病害的发生和防治	张家清主编	1992.12
36	棉铃虫防治新技术	王武刚编著	1993.5
37	棉铃虫综合防治新技术	张寿文等编著	1996.6
38	蘑菇病虫害防治（第二版）	（英）弗莱彻等著；王明秀译	1993.12
39	农田杂草化学防除大全	中国农垦进出口公司编著	1992.12
40	农药残留量分析方法	默涛等	1998.4
41	农药残留量分析手册	邵俊杰等编	1990.5
42	农药的生物活性和作用机制及今后的农药	（日）山本出主编；尚尔才等译	1990.5
43	农药化肥种子的真伪鉴别与安全使用	高湘玲，张哲普编著	1992.11
44	农药商品大全	王振荣，李布青主编	1996.2
45	农药实用技术手册	刘伊玲编	1991.1
46	农药使用技术问答	上海市植保植检站编著	1993.4
47	农业病虫草害防治大全	高成，郭书晋主编	1993.1
48	农园植病谈丛（1950—1990年）	裘维蕃著	1991.3
49	农作物病虫害管理数学模型与应用	蒲蛰龙主编	1990

（续表）

序　号	题　名	责任者	出版年
50	农作物病毒病及防治	谢浩等编	1994. 12
51	农作物病害综合防治技术规范	湖北省农牧业厅编	1992. 1
52	农作物果菜病虫害防治妙法	魏菊仙编	1994. 5
53	农作物抗病虫性鉴定方法	曹如槐等编著	1992. 12
54	苹果、梨、桃、葡萄病虫草害防治手册	王金友等著	1990. 2
55	苹果、葡萄、草莓病毒病与无病毒栽培	王国平等编著	1993. 5
56	苹果病虫害防治	王金友主编	1992. 8
57	葡萄病虫害防治	李知行主编	1992. 11
58	葡萄病虫害及其防治	沈淑琳主编	1992. 2
59	葡萄病虫害综合防治	（美）加利福尼亚大学农学院编著；李翠侠等译	1991. 5
60	葡萄病害防治	（美）皮尔逊，郭衡主编；陈捷等译	1992. 1
61	邱式邦文选	《邱式邦文选》编委会编	1996. 8
62	全国主要粮棉作物病虫草鼠害综合防治关键技术研究	李光博，郭豫元主编	1994. 4
63	日英汉植保词典	季良编	1990. 11
64	杀虫剂：农药使用技术大全	李希平，任翠珠编著	1993. 5
65	石榴害虫防治	刘联仁著	1993. 3
66	实用农药手册	广东省农科院植保所编	1992. 9
67	实用蔬菜病虫害防治高产技术	孙秋良编著	1990. 7
68	食用菌病虫杂菌及防治	罗信昌等编著	1992. 7
69	蔬菜病虫害防治	王就光主编	1990. 1
70	蔬菜病虫害防治问答	陈一衡等编著	1990. 5
71	蔬菜病虫害防治新编（茄果类、豆类）	雷蕾，尹贤贵编	1994. 5
72	蔬菜病虫害无公害防治	谭增亮等编	1992. 5
73	蔬菜常用农药及其使用技术	唐昌凯等编	1994. 4
74	蔬菜害虫测报与防治新技术	陆自强，祝树德主编	1992. 2
75	蔬菜主要病虫害防治问答	朱国仁等主编	1993. 2
76	水稻主要病虫害防治技术	重庆教委	1992. 8
77	四川农业害虫天敌图册	西南农业大学等编著	1990. 3
78	土壤杀虫剂使用技术	中国农业部主编	1992. 2
79	温室蔬菜病虫害及生理障害的防治	李淑芹，张立今编著	1992. 8
80	无病毒葡萄	李知引编著	1993. 3
81	系统科学在植物保护研究中的作用	曾士迈主编	1990. 5
82	小麦病虫草鼠害综合治理	李光博等编著	1990. 9
83	小麦赤霉病防治理论研究与实践	徐雍皋，陈利锋编著	1993. 2
84	小麦主要病虫害防治	熊尚玖，尚洁萍编	1991. 8
85	新编常用农药安全使用手册	王忠等编	1996. 12
86	新编农药使用问答	曹明坤，程善闻编	1992. 6
87	新编农药应用技术	辽宁省植物保护站主编	1991. 6

（续表）

序　号	题　名	责任者	出版年
88	新疆经济植物真菌病害志	贾菊生，胡守智著	1994.5
89	新疆经济作物病虫害防治	新疆农科院植保所编	1995.8
90	新疆粮食作物病虫害防治	新疆农科院植保所编	1994.9
91	新疆天牛图志	陆水田等编著	1994.9
92	新疆植物病毒及病害	谢浩等著	1995.6
93	新农药的使用与选购	石鑫等著	1992.11
94	新农药荟萃	吴世昌主编	1992.11
95	新农药实用技术问答	吕淇，宋岐连等著	1992.1
96	新型作物增产剂——小麦根际联合固氮菌剂	王龙俊编著	1990.8
97	烟草病虫害防治手册	谈文主编	1994.2
98	烟草虫害防治	许树云编著	1992.5
99	雁北农业气象灾害及防御措施	郭保槐编著	1992.2
100	英汉植物病理学词汇	《英汉植物病理学词汇》编辑委员会编	1990.8
101	园林植物保护学——病害部分（下册）	上海市园林学校主编	1990.2
102	园林植物保护学——虫害部分（上册）	上海市园林学校主编	1990.2
103	园林植物病虫害防治手册	赵怀谦等编著	1994.5
104	园林植物虫害防治问答	刘树勋等编著	1993.2
105	杂草学	苏少泉编著	1993.5
106	黏虫生理生态学	林昌善主编	1990.1
107	植保实用技术新编	曾昭慧，李原忠主编	1993.2
108	植保专业队员手册	四川省农牧厅植保站，四川省植保学会编	1992.6
109	植物保护实用新技术	农业部全国植物保护总站信息处编	1990.1
110	植物病毒比较诊断指南	库尔斯塔克 E·编；裴美云译	1991.7
111	植物根际生态学与根病生物防治进展	植物生态病理教研室编译	1991.7
112	植物寄生线虫——农业的隐蔽敌害	（美）J.N 萨塞著；陈森玉译；武修英校	1992.4
113	植物耐寒性及防寒技术	刘祖祺编	1990.1
114	中国果树病虫志	中农院果树所，中农院柑橘所编	1994.12
115	中国棉虫天敌	赵敬钊编著	1995.5
116	中国棉田蜘蛛	赵敬钊编著	1993.1
117	中国农业百科全书（农药卷）	中国农业百科全书总编委会农药卷编委会编	1993.1
118	中国植物类菌原体图谱	龚祖埙著	1990.9
119	中华人民共和国进出境动植物检疫法	第七届全国人民代表大会第二十二次会议通过	1991.11
120	庄稼医生技术手册	官春云主编	1991.1
121	庄稼医生实用手册	李玉主编	1992.1
122	庄稼医生知识全书	范承志主编	1993.1

S5　农作物

本部分共收编农作物类图书书目1701条。其中，收编1949年以前出版的该类图书书目48条，1950—1959年581条，1960—1969年238条，1970—1979年203条，1980—1989年480条，1990—1999年151条。具体目录如下。

（1）1949年以前

序　号	题　名	责任者	出版年
1	薄荷	周承源著	1940
2	长绒棉	《长绒棉》编写组	1928. 1
3	除虫菊	肖华著	1946. 9
4	除虫菊栽培法	中国化学工业社	1935
5	大豆的栽培及改良	杨国藩著	1935. 12
6	稻的遗传与育种	（日）长屋正人著；彭先泽译	1937
7	冯泽芳先生棉业论文选集	农林部棉产改进处编	1948
8	工业树种植法	奚铭己编	1939. 9
9	工艺作物	顾华孙	1947. 6
10	胡竟良先生棉业论文选集	农林部棉产改进处	1948. 6
11	绿肥作物	徐方幹著	1948. 3
12	棉和麻	顾元亮编	1946. 2
13	棉花纤维	吴季诚著；王云五主编	1933. 9
14	棉作学（上）	郝钦铭著	1939. 1
15	棉作学（下）	郝钦铭著	1939. 1
16	南路稻作育种场报告	南路稻作育种场编	1928
17	日本除虫菊调查	俞诚如编著	1937. 7
18	实验杂粮栽培法	汤冶我，邵霖生等编	1942. 11
19	实用小麦论	金善宝著	1934. 12
20	特用作物学	莫定森著	1934
21	特种稻作学	汪呈因著	1944. 7
22	医药植物学	刘宝善编	1950. 2
23	油类学	田殿元著	1947. 1
24	油类作物全书	江少怀编著	1936
25	油料作物栽培法	褚乙然编	1935
26	油桐和乌桕	季君勉著	1944. 3
27	油桐与漆树	王一桂编著	1946. 2
28	芝麻	实业部国际贸易局编	1940
29	植棉手册	农林部棉产改进处	1947. 2

（续表）

序　号	题　名	责任者	出版年
30	植物油类研究汇编	江少怀著	1935
31	中国稻作之起源	丁颖著	1949. 7
32	中国古来粳籼稻种栽培及分布之探讨与现在栽培稻种分类法预报	丁颖著	1949. 3
33	中国棉产改造史	胡竟良著	1943. 2
34	中国热带作物（第一编）	黄晃著	1928. 2
35	中国食用作物	孙醒东著	1937. 11
36	中国新农业（第一卷）	冯焕文编著	1942
37	中国药用植物志（第一册）	裴鉴著	1939. 1
38	中国之甘薯	丁颖，戚经文著	1948. 3
39	中国植物油脂	贺闓著	1949. 5
40	中国作物论	石颂周著	1935. 7
41	种豆法	黄绍绪编著	1933. 2
42	种甘蔗法	许祖植著	1934. 3
43	种甜菜法	叶声钟编	1933. 5
44	种苎麻法	张勖编著	1934. 7
45	作物学概论	翁德齐编著	1947. 6
46	作物学各论	顾复编	1933. 2
47	作物学实验教程	黄绍绪编著	1932. 1
48	作物学通论	黄绍绪编著	1947. 6

（2）1950—1959 年

序　号	题　名	责任者	出版年
1	1958 年蚕豆豌豆丰产经验	农业部粮食作物生产局编	1958. 12
2	1958 年春小麦丰产经验栽培的基本经验	中国农科院作物育种栽培研究所	1959. 3
3	1958 年大豆丰产经验	农业部粮食作物生产局编	1959. 2
4	1958 年花生丰产基本经验	中国农科院作物育种栽培研究所	1959. 4
5	1958 年花生丰产经验	农业部粮食作物生产局编	1959. 1
6	1958 年麻类作物大面积丰产经验	农业部粮食作物生产局编	1958. 12
7	1958 年棉花大面积丰产经验	农业部经济作物生产局编	1959. 1
8	1958 年农作物密植经验	农业部粮食作物生产局编	1958. 12
9	1958 年农作物田间管理经验	农业部粮食作物生产局编	1958. 12
10	1958 年全国水稻丰产科学技术经验选辑（1）	中国农科院作物育种栽培研究所	1959
11	1958 年全国水稻丰产科学技术经验选辑（2）	中国农科院作物育种栽培研究所	1959. 6
12	1958 年桑、榨蚕大面积丰产经验	农业部经济作物生产局编	1958. 12
13	1958 年十一种农作物丰产栽培的基本经验	中国农科院作物育种栽培研究所	1959. 6

（续表）

序　号	题　名	责任者	出版年
14	1958年水稻丰产经验（1）	农业部粮食作物生产局编	1958.12
15	1958年水稻和棉花丰产经验总结	中国农科院植物生理研究所编	1959.6
16	1958年甜菜大面积丰产经验	农业部经济作物生产局编	1959.1
17	1958年小麦丰产经验汇编	农业部粮食作物生产局编	1958
18	1958年云南省小麦丰产经验汇集	云南省农业厅农业试验站编	1958.9
19	1959年北京地区冬小麦栽培研究报告选集	北京市科学技术协会筹备委员会作物学会编	1959.9
20	1959年黑龙江省农业增产典型经验	黑龙江省农业厅	1957.2
21	1959年小麦丰产经验汇编（续）	农业部粮食作物生产局编	1958.12
22	6175和5467——襄州社、新气象五社小麦高产经验	湖北省农业厅编	1958.9
23	安徽大麻	朱同明，李国荣编	1958.8
24	安徽旱稻丰产经验	中共安徽省委编辑室编	1958.12
25	安徽旱稻卫星集	中共安徽省委编辑室编	1958.9
26	安徽省茶叶生产经验	安徽省农业厅编	1957.3
27	安徽省淮北地区稻改经验	安徽省农业厅编	1957.1
28	安徽省烤烟增产经验介绍	安徽省农业厅编	1957.2
29	安徽是怎样成为旱稻千斤省的	中共安徽省委农村工作部编	1958.9
30	安徽午季作物丰产经验	中共安徽省委编辑室编	1958.9
31	苞米	辽宁省农业厅编	1958.6
32	宝贝草——草木樨	天水水土保持科学实验站编	1958.9
33	宝贝草二年生白花草木樨	甘肃省水利厅编	1958.9
34	保证小麦更大丰收	农业部粮食油料生产局编	1959.3
35	北京市黄土岗农业生产合作社马铃薯连年丰产经验	北京市农林水利局编	1957.2
36	北京市郊区的三大季栽培	北京市农林水利局编	1957.2
37	蓖麻蚕文集（第二集）	中国科学院实验生物研究所编	1959.9
38	蓖麻蚕文集（第一集）	中国科学院实验生物研究所编	1956.9
39	薄荷	朱怀之编撰	1951.3
40	薄荷与薄荷工业	周人原著	1951.3
41	薄荷栽培与蒸油	顾文斐著	1950.1
42	菜粮兼收的“三大季”	北京市农林水利局出版	1958.11
43	草木樨	水利电力部黄河水利委员会编	1958.9
44	长安县小麦生产经验	陕西省农业厅	1957.1
45	潮安是怎样成为千斤丰产县的	林里著	1956.4
46	车轴草和禾本科牧草混播的丰产经验	（苏）П. А. 谢尔格也夫著；孙醒东，陈家修译	1958.7
47	陈永康水稻栽培经验	中共松江县委员会主编	1959.9
48	除虫菊种植法	徐澄之，朱怀之著	1950.1
49	春马铃薯丰产经验	浙江省农业厅编	1958.1
50	春麦、大麦、燕麦及粟的春化法	（苏）Т. Д. 李森科撰；王宇霖译	1952.1

（续表）

序号	题名	责任者	出版年
51	大豆	孙醒东著	1956
52	大豆、粮食作物的优良品种介绍	吉林省农业厅著	1958.12
53	大豆的遗传与选种	王金陵著	1958.9
54	大豆丰产经验	农业部粮食生产总局著	1956.3
55	大豆丰产经验	吉林省农业厅编	1958.12
56	大豆和大豆根瘤菌	张悉武等著	1955.6
57	大豆生产经验	农垦出版社丛书编辑室编	1959.3
58	大豆栽培	李长年著	1958.6
59	大豆栽培技术	吴道钧等著	1958
60	大麻丰产经验	（苏）C. C. 别尔略德主编；慧毅译	1956.3
61	大麻丰产经验	中共安徽省委编辑部	1958.9
62	大田作物（上）	（苏）Б. Н. 马马耶夫等著；汪玢江等译	1956.11
63	大田作物（下）	（苏）Б. Н. 马马耶夫等著；汪玢江等译	1958.8
64	大田作物育种各论（谷类作物）	波波娃著；许耀奎译	1957.8
65	大田作物育种学与种子繁育学实习指导	波波娃等著；王玢等译	1957.1
66	大冶县苎麻栽培增产经验	皮学兆编	1958.9
67	岱字棉 15 号	胡竟良编著	1959.7
68	稻底番薯	广东省农业厅	1957.1
69	稻麦有性杂交选种方法	苏州专区农业科学研究所编	1959.8
70	稻作科学论文选集	中国农业科学院编	1959
71	稻作品种介绍	全国能源展览会增产措施馆种子室编	1957.3
72	稻作综合研究	佐佐木乔著	1959.19
73	定县甘薯丰产管理贮藏加工利用的经验	中共河南省定县委员会，河北省定量人民委员会编	1959.5
74	东北植物药图志	萧培根等编著	1959.8
75	冬小麦栽培技术	中华人民共和国农业部粮食生产总局编	1956
76	豆类、油类作物品种介绍（全国农业展会展品说明）	全国农业展览会增产措施馆种子室编	1957
77	豆类作物	丁振麟，王金陵编	1959.8
78	多年生牧草的夏季播种	沙洛维也夫著；乔光正译	1955
79	多叶烟及其栽培、烘烤	贵州福泉烟草试验站编	1958.2
80	改进棉花栽培技术参考要点	农业部生产总局编	1954.11
81	甘薯（红苕）育苗技术	游明生编著	1958.9
82	甘薯保管须知	中华人民共和国粮食部购销储存局编	1958.9
83	甘薯的增产	盛家濂编	1956.7
84	甘薯的贮藏与加工	河北省粮食厅编	1958.1
85	甘薯马铃薯丰产经验	中华人民共和国农业部粮食生产总局编	1956.3
86	甘薯浅窖贮藏法	河北省农业厅编	1957.1
87	甘薯栽培技术	卢炳玲编著	1958.4
88	甘薯栽培经验参考资料	福建省农业厅编	1957.2

（续表）

序 号	题 名	责任者	出版年
89	甘薯贮藏	中国人民大学编	1958. 11
90	甘肃省 1958 年小麦增产经验（第二集）	甘肃省农林厅编	1958. 12
91	甘肃省农作物品种介绍	甘肃省农业厅编	1958. 1
92	甘蔗	周可涌编	1959. 7
93	甘蔗的栽培	（英）A. C. 巴尼斯著；徐广华译	1958. 6
94	甘蔗田施肥	庄学调编著	1959. 1
95	甘蔗增产经验	广东省农业厅编	1957. 1
96	高粱	张风舞	1957. 1
97	高粱	（苏）Б. Г. 捷米甸科著；刘隆仁译	1959. 7
98	高粱密植经验	吉林省农业厅编	1958. 12
99	谷类作物的选种与良种繁育	（苏）尤利耶夫主编；李芜等译	1956. 12
100	谷类作物与豆菽类作物	（苏）雅库什金主编；任犀等译	1957. 9
101	谷子高粱丰产经验	中华人民共和国农业部粮食生产总局编	1956. 3
102	灌溉作物高额丰产经验	中华人民共和国农业部农田水利局编	1959. 5
103	灌溉作物生物学特性	（苏）克鲁日林著；许振中译	1958. 1
104	灌区春小麦大面积丰产经验	青海省农林科学研究所	1959. 11
105	广东省水稻单双株密植是小科密植发展的高级形式	广东农业厅	1957. 1
106	广西中兽医药用植物	陈立卿编著	1959. 2
107	贵溪县推行水稻复式密植高额丰产经验	中共贵溪县委员会编	1958. 7
108	国产鞣料植物简明图谱	林业科学研究院森林工业科学研究所，林产化学研究院室植物鞣料组编著	1959. 1
109	果蔬罐藏品种	轻工业部上海食品工业科学研究所编	1958. 9
110	寒地水稻栽培	吉林省农业厅粮食作物处编	1958. 5
111	旱地棉花增产经验	河北省农业厅	1957. 1
112	旱地棉作学	（苏）B. E. 林葛特撰；程帆译；华北农业科学研究所编译委员会编辑	1954
113	禾谷类作物	徐克聪，庄经，张景华编著	1958. 12
114	禾谷类作物的同源多倍体和双二倍体	鲍文奎，严育瑞著	1956. 1
115	河北、山西冬小麦栽培技术研究（1953—1955 年）	华北农业科学研究所小麦综合研究组编	1957. 1
116	河南省小麦丰产经验	农业资料编辑委员会	1958. 9
117	河南小麦栽培学	河南省农业科学院主编	1959. 12
118	衡南和平农业社稻豆两熟增产经验	湖南省农业厅	1957. 1
119	红安花生产技术图解	汪天沛供稿	1959. 6
120	红茶初制法	刘仲云著	1951. 9
121	红薯的栽培技术	内黄县农林局农科所编	1959. 5
122	红薯收获贮藏经验	湖南省农业厅粮食生产处编	1958. 1
123	胡麻纤维	商业部棉烟麻局编著	1958. 1
124	湖北省谷城县小麦丰产经验	中共谷城县委会	1958

（续表）

序　号	题　名	责任者	出版年
125	湖北省荆州棉区棉花增产技术的调查与研究	中南农业科学研究所，湖北省农林厅，湖北省荆州棉区棉花工作组编	1953. 12
126	湖北省农作物高产品种集锦	湖北省农业厅编	1959. 1
127	湖北省阳新、大冶县苎麻增产经验	农业部经济作物生产局编	1958. 9
128	湖南省醴陵贺家桥农业社双季稻大面积增产经验	湖南省农业厅编著	1957
129	湖南省南县同福农业社深水稻增产经验	湖南省农业厅编	1957. 1
130	湖南油茶丰产经验	湖南省林业厅编	1959. 5
131	花生	湖北省农业科学研究所编著	1959. 6
132	花生丰产技术	（苏）И. Е. 卢其可夫著；任筱波等译	1956. 3
133	花生及其栽培	詹英贤编著	1956. 1
134	花生栽培技术	福建省晋江专区农业科学研究所编著	1959. 12
135	华北北部和内蒙古南部春麦区春小麦及其他农作物栽培概况	李璠著	1957
136	华北的棉花品种	王德彰编著	1957
137	化学与农作物的丰收	（苏）К. М. 马林著；谷行严译	1957. 3
138	淮北地区怎样改种水稻	安徽省蚌埠专署农林局编	1958. 5
139	淮北水稻化的大胜利	中共安徽省委编辑室编	1958. 9
140	桓台前进社小麦大面积丰产经验	中共惠民地委宣传部合作部	1958. 7
141	黄河中游甘肃中部农作物生产技术	雷清溶等编	1957
142	黄麻	李宗道	1952. 5
143	黄麻的栽培技术	江苏省农林厅农业局编	1958. 5
144	黄麻整株浸洗经验	湖南省农业厅经济作物局	1958. 8
145	积极发展油料作物	湖北省委办公厅编	1958. 1
146	积极发展油料作物	中共广东省委办公厅编	1958. 5
147	几种作物的栽培技术	河南省长葛县人民委员会编	1959. 5
148	夹河滩上千斤社——岳滩一季过长江	李先永编	1958. 8
149	柬埔寨的胡椒栽培	（法）马利奈著；吴恭恒译	1958. 1
150	江苏省农作物优良品种介绍（上册）	江苏省农林厅编	1959. 3
151	江苏省夏熟作物丰产经验	江苏省农林厅	1958. 11
152	江苏省植物药材志	中国科学院植物研究所南京中山植物园药用植物组编	1959. 3
153	介首红皮马铃薯	中共介首县委会主编	1959. 11
154	界首红皮马铃薯双季栽培经验	郑广文编著	1958. 8
155	进一步提高棉花产量的方法	（苏）В. Ф. 彼得洛夫，К. Е. 阿夫察洛夫著；朱华璋译	1958. 5
156	进一步提高水稻产量	杨守仁著	1956
157	经济作物	冯奎仪编	1958. 6
158	经济作物	北京市科学技术普及协会编著	1958. 9
159	烤烟的栽培和加工	余茂勋编著	1958. 6
160	烤烟丰产经验	中华人民共和国农业部经济作物生产总局编	1956

（续表）

序　号	题　名	责任者	出版年
161	烤烟生产参考资料（第二辑）	中华人民共和国农业部经济作物生产总局编	1957
162	烤烟生产参考资料（第一辑）	中华人民共和国农业部经济作物生产总局编	1955
163	扩种水稻改变北方低产面貌	农业部粮食作物生产局	1958. 8
164	兰科植物和马铃薯中的共生现象	丁·马格鲁著；黄河等译	1958. 6
165	里下河地区稻麦两熟增产经验	江苏省农林厅编	1956. 2
166	澧阳县平原棉花大面积丰产经验	湖南省农业厅	1957. 2
167	醴陵县双季稻增产经验	中华人民共和国农业部粮食生产总局编	1955. 12
168	连年获得南瑞苕丰收的经验	四川省农业厅编	1957. 1
169	粮食作物—稻麦另编（上编）	胡锡文主编	1959. 9
170	粮食作物丰产栽培技术经验汇编（1956 年）	浙江省农业厅粮食生产处编	1957. 2
171	粮食作物高额丰产经验汇编（1957 年）	浙江省农业厅编	1958. 2
172	粮食作物良种普及工作手册	中央人民政府农业部编	1951. 6
173	陆稻、深水稻栽培经验	中华人民共和国农业部粮食生产总局编	1956. 6
174	绿肥植物紫穗槐	中央人民政府农业部农业生产司编辑	1952. 9
175	罗布麻	刘士侠著	1959. 5
176	落花生	（苏）З. А. 卢济娜著；孙大容译	1957. 5
177	麻城县棉花增产经验	麻城县农业局编	1958. 4
178	麻类作物	杨曾盛	1956. 6
179	麻类作物跃进增产典型经验	农业部经济作物生产局编	1958. 8
180	麻作学	杨曾盛	1951. 5
181	蔴袋用蔴	余秀茂著	1951. 12
182	马莱树胶	（苏）А. Б. 沃依诺夫斯基著；张笑尘译	1955. 8
183	马铃薯	叶常丰	1957
184	马铃薯	（苏）А. 洛尔赫著；黄华生译	1958. 3
185	马铃薯	（苏）雅库什金著；刘彬声等译	1959
186	马铃薯（上册）	（苏）契莫拉等编；王敬立等译	1955. 12
187	马铃薯（下册）	（苏）契莫拉等编；王敬立等译	1956. 3
188	马铃薯的夏季栽种	（苏）А. М. 法沃洛夫，А. Ф. 卡托夫著；李泽炳等译	1957
189	马铃薯的栽培	（苏）А. И. 塔曼著；李泽炳等译	1955
190	马铃薯的栽培及种薯的贮藏	（苏）П. А. 拉都金等著；叶静渊等译	1956
191	马铃薯的增产	杨鸿祖编著	1958. 7
192	马铃薯甘蓝番茄	内蒙古自治区农业厅编	1956. 4
193	马铃薯芽栽经验	农业部种子管理局	1958. 12
194	麦茬棉花育苗法	山东省农科院编	1958. 5
195	麦类移植栽培法	（日）镰田吉一撰；王长龄编译	1950
196	麦作品种介绍	全国农业展览会增产措施馆种子室编	1957. 3
197	米丘林学说与棉花育种	阿吕特尤诺娃著；涂治译	1956

（续表）

序 号	题 名	责任者	出版年
198	米泉县栽培水稻的经验	米泉县农业技术推广站	1958. 9
199	棉	陈锡臣著	1951. 9
200	棉产工作参考资料集	棉产工作会议大会秘书处，中农部工业原料司编	1950. 8
201	棉产工作参考资料集（第二辑）	中农部工业原料司编	1951. 12
202	棉产工作参考资料集（第六集）	中农部经济作物生产总局编	1955
203	棉产工作参考资料集（第七集）	中农部经济作物生产总局编	1956. 2
204	棉产工作参考资料集（第三集）	中农部工业原料司编	1952
205	棉产工作参考资料集（第四集）	中农部生产司编	1952
206	棉稻两熟栽培技术	云南省农业厅经济作物处编	1958
207	棉花	戈恩斯基著；中国农业部农业宣传总局教材编译室	1956. 7
208	棉花	王彬生编	1959. 5
209	棉花、小麦、玉米、马铃薯栽培技术规程	天津市农林水利局编	1956
210	棉花大面积丰产经验	云南省农业厅编	1958. 6
211	棉花大面积丰产示范经验	农业部经济作物生产局编	1958. 6
212	棉花大面积跃进增产典型经验	中华人民共和国农业部经济作物局编	1958
213	棉花的播种	李自华著	1956
214	棉花的灌溉	列果塔耶夫等著；涂治译	1952. 6
215	棉花的合理密植	中国农业科学院棉花研究所编	1959. 4
216	棉花放卫星奇迹震全球	华容县农业局，中共华容县团山乡党委著	1958. 8
217	棉花丰产（根据全苏农业展览会材料）	（苏）克拉维茨等著；张耀增译	1958. 12
218	棉花丰产技术措施	河南省农林厅特产处编著	1958
219	棉花机器播种经验	中国农业科学院棉花研究所编	1959. 4
220	棉花及其栽培	陈布圣等编著	1958. 7
221	棉花检验教程	《棉花检验教程》编辑委员会编	1951. 8
222	棉花抗旱播种保苗法	西北军政委员会农林部编	1952. 4
223	棉花良种——“泾斯棉”和“五一七棉”	陕西省农业厅编	1957
224	棉花良种繁育经验	江苏省农林厅种子处编	1959. 5
225	棉花品种介绍	全国农业展览会增产节约馆种子室林业馆印	1957. 3
226	棉花深中耕的经验	河北省农业厅编著	1957. 1
227	棉花生产工作参考资料（第一集）	甘肃省农林厅编	1956. 1
228	棉花生产技术手册	浙江省农业厅编	1959
229	棉花生产跃进中的旗帜	中共陕西省委农村工作部编	1958
230	棉花试验方法手册	中国农业科学院棉花研究所编	1958. 9
231	棉花试验研究	江西省彭泽棉花试验站编	1958. 11
232	棉花选种基本知识	张四端编	1959. 9
233	棉花遗传选种文献文摘	（英）克莱特著；冯泽芳，潘家驹译	1959. 1
234	棉花优良品种	农业部种子管理局编	1959. 6

（续表）

序号	题名	责任者	出版年
235	棉花育种新法	（苏）杰尔·阿凡涅斯扬著；余学熙，陈敏仁译	1958
236	棉花栽培技术	中华人民共和国农业部经济作物生产总局编	1956
237	棉花栽培学	施珍著	1959.7
238	棉花怎样整改	西北军政委员会农林部编	1952.7
239	棉花增产知识	陈仁著	1956
240	棉花整枝	中国农业科学院棉花研究所编	1959.6
241	棉作（增订本）	季君勉编	1951.1
242	棉作栽培学	八一农学院编	1956.2
243	棉作栽培学（修订本）	八一农学院编	1956.2
244	牧草	王栋著	1951.6
245	牧草栽培	陈布圣编	1959
246	苜蓿育种的经验	（苏）И. М. 卡拉舒克著；朱之垠等译	1957.8
247	南大2419小麦栽培技术	青海省农林科学研究所	1959.4
248	农业“八字宪法”在小麦增产中的科学运用	河北省农业科学院，河北省科协农学会临时工作委员会主编	1959
249	农业生产技术基本知识——植物的生活）	农业部农业宣传总局编	1956.4
250	农业生产技术基本知识——茶树栽培	农业部农业宣传总局编	1956.5
251	农业生产技术基本知识——茶用作物栽培	农业部农业宣传总局编	1958.9
252	农业生产技术基本知识——棉花栽培	山东省农业厅经济作物处编	1958.8
253	农业生产技术基本知识——纤维作物栽培	农业部农业宣传总局编	1958.1
254	农业生产技术基本知识——烟草和糖料作物栽培	农业部编	1958.1
255	农业生产技术基本知识——油料作物栽培	农业部农业宣传总局编	1956.5
256	农业生产技术基本知识——杂粮和薯类栽培	农业部农业宣传总局编	1956.6
257	农业生产技术问答	浙江省科学技术普及协会编	1955
258	农作	西北农学院教学试验场编	1958.9
259	农作物二馆	全国农业展览会农作物二馆编	1957.2
260	农作物发育阶段的鉴定	（苏）А. И. 卢建科著；萧辅，季道藩译	1957.8
261	农作物一馆	全国农业展览会农作物一馆编	1957.2
262	农作学实验室实习指导	（苏）А. Н 基谢列夫等著；苏少泉等译	1958.11
263	葡萄的综合利用	郭其昌著	1959.7
264	普通农作和土壤学	中等农业学校普通农作和土壤学教科书编辑委员会编	1959
265	普通作物学	张金相编	1951.1
266	千百万斤丰产经验——棉花	山东省农业厅编	1958
267	千人桥社双季早稻三个“卫星”上了天	中共安徽省委编辑室编	1958.9
268	青贮	内蒙古自治区畜牧厅编著	1957
269	青贮料	翁德齐编	1951.9

（续表）

序号	题名	责任者	出版年
270	全国青贮饲料现场会议资料汇编	农业部畜牧兽医局编	1958.1
271	全国甜菜现场会议专刊	农业部经济作物生产局编	1958
272	热带作物馆	全国农业展览会热带作物馆编	1957.2
273	日本的甘薯、马铃薯栽培技术	（日）儿玉敏夫讲述；中国农学会译	1958.9
274	如何获得冬小麦的高额产量	卢克亚纽克著；邬桐译	1956.9
275	三麦丰产技术研究	中国农科院江苏分院编	1959.9
276	杀虫植物	孙少轩	1953.4
277	山东省1959年小麦丰产典型经验	山东省农业科学院	1959.1
278	山东省谷子、旱稻丰产经验	山东省农业厅	1957.1
279	陕西省小麦良种是怎样推广普及的	陕西省农业厅编	1957.1
280	上海市郊区粮食作物丰产经验	上海人民出版社编辑	1956.4
281	上海市蔬菜基本自给和解决淡旺季矛盾经验	上海市农业局编	1958.12
282	上海市松江县1958年水稻丰产经验	中共松江县委员会编	1959.3
283	实用薄荷学	陆志忠编著	1950.1
284	食用作物	周惠著	1958.7
285	试尽草木籽榨出万担油	甘肃省商业厅编	1958.12
286	适宜湖南栽培的油菜良种	湖南省经济建设展览会主编；湖南省农业科学研究所编	1958.1
287	适于中国栽种的洋棉	冯泽芳著	1950.8
288	蔬菜产销结合的经验	北京市农林水利局编	1958.1
289	薯芋类蔬菜栽培技术	吴玉梅等著	1959.12
290	双季稻丰产经验	四川省农业厅编	1957.1
291	双季稻粳稻栽培经验	农业部粮食生产总局编	1956.3
292	双季稻粳稻再生稻的性状研究	杨开渠著	1958.3
293	双季稻栽培技术	王如海，吴本忠，屠家骧等著	1958.6
294	水稻	郭树藩等	1955
295	水稻	沈学年	1955.1
296	水稻	内蒙古自治区农业厅编	1957.3
297	水稻	共青团辽宁省委等	1958
298	水稻	湖北省农业科学研究所编著	1959.7
299	水稻、陆稻栽培技术操作试行规程	天津市农林水利局	1956.5
300	水稻——日本农业技术访华团专题报告	中华人民共和国农业部	1957.11
301	水稻保温育苗经验	农业资料编辑委员会编	1959.8
302	水稻的选种和良种繁育	湖北农科所编著	1959.6
303	水稻丰产经验	中华人民共和国农业部粮食生产总局	1956
304	水稻丰产经验	吉林省农业厅编	1958.12
305	水稻改制技术经验参考资料	农业部粮食作物生产局编	1958.7
306	水稻耕作栽培技术经验	黑龙江省农业厅	1957.2
307	水稻灌溉的生理基础	（苏）耶雷琴著	1958.1

（续表）

序 号	题 名	责任者	出版年
308	水稻绿肥	顾荣申	1956. 6
309	水稻密植增产经验	农业部粮食生产总局编	1955. 12
310	水稻亩产七万斤的技术措施	广东人民出版社	1958. 9
311	水稻排灌技术	湖北省农业科学研究所编著	1959. 6
312	水稻生产技术参考资料	中华人民共和国农业部粮食生产总局	1956. 6
313	水稻生产技术手册（连作晚稻部分）	浙江省农业厅编	1959. 6
314	水稻生理	（日）户刈义次，松尾孝岭编；安克贵译	1959. 12
315	水稻无机营养、施肥和土壤改良	（日）三井进午著；朱光琪，万傅斌译	1959
316	水稻小麦论文选集	湖南农学院	1959. 7
317	水稻小麦优良品种	农业部粮食生产总局编	1956. 6
318	水稻优良品种	农业部种子管理局等编	1959. 7
319	水稻育秧	邓凤仪	1958
320	水稻育秧图说	（日）天辰克已编；北京编译社译	1959. 7
321	水稻栽培	杨开渠	1958. 1
322	水稻栽培技术	农业部粮食生产总局编	1956. 2
323	水稻栽培技术	陈希凯编	1958
324	水稻栽培技术论文集	云南大学农学系四年级学生编	1959. 4
325	水稻栽培技术上的 100 个为什么	应城县农业局编	1959. 6
326	水稻增产的重要措施 新法泡田与合理灌溉	农业部农田水利局编	1958. 6
327	水稻增产经验	河北省农业厅编	1957. 1
328	水稻增产农业技术	吉利庆柯，孔庆昇译	1953. 6
329	水稻产量大跃进的经验	中共广东省委办公厅编	1958. 4
330	水葫芦	赵可夫，王殿臣	1958. 9
331	水浇地棉花的农业技术	（苏）马卡洛夫著；元以志，张芬译	1958. 7
332	四百种野生饲料植物和它们的营养价值	佟恒，张仲葛编译	1959. 9
333	四川省大竹县宝华农业社苧蔴丰产经验	四川省农业厅编	1956. 12
334	四川省甘蔗增产经验	四川省农业厅编	1956. 12
335	四川省射洪县前锋农业社 1956 年棉花大面积增产经验	四川省农业厅编	1956. 12
336	四川省是怎样争取棉麦两熟丰收的	四川省农业厅编	1956. 12
337	饲料生产及植物学基础（上册）	（苏）Н. Г. 安德列也夫著；汪玢译	1959. 2
338	松江县 1958 年单季晚粳稻丰产经验	松江县农林局编	1959. 6
339	苏丹草	（苏）М. П. 叶尔苏科夫等著；孙醒东，陈家修译	1957
340	苏丹草的农业技术	（苏）В. И. 蔡丘林著；陈唯真译	1955
341	苏联茶叶栽培	（苏）И. М. 别列日诺著；汪玢译	1953. 4
342	苏联冬小麦的栽培技术	中国农民代表团编	1956. 5
343	苏联的植棉经验	杜第科编著；涂治译	1952. 5
344	苏联的植棉经验（中国农民代表团赴苏参观报告之九）	时代出版社编	1953

（续表）

序号	题名	责任者	出版年
345	苏联东部麦作技术	杨智编译	1953.6
346	苏联获得冬种作物高产量的农业技术（绥吉纳教授讲演之三）	（苏）A.И. 绥吉纳著；北京农业大学俄文翻译室译	1951.9
347	苏联棉花的栽培技术与病虫害防治	（苏）M. 洛佐瓦茨卡娅等著；邓鸿举等译	1956.3
348	苏联农业专家来华考察资料汇编（第四辑）	中华人民共和国农业部对外联络局整理	1957
349	苏联先进的植棉业（中国农业技术考察团考察报告）	中国农业技术考察团报告	1958.7
350	苏联新植棉区的棉花灌溉	（苏）斯达罗夫著；农业部国营农场管理总局译	1955.2
351	苏联植棉经验	西北行政委员会农林局编	1953.2
352	苏联植棉业考察报告（初稿）	中国赴苏农业技术考察团编著	1957.5
352	粟及其栽培技术	张履鹏编著	1958.1
354	糖甜菜	董一忱著	1956.12
355	糖甜菜先进栽培者的生产经验	（苏）M.И. 朵尔戈波洛夫著；杨玉仙等译	1958.6
356	提高冬小麦越冬性和抗倒伏性的研究	（苏）Г.В. 波鲁茨基等著；吴兆苏，朱立宏等译	1959.1
357	提高牧草的收获量	（苏）Д. 梅希略克夫著；陈唯真译	1955.7
358	田间作物农业技术	（苏）И.В. 亚库什金等编；南京农学院达尔文主义遗传选种教研组，机农通报社译	1956.5
359	田菁	孙醒东等著	1959.8
360	甜菜	内蒙古自治区农业厅编	1957.3
361	甜菜保藏学	（苏）卢宾著；余鑫年译	1956
362	甜菜保藏知识和方法	轻工业部食品局汇编	1958
363	甜菜的综合利用	唐述鋐著	1958.9
364	甜菜丰收经验	轻工业出版社编	1959
365	甜菜良种繁育	谢家驹	1958.12
366	甜菜选育种	谢家驹	1959.9
367	甜菜栽培	谢家驹编著	1959.1
368	甜菜栽培技术介绍	（民主德国）马克斯·拉波夫斯基	1956.8
369	甜菜制糖的化学检查	（苏）西林著；李伟强，王诰译	1955
370	桐圩社早稻大面积丰产经验	李明钺著	1958.1
371	晚秋的田间管理技术	福建省农业厅编	1958.8
372	我国的麻	刘鸿翥编著	1956
373	我们集体农庄怎样获得谷类作物和技术作物高产量	（苏）И.В. 米秀林著；汪玢译	1956.3
374	五峰县的千斤茶园和采茶能手	湖北省农业厅特产处编	1958.11
375	五谷比高低——玉米夺锦标	新疆人民出版社编	1959.3

（续表）

序　号	题　名	责任者	出版年
376	武功县旱地小麦增产经验	陕西省农业厅	1957.1
377	西北野生有用植物手册（第三册）	崔友文主编	1959
378	西北紫花苜蓿的调查及研究	西北农业科学研究所编著	1958
379	西南地区小麦油菜试验研究会议资料	西南农业研究所编	1955
380	西平和平社大卫星飞上天丰产小麦亩产七千三	中共西平县委会编	1958.7
381	夏播油料作物栽培技术	湖北省农业厅编	1958.2
382	纤维用亚麻	雅库希金著；奏耀祖等译	1958.7
383	鲜水果和蔬菜的运送组织	（苏）Г.М. 施楚巴克著；何嘉澍译	1954
384	向创造大面积水稻丰收的醴陵县学习	中南人民出版社编辑	1953.1
385	向日葵的丰产经验	赵政邦著	1959.4
386	向先进地区看齐，把棉花增产一倍	中共湖北省委办公厅	1958.1
387	橡胶草	罗士苇等著	1951.5
388	橡胶植物	柳大绰著	1956.8
389	小麦	内蒙古自治区农业厅编	1957.3
390	小麦	陈锡臣等著	1959.1
391	小麦、玉米、烟草栽培的生物学基础	（苏）Н.И. 沃罗达尔斯基著；北京农业大学译	1959.5
392	小麦大麦丰产经验	浙江省农业厅编	1958.1
393	小麦的起源	（苏）Е.Н. 辛斯卡亚著；王月兰译	1958.2
394	小麦的栽培及其生物学特性	（苏）巴隆尔斯卡娅等著；唐锡华等译；“苏联农业科学”杂志编辑委员会编辑	1956.8
395	小麦登上了高产宝座	安徽人民出版社编	1958.9
396	小麦丰产技术	李树棠编	1956.4
397	小麦丰产经验	（苏）德里启叶高夫等著；熊尤金等译	1954
398	小麦丰产经验	甘肃省农业厅编	1957.1
399	小麦丰产经验	四川省农业厅编	1957.1
400	小麦高产纪录是怎样创造的	中国青年出版社编	1955.11
401	小麦连年丰收	河北省农业厅编	1957.1
402	小麦生产技术	中国农业科学院华东农业研究所编	1958.11
403	小麦生物学	（苏）А.И. 诺萨托夫斯基著；李正德等译	1957.11
404	小麦施肥技术	顾伟成编	1958.9
405	小麦卫星田（技术管理措施汇集）	河南农业科学研究所编	1958.11
406	小麦研究报告汇编（1950—1954年）	华东农业科学研究所编	1956.8
407	小麦优良品种《优良品种资料第一集》	中华人民共和国农业部粮食生产总局编	1956
408	小麦栽培生物学基础——小麦生活初期的发育学特性（第三卷）	（苏）库别尔曼著；崔继林等译	1958
409	小麦增产典型经验（麦田管理）	中华人民共和国农业部粮食生产总局编	1956
410	新丰农业社水稻丰产经验	吉林省农业厅编	1957.2
411	新疆的罗布麻	新疆农垦厅编	1959

（续表）

序　号	题　名	责任者	出版年
412	新疆玛纳斯河流域乌鲁木齐区部队农场1955年作物丰收总结及新疆今后发展棉花生产任务	新疆八一农学院编	1955. 12
413	新疆维吾尔自治区1956年农业丰产经验	新疆维吾尔自治区农业厅编	1957. 3
414	新疆维吾尔自治区1957年棉花丰产经验	新疆维吾尔自治区农业厅编	1958. 1
415	新疆五大作物增产措施	新疆农林牧科学研究所编	1959. 3
416	新乡专区棉花丰产技术经验	河南新乡专区棉花增产委员会办公室编	1959. 4
417	幸福乡真幸福每人平均早稻五千四百多斤	李三保著	1958. 1
418	选种和良种繁育学	中等农业学校《选种和良种繁育学》教科书编辑委员会编	1957
419	亚麻	董一忱著	1957
420	亚麻丰产经验	多尔基著；孙滢，张翰译	1955. 5
421	亚麻及亚麻浸渍法	季鸣时	1953. 7
422	烟草生产	（美）茄纳著	1958. 5
423	烟草译丛	《烟草译丛》编委会编	1958. 8
424	烟草译丛（第五辑）	《烟草译丛》编委会编	1959. 1
425	烟草栽培	（苏）索洛威耶夫著；雕操铨译	1954. 11
426	延边朝鲜族自治州水稻丰产经验	中国农业部粮食总局	1956. 8
427	盐碱地甜菜栽培技术	谢家驹著	1958. 9
428	洋麻	李宗道著	1952. 12
429	洋芋	贵州省农林厅编	1958. 9
430	洋芋、蚕豆丰产的红旗	湖北省农林厅编	1958. 1
431	药材资料汇编（上集）	中国药学会上海分会，上海市药材公司编	1959. 5
432	药草栽培	吉林省特产研究所编著	1959. 8
433	药用黄耆本草学及生药学的研究	赵炯黄，王孝涛，步毓芝，毛华训著	1959. 8
434	药用植物的经济栽培（第一集）	李承祐编译	1953. 6
435	药用植物学及生药学	山东医学院生药学教研室编	1956. 3
436	药用植物栽培法	四川省农业厅经济作物局编	1956. 12
437	药用植物栽培技术	裕戴勋编	1959. 2
438	药用植物栽培技术的研究方法	（苏）基里扬诺夫著；黄俊华译	1959. 5
439	药用作物栽培技术资料	仲坚著	1959. 7
440	药玉米	河南省农科所编著	1958. 8
441	野生纤维大有可为	甘肃省商业厅编	1958. 12
442	野生纤维植物图说	中国科学院华南植物研究所编	1959
443	野生药用植物图说	华南植物研究所编	1959. 12
444	野生植物油料	中华人民共和国商业部土产废品局编	1958
445	叶纤维作物	李宗道编著	1957. 5
446	一个小麦双千斤生产队的丰产经验	湖北省农业厅编	1958. 9
447	因地制宜种好双季稻	张世荣编	1957. 4
448	英汉油料词汇	中国科学院编译出版委员会名词室编订	1959. 1
449	油菜	贵州省农业厅编	1958. 9

（续表）

序　号	题　名	责任者	出版年
450	油菜、油用萝卜子栽培技术	云南省农业厅	1958. 3
451	油菜丰产技术参考资料	湖南省农业厅科学研究所编	1958. 11
452	油菜丰产经验	新疆维吾尔自治区农业厅	1958. 12
453	油菜丰产经验	浙江省农业厅编	1958. 9
454	油菜高额丰产经验	湖北省农业厅编	1958. 1
455	油菜生产跃进的典型经验	农业部粮食作物生产局编	1958. 9
456	油菜栽培技术	中华人民共和国农业部粮食生产总局编	1956
457	油菜增产技术	胡树抱编著	1958. 9
458	油茶及油茶果加工	蒋万芳编著	1959. 1
459	油料	内蒙古自治区农业厅编	1957. 4
460	油料作物	李宗道编著	1956
461	油料作物	（苏）雅库希金主编；张维翰译	1956. 3
462	油料作物（上册）	（苏）И. А. 敏凯维奇，В. Е. 博尔科夫斯基编著	1957. 11
463	油料作物（下册）	（苏）И. А. 敏凯维奇，В. Е. 博尔科夫斯基编著	1958. 12
464	油料作物大有可为	新疆人民出版社编辑	1959. 3
465	油料作物丰产经验	中华人民共和国农业部粮食生产总局编	1956. 8
466	油料作物生产技术参考资料	中华人民共和国农业部粮食生产总局编	1956. 6
467	油料作物增产经验	农业粮食作物生产局编	1958. 1
468	油桐之栽培及改良	徐明著	1950. 9
469	莜麦	内蒙古自治区农业厅编	1957. 3
470	与农业任务相联系的植物刺激作用问题	（苏）Ю. В. 拉基金著；李明启译	1956. 4
471	玉米的生物学特性和杂交育种	刘泰，李竞雄	1958. 1
472	玉米的选种与种子繁育	（苏）阿·萨拉莫夫著；北京农业大学俄文翻译室	1956. 7
473	玉米的栽培和青贮	李特维诺夫著；陈国康译	1956
474	玉米的综合利用	轻工业出版社编	1958. 1
475	玉米丰产技术	比林斯基著；元明志等译	1958. 6
476	玉米丰产经验	中华人民共和国农业部粮食生产总局编辑	1956
477	玉米高粱丰产经验	中共安徽省委编辑室编	1958. 9
478	玉米人工辅助授粉	波鲁密斯科娃著；王锡五，陈洁莲译	1956
479	玉米生产技术图解	农业出版社编绘	1959. 7
480	玉米为什么产量高	河北省农业厅编	1957. 1
481	玉米育种	刘仲元编著	1959. 4
482	玉米杂交	内蒙古自治区农业厅编	1958. 11
483	玉米杂交工作经验	农业部种子管理局编	1958. 12
484	玉米杂种	（苏）Б. П. 索科洛夫著；徐润芳译	1957
485	玉米贮藏生理、生物化学原理	（苏）М. Г. 高立克著；龚立三译	1957
486	元帅·卫星小麦生产技术图解	农业部农业宣传局编	1958. 9
487	沅江金盆农业社苎麻增产经验	湖南省农业厅	1957. 1

（续表）

序 号	题 名	责任者	出版年
488	云南烤烟的栽培和烤制	徐天骝著	1958.6
489	云南省小春生产技术参考资料	云南省农业厅，农业试验站，科学技术普及协会编	1957.1
490	杂粮	马广文	1951.3
491	杂粮	内蒙古自治区农业厅编	1957.3
492	栽茶与制茶	陶秉珍编著	1951.7
493	栽培草麻的经验	贵州省农业厅	1958.11
494	栽培冬小麦的科学成就和先进经验	（苏）切尔诺马兹著；叶林译	1956
495	在草田轮作中栽培多年生牧草的技术	王德编译	1954
496	在植物生活和苏联农业中的氮素	（苏）Д. Н. 普里亚尼什尼科夫著；王天铎等译	1956.12
497	怎样才能使棉花增产	西北农科所编	1955.4
498	怎样促进棉花早熟	冯靖著	1956.1
499	怎样繁殖甜菜种子	王立方，汪真年著	1959.9
500	怎样防止红薯腐烂	河南省农业厅编	1955
501	怎样丰产水稻	李君凯编	1957.3
502	怎样栽培油料作物	新疆维吾尔自治区农业厅	1956.7
503	怎样增产棉花	中央人民广播电台农业组	1956.2
504	怎样种苞米	王少林等编	1958.5
505	怎样种蓖麻	江西农业厅特作生产指导处编	1958.5
506	怎样种甘蔗	罗邦彦编著	1959.8
507	怎样种好大豆	江苏省农林厅编	1955.7
508	怎样种好花生	江苏省农林厅编	1955
509	怎样种好绿肥作物	江苏省人民政府农林厅编	1954
510	怎样种好水稻	江苏省农林厅编	1955
511	怎样种好油菜	江苏省人民政府农林厅编	1954
512	怎样种好玉米	江苏省农林厅编	1955.5
513	怎样种棉花	新疆维吾尔自治区农业厅	1956.5
514	怎样种香叶天竺葵	轻工业部上海食品工业科学研究部编	1958.1
515	怎样种小麦	新疆维吾尔自治区农业厅	1956.7
516	怎样种油菜	李明钺编著	1956.2
517	怎样种旱稻	白鸿祥编	1958.5
518	怎样种植蓖麻	四川省农业厅，农业科学研究所，科学技术普及协会编	1956.3
519	怎样种植蓖麻	云南省农业厅，云南省对外贸易局编	1958.4
520	怎样种植高产量作物	辽宁省农业厅办公室	1956.5
521	怎样种植甜菜	湖北省恩施县糖酒局	1959.3
522	增产油料多种油茶	林业部造林局经济林处编	1956
523	增加甘蔗有效茎数的技术措施	邓绍同编著	1958.11
524	赵岭社春马铃薯高额丰产经验	宿松县农业局编	1958.1
525	浙江棉区两熟丰产经验	浙江省农业厅特产局编著	1956.1

（续表）

序　号	题　名	责任者	出版年
526	浙江省 1956 年连作稻、间作稻、玉米、番薯增产技术指导纲要	浙江省农业厅主编	1956. 1
527	芝麻及其栽培	（苏）B. E. 波尔柯夫斯基，H. Φ. 乌明著；任筱波等译	1956. 2
528	芝麻及其栽培	詹英贤著	1957. 7
529	芝麻栽培技术	农业粮食作物生产局编	1958. 5
530	植物萎蔫法在农业上的应用	阿尔兰德著；朱健人译	1956
531	制米作物：黍、荞麦、稻、小米（粟）	（苏）П. M. 舒可夫斯基主编；余学熙，陈敏仁译	1955. 8
532	中稻高产经验初编	科技卫生出版社编	1958
533	中等农业学校作物栽培学	河南省农林厅编辑委员会编	1958. 11
534	中国北部和西北部重要饲料植物和毒害植物	崔友文编著	1959. 8
535	中国的茶叶	庄晓芳著	1953. 3
536	中国的棉花	冯泽芳著	1959. 6
537	中国的苘蔴	涂敦鑫等著	1959. 1
538	中国的芝麻	詹英贤著	1957. 3
539	中国粮食增产问题	王成敬著	1958
540	中国棉花栽培学	中国农业科学院棉花研究所编	1959. 12
541	中国饲料植物图谱	中华人民共和国农业部编	1959
542	中国药用植物志（第二册）	裴鑑著	1956
543	中国药用植物志（第六册）	裴鉴，周太炎著	1958. 9
544	中国药用植物志（第三册）	裴鑑著	1956
545	中国药用植物志（第五册）	裴鉴，周太炎著	1957. 11
546	中国药用植物志（第一册）	裴鑑著	1956
547	中国主要马铃薯品种的性状描写	杨鸿祖等著	1958. 6
548	中亚细亚、南高加索和哈萨克共和国植棉业工作人员会议	张玉荪译	1958. 7
549	中药材丰产栽培经验介绍（第一辑）	卫生部药政管理局	1959. 6
550	种蓖麻	常耀中著	1956
551	种地讲“八字”麦子堆成山	新疆人民出版社编	1959. 2
552	种棉方法	宋康祥，唐高远著	1951. 6
553	种棉花	张四端编著	1956. 4
554	种棉手册	季君勉编著	1951. 4
555	种棉手册	陕西醴泉县技术指导委员会编	1958. 12
556	种玉米	徐纯方编著	1956. 4
557	重要的绿肥作物栽培	孙醒东著	1958
558	重要的牧草栽培	孙醒东著	1955. 5
559	苎麻的种子栽培和有性杂交	湖南省农业科学研究所编	1959. 4
560	苎麻和黄麻	李宗道编著	1957. 2
561	专题文献索引——谷类贮藏	中国科学院科学技术情报研究所编	1958. 9

（续表）

序号	题名	责任者	出版年
562	专题文献索引——薯类贮藏	中国科学院科学技术情报研究所编	1958.9
563	专题文献索引——水稻生理	中国科学院科学技术情报研究所编	1958.9
564	卓头社小麦亩产5103斤	中共安口粱委会编	1958.8
565	作物学（上）	黄绍绪编著	1950.3
566	作物学（下）	黄绍绪编著	1950.8
567	作物栽培学	浙江农林厅主编	1959.1
568	作物栽培学（第二册）	（苏）A.И.斯密尔诺夫著；陈恺元，董而雍译	1955.12
569	作物栽培学（第三册）	（苏）A.И.斯密尔诺夫著；陈恺元，董而雍译	1956.3
570	作物栽培学（第三分册）	中国人民大学编	1958.4
571	作物栽培学（第一册）	（苏）A.И.斯密尔诺夫著；陈恺元，董而雍译	1955.1
572	作物栽培学（上）	（苏）И.B.雅库希金撰；汪玢，许振中译	1957.2
573	作物栽培学（中）	（苏）И.B.雅库希金撰；汪玢，许振中译	1957.2
574	作物栽培学（下）	（苏）И.B.雅库希金撰；汪玢，许振中译	1957.2
575	作物栽培学（上册）	中等农校栽培学教科书编委会编	1957.8
576	作物栽培学（下册）	中等农校栽培学教科书编委会编	1958.5
577	作物栽培学（修订本）	李竞雄等主编；马藩之等编	1959.12
578	作物栽培学（作物栽培专业）（上）	中等农业学校作物栽培学教科书编委会编	1957.12
579	作物栽培学（作物栽培专业）（下）	中等农业学校作物栽培学教科书编委会编	1957.12
580	作物栽培学实验室作业	（苏）H.A.马索里扬著；浙江农学院作物栽培教研组译	1956.12
581	作物栽培与环境	（英）华埃特R.O，马克西莫夫H.A.译；施澄，张婴译	1957.5

（3）1960—1969年

序号	题名	责任者	出版年
1	1959年小麦丰产经验	农业部粮食油料生产局编	1960.3
2	1959年油菜大面积丰产经验	农业部粮食油料生产局编	1960.2
3	1960年陕西小麦增产经验	中国农科院陕西分院编	1961.9
4	1960年油菜大面积丰产经验	福建省农业厅编	1960.1
5	毕节专区的洋芋	毕节专署农业科学研究所编	1960.2
6	草原的保护和利用	雷致中等编	1964.4
7	草原牧草文献目录	甘肃农业大学图书馆编	1965.12
8	茶树育种学	浙江农业大学编著	1964.8
9	茶叶丰产经验	贵州省农业厅经济作物局编	1960.3

（续表）

序　号	题　名	责任者	出版年
10	茶叶论文选集	中国园艺学会编	1965. 7
11	茶叶生产基本知识讲义	中国农业科学院江苏分院编	1960. 5
12	陈永康水稻高产经验	陈永康讲；江苏人民出版社整理	1964. 3
13	陈永康水稻高产经验研究（第一集）	中国农业科学院江苏分院编	1964. 12
14	大豆	新疆维吾尔自治区农业厅，新疆军区生产建设兵团司令部编	1960. 4
15	大豆	王金陵编著	1966. 5
16	大豆、油菜丰产技术研究	中国农业科学院江苏分院编	1960. 3
17	大豆、油菜栽培学讲义	中国农业科学院江苏分院编	1960. 7
18	大豆育种技术	中国农业科学院江苏分院编	1961. 6
19	大豆专题文献索引	吉林农业科学院编	1960. 5
20	大麻	新疆维吾尔自治区农业厅，新疆军区生产建设兵团司令部编	1960. 7
21	大麻栽培技术	郎续纲编	1960. 2
22	大麦、燕麦、黑麦	郑长庚等编	1960. 4
23	大麦的生物化学	（苏）西奇卡里·伊万诺夫著；董钻，沈亨理译	1965. 1
24	氮素在烟草个体发育中的作用	（苏）沃洛达尔斯基著；金敖熙译	1963. 6
25	稻的生物化学	（苏）克尼雅吉尼切夫著；郭公佑译	1963. 7
26	稻麦群体研究论文集	殷宏章等著	1961. 12
27	稻作集论	周拾禄著	1963. 11
28	稻作学讲义	中国农业科学院江苏分院编	1960. 4
29	稻作研究	周拾禄著	1963. 9
30	稻作育种技术	中国农业科学院江苏分院编	1961. 6
31	第八届国际草地会议论文集	中国农业科学院科学情报资料室译	1966. 2
32	冬小麦	徐天恩编	1960. 9
33	杜仲	胡笃敬，杨镇衡编著	1961. 1
34	多穗高粱及其利用	河北省轻工业局编	1960. 7
35	芳香植物及其利用（上册）	焦启源编著	1963. 3
36	甘薯栽培学讲义	中国农业科学院甘薯研究所编	1960. 6
37	甘蔗浑身是宝	毛惠文编著	1960. 4
38	甘蔗试验研究报告（1959 年）	福建省甘蔗实验站	1960. 3
39	谷类作物的选种与良种繁育学实验指导	（苏）高林等著；黄济明译	1960. 12
40	馆藏图书目录（粮食作物）	中国农业科学院图书馆	1960. 8
41	馆藏中文专题书目	北京农大图书馆	1960. 3
42	广东药用植物栽培法	欧志焜，张广富编	1960. 2
43	广州地区图书馆所藏水稻文献选目	华南农学院图书馆主编	1963. 8
44	贵州省 1959 年烤烟丰产经验	贵州省农业厅经济作物局编	1960. 4
45	贵州省 1960 年秋收粮作物增产技术措施	贵州省农业厅粮食油料生产局编	1960. 3
46	杭州药用植物志	上海第一医学院药学系生药学教研组编	1961. 9
47	和棉花交朋友	黄骏麒编著	1960. 3

（续表）

序　号	题　名	责任者	出版年
48	黑麦的生物化学	（苏）基明斯坦等著；董鐨译	1964.8
49	胡麻	新疆维吾尔自治区农业厅，新疆军区生产建设兵团司令部编	1960.4
50	湖南省常德专区棉花生产几个问题的调查和意见（1961年）	李增玖编	1962.3
51	花生	新疆军区生产建设兵团司令部编	1960.4
52	花生栽培	中国农业科学院花生研究所主编	1963.1
53	花生种植法	曾宪文编	1960.1
54	看天看地务棉花（张秋香植棉小组务棉经验）	张秋香口述；陈作枢等整理	1963.5
55	烤烟工具配套成龙	贵州省农业厅经济作物局编	1960.6
56	科学实验一千个（水稻）	少青儿童出版社编	1965
57	科学试验一千个（小麦）	少青儿童出版社编	1966.3
58	力争棉花多产多收——1963年会国集中产棉县棉花生产会议的两个建议	中华人民共和国国务院公报编	1963.9
59	芦苇	盘锦农垦局芦苇试验站编著	1960.6
60	绿肥	贵州省农业科学研究所编	1960.2
61	绿肥牧草试验方法	中国农业科学院及江苏分院编	1963.12
62	绿肥作物讲义	中国农业科学院及江苏分院编	1960.3
63	麻类丰产经验（1963年）	农业部工业原料局编	1965.3
64	麻类栽培	张勗	1963.7
65	麻类作物（上册）	李长年	1962.3
66	蔴类中外文书籍专题索引	中农院蔴研究所情报资料室编	1964.5
67	马来亚橡胶栽培手册	埃德格尔著；华南亚热带作物科学研究所译	1963.9
68	马铃薯	新疆维吾尔自治区农业厅	1960.4
69	马铃薯的芽栽技术	新疆维吾尔自治区农业科学研究所编	1961.2
70	马铃薯就地留种技术摘编	中国科学院遗传研究所编	1969
71	麦类栽培	吕世简编	1963.9
72	麦作学讲义	中国农业科学院江苏分院编	1960.6
73	棉花	湖北省农业科研究所编著	1960.1
74	棉花	新疆维吾尔自治农业厅，新疆军区生产建设兵团司令部编	1960.6
75	棉花	复旦大学植物生理教研组，上海师范学院植物生理教研组编	1961.11
76	棉花	薛应龙编	1962.7
77	棉花（第三辑）	浙江农业大学，浙江农业科学院编	1963.4
78	棉花（第四辑）	薛应龙编	1963.4
79	棉花的保管	中华全国供销合作总社储运局编	1964.12
80	棉花丰产技术研究	中国农业科学院江苏分院编	1960.5
81	棉花丰产经验	贵州省农业厅经济作物局编	1960.5
82	棉花蕾铃脱落生理	汤玉玲等编著	1964.5

（续表）

序号	题名	责任者	出版年
83	棉花蕾铃脱落与增蕾保铃	刘志翼编著	1963.7
84	棉花生产问题	克里斯第斯，哈里逊著；邵仲香译	1963.6
85	棉花生理研究综论	胡竟良等编	1963.8
86	棉花译丛（第七辑）	复旦大学植物生理教研组编	1964.12
87	棉花译丛（第五辑）	复旦大学植物生理教研组编	1963.8
88	棉花译丛（第八辑）	复旦大学植物生理教研组编	1965.5
89	棉花译丛（第六辑）	浙江农业大学，浙江农业科学院编	1963.12
90	棉花优良品种	农业部工业原料局编	1966.2
91	棉花育种技术	中国农业科学院江苏分院编	1961.6
92	棉花栽培技术	辽宁省棉麻科学研究所编	1962.11
93	棉花栽培技术手册	陕西省棉花研究所编	1963.3
94	棉花中、西、俄文农业资料索引（4）	西北农学院图书馆	1961.1
95	棉花中外文报刊资料索引（第一期）	中国农科院棉化研究所图书室编	1966.1
96	蘑菇	刘波著	1959
97	蘑菇及其栽培	刘波著	1964.9
98	宁夏的胡麻	宁夏回族自治区固原农业实验站编著	1961.2
99	宁夏的水稻栽培	李树棠著	1963.8
100	农业“八字宪法”在多穗高粱增产中的科学运用	河北省农业科学院，河北省农学会编	1960.4
101	农业“八字宪法”在甘薯增产中的科学运用	河北省农业科学院，河北省农学会编	1960.7
102	农业“八字宪法”在谷子增产中的科学运用	河北省农业科学院，河北省农学会编	1960.4
103	农业“八字宪法”在马铃薯增产中的科学运用	河北省农业科学院，河北省农学会编	1960.5
104	农业“八字宪法”在棉花增产中的科学运用	河北省农业科学院，河北省农学会编	1960.5
105	农业“八字宪法”在水稻增产中的科学运用	河北省农业科学院，河北省农学会编	1960.7
106	农业“八字宪法”在玉米增产中的科学运用	河北省农业科学院，河北省农学会编	1960.4
107	农业科学研究机构新选育的品种	全国农业展览馆种子室编	1960.1
108	农作物文摘	上海市科学技术编译馆编	1964.6
109	青海油菜丰产经验	青海省农林科学研究所编	1960.3
110	全国第三次抗菌素学术会议论文集——抗菌素在农牧业上的应用	童村，张为申主编	1965.12
111	热带作物栽培学	华南热带作物科学研究院，华南热带作物学院编	1962.2
112	三麦文献索引	南京农学院图书馆编	1965.1
113	上海市郊区粮食一年三熟制生产经验	上海市农艺学会，上海市农业局技术推广站编	1965.2
114	上海市郊区棉花丰产经验总结（1964年）	上海市农艺学会，上海市农业局技术推广站编	1965.2

（续表）

序　号	题　名	责任者	出版年
115	上海市郊区农垦 58 栽培经验汇编（1964 年）	上海市农艺学会，上海市农业局技术推广站编	1965
116	上海水稻品种志	上海市农业科学院作物育种栽培研究所，上海市农村工作委员会种子站编	1961. 9
117	施肥量对油菜生长发育的质量形成的影响（1961—1962 年）	湖南农学院编	1962. 1
118	授衣广训	（清）董浩编	1960. 1
119	薯类栽培	朱丕荣著	1963. 3
120	水稻	新疆维吾尔自治区农业厅，新疆军区生产建设兵团司令部编	1960. 7
121	水稻	华东师范大学生物系等	1962. 1
122	水稻大丰收（上海市 1959 年水稻丰产技术经验总结）	上海市农村工作委员会农业部编	1960. 4
123	水稻丰产的土壤环境	中国科学院农业丰产研究丛书编辑委员会	1961. 1
124	水稻棉花外文书刊专题目录	上海图书馆	1965. 4
125	水稻螟虫	周圻编著	1964. 1
126	水稻日文专题资料索引	上海图书馆	1962. 7
127	水稻塑料薄膜育秧技术	水稻译丛编译委会编	1966. 2
128	水稻塑料薄膜育秧经验	农业部粮食油料生产局编	1966. 3
129	水稻译丛（第八辑）	上海市农业科学院等编	1963. 9
130	水稻译丛（第二辑）	华东师范大学生物系等编	1962. 9
131	水稻译丛（第九辑）	《水稻译丛》编译委员会编	1964. 2
132	水稻译丛（第六辑）	华东师范大学生物系等编	1963. 5
133	水稻译丛（第七辑）	上海市农业科学院等编	1963. 8
134	水稻译丛（第三辑）	华东师范大学生物系等编	1962. 11
135	水稻译丛（第四辑）	华东师范大学生物系等编	1963. 1
136	水稻译丛（第十四辑）	《水稻译丛》编译委员会编	1965. 12
137	水稻译丛（第五辑）	华东师范大学生物系等编	1963. 4
138	水稻幼穗分化期的鉴定方法	王佑林编译	1964. 3
139	水稻育气象	中国农业科学院农业气象研究室编著	1960. 3
140	水稻增产技术问题	新疆维吾尔自治区农业科学研究所	1960. 2
141	水稻专号	北京农业大学科研处	1965
142	水田耕作原理	（日）泉清一等编著；湖南农学院粮油教研组耕作课小组译	1965. 9
143	苏美英日农业机械化发展简况	李克佑编著	1965. 7
144	粟的杂交育种	张履鹏编著	1961. 7
145	糖料作物栽培	殷彭福，郑德庆编	1963. 4
146	糖甜菜生产技术问题	新疆维吾尔自治区农业科学研究所编	1960. 2
147	糖用甜菜	新疆维吾尔自治区农业厅，新疆军区生产建设兵团司令部编	1960. 7
148	天然橡胶的性质和利用	马来西亚橡胶研究所编	1965. 2

（续表）

序　号	题　名	责任者	出版年
149	甜菜技术手册	内蒙古自治区科技协会等编	1964
150	甜菜母根窖藏	王立刀，汪真年编著	1960. 1
151	甜菜栽培	中国农业科学院甜菜研究所主编	1964. 12
152	为革命种好杂交高粱	山西省忻县科技委员会编	1968. 12
153	五谷史话	万国鼎编	1961. 4
154	夏季绿肥（报刊资料文摘索引，总 25 号）	广西壮族自治区第二图书馆编	1965
155	小麦	湖北省农业科学研究所编著	1960. 4
156	小麦的密植和深耕	中国科学院《农业丰产研究丛书》编辑委员会编	1960. 6
157	小麦的研究	（苏）茹科夫斯基主编；蔡旭等译	1965. 11
158	小麦丰产问题研究	中国科学院《农业研究丛书》编辑委员会编	1963. 1
159	小麦丰产研究论文集	夏正澳等编	1962. 12
160	小麦丰产知识	夏永生等编	1960. 2
161	小麦育种技术	中国农业科学院江苏分院编	1964. 5
162	小麦专刊（1965 年）	北京农业大学小麦综合研究组编	1965
163	小麦专题（馆藏书目—1960 年）	中国农业科学院图书馆编	1960. 3
164	小麦专题报告索引	中国农业科学院图书馆编	1960. 3
165	新疆的长绒棉	新疆农业科学院研究所编	1960
166	新疆绿肥栽培	廖先明编	1962. 7
167	兴化油菜栽培学	兴化县农业局，兴化县科学技术协会编	1960. 8
168	烟草栽培	戈福元编	1963. 4
169	杨谈（棉花生产上的大寨）	农业部编	1965. 4
170	腰果（热带木本油料）	劳家骐编	1963. 12
171	腰果文摘撰辑（西文资料）	中国科学院中南分院图书馆编	1961. 11
172	药用植物栽培	（苏）伊茨科夫，康德拉钦科主编；盛国成译	1963. 11
173	药用作物栽培	中国医学科学院药物研究所资料室编	1963. 7
174	野生植物的鉴别采集与利用	樟棋编著	1960. 6
175	一九六三年棉花学术讨论会论文选集	中国农学会编	1965. 11
176	一九六五年春小麦丰产科学技术总结	中国农科院作物育种栽培研究所编著	1966. 4
177	一九六五年黄洋麻丰产科学技术总结	中国农科院麻类研究所	1966. 4
178	一九五九年棉花大面积高产经验	农业部工业原料生产局编	1960. 4
179	一九五九年棉花增蕾保桃技术经验汇编	农业部工业原料生产局编	1960. 4
180	油菜的若干生理问题	中国科学院《农业丰产研究丛书》编辑委员会编	1960. 7
181	油菜增产技术问答	新疆维吾尔自治区农业科学研究所	1960
182	油料、谷糜	陕西省图书馆编	1961. 11
183	油料植物及油的形成过程	（苏）Н. И. 沙拉波夫著；黄观程等译	1965. 1
184	油桐栽培与油桐果加工	王杰编	1960. 1

（续表）

序　号	题　名	责任者	出版年
185	油棕文摘选辑	中国科学院中南分院图书馆	1961. 8
186	玉米	李伯航编	1960. 6
187	玉米	新疆维吾尔自治区农业厅，新疆军区生产建设兵团司令部编	1960. 8
188	玉米、粟类、荞麦	李克雄编	1960. 4
189	玉米的生物化学	（苏）叶尔马科夫等主编；顾慰连等译	1964. 8
190	玉米丰产技术研究	中国农科院江苏分院编	1960. 3
191	玉米农业资料索引之五	西北农学院图书馆编	1962. 11
192	玉米形态学——形态学、解剖学和胚胎学	（苏）X. M. K. 库彼尔曼著；蔡可译	1966. 1
193	玉米学讲义	中国农科院江苏分院编	1960. 7
194	玉米育种的理论与实践	刘仲元编著	1964. 9
195	杂交玉米的育种和种子生产	（美）尤根海麦著；李竞雄等译	1965. 9
196	杂粮栽培	朱丕荣等编	1963. 3
197	杂种玉米	沈阳农学院革委会教育革命组	1969. 12
198	怎样种好紫云英绿肥	奉贤县农业局编	1966. 5
199	芝麻栽培	杜心田编	1960. 2
200	中国甘蔗栽培	广东省农业科学院，轻工业部甘蔗糖业科学研究所主编	1963. 12
201	中国农业遗产选集——棉（上）	陈祖槼主编	1963. 5
202	中国热带作物布局的理论探讨	中国科学院地理研究所编辑	1963. 1
203	中国水稻栽培学	丁颖主编	1961. 1
204	中国小麦品种志	金善宝，刘定安主编	1964. 5
205	中国小麦栽培学	金善宝主编	1961. 4
206	中国烟草栽培	中国农业科学院烟草研究所主编	1963. 6
207	中国药用植物志（第八册）	裴鉴，周太炎著	1965. 8
208	中国药用植物志（第七册）	裴鉴，周太炎著	1964. 1
209	中国油菜栽培	四川省农业科学研究所主编；田正科等执笔	1964. 12
210	中国玉米栽培	山东省农业科学院主编	1962. 12
211	中药材生产技术	农业部工业原料局	1960. 3
212	种水稻基本功	上海市松江县佘山公社，上海市松江县天马公社编	1965. 11
213	种植养猪高产饲料	农业部编	1960. 2
214	苎麻丰产经验介绍	贵州省农业厅经济作物局编	1960
215	苎麻文摘选辑（中西文资料）	中国科学院中南分院图书馆编	1961. 1
216	苎麻栽培生物学基础	李宗道编著	1962. 12
217	专题资料索引（白薯）	北京农业大学图书馆	1960. 4
218	专题资料索引（甘薯）	南京农学院图书馆编	1960. 3
219	专题资料索引（花生、向日葵、芝麻）	南京农学院图书馆编	1960. 3
220	专题资料索引（麻）	南京农学院图书馆编	1960. 3
221	专题资料索引（马铃薯）	南京农学院图书馆编	1960. 3

（续表）

序　号	题　名	责任者	出版年
222	专题资料索引（向日葵、蓖麻）	北京农业大学图书馆	1960. 4
223	专题资料索引（小麦）	南京农学院图书馆编	1960. 3
224	专题资料索引（玉米）	南京农学院图书馆编	1960. 3
225	专题资料索引（玉米）	北京农业大学图书馆	1960. 4
226	专题资料索引（药用植物栽培）	北京农业大学图书馆	1960. 4
227	自力更生的丰硕成果——辽宁省土豆就地留种技术介绍	沈阳农学院革委会教育革命组编	1969. 12
228	作物产量形成与高产理论（译文集）	游修龄等译	1966. 3
229	作物栽培学	浙江农业大学编著	1961. 12
230	作物栽培学	北京气象专科学校编	1961. 8
231	作物栽培学（上册）	江苏省苏州农业学校等主编	1961. 7
232	作物栽培学（上册）	北京农业大学等编	1961. 7
233	作物栽培学（上册）	安徽省农业厅教材编辑委员会编	1960. 6
234	作物栽培学（上册）	东北农学院编	1961. 7
235	作物栽培学（下册）	安徽省农业厅教材编辑委员会编	1961. 1
236	作物栽培学（下册）	东北农学院编	1961. 8
237	作物栽培学（下册）	北京农业大学等编	1961. 8
238	作物栽培学（中册）	江苏省苏州农业学校等主编	1964. 1

（4）1970—1979 年

序　号	题　名	责任者	出版年
1	“702”及其在水稻上的应用	中国科学院上海生物化学研究所核酸应用组，浙江省农业科学院作物育种栽培研究所激素组编	1973. 2
2	北京郊区农作物间作套种三种三收经验	北京市农林局编	1975. 8
3	北京棉花栽培	北京市农科院作物所编	1977. 3
4	北京市小麦高产经验选编（1975 年）	北京市小麦协作组编	1976. 3
5	北京水稻栽培	北京市农科院作物所编	1978. 7
6	北京小麦栽培	徐育成编	1979. 8
7	薄荷的栽培和加工	上海日用化学工业研究所编	1975. 8
8	草木樨	辽宁省农业科学院土壤肥料研究所编	1978. 7
9	草木樨栽培利用技术挂图	辽宁省农业科学院土壤肥料研究所编绘	1977. 12
10	茶树良种繁育	中国农科院茶叶研究所编	1973. 7
11	茶树栽培	北京农业出版社编	1973. 9
12	春播油菜栽培技术	淮阴地区农科所油料组编	1976. 2
13	春小麦栽培技术	《春小麦栽培技术》编写组	1973. 8
14	大豆育种和良种繁育	吉林省农业科学院编	1976. 1
15	大豆栽培技术	黑龙江省农业科学院编	1978. 2
16	大蒜	上海市嘉定县农业局编	1977. 9

（续表）

序　号	题　名	责任者	出版年
17	大田作物科学试验方法	广东省农业科学院编	1977. 8
18	大寨玉米栽培	大寨大队科研小组著	1975. 9
19	稻米检验方法及设备	加里波尔迪著	1973
20	稻田球肥深施	福建省农业科学院土肥微生物组编	1976. 8
21	第十五届国际甘蔗技师学会论文集选编	福建农学院农学系，中国科学技术情报研究所重庆分所编	1977. 12
22	冬小麦栽培	山西省临汾地区农业科学研究所编	1975. 6
23	甘薯“下蛋”创高产	山东农科院等编	1972. 12
24	高粱	山西省忻县地区农业科学研究所编著	1976. 9
25	高粱育种和良种繁育	山西省忻县地区种子站编	1977
26	高温大屋窖贮藏红薯	河南省郸城革命委员会农林局编	1977. 2
27	枸杞	秦国峰，王培蒂编	1978. 12
28	枸杞栽培	青海省农林科学院林业研究所编	1974. 8
29	谷子	山西省晋东南地区科技局等编	1976. 1
30	谷子亩产千斤的实践与认识	山西省晋城县水东公社编	1971. 8
31	谷子育种和良种繁育	山西省农业科学院编著	1974. 9
32	谷子栽培	晋东南地区农科所编	1975. 1
33	谷子栽培技术	山西省农业科学院等编	1977. 9
34	光合作用：从机理到农业	沈允钢，王天铎著	1978. 8
35	贵州烤烟栽培	贵州省福泉烟草科学研究所编	1979. 9
36	国外茶叶资料	中国科学技术情报研究所重庆分所编	1978. 8
37	国外单倍体育种	上海市农业科学院，上海师范大学编译	1974. 6
38	国外谷物蛋白质赖氨酸分析测定法	上海科学技术情报研究所编	1979. 12
39	国外谷物干燥技术	第一机械工业部机械研究院农机研究所	1977. 11
40	国外水稻育种资料选辑	中国科学技术情报研究所重庆分所编	1975. 3
41	禾本科作物的形态与解剖	李扬汉著	1979. 6
42	红麻栽培技术	湖南省农林局，麻类科学研究所编	1972. 6
43	红萍养用经验	农业出版社编辑	1976. 12
44	花生	山东省花生研究所	1975. 1
45	花生育种和良种繁育	山东省花生研究所编	1975. 11
46	花生栽培技术	山东省花生研究所编	1978. 3
47	几种主要作物的光合作用和产量形成	（日）村田吉男著；郑丕尧译	1978. 7
48	简明农业词典（蔬菜分册）	江苏农学院园艺系等编著	1979. 1
49	金鸡纳树栽培	《金鸡纳树栽培》编写组编	1976. 3
50	晋庄大队谷子丰产经验	山西省壶关县晋庄公社晋庄大队编	1973. 1
51	科学种麻夺高产	浙江省萧山县四联大队党支部编	1976. 5
52	拉线种稻法：水稻栽培新技术	京、沪、浙三地区拉线种稻法交流协作会议编	1970
53	冷害与水稻	（日）石冢喜明等著；金人一等译	1979. 7
54	粮食与环境	联合国粮食及农业组织编	1977. 1

（续表）

序号	题名	责任者	出版年
55	灵芝	中国科学院北京植物研究所，北京医学院药理教研组编著	1976. 4
56	绿萍的养殖与利用	浙江省农业科学院土壤肥料研究所编	1975. 12
57	栾城小麦大面积丰产经验	河北省栾城县革命委员会	1975. 4
58	罗布麻的综合利用（绿化、纺织、造纸、医药、烟茶）	《罗布麻的综合利用》编辑组编	1978. 2
59	麻类作物栽培技术	湖南麻类研究所编	1977. 4
60	马铃薯实生薯选用与防止退化综合措施	马铃薯实生薯选用科研课题协作组编	1979. 5
61	马铃薯遗传	（英）H. W. 荷华德著；洪用林译	1974. 8
62	马铃薯育种和良种繁育	黑龙江克山农科所编	1976. 12
63	麦类作物的产量生理和育种	浙江省农业科学院科技情报室编	1977. 6
64	棉花	朝阳农学院农学系编	1976. 1
65	棉花	陕西省棉花研究所编著	1977. 1
66	棉花的一生	江苏省农业科学研究所经济作物研究室编著	1975. 6
67	棉花高产的革命实践	河南省新乡县七里营公社委员会	1971. 12
68	棉花形态学	李正理著	1979. 4
69	棉花因苗管理图册	上海市农业科学院作物育种栽培研究所棉花组编	1979. 2
70	棉花育苗移栽技术	陕西省棉花研究所编	1975. 7
71	棉花育种和良种繁殖	中国农业科学院棉花研究所编	1974. 9
72	棉花栽培	农业出版社编	1973. 9
73	棉花栽培技术	中国农业科学院棉花研究所编	1977. 12
74	墨西哥小麦栽培技术	广东省农业局种子站，广东省农科院粮作所编	1974. 8
75	牧草和紫穗槐的栽培与利用	辽宁省农业科学院编	1973. 5
76	宁夏农作物品种介绍	宁夏回族自治区科学技术服务站情报资料室编	1974. 1
77	农作物的辐射育种	浙江省农科院作物所编	1972. 9
78	农作物营养诊断译文集	《标准化译丛》编辑部	1976. 1
79	铺纸种稻	辽宁省纸种稻试验协作小组等编	1975. 11
80	青海春小麦高产实践	董留卿编	1979. 1
81	青绿饲料调查研究结果选编（一）	吉林省农业科学院畜牧研究所草原饲料研究室编	1978. 1
82	热带地区的大豆生产	联合国粮食及农业组织编	1979
83	人参栽培与加工	抚松县第一参场编	1974. 8
84	三季稻	广东省农业局粮食处	1976. 5
85	三麦的一生	江苏省农科所小麦研究室编	1976. 6
86	三熟制油菜生产实践	四川省广汉县北外公社党委会编	1976. 7
87	三熟制水稻栽培技术	陈玉成编著	1977. 11

（续表）

序　号	题　名	责任者	出版年
88	“三水一萍”养用技术	安徽省农林科学院《“三水一萍”养用技术》编写组编	1977.6
89	三种三收中茬玉米丰产经验	北京市农林局编	1977.1
90	山东农作物间套复种	山东省革委会农业局编	1972.12
91	陕北马铃薯育种与栽培	梅林地区农科所等编	1975.5
92	生物固氮	上海科技情报所	1972
93	生物固氮（资料汇编）	中国科学技术情报研究所重庆分所编	1975.4
94	生物固氮译文集（第二集）	沈阳林业土壤研究所《生物固氮译文集》翻译小组译	1975.4
95	生物固氮译文集（第一集）	中国科学院植物研究所翻译室译	1974.8
96	史村大队小麦丰产经验	中共滕县史村大队支委会编	1973.11
97	薯类栽培	农业出版社编	1973.12
98	水稻	浙江大学农学系，浙江省农业科学院作物研究所编	1976.11
99	水稻的生长发育	（日）松岛省三，藤井义典著；吴尧鹏译	1975.11
100	水稻的生理	马场赳著；吴尧鹏译	1976.1
101	水稻的生态	（日）山田登著；吴尧鹏译	1976.2
102	水稻的一生	陈玉成	1974.8
103	水稻丰产典型经验选编	农业出版社	1974.1
104	水稻化学杀雄杂种优势利用	广东省农作物杂种优势利用研究协作组编	1978.11
105	水稻生产技术问答	《水稻生产技术问答》编写组	1975.9
106	水稻生理	潘瑞炽	1979.11
107	水稻生理试验方法	韩雅琴	1979.8
108	水稻生理学实验手册	（日）吉田昌一等著；北京市农业科学院作物研究所资料情报组译	1975.9
109	水稻小苗带土移栽	浙江省农业科学院	1971.5
110	水稻小苗的生理及其育秧技术	（日）星川清亲著；沈若谦译	1977.11
111	水稻因苗管理图册	江苏农学院农学系作物栽培教研组编	1977.8
112	水稻育种和高产生理	浙江省农业科学院科技情报室编译	1979.4
113	水稻育种和良种繁育	广东省农业科学院粮食作物研究所编	1978.5
114	水稻育种译文集	浙江省农业科学院科技情报室编译	1975.1
115	水稻杂种优势利用研究	江西水稻杂种优势利用协作组	1975.12
116	水稻栽培	华南农学院革命委员会水稻栽培教材编写组	1970.7
117	水稻栽培技术	合江地区水稻科研所编	1973.3
118	水稻栽培生理	上海师范大学生物系，上海市农业学校编	1978.4
119	苏州地区三麦栽培经验	江苏省苏州地区革命委员会农业局，江苏省苏州地区农业科学研究所编	1976.2
120	田山大队芝麻高产经验	襄阳县田山大队党支部编	1976.1
121	甜菜手册	《甜菜手册》编写组编	1973.7
122	甜菜栽培技术	黑龙江省甜菜研究所编	1978.8

（续表）

序　号	题　名	责任者	出版年
123	为革命多产粮大力种植包谷杂交种	云南省农业科研究所等编	1972. 1
124	为革命多产粮大力种植包谷杂交种	嵩明农业局革命委员会等编	1972. 2
125	为革命种好春小麦	中国农业科学院作物育种栽培所编	1971. 11
126	为革命种好水稻	中国农业科学院作物育种栽培所编	1971. 2
127	为革命种好玉米	中国农业科学院作物育种栽培所编	1970. 8
128	为革命种好杂交高粱	湖南省农业服务站编	1970. 4
129	为革命种好杂交玉米	湖南省农业服务站编	1970. 4
130	温室无土育秧技术	安徽省农业局农业处编	1979. 4
131	我国主要农作物生产赶超世界先进水平的设想和建设（征求意见稿）	中国农林科学院科技情报研究所	1978. 2
132	吴吉昌谈科学种棉	吴吉昌	1977. 11
133	西北油脂植物	中国科学院西北植物研究所，兰州大学编著	1977. 8
134	西藏冬小麦	西藏自治区农业科学研究所编	1978. 7
135	夏玉米高产的实践	河南省滑县白道口公社秦刘拐大队编	1976. 1
136	小春优良品种介绍	陕西省农林局，中农院陕西分院粮作组编	1972. 2
137	小麦	山东省莱阳农业学校编著	1975. 8
138	小麦的现代品种及其系谱	（苏）C. B. 拉宾诺维奇著；北京市农业科学院小麦组编译	1977. 3
139	小麦丰产典型经验选编	农业出版社编	1973. 11
140	小麦高产稳产低成本	河南省偃师县岳滩公社岳滩大队党支部编	1976. 7
141	小麦生产的斗争实践	中共偃师岳滩大队支部编	1972. 4
142	小麦移载	王世之编著	1975. 3
143	小麦因苗管理图册	王世之编著；中国科学院植物研究所绘图室绘图	1979. 4
144	小麦育种学	李德炎主编	1976. 7
145	小麦栽培理论与技术	中国农业科学院主编	1979. 1
146	小麦种子生活力的测定——红四氮唑染色法简介	中国科学院北京植物研究所植物园种子站，北京市种子站编	1978. 8
147	许昌烤烟栽培	河南省许昌烟草试验场编	1975. 3
148	许家务大队间作套种经验	北京市平谷县乐政务公社许家务大队编	1972. 1
149	薰衣草的栽培与加工	陕西省轻工业科学研究所日化研究室编著	1979. 11
150	药用植物栽培	杭州药物试验场等编著	1977. 6
151	药用作物栽培	农业出版社编	1973. 11
152	因地制宜推广高粱、杂交玉米典型经验选编	山东农业科学院	1972. 4
153	用毛主席哲学思想指导植棉	陕西省农林局编	1972
154	优良玉米杂交品种介绍	山东省农业科学院作物研究所	1978. 5
155	优良杂交高粱组合及亲本介绍	锦州市农业科学研究所	1979. 12
156	油菜丰产经验选编	农业出版社编辑	1974. 6
157	油菜生产的斗争实践	上海市南汇县农业局编	1972. 5

（续表）

序　号	题　名	责任者	出版年
158	油菜生产技术问答	《油菜生产技术问答》编写组编	1975. 1
159	油菜栽培技术	中国农业科学院油料作物研究所编	1979. 6
160	油沙豆	广西植物研究所革委会编	1977. 3
161	油桐栽培技术	广西林业科学研究所，崇左县油桐试验站著	1976. 1
162	玉米的水分状况和矿质营养	（苏）С. И. 斯鲁哈伊著；丁希泉，赵化春译	1979. 8
163	玉米的一生	江苏农学院农学系作物栽培组编著	1977. 9
164	玉米高产稳产经验	山东省革委会农林局	1976. 5
165	玉米生理译丛	顾慰连，高学曾等编译	1979. 1
166	玉米遗传育种学	《玉米遗传育种学》编写组	1979. 7
167	玉米因苗管理图册	山东省农科院作物研究所编	1978. 7
168	玉米育种和良种繁育	河南省新乡地区农业科学研究所	1978. 7
169	玉米杂交育种技术	牡丹江地区农科所	1974. 9
170	玉米杂交种	浙江东阳玉米研究所	1976. 6
171	玉米主要自交系图谱	北京市种子站编	1976. 6
172	杂交高粱工作经验汇编	中国科学院遗传研究所编著	1970
173	杂交水稻	湖北省杂交水稻研究所协作组编著	1976. 1
174	杂交水稻技术挂图	湖南省革命委员会农业局，湖南省农业科学院编绘	1977. 12
175	杂交水稻生产技术问答	湖南省农业局，湖南省农业科学院编	1977. 11
176	杂交玉米和杂交高粱	北京农业科学研究所编	1974. 9
177	怎样防止早稻烂秧	农业出版社编辑	1978. 9
178	怎样搞好水稻田间管理	辽宁省农业科学院编	1976. 5
179	怎样培育棉花良种	《怎样培育棉花良种》编写组编	1975. 6
180	怎样培育水稻壮秧	辽宁省农业科学院稻作研究所编	1974. 3
181	怎样培育小麦良种	《怎样培育小麦良种》编写组编	1972. 5
182	怎样摘收优质棉	崔伯齐著	1976. 1
183	怎样种大豆	《怎样种大豆》编写组编	1976. 11
184	怎样种冬麦	《怎样种冬麦》编写组编	1971. 4
185	怎样种高粱	《怎样种高粱》编写组编	1977. 7
186	怎样种花生	《怎样种花生》编写组编	1975. 9
187	怎样种黄麻	《怎样种黄麻》编写组编	1971. 11
188	怎样种马铃薯	《怎样种马铃薯》编写组编	1976. 3
189	怎样种水稻	《怎样种水稻》编写组编	1971. 6
190	怎样种油菜	《怎样种油菜》编写组编	1973. 1
191	怎样种玉米	《怎样种玉米》编写组编	1976. 3
192	植棉能手谈科学种棉	农业出版社编辑	1975. 8
193	中部地区甜菜栽培	黑龙江甜菜糖业研究所等编	1975. 12
194	中国谷子品种资源目录（上）	山西省农业科学院主编	1979. 9
195	中国谷子品种资源目录（中）	山西省农业科学院主编	1979. 9

（续表）

序　号	题　名	责任者	出版年
196	中国沙漠地区药用植物	中国科学院，甘肃省冰川冻土沙漠研究所编	1973. 4
197	中国水稻品种的光温生态	水稻光温生态研究协作组编著	1978. 5
198	中国油脂植物手册	中科院植研所植化研究室油脂组编	1973. 9
199	种烟谚语浅释	河南省长葛县烟棉麻公司烟叶生产组著	1978. 3
200	庄稼的秘密	《庄稼的秘密》编写组编	1975. 6
201	紫云英	江苏省苏州地区农业科学研究所编	1979. 4
202	作物的光合作用与物质生产	（日）户刈义次主编；薛德榕译	1979. 7
203	作物育种常用的统计分析法	童一中编著	1979. 9

（5）1980—1989 年

序　号	题　名	责任者	出版年
1	八倍体小黑麦育种与栽培	鲍文奎主编	1981. 7
2	北方水稻	苏宝林等编	1986. 1
3	蓖麻栽培	傅福勤编	1982. 12
4	冰草	（苏）韦利奇科著；刘起译	1987. 7
5	采种中草药技术	邓来送编著	1989. 12
6	蚕豆栽培	刘琼芳编著	1984. 8
7	蚕豆栽培问答	施汉民著	1983. 1
8	草木樨	张保烈，文荣威编著	1989. 12
9	茶经述评	吴觉农主编	1987. 5
10	茶树的特性与栽培	刘宝祥编著	1980. 6
11	茶树扦插原理与实践	陈文怀编著	1980. 3
12	茶树生理	庄晚才编	1984. 5
13	茶树生理及茶树生化试验手册	中国农业科学院茶叶研究所编	1983. 12
14	茶树施肥	吴洵编著	1985. 5
15	茶树育种学	湖南农学院主编	1980. 8
16	茶树栽培和茶叶采制	何耀水编	1983. 7
17	茶树栽培技术	中国农业科学院茶叶研究所编	1982. 12
18	茶树栽培技术	廖代钧等编	1984. 12
19	茶树栽培与生理	陈兴琰译	1981. 7
20	茶叶加工	维尔克霍文主编	1986. 6
21	茶叶生化原理	王泽农编著	1981. 8
22	茶叶译丛（二）	刘家坤主编	1982. 3
23	春小麦丰产规律研究论文集	青海省春小麦丰产规律研究协作组	1981. 9
24	大豆的改良、生产和利用	（美）B. E. 考德威尔著；吉林省农业科学院等译；赵永贵校	1982. 5
25	大豆气象	潘铁夫编著	1989. 12

（续表）

序　号	题　名	责任者	出版年
26	大豆生理	东北师范大学生物系《大豆生理》编写组编著	1981.1
27	大豆施肥	李淑贞编	1985.5
28	大豆形态生理与育种	（美）希克斯等著；钱葭生，余建章译	1984.5
29	大豆与天气	（巴西）达莫塔著；刘树泽译	1981.1
30	大豆栽培	张瑞忠编著	1982.2
31	大豆栽培技术	王连铮，常耀中主编	1988.5
32	大豆综合利用	孙义章，张成益编	1986.12
33	大麦	赵永新编译	1986.1
34	大麦栽培技术	赵国栋等编	1988.8
35	大小麦栽培	浙江农业大学农学系作物栽培教研组	1982.8
36	单细胞藻类的培养与利用	华汝成编著	1986.11
37	稻茬免（少）耕种麦	陈子威等著	1988.5
38	稻的生长——解剖图说	（日）星川清亲著；蒋彭炎，许德海译	1980.1
39	稻的生物学	（日）龟田重三郎著；闵绍楷等译	1989.12
40	稻的形态与解剖	徐是雄等著	1984.12
41	稻谷和大米的储藏	倪兆桢，万慕麟著	1981.9
42	稻谷综合利用	余兆海著	1987.4
43	稻米品质的遗传与育种	谭协和编著	1988.6
44	稻米深加工	姚惠源，陈祥树著	1988.2
45	稻田灌溉	毛礼钟著	1981.2
46	稻田及水面养萍	王在德编	1984.12
47	稻作旱种技术	王致远著	1985.4
48	稻作科学	谢庚华著	1985.12
49	稻作科学技术	周拾禄著	1981.12
50	稻作诊断与增产技术	（日）松岛省三著；胡天民等译	1984.7
51	第三世界的小麦	（美）H. 汉森等编著；郭绍铮等译	1987.2
52	滇型杂交水稻	李铮友等著	1980.4
53	丁颖稻作论文选集	《丁颖稻作论文选集》编辑组编	1983.5
54	冬小麦的栽培	余松列，于振文编著	1989.2
55	冬小麦精播高产栽培	余松烈等编	1988.2
56	豆类的化学和生物化学	（印）S. K. 阿罗拉著；高健译	1987.2
57	多年生小麦	（苏）齐津著；李特特等译	1982.2
58	多种用途绿肥作物	王松元，李本泉编	1988
59	茯苓栽培	李益健，王克勤编	1982.5
60	甘薯、马铃薯新品种	叶超林，孙杨宝编著	1987.2
61	甘薯、马铃薯栽培	袁宝忠等编著	1984.8
62	甘薯与气象	冯树桐编	1986.3
63	甘薯栽培	浙江农业大学农学系作物栽培教研组	1982.8
64	甘薯栽培技术	盛家廉，袁忠宝编著	1980.3

（续表）

序 号	题 名	责任者	出版年
65	甘薯主要优良品种彩色图谱	雷书声编绘	1981. 1
66	甘蔗育种和良种繁育	戚经文等编	1980. 12
67	甘蔗栽培	谢仙环等编	1982. 8
68	甘蔗栽培生理	王鉴明编著	1980. 12
69	甘蔗栽培新技术	邓绍同编著	1984. 12
70	高粱品质育种	徐瑞洋编著	1987. 5
71	高粱栽培技术	李振武著	1981. 6
72	谷物化学论文选	中国财政经济出版社编辑	1982. 8
73	谷子高产栽培技术	纪广农，王永斌编著	1983. 3
74	广东省粮食与经济作物发展研究	广东省农委科教处编	1984. 1
75	国外果树生产与科学研究	曾骧，罗国光编著	1983. 1
76	国外期刊茶叶目录（第 2 辑）	中国农科院茶叶研究所情报研究室编	1983. 5
77	国外植棉现代化趋向	刘毓湘编著	1980. 1
78	果实生理	李明启编著	1989. 11
79	旱稻及其栽培	凌祖铭等编著	1986. 11
80	旱地小麦综合栽培技术	蒋纪芸，马长德编著	1989. 12
81	旱作小麦栽培技术问答	毛贵章等编	1989. 6
82	禾本科牧草	R. O. 怀特著	1988. 8
83	河南小麦栽培学	河南省农业科学院主编	1988. 12
84	黑麦草	张武舜编著	1983. 8
85	红花	吴应祥，黎大爵编	1982. 1
86	红花种质资源极其开发利用	袁国弼等编著	1989. 8
87	红薯、木薯、马铃薯	高武津等编	1984. 4
88	猴头栽培	陈国良编著	1982. 5
89	胡麻生产经验选编	山西省农业厅粮食油料生产处	1980. 4
90	花生地膜覆盖栽培	黄星炯编	1986. 6
91	花生生产栽培技术	徐明显等编著	1985. 6
92	花生与气象	刘洪顺，李庆民等编	1987. 11
93	花生栽培	孙大容等编著	1984. 7
94	花生栽培技术问答	福建省农业厅粮油处主编	1982. 11
95	化学杀雄与水稻杂种优势利用	广东省农作物杂种优势利用研究协作组编	1981. 12
96	黄麻红麻栽培技术	李宗道编	1983. 5
97	简明农业词典（果树分册）	江苏农学院园艺系等编著	1980. 7
98	京郊小麦系列化栽培	北京市通县农业科技推广站	1988. 12
99	经济水生植物	陈守钜等编著	1982. 8
100	经济植物开发利用研究	陈卓良著	1994. 11
101	经济作物四十例	江苏省科学技术情报研究所，江苏省射阳县科学技术委员会编	1982. 1
102	经济作物栽培	宋百成等编著	1988. 8
103	经济作物栽培知识	《经济作物栽培知识》编辑组编	1986. 9

（续表）

序　号	题　名	责任者	出版年
104	酒花	王瑞玕编	1982. 1
105	酒花	(西德) 汉斯・柯尔曼，阿尔弗雷德・卡斯特纳著；卢永华等译	1983. 7
106	酒花栽培	赵玉卿编	1982. 12
107	聚合草的丰产措施	戚厚善等编	1981. 2
108	看图种稻	贝尼托・S. 弗加拉著；秦玉田译	1984. 3
109	抗菌素产生菌的杂交育种	贺秉坤，刘颐屏编	1980. 4
110	烤烟栽培	苏德成编著	1989. 1
111	粮农组织年鉴（第 34 期）	联合国粮食及农业组织编	1981
112	粮农组织生产年鉴（1979 年）	联合国粮食及农业组织编	1980
113	粮农组织生产年鉴（第 36 期）	联合国粮食及农业组织编	1983
114	粮农组织生产年鉴（第 38 期）	联合国粮食及农业组织编	1985
115	粮农组织生产年鉴（1985 年）	联合国粮食及农业组织编	1986
116	粮农组织生产年鉴（1987 年）	联合国粮食及农业组织编	1987
117	粮农组织生产年鉴（第 34 期）	联合国粮食及农业组织编	1981
118	粮农组织生产年鉴（第 35 期）	联合国粮食及农业组织编	1982
119	粮农组织生产年鉴（第 37 期）	联合国粮食及农业组织编	1985
120	粮农组织生产年鉴（第 43 期）	联合国粮食及农业组织编	1989
121	粮农组织四十年（1945—1985 年）	联合国粮食及农业组织编	1985
122	粮油籽粒品质及其分析技术	何照范编著	1985. 7
123	鲁棉一号	庞居勤等编	1983. 3
124	陆稻的研究	国家稻作研究所著；华南农学院水稻援外班译	1981. 12
125	绿肥	焦彬编著	1985. 2
126	绿肥译丛	杨运生等主编	1984. 1
127	绿肥栽培与利用	江西省农业科学院作物研究所编著	1982. 7
128	麻类栽培	郎续纲等	1982. 9
129	麻类作物施肥	李宗道	1989. 12
130	麻作的理论与技术	李宗道	1980. 9
131	马铃薯	马大燮编著	1985. 12
132	马铃薯改良的科学基础	(英) 哈里斯 P. M. 编；蒋克明等译	1984. 1
133	马铃薯留种法	张巨编著	1987. 1
134	马铃薯生产技术问答	李嵩，赵德卿编	1980. 9
135	马铃薯无病毒种薯生产的原理和技术	田波等编	1980. 11
136	马铃薯阳畦保种留种与高产栽培	李庆源，艾发祥著	1986. 3
137	马铃薯遗传学	(苏) B. B. 赫沃斯托娃，И. M. 雅什娜主编；唐洪明，李克来译	1981. 8
138	马铃薯栽培技术	黑龙江省农业科学院，克山农科所编	1984. 4
139	满江红	陈扬春编	1985. 4
140	美国棉花育种技术进展	(美) 托马斯・W. 卡普著；马家璋等译	1988. 7
141	棉花	徐楚年等编	1983. 2

（续表）

序 号	题 名	责任者	出版年
142	棉花	陕西省棉花研究所编著	1985. 3
143	棉花《中国农业百科全书农作物》	季道藩主编	1986. 6
144	棉花保蕾铃技术	朱缵高编著	1984. 5
145	棉花的产量形成及其诊断	高璆，马克浓编著	1982. 6
146	棉花的生长和组织解剖	上海市农业科学院编著	1988. 8
147	棉花的组织培养——棉花译文集之二	奚元龄等译	1982. 3
148	棉花地膜覆盖栽培的原理及技术	陈奇恩等编著	1986. 7
149	棉花地膜覆盖栽培技术	辽宁省棉麻科学研究所编	1984. 2
150	棉花副产品的综合利用	陈仁，张美华编	1986. 5
151	棉花及其产品	（法）巴利主编；黄骏麒，张本译	1987
152	棉花看苗诊断	洪光斗编著	1988. 12
153	棉花科学施肥	汤玉玮等编	1985. 12
154	棉花良种及高产栽培技术	薛祯祥等编著	1986. 8
155	棉花品种混杂退化及其防治	王俊兴编著	1988. 6
156	棉花生理	郑泽荣等编著	1980. 6
157	棉花生理译丛	中国农业科学院棉花研究所编	1982. 1
158	棉花生理专题论文集	（美）斯图尔特，莫尼主编；王缨，周行等译	1987. 3
159	棉花试验方法	洪继仁等编	1985. 8
160	棉花纤维检验学	国家标准局纤维检验局编	1984. 2
161	棉花新良种	郭恒敏，丁坤元编著	1986. 5
162	棉花一播全苗	韩玉先编	1983. 5
163	棉花遗传育种和良种繁育	（苏）西蒙古良等编著；李毓湘等译	1986. 9
164	棉花遗传育种研究	（苏）德科夫主编；项时康，赵来顺译	1981. 9
165	棉花遗传育种和良种繁育文摘（1949—1984 年）	中农院棉花研究所编	1988. 3
166	棉花应用乙烯利催熟技术及其原理	韩碧文等著	1983. 2
167	棉花优良品种——中棉所 10 号	刁光中等编著	1983. 8
168	棉花与气象	韩慧君编	1987. 9
169	棉花远缘杂交	梁正兰，孙传渭编著	1982. 11
170	棉花栽培	杨树藩编著	1982. 2
171	棉花栽培	浙江农业大学系作物教研组编	1982. 1
172	棉花栽培二百题	秦贤汉等编著	1989. 6
173	棉花栽培管理手册	山东省惠民行署棉花生产办公室，山东省惠民行暑出版办公室编	1982. 11
174	棉花栽培技术	罗永辉编著	1989. 2
175	棉花栽培技术问答	江苏省农业科学研究所经济作物研究室编著	1983. 8
176	棉花栽培生理	倪金桂主编	1986. 9
177	棉花栽培生理	金聿，陈布圣主编	1987. 9
178	棉籽质量的遗传和生理生化	蔡以纯译	1981. 4

（续表）

序　号	题　名	责任者	出版年
179	木本食用油料作物栽培	吴耕民编著	1982.6
180	木本油料栽培	熊惠，张毅萍编著	1988.2
181	木薯加工	格雷斯著	1986.6
182	牧草及饲料作物栽培学	内蒙古农牧学院主编	1981.3
183	苜蓿	江苏省农业科学院土壤肥料研究所编	1980.3
184	农村家庭科学培养药用真菌	潘崇环等编	1987
185	农业文献目录（豆类作物分册）	王湫月编	1984.3
186	农作物同化、呼吸和蒸腾的模拟	（荷）C.T. 德威等著；裴鑫德，李赋镐译	1987.6
187	农作物栽培	晓岩编	1983.12
188	气候与水稻	上海市农业科学院情报研究室编译	1980.11
189	气候与水稻	国际水稻研究所编；中国农业科学院农业气象研究室等译	1982.6
190	荞麦	陆大彪等编著	1986.1
191	荞麦的遗传育种和良种繁育	（苏）阿列克谢叶娃，帕乌舍娃编著；李克来等译	1987.3
192	青绿饲料	耿华珠，苏加楷编	1981.11
193	全国小麦品种资源目录（上）	中国农业科学院作物品种资源研究所编	1980.5
194	全国小麦品种资源目录（下）	中国农业科学院作物品种资源研究所编	1981.2
195	全国玉米种质资源目录	中国农业科学院作物品质资源研究所，山东农科院玉米研究所编	1988.8
196	热带地区的大豆生产	（美）欣森等编	1982
197	热带地区的大豆生产（4）	联合国粮食及农业组织编	1982
198	热带作物栽培学	华南热带作物科学研究院，华南热带作物学院编	1980.5
199	人参贝母天麻栽培与加工	杨继祥编著	1987.1
200	人参的研究及栽培	肖培根等编	1987.2
201	日本水稻栽培	李君凯著	1980.4
202	三麦生产问答	上海市农科院作物育种栽培研究所编	1983.3
203	沙打旺	苏盛发著	1985.1
204	沙打旺栽培技术	周泽生著	1984.11
205	山西常见中药材栽培技术	白效令著	1985.8
206	山西省黍稷（糜）品种资源研究	王星玉著	1985.3
207	山西小麦品种志	山西省种子公司编	1981.1
208	陕西省棉花技术教材	陕西省棉花研究所编	1980.1
209	社队粮食保管常识	李庆龙编	1982.9
210	实用水稻栽培——水稻栽培与增产技术	（日）松岛省三著；秦玉田译	1984.1
211	实用水稻栽培学	浙江农业大学等编	1981.1
212	实用油菜栽培学	刘后利主编	1987.12
213	实用植棉技术	汪兰编	1986.2
214	食用豆类栽培	佟屏亚，李清华编著	1982.12

（续表）

序　号	题　名	责任者	出版年
215	食用豆类作物的改良与生产	联合国粮食及农业组织出版物选译	1986. 5
216	世界粮食和农业情报及早期预报体系关于粮食作物和粮食短缺的特别报告	联合国粮食及农业组织编	1982. 7
217	世界粮食问题（挑战和战略）	（美）沃特曼，卡明斯著；瞿昭旗，聂崇训译	1984. 11
218	世界粮食问题概论	孙振远编著	1986. 12
219	世界粮食问题展望与农业潜力	（美）玛丽林・周，小戴维・哈蒙著；梁丽莉等译	1982. 12
220	世界小麦（种的组成，育种成就，目前问题和原始材料）	（苏）勃列日涅夫等主编；董玉琛等译	1982. 12
221	双季杂交水稻亩产吨粮栽培技术	施玉明等编著	1989. 1
222	水稻	闵绍楷等	1986. 3
223	水稻、小麦、玉米的栽培技术	胡声荣等	1984. 11
224	水稻“稀少平”高产栽培法	毛礼钟编著	1987. 11
225	水稻的根系	（日）川田信一著；申廷秀等译	1984. 5
226	水稻的旱种技术	巫伯舜编	1985. 5
227	水稻的起源和细胞遗传	（印）纳耶著；顾铭洪译	1981. 4
228	水稻的生理生态	《国外农学水稻》编辑部编	1981. 6
229	水稻的组织培养	颜昌敬，赵庆华	1981. 7
230	水稻地膜覆盖育秧	全国农业技术推广总站	1986. 3
231	水稻发展和雨育稻生产	联合国粮食和农业组织编	1988. 12
232	水稻改良	詹宁斯等著；江苏省农科院科技情报研究室译	1981. 1
233	水稻高产新技术——稀少平栽培法的原理与应用	蒋彭炎，姚长溪	1989. 7
234	水稻高产栽培技术	苏祖芳	1984. 2
235	水稻工厂育秧及栽培技术	江苏省农科院耕作栽培研究室	1986. 1
236	水稻旱种栽培技术	苏衍章，王幼辉	1988. 1
237	水稻花培育种研究	沈锦骅等	1983. 3
238	水稻看苗诊断	苏祖芳，沈巨云	1989. 1
239	水稻抗稻瘟病育种	国际水稻研究所编	1984. 5
240	水稻科学种田经验选编	辽宁省农业局粮油处编	1982. 1
241	水稻冷害生理学	（日）西山岩男著；苏焕兰，杨桂清译	1982. 2
242	水稻棉花中文期刊专题目录	上海图书馆	1986. 4
243	水稻品种抗冷性鉴定——实验报告（1979—1983 年）	吉林省农业科学院水稻研究所	1983. 11
244	水稻生产问答	上海市农业科学院作物育种栽培研究所主编	1984. 3
245	水稻生产与气象	蒋德隆	1983. 4
246	水稻生理	浙江农业科学院水稻研究所编	1980. 5
247	水稻生理生态译丛（三）	薛德榕主编	1985. 8
248	水稻生理生态译丛（一）	薛德榕主编	1981. 2

（续表）

序　号	题　名	责任者	出版年
249	水稻生态学	梁光商	1983. 8
250	水稻施肥	尤德敏，邱嘉章	1984. 5
251	水稻施肥	罗成秀，彭怀泉	1988. 11
252	水稻田化学除草技术	唐洪元编著	1986. 9
253	水稻土、水稻营养、水稻施肥文献索引（1949—1979 年）	中国科学院土壤研究所	1980
254	水稻小苗中苗的生理与育秧技术	（日）星川清亲著；翟凤林译	1980. 5
255	水稻新良种	曾观惠，万崇翠	1986. 1
256	水稻营养和合理施肥	王永锐	1989. 1
257	水稻营养生理	（日）石冢喜明著；金聿，谢长双译	1982. 1
258	水稻营养综合诊断及其应用	王人潮编	1982. 11
259	水稻与气象	高士秀	1988. 3
260	水稻育秧技术问答	江苏省农业科学院耕作栽培研究室编	1989. 12
261	水稻杂种优势利用研究	中国农业科学院科研管理部编	1980. 5
262	水稻栽培	李君凯等编	1982. 8
263	水稻栽培	周毓珩主编	1985. 8
264	水稻栽培 200 题	萧燃等编	1982. 12
265	水稻栽培理论与技术	吴光南，邹江石编	1981. 8
266	水稻栽培新技术	青先国，石蕊编	1986. 8
267	水稻专题讨论文集	杨守仁	1980. 7
268	水稻壮秧培育技术	萧燃编	1985. 2
269	水浇地玉米	（苏）A. Л. 扎波罗日钦科著；肖永吉，郑洪良译	1982. 2
270	水生作物栽培	曹侃	1983. 4
271	饲料生产学	南京农学院主编	1980. 7
272	粟、黍、稷古名物的探讨	胡锡文著	1984. 8
273	粟及其栽培技术	张履鹏编著	1981. 9
274	太谷核不育小麦	邓景杨主编	1987. 4
275	提高粮食作物的营养质量	西拉诺著	1982
276	天麻栽培	周乐忠编著	1987. 3
277	天麻栽培技术	徐锦堂，冉砚珠编	1987. 12
278	天麻栽培一百题	阮正，祥时编	1986. 1
279	田菁	广东省农业科学院土壤肥料研究所编	1980. 1
280	甜菜地膜覆盖	白栋才等编著	1987. 12
281	甜菜块根的生理活动与贮藏方法	（苏）普罗茨柯，瓦尔沙夫斯卡娅编著；赵宛榕译	1987. 4
282	甜菜农业生物学	董一忱编著	1984. 5
283	甜菜生理学	（苏）布扎诺夫主编；赵宛榕译	1984. 4
284	甜菜育种与良种繁育	聂绪昌，田凤雨编	1982. 7
285	甜菜栽培	董一忱编著	1982. 5
286	甜菊栽培技术	黄应森，陆荣刚编著	1981. 11

（续表）

序 号	题 名	责任者	出版年
287	甜玉米的栽培与加工	黄炳生编著	1988. 12
288	通心白莲栽培与利用	郭维祺等著	1986. 1
289	我国北方冬小麦品种生态型及其系谱	余华盛等编	1981. 3
290	无腺体棉育种与棉籽利用	刘毓湘等编著	1988. 2
291	西藏野生大麦	邵启全著	1982. 7
292	西洋参	崔德深，高镇生主编	1984. 9
293	西洋参	任贵兴，王纪华编	1989. 4
294	西洋参栽培技术与加工	王章淮编	1989. 11
295	稀土在甘蔗甜菜生产中的应用	何顶兴等编著	1988. 1
296	稀土在花生大豆生产中的应用（第 4 集）	蔡常被等编著	1988. 1
297	稀土在经济作物生产中的应用	王国烘等编著	1988. 1
298	稀土在小麦水稻生产中的应用	解惠光，宁加贲编著	1988. 1
299	细绿萍	浙江省农业厅粮食生产处，浙江省温州地区农业科学研究所编著	1981. 1
300	籼型三系杂交水稻制种技术	叶大华著	1980. 5
301	籼型杂交稻制种技术图册	江苏省科普美术创作者协会，江苏省盐城市庆丰杂交稻研究所编绘	1989. 1
302	向日葵生产经验选编	山西省农业厅粮油处	1980. 1
303	向日葵栽培	王积善等编	1980. 1
304	向日葵栽培	白城地区农业科学研究所编著	1982. 9
305	小麦	迟范民等著	1984. 3
306	小麦干热风	北方小麦干热风科研协作组编	1988. 1
307	小麦高产技术	胡广义等编	1985. 5
308	小麦高稳低理论与技术	胡廷积，杨永光主编	1985. 1
309	小麦个体发育	杜怡斌等编	1983. 2
310	小麦生产技术问答	天津市农林局编	1983. 5
311	小麦生长规律与栽培技术	北京市农业科学院编	1980. 9
312	小麦水稻玉米棉花栽培基础知识	王树安等编	1983. 7
313	小麦新良种	董家涛，马振球编著	1986. 4
314	小麦形态和解剖结构图谱	徐是雄，朱澂编著	1983. 8
315	小麦研究的回顾与展望	（日）木原均著；杨天章，刘庆法译	1989. 5
316	小麦译丛（一）	蔡旭，王在德编	1980. 8
317	小麦与气象	林而达编	1986
318	小麦育种的理论与实践	（匈）莱利著；庄巧生译	1982. 12
319	小麦育种和良种繁育	山东省农业科学院作物研究所编	1980. 4
320	小麦远缘杂交	李振声等编著	1985. 4
321	小麦杂种优势的研究与利用	谢学民等编著	1981. 5
322	小麦栽培	沈煜清，沈黎明编著	1982. 2
323	小麦栽培	尹士璟著	1983. 6
324	小麦栽培二百题	李晋生，闫宗彪编	1986. 11

（续表）

序 号	题 名	责任者	出版年
325	小麦栽培基础知识	侯子艾编	1982. 11
326	小麦栽培生理	黄祥辉，胡茂兴编	1984. 9
327	小麦增产知识问答	河北人民广播电台《对农村广播组》编	1982. 8
328	小杂粮栽培技术	修世作等编	1983. 2
329	新疆贝母	刘国钧，秦峰编著	1982. 5
330	新疆的小麦	吴锦文等编著	1989. 5
331	新疆棉花副产品的综合利用	新疆农业科学院情报研究所，中心实验室编	1987. 1
332	新疆药用植物志（第二册）	中国科学院新疆生物土壤沙漠研究所编	1981. 8
333	新疆药用植物志（第三册）	中国科学院新疆生物土壤沙漠研究所编	1984. 1
334	新疆油菜栽培技术	徐克聪，尹经章著	1982. 4
335	新疆中草药栽培技术	胡毋列编著	1982. 8
336	新经济作物——瓜尔豆	张洁著	1987. 8
337	亚洲稻作	日本农学会联合会编；湖南农学院译	1983. 1
338	烟草育种与良种繁育	骆启章，于梅芳编著	1989. 1
339	烟草栽培	沙戈编著	1985. 9
340	烟草栽培技术	中国农业科学院烟草研究所编	1980. 4
341	烟草种植区划	宋志林等编	1989. 4
342	秧田套栽杂交稻	江苏省江宁县农业局编	1983. 12
343	药用植物化学分类学	周荣汉编著	1988. 7
344	药用作物栽培	中国医学科学院药物研究所栽培室编著	1982. 12
345	野生棉与栽培棉	（捷）巴惠尔·瓦利切克著；李贤柱，吴敬音译	1985. 2
346	依兰栽培	陈沛扬编著	1987. 11
347	应用科学的一次创举：国际水稻研究所历史	小罗伯特·F·钱德勒著；金人一等译	1988
348	英汉茶叶词汇	王镇恒等编	1986. 3
349	英汉甘蔗科技词汇	轻工业部甘蔗糖业科学研究所主编	1984. 11
350	用种子生产马铃薯	宋伯符等编著	1988
351	优良牧草栽培技术	苏加楷	1983. 11
352	优质棉生产技术	汪若海	1988. 3
353	油菜、冬豆、蚕豆	张德定著	1984. 4
354	油菜的遗传和育种	刘后利主编	1985. 8
355	油菜冬发高产技术	赵合句编著	1986. 1
356	油菜施肥	刘昌智等编著	1984. 5
357	油菜栽培	浙江农业大学农学系作物栽培教研组	1982. 8
358	油菜栽培	崔德沂编著	1987. 4
359	油菜籽综合利用	厉秋岳编著	1987. 11
360	油茶	湖南省林业科学研究所李振纪编	1981. 3
361	油科作物高产栽培	杨经泽等编	1989. 12
362	油莎豆栽培	段俊喜，马杰编著	1983. 5

（续表）

序 号	题 名	责任者	出版年
363	油桐	邹恩鸿编	1984.5
364	油桐栽培	凌麓山等编著	1983.2
365	玉米	顾慰连等编著	1982.7
366	玉米、高粱、谷子新良种	孙杨宝，叶超林编著	1987.6
367	玉米的干燥和贮存（40）	联合国粮食及农业组织编	1980
368	玉米地膜覆盖栽培	白栋才等编	1988.7
369	玉米淀粉和高果糖浆	王宜庆编著	1987.9
370	玉米轮回选择的理论与实践	（美）哈洛威著；中国农科院作物育种栽培研究所译	1989.5
371	玉米农业气象学	世界农业气象组织编；王长根译	1983.12
372	玉米生产问答	上海市农科院作物育种栽培研究所主编	1985.12
373	玉米生理	山东省农业科学院玉米研究所编著	1987.5
374	玉米生理（译文集）	山东省农业科学院玉米研究所编译	1982.11
375	玉米施肥	任其云编	1984.5
376	玉米穗分化图册	王瑛等编	1986.5
377	玉米遗传与玉米基因突变形状彩图	宋同明编著	1989.7
378	玉米与气象	蒋秋明，张海峰编	1987.12
379	玉米杂交种	山东省种子公司编	1983.1
380	玉米栽培	陈国平编著	1982.8
381	玉米栽培	浙江农业大学农学系作物栽培教研组	1982.8
382	玉米栽培	贾志歧，傅万新编	1983.6
383	玉米栽培技术	山东省农业科学院主编	1981.5
384	玉米栽培生理	吴绍骙等编著	1980.7
385	玉米种植管理手册	佟屏亚编著	1982.8
386	玉米综合利用	姚彝孙等编著	1987.1
387	杂交水稻的研究与实践	李泽炳等编	1982.12
388	杂交水稻气候适应性研究文集	全国杂交水稻气象科研协作组编	1985.1
389	杂交水稻与气象	姚克敏编	1986.5
390	杂交水稻育种理论与技术	杨国兴编著	1982.1
391	杂交水稻栽培与气象	张定琪，陶炳炎编	1985.9
392	杂交水稻制种和栽培技术	万崇翠编著	1989.3
393	杂交水稻制种技术	刘文炳编	1987.3
394	杂粮栽培	佟屏亚，李清华编著	1982.8
395	栽茶	童启庆编著	1982.5
396	怎样种花生	王在序等编	1983.4
397	怎样种啤酒花	裕载勋编著	1982.1
398	中国茶树栽培学	中国农业科学院茶叶研究所主编	1986.1
399	中国茶叶历史资料选辑	陈祖槼，朱自振编	1981.11
400	中国大豆品种志	吉林省农业科学院主编	1985.2
401	中国大豆品种资源目录	中国农业科学院油料作物研究所主编	1982.2

（续表）

序　号	题　名	责任者	出版年
402	中国大豆育种与栽培	吉林省农业科学院主编	1987. 3
403	中国大麦品种志	浙江省农业科学院，青海省农林科学院主编	1989. 3
404	中国稻作学	中国农业科学院主编	1986. 8
405	中国的亚洲棉	中国农业科学院棉花研究所，江苏省农业科学院经济作物研究所主编	1989. 12
406	中国甘薯栽培学	江苏省农业科学院，山东省农业科学院主编	1984. 5
407	中国甘蔗栽培学	轻工业部甘蔗糖业科学研究所，广东省农业科学院主编	1985. 5
408	中国高粱品种志（上册）	辽宁省农业科学院编	1980. 12
409	中国高粱品种志（下册）	辽宁省农业科学院编	1983. 5
410	中国高粱栽培学	辽宁省农业科学院编	1988. 12
411	中国谷子品种志	中国农科院作物品种资源研究所，山西省农业科学院主编	1985. 11
412	中国谷子栽培学	山西省农业科学院主编	1987. 5
413	中国花生品种志	山东省花生研究所主编	1987. 1
414	中国花生栽培学	山东省花生研究所主编	1982. 12
415	中国黄麻红麻品种志	中国农科院麻类研究所主编	1985. 3
416	中国历代粮食亩产研究	吴慧著	1985. 2
417	中国粮食之研究	刘志澄主编	1989. 9
418	中国绿肥	焦彬文编	1986. 2
419	中国马铃薯主要品种彩色图谱	《中国马铃薯主要品种》编写组编	1989. 8
420	中国棉花地理	徐培秀等编著	1987. 12
421	中国棉花地膜覆盖栽培	中国地膜覆盖栽培研究会棉花学组编著	1988. 1
422	中国名茶志	俞寿康编著	1982. 2
423	中国农业百科全书（茶业卷）	《中国农业百科全书》总编辑委员会茶业卷编辑委员会，《中国农业百科全书》编辑部编	1988. 12
424	中国农业百科全书（棉花）	季道藩编	1986. 6
425	中国农业名产（茶叶分册）	农牧渔业部农业局主编	1985. 11
426	中国农业名产（粮食分册）	农业部农业政策研究会编	1989. 5
427	中国水稻种植区划	中国水稻研究所主编	1980
428	中国饲用植物志（第二卷）	《中国饲用植物志》编委会编	1989. 5
429	中国饲用植物志（第一卷）	《中国饲用植物志》编辑委员会编	1987. 7
430	中国甜菜地理	李振泉，佟素贤编著	1984. 6
431	中国甜菜栽培学	中国农业科学院甜菜研究所编	1984. 5
432	中国小麦品种及其系谱	金善宝主编	1983. 5
433	中国小麦品种志（1962—1982 年）	金善宝主编	1986. 2
434	中国小麦品种资源的系谱及其特征	中国农业科学院作物品种资源研究所麦类研究室编	1982. 11

（续表）

序 号	题 名	责任者	出版年
435	中国亚麻品种志	黑龙江省农业科学院松花江农业科学院研究所主编	1981. 8
436	中国烟草品种志	中国农业科学院烟草研究所主编	1987. 5
437	中国烟草栽培学	中国农业科学院烟草研究所主编	1987. 8
438	中国燕麦	杨海鹏等编著	1989. 12
439	中国药用真菌图鉴	应建浙，卯晓岚编	1987. 12
440	中国油菜品种志	中国农业科学院油料作物研究所主编	1988. 3
441	中国油茶	庄瑞林主编	1988. 1
442	中国油脂植物	中国油脂植物编写委员会编	1987. 3
443	中国玉米品种志	中国农业科学院作物品种资源研究所，山东省农业科学院玉米研究所主编	1988. 9
444	中国玉米栽培学	山东省农业科学院主编	1986. 1
445	中文棉花科技文献馆藏题录索引（1982 年）	中国农业科学院图书馆编	1982
446	中文农业文献目录（茶叶分册 A）	吴泽宣主编	1983. 11
447	中文农业文献目录（茶叶分册 B）	吴泽宣主编	1983. 11
448	中文农业文献目录（茶叶分册 C）	吴泽宣主编	1983. 11
449	中文农业文献目录（大豆分册）	中国农业科学院图书馆编	1981. 1
450	中文农业文献目录（稻作分册）	吴泽宣，周越平主编	1981. 8
451	中文农业文献目录（稻作分册）	中国农业科学院图书馆编	1982. 8
452	中文农业文献目录（甘蔗分册）	吴泽宣主编	1983. 5
453	中文农业文献目录（高粱分册）	中国农业科学院图书馆编	1981. 9
454	中文农业文献目录（麻类分册）	吴泽宣主编	1983. 3
455	中文农业文献目录（棉花分册 A）	吴泽宣主编	1982. 3
456	中文农业文献目录（棉花分册 B）	吴泽宣主编	1982. 3
457	中文农业文献目录（棉花分册 C）	吴泽宣主编	1982. 3
458	中文农业文献目录（棉花分册 D）	吴泽宣主编	1982. 3
459	中文农业文献目录（薯类分册 A）	米兆梅编	1984. 5
460	中文农业文献目录（薯类分册 B）	王漱月编	1984. 5
461	中文农业文献目录（甜菜分册	吴泽宣主编	1983. 4
462	中文农业文献目录（小麦分册 A）	吴泽宣主编	1981. 11
463	中文农业文献目录（小麦分册 B）	吴泽宣主编	1981. 11
464	中文农业文献目录（小麦分册 C）	吴泽宣主编	1981. 11
465	中文农业文献目录（小麦分册 D）	吴泽宣主编	1981. 11
466	中文农业文献目录（小麦分册 E）	吴泽宣主编	1981. 11
467	中文农业文献目录（烟草分册）	中国农业科学院图书馆编	1983. 11
468	中文农业文献目录（油料分册 A）	中国农业科学院图书馆编	1983. 11
469	中文农业文献目录（油料分册 B）	中国农业科学院图书馆编	1983. 11
470	中文农业文献目录（油料分册 C）	中国农业科学院图书馆编	1983. 11
471	中文农业文献目录（油料分册 D）	中国农业科学院图书馆编	1983. 11
472	中文农业文献目录（玉米分册）	吴泽宣主编	1982

（续表）

序　号	题　名	责任者	出版年
473	中文农业文献目录（杂粮分册）	中国农业科学院图书馆编	1981. 1
474	主要作物的植物学	郑相如，龙静宜编译；郑丕尧校对	1983. 11
475	主要作物营养失调症状图谱	刘芷宇编著	1982. 12
476	苎麻的栽培与加工	杨木林编著	1987. 7
477	苎麻生理化与遗传育种	李宗道主编	1989. 9
478	作物产量预报方法	刘树泽等编	1987. 1
479	作物生理知识	赵同芳编	1984. 11
480	作物栽培（麦类）	张迎祥等编	1984. 9

（6）1990—1999 年

序　号	题　名	责任者	出版年
1	1990 年粮食与农业生产状况	联合国粮食及农业组织编	1991
2	1991 年粮食与农业状况	联合国粮食及农业组织编	1992
3	1995 年和 2000 年烟草的供应量、需求量和贸易量预测	联合国粮食及农业组织编	1990
4	50 种中药材开发利用实例：中药资源开发利用现状与前景	华青等编著	1994. 11
5	NY/T 207—92 长江中下游棉花生产技术规程（中华人民共和国农业行业标准）	中华人民共和国农业部发布	1992. 11
6	北方农垦稻作	王樟土，王吉仁主编	1992. 7
7	不同地区食物发展前景	《不同地区食物发展》研究组编	1991. 6
8	菜农手册	徐宝顺主编	1994. 6
9	春小麦生态育种	肖步阳编著	1990. 1
10	大豆生态类型	王金陵编著	1991. 5
11	大豆遗传育种学	王连铮，王金陵主编	1992. 12
12	大麦	（美）D. C. 拉斯姆逊主编；许耀奎等译	1992. 3
13	大田种植新技术	《农业种养新技术》丛书编写组	1992. 12
14	当代世界棉业	刘毓湘主编	1995. 7
15	稻田化学除草	张富满等著	1991. 9
16	冬小麦栽培研究	中农院作物育种栽培所编	1992. 7
17	豆类蛋白质资源开发与利用	豆类蛋白质资源开发研究组编	1991. 6
18	吨粮田小麦栽培技术	瞿志海编著	1992. 2
19	谷子高产栽培	齐玉志，相德臻编著	1992. 12
20	国际棉花学术讨论会文集	中国棉花学会，中国农科院棉花所主编	1993. 4
21	国际植物遗传资料委员会东亚荞麦遗传资源研讨会论文集（1991 年 9 月 18 日—20 日）	日本农林水国家生物资源所编	1991. 9
22	国外棉花种植及其病虫害防治	周建业译	1990. 3
23	汉、日、英烟草词汇	中国烟草总公司，日本烟草产业株式会社编著	1994. 3

（续表）

序　号	题　名	责任者	出版年
24	旱地牧草栽培技术	卢得仁编著	1992. 3
25	红小豆栽培	牟善积等著	1992. 6
26	猴头菇栽培与食用	武金钟编著	1990. 4
27	江苏稻作科学	江苏省农学会编	1990. 11
28	江苏省小（大）麦高产模式栽培	小（大）麦高产模式栽培协作组编著	1990. 3
29	拉汉药用植物名称和检索手册	江纪武主编	1990. 1
30	粮食产后工程综合配套技术	杨先芬主编	1994. 12
31	粮食干燥	马良主编	1993. 12
32	粮食和农业状况（1993 年）	联合国粮食及农业组织编	1993
33	粮食展望	联合国粮食及农业组织编	1991. 1
34	粮食作物实用新技术	王萌主编	1992. 3
35	两系杂交小麦理论与实践	何觉民著	1993. 6
36	刘瑞龙农业文选	刘瑞龙著	1990. 5
37	龙须草栽培及其加工利用	李钢耀主编	1992. 2
38	麻类作物栽培	孙庆祥	1992. 8
39	马铃薯茎尖脱毒与微型薯生产	王炳君编著	1990. 11
40	麦棉套种	杜心田主编	1993. 12
41	麦田生态系统的计算机模拟及最优控制	夏北成著	1990. 5
42	棉花	丁诺主编	1990. 2
43	棉花“高、伏、高”栽培技术	湖北省农业厅编	1992. 1
44	棉花良种	徐少安等编	1992. 2
45	棉花平衡施肥与营养诊断	李俊义，刘荣主编	1992. 11
46	棉花生产技术问答	吴济森主编；汪学风等编著	1992. 5
47	棉花生产实用技术 60 问	冯宏章主编	1992. 11
48	棉花施肥	喻永熹，刘宗衡编著	1990. 5
49	棉花实用新技术	李文炳，潘大陆主编	1992. 3
50	棉花新品种及配套丰产技术	谢方灵主编	1994. 1
51	棉花叶龄模式栽培技术	吴云康编著	1991. 5
52	棉花营养与施肥	毛树春编著	1993. 8
53	棉花栽培技术 100 问	施玉明等编	1992. 6
54	棉检辞典	刘万青等主编	1991. 5
55	农作物轻型高产栽培新技术	倪学仁，赵庆华主编	1993. 9
56	农作物新技术问答	王寿元主编	1993. 3
57	啤酒大麦栽培仓储及其综合利用	阮芳恺编著	1992. 12
58	青贮玉米	卞田吴融著	1992. 12
59	实用蔬菜栽培新技术问答	孙秋良等编著	1994. 9
60	实用中日植物药名称对照手册	赵中振，唐晓军编	1991. 12
61	食品加工与小麦品质改良	林作楫主编	1994. 12
62	世界红花种质资源评价与利用	王兆木主编	1993. 3
63	市场紧缺中药材种植技术	邓友平等编著	1994. 11

（续表）

序　号	题　名	责任者	出版年
64	水稻高产栽培及高产育种论丛	杨守仁	1990.9
65	水稻高产栽培技术图解	刘刚，刘志斌编；陈龙生绘图	1993.3
66	水稻根际联合固氮	尤崇杓主编	1990.12
67	水稻光（温）敏核不育及籼粳亚种间杂种优势和论文摘要	余兆海等	1992.8
68	水稻旱地直播	暮观真	1992.4
69	水稻气象生态	高亮之，李林编	1992.12
70	水稻生产机械化综合增产技术	袁钊和，李安宁	1993.5
71	水稻生理育种	王永锐	1995.6
72	水稻生物技术	孟祥祯译	1994.7
73	水稻新技术推广及应用	湖北农牧业厅编	1992.1
74	水稻叶龄模式的应用	凌启鸿	1991.4
75	水稻异交栽培学——杂交水稻高产制种原理与技术	田大成	1991.8
76	水稻营养与施肥	奚振邦编著	1990.1
77	水稻育秧新技术——软盘育秧及其配套技术	中国地膜覆盖栽培技术研究会	1991.12
78	水田开发新技术	王福荣	1991.5
79	水土保持的种草养畜技术	肖贴茂	1992.6
80	四十五种农作物栽培技术览要	董宗祥，张建树，王春明主编	1993.5
81	饲料作物高产栽培	耿华珠主编	1993.12
82	饲用植物栽培与利用	肖文一等编著	1991.5
83	特种经济作物栽培	康裕鑫，刘献景编著	1994.12
84	甜菜丰产高糖及配套技术	内蒙农牧学院甜菜生理室编著	1993.5
85	甜菜高产栽培	蔡葆编著	1992.2
86	甜菜生理学	邵金旺等编著	1991.12
87	甜高粱及其利用	黎大爵，廖馥荪编著	1992.8
88	吐鲁番的长绒棉	张江泓编著	1992.8
89	夏玉米的栽培	陈国平编著	1994.5
90	向日葵及其栽培	李庆文等编著	1991.12
91	向日葵优质高产栽培法	梁一刚，文张生编	1992.11
92	小麦、玉米、棉花一体化栽培技术	周治华主编	1991.1
93	小麦核不育性和轮回选择育种	刘秉华著	1994.1
94	小麦花生双高产栽培	于善新等编著	1993.3
95	小麦精密播种机与高产栽培技术	清华大学音像教材出版社编	1991.1
96	小麦抗旱防冻增产技术	郑大玮，刘中丽编	1993.5
97	小麦生态理论与应用	金善宝主编	1992.8
98	小麦生态研究	金善宝主编	1999.8
99	小麦育种/CIMMYT	S. 拉加拉姆等著；邹裕春，刘仲齐等译	1994.5
100	小麦育种学	吴兆苏编著	1990.5

（续表）

序　号	题　名	责任者	出版年
101	新疆甜菜栽培技术	冯建忠等编著	1991. 5
102	新疆植棉业	中国科学院新疆资源开发综合考察队主编	1994. 2
103	烟草品质与土壤肥料	窦逢科，张景略主编	1992. 5
104	药用菌栽培与加工	李健编著	1992. 4
105	药用植物栽培与加工	陆美英，仇志荣编著	1992. 7
106	野生稻资源研究论文选编	吴妙桑主编	1990. 1
107	油菜高产关键技术	湖北省农牧业厅编	1992. 1
108	油菜田苗管理图册	邓秀兰编著	1992. 6
109	油菜优质高产栽培技术	官春云编著	1992. 12
110	油菜优质高产栽培技术	栗铁申编著	1992. 9
111	玉米地膜栽培制种技术问答	李济宸编著	1991. 9
112	玉米高产开发原理与技术	张起君等编	1992. 8
113	玉米高产栽培	重庆市教委编	1992. 8
114	玉米育种材料手册	石德权主编	1994. 5
115	玉米育种学	刘纪麟主编	1991. 1
116	玉米育种研究进展	李竞雄主编	1992. 4
117	杂交稻直播制种技术	王鹤云，顾克礼编著	1993. 1
118	杂交水稻生产应用技术	周上游等编著	1993. 6
119	杂交玉米制种技术	钱章强编著	1991. 1
120	再生稻培植技术	任昌福，刘保国编著	1993. 5
121	张锦熙小麦栽培科学技术文选	中农院作物育种栽培所	1992. 4
122	植物引种学	谢孝福编著	1994. 6
123	致富经济作物 100 种	丁邦晨等编	1992. 4
124	中国大麦生态区划	中国农科院作物品种资源研究所等主编	1991. 8
125	中国稻种资源目录（上册）	中国农科院作物品种资源研究所等主编	1992. 5
126	中国稻种资源目录（下册）	中国农科院作物品种资源研究所等主编	1992. 5
127	中国科学技术协会第二届青年学术年会园艺学会论文集	韩振海等主编	1995. 8
128	中国粮棉生产与比较利益	贾克诚，孙哲著	1996. 9
129	中国粮食：多角度研究与思考	郭书田著	1990. 5
130	中国粮食发展战略对策	中华人民共和国农业部编	1990. 5
131	中国农学遗产选集：甲类第一种稻（下册）	王达等编	1993. 4
132	中国农业百科全书（农作物卷　上）	《中国农业百科全书》编辑部编	1991. 4
133	中国农业百科全书（农作物卷　下）	《中国农业百科全书》编辑部编	1991. 4
134	中国农业科学院应用科技成果荟萃（第一集）	中国农业科学院科研管理部成果处编	1992. 11
135	中国黍稷（糜）品种志	山西省农业科学院作物品种资源研究所等主编	1990. 1
136	中国水稻品种及其系谱	林世成等主编	1991. 3
137	中国水稻土	李庆逵主编	1992. 6

（续表）

序　号	题　名	责任者	出版年
138	中国甜菜品种志	中国农业科学院甜菜研究所，轻工部甜菜糖业所编	1994. 8
139	中国小麦气候生态区划	崔读昌等著	1991. 12
140	中国小麦生态	金善宝主编	1991. 11
141	中国药用植物栽培学	中国医学院药用植物资源开发研究所主编	1991. 9
142	中国油菜栽培学	中国农业科学院油料作物研究所主编	1990. 12
143	中国玉米种植区划	佟屏亚主编	1992. 11
144	中华人民共和国国家标准：豆类配糖氢氰酸含量的测定 GB/T15665—1995	国家技术监督局发布	1991. 8
145	中华人民共和国国家标准：豆类实验方法 GB/T15666—1995	国家技术监督局发布	1996. 1
146	种植业生产结构与发展前景	种植业生产结构与发展前景研究组编	1991. 8
147	种植优良新品种	李登春，袁清林，王兴宽主编	1992. 8
148	苎麻优质高产栽培技术	李宗道编著	1992. 11
149	籽粒苋在中国的研究与开发	岳绍先主编	1993. 2
150	作物篇	江先炎主编	1991. 8
151	作物疑难百病诊治	蒋秋明等编著	1992. 11

S6 园 艺

本部分共收编园艺类图书书目 1 152条。其中，收编 1949 年以前出版的该类图书书目 24 条，1950—1959 年 242 条，1960—1969 年 105 条，1970—1979 年 84 条，1980—1989 年 486 条，1990—1999 年 211 条。具体目录如下。

（1）1949 年以前

序号	题名	责任者	出版年
1	番茄栽培及加工法	（日）久野正明撰；朱建霞译	1949. 5
2	广东柑橘繁殖选择砧木之比较试验	温文光著	1935. 5
3	果树园经营法	王太乙编著	1930
4	果树园艺各论	顾华孙编	1948. 3
5	果树园艺学各论	吴耕民编著	1948. 1
6	果树园艺学通论	吴耕民编著	1947. 9
7	花卉装饰术	顾君讃	1942. 3
8	花经	黄岳渊，黄德邻著	1949. 5
9	理论实用蔬菜园艺学	徐绍华著	1949. 2
10	萝卜、白菜栽培法	孙云蔚编	1941. 7
11	美国柑橘区域考察记	郑天熙著	1944. 3
12	汕头附近柑橘栽培法之考察及改良之建议	江秩等著	1935. 4
13	实验葡萄栽培法	新学会社编辑部	1926
14	实用蔬菜园艺学	周清等著	1949
15	蔬菜大全（上）	颜纶泽著	1936. 8
16	蔬菜大全（下）	颜纶泽著	1936. 8
17	蔬菜园艺	龚厥民编	1929. 3
18	蔬菜园艺学	黄绍绪编	1939
19	蔬菜栽培各论	熊同和原编	1935. 1
20	西瓜百合栽培法	孙云蔚编著	1941. 7
21	种梨法	许心芸编著	1935
22	种苹果法	王太乙著	1935. 4
23	种葡萄法	夏治彬编著	1933. 1
24	最新葡萄栽培法	孙云蔚著	1949. 1

(2) 1950—1959 年

序 号	题 名	责任者	出版年
1	1958 年果树丰产经验（第 1 辑）	农业部经济作物生产局编	1958. 12
2	北方果树修剪法	于用中编	1954. 1
3	北京、天津旅大的蔬菜早熟栽培	中国农业科学院蔬菜研究所编	1959. 12
4	北京郊区晚熟结球白菜的栽培和贮藏	王铁钤编著	1958
5	北京市东方红蔬菜生产合作社小架番茄丰产经验	北京市农林水利局编	1957. 2
6	北京市郊区白菜栽培经验	北京市农林水利局编	1957. 2
7	北京市郊区露地蔬菜栽培	王昌明等调查编辑	1958. 4
8	北京市郊区蔬菜贮藏——北京市郊区蔬菜栽培技术调查报告（第三册）	刘一和等调查；纪文海编著	1956. 6
9	北京市郊区温室蔬菜栽培	蒋名川编	1956
10	北京市郊区阳畦蔬菜栽培	邹祖绅，刘步洲编	1958. 6
11	北京市蔬菜生产的风险栽培	北京市农林水利局编	1957. 2
12	北京市温室蔬菜生产情况介绍	北京市农林水利局编	1956. 9
13	北京蔬菜品种及其栽培方法	蒋名川撰；华北农业科学研究所编译委员会编	1950. 8
14	不加温温室蔬菜栽培方法	青海省农林科学研究所编	1959. 12
15	菜豆	顾元龙	1958. 1
16	蚕豆、豌豆丰产经验	浙江省农业厅	1958. 1
17	创造浆果植物新品种的米丘林主义基础	（苏）X. K. 叶尼凯也夫著；周拜立译	1951. 4
18	创造蔬菜新种的米丘林原理	（苏）E. И. 乌莎科娃撰；顾谷宜译	1950. 1
19	东北苹果品种解说	熊岳农业试验站苹果研究室	1957. 11
20	东北中部果树资源的调查	顾模著	1956. 9
21	番茄	蒋明川，王化，赵琨民著	1955. 9
22	番茄	上海市农业局农业试验站蔬菜组编	1958
23	番茄研究	沈德绪，徐正敏著	1957. 11
24	番茄早熟丰产栽培技术	江彦亭著	1958. 3
25	番茄制品	胡永威编著	1958. 8
26	番薯栽培学	福建省莆田县大专学校编	1959. 2
27	柑桔类果实	（苏）麦特里茨基著；王希韫，冯志成等译	1958. 5
28	根菜栽培法	李鸿渐编著	1956. 6
29	瓜果蔬菜 扬眉吐气	新疆人民出版社编辑	1959. 3
30	关于荔枝、龙眼的研究	李来荣等著	1956
31	观赏园艺学	（苏）B. Г. 土林策夫著；周家琪等译	1958. 4
32	观赏植物种子检索表	（苏）O. A. 皮多契著；俞德浚等译	1954
33	广州蔬菜生产经验	上海市农业局编	1958. 6
34	果树	辽宁省农业厅编	1956
35	果树	西北农学院教学试验农场编	1958. 9

（续表）

序 号	题 名	责任者	出版年
36	果树繁殖法	王学书编著	1954
37	果树上山和栽培管理的经验	中共广东省委办公厅编	1958.5
38	果树上山经验	中华人民共和国农业部经济作物生产局编	1958.5
39	果树生产的先进经验	中华人民共和国农业部经济作物生产局编	1958.12
40	果树蔬菜栽培学	中等农业学校果树蔬菜栽培学校教科书委员会编	1958.9
41	果树修剪技术	吴耕民编著	1958.8
42	果树与浆果植物新品种的培育	（苏）A.C.塔塔林采夫主编；王宇霖译	1956
43	果树育苗经验	中华人民共和国农业部经济作物生产局编	1958.12
44	果树园艺学	吴耕民编著	1951.12
45	果树栽培	黑龙江省科学技术普及协会编	1958.6
46	果树栽培	福建省农业厅编	1958.9
47	果树栽培技术手册	浙江省农业厅编	1959.8
48	果树栽培讲话	吴耕民编著	1956
49	果树栽培农业技术生物学基础	（苏）П.Г.希特著；王宇霖，祖容译	1956.7
50	果树栽培手册	吉林省农业厅编	1956.1
51	果树栽培学	（苏）И.И.库雷金等著；祖容等译	1958.6
52	果树栽培学	浙江省农业厅编	1959.9
53	果树栽培学（上册）	中等农业学校果树栽培学教科书编辑委员会编	1957.9
54	果树栽培学（上册）	河北省农业大学编	1959.12
55	果树栽培学（下册）	中等农业学校果树栽培学教科书编辑委员会编	1957.12
56	果树栽培学各论（上）	（苏）Н.Г.茹赤科夫著；尹良，尹彦译	1956.1
57	果树栽培学各论（下）	（苏）Н.Г.茹赤科夫著；尹良，尹彦译	1957.9
58	果树栽培学总论	孙云蔚编著	1958.9
59	果树资源调查手册	陕西省果树研究所编	1959.11
60	果园防冻	（苏）A.З.谢里瓦诺夫著；沈熙环译	1959.1
61	果园管理	（苏）Г.索洛波夫等著；夏铭鼎等译	1956
62	果园施肥	（苏）M.雅兹维茨基著；徐风译	1958.6
63	果园土壤管理	（苏）C.C.卢宾编著；王宝云等译	1958.5
64	河北梨	河北省农业厅编	1957.1
65	河北葡萄	河北省农业厅编	1957.1
66	河北省果树生产技术经验集（第一集）	河北省农业科学院果树研究所编	1958.11
67	河北省果树誌	河北省农业科学院果树研究所编	1959.12
68	河南省蔬菜栽培经验	河南省商业厅	1958.8
69	核桃嫁接技术图解	江苏省农林厅特产局	1958.12
70	核桃栽培法	山东省园艺科学研究所编著	1959.5
71	胡萝卜	上海市西郊区农业局编著	1958.9
72	护田林带的果木树种	（苏）И.В.别洛霍诺夫著；江由，曾骧译	1958.6

（续表）

序　号	题　名	责任者	出版年
73	花果之乡	贵州省农业厅编	1958. 11
74	花卉栽培	汤丰祥编	1958. 1
75	花境	（清）陈淏子辑；伊钦恒校注	1956. 1
76	花境研究	鄷裕洹著	1959
77	黄瓜	蒋明川，王培田编	1958. 3
78	黄瓜育苗技术	青海省农林科学研究所编	1959. 12
79	黄芽菜	上海市西郊原农业局编	1958. 9
80	黄岩柑桔	中共黄岩县委员会编	1959. 12
81	集体农庄蔬菜栽培组织	（苏）B. 符拉索夫等编；林维绅等译	1957
82	几种北运蔬菜栽培经验	广东省农业厅编	1957. 1
83	加速葡萄繁殖的育苗方法	王诚义著	1959. 11
84	江西果树丰产经验	江西省农业科学研究所编	1959. 1
85	豇豆	上海市浦东果农业局编	1959. 2
86	茭白	陶祖骧	1958. 1
87	结果果园管理	倪基兴著；陈景新译	1958. 8
88	金桔栽培法	蔡雄编著	1959. 8
89	锦州果树农场培育树苗的经验	辽宁省农业厅编	1958. 5
90	菊芋	赵可夫著	1959
91	棵产4000斤的苹果卫星	辽宁省农业厅编	1958. 12
92	辣椒	上海市农业局农业试验站蔬菜组编	1958. 8
93	梨树高接换种	中国科学院果树研究所著	1959. 6
94	梨树栽培法	山东省园艺科学研究所编	1959. 7
95	栗树栽培法	山东省园艺科学研究所编著	1959. 7
96	莲藕栽种法	邢湘臣编	1958. 9
97	辽宁南部地区苹果栽培	张育民等著	1958. 1
98	辽宁苹果栽培技术	刘汝诚，于洪林著	1959. 7
99	辽宁省北方也可四季有鲜菜	辽宁省农业厅编	1957
100	辽宁省得利寺生产合作社苹果大面积增产经验	辽宁省农业厅编	1957
101	辽宁省锦州果树农场消灭苹果隔年结果的经验	辽宁省农业厅编	1957
102	辽宁省王顺的葡萄整枝法	辽宁省农业厅编	1957
103	露地早熟蔬菜丰产经验	（苏）И. А. 库留科夫著；李盛萱译	1957
104	露天花卉作物的种子繁育	（苏）尼克拉延科著；黄成就译	1957
105	绿化布置和花卉栽培	杉木，圃人编著	1958
106	萝卜	上海市农业局农业试验站蔬菜组编	1959. 2
107	落花、落果与落叶	李曙轩编著	1957. 9
108	毛豆	曹颂琰编	1959. 2
109	米丘林诞生一百周年纪念文集	（苏）Т. Д. 李森科等著；刘富林等译	1957
110	米丘林学说在果树园艺中的成就	（苏）叶尼凯也夫撰；张名恢译	1952. 11

（续表）

序号	题名	责任者	出版年
111	米丘林育种方法图说	（苏）柯崔利等著；周邦立译	1951
112	苗圃	西北农学院试验农场编	1958.9
113	民间蔬菜贮藏法	商业部蔬菜果品商业局汇编	1958.12
114	蘑菇丰产经验	上海市农业局编	1958.1
115	蘑菇栽培	沈阳农学院茹类菌种繁殖场编著	1959.1
116	南方的果树上山	李来荣等著	1956
117	南瓜丰产栽培法	赵荣琛编著	1956.5
118	农业生产技术基本知识（蔬菜栽培）	农业部农业宣传总局编	1956.4
119	农业生产技术基本知识（果树栽培）	农业部农业宣传总局编	1956.1
120	盆景花的培养	萧名远著	1959.3
121	苹果	郑开文，曾毅，潘季淑，孙自然编著	1957.3
122	苹果快速芽接法（图解）	河北省农业科学院果树研究所资料组编	1959.6
123	苹果青苗经验	陈宾如，程宝华编	1959
124	苹果树剪枝技术入门	范永信著	1958.4
125	苹果卫星场	辽宁省农业厅国营农场管理处	1958.12
126	苹果幼树的管理	刘汝诚著	1958.6
127	苹果幼树的整形修剪	沈阳农学院著	1956.4
128	苹果栽培手册	李文秀著	1957.12
129	枰柳嫁接核桃	山东省农业展览馆编	1958.12
130	葡萄品种的植物学记载和农业生物学研究的方法	（苏）拉查列夫斯基著；沈寓，阎振茏等译	1958.6
131	葡萄栽培上悬疑问题的讨论总结	（苏）涅格鲁里著；黄辉白等译	1956.12
132	葡萄栽培学（上）	（苏）涅格鲁里著；罗仁，陈亚男，陈才达等译	1957.12
133	葡萄栽培学（下）	（苏）涅格鲁里著；罗仁，陈亚男，陈才达等译	1958.9
134	茄子	上海市农业局农业试验站蔬菜组编	1959.2
135	芹菜	黄虎赓编著	1958.8
136	青菜	黄虎赓等编著	1959.2
137	秋番茄栽培法	江西省农业科学研究所编	1958.7
138	山地苹果栽培技术	赵大鹏著	1957.12
139	山地与平地条件下的果园农业技术	（苏）德拉加伏采夫著；北京农业大学译	1959.6
140	山东大白菜栽培法	山东省农业科学研究所编	1956.8
141	山东苹果栽培法	山东省农业科学研究所编	1956.1
142	山东省果树丰产经验	山东省农业厅	1957.1
143	山核桃栽培法	徐江森著	1959.12
144	山西的梨	山西省果树科学研究院所编	1959.11
145	山西清徐景的葡萄	崔致学等著	1957.2
146	山西省水果重点产区初步调查报告	山西省农业建设厅	1957年
147	上海市几种优良蔬菜品种介绍	上海市农业局编	1958.1

（续表）

序 号	题 名	责任者	出版年
148	上海市蔬菜生产展览会资料汇编	上海市农业局编	1958.9
149	上海蔬菜品种志	上海市农科所编	1959.9
150	上海夏秋蔬菜栽培（第一集）	上海市农业局编	1958.6
151	十五种蔬菜周年供应露地栽培法	上海市农业局编	1958.12
152	十种蔬菜周年供应露地栽培法	上海市农业局编	1958.8
153	食用根菜类	阿加波夫著；俞润生，周荣仁译	1958.1
154	食用菌栽培技术问答	陈梅朋编	1958.11
155	柿树栽培法	山东省园艺科学研究所编著	1959.5
156	蔬菜	辽宁省农业厅编	1958
157	蔬菜采种	叶启真编	1959.9
158	蔬菜丰产经验	农垦出版社编	1959.5
159	蔬菜留种手册	吴耕民，吴光林著	1951.5
160	蔬菜留种知识	上海市农业局种子站编	1958.7
161	蔬菜生产技术手册	浙江省农业厅编	1959.8
162	蔬菜生产新经验	辽宁省农业展览会编	1958.5
163	蔬菜田间试验法	（苏）B. M. 马尔柯夫，M. A. 季布罗娃著；赵有为译	1958.7
164	蔬菜温床育苗	孙坤著	1958.8
165	蔬菜选种留种法	王化著；江苏省科学技术普及协会编	1956.4
166	蔬菜育苗与移栽	上海市科学技术协会编	1959.2
167	蔬菜园艺	陆费执等著	1951.4
168	蔬菜栽培	上海师范学院生物系三年级学生集体编	1958
169	蔬菜栽培概要	吴光远著	1958.5
170	蔬菜栽培各论	熊同和原编	1951.7
171	蔬菜栽培及贮藏经验	农业部经济作物生产局编	1958.7
172	蔬菜栽培新经验	贵州省农业厅经济作物局编	1959.12
173	蔬菜栽培学	甫拉索夫著；李家文译	1956.1
174	蔬菜栽培学	《蔬菜栽培学》教科书编委会编	1957.8
175	蔬菜栽培学	赵荣琛著	1958.5
176	蔬菜栽培学（上）	B. И. 艾捷里斯坦著；尹良等译	1954.1
177	蔬菜栽培学（上）	马尔柯夫著；蒋先明，林维绅，李家文等译	1956.6
178	蔬菜栽培学（下）	B. И. 艾捷里斯坦著；尹良等译	1955.1
179	蔬菜栽培学（下）	马尔柯夫著；蒋先明，林维绅，李家文等译	1957.3
180	蔬菜栽培学（中）	马尔柯夫著；蒋先明，林维绅，李家文等译	1956.11
181	蔬菜栽培学实习指导	马尔柯夫著；张谷曼译	1958.6
182	蔬菜栽培学——总论（上卷）	山东农学院主编	1959.12

（续表）

序　号	题　名	责任者	出版年
183	蔬菜增产经验（一）	北京市农林水利局编	1958
184	蔬菜种子繁育学	（苏）E. И. 乌沙可瓦编辑；程式遵等译	1955. 4
185	水果蔬菜罐藏工艺学	（苏）A. X. 纳麦斯特尼科夫著；克恒译	1957
186	水蜜桃生产经验	上海市北郊区红旗四社	1958. 12
187	丝瓜	糜学畲编	1959. 2
188	四川省果树调查报告	四川省江津园艺试验站著	1959. 8
189	苏联葡萄的选种与栽培技术	华北农业科学研究所编委会	1956. 6
190	桃树修剪的研究	吴光林编著	1958. 8
191	桃树栽培	路广明编著	1951. 9
192	桃树枝条与结实关系的初步分析	吴光林编著	1958
193	提高果园的单位面积产量	（苏）З. A. 梅特里茨基著；王宇霖译	1957
194	天山山坡地果园与葡萄园的梯田化	（苏）A. П. 德拉加伏采夫著；北京农业大学果树教研组译	1959
195	豌豆	上海西郊农业局编	1958. 1
196	温室的黄瓜	蒋名川编著	1958. 12
197	温室蔬菜栽培	北京市四季青人民公社温室生产队集体编著	1959. 12
198	莴苣笋	糜学畲编	1958. 1
199	我国的果树	吴耕民著	1955
200	西北的果树	孙云蔚编著	1956
201	细菜贮藏经验	天津市农林水利局编	1959. 5
202	仙客来	青岛市城市建设局园林管理所编	1959. 12
203	消灭果树隔年结果现象	华北农业科学研究所编译委员会编译	1956
204	新疆苹果栽培技术	张钊著	1959. 9
205	雪里蕻	林秉飞著	1959. 11
206	延边苹果梨	吉林省农业厅	1957. 2
207	洋葱和大蒜	（苏）A. 普林卡著；陆玲娣，袁以苇译	1958. 9
208	一座花果山的诞生	锦州地区山区建设队	1958. 11
209	银耳与木耳	徐世耕编	1958. 12
210	英汉园艺学名词	中国科学院编译出版委员会名词室编	1958. 9
211	有关蔬菜知识推荐书目	首都图书馆编	1958. 5
212	芋艿	曹颂琰著	1958. 11
213	园艺学名词（俄中对照试用本）	中国科学院编译局编	1955
214	云南山茶花	庄茂长编著	1959
215	枣树生物学特性	曾勉等著	1959. 1
216	枣树栽培法	山东省园艺科学研究所编著	1959. 5
217	怎样接果树	原尧洲编	1958. 9
218	怎样使果树早结果和多结果	许明宪编著	1958
219	怎样育苹果苗	杜澎之著	1958. 7
220	怎样栽培苹果	张勔新，褚孟嫄著	1957

（续表）

序 号	题 名	责任者	出版年
221	怎样栽培葡萄	张勔新编	1956
222	怎样栽培葡萄	曾骧等编	1958. 9
223	怎样栽培柿树	郑开文等编	1957. 1
224	怎样增产洋葱	蒋名川等编著	1955
225	怎样增加蔬菜产量	（苏）Н. И. 查哈烈维奇著；汪玢，尹彦译	1958. 4
226	怎样种番茄	王化	1958. 7
227	怎样种好西瓜	陈广福编著；江苏省科普协会编	1955
228	中国的韭菜	蒋名川编著	1956. 12
229	中国果树品种名录	中国农业科学院果树研究所编	1959. 7
230	中国果树栽培学（第二卷）	中国农业科学院果树研究所主编	1959. 12
231	中国果树栽培学（第三卷）	中国农业科学院果树研究所主编	1959. 12
232	中国果树栽培学（第一卷）	中国农业科学院果树研究所主编	1959. 11
233	中国食用菌及其栽培	裘维蕃著	1952. 4
234	中国蔬菜优良品种	中国农业科学院编	1959. 3
235	中国蔬菜栽培学	吴耕民著	1957. 2
236	种白菜	邹世珍编撰；吴耕民修订	1955. 12
237	种菜法	黄绍绪编著	1950. 7
238	种番茄	周润科编著	1956
239	种柑橘法	曾勉著	1951. 1
240	种韭黄	冯言安编著	1950. 1
241	种桃法	曲泽泓编著	1958. 9
242	祖国优良家畜品种（第四集）	中国畜牧兽医学会编	1959. 12

（3）1960—1969 年

序 号	题 名	责任者	出版年
1	北方果树修剪技术	河北省农业科学院果树研究所编著	1966. 5
2	北方蔬菜采种技术	北京农业大学园艺系果蔬选种及良种繁育教研组编著	1965. 8
3	北京黄土岗花卉栽培	北京林学院城市及居民区绿化系，北京黄土岗中匈友好人民公社编	1962. 9
4	草菇栽培	陈启水编著	1962. 6
5	大白菜	李耀华编	1963. 7
6	大扁杏栽培宣传手册	河北省张家口地区军委会农业领导组编	1969. 8
7	砀山梨	储晓明编	1961. 7
8	东北的梨	蒲富慎，王宇霖著	1960. 3
9	豆类蔬菜栽培技术	李鸿渐编著	1960. 3
10	番茄茄子辣椒的栽培	新疆维吾尔自治区农业科学研究所园艺研究室编	1961. 2

（续表）

序号	题名	责任者	出版年
11	番茄制品	胡永威编著	1964.6
12	甘蓝（卷心菜）	上海市农业科学研究所编	1961.9
13	根菜类蔬菜栽培技术	李鸿渐编著	1960.2
14	公元前我国食用蔬菜的种类探讨	酆裕洹编著	1960.2
15	瓜类蔬菜栽培技术	李鸿渐编著	1964.6
16	馆藏图书目录（森林）	中国农业科学院图书馆	1960.8
17	果蔬选种及良种繁育学（下卷）	浙江农业大学主编	1961.12
18	果树的快速育苗	中国农业科学院果树研究所编	1960.3
19	果树的营养生理	（日）小林章著；曲泽洲等译	1964.11
20	果树集论（果树的环境与营养）	孙云蔚编译	1964.1
21	果树生产经验	全国农业展览馆园艺特产馆编	1960.5
22	果树蔬菜论文集	中国农业科学院江苏分院编	1964.12
23	果树与浆果作物育种及品种研究	（苏）A.C.塔塔林采夫主编；王宇霖译	1965.2
24	果树与气象	中国农业科学院农业气象研究室编著	1960.3
25	果树栽培	沈隽等编	1962.12
26	果树栽培的生物学原理	（苏）科列斯尼科夫主编；洪建源等译	1963.9
27	果树栽培的新技术	（日）永泽胜雄，森英男等著；北京市编译社译	1964.4
28	果树栽培技术手册	新疆兵团农七师司令部编	1963.1
29	果树栽培生理学基础	（瑞士）科贝尔著；张嘉宝等译	1966.3
30	果树栽培学	孙云蔚主编	1962.12
31	果树栽培学（下卷）	浙江农业大学主编	1961.7
32	果树栽培学（下卷）——各论	河北省农业大学编	1960.3
33	果树砧木的研究	张宇和编著	1963.7
34	果树资源调查手册	陕西省果树研究所编	1964.9
35	核桃栽培法	山东省果树科学研究所编著	1966.3
36	瓠瓜	糜学畲	1960.4
37	花境	（清）陈淏子辑；伊钦恒校注	1962.12
38	华北习见观赏植物（第二集）	俞德浚主编；中国科学院植物研究所北京植物园编辑	1962.12
39	几种主要木本粮油树栽培方法	北京市农林局编	1962.6
40	江苏板栗	中国科学院南京中山植物园编	1961.5
41	江苏果树综论	左大勋等著	1964.8
42	江西果树育苗经验	江西省农业科学研究所园艺系编	1960.1
43	莱阳梨	莱阳农学院园艺系果树教研组编著	1960.4
44	兰花的传粉：兰花借助于昆虫传粉的种种技巧	（英）C.达尔文（Charles Darwin）著；唐进等译	1965.3
45	荔枝大小年产生的原因及其克服途径	梅英俊著	1964.4
46	栗、枣、柿栽培	吴耕民编著	1964.9
47	绿叶类蔬菜栽培技术	曹寿椿编著	1960.3
48	蘑菇的栽培技术	（苏）格洛莫夫著；周仲铭译	1960.1

（续表）

序　号	题　名	责任者	出版年
49	蘑菇和草菇	陈梅朋编著	1960. 3
50	蘑菇文摘选辑（西文资料）	中国科学院中南分院图书馆编	1961. 11
51	蘑菇栽培技术	杨庆尧，陈其东编著	1966. 3
52	木本粮油植物	林业部森林经营司森林副产处编	1965. 5
53	南瓜	熊助功编	1962. 11
54	南瓜栽培技术	新疆八一农学院农学系 602 班集体编	1961. 2
55	葡萄新品种的培育	中国科学院植物研究所北京植物园果树组著	1960. 8
56	葡萄栽培技术	王福堂编著	1965. 1
57	茄果类蔬菜杂交制种技术	李鸿渐著	1960. 3
58	芹菜	黄虎赓编著	1961
59	山西省蔬菜主要品种图谱	山西省农业科学院编	1960. 11
60	上海春番茄丰产研究	中国科学院植物生理研究所编	1960. 3
61	沈阳市郊区蔬菜栽培	沈阳市副食品生产管理局著	1960. 2
62	沈阳市郊区蔬菜栽培	沈阳市畜牧副食局编著	1964. 1
63	柿树栽培法	山东省果树科学研究所编著	1966. 2
64	蔬菜品种选育及良种繁育（上册）	谭其猛编	1961. 7
65	蔬菜生物化学	（苏）叶尔马科夫，阿拉西莫维奇主编；龚立三译	1964. 1
66	蔬菜栽培学	河北农业大学编	1961. 1
67	蔬菜栽培学（试用本）	陕西省农林厅教材编辑委员会编	1960. 6
68	蔬菜栽培学——保护地栽培（下卷）	北京农业大学主编	1961. 8
69	蔬菜栽培学——各论（下册）	山东省农业大学主编	1961. 8
70	蔬菜栽培学讲义	中国农业科学院江苏分院编	1960. 7
71	蔬菜栽培学——露地栽培各论（中卷）	山东农学院主编	1961. 6
72	蔬菜栽培学——总论（上册）	山东省农业专科学校主编	1961. 9
73	蔬菜栽培学——总论（上卷）	山东农学院主编	1961. 6
74	蔬菜种子繁育经验	农业部种子管理局编	1960. 5
75	酸枣怎样接大枣	山西省林业厅，山西省晋东南专员公署林业局编	1966. 4
76	太湖洞庭山的果树	中国科学院南京中山植物园编	1960. 1
77	温室工作手册	吴应祥等编著	1964. 12
78	我国果树历史的研究	辛树帜编著	1962. 9
79	西北的果树	孙云蔚编著	1962. 9
80	肖县葡萄	林守仁著	1964. 3
81	新疆园艺学会第一届学术年会会刊	新疆维吾尔自治区园艺学会编	1963. 11
82	鄢陵园林植物栽培	北京林学院城市及居民区绿化系编著	1960. 3
83	洋白菜	王裕中编	1963. 1
84	洋葱	马大燮编著	1963. 11
85	一九六五年大豆丰产科学技术总结	中国农科院大豆科学技术组编著	1966. 4
86	樱树栽培	王逢寿编	1960. 5

（续表）

序 号	题 名	责任者	出版年
87	园林植物育种学	北京林学院遗传育种教研组编	1962. 9
88	园艺译丛（果树）	浙江农业大学，浙江农业科学院编	1964. 4
89	园艺译丛（蔬菜植物）	浙江农业大学，浙江农业科学院编	1964. 1
90	枣下论丛	胡绳著	1962. 8
91	怎样嫁接	浙江农学院个果树栽培教研组编	1960. 3
92	怎样种好大白菜	蒋名川编著	1963. 6
93	中国果树科学研究文摘（第二集）	中国农业科学院果树研究所编	1960. 1
94	中国果树科学研究文摘（第一集）	中国农业科学院果树研究所编	1962. 5
95	中国果树栽培学	中国农业科学院果树研究所主编	1960. 3
96	中国果树志——梨（第三卷）	蒲富慎，王宇霖编著	1963. 5
97	中国农业科学院图书馆中文馆藏书（园艺）	中国农业科学院图书馆编	1963
98	中国盆景及其栽培	崔友文编著	1960. 6
99	中国主要果树图说	张劲新编著	1960. 1
100	种板栗	李业超编写	1960. 3
101	重庆蔬菜品种志（上集）	重庆市农业局等编	1961. 4
102	专题资料索引（果树）	北京农业大学图书馆	1960. 4
103	专题资料索引（果树）	南京农学院图书馆编	1960. 3
104	专题资料索引（蔬菜）	南京农学院图书馆编	1960. 3
105	专题资料索引（蔬菜）	北京农业大学图书馆	1960. 3

（4）1970—1979 年

序 号	题 名	责任者	出版年
1	矮化砧苹果苗繁殖技术	中国农业科学院果树研究所郑州分所主编	1978. 4
2	北京市蔬菜生产技术手册	北京市农林局，北京市农科院编	1976. 12
3	北京市主要蔬菜品种介绍	北京农科所编	1973. 3
4	菠菜	上海市上海县新泾人民公社编	1976. 11
5	城市绿化植树	上海市园林管理处	1976. 12
6	大白菜	上海市川县农业局编	1976. 1
7	大白菜杂种优势的利用	浙江省农业科学院园艺研究所编	1977. 6
8	第一届国际柑橘会议论文集	中国科技情报研究所重庆分所	1976. 7
9	冬瓜	上海市嘉定县长征人民公社编	1976. 11
10	渡口市油橄榄栽培技术手册	光开泽编著	1978. 1
11	番茄生产问题解答	王海廷编著	1977. 12
12	甘兰	上海市上海县三林人民公社编	1976. 2
13	柑桔——生产技术与科学实验	华中农学院宜昌分院果树专业编著	1977. 9
14	柑桔栽培手册	中国农科院柑桔研究所编著	1976. 2
15	橄榄油技术手册	联合国粮食及农业组织编	1975

（续表）

序号	题名	责任者	出版年
16	广州蔬菜品种志	《广州蔬菜品种志》编写组编	1974. 8
17	国外蔬菜育种	中国科学技术情报研究所重庆分所编	1979. 2
18	果菜类蔬菜早熟丰产育苗技术	浙江农业大学园艺系编	1978. 1
19	果蔬贮藏保鲜资料提要索引	上海科学技术情报研究所，上海市蔬菜公司编	1978. 1
20	果树工作手册	山西省果树研究所编	1975. 7
21	果树技术手册	西安市农业技术服务站革委会编	1971. 1
22	果树嫁接技术	高新一，孙百令编	1976. 7
23	果树嫁接技术	大寨农学院果树研究组编	1979. 1
24	果树蔬菜的种质资源问题	沈隽等著；中国农学会编	1979. 5
25	果树修剪学	吴耕民编著	1979. 3
26	果树研究法	华中农学院主编	1979. 1
27	果树栽培	农业出版社编	1973. 12
28	果树栽培技术	湖南农业科学研究院科学研究组编	1972. 2
29	果树栽培技术	灵武县园艺场编著	1975. 11
30	果树栽培技术手册	河北省果树研究所著	1977. 8
31	果树栽培学	河北农业大学总校编	1977. 2
32	果树栽培学（上）	辽宁省熊岳农业学校主编	1979. 6
33	果树栽培学（下）	辽宁省熊岳农业学校主编	1979. 5
34	海涂柑桔栽培	浙江农业大学园艺系革委会编	1971. 3
35	黑木耳栽培技术	《黑木耳栽培技术》编写组编	1979. 1
36	红枣人工干制	陈锦屏编	1979
37	黄瓜	上海市宝山县彭浦人民公社著	1978. 2
38	黄瓜栽培技术	黑龙江省园艺研究所编著	1974. 5
39	昆明蔬菜栽培技术	云南省农科所编	1973. 9
40	辽宁果树技术手册	辽宁省农业局编	1977. 1
41	蘑菇栽培技术	上海市农业科学院园艺研究所编	1979. 5
42	蘑菇栽培技术手册	浙江省对外贸易公司革委会，浙江农业大学园艺系革委会编	1971. 6
43	茉莉花的栽培与加工	刘少鹏等编著	1975. 1
44	内蒙古主要果树品种	内蒙古林科所编	1972
45	南瓜	上海市上海县虹桥人民公社编	1976. 9
46	农用塑料大棚	赵鸿钧著	1976. 4
47	苹果矮壮修剪技术	刘亚文著	1979. 9
48	苹果的矮化栽培	山西省果树科学研究所编	1977. 1
49	苹果幼树安全越冬	甘肃省武威地区农业科学研究所编	1977. 12
50	苹果栽培	辽宁省革命委员会农业局编	1971. 6
51	苹果栽培	《苹果栽培》编写组编	1978. 9
52	苹果整形修剪图解	山西大寨农学院编	1977. 9
53	苹果主要品种原色图谱	陕西省果树研究所等主编	1978. 6

（续表）

序　号	题　名	责任者	出版年
54	葡萄品种	陕西省果树研究所，中国农林科学院果树试验站编	1977.5
55	浦黄榆大队蔬菜周年供应的经验	中共蒲黄榆大队党总支委员会编	1972.8
56	荠菜	上海市上海县虹桥人民公社编	1976.11
57	茄子	上海市嘉定县长征人民公社编	1976.9
58	芹菜	上海市上海县虹桥人民公社编	1977.11
59	青菜	上海市上海县新泾人民公社编	1976.11
60	日本中小型塑料薄膜覆盖的蔬菜栽培	上海科学技术情报研究所编	1977.6
61	日光温室	杨禹龄，金玉子编	1979.1
62	蔬菜生产技术问答	《蔬菜生产技术问答》编写组编	1975.7
63	蔬菜杂交育种和杂种优势利用	西北农学院园艺系等编	1975.7
64	蔬菜杂种优势的利用	徐毅编	1979.1
65	蔬菜栽培	农业出版社编	1973.12
66	蔬菜栽培技术	宁夏回族自治区农业科学研究所编	1972.9
67	蔬菜栽培技术手册	《蔬菜栽培技术手册》编写小组编	1974.7
68	蔬菜栽培生理	李曙轩编著	1979.9
69	四川果树良种图谱	四川省农业科学院园艺试验站编	1975.1
70	塑料大棚蔬菜生产实践	长春市郊区英俊公社福利大队编	1976.9
71	塑料大棚蔬菜栽培	聂和民等编著	1979.9
72	塑料大棚园艺	赵鸿钧编著	1978.9
73	塑料棚的建造和蔬菜栽培	哈尔滨市农业局编	1977.12
74	塑料温室与蔬菜栽培	赵鸿钧编译	1976.3
75	图解果树整枝剪定新法	谌克终译	1975.8
76	乌桕栽培	浙江省兰溪县乌桕良种繁育场编	1976.3
77	西红柿的贮存保鲜	李钰，王文宏编著	1975
78	新疆的梨	新疆农科院等编	1978.7
79	银耳	黑龙江省生产建设兵团二十九团《银耳》编写小组编	1976.4
80	银耳栽培技术	上海市农业科学院园艺研究所编	1975.7
81	园艺学	简尼克（Jules Janick）著；许仁宏，吴玉珍译	1975.9
82	植物的嫁接	李继华著	1977.6
83	中国果树分类学	俞德浚编著	1979.2
84	最新家庭养花问答	张蕙芬编	1979.8

（5）1980—1989 年

序　号	题　名	责任者	出版年
1	白蘑菇栽培	朱慧真编著	1983.1
2	板栗	张宇和等编著	1989.5

（续表）

序　号	题　名	责任者	出版年
3	板栗生产栽培技术	宣善平编	1983. 12
4	板栗栽培与贮藏	中国科学技术普及创作协会农业委员会，辽宁省科协科普创作协会主编	1986. 1
5	保护地细菜栽培	齐继昌编著	1989. 2
6	保护地园艺：环境与作物生理	（日）内海修一著；王志刚译	1984. 5
7	北方草菇栽培技术	汪麟等编著	1987. 7
8	北方果树	郑开文等编	1986. 9
9	北方果树嫁接技术与图解	农牧渔业部教育司主编	1987. 2
10	北方果树修剪技术（修订本）	河北省农林科学院昌黎果树研究所编著	1983. 12
11	北方果树修剪技术问答	农牧渔业部教育司主编	1987. 2
12	北京果树栽培技术手册	北京市林业局编	1982. 7
13	北京花卉	北京市园林局《北京花卉》编委会编	1980. 5
14	北京花卉（续编）	北京市园林局《北京花卉》编委会编	1982. 4
15	北京蔬菜栽培（上册）	北京市成人教育学院主编	1986. 8
16	北京蔬菜栽培（下册）	北京市成人教育学院主编	1986. 8
17	薄膜覆盖蔬菜栽培	祝旅，王耀林编著	1983. 11
18	菜地地膜覆盖技术问答	中国科学技术普及制作协会农业委员会主编	1983. 7
19	菜豆栽培	唐述文编	1988. 11
20	菜田化学除草	卢盛林等主编	1987. 9
21	菜园经营法	吴耕民	1984. 3
22	菜园十二个月	鲁仁庆主编；王永建等编著	1989. 12
23	蚕豆栽培技术	金桓先编	1986. 3
24	草莓	孟昭清，闵观全编著	1988. 12
25	草莓、悬钩子、穗醋栗和醋栗育种进展	（美）D. H. 斯科特（Donald H. Scott）等著；邓明琴等译	1989. 7
26	草莓与气象	陈炳雄，唐纪钊编著	1988. 6
27	草莓栽培	刘金著	1983. 2
28	草坪及地被植物	胡中华编	1984. 12
29	茶用香花志	李孝铭著	1983. 11
30	成都盆景	潘传瑞编著	1985. 7
31	窗台、阳台、宅旁园艺知识	北京植物园《窗台、阳台、宅旁园艺知识》编写组编	1985. 6
32	大白菜	李耀华编著	1985. 6
33	大白菜的烹调与营养	李津香，李晓编	1987. 12
34	大白菜形态学	陈机等著	1984. 1
35	大白菜栽培	蒋名川编著	1981. 12
36	大葱栽培	唐鉴川编	1983. 2
37	大葱栽培技术	陈光星编著	1987. 9
38	大棚蔬菜栽培技术	农牧渔业部教育司主编	1988. 9
39	大蒜	张超福编	1984. 8

（续表）

序　号	题　名	责任者	出版年
40	大蒜	仇志荣，陆美英编	1988. 5
41	大蒜栽培技术及综合利用	严根元编著	1989. 9
42	德州西瓜	郑世杰编著	1989. 12
43	冬瓜、南瓜、苦瓜、丝瓜	吕启愚等著	1987. 7
44	豆类蔬菜栽培	顿宝祥编著	1986. 1
45	毒蘑菇（第二版）	中国科学院微生物研究所真菌组编著	1988. 7
46	毒蘑菇识别	卯晓岚编著	1987. 9
47	多年生草花四季颂	张慧芬编	1980. 5
48	番茄	叶美叶编著	1982. 3
49	番茄品种	王海廷编著	1985. 4
50	番茄生理基础	（日）斋藤隆，片冈节男著；王海廷等译	1981. 8
51	番茄育种	王海廷等编著	1988. 9
52	番茄杂种优势利用	王海廷编著	1983. 2
53	凤尾菇栽培	王松良编	1984. 7
54	富士苹果引种与栽培	印万芳等编著	1988. 12
55	甘蓝栽培技术	张国村编著	1984. 1
56	柑桔简易贮藏技术	中国科学院普及创作协会农业委员会，辽宁省科协科普创作协会主编	1986. 9
57	柑桔生产新技术	吴光林等编著	1986. 7
58	柑桔施肥	邓祖耀等编	1984. 2
59	柑桔无病虫栽培	林孔湘编	1982. 12
60	柑桔业（第二卷）	（美）鲁瑟等编	1985. 3
61	柑桔栽培	中国农科院柑桔研究所编著	1986. 1
62	瓜类杂交制种技术	李正德等编著	1989. 12
63	观叶植物大全	马太和等编	1989. 7
64	罐藏番茄优良品种	马云彬等编	1981. 5
65	贵阳市蔬菜生产技术手册	贵阳市蔬菜办公室编	1981. 12
66	桂花	陈昳琦，尹廷相著	1989. 3
67	国外蔬菜贮藏保鲜技术	陈文林等编译	1985. 12
68	果酒和配制酒生产问答	康明官，唐是雯主编	1987. 12
69	果酒酿制	赵光鳌等编著	1987. 1
70	果木趣谈	樊增效编著	1985. 11
71	果品的加工	邵宁华，沈裕生编著	1986. 7
72	果品加工	陈学平编著	1988. 9
73	果品加工工艺	周山涛等编著	1988. 5
74	果品加工及设备	郭祥超编	1989. 11
75	果品简易加工问答	杨殿奎等编	1984. 4
76	果品经营知识实用手册	王沂编著	1988. 8
77	果品南北货实用手册	边文华等编	1982. 11
78	果品蔬菜干制	陈锦屏编著	1983. 1

（续表）

序号	题名	责任者	出版年
79	果品蔬菜贮藏	刘一和，于梁同编著	1982.5
80	果品营养与食疗	魏德保编著	1986.12
81	果品与健康	徐敬武编著	1987.3
82	果品贮藏保鲜技术问道	张绍文，韩丽颖主编	1987.3
83	果品贮藏和加工	林海，余兆海编著	1987.9
84	果品贮藏加工实验实习	陕西省仪祉农业学校主编	1983.12
85	果品贮藏加工学（果树专业用）	华南农学院主编	1981.8
86	果蔬保鲜贮藏	苏长君编著	1983.8
87	果蔬糖渍工艺学	龙燊编著	1987.3
88	果树矮化密植	李正之编	1982.5
89	果树矮小密栽培	赵庚禄编著	1983.6
90	果树滴灌	于振洲等编	1985.5
91	果树繁殖	孙云蔚，杨文衡编	1984.12
92	果树丰产200问	北京市林业局编	1988.8
93	果树嫁接技术	邢卫兵，孟昭清编著	1988.12
94	果树嫁接新技术	高新一，荣子其编	1984.8
95	果树气象学	陈尚漠等著	1988.11
96	果树生产问答	陈克亮等编著	1982.6
97	果树生长结实	杨文衡，陈景新编	1986.2
98	果树生态	孙云蔚等主编	1988.8
99	果树史话	佟屏亚编著	1983.3
100	果树树型及整形技术	汪景彦编著	1989.2
101	果树童期与提早结果	沈德绪，林伯年编著	1989.1
102	果树突变育种	石荫坪等编著	1985.1
103	果树夏季修剪	吕湛编著	1989.5
104	果树遗传育种研究方法	（苏）玛修科娃著；李云阁，张建璐等译	1982.1
105	果树译丛（二）	中国农业科学院果树情报研究所主编	1981.8
106	果树译丛（一）	沈隽主编	1980.1
107	果树引种驯化	张宇和编著	1982.9
108	果树营养诊断标准	（美）查普曼主编；庄伊美，江由等译	1980.7
109	果树营养诊断法	仝月澳，周厚基著	1982.3
110	果树与蔬菜	中国农业科学院编	1984.8
111	果树与蔬菜知识	《学文化化学科学》丛书编委会编	1985.9
112	果树育种学自学指导书	潘季淑，孟新发编	1985.8
113	果树栽培	马文荣编	1988.8
114	果树栽培基本原理	何凤仁，赵宗方，陈云志，金白谋编	1981.11
115	果树栽培基础知识	刘汝诚主编	1989.8
116	果树栽培技术	阎玉章，黄麦平编	1984.1
117	果树栽培手册	龚钧智等编	1988.7

（续表）

序 号	题 名	责任者	出版年
118	果树栽培学	辽宁省林业学校编	1986.12
119	果树栽培学（北方本）	葛维祯编著	1988.7
120	果树栽培学各论（南方本 下册）	华南农学院编	1981.8
121	果树栽培学实验实习指导书（南方本）	华南农学院编	1980.11
122	果树栽培学自学指导书	曾骧，李光晨编	1985.1
123	果树栽培学总论（果树专业用）	河北农业大学主编	1986.11
124	果树整形修剪技术问答	张克俊等编著	1989.12
125	果树整形与修剪	吴光林编著	1986.8
126	果树组织培养	陈振光编著	1987.12
127	果园化学除草技术	沈秋兴编著	1986.1
128	果园农药	和喜田等编著	1985.7
129	果园土壤管理	孙云蔚，王永惠编著	1982.2
130	果园周年管理	沈仲翔编著	1988.5
131	果汁加工	（苏）汉斯·J·比利希编	1986.3
132	寒地果树栽培	周恩等编	1982.2
133	核桃	陕西省果树研究所主编	1980.1
134	黑木耳代料栽培	李育岳，汪麟编	1987.4
135	黑木耳袋栽高产新技术	王振安，张仕达编著	1988.6
136	黑木耳段木代料栽培技术	姚文瑞编	1989.3
137	黑木耳香菇栽培与制种	陈心锦等编	1989.4
138	黑木耳与银耳代料栽培速生高产新技术	丁湖广，王德平编著	1989.1
139	黑木耳栽培	杨新美，朱兰宝编	1982.5
140	黑木耳栽培	赵玲等编著	1986.3
141	黑木耳栽培技术	卢文举编著	1986.2
142	红皮大蒜栽培技术	天津市宝坻县袁罗庄科学技术协会葱蒜研究会编	1985.8
143	胡萝卜	姜振纲编	1984.6
144	花卉快速繁殖	中国花卉协会编	1989.12
145	花卉试管繁殖	杨乃博编著	1987.2
146	花卉无土栽培	（日）曾我部泰三郎著；刘醒群译	1983.1
147	花卉育种知识	黄济明	1987.9
148	花卉园艺	袁肇富等编著	1988.2
149	花卉栽培	段诗吟，何光荣等编	1983.2
150	花卉栽培技术	彭光途等编	1987.6
151	花卉栽培学讲义	姬君兆，黄玲燕等编	1985.12
152	花卉栽培与药用	闻子良，闻荃堂主编	1988.1
153	花色的生理生物化学	（日）安田齐著；傅玉兰译	1989.9
154	花色之谜	（日）安田齐著；张承志，佟丽译	1989.8
155	黄瓜	鲁仁庆，王秀生编著	1983.11
156	黄瓜促成栽培法	孙可群编撰	1984.3

（续表）

序号	题名	责任者	出版年
157	黄瓜嫁接栽培法	戚春章等编	1987.1
158	黄花菜栽培与加工	石旭初，禹云裘编	1985.2
159	黄花栽培	周名毛编著	1987.3
160	家庭菜园	张纪增等编	1983.12
161	家庭盆栽桃树	初真文编著	1983.1
162	家庭温室	王之仪编著	1988.3
163	家庭养菇	李志超编	1983.8
164	家庭养花	北京植物园编	1980.3
165	家庭栽培食用菌	庞陶荣编	1983.8
166	家庭种菇	罗信昌，蔡泽民编	1982.6
167	嫁接的原理与应用	李继华编著	1980.1
168	江南园林志	童隽著	1984.1
169	豇豆、菜豆	顾元龙，陆定顺编著	1987.4
170	豇豆栽培	唐书文编	1988.11
171	金针菇栽培	董宜勋编	1988.12
172	菊花栽培	薛守纪编著	1981.9
173	巨峰葡萄栽培	（日）柴寿著；王化忠译	1987.8
174	君子兰问答	杨其嘉著	1984.4
175	辣椒栽培技术	刘国勤编	1985.5
176	梨	（日）林真二著；吴耕民译	1981.4
177	梨	河北省农林科学院石家庄果树研究所编	1983.2
178	梨品种	蒲富慎等编著	1989.5
179	李	李怀玉等编著	1989.2
180	龙眼葡萄的栽培技术	陈士贵，周国岭编著	1988.12
181	龙眼栽培	李来荣等	1983.7
182	芦笋栽培与加工	李宏毅编	1982.5
183	萝卜	顾智章编	1982.3
184	落叶果树分类学	俞德浚编	1984.9
185	落叶果树栽培	曾骧等编著	1984.1
186	落叶果树种类学	王宇霖编著	1988.1
187	猕猴桃的栽培和利用	曲泽州主编	1981.8
188	猕猴桃栽培与加工技术	朱鸿云等编著	1989.7
189	棉籽壳培养食用菌	王谷成等编著	1986.4
190	棉籽皮袋式栽培黑木耳	印桂玲，李育岳编	1984.6
191	名花拾锦	《世界农业》编辑部编	1987.5
192	蘑菇	龙达坤编	1984.4
193	蘑菇、木耳、猴头菌种培养技术	李志超，杨姗姗编著	1984.1
194	蘑菇加工检验食用	许联慧等编著	1987.7
195	蘑菇译文集	吕德亮等译	1982.1
196	蘑菇与草菇	杨庆尧，董学馨编	1980.9

（续表）

序 号	题 名	责任者	出版年
197	蘑菇栽培	寿诚学编	1982. 6
198	魔芋栽培及加工	刘佩瑛等编著	1986. 7
199	南方巨峰葡萄栽培技术	陈善德编著	1988. 1
200	南瓜、西葫芦、笋瓜	张世田等	1989. 6
201	农村家庭科学种菜	潘恕等编著	1985. 1
202	盆栽葡萄	赵宝章编著	1982. 8
203	盆栽葡萄	邹常锰编著	1983. 4
204	盆栽葡萄	葛根编著	1983. 6
205	盆栽葡萄问答	施献举，吕湛著	1987. 1
206	盆栽月季	薛守纪编著	1982. 7
207	平菇栽培	张淑杰编	1982. 8
208	苹果	河北省农林科学院石家庄果树研究所编	1982. 9
209	苹果、梨育种进展	（英）勃朗等著；蒲富慎译	1981. 1
210	苹果矮化高产栽培	包树新等著	1988. 2
211	苹果矮化密植	王中英著	1980. 7
212	苹果矮化密植	汪景彦主编	1988. 6
213	苹果矮化砧木	北京市苹果矮化砧木技术协作网编	1980. 6
214	苹果的研究	（日）青木二郎编；曲泽洲，刘汝诚译	1984. 1
215	苹果和梨的产地贮藏	于绍夫编	1983. 11
216	苹果和梨优质高产栽培技术	李培华等编著	1989. 2
217	苹果集约栽培基础	（英）J. G. D. 拉姆（J. G. D. Lamb）等著；蒲富慎译	1981. 1
218	苹果密植丰产栽培	李春蔚编著	1988. 11
219	苹果密植栽培	马希满主编	1981. 8
220	苹果盆栽技艺	张尊中编著	1988. 11
221	苹果树的疏花疏果	沈隽，孙文彬编著	1986. 8
222	苹果树施肥	周厚基编著	1987. 5
223	苹果树整形修剪和病虫防治技术	张克俊等著	1989. 1
224	苹果与气候	曲泽洲，冯学文编著	1989. 1
225	苹果与气象	曾骧，刘金铜编	1988. 3
226	苹果栽培 200 题	于绍夫编	1984. 7
227	苹果栽培技术	陈宝玉著	1986. 3
228	苹果栽培技术问答	董廷棋等著	1989. 12
229	苹果栽培技术问答	马希满编著	1989. 1
230	苹果栽培实用技术	殷镜堂等著	1989. 1
231	苹果整形修剪技术图解	山东省科学技术协会普及工作部主编	1989. 2
232	瓶栽银耳技术	姚淑先著	1982. 12
233	葡萄的遗传和育种（第二届国际葡萄育种会议论文选译）	罗国光等译	1989. 6
234	葡萄盆栽法	严大义主编	1984. 8

（续表）

序号	题名	责任者	出版年
235	葡萄生产实用技术	熊晋三等编著	1989.11
236	葡萄优质高产栽培法	赵庆华等编著	1989.12
237	葡萄栽培	欧阳寿如编著	1982.7
238	葡萄栽培（增订版）	吴景敬编著	1989.1
239	葡萄栽培法	文国书局编译部编译	1984.1
240	葡萄栽培技术	李翊远编著	1988.12
241	葡萄栽培技术200问	严大义主编	1985.12
242	葡萄栽培实用技术	邵则恭等编	1989.12
243	葡萄早结丰产栽培技术	陈建国编著	1988.4
244	葡萄早期丰产技术	修德仁主编	1985.12
245	脐橙	江之鉴编著	1980.1
246	巧施花卉肥料	马国瑞等编	1989.12
247	切花栽培	黄章智编	1986.8
248	茄果类蔬菜杂交制种技术	李正德编著	1988.12
249	茄子	吴肇志著	1982.7
250	芹菜	赵学儒编	1984.8
251	芹菜栽培技术	刘铭吉编	1984.1
252	热带和亚热带果蔬采后生理、处理及利用	（菲律宾）潘塔斯蒂科（ER.B.Pantastico）主编；中国科学院华南植物研究所生理生化室组译	1982.7
253	热杂果栽培技术	昌黎县农林局编	1989.9
254	人防工事食用菌栽培	沈剑虹编	1882.7
255	日英汉园艺学辞典	日本园艺学会编；左秀灵等译	1986.7
256	山茶花	汪亦萍，俞仲格著	1989.4
257	山葡萄栽培与酿酒	魏永田著	1980.4
258	山楂	杨殿奎等编	1981.6
259	山楂	《山楂》编写组著	1986.1
260	山楂	刘仲则，崔万均著	1986.11
261	山楂实用栽培技术	鄢德锐，韩德全著	1984.6
262	山楂栽培	赵万图著	1983.1
263	山楂栽培	刘兴志，严大义著	1986.7
264	山楂栽培	张建阁等著	1988.12
265	山楂栽培技术	中国科学技术普及创作协会农委会	1986.9
266	山楂栽培技术问答	崔永兹，于守正著	1988.4
267	山楂栽培与加工利用	张彦玺著	1984.12
268	山楂贮藏与加工	高愿君等著	1989.5
269	上海葡萄栽培	葛根编著	1981.1
270	生长调节剂在果树上的应用	曾骧，陆秋农编著	1988.12
271	生姜栽培	曲丁，曲河编著	1987.11
272	十大果树整形修剪技术	韦兴笃等编	1989.11

（续表）

序　号	题　名	责任者	出版年
273	实用蔬菜栽培手册	顾元龙等编	1989. 6
274	实用蔬菜贮藏技术	郝德富编	1983. 4
275	食用菌病虫害防治技术	孔祥君编著	1985. 5
276	食用菌代料栽培	成都市食用菌协作组编	1988. 7
277	食用菌的栽培和发酵	陈駒声主编	1988. 12
278	食用菌高产栽培及科学加工	韩绍英等编著	1989. 12
279	食用菌生产大全	陈士瑜编著	1988. 11
280	食用菌生产技术问答	孔祥君，黄学馨编著	1986. 1
281	食用菌生物学基础	杨庆尧编著	1981. 1
282	食用菌生物学及栽培技术	娄隆厚等编著	1984. 11
283	食用菌与气象	李志超编著	1986. 9
284	食用菌与药用菌栽培工艺手册	李健编	1989. 3
285	食用菌栽培技术	赵占国，汪麟，李福全，印桂玲编著	1982. 3
286	食用菌栽培技术	上海市农科院食用菌研究组编译	1983. 1
287	食用菌栽培技术	杨曙湘编著	1983. 7
288	食用菌栽培技术	王松良编著	1985. 3
289	食用菌栽培与加工	河南农业大学植保系微生物教研室编	1985. 12
290	食用蘑菇	应建浙等著	1988. 7
291	室内观叶植物	吴民强等著	1989. 5
292	室外植物运用指南	张惠芬总编	1980. 6
293	柿树栽培技术问答	王永惠等编著	1989. 5
294	柿树栽培与柿果加工	赵海珍等编著	1989. 1
295	适地适栽果树环境论——日本的风土条件与果树栽培	（日）小林章著	1983. 3
296	蔬菜	陆子毫等编	1985. 1
297	蔬菜采种	魏毓棠编	1985. 2
298	蔬菜大棚建造和栽培技术	安志信等编	1989. 9
299	蔬菜的发育生理和栽培技术	（日）杉山直仪编著；赖俊铭译	1981. 11
300	蔬菜的生长发育诊断（理论和观察方法）	（日）加藤徹著；刘宜生等译	1981. 1
301	蔬菜的贮藏和加工	许金玉等编	1984. 11
302	蔬菜地膜覆盖技术问答	杨龙章编	1983. 7
303	蔬菜地膜覆盖栽培	李盛萱编	1983. 1
304	蔬菜地膜覆盖栽培	朱志方编	1986. 5
305	蔬菜地膜覆盖早熟高产栽培技术	朱志方编著	1985. 12
306	蔬菜高效益栽培	朱顺增著	1988. 11
307	蔬菜瓜果花卉栽培知识	《蔬菜瓜果花卉栽培知识》编写组编	1986. 9
308	蔬菜和瓜类生理	（苏）Б. А. 鲁滨著；解淑贞，郑光华译	1982. 12
309	蔬菜加工工艺	田呈瑞编著	1988. 5
310	蔬菜加工与贮藏	贺凤山，张存林编	1981. 4
311	蔬菜抗病品种及其利用	（日）山川邦夫著；高振华译	1982. 1

（续表）

序　号	题　名	责任者	出版年
312	蔬菜快速育苗	师惠芬，刘增新编著	1982. 6
313	蔬菜快速育苗	《蔬菜快速育苗》编写组编	1986. 4
314	蔬菜良种繁育	郑宝玲编著	1986. 12
315	蔬菜生产的主要气象灾害及防御技术	郑大玮，唐广编著	1989. 2
316	蔬菜生产新技术	高树森编著	1986. 2
317	蔬菜生物生理学基础	日本农山渔村文化协会编；北京农业大学译	1985. 1
318	蔬菜施肥	蒋名川，解淑贞编著	1985. 5
319	蔬菜塑料大棚栽培技术	蒋毓隆编著	1989. 3
320	蔬菜塑料棚栽培	张文志，李德玉，赵世库编著	1982. 5
321	蔬菜提前、延后栽培	徐光琅编	1983. 3
322	蔬菜鲜藏技术	上海市蔬菜公司《蔬菜鲜藏技术》编写组编	1980. 11
323	蔬菜现代育苗技术	王化编著	1986. 3
324	蔬菜现代贮藏技术	李志澄，刘斌编著	1985. 2
325	蔬菜新良种	王振兴，张玉清编	1986. 8
326	蔬菜研究法	西南农学院主编	1981. 12
327	蔬菜遗传育种和良种繁育学	黑龙江佳木斯农业学校主编	1980. 8
328	蔬菜译丛（二）	中国农业科学院蔬菜研究所主编	1985. 3
329	蔬菜译丛（一）	中国农业科学院蔬菜研究所主编	1982. 2
330	蔬菜营养及其诊断	解淑贞编著	1985. 6
331	蔬菜营养生理与土壤	（日）嶋田永生著；杨振华译	1982. 3
332	蔬菜优良一代杂种及其制种技术	中国农业科学院蔬菜研究所编	1982. 12
333	蔬菜优质高产栽培技术	肖庆礼编	1986. 12
334	蔬菜育苗技术	赵万里编著	1988. 3
335	蔬菜育苗技术	杨禹龄编	1985. 3
336	蔬菜育苗问答	农牧渔业部教育司主编	1987. 2
337	蔬菜育种	谭其猛著	1980. 8
338	蔬菜育种学	沈阳农学院主编	1980. 1
339	蔬菜育种学自学指导书	周长久编	1985. 1
340	蔬菜栽培	陆子豪等编著	1982. 2
341	蔬菜栽培	陕西省农业局科教处编	1983. 4
342	蔬菜栽培	黎藻编	1985. 5
343	蔬菜栽培	潘宏强编	1989. 3
344	蔬菜栽培技术	林德清等编	1984. 11
345	蔬菜栽培技术	段新高主编	1989. 8
346	蔬菜栽培实用技术	刘光文等编	1989. 9
347	蔬菜栽培新技术	蒙承环等编	1989. 7
348	蔬菜制种技术	卢顺福编著	1987. 12
349	蔬菜贮藏	张世德编著	1989. 4

（续表）

序 号	题 名	责任者	出版年
350	蔬菜贮藏加工学	华中农学院主编	1981. 8
351	蔬菜贮藏生理及气调技术	李钰等编	1984. 2
352	蔬菜贮鲜	刘存德编著	1985. 6
353	蔬菜组织培养	王纪方等编著	1983. 6
354	水果和蔬菜的生物化学基础	（苏）梅特利茨著；刘慕春译	1988. 1
355	水果蔬菜气调贮藏	（西德）胡贝特·贝尔著；张鲁迪译	1981. 1
356	水果蔬菜贮藏保鲜技术	国家科委科研成果管理办公室	1985. 1
357	水果蔬菜贮藏概论	（日）绪方邦安著；陈祖钺等译	1982. 1
358	水仙花	陈时璋，刘熙隆	1980. 12
359	《说园》	陈从周著	1984. 11
360	塑料大棚高产早熟种菜技术	尚德宏，郭树桐编著	1989. 2
361	塑料大棚蔬菜栽培的生理障碍	郑光华编著	1984. 5
362	塑料大棚园艺	赵鸿均编著	1984. 8
363	酸枣	靳淑英，魏英占编著	1987. 9
364	桃树栽培	《桃树栽培》编写组	1984. 9
365	桃树栽培	曾佩三编著	1987. 5
366	桃树栽培技术问答	于长耳等	1989. 8
367	桃树整形修剪	傅耕夫，段良骅编	1982. 7
368	特种经济植物栽培	程荫著	1989. 11
369	提高果树产量的农业气象基础	（苏）别洛博罗多娃著；王馥堂译	1985. 9
370	天津大白菜	刘宗林，邱玉秀编著	1988. 8
371	天鹰椒栽培技术	陈光星编著	1989. 9
372	甜（辣）椒	宋世君编著	1984. 6
373	甜瓜和西瓜的栽培与贮藏	王仲田编	1984. 1
374	甜瓜栽培与育种	马克奇，马德伟编著	1982. 12
375	庭院果树	李家福编	1983. 8
376	庭院葡萄	傅道义编	1988. 3
377	庭院葡萄栽培	李翊远编	1981. 2
378	土窑洞加简易气调贮藏苹果技术	中共山西省委农村政策研究室主编；杨兰生，陈克亮编著	1985. 4
379	温室管理	（美）J. J. 哈南（J. J. Hanan）等著；郑光华等译	1984. 1
380	温室蔬菜无土栽培	邢禹贤编著	1981. 5
381	温室蔬菜栽培	唐学礼，王信编著	1983. 1
382	无籽西瓜栽培与制种技术	周维玉编著	1988. 4
383	五色韭——韭菜周年生产	王铁铃编	1986. 2
384	西北的梨	陕西省果树研究所编著	1980. 7
385	西瓜	王坚等编著	1981. 2
386	西瓜	牟哲生，夏锡桐编	1984. 3
387	西瓜地膜覆盖栽培	张一帆编著	1986. 2

（续表）

序号	题名	责任者	出版年
388	西瓜地膜覆盖栽培	全国农业技术推广总站主编	1986.5
389	西瓜高产栽培技术问答	贾文海，刘桂英编著	1988.9
390	西瓜甜瓜栽培	王坚，尹文山编著	1982.2
391	西瓜早熟栽培	郑世杰等编著	1988.12
392	西红柿四季栽培	叶秋林，胡公法编著	1986.11
393	稀土在瓜果生产中的应用	朱通顺，陆真元编著	1988.1
394	稀土在蔬菜生产中的应用	余德金等编著	1988.1
395	仙人掌类花卉栽培	徐民生著	1984.6
396	现代化蔬菜温室	师惠芬著	1986.4
397	香菇栽培	何园素编	1982.8
398	香菇栽培技术与经营	（日）细野骏造著；单耀忠，于淑华译	1981.11
399	香瓜	柳文锦编著	1984.9
400	香瓜栽培	王坚编	1983.2
401	小品种蔬菜栽培技术	丁遒新编	1983.1
402	小型葡萄园	赵宝章编	1985.2
403	新红星苹果	汪景彦，于洪华编著	1987.7
404	新疆巴旦杏	朱京琳编	1984.4
405	新疆苹果	张钊编著	1982.5
406	新疆葡萄栽培及贮藏加工	刘家驹编著	1987.4
407	新疆甜瓜	潘小芳编著	1984.4
408	新疆甜瓜、西瓜志	新疆甜瓜西瓜资源调查组编	1985.7
409	亚洲八国果蔬贮藏保鲜技术及市场	商业部副食品局编译	1989.4
410	杨氏园艺植物大名典	杨恭毅撰著	1985
411	养花技术问答	蔡顺清，邬志星编著	1984.9
412	养花问答（1）	薛守纪主编	1985.11
413	养花知识	顾梅仙编著	1983.5
414	野果开发与综合利用	李家福等编著	1989.12
415	一年生草花四季颂	张惠芬总编	1980.2
416	遗传与果树育种学实验实习指导	辽宁省熊岳农业学校主编	1983.12
417	银耳栽培	陈启水编	1982.5
418	银耳栽培	黄年采编	1986.3
419	银杏的栽培	何凤仁著	1989.1
420	英汉农业词典（草原学分册）	任继周主编	1985.2
421	优质高产的蔬菜栽培技术	刘宜生，祝旅	1986.8
422	油菜的营养与施肥	（英）M.R.J. 霍尔马斯（M.R.J.Holmes）著；沈惠聪译	1984.5
423	榆黄蘑栽培	沈海川编著	1986.6
424	园林花卉	陈俊愉，刘师汉等编	1983.3
425	园林花卉学	上海市园林学校主编	1989.2
426	园林花木生产技术手册	裘文达等编	1987.9

（续表）

序 号	题 名	责任者	出版年
427	园艺史话	梁国宁编	1983.1
428	园艺植物遗传学	沈德绪，林伯年编著	1985.11
429	园艺植物营养诊断标准	（美）查普曼主编；庄伊美译	1986.7
430	月季栽培	石绍裘，宋肇棠编著	1981.4
431	枣	山东省果树研究所编著	1982.2
432	枣树丰产栽培管理技术	解进宝著	1989.1
433	枣树栽培技术问答	李树铭著	1987.1
434	怎样栽培柑橘	浙江省科学院柑橘研究所编著	1984.9
435	怎样栽培黑木耳	李震泉编	1984.5
436	怎样栽培黄花菜	湖南省经济农作物局编	1984.11
437	怎样种草莓	邓明琴编	1982.12
438	怎样种好菜园（南方本）	林孟勇等编著	1987.1
439	怎样种好庭院果树	廖庆安等编著	1989.7
440	植树、栽花、种草	刘师汉等编著	1988.4
441	植物激素与蔬菜化学控制	叶自新编著	1988.8
442	植物生长调节剂与果树生产	徐邵颖编著	1987.2
443	中国的白菜	李家文著	1984.12
444	中国柑橘区划与柑橘良种	沈兆敏主编	1988.1
445	中国果品	商业部副食品局，上海市果品杂货公司编	1985.1
446	中国果树地理	沈象仁，张豪禧编著	1988.1
447	中国果树科技文摘（12）	中国农业科学院果树研究所编	1981.3
448	中国果树科技文摘（13）	中国农业科学院果树研究所编	1981.9
449	中国果树科技文摘（14）	中国农业科学院果树研究所编	1982.8
450	中国果树科技文摘（15）	中国农业科学院果树研究所编	1983.8
451	中国果树科技文摘（16）	中国农业科学院果树研究所编	1985.1
452	中国果树科技文摘（17）	中国农业科学院果树研究所编	1985.1
453	中国果树科技文摘（18）	中国农业科学院果树研究所编	1987.8
454	中国果树科技文摘（19）	中国农业科学院果树研究所编	1988.2
455	中国果树科技文摘（20）	中国农业科学院果树研究所编	1988.1
456	中国果树科技文摘（21）	中国农业科学院果树研究所编	1989.1
457	中国果树科学研究文摘（6）	中国农业科学院果树研究所编	1980.9
458	中国果树史与果树资源	孙云蔚主编	1983.6
459	中国果树栽培学	中农院果树研究所等编	1987.5
460	中国韭菜	蒋名川编著	1989.5
461	中国莲	中科院武汉植物研究所著	1987.8
462	中国农业百科全书（蔬菜卷分册）	蒋先明主编	1989.5
463	中国农业名产蔬菜分册	农牧渔业部农业局主编	1988.5
464	中国食用菌栽培学	杨新美主编	1988.9
465	中国食用蘑菇大观	董宜勋等编著	1986.1
466	中国蔬菜栽培学	中国农业科学院蔬菜研究所主编	1987

（续表）

序　号	题　名	责任者	出版年
467	中国蔬菜植物核型研究	利容千著	1989. 5
468	中国特产蔬菜	农民日报科技部编	1988. 8
469	中国温带果树分类学	吴耕民编	1984. 5
470	中国野菜图谱	陶桂全编	1989. 5
471	中华猕猴桃	余厚敏，丁士林著	1989. 5
472	中华猕猴桃栽培	朱鸿云编著	1983. 4
473	中文农业文献目录（果树分册 A）	吴泽宣主编	1985. 6
474	中文农业文献目录（果树分册 B）	吴泽宣主编	1985. 6
475	中文农业文献目录（果树分册 C）	吴泽宣主编	1985. 8
476	中文农业文献目录（果树分册 D）	吴泽宣主编	1985. 7
477	中文农业文献目录（果树分册 E）	吴泽宣主编	1985. 9
478	中文农业文献目录（园艺分册，园艺总论、果树总论）	王漱月编	1984. 3
479	种好小菜园	万云章编	1983. 8
480	竹荪、平菇、金针菇、猴头菌栽培技术问答	上海农科院《食用菌文摘》编辑部编	1988. 12
481	竹笋栽培及加工利用	胡超宗编著	1987. 12
482	专业户种菇技术	倪宗耀编	1985. 7
483	最新家庭水耕菜园	杨光盛著	1980. 6
484	最新兰花栽培指南	张蕙芬总编	1980. 8
485	最新木本花卉指南	张蕙芬总编	1980. 8
486	最新英汉园艺词汇	谢荣贵编译	1989. 7

（6）1990—1999 年

序　号	题　名	责任者	出版年
1	365 天种芹菜致富法	宋元林等编著	1993. 1
2	45 天速生蔬菜高产栽培——受自然灾害后补救措施	陆美英著	1993. 3
3	保护地黄瓜嫁接栽培技术	黄应甲编著	1991. 8
4	保护地蔬菜生产实用大全	吴国兴主编	1992. 5
5	薄膜日光温室蔬菜栽培技术	程绍义，蔡德华主编	1992. 5
6	菜豆栽培技术	岳彬编著	1990. 7
7	菜园农时历	季铮等编著	1993. 4
8	草莓基础生理及其栽培	张秀刚等编	1993. 7
9	草莓品种与栽培	段辛楣等著	1993. 6
10	草莓生产新技术	王鹏，徐小利，姬燕编著	1993. 9
11	草莓优质高产新技术	唐良楠，杨秀瑗编著	1992. 11
12	草坪科学与管理	（美）罗伯特·爱蒙斯（Robert D. Emmons）著；冯钟粒，张守先等译	1992. 2

（续表）

序 号	题 名	责任者	出版年
13	常见果树整形修剪	张克俊主编	1990. 4
14	常绿果树（上编）	叶静渊著	1991. 5
15	出口创汇蔬菜高产栽培与加工大全	宋元林，陈顺才主编	1995. 5
16	大白菜	黄裕蜀编著	1992. 9
17	大白菜、菜花、洋白菜高产栽培新技术	陈玉斌编	1991. 5
18	大白菜高产栽培	张承和编著	1992. 8
19	大白菜优质抗病品种高产栽培技术	刘宜生编著	1991. 11
20	大白菜栽培与抗灾防病	钮景诚著	1992. 2
21	大粒葡萄栽培问答	蔺科安编著	1991. 1
22	大棚黄瓜早熟高产栽培实用技术问答	郜凤梧编著	1992. 12
23	低产果园增产实用技术	郗荣庭，张建光著	1993. 6
24	冬春棚室蔬菜高效栽培	王吉云主编	1994. 9
25	冬瓜、南瓜、苦瓜高产栽培	刘宜生等著	1994. 1
26	短枝型红富士新红星苹果生产新技术	杨庆山等编著	1994. 2
27	短枝型苹果生产新技术	杨庆山编著	1992. 5
28	多年生经济蔬菜	陈劲枫，张兴国编著	1992. 1
29	番茄品种和栽培技术	顾智章编著	1991. 6
30	番茄新品种及四季栽培技术	刘民健，党永华著	1992. 2
31	蕃茄栽培新技术	曲丰金编著	1993. 8
32	甘蓝优质丰产技术	中国科普作家协会农林委员会主编；李炳华等编著	1994. 1
33	柑橘果品贮运保鲜技术	邓伯勋编著	1992. 11
34	瓜类实用新技术	邬树桐主编	1992. 3
35	观赏园艺学	陈树国等主编	1991. 4
36	观赏植物组织培养技术	谭文澄主编	1991. 8
37	果菜嫁接育苗栽培技术图解	王化忠编著	1993. 7
38	果品采收贮藏与加工技术	杨德兴主编	1992. 4
39	果蔬保鲜剂配方及使用	康连臣编著	1993. 2
40	果蔬采后生理与贮藏保鲜	黄邦彦等编	1990. 7
41	果蔬花茶篇	刘远鹏主编	1991. 8
42	果蔬实用贮藏加工 500 法	柳福炎等编著	1993. 5
43	果蔬糖制品加工工艺	张志勤编著	1992. 5
44	果树薄膜高产栽培技术	唐梁楠，杨秀媛编著	1993. 8
45	果树生产技术问答	钟家煊主编	1992. 3
46	果树实用新技术	刘振岩主编	1992. 3
47	果树试验设计及统计	刘权等编著	1992. 3
48	果树数据手册	王世金主编	1990. 5
49	果树修剪图说	卢戈等编著	1990. 6
50	果树育苗	邢卫兵等编著	1991. 3
51	果树栽培	于瑞兰等编著	1991. 8

（续表）

序号	题　名	责任者	出版年
52	果树栽培丛书	傅望衡主编	1990.5
53	果树栽培技术讲座	《果树栽培技术讲座》编写组编	1994.1
54	果树栽培实用技术	张殿高编著	1990.4
55	果树早期丰产技术	罗新书等主编	1991.7
56	果树种类论	曲泽洲，孙云蔚主编	1990.8
57	果园农时历	季铮等编著	1993.4
58	旱地葡萄栽培技术改造	张国宝编著	1991.3
59	核桃高产栽培	朱丽华，张毅萍编著	1993.1
60	核桃园经营	（美）雷蒙斯主编；奚声珂，花晓梅译	1990.2
61	红富士苹果——早果丰产优质栽培	杜澎等编著	1992.4
62	红富士苹果高产栽培	汪景彦主编	1993.8
63	花卉的花期调节	黄章智编译	1990.2
64	花卉花期的调控技术	王荣富，王华编著	1993.1
65	花卉蔬菜无土栽培技术	王鹄生编著	1993.3
66	花卉栽培技术	陈大文著	1990
67	黄瓜品种和栽培技术	王贵臣等编著	1991.7
68	黄瓜栽培新技术	李建伟，张丽红编著	1993.1
69	金针菇、猴头菌栽培技术	刘安民，龚瑞兰编	1991.6
70	金针菇高产栽培100问	袁留照等编著	1991.8
71	金针菇高产栽培技术	李育岳编著	1991.8
72	近暖地苹果栽培	周厚基主编	1991.1
73	韭菜栽培新技术	许声编著	1993.8
74	苦瓜优良品种与高产栽培技术	薛大煜，黄炎武编著	1993.4
75	辣椒品种与高产栽培	郭家珍等编著	1992.8
76	辣椒早熟高产栽培技术	重庆市教委编	1992.8
77	梨的栽培	何凤仁等著	1990.9
78	梨优良品种及其丰产栽培技术	张力，于润卿著	1993.8
79	李树丰产栽培	蔡达荣著	1992.7
80	林木和果树生物技术	（印度）贝奇等著	1991.6
81	绿豆小豆栽培技术	赵国磐，佟屏亚编著	1993.9
82	萝卜高产栽培	周长久编	1992.9
83	萝卜与胡萝卜	汪隆植等编著	1990.1
84	落叶果树修剪技术图说	熊晋三等编著	1990.6
85	落叶果树营养与施肥	刁凤贵，李波编著	1993.5
86	马铃薯栽培技术	程天庆著	1991.1
87	猕猴桃的栽培	丁蒲孙编	1990.4
88	名特优蔬菜栽培新技术	郭书普，张其安主编	1993.1
89	南菜北种	丁仲凡等编著	1993.8
90	盆栽葡萄	郝春英著	1992.6
91	苹果、梨、葡萄栽培实用技术	陈升级著	1991.5

（续表）

序 号	题 名	责任者	出版年
92	苹果、梨、山楂早果丰产优质栽培技术	周治华主编	1992. 6
93	苹果、梨、桃、草莓、葡萄优良新品种	贾定贤等编	1992. 12
94	苹果矮化高产栽培及病虫害防治	刘捍中等著	1992. 8
95	苹果的最优矮化栽培	（日）永田正夫著；蒋康众等译	1991. 12
96	苹果短枝型品种与丰产栽培技术	汪景彦主编	1990. 12
97	苹果丰产优质栽培	辽宁省果树科研究所编	1991. 1
98	苹果新品种及其栽培要点	汪景彦，贾定贤，米文广编著	1992. 1
99	苹果新品种及幼树高产技术	郭兆年编著	1992. 6
100	苹果新品种简明栽培技术	黄智敏等编著	1992. 5
101	苹果新品种栽培实用技术	戚其家等著	1993. 2
102	苹果优质丰产新技术	魏钦平等编著	1992. 1
103	苹果栽培	陆秋农著	1992. 5
104	苹果栽培管理实用技术大全	龙兴桂主编	1993. 12
105	苹果早果丰产技术问答	常有宏等编著	1993. 5
106	葡萄、桃、草莓优良品种及栽培实用新技术	徐义流，王宗明编	1993. 1
107	葡萄快速丰产——快速繁育与快速丰产栽培模式	修德仁主编	1991. 5
108	葡萄轮压高产栽培技术	唐山市教委成人教研室等编	1990. 4
109	葡萄速生丰产实用技术	吴中等编著	1990. 2
110	葡萄桃李丰产优质栽培新技术	钟晓红等编著	1993. 5
111	葡萄庭院葡萄、草莓早果优质丰产技术	周治华主编	1992. 8
112	葡萄栽培问答	高献亭编著	1991. 12
113	葡萄早结高产栽培与加工	彭绍民著	1992. 7
114	葡萄组织培养及应用	曹孜义编	1990. 11
115	切花生产技术	龙雅宜编著	1994. 5
116	茄子、辣椒栽培新技术	凌云昕，王凤青著	1993. 8
117	茄子高产栽培	王炳天编著	1992. 8
118	茄子新品种与优质高产栽培	姚元干，杨建国编著	1993. 1
119	茄子优质高产栽培法	宋元林等编	1993. 1
120	芹菜栽培新技术	李恺编著	1993. 8
121	山东名产蔬菜	何启伟等编	1990. 2
122	山区单季稻及其栽培	潘永年等编	1992. 1
123	实用高效种菇问答	尉晓宇等编著	1991. 5
124	实用果树栽培技术	唐山市教委成人教研室编	1990. 2
125	实用香菇栽培学	钱玉夫著	1993. 1
126	食用菌代料培植新法	黎九贤等主编	1993. 3
127	食用菌代料栽培配方选	陈新锦等编著	1991
128	食用菌高产栽培新技术	王永田等编	1990. 11
129	食用菌深加工新技术	刘培田编著	1992. 4

（续表）

序　号	题　名	责任者	出版年
130	食用菌生产技术手册	吕作舟，蔡衍山编著	1992. 5
131	食用菌生产新技术	张水旺等编著	1994. 1
132	食用菌栽培200题	吕作舟等编著	1992. 12
133	食用菌制种技术	贾身茂编著	1990. 1
134	食用菌制种指南	张甫安等编著	1992. 11
135	食用蕈菌及其栽培	（澳）张树庭，（美）迈尔斯著；杨国良等译	1992. 1
136	食用药用菌实验技术及发酵生产	洪震，卯晓岚编著	1992. 8
137	室外袋栽香菇技术	贾身茂著	1992. 1
138	蔬菜薄膜设施栽培	王瑞环主编	1992. 9
139	蔬菜采种技术	《蔬菜采种技术》编写组编	1990. 6
140	蔬菜地膜覆盖栽培技术	朱志方编著	1991. 9
141	蔬菜冬季栽培新技术	孙秋良，王贤编著	1991. 1
142	蔬菜肥料与农药应用指南	黎世昌主编	1994. 5
143	蔬菜高产优质高效栽培技术问答	陈静芬等编著	1994. 2
144	蔬菜解剖与解剖技术	李杨汉著	1991. 5
145	蔬菜良种繁育原理与技术	王爱民主编	1995. 1
146	蔬菜良种和育苗技术问答	郑甲盛等编著	1990. 2
147	蔬菜生产技术问答	顾元龙等编著	1992. 1
148	蔬菜生产常见问题解答	万云章编著	1990. 4
149	蔬菜实用新技术	何启伟主编	1992. 3
150	蔬菜无土栽培实用技术	刘增鑫，谭学文著	1994. 5
151	蔬菜新技术问答	邬树桐主编	1993. 3
152	蔬菜栽培技术200问	吴国兴编著	1993. 6
153	蔬菜早熟高产优质栽培技术——蔬菜保护地栽培	吴志行编著	1990. 5
154	蔬菜遮阳网无纺布防雨棚覆盖栽培技术	李式军编著	1993. 5
155	蔬菜贮藏保鲜技术	齐学礼编著	1991. 5
156	水果蔬菜贮藏保鲜实用技术手册	蒙盛华等	1991. 1
157	桃、李、杏、樱桃早果丰产优质栽培技术	王永惠	1991. 6
158	桃树高效益栽培	冯学文著	1993. 11
159	桃树实用丰产栽培技术	刘连森，魏文娜编著	1992. 12
160	桃树栽培问答	孙宪德，吉静珍等编	1992. 7
161	庭院果树实用技术	涂玉明，孙定国主编	1992. 3
162	温带果树结实生理	黄卫东等编著	1994. 12
163	无病毒良种草莓的培育及栽培管理	覃兰英编著	1990. 8
164	西瓜高产高效栽培技术	石美崖编	1992. 12
165	西瓜高产栽培技术	贺洪军编著	1990. 12
166	西瓜特早熟栽培	全国农业技术推广总站等主编	1990. 5
167	西瓜甜瓜优良品种与良种繁育技术	林德佩等编著	1993. 9

（续表）

序号	题名	责任者	出版年
168	西瓜甜瓜优质高产栽培新技术	徐玉珍，江燕编著	1993. 2
169	西瓜栽培	梁耀华主编	1991. 3
170	西瓜栽培技术	皮相鹏，肖兰异编著	1992. 11
171	西瓜栽培新技术和新品种	陆振清等编著	1994. 1
172	西瓜早熟高产优质栽培法	施玉明等编著	1993. 3
173	西瓜早熟高产栽培技术	余文炎编著	1990. 2
174	西瓜早熟高效益，幼龄果树与瓜菜间作栽培技术	河北省农村实用技术编写委员会编	1992. 7
175	西瓜早中晚熟配套栽培技术	关铁炼等编著	1992. 7
176	稀有蔬菜高产栽培技术	刘霞等编著	1994. 2
177	鲜食葡萄丰产栽培技术	邹慎机编著	1990. 2
178	香菇、平菇、金针菇、猴头菌栽培新技术	蒋笑钗等编著	1992. 5
179	新编实用养花大全	冯天哲等编著	1992. 1
180	新编优质苹果实用栽培技术	蔡文成，田旭东编著	1992. 9
181	新法种卷心菜	张国村编著	1993. 3
182	新法种蘑菇	周壁华等编著	1993. 7
183	新疆瓜果	中科院新疆资源开发综合考察队编	1994. 5
184	新型食用菌栽培技术	汪昭月著	1991. 1
185	杏树栽培	贾克礼，吴燕民编著	1990. 5
186	杏树栽培与杏加工	吕增仁编著	1990. 1
187	养花要领三百答	蒋青海编著	1993. 1
188	一年四季种西瓜	左改著	1992. 2
189	英汉果树词汇	曲泽洲等编	1990. 7
190	英汉园艺学词典	章文才主编	1992. 5
191	油桃品种与栽培	韩明玉，田玉命编著	1993. 1
192	园林植物开花生理与控制	黄蓉编著	1990. 2
193	园林植物育种学	何启谦等编著	1992. 8
194	枣树高产栽培	高新一，马元忠编著	1993. 9
195	珍稀名优蔬菜 80 种	李式军，刘凤生编著	1995. 3
196	真菌皇后——竹荪制种与栽培新技术	丁湖广，丁荣辉编著	1992. 12
197	中国当代技术商品大全（第二卷）	罗斯静著	1992. 2
198	中国菇类栽培手册	赵根楠等主编	1990. 1
199	中国果树科技文献（1989 年）	中国农业科学院果树研究所编	1991. 12
200	中国名特优蔬菜及其栽培	黄于明等主编	1992. 1
201	中国农业百科全书（蔬菜）	《中国农业百科全书》总编辑部编	1990. 11
202	中国食用菌百科	黄年来主编	1993. 5
203	中国食用菌志	上海农业科学院食用菌研究所主编	1991. 7
204	中国甜瓜	齐玉魁等主编	1991. 8
205	中华人民共和国国家标准——食用菌取样方法（GB12530—90）	国家技术监督局发布	1991. 8

（续表）

序　号	题　名	责任者	出版年
206	中华人民共和国国家标准——食用菌术语（GB12728—91）	国家技术监督局发布	1991. 9
207	中华人民共和国国家标准——食用菌杂质测定（GB12533—90）	国家技术监督局发布	1991. 8
208	中华人民共和国国家标准——水果、蔬菜及其制品甲酸含量的测定重量法（GB/T15664—1995）	国家技术监督局发布	1996. 1
209	中华人民共和国国家标准——水果、蔬菜及其制品氯化物含量的测定（GB/T15667—1995）	国家技术监督局发布	1996. 1
210	种菇新技术荟萃	张甫安等编	1991. 3
211	主要蔬菜新品种介绍	江苏省农业科学院蔬菜研究所编著	1990. 2

S7　林　业

本《馆藏图书资料目录》共收编林业类图书书目417条。其中，收编1949年以前出版的该类图书书目14条，1950—1959年95条，1960—1969年88条，1970—1979年42条，1980—1989年156条，1990—1999年22条。具体目录如下：

（1）1949年以前

序　号	题　名	责任者	出版年
1	广东与桉树	谭锡鸿著	1924.8
2	河北习见树木图说	周汉藩著	1934.9
3	林学概论	郝景盛著	1946.8
4	林业浅说	林骙著	1929.1
5	桑树虫害论	余宗农，庄景仲	1933
6	桑树栽培法	陈爽棠	1929.11
7	桑树栽培学	戴礼澄编	1934.8
8	栽桑法	朱念椿	1947.8
9	栽桑学	朱美予著	1937.3
10	造林实施法	（美）霍雷撰；黄绍绪译	1947.2
11	造林学	郝景盛撰	1942
12	中国森林植物志	钱崇澍主编	1937.12
13	中国森林植物志（第一册）	钱崇澍主编	1937.12
14	竹林培养法	（日）大岛甚三郎，岛村维夫等著；赵仰夫译	1931.4

（2）1950—1959年

序　号	题　名	责任者	出版年
1	编制立地条件类型表及设计造林类型	中华人民共和国林业部造林设计局	1958.12
2	测树学	林业部教育司主编	1958.1
3	产品表和材种分级表编制指南	（苏）П.В. 高尔斯基著；刘贞琦译	1956.3
4	常见树林利用志略	刘晓东编	1950.12
5	大地园林化（第四辑）	中国林业出版社编辑	1959.4
6	德汉林业名词	北京林学院编订	1958.12
7	斗争森林害虫的生物防除法	（苏）Б·В·雷弗金著；刘崇乐，施慧元译	1954.1
8	杜库恰耶夫科学思想对苏联森林草原与草原地区防止旱灾及土壤侵蚀的意义	（苏）И.П. 格拉西莫夫主编；郭兴嘉等译	1958.3

（续表）

序号	题名	责任者	出版年
9	俄华林业辞典	林业部外事处	1959.8
10	灌溉造林经验	索宙金著	1959.5
11	国外林木施肥经验	中国林业出版社编	1959.11
12	黑龙江省伊春县洪山地区小兴安岭森林的研究	（苏）Т.И. 高尔捷耶夫，В.И. 热尔纳科夫著；祝廷成，李元量译	1956.4
13	湖南林业	湖南林学院编	1959.7
14	护田林树木病害	仇元编	1959.6
15	护田林之病虫害及其防治方法	（苏）А.А. 普利夏纽克著；郭秀珍，毕国昌译	1955.5
16	华南植胶区防护林气象效能的试验考察报告（1954—1957年）	江爱良著	1958.1
17	机械化采伐学	（苏）А.Н. 苏里莫夫，Б.Н. 斯脱哥夫著；郭垣等译	1954.9
18	科学技术名词解释（林业部分）	范济洲著	1959.8
19	莱斯—Ⅰ型手提式电动打枝机的使用	（苏）Э.А. 巴甫洛夫著；曲绍成译	1956.11
20	林地水利土壤改良学	（苏）Х.А. 皮萨里阔夫，季米菲耶夫著；东北林学院，北京林学院水利土壤改良教研组译	1959
21	林副产、狩猎生产的经验	中华人民共和国林业部经营利用司编	1959.11
22	林木病虫害药剂、药械的使用	伍佩珩，黄競芬编著	1959.6
23	林木施肥专题文摘	中国科学技术情报研究所编	1959.1
24	林型学原理	（苏）П.С. 波格来勃涅克著；赵兴梁译	1959.6
25	林业工作者手册	苏联白俄罗斯共和国科学院林业科学研究所编；白文祯等译	1958
26	林业馆	全国农业展览会林业馆编	1957.3
27	林业集刊（第二号）	中国科学院林业土壤研究所编	1959.4
28	绿化祖国的高潮（第三辑）	中华人民共和国林业部	1958
29	绿化祖国的高潮（第一辑）	中华人民共和国林业部编	1958.3
30	毛竹的抚育	南京林学院毛竹抚育小组编	1959.5
31	苗木除虫处理技术指导	（苏）В.З. 克立茨比尔格，П.И. 米特罗方诺夫编著；田波，黄河译	1956.5
32	苗圃施肥	（苏）С.И. 斯鲁哈依著；郑世锴译	1959
33	苗圃学	李驹著	1951.7
34	木材材积表	中华人民共和国林业部	1952.12
35	木材学实验指南	（苏）Л.М. 列别雷金编；彭海源译	1957
36	诺沃西里农林改良土壤试验站	（苏）И.Д. 布拉乌杰著；田惠兰译	1956
37	热带雨林	（英）P.W. 理查斯（P.W. Richards）著；张宏达等译	1959.12
38	人工林的蓄水灌溉和碱土改良	（苏）И.Н. 安吉波夫·卡拉塔也夫，Е.Ю. 萨博著；陈彦雄，元禾译	1958.3
39	日汉林业名词	北京林学院编订	1959.4
40	森林保护学	章何生，魏候鉴，范忠民，王适民编	1958.2

（续表）

序　号	题　名	责任者	出版年
41	森林的水利作用	（苏）В. И. 卢特考夫斯基著；张建国译	1954. 1
42	森林对土壤的影响	（苏）С. В. 卓恩；陆尧森等译	1958. 9
43	森林改良土壤学（第二分册）	（苏）В. А. 保得洛夫著；胡绮文等译	1953. 8
44	森林改良土壤学（第三分册）	（苏）В. А. 保得洛夫著；胡绮文等译	1953. 8
45	森林改良土壤学（第四分册）	（苏）В. А. 保得洛夫著；胡绮文等译	1953. 8
46	森林改良土壤学（第一分册）	（苏）В. А. 保得洛夫著；胡绮文等译	1953. 8
47	森林害虫初步研究报告	北京林学院森林昆虫学教师进修班	1959. 9
48	森林经理学	张静甫编撰	1953. 6
49	森林昆虫论文集（第一集）	中国林业科学研究院林业科学研究所森林保护研究室昆虫组编著	1959. 9
50	森林昆虫学	（美）С. С. 普罗佐罗夫等	1959
51	森林昆虫学	张执中	1959. 1
52	森林苗圃学（修订本）	周陛熙	1953. 7
53	森林铁路机车司机对司机及养路工人安全技术须知	刘如英等译	1956
54	森林学	（苏）Г. Р. 爱金格著；郁晓民译	1954. 2
55	森林学	（苏）М. Е. 特卡钦柯著；北京林学院翻译室译	1959. 4
56	森林学附树木学	林业部教育司组织编写	1956. 3
57	森林植物病理学	（苏）С. И. 瓦宁著；朱健人，周仲铭译	1956
58	实用造林学	邓宗文著	1953. 3
59	世界森林资源	（英译俄）В. 伊万德拉；（俄译中）中国林业科学院经济研究所	1959. 1
60	树木学	姚庆谓编	1959
61	树种生活中的光和水分	（苏）Л. А. 伊万诺夫著；刘健良等译	1957. 2
62	树种选种学及森林良种繁育原理（第一卷）	（苏）А. С. 雅柏洛科夫著；浙江农学院遗传选种教研室译	1956
63	松林与水分	（苏）А. А. 莫尔察诺夫著；杜瀹聪等译	1958. 11
64	苏联的草甸植被	（苏）А. П. 谢尼科夫著；张绅译	1959. 12
65	苏联林业科学问题	（苏）В. Н. 苏卡切夫主编；中国林业出版社编	1956
66	苏联森林工业发展史（1917—1957 年）	（苏）А. И. 巴姆等著；林业部林业建设局专家工作室译	1959. 3
67	苏联森林工业专家论文集	中国林业出版社编	1954. 3
68	苏联中亚的固沙造林	赵宗哲编；	1958
69	铁路防水林	（苏）Л. Г. 贝加姆著；孙松成译	1957. 1
70	乌兹别克斯坦的固沙造林	（苏）Е. А. 别热别克，Ф. К. 科契尔尕著；胡式之等译	1959. 5
71	新疆护田林带的营造	新疆八一农学院编	1956. 2
72	新疆怎样植树造林	周清辉著	1957
73	杨树的人工授粉和选种	黄东森编	1956. 5
74	英汉林业辞汇	中国科学院编译出版委员会名词室编	1959. 11

（续表）

序　号	题　名	责任者	出版年
75	有关造林知识推荐书目	首都图书馆编	1958.4
76	园林树木害虫防治法	中国林业科学研究院林业科学研究所编著	1959.8
77	栽桑学	曹益人编	1959.6
78	在国家防护林带护田林和苗圃内进行农业气象观测规范	（苏）苏联水文气象总局编；中国科学院地球物理研究所农业气象组，华北农业科学研究所农业气象组译	1956.4
79	造林学	（苏）E.П. 萨保洛夫斯基著；王书清，何毓德译	1953.12
80	造林学	陕西省农林厅教材编辑委员会编	1959.12
81	造林学概要	陈嵘等编	1951.2
82	造林学特论	陈嵘等编	1952.8
83	怎样抚育幼林	中国林业出版社编	1958.1
84	怎样种植华山松	徐杰武编	1959.4
85	增产油茶的好办法	中国林业出版社编辑	1958.8
86	制材技术人员手册	（日）武田正三著；李世维译	1958
87	中国的森林和特种林产	李毓华编著	1952.2
88	中国东北经济树木图说	竹内亮，祝廷成著	1959.2
89	中国林业专家聂纳海莫阔夫论文集	中国林业出版社编	1953.12
90	中国森林害虫图志（第一辑）	中国科学院昆虫研究所主编	1959.12
91	中国树木分类学	陈嵘著	1959.12
92	中国主要树木生长量汇编（第二辑）	中央人民政府林业部编	1952.12
93	中华人民共和国林业部国营苗圃育苗技术规程	中华人民共和国林业部编著	1956.2
94	主要林木收获表生长表和材积表	郝景盛等编撰	1953.2
95	专题文献索引（沙漠治理和绿化）	中国科学院科学技术情报研究所编	1959.5

（3）1960—1969 年

序　号	题　名	责任者	出版年
1	半机械化造林育苗工具	林业部造林司编	1961.8
2	变黄土高原为绿色高原	中国林业出版社编	1960.6
3	冰雪滑道	张剑，邹云盛编著	1963.12
4	测量学	北京林学院测量教研室组编	1962.3
5	测树学（附森林经理）	胡作民等著	1960.3
6	当前国外林业若干问题（根据第五届世界林业会议资料编写）	（苏）茹柯夫主编；巴任诺夫等编；中国林业科学研究院科学技术情报研究所译	1964.7
7	东北经济木材志	黄达章，白同仁等编著	1964.3
8	东北落叶松林	中国科学院林业土壤研究所编	1962.7
9	东北森林的采伐与更新	邵均等编著	1963.3
10	防治林木病虫害参考资料（第一辑）	林业部森林保护司编	1960.3

（续表）

序　号	题　名	责任者	出版年
11	芬兰林业概况	（苏）索洛姆科著；易璞石译	1963.1
12	甘孜阿坝及小凉山地区林业考察报告	中国科学院西部地区南水北调考察队编著	1965.11
13	固沙造林	林业部造林司编	1960.2
14	国外林业科学技术水平和发展趋势	中国林业科学研究院科技情报研究所编译	1960.2
15	国外林业文选（第二辑）	林业部技术合作司，中国林业科学研究院科学技术情报室编	1964.6
16	国外林业文选（第一辑）	林业部技术合作司，中国林业科学研究院科学技术情报室编	1963.7
17	胡杨（新疆荒漠森林树种）	新疆维吾尔自治区农垦厅编	1961.6
18	几种固沙树种采种育苗方法	刘安邦等编	1960.4
19	栲胶原料的采集和简易加工方法	肖尊琰编著	1960.2
20	科技文献索引——林业（1）	中国科学技术情报研究所编	1964.1
21	科技文献索引——林业（2）	中国科学技术情报研究所编	1964.1
22	科技文献索引——林业（3）	中国科学技术情报研究所编	1964.11
23	林副产品生产经验	林业部森林保护司编	1960.3
24	林木良种选育学术会议论文选集	中国林学会编	1966.2
25	林木速生丰产经验	中国林业出版社编辑	1960.1
26	林木种子简易检验法	杨楚浩编	1960.1
27	林业机械	（英）赫加德，涡文著；卓君立译	1965.6
28	林业基地化、林场化、丰产化讲话	程崇德著	1960.3
29	林业集刊（第三号）	中国科学院林业土壤研究所编	1960.2
30	林业集刊（第四号）	李昌华等	1960.1
31	林业架空索道设计法	加藤诚平著；张德义等译	1965.9
32	林业气象学	北京林学院森林气象教研组编著	1961.7
33	林业先进工具图辑（一）	林业部技术司编	1960.2
34	苗木丰产经验	林业部造林司编	1960.3
35	苗圃革新工具	曾大杜编	1960.9
36	母树林的建立与经营	孙时轩编著	1961.5
37	木材标准问题解答（二）	林业部销售局编	1960.7
38	木材标准问题解答（三）	林业部销售局编	1960.2
39	木材标准问题解答（一）	林业部销售局编	1960.2
40	木材节约途径	（苏）连别尔格著；贺曼文等译	1964.1
41	木材水运及流送作业机械化	东北林学院编	1961.7
42	平原造林树种的采种育苗	新疆林业科学研究所编	1962.7
43	人民公社怎样编制和使用造林典型设计	殷乐信编	1960.5
44	人民公社怎样进行造林规划设计	敖匡芝编	1960.5
45	日文农业期刊篇目索引——林业（9）	四川省图书馆编	1960.3
46	森林保护	浙江省林业厅	1960.8
47	森林保护学（试用本）	陕西农林厅教材编辑委员会	1960.1
48	森林病虫（第一辑）	森林病虫丛书编辑委员会	1965.4

（续表）

序　号	题　名	责任者	出版年
49	森林采伐	林业部林干校	1964. 8
50	森林采伐工艺学	（苏）拉利昂诺夫	1965. 2
51	森林采伐企业的设计	依里英著；诸葛峻鸿等译	1967. 11
52	森林的影响——生态林学入门	联合国粮食及农业组织编	1962.
53	森林改良土壤学（试用本）	陕西省农业厅教材编辑委员会	1960. 1
54	森林工业机械检修企业设计	（苏）拉姆著；杨荣丰译	1965. 7
55	森林经理学	周桢	1967. 4
56	森林利用	贵州省林业厅	1960. 2
57	森林利用学（上册）	北京林学院森林工业系	1961. 1
58	森林利用学（下册）	北京林学院森林工业系	1961. 11
59	森林苗圃管理	林业部造林司	1960. 12
60	森林气象观测及森林火灾预报法	王正非	1960. 4
61	森林植物学（上册）	北京林学院树木学教研组编	1961. 9
62	树木生理学	（美）克累默尔，考兹洛夫斯基著；汪振儒等译	1963. 8
63	台湾主要木材图志	中华林学会编	1967. 1
64	现有林经营专题讨论会论文选集	中国林学会编	1965. 6
65	新疆沙漠和固沙造林	慈龙骏，赵连珍编著	1963. 12
66	杨树文献索引	河北林科院编	1964
67	杨树选种学	中国林业科学院林业科学研究所树木改造室遗传选种研究组编	1960. 2
68	杨树育苗	孟庆芳编	1964. 8
69	杨树栽培	（德）海博特·龚特著；韩仁宇摘译	1960. 4
70	杨树种子的采集、运输和贮藏	李树仁编	1960. 5
71	营林机械化	东北林学院编	1961. 6
72	油松	河北省林业科学研究所编著	1963. 6
73	幼林抚育讲话	刘文芝编	1960. 3
74	造林种草 保持水土	林业部造林司编	1960. 2
75	怎样防治针叶树幼苗立枯病	吴友三等著	1963. 2
76	怎样培育山区森林	新疆林业科学研究所编	1962. 4
77	樟子松	赵兴梁，李万英编著	1963. 6
78	浙江省造林设计手册	浙江省林业厅编	1960. 3
79	中国科学院林业土壤研究所集刊（第二集）	中国科学院林业土壤研究所编	1965. 8
80	中国科学院林业土壤研究所集刊（第三集）	中国科学院林业土壤研究所编	1965. 11
81	中国科学院林业土壤研究所集刊（第一集）	中国科学院林业土壤研究所编	1964. 7
82	中国林学会 1962 年学术年会论文选集	中国林学会编	1964. 8
83	中国林业技术史料初步研究	干铎主编；陈植修订	1964. 8
84	中国森林植物地理学	陈嵘著	1962. 3

（续表）

序号	题名	责任者	出版年
85	中华人民共和国林业部 KT-12 拖拉机集材技术作业规程	林业部颁发	1960. 9
86	中卫的固沙造林	国营中卫固沙造林场编著	1960
87	竹类经营	温太辉著	1965. 7
88	专题综合评述——固沙造林	中国科技情报研究所	1960. 1

（4）1970—1979 年

序号	题名	责任者	出版年
1	桉树栽培	联合国粮食及农业组织编	1979
2	保护森林	农林部林业局编	1976. 2
3	防污绿化植物	江苏省植物研究所等编	1978. 1
4	国外林业概况	中国农林科学院科技情报研究所主编	1974. 11
5	国外林业生产水平和科技进展（林产化学工业）	中国农林科学院科技情报研究所主编	1974. 11
6	国外林业生产水平和科技进展（木材采运工业）	中国农林科学院科技情报研究所主编	1974. 12
7	国外林业生产水平和科技进展（木材加工工业）	中国农林科学院科技情报研究所主编	1974. 11
8	国外林业生产水平和科技进展（营林）	中国农林科学院科技情报研究所主编	1974. 12
9	国营林场经验汇编	农林部林业局编	1978. 8
10	湖南杉木栽培	湖南省革委会农林局编	1979. 7
11	荆树栽培	浙江省平阳亚热带作物研究所	1977. 12
12	林学名词（英汉对照）	中华林学会	1977. 3
13	林业常用数表	吉林省林业科学研究所，吉林省永吉县旺起林场编	1972. 9
14	林业调查手册	吉林市林业调查队编	1979. 5
15	绿化祖国（第五集）	农林部林业局编	1973. 7
16	绿化祖国（第九集）	农林部林业局编	1976. 1
17	绿满夏县	林林，杨杨著	1977. 1
18	毛竹北移技术图册	河南省土产果品公司，河南农学院竹子研究室编绘	1978. 12
19	民勤人民战风沙	民勤县革命委员会编	1975. 9
20	木材知识	南京林产工业学院木材学教学小组编	1973. 4
21	宁城地区两种松毛虫	辽宁省昭盟科委情报处等编	1977
22	三北防护林主要树种造林技术	农业出版社编	1979. 8
23	森林保护条例	中华人民共和国国务院发布	1976. 2
24	森林保护学	王子定等	1974. 5
25	森林工业学大庆（第二辑）	农林部林业局编	1974. 2
26	森林昆虫学	关崇智著；香港国立编译报馆主编	1978. 1

（续表）

序　号	题　名	责任者	出版年
27	森林与农业	陕西省农林科学院林业研究所	1974.4
28	沙漠的治理	中国科学院兰州冰川冻土沙漠研究所编	1976.9
29	杉木母树林和种籽园	福建林科站莱州实验林场	1973.4
30	杉木培育	福建省南丰王台公社溪后大队	1973.1
31	水土保持林草措施	陕西省水土保持局，西北水土保持生物土壤研究所	1979.5
32	四川省林业局（场）总体设计技术经济指标	农林部“三化”设计技术经济指标西南组编	1977.5
33	铁路林务工基础知识	《铁务林务工基础知识》编写组编	1978.5
34	杨树与柳树	联合国粮食及农业组织编	1979
35	应用育林学（上）	王子定编著	1970.1
36	应用育林学（下）	王子定编著	1979.12
37	应用育林学（中）	王子定编著	1979.1
38	英汉木材工业词汇	《英汉木材工业词汇》编纂小组编	1976.9
39	油茶丰产经验	农林部林业局编	1976.4
40	造林技术	查普曼 G·W，阿伦 T·G 著	1978
41	竹林培育	南京林产工业学院林学系竹类研究室编著	1974.9
42	紫穗槐	河北省沧州地区农业科学研究所著	1978.7

（5）1980—1989 年

序　号	题　名	责任者	出版年
1	ABT 生根粉应用技术手册	王涛编著	1989.5
2	桉树的生态作用	普尔，弗赖斯著	1985
3	桉树栽培与利用	广东省雷州林业局编著	1981.2
4	白榆	张敦论等编著	1984.9
5	采种育苗技术	王宏志主编	1985.1
6	城市绿化	中国林学会主编	1984.7
7	城市绿化手册	上海林学会科普委员会，上海市园林管理局绿化宣传站主编	1984.12
8	城市园林绿化手册	北京市园林局《城市园林绿化手册》编写组	1983.8
9	大气污染与森林	（美）威廉 H. 史密斯著；汪嘉熙译	1986.8
10	大气污染与植物	孔国辉等主编	1988.8
11	当代中国的林业	《当代中国》丛书编辑部	1985.9
12	第八届世界林业会议论文选集	中国林业科学研究院科技情报研究所选编	1981.12
13	东北的林业	辽宁省，吉林省，黑龙江省林学会编著	1982.7
14	东北木材腐朽菌类图志	刘正南等编著	1982.8
15	董必武林业文选	林业部《董必武林业文选》编辑组编	1985.4
16	伐区生产	王伟英等编	1985.1

（续表）

序号	题名	责任者	出版年
17	法汉林业词典	范福生编	1983.12
18	飞机播种造林	四川省林业科学研究所等编著	1981.12
19	飞机播种造林手册	《飞机播种造林手册》编辑委员会编	1985.1
20	干旱及半干旱地区的树种遗传资源	联合国粮食及农业组织编	1980
21	国外林木容器育苗	周祉等编译	1981.9
22	国外农田防护林	中国林业科学研究院科技情报研究所编译	1982.6
23	国外树种引种概论	吴中伦等编著	1983.3
24	汉维对照林业词典	新疆维吾尔自治区林业厅编	1984.12
25	旱区固沙、护田林带及荒地造林	粮农组织林业部森林资源司森林及荒地保护处著	1988.12
26	湖南主要经济树种	缪勉之等编著	1982.2
27	华北六种速生树种	中国林业科学院编	1981.4
28	华北树木志	华北树木志编写组编	1984.1
29	黄土高原造林	陕西省农林科学院林业研究所编	1981.3
30	简明林业词典	西北林业学院主编	1980.12
31	经济林栽培学	中南林学院主编	1983.6
32	科学种树一百问	中国人民广播电台农村部编	1985.8
33	葵树与葵扇	杨兴福编	1982.12
34	利用病毒防治森林害虫	（苏）古利等著；柴希民译	1983.1
35	良种选育及种子经营	缪礼科，李玉梅编	1987.7
36	林分密度控制图	尹泰龙著	1984.8
37	林木病虫害防治	江苏省林业科学研究所编著	1981.9
38	林木采种与育苗	梁泰然编著	1983.7
39	林木害虫天敌昆虫	严静君等编著	1989.5
40	林木菌根及应用技术	郭秀珍，毕国昌编著	1989.11
41	林木栽培	杨镇等编著	1984.4
42	林木种苗手册（上）	孙时轩等编著	1985.11
43	林木种实病虫害防治手册	中国林木种子公司主编	1988.1
44	林木种子园	（英）福克纳主编；徐燕千等译	1981.11
45	林学名词	林学名词审定委员会	1989.11
46	林业工作者必读	（日）东京农工大学农学部林业科编；刘玉厚等译	1985.6
47	林业科研管理	郝文荣编	1984.5
48	林业土地评价	联合国粮食及农业组织编	1984
49	林业推广组织	联合国粮食及农业组织编	1989.12
50	林业委员会第五届会议文件选集	联合国粮食及农业组织编	1980.5
51	林业专业档案	中国林业科学院林业科学研究所森林经理研究室著	1981.8
52	柳树育种与栽培	涂忠虞编著	1982.1
53	绿化太行山技术选编	山西省林业科学研究所主编	1986.6
54	绿化纵横谈	黄荣忠编著	1984.5

（续表）

序　号	题　名	责任者	出版年
55	落叶松害虫及其防治	张时敏编著	1986.9
56	马尾松	安徽农学院林学系编著	1980.1
57	漫谈栽树的学问	黄根品编著	1982.3
58	毛白杨	陕西省林业研究所编	1981.2
59	美国木本植物种子手册	美国农业部林务局主编	1984.1
60	苗木培育	陈瑁著	1984.1
61	苗圃施肥	南京林产工业学院土壤教研组编	1981.2
62	木本植物生理学	克累默尔·考兹洛夫斯基著；汪振儒等译	1985.12
63	木材虫害与防治	王传槐译	1982.7
64	木材内幕——大自然的杰作	（美）哈洛著；彭海源译	1984.8
65	内蒙古自治区及东北西部地区林业	中国科学院内蒙宁夏综合考察队编	1981.5
66	农林副业生产	王士一等编	1987.12
67	农田防护林学	曹新孙编	1983.3
68	泡桐地膜育苗	缪礼科，张民宗编著	1987.9
69	平原绿化	中国林学会主编；马文起等编著	1985.7
70	奇树怪木	胡兆谦著	1980.5
71	扦插的原理与应用	李维华编	1987.12
72	全国林业企事业名录	林业部林业工业局，中国林业出版社编	1985.12
73	热带亚热带森林生态系统研究（1982年1月）	中科院鼎湖山森林生态系统定位研究站编	1982.1
74	日汉林业词汇	陈陆圻主编	1986.8
75	三北地区机械造林	杨景文等编著	1982.11
76	森林材积估测和收获预估（第1卷）	凯利茨著	1980
77	森林材积估测和收获预估（第2卷）	奥尔德	1980
78	森林调查常用表	林业部调查规划设计院修订	1988
79	森林调查手册	林业部调查规划院	1981.11
80	森林抚育间伐	中国林业科学研究所科技情报研究所编译	1981.11
81	森林更新作业机械化	（苏）拉留亨著；裴克译	1981.1
82	森林害虫生物防治论文集	中国林学会	1981.8
83	森林昆虫学	北京林学院主编	1980.12
84	森林生态系统遗传学	（德）斯特恩著；毛士田等译	1984.7
85	森林生态系统与人类	徐凤翔	1982.3
86	森林生态学	东北林学院主编	1981.9
87	森林生态学	（美）斯珀尔，巴恩斯著；赵克绳，周祉译	1982.8
88	森林土壤性质和作用	（加拿大）阿姆森	1984.1
89	森林土壤学（问题和方法）	罗汝英编著	1983.12
90	森林土壤与培肥	（日）芝本武夫，刘国光译	1982.7
91	森林遗传学	（美）赖特著；郭锡昌，胡承海译	1981.6
92	森林与农业	陕西省林业科学研究所	1982.11

（续表）

序　号	题　名	责任者	出版年
93	森林与土壤（第二次全国森林土壤学术讨论会论文选编）	中国林学会，中国土壤学会森林土壤专业委员会主编	1981.6
94	沙棘	（苏）布克什特诺夫等著；张哲民等译	1987.9
95	沙棘文摘	李承节著	1989.9
96	沙棘资源开发利用情报文献综述选编（第一辑）	武功农业科研中心协调委员会情报资料室编	1986.8
97	沙兰杨学术会议论文集	中国林学会沙兰杨学术会议论文集编委会编	1981.1
98	山西主要林木害虫图谱（第一辑）	山西省森林病虫害防治站编	1986.3
99	杉木林的抚育间伐	姜志林等编著	1982.6
100	实用桑树栽培学	吴仁儒主编	1989.12
101	世界森林资源——七十年代初期世界森林资源评论	（瑞典）里德尔·珀森著；山林等译	1980.5
102	世界有用木材 300 种	日本农林省林业试验场木材部编	1984.9
103	树的一生	（美）S. R. 里埃德曼著；李景韩，邵玉铮译	1982.3
104	树木嫁接图说	齐宗庆编著	1988.9
105	树木良种选育方法	南京林学树木育种研究室编	1984.8
106	树木容器育苗	林业部造林局主编	1982.3
107	树木生理与生化	中国林业科学研究院科技情报研究所编译	1982.2
108	树木生理与遗传改良	（英）M. G. R. 坎内尔，F. T. 拉斯特编；杜文愈，吴贯明选译	1981.1
109	树木育苗知识	连有钦，宋廷茂编	1982.4
110	速生树种	中国人民共和国农业部编；杨正平，欧宗袁编著	1982.9
111	速生树种造林技术	农业出版社编辑	1980.1
112	桐谱校注	（北宋）陈翥著；潘法连校注	1981.5
113	桐谱选译	（北宋）陈翥著；潘法连选译	1983.1
114	小凉山树木图志	管中天编著	1980.6
115	新疆防护林体系的建设	新疆农业科学院造林治沙研究所编	1981.3
116	新英汉林业词汇	南京林业大学主编	1988.8
117	盐碱地造林学	龚洪柱等编译	1986
118	杨柳科的育种	（苏）H. B. 斯塔罗娃著；马常耕译	1984.1
119	杨树病害及其防治	向玉英编著	1987.11
120	杨树瘟疫害虫及防治	李亚杰编著	1982.3
121	英汉汉英林业资源科技词汇	林业部调查规划设计院编	1989.1
122	英汉林业科技词汇	王振儒等译	1983.3
123	园林绿化管理概论	王泰编著	1985.5
124	园林绿化基础知识	刘师汉，梅慧敏编著	1984.12
125	造林六项基本措施讲话	程崇德等编	1981.3
126	造林论文集	中国林学会编	1987.9

（续表）

序　号	题　名	责任者	出版年
127	造林学（下册）	湖南省林业学校主编	1981.2
128	怎样选择树种	王九龄编	1982.4
129	怎样植树造林	林业部造林局编	1982.5
130	怎样种树	魏德保著	1983.6
131	植树造林好处	林业部造林局主编	1982.4
132	植物扦插理论与技术	（日）森下义郎，大山浪雄著；李云森译	1988.8
133	中国近代林业史	熊大桐等编著	1989.7
134	中国科学院林业土壤研究所集刊（第六集）	中国科学院林业土壤研究所编辑	1983.8
135	中国科学院林业土壤研究所集刊（第四集）	中国科学院林业土壤研究所编辑	1980.5
136	中国科学院林业土壤研究所集刊（第五集）	中国科学院林业土壤研究所编辑	1981.1
137	中国林业概貌	辛业江主编	1987.6
138	中国林业机械化	《中国林业机械化》编写组编	1987.11
139	中国林业年鉴（1987年）	高明寿主编	1988.12
140	中国林业年鉴（1988年）	《中国林业年鉴》编辑部编辑	1989.12
141	中国林业区划	中华人民共和国林业部林业区划办公室主编	1987.12
142	中国森林昆虫名录	杨秀元，吴坚编	1981.8
143	中国森林土壤	中国林业科学研究院林业研究所编著	1986.12
144	中国山地森林	林业部调查规划院主编	1981.9
145	中国树木学名诠释	金春星主编	1989.1
146	中国树木志（第二卷）	中国树木志编辑委员会编	1985.12
147	中国新园林	中国城市规划设计研究院编	1985.9
148	中国园林艺术	中国建筑工业出版社编	1984.11
149	中国竹谱	陈守良，贾良智主编	1988.5
150	中国主要树种的木材物理力学性质	中国林业科学研究院木材工业研究所主编	1982.1
151	中国主要树种造林技术	中国树木志编委会主编	1981.1
152	种树种草知识	《学文化学科学》丛书编委会编	1984.4
153	竹的种类及栽培利用	陈嵘著	1984.7
154	贮木场经营	戴春田编著	1984.9
155	棕榈植物的组织培养	联合国粮食及农业组织编	1981
156	柞树栽培	王昌杰，张绪卿编著	1983.5

（6）1990—1999年

序　号	题　名	责任者	出版年
1	杜仲栽培与加工	李容辉编著	1993.6
2	旱地育苗造林技术	薛德自编著	1991.5

（续表）

序　号	题　名	责任者	出版年
3	厚朴栽培技术	罗建谱，彭德纯编著	1993.2
4	阔叶林营养繁殖新技术	林万钊等著	1992.4
5	粮农组织林产品年鉴（1978—1989年）	粮农组织林业部统计和分析人员编	1992
6	林果新技术问答	赵方桂主编	1993.3
7	林业除草剂使用手册	（美）米勒（Miller，James H.），米切尔（Mitchell，Robert J.）著；邱忠泽，吴德友译	1991.12
8	林业篇	蔡霖生主编	1991.8
9	林业推广方法	西姆 D. 希尔米 H. A. 著	1990
10	林业知识问答1000例	林小保编著	1993.4
11	木本植物拉丁学名基础	郭善基，尹柞栋编著	1992.1
12	容器育苗	山西省林业科学研究所，广西壮族自治区林业科学研究所编著	1993.12
13	沙棘的栽培和管理	张廓玉编著	1990.2
14	实用林业词典	姚庆渭主编	1990.12
15	树木引种驯化概念	王名金等编	1990.5
16	银杏栽培技术	张洁编著	1992.9
17	直杆桉栽培与利用	蔡建厚编	1991.12
18	中国北方林业技术大全	王九龄主编	1992.1
19	中国林业年鉴（1989年）	中国林业出版社编	1990.12
20	中国林业人名词典	中国林业人名词典编辑委员会编	1990.9
21	中国主要树木幼苗形态	张若惠，刘洪愕，汪祖谭著	1993.5
22	中国自然保护区猎奇	卢云亭著	1991.1

S8 畜牧、动物医学

本部分共收编畜牧、动物医学类图书书目962条。其中，收编1949年以前出版的该类图书书目51条，1950—1959年235条，1960—1969年244条，1970—1979年53条，1980—1989年288条，1990—1999年91条。具体目录如下。

（1）1949年以前

序号	题名	责任者	出版年
1	蚕桑害虫学	张景欧编	1934
2	蚕体解剖教科书	郑辟疆编	1932.12
3	蚕体生理学	尹良莹编	1937.6
4	蚕体生理学	陆星垣编	1947.6
5	蚕种保护法	姜白名著	1930.4
6	雏鸡的研究	黄中成编著	1938.5
7	狐与狸	潘志之	1937.3
8	鸡病与鸡害之研究	黄中成编	1937
9	鸡场管理学	黄中成编	1938.1
10	鸡蛋贮藏防腐法	山西省商业厅植物综合利用科学研究所编	1960.4
11	鸡之育肥学	黄中成编著	1938.4
12	家蚕微粒子病检查与防除法	尹良莹著	1948
13	家禽病害	徐正铿编	1948.1
14	家禽繁殖与配种学	黄中成编著	1939.1
15	家畜选种学	黄中成编著	1939.8
16	近代鸡舍建筑学	黄中成编著	1937.9
17	科学的饲鸡学	黄中成编著	1937
18	密勒氏养蜂法	冯瀚章译	1934
19	南路蚕业实验场报告书	国立中山大学农学院	1934.7
20	普通养蚕学	尹良莹著	1933.1
21	乳牛学	吴信法著	1947.6
22	乳用羊饲育法	冯焕文著	1935.5
23	牲畜防疫及卫生	李之斡编撰	1947.1
24	实地养蚕法	李钟瑞著	1941.7
25	实利养蛙法	黄中成编著	1936.3
26	实用养蚕法	江蝶庐著	1936.3
27	实用养蜂全书	郑蠡等编译	1932
28	实用养蜂新书	（日）吉田弘藏原著；沈化夔编译	1939
29	狩猎学	李英贤	1937.8

（续表）

序　号	题　名	责任者	出版年
30	兽医学	吴鹏万编	1918
31	饲料与饲养（上）	亨利原著；陈宰均译	1915. 1
32	饲料与饲养（下）	亨利原著；陈宰均译	1915. 3
33	饲料与饲养（中）	亨利原著；陈宰均译	1915. 2
34	天然与人工育雏学	黄中成编著	1937. 11
35	夏秋蚕饲育法	赖昌译述	1930. 5
36	畜产学	缪炎生	1947
37	畜产学	关鹏万	1948. 8
38	畜牧学	洪明佑	1935. 6
39	阉鸡学	黄中成著	1941. 3
40	养蚕学	沈叔贡编	1948. 1
41	养蚕研究	蒋念英编著	1939. 1
42	养蜂采蜜管理法	张品南著	1933
43	养蜂大全	张品南著	1931. 9
44	养蜂详解	陈嘉良著	1944. 6
45	青蛙实验录	赖夫立编	1936. 8
46	增卵学	黄中成编	1938. 5
47	种桑法	夏治彬编著	1934. 1
48	种畜近亲交配法	穆莘农著	1937. 2
49	最新鸡具制造学	黄中成编	1936. 8
50	最新养蚕学	宋君宜编著	1949. 3
51	最新养蜂学	黄子固著	1937. 7

（2）1950—1959 年

序　号	题　名	责任者	出版年
1	1958 年桑、蚕大面积丰产经验	农业部经济作物生产局编	1958. 12
2	抱犊集	江西省农业厅中兽医实验所校	1959. 6
3	北京鸭饲养法	吴知新编	1956. 8
4	本国蜂的改良饲养	王博亚编著	1959. 8
5	裨农最要	（清）陈开沚述	1956. 1
6	蚕桑病虫害手册	（日）青木清等著	1958. 6
7	蚕桑萃编	（清）卫杰撰	1956. 1
8	蚕桑丰产经验	浙江省农业厅蚕桑管理局编	1958. 5
9	蚕桑生产飞跃发展	甘肃省商业厅编	1959. 1
10	蚕桑生产技术手册	浙江省农业厅编	1959. 4
11	蚕桑生产经验汇编	农业部经济作物生产局	1958. 12
12	蚕桑生产经验汇编	中国农科院蚕业研究所编	1959. 6
13	蚕桑综合利用	徐坤达，丁连生编著	1959. 7

（续表）

序　号	题　名	责任者	出版年
14	蚕体生理学	王干治编著	1958.8
15	蚕种生产技术	（苏）И.А. 谢尔伯科夫著；蒋献龙译	1958.11
16	蚕种制造	殷秋松编著	1951.7
17	草地经营	（苏）A.M. 德米特里耶夫著；蔡元定，章祖同译	1955.1
18	草地与牧地	（苏）Д.A. 伊万诺夫著；章祖同，施兰生译	1957.5
19	草原学	甘肃农业大学畜牧系饲料生产学教研组编	1959.12
20	粗制金霉素饲料	河北省农林厅畜牧兽医局编	1958.9
21	粗制金霉素饲料的制造和应用	山东省农林厅畜牧兽医局编	1959.4
22	大跃进中的我国牧业区	李宗海著	1959.3
23	动物布氏杆菌病	李本汉编著	1959.7
24	动物的立克次氏休病	（苏）K.A 多罗费也夫著；张士详译	1956.9
25	犊牛、猪及家禽专用的青贮料	（苏）A.A. 别列佐夫斯基著；庄庆士译	1958.9
26	多快好省地发展畜牧业	人民出版社编	1958.11
27	繁育丸花蜂促进红车轴草授粉	（苏）F.C. 沃维科夫著；夏松云译	1956.1
28	分层笼育雏手册	苏联俄罗斯农业部家禽科学研究院编	1953.9
29	改进牲畜饲料和饲养参考资料	汤逸人等编著	1956
30	改良农业动物品种的原则和方法	（苏）B.M. 尤金著；南京农学院畜牧兽医系家畜繁殖学教学小组译	1954
31	高产母鸡的繁育	（苏）Г.M. 科洛保夫著；郁明发译	1956.12
32	各种饲料在饲喂前的调制	（苏）莫夫西先著；方国玺，庄庆士译	1958.9
33	古兽医方集锦	邹介正编著	1959.7
34	关于高山草原的调查研究	任继周编著	1957
35	馆藏畜牧书目（初编）	首都图书馆编	1958.6
36	馆藏畜牧书目（续编）	首都图书馆编	1958.9
37	广丰县是怎样实现耕牛“四全”的	江西省农业厅	1958.11
38	国产饲料营养成分含量表（第一册）	中国农业科学院畜牧研究所编	1959.7
39	国营农场大群养禽经验	农垦出版社编	1959.8
40	国营农场大群养猪经验（1958—1959年）	农垦出版社编	1959.1
41	国营农牧场大群家禽饲养及管理	农垦出版社编	1959.7
42	湖北省地方家畜良种调查报告	湖北省畜牧兽医科学研究所编	1959.11
43	湖蚕述	（清）汪日桢撰	1956.1
44	鸡病防治手册	张汉卿编著	1959.9
45	鸡的解剖	（英）O.C. 布拉得雷著；史少颐译	1959.11
46	鸡的饲养和综合利用	天津市下放干部委员会编	1959.5
47	鸡瘟	李善达编著	1956.6
48	鸡瘟防治法	河北农业厅牧兽医局编	1958
49	积极青贮玉米秸	中华人民共和国农业部畜牧兽医局编	1958
50	集体农庄畜牧工作者读本（第四分册）	（苏）李斯昆等编著；苏北农学院畜牧兽医系俄文教研组译	1958.4

（续表）

序　号	题　名	责任者	出版年
51	集体农庄养畜场、养马业、养兽业	（苏）Г. М. 拉戈津等著；林茂盛译	1957
52	家蚕饲育学	王干治编著	1959
53	家禽	赵布斌编著	1956
54	家畜病理学总论	谢国贡等编著	1950. 11
55	家畜病医治法	陈滋编著	1953. 8
56	家畜疫病防治常识	江苏农业厅编	1956. 4
57	家畜繁育学原理	（苏）Е. Я. 保利森科著；吴仲贤等译	1954. 6
58	家畜防疫员手册	吉林省农业厅编	1959. 7
59	家畜寄生虫病学	赵辉元编	1958
60	家畜家禽饲料手册	赵佩铮编	1959. 6
61	家畜解剖学及组织胚胎学	刘理，李宝仁编	1959. 9
62	家畜解剖学名词（俄拉汉）	中科院自然科学名词室编	1957. 3
63	家畜精液稀释和贮存	中国农业科学院编	1959. 12
64	家畜饲养概要	王栋著	1955. 5
65	家畜外科手术学（上册）	（苏）В. К. 邱巴尔著；郭和以等译	1958. 8
66	家畜瘟疫病问答	张俊林编	1956. 6
67	家畜预防注射	陈柏云编著	1954. 4
68	家畜住血胞子虫病	（苏）Н. А. 柯拉比斯基著；罗伏根译	1953
69	家畜组织学基础	朱堃熹编译	1957
70	简明中兽医外科学	江西省农业科学研究所中兽医研究室编	1959. 9
71	卡蒙杂种马体高力量大	中国农业科学院西北畜牧兽医研究所	1958. 1
72	快速养蚕法	新疆八一农学院编	1956
73	马的肚痛病	迟文琳等编译	1955. 2
74	马骡驴破伤风中西医合治新疗法——马骡驴咳嗽流鼻中药治疗法	中国农业科学院西北畜牧兽医研究所编	1958. 1
75	绵羊与羊毛	缪炎生编著	1953. 3
76	母牛妊娠检查	商业部卫生检疫局编	1959. 6
77	母猪一次产仔育肥法	（苏）切列沃尼著；汪潮译	1959. 4
78	内蒙锡林郭勒盟草场概况及其主要牧草的介绍	王栋等著	1955
79	牛的培育与疾病防治	农垦出版社编	1959. 12
80	牛乳房炎手册	（美）麦勤 I. A. 等撰；刘书芹译	1953. 12
81	牛系统解剖图	（苏）С. В. 伊凡诺夫撰；鲍格莫洛夫，吴信法译	1954. 1
82	农村兽医技术	李琼华	1959. 6
83	农畜病理解剖学文献汇编	吉林农业大学专家病理讲习班编	1959
84	农畜的常用药物	包鸿俊编	1957. 1
85	农畜蒲氏杆菌病	（苏）М. К. 尤斯克维奇著；罗仲愚译	1959. 11
86	农畜蠕虫图谱学	（苏）卡普斯金著；佘永建译	1959. 11
87	农畜生理学的进展（第一册）	（英）J. 汉蒙主编；汤逸人等译	1959. 12
88	农业动物饲养法	吴剑心原编；王正平审	1950. 12

（续表）

序　号	题　名	责任者	出版年
89	农业社防疫员手册	甘肃省畜牧厅编	1956
90	农业生产技术基本知识——畜牧兽医	中华人民共和国农业部编	1956. 8
91	农业生产技术基本知识——养蚕	中华人民共和国农业部编	1958. 1
92	农业生产技术基本知识——养蜂	中华人民共和国农业部	1958. 9
93	农业生产知识——兽医	中国农业出版社编	1959. 3
94	农业生产知识——畜牧	中国农业出版社编	1959. 3
95	暖炕孵化机	天津市第一食品加工厂编	1959. 6
96	秦川牛	中国农业科学院西北畜牧兽医研究所编	1958. 1
97	青海省家畜良种图谱	青海省畜牧兽医科学研究所编	1959
98	驱虫	内蒙古自治区畜牧厅编	1957. 3
99	全国马匹繁殖改良现场会议文件选集	农业部畜牧兽医局编	1959
100	全国羊子繁殖改良现场会议文件选集	农业部畜牧兽医局编	1958. 12
101	人民公社兽医工作手册	农业部畜牧兽医局编	1959. 8
102	人人能养蓖麻蚕	中国科学院细胞生物学研究所编著	1958. 7
103	如何制作优良青贮饲料	波罗维契著；北京编译社	1959. 6
104	乳羊的饲养与繁殖	列威著；李静涵译	1954. 8
105	桑蚕技术手册	河北省农业厅编	1959. 4
106	桑绿蚕肥多产丝	新疆人民出版社编辑	1959. 2
107	桑树的栽培	邵家祥	1958. 6
108	桑树栽培（附病虫害防治学）	中等农业学校《桑树栽培学》教科书编辑委员会编	1957
109	桑树栽培学	（苏）A. И. 费多罗夫著；浙江农学院蚕桑系译	1959. 2
110	山东省繁殖耕畜的经验	山东省农业展览馆编	1958. 11
111	山东柞蚕放养技术	孙沸等著	1958. 7
112	上海乳牛提高产奶量的经验	上海市牛奶公司编	1958. 1
113	牲畜的野营栏饲管理	（苏）H. A. 萨尔多尼克索夫著；陈业文译	1955
114	实验养猪学	冯焕文编著	1954
115	实用养鸡法	张汉卿著	1957. 7
116	实用养兔法	王占一著	1958. 11
117	兽医防疫学	吴信法著	1951. 1
118	兽医寄生虫学实验及临床作业的专用方法	阿尔罗夫主编；王善志等译	1956. 11
119	兽医外科学总论	甘肃农业大学兽医系外科教研组编	1959. 12
120	兽医微生物学实验	库兹明等著；夏鸿业译	1956. 7
121	兽医微生物学实验指导	盛彤笙等著	1957. 2
122	兽医细菌学及免疫学	吴信法编撰	1952. 1
123	兽医学（畜牧兽医专业用）	浙江省农业厅主编	1959. 9
124	兽医血清疫苗使用和保存法	兰州兽医生物药品制造厂	1958. 1
125	兽医药理学	周正等编	1956. 4
126	兽医药理学	华南农学院畜牧兽医系生理药理教研组编	1959. 12

（续表）

序号	题名	责任者	出版年
127	兽医中药常识	徐堃生编	1959.12
128	兽医中药学	中国农业科学院中兽医研究所编	1959.11
129	兽疫防治经验汇编（1958年全国兽疫防治现场会议资料选辑）	农业部畜牧兽医局编	1959
130	司牧安骥集	（唐）李石等编著；邹介正，马孝劬校注	1959.12
131	四川省三台县耕牛人工受精站是怎样开展工作的	四川省农业厅编	1956.12
132	饲料	广东省农业厅编	1956.7
133	饲料	中华人民共和国农业部编	1957.11
134	饲料	齐藤道雄等著	1957.11
135	饲料生产及植物学基础（下册）	（苏）H.Г.安德列也夫著；汪玢，许振中译	1956.7
136	苏联的草原	（苏）E.M.拉甫林科著；祝廷成，张绅译	1959.5
137	苏联农畜人工授精——为选种者，农民及兽医用的人工授精学图解说明	（英）古特（J.S.Gocde）编译；郑丕留译；华北农业科学研究所编译委员会编	1952.3
138	探诊在农畜消化道疾病诊断和治疗方面的应用	（苏）Ш.A.顾穆协夫著；张邦杰译	1953
139	提高家畜繁殖率经验汇编	中国农学会临时工作委员会编	1959.11
140	统棚养猪经验初步总结	上海市农业局编著	1959.1
141	土洋结合孵化法	黄异生等著	1959.4
142	兔病诊断及其防治	彭嘉瑜编	1959.7
143	兔的综合利用	杨国华编	1959.6
144	维生素饲料在畜牧业中的作用	（苏）瓦尔德曼著；梁中民译	1958.6
145	翁牛特旗牧羊场保护羊安全过冬过春的经验	艾宝发编	1956.11
146	我国的绵羊和山羊品种	张杜虞编	1957.5
147	细毛羊和肥尾羊的鉴定标准及育种工作原理	（苏）C.H.拉斯托契金著；陈洁莲译	1958.4
148	细毛羊业中的新成就（第二集）	（苏）Г.P.李托夫钦科著；汤逸人等译	1956.12
149	消灭猪囊虫	陈敏苇，中华全国科学技术普及协会编	1956.6
150	新疆维吾尔自治区的畜牧业	梁达新编著	1958
151	新疆细毛羊的育成及其性能	张松荫编著	1957.2
152	新牛马经	金重治著	1956.2
153	畜力发电	李果柱编	1958.8
154	畜力十二行锄式条播机	农野编	1958
155	畜力十行园盘式条播机	中华人民共和国农业部农业机械管理局	1956
156	畜牧兽医讲话	汤逸人，艾矗著	1959
157	畜牧兽医讲义	清远县畜牧生产指导委员会编	1959.6
158	畜牧兽医经验（第二辑）	甘肃省畜牧厅	1956.12
159	畜牧兽医手册	兰州畜牧兽医科学研究所筹备处	1956.6
160	畜牧兽医选辑——草场管理与牧草栽培	农业部畜牧兽医司	1953.2

（续表）

序 号	题 名	责任者	出版年
161	畜牧兽医选辑——防止口蹄疫	农业部畜牧兽医司	1953.11
162	畜牧兽医选辑——马的饲养管理	农业部畜牧兽医司	1953.1
163	畜牧兽医选辑——马的饲养与繁殖	农业部畜牧兽医司	1953.1
164	畜牧兽医选辑——绵羊的育种与繁殖	农业部畜牧兽医司	1953.2
165	畜牧兽医选辑——兽医生物药品制造	农业部畜牧兽医司	1953.1
166	畜牧兽医学	浙江省农业厅	1959.9
167	畜牧学	浙江省农业厅	1959.1
168	畜牧学（苏联大百科全书选译）	李坚，杭维才译	1955.12
169	畜用金霉素的制造与饲猪实验	化学工业部上海医药研究所	1958.12
170	畜用金霉素与畜用地霉素	农业部畜牧兽医局	1959
171	畜用土霉素的土法制造	化学工业部四川大邑县试点工作组	1959.4
172	羊疥及羊肝片吸虫的防治	中国农业科学院西北畜牧兽医研究所编	1958.1
173	养蚕学	（苏）E. H. 米哈依洛夫著；吴载德等译	1955.7
174	养蚕学（蚕桑专业用）	中国农校养蚕学教科书编委会编	1957.12
175	养蚕指导技术手册	殷秋松编著	1951.6
176	养鹅法	张贵生编著	1959.1
177	养蜂技术经验汇编	中国农业科学院养蜂研究所编	1959.9
178	养耕集	江西省农业厅中兽医实验所编	1959.3
179	养马	张天才著	1951.9
180	养牛法	龚厥民	1950.9
181	养牛手册	冯焕文编	1951.6
182	养禽学	C. H. CMETHEB 著；卢润孚译	1955.9
183	养禽学	（苏）彼尼昂日凯维奇编；赵希斌，阮焕文译	1956.3
184	养禽业中的品种间杂交	（苏）X. Ф. 库什涅尔著；项维译	1956.9
185	养兔手册	冯焕文遗著	1958.6
186	养鸭说明书	肖瑞瑜著；戈湘岚，刘筱蕴，吴大雄等译	1959.11
187	养羊法	许心芸编著	1951.6
188	养猪经验	新疆人民出版社编	1959.3
189	养猪经验汇编（第一集）	农业部畜牧兽医局	1958.5
190	养猪奇迹——介绍遵义专区的经验	中共遵义地委研究室编	1958.3
191	养猪学	库德里亚夫采夫	1958.5
192	养猪学	中国农业学校《养猪学》教科书编委会编	1958.8
193	养猪学实习课工作日志簿	（苏）萨维奇 И. А. 副教授编著；北京农业大学畜牧兽医系家畜教研组译	1957.3
194	药物肥猪法	甘肃省兰州农校编	1958.1
195	野外研究白蛉的方法及灭蛉措施	（苏）П. А. 彼特利谢娃著；洪静婉等译	1957.6
196	有关养蜂知识推荐书目	首都图书馆编	1958.5
197	有关养鸡养鸭知识推荐书目	首都图书馆编	1958.5
198	有关养牛知识推荐书目	首都图书馆编	1958.5

（续表）

序　号	题　名	责任者	出版年
199	有关养兔知识推荐书目	首都图书馆编	1958. 5
200	有关养羊知识推荐书目	首都图书馆编	1958. 5
201	幼猪肥育法	（苏）考瓦连科著；倪达男译	1955. 12
202	元亨疗马集（附牛驼经）	（明）喻本元，喻本亨著	1957. 2
203	怎样调制青贮料	中国农业科学院西北畜牧兽医研究所编	1958. 1
204	怎样繁殖驴骡	中国农业科学院西北畜牧兽医研究所编	1958. 1
205	怎样给牲畜吃药	冀贞阳编	1959. 9
206	怎样集体养牛	江苏省农业厅编	1956. 5
207	怎样集体养猪	江苏省农业厅编	1956. 6
208	怎样培育桑苗	江苏省人民政府农林厅，江苏省科学技术普及协会编	1954
209	怎样饲养杂种绵羊	中国农业科学院西北畜牧兽医研究所编	1958. 1
210	怎样挑选杂种绵羊	中国农业科学院西北畜牧兽医研究所编	1959
211	怎样推广蓖麻蚕	张果，王高顺著	1956. 2
212	怎样养鸡	郑星杰编	1958. 8
213	怎样养兔	孙哲贤编	1958. 8
214	怎样养猪	天津市下放干部委员会编	1959. 6
215	怎样预防猪丹毒病	（苏）П. С. 索罗穆金著；杜世杰译	1955. 11
216	怎样栽培桑树	傅子明等著	1957. 1
217	中国北部的草原和草甸	中国科学院植物研究所，北京植物园草本植物组编	1959. 8
218	中国的绵羊与羊毛	许康祖著	1951. 3
219	中国的桑虫	祝汝佑著	1952
220	中国的畜牧	许振英著	1950. 1
221	中国的养马业	谢成侠著	1953. 4
222	中国养马史	谢成侠著	1959. 4
223	中国养猪法	常宗会著	1957. 12
224	中兽医理论基础	白哲明	1959. 11
225	中兽医针灸学	中国农业科学院中兽医研究所编	1959. 9
226	中兽医诊断学	江西省农业厅中兽医实验所编	1958. 7
227	中兽医诊疗经验（第 3 集）	郑力山	1959
228	中兽医猪病医疗经验	四川省农业科学研究所编	1959. 12
229	种桑	朱怀之编	1951. 4
230	猪病防治法	江苏省科普协会编	1955. 2
231	猪病治疗法	赵尔毅编	1958. 1
232	猪的传染病	杜念兴编著	1956. 6
233	猪犬系统解剖图（下集）	（苏）A. Φ. 克里莫夫著；梁展文编译	1955. 3
234	专题文献索引（抗菌素在畜牧兽医上的应用）	中国科学院科学技术情报研究所编	1959. 5
235	最新蚕种学	殷秩松著	1950. 8

（3）1960—1969 年

序　号	题　名	责任者	出版年
1	北京地区蜂群管理经验	北京市昌平县十三陵人民公诉养蜂场编	1960. 8
2	北京养猪学	北京市农业科学院组织编	1960. 4
3	蓖麻蚕	安徽省农业教材编辑委员会编	1960. 7
4	蚕病的检查和消毒	钱元骏，李荣琪编	1965. 8
5	蚕桑辑要	（清）沈秉成，郑辟疆校注	1960. 3
6	蚕桑生产经验	贵州省农业厅经济作物局编	1960. 4
7	大搞工具改革 实现养猪机械化（第一集）	农业部农具改革办公室，农业部畜牧兽医局编	1960. 6
8	蛋的综合利用	朱曜编	1960. 1
9	第四届国际家畜繁殖会议论文选译	中国畜牧兽医学会选译	1962. 12
10	电孵机的制造和使用	朱玉和，陶锡荣著	1960. 6
11	动物病理图谱	上海市畜牧兽医学会编	1960. 3
12	放牧地和割草地的改良与利用（讲稿）	（苏）A. X. 伊万诺夫著；内蒙古畜牧兽医学院翻译室译	1960. 7
13	非蛋白氮与反刍动物的营养	联合国粮食及农业组织编	1968
14	甘肃饲料营养成分及评价	刘延祯主编；西北畜牧兽医研究所，甘肃畜牧兽医研究所编	1962. 7
15	耕牛的使役与饲养	（日）吉田武纪著；刘恒译	1961. 2
16	馆藏图书目录（畜牧、兽医、猎、蚕、桑、蜂）	中国农业科学院图书馆	1960. 8
17	馆藏养猪书目	中农院图书馆	1960. 1
18	广蚕桑说辑补	（清）沈练著；郑辟疆，郑宗元校注	1960. 5
19	广东中兽医常用草药（内部参考）	广东农业科学院，华南农学院	1969. 1
20	广西中兽医经验集	广西壮族自治区畜牧科学研究所编	1960. 11
21	呼和浩特地区畜牧兽医图书联合目录	内蒙古图书馆编	1963. 8
22	鸡的早期胚胎发育	B. M. 派登著；叶毓芬，严绍颐译	1965. 1
23	家蚕经济饲养法	许心义等编	1965. 9
24	家蚕眠性和化性的生理遗传学研究——有关生长的激素拮抗平衡新学说	（日）诸星静次郎著；蒋猷龙译	1963. 8
25	家蚕脓病软化病（白口仔）专辑	华南农学院编	1964. 12
26	家蚕育种学	陆星垣编著	1964. 7
27	家禽	上海畜牧兽医学会编译委员会编	1962. 8
28	家禽生理学	（美）斯特凯著；谢善勤，王长清译	1964. 5
29	家禽饲养	吴望孚编著	1963. 5
30	家禽饲养研究	中国农业科学院家禽研究所编	1960. 6
31	家禽学实验指导	朱景瑞编	1963. 12
32	家畜病理解剖学（下册）——各论	内蒙古农牧学院编	1963. 7
33	家畜病理解剖学讲义	中国农业科学院江苏分院编	1960. 3
34	家畜病理生理学	吉林农业大学编	1961. 8
35	家畜产科学（上册）	甘肃农业大学主编	1961. 7

（续表）

序　号	题　名	责任者	出版年
36	家畜产科学（下册）	甘肃农业大学主编	1961.7
37	家畜产科学（中册）	甘肃农业大学主编	1961.7
38	家畜常用药物学讲义	中国农业科学院江苏分院编	1960.3
39	家畜传染病学（上册）	（匈）胡体拉等著；盛彤笙译	1962.8
40	家畜传染病学（下册）	（匈）胡体拉等著；盛彤笙译	1963.11
41	家畜传染病学总论	甘肃农业大学兽医系传染病学教研组编	1960.8
42	家畜的繁殖（上册）	（美）柯尔，考普斯主编；中国畜牧兽医学会译	1963.12
43	家畜的繁殖（下册）	（美）柯尔，考普斯主编；中国畜牧兽医学会译	1964.1
44	家畜的生长与发育	（苏）斯维钦著；南京农学院家畜繁育教研组译	1960.4
45	家畜繁育学讲义	中国农业科学院江苏分院编	1960.5
46	家畜肝片吸虫病及其防治方法	（苏）杰米多夫著；夏黎译	1960.6
47	家畜疾病的诊断（北京市畜牧兽医学会讲演稿）	时玉声编著	1963.7
48	家畜家禽病原真菌图谱	（苏）A.X.沙其索夫主编；罗仲愚等译	1960.2
49	家畜家禽传染病学讲义	中国农业科学院江苏分院编	1960.6
50	家畜家禽丰产经验	宁夏回族自治区农业厅畜牧局编	1960.3
51	家畜矫形外科学	甘肃农业大学兽医系外科学教研组主编	1960.3
52	家畜解剖生理学讲义	中国农业科学院江苏分院编	1960.6
53	家畜解剖学	谢逊著；张鹤宇等译	1962.4
54	家畜解剖学（上）	北京农业大学兽医系家畜解剖学教研组，内蒙古畜牧兽医学院兽医学系家畜解剖学教研组编	1960.4
55	家畜解剖学（下）	北京农业大学，内蒙古农牧学院编	1961.7
56	家畜解剖学概论	（苏）热坚诺夫著；张鹤宇等译	1963.11
57	家畜解剖学及组织胚胎学	北京农业大学编	1961.8
58	家畜流行病学各论（上册）	（苏）威舍列斯基等著；殷震等译	1960.3
59	家畜内科学	甘肃农业大学兽医系内科学教研组主编	1960.3
60	家畜内科学（上册）	（匈）胡体拉等著；盛彤笙译	1964.7
61	家畜内科学（下册）	（匈）胡体拉等著；盛彤笙译	1965.8
62	家畜球虫病	（苏）奥尔洛夫著；吴尚文等译	1960.3
63	家畜驱虫与常用驱虫药	郑藻杰，赵辉元编著	1961.3
64	家畜生理学	江西农学院编	1960.9
65	家畜生理学	南京农学院等编	1961.9
66	家畜饲料学讲义	中国农业科学院江苏分院编	1960.6
67	家畜饲养标准及日粮	（苏）托麦主编；胡坚等译	1960.2
68	家畜饲养学（上卷）	甘肃农业大学畜牧兽医系家畜饲养教研组编	1960.3
69	家畜外科手术学	甘肃农业大学编著	1961.6

（续表）

序　号	题　名	责任者	出版年
70	家畜疫源地理论的基本概念	许绶泰著	1963.6
71	家畜中毒的诊断和防治	张峰山，杨继宗编著	1963.9
72	家畜主要传染病鉴别诊断表	（苏）阿尔汉盖里斯基，巴丹宁著；甘肃农业大学兽医系家畜传染病学教研组译	1962.11
73	家畜组织学与胚胎学	北京农业大学兽医系家畜解剖学教研组编	1960.11
74	江西民间家禽针灸经验	江西农科所赣南农学院编著	1960.1
75	开展养兔活动	朱景瑞编著	1960.3
76	抗菌素在兽医中的应用	罗仲愚编著	1964.11
77	科学技术书目（养猪、蔬菜栽培）	上海图书馆编	1960.11
78	驴骡繁殖技术	陈晨，段波编	1963.7
79	马	刘少伯著	1964.2
80	马传染性贫血病索引	中国农科院图书馆编	1965.7
81	马传染性贫血的诊断及预防	兽医大学传染病教研室编	1963.6
82	马的病毒病	（美）J. E. 彭主编；罗清生节译	1964.1
83	马的四肢病	（苏）沙卡洛夫著；秦和生等译	1964.12
84	马骡结症疗法	河北定县兽医院编著	1960.6
85	马牛病例汇集	裴耀卿著	1960.4
86	马牛的怀孕检查	甘肃农业大学兽医系产科教研组	1960.6
87	马匹人工授精	蒲高发编著	1960.6
88	蜜蜂	（苏）哈里夫曼著；冯荫椿，陈世昌译	1963.5
89	免疫学基础	（苏）基里别尔著；王玉民等译	1962.1
90	牧场设计学	北京农业大学编	1961.6
91	南疆畜牧业问题	中科院新疆综合考察队	1964.11
92	尿素饲料浅说	张永平编	1963.12
93	牛的生育力和不育	（美）阿斯迪尔著；陈之长译	1964.8
94	牛经切要	于船，张克家点校	1962.11
95	农畜病理解剖学基础（上）	（苏）K. T. 保尔等著	1960.3
96	农畜病理解剖学基础（下）	（苏）K. T. 保尔等著	1960.3
97	农畜生理学的进展（第二册）	（英）J·汉蒙主编；汤逸人等译	1962.2
98	农畜生理学的进展（第三册）	（英）J·汉蒙主编；俞渭江等译	1962.12
99	农畜受精问题	（苏）索科洛夫斯卡娅著；陈福田译	1962.1
100	农畜血液循环、气体能量代谢及肺呼吸的研究技术（试验指导）	（苏）斯克沃尔佐娃，赫连诺夫著；淡伦译	1964.11
101	农业科学图书联合目录（畜牧兽医部分）	中国农业科学院图书馆等编	1962.1
102	普通畜牧学（下册）	（苏）托迈，诺维科夫著；劳允栋译	1960.5
103	奇台县畜牧业大跃进经验	新疆维吾尔自治区畜牧厅编	1960.4
104	禽病学	罗清生主编	1965.1
105	青贮发酵过程	（英）鲍乃德著；聂光达等译	1962.2
106	青贮饲料	张子仪等编著	1963.11
107	全国农业展览馆展出优良畜禽品种简介	全国农业展览馆畜牧馆编	1960.6
108	桑蚕饲养学	安徽省农业厅教材编辑委员会编	1961.4

（续表）

序 号	题 名	责任者	出版年
109	桑树育苗与栽培技术	张毓骅编	1960. 5
110	桑树育苗与栽培技术	中国农业科学院蚕业研究所栽桑研究室编	1965. 11
111	桑树栽培学	浙江农业大学主编	1961. 7
112	山西省家畜家禽良种图谱	山西省畜牧兽医科学研究所编	1960
113	上海市家畜家禽品种调查	上海市农业科学研究所编	1960. 2
114	上海市养猪工作大会资料汇编	上海科学技术出版社编	1960. 4
115	麝鼠	苏培祥编著	1964. 12
116	牲畜病针灸与中药疗法	程衷逸等编著	1960. 4
117	盛进龙养猪先进经验	中共金山县委员会编	1960. 9
118	实验动物饲养学	（苏）柯瓦列夫斯基著；吕伯钦译	1961. 6
119	狩猎工作者手册	（苏）曼捷依非尔，库兹涅佐夫主编；于之汾等译	1960. 2
120	兽医（第一辑）	上海畜牧兽医学会编译委员会编	1962. 4
121	兽医（第二辑）	上海畜牧兽医学会编译委员会编	1962. 1
122	兽医处方手册	张幼成编	1964. 12
123	兽疫防治经验汇编	农业部畜牧兽医局编	1960. 1
124	兽医寄生虫病学讲义	中国农业科学院江苏分院编	1960. 5
125	兽医检验手册	何平夏等编	1963. 8
126	兽医临床检验手册	甘肃农业大学兽医系内科教研组编	1960. 6
127	兽医临床诊断学	（英）立特强编著；陈振旅，胡果译	1964. 11
128	兽医手册	（苏）库兹民著；杭准才译	1960. 3
129	兽医外科学总论简明教程	甘肃农业大学兽医系外科教研组编	1960. 8
130	兽医微生物学讲义	中国农业科学院江苏分院编	1960. 4
131	兽医卫生检验	吉林农业大学编	1961. 8
132	兽医消毒	（苏）波里雅科夫著；卢志江等译	1960. 3
133	兽医学大意	杜念兴等编著	1961. 7
134	兽医药物学	黄祝封等编	1960. 4
135	兽医针灸手册	李世骏，杨宏道主编	1964. 7
136	兽医诊断学及家畜主要普通病学讲义	中国农业科学院江苏分院编	1960. 3
137	饲料微量成分搅拌指南（莫克技术服务手册）	沃拉斯·拉瑞比著	1967
138	饲料消化性	（苏）托麦等著；马承融等译	1960. 1
139	饲养鸡鸭鹅实用知识	张照，杨永祚编著	1960. 2
140	苏联大群养猪经验	农垦出版社编译	1960. 6
141	天津市工农联盟畜牧场创办“猪食堂”的经验	天津市畜牧局编	1960. 4
142	统计方法在畜牧上的应用	（日）山田淳三著；刘瑞三译	1965. 6
143	土法孵鸡及技术革新	刘旭初著	1960. 6
144	土法固体发酵饲料生产	轻工业部科学研究设计院发酵所编	1960. 5
145	兔病防治法	江西省农业厅兽医防治站编	1962. 9
146	西北绵羊改良座谈会资料选辑	中国农业科学院西北畜牧兽医研究所编	1960. 2

（续表）

序号	题名	责任者	出版年
147	西北农业文献索引（1949—1962年）	甘肃省图书馆编	1963.12
148	西北畜牧兽医文献索引	甘肃省图书馆编	1963.11
149	消灭布氏杆菌病的经验	（苏）Г.С.勃拉果韦申斯卡娅著；甘肃农业大学兽医系传染病学教研组译	1960.8
150	新疆畜牧业	中国科学院新疆综合考察队主编	1964.5
151	畜牧	上海畜牧兽医学会编译委员会	1962.7
152	畜牧兽医结绳技术	冀一伦	1962.6
153	畜牧兽医器械图谱	农业部畜牧兽医局	1961.7
154	畜牧兽医手册	西北畜牧兽医研究所	1963.3
155	畜牧兽医译丛（2）	上海畜牧兽医学会编译委员会	1963.5
156	畜牧兽医译丛（4）	上海畜牧兽医学会编译委员会	1964.1
157	畜牧学进展（1）	中国畜牧兽医学会	1964.8
158	畜牧业机械化	农垦部农业生产局	1960.6
159	畜牧业机械化与电气化（上）	南京农学院	1961.9
160	畜禽疾病防治	鲁荣春	1963.4
161	畜用抗菌素的制造与应用	国营上海第三制药厂	1960.4
162	羊病防治	赵玉琪编著	1963.11
163	养蚕学	陆星垣著	1964
164	养蜂	戴锦孙著	1961.5
165	养蜂	王吉彪，黄文诚编	1962.12
166	养蜂学	山东省潍坊畜牧兽医学校主编	1961.7
167	养耕集校注	（清）傅述凤手著；杨宏道重编校	1966.2
168	养鸡	农垦出版社丛书编辑室编	1960.1
169	养鸡代饲料	陕西人民出版社编	1960.1
170	养马	刘少伯编	1963.4
171	养马学	（苏）拉斯托契金著；陈洁莲等译	1960.3
172	养马学	谢成侠等编著	1961.1
173	养牛	冯仰廉编	1963.5
174	养牛学	东北农学院等编	1961.7
175	养牛学	邱怀，王福兆编著	1961.7
176	养牛学讲义	中国农业科学院江苏分院编	1960.5
177	养禽	赵希斌，艾文森编	1962.12
178	养禽工作者手册	（苏）С.И.斯麦特涅夫编著；陈涉平译	1960.8
179	养禽须知	（苏）В.Л.尼基金编著；程远健译	1960.6
180	养禽学	北京农业大学主编	1961.8
181	养禽学讲义	中国农业科学院江苏分院，中国农业科学院家禽研究所编	1960.5
182	养兔	王庆熙编著	1962.12
183	养兔学讲义	中国农业科学院江苏分院编	1960.7
184	养羊学	北京农业大学等编	1961.11
185	养羊学讲义	中国农业科学院江苏分院	1960.3

（续表）

序　号	题　名	责任者	出版年
186	养猪	黄惟一编	1963. 3
187	养猪讲话	贵州省农业厅畜牧兽医局编	1960. 3
188	养猪设备工具的技术革新	黄梅南，张坚中等编	1961. 1
189	养猪饲料生产经验汇编	农业部畜牧兽医局	1960. 5
190	养猪卫生	中央爱国卫生运动委员会办公室等编	1960. 4
191	养猪学讲义	中国农业科学院江苏分院编	1960. 4
192	养猪与气象	北京农业大学农业气象专业编	1960. 3
193	养猪专题报纸索引	中国农业科学院图书馆编	1960. 5
194	野蚕录（四卷）	（清）王元綎编；郑辟疆校	1962. 1
195	一九六五年全国畜牧工作会议经验选辑	农业部畜牧兽医局编	1966. 3
196	遗传学及家畜繁育学	北京农业大学主编	1961. 7
197	役畜的繁殖	王崇义编著	1962. 9
198	元亨疗马牛驼经全集	（明）喻本元，喻本亨著；中国农业科学院中兽医研究所修编	1963. 1
199	孕母猪和仔猪的饲养管理	赵佩铮编	1960. 5
200	栽桑学	顾青虹主编	1964
201	怎样才能养好猪	务农编	1960. 8
202	怎样防治猪喘气病	河北省农业科学院中兽医研究所编	1960. 5
203	怎样预防家畜的外科病	艾矗著	1960. 4
204	怎样做好家畜家禽的检疫工作	艾矗著	1960. 4
205	张兴荣的养牛经验	邱怀，秦允超	1962. 8
206	中国科学院图书馆中文藏书目录（畜牧兽医）	中国科学院图书馆编	1963
207	中国民间畜禽阉割术	中国农业科学院中兽医研究所主编	1963. 3
208	中国农业科学技术资料汇志（畜牧兽医类）	中国农业科学院情报资料室编	1960. 3
209	中国农业科学院图书馆中文馆藏书目（农畜产品）	中国农科院图书馆编	1963
210	中国农业科学院图书馆中文馆藏书目（蚕桑养蜂）	中国农科院图书馆编	1963
211	中国农业文摘（畜牧与兽医）	中国科技情报研究所编	1960. 3
212	中国桑树栽培学	中国农业科学院蚕业研究所主编	1961. 1
213	中国畜牧兽医学会 1963 年年会论文选编（兽医部分）	中国畜牧兽医学会编	1965. 7
214	中兽医入门	甘肃省畜牧厅中兽医学校编著	1960. 1
215	中兽医验方汇编	农业部畜牧兽医局编	1960. 4
216	中兽医诊断学	中国农业科学院中兽医研究所编	1962. 1
217	中兽医诊断学讲义	中国农业科学院江苏分院编	1960. 6
218	中兽医诊疗经验（第 5 集）	徐自恭	1960. 5
219	中兽医治疗学	中共农业科学院中兽医研究所编	1963. 1
220	种畜工作经验汇编	农业部畜牧兽医局编	1960. 1

（续表）

序 号	题 名	责任者	出版年
221	种猪饲养法	北京市食品公司种猪场著	1960. 2
222	猪病毒性肺炎研究（1957—1961 年）	南京农学院畜牧兽医系编	1962. 1
223	猪病防治	方时杰等编著	1960. 2
224	猪病防治法	贵州省兽医实验室编	1960. 4
225	猪病防治手册	刘炳权编著	1960. 2
226	猪喘气病 X 线透视检疫技术	陈白希著	1963. 8
227	猪的疾病	罗清生主编	1963. 8
228	猪的饲养和饲料（第二辑）	农垦出版社编	1960. 6
229	猪的饲养和饲料（第一辑）	农垦出版社编	1960. 1
230	猪多肥足粮丰收	唐宗坤编	1960. 3
231	猪经大全	贵州省兽医实验室校	1960. 8
232	猪牛常见饲料中毒的防治	陈裕光编著	1960
233	猪舍的设计和建筑	钱定宽等编	1960. 6
234	猪饲料的利用和调制经验	粮食部粮食科学研究所整理	1960. 5
235	猪为六畜之首	农业资料编辑委员会编	1960. 1
236	专题资料索引——马	南京农学院图书馆编	1960. 3
237	专题资料索引——牛	南京农学院图书馆编	1960. 3
238	专题资料索引——饲料	南京农学院图书馆编	1960. 3
239	专题资料索引——养羊	北京农业大学图书馆	1960. 4
240	专题资料索引——养猪	北京农业大学图书馆	1960. 4
241	专题资料索引——猪	南京农学院图书馆编	1960. 3
242	专题资料索引——猪饲料	北京农业大学图书馆	1960. 4
243	仔猪白痢病	李孝纯编	1960. 2
244	柞蚕生产技术	中国农业科学院柞蚕研究所，辽宁省蚕业科学研究所编著	1964. 8

（4）1970—1979 年

序 号	题 名	责任者	出版年
1	安徽养猪经验	安徽农学院编	1975. 7
2	蚕桑病虫害防治手册	《浙江植保员手册》编写组	1972. 4
3	蚕桑生产技术图说	日本全国养蚕农业生产合作社联合会《蚕丝之光》编辑部，中国农科院蚕业研究所译	1979. 9
4	蚕业技术参考	丹东市蚕业科研所革委会	1970. 3
5	雏鸡雌雄鉴别法	马住骝编	1975. 7
6	雏鸡的孵化	天津市食品公司养鸭场编	1974. 9
7	大家畜常见疾病防治	宁夏回族自治区农林局《大家畜常见疾病防治》编写组	1975. 1
8	大家畜繁殖技术	河北围场县革委会畜牧局	1974. 6

（续表）

序　号	题　名	责任者	出版年
9	大力发展养猪事业（二）	农林部畜牧局编	1975. 2
10	发酵饲料	中国科学技术情报研究所重庆分所编	1977. 5
11	羔皮羊的育种与饲养	新疆农科院畜牧兽医研究所编	1972. 1
12	羔羊痢疾	李兆甲，郦云漫编	1979. 11
13	国外畜牧业概况	中国农林科学院科技情报所编	1975. 1
14	国外畜牧业生产水平和科技进展	中国农科院科技情报研究所主编	1975. 2
15	国外养鸡动态（第三辑）	上海科技情报研究所编	1976. 6
16	国外猪育种概况	中国农林科学院科技情报研究所编	1972. 9
17	鸡的马立克氏病	胡祥璧主编；罗清生等译	1977. 4
18	家蚕现行品种胚子发育图	浙江农业大学蚕桑系革命委员会编摄	1971. 3
19	家畜布氏杆菌病	乌实编	1978. 3
20	简明兽医词典	甘肃农大兽医系编	1977. 4
21	秸秆饲料	联合国粮食及农业组织编	1978
22	科学养鸡问答	西北农学院主编	1979. 3
23	昆虫保幼激素在蚕业上的应用	广东顺德县科技局等编	1976. 7
24	拉汉兽类名称	中国科学院动物研究所脊椎动物分类区系研究室编	1973. 4
25	鹿病防治	华南农学院畜物兽医系等编	1978
26	蜜蜂的故事	王敬东编著	1974. 12
27	蜜蜂的饲养	北京市农科所编	1972. 11
28	内蒙古畜牧业	中国科学院内蒙宁夏综合考察队编	1977. 1
29	农畜繁殖学	(美）哈弗士编	1977. 6
30	禽病	北京市畜牧兽医站编	1976. 7
31	日本机械化蛋鸡场的标准设计	上海科学技术情报研究所编	1976. 9
32	日本猪和鸡的饲养标准	中国科学技术情报研究所编	1978. 1
33	肉用鸡的饲养	上海市松江县农业局革委会	1972. 2
34	桑树栽培与养蚕技术	浙江农业大学	1976. 7
35	实用养蜂技术	牡丹江地区农科所编	1973. 5
36	兽医年鉴	H. O. 柯尼肖法编辑	1977
37	兽医生物药品使用手册	农林部兽医药品监察所编	1976. 5
38	兽医手册	甘肃省兰州兽医研究所编	1972. 6
39	水牛	联合国粮食及农业组织	1977
40	糖化饲料养猪好	湖北省糖化饲料协作小组编	1970
41	微生物农药和兽药	应用微生物展览会编	1979. 9
42	新疆细毛羊	新疆维吾尔自治区畜牧局编	1979. 9
43	新疆中兽医经验选编	新疆农科院兽医研究所中兽医组编	1979. 9
44	养蚕	农业出版社编	1974. 7
45	养兔	中国粮油食品进出口公司北京市分公司主编	1975. 9
46	养猪技术	吉林省农业科学院畜牧研究所编	1977. 1

（续表）

序号	题名	责任者	出版年
47	养猪手册	吉林农业大学革委会《养猪手册》编写组	1972. 5
48	养猪业要大发展	农业出版社编	1976. 2
49	怎样养耕牛	《怎样养耕牛》编写组编	1975. 12
50	怎样养家禽	《怎样养家禽》编写组编	1974. 11
51	怎样栽桑养蚕	《怎样栽桑养蚕》编写组编	1973. 8
52	中国猪种（一）	中国猪种编写组编	1976. 1
53	猪牛的人工授精技术	广东省农林水科技服务站革委会编	1971. 6

（5）1980—1989 年

序号	题名	责任者	出版年
1	鹌鹑饲养技术	商晓东等编著	1986. 5
2	抱犊集校注	杨宏道，邹介正校注	1982. 1
3	北京鸭的饲养与繁育	陈明益编著	1986. 7
4	哺乳类实验动物	钟品仁主编	1983. 6
5	蚕桑副产品综合利用	周垂恒编著	1989. 2
6	蚕桑快速丰产技术——三个“三当年”	苏伦安，赵玉龙编著	1989. 5
7	蚕桑试验设计及统计方法	刘权，陆星垣编著	1987. 8
8	蚕桑与气象	赵世骅编	1988. 4
9	蚕业史话	周匡明编著	1983. 5
10	蚕业译丛（2）	中国农科院蚕业研究所主编	1982. 2
11	草场资源调查技术规程	北方草场资源调查办公室编	1986. 7
12	草地	中国农业科学院草原研究所编著	1980. 8
13	草地调查法手册	（日）沼田真主编；姜恕，祝廷成等译	1986. 12
14	草地牧业	（英）M. M. 库柏（M. M. Cooper），D. W. 莫里斯（D. W. Morris）著；傅永康等译	1983. 12
15	草地生态学	（英）C. R. W. 斯佩丁（C. R. W. Spedding）著；贾慎修等译	1983. 12
16	草地生态研究方法	姜恕等编著	1988. 1
17	草原管理学	内蒙古农牧院主编	1981. 7
18	草原及其利用与改造	李博著	1984. 12
19	草原生态系统研究（第一集）	内蒙古草原生态系统定位站编	1985. 7
20	长毛兔（第二版）	林大光，孔佩兰	1988. 5
21	长毛兔的饲养	陈一夫	1987. 1
22	长毛兔的饲养技术	陆子强，薛逸祯编著	1985. 8
23	常见畜禽病防治技术	龙德沛等编著	1986. 5
24	常见药用动物养殖、采集与加工	高本刚编	1984. 11
25	常见猪、鸡疾病的防治	农业出版社	1980. 5
26	大动物手术学	（美）依姆，普雷尔主编；叶浩等译	1984. 5

（续表）

序 号	题 名	责任者	出版年
27	大家畜饲养管理	舒畔青，徐克勤编	1985. 2
28	大武经校注（牛经大全）	湖南省常德县畜牧水产局《大武经》校注小组校注	1984. 7
29	蛋鸡生产	艾文森著	1982. 2
30	地鳖虫的养殖	俞长芳编著	1983. 5
31	冬季怎样养好猪	赵书广，齐振群编	1981. 11
32	动物病毒学	殷震，刘景华编	1985. 9
33	动物遗传资源保护和管理	联合国粮食及农业组织，联合国环境规划署著	1988. 12
34	动物育种文摘主题索引（1980—1981 年）	吉林农业大学图书馆编	1983. 12
35	多生快长瘦肉型猪	何叔铎，傅道暨编	1984. 5
36	蜂胶	房柱编	1984. 8
37	蜂蜜	徐景耀著	1984. 1
38	蜂蜜酿酒	黄文诚编	1985. 2
39	蜂群饲养管理	祁幼祥，蔡昭龙编	1989
40	甘肃省畜禽品种志	甘肃省畜牧厅主编	1980. 3
41	高效益养殖技术	李家福，高崇学主编	1989. 12
42	关于畜牧业现代化的几个问题	张文奎编著	1983. 5
43	观赏鸟的饲育	顾文仪编著	1982. 12
44	国外家禽饲养与营养资料选编	杨诗兴，彭大惠编译	1981. 12
45	湖蚕述注释	（清）汪日桢撰；蒋猷龙注释	1987. 1
46	活兽慈舟校注	四川省畜牧兽医研究所编	1980. 8
47	鸡病防治手册	骆玉斌，唐式法编著	1987. 1
48	鸡病防治问答	何英，鞠恩功编	1983. 7
49	蛋鸡笼养技术	郎震美编	1984. 3
50	鸡的繁殖技术	金光钧，王朝彦编	1986. 1
51	鸡的生殖生理和消化生理	胡祖禹，李琨瑛编	1986. 6
52	家禽的繁殖与人工授精	（苏）科培洛夫斯卡娅，诺维克著；廖宪纲等译	1980. 4
53	家禽疾病的防治	吕寿英编	1984. 12
54	家庭饲养畜禽顾问	农家丰编	1984. 5
55	家庭畜禽饲养作业历	沈阳农学院编	1984. 12
56	家庭养鸡	陈敏华，陈淑英编著	1982. 9
57	家庭养兔	任振河编	1983. 9
58	家兔加工与利用	林子通，董学珍编	1987. 1
59	家兔营养生理学	（苏）卡卢金著；文光华译	1984. 11
60	家畜病理学（下册）	内蒙古农牧学院，华南农学院主编	1981. 1
61	家畜病理组织学	陶履祥主编	1988. 4
62	家畜常见中毒病的检验	谢占武，史志诚，洪子鹂编	1982. 2
63	家畜传染病学和寄生虫病学	布拉德等著；萧佩蘅等译	1986. 7

（续表）

序　号	题　名	责任者	出版年
64	家畜的传染病（下册）	（德意志民主共和国）贝尔等著；盛彤笙译	1984. 3
65	家畜的环境及控制	温书斋编著	1982. 12
66	家畜的抗菌素与化学疗法	（日）二宫集代志主编；臧广田等译	1983. 8
67	家畜的生殖激素	董伟等编著	1985. 8
68	家畜的血液型及其应用	（日）佐佐木清纲主编	1982. 2
69	家畜和家禽的饲养技术	颜礼复编	1984. 4
70	家畜环境卫生学	东北农学院主编	1981. 4
71	家畜及实验动物生理生化参数	卢宗藩主编	1983. 11
72	家畜寄生虫图谱	邱汉辉编	1983. 12
73	家畜寄生虫学	北京农业大学主编	1981. 6
74	家畜家禽十例	江苏省科学技术情报研究所，江苏省射阳县科学技术委员会编著	1981. 11
75	家畜解剖学及组织胚胎学	内蒙古农牧学院，安徽农学院编	1981. 3
76	家畜口蹄疫（国外资料选辑）	中国科学院情报研究所重庆分所编辑	1980. 4
77	家畜皮肤病学	王志编著	1981. 12
78	家畜乳房疾病	吴学聪编	1982. 11
79	家畜饲养学（畜牧专业用）	东北农学院主编	1980. 7
80	家畜饲养学实习指导（畜牧兽医专业用）	甘肃省畜牧学校等编	1981. 2
81	家畜饲养原理	陆治年等编	1982. 12
82	家畜微生物学	（日）尾形学等著；龚人雄译，尹德华校	1982. 9
83	家畜卫生年鉴（1986 年）	联合国粮食及农业组织编	1986
84	家畜卫生年鉴（1987 年）	联合国粮食及农业组织，国际兽疫事务局编	1989. 1
85	家畜行为学研究进展——动物行为学在畜牧业的应用	韩正康，许振英等译校	1984. 11
86	家畜中毒学	王洪章，段得贤主编	1985. 2
87	建立杂交种半细毛养羊业的遗传学基础	（苏）Г. А. 斯塔坎等著；魏怀方译	1980. 2
88	她们和野生动物——记 11 位女科学家的驯兽趣闻	（美）玛杰丽·法克拉姆著；郑伯承等译	1983. 6
89	卡拉库尔羊	李志农编著	1984. 12
90	抗菌素的作用机理及细菌的耐药性	杨满寿著	1981. 12
91	科学饲料及其配制	洪平译	1980. 8
92	科学养鸡（养鸡实用知识和饲养技术）	江苏省射阳县科学技术委员会编	1983. 5
93	科学养水貂	马坤绵著	1985. 1
94	笼鸟的饲养与繁殖	卢浩泉等编	1984. 9
95	罗斯蛋鸡、肉鸡饲养管理技术	叶明瑜等编著	1987. 12
96	麦秸氨化技术	任礼先编著	1987. 6
97	毛皮动物的饲养与管理	朴厚坤，张南奎编著	1986. 3
98	毛皮动物疾病学	关中湘等编著	1982. 3
99	美国加拿大饲料成分表	李复兴，满虹编译	1985. 12

（续表）

序　号	题　名	责任者	出版年
100	美国利用禽畜粪便制取生物可燃气译文专辑	中国农业机械化科学研究院科技情报研究室编	1984. 12
101	蜜蜂	刘中衡著	1980. 7
102	蜜蜂产品与健康长寿	翟守睦，徐静兰编	1989. 4
103	蜜蜂的生活	弗里希著；李灿茂等译	1983. 1
104	蜜源植物	林盛秋编著	1989. 3
105	绵羊的疾病	（美）R. 詹森著；邓普辉，何国协等译	1981. 1
106	绵羊生产	（英）欧文著；涂友仁等译	1984. 5
107	绵羊育种及家畜生态（汤逸人畜牧文集）	汤逸人著	1982. 11
108	牧草种子生产及良种繁育	彭启乾编著	1983. 2
109	内蒙古自治区及其东西部毗邻地区天然草场（综合考察专集）	中国科学院内蒙宁夏综合考察队编	1980. 1
110	奶山羊饲养法	李建文等编著	1987. 12
111	牛的繁殖效率	联合国粮食及农业组织编	1982
112	牛的护蹄	汪世昌著	1984. 1
113	牛解剖学基础	（荷）温辛 C. J. G. 等著；郭和以等译	1983. 12
114	牛临床病例选编	黄道谟主编	1982. 1
115	牛卵移植	（英）罗森编；万一鹤等译	1982. 2
116	牛医金鉴	邹介正评注	1981. 9
117	牛猪繁殖技术问答	农牧渔业部教育司主编	1987. 2
118	农村科技致富能手实用技术精选（养殖卷）	罗远信，吴显奎主编	1988. 9
119	农村兽医手册	任大赓等编	1986. 2
120	农村养羊	道良佐	1985. 2
121	农家特种养殖	王钖庚编著	1987. 4
122	农桑辑要校注	石声汉校注；西北农学院古农研究室整理	1982. 3
123	农桑经校注	（清）蒲松龄撰；李长年校注	1982. 5
124	配合饲料技术	饶应昌等编著	1987. 9
125	配合饲料配方计算手册	胡迪先等编著	1987. 7
126	皮肉兔饲养法	朱秀柏编	1988. 12
127	普通兽医病理学	（加）汤姆逊著；朱宣人等译	1984. 5
128	禽病学（上册）	（美）M. S. 霍夫斯塔主编；胡祥壁等译	1980. 11
129	禽病学（下册）	（美）M. S. 霍夫斯塔主编；胡祥壁等译	1981. 12
130	禽蛋研究	朱曜编著	1985. 5
131	蚯蚓养殖	爱牧编	1983. 1
132	热带饲料——饲料情况简介和营养价值	（瑞典）博·戈尔著	1981
133	日本标准饲料成分表	日本农林水产省农林水产技术会议事务局编；王庆镐译，郝学惠审编	1983. 8
134	日汉蚕业词汇	浙江省蚕桑学会编	1984. 11
135	肉鸡快速饲养	李东，刘亚编著	1986. 2
136	肉鸡肉鸭肉鹅快速饲养法	吴开宪，郭予强编著	1989. 2

（续表）

序　号	题　名	责任者	出版年
137	肉鸡速养法	陈敏华等编著	1985. 12
138	肉牛肥育期疾病	（美）R. 詹森（Rue Jensen），D. R. 麦基（Donald R. Mackey）著；陈振旅，张志超译	1981. 8
139	肉牛及黄牛改良	杨再，陈自刚编	1981. 4
140	桑叶的发育和高产	蒋献龙编著	1980. 5
141	山东农林主要病虫图谱（桑榨分册）	《山东农林主要病虫图谱》编委会编	1988. 6
142	山羊	弗伦奇著	1983
143	石花菜育苗与养殖	黄礼娟编著	1988. 3
144	实用家畜外科学	张幼成，朱祖德主编	1982. 11
145	实用养鸡技术	蔡雄成，项可宁编著	1983. 3
146	实用养兔新技术	杨正编著	1989. 2
147	实用养羊学	陈汝新，盛志廉编著	1981. 4
148	世界绵羊品种	（苏）A. A. 威尼阿明诺夫著；李志农译	1989. 6
149	兽医	中国农业科学院编	1984. 9
150	兽医科学与比较医学进展（第一集）	《兽医科学与比较医学进展》编审委员会筹备小组主编	1981. 8
151	兽医临床药理学	冯淇辉，戎耀方，朱模忠，包鸿俊主编	1983. 1
152	兽医外科手术图谱	（英）希克曼，沃克著；陈家璞译	1981. 4
153	兽医微生物学	甘肃农业大学主编	1981. 4
154	兽医微生物学实验指导	甘肃农业大学主编	1980. 7
155	兽医新型高效驱虫药	朱模忠编	1984. 5
156	兽医学基础知识	郭玉璞等编	1983. 7
157	兽医译丛（1）	中国畜牧兽医学会《中国兽医杂志》编辑部编	1981. 4
158	兽医译丛（2）	中国畜牧兽医学会《中国兽医杂志》编辑部编	1981. 12
159	兽医针灸史漫话——从石针到光针	杨宏道编著	1981. 9
160	兽医针灸学	《兽医针灸学》编写组编	1981. 1
161	瘦肉型猪养殖新技术	何有春编著	1988. 11
162	双王群饲养法	沈基楷著	1988. 2
163	四边桑栽培技术	谭其贵等编	1985. 11
164	四川农学院一九八一届研究生毕业论文集（畜牧部分）	四川农学院教务处编	1982. 7
165	四十种特种经济动物养殖技术	张月洪编著	1986. 1
166	饲料基础知识	北京饲料公司科研室编	1982. 8
167	饲料加工技术讲习班论文集	普兰·沃拉博士著；蒋金书译	1989. 8
168	特种经济动物养殖	吴高升编	1987. 4
169	兔病	耿永鑫编著	1985. 11
170	兔病防治	王永坤等编	1981. 4
171	兔的养殖新技术及疾病防治	张月洪编著	1988. 11

（续表）

序　号	题　名	责任者	出版年
172	我国的草原	张明华著	1982. 1
173	西藏家畜	中国科学院青藏高原综合科学考察队编	1981. 9
174	校正驹病集	陕西省畜牧兽医研究所中兽医室编	1980. 11
175	新编集成马医方、牛医方校释	郭光纪等校释	1985. 7
176	新编养鸡手册	李志农编著	1983. 6
177	新刻马书	（明）杨时乔等纂；吴学聪点校	1984. 2
178	畜牧	中国农业科学院	1984. 2
179	畜牧	解春亭编	1983. 6
180	畜牧科学概论	（美）M. E. 恩斯明格著；郑丕留译	1983. 11
181	畜牧名词术语标准	农牧渔业部畜牧局	1987. 9
182	畜牧试验设计	（日）吉田实	1984. 8
183	畜牧兽医名词词典	《畜牧兽医名词词典》编委会编	1985. 5
184	畜牧学	内蒙古农牧学院	1981. 5
185	畜牧学基础知识	刘少伯	1983. 7
186	畜牧译丛	许振英	1981. 7
187	畜禽及经济动物疫病的防治	中国科学技术情报研究所	1985. 11
188	畜禽疾病防治	鲁荣春	1982. 8
189	畜禽配合饲料生产技术	中共山西省委农村政策研究室主编	1985. 1
190	畜禽肉罐头加工	中共山西省委农村政策研究室主编	1985. 9
191	畜禽饲料开发与利用	辽宁省畜牧兽医科学研究所编	1982. 7
192	畜禽卫生	郎震美	1983. 11
193	畜禽营养知识	黄启贤	1982. 12
194	亚洲及远东地区非常规饲料资源	（德）德拉 C. 著	1981
195	养蚕防病消毒技术	钱元骏等编	1988. 3
196	养蜂技术指南	瞿守睦编	1985. 3
197	养蜂论文选集（中国养蜂学会第一次学术讨论会及蜂产品利用学术讨论会议论文选）	中国养蜂学会编	1982. 1
198	养鸡	北京市农科院畜牧所，北京市畜牧兽医站编	1983
199	养鸡和鸡病防治	北京市农林科学院畜牧兽医研究所	1984. 2
200	养鸡手册	黄春元，李韶标编	1984. 6
201	养鸡新技术及鸡病防治	张永江编著	1988. 1
202	养鸡与气象	陶才美编	1986. 6
203	养鸡与消毒	（日）横关正直著；吴韵珊，张文效译	1986. 9
204	养鸡资料选编	郑州牧专图书馆编	1983. 2
205	养驴	杨金三编著	1987. 5
206	养马	郑经农编	1984. 12
207	养马学	甘肃农业大学主编	1981. 6
208	养马学实习指导	黑龙江省北安农业学校主编	1981. 7

（续表）

序　号	题　名	责任者	出版年
209	养牛和牛病防治	韩刚编著	1986.3
210	养牛学	华南农业大学主编	1987.5
211	养禽学实验实习指导（畜牧专业用）	广东仲恺农业学校主编	1981.8
212	养兔	吴望孚等编	1983.12
213	养兔	中国粮油食品进出口公司北京市分公司主编	1985.9
214	养兔法	徐立德，蔡流灵编	1981.3
215	养兔技术	马友勋编	1982.6
216	养兔技术指导（长毛兔、裘皮兔、肉用兔）	郑军等编	1986.9
217	养兔学	张家口农业专科学校主编	1981.3
218	养鸭技术问答	杨肯牧编	1984.8
219	养羊	刘中著	1982.1
220	养羊	蒋瑛编著	1982.2
221	养羊学	山西农业大学主编	1981.3
222	养猪问答	江苏省泰州畜牧兽医学校编	1983.4
223	养猪资料选编	郑州畜牧兽医专科学校图书馆编	1982.12
224	药用昆虫——地鳖虫的养殖	越汪洋，奇畔编著	1980.11
225	印度的绵羊和山羊品种	（印度）阿卡亚著	1982
226	英汉蚕业词汇	浙江省蚕桑学会编	1984.9
227	英汉畜牧科技词典	汤逸人主编	1981.6
228	元刻农桑辑要校释	（元）大司农司编撰；缪启愉校释	1988.12
229	栽桑和养蚕	中国农业科学院蚕业研究所编	1983.1
230	栽桑养蚕技术	李存礼等编	1984.12
231	栽桑养蚕一百问	浙江省蚕桑学会编	1984.1
232	怎样防治家畜疾病	向荣淑等编	1984.12
233	怎样合理利用饲料	农牧渔业部教育局主编	1987.1
234	怎样饲养火鸡	王峰等编	1985.7
235	怎样饲养奶山羊	张汉武编	1984.5
236	怎样养好雏鸡	陈伯华等编	1985.2
237	怎样养好家兔	勤德编著	1984.5
238	怎样养好肉鸡	卢智和等编	1986.7
239	怎样养好小鸡	钟元伦编著	1982.8
240	怎样养湖羊	程瑞禾等编	1984.1
241	怎样养奶山羊	程光远编著	1983.3
242	怎样养蚯蚓	龚勤编	1985.8
243	怎样养兔	林子通，陈梅初编	1986.9
244	怎样养猪	赵刚编著	1982.7
245	怎样育好长毛兔	陈方德编著	1982.1
246	怎样栽桑养蚕	中国农业科学院蚕业研究所编	1981.4
247	怎样诊断畜病	王凤砚编	1981

（续表）

序　号	题　名	责任者	出版年
248	枝原体病	（日）佐佐木正五编；项大实等译	1981.3
249	制定管理措施的科学依据	联合国粮食及农业组织	1980
250	中蜂新法饲养技术	韦启东编著	1989.9
251	中国草原资源及其培育利用	胡自治，牟新待编著	1982.8
252	中国古代养蚕技术史料选编	章楷，余秀茹编著	1985.5
253	中国古代栽桑技术史料研究	章楷编	1982.9
254	中国家蚕品种志	中国农业科学院蚕业研究所主编	1987.5
255	中国蜜源植物	徐万林著	1982.2
256	中国牧区畜牧气候	中国牧区畜牧气候区划科研协作组编著	1988.8
257	中国农业百科全书（蚕业卷）	《中国农业百科全书》总编辑委员会蚕业卷编辑委员会编	1987.12
258	中国桑树栽培学	中国农业科学院蚕业研究所主编	1985.7
259	中国兽医史话	金重冶著	1980.2
260	中国兽医针灸学	中国畜牧兽医学会编	1984.7
261	中国饲料成分及营养价值表	中国农业科学院畜牧研究所，中国动物营养研究所编	1985.12
262	中国现代养马	《中国现代养马》编写组编	1984.4
263	中国畜牧地理	沈长江编著	1989.1
264	中国畜牧史料集	张仲葛，朱先煌著	1986
265	中国羊品种志	《中国羊品种志》编写组编	1989.4
266	中国猪种（二）	李炳坦，陈效华，张照等主编	1982.2
267	中华人民共和国草原法	北京农业出版社编	1985.12
268	中兽医科技资料选辑（第三集）	中国农业科学院中兽医研究所编	1981.8
269	中文农业文献目录（养马分册 A）	姚桂芹编	1984.6
270	中文农业文献目录（养马分册 B）	姚桂芹编	1984.6
271	中文农业文献目录（养禽分册 A）	吴泽宣主编	1982.11
272	中文农业文献目录（养禽分册 B）	吴泽宣主编	1982.11
273	中文农业文献目录（养禽分册 C）	吴泽宣主编	1983.4
274	中文农业文献目录（养猪分册 A）	苑兰编	1984.8
275	中文农业文献目录（养猪分册 B）	苑兰编	1984.8
276	中文农业文献目录（养猪分册 C）	苑兰编	1984.8
277	中文农业文献目录（养猪分册 D）	姚桂芹编	1984.8
278	中文农业文献目录（养猪分册 E）	姚桂芹编	1984.8
279	猪病防治问答	中国科学技术普及创作协会，农业委员会，辽宁省科普创作协会主编；	1984.2
280	猪的遗传及育种	胡今尧编著	1982.8
281	猪的杂种优势及其利用	葛云山，许金友编著	1982.6
282	猪鸡饲料成分及营养价值表	中国农业科学院畜牧研究所主编	1981.9
283	猪鸡饲料配方	王和民等编著	1987.7
284	抓紧有利时机努力发展畜牧业	中华人民共和国农牧渔业部编	1985.7

（续表）

序　号	题　名	责任者	出版年
285	专业户养鸡新技术	李韶标编	1982.9
286	最新实用兽医手册	于匆编著	1987.7
287	柞蚕寄蝇研究论文集	辽宁省蚕业科学研究所编	1980.1
288	柞蚕解剖	陆明贤，张义成编著	1984.4

（6）1990—1999 年

序　号	题　名	责任者	出版年
1	49 天快速养鸭技术	邓金海，蔡来长编著	1992.7
2	GB/T 13883—92 饲料中硒的测定方法（2,3—二氨基萘荧光法）	国家技术监督局发布	1993.5
3	GB/T 13884—92 饲料中钴的测定方法（原子吸收光谱法）	国家技术监督局发布	1993.5
4	GB/T 13885—92 饲料中铁、铜、锰、锌、镁的测定方法（原子吸收光谱法）	国家技术监督局发布	1993.3
5	长毛兔饲养与兔毛加工	张宝庆	1992.12
6	出口瘦肉型猪的生产与经营	张玉泰等编	1992.8
7	动物生产与卫生论文集（动物遗传资源全球持续发展计划）	联合国粮食及农业组织编；翟旭久等译	1992.8
8	俄汉兽医学词典	萧佩衡	1992.2
9	发展中国家畜牧生产系统中进口精饲料代用品专家磋商会议论文集	联合国粮食及农业组织编	1990
10	高效京星肉鸡生产配套技术	李东编著	1992.7
11	高效益养兔法	徐汉涛编著	1991.1
12	高效益养猪法	蔡幼伯著	1991.11
13	规模化养鸡技术	郭志弘等主编	1993.1
14	汉英畜牧专业词汇	董伟主编	1991.1
15	花粉的采集与利用	蒋立科编著	1990.2
16	花粉营养成分与花粉资源利用	王开发著	1993.2
17	鸡粪再生饲料	安树之等编	1992.8
18	鸡高产饲养与疫病防治	辛盛鹏主编	1992.12
19	家禽疾病防治	盛佩良等编著	1992.6
20	家禽实用新技术	郎丰功主编	1992.3
21	家庭养猫知识问答	杨亚东，华修国，张秀根编著	1993.3
22	家畜家禽疾病防治	李绍辉等编	1991.9
23	家畜家禽养殖	农树佳等编	1992.2
24	家畜卫生年鉴（1991 年）	联合国粮食及农业组织国际兽疫事务局编	1993
25	科学巧养鸡	左改编著	1992.5
26	科学养鹌鹑	陈厚洪著	1992.7
27	科学养犬	杨廷梓，曲素娟编译	1992.9

（续表）

序　号	题　名	责任者	出版年
28	科学养猪	刘伯群著	1992. 5
29	粮农组织动物生产和保健文集（用现代生物技术异地冷冻保存濒危牛的基因）	联合国粮食及农业组织编；周鼎年，缪卓然译校	1992. 7
30	牧草（草地农业科学）	（美）M. E. 希斯等主编；黄文惠等译	1992. 5
31	奶牛疾病防治问答	赵远良编	1991. 11
32	牛蛙人工养殖	重庆市教委编	1992. 8
33	农村实用猪病防治	王元林主编	1994. 6
34	农村饲料来源与加工调制	周凯主编	1992. 11
35	农村养殖技术手册	杨成兴	1990. 5
36	农家饲养肉用仔鸡技术	湖北省农牧业厅	1992. 1
37	农家致富养殖技术	博君，杨成兴主编	1992. 3
38	肉鸽养殖新技术	陈益填编著	1992. 11
39	肉鸡家养新技术	刘金江编著	1992. 4
40	肉鸡快速高效饲养法	李东等编著	1993. 1
41	肉鸡笼养技术	北京市农林科学院畜牧兽医所编	1992. 11
42	肉鸡生产与经营	魏忠义，张国祥编著	1992. 5
43	肉兔成套饲养技术	重庆市教委编	1992. 8
44	三黄肉鸡实用饲养技术	项可宁等编	1992. 8
45	商品蛋鸡生产技术指导	聂志武编著	1993. 3
46	实用葡萄技术问答	施献举等编	1990. 8
47	实用肉鸽饲养技术	彭孟德，吴淑纯编著	1993. 2
48	实用畜禽养殖技术	陈如明编著	1991. 8
49	实用养猪学	李汝敏等编著	1992. 1
50	兽医篇	方尚文主编	1991. 8
51	瘦肉型猪的科学饲养	谢勤婉编著	1992. 6
52	瘦肉型猪饲养技术	重庆市教委编	1992. 8
53	瘦肉型猪现代化生产新技术	叶同皎等编著	1992. 2
54	饲料生产精要——添加剂预混料配制技术	吴天星，林顺华编著	1993. 9
55	饲料添加剂大全	张乔主编	1994. 6
56	饲料添加剂应用技术问答	高振川等编著	1993. 2
57	饲料质量分析检验	贾玉宇，朱丹编著	1994. 9
58	速成丰产桑园栽培技术	凌川保等编著	1990. 2
59	特种家禽养殖技术	胡信强，邹剑敏编	1992. 8
60	现代化蛋鸡生产	王大莫等编著	1992. 5
61	新编养鸡手册	王春林主编	1992. 6
62	新的长寿因子：蜂王浆、蜂花粉、蜂蜜	史伯伦，史红梅，王明萱 编著	1990. 12
63	新疆蜜源植物及其利用	米吉提・胡达拜尔地，玉米提・哈力克编著	1994. 5
64	新疆畜牧科学院志（1955—1990 年）	龚成润主编	1992. 8
65	畜牧篇	宋育	1991. 8
66	畜牧气象灾害及防御对策	邓子风	1991. 7

（续表）

序 号	题 名	责任者	出版年
67	畜禽传染病防治	季东成	1991. 1
68	畜禽疾病防治良方	邹品杨等	1992. 11
69	畜禽饲养实用技术	（苏）卡拉希尼科夫，克列伊麦诺夫著；董玉京等译	1992. 7
70	亚热带中高山地区草地开发研究（“七五”国家科技攻关项目论文集）	黄文惠，王培主编	1992. 7
71	养鸡 100 问（修订本）	赵崇喜，李芬雪编	1994. 3
72	养鸡十大疾病防治	辽宁农垦辉山祖代鸡场编	1990. 1
73	养鸡实用技术手册	许筠等编	1992. 4
74	养鸡与鸡病防治	卢中华，崔保安主编	1994. 6
75	养牛致富指南	周建民编著	1993. 4
76	英日动物病名词汇	潘良言等主编	1993. 2
77	栽桑养蚕技术图说	河南省农牧厅经济作物处编	1993. 8
78	植物育种亲本选配的理论和方法	张爱民编著	1994. 2
79	中国蚕桑技术手册	蒋猷龙，夏建国主编	1993. 1
80	中国近代畜牧医史料集	中国畜牧兽医学会编	1992. 8
81	中国蜜粉源植物及其利用	中国养蜂学会等主编	1993. 2
82	中国农业百科全书（畜牧业卷，上）	《中国农业百科全书》总编辑委员会畜牧业卷编辑委员会，《中国农业百科全书》编辑部编	1996. 5
83	中国农业百科全书（畜牧业卷，下）	《中国农业百科全书》总编辑委员会畜牧业卷编辑委员会，《中国农业百科全书》编辑部编	1996. 5
84	中国农业百科全书（养蜂卷）	《中国农业百科全书》总编委会养蜂卷编委会编	1993. 6
85	中国农业科学院应用科技成果荟萃（畜牧兽医部分）	中国农科院科研管理部编	1992. 12
86	中国桑树品种志	中国农科院蚕业所主编	1993. 5
87	中华人民共和国医药行政标准（饲料添加剂维生素预混料通则：YY0037—91）	国家医药管理局发布	1991. 11
88	猪的经济杂交	祝盘大编	1992. 4
89	猪的综合利用——生化制药	周维书等编著	1992. 9
90	猪和家禽的饲料配方	王和民，霍启光编	1992. 5
91	猪鸡优良品种	冯维祺，王端云编	1993. 5

S9 水产、渔业

本部分共收编水产、鱼类图书书目 118 条。其中，收编 1949 年以前出版的该类图书书目 5 条，1950—1959 年 18 条，1960—1969 年 16 条，1970—1979 年 12 条，1980—1989 年 46 条，1990—1999 年 21 条。具体目录如下。

（1）1949 年以前

序　号	题　名	责任者	出版年
1	淡水大虾（附龙虾养殖法）	王净沙编	1937. 3
2	鳗与鳖	胡宜卢编	1937. 1
3	水产学	关鹏万	1947. 3
4	水产学大意	关鹏万	1929. 6
5	养鱼法	朱碧光编著	1947. 1

（2）1950—1959 年

序　号	题　名	责任者	出版年
1	保护水产资源发展渔业生产	全国农业展览会水产馆编	1957. 2
2	池塘养鱼学讲义	上海水产学院水产繁殖系 1959 级学生	1959. 11
3	池塘养鱼业的先进经验	（苏）P. И. 齐翁契克著；银丕振译	1958. 8
4	淡水养鱼经验汇编	水产部淡水渔业司编	1959. 9
5	黄河渔业生物学基础初步调查报告	中国科学院动物研究所	1959. 7
6	农村养鱼好处多	全国农业展览会水产馆	1952. 2
7	实用养鱼法	刘桐身编	1950. 9
8	水产馆（全国农业展览会）	全国农业展览会水产馆	1957
9	水产品加工基本知识	张信咸，周志云	1959. 8
10	水产品综合利用	水产部供销公司等	1959. 7
11	太平洋西部渔业研究会第二次全体会议论文集	太平洋西部渔业研究委员会中国委员会专家办公室编	1959. 6
12	我国的虾蟹	沈嘉瑞，刘瑞玉	1957
13	小球藻的大面积培养	华汝成编著	1959. 5
14	养鱼	王儒林编著	1951. 7
15	野生鲤鱼池塘产卵法	谢秉文编著	1959. 4
16	英汉水产学辞汇	中国科学院编译出版委员会名词室编	1959. 11
17	英汉渔业工程名词	中国科学院编译出版委员会名词室编	1959. 11
18	鱼病手册	中国科学院水生生物研究所鱼病组著	1959. 8

（3）1960—1969 年

序　号	题　名	责任者	出版年
1	捕捞	上海水产学院编	1962. 3
2	淡水捕鱼	中华人民共和国水产部编	1963. 9
3	俄汉水产词汇	上海水产学院	1960. 5
4	国外池塘养渔业	邵增彬等编	1963. 11
5	国外小球藻的试验和研究（译丛）	中国农业科学资料室选译	1961. 12
6	海带养殖学	曾呈奎，吴超元主编	1962. 3
7	家鱼人工生殖的研究	中国科学院实验生物研究所发生生理研究室著	1962. 2
8	科技文献索引——水产（1）	中国科学技术情报研究所编辑	1964. 12
9	科技文献索引——水产（2）	中国科学技术情报研究所编辑	1965. 3
10	太平洋西部渔业研究会第三次全体会议论文集	太平洋西部渔业研究委员会中国委员会专家办公室编	1960. 2
11	小球藻参考资料索引	南京农学院图书馆，南京图书馆编	1960. 9
12	小球藻的培养与利用	梁其英编著	1960. 9
13	鱼类养殖学	安徽省农业厅教材编辑委员会编	1961. 8
14	鱼苗鱼种的培育	中华人民共和国水产部编	1963. 4
15	中国淡水鱼类养殖学	中国淡水养鱼经验总结委员会编	1961. 1
16	专题资料索引——淡水养殖	北京农业大学图书馆	1960. 4

（4）1970—1979 年

序　号	题　名	责任者	出版年
1	池塘养鱼	《池塘养鱼》编写组编	1973. 5
2	淡水养鱼	长江水产研究所编著	1975. 1
3	淡水养鱼技术	广东省农林水科学技术服务站革命委员会编	1971. 6
4	淡水养殖问答	《淡水养殖问答》编写组编	1978. 4
5	对虾	厦门水产学院养殖系虾蟹组编	1978. 7
6	海上创业	烟台海洋渔业公司革委会编	1974. 2
7	英汉水产词汇	厦门水产学院，东海水产研究所编编	1979
8	鱼病防治手册	湖北省水生生物研究所鱼病研究室编	1975. 1
9	鱼饲料技术	联合国粮食及农业组织，联合国开发计划署	1978. 12
10	渔业统计年鉴（1978 年）	联合国粮食及农业组织编	1978
11	中国淡水鱼类养殖学	中国淡水养鱼经验总结委员会编	1973. 8
12	中国海洋鱼类原色图集（第一集）	中国科学院海洋研究所上海自然博物馆	1975. 4

(5) 1980—1989年

序号	题名	责任者	出版年
1	北京鱼类志	王鸿媛编著	1984.6
2	池塘养鱼	朱述渊，孙振兴编著	1982.12
3	淡水养鱼高产技术	中国水产学会编	1985.5
4	淡水养鱼技术及鱼病防治	李玉松等编著	1988.1
5	淡水渔业技术问答	《淡水渔业技术问答》编写组编	1982.12
6	稻田养鱼	蔡仁逵编	1983.5
7	稻田养鱼技术问答	银丕振著	1985.12
8	发展中国家的鱼饲料及饲养法——水产养殖发展协调项目饲料发展计划中期报告	联合国粮食及农业组织编	1983
9	放宽政策，加速发展水产业	中华人民共和国农牧渔业部编	1985.7
10	国际鲜鱼保鲜实施准侧	孙瑞璋译	1988.5
11	湖泊养鱼	谷庆义等编著	1988.9
12	活鱼运输述评	R. 贝尔卡著	1986.1
13	科学网箱养鱼	胡保同编著	1987.5
14	科学养鱼大全	中国水产科学研究院淡水渔业研究中心主编	1988.3
15	临海水土异物志辑校	(三国) 沈莹撰；张崇根辑校	1981.8
16	日本的对虾养殖	(日) 茂野邦彦著；张乃禹等译	1987.2
17	日本现代水产养殖方法	(日) T. 加福，H. 池上编；洪清盾译	1987.11
18	水产统计	江善富，陈毅德编	1988.2
19	水产养殖致富100例	周启才	1988.5
20	水生生物及水生态系统的辐射效应	宋妙发，江家贵译	1981.7
21	探鱼仪的应用和维修	顾嗣明编著	1987.1
22	西北太平洋鱼类资源	千国史郎著	1985
23	新疆养鱼技术	新疆维吾尔自治区水利厅水产局主编	1985.1
24	沿海国家有关外国捕捞的法律规定	联合国粮食及农业组织编	1981
25	鱼病防治	《鱼病防治》编写组编著	1983.7
26	鱼病诊断与防治手册	潘金培主编	1988
27	鱼类学（形态、分类）	孟庆闻等编著	1988.3
28	鱼类学论文集（第三辑）	中国鱼类学会编	1983.12
29	鱼类学论文集（第五辑）	中国鱼类学会编	1986.9
30	鱼苗鱼种培育技术	戴朝芦编著	1986.4
31	渔船标志技术规格专家磋商会的报告	联合国粮食及农业组织编	1986
32	渔业技术经济分析	夏世福编	1986.9
33	渔业统计年鉴（1980年渔获量和上岸量）	联合国粮食及农业组织编	1980
34	渔业统计年鉴（1980年渔业商品）	联合国粮食及农业组织编	1980
35	渔业统计年鉴（1982年渔业商品）	联合国粮食及农业组织编	1982
36	渔业统计年鉴（1983年鱼产品）	联合国粮食及农业组织编	1983
37	渔业统计年鉴（1983年渔获量和上岸量）	联合国粮食及农业组织编	1984

（续表）

序　号	题　名	责任者	出版年
38	渔业统计年鉴（1984年鱼产品）	联合国粮食及农业组织编	1986
39	渔业统计年鉴（1984年渔获量和上岸量）	联合国粮食及农业组织编	1988. 7
40	渔业委员会第十六届会议报告	联合国粮食及农业组织编	1985. 4
41	渔业委员会第十五届会议报告	联合国粮食及农业组织编	1983. 1
42	渔业资源与渔场	福建水产学校主编	1981. 1
43	怎样养鱼	汪锡钧编	1982. 2
44	真骨鱼繁殖生理学现状及今后研究方向	森达拉杰编	1981
45	中国淡水鱼类寄生虫论文集	中国科学院水生生物研究所编	1984. 5
46	中国水产地理	李荣生编著	1985. 3

（6）1990—1999年

序　号	题　名	责任者	出版年
1	北京地区淡水养殖实用技术	北京市农林办公室编	1992. 9
2	淡水良种鱼类增养殖技术	谢忠明主编	1993. 4
3	淡水养鱼新招	东平编	1992. 1
4	淡水养殖生产实验指南——高产科学实验方法·管理素质提高指导	（美）E·W·斯赫勒著；曹凯德编译	1992. 9
5	淡水鱼类实用致富养殖技术	康秋旭等编著	1992. 9
6	淡水鱼类新品种的选育	伊玉华编著	1992. 1
7	俄汉渔业科技词典	《俄汉渔业科技词典》编写组	1993. 7
8	高效益水产动植物养殖顾问	高本刚编	1991. 12
9	国外水产养殖业前景预测文集	熊笑园等编著	1992. 4
10	黄鳝养殖技术	蔡仁逵编著	1992. 8
11	金鱼的科学饲养	傅博著	1992. 11
12	拉汉英鱼类名称	成庆泰，郑葆珊编	1992. 11
13	粮农组织渔业统计年鉴——渔产品（1990年第71期）	联合国粮食及农业组织编	1992
14	粮农组织渔业统计年鉴——渔获量和上岸量（1990年第70期）	联合国粮食及农业组织编	1993
15	蚂蚁：行为、食用、药用、养殖	库宝善等主编	1993. 7
16	水库化肥养鱼技术	邓绪明	1993. 1
17	特种水产养殖	王殿坤主编	1992. 6
18	亚洲和太平洋渔业的现状和前景	联合国粮食及农业组织编著；马吕晔译	1992. 5
19	养鱼水质分析	臧维玲编	1991. 5
20	鱼病防治实用技术问答	中国水产杂志社编	1991. 12
21	豫北平原渔业发展与渔业生态研究	蒋一硅主编	1992. 9

中国农业科学技术出版社
官方微信公众号平台

责任编辑 李 雪 徐定娜
封面设计 孙宝林 田 静

ISBN 978-7-5116-4067-3

定价：128.00元